England
Griechenland
Italien

Finnland
Irland
Jugoslawien

Frankreich
Island
Liechtenstein

Lexikon Fußball

Fußball anno 1900

„Ein altes, in England ganz allgemein geübtes Ballspiel. Man spielt es auf einem freien Platz, der in einer Länge von mindestens 100 m und einer Breite von 60 m abgesteckt ist, und an dessen Schmalseiten einander gegenüber je ein goal (‚Mal‘) errichtet ist, bestehend aus zwei Pfosten, die 10 Fuß über dem Boden durch eine Stange verbunden sind.

... Der Torwächter allein darf den Ball (eine mit weichem Leder überzogene Ochsenblase) auch mit den Händen fangen und werfen, während die anderen ihn nur mit den Füßen stoßen dürfen. Den Sieg erringt die Partei, der es gelingt, den Ball durch das feindliche Mal zu treiben (‚ein Goal treten‘). Neuerdings ist der Fußball auch mit großem Erfolg in Deutschland eingeführt worden; fast jede größere Stadt besitzt jetzt einen oder mehrere Fußballklubs. Eine Schattenseite dieses nützlichen Bewegungsspiels bleibt es, daß Drängen, Stoßen und Ringen dabei unvermeidlich sind und im Eifer zuweilen Ausschreitungen begangen werden.“

(aus Meyers Großem Konversationslexikon)

LEXIKON Fußball

von

Bernd Rohr

und

Günter Simon

VEB Bibliographisches Institut

Leipzig

Gutachter

Prof. Dr. Hugo Döbler, Leipzig
Wolfgang Hempel, Erfurt

Gesamtbearbeitung
Bernd Rohr, Leipzig

Außerdem danken wir
Herrn Karl-Heinz Jens
für Anregungen und Hinweise

Rohr, Bernd:
Lexikon Fußball / von Bernd Rohr u. Günter Simon. – 1. Aufl. – Leipzig : Bibliographisches Institut, 1987. – 448 S., 40 S. : 824 Ill. (z. T. farb.)
ISBN 3-323-00107-9
NE: 2. Verf.:

ISBN 3-323-00107-9

1. Auflage

Verlagslizenz-Nr. 433-130/97/87
Printed in the German Democratic Republic
Gesamtherstellung: INTERDRUCK
Graphischer Großbetrieb Leipzig,
Betrieb der ausgezeichneten Qualitätsarbeit,
III/18/97
Bildredaktion: Elke Kubitzki
Einbandgestaltung: Rolf Kunze
Umschlagfoto: Klaus Schlage
Redaktionsschluß allgemein: Juni 1986
LSV 9027
Best.-Nr. 577 997 8
04400

Abkürzungen im Text

Abb. Abbildung
Abk. Abkürzung
Bez. Bezeichnung
Ew. Einwohner
od. oder
s.a. siehe auch
svw. soviel wie
Tf. Tafel
u. und

Neben weiteren gebräuchlichen Abkürzungen werden auch solche verwendet, die im Lexikon Stichwort sind.
Abgekürzt werden weiterhin die Endungen -isch und -lich bei Nationalitätsbezeichnungen.

Abkürzungen bei Vereinen, Klubs u. Gemeinschaften

(Auswahl)

AC **1.** Athletikklub
2. Assoziazione Calcio [italien.], „Fußballverein(igung)"
AFC **1.** Athletik-Fußballklub
2. Association Football Club [engl.], „Verbandsfußballklub"
3. Amateur Football Club [engl.], „Amateurfußballklub"
AIK Allmänna Idrottsklubben [schwed.], „Allgemeiner Sportklub"
AK Athletikklub
AS Associazione Sportiva [italien.], Association Sportive [französ.], „Sport-(od. Spiel-) Verein(igung)"
ASG Armeesportgemeinschaft
ASK **1.** Armeesportklub
2. Allgemeiner Sportklub
ASV **1.** Armeesportverein(igung)
2. Allgemeiner Sportverein
ATSV Allgemeiner Turn- u. Sportverein
BC Ball(spiel)klub
BK Boldklub [dän.], „Ball(spiel)klub"
BSC Ballspielklub
BSG Betriebssportgemeinschaft
BSV Ballspielverein(igung)
CA Club Atlético [span.], „Athletikklub"
CdR Club de Regatas [portugies.], „Segelklub"
CF Club de Futbol [span.], „Fußballklub"
CS Cercle Sportif [französ.], „Sportverein"
DFC Deutscher Fußballklub
DSC Deutscher Sportklub
DSV Deutscher Sportverein
EC Esporte Clube [portugies.], „Sportklub"
ESV Eisenbahnersportverein(igung)
FC Football Club [engl.], Club de Football [französ.], Club de Futbol [span.], Futebol Clube [portugies.], „Fußballclub", besser: „Fußballklub"
FF Fotbollförening [schwed.], „Fußballverein(igung)"
FK Fußballklub
FSV Fußballsportverein(igung)
FV Fußballverein(igung)
GF Gymnastik Forening [dän.], „Turnverein(igung)"
HSG Hochschulsportgemeinschaft
IFK Idrottsförening Kamraterna [schwed.], „Sportklub"
JK Jalkapalloklubi [finn.], „Fußballklub"
KS Klub Sportowy [poln.], „Sportklub"
KSV Kraftsportverein(igung)
LSV Landessportverein(igung)
NK Nogometni Klub [serbokroat.], „Fußballklub"
OGC Olympique Gymnaste Club [französ.], „Olympischer Turnklub"
OSC Olympique Sporting Club [französ.], „Olympischer Sportklub"
PS Palloseura [finn.], „Ballsportverein(igung)"
PSV **1.** Postsportverein(igung)
2. Polizeisportverein(igung)
RC Racing-Club [französ.], „Läuferklub"
RSV Rasensportverein(igung)
RTS Robotnicze Towarzystwo Spor-

towe [poln.], „Arbeitersport-verein(igung)“
SC Sportclub, besser: Sportklub
SE 1. Sociedade Esportiva [portugies.], „Sportverein(igung)“
2. Sport Egyesület [ungar.], „Sportverein(igung)“
SG Sport-(od. Spiel-)Gemeinschaft
SK Sportklub
SpVgg Sport-(od. Spiel-)Verein(igung)
SSC Societa Sportiva Calcio [italien.], „Fußballsport-verein(igung)“
SSG Sport- u. Spielgemeinschaft
SSV Sport- u. Spielverein(igung)
SV Sport-(od. Spiel-)Verein(igung)
TC Torna Club [ungar.], „Turnklub“
TSC Turn- u. Sportklub
TSG Turn- u. Sport-(od. Spiel-)Gemeinschaft
TSV Turn- u. Sport-(od. Spiel-)Verein(igung)
Tura Turn- u. Rasensport-verein(igung)
TuS Turn- u. Sport-(od. Spiel-)Verein(igung)
UC Unione Calcio [italien.], „Fußballverein(igung)“
US Union Sportive [französ.], Union Sportiva [italien.], „Sport-(od. Spiel-)Verein(igung)“
VfB Verein für Ball-(od. Bewegungs-) Spiele
VfL Verein für Leibesübungen
VfR Verein für Rasenspiele
WKS Wojskowy Klub Sportowy [poln.], „Militärsportklub“
ZASK Zentraler Armeesportklub
ZSG Zentralsportgemeinschaft
ZSK Zentraler Sportklub
ZSKA Zentralny Sportiwny Klub Armii [russ.], „Zentraler Armeesportklub“

Es ist bei einer Reihe von Klubs üblich, die Großbuchstaben der Abkürzungen jeweils mit Punkt zu versehen, z. B. A.F.C., F.C. Dies wurde aber weder in obigem Verzeichnis noch im Text berücksichtigt, da die Anwendung i. allg. recht unterschiedlich ist. Ausgenommen hiervon sind die Embleme, die originalgetreu wiedergegeben werden.

Anmerkung

Wir bedanken uns recht herzlich bei allen nationalen und internationalen Organisationen – auch bei Klubs sowie bei Einzelpersonen –, die unser Vorhaben nach besten Kräften unterstützt haben. Unser besonderer Dank gilt dem Weltfußballverband (FIFA), der uns freundlicherweise gestattete, die Spielregeln dem FIFA-Regelheft (Ausgabe Juli 1984) zu entnehmen, sowie dem Europäischen Fußballverband (UEFA), beide Berater, Helfer und Partner von der ersten Stunde an.

Verlag und Autoren

Bildquellen

Embleme und Zeichnungen: Stier, H., Leipzig – Weis, M., Leipzig – Borleis, J., Leipzig – Junghanns, B., Langenleuba – Zindler, J., Leipzig.
Fotos: Härtrich, T., Leipzig (135) – Feuerherm, K., Berlin (110) – Kruczynski, F., Zwickau (30) – Pressebildagentur Schirner, Düsseldorf (25) – Deutsche Presseagentur Frankfurt/Main (10, in Farbe). *Weiterhin:* ADN Zentralbild, Berlin – Allmonat, H., Berlin – Berndt, J., Dresden – Beyer, H.-P., Halle – Bild und News, Zürich – „80 Jahre FIFA“, FIFA, Zürich – Franke, B., Lugau – Presseamt Hannover (B. Schröder) – Höhne, C., Berlin – Kilian, G., Berlin – Mallwitz, W., A., Potsdam – Müller, H., Düsseldorf – Münchener Olympiapark GmbH – „Fünfundsiebzig Jahre“, Österreichischer Fußball-Bund, Wien – Rohr, B., Leipzig – Rowell, G., Berlin – Schlage, K., Berlin (auch Umschlagfoto) – Schweizerischer Fußballverband, Bern – Schulze, W., Berlin – Foto Sündhofer, Wien – Simon, G. (Archiv), Neu Fahrland – Tretbar, E. (Archiv), Leipzig – „25 Jahre UEFA“, UEFA, Bern – van der Klooster, P., Rotterdam – Wagner, K., Karl-Marx-Stadt – Wegner, F., Rötha – Wlocka, L., Dresden.

Geschichte des Fußballs in Daten

Schrägstehende Jahreszahlen bedeuten Näherungs- od. Schätzangaben

2700 v. u. Z. Dem chines. „Gelben Kaiser" *Huangdi* (Mythenzeit) wird nachgesagt, daß er die ersten Regeln für *Ts'uh-küh* aufgestellt hat.

1. bis 5. Jh. Das römische „Handball"- u. „Fußball"-Spiel ist im gesamten Imperium verbreitet.

2. Jh. Es wird angenommen, daß in Dalmatien „Fußball" gespielt wird, möglicherweise durch die Römer inspiriert.

3. Jh. Um Derby (Britannien) spielen Briten angeblich in einem Spiel gegen röm. Legionäre; wahrscheinlich mythischen Ursprungs.

587 In Japan ist *Kemari* bekannt.

6. Jh. In Guatemala gibt es Darstellungen von Ballspielen, die Fußballelemente enthalten. In der vorspan. Zeit Mittel- und Südamerikas liegen die unterschiedlichsten Formen von Ballspielen bei den Völkern vor (*Gummiballspiele* bei den Olmeken, *Tlaxtli* bei den Mayas u. a., *Kopfballspiele* der Inkas u. Otomaken, *Linao* bei den Araukanern). Als Ära nimmt man 8000 v. u. Z. bis zur span. Kolonisierung, teils auch danach, an.

7. bis 11. Jh. In Städten der Normandie, der Bretagne, der Picardie, in Wales, Schottland, Irland u. England entwickeln sich einheimische „Fußball"-Spiele.

9. Jh. Zwischen England u. Schottland kommt es bei Kildear-Castle zu einem „Grenzspiel", der Urform heutiger Länderspiele (je 20 Spieler, 3:2 für England).

12. Jh. Das französ. *Soule* ist belegt, vor allem in der Bretagne u. Picardie.

1150 Bei Osterzeremonien finden im Palast des Bischofs von Vienne u. in der Kirche von Auxerre Ballspiele unter Teilnahme von Geistlichen statt.

1174 Der Mönch *William Fitzstephan* berichtet in der „Descriptio Nobilissimae Civitatis Londoniae" von Ballspielen („Lusus pilae celebrem") zwischen Handwerkern u. Studenten zur Fastnachtszeit.

1250 In einer anonymen Ballade von Sir *Hugh* („Little St. Hugh of Lincoln") werden Fertigkeiten des Ballspiels beschrieben.

1280 Am Trinity-Sonntag (Sonntag nach Pfingsten) wird *Henry de Ellington* während eines „Fußball"-Spiels in Ulgham beim Zusammenprall mit *David de Ken* durch dessen heraushängendes Messer so schwer verletzt, daß er 5 Tage später verstirbt.

1313/14 König *Eduard II.* verbietet 1313, bei Androhung von Gefängnisstrafen, das Ballspiel. Auch der Bürgermeister *Nicholas Farnden* untersagt (1314) in einer Proklamation das „Fußball"-Spiel auf freien Plätzen Londons. Diese Spielverbote werden über ein Jahrhundert mehrfach wiederholt (u. a. 1331, 1349 u. 1365 *Eduard III.*, 1388 *Richard II.*, 1401, 1409 u. 1410 *Heinrich IV.*, 1415 *Heinrich V.* u. 1491 *Heinrich VII.*).

1319 Der französ. König *Philipp V.* verbietet Soule, ebenso *Karl V.* 1369.

1396 Das Kapitel von Auxerre erläßt Bestimmungen („Ordinatio de pila facienda") für die Anfertigung von Spielbällen u. für das Spiel.

1410 In Italien wird erstmals ein „Fußball"-Spiel („Giuoco del Calcio") in einem kleinen Gedicht eines unbekannten Verfassers erwähnt.

1424 Ein schott. Parlamentsdekret verbietet das „Fußball"-Spiel (wiederholt 1457).

1480 Der französ. König *Ludwig XI.* beschäftigt sich in einem Erlaß an die Hersteller von Bällen in Rouen mit der Konstruktion der Bälle.

1480 *Giovanni II. Bentivoglio* berichtet von der Einführung des Calcio-Spiels in Bologna u. von einer Geldprämie an die Spieler für ein erzieltes Tor.

1527 Der „große Fußball" wird in Irland durch die Gesetze von Galway unterstützt, während andere Sportarten verboten werden.

1556 An der Jesuitenschule der österreich. Ordensprovinz ist ein Ballspiel („Pila palmaria") belegt.

1564 Die Spanier beobachten bei den Philippinern verschiedene Ballspiele mit Bällen aus Rohrgeflecht („Rattan") über Netze, gewertet nach Punkten (Einzel u. Doppel).

1577 Für Königin *Elisabeth I.* wird in Kenilworth ein „Week of Sports and Pastimes" mit „Fußball" veranstaltet. Erstmals wird dabei „goal" erwähnt.

1580 *Johannes de Bardi*, Graf von Vernio, gibt das „Discorso sopra il giuoco del calcio fiorentino" mit den ersten Spielregeln (27 Spieler in 4 Reihen) heraus.

1580 In Indien wird ein „Fußball"-Spiel (Kreis-„Fußball") mit Bällen aus Palmenfasern gespielt.

17. Jh. Bei den Indianern u. Eskimos in Kanada sind „Fußball"-Spiele nachweisbar. – Den engl. „Fußball" bringen Einwanderer nach Amerika.

1609 In der Kolonie Virginia wird „Fußball" gespielt.

1620 Im Trinity College u. St. John's College, Cambridge, wird der „Fußball" organisiert.

1650 Ein „Ballonspiel" auf dem Marktplatz von Graz ist überliefert.

1658 Das „Fußball"-Spiel wird in Boston verboten.

1681 *Karl II.* (Haus Stuart) veranstaltet einen „Fußball"-Wettkampf der Bediensteten.

1686 *John Dutton* beobachtet ein „Fußball"-Spiel, wobei mit bloßen Füßen gespielt wurde (Rowley [Massachusetts]).

1701 Ein königlich brit. Gesetz versucht, die Gefahren beim „Fußball" in Amerika zu vermindern.

1720 a) Ein walis. „Fußball"-Spiel zwischen lokalen Mannschaften, beschrieben von *Anna Beynon*, einer Anhängerin, findet statt.
b) Der *Transfer* von Spielern wird zum ersten Mal dokumentiert, u. zwar in den Poemen des Iren *Matthew Concanen*.

1780 Auf Hawaii wird ein Tret-/Rennballspiel beobachtet („Pe-ku-ki-ni-po-po").
Mit engl. Einwanderern kommt „Fußball" nach Neuschottland, Neubraunschweig u. Oberkanada.

1800 Das Interesse am Spiel läßt in ganz Großbritannien nach. – An der Schule von Rugby begründet *William Webb Ellis* das *Rugbyspiel* (auch *Rugby-Fußball* genannt, im Unterschied zum späteren *Association-Football*), bei dem es gestattet ist, den Ball auch mit den Händen zu spielen.

1830 In England bemühen sich Studenten, das fast vergessene („Fußball"-)Spiel wieder salonfähig zu machen (Eton, Westminster, Harrow, Charterhouse).

1846 In Cambridge wird ein Universitätsfußballklub gegründet; erste Spielregeln werden aufgestellt u. gelangen zur Anwendung; diese besagen, daß eine Mannschaft aus 15 bis 20 Spielern besteht.

1850 An den Oberstufen der Grund- u. Fortbildungsschulen Indiens wird engl. „Fußball" gespielt.

1853 Am Christ's College im neuseeländ. Wellington wird erstmals mit Ochsenblasen „Fußball" gespielt (nach einem Bericht von *C. T. Dudley*).

1857 Von Oberst Sir *Creswick* u. Major *Vickers* wird der älteste Fußballklub, „Sheffield F. C.", gegründet.

1861 In Buenos Aires wird der „Cricket Club" gegründet; ab 1867 wird auch Fußball gespielt.

1862 *J. C. Thring*, Rektor der Uppinghamer Schule, veröffentlicht einen Spielregelentwurf („The simplest game").

1863 a) in London konstituiert sich am 26. Oktober der erste nationale Fußballverband der Welt, die engl. „Football Association". Ein 14 Absätze umfassendes Regelwerk (im Dezember beschlossen) – basierend auf den wenige Wochen zuvor herausgegebenen „Cambridge-Regeln" – verankert fundamental das Spielen mit dem Fuß u. das ausschließliche Treten nach dem Ball. Der Gründungstag gilt als Geburtsstunde des modernen Fußballs u. rechtfertigt Englands Ruf, „Mutterland des Fußballs" zu sein. Die erste *Abseitsregel* besagt, daß, wie beim Rugby, jeder Spieler vor dem Ball, also zwischen Ball u. gegnerischem Tor, abseits ist (s. a. 1866).
b) Ende 1863 (od. Anfang 1864) findet in England das erste „reguläre" Fußballspiel der Geschichte statt (Harrow School – Cambridge 3:1).
c) in Christchurch (Neuseeland) wird ein Fußballklub gegründet. – Die folgenden Jahrzehnte bringen eine Vielzahl von Klubgründungen, wobei teilweise nach eigenen Regeln gespielt wird.

1864 In Cambridge wird das Regelwerk modifiziert, so auch die Festlegung über die *Spielkleidung*. Danach müssen die Hosen der Spieler die Knie bedecken u. die Aktiven Mützen mit Quasten (Troddeln) tragen (s. a. 1904 c).

1865 Zum ersten Mal werden in England Bänder od. Schnüre quer zur Torraumbreite 8 foot (2,44 m) über dem Boden gespannt (s. a. 1875 c).

1866 Die *Abseitsregeln* von Westminster u. Charterhouse werden von der FA als verbindlich anerkannt. Ein Spieler ist abseits, wenn er vor dem Ball ist u. nicht mindestens 3 Gegner vor sich hat (s. a. 1925 a).

1867 Der erste schott. Fußballklub wird in Glasgow gegründet („Queen's Park Football Club").

1870 a) In Campo Pequeno (bei Lissabon) existiert ein nur von Engländern benutzter Fußballplatz.
b) Der „Ball-Club Göteborg" (gegr. 1866) spielt „Fußball" (Mischung Fußball/Rugby).
c) Englische Reisende bringen Fußball nach Ungar. *Lajos Molnár* veröffentlicht in der „Reform-Tageszeitung" Aufsätze über Fußball u. Athletik.
d) In Australien wird das Spiel von brit. Grubenarbeitern eingeführt.

1871 a) Die Spielregeln der Football Association werden dahingehend abgewandelt, daß dem Torhüter die Handabwehr gestattet ist; für die Feldspieler wird Handspiel verboten (s. a. 1903b).
b) Die „Rugby Football Union" wird gegründet u. besiegelt den endgültigen Bruch zwischen Rugby u. Fußball.

1872 a) Im ersten *Länderspiel* der Geschichte (nach 2 inoffiziellen 1870 u. 1871) trennen sich Schottland u. England in Glasgow 0:0, nachdem die Schotten die engl. Regeln übernommen u. damit anerkannt haben.
b) Im Endspiel um den erstmals ausgespielten engl. Pokal (*FA Cup*) besiegt der London Wanderers F. C. im Londoner Kensington Oval den Royal Engineers A. F. C. Chatam mit 2:0.
c) Der *Eckstoß* wird eingeführt u. der *Ballumfang* festgelegt.

1873 a) In Glasgow wird der „Schottische Fußballverband" gegründet.
b) Erster walis. Fußballklub ist der „Wrexham Football Club".

1874 a) Vom engl. Fußballverband wird der *Schiedsrichter* eingeführt.
b) Sam *Weller-Widdowson,* engl. Nationalspieler, erhält ein Patent auf *Schienbeinschützer*, die später (ab 1880) von der Football Association als verbindlich vorgeschrieben werden.
c) In Deutschland wird der sportliche engl. Fußball übernommen (*K. Koch*) u. in Braunschweig der erste deutsche Schulfußballverein gegründet.

1875 a) Das erste deutschsprachige Regelwerk erscheint in Braunschweig (12seitige, aus dem Englischen übersetzte Broschüre).
b) Eine Universitätsmannschaft aus Oxford reist durch Deutschland u. macht den Fußball bekannt. An verschiedenen deutschen Universitäten werden Fußballmannschaften ins Leben gerufen.
c) In England wird die bislang übliche Schnur od. das Band als obere Torbegrenzung durch die *Querlatte* ersetzt (s. a. 1865).
d) Einführung des *Seitenwechsels* u. der *Halbzeitpause* (England).
e) Der niederländ. Verein „Koninklijke U. D." *(Utile Dubi)* wird in Deventer gegründet.

1876 a) In seinem ersten Länderspiel unterliegt Wales in Glasgow gegen Schottland 0:4, nachdem im gleichen Jahr in Wrexham der „Walisische Fußballverband" gegründet wurde.
b) „KB Kopenhagen", der erste dän. Klub, wird gegründet (spielte erst „Langball", ab 1879 Fußball).

1877 Die Football Association führt den *Feldverweis* ein.

1878 a) Auf dem Bramall-Lane-Platz in Sheffield findet das erste Spiel bei elektrischer Beleuchtung („Flutlicht") statt.
b) Ein engl. Schiedsrichter verwendet in Nottingham erstmals die *Schiedsrichter-* (od. *Triller-*) *Pfeife*.

1879 a) Der erste schweizer. Verein ist der FC St. Gallen.
b) In den Niederlanden gründet *Pim Multier* den „Football Club Haarlem".
c) Die ersten *Fußballprofis* sind Schotten (Glasgow), die nach Darwen verpflichtet werden.

1880 a) In Deutschland wird die Spieldauer mit 2 × 30 min (bei Halbzeitpause) festgelegt.
b) Erster deutscher Fußballverein ist der „Bremer Football Club". – Gründung des Hamburger „Komitees für Laufsport", aus dem später der „Hamburger Sportklub" hervorgeht.
c) In Belfast wird der „Irische Fußballverband" gegründet (nach Abspaltung Nordirlands von Irland, 1921: „Nordirischer Fußballverband").
d) In England wird der „freie" Handeinwurf eingeführt (s. a. 1882b).
e) In Schweden werden die ersten Fußballvereine gegründet.

1882 a) Nordirland verliert sein erstes Länderspiel mit 0:13 gegen England in Belfast.
b) Der *Einwurf* muß mit beiden Händen ausgeführt werden (s. a. 1880d).
c) Die Besatzung eines brit. Kriegsschiffes bringt Fußball nach Korea.

1883 a) Die brit. Verbände beginnen mit der Durchführung ihrer internationalen Mei-

sterschaft für Nationalmannschaften (*Britische Meisterschaft*); erster internationaler Wettbewerb überhaupt (s. a. 1984c).
b) Erster Berliner Fußballverein ist der „Berliner Football- u. Cricket-Club".

1885 a) In den brit. Verbänden wird der Profifußball legalisiert.
b) Erstes internationales Auswahlspiel in Nordamerika (Kanada – USA in Galt [Ontario] 2:0).
c) Der erste norweg. Verein, „FC Kristiana" (Oslo), wird gegründet.
d) Der erste ungar. Fußballklub, BTC (*Budapesti Torna Club*), wird gegründet.

1886 a) In England werden erstmals *Länderspielkappen* für Nationalmannschaftseinsätze verliehen.
b) Gründung des *International Football Association Board* in London (s. a. 1913a).

1888 Die engl. Liga (*The League*) mit anfangs 12 Profiklubs wird eingeführt; erste nationale Liga der Welt.

1889 a) Dem Schiedsrichter, der bislang lediglich die Oberaufsicht führte, ohne direkt in das Spiel einzugreifen, werden zur Unterstützung 2 *Linienrichter* zugeteilt, u. er erhält alleinige Entscheidungsbefugnis.
b) Preston North End wird erster engl. Fußballmeister u. gewinnt im gleichen Jahr den FA Cup.
c) Beim Spiel Wales gegen Schottland wird erstmals ein Spieler ausgewechselt.
d) Der „Valparaiso-Fußballklub", ältester Klub in Chile, wird von brit. Einwohnern gegründet.
e) Gymnasiumschüler gründen in Istanbul den ersten türk. Fußballverein.
f) Die *Englische Handelsgesellschaft* stiftet in Indien den „Trades Football Cup" (ab 1893 „Indian Football Association Trophy").

1890 a) In Liverpool werden die Tore mit *Tornetzen* versehen (*J. A. Brodie*).
b) Der „Bund Deutscher Fußballspieler" wird in Berlin gegründet (1892 bereits wieder aufgelöst).
c) Der „F. C. Internazionale", der erste italien. Klub, wird in Turin gegründet.

1891 a) Auf Antrag Irlands wird der *Strafstoß* eingeführt.
b) Der „Deutsche Fußball- und Kricket-Club" wird in Berlin gegründet (veranstaltet eine „Deutsche Meisterschaft", Sieger: Germania 1888 Berlin).
c) Das Spiel wird in Griechenland von brit. Seeleuten eingeführt.
d) Der „Neuseeländische Fußballverband" wird gegründet.

1892 a) Gründung der „Societá Ginnastica Pro Vercelli", deren spätere Fußballsektion (nach 1903) zu einem der besten italien. Frühvereine werden sollte (*Pro Vercelli:* Kleinstadt in der Nähe Turins).
b) Die II. Division der engl. Fußballiga wird eingeführt.
c) Der „Südafrikanische Fußballverband" wird gegründet.

1893 a) In Leipzig konstituiert sich der spätere erste deutsche Meisterverein (*VfB Leipzig*).
b) Der „Argentinische Fußballverband", der älteste Fußballverband in Südamerika, wird gegründet u. die nationale Meisterschaft, die erste in Südamerika, eingeführt.
c) Der erste Versuch zur Organisierung einer *Spielervereinigung* in England schlägt fehl.
d) Professor *Kiritescu* spielt mit Schülern in Bukarest Fußball.

1894 a) Das Spiel wird in Brasilien u. Bulgarien eingeführt.
b) Erstes Fußballspiel in Peru (von Engländern gegen Peruaner gewonnen).
c) Erstes Fußballspiel in Polen, wobei 2 „Sokol"-Mannschaften aus Lwow u. Krakau gegeneinander spielen (1:0, nach 7 min abgebrochen!).

1895 a) In Bern wird der „Schweizerische Fußballverband" gegründet.
b) In England bestreiten *Frauen* ihr erstes Fußballspiel („British Lady Football Club 1895"); s. a. 1902b.
c) „CR Flamengo", der älteste Klub in Brasilien, wird in Rio de Janeiro gegründet.

1895 In den 90er Jahren des 19. Jh. existieren in St. Petersburg 3 Mannschaften (Newskij Club, Newka u. Viktoria). Diese Vertretungen bestanden vornehmlich aus Engländern. Die erste Mannschaft, die nur aus russ. Spielern besteht, wird 1897 gegründet („Zirkel der Sportfreunde St. Petersburg"). Das erste Spiel zwischen 2 russ. Mannschaften findet 1898 statt (Zirkel der Sportfreunde gegen Petersburger Zirkel der Sportler 4:3).

1896 a) Im ersten deutschen Städtespiel schlägt Berlin die Hamburger Vertretung mit 13:0.
b) Die Spielabteilung des Duisburger Turnvereins unternimmt als erste deutsche Mannschaft eine Englandtournee (4 Spiele, 4 Niederlagen, 0:46 Tore).
c) Ein inoffizielles Demonstrationsspiel wird bei den Olymp. Spielen in Athen gezeigt.
d) Internationale Amateurwettkämpfe zwischen brit. Ländern u. deutschen, österreich.

u. böhm. Auswahlmannschaften werden ausgetragen.
e) Der „Oruro Royal Club", erster Klub in Bolivien, wird gegründet.

1897 a) Gründung des „Verbandes Leipziger Ballspielvereine" (aufgelöst 1905).
b) In internationalen Städtespielen mit deutscher Beteiligung verliert Hamburg gegen Kopenhagen 0:5 u. Leipzig gegen Prag 2:4.
c) Die Begriffe „vorsätzlich" u. „absichtlich" werden in die Spielregeln eingebracht.
d) In Sòul wird die erste korean. Fußballmannschaft („Daehan") gegründet.

1898 a) Erstmals gibt es in einem Fußballspiel *Verlängerung* (FA-Cupspiel in England).
b) Ein *Auf- u. Abstiegssystem* wird in der engl. Liga eingeführt.
c) „Athletic Bilbao", der älteste span. Klub, wird von brit. Ingenieuren gegründet.

1899 a) Deutschland bestreitet gegen England seine ersten inoffiziellen Länderspiele (*Ur-Länderspiele*) u. unterliegt 2:13, 2:10 u. 0:7.
b) Das erste Städtespiel zwischen Wien u. Berlin endet 0:2.
c) In England wird die *Ablösesumme* eingeführt (damaliger Höchstbetrag: 10 Pfund Sterling).

1900 a) Vertreter von 86 deutschen Vereinen gründen am 28. Januar in Leipzig die Dachorganisation des deutschen Fußballs, den „Deutschen Fußball-Bund" (DFB), Sitz: Leipzig.
b) Im ersten inoffiziellen olympischen „Fußballturnier" (3 Teilnehmerländer) wird Großbritannien Olympiasieger, vertreten durch den „Upton Park FC".

1901 a) Deutschland beendet seine Ur-Länderspiele gegen England, diesmal dort, mit 2 weiteren Niederlagen (0:12 u. 0:10).
b) Tottenham Hotspur gewinnt als erster Nichtligaklub den FA Cup (Endspiel vor 110820 Zuschauern im Crystal Palace).

1902 a) Wien gewinnt den ersten Städtevergleich gegen den späteren „Erzrivalen" Budapest in Wien mit 5:0.
b) Der *Frauenfußball* wird in England untersagt (s. a. 1895 b).
c) Beim Einsturz einer Tribüne im Glasgower Ibroxpark während des Länderspiels Schottland–England werden 25 Personen getötet u. 340 z. T. schwer verletzt (s. a. 1946 c, 1985 b).
d) Die mexikan. Meisterschaft, erste nationale in Mittelamerika, wird eingeführt.
e) Der *Strafraum* wird durch ein Rechteck markiert (bislang Halbkreis) u. der *Strafstoßpunkt* festgelegt.

1903 a) Erster deutscher Meister wird am 31. 5. in Hamburg-Altona der VfB Leipzig durch einen 7:2-Endspielsieg über den DFC Prag.
b) Dem Torhüter wird das Handspiel nur noch innerhalb des eigenen Strafraumes gestattet (s. a. 1871 a).
c) Erster Klub Polens ist der „I. Lwowsker Fußballklub Slawa".

1904 a) In Paris erfolgt am 21. Mai die Gründung der *FIFA* (Frankreich, Belgien, Dänemark, Niederlande, Spanien, [Beitritt erst 1913], Schweiz, Schweden); erster Präsident: *R. Guérin*; Sitz: Paris.
b) Der Deutsche Fußball-Bund wird im gleichen Jahr siebenter FIFA-Mitgliedsverband.
c) Der Begriff „gefährliches Spiel" wird präzisiert u. der *indirekte Freistoß* eingeführt. – Eine weitere Bestimmung von 1864, daß die Hosen der Spieler die Knie bedecken müssen, wird aufgehoben.
d) Beim olympischen „Fußballturnier" in St. Louis (3 Klubs aus den USA u. Kanada) gewinnt der „Galt F. C." aus Ontario Gold für Kanada.
e) In Glasgow wird der *Hampden Park* eingeweiht.
f) Der „Österreichische Fußball-Bund" konstituiert sich in Wien.

1905 a) Die Schweiz unterliegt in ihrem ersten offiziellen Länderspiel in Paris gegen Frankreich mit 0:1.
b) Das Prager *Ulička* sorgt für Furore.
c) Argentinien u. Uruguay befassen sich in Buenos Aires mit der Austragung der 1. internationalen Meisterschaft von Südamerika.

1906 a) Sieger der „Zwischenolympiade" in Athen wird beim Fußballturnier die Elf Dänemarks.
b) *D. B. Woolfall* wird neuer FIFA-Präsident (Nachfolger von *R. Guérin*; s. a. 1904 a, 1921 a).
c) Der Torhüter darf bei der Strafstoßausführung bis zum Schuß die Torlinie nicht verlassen, kann sich aber auf ihr bewegen (s. a. 1929 c).
d) Argentinien gewinnt den erstmals ausgetragenen *Newton Cup*.

1907 Die Abseitsstellung in der eigenen Spielhälfte wird aufgehoben.

1908 a) Fußball hat sich olympisch durchgesetzt. Unter 6 teilnehmenden Mannschaften wird England in London Olympiasieger.
b) Deutschland verliert sein erstes offizielles Länderspiel 3:5 gegen die Schweiz in Basel.

1909 Durch die Aufnahme von Spielvereinen in den Arbeiter-Turner-Bund Deutschlands entfaltet sich der *Arbeiterfußball*.

1910 Die philippin. Meisterschaft, erste nationale in Asien, wird eingeführt.

1912 a) England holt sich unter 13 Teilnehmerländern (mit Deutschland u. Österreich) erneut den Olympiasieg.
b) Rapid Wien wird erster österreich. Fußballmeister.

1913 a) Im *International Football Association Board* werden 4 nichtbrit. FIFA-Mitglieder aufgenommen (s. a. 1886 b).
b) Die „10-Yard-Regel" wird eingeführt, die den Abstand des Gegners bei der Freistoßausführung festlegt (9,15 m).
c) China u. die Philippinen organisieren die erste internationale Meisterschaft Asiens in Manila.

1914 In Rio de Janeiro wird der „Brasilianische Fußballverband" gegründet.

1916 Gründung des „Südamerikanischen Fußballverbandes"; Uruguay gewinnt die erste *Südamerikameisterschaft.*

1919 a) In Wien wird die „Freie Vereinigung der Arbeiter-Fußballvereine" gegründet.
b) Rapid Wien gewinnt den erstmals ausgetragenen österreich. Pokalwettbewerb (bis 1949 als *Wiener Cup* geführt).
c) Der „Racing-Club Tunis" erringt die erste *Nordafrikameisterschaft.*

1920 a) Sieger des olympischen Fußballturniers von Antwerpen (14 Teilnehmerländer) wird Belgien.
b) Das Endspiel um die *I. Deutsche Arbeiterfußballmeisterschaft* gewinnt TuSV Fürth (Bayern) gegen Süden-Forst in Leipzig-Lindenau mit 3:1.
c) In Konstanz am Bodensee gründet *W. Bensemann* die Fußballfachzeitschrift „Kicker" (s. a. 1951 b).

1921 a) *J. Rimet* wird neuer FIFA-Präsident (Nachfolger von *D. B. Woolfall*; s. a. 1906 b, 1954 c).
b) In England wird *Fußballtoto* eingeführt.
c) In Kairo wird der „Ägyptische Fußballverband" gegründet.

1922 Der italien. Nationalspieler *U. Caligaris* demonstriert den *Scherenschlag* u. den *Fallrückzieher.*

1923 a) In London wird vor 126 000 Besuchern das *Wembleystadion* eingeweiht (FA-Cupfinale).
b) In einem vom Arbeiterfußball organisierten Städtespiel unterliegt Berlin in Berlin-Lichtenberg einer Moskauer Auswahl mit 0:6.

1924 a) Beim olympischen Fußballturnier in Paris (22 Teilnehmerländer) siegt Uruguay im Endspiel gegen die Schweiz mit 3:0.
b) Aus einem Eckstoß darf *direkt* ein Tor erzielt werden.
c) In seinem ersten Arbeiterfußball-Länderspiel unterliegt Deutschland in Paris gegen Frankreich mit 0:3.
d) Die *Skandinavische Meisterschaft,* der erste nichtbrit. europäische regionale Wettbewerb zwischen Nationen, wird eingeführt.

1925 a) Die Abseitsregel von 1866 wird dahingehend modifiziert, daß ein Spieler abseits ist, wenn er sich vor dem Ball befindet u. nicht mindestens 2 (bislang 3) Gegenspieler vor sich hat.
b) Nach Französisch u. Englisch wird *Deutsch* dritte offizielle FIFA-Sprache.

1927 a) Sparta Prag gewinnt den erstmals ausgetragenen *Mitropapokal,* den ältesten internationalen Pokalwettbewerb.
b) In England setzt sich das *WM-System* durch (*H.Chapman,* FC Arsenal).
c) Erste *Rundfunkübertragung* eines Fußballspiels: FC Arsenal gegen Sheffield United (22.1. in Highbury).

1928 a) Beim olympischen Fußballturnier in Amsterdam (17 Teilnehmerländer, mit Deutschland u. der Schweiz) wird Uruguay erneut Olympiasieger.
b) Die brit. Verbände verlassen die FIFA wegen Streitigkeiten über eine teilweise Bezahlung von Amateuren.

1929 a) In Madrid muß England die erste Niederlage gegen eine Vertretung des europäischen Kontinents hinnehmen (Spanien—England 4:3).
b) Rumänien gewinnt den erstmals ausgetragenen *Balkanpokal.*
c) Der Torhüter darf sich bei der Strafstoßausführung bis zum Schuß nicht auf der Torlinie bewegen (s. a. 1906 c).

1930 a) In Montevideo wird Uruguay unter 13 Teilnehmerländern erster *Fußballweltmeister.*
b) Italien gewinnt den *Nationenpokal.*
c) Kuba ist der Sieger des ersten Fußballturniers der *Zentralamerikanisch-Karibischen Spiele.*
d) Den ersten Nordafrikacup gewinnt der „Club des Joyseusetés Oran".

1931 Die Glanzzeit des österreich. „Wunderteams" beginnt in Wien mit einem 5:0 gegen Schottland (s. a. 1933 c).

1932 *Zürich* wird neuer FIFA-Sitz (vorher Paris).

1933 a) Beim Cup-Finale im Londoner Wembleystadion (F. C. Everton–Manchester City 3:0) werden erstmals *Rückennummern* getragen (F. C. Everton 1 bis 11, Manchester City 12 bis 22); s. a. 1937 d.
b) Mit *Hitlers* Machtübernahme wird der DFB innerhalb Deutschlands zum „Fachverband Fußball" im Reichssportführerring des deutschen Sports „umgestaltet".
c) Die Ära des „Wunderteams" geht mit einem 1:2 gegen die ČSR zu Ende (s. a. 1931).

1934 a) Der „Fachverband Fußball" wird zum „Fachamt Fußball" im Deutschen Reichsbund für Leibesübungen umfunktioniert. Der DFB bleibt lediglich formal (der FIFA wegen) als selbständige Organisation bestehen.
b) Nachdem erstmals Qualifikationsspiele erforderlich waren, wird Italien im eigenen Land unter 16 Endrundenteilnehmern Sieger der II. WM.

1935 In Düsseldorf gewinnt der 1. FC Nürnberg das Endspiel um den erstmals ausgetragenen *DFB-Pokal* gegen den FC Schalke 04 mit 2:0.

1936 Beim olympischen Fußballturnier in Berlin (16 Teilnehmerländer) gewinnt Italien das Endspiel gegen Österreich mit 2:1 (n. V.).

1937 a) Der Glasgower Hampden Park erlebt bei der Begegnung Schottland–England Besucherrekord (149 547 Zuschauer).
b) Erste *Fernsehübertragung* (Ausschnitte) eines Fußballspiels: Preston North End gegen Sunderland im FA-Cupfinale.
c) Die offizielle *Ballmasse* wird von 13 bis 15 auf 14 bis 16 Ounces (396 bis 453 g) erhöht.
d) Erstes Länderspiel mit Rückennummern (Nordirland gegen England in Belfast); s. a. 1933 a.

1938 a) Italien gewinnt in Frankreich (14 Teilnehmerländer) bei der III. WM seinen zweiten Titel.
b) Anläßlich des 75jährigen Jubiläums der Football Association gewinnt England in London ein Spiel gegen eine FIFA-Auswahl mit 3:0.
c) Neufassung des Regelwerkes in seine (weitestgehend) heutige Form.
d) Nach der Annexion Österreichs durch Deutschland scheidet der Österreichische Fußball-Bund aus der FIFA aus.

1939 a) Die Numerierung der Spieler hat sich international durchgesetzt.
b) In der Schweiz wird *Fußballtoto* eingeführt.
c) Der FIFA-Kongreß beschließt, 1942 die Weltmeisterschaft in Deutschland durchzuführen (wozu es aufgrund des 2. Weltkrieges nicht kommt).

1945 Die FIFA schließt nach der Zerschlagung der Hitlerdiktatur Deutschland aus ihrer Organisation aus u. verbietet den Mitgliedsländern jeglichen Spielkontakt mit deutschen Mannschaften.

1946 a) Der Weltpokal wird in *Coupe Jules Rimet* umbenannt.
b) Die brit. Verbände schließen sich der FIFA wieder an.
c) Beim Tribüneneinsturz während eines Pokalspiels zwischen Bolton Wanderers u. Stoke City kommen 33 Personen ums Leben (s. a. 1902 b, 1985 b).

1947 a) Jugoslawien gewinnt die erste *USIC-Meisterschaft*.
b) In England wird erstmals ein FA-Cupfinale live im Fernsehen übertragen.
c) In der sowjet. Besatzungszone erscheint das „Sportecho".
d) Glasgow erlebt anläßlich der im Jahr zuvor erfolgten Rückkehr der brit. Verbände in die FIFA ein Spiel zwischen Großbritannien u. einer FIFA-Auswahl (6:1).
e) In Frankfurt/Main wird der „Deutsche Fußballausschuß" gegründet, aus dem 1950 der neuzugründende DFB hervorgehen sollte.
f) Das Madrider *Bernabeu-Stadion* wird eingeweiht.

1948 a) Beim olympischen Fußballturnier in London (16 Teilnehmerländer) wird Schweden Olympiasieger.
b) England gewinnt in London das neugeschaffene *FIFA-Juniorenturnier*.
c) In der sowjet. Besatzungszone werden die ersten *Betriebssportgemeinschaften* gebildet (SG Planitz erster *Ostzonenmeister*).
d) Erster (Nachkriegs-) Meister (der Westzonen) wird der 1. FC Nürnberg.
e) Internationaler Spielertransfer (aus Schweden zum AC Mailand *G. Gren, G. Nordahl, N. Liedholm*).
f) Der „Saarländische Fußballbund" wird gegründet (s. a. 1956 g).

1949 a) Bei einem Flugzeugabsturz in der Nähe von Turin kommt die gesamte Mannschaft des AC Turin (darunter *V. Mazzola*) ums Leben (s. a. 1958 f).
b) In Österreich wird die *Staatsliga* gegründet u. *Fußballtoto* eingeführt.
c) In der DDR wird die *DS-Liga*, die spätere *Oberliga*, geschaffen (14 Mannschaften).
d) Erster *FDGB-Pokalsieger* (im Pokalwettbewerb der DDR) wird die BSG Waggonbau Dessau (1:0 [n. V.] gegen BSG Gera-Süd in Halle).

e) Die FIFA hebt das Spielverbot gegen deutsche Mannschaften auf.
f) Im „Deutschen Sportausschuß" wird eine *Sektion Fußball* gebildet (erster Leiter: *G. Schulz*).
g) In Berlin erscheint die Fußballfachzeitschrift „Die Neue Fußballwoche" („fuwo").

1950 a) Uruguay gewinnt im Maracaná vor 203850 Zuschauern 2:1 gegen Brasilien u. holt sich damit seinen zweiten WM-Titel.
b) Österreich gewinnt in Wien das FIFA-Juniorenturnier.
c) Die BSG Horch Zwickau wird erster *DDR-Fußballmeister* (5:1 gegen SG Dresden-Friedrichstadt im Dresdner Heinz-Steyer-Stadion). – In Berlin-Pankow konstituiert sich der *Fachausschuß Fußball* (s. a. 1952b).
d) Österreich ist die erste Ländervertretung des europäischen Kontinents, die in Schottland (Glasgow) gewinnt (1:0).
e) In der BRD erfolgt die offizielle Neugründung des *DFB*, der im gleichen Jahr der FIFA beitritt. – In ihrem ersten Länderspiel besiegt die BRD in Stuttgart die Schweiz mit 1:0. – Das Land Bayern gewinnt den einmalig ausgetragenen *Länderpokal* der BRD-Landesverbände (ab 1951: *Amateur-Länderpokal*).
f) „Berühmteste" Niederlage Englands, u. zwar 0:1 gegen die USA in Belo Horizonte (WM-Gruppenspiel).
g) Brasilien gewinnt den erstmals ausgetragenen *Oswaldo-Cruz-Cup*.
h) Der „Saarländische Fußballbund" wird Mitglied der FIFA.

1951 a) Der Ball wird „fernsehgerecht" (Schwarz-weiß od. Weiß, „Fernsehball"), auch der zunehmenden Flutlichtspiele wegen.
b) In Nürnberg erscheint erstmals wieder der „Kicker", der sich rasch zur führenden Fußballfachzeitschrift in der BRD entwickeln sollte (s. a. 1920c).

1952 a) Ungarn wird beim olympischen Fußballturnier in Helsinki Olympiasieger.
b) Die „Sektion Fußball" (hervorgegangen aus dem *Fachausschuß Fußball*) der DDR wird FIFA-Mitglied (s. a. 1958e).
c) Die DDR bestreitet ihr erstes Länderspiel (0:3 gegen Polen in Warschau).
d) Spanien gewinnt den erstmals ausgetragenen *Latein-Cup*.

1953 a) Die FIFA legalisiert die Gründung kontinentaler Verbände.
b) Im „Spiel des Jahrhunderts" gewinnt Ungarn im Londoner Wembleystadion gegen England 6:3 u. besiegelt damit die erste Heimniederlage Englands gegen eine Elf des europäischen Kontinents.
c) Rot-Weiß-Essen gewinnt den erstmals nach dem 2. Weltkrieg ausgetragenen DFB-Pokal (2:1 gegen Alemannia Aachen).

1954 a) Die BRD besiegt im Endspiel der V. WM in der Schweiz die bis dahin in 32 Länderspielen unbezwungenen Ungarn im Berner Wankdorfstadion mit 3:2 u. wird Weltmeister.
b) In der Schweiz wird die *UEFA* gegründet; erster Präsident *E. Schwartz* (s. a. 1962d).
c) *R. W. Seeldrayers* wird neuer FIFA-Präsident (Nachfolger von *J. Rimet*, dem nunmehr ersten FIFA-Ehrenpräsidenten); s. a. 1921a, 1956e.
d) In der DDR entstehen die ersten *Sportklubs*.
e) Gründung des „Asiatischen Fußballverbandes" (*AFC*).

1955 a) Annahme der UEFA-Statuten durch deren Mitgliedsverbände u. erster Auftritt einer Europaauswahl anläßlich des 75jährigen Bestehens des Nordirischen Fußballverbandes in Belfast (Großbritannien–Europaauswahl 1:4).
b) Die DDR erreicht in ihrem 7. Länderspiel ihren ersten Sieg (3:2 gegen Rumänien in Bukarest).

1956 a) Beim olympischen Fußballturnier in Melbourne wird die UdSSR Olympiasieger.
b) Die UEFA wird mit der Durchführung des bisherigen FIFA-Juniorenturniers betraut (*UEFA-Juniorenturnier*).
c) Real Madrid gewinnt in Paris das Endspiel um den erstmals ausgetragenen *Europapokal der Landesmeister* (4:3 gegen Stade Reims).
d) *S. Matthews* wird erster *Europas Fußballer des Jahres*.
e) Als Nachfolger von *R. W. Seeldrayers* wird *A. Drewry* neuer FIFA-Präsident (s. a. 1954b, 1961a).
f) Gründung des „Afrikanischen Fußballverbandes" (*CAF*).
g) Der „Saarländische Fußballbund" wird in den DFB überführt (s. a. 1948f).

1957 a) Österreich gewinnt in Spanien das UEFA-Juniorenturnier.
b) Ägypten gewinnt den erstmals ausgetragenen *Afrika-Nationencup* (2:0 gegen Gastgeber Sudan).

1958 a) Bei der VI. WM in Schweden gewinnt Brasilien seinen ersten WM-Titel.
b) Barcelona gewinnt den erstmals ausgetragenen *Internationalen Messepokal* (s. a. 1972d).
c) Die UEFA führt den *Europapokal der Nationalmannschaften* ein.

d) Bulgarien gewinnt in der DDR die erste *SKDA-Meisterschaft.*
e) In Berlin wird der *Deutsche Fußballverband der DDR* gegründet (Nachfolger der „Sektion Fußball"); s. a. 1952b.
f) Bei einer Flugzeugkatastrophe in München-Riem kommen 8 Spieler von Manchester United ums Leben (u. a. *T. Taylor, D. Edwards*); s. a. 1949a.

1959 Das UEFA-Generalsekretariat wird von Paris nach *Bern* verlegt.

1960 a) Die UdSSR gewinnt in Frankreich den erstmals ausgetragenen *Europapokal der Nationalmannschaften.*
b) Im Endspiel des olymp. Fußballturniers in Rom schlägt Jugoslawien Dänemark mit 3:1.
c) Real Madrid gewinnt zum fünften Mal hintereinander den EC I (im Endspiel 7:3 gegen Eintracht Frankfurt/Main) u. wird erster Sieger des *Weltpokals* (0:0 u. 5:1 gegen Peñarol Montevideo, dem ersten Gewinner des *Südamerikapokals der Landesmeister*).
d) Bangu (Brasilien) gewinnt das erstmals ausgetragene *ISL-Championat.*

1961 a) *S. Rous* wird neuer FIFA-Präsident (Nachfolger von *A. Drewry*); s.a. 1956e, 1974e.
b) Den ersten *Europapokal der Pokalsieger* gewinnt der AC Florenz nach 2:0 u. 2:1 gegen Glasgow Rangers.
c) Gründung der *CONCACAF* (Nord-, Zentralamerika, Karibik).

1962 a) Brasilien wird bei der VII. WM in Chile zum zweiten Mal Weltmeister.
b) Ajax Amsterdam wird Sieger der ersten *Intertotorunde.*
c) Der FC Genua gewinnt den erstmals ausgetragenen *Alpenpokal* (für Klubmannschaften).
d) *G. Wiederkehr* wird neuer UEFA-Präsident (Nachfolger von *E. Schwartz*); s. a. 1954b, 1973b.

1963 a) Anläßlich des 100jährigen Bestehens der Football Association gewinnt im Londoner Wembleystadion England gegen den „Rest der Welt" 2:1.
b) In der BRD wird die *Bundesliga* mit 16 Mannschaften gebildet (s. a. 1965d).
c) *Zuschauerweltrekord* bei einem Klubspiel: 177656 bei Flamengo–Fluminense im Maracaná.

1964 a) Im Endspiel um den II. Europapokal der Nationalmannschaften gewinnt Spanien gegen die UdSSR in Madrid mit 2:1.
b) Beim olympischen Fußballturnier in Tokio wird Ungarn vor der ČSSR u. der DDR Olympiasieger.
c) In der BRD wird der 1. FC Köln erster *Bundesligameister.*
d) Fußballtragödie größten Ausmaßes in Lima: Nach dem Länderspiel Peru gegen Argentinien kommt es zu schweren Ausschreitungen, die über 300 Tote fordern (s. a. 1985c).

1965 a) Die DDR gewinnt in der BRD das UEFA-Juniorenturnier.
b) *S. Matthews* wird von Königin *Elisabeth* als erster engl. Fußballspieler in den Adelsstand erhoben.
c) In der DDR beginnt der Samstagpunktspielrhythmus; der erste *Fußballklub* wird in Magdeburg gegründet (*1. FC Magdeburg*).
d) Die Bundesliga wird auf 18 Mannschaften erhöht (s. a. 1963b).

1966 a) Im Endspiel der VIII. WM in London wird England nach einem 4:2 Sieg (n. V.) Weltmeister vor der BRD.
b) Borussia Dortmund gewinnt das Endspiel im EC II in Glasgow 2:1 (n. V.) gegen FC Liverpool u. holt damit erstmals einen Europapokal in die BRD.
c) Der 1. FC Lokomotive Leipzig wird Sieger der Intertotorunde.
d) Gründung des „Ozeanischen Fußballverbandes" (*OFC*).

1967 a) Der FC Bayern München gewinnt das Endspiel im EC II in Nürnberg gegen Glasgow Rangers mit 1:0 (n. V.).
b) Eintracht Frankfurt/Main wird Sieger der Intertotorunde, in der ab 1968 nur noch Gruppensieger ermittelt werden.
c) Sieger des *Herausforderungspokals* wird Bulgarien (3:2 gegen die DDR); s. a. 1969c.
d) Bei der *I. Frauenfußballeuropameisterschaft* gewinnt England das Endspiel gegen die BRD mit 4:0.
e) Meister der neugegründeten *North American Soccer League* (*NASL*) werden die „Los Angeles Wolves".
f) Im Endspiel der *I. Amateureuropameisterschaft* (für Länder mit Profifußball) in Palma de Mallorca besiegt Österreich Schottland mit 2:1.
g) Eintracht Frankfurt/Main gewinnt den Alpenpokal.
h) Die FIFA beschließt die Einführung der *Vier-Schritte-Regel* für Torhüter.

1968 a) Bei der *I. Europameisterschaft* in Italien gewinnt der Gastgeber vor Jugoslawien den EM-Titel.
b) Beim olympischen Fußballturnier in Mexiko-City wird Ungarn Olympiasieger. Erstmals wird – nach einer Idee von *S. Rous* – die Einführung der *gelben* u. *roten Karte* erprobt (s. a. 1970a).

c) FC Schalke 04 gewinnt den Alpenpokal.
d) Indonesien gewinnt den erstmals ausgetragenen *Kings Cup*.
e) Erster Torschützenkönig Europas wird *Eusebio* (42 Tore).

1969 a) Der FC Basel gewinnt den Alpenpokal.
b) Einführung des *Bonifikationssystems* für Auswärtstore u. feststehender Termine für alle Runden der EC-Wettbewerbe.
c) Umwandlung des Herausforderungspokals in *Europameisterschaft der Nachwuchsmannschaften* (s. a. 1967c, 1972c).
d) Der Austausch zweier Spieler während des gesamten Spiels wird durch die FIFA legalisiert.

1970 a) Brasilien gewinnt zum dritten Mal den WM-Titel, nachdem im Finale in Mexico-City Italien 4:1 bezwungen wird (Schiedsrichter: *R. Glöckner*). Zur WM-Endrunde wird offiziell die gelbe bzw. rote Karte eingeführt (s. a. 1968b).
b) Von der UEFA wird das *Strafstoßschießen* zur Siegerermittlung eingeführt.
c) Die DDR wird in Schottland (durch Losentscheid) zum zweiten Mal Sieger des UEFA-Juniorenturniers.
d) Dänemark gewinnt die erste inoffizielle *Frauenfußballweltmeisterschaft*.
e) Der FC Basel wiederholt seinen Vorjahrssieg im Alpenpokal.

1971 a) In der Bundesliga wird eine Bestechungsaffäre aufgedeckt (*Bundesligaskandal*).
b) Die (Vor-) Nominierung von 5 Auswechselspielern wird erlaubt.

1972 a) Die BRD wird bei der II. Europameisterschaft in Brüssel Europameister.
b) Beim olympischen Fußballturnier in München siegt Polen vor Ungarn.
c) Die *I. Europameisterschaft der Nachwuchsmannschaften* (U 23) wird von der ČSSR gewonnen.
d) Den ersten *UEFA-Pokal* (Nachfolger des Internationalen Messepokals) holt sich Tottenham Hotspur (2:1 u. 1:1) gegen Wolverhampton Wanderers (s. a. 1958b).
e) Erstmals wird der *Supercup* ausgespielt; Sieger: Ajax Amsterdam.

1973 a) Servette Genf gewinnt den Alpenpokal.
b) Neuer UEFA-Präsident wird *A. Franchi* (Nachfolger von *G. Wiederkehr*); s. a. 1962d, 1984d.

1974 a) Bei der X. WM in der BRD gewinnt der Gastgeber den Titel vor den Niederlanden (2:1 Endspielsieg).
b) FC Bayern München gewinnt als erster BRD-Klub den EC I (in Brüssel gegen Atlético Madrid 1:1 u. 4:0).
c) Erster Europapokalsieger für die DDR wird der 1. FC Magdeburg, der im EC II-Finale in Rotterdam den AC Mailand mit 2:0 besiegt.
d) Young Boys Bern gewinnt den Alpenpokal.
e) *J. Havelange* wird neuer FIFA-Präsident (Nachfolger von *S. Rous*, jetzt FIFA-Ehrenpräsident); s. a. 1961a.
f) In der BRD wird die Zweite Liga (2 Staffeln) eingeführt.
g) In England finden erstmals Sonntagsspiele statt (Liga, FA Cup).
h) Sieger der II. Europameisterschaft der Nachwuchsmannschaften wird Ungarn (2:3 u. 4:0 gegen die DDR).

1975 a) Bayern München wird zum zweiten Mal EC I-Gewinner (in Paris 2:0 gegen Leeds United).
b) Borussia Mönchengladbach gewinnt den UEFA-Pokal (0:0 u. 5:1 gegen Twente/Enschede '65).
c) SSW Innsbruck holt sich den Mitropapokal.
d) Servette Genf gewinnt den Alpenpokal.

1976 a) Bei der III. Europameisterschaft in Jugoslawien gewinnt die ČSSR das Finale gegen die BRD mit 5:3 (n. V. u. Strafstoßschießen).
b) Im Endspiel des olympischen Fußballturniers in Montreal besiegt die DDR Polen mit 3:1.
c) Bayern München gewinnt zum dritten Mal in Reihenfolge den EC I (in Glasgow gegen AS St.-Étienne 1:0) u. erringt im gleichen Jahr den Weltpokal (2:0 u. 0:0 gegen Cruzeiro Belo Horizonte).
d) Bei der III. Europameisterschaft der Nachwuchsmannschaften siegt die UdSSR vor Ungarn (künftig durch die U 21 abgelöst); s. a. 1978b.
e) Servette Genf wiederholt seinen Sieg im Alpenpokal.

1977 a) Die UdSSR gewinnt in Tunesien das *I. Juniorenweltturnier* (U 18); s. a. 1981a.
b) Der Hamburger SV schlägt im EC II-Endspiel in Amsterdam den RSC Anderlecht 2:0.

1978 a) Bei der XI. WM in Argentinien siegt der Gastgeber im Finale gegen die Niederlande mit 3:1 (n. V.) u. wird Weltmeister.
b) Bei der IV. Europameisterschaft der Nachwuchsmannschaften (U 21) gewinnt im Finale Jugoslawien gegen die DDR (1:0 u. 4:4).
c) Einführung des *Wertkoeffizientensystems* für alle UEFA-Pokalwettbewerbe.

1979 a) Borussia Mönchengladbach setzt sich in den 2 Endspielen gegen Roter Stern

Belgrad durch (1:1, 1:0) u. gewinnt den UEFA-Pokal.
b) Argentinien gewinnt in Japan das II. Juniorenweltturnier.

1980 a) Die BRD gewinnt die IV. Europameisterschaft in Rom nach einem 2:1 Endspielsieg gegen Belgien.
b) Beim olympischen Fußballturnier in Moskau gewinnt die ČSSR das Endspiel gegen die DDR mit 1:0.
c) Bei der V. Europameisterschaft der Nachwuchsmannschaften wird die UdSSR nach 2 Finalspielen (0:0, 1:0) gegen die DDR Titelträger.
d) Eintracht Frankfurt/Main gewinnt den UEFA-Pokal (2:3 u. 1:0 gegen Borussia Mönchengladbach).
e) Der Weltpokalsieger wird in nur noch einem Spiel ermittelt (in Tokio).

1981 a) In Australien wird die I. *Juniorenweltmeisterschaft* (U 20) ausgetragen, die Nachfolgerin des Juniorenweltturniers. Im Endspiel gewinnt die BRD mit 4:0 gegen Katar (s. a. 1977a).
b) Bei der I. *Junioreneuropameisterschaft* (Nachfolgerin des UEFA-Juniorenturniers) wird die BRD vor Polen Titelträger.
c) In der BRD wird die *Zweite Bundesliga* (20 Mannschaften) eingeführt.
d) Uruguay gewinnt in Montevideo die *Copa de Oro* vor Brasilien.

1982 a) Bei der XII. WM in Spanien bestreiten erstmals 24 Mannschaften die Endrunde. Im Endspiel gewinnt Italien gegen die BRD mit 3:1.
b) Bei der VI. Europameisterschaft der Nachwuchsmannschaften wird England nach 3:1 und 2:3 gegen die BRD Europameister.
c) Sieger der I. *Jugendeuropameisterschaft* (U 16) wird im eigenen Land Italien (1:0 gegen die BRD).
d) Bei der II. Junioreneuropameisterschaft in Finnland gewinnt Schottland das Endspiel gegen die ČSSR mit 3:1.

1983 a) Der *Coupe Jules Rimet* wird in Rio de Janeiro gestohlen u. später von den Dieben (wahrscheinlich) eingeschmolzen.
b) Die II. Juniorenweltmeisterschaft gewinnt Brasilien in Mexiko gegen Argentinien (1:0).
c) Der Hamburger SV besiegt im EC I-Finale in Athen Juventus Turin mit 1:0.
d) Im Finale der III. Junioreneuropameisterschaft in England besiegt Frankreich die ČSSR mit 1:0.

1984 a) Bei der V. Europameisterschaft in Frankreich gewinnt der Gastgeber das Finale in Paris 2:0 gegen Spanien.
b) Beim olympischen Fußballturnier in Los Angeles gewinnt Frankreich vor Brasilien.
c) Letztmalig wird die Britische Meisterschaft ausgespielt (Sieger: Nordirland); s. a. 1883a.
d) *J. Georges* wird neuer UEFA-Präsident (Nachfolger von *A. Franchi*); s. a. 1973b.
e) In Belgien wird eine Bestechungsaffäre um die Klubs Standard Lüttich u. FC Waterschei aufgedeckt.
f) Bei der II. Jugendeuropameisterschaft in der BRD gewinnt der Gastgeber den Titel vor der UdSSR (2:0).
g) Das Endspiel der IV. Junioreneuropameisterschaft in der UdSSR gewinnt Ungarn gegen den Gastgeber (nach Strafstoßschießen).

1985 a) der Supercupsieger soll in nur noch einem Endspiel ermittelt werden (in Monaco); nach den Ereignissen unter c) erstmals 1987 realisiert.
b) Beim Brand einer Tribüne im engl. Bradford (II. Division) kommen 56 Zuschauer ums Leben (s. a. 1902c, 1946c).
c) Schwärzester Tag in der europäischen Fußballgeschichte: Vor dem EC I-Endspiel Juventus Turin – FC Liverpool (1:0) richten terroristische u. (rechts-)extremistische Elemente in einer Zuschauerkurve des Brüsseler Heysel-Stadions ein Blutbad an, das 39 Menschenleben u. mehrere Hundert z. T. Schwerverletzte fordert; s. a. 1964d.
d) Bei der III. Jugendeuropameisterschaft in Ungarn gewinnt die UdSSR das Endspiel gegen Griechenland mit 4:0.
e) Im Endspiel des *I. FIFA-Weltjugendturniers* (U 16) in China besiegt Nigeria die BRD 2:0.
f) Bei der III. Juniorenweltmeisterschaft in der UdSSR siegt Brasilien vor Spanien (1:0 n.V.).

1986 a) Anläßlich des 100jährigen Bestehens des *International Football Association Board* proklamiert die FIFA 1986 zum „Internationalen Jahr des Fußballschiedsrichters".
b) Bei der XIII. WM in Mexiko besiegt Argentinien die BRD im Endspiel mit 3:2 u. wird damit (nach 1978) zum zweiten Male Weltmeister.
c) Bestechungsskandal in Italien: illegale Totowetten u. manipulierte Spielergebnisse (zwischen 13.1.1985 u. 13.4.1986) in den beiden höchsten Spielklassen; Rücktritt der 19köpfigen Führung des Italienischen Fußballverbandes.
d) Bei der IV. Jugendeuropameisterschaft in Griechenland gewinnt Spanien vor Italien.
e) Im Endspiel der V. Junioreneuropameisterschaft in Jugoslawien besiegt die DDR die italien. Vertretung mit 3:1. (Die Junioren-EM erstreckte sich erstmals über 2 Jahre.)

A

Aachen, Alemannia *(Aachener Turn- u. Sportverein Alemannia)*, BRD, gegr. 10. 4. 1900 (Emblem ↑ Tf. 1); zweimal Meister der Regionalliga West (1964 u. 1967); 1. Bundesliga 1967/70; 2. Liga Nord 1974/81; seit 1981 2. Bundesliga. *Spielkleidung:* schwarze Hose, gelbes Hemd, schwarz-gelbe Stutzen. *Heimstadion:* Tivoli, 26354 Plätze, davon 3834 Sitzplätze und 6300 überdachte Stehplätze.

Spieler (Auswahl): F.-J. Breuer – N. Buschlinger – R. Claessen – H. Clute-Simon – H. Coenen – F. Frenken – H. Gronen – W. Habich – E. Hermandung – H.-J. Kapellmann – J. Martinelli – J. Montanes – R. Münzenberg – B. Olck – M. Pfeiffer – M. Roßbach – K.-D. Sieloff – H. Troche. – **Trainer** (Auswahl): E. Ahmann – G. Baumann – W. Fuchs – H. Hoffmann – H. Kronsbein – H. Lindemann – O. Pfau – M. Pfeiffer – G. Prokop – B. Sarosi – G. Stollenwerk – B. Thomas – H. Witzler.

Aarhus GF, Dänemark, Verein der 1. Division, gegr. 1880; *Landesmeister* 1955, 1956, 1957, 1960 u. 1986; *Pokalsieger* 1955, 1957, 1960, 1961, 1965 u. 1986. 10 *EC-Teilnahmen:* 30 Spiele; 9 Siege, 4 Unentschieden, 17 Niederlagen, 22:38 Punkte, 32:51 Tore. – *Spielkleidung:* blaue Hose, weißes Hemd, weiße Stutzen. *Heimstadion:* Aarhus Stadion, 25000 Plätze. Abb.

Spieler (Auswahl): J. Amdisen – H. Enoksen – H. From – A. R. Jensen – E. K. Jensen – J. Jensen – S. Jensen – H. C. Nielsen – J. Olesen – T. Rasmussen – B. Wolmar.
Trainer (Auswahl): A. Reese – J. Wehling.

A-Auswahl, frühere Bez. für die *Nationalmannschaft*, insofern darüber hinaus eine ↑ B-Auswahl existierte.

Abbadie, Julio Cesar, Uruguay, geb. 1930 Montevideo; Rechtsaußen; spielte bei Peñarol Montevideo, Genua 1893 u. US Lecce; 27 Länderspiele (1954/66); mit Peñarol 1966 Südamerikapokalgewinner u. Weltpokalsieger.

Abbauen, Nachlassen der Leistung durch Kraft-, Ausdauer- u. Konzentrationsverlust, z. B. „die Mannschaft baute in der zweiten Halbzeit rapide ab".

Abblocken, a) Abfangen der gegnerischen Angriffe durch eine gut gestaffelte Abwehr *(Abwehrblock, -bollwerk)*; b) Abwehren eines (Tor-)Schusses mit dem (Ober-)Körper; c) (Ab-)Sichern des Balles bei gegnerischer Bedrängnis. Abb.

Abblocken des Balles

„Abbrechen", rasches Nachlassen der Kräfte eines Spielers od. der gesamten Mannschaft, kann auch moralisch bedingt sein, z. B. durch Hinnahme mehrerer Gegentore innerhalb kurzer Zeit. Die Folge ist dann, daß man „eingeht".

Abbruch, svw. ↑ Spielabbruch.

Abdrehen, Umkehren nach Ballverlust bzw. nach Fehlabspiel des Mitspielers.

Abdrücken, unvermittelte Schußabgabe auf das gegnerische Tor, meist aus dem Fußgelenk und (schnell-)kräftig ausgeführt. Abb.

Abducken, svw. ↑ Unterlaufen.

Abegglen, André („Trello"), Schweiz, 7. 3. 1909–8. 11. 1944, Bruder von *Max A.*; Stürmer; spielte 1923/28 bei Xamax Neuchâtel, 1928/30 bei Cantonal, 1930/35 bei Grasshoppers Zürich, 1935/38 beim FC Sochaux, 1938/41 bei Servette Genf u. 1941/44 beim FC La Chaux-de-Fonds; 52 Länderspiele 1927 bis 1943 (30 Tore); WM-Endrundenteilnehmer 1934 u. 1938.

Abegglen, Max („Xam"), Schweiz, 11. 4. 1902–26. 8. 1970, Bruder von *André A.*; Läufer; spielte 1918/26 bei Can-

Aarhus GF

Abdrücken (U. Bredow)

tonal u. Lausanne Sports, 1927/39 bei Grasshoppers Zürich; 68 Länderspiele 1923/37 (33 Tore); WM-Endrundenteilnehmer 1934 u. 1938; nahm am olympischen Fußballturnier 1924 u. 1928 teil.

Aberdeen, FC („The Dons", „Die Dozenten"), Schottland, Verein der Premier Division (Emblem ↑ Tf. 1); gegr. 1903 von fußballinteressierten Dozenten der Aberdeener Universität; *Landesmeister* 1955, 1980, 1984 u. 1985; *Cupsieger* 1947, 1970, 1982, 1983, 1984 u. 1986; *Ligacupgewinner* 1956, 1977 u. 1986; *EC II-* u. *Supercupgewinner* 1983. 15 *EC-Teilnahmen:* 65 Spiele; 31 Siege, 15 Unentschieden, 19 Niederlagen, 77:53 Punkte, 113:75 Tore. – *Spielkleidung:* Rot. *Heimstadion:* Pittodrie Park (Ritter *Erskin von Pittodrie* stellte das Gelände zur Verfügung), 24 000 Plätze (seit 1978 als erstes Stadion auf der Insel völlig überdacht u. ausschließlich Sitzplätze).

Spieler (Auswahl): S. Archibald – M. M. Buchan – P. Buckley – A. G. Cheyne – R. B. Clark – D. Colman – J. Forrest – J. M. Harper – J. Hutton – A. Jackson – S. Kennedy – G. Leggat – J. Leighton – A. Love – F. Martin – M. McGhee – A. McLeish – W. Miller – W. Mills – G. Mulhall – D. T. Robb – D. Roughvie – G. Strachan – P. Weir. – **Manager** (Auswahl): I. Bonthrone – A. Ferguson.

Abfallen, Zurückbleiben in der Leistung im Vergleich zu anderen Spielern, schwächer werdend, einen schlechteren Eindruck machend, z. B. „er fiel gegenüber seinen Mitspielern deutlich ab".

Abfälschen, (unabsichtliches) Berühren des Balles in der Weise, daß dieser aus seiner vorgegebenen Richtung abgelenkt wird, z. B. „er fälschte den Ball ins eigene Tor ab".

Abfangen, Abwehren des gegnerischen Angriffs bzw. Aufhalten des Balles in der Abwehrzone. – Auch A. des Balles durch den *Torhüter*. Abb.

Abfeuern, svw. ↑ Abdrücken.

Abfuhr, (hohe) Niederlage, z. B. „dem Gegner eine A. erteilen".

Abgabe, a) svw. ↑ Abgeben (a); b) abgespielter Ball, z. B. „die A. erlaufen".

Abgeben, a) Weiterleiten des Balles an einen Mitspieler, z. B. „den Ball schneller abgeben"; b) svw. *Abfeuern* (eines Schusses).

abgeklärt ist ein Spieler, der im Fußball gereift ist u. sich durch besonnene Aktionen auszeichnet. Das Prädikat kommt meist *Routiniers* zu, insbes. auf der Position des *Liberos*.

abgeschlagen, in der Tabelle od. in einem Turnier weit hinten plaziert.

Abjagen, svw. *Abnehmen*, z. B. „er jagte ihm den Ball wieder ab".

Ablage, seitliches od. rückwärtiges *Ablegen* des Balles, z. B. um dem Mitspieler eine Schußmöglichkeit zu schaffen; erfolgt meist mit der *Innenseite*.

Ablenken, bewußtes Verändern der Richtung des Balles, z. B. „er lenkte den Ball um den Pfosten".

Ablösespiel, *kommerzieller Fußball* ein Freundschaftsspiel bei der ersten Mannschaft eines Vereins, der einen prominenten Spieler an den Gastverein verkauft hat u. die Einnahmen des A.s behalten darf.

Ablösesumme, *kommerzieller Fußball* Geldbetrag, den ein Verein, der einen neuen Spieler verpflichtet (anstellt), an dessen bisherigen Verein bezahlen muß. Letzterer legt auch die A. fest, was dazu führen kann, daß ein Verein den Wechsel des Spielers verhindern kann, indem er eine extrem hohe A. fordert. Kommt dadurch der ↑ Transfer nicht zustande, hat der Spieler Anspruch auf einen neuen Vertrag bei seinem bisherigen Verein. A. stehen in der Regel in keinem angemessenen Verhältnis zu dem, was daraus sportlich u. finanziell für den künftigen Verein resultiert. Sie behindern den Spieler bei der Wahl seines Arbeitsplatzes u. schränken seine Handlungsfreiheit weitgehendst ein. A. erreichen z. T. (z. B. bei [Super-] Stars) astronomische Höhen (10 Mill. Mark u. mehr). Diese Praxis sieht sich zunehmender Kritik ausgesetzt.

„Abmelden", Beherrschen des Gegenspielers, ihn nicht zur Entfaltung kommen lassen, z. B. „er meldete den gefährlichen Stürmer völlig ab".

Abpfeifen, a) Unterbrechen des Spiels durch Schiedsrichterpfiff, z. B. den Angriff wegen Abseits abpfeifen; b) Beenden der ersten Halbzeit bzw. des Spiels durch Schiedsrichterpfiff *(Abpfiff)*.

Abpraller, Ball, der nach einem Torschuß von Querlatte, Torpfosten oder Abwehrspieler ins Spielfeld zurückspringt; oft eine „Beute" für ↑ Abstauber.

Abraham, Wolfgang, geb. 23. 1. 1942 Osterburg; Außenstürmer, Läufer, Vorstopper; spielte 1950/58 bei Einheit Osterburg, 1958/62 beim SC Aufbau Magdeburg, 1962/64 bei Turbine Magdeburg, 1965/66 bei Lok Stendal u. 1966/76 beim 1. FC Magdeburg; 196 Oberligaspiele (41 Tore).

Abrutscher, verunglückter Schlag bzw. Schuß; der Ball „rutscht über den Senkel" u. gerät somit außer Kontrolle des Schützen.

Abschiedsspiel, Freundschaftsspiel im nationalen od. internationalen Rahmen anläßlich des Rücktritts eines erfolgreichen u. populären (Ex-)Nationalspielers vom Leistungssport.

Abschirmen, Decken eines gegnerischen Spielers, ohne diesen körperlich zu berühren; auf „Tuchfühlung" bleiben. – Auch A. des Balles gegen einen attackierenden Gegner (↑ Abblocken [c]).

Abschlag, Weiterleiten des Balles im

Abfangen des Balles durch den Torhüter

laufenden Spielgeschehen aus der Hand des Torhüters (innerhalb des Strafraums); erfolgt meist durch *Vollspannstoß*. Beim A. darf der Torhüter von gegnerischen Spielern gestört werden; er muß den Ball nach 4 Schritten (↑ Vier-Schritte-Regel) od. 4 Sekunden (beim Stillstehen) freigeben bzw. auf den Boden legen od. mit dem Fuß führen. Beim A. bleibt – im Gegensatz zum ↑ Abstoß – die Abseitsregel voll wirksam. Der A. kann *direkt* zum Torerfolg führen. Abb.

Abschlag

Abschütteln, durch größere *Schnelligkeit* od. geschicktes *Fintieren* dem Gegner entkommen.

Abseits, Regelverstoß, der besagt, daß ein Angreifer sich in der gegnerischen Spielhälfte u. vor dem Ball befindet u. nur noch einen Abwehrspieler vor sich hat. Ein Angreifer wird nur dann abseits erklärt u. für seine A.stellung bestraft, wenn er – in dem Moment, da ein Spieler seiner Mannschaft den Ball spielt od. berührt – nach Ansicht des Schiedsrichters versucht, aus seiner A.stellung einen Vorteil zu ziehen od. das Spiel bzw. einen Gegner beeinflußt. Ein Angreifer ist dagegen nicht abseits zu erklären, wenn er den Ball direkt aus einem Abstoß, Einwurf, Eckstoß od. Schiedsrichterball bekommt. A.vergehen sind den „technischen Regelverstößen" zuzuordnen *(indirekter Freistoß)*. Ein wiederholt ins A. geratener kann deshalb nicht mit der Erziehungsmaßnahme einer Ermahnung od. Verwarnung bestraft werden. Für die strafbare A.stellung ist immer der *Augenblick der Ballabgabe* entscheidend, *niemals* der der *Ballannahme.* Die strafbare A.stellung wird durch einen *indirekten Freistoß* für die verteidigende Mannschaft geahndet. Er ist von der Stelle auszuführen, wo der Verstoß geschah, ausgenommen, der Verstoß wurde von einem Spieler im Torraum der gegnerischen Mannschaft begangen; in diesem Falle ist der Freistoß von irgendeinem Punkt innerhalb der Hälfte des Torraumes auszuführen, in der der Verstoß begangen wurde. – Die hauptsächlichsten Schwierigkeiten bei der Anwendung liegen in den Schutzbestimmungen der Regel XI (↑ Spielregeln) selbst begründet. Danach gibt es nicht weniger als 11 Ausnahmefälle, welche die 3 Punkte des ersten Absatzes plötzlich komplizieren. Diese perfekt zu beherrschen verlangt Wissen, Konzentration u. äußerstes Reaktionsvermögen vom Schiedsrichterkollektiv. Hier kann nur helfen, durch ständiges Üben u. Regeltraining die Theorie in die Praxis umzusetzen. Das erfordert Zeit, Geduld, Reife u. Erfahrung. Abb. Tab.

Abseits (landessprachlich)
Offside [engl.]
Mors-jeu [französ.]
Fuera de juego [span.]
Off-side [portugies.]
Fuorigioco [italien.]

Abseitsfalle, legitimes taktisches, aber auch riskantes Mittel der Abwehr, um den bzw. die gegnerischen Angreifer *abseits* zu stellen. Dabei müssen die Abwehrspieler auf einer Linie stehen u. auf Kommando des Abwehrchefs, des *Liberos*, blitzartig (im „richtigen" Moment) aus der Abwehr heraustreten. Das Augenmerk der Abwehrreihe gilt dabei sowohl dem Ball u. dem ballführenden Angreifer („zentraler Blick") als auch der Bewegung im Umfeld („peripherer Blick"). Durch Aufbau der *Abseitsgrenze* kurz vor der Mittellinie wird den eigenen Mittelfeld- u. Angriffsspielern die Möglichkeit gegeben, den Gegner frühzeitig zu attackieren (↑ Forechecking). Die A. ist kräftesparend, da der Raum verengt wird u. die Laufwege sich dadurch verringern; das Geschehen spielt sich weitgehend im Mittelliniebereich ab, d. h. auf etwa 20 bis 25% der gesamten Spielfeldfläche. Riskant

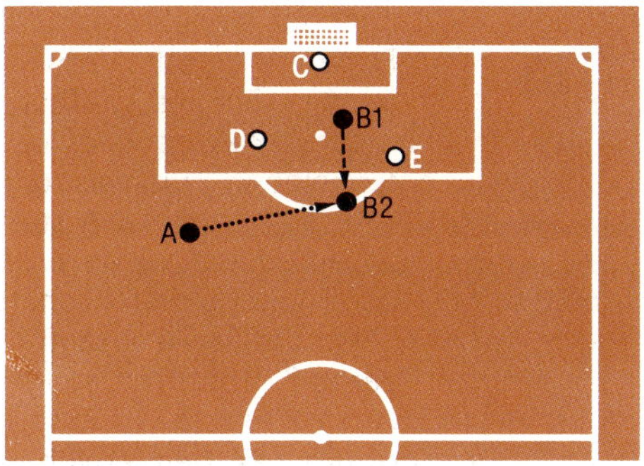

Abseits – *Zurücklaufen zum Ball* (1)
A spielt den Ball zu. *B* läuft von Position 1 zu Position 2 zurück, spielt sich zwischen *D* u. *E* hindurch u. erzielt ein Tor. *B* ist abseits, weil er im Augenblick, als *A* den Ball spielte, vor dem Ball war u. nicht 2 Gegner zwischen sich u. der Torlinie hatte.

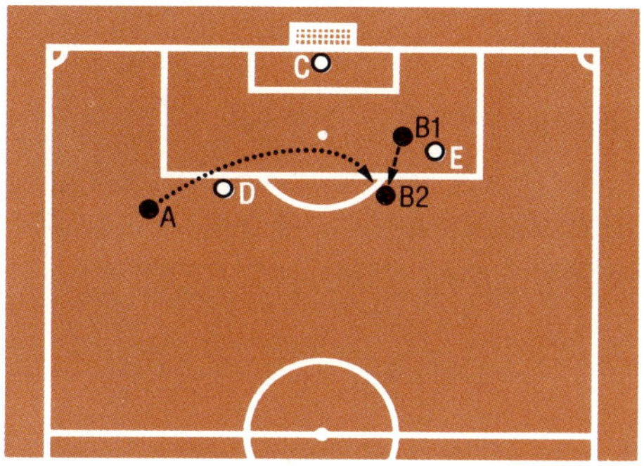

Abseits – *Zurücklaufen zum Ball* (2)
A spielt hoch gegen das Tor, u. der Wind trägt den Ball zurück. *B* läuft von Position 1 zu Position 2 u. erzielt ein Tor. *B* ist abseits, weil er im Augenblick, als *A* den Ball zum letzten Mal spielte, vor dem Ball war u. nicht 2 Gegner zwischen sich u. der Torlinie hatte.

Abseits (Diagramme)
- ● Spieler der angreifenden Mannschaft
- ○ Spieler der verteidigenden Mannschaft
- ·········► Ballbewegung
- - - - - -► Spielerbewegung

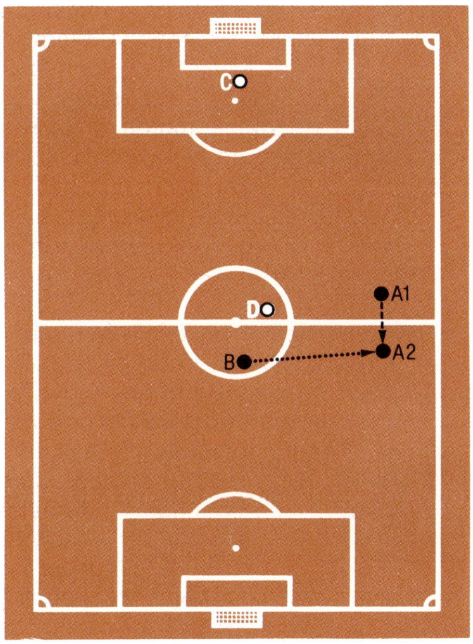

Abseits – *Ein Spieler kann seine Abseitsposition nicht aufheben, indem er in die eigene Spielfeldhälfte zurückläuft*
Wenn *A* sich in der gegnerischen Spielfeldhälfte aufhält u. in Abseitsposition ist, wenn *B* den Ball zuletzt spielt, kann er seine Abseitsposition nicht aufheben, indem er in seine Spielfeldhälfte zurückgeht.

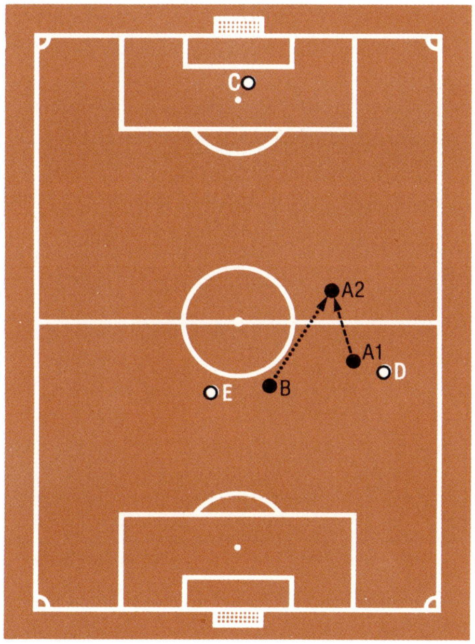

Nicht Abseits – *Ein Spieler, der sich in seiner Spielfeldhälfte befindet, ist nicht abseits, wenn er in die gegnerische Spielfeldhälfte eindringt*
Wenn sich *A* in seiner Spielfeldhälfte befindet, ist er nicht abseits, obwohl er vor dem Ball ist u. im Augenblick, als *B* den Ball zuletzt spielt, nicht 2 Gegner näher bei ihrer eigenen Torlinie sind. *A* ist deshalb nicht abseits, wenn er in die gegnerische Spielfeldhälfte eindringt.

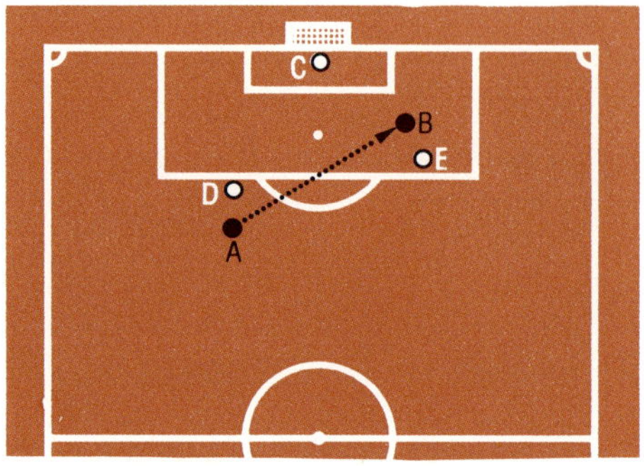

Abseits – *Paß zu einem Spieler der eigenen Mannschaft* (1)
A, der mit dem Ball vorgelaufen ist, hat *D* vor sich u. gibt den Ball an *B* ab. *B* ist abseits, weil er vor *A* ist u., im Augenblick als der Ball ihm von *A* zugespielt wird, sich nicht 2 Gegner zwischen ihm u. der Torlinie befinden.
Wenn *B* wartet, bis *E* zurückläuft, u. erst dann schießt, ist er trotzdem abseits, denn das ändert seine Position zu *A*, im Augenblick, als dieser ihm den Ball zuspielte, nicht.

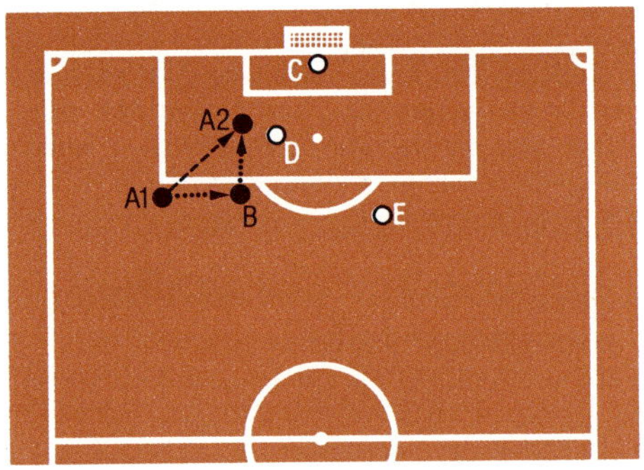

Abseits – *Paß zu einem Spieler der eigenen Mannschaft* (2)
A u. *B* spielen sich den Ball im Lauf zu. *A* spielt den Ball zu *B*; der nicht schießen kann, weil er *D* vor sich hat. *A* läuft dann von Position 1 zu Position 2, wo er den Ball von *B* erhält. *A* ist abseits, weil er vor dem Ball ist u. nicht 2 Gegner zwischen sich u. der Torlinie hatte, als der Ball von *B* gespielt wurde.

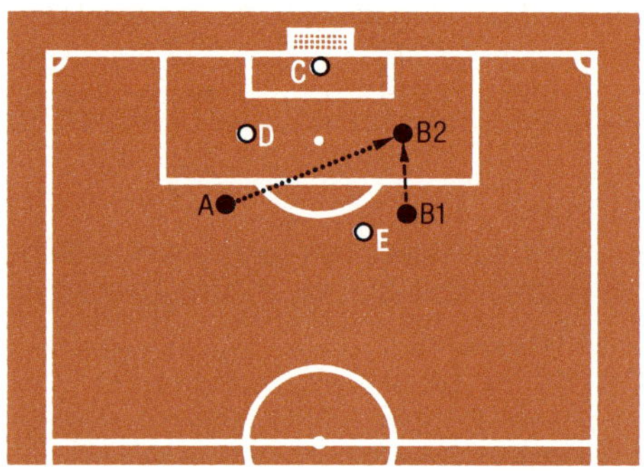

Nicht Abseits – *Paß zu einem Spieler der eigenen Mannschaft* (3)
A, der mit dem Ball vorgelaufen ist u. *D* vor sich hat, spielt quer über das Feld. *B* läuft von Position 1 zu Position 2. *B* ist nicht abseits, weil er im Augenblick, als *A* den Ball zuspielte, nicht vor dem Ball war u. 2 Gegner zwischen sich u. der Torlinie hatte.

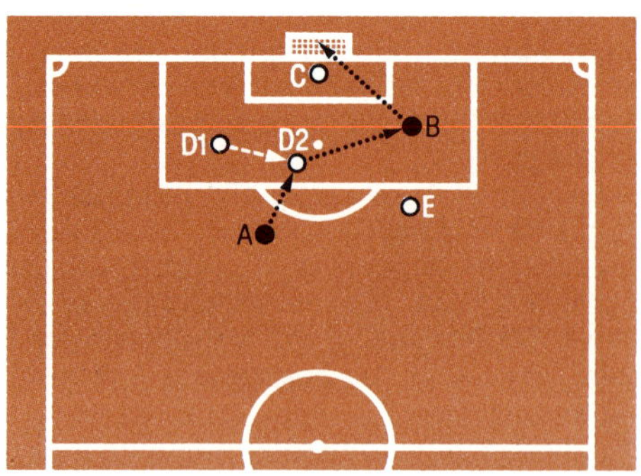

Abseits – *Ein Gegner berührt den Ball*
A schießt aufs Tor. *D* läuft von Stellung 1 zu Stellung 2, um den Ball abzufangen, aber der Ball springt ihm vom Fuß ab zu *B*, der ein Tor erzielt. Ungeachtet der Tatsache, daß der Ball durch *D* abgelenkt wurde, ist *B* abseits, denn er befand sich im Augenblick, als der Ball durch einen seiner Mannschaftskameraden gespielt wurde, in Abseitsposition u. beeinflußte das Spiel.

Abseits – *Schuß aufs Tor, abgewehrt durch den Torhüter* (1)
A schießt aufs Tor. Der Ball wird durch *C* gespielt u. kommt in den Besitz von *B*, der aber ausrutscht u. den Ball zu *F* spielt, welcher ein Tor erzielt. *F* ist abseits, weil er vor *B* ist u., als der Ball durch *B* gespielt wurde, nicht 2 Gegner zwischen sich u. der Torlinie hatte.

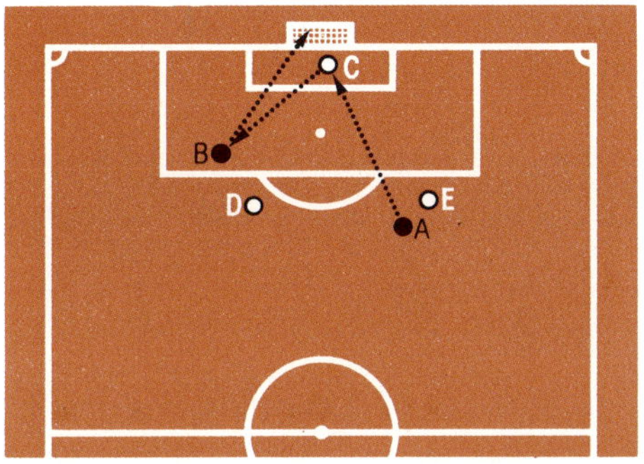

Abseits – *Schuß aufs Tor, abgewehrt durch den Torhüter* (2)
A schießt aufs Tor. Der Ball wird abgewehrt von *C* u. kommt in den Besitz von *B*, der ein Tor erzielt. Das Tor sollte annulliert werden, wenn der Schiedsrichter der Ansicht ist, daß *B*, der in Abseitsstellung ist, als *A* den Ball spielt, ins Spiel eingreift.

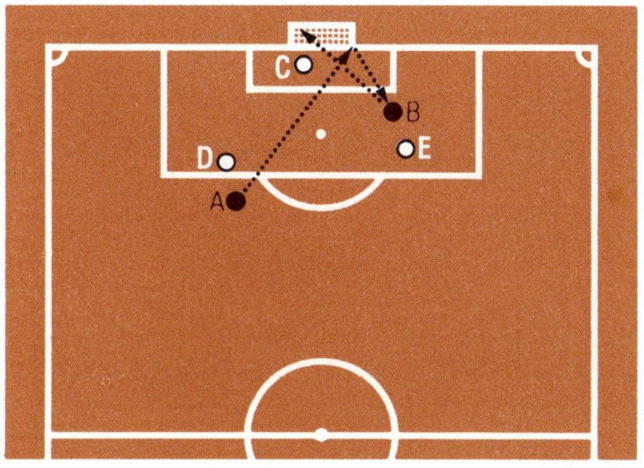

Abseits – *Der Ball prallt von Torpfosten od. Querlatte ab* (1)
A schießt aufs Tor, u. der Ball prallt vom Torpfosten ins Spiel zurück. *B* bemächtigt sich des Balles u. erzielt ein Tor. *B* ist abseits, weil der Ball zuletzt von *A*, einem Spieler der eigenen Mannschaft, gespielt wird, u. als *A* ihn spielte, *B* vor dem Ball war u. nicht 2 Gegner zwischen sich u. der Torlinie hatte.

Abseits – *Der Ball prallt von Torpfosten od. Querlatte ab* (2)
A schießt aufs Tor, u. der Ball prallt von der Querlatte ins Spiel zurück. *A* ist von Stellung 1 zu Stellung 2 gelaufen u. spielt danach den Ball zu *B*, der von der anderen Seite herbeiläuft. *B* ist abseits, weil der Ball zuletzt von *A*, einem Spieler der eigenen Mannschaft, gespielt wird u. *B* in dem Augenblick, als *A* ihn spielte, sich vor dem Ball befand u. nicht 2 Gegner zwischen sich u. der Torlinie hatte. Wenn *A* beim zweiten Versuch selber ein Tor erzielt hätte, anstatt den Ball zu *B* zu spielen, wäre es Tor gewesen.

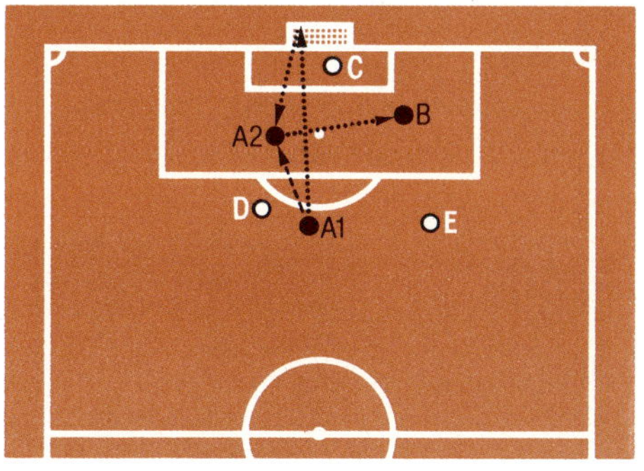

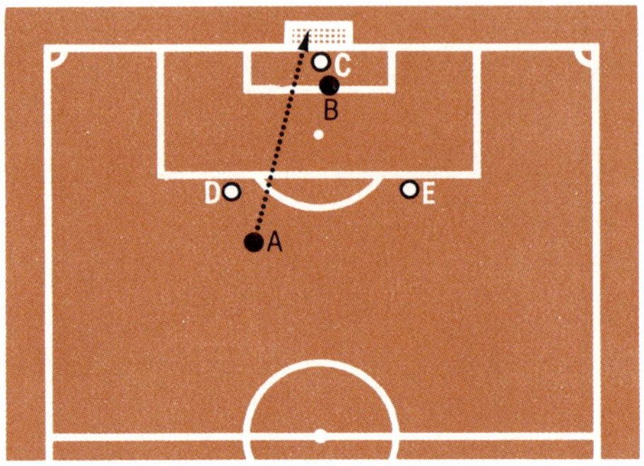

Abseits – *Behinderung des Torhüters* (1)
A schießt u. erzielt ein Tor. *B* behindert jedoch *C*, so daß dieser nicht an den Ball kommen kann. Das Tor muß annulliert werden, weil *B* in Abseitsstellung ist u. den Ball weder selbst berühren noch in irgendeiner Weise auf einen Gegner störend einwirken darf.

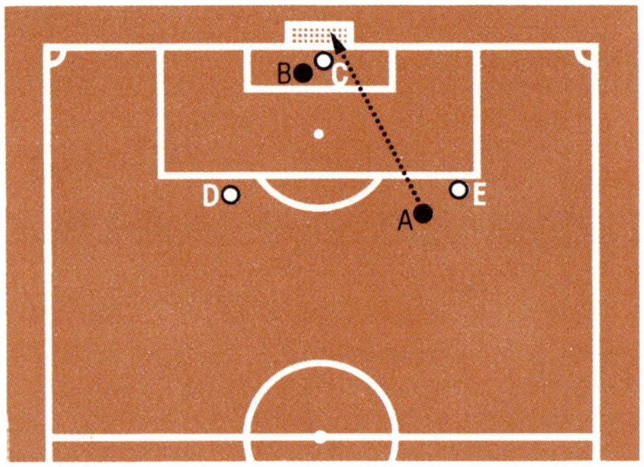

Abseits – *Behinderung des Torhüters* (2)
A schießt aufs Tor. Im gleichen Augenblick läuft *B* hinzu u. hindert *C* daran, den Ball richtig zu spielen. *B* ist abseits, da er im Augenblick, als der Ball von *A* gespielt wird, vor *A* ist u. nicht 2 Gegner zwischen sich u. der Torlinie hat. In dieser Position darf *B* den Ball weder selbst berühren noch in irgendeiner Weise auf einen Gegner störend einwirken.

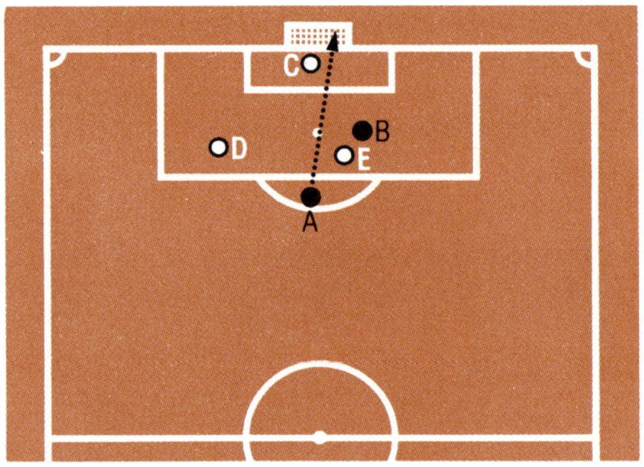

Abseits – *Behinderung eines anderen Gegners als des Torhüters*
A schießt aufs Tor. *B* behindert den herbeilaufenden *E* daran, den Ball aufzuhalten. *B* ist abseits, weil er in dem Augenblick, als *A* den Ball spielt, vor *A* ist u. nicht 2 Gegner zwischen sich u. der Torlinie hat. In dieser Position darf *B* weder den Ball selber spielen noch in irgendeiner Weise auf einen Gegner störend einwirken.

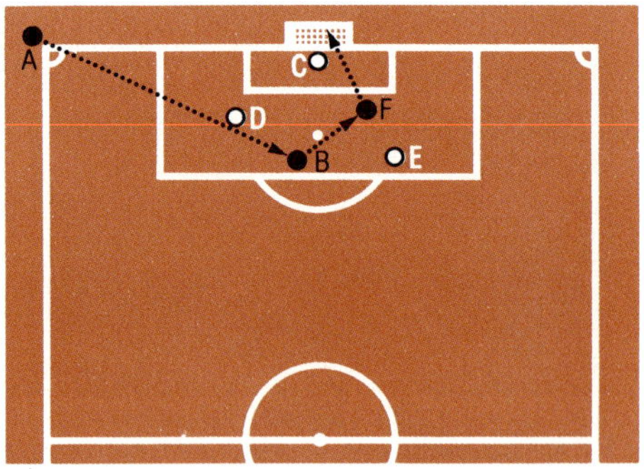

Abseits – *Nach einem Eckstoß* (1)
A führt einen Eckstoß aus, u. der Ball geht zu *B*. Dieser schießt aufs Tor, u. *F* berührt dabei den Ball. *F* ist abseits, weil, nachdem der Eckstoß ausgeführt wurde, der Ball zuletzt durch *B*, einen Spieler seiner Mannschaft, gespielt wurde u. *F* in dem Augenblick, als *B* ihn spielte, vor dem Ball war u. nicht 2 Gegner zwischen sich u. der Torlinie hatte.

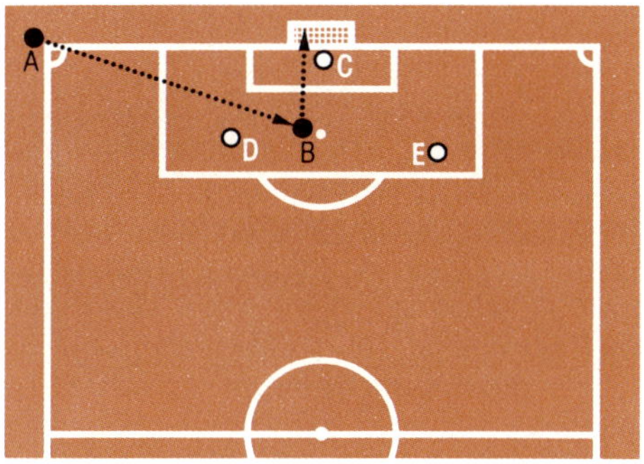

Nicht Abseits – *Nach einem Eckstoß* (2)
A führt einen Eckstoß aus u. der Ball geht zu *B*, der ihn ins Tor befördert. *B* hat nur einen Gegner zwischen sich u. der Torlinie, ist aber nicht abseits, weil ein Spieler bei einem direkten Eckstoß nicht abseits sein kann.

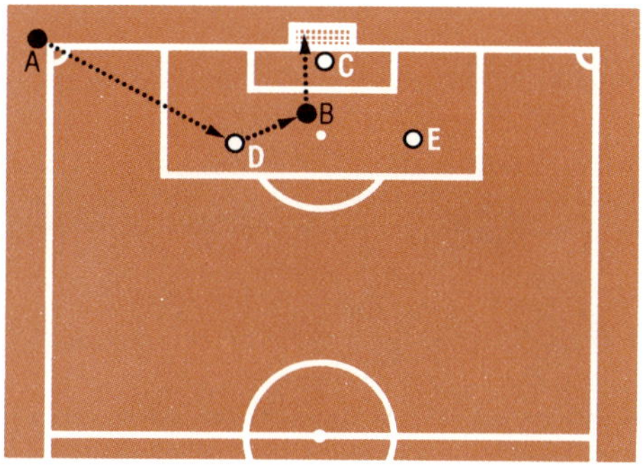

Nicht Abseits – *Nach einem Eckstoß* (3)
A führt einen Eckstoß aus, der Ball kommt zu *D* u. danach zu *B*, der ein Tor erzielt. Das Tor sollte anerkannt werden, da *B* nicht abseits war, als der Ball zuletzt von einem Spieler seiner eigenen Mannschaft gespielt wurde.

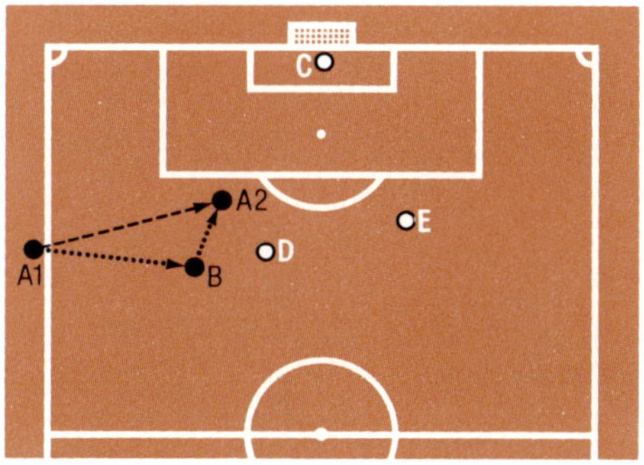

Abseits – *Nach einem Einwurf* (1)
A wirft den Ball zu *B* u. läuft dann zu Stellung 2. *B* spielt den Ball *A* in Position 2 zu. *A* ist abseits, weil er in dem Augenblick, als ihm der Ball von *B* nach vorn zugespielt wird, vor dem Ball ist u. nicht 2 Gegner zwischen sich u. der Torlinie hat.

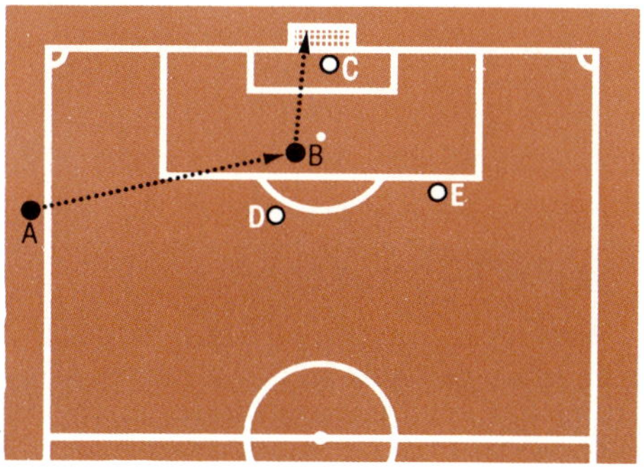

Nicht Abseits – *Nach einem Einwurf* (2)
A wirft den Ball zu *B*. Obwohl *B* vor dem Ball ist u. nicht 2 Gegner zwischen sich u. der Torlinie hat, ist er nicht abseits, weil ein angeworfener Spieler bei einem Einwurf nicht abseits sein kann.

ist das Stellen einer A. nicht zuletzt deshalb, weil es bedingt, daß Schieds- u. bzw. od. Linienrichter die entstandene Abseitsstellung sofort erkennen u. akustisch (Schiedsrichter) bzw. optisch (Linienrichter) anzeigen müssen.

Probate *Gegenmittel* zum Ausschalten der A. sind: a) *Alleingang (Solo)* des Ballführenden; b) *(Lang-) Diagonalpaß* über die hinaustretende Abwehrreihe hinweg zum steil laufenden Mitspieler; u. c) *Doppelpaß* (↑ Paß). – Als „Meister" des Stellens der A. gelten die Belgier u. Niederländer (1974 zur WM erstmals konsequent praktiziert). Die A. wird aber heute von Experten zwiespältig beurteilt, da sie destruktiven Charakter aufweist u. unansehnlich für die Zuschauer ist. Für Teile des Publikums – oft der Abseitsregel unkundig – ist die A. ohnehin ein „Buch mit sieben Siegeln". Der Entwicklung u. Attraktivität des Fußballs dürfte sie – betont angewendet – somit nicht dienlich sein, aber – so einige Trainer – „der Zweck heiligt die Mittel". Abb.

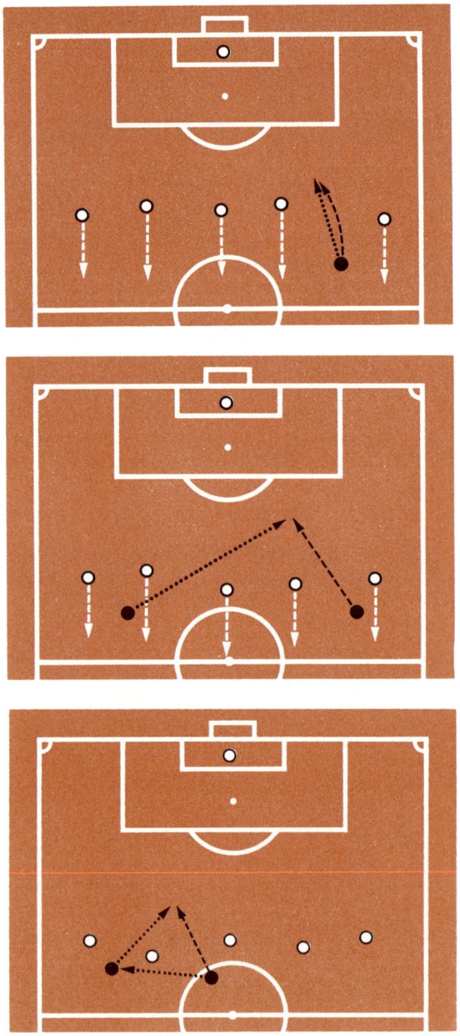

Umgehen der **Abseitsfalle**; a) durch Alleingang, b) durch Diagonalpaß u. c) durch Doppelpaß

abseitsverdächtige Position, mögliche Abseitsstellung eines angespielten Angreifers, die aber als solche vom Schiedsrichter u. bzw. od. Linienrichter nicht eingeschätzt od. erkannt (angezeigt) wurde; oft eine *Ermessensfrage*, zumal bei diffizilen Situationen.

„Abservieren", Beherrschen des gegnerischen Spielers, ihn nicht zur Entfaltung kommen lassen.

Absichern, die eigene Abwehr od. einen vorprellenden Abwehrspieler nach hinten sichern; ein *taktisches Mittel*. – Auch A. des Balles gegen den attackierenden Gegner (↑ Abblocken [c]).

„absichtlich" beinhaltet bewußtes, vorsätzliches Vergehen (rohes Spiel) u. Unsportlichkeiten, wobei im regeltechnischen Sinn auch eine bestimmte Fahrlässigkeit u. mangelnde Voraussicht der Folgen jeglicher risikovollen Spielweise diesem Begriff gleichzusetzen sind (z. B. *absichtliches Foulspiel*).

absichtliches Handspiel ↑ Handspiel.

Abspiel, a) svw. ↑ Abspielen; b) abgespielter Ball. S. a. Paß.

Abspielen, Weitergeben des Balles an einen eigenen (freien) Mitspieler; erfolgt meist auf engem Raum. Beim *direkten Abspiel* wird der ankommende Ball unmittelbar weitergeleitet.

Abstauber, Bez. für einen ↑ Stoßstürmer, der im gegnerischen Strafraum durch reaktionsschnelles Handeln u. ständiges Nachsetzen wiederholt Tore erzielt *(A.tore)*, die aus Fehlern od. Nachlässigkeit der Abwehr sowie aus ↑ Abprallern resultieren. – Verb: *Abstauben*.

Absteiger ↑ Abstieg.

Abstellen, einen Spieler für ein Spiel

außerhalb der Klubebene zur Verfügung stellen, z. B. „ihn für die Nationalmannschaft abstellen".

Abstieg, Wechsel von einer höheren in eine niedrigere Spielklasse. In der Regel steigen diejenigen Mannschaften ab, die nach Abschluß des Spieljahres die letzten Tabellenpositionen einnehmen (national u. regional unterschiedlich). Eine Mannschaft, die dieses Schicksal ereilt, heißt *Absteiger*.

Abstoß, den Ball wieder ins Spiel bringen, nach dem er die Torlinie außerhalb des Tores überschritten hatte u. von einem gegnerischen Spieler zuletzt berührt wurde. Der A. erfolgt gegen den ruhenden Ball durch den Torhüter od. Feldspieler aus jener Torraumhälfte, die der Stelle am nächsten liegt, wo der Ball ausging. Der Ball muß über die Strafraumgrenze hinweg ins Spiel gebracht werden, ansonsten ist der A. zu wiederholen. Aus einem A. kann man nicht unmittelbar ein Tor erzielen, auch darf der den A. ausführende Spieler den Ball nicht ein zweites Mal spielen, bevor ihn ein anderer Spieler berührt od. gespielt hat. Beim A. ist die Abseitsregel für den ersten ballannehmenden Mitspieler aufgehoben. Tab. S. a. Abschlag, Spielregeln (Regel XVI).

Abtasten, Studieren der gegnerischen Spielweise während der Anfangsminuten; bedächtiger Spielaufbau u. sicherheitsbetonte Spielweise, um Ballverluste zu vermeiden. S. a. Anfangsoffensive.

Abtropfenlassen, den gegen den Körper od. einen Körperteil prallenden Ball von dort fast senkrecht nach unten fallen lassen; verlangt Ballgefühl u. technisches Geschick.

Abwehr, 1. Handlung bzw. Handlungsfolge mit *defensivem Charakter*, die darauf abzielt, die Angriffshandlungen (↑ Angriff [1]) des Gegners abzuwehren u. Ausgangspositionen für den eigenen Angriff zu schaffen. Vorrangig *abwehrorientierte Spielweise* einer Mannschaft *(Defensivtaktik)* äußert sich im ↑ Defensivspiel.

2. Gesamtheit der verteidigenden Spieler einer Mannschaft, z. B. „die A. stand sicher".

Abwehrreihe ↑ Reihe.

Abwehrriegel, statische Verteidigungsform, bei der dem Angreifer stets ein *Riegel*, eine schräg gestaffelte Abwehr, entgegengestellt wird.

„Abwehrschlacht", aufopferungsvoller Kampf der Abwehr – unter Einbeziehung der übrigen Mannschaftsteile – gegen das übermächtige, ständige Anrennen des Gegners, ohne daß es zu wiederholten ↑ Entlastungsangriffen kommt.

Abwehrspieler, Bez. für die Spieler, welche die Abwehr einer Mannschaft bilden u. deren vorrangige Aufgabe es ist, Gegentreffer zu verhindern. Im modernen Fußball schalten sich aber, wenn es die Situation erfordert, die A. auch in den eigenen Angriff ein *(offensive A.)*.

Abwurf, svw. ↑ Handabwurf.

Abziehen, svw. ↑ Abdrücken.

Accra Sports Stadium, Nationalstadion von ↑ Ghana.

Achillessehnenverletzung, Beschädigung der *Achillessehne* (Sehne des dreiköpfigen Wadenmuskels); entsteht durch direkte Schlageinwirkung od. durch Fehlbelastung u. äußert sich im teilweisen od. völligen Zerreißen der Sehne (oft ohne Hautverletzung) mit hörbarem Knall; erzeugt plötzlichen, messerstichartigen Schmerz. *Klinische Zeichen:* Undurchführbarkeit des einbeinigen Zehenballenstandes, fühlbare Vertiefung an der Verletzungsstelle. *Therapie:* schnellstmögliche Operation. *Prophylaxe:* ein Schienbeinschützer mit Achillessehnenschutz; bei beginnenden Beschwerden durchblutungsfördernde Maßnahmen (z. B. Fußbad) einleiten.

Achse, zentral postierte überragende Spieler innerhalb einer Mannschaft, wie *Torhüter – Libero – Mittelstürmer*.

Achtelfinale, viertletzte Runde eines im *K-o.-System* ausgetragenen Turnier- od. Pokalwettbewerbs, an dem noch 16 Mannschaften (= 8 Spiele) beteiligt sind; die Sieger erreichen das ↑ Viertelfinale.

Achtungserfolg, knappe Niederlage od. Unentschieden gegen einen bedeutend spielstärkeren u. renommierteren Gegner.

Abstoß (landessprachlich)
Goal kick [engl.]
Coup dénvoi [französ.]
Lanzamiento [span.]
Empurrão [portugies.]
Rimessa [italien.]

AFC-Mitgliedsländer

Afghanistan
Bahrein
Bangladesh
Brunei
Burma
China
Hongkong
Indien
Indonesien
Irak
Iran
Israel
Japan
Jemen, Volksdemokratische Republik
Jemenitische Arabische Republik
Jordanien
Kampuchea
Katar
KDVR
Kuweit
Laos
Libanon
Macao
Malaysia
Malediven
Nepal
Oman
Pakistan
Philippinen
Saudi-Arabien
Singapur
Sri Lanka
Südkorea
Syrien
Taiwan
Thailand
Vereinigte Arabische Emirate
Vietnam

AFF-Mitgliedsländer

Ägypten
Algerien
Bahrein
Irak
Jemen, Volksdemokratische Republik
Jemenitische Arabische Republik
Jordanien
Katar
Kuweit
Libanon
Libyen
Marokko
Sudan

Aćimović, Jovan, Jugoslawien, geb. 21. 6. 1948 Belgrad; Mittelfeldspieler; spielte 1958/76 bei OFK u. Roter Stern Belgrad (519 Spiele, 113 Tore) sowie 1976/78 beim 1. FC Saarbrücken; 56 Länderspiele; internationales Debüt am 8. 6. 1968 gegen Italien (1:1) in Rom; Länderspielabschied am 19. 6. 1976 gegen die Niederlande (2:3) in Zagreb; WM-Endrundenteilnehmer 1974; EM-Endrundenteilnehmer 1976.

Adamec, Jozef (ČSSR), geb. 26. 2. 1942 Vrbové; Halbstürmer, Mittelstürmer; spielte 1954/58 bei Vrbové, 1959/61, 1963/64 u. 1966/76 bei Spartak Trnava, 1961/63 bei Dukla Prag, 1964/65 bei Slovan Bratislava u. 1977/80 beim Wiener SK; 44 Länderspiele (14 Tore); internationales Debüt am 30. 10. 1960 gegen die Niederlande (4:0) in Prag; Länderspielabschied am 26. 9. 1973 gegen Schottland (1:2) in Glasgow; WM-Endrundenteilnehmer 1962 u. 1970; 4mal ČSSR-Torschützenkönig: 1967 (21 Treffer), 1968 (18), 1970 (16) u. 1971 (16); 396 Ligaspiele, 170 Tore (138 für Trnava, 17 für Dukla, 15 für Bratislava). – Später Trainer bei Spartak Trnava (1976/77, Assistent), Slovan Duslo Sala (1980/81) u. Dukla Banská Bystrica (seit 1983).

Addis Abeba Stadium, Nationalstadion von ↑ Äthiopien.

Adduktorensyndrom, die Überbelastung des *Adduktors* („heranziehender" Muskel – hier Muskelgruppe –, der die Oberschenkel bzw. das gesamte Knie nach innen führt bzw. stabilisiert), die *Leistenschmerz* mit Ausstrahlung in die Bauchdecken u. bzw. od. in den Oberschenkel (Innenseite) hervorruft. Die Ursprungsstellen der Muskulatur sind druckschmerzhaft. *Ursache:* Fehlbelastung bzw. Überanstrengung od. Zerreißung des zusammengezogenen Muskels durch unerwartete einmalige Gewalteinwirkung; *Therapie:* durchblutungsfördernde Maßnahmen, zeitweise Vermeidung des Innenseitstoßes; bei Zerreißung Operation. *Prophylaxe:* Dehnungsgymnastik vor jedem Training.

Ademir, eigtl. *Marques de Menezes,* Brasilien, geb. 8. 11. 1922 Recife; Halb- u. Mittelstürmer; genialer Torjäger mit raffinierter Schußtechnik (Effetschütze); begann bei EC Recife unter Anleitung seines Vaters *D. A. da Guia*; 1938 Mittelverteidiger Brasiliens bei der WM-Endrunde in Frankreich; 1939 zu Pernambuco; 1942 zu Vasco da Gama; 1946 zu Fluminense Rio de Janeiro, ein Jahr später wieder bei Vasco, bis 1956, dem Ende seiner aktiven Laufbahn; 39 Länderspiele (32 Tore); Länderspieldebüt am 21. 1. 1945 gegen Kolumbien (3:0) in Santiago de Chile; Länderspielabschied am 15. 3. 1953 gegen Uruguay (1:0) in Lima; bei der WM-Endrunde 1950 in Brasilien 11facher Torschütze für Vizeweltmeister Brasilien. – Nach Beendigung seiner Laufbahn Rundfunkkommentator u. Zeitungsberichterstatter („O Dia", „A Noticia") sowie Trainer bei Vasco da Gama u. Fluminense. S. a. Tf. 20 *(oben)*.

AFA ↑ Argentinien.

AFC [Abk. für *Asian Football Confederation*], Vereinigung der nationalen asiat. Verbände; Sitz *Kuala Lumpur* (Malaysia); 1954 von Hongkong, Indien, Indonesien, Japan, Südkorea, Malaysia, den Philippinen, Singapur u. Südvietnam gegründet. 1955 kam Taiwan, 1956 Israel hinzu, alle anderen Verbände in den 60er u. 70er Jahren. Die AFC organisiert die Asienmeisterschaft für Nationen, den Cup der Meister u. den der Pokalsieger, das Fußballturnier der Asienspiele, ein Jugendturnier, den Damencup sowie weitere interessante Wettbewerbe. Tab.

AFF [Abk. für *Union of Arab Football Associations*], 1963 gegründete Vereinigung arab. Fußballverbände. Sie organisiert vornehmlich den *Arab Cup*, das Fußballturnier während der Panarabischen Spiele. Es ist offen für alle Mitgliedsländer der AFF u. wird seit 1963 ausgetragen. Tab.

Affekthandlung, von einem Spieler in heftiger Erregung begangene strafbare Handlung während des Spiels; äußert sich z. B. durch Schlagen, Treten od. Spucken. Auch wenn der betreffende Spieler evtl. zuvor provoziert wurde, ist das Verhalten unentschuldbar u. vom Schiedsrichter (in der Regel durch Feldverweis) streng zu ahnden. Zu A. neigen insbesondere impulsive u. aggressive Spielertypen.

Afghanistan, Staat im Nordosten Vorderasiens, 647 497 km², etwa 17 Mill. Ew., 1 Fußballspieler je 4 857 Ew.; Verband *The Football Federation of Afghanistan* („Afghanischer Fußballverband"), Abk. *FFA*; gegr. 1922, Sitz *Kabul*; Mitgl. der *FIFA* seit 1948. – *Organisation:* 35 Klubs; 3 500 Amateurspieler (einschl. Nachwuchs- u. AM-Spieler); *Spieljahr:* April–Oktober; *Spielkleidung:* Weiß (Reserveausrüstung: weiße Hose, grünes Hemd, grüne Stutzen); *Nationalstadion:* Volksstadion, Kabul, 25 000 (ausschl. Sitzplätze); *Stadien* (Auswahl): Kundoze, 20 000; Herat, 20 000.

Afrika-Nationencup, drittälteste Kontinentalmeisterschaft der Mitgliedsländer der ↑ CAF. Dabei wird bis hin zum Finale im K.-o.-System gespielt, u. zwar mit Hin- u. Rückspielen. Der A. wird – wenn auch nicht ständig – seit 1957 im Zweijahresrhythmus ausgetragen. Tab.

African Cup of Champion Clubs, svw. ↑ Afrikapokal der Landesmeister.

African Cup of Cup Winners, ↑ Afrikapokal der Pokalsieger.

African Cup of Nations, svw. ↑ Afrika-Nationencup.

African Youth Championship, svw. ↑ Jugendafrikameisterschaft.

Afrikapokal der Landesmeister, bedeutendster Klubwettbewerb des afrikan. Kontinents, organisiert u. durchgeführt von der ↑ CAF. Die *Kwame-Nkrumah-Trophäe* wird zwischen Februar u. Dezember im K.-o.-System mit Hin- u. Rückspielen ausgespielt. Eine Rekordbeteiligung mit 39 Landesmeistern gab es 1984. Tab.

Afrikapokal der Pokalsieger, afrikan. Pokalwettbewerb für die Pokalsieger der CAF-Mitgliedsländer. Der Austragungsmodus entspricht dem des ↑ Afrikapokals der Landesmeister. Tab.

Afrikas Fußballer des Jahres *(Le Ballon d'Or d'Afrique)*, initiiert von der französ. Fachzeitschrift „France Football" (afrikan. Ausgabe); wird jährlich durch deren Korrespondenten in einer Umfrage ermittelt. Tab.

Afrikaspiele, entspr. dem olympischen Reglement 1960 in *Tananarive* (heute *Antananarivo*) – Madagaskar – zum erstenmal durchgeführter Fußballwettbewerb, weitere folgten 1961 in *Abidjan* (heute *Yamoussoukro*), Elfenbeinküste, u. 1963 in *Dakar* (Senegal); seit 1965 mit offiziellem Charakter, vorher nur Freundschaftsspiele. Das Turnier geriet zwar in terminlichen Konflikt mit dem ↑ Afrika-Nationencup, fand aber dennoch große Resonanz.

Afrikas „Top Fifty", die führenden Klubs auf dem afrikan. Kontinent, „Abonnements"-Teilnehmer an den Afrikameister- u. Pokalsiegerwettbewerben. S. a. Tab. (↑ Anhang).

Afrika-Supercup, von der ↑ CAF sanktionierter Wettbewerb zwischen den Siegern im *Afrikapokal der Landesmeister* u. im *Afrikapokal der Pokalsieger*; ausgetragen in nur jeweils einer Begegnung.

Aguas, eigtl. *José Pinto Carvalho dos Santos*, Portugal, geb. 9. 11. 1931 Luanda (Angola); Mittelstürmer; spielte 1950/63 bei Benfica Lissabon u. 1963/64 Vienna Wien; 30 Länderspiele (1952/63). – Später Trainer bei Oriental Lissabon sowie Trainerassistent der portugies. Nationalmannschaft.

Ägypten, 1 001 449 km², etwa 45 Mill. Ew., 1 Fußballspieler je 3 750 Ew.; Verband *Egyptian Football Association* („Ägyptischer Fußballverband"), Abk. EFA; gegr. 1921, Sitz *Kairo*; Mitgl. der *FIFA* seit 1923, der *CAF* seit 1956. – *Organisation:* 175 Klubs; 5 000 Amateurspieler, gesamt 12 000 (einschl. Nachwuchs- u. AM-Spieler); *Spieljahr:* September–Juni; *Spielkleidung:* weiße Hose, rotes Hemd, schwarze Stutzen (Reserveausrüstung: weiße Hose, grünes Hemd, grüne Stutzen); *Nationalstadion:* Nasser Stadium, Kairo, 100 000 (82 000 Sitz-, 18 000 Stehplätze); *Stadien* (Auswahl): Zamalek, Kairo, 35 000; National Sporting Klub, Kairo, 35 000; Alexandria Stadium, Alexandria, 30 000; Arsenal Sporting Klub, Kairo, 20 000. Tab.

AH, Abk. für ↑ Alte Herren.

Akranes, IA *(Idrottabandalag)*, Island, 1. Division, gegr. 1946; 13mal *Landesmeister* (zwischen 1951 u. 1985); 5mal

Afrika-Nationencup

1957	Ägypten
1959	Ägypten
1962	Äthiopien
1963	Ghana
1965	Ghana
1968	Zaïre
1970	Sudan
1972	Kongo
1974	Zaïre
1976	Marokko
1978	Ghana
1980	Nigeria
1982	Ghana
1984	Kamerun
1986	Ägypten

Afrikapokal der Landesmeister

1965	Oryx de Douala (Kamerun)
1966	Stade d'Abidjan (Elfenbeinküste)
1967	T.P. Mazembé Lubumbashi (Zaïre)
1968	T.P. Mazembé Lubumbashi (Zaïre)
1969	SC Ismailia (Ägypten)
1970	Ashanti Kotoko Kumasi (Ghana)
1971	Canon Sportive de Yaoundé (Kamerun)
1972	Hafia FC Conakry (Guinea)
1973	AS Vita Club Kinshasa (Zaïre)
1974	C.A.R.A. Brazzaville (Kongo)
1975	Hafia FC Conakry (Guinea)
1976	AC Mouloudia Chaabia (Algerien)
1977	Hafia FC Conakry (Guinea)
1978	Canon Sportive de Yaoundé (Kamerun)
1979	Union Sportive Douala (Kamerun)
1980	Canon Sportive de Yaoundé (Kamerun)
1981	Jeunesse Tizi-Ouzou (Algerien)
1982	SC National Kairo (Ägypten)
1983	Ashanti Kotoko Kumasi (Ghana)
1984	SC Zamalek Kairo (Ägypten)
1985	FAR Rabat (Marokko)
1986	SC Zamalek Kairo

Afrikapokal der Pokalsieger

1975	Tonnerre Katara de Yaoundé (Kamerun)
1976	Shooting Stars Club Ibadan (Nigeria)
1977	Enugu Rangers (Nigeria)
1978	Horoya Conakry (Guinea)
1979	Canon Sportive de Yaoundé (Kamerun)

1980 T.P. Mazembé Lubumbashi (Zaïre)
1981 Union Sportive Douala (Kamerun)
1982 Arab Contractors Kairo (Ägypten)
1983 Arab Contractors Kairo (Ägypten)
1984 SC National Kairo (Ägypten)
1985 SC National Kairo (Ägypten)
1986 SC National Kairo (Ägypten)

Afrikas Fußballer des Jahres

1970 Salif Keita (Mali)
1971 Ibrahim Sunday (Ghana)
1972 Cherif Souleymane (Guinea)
1973 Tshimen Bwanga (Zaïre)
1974 Paul Moukila (Kongo)
1975 Ahmed Faras (Marokko)
1976 Roger Milla (Kamerun)
1977 Tarak Dhiab (Tunesien)
1978 Abdoul Razak (Ghana)
1979 Thomas N'Kono (Kamerun)
1980 Jean Manga Onguene (Kamerun)
1981 Laghdar Belloumi (Algerien)
1982 Thomas N'Kono (Kamerun)
1983 Mahmoud Al Khatib (Ägypten)
1984 Théophile Abega (Kamerun)
1985 Mohamed Timoumi (Marokko)

Ägypten

Weltmeisterschaft
1934 Endrunde

olympisches Fußballturnier
1928 4. Platz
1960 Endrunde
1964 Endrunde
1984 Endrunde

Afrika-Nationencup
1957 1. Platz
1959 1. Platz
1986 1. Platz

Afrikapokal der Landesmeister
1969 SC Ismailia
1982 SC National Kairo
1984 SC Zamalek Kairo
1986 SC Zamalek Kairo

Afrikapokal der Pokalsieger
1982 Arab Contractors Kairo
1983 Arab Contractors Kairo
1984 SC National Kairo
1985 SC National Kairo
1986 SC National Kairo

Pokalsieger (zwischen 1978 u. 1986). 11 *EC-Teilnahmen:* 24 Spiele; 1 Sieg, 4 Unentschieden, 19 Niederlagen, 6:42 Punkte, 16:75 Tore. – *Spielkleidung:* schwarze Hose, gelbes Hemd, gelbe Stutzen. *Heimstadion:* Soccer-Stadion, 10000 Plätze. Abb.
Spieler (Auswahl): G. Finnbogason – G. Gudmundsson – K. Gunlaugsson – E. Hafsteinsson – M. Hallgrimsson – D. Hanesson – P. Jonsson – B. Larusson – J. Leosson – T. Pordarsson – A. Sigurvinsson – P. Stefansson – H. Sturlaugsson – A. Sveinsson – S. Teitsson. – **Trainer** (Auswahl): S. Held – M. Kristiansson.

Aktion, svw. *Spielhandlung*.

Aktionsfreiheit, die einem vom Gegner eingeräumte Möglichkeit, sich relativ frei u. ungedeckt auf dem Spielfeld zu bewegen.

Aktionsradius, (gedachter) Bewegungsraum eines Spielers auf dem Spielfeld während seines Mitwirkens. Bewegt er sich kaum od. nur sporadisch, spricht man von *kleinem A.*, ist er dagegen „überall" zu finden, von *großem A.*

Aktionsraum, svw. *Handlungsraum*.

aktive Erholung, Beseitigung von Ermüdungsfolgen durch gezielte körperliche Belastungen. Die Arbeitsfähigkeit ermüdeter Muskeln stellt sich schneller wieder her, wenn während der Erholungszeit andere Muskelgruppen eingesetzt werden.

aktive Laufbahn, Zeitspanne, während der ein Spieler einer Mannschaft der Seniorenklasse angehört; unterschiedlich, beträgt etwa 10 bis 14 Jahre (altersmäßig zwischen 18 u. 32). Nach *Beendigung der a. L.* kann aber der Spieler weiterhin aktiv bleiben, z. B. in einer Altersmannschaft.

Aktiver, svw. *(Fußball-)Spieler*; einer, der aktiv Fußball betreibt.

Aktivist, *DDR* Bez. für Betriebssportgemeinschaften des Übertagebergbaus u. der Brennstoffindustrie, z. B. A. Brieske-Senftenberg.

Aktivposten, Spieler mit überdurchschnittlichen Leistungen innerhalb eines Spiels bzw. gleichbleibend guten Leistungen über einen längeren Zeitraum hinweg.

A-Länderspiel, ein Spiel zwischen 2 der FIFA angehörenden Landesverbänden, für das beide Verbände ihre erste repräsentative Nationalmannschaft stellen. S. a. B-Länderspiel.

Albanien, 28748 km², 2,6 Mill. Ew., 1 Fußballspieler je 473 Ew.; Verband *Fédération Albanaise de Football* („Albanischer Fußballverband"), Abk. *FSAF*; gegr. 1932, Sitz *Tirana*; Mitgl. der *FIFA* seit 1932, der *UEFA* seit 1954. – *Organisation:* 200 Klubs; 3100 Amateurspieler, gesamt 5500 (einschl. Nachwuchs- u. AM-Spieler); *Spieljahr:* August–Juni; *Spielkleidung:* schwarze Hose, dunkelrotes Trikot, rote Stutzen; *Nationalstadion:* Quemal Stafa, Tirana, 24000 (4000 Sitz-, 20000 Stehplätze); *Stadien* (Auswahl): Dinamo-Stadion, Tirana, 21000; Shkodra-Stadion, 15000; Vlora-Stadion, 15000. Tab.

Albert, Flórián, Ungarn, geb. 15. 9. 1941 Herceg Szántó; Mittelstürmer; spielte 1952/75 bei Ferencváros Budapest; 75 Länderspiele (33 Tore); internationales Debüt am 28. 6. 1959 gegen Schweden (3:2) in Budapest; Länderspielabschied am 29. 5. 1974 gegen Jugoslawien (3:2) in Székesfehérvár; Fußballer des Jahres 1966 u. 1967; WM-Endrundenteilnehmer 1962 u. 1966; gewann bei Olympia 1960 Bronze; EM-Endrundenteilnehmer 1964; 1967 Europas Fußballer des Jahres; 350 Ligaspiele, (258 Tore). – Später Trainer (u. a. Al-Ahli [Saudi-Arabien], Libyen) u. seit 1980 technischer Direktor bei Ferencváros. S. a. Heine, W. (Abb.).

Albert-Dyserynck-Stadion ↑ Brügge, FC Royal.

Albertosi, Enrico, Italien, geb. 2. 11. 1939 Pontremoli; Torhüter; spielte 1950/58 beim FC La Spezia, 1958/68 beim AC Florenz, 1968/74 bei US Cagliari u. 1974/79 beim AC Mailand; 34 Länderspiele (1961/72); internationales Debüt am 15. 6. 1961 gegen Argentinien (4:1) in Florenz; Länderspielabschied am 21. 6. 1972 gegen Bulgarien (1:1) in Sofia; WM-Endrundenteilnehmer 1962, 1966 u. 1970; 525 Ligaspiele.

Albrecht, Ernst, geb. 12. 11. 1907 Düsseldorf; Rechtsaußen; spielte 1923/44 bei Fortuna Düsseldorf und 1951/52 bei PSV Düsseldorf; 17 Länderspiele, 4 Tore (1928/34), dreimal Spielführer; Olympiateilnehmer 1928; Länderspieldebüt am 15.4.1928 gegen die Schweiz (3:2) in Basel; Länderspielabschied am 11. 3. 1934 gegen Luxemburg (9:1) in Luxemburg; WM-Endrundenteilnehmer 1934 (nicht eingesetzt); spielte repräsentativ für Westdeutschland u. Niederrhein.

Alcock, Charles William, England, 1842–1907; Spieler (Rechtsaußen) u. Funktionär; gründete 1859, nach Absolvierung der Harrow School, mit seinem Bruder *J. F. Alcock* u. a. „Harrovians" den *Forest Football Club*, der sich dem „Dribbling Game" verschrieb. – 1863 Mitbegründer der *FA (The Football Association)* u. Inspirator eines internationalen Regelwerks. Seit 1866 im FA-Exekutivkomitee, war A. ab 1886 als ehrenamtlicher u. von 1887 an als offizieller FA-Sekretär bis 1895 (in dieser Funktion auch FA-Vizepräsident) tätig. 1864 strukturierte A. den *Forest Football Club* zum *Wanderers F.C.* um u. wurde mit dem damals größten u. besten engl. Club 1872 (als Rechtsverteidiger) erster engl. FA-Cupsieger. (Der *FA Cup* wurde von ihm initiiert.) A. organisierte die ersten Länderspiele zwischen England u. Schottland ab 1872. Am 6. 3. 1875 schoß er im Londoner Kensington Oval im Länderspiel gegen Schottland (2:2) als Rechtsaußen ein Tor. – Der „Vater des internationalen Fußballs" publizierte 1869 seine ersten, berühmten Fußballannalen, schrieb darüber hinaus Artikel u. mehrere Bücher. A. bekleidete zahlreiche Funktionen, auch die des Sekretärs des prominenten *County Cricket Clubs* zwischen 1872 u. 1907.

Alemannia [nach einem german. Volksstamm], Vereinsbezeichnung aus den Anfängen des deutschen Fußballs; in der BRD beibehalten, z. B. A. Aachen.

Algerien, Republik im Nordwesten Afrikas, 2 381 741 km², etwa 20,5 Mill. Ew., 1 Fußballspieler je 347 Ew.; Verband *Fédération Algérienne de Football* („Algerischer Fußballverband"), Abk. *FAF*; gegr. 1962, Sitz *Algier*; Mitgl. der *FIFA* seit 1963, der *CAF* seit 1964. – *Organisation:* 790 Klubs; 45 000 Amateurspieler, gesamt 59 000 (einschl. Nachwuchs- u. AM-Spieler); *Spieljahr:* September–Juni; *Spielkleidung:* weiße Hose, grünweißes Hemd, weiße Stutzen (Reserveausrüstung: rote Hose, rot-weißes Hemd, weiße Stutzen); *Nationalstadion:* Stade Olympique d'Alger, 80 000 (ausschl. Sitzplätze); *Stadien* (Auswahl): Stade du 19. Juni 1965, Oran, 40 000; Stade Omnisport, Constantine, 30 000; Stade Omnisport, Setif, 30 000; Stade Omnisport, Tizi-Ouzou, 30 000; Stade Omnisport, Tlemcen, 30 000. Tab.

Alibipaß, gehemmtes u. ängstliches Abspiel über kurze Entfernung u. ohne Raumgewinn, womit man sich selbst aus dem konstruktiven Spielaufbau herausnimmt. Wiederholungen dieser Art zeugen von unsicherer Spielweise u. sollten den Trainer veranlassen auszuwechseln.

Ali Sami Yen ↑ Istanbul, Galatasaray.

Alkmaar, AZ '67, Niederlande, Verein der Ehrendivision (Emblem ↑ Tf. 1); gegr. 1967 aus Zusammenschluß von *FC Zaanstreek* u. *F.C. Alkmaar 54*; *Landesmeister* 1981; *Pokalsieger* 1978, 1981 u. 1982; *UEFA-Cupfinalist* 1981. 5 *EC-Teilnahmen:* 26 Spiele; 13 Siege, 8 Unentschieden, 5 Niederlagen, 34:18 Punkte, 62:26 Tore. – *Spielkleidung:* weiße Hose, rotes Hemd (weiß abgesetzt), weiße Stutzen mit roten Streifen. *Heimstadion:* AZ-Stadion, 25 000 Plätze.

Spieler (Auswahl): P. Arntz – J. Elfring – H. Hovenkamp – K. Kist – J. Metgod – K. Nygaard – J. Peters – M. Ramljak – R. Spelbos – E. W. Treytel – W. van Hanegem. – **Trainer** (Auswahl): G. Keßler – H. J. Kraay – J. M. G. Notermans.

Allchurch, Ivor, Wales, geb. 1933; Halblinker; spielte 1949/58 u. 1965/68 bei Swansea Town, 1958/62 bei Newcastle United u. 1962/65 bei Cardiff City; 68 Länderspiele (23 Tore); internationales Debüt am 15.11.1950 gegen England (2:4) in Sunderland; Länderspielabschied am 22. 5. 1966 gegen Chile (1:1) in Cardiff; WM-Endrundenteilnehmer 1958; 694 Ligaspiele (251 Tore).

Alleingang, Durchbruch eines Spielers durch die gegnerische Abwehr bzw. unbehindert, nachdem die gegnerische Abwehr überschlagen wurde. S. a. Herauslaufen.

Allemandi, Luigi, Italien, 13. 7. 1903–

IA Akranes

Albanien

Landesmeister / Pokalsieger

1930	SC Tirana / –
1931	SC Tirana / –
1932	SC Tirana / –
1933	Scanderbeu Korca / –
1934	SC Tirana / –
1936	SC Tirana / –
1945	Vlaznia Shkodra / –
1946	Vlaznia Shkodra / –
1947	Partizan Tirana / –
1948	Partizan Tirana / Partizan Tirana
1949	Partizan Tirana / Partizan Tirana
1950	Dinamo Tirana / Dinamo Tirana
1951	Dinamo Tirana / Dinamo Tirana
1952	Dinamo Tirana / Dinamo Tirana
1953	Dinamo Tirana / Dinamo Tirana
1954	Partizan Tirana / Dinamo Tirana
1955	Dinamo Tirana / –
1956	Dinamo Tirana / –
1957	Partizan Tirana / Partizan Tirana
1958	Partizan Tirana / Partizan Tirana
1959	Partizan Tirana / –
1960	Dinamo Tirana / Dinamo Tirana
1961	Partizan Tirana / Partizan Tirana
1963	Dinamo Tirana / 17. Nenduri Tirana
1964	Partizan Tirana / Partizan Tirana
1965	17. Nenduri Tirana / Dinamo Tirana
1966	17. Nenduri Tirana / Dinamo Tirana
1967	Dinamo Tirana / Vlaznia Shkodra
1968	17. Nenduri Tirana / Dinamo Tirana
1969	17. Nenduri Tirana / 17. Nenduri Tirana
1970	17. Nenduri Tirana / Partizan Tirana
1971	Partizan Tirana / Dinamo Tirana
1972	Vlaznia Shkodra / FC Besa Kavaja

1973 Dinamo Tirana / Partizan Tirana
1974 Vlaznia Shkodra / Dinamo Tirana
1975 Dinamo Tirana / Labinoti Elbasan
1976 Dinamo Tirana / 17. Nenduri Tirana
1977 Dinamo Tirana / 17. Nenduri Tirana
1978 Vlaznia Shkodra / Partizan Tirana
1979 Partizan Tirana / Vlaznia Shkodra
1980 Dinamo Tirana / Partizan Tirana
1981 Partizan Tirana / Vlaznia Shkodra
1982 17. Nenduri Tirana / Dinamo Tirana
1983 Vlaznia Shkodra / 17. Nenduri Tirana
1984 Labinoti Elbasan / 17. Nenduri Tirana
1985 17. Nenduri Tirana / Flamurtari Vlora
1986 Dinamo Tirana / 17. Nenduri Tirana

Algerien
Weltmeisterschaft
1982 Endrunde
1986 Endrunde
olympisches Fußballturnier
1980 Endrunde
Afrikameisterschaft
1980 2. Platz
Afrikapokal der Landesmeister
1976 AC Mouloudia Chabia
1981 Jeunesse Tizi-Ouzou

16. 5. 1959; Linksverteidiger; spielte 1915/28 für Juventus Turin, 1928/34 (Ambrosiana) Internazionale Mailand u. 1934/41 AS Rom; 24 Länderspiele (9mal Spielführer); internationales Debüt am 4. 11. 1925 gegen Jugoslawien (2:1) in Padua; Länderspielabschied am 13. 12. 1936 gegen die ČSR (2:0) in Genua; WM-Endrundenteilnehmer 1934.

Allemann, Anton, Schweiz, geb. 6. 1. 1936; Läufer; spielte u. a. bei Young Boys Bern, in Italien, in den Niederlanden u. in der BRD (1. FC Nürnberg); 29 Länderspiele (1958/66); WM-Endrundenteilnehmer 1962 u. 1966.

Allerweltsfoul, kein vorsätzliches od. gar grobes, sondern „normales" ↑ Foul, wie es in jedem, auch im fairsten Spiel wiederholt vorkommt (Übereifer, Unbedachtsamkeit, Ungeschicklichkeit usw.). Wenn sich bei einer Mannschaft od. einem Spieler derartige Fouls häufen, wird sie der Schiedsrichter aber zu Recht nicht mehr als A. gelten lassen.

Allofs, Klaus, geb. 5. 12. 1956 Gerresheim; Stürmer; spielte 1970/75 bei TuS Düsseldorf-Gerresheim u. 1975/81

Klaus **Allofs**

bei Fortuna Düsseldorf; seit 1981 beim 1. FC Köln; 47 Länderspiele (15 Tore); internationales Debüt am 11. 10. 1978 gegen die ČSSR (4:3) in Prag; WM-Endrundenteilnehmer 1986; EM-Endrundenteilnehmer 1980 u. 1984; Torschützenkönig 1979 (22 Tore) u. 1985 (26); 313 Bundesligaspiele (145 Tore). Abb. – Sein Bruder *Thomas A.* (geb. 17. 11. 1959) spielte 1982/86 beim 1. FC Kaiserslautern (208 Bundesligaspiele, 79 Tore) u. seitdem ebenfalls beim 1. FC Köln.

Allroundspieler, auf (fast) allen Positionen einsetzbarer Spieler.

„Alm" ↑ Bielefeld, DSC Arminia.

Alpenpokal, Sommerturnier für Klubs aus den Alpenländern; seit 1960 mit italien. u. schweizer. Klubs als *Coppa Alpi Italo-Svizzera* („Italienisch-Schweizerischer Alpenpokal") in Gruppen mit Hin- u. Rückspielen ausgespielt. Die Gruppensieger bestreiten das Endspiel. Weitere Teilnehmer kamen aus der BRD (1967 u. 1969) u. aus Frankreich (1972) hinzu. 1960 u. 1961 wurde Italien durch Auswahlmannschaften repräsentiert. Tab.

Al-Qadisiyya Sporting Club Stadium, Nationalstadion von ↑ Kuweit.

Alsancak Stadion ↑ Izmir, Altai.

Altafini, José Giuseppe, Brasilien/Italien, geb. 27. 8. 1938 Piracicaba (bei São Paulo); Mittelstürmer; begann 1950 bei Atlético São Paulo, spielte 1953/58 für Palmeiras, FC São Paulo, AC Mailand (ab 21. 9. 1958), SSC Neapel (1966/72), Juventus Turin (1972/76) u. (bis 1979) FC Chiasso (Schweiz); 19 Länderspiele für Brasilien (6 Tore); Länderspieldebüt am 16. 6. 1957 gegen Portugal (3:0) in São Paulo; Länderspielabschied am 19. 6. 1958 gegen England (1:0) in Göteborg; 1958 WM-Endrundenteilnehmer in Schweden unter dem Namen „Mazzola". – Nach der Naturalisierung in Italien gab A. sein Debüt am 15. 10. 1961 in Tel Aviv gegen Israel (4:2). Er bestritt 6 Länderspiele u. erzielte 5 Tore für die „Squadra Azzurra".

„alt" aussehen, seinem Gegenspieler im Zweikampf (fast) ständig unterlegen sein.

Alte Försterei ↑ Berlin, 1. FC Union.

Alte Herren, Abk. *AH*, frühere Bez. für ↑ Altersmannschaft.

Altenburg, BSG Motor, DDR, Bezirksliga, gegr. 8. 3. 1946; bis 1949 *SG Altenburg Nord*, 1949/50 *ZSG*, 1950/52 *BSG Stahl* u. seit 21. 5. 1952 *BSG Motor*; spielte Oberliga 1949/50, 50/51 u. 51/52. – *Spielkleidung:* schwarze Hose, gelbes Hemd, schwarz-gelbe Stutzen (später weinrote Hose, blaues Hemd, rot-blaue Stutzen). *Heimstadion:* Sta-

dion Altenburg, 12000 Plätze, danach erweitert u. in *Lenin-Stadion* (20000 [davon 750 Sitz-]Plätze) umbenannt.
Spieler (Auswahl): R. Baumann – W. Flehmig – K. Friedemann – A. Gräfe – G. Herrcher – Jäschke – H. Klemig – K. Melzer – H. Pohle – H. Rößner – F. Seyfarth – H. Sittner – M. Spindler – W. Syring – M. Thiere – G. Uhsemann – H. Vollert – S. Vollrath – H. Welwarsky. – **Trainer** (Auswahl): H. Klemig – R. Wallzeck.

Altersmannschaft, Abk. *AM* (*scherzhaft* „U 60"), Mannschaft, die sich aus Spielern über 32 Jahren zusammensetzt; in der Regel handelt es sich dabei um Spieler, die zuvor über Jahre bei Seniorenmannschaften gespielt haben, also durchweg routiniert sind (od. es sein müßten).

Altinternationaler, langjähriger früherer Nationalspieler.

Altmeister, Mannschaft, die in (längst) vergangenen Jahren wiederholt den Meistertitel in der höchsten Spielklasse errang, ohne in neuerer Zeit an die damaligen Erfolge heranreichen zu können. Ein A. im deutschen Fußball bis 1945 ist z. B. der *1. FC Nürnberg* (nicht zu verwechseln mit ↑ Exmeister!).

Altobelli, Alessandro, Italien, geb. 28. 11. 1955 Sonnino; Stürmer; spielte 1973/74 bei Latina, 1974/77 bei Brescia u. seitdem bei Internazionale Mailand; 42 Länderspiele (17 Tore); internationales Debüt am 18. 6. 1980 gegen Belgien (0:0) in Rom; WM-Endrundenteilnehmer 1982 u. 1986; EM-Endrundenteilnehmer 1980; über 250 Punktspiele u. 100 Tore. Abb.

Altrepräsentativer, ehemaliger Spieler der ersten Seniorenmannschaft eines Klubs; tritt gelegentlich mit eben dieser Mannschaft *(der Altrepräsentativmannschaft)* in Aktion.

AM, Abk. für ↑ Altersmannschaft.

Amadó, Lauro, Schweiz, 15. 3. 1912 bis 6. 6. 1971; Stürmer; spielte 1923/32 bei SC Lugano, 1932/34 bei Servette Genf, 1934/40 beim FC Lugano u. 1940/49 bei Grasshoppers Zürich; 54 Länderspiele (1935/48), 21 Tore; erzielte in Punktspielen (bis 1961) 243 Tore; Torschützenkönig 1943 u. 1947.

Amancio, Amaro Varelos, Spanien, geb. 17. 10. 1939 La Coruña; Halbstürmer; spielte 1953/57 bei Deportivo Coruña, 1958/62 beim FC La Corunã u. 1962/78 bei Real Madrid; 43 Länderspiele (11 Tore); internationales Debüt am 25. 11. 1962 gegen Rumänien (1:3) in Bukarest; Länderspielabschied am 13. 2. 1974 gegen Jugoslawien (0:1) in Frankfurt/Main; war WM-Endrundenteilnehmer 1966 u. 1970; EM-Endrundenteilnehmer 1964; spielte 1968 in der FIFA-Auswahl gegen Brasilien (1:2). – Später Trainer bei Real Madrid. S. a. Madrid, Real (Abb.).

Alessandro **Altobelli**

Amarildo, eigtl. *Amaro Tavares da Silveira,* Brasilien, geb. 29. 6. 1939 Campos; Außen- u. Halbstürmer; spielte 1956/62 bei Flamengo Rio de Janeiro, 1962/63 bei Botafogo Rio de Janeiro, 1963/67 beim AC Mailand, 1967/69 beim AC Florenz, 1969/73 bei AS Rom; WM-Endrundenteilnehmer 1962; 23 Länderspiele (8 Tore); Länderspieldebüt am 24. 6. 1962 gegen Paraguay (4:0) in São Paulo; Länderspielabschied am 29. 5. 1963 gegen Israel (5:0) in Tel Aviv. – Später Trainer bei Botafogo u. 1986 Nationalmannschaftstrainer Tunesiens.

Amateur, Kurzbez. für ↑ Amateurspieler.

Alpenpokal

1960	Italien
1961	Italien
1962	Genua 1893 (Italien)
1963	Juventus Turin (Italien)
1964	Genua 1893 (Italien)
1966	SSC Neapel (Italien)
1967	Eintracht Frankfurt/Main (BRD)
1968	FC Schalke 04 (BRD)
1969	FC Basel (Schweiz)
1970	FC Basel (Schweiz)
1971	Lazio Rom (Italien)
1972	FC Nimes (Frankreich)
1973	Servette Genf (Schweiz)
1974	Young Boys Bern (Schweiz)
1975	Servette Genf (Schweiz)
1976	Servette Genf (Schweiz)
1977	Stade Reims (Frankreich)
1978	Servette Genf (Schweiz)
1979	AS Monaco (Frankreich)
1980	Girondins Bordeaux (Frankreich)
1981	FC Basel (Schweiz)
1982	FC Nantes (Frankreich)
1983	AS Monaco (Frankreich)
1984	AS Monaco (Frankreich)
1985	AJA Auxerre (Frankreich)

Amateur-Länderpokal

1951	Niederrhein
1952	Bayern
1953	Bayern
1954	Bayern
1955	Bayern
1956	Hessen
1957	Niedersachsen
1958	Niederrhein
1959	Hamburg
1960	Mittelrhein
1961	Hamburg
1962	Westfalen
1963	Bayern
1964	Mittelrhein
1965	Bayern
1966	Westfalen
1967	Baden
1968	Bayern
1969	Nordbaden
1970	Bayern
1971	Bayern
1972	Nordbaden
1973	Nordbaden
1974	Mittelrhein
1975	Südwest
1976	Niedersachsen
1977	Bayern
1978	Westfalen
1979	Württemberg
1980	Bayern
1981	Südwest
1982	Südwest
1983	Hessen
1984	Bremen
1985	Rheinland
1986	Westfalen

Amateur-Länderpokal, *BRD* seit 1951 von den Landesverbänden des DFB ausgetragener Pokalwettbewerb; wurde 1951/64 in einfacher Runde (K.-o.-System), seit 1965 mit Hin- u. Rückspiel ausgetragen. Tab.

Amateurliga, *BRD* höchste Spielklasse der Amateure bis 1979 (Nord 1975).

Amateurnationalmannschaft, Nationalauswahl eines Landes mit Profifußball, in der ausschl. Amateure spielen dürfen. Die A. der BRD setzt sich z. B. aus Spielern der Amateur- u. Oberligen zusammen. Das Interesse der Öffentlichkeit in diesen Ländern richtet sich aber hauptsächlich auf die eigentliche *Nationalmannschaft,* die sich aus den besten Spielern des Landes, d. h. aus Profis, zusammensetzt.

Amateuroberliga, *BRD* höchste Spielklasse der Amateure seit 1979 (Nord ab 1975); ↑ Oberliga (2b).

Amateurspieler, *FIFA* Aktiver, der Fußball nicht berufsmäßig betreibt, sondern am Trainings- u. Spielbetrieb teilnimmt, ohne dafür Vergütungen für das Spielen sowie Prämien, Gehalt u. ä. zu beziehen. Ausgenommen hiervon sind Entschädigungen für die tatsächlich erbrachte Auslagen (z. B. Reise-, Unterhaltsaufwendungen, Hotelspesen), die Kosten für die Spielausrüstung (Kauf, Pflege), körperliche Vorbereitung sowie Versicherungen gegen Reise-, u. Spielunfälle. Darüber hinaus darf der A. unter Kontrolle seines Landesverbandes eine Entschädigung für Lohnausfall erhalten, der durch die Teilnahme an einem Spiel entstanden ist, wobei die Entschädigung im angemessenen Verhältnis zum effektiv entgangenen Lohn des Spielers stehen muß. S. a. Berufsspieler.

„Am-Mann-Kleben", svw. *sture Manndeckung* (↑ konsequente Manndeckung).

Amoros, Manuel, Frankreich, geb. 1. 2. 1962 Nîmes; Linksverteidiger; spielte 1972/77 bei Lunel; seit 1977 beim AS Monaco; 43 Länderspiele (1 Tor); internationales Debüt am 23. 2. 1982 gegen Italien (2:0) in Paris; WM-Endrundenteilnehmer 1982 u. 1986; EM-Endrundenteilnehmer 1984. Abb.

Amsterdam, SC Ajax, Niederlande (Emblem ↑ Tf. 1), gegr. 18. 3. 1900; Verein der Ehrendivision; begann 1902 in der 3. Division, stieg 1910 in die 1. Division auf; 22mal *Landesmeister* (zwischen 1918 u. 1985) u. 10mal *Pokalsieger* (zwischen 1917 u. 1986); *Weltpokalgewinner* 1972; *EC I-Gewinner* 1971, 1972 u. 1973; *Supercupsieger* 1972 u. 1973; 23 *EC-Teilnahmen:* 113 Spiele; 62 Siege, 18 Unentschieden, 33 Niederlagen, 142:84 Punkte, 222:115 Tore. – *Spielkleidung:* weiße Hose, weißes Hemd mit senkrechtem breitem rotem Mittelstreifen, weiße Stutzen. *Heimstadion:* De Meer (1935 erbaut), 30 000 Plätze.

Manuel **Amoros**

Spieler (Auswahl): W. Addicks – W. G. Anderiesen – F. Arnesen – H. Blankenburg – H. H. Bloomvliet – J. H. G. Boskamp – T. J. F. Brokman – N. R. J. Buwalda – H. J. Cruijff – J. de Boer jr. – H. Delsen – J. de Natris – G. K. Dräger – J. Dusbaba – G. Fortgens – R. Geels – H. Groot – W. H. A. Gupffert – A. Haan – H. Hordijk – B. A. Hulshoff – G. P. Keizer – P. J. Keizer – R. J. Krool – T. La Ling – S. Lerby – M. H. J. Michels – J. Mulder – H. C. Mulders – G. M. D. H. Mühren – B. Müller – J. J. Neeskens – C. Nuninga – P. J. Ouderland – A. J. M. Pelser – J. H. Potharst – E. L. Pieters-Graafland – J. T. Prins – A. Pronk – N. Rep – R. J. M. Rijnders – Schoenaker – P. Schrijvers – J. H. Stoffelen – G. J. J. Stroker – W. L. J. Suurbier – J. Swart – S. Tahamata – C. van de Hoeven – P. van der Kuil – H. van der Linden – J. A. van Diepenbeek – D. W. J. van Dijk – J. L. van Dort – T. van Duivenbode – A. H. van Kool – W. F. Volkers. – **Trainer** (Auswahl): L. Beenhakker – C. Brom – Buckingham – T. Ivic – G. Knobel – S. Kovacs – R. Michels.

Anastasi, Pietro, Italien, geb. 7. 4. 1948 Catania; Mittelstürmer; spielte 1964/66 bei Massiminiana, 1966/68 bei Varese, 1968/76 bei Juventus Turin u. 1976/78 bei Internazionale Mailand; 25 Länderspiele (8 Tore); internationales Debüt am 8. 6. 1968 gegen Jugoslawien (1:1) in Rom; Länderspielabschied am 26. 10. 1975 gegen Polen (0:0) in Warschau; WM-Endrundenteilnehmer 1974; EM-Endrundenteilnehmer 1968; bestritt 336 Punktspiele (118 Tore).

Anastopoulos, Nikos, Griechenland, geb. 12. 5. 1958 Piräus; Rechtsaußen u. Mittelstürmer; spielte 1973/74 bei Ethnikos Piräus, 1975/80 bei Panionios Athen u. seit 1981 bei Olympiakos Piräus; 51 Länderspiele (17 Tore); internationales Debüt am 21. 3. 1979 gegen Rumänien (0:3) in Bukarest; WM-Endrundenteilnehmer 1980; Fußballer des Jahres 1979, 1981 u. 1983; Torschützenkönig 1980, 1981, 1982, 1984 u. 1985.

Anbieten und Freilaufen, sich in anspielbare Position begeben *(Anbieten)* u. vom Gegner lösen *(Freilaufen)*; grundsätzliches taktisches Mittel, geübt beim Training u. angewendet im Spiel.

„An-den-Ketten-Zerren“, das ständige, kämpferisch engagierte Bemühen der Angreifer, die festgefügte gegnerische Abwehr aufzureißen, um somit Tormöglichkeiten zu schaffen.

Anderlecht, RSC *(Royal Sporting Club,* „Königlicher Sportklub“), Brüssel; gegr. 27. 8. 1908 als *Sporting Club* im Westbrüsseler Stadtteil *Anderlecht*; durfte 1933 den Titel „Royal“ annehmen (Emblem↑ Tf. 1); zunächst „Fahrstuhlmannschaft“ zwischen 1. und 2., aber seit 1934 ununterbrochen in der 1. Division; 19mal *Landesmeister* (zwischen 1947 und 1986) u. 5mal *Pokalgewinner* (1965, 1972, 1973, 1975 u. 1976); *Supercupgewinner* 1976 u. 1978; *EC II-Gewinner* 1976 u. 1978; *UEFA-Pokalsieger* 1983. 26 *EC-Teilnahmen:* 143 Spiele; davon 77 Siege, 20 Unentschieden, 46 Niederlagen, 174:112 Punkte, 288:191 Tore. – *Spielkleidung:* weiße Hose, violettes Hemd, weiße Stutzen. *Heimstadion:* Emil-Versé-Stadion, Park Astrid, 36 000 Plätze.

Spieler (Auswahl): K. Brylle-Larsen – L. Coeck – S. Demol – J. Devrindt – J. Dockx – G. Grun – A. Haan – P. Hanon – G. Heylens – J. Jurion – Lozano – R. Meert – J. Mermans – J. Mulder – J. Munaron – M. Olsen – S. Perusovic – W. Puis – R. Rensenbrink – M. Renquin – Ruiter – P. Ressel – E. Scifo – J. Stockman – J. Thissen – J. Trappeniers – G. van Binst – E. van de Daele – E. Vandenbergh – G. van der Elst – R. Vandereycken – P. van Himst – L. Verbiest – F. Vercauteren. – **Trainer** (Auswahl): H. Croon – R. Goethals – A. Haan – T. Ivic – P. Sinibaldi – P. van Himst.

Andrade, José Leandro, Uruguay, geb. 20. 11. 1898 u. gest. 5. 10. 1957 Montevideo; Läufer, Modellathlet u. artistischer Techniker; zunächst bei Bella Vista, danach bei Nacional u. Peñarol Montevideo; 31 Länderspiele (1922/33); 1924 in Paris u. 1928 in Amsterdam Olympiasieger; 1930 bei der I. WM-Endrunde in Montevideo Weltmeister gegen Argentinien (4:2); 1923, 1924 u. 1926 mit Uruguay Südamerikameister. – A. betätigte sich nach seiner Fußballkarriere zunächst erfolgreich als Tänzer u. Sänger in Pariser Nachtklubs sowie auf europäischen Varieté-Bühnen, starb aber schließlich völlig verarmt. – Sein Neffe *Victor Rodriguez A.* (↑ Tf. 20 [unten]), geb. 1928, wurde bei der IV. WM-Endrunde 1950 in Brasilien mit Uruguay Weltmeister (2:1), u. zwar, wie früher sein Onkel, auf der Position des Außenläufers; war 1954 WM-Endrundenteilnehmer und spielte bei Wanderers u. Peñarol Montevideo.

Andrejevic, Mihajlo, Prof. Dr., Jugoslawien, Sportmediziner, geb. 1898; begleitete 1930 als Delegationsleitungsmitglied die jugoslaw. Nationalmannschaft zur I. WM-Endrunde nach Montevideo; wurde 1932 auf dem FIFA-Kongreß in Stockholm Mitglied der FIFA-Rechnungsprüfungskommission u. 1938 in Paris Mitglied des Exekutivkomitees (bis 1982); war FIFA-Vertreter beim *Interna-*

tional Football Association Board, Vorsitzender der Medizinischen u. der Schiedsrichterkommission sowie zwischen 1966 u. 1982 Mitglied der WM-Organisations-Kommission; vertrat die FIFA bei 9 olympischen Fußballturnieren. – Wurde 1984 mit dem neugeschaffenen *FIFA-Orden* (↑ FIFA) geehrt.

Andreolo, Michele, Uruguay/Italien, 1912–1981; Mittelläufer; spielte als ↑ „Oriundi" für den FC Bologna; 26 Länderspiele (1 Tor für Italien); internationales Debüt am 17.5.1936 gegen Österreich (2:2) in Rom; Länderspielabschied am 19. 4. 1942 gegen Spanien (4:0) in Mailand; war WM-Endrundenteilnehmer 1938.

Anfangsoffensive, taktisches Mittel, den Gegner in den ersten Spielminuten durch unaufhörliches Anrennen in die Defensive zu drängen, um dadurch rasch zu einem Torerfolg zu gelangen. In dem Maße, wie es dem Gegner gelingt, sich frei zu machen, verebbt die A.

Anfeuern, lautstarkes u. stimmungsvolles Unterstützen der eigenen Mannschaft durch die Zuschauer (Beifall, Sprechchöre, Fahnenschwenken usw.). Dabei sollte der sportliche Anstand gegenüber Schiedsrichter sowie Gegner (Mannschaft u. Anhang) stets gewahrt bleiben.

Anfield Road ↑ Liverpool, FC.

Anglo-Italian-Cup, in Hin- und Rückspielen zwischen engl. und italien. Klubs ausgetragener Einladungswettbewerb. Die Organisation liegt bei den Profiligen aus England u. Italien. Bis 1976 war der A. offen für Vereine aller Divisionen, ab 1976 nur noch für Drittdivisionäre; ausgetragen unter der Bez. *Gigi Peronace Memorial.* Tab.

Anglo-Italian-Cup

1970	Swindon Town (England)
1971	FC Blackpool (England)
1972	AS Rom (Italien)
1973	Newcastle United (England)
1975	Fiorentina Florenz (Italien)
1976	Monza Calcio (Italien)
1977	US Lecce (Italien)
1978	Udinese Calcio (Italien)
1979	Sutton United (England)
1980	US Triestina (Italien)
1981	FC Modena (Italien)
1982	FC Modena (Italien)
1983	Cosenza Calcio (Italien)
1984	Francavilla (Italien)
1985	Pontedera (Italien)

Angola, Republik an der Westküste Afrikas, 1246700 km², etwa 7,5 Mill. Ew., 1 Fußballspieler je 1667 Ew.; Verband *Fédération Angolaise de Foot-Ball* („Angolanischer Fußballverband") Abk. *FAF;* gegr. 1977, Sitz *Luanda;* Mitgl. der *FIFA* seit 1980, der *CAF* seit 1980. – *Organisation:* 280 Klubs; 2900 Amateurspieler, gesamt 4500 (einschl. Nachwuchs- u. AM-Spieler); *Spieljahr:* April–Januar; *Spielkleidung:* schwarze Hose, rotes Hemd, rote Stutzen (Reserveausrüstung: Weiß); *Nationalstadion:* Coqueiros, Luanda, 14000 (13000 Sitz-, 1000 Stehplätze); weiteres Stadion: Cidadela, Luanda, 35000.

Angreifer, svw. *Angriffsspieler* (↑ Angriff [2]).

Angriff, 1. Handlung bzw. Handlungsfolge mit *offensivem Charakter,* die darauf abzielt, den Gegner in die *Defensive* zu drängen u. für den Ausgang des Spieles entscheidende Vorteile zu erringen. A. u. Abwehr sind im modernen Fußball nicht exakt abgrenzbar, da mit der Abwehr des gegnerischen A.s bereits der eigene A. eingeleitet wird. Vorrangig *angriffsorientierte Spielweise* einer Mannschaft *(Offensivtaktik)* äußert sich im ↑ Offensivspiel.

2. Bez. für den vorgeschobensten Mannschaftsteil, die *A.sspieler* (meist 2 od. 3), z. B. rechter und linker Außenstürmer, Mittelstürmer, Doppelspitze usw.

Angriffsfußball, svw. *Offensivfußball* (↑ Offensivspiel).

Angriffsregisseur, bes. im WM-System früher Bez. für den angriffslenkenden Halbstürmer (z. B. *F. Walter*), auch für den zurückgezogen spielenden Mittelstürmer (z. B. *N. Hidegkuti*).

Angriffsreihe ↑ Reihe.

Angstgegner, Mannschaft, gegen die man sich in der Vergangenheit trotz erwiesener Überlegenheit (tabellarisch, spielerisch) oft schwer tat, vielfach sogar verlor; Mannschaft, die einem „nicht liegt".

Anlauf, Schritte bis zum Stoß gegen den ruhenden Ball, notwendig zum *Schwungholen.*

Anschlußtor, Treffer, der einen gegnerischen Zweitorevorsprung bis auf 1 Tor reduziert, z. B. von 2:4 auf 3:4. S. a. Ehrentor.

Anschlußtreffer, svw. ↑ Anschlußtor.

Anschneiden, den Ball bewußt außermittig treffen u. ihm dadurch einen Drall verleihen (↑ Effetstoß).

Anspiel, a) Zuschieben des Balles zu einem Mitspieler; b) svw. ↑ Anstoß.

Anspielpunkt, (meist Mittelfeld-)Spieler, der aufgrund seiner technischen u. taktischen Fähigkeiten in der Lage ist, ein

Spiel aufzubauen u. seine Mitspieler, insbes. die Angriffsspieler, erfolgreich in Szene zu setzen. Er wird in der Regel von seinen Mitspielern zum Anspiel „gesucht", wobei es für eine Mannschaft natürlich günstig ist, wenn sie mehrere A. besitzt.

Anstoß, Anspielen des Balles zu Spielbeginn, nach einem Torerfolg u. zu Beginn der zweiten Halbzeit; erfolgt nach *Schiedsrichter(an)pfiff.* S. a. Spielregeln (Regel VIII).

Anstoßkreis, svw. *Mittelkreis* (↑ Spielfeld [Abb.]).

Anstoßpunkt, svw. *Mittelpunkt* (↑ Spielfeld [Abb.]).

Antäuschen, svw. *Fintieren* (↑ Finte).

Antenen, Charles („Kiki"), Schweiz, geb. 3. 11. 1929; Außenstürmer; spielte 1941 bis 1945 u. 1953/65 beim FC La-Chaux-de-Fonds u. 1951/52 bei Lausanne Sports; 56 Länderspiele (1948/62), 22 Tore; 233 Ligatore; WM-Endrundenteilnehmer 1950, 1954 u. 1962.

Antigua und Barbuda, Staat auf einer Gruppe der Leewardinseln (Kleine Antillen); besteht aus den Inseln *Antigua, Barbuda* und *Redonda* im Karibischen Meer, 442 km^2, etwa 77 000 Ew., 1 Fußballspieler je 70 Ew.;
Verband *The Antigua Football Association* („Fußballverband Antigua"), Abk. *AFA*; gegr. 1928, Sitz *Saint John's*; Mitgl. der *FIFA* seit 1970, der *CONCACAF* seit 1980. – *Organisation:* 60 Klubs; 1 100 Amateurspieler (einschl. Nachwuchs- u. AM-Spieler); *Spieljahr: August–Dezember; Spielkleidung:* schwarze Hose, goldgelbes Hemd, schwarze Stutzen (Reserveausrüstung: weiße Hose, goldgelbes Hemd, rote Stutzen); *Nationalstadion:* Antigua Recreation Ground, Saint John's, 25 000 (15 000 Sitz-, 10 000 Stehplätze); *Stadien* (Auswahl): King George V Memorial, Saint John's, 10 000; Princess Margaret School Ground, 9 000; A. Grammar School Ground, 7 000.

Antizipation, Fähigkeit der gedanklichen Vorausnahme der Spielabsichten bzw. -handlungen.

Antognoni, Giancarlo, Italien, geb. 1. 4. 1954 Marsciano; Mittel- und Halbstürmer; spielte 1970/72 bei Astimacobi u. 1972/86 beim AC Florenz; 73 Länderspiele (7 Tore), 4mal Spielführer; internationales Debüt am 20. 11. 1974 gegen die Niederlande (1:3) in Rotterdam; Länderspielabschied am 16. 11. 1983 gegen die ČSSR (0:2) in Prag; WM-Endrundenteilnehmer 1978 u. 1982; EM-Endrundenteilnehmer 1980; Fußballer des Jahres 1974 u. 1980; bestritt trotz mehrfacher schwerer Verletzungen 303 Punktspiele (56 Tore). Abb.

Giancarlo **Antognoni**

Antoniadis, Antonis, Griechenland, geb. 1945 Athen; Stürmer; spielte 1959/75 bei Panathinaikos Athen; 31 Länderspiele, 10 Tore; internationales Debüt am 28. 5. 1969 gegen Israel (1:3) in Athen (Torschütze); Länderspielabschied am 4. 6. 1975 gegen Malta (4:0) in Saloniki (auch hier Torschütze); zweitbester europäischer Torschütze 1969 (35 Treffer); erfolgreichster EC I-Torschütze 1971 (10 Treffer); griech. Torschützenkönig 1969, 1971, 1973 u. 1974. – Träger des „Goldenen Kreuzes".

Antreten, bereit sein zum Spiel mit mindestens 8 (regulär 11) Aktiven in Spielkleidung zum festgesetzten Spielbeginn

Arabisches Golfturnier

1970 Kuweit (in Bahrein)
1972 Kuweit (in Ar-Riyad)
1976 Kuweit (in Doha)
1979 Irak (in Bagdad)
1982 Kuweit (in Abu Dhabi)
1984 Irak (in Maskat)
1986 Kuweit (in Bahrein)

auf dem Spielfeld, wobei sich die Mannschaft bis Spielschluß, einschl. Verlängerung, vervollständigen kann.

Antritt, Fähigkeit eines Spielers, aus der Ruhestellung od. aus dem Lauf plötzlich Höchstgeschwindigkeit zu erreichen; wichtige Komponente im Fußball. Beim A. kommt es darauf an, auf den ersten etwa 20 Metern Boden gut zu machen u. somit dem Gegner zuvorzukommen bzw. zu entwischen. Entspr. unterscheidet man zwischen *antrittsstarken* u. *antrittsschwachen Spielern.* Abb.

Antwerpen, V.A.V. Beerschot (die „Mannekens"), Belgien, 1. Division; gegr. 1888 als *A. C.*, seit 1968 mit der Einführung des Professionalismus *V.A.V. (Voetbal en Athletiekvereniging)*; 7mal *Landesmeister* (zwischen 1922 u. 1939); *Pokalsieger* 1971 u. 1979. 4 *EC-Teilnahmen:* 10 Spiele; 2 Siege, 2 Unentschieden, 6 Niederlagen, 6:14 Punkte, 13:15 Tore. – *Spielkleidung:* weiße Hose, lila Hemd sowie lila-weiß geringelte Stutzen. *Heimstadion:* Stade de Olympique, 25 000 Plätze.

Spieler (Auswahl): Belin – Braine – Brosch – Ceuleers – Claessen – Codet – Coppens – Dalving – de Smet – Emmerich – Gommers – Houben – Kasprczak – Raskin – Saeys – Suykerbuyk – Tolsa – van der Eynde – van de Wouver – van Dijk – van Gucht – Verheyen. – **Trainer** (Auswahl): A. Beres – R. Coppens – T. Frivalsky – P. Garot – F. Geeraerts.

Anzeigetafel, (elektronische) Einrichtung im Stadion, auf der (Zwischen-)Ergebnisse, Mannschaftsaufstellungen, Torschützen usw. zur Anzeige gelangen.

APEA, *Brasilien* Abk. für *Associação Paulista de Esportes Atléticos* („São-Paulo-Athletiksportvereinigung"); spaltete sich am 22. 4. 1913 von der ↑ LPF ab u. wurde selbständig.

Aqsaqtuk, frühes Fußballspiel der Eskimos in Kanada u. Alaska; Ursprung unerforscht. Es wurde von 2 Mannschaften mit unterschiedlicher Spieleranzahl auf Schnee u. Eis mit einem Ball (mit

Antritt (U. Zötzsche [*links*] u. U. Kirsten)

Moos u. Gras gefüllt) gespielt. Bei dieser Art *Treibe-„Fußball“* war es das Ziel, den Ball über große Entfernungen zu behaupten u. voranzubringen. Die Legende berichtet von Spielen – mit Männern u. Frauen in einer Mannschaft –, die über 10 Meilen von einer Ortschaft zur anderen verliefen.

Arab Cup, im Rahmen des Fußballturniers während der Panarabischen Spiele ausgetragener Wettbewerb der ↑ AFF.

Arabisches Golfturnier, ein Mitte der 70er Jahre von den arab. Ölstaaten unter kuweit. Regie etabliertes Fußballturnier; wird – nicht regelmäßig – jeweils in einem anderen Land ausgetragen. Tab.

Arad, UT *(Uzinele Textile)*, Rumänien, 2. Liga, gegr. 1945; *Landesmeister* 1969 u. 1970. 4 *EC-Teilnahmen:* 16 Spiele; 3 Siege, 4 Unentschieden, 9 Niederlagen, 10:22 Punkte, 16:31 Tore. – *Spielkleidung:* Weiß. *Heimstadion:* UT-Stadion, 35 000 Plätze.

Spieler (Auswahl): M. Axente – G. Bacut – L. Bonyhadi – L. Brosovschi – F. Domide – F. Dumitrescu – N. Dumitrescu – Z. Farmati – G. Gornea – I. Lereter – A. Marki – A. Mercea – M. Petescu – I. Petschovschi – P. Schiopu. – **Trainer** (Auswahl): N. Dumitrescu.

Aransen-Stadion ↑ Lilleström, SK.

Arbeiterfußball ↑ Arbeiter-Turner-Bund.

Arbeiterstadion, Nationalstadion von ↑ China.

Arbeiter-Turner-Bund, Abk. *ATB,* am 21./22. 5. 1893 gegründeter erster proletarischer Körperkulturverband Deutschlands u. der Welt. In ihm fand der *Arbeiterfußball* seine Heimat. Der *9. ATB-Bundesturntag* faßte am 1. Juni 1909 den Beschluß, daß „Spielvereine, welche die Statuten des ATB anerkennen, in den ATB aufgenommen werden dürfen“. Danach entwickelte sich der Arbeiterfußballsport sprunghaft. Durch Betreiben der reformistischen Führungsgruppe wurde jedoch der 1919 aus dem ATB hervorgegangene *ATSB (Arbeiter-Turn-und-Sport-Bund)* bald gespalten. Revolutionäre Kräfte bildeten daher am 26. 5. 1929 die *Interessengemeinschaft zur Wiederherstellung der Einheit im Arbeitersport (IG),* die am 6./7. 12. 1930 zur *Kampfgemeinschaft für Rote Sporteinheit (KG)* umgebildet wurde. Der Reichsleitung gehörten *Ernst Grube, Paul Zobel, Fritz Lesch, Willi Linke* u. *Rudi Jatzlau* an.

Die KG umfaßte bis zu ihrem Verbot im Jahre 1933 250 000 Mitglieder. Die Mitgliederzahl im Fußball stieg von 48 130 (1920) auf 136 787 (1931) an. Ab 1920 fanden Endrunden um die Deutsche Meisterschaft der Sparte Fußball des ATSB statt. Die Nationalmannschaft des ATSB absolvierte zwischen 1924 u. 1932 45 Länderspiele (30 Siege, 3 Unentschieden, 12 Niederlagen, 284:90 Tore). Tab.

Arbeitssieg, Sieg gegen einen schwächer einzuschätzenden Gegner, ohne spielerischen Glanz u. mit relativ hohem Kraftaufwand erzielt.

Arconada, Luis Miguel, Spanien, geb. 26. 6. 1954 San Sebastian; Torhüter; spielte 1964/73 bei Lagun Onak, SC San Sebastian u. seit 1973 bei Real San Sebastian; 64 Länderspiele; internationales Debüt am 27. 3. 1977 gegen Ungarn (1:1) in Alicante; er war WM-Endrundenteilnehmer 1982 sowie EM-Endrundenteilnehmer 1984; Fußballer des Jahres 1980; 350 Ligaspiele. – A. wurde 1981 mit der ↑ „Trofeo Ricardo Zamora“ geehrt. Abb.

Ardiles, Osvaldo Carlos, Argentinien, geb. 3. 8. 1952 Tetezca; Mittelfeldspieler; spielte 1969/74 bei Instituto Cordoba, 1974/78 bei Huracan Buenos Aires, 1978/82 u. 1983/86 bei Tottenham Hotspur sowie 1982/83 bei St. Germain Paris; seit 1975 61 Länderspiele (12 Tore); WM-Endrundenteilnehmer 1978 u. 1982; brach sich 1984 zweimal das rechte Bein.

Ardizoglou, Christos, Griechenland, geb. 28. 4. 1953 Athen; Mittel- u. Halbstürmer; spielte 1968/73 bei Apollon Athen u. 1974/83 bei AEK Athen; seit 1984 wiederum bei Apollon Athen; 45 Länderspiele (4 Tore); internationales Debüt am 10. 11. 1976 gegen Österreich (0:3) in Kavala; Länderspielabschied am 14. 10. 1984 gegen Polen (1:3) in Zabrze; EM-Endrundenteilnehmer 1980.

Argentinien, südamerikanischer Staat,

Luis Miguel **Arconada**

Arbeiter-Turner-Bund

ATSB-Meisterschaften

1920 in Leipzig
TuSV Fürth–SC Süden-Forst 3:0

1921 in Dresden
VfL Leipzig-Stötteritz–SC Nordiska Berlin 3:0

1922 in Leipzig
VfL Leipzig-Stötteritz–Kassel 06 4:1

1923 in Berlin
VfL Leipzig-Stötteritz–Alemannia Berlin 1:0

1924 in Dresden
Dresdner Sportverein 1910–Stern Breslau 6:1

1925 in Dresden
Dresdner Sportverein 1910–SV Stralau Berlin 7:0

1926 in Dresden
Dresdner Sportverein 1910–SC Süden-Forst 5:1

1927 in Dresden
Dresdner Sportverein 1910–Nürnberg-West 4:1

1928 in Berlin
Adler 08 Berlin–Westend Frankfurt/Main 5:4

1929 in Hamburg
SC Lorbeer 06 Hamburg–Freie Turnerschaft Döbern (Lausitz) 5:4

1930 in Nürnberg
TSV Nürnberg-Ost–SV Altona Bahrenfeld 6:1

1931 in Hamburg
SC Lorbeer 06 Hamburg–Spvg. 1912 Pegau 4:2

1932 in Nürnberg
TSV Nürnberg-Ost–Cottbus 93 4:1

Argentinien

Weltmeisterschaft
1930 Endrunde
1934 Achtelfinale
1958 Endrunde
1962 Endrunde
1966 Viertelfinale
1974 2. Finalrunde
1978 1. Platz
1982 Endrunde
1986 1. Platz

olympisches Fußballturnier
1928 2. Platz
1960 Endrunde
1964 Endrunde

Südamerikameisterschaft
1916 2. Platz[1]
1917 2. Platz
1919 3. Platz
1920 2. Platz
1921 1. Platz
1923 2. Platz
1924 2. Platz
1925 1. Platz
1926 2. Platz
1927 1. Platz
1929 1. Platz
1935 2. Platz[1]
1936 1. Platz
1937 1. Platz
1941 1. Platz[1]
1942 2. Platz
1945 1. Platz[1]
1946 1. Platz[1]
1947 1. Platz
1955 1. Platz
1956 3. Platz[1]
1957 1. Platz
1958 1. Platz
1959 1. Platz
1963 3. Platz
1967 2. Platz

[1] inoffiziell

Südamerikapokal der Landesmeister
1964 Independiente Buenos Aires
1965 Independiente
1967 Racing Buenos Aires
1968 Estudiantes de La Plata
1969 Estudiantes de La Plata
1970 Estudiantes de La Plata
1972 Independiente
1973 Independiente
1974 Independiente
1975 Independiente
1977 Boca Júniors Buenos Aires
1978 Boca Júniors
1984 Independiente
1985 Argentinos Júniors Buenos Aires

2 766 889 km², etwa 28,5 Mill. Ew., 1 Fußballspieler je 92 Ew.; Verband *Asociación del Fútbol Argentino* („Argentinischer Fußballverband"), Abk. *AFA*; gegr. 1893, Sitz *Buenos Aires*; Mitgl. der *FIFA* seit 1912, der *CONMEBOL* seit 1916. – *Organisation:* 3040 Klubs; 3300 Berufsspieler, 63 000 Vertragsspieler, 80 000 Amateurspieler, gesamt 310 000 (einschl. Nachwuchs- u. AM-Spieler); *Spieljahr:* März–Dezember; *Spielkleidung:* schwarze Hose, himmelblau-weiß längsgestreiftes Hemd, weiße Stutzen (Reserveausrüstung: azurblaue Hose, azurblaues Hemd, weiße Stutzen); *Stadien* (Auswahl): C. A. River Plate, Buenos Aires, 76 000, Racing Club, Buenos Aires, 70 100; C.A. Boca Júniors, Buenos Aires, 58 850; C.A. Independiente, Buenos Aires, 55 000; C.A. Huracán, Buenos Aires, 50 000; C.A. Velez Sarsfield, 49 300; Estadio Mendoza, 47 500; Estadio Cordoba, 46 900. Abb. Tab. S. a. Tf. 34 u. 38.

Aria Mehre Stadium, Nationalstadion des ↑ Iran.

Arlt, Willi, geb. 27. 10. 1919 Röderau, gest. 27. 7. 1947; Linksaußen; spielte 1934/37 bei SV Röderau u. 1937/45 bei SV Riesa; 11 Länderspiele und 2 Tore (1939/42); Länderspieldebüt am 29. 1. 1939 gegen Belgien (4:1) in Brüssel; Länderspielabschied am 19. 7. 1942 gegen Bulgarien (3:0) in Sofia; spielte repräsentativ für Sachsen.

Armand Cesari ↑ Bastia, SEC.

Armfield, James, England, geb. 21. 9. 1935; Rechtsverteidiger; spielte 1954/71 beim FC Blackpool; 43 Länderspiele; internationales Debüt am 13. 5. 1959 gegen Brasilien (0:2) in Rio de Janeiro; Länderspielabschied am 26. 6. 1966 gegen Finnland (3:0) in Helsinki; WM-Endrundenteilnehmer 1962. – Später Manager bei Bolton Wanderers u. Leeds United.

Arnesen, Frank, Dänemark, geb. 30. 9. 1956 Christianshavn (Kopenhagen); Mittelfeldspieler; spielte 1962/75 bei Fremad Amager Kopenhagen, 1975/81 bei Ajax Amsterdam, 1981/83 beim FC Valencia, 1983/85 beim RSC Anderlecht Brüssel u. seit 1985 beim PSV Eindhoven; 55 Länderspiele (16 Tore); internationales Debüt am 5. 10. 1977 gegen Schweden (0:1) in Malmö; WM-Endrundenteilnehmer 1986; EM-Endrundenteilnehmer 1984; Fußballer des Jahres

Argentinien, Weltmeister 1978 *(von links)*: Pasarella – Gallego – Bertoni – Fillol – Luque – Olguin – Larossa – Galvan – Tarantini – Ortiz – Kempes.

1979. Mit 23 Jahren bereits Ajax-Kapitän, erzielte er für die Niederländer 53 Ligatore.

Arsenal, FC, London („The Gunners", „Die Kanoniere"), England, Verein der 1. Division (Emblem ↑ Tf. 1); gegr. 1886 unter dem Namen *Royal Arsenal,* 1891/1914 als *Woolwich Arsenal* geführt; seit 1891 Profifußball; ab 1893 2. Division, 1904/13 1. Division, 1913/19 2. Division, seitdem in der höchsten Spielklasse; 8mal *Landesmeister* (zwischen 1931 u. 1971) sowie 5mal *FA-Cupsieger* (zwischen 1930 u. 1979); *Messepokalgewinner* 1970; war EC II-Finalist 1980. 8 *EC-Teilnahmen:* 51 Spiele; 26 Siege, 11 Unentschieden, 14 Niederlagen, 63:39 Punkte, 91:43 Tore. – *Spielkleidung:* weiße Hose, rotes Hemd mit weißen Ärmeln, rot-weiße Stutzen. *Heimstadion:* 1886/87 Plumstead Common, 1887/88 Sportsman Ground, 1888/90 Manor Ground, 1890/93 Invicta Ground, 1893/13 Manor Ground; seit 1913 *Highbury,* 60000 Plätze in Unter- u. Oberbau.

Spieler (Auswahl): V. Anderson – J. Ashcroft – A. Ball – W. Barnes – C. S. Bastin – E. R. Bowden – D. L. Bowen – W. L. Brady – M. Charles – W. J. Crayston – R. W. Daniel – J. Devine – W. Dickson – T. H. Docherty – E. J. Drake – G. Eastham – T. T. Fitchie – A. R. Forbes – G. Graham – E. Hapgood – W. Harper – J. Haverty – J. G. Henderson – D. G. Herd – J. H. A. Hulme – D. N. B. Jack – A. W. James – L. A. L. Jenkins – R. F. John – C. Jones – A. J. Kelsey – A. L. Kennedy – E. J. Magill – C. G. Male – P. Mariner – J. McClelland – W. J. McCullough – R. McNab – F. Moss – W. J. T. Neill – S. Nelson – K. P. O'Flannagan – D. O'Leary – P. J. Rice – G. Rix – J. G. Roberts – K. Sansom – L. Scott – L. Smith – F. Stapleton – P. E. Storey – D. R. Tapscott – J. Toner – T. Woodcock. – **Manager** (Auswahl): G. Allison – J. Crayston – D. Howe – B. Mee – T. Neill – G. Swindin – B. Wright.

Artemio-Franchi-Pokal, svw. ↑ Coupe Intercontinentale.

Artime, Luis, Argentinien, geb. 12. 12. 1938 Buenos Aires; war Mittelstürmer; spielte 1952/58 bei Atlanta, 1958/66 bei River Plate u. 1966/68 bei Independiente Buenos Aires, 1969 bei S. E. Palmeiras, 1970 bei Fluminense Rio de Janairo u. 1971/72 bei Nacional Montevideo; 29 Länderspiele (1961/67); WM-Endrundenteilnehmer 1966.

Arzt ↑ Mannschaftsarzt.

Asensi, Juan Manuel Ripoll, Spanien, geb. 23. 9. 1949 Alicante; Mittelfeldspieler u. Halbstürmer; spielte 1967/80 beim F.C. Barcelona, 1980/82 bei Puebla (Mexiko) u. 1982/83 bei Oxatepec (Mexiko); 40 Länderspiele (4 Tore); internationales Debüt am 23. 2. 1969 gegen Belgien (1:2) in Lüttich; Länderspielabschied am 15. 6. 1980 gegen Belgien (1:2) in Mailand; WM-Endrundenteilnehmer 1978 und EM-Endrundenteilnehmer 1980.

ASF ↑ Australien.

Asienmeisterschaft, 2 Jahre nach der 1954 erfolgten Gründung der ↑ AFC aus der Taufe gehobene, für alle asiatischen Landesverbände offene Meisterschaft; durchgeführt im Vierjahresrhythmus. Nach Qualifikationsspielen in Zonengruppen gibt es die Finalrunde der Gruppensieger in einem vorher festgelegten Austragungsland. Die Finalrunden 1956 bis 1968 wurden auf Punktspielbasis ausgetragen, seit 1972 werden 2 Gruppen gebildet (mit Halbfinale u. Endspiel). Tab.

Asienpokal der Landesmeister, zwischen 1967 u. 1971 ausgetragener Pokalwettbewerb; offen für alle Landesmeister der ↑ AFC; Vorrunden in geografisch günstigen Zonengruppen, danach Finalrunde der Zonengewinner innerhalb von 14 Tagen in einer vorher durch die AFC festgelegten Stadt. – 1971 wurde der A. wegen finanzieller Probleme eingestellt. Tab.

Asienspiele, ausgetragene Wettkämpfe (u. a. im Fußball) zwischen den Olympischen Spielen, offen für Amateure nach dem IOC-Reglement. Am ersten Fußballturnier bei den A. nahmen Indien, Indonesien, Afghanistan, Japan, Iran u. Burma teil. Tab.

Asparuchow, Georgi („Gundi"), Bulgarien, geb. 4. 5. 1943 in Sofia, gest. 30. 6. 1971 (Autounfall); Mittelstürmer; spielte 1955/63 bei Botew Plowdiw u. 1964/71 bei Lewski u. Lewski/Spartak Sofia; 50 Länderspiele (19 Tore; 1962 bis 1970); Länderspieldebüt am 6. 5. 1962

Weltpokal

1967	Racing Buenos Aires
1968	Estudiantes de La Plata
1973	Independiente Buenos Aires
1977	Boca Júniors Buenos Aires
1984	Independiente Buenos Aires
1985	Argentinos Júniors Buenos Aires
1986	River Plate Buenos Aires

Landesmeister

(Bis 1966 war der Meister der 1. Division von Buenos Aires *[Campeonato Metropolitano]* auch Landesmeister. Danach wurde die nationale Meisterschaft unter Einbeziehung der Provinzen eingeführt. Buenos-Aires-Meister werden auch weiterhin ermittelt.)

1967	Independiente Buenos Aires
1968	Velez Sarsfield
1969	Boca Júniors Buenos Aires
1970	Boca Júniors Buenos Aires
1971	Rosario Central
1972	San Lorenzo de Almagro
1973	Rosario Central
1974	San Lorenzo de Almagro
1975	River Plate Buenos Aires
1976	Boca Júniors Buenos Aires
1977	Independiente Buenos Aires
1978	Independiente Buenos Aires
1979	River Plate Buenos Aires
1980	Rosario Central
1981	River Plate Buenos Aires
1982	Ferrocarril FC Oeste
1983	Estudiantes de La Plata
1984	Ferrocarril FC Oeste
1985	Argentinos Júniors Buenos Aires
1986	River Plate Buenos Aires

Asienmeisterschaft

I. 1956 in Hongkong
1. Südkorea
2. Israel
3. Hongkong

II. 1960 in Sòul
1. Südkorea
2. Israel
3. Taiwan

III. 1964 in Tel Aviv
1. Israel
2. Indien
3. Südkorea

IV. 1968 in Teheran
1. Iran
2. Burma
3. Israel

V. 1972 in Bangkok
1. Iran
2. Südkorea
3. Thailand u. Kambodscha

VI. 1976 in Teheran
1. Iran
2. Kuweit
3. China

VII. 1980 in Teheran
1. Iran
2. Südkorea
3. Korea (KDVR)

VIII. 1984 in Singapur
1. Saudi-Arabien
2. China
3. Kuweit

Asienpokal der Landesmeister

1967 Hapoel Tel Aviv (Israel)
1969 Maccabi Nathanya (Israel)
1970 Taj Club Teheran (Iran)
1971 Maccabi Nathanya (Israel)
Neubeginn
1985 Daewoo Royals (Südkorea)

Asienspiele

1951 in Delhi
Indien–Iran 1:0
1954 in Manila
Taiwan–Südkorea 5:2
1958 in Tokio
Taiwan–Südkorea 3:2 (n. V.)
1962 in Jakarta
Indien–Südkorea 2:1
1966 in Bangkok
Burma–Iran 1:0
1970 in Bangkok
Burma–Südkorea 1:1 (n. V.)
1974 in Teheran
Iran–Israel 1:0
1978 in Bangkok
KDVR–Südkorea 0:0 (n. V.)
1982 in Delhi
Irak–Kuweit 1:0
1986 in Sòul
Südkorea

gegen Österreich (0:2) in Wien; Länderspielabschied am 11. 6. 1970 gegen Marokko (1:1) in Léon (Mexiko); WM-Endrundenteilnehmer 1962, 1966 u. 1970; Fußballer des Jahres 1965; 245 Ligaspiele (150 Tore); 1965 u. 1970 Torschützenkönig.

ASSE, Abk. für *AS-Saint-Étienne.*

Assistenztrainer, svw. ↑ Trainerassistent.

Association-Football, eine historisch gewachsene Bezeichnung aus der Zeit um 1863, als die engl. *Football Association* gegründet wurde; soll den Unterschied zum *Rugby-Football* verdeutlichen.

Aston Villa, F.C. („The Villans"), England, Verein der 1. Division (Emblem ↑ Tf. 1); gegr. 1874 in Birmingham (Stadtteil *Aston*) von „Youngstern" des *Villa Cross Wesleyan Chapel*, die sich dem Kricket verschrieben hatten; seit 1885 Profifußball; ab 1888 Mitglied der 1. Division; 6mal *Landesmeister* (zwischen 1894 u. 1981); 7mal *FA-Cupsieger* (zwischen 1887 u. 1957) sowie 3mal *Ligacupsieger* (1961, 1975 u. 1977); *Supercupgewinner* 1982; *EC I-Gewinner* 1982. 5 *EC-Teilnahmen:* 29 Spiele; 14 Siege, 7 Unentschieden, 8 Niederlagen, 35:23 Punkte, 48:26 Tore. – *Spielkleidung:* weiße Hose, rotweinfarbenes Hemd (Kragen u. Ärmel lichtblau) und rotwein-blaue Stutzen. *Heimstadion:* 1874/76 Aston Park, 1876/97 Perry Barr; seit 1897 *Villa Park*, 48 000 Plätze.
Spieler (Auswahl): A. Allen – W. C. Athersmith – J. W. Bache – F. Barson – D. Blair – W. F. Brawn – F. H. Broome – A. Brown – J. Cowan – G. Cowans – J. W. Crabtree – V. H. Crowe – E. Deacy – J. H. G. Devey – A. R. Dorrell – A. Evans – T. Ford – T. Gardner – W. George – J. D. Gibson – A. M. Gray – H. Hampton – G. A. Hitchens – D. Hodgetts – W. E. Houghton – A. Leake – E. Lowe – C. J. Martin – P. J. McParland – A. Morley – F. Moss – C. J. Nicholl – L. Philipps – I. V. Powell – D. Six – T. Smart – H. Spencer – J. T. Tate – T. Thompson – O. H. Vaughton – W. H. Walker – C. W. Wallace – T. Waring – G. F. Wheldon – A. Wilkes – P. Withe – R. E. York. – **Manager** (Auswahl): T. Barton – V. Crowe – T. Cummings – T. Docherty – E. Houghton – G. Martin – A. Massie – J. Mercer – R. Saunders – D. Taylor – G. Turner.

Asunción, Olimpia, Paraguay, 1. Division; gegr. 25. 6. 1902 von dem Niederländer *William Peats; Weltpokalsieger* 1979; *Südamerikapokalgewinner* 1979; 30mal *Landesmeister* (zwischen 1912 u. 1983). – *Spielkleidung:* weiße Hose, rot-blau gestreiftes Hemd, weiße Stutzen. *Heimstadion:* Estadio de la Liga Paraguay de Futbol, 50 000 Plätze.

Athen, A.E.K. *(Athletiki Enosis Konstantinoupoleos)*, Sporting Club, Griechenland, 1. Division, gegr. 1924 (Emblem ↑ Tf. 1); 7mal *Landesmeister* (zwischen 1939 u. 1978); 9mal *Pokalsieger* (zwischen 1932 u. 1983). 15 *EC-Teilnahmen:* 50 Spiele; 17 Siege, 6 Unentschieden, 27 Niederlagen, 40:60 Punkte, 67:95 Tore. – *Spielkleidung:* schwarze Hose, gelbes Hemd mit schwarzen Brustringen, gelbe Stutzen mit schwarzen Streifen. *Heimstadion:* AEK-Stadion, 35 000 Plätze, Olympiastadion, Athen, 90 000 Plätze.
Spieler (Auswahl): C. Ardizoglou – Arvanitis – Avramidis – D. Bajević – T. Christidis – Kanaris – Karafeskos – Kefalidis – Konstantinides – Lavaridis – Manolas – Marapoulos – T. Mavros – Nestoridis – Nicolaou – Nikoloudis – Palasidis – Papaemmanuel – D. Papaioannou – Pomonis – Ravousis – Serafidis – Sterioudas – Terzanidis – Theodoridis – Tinidis – Toskas – Ventouris – Viera – Vlachos. – **Trainer** (Auswahl): Z. Čajkovski – J. Gmoch – F. Fadrhonc – Hadjimichail – B. Nestoridis – Papastamatiou – H. Senekowitsch – K. Stamatiadis – B. Stankovic – H. Stessl.

Athen, Apollon, Griechenland, 1. Division, gegr. 1890 (mit *Panionios Athen* ältester griech. Verein); 1959 Gründungsmitglied der Nationalliga; *Landesmeister* 1938, 1948 u. 1958. – *Spielkleidung:* Weiß (od. schwarze Hose, weißes Hemd, schwarze Stutzen). *Heimstadion:* Gipedo Rizopolis, 19 000 Plätze. – Bekannteste Spieler: *C. Ardizoglou, N. Karoulias*; Trainer: *L. Petropoulos.*

Athen, Panathinaikos AC, Griechenland, 1. Division; gegr. 1908 als „Panhellenic Football Club"; bis 1980 *P.A.O. (Panathinaikos Athletikos Omilos)*; ab 1980 Profifußball; 15mal *Landesmeister* (zwischen 1930 u. 1986); 9mal Pokalsieger (zwischen 1940 u. 1986); *EC I-Finalist* 1971. 20 *EC-Teilnahmen:* 61 Spiele; 16 Siege, 15 Unentschieden, 30 Niederlagen, 47:75 Punkte, 67:91 Tore. – *Spielkleidung:* weiße Hose, weißes Hemd mit grünem Kleeblatt auf der linken Brustseite, weiße Stutzen. *Heimstadion:* Panathinaikos-Soccer-Stadium, 35 000 Plätze (1985 rekonstruiert), od. Olympiastadion, 90 000 Plätze. Abb.

Spieler (Auswahl): Antoniadis – K. Antoniou – Berios – G. Charalampidis – J. Dentas – Dimatos – C. Dimopoulos – Domasos – Eleftherakis – M. Galakos – R. O. Houseman – Ifantidis – Ikonomopoulos – Kamaras – A. Kapsis – N. Karoulias – A. Konstantinou – J. Kyrastas – T. La Ling – Linoxilaris – S. Livanthinos – Loukanidis – Mavridis – Papaemmanuel – M. Papaioannou – G. Papavasilou – J. R. Rocha – D. Saravakos – Sourpis – K. Tarassis – C. Terzanidis – V. Zajec. – **Trainer** (Auswahl): S. Bobek – J. Gmoch – K. Gorski – A. Moreira – P. Packert – L. Petropoulos – F. Puskas – H. Senekowitsch.

Athen, Panionios, Griechenland, 1. Division; gegr. 1890 (mit *Apollon Athen* ältester griech. Verein); seit ihrer Gründung 1959 ständig in der Nationalliga; 1980 Übergang zum Profifußball; *Pokalsieger* 1979. 3 *EC-Teilnahmen:* 9 Spiele; 4 Siege, 5 Niederlagen, 8:10 Punkte, 10:16 Tore. – *Spielkleidung:* rote Hose, blaues Hemd (mit rotem Bruststreifen), rote Stutzen. *Heimstadion:* Nea Smyrnis, 18 500 Plätze.

Spieler (Auswahl): N. Anastopoulos – T. Barzow – S. Chaitas – N. Chatzopoulos – G. u. N. Dedes – T. Intzoglou – N. Kakaris – L. Lima – D. Mavrikis – D. u. T. Saravakos. – **Trainer** (Auswahl): N. Alefantos – U. Brams – I. Netto.

Äthiopien, Staat im Osten Afrikas, 1 221 900 km², etwa 33 Mill. Ew., 1 Fußballspieler je 1 571 Ew.; Verband *Yeitopia Football Federechin* („Äthiopischer Fußballverband"), Abk. *YFF;* gegr. 1943, Sitz *Addis Abeba;* Mitgl. der *FIFA* seit 1953; der *CAF* seit 1957. – *Organisation:* 770 Klubs; 18 000 Amateurspieler, gesamt 21 000 (einschl. Nachwuchs- u. AM-Spieler); *Spieljahr:* September–Juni; *Spielkleidung:* gelbe Hose, grünes Hemd, rote Stutzen (Reserveausrüstung: Gelb); *Nationalstadion:* Addis Abeba Stadium, 30 000 (ausschl. Sitzplätze); *Stadien* (Auswahl): Saba Stadium, Asmara, 15 000; Diredawea Stadium, Dire Dawa, 8 000. Tab.

athletischer Fußball, Spielweise, welche weitgehend die Komponente des ↑ Kraftfußballs übernahm, ohne dabei die Vorzüge des ↑ technischen Fußballs zu negieren; bevorzugt angewendet von Mannschaften, bei denen die Athletik gegenüber der Spieltechnik stärker ausgeprägt ist. A. F. ist dynamisch u. tempostark, allerdings fehlen ihm in der Regel die taktisch-technischen Raffinessen.

Atlantikpokal, 1. 1956 zum ersten Mal durch die Nationalmannschaften von Brasilien, Argentinien, Uruguay u. Paraguay ausgetragener Pokalwettbewerb; dreimal insgesamt mit Hin- u. Rückspielen der Beteiligten durchgeführt. Tab.
2. Wettbewerb der Besatzungen von Schiffen, die den Atlantik befahren. 1925 stiftete Mrs. *Caroline de Lancy Cowl,* die Tochter eines New Yorker Warenhausbesitzers, aus Kommerzgründen eine Silbertrophäe. – *Reglement:* Jedes Besatzungsmitglied mußte ein halbes Jahr zur See gefahren sein; wer von den Besatzungen die meisten Spiele in New York austrug u. gewann, erhielt die jährlich ausgespielte Trophäe. – Wird nicht mehr ausgetragen.

ATSB ↑ ATB.

Attackieren, Bekämpfen des gegnerischen Spielers vor bzw. bei dessen Ballannahme mit allen erlaubten Mitteln (z. B. Abblocken, Rempeln, Tackling), um somit in Ballbesitz zu gelangen od. zumindest den Gegner zu stören. A. ist vornehmlich Aufgabe der Abwehrspieler, setzt sich aber zunehmend im Mittelfeld u. Angriff fort. S. a. Forechecking.

Atvidaberg FF, Schweden, 2. Division, gegr. 1907; *Landesmeister* 1972 u. 1973; *Pokalsieger* 1970 u. 1971. 5 *EC-Teilnahmen:* 18 Spiele; 6 Siege, 5 Unentschieden, 7 Niederlagen, 17:19 Punkte, 26:30 Tore. – *Spielkleidung:* weiße Hose, blaues Hemd, rote Stutzen. *Heimstadion:* Koppervallen, 10 000 Plätze. Abb.

Spieler (Auswahl): R. Almqvist – L. Andersson – J. Augustsson – R. Edström – O. Eklund – B. Gustavsson – K. Karlsson – A. Ljungberg – B. Magnusson – R. Magnusson – J. Olssen – R. Sandberg – J. Sund-

Äthiopien

Afrikameisterschaft	
1962	1. Platz

Atlantikpokal

1956	1.	Brasilien
	2.	Uruguay
	3.	Argentinien
1960	1.	Brasilien
	2.	Argentinien
	3.	Uruguay
1976	1.	Brasilien
	2.	Argentinien
	3.	Paraguay
	4.	Uruguay

Panathinaikos Athen

Atvidaberg FF

berg – C. Torstensson – T. Wernersson. – **Trainer** (Auswahl): B. Axberg – O. Bergmark – S.-A. Larsson.

Aue, BSG Wismut (die „Veilchen"), DDR, Oberliga; gegr. 4.3.1946 (Emblem ↑ Tf. 1); 1946/49 *Pneumatik Aue,* 1949/51 *Zentra Wismut Aue,* 1951/54 *Wismut Aue,* 1954/63 SC *Wismut Karl-Marx-Stadt,* seit 1963 wiederum *Wismut Aue; Landesmeister* 1956, 1957 u. 1959; *Pokalsieger* 1955. 4 *EC-Teilnahmen:* 18 Spiele; 5 Siege, 4 Unentschieden, 9 Niederlagen, 14:22 Punkte und 28:28 Tore. – *Spielkleidung:* weiße Hose, lila Hemd, weiße Stutzen. *Heimstadion:* Otto-Grotewohl-Stadion, 20000 Plätze (8140 Sitz-, 11860 Stehplätze).

Spieler (Auswahl): E. Bauer – G. Eberlein – U. Ebert – E. Einsiedel – D. Erler – H. Erler – J. Escher – H. Freitag – M. Fuchs I – M. Fuchs II – D. Gerber – H. Geuthner – H. Glaser – K. Groß – A. Günther – M. Hambeck – M. Kaiser – S. Kaiser – L. Killermann – B. Konik – W. Körner – S. Krauß – R. Kraft – J. Löffler – H. Miller – H. Mothes – A. Müller – B. Müller – S. Näcke – H. Neff – D. Pohl – D. Riemenschneider – H. Satrapa – K. Schaller – E. Schmalfuß – V. Schmidt – L. Schmiedel – F. Schüller – D. Schüßler – L. Spitzner – K. Steinbach. P. Süß – K. Thiele – W. Tröger – K. Viertel – S. Wachtel – K. Wagner – M. Weikert – H. u. J. Weißflog – K. Wolf – S. Wolf – K. Zink. – **Trainer** (Auswahl): E. Dietel – K. Dittes – H. Fischer – W. Fritzsch – M. Fuchs – F. Gödicke – G. Hofmann – G. Horst – A. Günther – H. Jacob – B. Müller – K. Schaller – H. Speth – H.-U. Thomale.

Auer, Karl, geb. 12. 8. 1898, gest. 21. 2. 1945; Rechtsaußen; spielte 1917/30 bei SpVgg Fürth; 3 Länderspiele, 2 Tore (1924/26), außerdem repräsentativ für Süddeutschland u. Nürnberg/Fürth (in Städtespielen).

AUF ↑ Uruguay.

Aufbauer, schweizer. Bez. für ↑ Mittelfeldspieler.

Aufbauspieler, im *WM-System* Bez. für den offensiven Läufer.

Aufholejagd, engagiertes Bemühen, einen hohen Torevorsprung des Gegners durch eigene Torerfolge zumindest noch wettzumachen, z. B. 0:4, 1:4 (↑ Ehrentor), 2:4 (hier beginnt die eigtl. A.) 3:4, 4:4.

Auflaufenlassen, verbotenes Spiel, indem man sich in die Laufrichtung des gegnerischen Spielers stellt, ohne die Chance zu besitzen, den Ball zu treffen bzw. zu spielen; wird mit *direktem Freistoß* geahndet.

Aufrücken, svw. ↑ Nachrücken.

Aufsetzer, Ball, der unmittelbar vor dem Tor (etwa 30 cm bis 2 m) aufspringt u. damit eine für den Torhüter schwer zu berechnende Flugbahn erhält, insbes. bei wuchtigen Schüssen u. glattem Geläuf. A. sind deshalb für die Torhüter ein „Alptraum".

Aufstecken, svw. *Aufgeben*; moralisch bedingt, z. B. „nach dem dritten Gegentreffer steckte die Mannschaft auf".

Aufsteiger ↑ Aufstieg.

Aufstellung, svw. ↑ Mannschaftsaufstellung.

Aufstieg, Wechsel von einer niedrigeren in eine höhere Spielklasse. In der Regel steigt diejenige Mannschaft auf (evtl. auch die ihr in der Tabelle folgende), die die Meisterschaft in der niedrigeren Klasse errungen hat. Der A. kann auch in gesonderten *A.srunden* ermittelt werden. Die Mannschaft, die den A. erreicht hat, heißt *Aufsteiger.*

Aufstiegsrunde, Wettbewerb zur Ermittlung der *Aufsteiger* in die nächsthöhere Spielklasse; wird meist in Gruppen durchgeführt, wobei die jeweiligen Sieger, evtl. auch Zweitplazierten, den Aufstieg erreichen – I. w. S. kann man auch ↑ Relegationsspiele als A. bezeichnen, obwohl dabei nur 2 Mannschaften um den Aufstieg kämpfen. S. a. Play-Off-Runde.

Aufstiegsspiel, Spiel innerhalb einer ↑ Aufstiegsrunde.

Aufwärmen, lockeres Bewegen (mit Steigerungen in der Schlußphase) u. Durchführen gymnastischer Übungen vor dem Spiel (etwa 10 bis 20 min), um die Kreislauf- u. Stoffwechseltätigkeit auf die Belastungen des Spieles vorzubereiten. Durch intensives A. verringert sich die Gefahr des Auftretens von Muskelzerrungen bzw. -faserrissen in den Anfangsminuten des Spieles.

Auf-Zeit-Spielen, vorsätzliche unsportliche Spielverzögerung, hervorgerufen durch bewußt langsames Ausführen von Freistößen, Abstößen, Einwürfen usw., auch durch Vortäuschen von Verletzungen. Durch A. versucht eine Mannschaft, den momentanen Spielstand bis zum Abpfiff zu halten. Der Schiedsrichter ist hierbei berechtigt, *nachspielen* zu lassen. – Eine sportliche Spielverzögerung ist dagegen das *Halten des Balles in den eigenen Reihen*, was vom Schiedsrichter nicht zu ahnden ist.

Augusto, eigtl. *José Pinto de Almeida*, Portugal, geb. 13. 4. 1937; Rechtsaußen; spielte 1951/59 bei Barreirense u. 1959/69 bei Benfica Lissabon; 45 Länderspiele (1960/68); WM-Endrundenteilnehmer 1966. – Später Trainer; u. a. bei Benfica (1970) u. der portugies. Juniorenauswahl.

Aung San Memorial Stadium, Nationalstadion von ↑ Burma.

Ausball, Ball, der auf dem Boden od. in der Luft die Tor- *(Ab-, Eckstoß)* od. Seitenlinie *(Einwurf)* völlig überschritten hat.

Ausdauer, svw. *konditionelle Fähigkeit*; Widerstandsfähigkeit gegenüber Ermüdung bei sportlicher Belastung.

ausgekocht, saloppe Bezeichnung für ↑ clever.

Ausgleich, erzielter Treffer, der den *Gleichstand* mit den erzielten Toren des Gegners herstellt.

Ausholfinte, svw. ↑ Stoßfinte.

Auslosung, Form der Ermittlung von Spielpaarungen durch *Verlosen* der Namen der beteiligten Mannschaften; so werden z. B. bei Pokalwettbewerben die gegeneinanderspielenden Mannschaften u. – je nach Austragungsmodus – die Platzvorteile durch A. bestimmt. Bei Turnieren gibt es auch *Gruppen-A.*

Ausputzer, letzter Abwehrspieler in der Abwehrkette vor dem Torhüter, deshalb oft auch als *letzter Mann* bezeichnet. Er soll kritische Situationen vor dem eigenen Tor bereinigen u. gegebenenfalls, z. B. bei zahlenmäßiger Überlegenheit der Angreifer, kurzzeitig zur Manndeckung übergehen. Da er aber in der Regel keinen direkten Gegenspieler hat, wird er oftmals fälschlich auch als *Libero* („freier Mann") bezeichnet. Doch im Gegensatz zu diesem verläßt der A. seine Abwehrposition nicht, was im modernen Fußball zur Ablösung dieser Funktion führte. S. a. Libero.

Ausrüstung, *Spielkleidung, Schuhwerk* u. (evtl.) *Schienbeinschützer* der Spieler. S. a. Dreß, Fußballschuhe.

Ausscheidungsspiel, Spiel mit Pokalcharakter, das vor dem eigentlichen Wettbewerb ausgetragen wird. u. zur Ermittlung *(Qualifikation)* der in den Ausschreibungen festgelegten Teilnehmerzahl dient.

Außen, Kurzbez. für ↑ Außenstürmer.

Außenläufer, rechter u. linker Läufer mit den Rückennummern 4 u. 6 im früheren WM-System.

Außenlinie, svw. *Seitenlinie* (↑ Spielfeld [Abb.]).

Außenrist, svw. *Außenspann* (↑ Stoßarten).

Außenseiter, Mannschaft, die gegen einen (bedeutend) höher einzustufenden Gegner antreten muß (z. B. *Klassenunterschied* bei Pokal-, *Tabellenunterschied* bei Meisterschaftsspielen). A.siege sind im Fußball nicht selten (ganz im Gegensatz z. B. zum *Handball*) u. tragen nicht unwesentlich zu seiner „Würze" bei.

Außenseitstoß ↑ Stoßarten.

Außenspann, svw. *äußerer Fußrücken.*

Außenspannstoß ↑ Stoßarten.

Außenstürmer, an den Seitenlinien postierte Stürmer einer Mannschaft, rechte Seite *Rechtsaußen*, linke Seite *Linksaußen*. Ausgeprägte A. gab es im WM-System (Rückennummern 7 u. 11); heutzutage im Spitzenfußball kaum noch anzutreffen. Vielmehr begeben sich die Sturmspitzen wechselseitig auf die Außenpositionen, um von dort aus die gegnerische Abwehr auszumanövrieren (durch Sprints, Dribblings usw.). Tab.

Außenverteidiger, die beiden äußeren Abwehrspieler (*rechter* bzw. *linker Verteidiger*), im früheren WM-System mit den Rückennummern 2 u. 3 versehen, deren Aufgabe die Bewachung der gegnerischen Außenstürmer ist. *Offensivverteidiger* unterstützen darüber hinaus nach einem abgewehrten gegnerischen Angriff die eigenen Angriffsbemühungen, indem sie mit nach vorn prellen u.

Außenstürmer (landessprachlich)

Rechtsaußen
Right wing [engl.]
Ailier droit [französ.]
Puntero derecho [span.]
Extremo direito [portugies.]
Ala destra [italien.]

Linksaußen
Left wing [engl.]
Ailier gauche [französ.]
Puntero izquierdo [span.]
Extremo esquerdo [portugies.]
Ala sinistra [italien.]

Außenverteidiger (landessprachlich)

rechter Verteidiger
Right back [engl.]
Arrière droit [französ.]
Zaguero derecho [span.]
Zagueiro direito [portugies.]
Terzino destro [italien.]

linker Verteidiger
Left back [engl.]
Arrière gauche [französ.]
Zaguero izquierdo [span.]
Zagueiro esquerdo [portugies.]
Terzino sinistro [italien.]

somit Überraschungsmomente schaffen. Tab.

Aussteigenlassen, Umspielen des Gegners, z. B. „er ließ 3 Abwehrspieler aussteigen".

Austragungsmodus, Art u. Weise der Durchführung von Wettkampfspielen; unterschieden werden *Punktsystem* im Punktspielbetrieb (↑ Punktspiel) u. *Pokal-* od. *K.-o.-System* bei Pokalwettbewerben (↑ Pokalsystem). Bei Welt-, Europameisterschaften u. olympischen Fußballturnieren wird das *Punkt-/Pokalsystem* od. *kombinierte System* angewandt. Es besagt, daß zunächst in den Vorrunden-, Finalrunden- od. Gruppenspielen im Punktsystem gespielt wird, um dann im Pokalsystem (↑ Halbfinale, Überkreuzvergleich) die Endspielteilnehmer zu ermitteln.

Australien
Weltmeisterschaft
1974 Endrunde
olympisches Fußballturnier
1956 Endrunde

Australien, 7 686 848 km², etwa 15,2 Mill. Ew.; 1 Fußballspieler je 34 Ew.; Verband *Australian Soccer Federation* („Australischer Fußballverband"), Abk. *ASF*; gegr. 1961, Sitz *Sydney*; Mitgl. der *FIFA* seit 1963, der *OFC* seit 1966. – *Organisation:* 6 850 Klubs; 4 000 Vertragsspieler, 40 000 Amateurspieler, gesamt 450 000 (einschl. Nachwuchs- u. AM-Spieler); *Spieljahr:* März–Oktober; *Spielkleidung:* grüne Hose, goldgelbes Hemd, weiße Stutzen (Reserveausrüstung: weiße Hose, grünes Hemd, grüne Stutzen); *Nationalstadion:* National Athletic Stadium, 25 000 (6 000 Sitz-, 19 000 Stehplätze); *Stadien* (Auswahl): Perry Lakes, West Australia, 40 000; International Sports Centre, Newcastle, 35 000; Sydney Sports Ground, Sydney, 31 000. Tab.

Austria [lat., svw. *Österreich*], Vereinsbezeichnung, z. B. A. Wien.

Austricksen, trickreiches Aus- od. Umspielen des Gegenspielers, ihn „verladen" od. „vernaschen".

Auswahl, Kurzbez. für ↑ Auswahlmannschaft.

Auswahlmannschaft, Mannschaft, die sich aus den besten Spielern z. B. einer Stadt *(Stadtauswahl),* eines Kreises *(Kreisauswahl),* Bezirkes *(Bezirksauswahl),* Landes (*Landesauswahl*; ↑ Nationalmannschaft), Kontinents (*Kontinentauswahl*; ↑ UEFA-Auswahl) od. sogar der ganzen Welt (*Weltauswahl*; ↑ FIFA-Auswahl) zusammensetzt. Eine A. *repräsentiert* jeweils eines der genannten Terrains, deshalb auch die Bezeichnung *Repräsentativmannschaft.*

Auswahlspieler, Spieler einer Regionalauswahl (z. B. Bezirks-A., Stadt-A.) bzw. Landesauswahl (z. B. Junioren-A., A-A. [↑ Nationalspieler]).

Auswärtskomplex, psychische Anfälligkeit einer Mannschaft bei Auswärtsspielen, die sich in gehemmter Spielweise u. damit in geminderter Spielstärke äußert. Mannschaften mit A. lassen sich leicht durch die gegnerische Zuschauerkulisse beeindrucken, ihnen fehlen die „geballten" Anfeuerungen seitens des eigenen Anhangs. Auch die ungewohnte Umgebung (Platz, äußere Einflüsse) können eine Rolle spielen. S. a. Heimkomplex.

Auswärtsstärke beinhaltet wiederholte Erfolge od. Teilerfolge auf gegnerischem Platz – auch gegen stärkere Mannschaften – u. begründet sich u. a. in unbekümmerter Spielweise u. bzw. od. taktisch klugem Verhalten (z. B. Konterspiel).

Auswärtstoreregel, Festlegung bei Pokal- od. Entscheidungsspielen, die besagt, daß nach Hin- u. Rückspiel bei gleichem Punkt- u. Torverhältnis die höhere Anzahl der auswärts erzielten Treffer über den Gesamtsieg entscheidet (*Bonifikations-* [„Vergütungs"-]System); 1969 von der UEFA für alle EC-Wettbewerbe eingeführt u. von den meisten Verbänden national nachvollzogen. Der oft zitierte Ausspruch „Auswärtstore zählen doppelt" ist korrekt, insofern er sich nicht auf das jeweilige Ergebnis, sondern ausschl. auf den *Vergleich* der Auswärtstore bezieht. (Eine Mannschaft, die auswärts 2:3 unterliegt, hat demzufolge nicht etwa 4:3 gewonnen!)

Auswärtstoreregel *(Beispiele)*

A–B	3:1
B–A	4:2

Gesamtsieger: A (2 Auswärtstore)
Unterlegener: B (1 Auswärtstor)

C–D	2:2
D–C	3:3

Gesamtsieger: C (3 Auswärtstore)
Unterlegener: D (2 Auswärtstore)

Die A. soll eine offensivere Einstellung bei Auswärtsspielen bewirken u. damit die Spiele attraktiver gestalten.

Auswechselbank, Sitzbank (in Stadien meist überdacht) für Auswechselspieler, Trainer, Arzt, Masseur u. Betreuer; für jede der beiden Mannschaften meist links bzw. rechts der Mittellinie installiert od. aufgestellt.

Auswechselspieler ↑ Auswechslung.

Auswechslung, Austausch von Spielern während des Spiels durch den Trainer. Spieler, die in das Spiel kommen, bezeichnet man als *(Ein-)Wechselspieler*, solche, die das Spielfeld verlassen, als *ausgewechselte Spieler*. Die häufig gebrauchte Bezeichnung *Auswechselspieler* für die erstgenannten ist eigtl. unkorrekt, da sie nicht aus-, sondern eingewechselt (kurz: *gewechselt*) werden. – Seit 1969 dürfen 2 Spieler jeder Mannschaft ausgetauscht werden (2 Feldspieler od. ein Feldspieler u. der Torhüter). Bei Freundschaftsspielen z. B. kann aber die Zahl der Wechselspieler vorher vereinbart werden. Bereits ausgewechselte Spieler dürfen jedoch nicht wieder eingesetzt werden. Abb. S. a. Spielregeln (Regel III).

Ausweichplatz, Anlage, auf die eine Heimmannschaft ausweichen muß, weil ihr eigener Platz gesperrt ist (z. B. wegen Baumaßnahmen, Unbespielbarkeit); nicht zu verwechseln mit ↑ neutralem Platz bei Platzsperre.

Avantgarde-Stadion ↑ Woroschilowgrad, Sarja.

Axelsson, Nils, Schweden, geb. 18. 1. 1906; rechter Verteidiger; spielte u. a. bei Helsingborg IF; 23 Länderspiele (1929/37).

Ayala, Ruben Hugo, Argentinien, geb. 20. 12. 1950 Buenos Aires; Stürmer; spielte 1964/74 bei San Lorenzo de Almagro u. 1974 bei Atlético Madrid; 45 Länderspiele; WM-Endrundenteilnehmer 1974.

Aztekenstadion, *Estadio Azteca*, Mexiko-City; 1967 erbaut u. 1968 zu den XIX. Olympischen Spielen 1968 eingeweiht; Fassungsvermögen 108499 Zuschauer. Ein Schiebedach (30 m breit) überdeckt die 80000 Sitzplätze. Das Stadion hat einen Unter- u. 2 Oberränge u. ist mit Logen für jeweils 10 Personen versehen. 1968 wurden 12000 Plätze an Privatpersonen verkauft, die für 99 Jahre Eigentumsrecht an ihren Sitzplätzen od. Logen haben. Während der IX. Fußball-Weltmeisterschaft 1970 fan-

Auswechslung

Aztekenstadion

den im A. 10 Spiele statt (6 Gruppen-, je 1 Viertel- u. Halbfinalspiel, die Begegnung um Platz 3 u. das Finale). 1986 war das Stadion zum zweitenmal Austragungsort des WM-Finales. Abb. S. a. Schutzumschlag (Foto).

Azzurri(s) [eigtl. „die Blauen", nach der Farbe des Auswahltrikots], Bez. für die Spieler der italien. Auswahlmannschaft, der *Squadra Azzurra*.

B

Babelsberg, BSG Rotation, DDR; gegr. 1946 als *SG Babelsberg*, 1949/50 *BSG Märkische Volksstimme Potsdam-Babelsberg*, 1950/69 *BSG Rotation Babelsberg* u. seit 1969 *BSG DEFA Babelsberg* (jetzt 1. Kreisklasse); Oberliga 1949/50 bis 1958. – *Spielkleidung:* schwarze Hose, weißes Hemd, schwarze Stutzen (weiß abgesetzt). *Heimstadion:* Karl-Liebknecht-Sportplatz, 12000 Plätze; jetzt nach Umbau 16000 Plätze, überdachte Tribüne.

Spieler (Auswahl): H. Adam – S. Aldermann – D. Anders – V. Balduin – H. Bartholomäus – E. Behrendt – W. Berndt – H. Dreßler – H. Fabian – E. Giesler II – W. Giesler I – W. Hagen – G. Harbolla – G. Jeronymus – H. Kandziora – R. Kuhlee – H. Kunz – W. Marquardt – P. Noske – P. Philipp – M. Pillau – H. Schlüter – H. Schöne – K. H. Schröder – H. Schuster – K. Selignow – G. Simon – H. Tietz – G. Warmo – K.-H. Wohlfahrth – H. Wolfrum. – **Trainer** (Auswahl): K. Findeisen – H. Höfer – H. Jacob – L. Wieder.

Bachramow, Tofik, UdSSR, Schiedsrichter, geb. 1926 Riga; WM-Endrundenschiedsrichter 1966 in England; leitete 1972 das erste UEFA-Pokalfinale Wolverhampton Wanderers – Tottenham Hotspur (1:2).

Back [engl.], svw. *Verteidiger;* left back: *linker Verteidiger,* right back: *rechter Verteidiger.*

Bagatellfoul, svw. ↑ Allerweltsfoul.

Bahamas, Staat im mittleren Atlantik, 11935 km², etwa 220000 Ew., 1 Fußballspieler je 275 Ew.; Verband *Bahamas Football Association* („Fußballverband der Bahamas"), Abk. *BFA;* gegr. 1967, Sitz *Nassau;* Mitgl. der *FIFA* seit 1968, der *CONCACAF* seit 1981. – *Organisation:* 15 Klubs; 400 Amateurspieler, gesamt 800 (einschl. Nachwuchs- u. AM-Spieler); *Spieljahr:* Oktober–Mai; *Spielkleidung:* schwarze Hose, gelbes Hemd u. gelbe Stutzen (Reserveausrüstung: weiße Hose, rotes Hemd, rote Stutzen); *Nationalstadion:* Thomas A. Robinson Track & Field Stadium, Nassau, 15000 (10000 Sitz-, 5000 Stehplätze).

Bahrein, Inselstaat am Persischen Golf, 622 km², etwa 331000 Ew., 1 Fußballspieler je 132 Ew.; Verband *Bahrein Football Association* („Fußballverband Bahrein"), Abk. *BFA;* gegr. 1951, Sitz *Al-Manamah;* Mitgl. der *FIFA* seit 1966, der *AFC* seit 1970. – *Organisation:*

30 Klubs; 800 Amateurspieler, gesamt 2500 (einschl. Nachwuchs- u. AM-Spieler); *Spieljahr:* Oktober–Juni; *Spielkleidung:* rote Hose, weißes Hemd, weiße Stutzen (Reserveausrüstung: Blau); *Nationalstadion:* Isa Town Stadium, 16000 (15000 Sitz-, 1000 Stehplätze); weiteres Stadion: Club Stadium, Muharrak, 10000.

Bálint, László, Ungarn, geb. 1. 2. 1948 Budapest; Stopper; spielte 1967/79 bei Ferencváros Budapest, 1979/81 beim FC Brügge u. 1981/85 beim FC Toulouse; 76 Länderspiele; internationales Debüt am 29. 3. 1972 gegen die BRD (0:2) in Budapest; Länderspielabschied am 18.6.1982 gegen Argentinien (1:4) in Alicante (Spanien); WM-Endrundenteilnehmer 1978 u. 1982; EM-Endrundenteilnehmer 1976; Fußballer des Jahres 1973 u. 1975. – Seit 1985 Trainer bei Ferencváros Budapest. Abb.

Balkanpokal, seit 1929 als regionale Meisterschaft der Balkanländer Rumänien, Jugoslawien, Griechenland u. Bulgarien ausgetragener Pokalwettbewerb. Der erste B. wurde mit Hin- u. Rückspiel absolviert, die folgenden in einer einfachen Punktrunde. Seit 1946 nehmen darüber hinaus Ungarn, Polen u. die ČSSR an diesem Wettbewerb (neue Bezeichnung *Balkan-Zentraleuropa-Pokal*) teil. Tab.

Balkan-Zentraleuropa-Pokal ↑ Balkanpokal.

„Balken", Kurzbez. für *Querbalken* (svw. *Querlatte;* ↑ Tor [2]).

Ball, 1. kugelförmiges Spielgerät, dessen äußere Hülle aus Leder od. einem anderen genehmigten Material besteht u. das mit Luft gefüllt ist. S. a. Spielregeln (Regel II). – In der Frühzeit bestanden B. aus runden Naturprodukten (z.B. Kokosnüsse, Apfelsinen), Pflanzenfasern, Naturgummi, Lederhüllen mit Filz-, Haar- od. Wollfüllung, umwickelten Lumpen u. ä. Bei kultischen B.spielen wurden sogar Totenschädel verwendet, während die Griechen bereits den Hohl-B. kannten. Tab.

2. svw. *der sich bewegende B.*, z.B. tückischer, Aufsetzer-, Flatter-B.

Ball, Alan, England, geb. 12. 5. 1945 Farnworth; Läufer; spielte 1955/62 beim FC Farnworth, 1962/65 bei Bolton Wanderers, 1965/67 beim FC Blackpool, 1967/71 beim F. C. Everton, 1972/77 beim FC Arsenal, 1977/80 beim FC Southampton u. bei Bristol City, 1979 bei Vancouver Whitecaps; 72 Länderspiele (8 Tore); internationales Debüt am 9.5.1965 gegen Jugoslawien (1:1) in Belgrad; Länderspielabschied am 24. 5. 1975 gegen Schottland (5:1) in London; WM-Endrundenteilnehmer 1966 u. 1970; EM-Endrundenteilnehmer 1968; bestritt 710 Punktspiele (180 Tore). – Später Manager beim FC Blackpool (1980/81), beim FC Portsmouth (1981/82), bei Bristol Rovers (1983) u. bei Vancouver Whitecaps (1984). Abb.

Ballabio, Erwin, Schweiz, geb. 20. 10. 1918; Torhüter; spielte 1930/40 beim FC Grenchen, 1940/41 bei Lausanne Sports, 1941/46 wiederum beim FC Grenchen, 1946/48 beim FC Thurn u. 1948/59 wiederholt beim FC Grenchen; 27 Länderspiele (1939/47).

Ballaman, Robert, Schweiz, geb. 21. 6. 1926; Halbstürmer; spielte 1938/50 beim FC Biel u. 1950/61 bei Grasshoppers Zürich; 51 Länderspiele (1948/61); WM-Endrundenteilnehmer 1954.

Ballannahme, den zugespielten Ball mit Fuß, Oberschenkel, Brust od. (seltener) Kopf unter Kontrolle bringen, um nachfolgend einen Schuß, eine Flanke o. ä. anzubringen. Meist entwickelt sich aus der B. unmittelbar die *Ballmitnahme,* d. h. das Weiterführen des Balles.

Ballbehandlung, technisches Können u. Geschick bei Ballannahme, -führung u. -abgabe auf der Grundlage gut ausgebildeter koordinativer Fähigkeiten.

Ballführen, svw. *Dribbeln* (↑ Dribbling).

Ballgefühl, Bez. für die motorische Differenzierungsfähigkeit beim Umgang mit dem Ball; basiert auf kinästhetischen, Tast- u. optischen Empfindungen, die bei der *Ballannahme, -abgabe, -führung* u. den *Stoßarten* entstehen. – Eigentlich ist die Bezeichnung B. unexakt, da es sich nicht um ein »Gefühl«, also eine Emotion, sondern um ein *Empfinden* handelt.

Ballhalten, taktisches Mittel, um a) nach überhasteten Aktionen wieder Ruhe in

László **Bálint**

Balkanpokal

1929/31	Rumänien
1932	Bulgarien
1933	Rumänien
1934/35	Jugoslawien
1935	Jugoslawien
1936	Rumänien
1946	Albanien
1947	Ungarn
1975	Bulgarien
1976	Bulgarien
1977/80	Rumänien

Ball (landessprachlich)

Ball [engl.]
Ballon [französ.]
Balón [span.]
Bola [portugies.]
Palla [italien.]

Alan **Ball**

das eigene Spiel zu bringen od. b) [legitim] auf Zeit zu spielen.

Ballkontrolle, Fähigkeit, den Ball so an- u. mitzunehmen sowie zu behaupten, daß der *Ballbesitz* gewährleistet ist; Voraussetzung ist *Ballbeherrschung.*

Ballmitnahme, Übernehmen des ankommenden Balles u. sein kontrolliertes Weiterführen.

Ballschlepper, (meist Mittelfeld-) Spieler, der sich durch großen ↑ Aktionsradius auszeichnet u. der ständig bemüht ist, den ihm aus der Abwehr zugespielten Ball über das Mittelfeld in den Angriff zu treiben („zu schleppen"), ohne dabei seine Mitspieler zu vernachlässigen u. ohne den Ball zu lange zu halten.

Ballstafette, Raumgewinn beinhaltende, ununterbrochene Paßfolge über mehrere ↑ Spielstationen hinweg.

Balltreiben, svw. *Dribbeln* (↑ Dribbling).

Ballübergabe, den Ball beim Ballführen dem entgegenkommenden od. nachlaufenden Mitspieler überlassen (vom Mitspieler ergibt sich daraus die *Ballübernahme*).

Ballübernahme ↑ Ballübergabe.

„ballverliebt" ist ein Spieler, der zwar technisch beschlagen ist, sich aber in der Regel zu spät vom Ball trennt; hemmt den Spielfluß.

Ballvirtuose, Spieler, der die fußballtechnischen Elemente („tänzerisch") spielend beherrscht (sog. *Supertechniker*); dazu zählt man z. B. *Didi, Pelé, B. Charlton, G. Rivera, I. Netto, M. Platini* u. *F. Beckenbauer*. B. sind vollkommene *Stilisten*. Durch die zunehmende Härte, Schnelligkeit u. Kampfkraft im modernen Fußball haben es die B. allerdings immer schwerer, ihr Können zu demonstrieren.

Ballwegschlagen, unsportliches Betragen nach einer Spielunterbrechung, indem der Ball von einem Spieler als Zeichen der Unmutsäußerung (weit) weggeschlagen wird; ist situationsbedingt mit Ermahnung, Verwarnung od. sogar (z. B. im Wiederholungsfall) mit Feldverweis zu ahnden.

Baltic-Cup, vor dem 2. Weltkrieg (1928 bis 1938) zwischen Estland, Lettland u. Litauen ausgetragener Pokalwettbewerb. Tab.

Baltic-Cup

1928	Lettland
1929	Estland
1930	Litauen
1931	Estland
1932	Lettland
1933	ungültig
1935	Litauen
1936	Lettland
1937	Lettland
1938	Estland

Balzers, FC, Liechtenstein, 1. Liga, gegr. 1932; 7mal *Pokalsieger* (zwischen 1964 u. 1984). – *Spielkleidung:* blaues Hemd, gelbe Hose, blau-gelbe Stutzen. *Heimstadion:* Sportplatz Rheinau, 5000 Stehplätze.

Spieler (Auswahl): O. Biedermann – M. Büchel – E. Bürzle – H., M. u. S. Frick – I. Kaufmann – P. Nigsch – A., D., F. u. S. Vogt – D., E. u. F. Wolfinger. – **Trainer** (Auswahl): R. Rehmann – D. Suchanek.

„Bananenflanke" ↑ Effetstoß.

Bandverletzung, akute Folgen einer unerwarteten einmaligen Gewalteinwirkung auf den Band-Kapsel-Apparat der Gelenke. Beim *Bänderriß* kommt es zur völligen Durchtrennung eines Bandes od. einer Band-Kapsel-Gruppe, oft am Knochenansatz, teils mit Ausriß eines kleinen Knochenfragmentes. *Therapie:* chirurgischer Eingriff (Kniegelenk bzw. oberes Sprunggelenk). – Bei der *Seiten-B.* (Zerrung, Teilriß, kompletter Riß) sind die seitlichen Führungsbänder der Knie- u. Sprunggelenke am häufigsten betroffen; am Knieinnenband wird dabei oft der Meniskus in Mitleidenschaft gezogen. Die *Kreuz-B.* äußert sich in Überdehnung u. teilweiser od. kompletter Zerreißung des vorderen u. bzw. od. hinteren Kreuzbandes im Kniegelenk, oft verbunden mit Ausriß der knöchernen Verankerung. Dabei handelt es sich selten um eine isolierte Verletzung; meist tritt sie kombiniert mit Meniskus- u. Seitenband-Kapsel-Verletzungen auf.

Banerjee, Pradip Kumar, Indien, geb. 23. 6. 1936 Jamshedpur (Bihar); Rechtsaußen; spielte 1950/54 bei Jamshedpur u. 1954/66 bei Eastern Railway Calcutta; 84 Länderspiele, 64 Tore (Rekordinternationaler) von 1955 bis 1964; Olympiateilnehmer 1956 u. 1960; spielte in der Endrunde der Asienmeisterschaft 1956 u. 1960; Fußballer des Jahres 1957, 1959, 1962 u. 1963. Erhielt mit der „Arjuna Award" die höchste sportliche Auszeichnung Indiens. – Später Trainer; u. a. bei Mohun Bagan, East Bengal u. 1980/82 der ind. Nationalmannschaft. Heute Rundfunk- u. TV-Kommentator für *All India Radio* u. *Indian Television.*

Bangerter, Hans, Schweiz, Fußballfunktionär, geb. 1924; 1953/59 Generalsekretäradjunkt der FIFA; seit 1. 1. 1960 Generalsekretär der UEFA (Nachfolger von *P. Delaunay*). Ihm untersteht die gesamte administrative Tätigkeit im UEFA-Generalsekretariat in Bern (4 Hauptabteilungen: *Wettbewerbs-* u. *Nichtwettbewerbssektor, Sekretariat* u. *Presseabteilung*). B. erarbeitete die Regelung der TV-Übertragungen von Fußballspielen u. führte 1969 die festen Daten für EC-Wettbewerbe sowie die ↑ Auswärtstoreregel ein. Abb.

Bangladesh, Staat im Süden Asiens, 143998 km², etwa 93 Mill. Ew., 1 Fußballspieler je 2906 Ew.; Verband *Bangladesh Football Federation* („Fußballverband Bangladesh"), Abk. *BFF*; gegr. 1972, Sitz *Dacca*; Mitgl. der *FIFA* seit 1974, der *AFC* seit 1974. – *Organisation:* 1300 Klubs; 22000 Amateurspieler, gesamt 32000 (einschl. Nachwuchs- u. AM-Spieler); *Spielkleidung:* weiße Hose, orange Hemd, grüne Stutzen (Reserveausrüstung: weiße Hose, weißes Hemd, grüne Stutzen); *Nationalstadion:* Dacca Stadium, 55000 (50000 Sitz-, 5000 Stehplätze); *Stadien* (Auswahl): Chittagong Stadium, 20000; Jessore Stadium, Jessore Town, 20000; Khulna Stadium, 15000.

Banischewski, Anatoli, UdSSR, geb. 1946; Halb- u. Mittelstürmer; spielte 1956/61 bei Lokomotive Baku und 1962/78 bei Neftschi Baku; 49 Länderspiele (19 Tore); internationales Debüt am 4. 9. 1965 gegen Jugoslawien (0:0) in Moskau; Länderspielabschied am 18. 6. 1972 gegen die BRD (0:3) in Brüssel (EM-Endrunde); WM-Endrundenteilnehmer 1966; EM-Endrundenteilnehmer 1968 u. 1972; 212 Ligaspiele (81 Tore). – Später Trainer an der Fußballschule Baku u. bei Neftschi Baku.

Bank, Kurzbezeichnung für ↑ Auswechselbank.

Banks, Gordon, England, geb. 30. 12. 1937 Tamworth; Torhüter; begann mit 16 Jahren bei Milsquaw Steel Works (1953), spielte dann für Chesterfield (3. Division [1954/57]), Leicester City (1957/67) u. Stoke City (1967/73). Stoke zahlte an Leicester die damals für einen Torhüter enorme Ablösesumme von 500000 Mark. Sein internationales Debüt gab B. am 6. 4. 1963 gegen Schottland (1:2) im Wembley. Zwischen 1963 u. 1972 (am 27. 5. gegen Schottland 1:0 in Glasgow) absolvierte er 73 Länderspiele. B. war 1962 (als Ersatztorhüter), 1966 u. 1970 WM-Endrundenteilnehmer u. wurde 1966 mit England Weltmeister. Er stellte mit 422 min ohne Gegentor einen „Weltrekord" auf. 1973 büßte B. bei einem Autounfall ein Auge ein. – Später wurde er Coach von Englands U 23 u. trainierte noch beim FC Morton (Schottland), bei den Fort Lauderdale Strikers (USA) u. bei Port Vale. 1977 beendete er seine aktive Laufbahn.

Barbados, Staat im mittleren Atlantik, 431 km², etwa 269000 Ew., 1 Fußballspieler je 179 Ew.; Verband *Barbados Football Association* („Fußballverband Barbados"), Abk. *BFA*; gegr. 1910, Sitz *Bridgetown*; Mitgl. der *FIFA* seit 1968, der *CONCACAF* seit 1968. – *Organisation:* 95 Klubs; 700 Amateurspieler, gesamt 1500 (einschl. Nachwuchs- u. AM-Spieler); *Spieljahr:* Januar–Mai; *Spielkleidung:* goldgelbe Hose, königsblaues Hemd, königsblaue Stutzen (Reserveausrüstung: königsblaue Hose, goldgelbes Hemd, königsblaue Stutzen); *Nationalstadion:* Barbados National Stadium, Bridgetown, 12000 Plätze (550 Sitz-, 11450 Stehplätze); weiteres Stadion: Kensington Oval, 18000.

Barbosa, Moacir, Brasilien, geb. 27. 3. 1921 Campinas (Bundesstaat São Paulo); Torhüter; spielte 1935/65 bei Vasco da Gama; 20 Länderspiele; internationales Debüt am 16. 12. 1945 gegen Argentinien (3:4) in São Paulo; Länderspielabschied am 12. 3. 1953 gegen Ekuador (2:0) in Lima (Südamerikameisterschaft); WM-Endrundenteilnehmer 1950. S. a. Tf. 20 *(oben)*.

Barcelona, Español, *(Real Club Deportivo)*, Spanien, 1. Division, gegr. 1901 (Emblem ↑ Tf. 2); gehört zu den 5 Gründungsmitgliedern der 1928 gebildeten Nationalliga; *Pokalsieger* 1929 u. 1940. 4 *EC-Teilnahmen:* 22 Spiele; 11 Siege sowie 11 Niederlagen, 22:22 Punkte, 32:34 Tore. – *Spielkleidung:* blaue Hose, blau-weiß längsgestreiftes Hemd,

Hans **Bangerter**

weiße Stutzen (blau abgesetzt). *Heimstadion:* Estadio Sarria, 50000 Plätze.
Spieler (Auswahl): F. J. Gonzales – A. Lanchas – R. Maranon – R. C. Perez – D. Solsona – J. Urruticoechea – J. Verdugo.

Barcelona, F. C., teils auch als *CF* geführt, Spanien, Verein der 1. Liga (Emblem ↑ Tf. 2), gegr. 20. 11. 1899 als „Football Club Barcelona" von dem gebürtigen Schweizer *Hans* („Juan") *Gamper*. 10mal *Landesmeister* (zwischen 1929 u. 1985), 19mal *Pokalsieger* (zwischen 1912 u. 1983); *EC II-Gewinner* 1979 u. 1982; *Messepokalgewinner* 1958 (als Städtemannschaft), 1960 u. 1966; *Latein-Cupsieger* 1949 u. 1953. 30 *EC-Teilnahmen:* 195 Spiele; 105 Siege, 40 Unentschieden, 50 Niederlagen, 250:140 Punkte, 405:227 Tore. – *Spielkleidung:* blaue Hose, rot-blau längsgestreiftes Hemd, rot-blau quergestreifte Stutzen. *Heimstadion:* Estadio Nou Camp, 103513 Sitzplätze. Abb.
Spieler (Auswahl): J. Alesanco – S. Artigas – P. M. Artols – J.-M. Asensi – F. Carrasco – R. Castillo – J. Cruijff – Z. Czibor – V. Esteban – Evaristo – F. Fuste – F. Gallego – A. T. Garcia – Julio Alberto – S. Kocsis – H. Krankl – L. Kubala – G. Lineker – D. A. Maradona – M. B. Migueli – E. Moran – J. A. Moreno – V. Munoz – J. Neeskens – F. Olivella – A. Olmo – J. M. Pereda – Platko – E. C. Quini – M. Reina – C. Rexach – J. Rife – A. Ramallets – S. Sadurni – J. Sanchez – H. Sastre – A. Saura – B. Schuster – A. Simonsen – H. Sotil – L. Suarez – J. G. Urruti – M. Victor – P. M. Zabalza – J. A. Zaldua – R. Zamora. – **Trainer** (Auswahl): S. Artigas – H. J. Gamper – H. Herrera – U. Lattek – R. Michels – M. Miljanic – J. Samitier – C. L. Menotti – T. Venables – H. Weisweiler – R. Zamora.

Baric, Otto („Otto Maximal"), Jugoslawien, Trainer, geb. 19. 6. 1932 Zagreb; 1961/65 bei Lok Zagreb, 1967/69 bei Opel Rüsselsheim, 1969/70 bei Germania Wiesbaden, 1970/72 bei Wacker Innsbruck, 1972/74 beim Linzer ASK, 1974/76 beim FC Zagreb, 1976/79 bei Dinamo Vinkovci, 1979/80 bei Dinamo Zagreb, 1980/82 bei Sturm Graz, 1982/85 bei Rapid Wien u. 1985/86 beim VfB Stuttgart; seitdem wieder bei Rapid Wien. – 1976/80 war B. Verbandstrainer in Jugoslawien (Olympia- u. Amateurauswahl).

Baroti, Lajos, Ungarn, Trainer, geb. 1914 Barot; Läufer; spielte 1928/39 bei Szeged FC u. 1939/46 bei Vasas Györ; 2 Länderspiele (am 24. 9. 1939 gegen Deutschland [5:1] in Budapest u. am 16. 11. 1941 gegen die Schweiz [2:1] in Zürich); 1948 komplizierter Knochenbruch u. Ende der Karriere. – Später Trainer; Auswahltrainer seit 22. 12. 1957 gegen die BRD (0:1 in Hannover), da-

Lajos **Baroti**

Nou Camp, Heimstätte des F.C. Barcelona

nach 79mal hintereinander ungar. Verbandskapitän; nach der WM 1966 abgelöst, dann 1969, 1970 u. 1971 mit Dózsa Ujpest Landesmeister u. Pokalsieger; anschließend 1972 in Peru Auswahltrainer; danach bei Vasas Budapest, ab 3. 5. 1975 bis 10. 6. 1978 Verbandskapitän; zwischen 1958 u. 1978 4 WM-Endrundenteilnahmen u. 117 Spiele insgesamt mit den Magyaren. Abb.

Barthélmy Boganda, Nationalstadion der ↑ Zentralafrikanischen Republik.

Barthels, Wolfgang, geb. 23. 11. 1940 Malbork; Rechtsaußen; spielte 1950 bis 1953 bei Traktor Plaue u. 1954/70 beim SC Empor u. FC Hansa Rostock; 2 Länderspiele (am 17. 12. 1963 gegen Burma [5:1] in Rangun u. am 12. 1. 1964 gegen Sri Lanka [12:1] in Colombo), 2 Tore; gewann bei Olympia 1964 Bronze; 221 Oberligaspiele (45 Tore).

Baschaschkin, Anatoli, UdSSR, geb. 23. 2. 1924 Reutowo; Mittelverteidiger, Stopper; spielte 1934/38 bei Reutowo, 1938/40 bei Trud Moskau, 1940/41 bei Spartak Moskau, 1946/47 bei ODO Tbilissi, 1947/53 bei ZSKA Moskau, 1953 bei Spartak Moskau u. 1954/58 bei ZSKA Moskau; bestritt 23 Länderspiele (1952/57); gewann bei Olympia 1956 Gold; 183 Ligaspiele.

Basel, F.C., Schweiz (Emblem ↑ Tf. 2), Nationalliga; gegr. 15. 11. 1893 als viertältester Klub des Landes; 8mal *Landesmeister* (zwischen 1953 u. 1980); 6mal *Pokalsieger* (zwischen 1913 u. 1975); *Alpenpokalgewinner* 1969, 1970 u. 1981. 21 *EC-Teilnahmen:* 55 Spiele; 13 Siege, 7 Unentschieden, 35 Niederlagen, 33:77 Punkte, 85:135 Tore. – *Spielkleidung:* blaue Hose u. blau-rot längsgeteiltes Hemd, blau-rote Stutzen. *Heimstadion:* St.-Jakobs-Stadion, 60 000 Plätze.

Spieler (Auswahl): Bader – Balmer – H. Benthaus – H. Blumer – Demarmels – Fischli – R. Frigerio – Hasler – H. Hauser – O. Hitzfeld – J. Hügi – A. Jaeck – Kiefer – M. Kunz – Laufenburger – Lauscher – Maissen – B. Michaud – Mundschin – K. Odermatt – M. Pfirter – P. Ramseier – P. Schmidlin – A. Schnyder – Schönenberger – K. Steller – Stohler – J. Sundermann – Tanner – von Wartburg – H. Weber. – **Trainer** (Auswahl): H. Benthaus – K. Rappan – G. Sobotka – J. Sundermann.

Bastia, SEC *(Sporting Étoile Club de),* Frankreich, Verein der Ehrendivision, gegr. 1963; *Pokalsieger* 1981, 3 *EC-Teilnahmen:* 18 Spiele; 9 Siege, 4 Unentschieden, 5 Niederlagen, 22:14 Punkte, 35:26 Tore. – *Spielkleidung:* blaue od. weiße Hose, blaues Hemd, blaue Stutzen mit weißen Streifen. *Heimstadion:* Armand Cesari, 12 000 Plätze (davon 8 000 Sitzplätze).

F. C. Barcelona (EC II-Gewinner 1982)

Spieler (Auswahl): J. Atre (Zimako) – J.-L. Cazes – A. Cornu – D. Džajić – Felix – R. Ferrier – A. Fiard – Kanyan – Lagadec – J. F. Larios – R. Mekloufi – A. Merry (Krimau) – A. Milla – J. Mlynarczik – C. Orlanducci – D. Pantelic – C. Papi – N. Rep – Sansonetti – Serra – Solsona – A. C. Tarantini – Vergnes – B. Zenier. – **Trainer** (Auswahl): J.-P. Destrumelle – Frombolacci – C. Lorenzi – Natali – A. Redin.

Bernd **Bauchspieß**

Bastin, Clifford („Cliff"), England, geb. 1912; Linksaußen; spielte 1927/29 bei Exeter City u. 1930/47 beim FC Arsenal London; 21 Länderspiele (12 Tore); internationales Debüt am 18. 11. 1931 gegen Wales (3:1) in Liverpool; Länderspielabschied am 26. 5. 1938 gegen Frankreich (4:2) in Paris; spielte im legendären Arsenalangriff *Hulme, Jack, Drake, James* u. *B.*; erzielte in 367 Ligaspielen 157 Tore, davon 33 Treffer (1932/33) in 42 Spielen.

Bastrup, Lars, Dänemark, geb. 31. 7. 1955 Aarhus; Außenstürmer; spielte 1971/75 bei Aarhus GF, 1975/76 bei Kikkers Offenbach, 1976/83 beim Hamburger SV u. 1984/86 bei Ikast FS; 22 Länderspiele; 77 Bundesligaspiele (20 Tore); Torschützenkönig 1986 (20 Treffer).

Battiston, Patrick, Frankreich, geb. 12. 3. 1957 Amneville (Departement Moselle); Rechtsverteidiger, Libero; spielte 1969/73 bei US Talange, 1973 bis 1980 beim FC Metz, 1980/83 bei AS St.-Étienne u. seitdem bei Girondins Bordeaux; 51 Länderspiele; internationales Debüt am 23. 2. 1977 gegen die BRD (1:0) in Paris; WM-Endrundenteilnehmer 1978, 1982 u. 1986; EM-Endrundenteilnehmer 1984.

Peco **Bauwens**

Bauchspieß, Bernd, („Spieß[er]"), Dr., Facharzt für Orthopädie, geb. 10. 10. 1939 Zeitz; Mittelstürmer; spielte 1950 bis 1960 bei Chemie Zeitz, 1961 beim SC Dynamo Berlin, 1962/63 wiederum bei Chemie Zeitz u. 1963/73 bei Chemie Leipzig; 1 Länderspiel am 6. 9. 1959 gegen Finnland (2:3) in Helsinki; gewann bei Olympia 1964 Bronze; Torschützenkönig 1959 (18 Treffer), 1960 (25) u. 1965 (14); 264 Oberligaspiele (119 Tore). Abb.

Baum, Frank, geb. 30. 1. 1956 Zwenkau; Verteidiger, Libero; spielte 1962/68 bei Aktivist Zwenkau, 1968/74 beim 1. FC Lok Leipzig u. 1974/79 bei Chemie Leipzig; seit 1979 wieder beim 1. FC Lok Leipzig; 17 Länderspiele (1979/86); internationales Debüt am 28. 2. 1979 gegen Bulgarien (0:1) in Burgas; gewann bei Olympia 1980 Silber; 172 Oberligaspiele (5 Tore). Abb.

Frank **Baum**

Baumann, Rainer („Röhre"), Journalist, geb. 21. 1. 1930 Altenburg; Halbstürmer, Läufer; spielte 1941/51 bei Eintracht, Nord, ZSG u. Stahl Altenburg, 1951/52 bei Chemie Leipzig, 1953/54 bei KVP/ZSK Vorwärts Leipzig/Berlin u. 1955/61 beim SC Lok Leipzig; 2 Länderspiele: am 22. 7. 1956 gegen Polen (2:0) in Chorzow, am 14. 10. 1956 gegen Bulgarien (1:3) in Sofia. – Seit 1963 Chefredakteur von "Theorie und Praxis der Körperkultur", Leipzig.

Baumgärtner, Willy, geb. 23. 12. 1890, gest. 16. 11. 1953; Linksaußen; spielte 1905/07 bei Germania 88 Berlin u. 1907/23 bei SV 04 Düsseldorf; 4 Länderspiele (1908/09); verließ Deutschland 1932, ging nach Südamerika u. war in

Brasilien Mitbegründer des BSC São Paulo.

B-Auswahl, in früheren Jahren Bez. für die Auswahlmannschaft eines Landes, in der die Nachfolgekandidaten für die A-Auswahl, also die Nationalmannschaft, zum Einsatz kamen. Die B. bestritt fast ausschl. Freundschaftsspiele u. wurde mittlerweile von den *Nachwuchsauswahlmannschaften* der einzelnen Länder abgelöst.

Bauwens, Peco, Dr., Fußballfunktionär, geb. 24. 12. 1886 u. gest. 17. 11. 1963 Köln; Mittelstürmer beim SC 99 Köln; 1 Länderspiel am 16. 5. 1910 gegen Belgien (0:3) in Duisburg; FIFA-Referee (82 Länderspiele); leitete 4 DFB-Meisterschaftsendspiele zwischen 1920 u. 1929; 1949/62 DFB-Präsident; war Mitglied des ↑ International Football Association Board. Abb. S. a. Schiedsrichter (Abb.).

Baxter, James („Jimmy"), Schottland, geb. 30. 12. 1939; Mittelfeldspieler; spielte 1959/60 bei Raith Rovers, 1960 bis 1965 u. 1969/73 bei Glasgow Rangers, 1965/68 beim FC Sunderland, 1968/69 bei Nottingham Forest u. Ips wich Town; 34 Länderspiele (3 Tore); internationales Debüt am 9. 11. 1960 gegen Nordirland (5:2) in Glasgow; Länderspielabschied am 22. 11. 1967 gegen Wales (3:2) in Glasgow; spielte 1963 in der FIFA-Auswahl (1:2) gegen England u. 1964 in der Europaauswahl (4:2) gegen Skandinavien.

Bazaly-Stadion ↑ Ostrava, OKD Banik.

BDFL, Abk. für *Bund Deutscher Fußball-lehrer* (BRD), gegr. 1957.

Beara, Vladimir („Katze"), Jugoslawien, geb. 8. 11. 1928 Split; Torhüter; spielte 1946/55 bei Hajduk Split, 1955/60 bei Roter Stern Belgrad, 1960/62 bei Alemannia Aachen u. 1963/65 bei Viktoria Köln; 60 Länderspiele; internationales Debüt am 8. 10. 1950 gegen Österreich (2:7) in Wien; Länderspielabschied am 11. 10. 1959 gegen Ungarn (2:4) in Belgrad; WM-Endrundenteilnehmer 1950, 1954 u. 1958; gewann 1952 bei Olympia Silber; spielte 1953 in der FIFA-Auswahl in London gegen England (4:4). – Später Trainer in der BRD (FC Freiburg), in den Niederlanden (Sittardia Sittard), in Jugoslawien (NK Rijeka, Hajduk Split), der Nationalmannschaft Kameruns u. in Österreich (Vienna Wien).

Bearzot, Enzo, Italien, Trainer, geb. 26. 9. 1927 Gorizia; Läufer; spielte 1948 bis 1950 u. 1956 bei Internazionale Mailand, 1951/53 bei Catania, 1954/55 u.

Enzo **Bearzot**

1956/64 beim AC Turin; 1 Länderspiel (am 27. 11. 1955 gegen Ungarn [0:2] in Budapest). – Später Trainerassistent beim AC Turin; vom 27. 5. 1975 bis 8. 6. 1975 unter *F. Bernardini* Auswahltrainerassistent, ab 8. 10. 1977 Nationalmannschaftstrainer; mit der Squadra Azzurra Weltmeister 1982, WM-Vierter 1978, WM-Endrundenteilnehmer 1986 u. EM-Vierter 1980. – Nach der Weltmeisterschaft 1986 wurde B. Technischer Direktor des italienischen Fußballverbandes. Abb.

Beckenbauer, Franz, geb. 11. 9. 1945 München-Giesing; Libero; begann 1954 beim SC 1906 München; spielte bei FC Bayern München (1958/77), Cosmos New York (1977/80 u. 1983) u. Hamburger SV (1980/82); Länderspieldebüt am 26. 9. 1965 gegen Schweden (2:1) in Stockholm; bestritt bis 1977 (am 23. 2. gegen Frankreich [0:1] in Paris) mit der BRD-Nationalmannschaft 103 Spiele (14 Tore); Rekordinternationaler der BRD;

Franz **Beckenbauer**

Avenir Beggen

Europas Fußballer des Jahres 1972 u. 1976, in der BRD 1966, 1968, 1974 u. 1976; WM-Endrundenteilnehmer 1966, 1970 u. 1974; EM-Endrundenteilnehmer 1972 u. 1976; 50mal Mannschaftskapitän der BRD-Auswahl u. deren Ehrenspielführer; bestritt 396 Spiele (43 Tore) für den FC Bayern, 16 Spiele (4 Tore) für Cosmos sowie 16 Spiele (2 Tore) für den Hamburger SV; wurde 1984 mit dem neugeschaffenen *FIFA-Orden* (↑ FIFA) geehrt.– Seit September 1984 ist B. (früher: der „Kaiser") Teamchef (ohne Bundesliga-Trainerlizenz) der BRD-Auswahl. Abb. S. a. „Klub der Hunderter", Eckstoß (Abb.), BRD (Abb.).

Becker, Fritz, geb. 13. 9. 1888 Frankfurt/Main, gest. 22. 2. 1963; Halbstürmer, linker Läufer; spielte 1905/13 bei Kickers Frankfurt/Main; 1 Länderspiel (2 Tore) am 5. 4. 1908 in Basel (3:5) gegen die Schweiz (erstes Länderspiel Deutschlands überhaupt); spielte repräsentativ für Süddeutschland.

Bedienen, Abgeben des Balles zu einem freistehenden od. freigelaufenen Mitspieler.

Beerschot, V.A.V. ↑ Antwerpen, V.A.V. Beerschot.

Befreiungsschlag, Wegschlagen des Balles in gefährlichen Situationen vor dem eigenen Tor in die gegnerische Hälfte, auch wenn dort kein Mitspieler steht. B. sind weitgehend *richtungskontrolliert*, im Gegensatz zu den ↑ Notschlägen.

Beggen, FC Avenir, Luxemburg, Nationalliga, gegr. 1. 6. 1915; *Landesmeister* 1969, 1982, 1984 u. 1986; *Pokalsieger* 1983 u. 1984. 7 *EC-Teilnahmen:* 14 Spiele; 14 Niederlagen, 0:28 Punkte, 3:74 Tore. – *Spielkleidung:* schwarze Hose, gelbes Hemd und schwarzgelbe Stutzen. *Heimstadion:* Emile-Metz-Tesch-Stadion, 7 950 Plätze. Abb.

Spieler (Auswahl): J.-P. Barboni – Bossi – G. Dresch – Girres – Jentgen – Scholten – Wagner. – **Trainer** (Auswahl): M. Boreux – H. Cirelli.

Begrenzungslinien ↑ Spielfeld.

Begrüßung, Aufstellung beider Mannschaften u. des Schiedsrichterkollektivs in der Mitte des Spielfeldes in Linie (längs der Breitseiten), wobei den Zu-

Belgien

Weltmeisterschaft
1930 Endrunde
1934 Achtelfinale
1938 Achtelfinale
1954 Endrunde
1970 Endrunde
1982 2. Finalrunde
1986 4. Platz

Europameisterschaft
1972 3. Platz
1980 2. Platz

olympisches Fußballturnier
1920 1. Platz

Supercup
1976 RSC Anderlecht
1978 RSC Anderlecht

EC II
1976 RSC Anderlecht
1978 RSC Anderlecht

EC III
1983 RSC Anderlecht

Landesmeister / Pokalsieger
1896 FC Lüttich / –
1897 RC Brüssel / –
1898 FC Lüttich / –
1899 FC Lüttich / –
1900 RC Brüssel / –
1901 RC Brüssel / –
1902 RC Brüssel / –
1903 RC Brüssel / –
1904 Union St. Gilloise / –
1905 Union St. Gilloise / –
1906 Union St. Gilloise / –
1907 Union St. Gilloise / –
1908 RC Brüssel / –
1909 Union St. Gilloise / –
1910 Union St. Gilloise / –
1911 CS Brügge / –
1912 Daring Club Brüssel / RC Brüssel
1913 Union St. Gilloise / Union St. Gilloise
1914 Daring Club Brüssel / Union St. Gilloise

Begrüßung (*links* R. Schnuphase)

schauern der Sportgruß entboten wird (gleiches nach Kehrtwendung). – Bei Spielen unterklassiger Mannschaften ([fast] ohne Zuschauer) stehen sich bei der B. die beiden Vertretungen gegenüber (längs der Mittellinie). Im Anschluß an die *Publikums-* bzw. *Mannschafts-B.* folgt die B. der Kapitäne (untereinander u. mit dem Schiedsrichterkollektiv), bevor es zur *Seiten-* od. *Platzwahl* u. zum offiziellen Spielbeginn, dem ↑ Anstoß kommt. – Bei *Länderspielen* unterliegt die B. besonderen Zeremonien. Abb.

beidbeinig ist die Bez. für einen Spieler, der den Ball mit dem linken Fuß ebenso zu spielen versteht (Ballbehandlung, Torschuß usw.) wie mit dem rechten. S. a. einbeinig.

Beitar-Stadion ↑ Jerusalem, Beitar.

Belfast, FC Crusaders, Nordirdland, gegr. 1886; *Landesmeister* 1973 u. 1976; *Cupsieger* 1967 u. 1968. 4 *EC-Teilnahmen:* 8 Spiele; 1 Sieg, 1 Unentschieden, 6 Niederlagen, 3:13 Punkte, 5:33 Tore. – *Spielkleidung:* schwarze Hose, schwarz-rot quergestreiftes Hemd, rot-schwarze Stutzen. *Heimstadion:* Seaview, 16 000 Plätze.

Spieler (Auswahl): A. C. Campbell – D. Trainor.

Belfast, FC Distillery, Nordirland, gegr. 1879; 6mal *Landesmeister* (1896/1963); 12mal *Cupsieger* (zwischen 1894 u. 1971); 2 *EC-Teilnahmen:* 4 Spiele; 1 Unentschieden, 3 Niederlagen, 1:7 Punkte, 4:14 Tore. – *Spielkleidung:* weiße Hose, weißes Hemd, schwarz-weiße Stutzen. *Heimstadion:* New Grosvenor Stadium, 20 000 Plätze (zuvor *Skegoneil Avenue*, Grosvenor Park).

Spieler (Auswahl): S. Burnison – J. Chambers – A. Hunter – A. Kearns – W. McCrakken – J. T. Mercer – M. O'Neill – J. Peden – S. Spencer – O. M. Stanfield.

Belfast, FC Linfield ↑ Linfield, FC.

Belfast, Glentoran *(Football and Athletic Club)*, Nordirland; gegr. 1882 von den Juniorenmannschaften *Oakfields* u. *Nettlefields* (Emblem ↑ Tf. 2); 18mal *Landesmeister* (1894/1981); 12mal *Cupsieger* (zwischen 1914 u. 1986). 20 *EC-Teilnahmen:* 48 Spiele; 8 Siege, 12 Unentschieden und 28 Niederlagen, 28:68 Punkte, 45:105 Tore. – *Spielkleidung:* weiße Hose, weißes Hemd mit rot-schwarz-grünen Streifen, weiße Stutzen mit schwarz-grünen Streifen. *Heimstadion:* The Oval, 50 000 Plätze (vorher *Ormeau Park*, King's Field).

Spieler (Auswahl): W. L. Bingham – R. D. Blanchflower – J. Cleary – P. Doherty – A. Elder – A. Finlay – T. Jackson – C. J. Martin – J. McIllroy – J. McVicker – B. Peacocks – A. Stewart. – **Trainer** (Auswahl): G. Eastham – P. McParland.

Belger, Fritz, Trainer, geb. 19. 4. 1914 Halle, gest. 15. 10. 1983 Berlin; Verteidiger; spielte 1922/42 bei Wacker Halle, 1942/45 beim Dresdner SC, 1945/49 bei Freiimfelde Halle, 1949/50 bei ZSG Union Halle u. 1950/51 bei Turbine Halle. Später Trainer; 1949/52 bei Turbine Halle, 1953/67 DFV-Verbandstrainer (Junioren, Nachwuchs, 1 Jahr in Sri Lanka), 1967/80 beim FC Vorwärts Berlin u. FC Vorwärts Frankfurt (Oder) (mit letzterem Landesmeister 1969 u. Pokalsieger 1970). – Sein Sohn *Jürgen B.* (geb. 14. 2. 1939) spielte beim 1. FC Union Berlin (1968 Pokalsieger).

Belgien, 30 513 km², etwa 9,9 Mill. Ew., 1 Fußballspieler je 24 Ew., Verband *Union Royale Belge des Sociétés de Football-Association* („Belgischer Fußballverband"), Abk. *URBSFA*; gegr. 1895, Sitz *Brüssel*; Mitgl. der *FIFA* seit 1904, der *UEFA* seit 1956. – *Organisation:* 3 350 Klubs; 250 Berufsspieler, 900 Lizenzspieler, 200 000 Amateurspieler, gesamt 420 000 (einschl. Nachwuchs- u. AM-Spieler); *Spieljahr:* September–Mai; *Spielkleidung:* Weiß (Reserveausrüstung: Rot); *Nationalstadion:* Heysel-Stadion, Brüssel, 70 000 (15 000 Sitz-, 55 000 Stehplätze), Flutlicht (1 800 lx); *Stadien* (Auswahl): FC Antwerpen, 62 000; FC Lüttich, 43 000; Standard Lüttich, 43 000; Emil-Verse-Stadion, Brüssel, 38 000; Union St. Gilloise, Brüssel, 32 000; RWD Molenbeek, Brüssel, 30 000; Olympique Charleroi, 30 000. Tab.

Belgrad, FK Roter Stern, Jugoslawien, Oberliga, gegr. 4. 3. 1945 durch Studenten der Universität (Emblem ↑ Tf. 2); seit 1946 in der höchsten Spielklasse; 16mal *Landesmeister* (zwischen 1951 u. 1986);

1920	FC Brügge / –
1921	Daring Club Brüssel / –
1922	V.A.V. Beerschot / –
1923	Union St. Gilloise / –
1924	V.A.V. Beerschot / –
1925	V.A.V. Beerschot / –
1926	V.A.V. Beerschot / –
1927	CS Brügge / CS Brügge
1928	V.A.V. Beerschot / –
1929	FC Antwerpen / –
1930	CS Brügge / –
1931	FC Antwerpen / –
1932	Lierse SK / –
1933	Union St. Gilloise / –
1934	Union St. Gilloise / –
1935	Union St. Gilloise / –
1936	Daring Club Brüssel / –
1937	Daring Club Brüssel / –
1938	V.A.V. Beerschot / –
1939	V.A.V. Beerschot / –
1941	Lierse SK / –
1942	Lierse SK / –
1943	FC Mecheln / –
1944	FC Antwerpen / –
1946	FC Mecheln / –
1947	RSC Anderlecht / –
1948	FC Mecheln / –
1949	RSC Anderlecht / –
1950	RSC Anderlecht / –
1951	RSC Anderlecht / –
1952	FC Lüttich / –
1953	FC Lüttich / –
1954	RSC Anderlecht / Standard Lüttich
1955	RSC Anderlecht / FC Antwerpen
1956	RSC Anderlecht / Racing Doornik
1957	FC Antwerpen / –
1958	Standard Lüttich / –
1959	RSC Anderlecht / –
1960	Lierse SK / –
1961	Standard Lüttich / –
1962	RSC Anderlecht / –
1963	Standard Lüttich / –
1964	RSC Anderlecht / FC Gent
1965	RSC Anderlecht / RSC Anderlecht
1966	RSC Anderlecht / Standard Lüttich
1967	RSC Anderlecht / Standard Lüttich
1968	RSC Anderlecht / FC Brügge
1969	Standard Lüttich / Lierse SK
1970	Standard Lüttich / FC Brügge
1971	Standard Lüttich / V.A.V. Beerschot
1972	RSC Anderlecht / RSC Anderlecht
1973	FC Brügge / RSC Anderlecht
1974	RSC Anderlecht / FC Waregem
1975	RWD Molenbeek / RSC Anderlecht

1976 FC Brügge / RSC Anderlecht
1977 FC Brügge / FC Brügge
1978 FC Brügge / SK Beveren-Waas
1979 SK Beveren-Waas / V.A.V. Beerschot
1980 FC Brügge / FC Waterschei
1981 RSC Anderlecht / Standard Lüttich
1982 Standard Lüttich / FC Waterschei
1983 Standard Lüttich / SK Beveren-Waas
1984 SK Beveren-Waas / AA Gent
1985 RSC Anderlecht / CS Brügge
1986 RSC Anderlecht / FC Brügge

Fußballer des Jahres
1966 W. van Moer (Standard Lüttich)
1967 F. Bonne (FC Brügge)
1968 O. Polleunis (VV St. Truiden)
1969 W. van Moer (Standard Lüttich)
1970 W. van Moer (Standard Lüttich)
1971 E. van den Daele (FC Brügge)
1972 C. Piot (Standard Lüttich)
1973 M. Martens (RWD Molenbeek)
1974 P. van Himst (RSC Anderlecht)
1975 J. Boskamp (RWD Molenbeek)
1976 R. Rensenbrink (RSC Anderlecht)
1977 J. Cools (FC Brügge)
1978 J.-M. Pfaff (SK Beveren-Waas)
1979 J. Janssens (SK Beveren-Waas)
1980 J. Ceulemans (FC Brügge)
1981 E. Vandenbergh (Lierse SK)
1982 E. Gerets (Standard Lüttich)
1983 F. Vercauteren (RSC Anderlecht)
1984 V. Scifo (RSC Anderlecht)
1985 J. Ceulemans (FC Brügge)
1986 J. Ceulemans (FC Brügge)

12mal *Pokalsieger* (zwischen 1948 u. 1985). 27 *EC-Teilnahmen:* 138 Spiele; 64 Siege, 22 Unentschieden, 52 Niederlagen, 150:126 Punkte, 259:195 Tore. – *Spielkleidung:* weiße Hose, rot-weiß längsgestreiftes Hemd, rote Stutzen. *Heimstadion:* Roter Stern „Maracaná", 95 000 Plätze.

Spieler (Auswahl): J. Aćimović – V. Beara – V. Bogicević – Z. Čebinać – R. Čolić – K. Dojčinovski – V. Durković – D. Džajić – S. Karasi – B. Klenkovski – B. Kostić – P. Krivokuća – S. Marković – R. Mitič – M. Pavlović – O. Petrović – V. Petrović – V. Popović – B. Radovic – A. Rudinski – D. Sekularac – B. Stanković – D. Stepanović – M. Stepanović – L. Tasić – I. Tomić – I. Toplak – B. Zebec. – **Trainer** (Auswahl): B. Kostić – M. Mihić – T. Milićević – M. Miljanić – R. Mitič – A. Obradović – I. Toplak – Zivanovic.

Belgrad, OFK (*Omladinski Fudbalski Klub*, „Jugendfußballklub"), Jugoslawien, 2. Division, gegr. 1945; bekannt als die „Romantiker"; in der Tradition des *Belgrader SK* ab 1957 unter dem Namen *OFK* in der höchsten Spielklasse; 5mal *Landesmeister* (zwischen 1931 u. 1939); 4mal *Pokalsieger* (zwischen 1953 u. 1966). 8 *EC-Teilnahmen:* 38 Spiele; 14 Siege, 7 Unentschieden, 17 Niederlagen, 35:41 Punkte, 64:69 Tore. – *Spielkleidung:* blaue Hose, weißes Hemd (einseitig blaugestreift), blaue Stutzen. *Heimstadion:* Omladinski Stadion, 30 000 Plätze.

Spieler (Auswahl): S. Antić – P. Borota – M. Bozović – S. Čebinać – S. Cvetković – S. Dakić – B. Dordević – Gugleta – Z. Jocić – M. Kaloperović – B. Kostić – P. Krivokuća – P. Marković – M. Paunović – I. Petković – M. Popov – P. Radenković – N. Radović – S. Samardzić – S. Santrač – V. Šijaković – J. Skoblar – D. Stepanović – S. Stojanović – L. Tasić – B. Vidinić. – **Trainer** (Auswahl): N. Beogradac – M. Cirić – M. Popov – M. Soskić – P. Stanojević – A. Stefanović.

Belgrad, Partizan, Jugoslawien, Oberliga, gegr. 4. 10. 1945 als Klub der Armeeangehörigen; erster Nachkriegsmeister 1947; 9mal *Landesmeister* (zwischen 1947 u. 1983); 4mal *Pokalsieger* (zwischen 1947 u. 1957); *EC I-Finalist* 1966. 14 *EC-Teilnahmen:* 57 Spiele; 23 Siege, 10 Unentschieden, 24 Niederlagen, 56:58 Punkte, 95:91 Tore. – *Spielkleidung:* schwarze Hose, schwarz-weiß längsgestreiftes Hemd, schwarze Stutzen. *Heimstadion:* JNA (Armeestadion), 45 000 Plätze (Das ehemalige Belgrader *SK-Stadion* wurde 1949 durch die Armee ausgebaut.)

Spieler (Auswahl): R. Antić – A. Atanacković – B. Belin – N. Bjeković – S. Bobek – P. Borota – M. Bozović – Z. Čajkovski – Z. Čebinać – R. Čolić – Curković – N. Cvetković – B. Dordević – M. Galić – M. Hasanagić – D. Jovanović – F. Jusufi – V. Kovačević – P. Mihajlović – B. Milutinović – M. Milutinović – R. Mitić – B. Paunović – M. Petrović – M. Radaković – N. Radović – A. Rudinski – M. Šoškić – Šoštarić – B. Stanković – S. Stojanović – P. Tomić – M. Valok – Vasović – M. Vukotić – B. Zebec. – **Trainer** (Auswahl): A. Atanacković – S. Bobek – M. Damjanović – M. Jovanović – B. Mihajlović – M. Popescu.

Bellini, Hideraldo Luiz, Brasilien, geb. 7. 6. 1930 São Paulo; Mittelläufer; spielte bei Itapernese, Vasco da Gama, FC São Paulo u. Atlético Paranaense; 1958 in Schweden Kapitän des brasilian. Weltmeisterteams; 56 Länderspiele; Länderspieldebüt am 13. 4. 1957 gegen Peru (1:1) in Lima; Länderspielabschied am 15. 7. 1966 gegen Ungarn (1:3) in Liverpool (WM-Endrunde). – Wurde 1971 Trainer bei St. Catherine (Brasilien). S. a. Tf. 24 *(unten)*.

Belloumi, Laghdar, Algerien, geb. 29. 12. 1958 Mascara; Mittelfeldspieler; spielt seit 1970 bei Mascara; 78 Länderspiele (25 Tore); internationales Debüt am 22. 7. 1978 gegen Malawi (3:0) in Algier; WM-Endrundenteilnehmer 1982 u. 1986; war Afrikas Fußballer des Jahres 1981. Abb.

Belo Horizonte, Clube Atlético Mineiro ↑ Mineiro, Clube Atlético.

Belo Horizonte, E. C. Cruzeiro ↑ Cruzeiro, E. C.

Ben Barek, Larbi (die „schwarze Perle"), Marokko/Frankreich, geb. 16. 6. 1917 Casablanca; Läufer; spielte 1936/39 bei Olympique Marseille, 1939/48 bei Stade Français Paris u. 1948/54 bei Atlético Madrid; 17 Länderspiele (1939/54) für Frankreich. – Später Trainer.

Bene, Ferenc, Ungarn, geb. 17. 12. 1944 Kaposvar; Mittelstürmer; spielte 1961 bis 1979 bei Dózsa Ujpest, 1979/80 u. 1982/83 beim SC Volan Budapest,

1980/82 bei Sepsi 75 Seinajoki (Finnland); 76 Länderspiele (36 Tore); internationales Debüt am 14. 10. 1962 gegen Jugoslawien (0:1) in Budapest; Länderspielabschied am 12. 9. 1979 gegen die ČSSR (2:1) in Nyiregyhaza; WM-Endrundenteilnehmer 1966; gewann 1964 bei Olympia Gold; EM-Endrundenteilnehmer 1964; Fußballer des Jahres 1969; Torschützenkönig 1963, 1969, 1972 u. 1973; 418 Ligaspiele (302 Tore). Abb. S. a. Heine, W. (Abb.).

Benefizspiel, *kommerzieller Fußball* Abschiedsspiel für einen bes. erfolgreichen Spieler der Vergangenheit, wobei die Einnahmen dem Spieler zugute kommen.

Benetti, Romeo, Italien, geb. 20. 10. 1945 Albaredo; Mittelfeldspieler; spielte 1963/64 bei Bolzano, 1964/65 bei Siena, 1965/67 bei Taranto, 1967/68 bei Palermo, 1968/69 bei Juventus Turin, 1969/70 bei Sampdoria Genua, 1970/76 beim AC Mailand, 1976/79 bei Juventus Turin u. 1979/81 bei AS Rom; 55 Länderspiele (2 Tore), 2mal Spielführer; internationales Debüt am 25. 9. 1971 gegen Mexiko (2:0) in Genua; Länderspielabschied am 21. 6. 1980 gegen die ČSSR (1:1) in Neapel; WM-Endrundenteilnehmer 1974 u. 1978; EM-Endrundenteilnehmer 1980.

Benguela, 1. de Maio, Angola, 1. Division, gegr. 1975; *Landesmeister* 1983, *Cupsieger* 1983 (in dem Jahr wurde der Cup zum erstenmal ausgespielt).

Benin, Staat in Westafrika, 112 622 km², etwa 3,6 Mill. Ew., 1 Fußballspieler je 480 Ew.; Verband *Fédération Béninoise de Football* („Fußballverband Benin"), Abk. *FBF*; gegr. 1968, Sitz *Cotonou*; Mitgl. der *FIFA* seit 1969, der *CAF* seit 1969. – *Organisation:* 120 Klubs; 6 500 Amateurspieler, gesamt 7 500 (einschl. Nachwuchs- u. AM-Spieler); *Spieljahr:* November–Juni; *Spielkleidung:* Grün (Reserveausrüstung: grüne Hose, rotes Hemd, grüne Stutzen); *Nationalstadion:* Cotonou II, 7 000 (ausschl. Sitzplätze); *Stadien* (Auswahl): Stade de Cotonou, 35 000; Stade Provincial, Porto Novo, 15 000.

Bensemann, Walther, Sportpublizist, geb. 13. 1. 1873 Berlin, gest. 10. 10. 1934 Montreux; einer der bedeutendsten Pioniere des Fußballs in Deutschland; gründete, kaum 15jährig, 1887 den FC Montreux u. war Initiator bzw. Taufpate zahlreicher deutscher, schweizer. u. französ. Klubs; aufgewachsen in engl. Colleges, war er bemüht, den Fußball engl. Prägung in Deutschland populär zu machen; betrieb energisch die Gründung des DFB (1900) u. war dessen Namensgeber; gab am 14. 7. 1920 die erste Auflage einer neuen Fußballzeitschrift („Kicker") heraus; mußte wegen seiner jüdischen Mutter Deutschland 1933 verlassen u. emigrierte in die Schweiz. – *Hanns J. Müllenbach*, engster Mitarbeiter B.s von der ersten Stunde an, führte den „Kicker" weiter. Nach seinem Tod (Flugzeugabsturz in Norwegen) leitete *Erich Menzel* die Redaktion bis zur Einstellung 1944.

Bento, Manuel Galrinho, Portugal, geb. 25. 6. 1948; Torhüter; spielte 1964/65 bei Riachense u. 1965/72 bei Barreirense; seit 1972 bei Benfica Lissabon; 66 Länderspiele; internationales Debüt am 22. 12. 1976 gegen Italien (2:1) in Lissabon; WM-Endrundenteilnehmer 1986; EM-Endrundenteilnehmer 1984; bestritt 59 EC-Spiele für Benfica.

Bergen, SK Brann, Norwegen, 1. Division, gegr. 1908; 4mal *Landesmeister* (zwischen 1923 u. 1963); *Pokalsieger* 1972, 1976 u. 1982. 4 *EC-Teilnahmen:* 12 Spiele; 4 Siege, 2 Unentschieden, 6 Niederlagen, 10:14 Punkte, 18:21 Tore. – *Spielkleidung:* rote Hose, weißes Hemd, rot-weiße Stutzen. *Heimstadion:* Brann Stadion, 25 200 Plätze.

Spieler (Auswahl): S. Aase – T. Andersen – F. Berstad – H. Branthurn – A. Giske – R. Jensen – H. Karlsen – T. Nordvedt – A. Olsen – R. B. Pedersen – E. Soler. – **Trainer** (Auswahl): T. Knapp.

Bergmann, Werner, Hildburghausen, Schiedsrichter, gest. 1963; leitete 6 Länderspiele (zwischen 1959 u. 1963); erhielt am 28. 9. 1963 als erster DDR-Unparteiischer das FIFA-Abzeichen; Leiter dreier FDGB-Pokalendspiele (1958, 1959 u. 1960).

Bergmark, Orvar, Schweden, geb. 16. 11. 1930 Örebro; Verteidiger; spielte 1940/47 bei IF Vargarna Byske, 1947/61

Laghdar **Belloumi**

Ferenc **Bene**

Orvar **Bergmark**

u. 1964/66 bei Örebro SK u. AIK Stockholm sowie 1962/64 bei AS Rom; 94 Länderspiele (1951/65); WM-Endrundenteilnehmer 1958; Fußballer des Jahres 1958. – Später Trainer (1966/70). Abb.

Berlin, BSG EAB 47 (*Elektroprojekt und Anlagenbau*), DDR, Bezirksliga; gegr. 1. Juli 1947 als *SG Lichtenberg 47*, ab 8. 10. 1969 *BSG EAB Lichtenberg 47* u. seit 1. 2. 1979 *BSG EAB 47*; spielte Oberliga 1950/51. – *Spielkleidung:* Rot. *Heimstadion:* Hans-Zoschke-Stadion, 15000 Plätze (13500 Steh-, 1500 Sitzplätze).

Spieler (Auswahl): Becker – K. Benthin – E. Bolz – F. Daberkow – H. Knaak – G. Kruppa – K. Kullich – H. Laurisch – Lindhorst – G. Markowski – W. Prabutzki – B. Rudolph – H. Schiller – Schneider – G. Schweiger – R. Singerwald – Spanke – H. Weidner. – **Trainer** (Auswahl): P. Gehlhaar – O. Montag.

Berlin, BSG Einheit Pankow, DDR, Bezirksklasse; gegr. 1928; 1950/51 als *VfB Pankow* in der Oberliga, seit 1951 *BSG Einheit* (1951/52 Oberliga). – *Spielkleidung:* blaue Hose, weißes Hemd, blauweiße Stutzen (später rote Hose, weißes Hemd, rot-weiße Stutzen). *Heimstadion:* Paul-Zobel-Sportplatz, 15000 Plätze.

Spieler (Auswahl): G. Ballerstädt – M. Breitenberger – W. Darnehl – W. Ginzel – A. Grille – A. Helm – H. Jacob – M. König – W. Radunski – H. Sauer – F. Schulz – H. Spilleke – K.-H.- Spickenagel – H. Spanke – G. Weber – M. Zöller. – **Trainer** (Auswahl): W. Schulz – K. Vorkauf.

Berlin, 1. FC Union, DDR, Oberliga; gegr. 20. 1. 1966 (Emblem ↑ Taf. 2); 1945/51 *SG Union Oberschöneweide*, 1951/55 *BSG Motor Oberschöneweide*, 1955/57 *SC Motor Berlin*, 1957/63 *TSC Oberschöneweide*, 1963/66 *TSC Berlin* u. seit 20. 1. 1966 *1. FC Union*; *FDGB-Pokalsieger* 1968. – *Spielkleidung:* weiße Hose, rotes Hemd, rote Stutzen. *Heimstadion:* Alte Försterei (Wuhlheide), 25500 Plätze (24000 Steh-, 1500 Sitzplätze).

Spieler (Auswahl): H. Assmy – S. Behrendt – J. Belger – H. Betke – P. Blüher – H. Brüll – F. Daberkow – W. Decker – J. Ernst – H. Felsch – R. Gärtner – A. Gaulke – H. Hähnert – K. Hannemann – W. Heine – L. Hendel – W. Hillmann – G. Hoge – W. Horter – R. Ignaczak – H. Jung – G. Klausch – D. Koenen – K. Korn – W. Ksienzyk – K. Kullich – W. Kunz – R. Lauck – H.-J. Laurisch – H. Lehniger – G. Lerch – W. Matthies – H. Merbs – L. Möckel – B. Müller – G. Noack – K. Papies – M. Paschek – P. Pera – R. Probst – U. Prüfke – B. Quade – R. Quast – H. Rogge – R. Rohde – H. Rölke – H. Russow – H. Schiller – H. Schotte – G. Schweiger – O. Seier – K. Senglaub – J. Sigusch – W. Skibitzki – H. Stelter – R. Sträßer – M. Uentz – I. Weniger – G. Weiß – G. Wirth – W. Wruck – D. Wünsch – P. Zschörner. – **Trainer** (Auswahl): E. Bolz – K. Burwieck – D. Fietz – F. Gödicke – K. Hallex – E. Hausner – W. Kaßbohm – K.-H. Marx – U. Meier – H. Nippert – W. Oelgardt – U. Prüfke – H. Raddatz – K. Schäffner – W. Schwenzfeier – H. Seeger – H. Stennull – H. Warg – H. Werner.

Berliner Fußballklub Dynamo, Abk. *BFC Dynamo*, Oberliga, gegr. 15. 1. 1966 (Emblem ↑ Tf. 2); spielte 1952/54 als *VP-* u. *Dynamo Berlin* in der Liga. – Nach der Saison 1953/54 wurde die Mannschaft der *SG VP Dresden* nach Berlin delegiert u. bildete den Stamm des neugegründeten *SC Dynamo Berlin*; 8mal *Landesmeister* (1979 bis 1986); *Pokalsieger* 1959. 11 *EC-Teilnahmen:* 48 Spiele; 18 Siege, 15 Unentschieden, 15 Niederlagen, 51:45 Punkte, 70:62 Tore. – *Spielkleidung:* Weinrot. *Heimstadion:* ↑ Friedrich-Ludwig-Jahn-Sportpark bzw. Dynamo-Sportforum Hohenschönhausen, 14000 Plätze.

Spieler (Auswahl): C. Backs – W. Basel – M. Becker – H. Beulig – H. Bley – J. Bräunlich – B. Brillat – J. Carow – K. Dorner – L. Eigendorf – R. Ernst – W. Filohn – K. Fischer – W. Gadow – J. Hall – K. Haufe – G. Hänsicke – W. Heine – W. Hindenberg – B. Hofmann – C. Hofmann – K.-H. Holze – N. Johannsen – R. Jüngling – H. Kiesewetter – H. Klemm – W. Klingbiel – W. Ksienzyk – D. Labes – R. Lauck – W. Lihsa – W. Marquardt – H. Maschke – J. Matzen – M. Michael – R. Möbius – W. Mühlbächer – W.-R. Netz – H. Nippert – M. Noack – F. Pastor – R. Quest – H.-J. Riediger – F. Rohde – P. Rohde – B. Rudwaleit – K. Schäffner – H. Schoen – G. Schröter – R. Schulenberg – B. Schulz – M. Schulz – M. Skaba – R. Sträßer – D. Stumpf – F. Terletzki – K. Thiemann – A. Thom – G. Torhauer – N. Trieloff – R. Troppa – G. Uhsemann – A. Ullrich – G. Unglaube – G. Warmo –

D. Weber – G. Wolff – K. Zernecke. – **Trainer** (Auswahl): F. Bachmann – J. Bogs – P. Döring – H. Geitel – F. Gödicke – J. Gyarmati – E. Hausner – R. Kukowitsch – W. Laloucek – H. Nippert – I. Orcifalvi – H. Petzold – F. Sack – K. Schäffner – G. Schröter.

Berlin (West), 480 km², etwa 1,87 Mill. Ew.; bis 1963 bestand die ↑ Stadtliga als höchste Spielklasse (1963/74 *Regionalliga Berlin [West]* u. seit 1974 *Oberliga Berlin [West]*). Größtes Stadion ist das ↑ Olympiastadion (2). Tab.

Bermudas, brit. Kolonie im westlichen Atlantik, 53 km², etwa 64 000 Ew., 1 Fußballspieler je 26 Ew.; Verband *The Bermuda Football Association* („Fußballverband Bermudas"), Abk. *BFA*; gegr. 1928, Sitz *Hamilton*; Mitgl. der *FIFA* seit 1962, der *CONCACAF* seit 1966. – *Organisation:* 30 Klubs; 1 500 Amateurspieler, gesamt 2 500 (einschl. Nachwuchs- u. AM-Spieler); *Spieljahr:* September–April; *Spielkleidung:* weiße Hose, blaues Hemd, weiße Stutzen (Reserveausrüstung: weiße Hose, scharlachrotes Hemd, weiße Stutzen); *Nationalstadion:* The National Stadium, Hamilton, 10 000 (1 400 Sitz-, 8 600 Stehplätze); *Stadien* (Auswahl): Cricket Club, Somerset, 5 000; Cricket Club, St. George, 5 000; St. Davids Oval, 5 000.

Bern, SC Young Boys, Schweiz (Emblem ↑ Tf. 2), Nationalliga; gegr. 14. 3. 1898 von in der Schweiz lebenden Engländern; 11mal *Landesmeister* (zwischen 1903 u. 1986); 8mal *Pokalsieger* (zwischen 1910 u. 1977; erster Pokalsieger überhaupt im 1910 zum erstenmal ausgespielten *Anglo-Cup*); *Alpenpokalsieger* 1974; *Ligapokalgewinner* 1976. 7 *EC-Teilnahmen:* 21 Spiele; 6 Siege, 8 Unentschieden, 7 Niederlagen, 20:22 Punkte, 33:41 Tore. – *Spielkleidung:* weiße Hose, Hemd und Stutzen gelb. *Heimstadion:* ↑ Wankdorfstadion.
Spieler (Auswahl): A. Allemann – C. Bregy – H. Fuhrer – K. Müller – R. Prytz – R. Ramseyer – H. Schneiter – W. Steffen. – **Trainer** (Auswahl): A. Mandziara – A. Sing.

Bernabeu, Santiago, Spanien, Vereinspräsident, geb. 8. 6. 1895, gest. 2. 6. 1978; spielte bei Real Madrid; später Generalsekretär der „Königlichen" u. 1943/78 deren Präsident; initiierte den Bau des nach ihm benannten Großstadions in Madrid u. führte Real zur Weltklasse.

Bernabeu-Stadion, span. *Estadio Santiago Bernabeu,* Vereinsstadion von *Real Madrid,* hochmoderne Arena inmitten der span. Hauptstadt. *S. Bernabeu* initiierte den Bau des *Chamartin-Stadions,* das später nach ihm benannt wurde. Das Einweihungsspiel fand am 14. 12. 1947 statt (Real Madrid – Belenenses Lissabon [3:1]). Nach Erweiterungsarbeiten betrug seine Kapazität etwa 95 000 Sitzplätze; nach Rekonstruktion anläßlich der Weltmeisterschaft 1982 (Endspielstadion) faßt das Stadion jetzt 90 089 Zuschauer.

Bernardini, Fulvio, Italien, Trainer, 1906 bis 1984; Mittelläufer; spielte für Lazio Rom, Internazionale Mailand u. AS Rom; 26 Länderspiele (1925/32); internationales Debüt am 22. 3. 1925 gegen Frankreich (7:0) in Turin; Länderspielabschied (als Spielführer) am 28. 10. 1932 gegen die ČSR (1:2) in Prag. – Später Trainer; u. a. der Nationalmannschaft Italiens vom 28. 9. 1974 bis 8. 6. 1975 (6 Spiele; 1 Sieg, 2 Unentschieden sowie 3 Niederlagen).

Bernardo-O'Higgins-Cup [nach dem Führer der Unabhängigkeitsbewegung Chiles gegen Spanien], unregelmäßig mit Hin- u. Rückspielen zwischen Brasilien u. Chile ausgetragener Pokalwettbewerb. Tab.

Berndt, Hans („Hanne"), geb. 30. 10. 1913 Berlin; Mittelstürmer; er spielte 1924/32 bei SC Staaken u. 1932/53 bei Tennis Borussia Berlin (später Berlin [West]); 2 Länderspiele: am 29. 8. 1937 gegen Estland (4:1) in Königsberg (Kaliningrad) u. am 30. 3. 1938 gegen Ungarn (1:1) in Nürnberg; spielte repräsentativ für Berlin u. nach dem 2. Weltkrieg für Berlin (West).

Berthold, Thomas, geb. 12. 11. 1964 Hanau; Verteidiger; spielte 1971/74 bei Kewa Wachenbuchen u. 1974/78 bei SG Hochstadt-Wachenbuchen; seit 1978 bei Eintracht Frankfurt/Main; 21 Länderspiele (1 Tor); internationales Debüt am 29. 1. 1985 gegen Ungarn (0:1) in Hamburg; WM-Endrundenteilnehmer 1986; 90 Bundesligaspiele (13 Tore). Abb.

Berlin (West)
(Vereine *[Auswahl]*)
Blau-Weiß 1890
Hertha BSC
Tasmania 1900
Tennis Borussia
Viktoria 89
(s. a. beim jeweiligen Stichwort)

Bernardo-O'Higgins-Cup

1955	Brasilien
1957	Chile
1959	Brasilien
1961	Brasilien

Thomas **Berthold**

Konstantin **Beskow**

Roberto **Bettega**

Bertini, Mario, Italien, geb. 7. 1. 1944; Mittelfeldspieler; spielte u. a. bei Internazionale Mailand; 20 Länderspiele (1966/72); WM-Endrundenteilnehmer 1970.

Bertolini, Luigi, Italien, 1904–1977; linker Läufer; spielte für Alessandria u. Juventus Turin; 26 Länderspiele (3 Tore); internationales Debüt am 1. 12. 1929 gegen Portugal (6:1) in Mailand; Länderspielabschied am 24. 11. 1935 gegen Ungarn (2:2) in Mailand; WM-Endrundenteilnehmer 1934.

Bertoni, Daniel Ricardo, Argentinien, geb. 14. 3. 1955 Bahia Blanca; Rechtsaußen; spielte 1971/72 bei Quilmes, 1972/78 bei Independiente Buenos Aires, 1978/80 beim FC Sevilla, 1980/84 beim AC Florenz u. 1984/85 beim SSC Neapel; seit 1985 beim US Avellino; 38 Länderspiele; WM-Endrundenteilnehmer 1978 u. 1982. S. a. Argentinien (Abb.), Tf. 34 *(unten)*.

Berufsspieler, *FIFA* Spieler, der den Fußball berufsmäßig, d. h. gegen Entgeld ausübt, wobei er Vergütungen für das Spielen, Gehalt, Prämien u. ä. erhält; auch ein Spieler, der nur einen Scheinberuf od. eine Scheintätigkeit, fiktiv od. simuliert, ausübt. B. dürfen nicht an Olympischen Spielen od. an Amateurwettbewerben, die von der FIFA organisiert werden, teilnehmen. Darüber hinaus müssen sie in einem von ihrem jeweiligen Landesverband geführten offiziellen Register eingetragen sein, das der FIFA auf Verlangen vorzuzeigen ist. Ein B. kann durch seinen Landesverband zurückqualifiziert (*reamateurisiert*) werden, darf aber auch danach nicht an Olympischen Spielen u. FIFA-Amateurwettbewerben teilnehmen. S. a. Amateurspieler.

Berufung, Protest gegen die Bestrafung od. das Urteil einer Rechtsinstanz; führt zu einer *B.sverhandlung*.

Beschatten, svw. ↑ Decken.

Besetzung, svw. ↑ Mannschaftsaufstellung.

Beskow, Konstantin, UdSSR, Trainer, geb. 18. 11. 1920 Moskau; Stürmer; spielte 1938/40 bei Metallurg Moskau u. 1941/54 15 Jahre bei Dynamo Moskau (127 Tore); 2 Länderspiele (1952); Olympiateilnehmer 1952. – Seit 1955 Trainer; zunächst bei allen Moskauer Oberligaklubs, ab 1977 bei Spartak Moskau; viermal Nationalmannschaftstrainer (ab Herbst 1979 in Personalunion mit Spartak Moskau), zuletzt 1982 bei der WM-Endrunde in Spanien. – Wurde wegen seiner Verdienste um den sowjet. Fußball 1985 mit dem *Lenin-Orden* geehrt. Abb.

Bessonow, Wladimir, UdSSR, geb. 3. 5. 1958 Charkow; Stürmer; spielte 1970/75 bei Metallist Charkow; seit 1975 bei Dynamo Kiew; 62 Länderspiele; internationales Debüt am 28. 7. 1977 gegen die DDR (1:2) in Leipzig; WM-Endrundenteilnehmer 1982 u. 1986; er gewann bei Olympia 1980 Bronze.

Best, George, Nordirland, geb. 22. 5. 1946 Belfast; Rechtsaußen; er spielte 1962/73 bei Manchester United, danach bei Dunstable Town (Southern Liga [1974]), Cork Athletic (1976), Stockport County (1976), La Coruña (Spanien) u. FC Fulham (jeweils 1976/77), Los Angeles Aztecs (1975/77), Los Angeles Coliseum (1977), Fort Lauderdale Strikers (1978/79), Hibernian Edinburgh (1979 bis 1980) u. San José Earthquakers (USA, 1980/81); 37 Länderspiele (9 Tore); internationales Debüt am 15. 4. 1964 gegen Wales (3:2) in Swansea; Länderspielabschied am 12. 10. 1977 (0:1) gegen die Niederlande in Belfast; 1968 Englands u. Europas Fußballer des Jahres; absolvierte über 350 Ligaspiele (135 Tore); Torschützenkönig 1968 (28 Treffer). – Er war das „Enfant terrible“, der große Exzentriker des nordir. u. engl. Fußballs.

Betreuer, svw. ↑ Mannschaftsbetreuer.

Bettega, Roberto, Italien, geb. 27. 12. 1950 Turin; Linksaußen; spielte 1959/83 bei Juventus Turin, zwischenzeitlich (1969/70) an Varese ausgeliehen, u. 1983/84 bei Toronto Blizzards; 42 Länderspiele (19 Tore); internationales Debüt am 5. 6. 1975 gegen Finnland (1:0) in Helsinki; Länderspielabschied am 16. 4. 1983 gegen Rumänien (0:1) in Bukarest; WM-Endrundenteilnehmer 1974 u. 1978; EM-Endrundenteilnehmer 1980; Fußballer des Jahres 1977; 326 Liga-

Alemannia Aachen
Ajax Amsterdam
Aston Villa

FC Aberdeen
RSC Anderlecht
AEK Athen

AZ '67 Alkmaar
FC Arsenal
Wismut Aue

F.C. Barcelona
Glentoran Belfast
Berliner FC Dynamo

Español Barcelona
Roter Stern Belgrad
Young Boys Bern

F.C. Basel
1. FC Union Berlin
Arminia Bielefeld

Athletic Bilbao
Stahl Brandenburg
Ferencváros Budapest

VfL Bochum
Eintracht Braunschweig
Boca Júniors Buenos Aires

Chemie Böhlen
Werder Bremen
River Plate Buenos Aires

Tafel 4

Steaua Bukarest	Cardiff City	FC Chelsea
Chicago Stings	Darmstadt 98	Borussia Dortmund
Dynamo Dresden	MSV Duisburg	Fortuna Düsseldorf

spiele (126 Tore); Torschützenkönig 1980 (16 Treffer). Abb.

Betzenberg, bis 1985 Name des jetzigen *Fritz-Walter-Stadions* in Kaiserslautern.

Bewacher, svw. ↑ Deckungsspieler, aber auf das *Bewachen* eines unmittelbaren Gegenspielers bezogen.

bezahlter Fußball, svw. *Berufsfußball* (↑ Berufsspieler).

Bezirksklasse, *DDR* untere (4.) Spielklasse; nächstniedrige ist die ↑ Kreisklasse, nächsthöhere die ↑ Bezirksliga (1).

Bezirksliga, 1. *DDR* mittlere (3.) Spielklasse; nächstniedrige ist die *Bezirksklasse*, nächsthöhere die *Liga*.
2. *Österreich* im Bundesland *Oberösterreich* die dritthöchste Spielklasse (4 Gruppen).
3. *BRD* dritthöchste Spielklasse der Landesverbände des DFB; nächsthöhere ist die ↑ Landesliga (2), nächstniedrigere die ↑ Kreisliga.

Bezirksnachwuchstrainer, *DDR* Verantwortlicher für Trainingsmethodik, technisch-taktische Ausbildung, Formierung u. Betreuung der Kinder- bis Juniorenauswahlmannschaften in den 15 BFA des DFV der DDR, für KJS-Delegierungen (KJS: Kinder- und Jugendsportschule), DTSB- sowie DFV-Spartakiadeturniere. Tab.

BFA, *DDR* Abk. für *Bezirksfachausschuß*.

BFC Dynamo, Kurzbez. für *Berliner Fußballklub Dynamo*.

BFF ↑ Bulgarien.

BFV, Abk. für ↑ Burgenländischer Fußballverband.

Bianchi, Carlos, Argentinien, geb. 26. 4. 1949 Sarsfield; Stürmer; spielte 1967/73 bei Velez Sarsfield, 1973/77 bei Stade Reims, 1977/79 bei Paris St. Germain, 1979/80 bei Racing Strasbourg u. 1980/82 bei Velez Sarsfield; erzielte viele Ligatore: 1971 42 Treffer, 1974 30, 1976 34, 1977 28, 1978 37 u. 1979 27.

Biavati, Amedeo, Italien, 1915–1979; Rechtsaußen; spielte 1925/48 beim FC Bologna; 18 Länderspiele (8 Tore); internationales Debüt am 12. 6. 1938 gegen Frankreich (3:1) in Bologna; Länderspielabschied am 9. 11. 1947 gegen Österreich (1:5) in Wien; WM-Endrundenteilnehmer 1938.

Bican, Josef („Pepi"), Österreich/ČSSR, geb. 25. 9. 1913 Wien, Kind tschech. Eltern, Halbstürmer; begann 1923 bei Hertha Wien; danach (1928/31) bei Schustek u. Farbenlutz (Firmenelf); weitere Stationen: Rapid Wien (1931/34), Admira Wien (1935/37), Slavia Prag (1937/48, 1953/56), TJ VZKG Vitkovice (1949/52), Spartak Hradec Králové (1952/53) u. Pribram (1956/57); war mit 21 Jahren bei der WM-Endrunde 1934 in Italien Österreichs bester Spieler; absolvierte für Österreich 19 Länderspiele u. schoß dabei 14 Tore zwischen 1933 (am 29. 11. gegen Schottland 2:2 in Glasgow) u. 1936 (am 8. 11. gegen die Schweiz 3:1 in Zürich); Mitglied des „Wunderteams"; ČSR-Internationaler von 1938 bis 1949 mit 14 Spielen u. 12 Toren; schoß 644 Tore, darunter 188 für Slavia Prag u. 30 für Vitkovice; beendete 1952 seine aktive Laufbahn. – Danach war er u. a. Trainer bei Slavia Prag, Slovan Liberec, Spartak ZJS Brno, Banik Pribam, Spartak Hradec Králové, in Vitkovice, Plzeň u. (1969/72) Tongeren (Belgien). Abb.

Josef **Bican**

Bickel, Alfred, Schweiz, geb. 12. 5. 1918 Seebach; Mittelstürmer; spielte 1930/34 bei Seebach u. 1934/56 bei Grasshoppers u. FC Zürich; 71 Länderspiele (15 Tore, 1936/54); WM-Endrundenteilnehmer 1938, 1950 u. 1954; über 900 Ligaspiele (mehr als 200 Tore).

Bicovsky, Premysl, ČSSR, geb. 18. 8. 1950; Außenstürmer; spielte 1960/67 bei Jiskra Kostany, 1967/70 u. 1972/76 bei Union Teplice, 1970/72 bei Dukla Prag u. 1976/83 bei Bohemians Prag; 44 Länderspiele (11 Tore); internationales Debüt am 25. 10. 1970 gegen Polen (2:2) in Prag; Länderspielabschied am 21. 9. 1983 gegen Schweden (0:1) in Stockholm; WM-Endrundenteilnehmer 1982; 434 Ligaspiele (106 Tore).

Bieberer Berg ↑ Offenbach, Kickers.

Bielefeld, DSC Arminia, BRD, 2. Bundesliga, gegr. 5. 5. 1905 als *1. Bielefelder Fußballclub Arminia*, 1907 Fusion mit *Siegfried Bielefeld*, 1925/27 „Turngemeinde Arminia Bielefeld", 1927 *Deutscher Sport-Club Arminia Bielefeld* (Em-

Bezirksnachwuchstrainer
(Auswahl)

G. Behne (Magdeburg)
W. Drescher (Halle/Saale)
H. Jacob (Berlin/Potsdam)
J. Jonack (Karl-Marx-Stadt)
H. Lieberwirth (Schwerin)
M. Pfeiffer (Erfurt)
H. Pönert (Frankfurt [Oder])
H. Reiff (Neubrandenburg)
P. Romanski (Neubrandenburg)
H. Ruddat (Magdeburg)
F. Schattauer (Gera)
W. Schmidt (Halle)
J. Stange (Erfurt)
H. Steffen (Potsdam)
H. Stiftel (Erfurt)
G. Tschaschel (Dresden)
W. Walther (Leipzig)
F. Weigand (Karl-Marx-Stadt)

blem ↑ Tf. 2); 1921/27 *Westfalenmeister;* 1949/50 Regionalliga West; 1950/62 Amateurliga; 1963/64 bis 1969/70 Regionalliga West; 1970/71, 1978/79 und 1980/81 bis 1984/85 1. Bundesliga; 1980 Meister der *2. Liga Nord.* – Nach der Spielserie 1970/71 wurde A. B. wegen Bestechung von Spielern u. Mannschaften (↑ Bundesligaskandal) aus der höchsten Spielklasse ausgeschlossen. – *Spielkleidung:* Blau (od. Weiß). *Heimstadion:* „Alm", 19 000 Plätze, davon 5 572 Sitz- u. 1 200 Stehplätze überdacht.

Spieler (Auswahl): R. Borchers – U. Braun – J. Breski – U. Büscher – D. Burdenski – P. Damman – N. Eilenfeldt – A. Ellguth – B. Franke – K.-H. Geils – R. Giersch – V. Graul – G. Grillemeier – J. Hey – D. Hupe – D. Kemena – B. Kirchner – U. Kliemann – W. Kneib – G. Knoth – P. Krobbach – E. Kuster – N. Leopoldseder – E. Lienen – W.-C. Oehler – B. Ohlsson – K. Ozaki – F. Pagelsdorf – W. Pohl – P. Rautiainen – G. Roggensack – C. Sackewitz – D. Schnier – H. Schröder – D. Schulz – G. Siese – R. Stegmayer – U. Stein – B. Wehmeyer – M. Westerwinter – H. Wohlers. – **Trainer** (Auswahl): E. Ahmann – M. Beljin – R. Faßnacht – K. Feldkamp – H. Franz – R. Gebhardt – H. Köppel – N. Lessle – H. Meidt – J. Notermans – E. Piechaczek – O. Rehagel – G. Roggensack – H.-J. Tippenhauer – H. Wendlandt – J. Wimmer.

Bilardo, Carlos, Dr. med., Argentinien, Trainer, geb. 16. 3. 1943 Buenos Aires; Verteidiger; spielte bei Estudiantes de La Plata u. trainierte den Klub auch. – Seit Februar 1983 als Nachfolger von *Cesar Luis Menotti* Trainer der argent. Nationalmannschaft. Führte die „Gauchos" 1986 in Mexiko zum WM-Titel.

Bilbao, Athletic, Spanien, Verein der 1. Liga (Emblem ↑ Tf. 3); gegr. 1898 als „Athletic Club de Bilbao" in der Vizcaya-Provinz; spielte 1902 unter dem Namen *Vizcaya* gemeinsam mit dem *FC Bilbao* (gegr. 1900) bei einem Turnier in Madrid, danach Fusion beider Klubs zu *Athletic* als ältestem span. Ligaverein; 8mal *Landesmeister* (zwischen 1930 u. 1984); 24mal *Pokalsieger* (zwischen 1902 u. 1984). 16 *EC-Teilnahmen:* 78 Spiele; 35 Siege, 17 Unentschieden und 26 Niederlagen, 87:69 Punkte, 109:98 Tore. – *Spielkleidung:* schwarze Hose, rot-weiß längsgestreiftes Hemd, rote Stutzen. *Heimstadion:* Estadio San Mames (La Catedral), 47 392 Plätze.

Spieler (Auswahl): Acedo – Aguir – Aguirrezabala – Aldecoa – Aranguren – Arieta – Arteche – Bata – Beitia – Belauste – Bertol – Blasco – Canito – Careaga – Cedrún – I. Churruca – Cilaurren – D. Dani – Echebería – Echevarría – Etura – Gainza – Garay – Garizurieta – A. Goicoechea – Gorostiza – Iraragorri – J. A. Iribar – Iriondo – Iturriaga – Laca – Lafuente – Larraza – Legaretta – Lezama – Maguregui – Manolín – Mauri – Mieza – Moreno (Pichici) – Muguerza – Nando – Oceja – Orúe – Panizo – J. Rojo – Rousse – Saez – M. Sarabia – Salinas – Uriarte – Uribe – Venancio – R. Zamora – P. Zarraonaindía – Zubieta – A. Zubizarreta. – **Trainer** (Auswahl): R. Allen – J. Clemente – A. Iribar.

Bilderbuchaktion, optisch attraktive u. dabei wirkungsvolle Spielhandlung. Als *Bilderbuchkombination* bezeichnet man das direkte, lehrbuchreife Weiterleiten des Balles über mehrere Stationen, ohne daß der Gegner in Ballbesitz gelangt.

Binder, Franz („Bimbo"), Österreich, geb. 1. 12. 1911 Wien; Mittelstürmer; spielte 1921/30 bei ASV Sturm 19 St. Pölten u. 1930/50 bei Rapid Wien; 28 Länderspiele (26 Tore, 1933/47); bestritt für Österreich zwischen 1933/38 u. 1945 bis 1947 19 Spiele mit 16 Toren, für Deutschland (nach Annexion Österreichs) 1939/41 9 Spiele (10 Tore); 756 Punktspiele (1 006 Tore); Torschützenkönig, 1933, 1937 u. 1938; WM-Endrundenteilnehmer 1934. – Später Trainer bei Jahn Regensburg, 1. FC Nürnberg, TSV München 1860 u. Rapid Wien.

Bingham, William („Billy"), Nordirland, geb. 5. 4. 1928; Rechtsaußen; spielte 1942/50 bei Glentoran Belfast, 1950/58 beim FC Sunderland, 1958/60 bei Luton Town, 1960/63 beim FC Everton u. 1963/64 beim F.C. Port Vale; 56 Länderspiele; internationales Debüt am 12. 5. 1951 gegen Frankreich (2:2) in Belfast; Länderspielabschied am 20. 11. 1963 gegen England (3:8) in London; WM-Endrundenteilnehmer 1958. – Später Manager bei FC Southport, Plymouth Argyle, FC Linfield, FC Everton,

1967/71 der Nationalmannschaft Nordirlands, 1971/74 der Auswahl Griechenlands u. seit Februar 1980 wieder Coach der Nordiren; darüber hinaus 1986/87 Vereinstrainer in Saudi-Arabien.

Binkowski, Manfred („Binko"), Journalist, geb. 1. 8. 1938 Berlin; Außenstürmer, Libero; spielte 1949/59 bei Union 06 Berlin, 1959/62 beim TSC Oberschöneweide, 1962/65 bei Berliner VB *(Verkehrsbetriebe)* u. 1965/66 bei Rotation Berlin. – Journalist seit 1956; bis 1965 bei der „NEUEN ZEIT", Berlin, u. seit 1965 bei der „Neuen Fußballwoche", Berlin; ab 1965 Mitglied der Kommission Kinder- u. Jugendsport des DFV der DDR; seit 1976 BSG-Vorstandsmitglied, 1976/80 u. ab 1985 Sektionsleiter bei Rotation Berlin

Birmingham, F.C. Aston Villa ↑ Aston Villa, F.C.

Biró, Sandor, Ungarn, geb. 1911; Linksverteidiger; spielte 1925/48 u. a. bei FC Hungaria (MTK) Budapest, Dózsa Ujpest u. MTK Budapest; 53 Länderspiele; internationales Debüt am 30. 10. 1932 gegen Deutschland (2:1) in Budapest; Länderspielabschied am 6. 10. 1946 gegen Österreich (2:0) in Budapest; WM-Endrundenteilnehmer 1934 u. 1938. – *Polgar/B.* war eines der besten Verteidigerpaare Ungarns überhaupt.

Bischofswerda, BSG Fortschritt, DDR, Oberliga; gegr. 1956; Vorgänger war *Bischofswerda 08.* – Nach 1945: bis 1951 *Einheit, Stahl* u. *Motor Süd,* 1951 Zusammenschluß zur *BSG Motor* u. seit 1970 *BSG Fortschritt.* – *Spielkleidung:* schwarze Hose, rotes Hemd, rotschwarze Stutzen. *Heimstadion:* Stadion der Jugend, 10000 Plätze (400 Sitz-, 9600 Stehplätze).

Spieler: (Auswahl): F. Bank – J. Bär – T. Gnauck – T. Gottlöber – A. Gräulich – A. Hain – M. Kleditzsch – J. Klimpel – O. Merkel – K. Petersohn – P. Pordzik – U. Ritschel – S. Schmidt – R. Schiemann – W. Seewald – H. Thiel – H. Tilgner – W. Wünsche. – **Trainer** (Auswahl): H.-J. Börner – M. Heldner – E. Pöschel – H. Rau – M. Reißbach – C. Schöbel – W. Tunger.

Biskup, Werner, Trainer, geb. 26. 4. 1942; Verteidiger; spielte für VfB Bottrop, Bayer 04 Leverkusen, Fortuna Düsseldorf, 1. FC Köln u. FC Lüttich; Bundesligaspieler 1966/72 (140 Spiele, 11 Tore). – Trainer seit 1975; bis 1976 beim FC Lüttich, 1976/80 bei Preußen Münster, 1980/81 beim VfL Osnabrück, 1981/83 bei Bayer 05 Uerdingen u. 1983/86 bei Hannover 96 u. Arminia.

Blanchflower, Robert („Danny"), Nordirland, geb. 10. 2. 1926 Belfast; Außenläufer; spielte 1945/48 bei Glentoran Belfast, 1948 bei Swindon Town (2. Division), 1948/51 beim FC Barnsley, 1951 bis 54 bei Aston Villa u. 1954/64 bei Tottenham Hotspur; 56 Länderspiele; 1958 WM-Endrundenteilnehmer; internationales Debüt am 1. 10. 1949 gegen Schottland (2:8) in Belfast; Länderspielabschied am 28. 11. 1962 gegen Polen (2:0) in Belfast; unter seiner Regie am 6. 11. 1957 erster Sieg in England (3:2 in London); 1958 u. 1961 Fußballer des Jahres; überwarf sich nach über 600 Ligaspielen als Spielführer mit Manager *Bill Nicholson* u. beendete 1964 bei Tottenham seine Laufbahn. – 1967 wurde er Teamchef der Auswahl Nordirlands, später arbeitete er als Journalist sowie als Berichterstatter für Fachzeitschriften, Rundfunk u. Fernsehen. – Sein Bruder *Jackie B.* spielte in den 50er Jahren für Manchester United u. zwölfmal in der nordir. Nationalmannschaft.

B-Länderspiel, Spiel zwischen 2 der FIFA angehörenden Landesverbänden, für das beide Verbände eine andere als ihre erste repräsentative Nationalmannschaft stellen; kaum noch üblich, da durch *Nachwuchsmannschaften* ersetzt.

„blaß", in der Leistung nicht auffallend, schwach spielend; z. B. „er blieb das gesamte Spiel über ‚b.'".

Blatter, Joseph S. („Sepp"), Schweiz, Fußballfunktionär, geb. 10. 3. 1936 Visp (Kanton Wallis); spielte in der 1. Liga; Lizentiat der Volkswirtschaft an der Universität Lausanne; 1959/64 Sekretär der Tourismus-Union im Wallis; 1964/66 Sekretär der zentralen Eishockeyliga; 1975 FIFA-Mitarbeiter, 1977 Technischer Direktor u. seit November 1981 FIFA-Generalsekretär. – Sein Vorgänger war *H. Käser.* Abb.

Joseph S. **Blatter**

Blau-Weiß 1890 e. V., SP. VG. *(Sportli-*

che Vereinigung), Berlin(West), Verein der 1. Bundesliga, gegr. 2. 11. 1890; 1963/74 Regionalliga Berlin(West), Regionalligameister 1973; 1974/84 Oberliga Berlin (West); 1984/86 Zweite Bundesliga. – *Spielkleidung:* weiße Hose, blaues Hemd, blaue Stutzen. *Heimstadion:* ↑ Olympiastadion (2).

Spieler (Auswahl): N. Bebensee – D. Brefort – L. Bunk – A. Clarke – H. Feilzer – E. Flad – J. Gaedke – N. Gbur – H. Gehrke – B. Gerber – J. Haller – K. H. Hausmann – M. Hellmann – H.-J. Krumnow – H. Lagies – E. Lehner – R. Mager – C. Müller – G. Neundorf – H. Sauer – J. Schwabe – D. Szymanek – I. Usbeck. – **Trainer** (Auswahl): R. Gerulaitis – B. Hoss – H. Krüger – K. Lehmann – W. Oelgardt – H. Siegert – S. Sprey.

„blind" (fußballerisch) ist a) ein Spieler, der grundsätzlich über keine od. nur geringe Spielkenntnisse verfügt (einer, der „keine Ahnung" hat), bzw. b) ein Spieler, der einer jeweiligen Spielsituation (Ballannahme, -weiterleiten usw.) hilflos gegenübersteht (schwach, auswechselreif); kann formbedingt sein, z. B. „er war heute ausgesprochen ‚b.'".

blindes Verstehen, miteinander eingespielt sein; Voraussehen der Aktion bzw. Reaktion des Mitspielers vor, während od. nach dessen Ballannahme.

Oleg **Blochin**

Blochin, Oleg, UdSSR, geb. 5. 9. 1952 Kiew; Linksaußen, spielt seit 1962 bei Dynamo Kiew; bestritt 107 Länderspiele (44 Tore); Länderspieldebüt am 16. 7. 1972 gegen Finnland (1:1) in Wasa; WM-Endrundenteilnehmer 1982 u. 1986; gewann bei Olympia 1972 u. 1976 Bronze; 1975 Europas Fußballer des Jahres; 1973, 1974 u. 1975 Fußballer des Jahres; über 400 Ligaspiele (207 Tore). Abb. S. a. „Klub der Hunderter".

Blochwitz, Wolfgang („Blocher"), geb. 8. 2. 1941 Geringswalde; Torhüter; spielte 1951/60 bei Motor Geringswalde, 1960/65 beim (SC Aufbau) 1. FC Magdeburg u. 1965/76 beim FC Carl Zeiss Jena; 19 Länderspiele; internationales Debüt am 4. 9. 1966 gegen Ägypten (6:0) in Karl-Marx-Stadt; Länderspielabschied am 26. 2. 1974 gegen Tunesien (4:0) in Tunis; 275 Punktspiele. – Seit 1978 Übungsleiter beim FC Carl Zeiss Jena (Nachwuchs).

Bloomer, Stephen („Steve"), England, 20. 1. 1874–16. 4. 1938; Stürmer; spielte 1892–1906 u. 1910/14 bei Derby County u. 1906/10 bei Middlesbrough; Starspieler vor dem 1. Weltkrieg; schoß in 600 Ligaspielen 352 Tore, was damals internationalen Rekord bedeutete; gab sein A-Debüt am 9. 3. 1895 gegen Irland (9:0) in Derby; bestritt zwischen 1895 u. 1907 (Abschied am 6. 4. beim 1:1 in Newcastle gegen Schottland) 23 Länderspiele u. erzielte dabei 28 Tore; war Englands Kapitän am 5. 4. 1902 in Glasgow gegen Schottland beim Tribüneneinsturz im Ibrox-Park (↑ Fußballtragödien und Katastrophen); schoß 5 Tore am 16. 3. 1896 in Cardiff gegen Wales (9:1). – Später Trainer, u. a. bei Sparta Rotterdam, in Kanada, bei Derby County u. in Spanien.

Blum, Josef („Pepi"), Österreich, geb. 4. 2. 1898 u. gest. 16. 10. 1956 Wien (beigesetzt auf dem Friedhof Wien-Nußdorf); Rechts- od. Linksverteidiger; spielte 1912/16 beim Nußdorfer AC u. 1916/33 bei Vienna Wien; 50 Länderspiele (2 Tore); internationales Debüt am 7. 11. 1920 gegen Ungarn (2:1) in Budapest; Länderspielabschied am 24. 4. 1932 gegen Ungarn (8:2) in Wien; WM-Endrundenteilnehmer 1934; Mitglied des „Wunderteams". Der „Weltmeister" bildete mit *Rainer* u. *Schmaus* berühmte österreich. Verteidigerpaare. – 1933/35 Trainer bei Austria Wien.

Board, Kurzbez. für ↑ International Football Association Board.

Bobek, Stefan, Jugoslawien, geb. 3. 12. 1923 Zagreb; Halblinker u. Mittelstürmer; spielte bei Derby, Licanin Zagreb und bei Gradjanski Zagreb sowie (1945/58) bei Partizan Belgrad; 63 Länderspiele (37 Tore); internationales Debüt am 9. 5. 1946 gegen die ČSR (2:0) in Prag; Länderspielabschied am 16. 9. 1956 gegen Ungarn (1:3) in Belgrad; WM-Endrundenteilnehmer 1950 u. 1954; gewann bei Olympia 1948 u. 1952 Silber; 466 Ligaspiele (413 Tore). – Später Trainer bei Legia Warschau, Panathinaikos Athen, Olympiakos Piräus, Partizan Belgrad u. Altay Izmir, Vardar Skopje u. in Tunesien. Abb.

Bobrow, Wsewolod, UdSSR, geb. 1. 12. 1922 Leningrad, gest. 1. 7. 1979; Mittelstürmer; spielte international Fußball u. Eishockey (1939/41) für Dynamo Leningrad, Progres Omsk (1941/43), ZSKA (1945/52) u. Spartak Moskau (1953); 1952 3 Länderspiele (5 Tore); 116 Ligaspiele; 121 Tore (97 in Punkt-, 19 in Pokal- u. 5 in Länderspielen); Torschützenkönig 1945 u. 1947; Olympiateilnehmer 1952. – Später Fußball- u. Eishockeytrainer bei ZSKA Moskau u. der Olympiaauswahl; auch journalistisch tätig.

Stefan **Bobek**

Bochum 1848, VfL, BRD, gegr. 1.7.1848 (Emblem ↑ Tf. 3); bildete sich am 15. 4. 1938 aus den Vereinen *Germania 1906 Bochum* (1920 Fusion mit *1. FC Bochum 1906* u. *Vorwärts Bochum*) sowie *TuS Bochum 1848* (1919 Fusion von „Turnverein Bochum 1848" u. „Spiel und Sport" 1908); als erster Verein kontinuierlich aus der Amateur- in die Bundesliga aufgestiegen; 1. Bundesliga seit 1971; zweimal Meister der Regionalliga West (1970, 1971). – *Spielkleidung:* Blau (od. Weiß). *Heimstadion:* Ruhr-Stadion, 50000 Plätze (alle überdacht), davon 11300 Sitzplätze.

Spieler (Auswahl): J. Abel – Balk – D. Bast – T. Bergmeier – S. Bönighausen – K. Fischer – M. Herget – H. Höher – J. Kaczor – T. Kempe – W. Kleff – H. Knüwe – W. Krämer – S. Kuntz – M. Lameck – W. Oswald – E. Pawlak – K. Pinkall – Schneider – F.-J. Tenhagen – H. Trimhold – L. Woelk – R. Wosab – R. Zumdick. – **Trainer** (Auswahl): H. Eppenhoff – H. Gerland – H. Höher – H. Johannsen – H. Lindemann – R. Schafstall – H. Schieth – H. Widmayer.

Bocquet, Roger, Schweiz, geb. 19. 4. 1921; Verteidiger; spielte u. a. bei Lausanne Sports; 48 Länderspiele (1943 bis 1954); WM-Endrundenteilnehmer 1950 u. 1954.

BÖFL, Abk. für *Bund Österreichischer Fußballehrer*, gegr. 1967.

Bogota, Millonarios, Kolumbien, 1. Division, gegr. 1927; 11mal *Landesmeister* (zwischen 1949 u. 1978). – *Spielkleidung:* weiße Hose, blaues Hemd, weißblaue Stutzen. *Heimstadion:* El Campin, 57000 Plätze (ausschl. Sitzplätze). – Bekannteste Spieler waren *A. Pedernera, N. Rossi* u. *A. di Stefano*.

Bogenlampe, ein gefühlvoll gehobener Ball, der sich über den Torhüter hinweg ins Netz senkt.

Bogs, Jürgen, Trainer; geb. 19. 1. 1947 Biesendahlshof; Abwehrspieler; aktiv u. a. 1960/70 bei Aufbau Schwedt. – Seit 1970 Trainer beim BFC Dynamo; zunächst im Nachwuchsbereich, 1976 bis 1977 Cheftrainer u. seit 1. 7. 1977 Oberligatrainer; wurde mit dem BFC achtmal Landesmeister (1979 bis 1986). Abb.

Jürgen **Bogs**

Böhlen, BSG Chemie, DDR, Liga, gegr. 1.1.1969 (Emblem ↑ Tf. 3); am 1.11.1949 Gründung der *BSG Brennstoff Böhlen* (ab Juli 1951 *Aktivist Mitte*) u. der *BSG Benzinwerk Böhlen* (ab Juli 1951 *Aktivist West*); Oktober 1952 Vereinigung von Aktivist Mitte u. West zur *BSG Aktivist Böhlen*; ab 1. 1. 1969 *BSG Chemie*; Oberliga 1977/79, 1980/81 u. 1982/83. – *Spielkleidung:* grüne Hose, weißes Hemd, weiße Stutzen. *Heimstadion:* Stadion an der Jahnbaude, 12000 Plätze (11400 Steh-, 600 Sitzplätze).

Spieler (Auswahl): O. Adamczak – W. Behla – A. Biniek – K. Bittner – F. Bott – U. Ferl – H. Friedel – W. Friese – R. Hammer – K. Havenstein – L. Höhne – B. Hubert – H.-C. Kaubitzsch – E. Köditz – J. Kunath – H. Kunze – R. Lisiewicz – C. Müller – D. Müller – H.-G. Sannert – F. Schneider – R. Srodecki – R. Wolf – G. Zanirato – A. Zerbe. – **Trainer** (Auswahl): D. Fischer – A. Günther –

FC Bologna

Bolivien

Weltmeisterschaft

1930	Endrunde
1950	Endrunde

Südamerikameisterschaft

1963	1. Platz

Landesmeister

1914	The Strongest
1915	Colegio Militar
1916	The Strongest
1917	The Strongest
1920	The Strongest
1923	Universitario
1924	The Strongest
1926	Universitario
1927	Nimbles Sport
1928	Deportivo Militar
1929	The Strongest
1930	The Strongest
1931	Nimbles Rail
1932	The Strongest
1935	The Strongest
1936	Ayachuco
1937	The Strongest
1938	The Strongest
1939	Bolivar
1940	Bolivar
1941	Bolivar
1942	Bolivar
1943	The Strongest
1944	Ferroviario
1945	The Strongest
1947	Litoral
1948	Litoral
1949	Litoral
1950	Bolivar
1951	Always Ready
1952	The Strongest
1953	Bolivar
1954	Litoral
1955	San José
1956	Bolivar
1957	Always Ready
1958	Jorge Wilsterman

H. Joerk – O. Keller – W. Müller – H. Petzold – G. Polland – D. Sommer – H. Speth – G. Struppert – H. Welwarsky – G. Zanirato.

Bohla, Fritz, Trainer, geb. 11. 1. 1948 Krostitz (bei Leipzig); Libero, Verteidiger; spielte 1958/64 bei Traktor Krostitz, 1964/68 beim 1. FC Lok Leipzig, 1968/70 bei Energie Cottbus, 1970/74 bei Vorwärts Cottbus, 1974/76 bei Energie Cottbus u. 1976/78 beim 1. FC Union Berlin. – Danach Trainer; 1978/80 beim 1. FC Union Berlin (Trainerassistent), 1980/83 bei Robur Zittau, 1983/Oktober 1984 Bezirkstrainer (BFA Cottbus) u. seit Oktober 1984 bei Energie Cottbus.

Bökelberg ↑ Mönchengladbach, VfL Borussia.

Boleyn Ground ↑ West Ham United.

Bolivien, Staat im mittleren Südamerika, 1 098 581 km^2, etwa 6 Mill. Ew., 1 Fußballspieler je 375 Ew.; Verband *Federación Boliviana de Fútbol* („Bolivianischer Fußballverband"), Abk. *FBF*; gegr. 1925, Sitz *Cochabamba*; Mitgl. der *FIFA* seit 1926, der *CONMEBOL* seit 1926. – *Organisation:* 310 Klubs; 350 Berufsspieler, 10 000 Amateurspieler, gesamt 16 000 (einschl. Nachwuchs- u. AM-Spieler); *Spieljahr:* April–Dezember; *Spielkleidung:* weiße Hose, grünes Hemd, grüne Stutzen (Reserveausrüstung: weiße Hose, weißes Hemd, grüne Stutzen); *Nationalstadion:* Estadio Nacional Olimpico, La Paz, 55 000 (ausschl. Sitzplätze); *Stadien* (Auswahl): Jesus Bermudez, Oruro, 40 000; Felix Capriles, Cochabamba, 35 000; Willy Bendeck, Santa Cruz, 25 000. Tab.

Böllenfalltor ↑ Darmstadt 1898, SV.

Bologna, FC, Italien, gegr. 3. 10. 1909, Verein der 2. Liga *(Serie B)*; siebenmal *Landesmeister* (zwischen 1925 u. 1964), *Pokalsieger* 1970 u. 1974; *Mitropapokalgewinner* 1932, 1934 u. 1961; *Anglo-Italian-Cupsieger* 1971. 7 *EC-Teilnahmen:* 31 Spiele; 14 Siege, 12 Unentschieden, 5 Niederlagen, 40:22 Punkte, 45:27 Tore. – *Spielkleidung:* blaue Hose, weißes Hemd mit vertikalem rot-blauem Streifen, weiße Stutzen. *Heimstadion:* Stadio Comunale, 46 000 Plätze. Abb.

Spieler (Auswahl): M. Andreolo – M. Bellugi – A. Biavati – G. Bulgarelli – G. Cappello (IV) – C. Cervellati – G. Corsi – G. Della Valle – F. Fedullo – R. Fogli – F. Gasperi – P. Genovesi – M. Gianni – G. Giovannini – A. Guarneri – F. Janich – H. Haller – M. Montesanto – E. Monzeglio – W. Negri – F. Nielson – E. Pascutti – E. Pecci – M. Perani – B. Perin – A. Pitto – G. Pivatelli – A. Pozzi – R. Sansone – G. Savoldi (I) – A. Schiavio – P. Tumburus. – **Trainer** (Auswahl): F. Bernardini – G. Cadè – H. Felsner – B. Pace – B. Pesaola – T. Roversi – P. Santin – A. Veisz.

Bölöni, Ladislau („Loti"), Rumänien, geb. 11. 6. 1953 Tirgu Mures; Mittelfeldspieler; spielte 1968/70 bei Chimica Tirnaveni, 1970/84 bei A.S.A. Tirgu Mures u. seit 1984 bei Steaua Bukarest; 96 Länderspiele (18 Tore); internationales Debüt am 24. 9. 1975 gegen Griechenland (1:1) in Saloniki; EM-Endrundenteilnehmer 1984; Fußballer des Jahres 1983; über 450 Ligaspiele (mehr als 80 Tore).

„Bolzen", ungehobelte Spielweise, gekennzeichnet durch ständiges unkontrolliertes Ballwegschlagen; anspruchsloseste Art, Fußball zu „spielen". – Substantiv: *Bolzer*.

Bonello, John, Malta, geb. 1951 Valletta; Torhüter; spielte 1968/82 beim FC Hibernians Valletta, 1982/83 beim SC Herford (BRD) u. seit 1984 wiederum bei Hibernians; 31 Länderspiele; internationales Debüt am 10. 3. 1976 gegen Libyen (2:2) in Valletta.

Bonew, Christo, Bulgarien, geb. 3. 12. 1947, Plowdiw; Halbstürmer u. Mittelfeldspieler; spielte 1958/80 u. 1983 bei Lok Plowdiw, 1981/82 bei AEK Athen; 98 Länderspiele (48 Tore); internationales Debüt am 22. 3. 1967 gegen die BRD (0:1) in Hannover; Länderspielabschied am 22. 11. 1979 gegen England (0:2) in London; war WM-Endrundenteilnehmer 1970 u. 1974; Fußballer des Jahres 1969, 1972 u. 1973; 1971 in der FIFA-Auswahl beim Abschiedsspiel für *L. Jaschin* in Moskau (2:2 gegen die UdSSR) eingesetzt; 410 Oberligaspiele (bulgar. Rekord), 206 Tore. – Seit 1986 Olympiaauswahltrainer.

Bongartz, Hans („Hannes"), Trainer, geb. 3. 10. 1951; Halbstürmer; spielte 1961/70 bei Preußen Duisdorf, 1970/71 beim Bonner SC, 1971/74 bei Wattenscheid 09, 1974/78 bei Schalke 04 u.

1978/83 beim 1. FC Kaiserslautern; Bundesligaspieler 1974/83 (287 Spiele, 37 Tore); 4 Länderspiele (1976/77). – Trainer seit 1.7.1985 beim 1. FC Kaiserslautern.

Bonhof, Rainer, geb. 29. 3. 1952 Emmerich; Abwehr- u. Mittelfeldspieler; spielte von 1964/70 bei Emmerich 09, 1970/78 bei Borussia Mönchengladbach, 1978/80 beim FC Valencia, 1980/82 beim 1. FC Köln u. 1982/83 bei Hertha BSC Berlin (West); 53 Länderspiele (9 Tore); internationales Debüt am 26. 5. 1972 gegen die UdSSR (4:1) in München; Länderspielabschied am 7. 1. 1981 gegen Brasilien (1:4) in Montevideo; 1974 u. 1978 WM-Endrundenteilnehmer; 1976 EM-Endrundenteilnehmer; 311 Bundesligaspiele (57 Tore). Abb. S. a. BRD (Abb. S. 72).

Boniek, Zbigniew, Polen, geb. 3. 3. 1956 Bydgoszcz; Stürmer; spielte 1970/75 bei Zawisza Bydgoszcz, 1975/82 bei Widzew Lodz, 1982/85 bei Juventus Turin u. seitdem bei AS Rom; 78 Länderspiele (24 Tore); WM-Endrundenteilnehmer 1978, 1982 u. 1986; gewann 1976 bei Olympia Silber; Fußballer des Jahres 1978 u. 1980. Abb.

Bonifikationssystem ↑ Auswärtstoreregel.

Boninsegna, Roberto, Italien, geb. 13. 11. 1943 Mantova; Mittelstürmer; spielte 1963/64 bei Prato, 1964/65 bei Potenza, 1965/66 bei Varese, 1966/69 bei US Cagliari, 1969/76 bei Internazionale Mailand u. 1976/79 bei Juventus Turin; 22 Länderspiele (9 Tore); internationales Debüt am 18. 11. 1967 gegen die Schweiz (2:2) in Bern; Länderspielabschied am 29. 12. 1974 gegen Bulgarien (0:0) in Genua; WM-Endrundenteilnehmer 1970 u. 1974; 166 Punktspieltore; Torschützenkönig 1971 (24 Tore) u. 1972 (22).

Boniperti, Giampiero, Italien, geb. 4. 7. 1928 Barengo; Rechtsaußen; spielte 1938/42 beim FC Barengo u. 1942/63 bei Juventus Turin; 38 Länderspiele (8 Tore), 24mal Spielführer; internationales Debüt am 9. 11. 1947 gegen Österreich (1:5) in Wien; Länderspielabschied am 10. 12. 1960 gegen Österreich (1:2) in Neapel; spielte 1953 in der FIFA-Auswahl gegen England (4:4) in London; WM-Endrundenteilnehmer 1950 u. 1954; 444 Punktspiele (177 Tore). – Wurde 1969 Technischer Direktor u. 1980 Präsident von Juventus Turin.

Bonneweg, Aris, Luxemburg, 2. Division, gegr. 1922; *Meister* 1964, 1966 u. 1972; *Pokalsieger* 1967. 10 *EC-Teilnahmen:* 22 Spiele; 3 Siege, 3 Unentschieden sowie 16 Niederlagen, 9:35 Punkte, 15:71 Tore. – *Spielkleidung:* schwarze Hose, weißes Hemd, weiße Stutzen. *Heimstadion:* Aris-Stadion, 10000 Plätze. – Bekannteste Spieler: *Kirchens, Scholten* u. *Wagner*. Abb.

Boras, IF Elfsborg (*Idrottsförening*, „Sportverein"), Schweden, 1. Division, gegr. 1904; 4mal *Landesmeister* (zwischen 1936 u. 1961). 4 *EC-Teilnahmen:* 8 Spiele; 1 Sieg, 3 Unentschieden sowie 4 Niederlagen, 5:11 Punkte, 8:15 Tore. – *Spielkleidung:* schwarze Hose, gelbes Hemd, gelbe Stutzen. *Heimstadion:* Ryavallen, 20000 Plätze.
Spieler (Auswahl): T. Ahlström – B. Andersen – St. u. Sv. Andersson – B. Arontzon – K. Bergqvist – G. Christiansson – A. Emanuelsson – K. E. u. O. Grahn – L. Gustafsson – Ä. Hallman – K. Johansson – S. Jonasson – E. Källström – E. Lager – L. Malberg – G. Nordström – R. Ödehn – L. Samuelsson – H. Zachrisson. – **Trainer** (Auswahl): L. Heden – T. Nygren – R. Svensson.

Bordeaux, Girondins de, Frankreich, Verein der Ehrendivision; gegr. 1. 10. 1881 als *Girondins Guyonne Sport*, seit 1910 Fußballabteilung; 1937 französ. Amateurmeister; 1938 Profifußball; *Landesmeister* 1950, 1984 u. 1985; *Pokalsieger* 1941 u. 1986. 11 *EC-Teilnahmen:* 38 Spiele; 15 Siege, 6 Unentschieden, 17 Niederlagen, 36:40 Punkte, 56:64 Tore. – *Spielkleidung:* weiße Hose, marineblaues Hemd, marineblaue Stutzen. *Heimstadion:* Stade Municipal, 30000 Plätze (davon 10000 Sitzplätze).
Spieler (Auswahl): B. M. Abdesselem – H. Baillot – P. Battiston – P. Bernard – F. Bracci – J.-D. Cabrera – A. Chorda – D. Couecou – H. De Bourgoing – C. De Harder – A. Doye – D. Dropsy – J. Ferreri – M. Garriga – A. Giresse – R. Guillas – E. Kargulewiez – B. Lacombe – Mancisidor – A. Martinez – C. Memering – F. Meynieu – D. Müller – F. Peri – R. Petit – U. Reinders – F. Remetter – G. Rohr – J.-P. Rostagni –

1959	Jorge Wilsterman
1960	Deportivo Municipal
1961	Deportivo Municipal
1962	Deportivo Municipal
1963	The Strongest
1964	The Strongest
1965	Deportivo Municipal
1966	Jorge Wilsterman
1967	Jorge Wilsterman
1968	Bolivar
1969	Universitario
1970	Chaco Petrolero
1971	Oriente Petrolero
1972	Jorge Wilsterman
1973	Jorge Wilsterman
1974	Oriente Petrolero
1975	The Strongest
1976	Bolivar
1977	The Strongest
1978	Bolivar
1979	Oriente Petrolero
1980	Jorge Wilstermann
1981	The Strongest
1982	Bolivar
1983	Bolivar
1984	Blooming Santa Cruz
1985	Bolivar
1986	The Strongest

Aris Bonneweg

Zbigniew **Boniek**

Rainer **Bonhof**

Stefan **Boschkow**

Jozsef **Bozsik**

O. Sahnoun – G. Soler – L. Specht – J. Swiatek – J. Tigana – M. Tresor – T. Tusseau – Zl. u. Zo. Vujović. – **Trainer** (Auswahl): Artigas – Bakrim – L. Carniglia – R. Gérard – R. Goethals – A. Jaquet.

Borovička, Jaroslav, ČSSR, geb. 26. 1. 1931; Mittelstürmer und Halbstürmer; spielte bei SK Michle, 1950/52 bei Spartak Prag, 1952/63 bei Dukla Prag u. 1964/66 bei TJ VZKG Vitkovice, Novy Bor, Sedlcanyh, Spartak Vlasim; 21 Länderspiele (2 Tore; 1953/61); 266 Ligaspiele (77 Tore); WM-Endrundenteilnehmer 1958. – Später Trainer (1964 bis 1966) bei Novy Bor.

Borussia [latein., „Preußen"], Vereinsbezeichnung aus den Anfängen des deutschen Fußballs; in der BRD beibehalten, z. B. B. Dortmund.

Boschkow, Stefan, Dr., Bulgarien, Trainer, geb. 14. 6. 1924 Sofia; Mittelstürmer, Libero u. Läufer; spielte 1945/47 bei Sportist Sofia u. 1947/61 bei ZDNA Sofia; 53 Länderspiele, 41mal Spielführer; internationales Debüt am 8. 10. 1946 gegen Rumänien (2:2) in Tirana; Länderspielabschied am 21. 12. 1958 gegen die BRD (0:3) in Augsburg; gewann 1956 bei Olympia Bronze. – Trainerstudien in der UdSSR u. in Italien; Trainer u. Manager bei ZSKA Septemberfahne Sofia; übernahm 1967 die Nationalmannschaft u. führte sie zur WM-Endrunde 1970; jetzt Technischer Direktor des Bulgarischen Fußballverbandes. Abb.

Boskov, Vujadin, Jugoslawien, geb. 1931; Läufer; spielte 1948/60 bei Vojvodina Novi Sad (512 Punktspiele), 1960/62 beim FC Genua 93 u. 1962/64 bei Young Fellows Zürich; 58 Länderspiele; internationales Debüt am 25. 6. 1951 gegen die Schweiz (7:3) in Belgrad; Länderspielabschied am 19. 6. 1958 gegen die BRD (0:1) in Malmö; war WM-Endrundenteilnehmer 1954 u. 1958; gewann 1952 bei Olympia Silber; spielte 1955 in der FIFA-Auswahl in Belfast gegen Großbritannien (4:1). – Später Trainer bei Young Fellows Zürich (1963/64), Vojvodina Novi Sad (1964/71), ADO Den Haag (1974/77), Feyenoord Rotterdam (1977/78), Real Saragossa (1978/79), Real Madrid (1979/82) u. der Nationalmannschaft Jugoslawiens (1971/73) in 27 Spielen.

Bossis, Maxim, Frankreich, geb. 26. 6. 1955 St. André; Libero; begann 1971/73 beim FC Yonnais La Roche Sur Yon, spielte 1973/85 beim FC Nantes; seit 1985 bei Paris St. Germain; 76 Länderspiele; internationales Debüt am 27. 3. 1976 gegen die ČSSR (2:2) in Paris; war WM-Endrundenteilnehmer 1978, 1982 u. 1986; EM-Endrundenteilnehmer 1984; Fußballer des Jahres 1979 u. 1981.

Botafogo [portugies.], svw. *Heißsporn*, z. B. B. Rio de Janeiro.

Botswana, Binnenstaat in Südafrika, 600372 km², etwa 859000 Ew., 1 Fußballspieler je 1145 Ew.; Verband *Botswana Football Association* („Fußballverband Botswana"), Abk. *BFA*; gegr. 1960, Sitz *Gaborone*; Mitgl. der *FIFA* seit 1976, der *CAF* seit 1976. – *Organisation:* 74 Klubs; 750 Amateurspieler (einschl. Nachwuchs- u. AM-Spieler); *Spielkleidung:* weiße Hose, himmelblaues Hemd, himmelblaue Stutzen.

Botteron, René, Schweiz, geb. 5. 8. 1954; Mittelfeldspieler; spielte 1966/74 beim FC Glarus, 1974/80 beim FC Zürich, 1980/82 beim 1. FC Köln, 1982/83 beim 1. FC Nürnberg, 1983/85 bei Standard Lüttich u. 1986 beim FC Basel; 64 Länderspiele; internationales Debüt am 30. 4. 1975 gegen die Türkei (1:1) in Zürich; Fußballer des Jahres 1975.

Boucek, Jaroslav, ČSSR, geb. 13. 11. 1912; Mittelläufer; spielte 1931/41 bei Sparta Prag u. Viktoria Plzeň; 28 Länderspiele (1 Tor); internationales Debüt am 25. 3. 1934 gegen Frankreich (2:1) in Paris; Länderspielabschied am 4. 12. 1938 gegen Rumänien (6:2) in Prag; WM-Endrundenteilnehmer 1934 u. 1938.

Bozsik, Jozsef („Cuču"), Ungarn, geb. 22. 11. 1925, gest. 31. 5. 1978; Läufer; spielte 1939/48 bei Kispest AC u. 1948/63 bei Honvéd Budapest; 100 Länderspiele (11 Tore); internationales Debüt am 17. 8. 1947 gegen Bulgarien (9:0) in Budapest; Länderspielabschied am 18. 4. 1962 gegen Uruguay (1:1) in Budapest (100. Spiel); WM-Endrundenteilnehmer 1954 u. 1958; gewann 1952 bei Olympia Gold; Spielführer jener Elf, die England 1953 in Wembley mit 6:3 bezwang (↑ „Spiel des Jahrhunderts"). – Später Trainer bei Honvéd Budapest (1966/67) u. der ungar. Nationalmannschaft (28.9./4.12.1974, 5 Spiele). – Ihm zu Ehren wurde am 1.10.1986 das frühere Honvéd-Stadion in *Jozsef-Bozsik-Stadion* umbenannt. Abb. S. a. „Klub der Hunderter".

Brady, Liam, Irland, geb. 13.2.1956 Dublin; Mittelfeldspieler; spielte 1973/78 beim FC Arsenal London (war bei den „Gunners" bereits mit 15 Jahren Profi, debütierte Oktober 1974 gegen Tottenham Hotspur London in der 1. Division), 1978/80 beim FC Manchester United, 1980/82 bei Juventus Turin, 1982/84 bei Sampdoria Genua u. 1984/86 bei Internazionale Mailand; seitdem beim SC Ascoli; 56 Länderspiele (7 Tore); internationales Debüt am 30.10.1974 gegen die UdSSR (3:0) in Dublin. Abb.

Braine, Raymond, Belgien, geb. 28.4. 1907 Antwerpen, gest. 24.12. 1978; Halbstürmer; spielte 1922/30 u. 1937/43 bei V. A. V. Beerschot Antwerpen, 1927 bei Clapton Orient London, 1930/36 bei Sparta Prag u. 1943/44 bei La Forestoise Brüssel; war WM-Endrundenteilnehmer 1934 u. 1938; spielte 1938 in der FIFA-Europa-Auswahl gegen England (0:3) in London; erzielte 120 Ligatore; 1932 u. 1934 Torschützenkönig in der ČSR. – Später Trainer bei Mol Sport, Stade Kortrijk u. FC Beringen.

Brandenburg, BSG Stahl, DDR, Oberliga; gegr. 25.11.1950 (Emblem ↑ Tf. 3); spielt in der höchsten Spielklasse seit 1984/85. – *Spielkleidung:* blaue Hose, blaues od. weißes Hemd, blaue od. weiße Stutzen. *Heimstadion:* Stahl-Stadion, 15000 Plätze (12100 Steh-, 2900 Sitzplätze).

Spieler (Auswahl): S. Demuth – H. Döbbel – U. Ferl – H. Gebhardt – R. Gumtz – K. Heine – E. Janotta – F. Jeske – W. Kräuter – A. Lindner – E. Märzke – J. Pahlke – C. Ringk – P. Schoknecht – M. Schulz – J. Voß – D. Zimmer. – **Trainer** (Auswahl): K. Findeisen – W. Klingbiel – P. Kohl – D. Löffler – H. Melzer – A. Palinski – H. Rinkenbach – K. Schäffner – F. Schneider – H. Werner – S. Ziem.

Brandstätter, Josef, Österreich, geb. 27.5.1892 u. gest. 25.3.1945 Wien; Mittelläufer; spielte 1912/24 bei Rapid

Liam **Brady**

Wien; 42 Länderspiele (2 Tore); internationales Debüt am 29.6.1912 gegen Deutschland (5:1) in Stockholm (beim olympischen Fußballturnier); Länderspielabschied am 14.9.1924 gegen Ungarn (2:1) in Wien.

Brann Stadion ↑ Bergen, SK Brann.

Bransch, Bernd, geb. 24.9.1944 Halle; Verteidiger; spielte 1952/54 bei Motor Halle Süd, 1954/77 beim heutigen Halleschen FC Chemie u. dazwischen (1973/74) beim FC Carl Zeiss Jena; 72 Länderspiele (3 Tore); internationales Debüt am 17.5.1967 gegen Schweden

Bernd **Bransch** *(links)*

Slovan Bratislava

(1:0) in Hälsingborg; Länderspielabschied am 31. 7. 1976 gegen Polen (3:1) in Montreal; WM-Endrundenteilnehmer 1974; gewann bei Olympia 1976 in Montreal Gold u. in München 1972 Bronze; Fußballer des Jahres 1968 u. 1974; 317 Oberligaspiele (43 Tore). – Jetzt Vorsitzender des HFC Chemie. Abb.

brasilianischer Halbriegel ↑ Spielsystem.

Brasilien, Staat im Süden Amerikas, 8 511 965 km^2, etwa 127 Mill. Ew., 1 Fußballspieler je 219 Ew.; Verband *Confederaçâo Brasileira de Futebol* („Brasilianischer Fußballverband"), Abk. *CBF*; gegr. 1914, Sitz *Rio de Janeiro*; Mitgl. der *FIFA* seit 1917, der *CONMEBOL* seit 1916. – *Organisation:* 12 900 Klubs; 12 000 Berufsspieler, 545 000 Amateurspieler, gesamt 580 000 (einschl. Nachwuchs- u. AM-Spieler); *Spieljahr:* Januar–Juni, August–Dezember; *Spielkleidung:* azurblaue Hose u. gelbes Hemd, weiße Stutzen (Reserveausrüstung: weiße Hose, azurblaues Hemd, weiße Stutzen); *Nationalstadion:* ↑ Maracaná; *Stadien* (Auswahl): Morumbi, São Paulo, 150 000; Castelao, Fortaleza, 130 000; Magalhães Pinto, Belo Horizonte, 110 000; Beira Rio, Pôrto Alegre, 110 000; Olimpico, Pôrto Alegre, 100 000; Otavio Mangabeira, Salvador, 100 000; Rei Pelé, Maceió, 100 000; Serra Dourada, Goiania, 75 000; Vivaldo Lima, Manáus, 75 000; Pacaembu, São Paulo, 70 000; Lourival Baptista, Aracajú, 55 000. Abb. Tab. S. a. Tf. 20 *(oben)*, 24, 26, 30.

Bratislava, CHZJD Slovan, ČSSR, 1. Liga; gegr. am 3. 5. 1919 als *1. Čs.SK (Tschechoslowakischer Sportklub)*; 1939/48 *SK*, 1948/53 *Sokol NV*, 1953/61 *Slovan UNV* u. seit 1961 *Slovan CHZJD*; *Amateurmeister* 1927 u. 1930; 7mal *Landesmeister* (zwischen 1949 u. 1975); 5mal *Cupsieger* (zwischen 1962 u. 1982); *Slowakischer Pokalgewinner* 1970, 1974 u. 1976; *EC II-Gewinner* 1969. 11 *EC-Teilnahmen*; 43 Spiele; 23 Siege, 6 Unentschieden, 14 Niederlagen, 52:34 Punkte, 77:55 Tore. – *Spielkleidung:* blaue Hose, blaues Hemd, blau-weiße Stutzen. *Heimstadion:* Tehelne pole, 50 000 Plätze. Abb.

Brasilien, Weltmeister 1970 *(von links)*, *oben*: Carlos Alberto – Felix – Brito – Piazza – Clodoaldo – Everaldo; *unten*: Jairzinho – Gerson – Tostao – Pelé – Rivelino.

Brasilien

Weltmeisterschaft

1930 Endrunde
1934 Achtelfinale
1938 3. Platz
1950 2. Platz
1954 Viertelfinale
1958 1. Platz
1962 1. Platz
1966 Endrunde
1970 1. Platz
1974 4. Platz
1978 3. Platz
1982 Endrunde
1986 Viertelfinale

olympisches Fußballturnier

1960 Endrunde
1964 Endrunde
1968 Endrunde
1972 Endrunde
1976 4. Platz
1984 2. Platz

Südamerikameisterschaft

1916 3. Platz
1917 3. Platz
1919 1. Platz
1920 3. Platz
1921 2. Platz
1922 1. Platz
1925 2. Platz
1937 2. Platz
1942 3. Platz
1945 2. Platz
1946 2. Platz
1949 1. Platz
1953 2. Platz
1956 2. Platz
1957 2. Platz
1959 2. Platz
1983 2. Platz

Südamerikapokal der Landesmeister

1962 FC Santos
1963 FC Santos
1976 Cruzeiro Belo Horizonte
1981 Flamengo Rio de Janeiro
1983 Gremio Pôrto Alegre

Weltpokal

1962 FC Santos
1963 FC Santos
1981 Flamengo Rio de Janeiro
1983 Gremio Pôrto Alegre

BRD, Weltmeister 1974 *(von links)*, *oben*: Overath – Grabowski – Müller – Schwarzenbeck – Hoeneß – Beckenbauer – Bonhof; *unten*: Vogts – Maier – Hölzenbein – Breitner.

Spieler (Auswahl): J. Baláži – M. Benedikovič – A. Bulla – S. Čambal – Jan Čapkovič – Josef Čapkovič – L. Cvetler – P. Gallis – K. Gögh – I. Hrdlička – K. Jokl – J. Karel – B. Laskov – J. Luknér – A. Malatinský – V. Masný – P. Molnár – A. Moravčík – J. Obert – A. Ondruš – E. Pažický – J. Pivarník – J. Popluhár – T. Reimann – V. Schroijf – G. Simanský – J. Švehlík – V. Tegelhoff – A. Urban – A. Vencel – V. Venglár – J. Vengloš – M. Vičan – J. Zlochovci – L. Zlochovci. – **Trainer** (Auswahl): C. Braun – A. Bulla – J. Hucko – L. Stastný – J. Vengloš – M. Vičan.

Bratislava, Internacional Slovnaft, ČSSR, 1. Liga; gegr. 1940 als *SK Apollo*; 1952/62 *TJ Iskra Slovnaft*, 1962/66 *Inter Slovnaft*, seit 1966 *Internacional*; 1953 Aufstieg in die höchste Spielklasse; *Landesmeister* 1959, *Intercupsieger* 1963 u. 1964. 5 *EC-Teilnahmen:* 22 Spiele; 12 Siege, 2 Unentschieden, 8 Niederlagen, 26:18 Punkte, 46:30 Tore. – *Spielkleidung:* schwarze Hose u. gelbes Hemd, schwarz-gelbe Stutzen. *Heimstadion:* Inter-Stadion, 25 000 Plätze.
Spieler (Auswahl): J. Barmoš – T. Bubernik – D. Cimra – M. Dolinský – Gajdos – A. Hložek – L. Jurkemik – L. Kačáni – B. Laskov – J. Levický – L. Pavlovic – L. Petras – V. Svec – J. Szikora – J. Tichy. – **Trainer** (Auswahl): K. Borhy – L. Kačáni – J. Marko – M. Vičan.

Braunschweig, Eintracht *(Braunschweiger Turn- und Sportverein Eintracht e.V. 1895)*, BRD, gegr. 15. 12. 1895 (Emblem ↑ Tf. 3); 1. Bundesliga 1963/73, 1974/75 bis 1979/80 u. 1981/82 bis 1984/85; jetzt 2. Bundesliga; 1974 Meister der Regionalliga Nord; 1967 *Landesmeister*. Bislang 4 *EC-Teilnahmen:* 21 Spiele; 8 Siege, 4 Unentschieden, 9 Niederlagen, 20:22 Punkte und 34:25 Tore. – *Spielkleidung:* blaue Hose, gelbes Hemd, blaue od. gelbe Stutzen. *Heimstadion:* Städtisches Stadion, 35 000 Plätze, davon alle 6 749 Sitz- u. außerdem 9 300 Stehplätze überdacht.
Spieler (Auswahl): J. Bäse – H. Borg – P. Breitner – L. Bründl – O. Bülte – D. Dörfel – W. Dremmler – G. Elfert – B. Franke – W. Fricke – B. Gersdorff – K. Gerwien – B. Gorski – Hagenacker – R. Hintermaier – H. Jäcker – W. Herz – Liese – M. Lorenz – E. Maas – D. Popivoda – P. Posipal – A. Ristic – Rohrberg – W. Thamm – L. Ulsaß – H. Wolter – R. Worm. – **Trainer** (Auswahl): K. Baluses – H. Johannsen – O. Knefler – W. Kremer – H. Lucas – U. Maslo – W. Olk – A. Ristic – G. Roggensack – H. Vogel – B. Zebec.

BRD, Abk. für *Bundesrepublik Deutschland*, 248 207 km^2, etwa 60 Mill. Ew., 1 Fußballspieler je 13 Ew.; Verband *Deutscher Fußball-Bund*, Abk. *DFB*; neugegr. 10. 7. 1949, formell 1950, Sitz Frankfurt/Main; Mitgl. der *FIFA* seit 1950, der *UEFA* seit 1954. – *Organisation:* 20 945 Klubs; 730 Berufsspieler,

Landesmeister
(Die *Taca de Ouro* wird unter Einbeziehung aller Landesregionen seit 1966 ausgespielt.)
1966 Cruzeiro Belo Horizonte
1967 S. E. Palmeiras
1968 FC Santos
1969 S. E. Palmeiras
1970 Fluminense Rio de Janeiro
1971 Atlético Mineiro
1972 S.E. Palmeiras
1973 S.E. Palmeiras
1974 Vasco da Gama
1975 Internacional Pôrto Alegre
1976 Internacional Pôrto Alegre
1977 FC São Paulo
1978 Guarani
1979 Internacional Pôrto Alegre
1980 Flamengo Rio de Janeiro
1981 Gremio Pôrto Alegre
1982 Flamengo Rio de Janeiro
1983 Gremio Pôrto Alegre
1984 Gremio Pôrto Alegre
1985 Coritiba

BRD
Weltmeisterschaft
1954 1. Platz
1958 4. Platz
1962 Viertelfinale
1966 2. Platz
1970 3. Platz
1974 1. Platz
1978 2. Finalrunde
1982 2. Platz
1986 2. Platz
Europameisterschaft
1972 1. Platz
1976 2. Platz
1980 1. Platz
1984 Endrunde
olympisches Fußballturnier
1952 4. Platz
Weltpokal
1976 FC Bayern München
EC I
1974 FC Bayern München
1975 FC Bayern München
1976 FC Bayern München
1983 Hamburger SV
EC II
1966 Borussia Dortmund
1967 FC Bayern München
1977 Hamburger SV

EC III
1975 Borussia Mönchengladbach
1979 Borussia Mönchengladbach
1980 Eintracht Frankfurt/Main

Landesmeister / Pokalsieger
1948 1. FC Nürnberg / –
1949 VfR Mannheim / –
1950 VfB Stuttgart / –
1951 1. FC Kaiserslautern / –
1952 VfB Stuttgart / –
1953 1. FC Kaiserslautern / Rot-Weiß Essen
1954 Hannover 96 / VfB Stuttgart
1955 Rot-Weiß Essen / Karlsruher SC
1956 Borussia Dortmund / Karlsruher SC
1957 Borussia Dortmund / FC Bayern München
1958 FC Schalke 04 / VfB Stuttgart
1959 Eintracht Frankfurt/Main / Schwarz-Weiß Essen
1960 Hamburger SV / Borussia Mönchengladbach
1961 1. FC Nürnberg / SV Werder Bremen
1962 1. FC Köln / 1. FC Nürnberg
1963 Borussia Dortmund / Hamburger SV
1964 1. FC Köln / TSV 1860 München
1965 SV Werder Bremen / Borussia Dortmund
1966 TSV 1860 München / FC Bayern München
1967 Eintracht Braunschweig / FC Bayern München
1968 1. FC Nürnberg / 1. FC Köln
1969 FC Bayern München / FC Bayern München
1970 Borussia Mönchengladbach / Kickers Offenbach
1971 Borussia Mönchengladbach / FC Bayern München
1972 FC Bayern München / FC Schalke 04
1973 FC Bayern München / Borussia Mönchengladbach
1974 FC Bayern München / Eintracht Frankfurt/Main
1975 Borussia Mönchengladbach / Eintracht Frankfurt/Main
1976 Borussia Mönchengladbach / Hamburger SV
1977 Borussia Mönchengladbach / 1. FC Köln

2,7 Mill. Amateurspieler, gesamt 4,7 Mill. (einschl. Nachwuchs- u. AM-Spieler); *Spieljahr:* August–Juni; *Spielkleidung:* schwarze Hose, weißes Hemd, weiße Stutzen (Reserveausrüstung: weiße Hose, grünes Hemd, weiße Stutzen); *Stadien* (Auswahl): ↑ Olympiastadion (4), München; ↑ Neckarstadion, Stuttgart; ↑ Parkstadion, Gelsenkirchen; ↑ Rheinstadion, Düsseldorf; ↑ Volksparkstadion, Hamburg; Müngersdorfer Stadion, Köln, 61 200; ↑ Waldstadion, Frankfurt/Main; ↑ Niedersachsenstadion, Hannover; Städtisches Stadion, Nürnberg, 56 000; ↑ Westfalenstadion, Dortmund; Ruhr-Stadion, Bochum, 50 000. Abb. Tab. S. a. Tf. 22, 32, 36.

Brehme, Andreas, geb. 9. 11. 1960 Hamburg; Verteidiger; spielte 1972/80 bei Barmbeck-Uhlenhorst, 1980/81 beim 1. FC Saarbrücken, 1981/86 beim 1. FC Kaiserslautern; seit 1986/87 beim FC Bayern München; 28 Länderspiele (3 Tore); gab sein Länderspieldebüt am 15. 2. 1984 gegen Bulgarien (3:2) in Warna; WM-Endrundenteilnehmer 1986; 154 Bundesligaspiele (34 Tore). Abb.

Brei, Dieter, Trainer, geb. 30. 9. 1950; Stürmer; spielte für SW Sende, Arminia Bielefeld u. Fortuna Düsseldorf; Bundesligaspieler 1970/81 (221 Spiele, 30 Tore). – Trainer bei FC Gütersloh (1982/83), Fortuna Düsseldorf (Amateure), 1983/85, u. seit 14. 4. 1985 bei Fortuna Düsseldorf (Bundesliga).

Andreas **Brehme**

Paul **Breitner**

Breitner, Paul, geb. 5. 9. 1951 Freilassing; Mittelfeldspieler u. Außenverteidiger; begann bei SV Kolbermoor u. ESV Freilassing; spielte 1970/74 beim FC Bayern München, 1974/77 bei Real Madrid, 1977/78 bei Eintracht Braunschweig u. 1978/82 wiederum beim FC Bayern München; 48 Länderspiele (10 Tore); wegen Unstimmigkeiten mit dem DFB 1975/81 nicht in der Auswahl, Comeback am 29. 4. 1981 gegen Österreich (2:0) in Hamburg; internationales Debüt am 22. 6. 1971 gegen Norwegen (7:1) in Oslo; Länderspielabschied am 11. 7. 1982 gegen Italien (1:3) in Madrid (WM-Endspiel); WM-Endrundenteilnehmer 1974 u. 1982; EM-Endrundenteilnehmer 1972; Fußballer des Jahres 1981; 285 Bundesligaspiele (93 Tore). Abb. S. a. BRD (Abb.).

Bremen, SV Werder, BRD, gegr. 1. 2. 1899 (Emblem ↑ Tf. 3); 1. Bundesliga 1963/80 u. seit 1981; zweimal *Amateurmeister* (1966 u. 1985); 1981 Meister der 2. Liga Nord; 1965 *Landesmeister*; 1961 *DFB-Pokalsieger*. 6 *EC-Teilnahmen:* 22 Spiele; 11 Siege, 4 Unentschieden, 7 Niederlagen, 26:18 Punkte und

41:27 Tore. – *Spielkleidung:* grüne Hose, weißes Hemd, grün-weiße Stutzen (od. Grün). *Heimstadion:* Weserstadion, 40000 Plätze, davon 15000 Sitz- u. 5000 Stehplätze überdacht.

Spieler (Auswahl): G. Bernard – O. Björnmose – D. Burdenski – H. Burdenski – M. Burgsmüller – D. Ferner – Gernhardt – R. Gruber – E. Hänel – H.-D. Höttges – E. Hundt – M. Kutzop – M. Lorenz – K. Matischak – N. Meier – B. Möhlmann – F. Neubarth – Y. Okudera – J. Otten – B. Pezzey – J. Piontek – K.-H. Preuße – Rath – U. Reinders – B. Rupp – T. Schaaf – W. Schröder – A. Schütz – W. Sidka – N. Siegmann – R. Völler – M. Votava – G. Wilmovius. – **Trainer** (Auswahl): G. Brocker – H. Burdenski – R. Gebhardt – K. Klötzer – G. Knöpfle – W. Multhaup – J. Piontek – F. Rebell – O. Rehhagel – H. Tilkowski – W. Weber.

Bremner, William („Billy"), Schottland, geb. 9. 12. 1942 Glasgow; Mittelfeldspieler; spielte 1953/58 bei Stirling, 1958/76 bei Leeds United u. 1976/78 bei Hull City; 54 Länderspiele (3 Tore); internationales Debüt am 8. 5. 1965 gegen Spanien (0:0) in Glasgow; Länderspielabschied am 3. 9. 1975 gegen Dänemark (1:0) in Kopenhagen; WM-Endrundenteilnehmer 1974; Fußballer des Jahres 1970; über 650 Ligaspiele. – 1978/82 Manager bei Doncaster Rovers, seit 1985 bei Leeds United.

Briegel, Hans-Peter, geb. 11. 10. 1955 Rodenbach; Verteidiger, Mittelfeldspieler; spielte 1972/75 bei TV u. SV Rodenbach, 1975/84 beim 1. FC Kaiserslautern u. 1984/86 beim AC Hellas Verona; seitdem bei Sampdoria Genua; 72 Länderspiele (4 Tore); internationales Debüt am 17. 10. 1979 gegen Wales (5:1) in Köln; WM-Endrundenteilnehmer 1982 u. 1986; EM-Endrundenteilnehmer 1980; bestritt 240 Bundesligaspiele (47 Tore) u. in Italien über 60 Punktspiele (9 Tore); 1985 Fußballer des Jahres in der BRD. Abb.

Brieske-Senftenberg, BSG Aktivist, DDR, Bezirksliga; gegr. im Juni 1919 als *FV* (*Fußballverein* im Arbeitersport) *Grube Marga*, Februar 1928 *Freier Sportverein „Sturm" Grube Marga*. – 1945/49 *SG Marga*, 1949/50 *BSG Franz-Mehring Marga*, 1950/54 *BSG Aktivist Brieske-Ost* u. 1954/63 *SC Aktivist Brieske-Senftenberg* (13 Oberligaspieljahre); danach wurde die erste Mannschaft zum neugegründeten *Sportclub Cottbus* delegiert, während die BSG Aktivist Brieske-Senftenberg weiter in der Liga spielte. – *Spielkleidung:* schwarze Hose, gelbes Hemd, schwarz-gelbe Stutzen. *Heimstadion:* Elsterkampfbahn, 12000 Plätze. Abb.

Spieler (Auswahl): H. Auras – K.-H. Bergmann – H. Fischer – H. Franke – L. Gentsch – H. Hentschel – G. John – H. Jünemann – H. Krebs – H. K üger – J. Lawecki – E. Lehmann – H. Lehmann – H. Lemanczyk – G. Marquardt – W. Pietrzak – E. Redlich – H. Ratsch – H. Rieger – W. Schurrmann – K. Schwandt – S. Wachtel – W. Wr ist – W. Wiesner. – **Trainer** (Auswahl): H. Auras – H. Beulich – Elbusch – H. Fischer – O. Kallert – H. Krebs – P. Kugler – K. Mieth – W. Oelgardt – H. Ratsch – P. Richter – H. Säckel – W. Schober – Wiesler – K. Zehtner – R. Ziemann.

Brieskicker ↑ Wiener Schule.

Britische Meisterschaft [engl. *Home International Championchip*], ältester internationaler Wettbewerb, durchgeführt von den brit. Landesverbänden; seit 1883 jährlich, d. h. 1883/84 beginnend, nach dem Punktspielsystem in einer einfachen Runde ausgetragen; bei gleicher Tor- u. Punktzahl wurde der Ti-

Hans-Peter **Briegel**

1978 1. FC Köln / 1. FC Köln
1979 Hamburger SV / Fortuna Düsseldorf
1980 FC Bayern München / Fortuna Düsseldorf
1981 FC Bayern München / Eintracht Frankfurt/Main
1982 Hamburger SV / FC Bayern München
1983 Hamburger SV / 1. FC Köln
1984 VfB Stuttgart / FC Bayern München
1985 FC Bayern München / Bayer 05 Uerdingen
1986 FC Bayern München / FC Bayern München

Fußballer des Jahres
1960 U. Seeler (Hamburger (SV)
1961 M. Morlock (1. FC Nürnberg)
1962 K.-H. Schnellinger (Juventus Turin)
1963 H. Schäfer (1. FC Köln)
1964 U. Seeler (Hamburger SV)
1965 H. Tilkowski (Borussia Dortmund)
1966 F. Beckenbauer (FC Bayern München)
1967 G. Müller (FC Bayern München)
1968 F. Beckenbauer (FC Bayern München)
1969 G. Müller (FC Bayern München)
1970 U. Seeler (Hamburger SV)
1971 H.-H. Vogts (Borussia Mönchengladbach)
1972 G. Netzer (Borussia Mönchengladbach)
1973 G. Netzer (Real Madrid)
1974 F. Beckenbauer (FC Bayern München)
1975 J. Maier (FC Bayern München)
1976 F. Beckenbauer (FC Bayern München)
1977 J. Maier (FC Bayern München)
1978 J. Maier (FC Bayern München)
1979 H.-H. Vogts (Borussia Mönchengladbach)
1980 K.-H. Rummenigge (FC Bayern München)
1981 P. Breitner (FC Bayern München)
1982 K. Förster (VfB Stuttgart)
1983 R. Völler (SV Werder Bremen)
1984 H. Schumacher (1. FC Köln)
1985 H.-P. Briegel (Hellas Verona)
1986 H. Schumacher (1. FC Köln)

Aktivist Brieske-Senftenberg

tel geteilt, ebenso die nachfolgenden Plätze. 1949/50 u. 1953/54 war die B. M. mit der WM-, 1966/67 mit der EM-Qualifikation gekoppelt. 1983/84 wurde sie zum letztenmal ausgetragen (100 Jahre nach ihrer Einführung ...); England u. Schottland zeigten sich wegen Terminüberlastungen desinteressiert an der Fortführung des traditionsreichen Wettbewerbs. Erfolgreichste Mannschaft war England mit insgesamt 53 Titeln *(Britischer Meister)* vor Schottland (41), Wales (12) u. Nordirland (6).

britische Verbände, Bez. für die vier Landesverbände Großbritanniens: *Englischer Fußballverband, Schottischer Fußballverband, Walisischer Fußballverband u. Nordirischer Fußballverband*.

British Cup, 1985 eingeführter Pokalwettbewerb für 20 Vereine der 1. Division *Englands*, für die 10 Klubs der Premier Division *Schottlands* sowie für den Meister u. Pokalsieger *Nordirlands*. Die Spiele finden abwechselnd in London *(Wembleystadion)* u. Glasgow *(Hampden-Park)* statt. – Nach dem 1985 erfolgten vorübergehenden Ausschluß der brit. Vereine aus den EC-Wettbewerben durch die UEFA initiierte die engl. Liga diesen Cup.

Bronzener Fußballschuh ↑ Torschützenkönig.

Brügge, FC Royal, Belgien, Ehrendivision, gegr. 1891; nach *FC Antwerpen* u. *FC Leopold Brüssel* drittältester belg. Fußballverein; *EC-I-Finalist* 1978; *UEFA-Pokalfinalist* 1976; 6mal *Landesmeister* (zwischen 1920 u. 1980); *Pokalsieger* 1968, 1977 u. 1986. 15 *EC-Teilnahmen:* 65 Spiele; 29 Siege, 7 Unentschieden, 29 Niederlagen, 65:65 Punkte, 111:98 Tore. – *Spielkleidung:* hellblaue Hose, weißes Hemd mit blau-schwarzen Längsstreifen, blau-schwarze Stutzen. *Heimstadion:* Albert-Dyserynck-Stadion, 32 000 Plätze.

Spieler (Auswahl): K. Axelsson – Bastijns – Broos – P. Carteus – Ceulemans – Cools – W. Davies – Devriendt – Degryse – H. Houwaert – Jensen – Krieger – R. Lambert – Leekens – U. Le Fevre – Maes – Mamadou – N. Rijnders – L. Sanders – E. van den Daele – F. van der Elst – H. van Gool – Vereycken – Verheyen – Wellens. – **Trainer** (Auswahl): L. Canjels – F. de Munck – E. Happel – H. Houwaert.

Brülls, Albert, geb. 26. 3. 1937; Mittelstürmer; spielte 1948/54 bei AV Anrath, 1954/62 bei Borussia Mönchengladbach, 1962/65 bei AC Mantua, 1965/68 bei SC Brescia u. 1968/70 bei Young Boys Bern; 25 Länderspiele (9 Tore); internationales Debüt am 4. 10. 1959 gegen die Schweiz (4:0) in Bern; Länderspielabschied am 16. 7. 1966 gegen Argentinien (0:0) in Birmingham (WM-Endrunde).

Brummeier, Horst, Österreich, Schiedsrichter, geb. 31. 12. 1945 Linz; Referee seit 1964; 1975 1. Division; 1977 FIFA-Referee; leitete 1980 das zweite Nachwuchs-EM-Finale UdSSR–DDR (1:0) in Moskau, 1983 das Supercupendspiel FC Aberdeen–Hamburger SV, 15 Länder-, 20 EC-Spiele; WM-Endrundenschiedsrichter 1986.

Brunei, Staat in Südostasien, an der Nordwestküste Kalimantans, 5 765 km^2, etwa 250 000 Ew., 1 Fußballspieler je 1 667 Ew.; Verband *Brunei Amateur Football Association* („Amateurfußballverband Brunei"), Abk. *BAFA*; gegr. 1959, Sitz *Bandar Seri Begawan*; Mitgl. der *FIFA* seit 1969, der *AFC* seit 1970. – *Organisation:* 25 Klubs; 150 Amateurspieler (einschl. Nachwuchs- u. AM-Spieler); *Spieljahr:* September–März; *Spielkleidung:* schwarze Hose, goldgelbes Hemd, goldgelbe Stutzen (Reserveausrüstung: weiße Hose, rotes Hemd, rote Stutzen).

Bruno-Plache-Stadion ↑ Leipzig, 1. FC Lokomotive.

Brüssel, RSC Anderlecht ↑ Anderlecht, RSC.

Brüssel, Union St. Gilloise, Belgien, gegr. 1893; als siebenältester Klub im Stammrollenbuch des Belgischen Fußballverbandes eingetragen; 11mal *Landesmeister* (zwischen 1904 u. 1935; 1904 bis 1907 u. 1933 bis 1935 in Folge); *Pokalsieger* 1913 u. 1914. – *Spielkleidung:* schwarze Hose, schwarz-weiß längsgestreiftes Hemd, schwarz-weiße Stutzen. *Heimstadion:* Union-Stadion, 32 000 Plätze.

Brychczy, Lucjan, Polen, geb. 13. 6. 1934 Novi Bytom; Mittel-, Halbstürmer u.

Läufer; spielte 1947/53 bei Pogon Novi Bytom, LTS Labedy, Piast Gliwice u. 1953/73 bei CWKS u. Legia Warschau; 60 Länderspiele (18 Tore); internationales Debüt am 8.8.1954 gegen Bulgarien (2:2) in Warschau; Länderspielabschied am 27.8.1969 gegen Norwegen (6:1) in Lodz; Olympiateilnehmer 1960; Torschützenkönig 1957, 1964 u. 1965; erzielte 179 Tore für Legia. – Später Trainer.

BTZ, *DDR* Abk. für *Bezirkstrainingszentrum*.

Bubnik, Vlastimil, ČSSR, geb. 18.3.1931 Kelc; Mittelstürmer; spielte 1944/52 bei Kralovopole Brno, 1952/59 bei Ruda Hvezda Brno u. 1962/64 bei Zbrojovka Brno; 11 Länderspiele (4 Tore); internationales Debüt am 1.5.1957 gegen Wales (0:1) in Cardiff; Länderspielabschied am 9.7.1960 gegen Frankreich (2:0) in Marseille. – War auch ein Weltklasse-Eishockeyspieler (11mal Landesmeister).

Buchan, Charles („Charlie"), England, 1892–1960; Mittelstürmer, Halbrechter; spielte beim FC Sunderland u. beim FC Arsenal London; wechselte zu Arsenal mit der Verpflichtung der „Gunners", Sunderland für jedes bei Arsenal geschossene Tor 100 Pfund zu zahlen; 482 Ligaspiele (258 Tore); 6 Länderspiele (4 Tore); Länderspieldebüt am 15.2.1913 gegen Irland (1:2) in Belfast; Länderspielabschied am 12.4.1924 gegen Schottland (1:1) in Wembley. – Später Journalist, Rundfunkreporter, Fußballtheoretiker.

Buchspieß, Dieter, Journalist, geb. 3.9. 1932 Leipzig; Linksverteidiger; spielte 1943/44 bei SG Seitenstetten (Niederösterreich) u. 1946/48 bei SG Probstheida u. „Erich Zeigner" (Leipzig). – war 1950/52 Volontär beim „Neuen Deutschland" u. beim Sportverlag Berlin; 1953 in der Sportschule Ludwigsfelde (Ausbildung als Sportinstrukteur); seit 1958 Journalist bei der „Neuen Fußballwoche", Berlin. Abb.

Budapest, Ferencváros *(FTC, Ferencvárosi Torna Club)*, Ungarn, Verein der 1. Liga (Emblem ↑ Tf. 3); gegr. 3.5.1898, hieß vorübergehend *Edosz* u. *Kiniszi*; 23mal *Landesmeister* (zwischen 1903 u. 1981); 16mal *Pokalsieger* (zwischen 1913 u. 1978); *Mitropapokalgewinner* 1928 u. 1937; *Wiener Challengecup-Gewinner* 1909; *Messepokalgewinner* 1965. 20 *EC-Teilnahmen:* 100 Spiele; 48 Siege, 17 Unentschieden, 35 Niederlagen, 113:87 Punkte, 179:131 Tore. – *Spielkleidung:* weiße Hose, weiß-grün längsgestreiftes Hemd, weiße Stutzen. *Heimstadion:* FTC-Stadion, mit 30000 Plätzen.

Spieler (Auswahl): F. Albert – L. Bálint – Z. Blum – G. Borbás – L. Branikovits – F. Braun – S. Bródy – L. Budai – M. Bukovi – L. Cseh – Z. Czibor – J. Dalnoki – F. Deák – M. Fenyvesi – I. Géczi – T. Gorszky – L. Gyetvai – G. Henni – F. Hirzer – I. Juhász – S. Kocsis – V. Kohut – L. Korányi – K. Kóródy – L. Kü – K. Lakat – G. Lázár – S. Mátrai – T. Nyilasi – G. Obitz – G. Polgár – M. Páncsics – M. Pataki – I. Payer – G. Rákosi – F. Rudas – G. Rumbold – B. Sárosi II – Dr. G. Sárosi – I. Schlosser – I. Szöke – L. Szücs – J. Takács – P. Titkos – G. Toldi – I. Toth – J. Turay – Z. Varga – F. Weisz. – **Trainer** (Auswahl): E. Berkessy – Z. Blum – S. Bródy – A. Csanádi – F. Csanádi – J. Dalnoki – F. Deák – L. Dimény – G. Hlavay – G. Kalocsay – K. Lakat – A. Lyka – J. Mészáros – D. Novák – Z. Opata – E. Rauchmaul – J. Sándor – A. Schaffer – K. Soos – P. Szabó – L. Szücs – S. Tátrai – I. Tóth – G. Urbancsik – M. Vadas – O. Vilezsál.

Budapest, MTK-VM *(Magyar Testgyakorlók Köre-Vörös Meteor)*, Ungarn, Verein der 1. Liga; gegr. 1888 als *MTK*, zweitältester ungar. Klub; nannte sich 1930 (in der Profizeit) *Hungaria*, nach dem 2. Weltkrieg 1950 *Textiles*, 1951/52 *Bastya*, 1952 *Vörös Lobogo* („Rotes Banner"), 1956 wiederum *MTK* u. nach der Fusion mit Vörös Meteor 1975 *MTK-VM*; seit 1903 in der 1. Liga (1904 erster Titelgewinn); 15mal *Landesmeister* (zwischen 1904 u. 1958); 9mal *Pokalsieger* (zwischen 1910 – erster ungar. Pokalgewinner überhaupt – u. 1968); *Mitropapokalgewinner* 1955 u. 1963. 7 *EC-Teilnahmen:* 38 Spiele; 19 Siege, 6 Unentschieden sowie 13 Niederlagen, 44:32 Punkte, 80:61 Tore. – *Spielkleidung:* weiße Hose, hellblaues Hemd, blauweiße geringelte Stutzen. *Heimstadion:* MTK-Stadion, 27000 Plätze. Abb.

Spieler (Auswahl): G. Biró – S. Biró – L. Bödör – J. Börzsei – C. Braun – L. Cseh – L. Do-

Dieter **Buchspieß**

MTK VM

MTK-VM Budapest

monkos – J. Dudás – G. Feldmann – S. Geller – B. Gutmann – N. Hidegkuti – F. Hirzer – G. Kalmar – J. Károly – V. Kertész – G. Kléber – K. Konrad – I. Kuti – M. Lantos – G. Mándi – G. Molnár – W. Müller – I. Nagy – Z. Opata – G. Orth – P. Palotás – K. Sandor – F. Sas – A. Schaffer – I. Schlosser – G. Sebes – B. Sebestyén – F. Senkey – F. Sipos – Z. Solymosi – A. Szabo – P. Titkos – J. Turay – G. Toth – J. Zakariás – K. Zsák. – **Trainer** (Auswahl): N. Hidegkuti – J. Hogan – M. Keszthely – F. Kovács III – I. Kovács – K. Lakat – G. Mezey.

Dózsa Ujpest

Budapest, SC Csepel, Ungarn, 2. Liga, gegr. 1914; *Landesmeister* 1942, 1943, 1948 u. 1959. Eine *EC-Teilnahme:* 2 Spiele; 1 Unentschieden, 1 Niederlage, 1:3 Punkte, 3:4 Tore. – *Spielkleidung:* blaue Hose, blau-weiß längsgestreiftes Hemd, blaue Stutzen. *Heimstadion:* Csepel-Stadion, 20000 Plätze.

Spieler (Auswahl): Bartos – Buronyi – Csordas – Z. Czibor – J. Dudás – T. Fabian – L. Fekete – I. Gass – Gulyas – Hajdu – Hunyadi – K. Ihász – L. Korányi I – F. Kovács – L. Lakinger – Molnar – S. Müller – Nemeth – L. Puskas – L. Sandor – Somogyi – S. Szabó – G. Tamas – P. Török – B. Varadi – L. Varga – C. Vidats. – **Trainer** (Auswahl): M. Keszthely.

Honvéd Budapest

Budapest, SC Ujpesti Dózsa, Ungarn, Verein der 1. Liga; gegr. 1885 als „Ujpesti Torna Egylet" im nordöstlichen Budapester Stadtteil *Ujpest*; ältester ungar. Klub, seit 1903 in der höchsten Spielklasse; 18mal *Landesmeister* (zwischen 1930 u. 1979); 8mal *Pokalsieger* (zwischen 1953 u. 1983); *Mitropapokalgewinner* 1929 u. 1939; 22 *EC-Teilnahmen:* 101 Spiele; 45 Siege, 17 Unentschieden, 39 Niederlagen, 107:95 Punkte, 190:156 Tore. – *Spielkleidung:* weiße Hose, lila Hemd, lila-weiße Stutzen. *Heimstadion:* Ujpesti Dózsa-Stadion, 30000 Plätze. Abb.

Spieler (Auswahl): I. Avar – S. Balogh – F. Bene – S. Biró – F. Borsányi – A. Dunai – L. Fazekas – J. Fogl – K. Fogl – J. Göröcs – P. Juhász – B. Káposzta – L. Nagy – E. Solymosi – K. Sóvári – A. Szalai – A. Szentmihályi – G. Szücs – F. Szusza – A. Töröcsik – A. Toth – J. Toth – P. Varhidi – J. Vincze – S. Zámbó – G. Zsengeller. – **Trainer** (Auswahl): L. Baroti – I. Kovács – P. Varhidi.

Vasas Budapest

Budapest, S. E. Honvéd *(Sport Egyesület),* Ungarn, Verein der 1. Liga; gegr. 1949 als Fusion des am 3. 8. 1909 entstandenen *AC* (Arbeitersportklub) *Kispest* u. des *Armeeklubs* (Kispest gehört zum 19. Bezirk im östlichen Budapest); *Landesmeister* 1950, 1952, 1954, 1955, 1980, 1984, 1985 u. 1986; *Pokalsieger* 1926 (als AC Kispest), 1964 u. 1985 *Mitropapokalgewinner* 1959. 13 *EC-Teilnahmen:* 56 Spiele; 28 Siege, 6 Remis, 22 Niederlagen, 62:50 Punkte, 108:81 Tore. – *Spielkleidung:* weiße Hose, rot-weiß längsgestreiftes Hemd, weiße Stutzen. *Heimstadion:* Jozsef-Bozsik-Stadion, 22000 Plätze. Abb.

Spieler (Auswahl): Babolscay – B. Bodonyi – J. Bozsik – A. Budai – L. Budai – Z. Csibor – Dajka – L. Detari – G. Dudás – B. Egresi – Esterhazy – I. Garaba – G. Grosics – S. Gujdar – J. Kiprich – L. Kocsis – S. Kocsis – I. Komora – A. Kotázs – K. Kovacs – M. Kozma – G. Lóránt – F. Machos – A. Nagy – L. Pinter – F. Puskás – S. Sallai – F. Sipos – L. Szücs – L. Tichy – L. Varga. – **Trainer** (Auswahl): J. Bozsik – M. Kispeter – I. Komora – K. Lakat – J. Meszaros – K. Soos – L. Tichy.

Budapest, Vasas, Ungarn, Verein der 1. Liga; gegr. 1911 als *Vas-és Femmunkasok Sport Clubja* („Sportklub der Stahl- u. Metallarbeiter") im Stadtteil *Angyaföld*; wurde in den ersten Jahren des Bestehens mehrfach von der reaktionären Regierung verboten; Anfang der 50er Jahre zur ungar. Spitzenklasse aufgerückt; *Landesmeister* 1957, 1961, 1962, 1965, 1966 u. 1977; *Pokalsieger* 1946, 1955, 1973, 1981 u. 1986; *Mitropapokalgewinner* 1956, 1957, 1962, 1965, 1970 u. 1983. 11 *EC-Teilnahmen:* 45 Spiele; 18 Siege, 7 Unentschieden, 20 Niederlagen, 43:47 Punkte, 84:56 Tore. – *Spielkleidung:* blaue Hose, rotes Hemd, blaue Stutzen. *Heimstadion:* Vasas-Stadion, 30000 Plätze. Abb.

Spieler (Auswahl): T. Balogh – P. Berendi – D. Bundzsák – A. Csordas – J. Farkas – K. Ihász – F. Karpati – L. Kiss – R. Illovszky – G. Lóránt – F. Machos – I. Mathesz – F. Meszaros – K. Mészöly – D. Molnar – F. Plattko – L. Sárosi – A. Szentmihályi – J. Takács – P. Titkos – P. Török – B. Varady – C. Vidáts – S. Zombori. – **Trainer** (Auswahl): L. Baroti – J. Hogan – R. Illovszky – F. Kovács – K. Mészöly – P. Titkos.

Buenos Aires, Argentinos Júniors, Argentinien, Verein der 1. Division; Landesmeister 1984; Gewinner der „Copa Libertadores de America" am 24. 10.

1985 gegen Amerika (Kolumbien) in Asunción (Paraguay), 5:4 n. V. u. Strafstoßschießen. Nach Independiente (siebenmal), Estudiantes (dreimal), Boca Júniors (zweimal) u. Racing Buenos Aires (einmal) waren die Júniors der fünfte argent. Gewinner der „Copa Libertadores de America". Am 8. 12. 1985 unterlagen sie im Weltcup in Tokio gegen den EC I-Sieger Juventus Turin (2:2 n. V., 2:4 nach Strafstoßschießen).

Buenos Aires, CA Boca Júniors, Argentinien (Emblem ↑ Tf. 3); gegr. am 3. 4. 1905 vom Iren *Patrick McCarthy*; 1913 Lizenz für 1. Division; *Landesmeister* 1969, 1970, 1976 u. 1981; 17mal *Ligameister* (zwischen 1919 u. 1976); *Südamerikapokalsieger* 1977 u. 1978; *Weltpokalsieger* 1977; Mitte der 30er Jahre Weltklassemannschaft; 1934 Ligameister mit 101 Toren in 39 Spielen. – *Spielkleidung:* himmelblaue Hose, himmelblaues Hemd mit einem breiten weißen Längsstreifen, weiße Stutzen. *Heimstadion:* Estadio Bonbonera, 58 850 Plätze.

Spieler (Auswahl): Aguillar – di Stéfano – Evaristo – Gatti – H. Herrera – Maradona – Marzolini – Menotti – Monti – Orlando – Ortega – Pedernera – Rattin – Roberto – Rochas – Roma – Sotil – Tarantini – Varallo.

Buenos Aires, CA Independiente, Abk. *CAI*, Argentinien, gegr. 1904 in der Vorstadt *Banfield*; Mitglied der 1. Division seit 1912; erhielt 1928 das erste Zementstadion Südamerikas; gehört zu den *Big five* („Große Fünf") des argent. Klubfußballs (neben *River Plate, Boca Júniors, Racing* u. *Estudiantes de La Plata*) u. gilt als Catenacciospezialist; berühmtester Spieler: *Arsenio Erico* (Paraguay), der 1937 47, 1938 43 u. 1939 40 Tore erzielte; *Landesmeister* 1967, 1977, 1978 u. 1983; 11mal *Ligameister* (zwischen 1922 u. 1984); *Südamerikapokalsieger* 1964, 1965, 1972, 1973, 1974, 1975 u. 1984; *Weltpokalsieger* 1973 u. 1984 (4 weitere Male im Endspiel). – *Spielkleidung:* rote Hose, rotes Hemd, schwarze Stutzen. *Heimstadion:* Estadio CAI Avellaneda, 55 000 Plätze. Abb.

Spieler (Auswahl): Artime – Balbuena – Bertoni – Bochini – Burruchaga – Clausen – Erico – Galvan – Giusti – Larrosa – Navarro – Olguin – Orsi – Pagnanini – Pavoni – Percudani – Santoro – Scarone – Stabile – Suarez – Trossero – Yazalde.

Buenos Aires, CA River Plate, Argentinien (Emblem ↑ Tf. 3), gegr. 25. 5. 1901 von brit. Spielern des „Santa Rosa F.C." u. des „Rosales F.C.". Über die Bezeichnung „Forwards" od. „River Plate" entbrannte ein derart heftiger Streit, daß es der Verein vorzog, mehrere Jahre in der 1. Division Uruguays zu spielen; dort gewann er 4 *Landesmeistertitel* (1908, 1910, 1913 u. 1914) unter dem Peñarol-Coach *John Harley*. Mit dem Weltklasseangriff *Munoz – Moreno – Pedernera – Labruna – Lostau* (od. *Deambrosi*) gewann „La Maquina" („Die Maschine") zwischen 1941 u. 1947 4 Meistertitel. *Landesmeister* 1975, 1979, 1985 u. 1986; *Südamerikapokalsieger* 1986; 18mal *Ligameister* (zwischen 1920 u. 1981). – *Spielkleidung:* schwarze Hose, weißes Hemd mit breitem rotem Diagonalstreifen, schwarze Stutzen. *Heimstadion:* Estadio Monumental, 76 000 Plätze (1935 fertiggestellt u. von den „Los Millonarios" [„Die Millionäre"], zuvor im zu kleinen Stadion *Boca Barrio* zu Hause, als neue Heimstätte bezogen).

Spieler (Auswahl): Alfaro – Alonzo – Alzamendi – Artime – Carozzo – Deambrosi – Diaz – di Stéfano – Fillol – Gallego – Kempes – Labruna – Lostau – Luque – Moreno – Munoz – Orsi – Ortiz – Passarella – Pedernera – Pumpido – Ruggeri – San Filippo – Sivori – Tarantini – Wolff.

Buenos Aires, Racing Club, Argentinien; gegr. 1905 als „Club Colorados Unidos del Sur" in *Avellaneda* (Vorstadt von Buenos Aires) u. unmittelbar darauf von französ. Einwanderern in *Racing Club* (nach Pariser Vorbild) umbenannt; „The Academy" spielt seit 1911 in der 1. Division (ab 1931 Profifußball) u. ist etwa so populär wie River Plate u. Boca Júniors; *Landesmeister* 1961 u. 1966; 13mal *Ligameister* (zwischen 1915 u. 1966); 1967 *Südamerikapokalsieger* u. *Weltpokalgewinner*; 1984 erstmals in die 2. Division abgestiegen. – *Spielkleidung:* schwarze Hose, blau-weiß längsgestreiftes Hemd, schwarze Stutzen. *Heimstadion:* Estadio Racing Club, 70 100 Plätze. Abb.

Spieler (Auswahl): Barbas – Belén – Cejas –

Independiente Buenos Aires

Racing Club Buenos Aires

Dinamo Bukarest

Rapid Bukarest

Bulgarien

Weltmeisterschaft
1962 Endrunde
1966 Endrunde
1970 Endrunde
1974 Endrunde
1986 Achtelfinale

olympisches Fußballturnier
1956 3. Platz
1968 2. Platz

Landesmeister / Pokalsieger
(1925 bis 1937 Meister zugleich Pokalsieger)
1925 Wladislaw Warna
1926 Wladislaw Warna
1928 Slawia Sofia
1929 Botew Plowdiw
1930 Slawia Sofia
1931 AC 23 Sofia / Endspiel annulliert
1932 Schipkenski Sokol Warna
1933 Lewski Sofia
1934 Wladislaw Warna
1935 SC Sofia
1936 Slawia Sofia
1937 Lewski Sofia
1938 Titschka Warna / FC 13 Sofia
1939 Slawia Sofia / Schipka Sofia
1940 Lok Sofia / FC 13 Sofia
1941 Slawia Sofia / AC 23 Sofia
1942 Lewski Sofia / Lewski Sofia
1943 Slawia Sofia / –
1945 Lok Sofia / –
1946 Lewski Sofia / Lewski Sofia
1947 Lewski Sofia / Lewski Sofia

Corbatta – Maschio – Menotti – Perfumo – Pizutti – Villa.

Buhtz, Horst, Trainer, geb. 21. 9. 1923; Halbstürmer; spielte 1937/58 bei Fortuna Magdeburg, Kickers Offenbach, VfB Mühlburg, Karlsruher SC, AC Turin, Young Fellows Zürich u. AC Bellinzona. – Später Trainer: 1962/63 bei Sportfreunde Saarbrücken, 1963/66 bei Borussia Neunkirchen, 1966/68 bei Hannover 96, 1968/74 beim Wuppertaler SV, 1975/76 bei Besiktas Istanbul, 1976 bei Borussia Dortmund, 1976/78 beim 1. FC Nürnberg, 1978/81 bei Bayer Uerdingen, 1981/83 bei Alemannia Aachen u. 1983/85 bei Stuttgarter Kikkers.

Bukarest, Dinamo, Rumänien, Oberliga, gegr. 1948; 12mal *Landesmeister* (zwischen 1955 u. 1984); 6mal *Pokalsieger* (zwischen 1959 u. 1986). 19 *EC-Teilnahmen:* 72 Spiele; 29 Siege, 11 Unentschieden, sowie 32 Niederlagen, 69:75 Punkte, 119:108 Tore. – *Spielkleidung:* rotes Hemd, weiße Hose, rotweiß geringelte Stutzen. *Heimstadion:* Dinamo-Stadion, 18 000 Plätze. Abb.

Spieler (Auswahl): G. Bacut – J. Bartha – V. Calinoiu – N. Coman – I. Datcu – C. Dinu – I. Dumitru – A. Ene I – G. Ene II – C. Fratila – N. Georgescu – V. Gergely – M. Lucescu – C. Marinescu – I., L. u. R. Nunweiler – T. Ozon – I. Pircalab – C. Popa – L. Satmareanu. – **Trainer** (Auswahl): T. Ionescu – M. Lucescu – I. Nunweiler – V. Stanescu.

Bukarest, Rapid, Rumänien, Oberliga, gegr. 11. 6. 1923; 2mal *Landesmeister* u. 8mal *Pokalsieger* zwischen 1937 u. 1975. 6 *EC-Teilnahmen:* 22 Spiele; 7 Siege, 2 Unentschieden, 13 Niederlagen, 16:28 Punkte, 24:38 Tore. – *Spielkleidung:* weiße Hose, rotes Hemd, rotweiße Stutzen. *Heimstadion:* Stadion der Republik, 37 000 Plätze. Abb.

Spieler (Auswahl): M. Andrei – S. Auer – A. Badea – I. Baratky – A. Barbulescu – I. Bogdan – D. Coe – E. Dumitriu – C. Dinu – A. Ene – S. Filote – I. Greavu – I. Ionescu – M. Lucescu – I. Lungu – N. Lupescu – B. Marian – I. Motroc – A. Raducanu – P. Radulescu – L. Raffinsky – V. Stanescu – R. Wetzer. – **Trainer** (Auswahl): S. Kovacz – V. Stanulescu.

Bukarest, Steaua *(Clubul Sportiv al armatai)*, Rumänien, Oberliga (Emblem ↑ Tf. 4); gegr. 7. 6. 1946 als *A. S. Armata*, danach *CSCA*, *CCA* u. ab 1963 *Steaua*; 11mal *Landesmeister* (zwischen 1951 u. 1986); 14mal *Pokalsieger* (zwischen 1949 u. 1985); *EC I-Gewinner* 1986. 17 *EC-Teilnahmen:* 54 Spiele; 18 Siege, 14 Unentschieden, 22 Niederlagen, 50:58 Punkte, 66:77 Tore. – *Spielkleidung:* blaue Hose, rotes Hemd, blaurote Stutzen. *Heimstadion:* „23. August", 95 000 Plätze (75 000 Sitz-, 20 000 Stehplätze), od. Stadion der Republik, 37 000 Plätze.

Spieler (Auswahl): I. Alexandrescu – V. Anghelini – A. Apolzan – S. Avram – T. Bone – L. Bölöni – Bumbescu – H. Ducadam – C. Haidu – B. Halmageanu – V. Iordache – A. Iordanescu – E. Jenei – G. Konstantin – E. Lacatus – V. Negrea – S. Onisie – M. Petescu – I. Petschovski – D. Popescu – M. Raducanu – Sames – I. Satmareanu – I. Savu – T. Sone – V. Suciu – N. Tataru – C. Toma – Troi – Vigu – F. Voinea – I. Voinescu – V. Zavoda. – **Trainer** (Auswahl): S. Covaci II – C. Creiniceanu – E. Jenei – A. Iordanescu – S. Onisie – I. Savu.

Bukovi, Marton, Ungarn, Trainer, 1903–1985; Mittelläufer; spielte 1917/33 bei Ferencváros Budapest u. 1933/35 beim FC Sète (Frankreich); 11 Länderspiele; internationales Debüt am 19. 12. 1926 gegen Spanien (2:4) in Vigo; Länderspielabschied am 8. 6. 1930 gegen die Niederlande (6:2) in Budapest. – Später Trainer; u. a. seit 1935 bei Dinamo Zagreb, MTK, Dózsa Ujpest u. Ferencváros Budapest; 15. 7. 1956 bis 23. 6. 1957 ungar. Nationalmannschaftstrainer (8 Spiele); mit MTK Budapest Mitropapokalsieger 1955 sowie Landesmeister 1951, 1953 u. 1958.

Bulgarien, 110 912 km^2, etwa 9 Mill. Ew., 1 Fußballspieler je 76 Ew.; Verband *Bulgarian Football Federation* („Bulgarischer Fußballverband"), Abk. *BFF*; gegr. 1923 (1985 aufgelöst u. neu gebildet), Sitz *Sofia*; Mitgl. der *FIFA* seit 1924, der *UEFA* seit 1954. – *Organisation:* 5781 Klubs; 105 000 Amateurspieler, gesamt 119 000 (einschl. Nachwuchs- u. AM-Spieler); *Spieljahr:* August–Dezember, März–Juni; *Spielkleidung:* grüne Hose, rotes Hemd, weiße Stutzen (Reserveausrüstung: rote Hose, weißes Hemd, weiße Stutzen); *National-*

stadion: Wassil-Lewski-Stadion, Sofia, 70 000 (17 000 Sitz-, 53 000 Stehplätze); *Stadien* (Auswahl): „9. September", Plowdiw, 50 000; Juri-Gagarin-Stadion, Warna, 45 000; Christo-Botew-Stadion, Plowdiw, 40 000; ZSKA-Stadion, Sofia, 35 000; Slawia-Stadion, Sofia, 35 000; „9. September", Burgas, 35 000. Tab.

„bulgarisches Modell", Meisterschaftsaustragungsmodus in *Bulgarien* seit 1985/86, bei dem 0:0-Spielausgänge keinen (Plus-)Punkt für die jeweiligen Mannschaften ergeben, wie das sonst üblich ist (statt 1:1 jetzt 0:2 Punkte). Das Modell kann bewirken, daß es in den letzten Minuten eines Spieles beim Stand von 0:0 zum ↑ offenen Schlagabtausch zwischen beiden Vertretungen kommt, da ohnehin niemand etwas zu verlieren hat. Den Nachweis seiner Berechtigung muß es jedoch erst noch antreten. S. a. „Fußballmodelle".

Bund Deutscher Fußballehrer, Abk. *BDFL, BRD* Organisation der lizenzierten Trainer (A-Lizenz-Trainer, Diplomfußballehrer), gegr. 1957; Präsident: *Herbert Widmayer;* Mitglieder: etwa 2 100.

Bundeskapitän, *Österreich* frühere Bez. für ↑ Bundestrainer (2).

Bundesliga, 1. *BRD* am 28. 7. 1962 auf dem DFB-Bundestag eingeführte höchste Spielklasse für die Berufsspieler (1963/65 16, seit 1965 18 Vereine). Folgende Kriterien fanden bei der Gründung für die Aufnahme Berücksichtigung: a) sportliche Qualifikation in der bis dahin existierenden Oberliga; b) Gemeinnützigkeit durch abgesicherten Amateurbetrieb; c) Stadionkapazität (mindestens 35 000 Plätze) u. Flutlichtanlage; sowie d) wirtschaftliche Situation. – Der Auf- u. Abstieg ist wie folgt geregelt: a) *Aufstieg;* die ersten beiden Mannschaften der Zweiten B. steigen nach Saisonende direkt in die B. auf, der Dritte bestreitet gegen die drittletzte Vertretung der B. ↑ Relegationsspiele. b) *Abstieg;* die letzten beiden Mannschaften der B. steigen direkt in die ↑ Zweite Bundesliga ab, der Dritte bestreitet die unter a erwähnten Relegationsspiele. Tab. S. 84.

2. *Österreich* Bez. für die beiden höchsten Spielklassen *(1. Division, 2. Division)* mit je 12 Vereinen. S. a. Spielklasse (Tab.), Region.

Bundesligaskandal, *BRD* 1971 durch den Vereinspräsidenten von Kickers Offenbach *H. G. Canellas* aufgedeckte Bestechungsaffäre in der Bundesliga; beinhaltete die Manipulation, d. h. den Verkauf einiger Spielausgänge. Am stärksten belastet war der Verein Arminia Bielefeld, der Spieler von gegnerischen Vereinen bestochen hatte, um dem Abstieg zu entgehen, wie solche von Schalke 04, VfB Stuttgart u. Hertha BSC Berlin(West). Darüber hinaus waren aber noch andere Vereine u. Spieler in den B. verwickelt. Insgesamt wurden 52 Bundesligaspieler, Trainer u. Funktionäre bestraft (Sperren u. bzw. od. Geldbußen). Seinen offiziellen Abschluß fand der B. erst 1977, als noch einige Schalker Spieler wegen Meineides zu Geldstrafen verurteilt wurden. – Der B. gilt als schwärzestes Kapitel der Bundesligageschichte u. ramponierte ihr Ansehen damals beträchtlich.

Bundespokal, 1919/33 ausgetragener Pokalwettbewerb in Deutschland für Auswahlmannschaften der Verbände; Nachfolger des ↑ Kronprinzenpokals. – 1934 wurde der B. vom *Reichsbundpokal* abgelöst. Tab.

Bundesrepublik Deutschland ↑ BRD.

Bundestrainer, 1. *BRD* verantwortlicher Trainer der Nationalmannschaft; eingesetzt vom *DFB.* S. a. DFB-Trainer.

2. *Österreich* verantwortlicher Trainer der Nationalmannschaft; vom *ÖFB* eingesetzt. Tab.

Burdenski, Herbert, geb. 19. 5. 1922; Stürmer, Rechtsverteidiger; spielte 1933 bis 1939 beim SV Erle 08, 1939/44 beim FC Schalke 04, 1944/46 bei Eintracht Braunschweig, 1946/49 beim FC Schalke 04 u. 1949/54 beim SV Werder Bremen; 5 Länderspiele (2 Tore); internationales Debüt am 5. 10. 1941 gegen Finnland (6:0) in Helsinki; Länderspielabschied am 15. 4. 1951 gegen die Schweiz (3:2) in Zürich; spielte repräsentativ für West- u. Norddeutschland. – Später Trainer; u. a. bei Erle 08, STV Horst-Emscher, Rot-Weiß Essen, Borussia Dortmund u. Werder Bremen. – Sein Sohn *Dieter B.* (geb.

1948	ZDNA Sofia / Lok Sofia
1949	Lewski Sofia / Lewski Sofia
1950	Lewski Sofia / Lewski Sofia
1951	ZDNA Sofia / ZDNA Sofia
1952	ZDNA Sofia / Slawia Sofia
1953	Lewski Sofia / Lok Sofia
1954	ZDNA Sofia / ZDNA Sofia
1955	ZDNA Sofia / ZDNA Sofia
1956	ZDNA Sofia / Lewski Sofia
1957	ZDNA Sofia / Lewski Sofia
1958	ZDNA Sofia / Spartak Plowdiw
1959	ZDNA Sofia / Lewski Sofia
1960	ZDNA Sofia / ZDNA Sofia
1961	ZDNA Sofia / ZDNA Sofia
1962	ZDNA Sofia / Botew Plowdiw
1963	Spartak Plowdiw / Slawia Sofia
1964	Lok Sofia / Slawia Sofia
1965	Lewski Sofia / ZSKA Sofia
1966	ZSKA Sofia / Slawia Sofia
1967	Trakia Plowdiw / Lewski Sofia
1968	Lewski Sofia / Spartak Sofia
1969	ZSKA Sofia / ZSKA Sofia
1970	Lewski/Spartak Sofia / Lewski/Spartak Sofia
1971	ZSKA Sofia / Lewski/Spartak Sofia
1972	ZSKA Sofia / ZSKA Sofia
1973	ZSKA Sofia / ZSKA Sofia
1974	Lewski/Spartak Sofia / ZSKA Sofia
1975	ZSKA Sofia / Slawia Sofia
1976	ZSKA Sofia / Lewski/Spartak Sofia
1977	Lewski/Spartak Sofia / Lewski/Spartak Sofia
1978	Lok Sofia / Marek Stanke Dimitroff
1979	Lewski/Spartak Sofia / Lewski/Spartak Sofia
1980	ZSKA Sofia / Slawia Sofia
1981	ZSKA Sofia / Trakia Plowdiw
1982	ZSKA Sofia / Lok Sofia
1983	ZSKA Sofia / Lok Plowdiw
1984	Lewski/Spartak Sofia / Lewski/Spartak Sofia
1985	Trakia Plowdiw / annulliert
1986	Beroe Stara Zagora / Witoscha Sofia

Fußballer des Jahres

1966	A. Schalamanow (Slawia Sofia)
1967	D. Penew (ZSKA Sofia)
1968	S. Simeonow (Slawia Sofia)
1969	C. Bonew (Lok Plowdiw)
1970	S. Aladschow (Lewski/Spartak Sofia)
1971	D. Penew (ZSKA Sofia)
1972	C. Bonew (Lok Plowdiw)
1973	C. Bonew (Lok Plowdiw)
1974	K. Iwkow (Lewski/Spartak Sofia)

1975 K. Iwkow (Lewski/Spartak Sofia)
1976 B. Grigorow (Slawia Sofia)
1977 P. Panow (Lewski/Spartak Sofia)
1978 R. Goranow (Lok Sofia)
1979 A. Michailow (Lok Sofia)
1980 A. Sheljaskow (Slawia Sofia)
1981 G. Welinow (ZSKA Sofia)
1982 R. Sdrawkow (ZSKA Sofia)
1983 S. Mladenow (ZSKA Sofia)
1984 P. Nikolow (Lewski/Spartak Sofia)
1985 G. Dimitrow (Sredez Sofia)
1986 B. Michailow (Witoscha Sofia)

Torschützenkönige der **Bundesliga** (1)

1963/64	U. Seeler (Hamburger SV)	30
1964/65	R. Brunnenmaier (TSV 1860 München)	24
1965/66	L. Emmerich (Borussia Dortmund)	31
1966/67	L. Emmerich (Borussia Dortmund)	28
	G. Müller (FC Bayern München)	28
1967/68	H. Löhr (1. FC Köln)	27
1968/69	G. Müller (FC Bayern München)	30
1969/70	G. Müller (FC Bayern München)	38
1970/71	L. Kobluhn (Rot-Weiß Oberhausen)	24
1971/72	G. Müller (FC Bayern München)	40
1972/73	G. Müller (FC Bayern München)	36
1973/74	G. Müller (FC Bayern München)	30
	J. Heynckes (Borussia Mönchengladbach)	30
1974/75	J. Heynckes (Borussia Mönchengladbach)	27
1975/76	K. Fischer (FC Schalke 04)	29
1976/77	D. Müller (1. FC Köln)	34
1977/78	D. Müller (1. FC Köln)	24
	G. Müller (FC Bayern München)	24
1978/79	K. Allofs (Fortuna Düsseldorf)	22
1979/80	K.-H. Rummenigge (FC Bayern München)	26
1980/81	K.-H. Rummenigge (FC Bayern München)	29
1981/82	H. Hrubesch (Hamburger SV)	27
1982/83	R. Völler (SV Werder Bremen)	23

26. 11. 1950, seit 1972 Torhüter bei Werder Bremen) bestritt 12 Länderspiele (1977/84) u. absolvierte 441 Bundesligaspiele (1 Tor [!]).

Burgener, Erich, Schweiz, geb. 15. 2. 1951; Torhüter; spielte 1965/70 beim FC Razon, 1970/81 bei Lausanne Sports u. 1981/83 bei Servette Genf; 64 Länderspiele; internationales Debüt am 22. 6. 1973 gegen Schottland (1:0) in Bern; Fußballer des Jahres 1978. Abb.

Erich **Burgener**

Leonid **Burjak**

Burgenländischer Fußballverband, Abk. *BFV*, einer der 9 österreich. Unterverbände des *ÖFB* (↑ Österreich); Spielklasseneinteilung: *Landesliga* (14 Vereine), *2. Liga* (3 Gruppen je 14 Vereine), *1. Klasse* (4 Gruppen je 12 bis 14 Vereine) u. *2. Klasse* (5 Gruppen je 11 bis 14 Vereine). Abb.

Burger, Jaroslav, ČSSR, geb. 7. 3. 1906 Pritočno; Rechtsverteidiger; spielte 1918/26 bei SK Kročehlavy, 1926/46 bei Sparta Prag u. 1946/48 beim SK Most; 55 Länderspiele; internationales Debüt am 3. 3. 1929 gegen Italien (2:4) in Bologna; Länderspielabschied am 7. 8. 1938 gegen Schweden (6:2) in Stockholm; WM-Endrundenteilnehmer 1934 u. 1938; 13 Jahre Sparta-Spielführer; 625 Punktspiele.

Burgnich, Tarcisio, Italien, geb. 25. 4. 1939 Ruda; Libero; spielte 1958/60 bei Udinese, 1960/61 bei Juventus Turin, 1961/62 bei SS Palermo, 1962/74 bei Internazionale Mailand u. 1974/77 beim SSC Neapel; 66 Länderspiele (2 Tore), einmal Spielführer; internationales Debüt am 10. 11. 1963 gegen die UdSSR (1:1) in Rom; Länderspielabschied am 23. 6. 1974 gegen Polen (1:2) in Stuttgart; WM-Endrundenteilnehmer 1966, 1970 u. 1974; EM-Endrundenteilnehmer 1968; 494 Punktspiele. – Später Trainer bei Como (1984/85) u. FC Genua 1893 (1985 bis 1986).

Burgsmüller, Manfred, geb. 22. 12. 1949 Essen; Halbstürmer u. Mittelfeldspieler; spielte 1956/66 beim VfB 08 Rellinghausen, 1966/71 u. 1974/76 bei Rot-Weiß Essen, 1971/74 u. Juni bis Oktober 1976 bei Bayer 05 Uerdingen, 1976/83 bei Borussia Dortmund, 1983/84 beim 1. FC Nürnberg u. 1984/85 bei Rot-Weiß Oberhausen; seit November 1985 bei Werder Bremen; 3 Länderspiele (am 16. 11. 1977 gegen die Schweiz [4:1] in Stuttgart, am 14. 12. 1977 gegen Wales [1:1] in Dortmund u. am 22. 2. 1978 gegen England [2:1] in München); 352 Bundesligaspiele (192 Tore).

Burjak, Leonid, UdSSR, geb. 10. 7. 1953 Odessa; Mittelfeldspieler; er spielte 1965/85 bei Dynamo Kiew, 1985/86 bei Torpedo Moskau; 48 Länderspiele (8 Tore); internationales Debüt am 2. 4. 1975 gegen die Türkei (3:0) in Kiew; Länderspielabschied am 9. 10. 1983 gegen Polen (2:0) in Moskau; WM-Endrundenteilnehmer 1982. Abb.

Burkina Faso, Binnenstaat in Westafrika, 274 200 km², etwa 6,4 Mill. Ew., 1 Fußballspieler je 1 164 Ew.; Verband *Comité National Provisoire de Football* („Fußballverband Burkina Faso"), Abk. *CNPF*; gegr. 1960, Sitz *Ouagadougou*; Mitgl. der *FIFA* seit 1964, der *CAF* seit 1964. – *Organisation:* 60 Klubs; 5 000 Amateurspieler, gesamt 5 500 (einschl. Nachwuchs- u. AM-Spieler); *Spieljahr:* Oktober–Juli; *Spielkleidung:* weiße Hose, schwarzes Hemd, rote Stutzen (Reserveausrüstung: weiße Hose, rotes Hemd, schwarze Stutzen); *Nationalstadion:* Stade Municipal, Ouagadougou, 4 000 (800 Sitz-, 3 200 Stehplätze); weiteres Stadion: Stade Municipal, Bobo Dioulasso, 3 000.

Burma, Staat im Südosten Asiens, 676 552 km², etwa 37 Mill. Ew., 1 Fußballspieler je 1 682 Ew.; Verband *Burma Football Federation* („Burmesischer Fußballverband"), Abk. *BFF*; gegr. 1947, Sitz *Rangun*; Mitgl. der *FIFA* seit 1947, der *AFC* seit 1958. – *Organisation:* 610 Klubs; 15 000 Amateurspieler, gesamt 22 000 (einschl. Nachwuchs- u. AM-Spieler); *Spieljahr:* Mai–Februar; *Spielkleidung:* weiße Hose, rotes Hemd, rote Stutzen (Reserveausrüstung: Weiß); *Nationalstadion:* Aung San Memorial Stadium, Rangun, 45 000 (35 000 Sitz-, 10 000 Stehplätze); *Stadien* (Auswahl): Bahtoo Stadium, Mandalay, 20 000; Bahtoo Stadium, Taunggyi, 20 000; Yamanya, Moulmein, 20 000. Tab.

Jorge Luis **Burruchaga**

Burruchaga, Jorge Luis, Argentinien, geb. 9. 10. 1962 Gualegay; Linksaußen bzw. Mittelstürmer; spielte 1978/85 bei Independiente Buenos Aires u. seit 1986 beim FC Nantes; 42 Länderspiele; internationales Debüt am 13. 5. 1983 gegen Chile (2:2) in Santiago de Chile; WM-Endrundenteilnehmer 1986. Abb. S. a. Tf. 38 *(unten)*.

Burundi, Staat in Ostafrika, 27 834 km², etwa 4,5 Mill. Ew., 1 Fußballspieler je 1 000 Ew.; Verband *Fédération de Football du Burundi* („Fußballverband Burundis"), Abk. *FFB*; gegr. 1948, Sitz *Bujumbura*; Mitgl. der *FIFA* seit 1972, der *CAF* seit 1972. – *Organisation:* 140 Klubs; 3 500 Amateurspieler, gesamt 4 500 (einschl. Nachwuchs- u. AM-Spieler); *Spielkleidung:* weiße Hose, rotes Hemd, grüne Stutzen; *Nationalstadion:* FFB Stade, Bujumbura, 6 000 (2 000 Sitz-, 4 000 Stehplätze).

Busby, Mathew („Matt"), Sir, Schottland, geb. 26. 5. 1910 Orbiston; begann in Belshill als Läufer bei den „Denny Hibs" (Jugendelf), weiter 1928/36 beim FC Manchester City u. 1936/44 beim FC Liverpool; ein Länderspiel (am 4. 10. 1933 gegen Wales [2:3] in Cardiff); überlebte am 6. 2. 1958 als einer der wenigen die Flugzeugkatastrophe in München-Riem (↑ Fußballtragödien und Katastrophen). – Der „Papst" gewann als Manager mit den nach ihm benannten „Busby Babes" (Manchester United) die Landesmeisterschaft 1952, 1956, 1957, 1965 u. 1967, außerdem den FA-Cup 1948, 1963 u. 1977 sowie den ersten EC I-Pokal (1968) für England. – 1968 wurde B. geadelt *(CBE [Commander of the British Empire])*, später Präsident der United.

Buschner, Georg, Trainer, geb. 26. 12. 1925 Gera; Verteidiger; spielte 1935/52 bei 1. SV Gera u. Gera Süd (später Mechanik, Motor, Wismut Gera), 1952/58 bei Motor bzw. SC Motor Jena; 6 Länderspiele; internationales Debüt am 26. 9. 1954 gegen Polen (0:1) in Rostock;

1983/84	K.-H. Rummenigge (FC Bayern München)	26
1984/85	K. Allofs (1. FC Köln)	26
1985/86	S. Kuntz (VfL Bochum)	22

Bundespokal

1919	Norddeutschland
1920	Westdeutschland
1921	Mitteldeutschland
1922	Süddeutschland
1923	Süddeutschland
1924	Süddeutschland
1925	Norddeutschland
1926	Süddeutschland
1927	Mitteldeutschland
1928	Südostdeutschland
1929	Brandenburg
1930	Norddeutschland
1931	Süddeutschland
1932	Norddeutschland
1933	Süddeutschland

Österreichs **Bundestrainer** seit 1945 *(Auswahl)*

1945/48	E. Bauer
1948/54	W. Nausch
1954/55	H. Kaulisch
1955/56	K. Geyer
1956/58	J. Argauer (mit J. Molzer)
1958/64	K. Decker
1964/67	E. Frühwirth
1967/68	A. Alge (mit H. Pesser)
1968/75	L. Stastny
1976/78	H. Senekowitsch
1978/81	K. Stotz
1982	G. Schmidt u. F. Latzke
1982/84	E. Hof
seit 1985	B. Elsner

Burgenländischer Fußballverband

Burma

olympisches Fußballturnier
1972 Endrunde

Asienspiele
1966 1. Platz
1970 1. Platz (mit Südkorea)

Asienmeisterschaft
1968 2. Platz

Georg **Buschner**

Antonio **Cabrini**

Tschik **Čajkovski**

Länderspielabschied am 27. 10. 1957 gegen die ČSR (1:4) in Leipzig; 69 Oberligaspiele. – Trainer seit August 1958; bis 1971 beim SC Motor bzw. FC Carl Zeiss Jena; war 1970/81 DFV-Auswahltrainer (101 Spiele; 53 Siege, 27 Unentschieden, 21 Niederlagen); führte die DDR-Auswahl 1974 zu ihrer ersten WM-Endrundenteilnahme; gewann mit der Olympiamannschaft 1972 Bronze u. 1976 Gold. Abb.

Busuttil, Carmel, Malta, geb. 1961 Rabat; Stürmer; spielt seit 1975 bei FC Ajax Rabat; 15 Länderspiele (3 Tore); internationales Debüt am 1. 2. 1983 gegen Tunesien (1:2) in Valletta; Fußballer des Jahres 1983; Torschützenkönig 1985.

Hans **Buzek** *(links)* u. H. Tilkowski; *Mitte* Schiedsrichter G. Dienst (1965)

Butragueno, Emilio („El Buitre", „Der Geier"), Spanien, geb. 22. 7. 1963 Madrid; Mittelstürmer; spielte 1975/83 bei CF Castilla u. seit 1984 bei Real Madrid; 17 Länderspiele (11 Tore); internationales Debüt am 17. 10. 1984 gegen Wales (3:0) in Sevilla; WM-Endrundenteilnehmer 1986, wo er 5 Tore schoß, davon 4 am 18. 6. 1986 beim 5:1 im Achtelfinale gegen Dänemark in Queretaro.

Buzek, Johann („Hans"), Österreich, geb. 22. 5. 1938 Wien; Mittelstürmer; spielte 1953/71 bei Vienna, Austria u. Rapid Wien, Austria Klagenfurt u. Casino Bregenz; 42 Länderspiele (9 Tore); internationales Debüt am 24. 3. 1956 gegen Frankreich (1:3) in Paris (mit 17 Jahren Österreichs jüngster Nationalspieler überhaupt); Länderspielabschied am 23. 4. 1969 gegen Israel (1:1) in Ramat Gana; WM-Endrundenteilnehmer 1958. – Später Trainer; u. a. 1973/75 beim Badner AC (Niederösterreich). Abb.

Byrne, Roger William, England, geb. 8. 2. 1926 Manchester, gest. 1958; Linksverteidiger; spielte 1949 bis 1958 bei FC Manchester United; 33 Länderspiele; gab sein internationales Debüt am 3. 4. 1954 gegen Schottland (4:2) in Glasgow; letztes Länderspiel am 27. 11. 1957 gegen Frankreich (4:0) in London. – Englands größtes Verteidigertalent der 50er Jahre kam am 6. 2. 1958 bei der Flugzeugkatastrophe mit Manchester United in München ums Leben (s. a. Fußballtragödien und Katastrophen).

C

Cabrini, Antonio, Italien, geb. 8. 10. 1957 Cremona; Verteidiger; spielte 1967/75 bei US Cremonese u. 1975/76 bei Atalanta Bergamo; seitdem bei Juventus Turin; 70 Länderspiele (7 Tore), 4mal Spielführer; internationales Debüt am 2. 6. 1978 gegen Frankreich (2:1) in Mar del Plata (Argentinien); WM-Endrundenteilnehmer 1978, 1982 u. 1986; EM-Endrundenteilnehmer 1980; 210 Punktspiele (22 Tore). Abb.

CAF [Abk. von *Confédération Africaine de Football*], Vereinigung der nationalen Fußballverbände Afrikas; Sitz *Kairo*. 1956 gegründet, als Ägypten beim FIFA-Kongreß in Lissabon die CAF mit den damaligen vier FIFA-Mitgliedsländern Ägypten, Äthiopien, Sudan u. Südafrika präsentierte. Seit 1957 ist die CAF offiziell FIFA-Konföderation, jedoch ohne

Südafrika, das wegen seiner Apartheidpolitik von der FIFA abgelehnt wurde. Die CAF organisiert den ↑ Afrika-Nationencup – 1957 in Khartum (Sudan) mit Ägypten u. Sudan zum erstenmal ausgetragen – für alle Mitgliedsverbände, weiterhin den Cup der Meister u. den Cup der Pokalsieger, ein Jugendturnier u. das Fußballturnier während der Afrikaspiele. In die CAF einbezogen sind die ↑ WAFU, die *West African Football Confederation* (1965 gegr.) sowie die *East and Central African Football Confederation*. Tab.

Čajkovski, Zlatko („Tschik"), Jugoslawien, Trainer, geb. 24. 11. 1923 Zagreb; Läufer; spielte 1937/40 bei HASK Zagreb, 1947/55 Partizan Belgrad, 1955/58 beim 1. FC Köln u. 1958/60 bei Hapoel Haifa; 57 Länderspiele (18 Tore); internationales Debüt am 29. 9. 1946 gegen die ČSR (4:2) in Belgrad; Länderspielabschied am 15. 5. 1955 gegen Schottland (2:2) in Belgrad; WM-Endrundenteilnehmer 1950 u. 1954; gewann bei Olympia 1948 u. 1952 Silber; spielte 1953 in der FIFA-Auswahl gegen England (4:4) in London. – Seit 1959 Trainer; u. a. in Israel, in der Türkei, in der BRD (1961/63 1. FC Köln, 1963/68 FC Bayern München, 1968/69 Hannover 96, 1971/72 1. FC Nürnberg, 1973/75 1. FC Köln, 1970 u. 1975/76 Kickers Offenbach), in Jugoslawien (Dinamo Zagreb), in der Schweiz (1978/80 FC Zürich, 1980 FC Grenchen) u. in Griechenland (Panathinaikos Athen); mit dem 1. FC Köln Landesmeister 1962, mit den „Bayern" Pokalsieger 1966 u. 1967 sowie EC II-Gewinner 1967. Abb.

Calcio [italien., „Fußball"], im Mittelalter in Italien als „Giuoco del Calcio" ausgeübtes fußballähnliches Kampfspiel, das erstmals um 1410 in einem Gedicht erwähnt wird. Bei den verschiedenen Abarten des C. war es allgemein üblich, den Ball zu stoßen od. zu schlagen, aber auch zu fausten. Bes. das „Calcio Fiorentino" des florentin. Adels erfreute sich großer Beliebtheit u. gehörte über 300 Jahre zum Programm festlicher Anlässe in Florenz. Der Italiener *Antonio Scaino* widmete in seinem 1555 erschienenen Ballspielbuch diesem Spiel ein ausführliches Kapitel. Der Spielplatz war eingezäunt und mit Zuschauertribünen versehen. Als Tore an den Schmalseiten des Platzes wurden Zelte errichtet. Beide Mannschaften zählten je 27 Spieler (15 Stürmer, 5 Läufer, 4 Vorverteidiger – heute würde man sie als defensive Mittelfeldspieler od. Offensivverteidiger bezeichnen – u. 3 Verteidiger, wobei der mittlere als Torhüter fungierte u. den Ball mit der Hand aufnehmen durfte), von denen die vorderen Reihen versuchten, den Ball in das gegnerische Tor zu treiben. – Zweimal jährlich, am ersten Sonntag im Mai u. am St. Johannistag, wird C. noch heute auf der *Piazza della Signoria* in Florenz ausgetragen. S. a. Fußball (Geschichte).

Caligaris, Umberto, Italien, 1901–1940, Außenverteidiger; spielte 1913/28 bei Casale u. 1928/38 bei Juventus Turin; 59 Länderspiele, 16mal Spielführer; internationales Debüt am 15. 1. 1922 gegen Österreich (3:3) in Mailand; Länderspielabschied am 11. 2. 1934 gegen Österreich (2:4) in Turin. C. u. *de Vecchi* (Genua 93) bildeten 12mal, *Rosetta* (Juventus) u. C. seit dem 22. 5. 1924 über 10 Jahre hinweg in 34 Spielen die Verteidigerpaare der Azzurri(s). C. demonstrierte um 1922 erstmals den *Scherenschlag* u. den *Fallrückzieher.* –
Er verstarb während eines „Altherren"-Spieles auf dem Juventusplatz nach einer Herzattacke.

Camacho, José Antonio, Spanien, geb. 8. 6. 1955 Cieza (Murcia); Linksverteidiger; spielt seit 1972 bei Real Madrid; 75 Länderspiele; internationales Debüt am 5. 2. 1975 gegen Schottland (1:1) in Valencia; WM-Endrundenteilnehmer 1982 u. 1986; EM-Endrundenteilnehmer 1984.

Čambal, Stefan, ČSSR, Trainer; geb. 16. 12. 1908 Bratislava; Mittelläufer; spielte 1922/29 bei I. Cs. SK Bratislava, 1929/31 bei FK Teplice, 1931/37 bei Slavia Prag u. 1938/39 bei Bata Zilina; 21 Länderspiele (1932/35); 1934 Vizeweltmeister. – Später Trainer; u. a. der ČSSR-Nationalmannschaft (1949; 4 Spiele), 1961/63 beim ASK Vorwärts Berlin (1961/62 DDR-Meister).

Campeonato Metropolitano [„Haupt-

CAF-Mitgliedsländer

Ägypten
Algerien
Angola
Äquatorial-Guinea
Äthiopien
Benin
Botswana
Burkina Faso
Burundi
Elfenbeinküste
Gabun
Gambia
Ghana
Guinea
Guinea-Bissau
Kamerun
Kapverden
Kenia
Kongo
Lesotho
Liberia
Libyen
Madagaskar
Malawi
Mali
Marokko
Mauretanien
Mauritius
Moçambique
Niger
Nigeria
Rwanda
Sambia
São Tomé und Principe
Senegal
Seychellen
Sierra Leone
Simbabwe
Somalia
Sudan
Swasiland
Tansania
Togo
Tunesien
Uganda
Zaïre
Zentralafrikanische Republik

städtische Meisterschaft"], *Argentinien* Bez. für die Meisterschaft der Hauptstadt Buenos Aires. – Seit 1982 lautet die neue Bezeichnung *Primera Division.* S. a. Argentinien (Tab.).

Čapkovič, Jan, ČSSR, geb. 11. 1. 1948 Bratislava; Stürmer; spielte 1960/67 bei Roter Stern Bratislava, 1967/77 bei Slovan Bratislava u. 1977/83 wiederum bei Roter Stern; 20 Länderspiele (6 Tore); internationales Debüt am 25. 9. 1968 gegen Dänemark (3:0) in Kopenhagen; Länderspielabschied am 20. 12. 1974 gegen den Iran (1:0) in Teheran; 285 Ligaspiele (100 Tore). – Sein Zwillingsbruder *Jozef C.* spielte 1967/77 bei Roter Stern u. Slovan Bratislava, 1977/78 bei Dukla Prag, 1978/79 bei Slovan Bratislava, 1979/81 bei Slovan Wien u. 1981/82 bei Juhcelpap Sturovo; 16 Länderspiele (1974/77); bestritt 266 Ligaspiele (23 Tore); EM-Endrundenteilnehmer 1976.

Carbajal, Antonio (der „Schnauzbart"), Mexiko, geb. 7. 6. 1929 Guanajuato; spielte 1944/46 beim FC Oviedo, 1947/48 bei España Mexico-City u. 1948/68 beim FC Léon; 1948 Olympiateilnehmer; bestritt 5 WM-Endrunden (1950 bis 1966); 73 Länderspiele (1947 bis 1966). – Später Trainer.

Cardiff City, FC, („Bluebirds", „Blaue Vögel"), Wales, 3. engl. Division (Emblem ↑ Tf. 4); gegr. 1899 als *River Side FC*; 1910, nach Einführung des Profifußballs, in *FC Cardiff City* umbenannt; spielte 1920 zum erstenmal in der engl. Liga (2. Division), in der 1. Division 1921/29, 1952/57 u. 1960/62; 20mal *Walisischer Cupsieger* (zwischen 1912 u. 1976); engl. *FA-Cupgewinner* 1927; *Charity-Shield-Gewinner* 1927. 11 *EC-Teilnahmen:* 41 Spiele; 15 Siege, 12 Unentschieden, 14 Niederlagen, 42:40 Punkte, 58:44 Tore. – *Spielkleidung:* weiße Hose, königsblaues Hemd u. königsblaue Stutzen. *Heimstadion:* Ninian Park, 42000 Plätze (vorher *Riverside, Sophia Gardens* u. *Old Park and Fir Gardens*).

Spieler (Auswahl): I. Allchurch – C. W. Baker – J. Charles – M. Charles – L. S. Davies – P. Dwyer – G. Edwards – T. Farquharson – T. Ford – A. C. Harrington – B. G. Hole – C. Ingham – L. V. Jones – V. Jones – F. C. Keenor – W. H. Meredith – G. Moore – L. Philipps – S. Richards – W. W. Robbins – P. J. Rodrigues – P. Sayer – A. T. Sherwood – D. Sullivan – D. Tapscott – R. J. Thomas – J. B. Toshack. – **Manager** (Auswahl): J. Andrews – L. Ashurst – A. Durban – J. Goodfellow – B. Jones – B. McCandless – R. Morgan – T. Morris – F. O'Farrell – J. Scoular – C. Spiers – G. Swindin.

Carizzo, Amadeo, Argentinien, geb. 17. 6. 1926; Torhüter; spielte 1940/42 bei Pazifico Rufino, 1943/68 bei River Plate Buenos Aires u. 1969/70 bei Millonarios Bogotá; 24 Länderspiele (1954/65); WM-Endrundenteilnehmer 1958; 522 Ligaspiele für River Plate.

Carlos Alberto, Torres, Brasilien, geb. 17. 7. 1944 Sudnabara; Verteidiger; spielte bei Flamengo u. Fluminense Rio de Janeiro, FC Santos, Botafogo Rio de Janeiro u. Cosmos New York; beendete Ende der 70er Jahre seine Karriere; bestritt 49 Länderspiele (1964/70); 1970 WM-Endrundenteilnehmer. S. a. Brasilien (Abb.), Glöckner, R. (Abb.).

Carlos-Dittborn-Cup, in unregelmäßiger Folge mit Hin- u. Rückspiel zwischen Argentinien u. Chile ausgespielter Pokal; Gewinner (1965, 1968, 1971, 1972, 1974 u. 1976) jeweils Argentinien.

Carlsson, Henry („Garvis"), Schweden; geb. 21. 10. 1917; Halbstürmer; spielte für AIK Stockholm, Stade Français Paris u. Atlético Madrid; 26 Länderspiele (1941/49); Olympiasieger 1948.

Carpenter, John, Irland, Schiedsrichter, geb. 1936 Dublin; spielte 1953/61 bei St. Patricks Athletic Dublin als Halbprofi; 1962 Schiedsrichter; 1964 1. Division; 1969 FIFA-Referee; im gleichen Jahr Unparteiischer beim ir. Cupfinale; leitete 1982 das erste UEFA-Pokalendspiel (IFK Göteborg–Hamburger SV [1:0]).

Casarin, Paolo, Italien, Schiedsrichter, geb. 1940 Venezia-Mestre; Referee seit 1958; 1968 Nationalliga A; 1978 FIFA-Referee; WM-Endrundenschiedsrichter in Spanien 1982.

Catenaccio ↑ Spielsystem.

Católica, Universidad, Santiago de Chile, 1. Division, gegr. 1914; 7mal *Landesmeister* (zwischen 1949 u. 1984). –

Spielkleidung: weiße Hose, rotes Hemd, rote Stutzen. *Heimstadion:* Estadio Nacional de Chile, 74200 Sitzplätze. Abb.

Spieler (Auswahl): E. Bonvallet – A. Fouilloux – G. Moscoso – M. Neira – I. Prieto – M. Rojas – A. Tobar – R. Valenzuela.

Causio, Franco, Italien, geb. 1. 2. 1949 Lecce; Halb- u. Außenstürmer; spielte 1964/65 bei US Lecce, 1965/66 bei SS Sambenedettese, 1966/68 u. 1970/81 bei Juventus Turin, 1968/69 bei AS Reggina, 1969/70 bei SS Palermo, 1981/84 bei AC Udinese, 1984/85 bei Internazionale Mailand u. seitdem bei US Lecce; 63 Länderspiele (6 Tore); internationales Debüt am 29.4.1972 gegen Belgien (0:0) in Mailand; Länderspielabschied am 12.2.1983 gegen Zypern (1:1) in Limassol; WM-Endrundenteilnehmer 1974, 1978 u. 1982; EM-Endrundenteilnehmer 1980; 434 Punktspiele (63 Tore); 1971 Fußballer des Jahres.

CBF ↑ Brasilien.

CCCF ↑ CONCACAF.

„Celestes“ [span.], svw. die „Himmlischen“; Bez. für die Nationalmannschaft Uruguays.

Celtic Park ↑ Glasgow, FC Celtic.

Centenario ↑ Montevideo, AC Peñarol.

Center [engl.], vom *Basketball* übernommene Bez. für einen körperlich großen u. robusten Mittelstürmer.

Cerezo, Antonio Carlos, Brasilien, geb. 21. 4. 1955 Belo Horizonte; Mittelfeldspieler; spielte 1973/74 bei Atlético Mineiro, 1974/75 bei Nacional Manaus, 1975/83 wiederum bei Atlético Mineiro u. 1983/86 beim AS Rom; 74 Länderspiele (6 Tore); Länderspieldebüt am 10.3.1977 gegen Kolumbien (6:0) in Rio de Janeiro; Länderspielabschied am 5.7.1982 gegen Italien (2:3) in Barcelona (WM-Endrunde); WM-Endrundenteilnehmer 1978, 1982 u. 1986.

CFA ↑ Zypern.

CFS ↑ ČSSR.

Cha, Bum-kun, Südkorea, geb. 22. 5. 1953; Stürmer; spielte 1971/78 beim Luftwaffensportklub Sòul, 1978/79 bei SV Darmstadt 98 u. 1979/83 bei Eintracht Frankfurt/Main; seit 1983 bei Bayer 04 Leverkusen; 28 Länderspiele; 220 Bundesligaspiele (85 Tore); WM-Endrundenteilnehmer 1986.

Challenge Cup [„Herausforderungspokal“], urspr. Bez. für den 1872 erstmals (seitdem jährlich) ausgespielten engl. Fußballpokal *(Cup);* später als *FA Cup* (Kurzbez. für *Football Association Cup*) geführt. Damals siegten beim Endspiel *(Cup Final)* im Londoner Kensington Oval (heute historisches Kricketfeld) vor 2000 Zuschauern die London Wanderers mit 1:0 gegen die Royal Engineers. Der C.C. sollte bald zu einer der bedeutendsten u. populärsten engl. Sporttrophäen werden. – Als sich 1895 Aston Villa den Pokal zum ersten Mal holte, ließ es ihn in einem Birminghamer Schaufenster zur Schau ausstellen. Kurze Zeit darauf, am Abend des 11.9.1895, wurde der Pokal gestohlen – ein ähnliches Schicksal widerfuhr in neuerer Zeit dem *Coupe Jules Rimet* – u. nie wieder aufgefunden. Seither spielt man nur noch um eine Nachbildung des Silberpokals.

Championat [franz.], svw. *Meisterschaft;* C. du Monde: *Weltmeisterschaft.*

Chance, svw. *Gelegenheit;* a) zum Einsatz *(Einsatz-C.),* b) vor dem gegnerischen Tor *(Tor-C.).*

Chancenverwertung, Ausnutzung der sich im Spiel ergebenden Torchancen. *Beispiel:* Hat eine Mannschaft 10 Torchancen, erzielt aber kein Tor, so ist ihre C. gleich Null (Tore/Torchancen). Verwertet die andere Mannschaft dagegen ihre einzige Torchance, so beträgt ihre C. 100%. Die C. ist Ausdruck der *Angriffseffektivität* einer Mannschaft.

Chapman, Herbert, England, 1873–1934; Trainer, Manager; anfangs seiner Managertätigkeit kurzzeitig bei Leeds United, ab 1913 bei Huddersfield Town; mit den „Terriers“ 1922 Cupsieger, zwischen 1924 u. 1926 Titel-Hat-Trick; 1925 von der Londoner „Arsenal Football Company Ltd.“ unter Vertrag genommen; revolutionierte 1930 den Fußball mit der Einführung des *Stoppers* u. des *WM-Systems* („Vater des WM“); führte die „Gunners“ zum Meistertitel 1931, 1933 u. 1934 sowie zum Cupsieg 1930.

Universidad Católica

Charity Shield Cup [engl. „Wohltätigkeitspokal"], alljährlich traditioneller Spieljahrauftakt in England, wobei im Londoner Wembleystadion der *Meister* gegen den *Cupsieger* spielt.

Charles, John William („Big John"), Wales, geb. 24. 12. 1931; Außenläufer, Halb- u. Mittelstürmer; Zweimetermann; bekanntester walis. Spieler nach *W. Meredith*; ging mit 16 Jahren von Swansea zu Leeds United (1. engl. Division); schoß in 5 Spieljahren bis 1957 147 Ligatore (einschließlich des „Jahresrekords" von 1953/54 mit 42 Treffern); wechselte im April 1957 zu Juventus Turin (bis August 1962), spielte 3 Monate wiederum für Leeds u. kehrte im November 1962 nach Italien zum AS Rom zurück; danach bei Cardiff City (1963/66); absolvierte bis zum 30. 5. 1965 (1:2 gegen die UdSSR in Moskau) 38 Länderspiele (15 Tore); 543 Ligaspiele (260 Tore); WM-Endrundenteilnehmer 1958. Abb. – Sein Bruder *Melwin* („Mel") *C.* spielte bei Swansea Town, FC Arsenal u. Cardiff City; 31 Länderspiele (1955/63).

Charlton, Jack, England, geb. 8. 5. 1935 Ashington, Bruder von *Robert C.*; Stopper; spielte 1945/52 beim Ashington FC u. 1952/73 beim AFC Leeds United; 35 Länderspiele (6 Tore); internationales Debüt am 10. 4. 1965 gegen Schottland (2:2) in London; Länderspielabschied am 11. 6. 1970 gegen die ČSSR (1:0) in Guadalajara (WM-Endrunde); WM-Endrundenteilnehmer 1966 u. 1970; Fußballer des Jahres 1967; Manager des Jahres 1974. – Später Manager bei FC Middlesbrough, FC Newcastle United, Sheffield Wednesday, FC Hereford United u. der Nationalmannschaft Irlands (ab 1986).

Charlton, Robert („Bobby"), England, geb. 11. 10. 1937 Ashington (Northumberland), Bruder von *Jack C.*; Halbstürmer, Außenläufer; spielte bis 1951 bei Preston North End; wurde 1952 von *M. Busby* für Manchester United verpflichtet, wo er von Oktober 1956 bis zum 2. 5. 1973 604 Ligaspiele (247 Tore) bestritt. C. hatte 1958 als einer der wenigen die Flugzeugkatastrophe in München-Riem (↑ Fußballtragödien und Katastrophen) überlebt u. war maßgeblich am Wiederaufbau der Mannschaft beteiligt. Er debütierte am 19. 4. 1958 gegen Schottland (4:0) im Hampden Park von Glasgow, nahm an 4 WM-Endrunden (von 1958 bis 1970) teil u. war 1966 engl. u. europäischer Fußballer des Jahres; nahm am 14. 6. 1970 in Léon (Mexiko) im WM-Endrundenspiel gegen die BRD (2:3) Abschied aus der Nationalelf, deren Spielführer er auch war; überbot mit 106 Länderspielen die damalige Rekordmarke von *W. Wright* (105 Spiele) u. schoß 49 Tore für England. Der „Gentleman auf dem Rasen" wurde 1984 mit dem neugeschaffenen *FIFA-Orden* (↑ FIFA) ausgezeichnet. – Seine Managertätigkeit begann er 1975/76 bei Preston North End, dort, wo er 1973/75 seine aktive Laufbahn beendete. Seit 1984 Direktor bei Manchester United. Abb. S. a. „Klub der Hunderter".

John **Charles**

Cheftrainer, *DDR* **1.** verantwortlicher Trainer des DFV der DDR, dem u. a. der Nationalmannschaftstrainer untersteht. **2.** früher der verantwortliche Trainer eines Fußballklubs.

Chelsea, FC, London („The Blues", „Die Blauen"), England, Verein der 1. Division (Emblem ↑ Tf. 4); gegr. 1905; seitdem Profifußball; begann 1905 in der 2. Division, seit 1907 1. Division, stieg fünfmal ab (1910, 1924, 1962, 1975 u.

Bobby **Charlton**

Chile

Weltmeisterschaft
1930 Endrunde
1950 Endrunde
1962 3. Platz
1966 Endrunde
1974 Endrunde
1982 Endrunde

olympisches Fußballturnier
1984 Endrunde

Südamerikameisterschaft
1926 3. Platz
1941 3. Platz
1945 3. Platz
1955 2. Platz
1956 3. Platz
1967 3. Platz
1979 2. Platz

Landesmeister
1933 Magallanes
1934 Magallanes
1935 Magallanes
1936 Audax Italiano
1937 Colo Colo
1938 Magallanes
1939 Colo Colo
1940 Universidad de Chile
1941 Colo Colo
1942 Santiago Morning
1943 Union Española
1944 Colo Colo
1945 Green Cross
1946 Audax Italiano
1947 Colo Colo

1979); *Landesmeister* 1955; *FA-Cupsieger* 1970; *Ligacupgewinner* 1965; *EC II-Gewinner* 1971. 5 *EC-Teilnahmen:* 34 Spiele; 19 Siege, 9 Unentschieden, 6 Niederlagen, 47:21 Punkte, 72:31 Tore. – *Spielkleidung:* Königsblau (weiße Stutzen mit königsblauen Streifen). *Heimstadion:* Stamford Bridge, 44200 Plätze (21500 überdacht).
Spieler (Auswahl): J. Bambrick – R. T. F. Bentley – F. Blunstone – P. P. Bonetti – B. J. Bridges – C. Cooke – G. Davies – J. T. Dempsey – W. Dickson – K. M. Dixon – R. Evans – J. Greaves – R. Harris – G. R. Hilsdon – J. Hollins – J. Kirwan – T. Lawton – E. G. McCreadie – P. L. Osgood – R. P. Sillett – R. V. Tambling – M. Thomas – T. F. Venables – R. G. Wilkins – J. E. Windridge – V. R. Woodley – R. Whittaker. – **Manager** (Auswahl): W. Birrell – D. Blanchflower – T. Docherty – T. Drake – J. Hollins – G. Hurst – E. McCreadie – J. Neal – J. T. Robertson – D. Sexton – K. Shellito – R. Suart.

Chemie, *DDR* Bez. für Betriebssportgemeinschaften der chemischen sowie Glas- u. Keramikindustrie, z. B. C. Leipzig.

Chicago Stings, USA (Emblem ↑ Tf. 4), gehörte der US-Soccerliga (Profifußball) an; Landesmeister 1981.
Spieler (Auswahl): H. Blankenburg – R. Gadocha – H. Granitza – C. Griffiths – J. Kristensen – P. Ressel – T. Sjöberg – L. Skala – A. Steffenhagen – W. van Hanegem. – **Trainer** (Auswahl): W. Roy.

Chile, Staat im Westen Südamerikas, 756945 km², etwa 11,5 Mill. Ew., 1 Fußballspieler je 19 Ew.; Verband *Federación de Fútbol de Chile* („Chilenischer Fußballverband"), Abk. *FFC*; gegr. 1895, Sitz *Santiago de Chile*; Mitgl. der *FIFA* seit 1912, der *CONMEBOL* seit 1916. – *Organisation:* 4600 Klubs; 700 Berufsspieler, 430000 Amateurspieler, gesamt 610000 (einschl. Nachwuchs- u. AM-Spieler); *Spieljahr:* Februar–Dezember; *Spielkleidung:* azurblaue Hose, rotes Hemd, weiße Stutzen (Reserveausrüstung: Weiß); *Nationalstadion:* Estadio Nacional de Chile, Santiago de Chile, 74000 (ausschl. Sitzplätze); *Stadien* (Auswahl): Estadio Municipal, Concepcion, 30000; Estadio Municipal, Antofagasta, 28000; Estadio Sausalito, Viña del Mar, 26000. Tab.

China, Staat in Ost- u. Zentralasien, 9,561 Mill. km², etwa 1,009 Mrd. Ew., 1 Fußballspieler je 439 Ew.; Verband *Football Association of the Peoples Republic of China* („Fußballverband der Volksrepublik China"), Abk. *CFA*; gegr. 1924, Sitz *Peking*; Mitgl. der *FIFA* seit 1931 bis 1958 u. seit 1979, der *AFC* seit 1974. – *Organisation:* 2,3 Mill. Amateurspieler (einschl. Nachwuchs- u. AM-Spieler); *Spieljahr:* März–Mai; *Spielkleidung:* weiße Hose, rotes Hemd, rote Stutzen (Reserveausrüstung: Weiß); *Nationalstadion:* Arbeiterstadion, Peking, 63000 (ausschl. Sitzplätze); *Stadien* (Auswahl): Jiangwan-Stadion, Shanghai, 50000; Xibei-Stadion, Xian, 40000; Wutaishan-Stadion, Nanjing, 40000; Xinhua-Road-Stadion, Wuhan, 35000; Tianjin-Stadion, 35000; Yuexiusshan-Stadion, (bei) Guangzhou, 30000; Datianwan-Stadion, Chongqing, 30000; Volksstadion, Lüda, 30000.

„chirurgisches Doping" ↑ Injektion.

Chomitsch, Alexej („Tiger"), UdSSR, geb. 14. 3. 1920 Moskau, gest. 1980; Torhüter; spielte 1939/40 bei Mjacokombinat Moskau, 1944/52 bei Dynamo Moskau u. 1953/55 bei Dynamo u. Spartak Minsk; Vorgänger von *L. Jaschin*. – Nach seiner aktiven Laufbahn Sportfotograf.

Chorzow, KS Ruch, Polen, Oberliga; gegr. 20. 5. 1920 als *Ruch Wilkie Hajduki*, 1950/55 *Unia*; 12mal *Landesmeister* (zwischen 1933 u. 1979); *Pokalsieger* 1951 u. 1974. 7 *EC-Teilnahmen:* 30 Spiele; 10 Siege, 5 Unentschieden, 15 Niederlagen, 25:35 Punkte, 47:54 Tore. – *Spielkleidung:* Weiß. *Heimstadion:* Stadion „Ruch", 40000 Plätze.
Spieler (Auswahl): H. Alszer – M. Bak – B. Bula – E. Cebula – G. Cieslik – E. Faber – E. Lerch – J. Marx – Z. Maszczyk – A. Nieroba – M. Ostafinski – T. Peterek – A. Piechniczek – H. Pietrek – K. Walot – E. Willimowski – G. Wodarz – R. Wyrobek. – **Trainer** (Auswahl): P. Drzewiecki – L. Jezierski – Z. Ksiaska – O. Lenczyk – A. Lysko – J. Nikiel – M. Vičan – T. Wieczorek – W. Zmuda.

Christov, Vojtech, ČSSR, Schiedsrichter, geb. 16. 3. 1945 Vranov nad Toplou; spielte 1960/67 bei Lokomotive Vranov; 1968 Schiedsrichter; 1974 Oberliga-, 1974 FIFA-Referee; WM-Endrundenschiedsrichter 1982 u. 1986; EM-End-

1948	Audax Italiano
1949	Universidad Católica
1950	Everton
1951	Union Española
1952	Everton
1953	Colo Colo
1954	Universidad Católica
1955	Palestino
1956	Colo Colo
1957	Audax Italiano
1958	Santiago Wanderers
1959	Universidad de Chile
1960	Colo Colo
1961	Universidad Católica
1962	Universidad de Chile
1963	Colo Colo
1964	Universidad de Chile
1965	Universidad de Chile
1966	Universidad Católica
1967	Universidad de Chile
1968	Santiago Wanderers
1969	Universidad de Chile
1970	Colo Colo
1971	Universidad San Felipe
1972	Colo Colo
1973	Union Española
1974	Huachipato
1975	Union Española
1976	Everton
1977	Union Española
1978	Palestino
1979	Colo Colo
1980	Cobreloa
1981	Colo Colo
1982	Cobreloa
1983	Colo Colo
1984	Universidad Católica
1985	Cobreloa

Vojtech **Christov**

CONCACAF-Mitgliedsländer

Antigua
Bahamas
Barbados
Belize
Bermudas
Dominikanische Republik
El Salvador
Grenada
Guatemala
Guyana
Haïti
Honduras
Jamaika
Kanada
Kostarika
Kuba
Mexiko
Niederländische Antillen
Nikaragua
Panama
Puerto Rico
Suriname
Trinidad und Tobago
USA

CONCACAF-Meisterschaft

I. 1963
in San Salvador: *Kostarika*
II. 1965
in Guatemala-Stadt: *Mexiko*
III. 1967
in Tegucigalpa: *Guatemala*
IV. 1969
in San José: *Kostarika*
V. 1971
in Port of Spain: *Mexiko*
VI. 1973
in Port-au-Prince: *Panama*
VII. 1977
in Mexiko-Stadt: *Mexiko*
VIII. 1981
in Tegucigalpa: *Honduras*

rundenschiedsrichter 1984; leitete 1980 das EC II-Finale FC Valencia–FC Arsenal London (0:0 n. V., 5:4 nach Strafstoßschießen) in Brüssel u. 1984 das EM-Finale Frankreich–Spanien (2:0) in Paris. Abb.

Chumpitaz, Hector Gonzalez, Peru, geb. 12. 4. 1944 Lima; Libero, Verteidiger; spielte 1958/84 bei Municipal, Universitario u. Sporting Cristal Lima; 101 Länderspiele (1964/82); WM-Endrundenteilnehmer 1970 u. 1978; langjähriger Spielführer der Nationalmannschaft. S. a. „Klub der Hunderter".

Churzilawa, Murtas, UdSSR, geb. 5. 5. 1943; Libero; spielte 1958/61 bei Salchino Gegeckor u. 1961/74 bei Dynamo Tbilissi; 67 Länderspiele (6 Tore); internationales Debüt am 3. 10. 1965 gegen Griechenland (4:1) in Athen; Länderspielabschied am 5. 8. 1973 gegen Schweden (0:0) in Moskau; gewann bei Olympia 1972 Bronze; WM-Endrundenteilnehmer 1966 u. 1970; EM-Endrundenteilnehmer 1972. – Später Trainer; u. a. bei Dynamo Zugdidi (1977/79) u. (seit 1980) Lokomotive Samtredia.

Cieslarczyk, Hans, geb. 3. 5. 1937; Stürmer; spielte 1949/55 bei Rasensport Holthausen, 1955/58 bei SV Sodingen, 1958/62 bei BV Borussia Dortmund, 1962/64 bei Westfalia Herne u. 1964/68 beim Karlsruher SC; 7 Länderspiele (3 Tore); internationales Debüt am 22. 12. 1957 gegen Ungarn (1:0) in Hannover; Länderspielabschied am 26. 10. 1958 gegen Frankreich (2:2) in Paris; WM-Endrundenteilnehmer 1958.

Cieslik, Gerard, Polen, geb. 27. 4. 1927 Chorzow; Halbstürmer u. Mittelfeldspieler; spielte 1945/59 bei Ruch Chorzow; 46 Länderspiele (27 Tore); internationales Debüt am 11. 6. 1947 gegen Norwegen (1:3) in Oslo; Länderspielabschied am 14. 9. 1958 gegen Ungarn (1:3) in Chorzow; Olympiateilnehmer 1952; 237 Punktspiele (167 Tore). – Später Trainer.

Cité Sportive Camille Chamoun, Nationalstadion des ↑ Irak.

City Ground ↑ Nottingham Forest, FC.

City Stadium, Nationalstadion von ↑ Kenia.

Clemence, Ray, England, geb. 5. 8. 1948; Torhüter; er spielte 1965/67 beim F. C. Scunthorpe United, 1967/81 beim FC Liverpool u. 1981/83 bei Tottenham Hotspur; 61 Länderspiele; internationales Debüt am 15. 11. 1972 gegen Wales (1:0) in Cardiff; Länderspielabschied am 16. 11. 1983 gegen Luxemburg (4:0) in Luxemburg; WM-Endrundenteilnehmer 1982 (nicht eingesetzt); EM-Endrundenteilnehmer 1980.

clever [engl.], klug, listig, geschickt; die Taktik ausgezeichnet beherrschend, wozu es bestimmter *Routine* bedarf. – Substantiv: *Cleverness*. S. a. Routinier.

Clifford, P. C., Mexiko, spielte beim Reforma A.C. (Athletic Club); gründete 1902 den *British and England Club*, initiierte im gleichen Jahr die erste mexikan. Meisterschaft; ab 1918 Präsident des Cataluna FC u. des FC America Mexiko-City. – Später Trainer bei Asturias u. Aurrera.

Clodoaldo, Tavares Santana, Brasilien, geb. 18. 2. 1949 Sergipe-Aracaju; Mittelfeldspieler; er spielte 1970/78 beim FC Santos; 52 Länderspiele (3 Tore); internationales Debüt am 12. 6. 1969 gegen England (2:1) in Rio de Janeiro; Länderspielabschied am 28. 4. 1974 gegen Griechenland (0:0) in Rio de Janeiro; WM-Endrundenteilnehmer 1970 u. 1974. S. a. Brasilien (Abb.).

Clough, Brian, England, Manager, geb. 21. 3. 1935 Middlesbrough; Mittelstürmer; spielte 1956/61 beim FC Middlesbrough u. 1961/62 beim FC Sunderland; 2 Länderspiele (am 17. 10. 1959 gegen Wales [1:1] in Cardiff, am 28. 10. 1959 gegen Schweden [2:3] in London); 274 Ligaspiele (252 Tore); Torschützenkönig 1958 (40 Treffer), 1959 (42) u. 1960 (39). – Manager bei Hartlepool United, Derby County, Brighton and Hove Albion, Leeds United u. seit Januar 1975 bei Nottingham Forest; Supercupgewinner 1979, Landesmeister 1972 (Derby County), 1979 u. 1980, EC I-Gewinner 1979 u. 1980, Liga-Cup-sieger 1978 u. 1979.

Club [engl.], svw. *Klub* (↑ Fußballklub).

„Club", umgangssprachliche Kurzbez. für verschiedene Fußballklubs (FC).

Coach [engl.], svw. *Trainer* od. *Betreuer*.

Coeck, Ludo, Belgien, geb. 25. 9. 1955 Berchem, gest. 1985 (Autounfall); Mittelfeldspieler; spielte 1971/72 bei Berchem Sports, 1972/83 beim RSC Anderlecht Brüssel u. 1983/84 bei Internazionale Mailand; 37 Länderspiele (8 Tore); WM-Endrundenteilnehmer 1982. Abb.

Colaussi, Gino, Italien, geb. 1914; Linksaußen; spielte ausschl. bei US Triestina; 26 Länderspiele (15 Tore), einmal Spielführer; internationales Debüt am 27. 10. 1935 gegen die ČSR (1:2) in Prag; Länderspielabschied am 5. 5. 1940 gegen Deutschland (3:2) in Mailand; WM-Endrundenteilnehmer 1938 u. zweifacher Torschütze beim 4:2-Endspielsieg Italiens gegen Ungarn in Paris.

Coleraine, Football Club („The Bannsiders"), Nordirland, gegr. 1927; *Landesmeister* 1974; *Cupsieger* 1965, 1972, 1975 u. 1977. 9 *EC-Teilnahmen:* 22 Spiele; 2 Siege, 4 Unentschieden, 16 Niederlagen, 8:36 Punkte, 25:79 Tore. – *Spielkleidung:* blaue Hose, blau-weiß längsgestreiftes Hemd, blauweiße Stutzen. *Heimstadion:* The Showgrounds, 12 000 Plätze.

Spieler (Auswahl): T. Cochrane – D. Dickson – F. Healy – W. T. McCavana – B. Peacock – J. Platt – T. J. Priestley.

Collovati, Fulvio, Italien, geb. 9. 5. 1957; Stopper; spielte 1965/82 beim AC Mailand u. 1982/86 bei Internazionale Mailand; 44 Länderspiele; internationales Debüt am 24. 2. 1979 gegen die Niederlande (3:0) in Mailand; WM-Endrundenteilnehmer 1982 u. 1986; EM-Endrundenteilnehmer 1980.

Coluna, Mário Esteves, Portugal, geb. 6. 8. 1935 Inhoca (Moçambique); Mittelfeldspieler u. Halbstürmer; spielte 1945/54 bei Deportivo Lourenço Marques (heute *Maputo*) u. Olympique Lyon sowie 1954/70 bei Benfica Lissabon; 76 Länderspiele; internationales Debüt am 11. 6. 1957 gegen Brasilien (1:2) in Rio de Janeiro; Länderspielabschied am 11. 12. 1968 gegen Griechenland (2:4) in Athen; Fußballer des Jahres 1964; WM-Endrundenteilnehmer 1966. – Später Trainer, u. a. der Nationalmannschaft von Moçambique (1983).

Combi, Gianpiero, Italien, geb. 18. 12. 1902 Turin, gest. 13. 8. 1956 Liguria; Torhüter; spielte bei Juventus Turin (1914/41); internationales Debüt am 6. 4. 1924 gegen Ungarn (1:7) in Budapest; 47 Länderspiele (italien. Torhüterrekord, der erst am 28. 5. 1976 von *Dino Zoff* überboten wurde); 1934 WM-Endrundenteilnehmer; war am 10. 6. im WM-Finale gegen die ČSR zum fünftenmal Auswahlkapitän (dazu bestimmt als Spieler mit den meisten Länderspielen) u. gab zugleich seinen Abschied aus der Nationalelf.

Comeback [engl. *to come back*, „zurückkommen"], a) Wiederauftreten eines Spielers, der sich bereits vom (Leistungs-)Fußball eigtl. zurückgezogen hatte; b) Anknüpfen an früheres Leistungsvermögen nach längerer Verletzungspause od. nach Formkrise.

Complexe Omnisports Président Bongo, Nationalstadion von ↑ Gabun.

Complexe Sportif National, Nationalstadion von ↑ Kampuchea.

CONCACAF [Abk. für *Confederación Norte-Centroamericano y del Caribe de Fútbol*], Vereinigung der Verbände Nord- u. Mittelamerikas sowie der Karibik; gegr. 1961, Sitz *Guatemala*. – 1924, während der VIII. Olympischen Sommerspiele in Paris, gründeten die Teilnehmerländer dieser Region auf einem Kongreß die *DC (Deportivo Centroamericano)*, später umbenannt in *ODCC (Organización Deportivo Centroamericano y del Caribe)*. 1930 führte die ODCC ihr erstes Sportfestival in Havanna durch, auch das zweite 1935, während das dritte 1938 in Panama stattfand, bei dem auch die Gründung der *CCCF (Confederación Centroamericano y del Caribe)* erfolgte.

1941 bis 1961 führte die CCCF die Nationenmeisterschaft durch, offen für Amateur- u. Berufsspieler. Gründungsmitglieder der CCCF waren Kolumbien, Kostarika, El Salvador, Curaçao, Dominikanische Republik, Niederländische Antillen, Guatemala, Haïti, Honduras, Jamaika, Nikaragua, Panama, Puerto Rico u. Venezuela. Mexiko, die USA u. Kuba bildeten dagegen die *NAFC (North American Football Confedera-*

CONCACAF-Pokal der Landesmeister

1963	Guadalajara (Mexiko)
1964	Guadalajara (Mexiko)
1965	Guadalajara (Mexiko)
1966	Racing Port-au-Prince (Haïti)
1967	Alianza San Salvador (El Salvador)
1968	Toluca (Mexiko)
1969	Cruz Azul (Mexiko)
1970	(Finalrunde ungültig)
1971	Cruz Azul (Mexiko)
1972	Olympia Tegucigalpa (Honduras)
1973	Transvaal (Suriname)
1974	Deportivo Municipal (Guatemala)
1975	Atlético Español (Mexiko)
1977	América Léon (Mexiko)
1978	Comunicaciones (Guatemala)
1979	FAS San Salvador (El Salvador)
1980	U.N.A.M. (Mexiko)
1981	U.N.A.M. (Mexiko)
1982	U.N.A.M. (Mexiko)
1983	Atlante (Mexiko)

Ludo **Coeck**

Bruno **Conti**

Copa de Oro

Gruppe A
Uruguay–Niederlande 2:0
Uruguay–Italien 2:0
Niederlande–Italien 1:1
Gruppe B
Argentinien–BRD 2:1
Argentinien–Brasilien 1:1
Brasilien–BRD 4:1
Endspiel (im Estadio Centenario):
Uruguay–Brasilien 2:1

Copa Interamericana

1969	Estudiantes de La Plata (Argentinien)
1972	Nacional Montevideo (Uruguay)
1973	Independiente Buenos Aires (Argentinien)
1974	Independiente Buenos Aires (Argentinien)
1976	Independiente Buenos Aires (Argentinien)
1978	América Léon (Mexiko)
1979	F.A.S. San Salvador (El Salvador)
1980	Olimpia Asunción (Paraguay)
1981	U.N.A.M. (Mexiko)
1982	U.N.A.M. (Mexiko)

Copa Internacional

1951	S.E. Palmeiras
1952	Fluminense Rio de Janeiro
1953	Nacional Montevideo
1963	Botafogo Rio de Janeiro

tion); 1961 initiierte die FIFA die Vereinigung beider Konföderationen. – Die CONCACAF hob 1963 die *CONCACAF-Meisterschaft* aus der Taufe u. organisiert die WM- u. Olympiaqualifikation sowie das Fußballturnier anläßlich der Zentralamerikanisch-Karibischen Spiele, die alle 4 Jahre stattfinden. Tab.

CONCACAF-Meisterschaft *(Campeonato Norte-Centroamericano y del Caribe de Fútbol Mayor)*, eine Titelkonkurrenz der CONCACAF-Mitgliedsverbände (nicht zu verwechseln mit dem Turnier der ↑ Zentralamerikanisch-Karibischen Spiele); wird seit 1963 ausgespielt. Vorgänger war das *Campeonato Centroamericano y del Caribe* (seit 1941 ausgetragen). 1972/73 u. 1976/77 bedeutete der Gewinn der C. zugleich die CONCACAF-WM-Qualifikation. Die C. verzeichnete ständig steigende Teilnehmerzahlen (1972/73 11 Länder, 1976/77 16, heute alle 23 CONCACAF-Verbände). Tab.

CONCACAF-Pokal der Landesmeister *(Campeonato Norte-Centroamericano y del Caribe de Fútbol Mayor de Campeones)*, nach dem Modell der ↑ Copa Libertadores de America ausgetragener Pokalwettbewerb, offen für alle Landesmeister der CONCACAF-Verbände. Die Teilnehmer werden in der ersten Runde in 3 Gruppen zusammengefaßt. Die Sieger bestreiten das Halbfinale bis hin zu 2 Endspielen. Seit 1969 trifft der jeweilige Pokalsieger in der ↑ Copa Interamericana auf den Gewinner der *Copa Libertadores de America* zur Ermittlung des Champions von Süd-, Nord- u. Zentralamerika. Tab.

Concordia [latein., nach der röm. Göttin der Eintracht], Vereinsbezeichnung aus den Anfängen des deutschen Fußballs; in der BRD beibehalten, z. B. C. Hamburg.

Conen, Edmund, geb. 10. 11. 1914; Mittelstürmer; spielte 1924/28 bei SV Ürzig, 1928/37 bei FV (jetzt 1. FC) Saarbrücken, 1937/44 u. 1947/50 bei Kickers Stuttgart u. 1946/47 bei SG Hermsdorf (Thüringen); 28 Länderspiele, 27 Tore (1934/42); Länderspieldebüt am 14. 1. 1934 gegen Ungarn (3:1) in Frankfurt/Main; Länderspielabschied 3. 5. 1942 gegen Ungarn (5:3) in Budapest; WM-Endrundenteilnehmer 1934; spielte repräsentativ für Süddeutschland u. Südwest; 1935/38 infolge langwieriger Krankheit Unterbrechung seiner Laufbahn. – Später Trainer bei FC Zürich, Eintracht Braunschweig, SV Wuppertal, Bayer 04 Leverkusen, BV Opladen u. SV Bergisch Gladbach. S. a. Deutschland bis 1945 (Abb.).

CONMEBOL [Abk. von *Confederación Sudamericana de Fútbol*], Vereinigung der nationalen Verbände Südamerikas; Sitz *Lima* (Peru). 1916 in Buenos Aires anläßlich der 1. Südamerikameisterschaft von Argentinien, Brasilien, Chile u. Uruguay als erste ↑ Kontinentalkonföderation gegründet. In zeitgeschichtlicher Folge stießen dazu: 1917 Paraguay, 1924 Peru, 1925 Bolivien, 1927 Ekuador, 1940 Kolumbien u. 1952 Venezuela. Die CONMEBOL organisiert die ↑ Südamerikameisterschaft u. die ↑ Copa Libertadores de America.

Conti, Bruno, Italien, geb. 13. 3. 1955 Nettuno; Rechtsaußen; spielte 1973/75, 1976/78 u. 1979/86 bei AS Rom sowie 1975/76 u. 1978/79 beim FC Genua 1893; 36 Länderspiele (4 Tore); internationales Debüt am 11. 10. 1980 gegen Luxemburg (2:0) in Luxemburg; war WM-Endrundenteilnehmer 1982 sowie 1986; 206 Punktspiele (31 Tore). Abb.

cool [engl., „kühl"], gebraucht z. B. in der Wendung „die Mannschaft spielt c." (abgeklärt, souverän, aber tempoarm).

Coopertest, nach dem US-Amerikaner *K. Cooper* benannter *12-Minuten-Test*; dient als Ausgangs- u. Kontrolltest für ein unspezifisches Ausdauertraining im Freizeit- od. Leistungssport. Die *allgemeine Ausdauerleistungsfähigkeit* wird danach über diejenige Streckenlänge

Coopertest

gelaufene Strecke in m	Sauerstoffverbrauch in ml/(kg · min)
< 1 609	≦ 28,0
1 609 bis 1 995	28,1 bis 34,0
2 011 bis 2 398	34,1 bis 42,0
2 414 bis 2 800	42,1 bis 52,0
≧ 2 816	≧ 52,1

ermittelt, die innerhalb von 12 Minuten durchlaufen wird. Der C. ist die wissenschaftlich gesicherte Übersetzung des aufwendigen *Spiroergometrietests* in einen einfachen Lauftest. Es handelt sich hierbei um Werte u. Relationen, die für *Untrainierte,* nicht aber für Leistungssportler einer bestimmten Sportart gültig sind.

Copa de Oro [span.], im Dezember 1980 bis Januar 1981 vom Fußballverband Uruguays mit Zustimmung der FIFA aus Anlaß des 50. Jubiläums der I. WM-Endrunde (1930 in Uruguay) durchgeführtes Turnier der bisherigen Weltmeister. Bis auf England (statt dessen spielte der zweifache Vizeweltmeister Niederlande) waren alle beteiligt. Tab.

Copa Interamericana („Interamerikapokal"), exklusiver (Landesmeister-)Pokalwettbewerb zwischen dem *Südamerikameister* (↑ Copa Libertadores de America) sowie dem *CONCACAF-Meister* (↑ CONCACAF-Pokal der Landesmeister); erfolgt mit Hin- u. Rückspiel bei Tor- u. Punktwertung od. (meist) auf neutralem Platz. Die C.I. wurde 1970, 1971, 1975, 1977 u. 1983 nicht ausgetragen, weil sich die Klubs über die finanziellen Modalitäten nicht einigen konnten. Tab.

Copa Internacional, Einladungswettbewerb für südamerikan. u. europäische Klubs; nur viermal zwischen 1951 u. 1963 ausgetragen, u. zwar jeweils in einer einfachen Runde (jeder gegen jeden) nach Toren u. Punkten. Tab.

Copa Latina, svw. ↑ Latein Cup.

Copa Libertadores de America, Pokalwettbewerb der südamerikan. Landesmeister, von der FIFA sanktioniert u. von der ↑ CONMEBOL durchgeführt. Der jeweilige *CONMEBOL-Meister* spielt mit dem *Europapokalsieger der Landesmeister* um den ↑ Weltpokal. Die Idee zur Durchführung der C.L.d.A. wurde vom chilen. Verein *Colo Colo Santiago de Chile* angeregt. 1949 wurde der Wettbewerb zum erstenmal unter der Bezeichnung „Campeonato Sudamericano de Campeones" mit folgenden Klubs durchgeführt: dem späteren Sieger Vasco da Gama (Brasilien), River Plate Buenos Aires (Argentinien), Nacional Montevideo (Uruguay), Litoral (Bolivien), Emelec (Ekuador), Municipal (Peru) u. Colo Colo (Chile). – Finanz- u. Terminprobleme ließen weitere Durchführungen nicht zu. Erst der Europapokal der Landesmeister entfachte die Idee der Copa Libertadores 1960 aufs neue. Die nächsten 2 Wettbewerbe fanden im K.-o.-System mit Hin- und Rückspielen bis zum Finale statt. Ab 1962 wurden Gruppen mit 2 od. 3 Klubs gebildet. Die Gruppensieger ermitteln mit Hin- und Rückspielen den Gesamtsieger. Brasilien verhielt sich in der Vergangenheit recht skeptisch u. schnitt bisher ziemlich erfolglos ab. Tab.

Coppa Alpi Italo-Svizzera, svw. *Italienisch-Schweizerischer-Alpenpokal* (↑ Alpenpokal).

Coppa Latina, svw. ↑ Latein Cup.

Coppens, Henri („Rik"), Belgien, geb. 29. 4. 1930 Beerschot; Mittelstürmer; spielte seit 1942 für den A.C. Beerschot; 47 Länderspiele, 29 Tore (1949/59); WM-Endrundenteilnehmer 1954.

Coqueiros, Nationalstadion von ↑ Angola.

Corinthians, E.C., Paulista (São Paulo), Brasilien; gegr. 1. 9. 1910 von italien. Einwanderern; 19mal *São-Paulo-Meister (Campeonata Paulista)* zwischen 1914 u. 1983; viermal *Rio-São-Paulo-Sieger* (1950, 1953, 1954 u. 1966). – *Spielkleidung:* schwarze Hose, weißes Hemd, schwarz-weiße Stutzen. *Heimstadion:* Estádio Alfredo Schuring Parque São Jorge, 31 000 Plätze (Trainingsstadion, gespielt wird im Estádio Morumbi [offizielle Heimstätte des FC São Paulo]).

Spieler (Auswahl): Baltázar – Biro-Biro – Carlos – Casagrande – Cláudio – De Maria – Domingues da Guia – Dunga – Garrincha – Gilmar – Goiano – Luisinho – Mauro – Neco – Paulo César Lima – Rivelino – Servílio – Sócrates – Teleco – Tuffy – Wladimir – Zé Maria – Zenon. – **Trainer** (Auswahl): Baltazar – A. Barbuy – O. Brandao – M. Buzetto – Del Debbio – Duque – Pantoni – Joreca – Luizinho – H. Máfia – V. Montarini – J. Picerni – Pirilo – D. Sani – F. Sarno – F. Solich – J. Teixeira – M. Travaglini – J. Vieinae – A. Zezé Moreira.

Corner Kick [engl.], svw. ↑ Eckstoß.

Corso, Mario, Italien, geb. 25. 8. 1941

Copa Libertadores de America

1960	*Peñarol Montevideo*–Olimpia Asunción 1:0, 1:1
1961	*Peñarol Montevideo*–S.E. Palmeiras 1:0, 1:1
1962	*FC Santos*–Peñarol Montevideo 2:1, 2:3 u. 3:0 (in Buenos Aires)
1963	*FC Santos*–Boca Júniors Buenos Aires 3:2, 2:1
1964	*Independiente Buenos Aires*–Nacional Montevideo 0:0, 1:0
1965	*Independiente Buenos Aires*–Peñarol Montevideo 1:0, 1:3 u. 4:1 (in Santiago de Chile)
1966	*Peñarol Montevideo*–River Plate Buenos Aires 2:0, 2:3 u. 4:2 (n.V.)
1967	Racing Club Buenos Aires–Nacional Montevideo 0:0, 0:0 u. 2:1 (in Santiago de Chile)
1968	*Estudiantes de La Plata*–S.E. Palmeiras 2:1, 1:3 u. 2:0 (in Montevideo)
1969	*Estudiantes de La Plata*–Nacional Montevideo 1:0, 2:0
1970	*Estudiantes de La Plata*–Peñarol Montevideo 1:0, 0:0
1971	*Nacional Montevideo*–Estudiantes de La Plata 0:1, 1:0 u. 2:0 (in Lima)
1972	*Independiente Buenos Aires*–Universitario Lima 0:0, 2:1
1973	*Independiente Buenos Aires*– Colo Colo Santiago de Chile 1:1, 0:0 u. 2:1 n.V. (in Montevideo)
1974	*Independiente Buenos Aires*–S.E. Palmeiras 1:2, 2:0 u. 1:0 (in Santiago de Chile)
1975	*Independiente Buenos Aires*–Union Español Santiago de Chile 0:1, 3:1 u. 2:0 (in Asunción)
1976	*Cruzeiro Belo Horizonte*–River Plate Buenos Aires 4:1, 1:2 u. 3:2 (in Montevideo)
1977	*Boca Júniors Buenos Aires*–E.C. Cruzeiro 1:0, 0:1 u. 0:0 n.V. 5:4 nach Strafstoßschießen (in Montevideo)
1978	*Boca Júniors Buenos Aires*–Deportivo Cali 0:0, 4:0
1979	*Olimpia Asunción*–Boca Juniors Buenos Aires 2:0, 0:0

1980 *Nacional Montevideo–* International Pôrto Alegre 0:0, 1:0
1981 *Flamengo Rio de Janeiro–* Cobreloa Santiago 2:1, 0:1 u. 2:0
1982 *Peñarol Montevideo–* Cobreloa Santiago 1:0, 0:0
1983 *Gremio Pôrto Alegre–* Peñarol Montevideo 2:1, 1:1
1984 *Independiente Buenos Aires–*Gremio Pôrto Alegre 1:0, 0:0
1985 *Argentinos Júniors Buenos Aires–* America (Kolumbien) 1:1 n.V., 5:4 nach Strafstoßschießen (in Asunción)

San Michele Extra; Linksaußen; spielte 1958/75 bei Internazionale Mailand; 23 Länderspiele (4 Tore); internationales Debüt am 24. 5. 1961 gegen England (2:3) in Rom; Länderspielabschied am 9. 10. 1971 gegen die Schweiz (3:0) in Mailand; WM-Endrundenteilnehmer 1966; 437 Punktspiele. – Später Trainer; u. a. seit 1985 bei Inter Mailand.

Corver, Charles, Niederlande, Schiedsrichter, geb. 1933 Leiden; spielte 1948/60 bei Tonegido Voorburg; seit 1962 Schiedsrichter; 1968 1. Division; 1972 FIFA-Referee; leitete 1974 das zweite Weltpokalendspiel Independiente Buenos Aires–Atlético Madrid (1:0), 1977 das erste UEFA-Pokalendspiel Juventus Turin–Athletic Bilbao (1:0), 1978 das EC I-Endspiel FC Liverpool–FC Brügge (1:0) u. 1983 das zweite UEFA-Pokalfinale Benfica Lissabon–RSC Anderlecht (1:1); WM-Endrundenschiedsrichter 1978 u. 1982.

Costa, Flavio, Brasilien, Trainer, geb. 1907; spielte als Mittelstürmer bei Flamengo Rio de Janeiro. – Später Trainer; 1937/45, 1951/52 u. 1963 bei Flamengo (4mal Meister), außerdem bei Vasco da Gama (3mal Meister), Colo Colo Santiago de Chile u. Portuguesa São Paulo; mit Brasilien 1950 Vizeweltmeister.

Côte d'Ivoire, neue Bez. für ↑ Elfenbeinküste.

Cotonou II, Nationalstadion von ↑ Benin.

Co.-Trainer, svw. ↑ Trainerassistent.

Cottbus, BSG Energie, DDR, Oberliga, gegr. 31. 1. 1966; hervorgegangen aus dem *SC Cottbus*, in den damals (1963) die Oberligamannschaft des *SC Aktivist Brieske-Senftenberg* eingegliedert wurde; spielte in der Oberliga 1973/74, 1975/76, 1981/82 u. seit 1986/87. – *Spielkleidung:* weiße Hose, rotes Hemd, rot-weiße Stutzen. *Heimstadion:* Stadion der Freundschaft, 18000 Plätze (17400 Steh-, 600 Sitzplätze).

Spieler (Auswahl): R. Balck – K.-H. Becker – F. Bohla – B. Deutschmann – D. Drabow – P. Effenberger – K. Grebasch – E. Gröger – W. Grun – L. Häder – B. Kulke – R. Lempke – B. Mudra – H.-D. Paulo – M. Pohland – J. Prinz – R. Reiß – L. Schulz – K. Stabach – J. Wank – A. Wendt – A. Wolf. – **Trainer** (Auswahl): H. Beulich – F. Bohla – H. Frenzel – G. Guttmann – C. Kreul – M. Kupferschmied – E. Lüdecke – W. Schober – D. Schulz – H.-J. Stenzel.

Coupe [französ.] svw. ↑ Pokal.

Coupe Intercontinentale [„Interkontinental-Pokal"], 1985 erstmals ausgetragener Wettbewerb (ein Spiel) zwischen dem jeweiligen Europameister u. Südamerikameister; der Sieger erhält die „Artemio-Franchi-Trophäe" (ben. nach dem früheren UEFA-Präsidenten). Erster Sieger des alle vier Jahre ausgetragenen C.I. wurde Frankreich, das am 21. 8. 1985 im Pariser Prinzenpark vor 25000 Besuchern mit 2:0 (1:0) gegen Uruguay gewann (Schiedsrichter: *Gnecco*, Argentinien).

Coupe Jules Rimet ↑ Weltpokal (2).

Coupe Latine, svw. ↑ Latein Cup.

Courtney, George, England, Schiedsrichter, geb. 1941 Pago Bank; seit 1962 Unparteiischer; 1974 1. Division, 1977 FIFA-Referee; 1986 WM-, 1984 EM-Endrundenschiedsrichter; 1981 Referee bei der III. Junioren-WM in Australien. Abb.

George **Courtney**

Coutinho, Claudio, Brasilien, Trainer, 1939–1981; Volleyball- u. Basketballauswahlspieler. – Später Trainer; 1971/73 bei Vasco da Gama, 1973 bei Botafogo Rio de Janeiro, 1974 bei Olympique Marseille, 1976 der Olympiaauswahl Brasiliens (Platz 4), 1976/80 bei Flamengo Rio de Janeiro, 1977/78 der Nationalmannschaft Brasiliens (WM-Dritter 1978) u. 1981 bei Los Angeles Aztecs.

Crack [engl.], überragender Spieler; heute meist durch die Bezeichnung *Star* ersetzt.

Craiova, Universitatea, Rumänien, Nationalliga A, gegr., 1932; 1948 als *Stiinta* („Wissenschaft") neugegr.; seit 1956 *Universitatea*; *Landesmeister* 1974, 1980 u. 1981; *Pokalsieger* 1977, 1978, 1981 u. 1983. 13 *EC-Teilnahmen:* 52 Spiele; 23 Siege, 10 Unentschieden, 19 Niederlagen, 56:48 Punkte, 64:56 Tore. – *Spielkleidung:* rote Hose, weißes Hemd, weiße Stutzen. *Heimstadion:* Zentralstadion, 40000 Plätze. Abb.

CRAIOVA

Universitatea Craiova

Spieler (Auswahl): I. Balaci – A. Beldeanu – A. Boc – L. Bölöni – R. Camataru – S. Cirtu – G. Crisan – N. Dobrin – I. Geolgau –

V. Ion – D. Ivan – S. Lung – P. Marcu – F. Martinovici – A. Neagu – N. Negrila – R. Niculescu – I. Oblemenco – C. Popa – C. Stanciu – C. Stefanescu – A. Ticleanu – I. Tilihoi – N. Ungureanu. – **Trainer** (Auswahl): C. Cernaianu – I. Oblemenco – C. Otet – V. Stanescu.

Cramer, Dettmar, Trainer, geb. 4. 4. 1925; Läufer u. Verteidiger; spielte für Germania Wiesbaden, Viktoria Dortmund, Teutonia Lippstadt, VfL Geseke, FC Paderborn u. TuS Eving-Lindenhorst. – 1949/63 Cheftrainer des Westdeutschen Fußballverbandes; 1964/67 DFB-Trainer; 1967/74 FIFA-Trainer; 1974 bis 1975 USA-Nationalmannschaftstrainer; 1975/77 bei Bayern München; Januar bis Juni 1978 bei Eintracht Frankfurt/Main; 1981 Nationaltrainer Saudi-Arabiens u. Trainer bei Ittihad Djidda; 1981/82 bei Aris Saloniki; 1982/85 bei Bayer 04 Leverkusen. – Wurde mit Bayern München 1975 u. 1976 EC I-Gewinner sowie 1976 Weltpokalsieger. Abb.

Cricket Club, Nationalstadion von ↑ Guyana.

Cristóbal-Colón-Cup [„Christoph-Kolumbus-Pokal"], wird zwischen 1987 u. 1992 anläßlich des 500. Jahrestages der Entdeckung Amerikas durch *Christoph Kolumbus* (1451–1506) ausgespielt. Beteiligt sind alle südamerikan. Länder sowie Mexiko, Portugal, Spanien, Italien u. Frankreich.

Dettmar **Cramer**

Croy, Jürgen, Trainer, geb. 19. 10. 1946 Zwickau; Torhüter; spielte 1956/65 bei Aktivist Karl-Marx Zwickau u. 1965/81 bei (Motor) Sachsenring Zwickau; 372 Oberligaspiele; 94 Länderspiele; internationales Debüt am 17. 5. 1967 gegen Schweden (1:0) in Helsingborg; Länderspielabschied am 19. 5. 1981 gegen Kuba (5:0) in Senftenberg; WM-Endrundenteilnehmer 1974; gewann bei Olympia Gold 1976 u. Bronze 1972; Fußballer des Jahres 1972, 1976 u. 1978. – Seit 1982 Trainer bei Sachsenring Zwickau. Abb.

Jürgen **Croy**

Cruijff, Johan, Niederlande, geb. 25. 4. 1947 Amsterdam; Stürmer; spielte bei Ajax Amsterdam (1957/73), F.C. Barcelona (1973/78), Los Angeles Aztecs (1978/79), bei Washington Diplomats (1980/81) u. Levante (1981), ab 1982 wieder bei Ajax, dann bei Feyenoord Rotterdam (1983/84); 49 Länderspiele (34 Tore); internationales Debüt am 7. 9. 1966 gegen Ungarn (2:2) in Rotterdam; 1974 WM-Endrundenteilnehmer; 1976 EM-Endrundenteilnehmer; Torschützenkönig 1967 u. 1972; erzielte 201 Ligatore; Fußballer des Jahres in den Niederlanden 1967, 1968, 1969, 1971, 1972 u. 1974 sowie Europas Fußballer des Jahres 1971, 1973 u. 1974. – Technischer Direktor bei Roda JC Kerkrade (1984) u. Ajax (1985); seit 1986 Trainer bei Ajax. Von Königin Juliana zum *Ritter der Ehrenlegion* geschlagen. Abb.

ČSSR

Weltmeisterschaft
1934 2. Platz
1938 Viertelfinale
1954 Endrunde
1958 Endrunde
1962 2. Platz
1970 Endrunde
1982 Endrunde

Europameisterschaft
1960 3. Platz
1976 1. Platz
1980 3. Platz

olympisches Fußballturnier
1964 2. Platz
1980 1. Platz

EC II
1969 Slovan Bratislava

Landesmeister / Pokalsieger
1912 Sparta Prag / –
1913 Slavia Prag / –
1919 Sparta Prag / –
1920 Sparta Prag / –
1921 Sparta Prag / –
1922 Sparta Prag / –
1923 Sparta Prag / –
1924 Slavia Prag / –
1925 Sparta Prag / –
1926 Sparta Prag / –
1927 Sparta Prag / –
1928 Viktoria Zizkov / –

1929 Slavia Prag / –
1930 Slavia Prag / –
1931 Slavia Prag / –
1932 Sparta Prag / –
1933 Slavia Prag / –
1934 Slavia Prag / –
1935 Slavia Prag / –
1936 Sparta Prag / –
1937 Slavia Prag / –
1938 Sparta Prag / –
1939 Sparta Prag / –
1940 Slavia Prag / –
1941 Slavia Prag / –
1942 Slavia Prag / –
1943 Slavia Prag / –
1944 Sparta Prag / –
1946 Sparta Prag / –
1947 Slavia Prag / –
1948 Sparta Prag / –
1949 Slovan Bratislava / –
1950 Slovan Bratislava / –
1951 Slovan Bratislava / –
1952 Sparta CKD Sokolovo Prag / –
1953 UDA (Dukla) Prag / –
1954 Spartak Sokolovo Prag / –
1955 Slovan Bratislava / –
1956 Dukla Prag / –
1958 Dukla Prag / –
1959 Roter Stern Bratislava / –
1960 Spartak Hradec Králové / –
1961 Dukla Prag / Dukla Prag
1962 Dukla Prag / Slovan Bratislava
1963 Dukla Prag / Slovan Bratislava
1964 Dukla Prag / Sparta Prag
1965 Sparta Prag / Dukla Prag
1966 Dukla Prag / Dukla Prag

Johan **Cruijff** (verfolgt von B. Vogts)

Cruz Azul, CF, Mexiko, Verein der 1. Division; gegr. 1927; Landesmeister 1970, 1972, 1973 u. 1974; gewann 1969 u. 1971 den *CONCACAF-Pokal der Landesmeister*. – *Spielkleidung:* rote Hose, rot-weiß gestreiftes Hemd, rot-weiße Stutzen. *Heimstadion:* ↑ Aztekenstadion. – Bekannteste Spieler: *I. Flores, P. Larios, G. Mendizabal, G. Pena.*

Cruzeiro, E.C., Belo Horizonte, Brasilien, gegr. 1921 als „Societá Sportiva Palestra Itália" im Bundesstaat Minas Gerais, nördlich von Rio de Janeiro gelegen; 1966 *Taca-de-Ouro-Sieger*; 20mal *Minas-Gerais-Meister* (zwischen 1928 u. 1977); *Südamerikapokalsieger* 1976. – *Spielkleidung:* weiße Hose, blaues Hemd, blaue Stutzen. *Heimstadion:* Estádio Magalhães Pinto-Mineirao, 110000 Plätze.

Spieler (Auswahl): Lopez – Perfumo – Piazza – Tostao.

„Cruz Quebrada", Nationalstadion von ↑ Portugal.

Csernai, Pal, Ungarn, Trainer, geb. 21. 10. 1932; ungar. Ex-Nationalspieler (Läufer); in der BRD aktiv beim Karlsruher SC u. bei den Stuttgarter Kickers. – Ab 1967 Trainer bei TuS Lindlar, FC Antwerpen, La Chaux-de-Fonds, Wacker 04 Berlin(West) u. SSV Reutlingen; 5 Jahre Verbandstrainer beim Nordbadischen Fußballverband; Trainerassistent bei Eintracht Frankfurt/Main u. Bayern München, 1978/83 Trainer bei Bayern München, dann bei PAOK Saloniki (1983/84), Benfica Lissabon (1984/85) u. Borussia Dortmund (1985/86). C. wurde mit Bayern 1980 u. 1981 Meister sowie 1982 Pokalsieger.

ČSSR, Abk. für *Tschechoslowakische Sozialistische Republik,* 127877 km², etwa 15,4 Mill. Ew., 1 Fußballspieler je

ČSSR; **Strahovstadion**

28 Ew.; Verband *Ceskoslovenský Fotbalový Svaz* („Tschechoslowakischer Fußballverband"), Abk. *CFS*; gegr. 1901, Sitz *Prag*; Mitgl. der *FIFA* seit 1906, der *UEFA* seit 1954. – *Organisation:* 5 920 Klubs; 550 000 Amateurspieler (einschl. Nachwuchs- u. AM-Spieler); *Spieljahr:* August–Dezember; Februar–Juni; *Spielkleidung:* weiße Hose, rotes Hemd, weiße Stutzen (Reserveausrüstung: Weiß); *Nationalstadion:* Strahovstadion, Prag, 60 000 (54 000 Sitz-, 6 000 Stehplätze); *Stadien* (Auswahl): Zbrojovka Brno, 70 000; Slovan Bratislava, 63 000; Slavia Prag, 43 000; Internacional Bratislava, 40 000; Sparta Prag, 38 000. Abb. Tab. S. a. Tf. 26.

Ctyroký, Josef, ČSSR, geb. 30. 9. 1906 Prag, gest. 1976; Linksverteidiger; spielte 1928 bei Slavia Prag, 1928/30 bei SK Kladno, 1930/40 beim AC Sparta Prag; 42 Länderspiele; internationales Debüt am 2. 8. 1931 gegen Jugoslawien (1:2) in Belgrad; Länderspielabschied am 28. 8. 1938 gegen Jugoslawien (3:1) in Zagreb; WM-Endrundenteilnehmer 1934.

Cubillas, Teofilo, Peru, geb. 8. 3. 1949 Lima; Stürmer; spielte seit 1965 bei Alianza Lima, dann beim FC Basel (1973/74), FC Porto (1975/76), wiederum bei Alianza Lima (1976/79) u. seit 1979 bei Fort Lauderdale Strikers (USA); nahm an den WM-Endrunden 1970 in Mexiko (5 Tore in 4 Spielen), 1978 in Argentinien sowie 1982 in Spanien teil; 88 Länderspiele; 1972 Fußballer des Jahres in Südamerika. – Seit 1986 Trainer bei Fort Lauderdale Strikers (Nachwuchs).

Cullis, Stanley („Stan"), England, geb. 25. 10. 1915 Ellesmere Port; Mittelläufer; spielte 1934/46 bei Wolverhampton Wanderers; 12 Länderspiele; internationales Debüt am 23. 10. 1937 gegen Irland (5:1) in Belfast; Länderspielabschied am 24. 5. 1939 gegen Rumänien (2:0) in Bukarest. – Später Manager von Wolverhampton Wanderers (1948/64) u. FC Birmingham City (1965/70). Die „Wölfe" stellten bei der WM-Endrunde 1958 in Schweden mit *Clamp – Wright – Slater* die gesamte Läuferreihe der engl. Nationalmannschaft.

Zoltan **Czibor**

Cup [engl.], svw. *Pokal*; s. a. Challenge Cup.

Cup Final [engl., „Pokalfinale"], offizielle Bez. des Endspiels um den englischen Fußballpokal *(Cup)*; erstmals am 16. 3. 1872 ausgetragen, S. a. Challenge Cup.

Cupspiel, Bez. für ein internationales ↑ Pokalspiel.

Czibor, Zoltan, Ungarn, geb. 1929; Linksaußen; spielte 1943/63 bei Ferencváros, EDOSZ, SC Csepel, Honvéd Budapest, AS Rom u. F.C. Barcelona; 42 Länderspiele (16 Tore); internationales Debüt am 8. 5. 1949 gegen Österreich (6:1) in Budapest; Länderspielabschied am 14. 10. 1956 gegen Österreich (2:0) in Wien; WM-Endrundenteilnehmer 1954. Abb. S. a. Tf. 22 *(oben)*.

D

Dacca Stadium, Nationalstadion von ↑ Bangladesh.

Dachverband, eine Fußballföderation auf höchster Ebene; national ist es der ↑ Landesverband (1), kontinental die ↑ Kontinentalkonföderation u. weltweit die ↑ FIFA.

1967	Sparta Prag / Spartak Trnava
1968	Spartak Trnava / Slovan Bratislava
1969	Spartak Trnava / Dukla Prag
1970	Slovan Bratislava / TJ Gottwaldov
1971	Sparta Trnava / Spartak Trnava
1972	Spartak Trnava / Sparta Prag
1973	Spartak Trnava / Banik Ostrava
1974	Slovan Bratislava / Slovan Bratislava
1975	Slovan Bratislava / Spartak Trnava
1976	Banik Ostrava / Sparta Prag
1977	Dukla Prag / Lok Košice
1978	Zbrojovka Brno / Banik Ostrava
1979	Dukla Prag / Lok Košice
1980	Banik Ostrava / Sparta Prag
1981	Banik Ostrava / Dukla Prag
1982	Dukla Prag / Slovan Bratislava
1983	Bohemians Prag / Dukla Prag
1984	Sparta Prag / Sparta Prag
1985	Sparta Prag / Dukla Prag
1986	TJ Vitkovice / Spartak Trnava
Fußballer des Jahres	
1965	J. Popluhar (Slovan Bratislava)
1966	J. Masopust (Dukla Prag)
1967	J. Geleta (Dukla Prag)
1968	I. Viktor (Dukla Prag)
1969	L. Kuna (Spartak Trnava)
1970	K. Dobias (Spartak Trnava)
1971	K. Dobias (Spartak Trnava)
1972	I. Viktor (Dukla Prag)
1973	I. Viktor (Dukla Prag)
1974	J. Pivarnik (Slovan Bratislava)
1975	I. Viktor (Dukla Prag)
1976	I. Viktor (Dukla Prag)
1977	K. Kroupa (Zbrojovka Brno)
1978	Z. Nehoda (Dukla Prag)
1979	Z. Nehoda (Dukla Prag)
1980	A. Panenka (Bohemians Prag)
1981	J. Kozak (Dukla Prag)
1982	J. Fiala (Dukla Prag)
1983	L. Vizek (Dukla Prag)
1984	J. Berger (Sparta Prag)
1985	L. Vizek (Dukla Prag)
1986	J. Chovanec (Sparta Prag)

Kenneth **Dalglish**

Dänemark

Weltmeisterschaft
1986 Achtelfinale

Europameisterschaft
1984 Halbfinale

olympisches Fußballturnier
1906 1. Platz (Zwischenolympiade)
1908 2. Platz
1912 2. Platz
1948 3. Platz
1960 2. Platz

Landesmeister / Pokalsieger
1913 KB Kopenhagen / –
1914 KB Kopenhagen / –
1916 B 93 Kopenhagen / –
1917 KB Kopenhagen / –
1918 KB Kopenhagen / –
1919 AB Kopenhagen / –
1920 B 1903 Kopenhagen / –
1921 AB Kopenhagen / –
1922 KB Kopenhagen / –
1923 Frem Kopenhagen / –
1924 B 1903 Kopenhagen / –
1925 KB Kopenhagen / –
1926 B 1903 Kopenhagen / –
1927 B 93 Kopenhagen / –
1929 B 93 Kopenhagen / –
1930 B 93 Kopenhagen / –
1931 Frem Kopenhagen / –
1932 KB Kopenhagen / –
1933 Frem Kopenhagen / –
1934 B 93 Kopenhagen / –
1935 B 93 Kopenhagen / –
1936 Frem Kopenhagen / –
1937 AB Kopenhagen / –
1938 B 1903 Kopenhagen / –
1939 B 93 Kopenhagen / –
1940 KB Kopenhagen / –
1941 Frem Kopenhagen / –
1942 B 93 Kopenhagen / –
1943 AB Kopenhagen / –
1944 Frem Kopenhagen / –
1945 AB Kopenhagen / –
1946 B 93 Kopenhagen / –
1947 AB Kopenhagen / –

da Guia, Domingos Antonio („El divino mestre", „Der göttliche Meister"), Brasilien, geb. 19. 11. 1912 Bangu; rechter Verteidiger; begann 1929 beim AC Bangu u. spielte seit 1931 bei Vasco da Gama, Nacional Montevideo, Boca Júniors Buenos Aires, Flamengo Rio de Janeiro sowie (bis 1948) bei Corinthians São Paulo; 27 Länderspiele; internationales Debüt am 2. 7. 1931 gegen Ferencváros Budapest (6:1) in São Paulo; Länderspieldebüt am 6. 9. 1931 gegen Uruguay (2:0) in Rio de Janeiro; Länderspielabschied am 10. 2. 1946 gegen Argentinien (0:2) in Buenos Aires; bei der WM-Endrunde 1938 in Frankreich Gegenspieler des Italieners *S. Piola*. – Sein Sohn *Ademir* wandelte auf Vaters Spuren u. wurde ein gefürchteter internationaler Torjäger.

Daina, Andre, Dr., Schweiz, Schiedsrichter, geb. 1940; spielte 1950/70 bei Young Boys Bern u. Servette Genf; 4 Länderspiele (1965/66); 1973 Schiedsrichter; 1977 FIFA-Referee; 1984 EM-Endrundenschiedsrichter; 1986 WM-Endrundenschiedsrichter.

Dalglish, Kenneth („Kenny"), Schottland, geb. 4. 3. 1951 Glasgow; Halbstürmer u. Mittelfeldspieler; spielte 1964/66 bei Glasgow United u. 1967/77 bei Celtic Glasgow; seit 1977 beim FC Liverpool; 100 Länderspiele (30 Tore); internationales Debüt am 10. 11. 1971 gegen Belgien (1:0) in Aberdeen; WM-Endrundenteilnehmer 1974, 1978 u. 1982; Fußballer des Jahres 1974 (Schottland), 1979 u. 1983 (England). – Seit Mai 1985 Spielertrainer bei den „Reds". Abb. S. a. „Klub der Hunderter".

Dalymount Park ↑ Irland.

Dänemark, 43 069 km² (ohne Grönland u. Färöer-Inseln), etwa 5,1 Mill. Ew., 1 Fußballspieler je 24 Ew.; Verband *Dansk Boldspil-Union* („Dänischer Fußballverband"), Abk. *DBU*; gegr. 1889, Sitz *Kopenhagen*; Mitgl. der *FIFA* seit 1904, der *UEFA* seit 1954. – *Organisation:* 1500 Klubs; 350 Vertragsspieler, 85 000 Amateurspieler, gesamt 220 000 (einschl. Nachwuchs- u. AM-Spieler); *Spieljahr:* April–November; *Spielkleidung:* weiße Hose, rotes Hemd, rote Stutzen (Reserveausrüstung: rote Hose, weißes Hemd und weiße Stutzen); *Nationalstadion:* Idraetspark Kopenhagen, 48 000 (14 000 Sitz-, 34 000 Stehplätze), Flutlichtanlage (750 lx); *Stadien* (Auswahl): Idraetspark Aarhus, 24 000; Aalborg Stadion, 22 000; Odense-Stadion, 30 000. Tab.

Darmstadt 1898, SV *(Sportverein Darmstadt 1898 e. V.)*, Abk. *SV 98*, die „Lilien" (seit 1921), BRD; gegr. am 22. 5. 1898 als *FC Olympia 98*, am 11. 11. 1919 Fusion mit dem *Darmstädter Sport-Club* zur heutigen Bezeichnung (Emblem ↑ Tf. 14); ab 1964/65 Regionalliga Süd (1973 Meister); 1974/75 bis 1977/78 Zweite Liga Süd, 1978/79 u. 1981/82 1. Bundesliga; 2. Bundesliga seit 1982/83; zweimal Meister der Zweiten Liga Süd (1978 u. 1981). – *Spielkleidung:* Blau (od. weiße Hose, blaues Hemd, blaue Stutzen). *Heimstadion:* Stadion am Böllenfalltor, 32 000 Plätze, davon alle 4000 Sitzplätze überdacht (1921 erworben, 1951/52 umgebaut, 1974/75 ausgebaut).

Spieler (Auswahl): W. Bechtold – W. Bekker – W. Bernecker – P. Cestonaro – R. Dohmann – M. Drexler – H. Droste – K. Eigl – K.-H. Emig – D. Frey – U. Hahn – J. Kalb – A. Keck – V. Kispert – W. Klein – G. Kleppinger – R. Koch – R. Korlatzki – U. Kuhl – R. Künkel – H. Lindemann – S. Lottermann – B. Metz – H. Pampuch – O. Posniak – H. Rohweder – D. Rudolf – D. Schabacker – A. Schmidt – W. Solz – E. Stein – A. Thalheimer – W. Wagner – J. Weber – W. Weiss – E. Westenberger. – **Trainer** (Auswahl): J. Berger – L. Buchmann – L. Kleim – U. Klug – E. Lehner – H. Lucas – R. Momirski – W. Olk – K. Schlappner.

Darüberhalten, Aufsetzen der Sohle auf das Schußbein des Gegners in dem Augenblick, da dieser den Ball abspielt bzw. -schießt; verbotene u. rohe Spielweise, die mit *direktem Freistoß* (od. *Strafstoß* [im Strafraum]) bestraft wird. Das Vorsetzen des am Boden bleibenden Fußes vor den Ball wird fälschlich oft als Darüberhalten ausgelegt, ist es aber nicht.

Dasarath Rangasala, Nationalstadion von ↑ Nepal.

Dassajew, Rinat, UdSSR, geb. 13. 7. 1957 Astrachan; Torhüter; spielte 1969 bis 1977 bei Wolgar Astrachan; seit 1977 bei Spartak Moskau; 66 Länderspiele;

internationales Debüt am 5. 9. 1979 gegen die DDR (1:0) in Moskau; WM-Endrundenteilnehmer 1982 u. 1986; gewann bei Olympia Bronze 1980; Fußballer des Jahres 1982. Abb.

DBU ↑ Dänemark.

DC ↑ CONCACAF.

DDR, Abk. für *Deutsche Demokratische Republik*, 108 333 km², etwa 16,7 Mill. Ew., 1 Fußballspieler je 29 Ew.; Verband *Deutscher Fußball-Verband der DDR*, Abk. *DFV der DDR*; gegr. 17. 5. 1958, Sitz *Berlin*; Mitgl. der *FIFA* seit 1952, der *UEFA* seit 1954. – *Organisation:* 5700 Klubs und Gemeinschaften; 570 000 Spieler (einschl. Nachwuchs- u. AM-Spieler); *Spieljahr:* August–Juni (mit Winterpause); *Spielkleidung:* blaue Hose, weißes Hemd, weiße Stutzen (Reserveausrüstung: weiße Hose, blaues Hemd, blaue Stutzen); *Nationalstadion:* ↑ Zentralstadion (1), Leipzig; *Stadien* (Auswahl): ↑ Stadion der Weltjugend, Berlin; Ernst-Thälmann-Stadion, Karl-Marx-Stadt, 45 000; Georgi-Dimitroff-Stadion, Zwickau, 45 000; ↑ Dynamo-Stadion, Dresden, ↑ Ernst-Grube-Stadion, Magdeburg; Stadion der Freundschaft, Gera, 30 000; Kurt-Wabbel-Stadion, Halle, 30 000; ↑ Georgi-Dimitroff-Stadion, Erfurt; ↑ Ostseestadion, Rostock; Bruno-Plache-Stadion, Leipzig, 25 500; Otto-Grotewohl-Stadion, Aue, 25 000; Paul-Greifzu-Stadion, Dessau, 25 000; Alte Försterei, Berlin, 25 000; Georg-Schwarz-Sportpark, Leipzig, 23 000; Dr.-Kurt-Fischer-Stadion, Karl-Marx-Stadt, 22 000; ↑ Friedrich-Ludwig-Jahn-Sportpark, Berlin. Tab.

DDR-Liga, svw. ↑ Liga (2).

DDR-Oberliga, svw. ↑ Oberliga (1).

Dean, William Ralph („Dixie"), England, 24. 7. 1903–1980; Mittelstürmer; spielte als 16jähriger in Liverpool bei den Tranmere Rovers (bis 1924), 1925/38 beim FC Everton sowie 1939/42 bei Notts County; absolvierte bis 1937/38 399 Ligaspiele u. schoß 379 Tore; stellte 1927/28 in 39 Spielen einen Ligatorrekord mit 60 Treffern auf; gab sein Länderspieldebüt am 12. 2. 1927 gegen Wales (3:3) in Wrexham (2 Tore). Bis zum 17. 10. 1932 gegen Nordirland (1:0) in Blackpool bestritt D. 16 Länderspiele u. schoß dabei 18 Tore, davon 12 in den ersten 5 Spielen.
1928 u. 1932 wurde er mit Everton Meister, 1933 Cupsieger. D. konnte auf 37 ↑ Hat-Tricks in seiner Karriere verweisen. 1925 erlitt er einen Schädelbruch (Autounfall), blieb aber trotzdem ein exzellenter Kopfballspezialist. 1938 ersetzte man ihn in Everton durch *T. Lawton*, u. D. wechselte zu Notts County. 1939 spielte er ein halbes Spieljahr für Sligo Rovers (Irland). – Bei Ausbruch des 2. Weltkrieges beendete er seine Laufbahn. 1976 wurde ihm das rechte Bein amputiert.

Rinat **Dassajew**

Debakel, hohe (deftige) Niederlage gegen einen in der Vergangenheit gleichwertigen Gegner, z. B. im Punktspielbetrieb.

Debüt [französ.], erster öffentlicher Auftritt (Einsatz) eines *Debütanten* in einer Mannschaft, einem Klub od. in einer Auswahl, z. B. *D. in der ersten Mannschaft, internationales D.* (auf Klub- od. Auswahlebene *[Länderspiel-D.]*) usw.

Decken, Bewachen eines Gegenspielers, ihn in seiner Bewegungsfreiheit einschränken u. damit seine Aktionen stören.

Decker, Karl, Österreich, Trainer, geb. 5. 9. 1921 Wien; Halbstürmer; spielte u. a. bei Vienna Wien, Sturm Graz, FC Sochaux u. FC Grenchen; 38 Länder-

1948	KB Kopenhagen / –
1949	KB Kopenhagen / –
1950	KB Kopenhagen / –
1951	AB Kopenhagen / –
1952	AB Kopenhagen / –
1953	KB Kopenhagen / –
1954	Köge BK / –
1955	Aarhus GF / Aarhus GF
1956	Aarhus GF / Frem Kopenhagen
1957	Aarhus GF / Aarhus GF
1958	Vejle BK / Vejle BK
1959	Odense 1909 / Vejle BK
1960	Aarhus GF / Aarhus GF
1961	Esbjerg BK / Aarhus GF
1962	Esbjerg BK / Odense 1909
1963	Esbjerg BK / Odense 1909
1964	Odense 1909 / Esbjerg BK
1965	Esbjerg BK / Aarhus GF
1966	Hvidovre Kopenhagen / Aalborg BK
1967	AB Kopenhagen / SK Freja Randers
1968	KB Kopenhagen / SK Freja Randers
1969	B 1903 Kopenhagen / KB Kopenhagen
1970	B 1903 Kopenhagen / Aalborg BK
1971	Vejle BK / Odense 1909
1972	Vejle BK / Vejle BK
1973	Hvidovre Kopenhagen / SK Freja Randers
1974	KB Kopenhagen / Vanløse IF
1975	Köge BK / Vejle BK
1976	B 1903 Kopenhagen / Esbjerg BK
1977	Odense BK / Vejle BK
1978	Vejle BK / Frem Kopenhagen
1979	Esbjerg BK / B 1903 Kopenhagen
1980	KB Kopenhagen / Hvidovre Kopenhagen
1981	Hvidovre Kopenhagen / Vejle BK
1982	Odense BK / B 93 Kopenhagen
1983	B 1903 Lyngby / Odense BK
1984	Vejle BK / B 1903 Lyngby
1985	Bröndby Kopenhagen / B 93 Kopenhagen
1986	Aarhus GF / B 1903 Kopenhagen

Fußballer des Jahres

1966	L. Nielsen (Frem Kopenhagen)
1967	J. Hansen (Vejle BK)
1968	H. Munk Jensen (Aalborg BK)
1969	A. Michaelsen (BK Kopenhagen 03)
1970	J. Larsen (AB Kopenhagen)

1971 B. Petersen (Hvidovre Kopenhagen)
1972 P. Röntved (Bronshöj BK)
1973 H. Aabach (Hvidovre Kopenhagen)
1974 N.-C. Holmström (KB Kopenhagen)
1975 H. M. Jensen (Aalborg BK)
1976 F. Ahlberg (Frem Kopenhagen)
1977 A. Hansen (Odense BK)
1978 O. Kjaer (Esbjerg BK)
1979 J. J. Bertelsen (Esbjerg BK)
1980 L. Bastrup (Aarhus GF)
1981 A. Hansen (Odense BK)
1982 M. Laudrup (Bröndby Kopenhagen)
1983 M. Olsen (RSC Anderlecht)
1984 P. Elkjaer-Larsen (Hellas Verona)
1985 M. Laudrup (Juventus Turin)
1986 M. Olsen (1. FC Köln)

DDR

Weltmeisterschaft
1974 Endrunde

olympisches Fußballturnier
1964 3. Platz
1972 3. Platz
1976 1. Platz
1980 2. Platz

EC II
1974 1. FC Magdeburg

Landesmeister / Pokalsieger
1948 SG Planitz (Ostzonenmeister) / –
1949 ZSG Union Halle (Ostzonenmeister) / Waggonbau Dessau
1950 Horch Zwickau / EHW Thale
1951 Chemie Leipzig / –
1952 Turbine Halle / Volkspolizei Dresden
1953 Dynamo Dresden / –
1954 SC Turbine Erfurt / ASK Vorwärts Berlin
1955 SC Turbine Erfurt / SC Wismut Karl-Marx-Stadt
1956 SC Wismut Karl-Marx-Stadt / SC Chemie Halle-Leuna
1957 SC Wismut Karl-Marx-Stadt / SC Lok Leipzig
1958 ASK Vorwärts Berlin / SC Einheit Dresden
1959 SC Wismut Karl-Marx-Stadt / SC Dynamo Berlin
1960 ASK Vorwärts Berlin / SC Motor Jena

spiele (30 für Österreich [1945/52] u. 8 für Deutschland [1942, nach Annexion Österreichs]). – Vom 16. 10. 1958 bis 28. 2. 1964 (36 Spiele) Verbandskapitän Österreichs. Jetzt Präsident des *BÖFL*.

Deckung, Bez. für die verteidigenden Mannschaftsteile u. ihre Abwehrtätigkeit.

Deckungsspieler, svw. ↑ Abwehrspieler.

Deepdale Ground ↑ Preston North End.

Defensive, svw. *Abwehrhaltung*.

seit 1960 Schiedsrichter; 1971 1. Division; 1973 FIFA-Referee; leitete 1980 das erste UEFA-Pokalendspiel Borussia Mönchengladbach–Eintracht Frankfurt/Main (3:2).

De la Beaujoire ↑ Nantes, FC.

Delaunay, Henri, Frankreich, Funktionär, geb. 15. 6. 1883, gest. 9. 11. 1955; Mitbegründer des *Französischen Fußballverbandes* u. dessen Generalsekretär von 1919 bis zu seinem Tod; am

Pierre **Delaunay**

Jupp **Derwall**

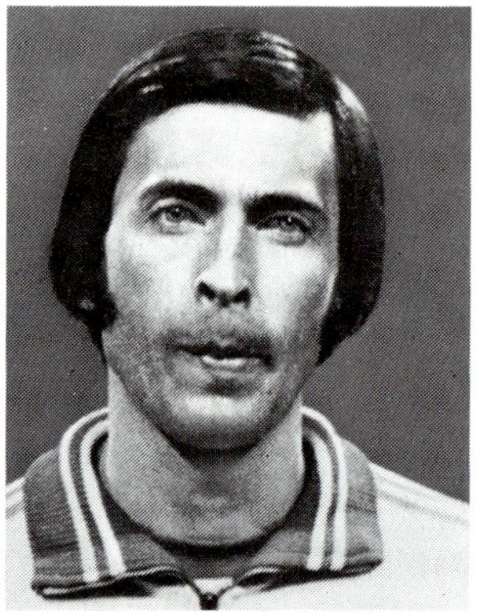

Kazimierz **Deyna**

Defensivspiel, überbetontes, oft ängstliches Abwehrverhalten einer Mannschaft mit daraus resultierender Schwächung des eigenen offensiven Mittelfeld- u. des Angriffsspieles. Das D. ist vom gewählten *Spielsystem* unabhängig, weil es vom spielerisch überlegenen Gegner objektiv aufgezwungen wird, sei es in entscheidenden Spielphasen od. während der gesamten Spieldauer. Eine spieltechnisch unterlegene Mannschaft kommt in der Regel nicht umhin, von Beginn an auf D. zu orientieren, um dem Gegner durch Verdichten (Verstärken) der Abwehr das Toreschießen zu erschweren. S. a. Offensivspiel.

Degiorgio, Michael, Malta, geb. 1960 Valletta; Abwehrspieler; spielt seit 1974 bei Hamrun Spartans; 26 Länderspiele (4 Tore); internationales Debüt am 14. 6. 1981 gegen Liechtenstein (1:1) in Vaduz (Torschütze).

de Guruceta y Muro, Emilio Carlos, Spanien, Schiedsrichter, geb. 1941 San Sebastian; spielte 1941/51 unterklassig;

22. 6. 1954 zum ersten UEFA-Generalsekretär (ehrenamtlich) gewählt (bis 1955); Ritter der Ehrenlegion; gehörte dem *International Football Association Board* an. Ihm zu Ehren trug der Europapokal der Nationen den Beinamen „Henri Delaunay". – 1956/59 amtierte sein Sohn *Pierre D.* als hauptamtlicher UEFA-Generalsekretär. Abb.

Delegierung, *DDR* Entsendung eines (meist) jungen, überdurchschnittlich talentierten Spielers aus einer Betriebssportgemeinschaft zu einem Fußballklub. D. gehen im gegenseitigen Einvernehmen vonstatten u. führen die Spieler zielstrebig an höhere Aufgaben heran, denen sie auf Dauer gewachsen sein müssen. Ansonsten erfolgt *Rück-D.*

Delfour, Edmond, Frankreich, geb. 1. 11. 1907 Ris-Orangis; Läufer u. Halbstürmer; spielte seit 1923 für E.S. Viry-Chatillon, Draveil, Juvisy, Stade Français u. Racing Paris; 41 Länderspiele (1929/38); WM-Endrundenteilnehmer 1930, 1934 u. 1938; spielte 1937 für Westeuropa in Amsterdam gegen Zentraleuropa (1:3). – Später Trainer in Frankreich u. Belgien.

del Sol, Luis, Spanien, geb. 6. 4. 1935; Halbrechter, Läufer; spielte 1959/62 bei Real Madrid u. 1963/70 bei Juventus Turin; 18 Länderspiele (4 Tore); internationales Debüt am 15. 5. 1960 gegen England (3:1) in Madrid; Länderspielabschied am 15.7.1966 gegen die Schweiz (2:1) in Sheffield (WM-Endrunde); WM-Endrundenteilnehmer 1962 u. 1966.

De Meer ↑ Amsterdam, SC Ajax.

Derby [nach einem engl. Grafen], eigtl. *Pferderennen*; seit geraumer Zeit auch für Wettkämpfe anderer Art gebraucht, im *Fußball* z. B. ↑ *Ortsderby*.

„Der Fußball-Trainer", BRD-Fachzeitschrift für alle Trainings- u. Wettkampffragen, gegr. 1949; erscheint monatlich im *Achalm-Verlag Reutlingen* (32 Seiten). – Herausgeber ist der Journalist *Sepp Scherbauer*.

Derwall, Josef („Jupp"), Trainer, geb. 10.3.1927; Halbstürmer; spielte für Rhenania Würselen, Alemannia Aachen u. Fortuna Düsseldorf; 2 Länderspiele (am 1. 12. 1954 gegen England [1:3] in London u. am 19. 12. 1954 gegen Portugal [3:0] in Lissabon). – Trainer seit 1959; 1962 beim FC Biel, 1962/64 bei Fortuna Düsseldorf u. 1964/70 Verbandstrainer des Saarlandes; 1970 Assistent von *H. Schön*, ab 11. 10. 1978 dessen Nachfolger als DFB-Auswahltrainer (bis 26. 6. 1984); seitdem bei Galatasaray Istanbul; Vizeweltmeister 1982; Europameister 1980. Abb.

Dessau, BSG Motor, DDR, Bezirksliga, gegr. 2. 2. 1950; 1945/48 *Dessau Nord* u. 1948/50 *BSG Waggonfabrik*; spielte Oberliga 1949/54; *Pokalsieger* 1949 (im ersten ausgespielten FDGB-Pokalwettbewerb überhaupt). – *Spielkleidung:* weiße Hose, rotes Hemd, rote Stutzen. *Heimstadion:* Sportplatz Schillerpark, 10000 Stehplätze.

Spieler (Auswahl): G. Bierbaum – P. Breitmann – F. Doebler – T. Dose – G. Ebert – W. Elze – E. Eschke – H. Höhne – G. Ilsch – K.-H. Ilsch – R. Kersten – W. Klank – F. Kusmierek – H. Manthey – H. Matthies – W. Rottmann – O. Schnelle – G. Stiller – R. Theile – W. Welzel. – **Trainer** (Auswahl): W. Braun – W. Elze – W. Fritzsch – H. Manthey – U. Meier – H. Ulbricht – W. Welzel.

Deutsche Demokratische Republik ↑ DDR.

Deutscher Fußballausschuß, seit 1947 in den 3 westlichen Besatzungszonen Vorläufer (Vorsitz: Dr. *Peco Bauwens*) des formell am 21. 1. 1950 neu zu gründenden DFB; ihm voraus gingen 1945 die *Fußballsparten* (über diese wuchsen die ersten Landes- u. Regionalverbände hinaus) u. der *bizonale Fußballausschuß*.

Deutscher Sportausschuß, Abk. *DS*,

Deutschland bis 1945; WM-Dritter 1934 *(von links)*: Haringer – Hohmann – Kreß – Siffling – Zielinski – Schwartz – Conen – Kobierski – Janes – Lehner – Szepan.

1962 ASK Vorwärts Berlin / SC Chemie Halle
1963 SC Motor Jena / Motor Zwickau
1964 Chemie Leipzig / SC Aufbau Magdeburg
1965 ASK Vorwärts Berlin / SC Aufbau Magdeburg
1966 FC Vorwärts Berlin / Chemie Leipzig
1967 FC Karl-Marx-Stadt / Motor Zwickau
1968 FC Carl Zeiss Jena / 1. FC Union Berlin
1969 FC Vorwärts Berlin / 1. FC Magdeburg
1970 FC Carl Zeiss Jena / FC Vorwärts Berlin
1971 Dynamo Dresden / Dynamo Dresden
1972 1. FC Magdeburg / FC Carl Zeiss Jena
1973 Dynamo Dresden / 1. FC Magdeburg
1974 1. FC Magdeburg / FC Carl Zeiss Jena
1975 1. FC Magdeburg / Sachsenring Zwickau
1976 Dynamo Dresden / 1. FC Lok Leipzig
1977 Dynamo Dresden / Dynamo Dresden
1978 Dynamo Dresden / 1. FC Magdeburg
1979 Berliner FC Dynamo / 1. FC Magdeburg
1980 Berliner FC Dynamo / FC Carl Zeiss Jena
1981 Berliner FC Dynamo / 1. FC Lok Leipzig
1982 Berliner FC Dynamo / Dynamo Dresden
1983 Berliner FC Dynamo / 1. FC Magdeburg
1984 Berliner FC Dynamo / Dynamo Dresden
1985 Berliner FC Dynamo / Dynamo Dresden
1986 Berliner FC Dynamo / 1. FC Lok Leipzig

Fußballer des Jahres
1963 M. Kaiser (Wismut Aue)
1964 K. Urbanczyk (HFC Chemie)
1965 H. Weigang (1. FC Lok Leipzig)
1966 J. Nöldner (FC Vorwärts Berlin)
1967 D. Erler (FC Karl-Marx-Stadt)
1968 B. Bransch (HFC Chemie)
1969 E. Vogel (FC Karl-Marx-Stadt)
1970 R. Ducke (FC Carl Zeiss Jena)

1971	P. Ducke (FC Carl Zeiss Jena)
1972	J. Croy (Sachsenring Zwickau)
1973	H.-J. Kreische (Dynamo Dresden)
1974	B. Bransch (HFC Chemie)
1975	J. Pommerenke (1. FC Magdeburg)
1976	J. Croy (Sachsenring Zwickau)
1977	H.-J. Dörner (Dynamo Dresden)
1978	J. Croy (Sachsenring Zwickau)
1979	J. Streich (1. FC Magdeburg)
1980	H.-U. Grapenthin (FC Carl Zeiss Jena)
1981	H.-U. Grapenthin (FC Carl Zeiss Jena)
1982	R. Schnuphase (FC Carl Zeiss Jena)
1983	J. Streich (1. FC Magdeburg)
1984	H.-J. Dörner (Dynamo Dresden)
1985	H.-J. Dörner (Dynamo Dresden)
1986	R. Müller (1. FC Lok Leipzig)

Deutschland bis 1945

Weltmeisterschaft

1934	3. Platz
1938	Achtelfinale

Landesmeister / Pokalsieger

1903	VfB Leipzig / –
1905	Union 92 Berlin / –
1906	VfB Leipzig / –
1907	Freiburger FC / –
1908	Viktoria 89 Berlin / –
1909	Phönix Karlsruhe / –
1910	Karlsruher FV / –
1911	Viktoria 89 Berlin / –
1912	Holstein Kiel / –
1913	VfB Leipzig / –
1914	SpVgg Fürth / –
1920	1. FC Nürnberg / –
1921	1. FC Nürnberg / –
1923	Hamburger SV / –
1924	1. FC Nürnberg / –
1925	1. FC Nürnberg / –
1926	SpVgg Fürth / –
1927	1. FC Nürnberg / –
1928	Hamburger SV / –
1929	SpVgg Fürth / –
1930	Hertha BSC Berlin / –
1931	Hertha BSC Berlin / –
1932	FC Bayern München / –
1933	Fortuna Düsseldorf / –
1934	FC Schalke 04 / –
1935	FC Schalke 04 / 1. FC Nürnberg

1948/52 höchstes Organ der demokratischen Sportbewegung (gegr. 1. 10. 1948 in Berlin); 1957 aufgelöst (Gründung des *DTSB der DDR*).

Deutsches Sportecho, *DDR* Sporttageszeitung, gegr. 1947 u. herausgegeben vom Sportverlag, Berlin; erscheint montags bis freitags mit ausführlichem Fußballteil (insbes. in der Montagsausgabe).

Deutschland bis 1945, Verband *Deutscher Fußball-Bund*, Abk. *DFB*; gegr. 28. 1. 1900, Sitz *Leipzig* (seit 1928 *Berlin*); Mitgl. der *FIFA* seit 1904. – *Organisation* (1930): insgesamt 8600 Vereine, 1,25 Mill. Amateurspieler (einschl. Nachwuchs- u. AM-Spieler); *Spieljahr:* September bis Juni; *Spielkleidung:* schwarze Hose, weißes Hemd sowie schwarze Stutzen; *Nationalstadion:* ↑ Olympiastadion (2). – Am 11. 3. 1938 annektierte Deutschland Österreich u. gliederte es sich als „Ostmark" an. Abb. Tab.

de Vecchi, Renzo, Italien, 1894–1967; Verteidiger; spielte 1908/13 beim FC Milan (Vorläufer des AC Mailand) u. 1913/25 beim FC Genua 93; 43 Länderspiele; internationales Debüt am 26. 5. 1910 gegen Ungarn (1:6) in Budapest; Länderspielabschied am 22. 3. 1925 gegen Frankreich (7:0) in Turin; Teilnehmer am olympischen Fußballturnier 1912, 1920 u. 1924. – Italiens überragender Spieler vergangener (Amateur-) Zeiten.

Deyna, Kazimierz, Polen, geb. 23. 9. 1947 Stargard (Stargard Szczeciński); Halbstürmer; spielte 1960/66 bei Wlókniarz Starogard, 1966 bei LKS Lodz, 1966/77 bei Legia Warschau, 1977/80 bei Manchester City u. 1981/82 bei San Diego Soccers (USA); 102 Länderspiele (45 Tore, 1968/78); poln. Rekordnationalspieler; 94 Ligatore; WM-Endrundenteilnehmer 1974 u. 1978; gewann bei Olympia 1972 Gold u. 1976 Silber; Fußballer des Jahres 1969 u. 1972. Abb. S. a. „Klub der Hunderter".

DFB, 1. ↑ Deutschland bis 1945.
2. ↑ BRD.

DFB-Trainer, seit 1926 offizielle Bez. für die Funktion des verantwortlichen *Nationalmannschaftstrainers* im DFB; auch allgemein für einen beim DFB angestellten Trainer gebraucht. Tab.

DFB-Vereinspokal, a) ein 1935 bis 1943 jährlich ausgetragener Pokalwettbewerb für die Vereinsmannschaften in *Deutschland* (s. a. Deutschland bis 1945 [Tab.]); b) seit 1953 in der *BRD* ausgespielter Pokalwettbewerb, ausgetragen im K.-o.-System. Endet ein Spiel nach Verlängerung unentschieden, findet ein Rückspiel auf gegnerischem Platz statt. Fällt auch hierbei keine Entscheidung, wird der Sieger durch Strafstoßschießen ermittelt. S. a. BRD (Tab.).

DFV der DDR ↑ DDR.

DHfK, Abk. *Deutsche Hochschule für Körperkultur*, 1950 in Leipzig gegründet.

Diagonalkontrollsystem, eine einheitliche Kontrollmethode für die koordinierte Bewegungsfolge von Schiedsrichter u. Linienrichtern. Die gedachte Diagonale, auf der sich der Schiedsrichter bewegt, ist die Linie A–B (Abb.). Die

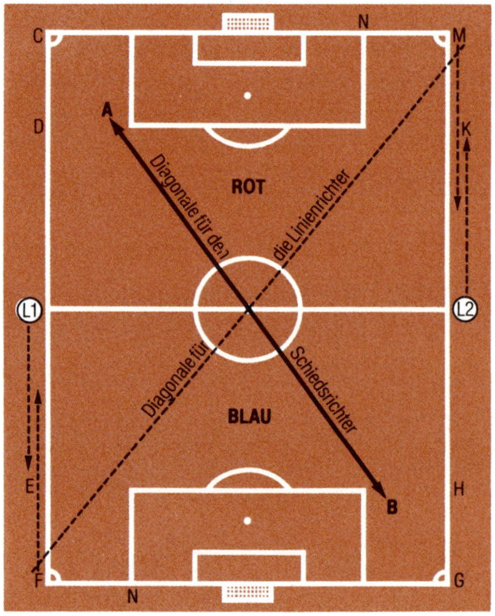

Diagonalkontrollsystem

entgegengesetzte, von den Linienrichtern befolgte Diagonale richtet sich nach der Position des Schiedsrichters. Wenn der Schiedsrichter sich bei A aufhält, befindet sich Linienrichter L2 zwischen M u. K. Ist der Schiedsrichter bei B, muß Linienrichter L1 zwischen E u. F

sein; dadurch wird die Aktionszone durch **2** Offizielle überwacht, je einer auf jeder Spielfeldseite.
L1 betrachtet die ROTEN als seine Mannschaft, L2 die BLAUEN. Greifen die ROTEN das Tor der BLAUEN an, hält sich L1 auf der Höhe des letzten blauen Feldspielers auf, so daß er sich praktisch kaum in der Spielfeldhälfte der ROTEN befindet. In gleicher Weise bewegt sich L2 auf der Höhe des letzten roten Feldspielers u. wird deshalb selten in die Spielfeldhälfte der BLAUEN kommen. Bei *Eck-* od. *Strafstößen* befindet sich der Linienrichter, in dessen Spielfeldhälfte die Ausführung erfolgt, bei N, u. der Schiedsrichter *läuft in Stellung*.
Das D. geht fehlt, wenn sich L2 zwischen G u. H aufhält u. der Schiedsrichter sich bei B befindet, od. wenn L1 zwischen C u. D ist u. der Schiedsrichter sich bei A aufhält, weil sich dann **2** Offizielle (fast) an der gleichen Stelle befinden. – Einige Schiedsrichter bevorzugen die entgegengesetzte Diagonale, d. h. diejenige von F zu M. In diesem Fall müssen sich die Linienrichter danach richten u. die entsprechenden Positionen einnehmen. Abb.

Diagonalpaß ↑ Paß.

di Carlo, Horst, Schiedsrichter, geb. 26. 5. 1934 Burgstädt; Läufer; spielte 1949/53 bei Fortschritt Burgstädt; 1953 Schiedsrichter; 1968/80 Oberliga-, seit 1977 internationaler Schiedsrichter; 3 EC-Spiele; leitete über 1 280 Spiele.

Dichtmachen, svw. ↑ „Mauern".

Didi, eigtl. *Valdir Pereira*, Brasilien, geb. 8. 10. 1928 Campos; Mittelfeldspieler; er spielte u. a. bei Americano Rio Branco/Campos (1945/46), Lencoes/São Paulo (1946), Madureira/Rio de Janeiro (1946/50), Fluminense Rio de Janeiro (1950/56), Botafogo (1956/58), Real Madrid (1958/60), Botafogo (1960 bis 1962) u. FC São Paulo (1962/66); nahm an 3 WM-Endrunden teil (1954, 1958 u. 1962); genialer Regisseur des von Brasilien kreierten 4-2-4-Systems; 73 Länderspiele (20 Tore); Länderspieldebüt am 6. 4. 1952 gegen Mexiko (2:0) in Santiago de Chile; Länderspielabschied am 17. 6. 1962 gegen die ČSSR (3:1) in Santiago de Chile (WM-Endspiel). – Später arbeitete D. als Trainer; u. a. 1963/64 bei Sporting Cristal Lima (Peru), 1964 bei Botafogo, 1965 bei Veracruz (Mexiko), u. 1966/67 beim FC São Paulo. 1970 betreute er die Nationalmannschaft Perus bei der WM-Endrunde in Mexiko. Weitere Trainerstationen waren River Plate Buenos Aires (1971/72), Fenerbahce Istanbul (1972/75), Saudi-Arabien u. seit 1981 Atlético Mineiro u. Cruzeiro Belo Horizonte (Brasilien). S. a. Tf. 24 *(unten)*.

„Die Neue Fußballwoche", Abk. „fuwo", Berlin, erscheint wöchentlich (16 Seiten); Organ des DFV der DDR; am 11. Oktober 1949 zum erstenmal herausgegeben; Auflagenhöhe: 300 000; Chefredakteur zwischen 1950 u. 1985: *Klaus Schlegel*, jetzt: *Jürgen Nöldner*, Tab.

Dietz, Bernard („Enatz"), geb. 22. 3. 1948; Verteidiger; spielte 1962/70 bei SV Bochum-Hövel u. 1970/82 beim MSV Duisburg; seitdem beim FC Schalke 04; 53 Länderspiele, 19mal Spielführer; internationales Debüt am 22. 12. 1974 gegen Malta (1:0) in Valletta; Länderspielabschied am 19. 5. 1981 gegen Brasilien (1:2) in Stuttgart; WM-Endrundenteilnehmer 1978; EM-Endrundenteilnehmer 1976 u. 1980; 487 Bundesligaspiele (77 Tore).

Diew, Todor, Bulgarien, geb. 1934; Stürmer; spielte 1949/67 bei Spartak Sofia u. Spartak Plowdiw; 55 Länderspiele (16 Tore); internationales Debüt am 13. 11. 1955 gegen die ČSSR (3:0) in Sofia; Länderspielabschied am 27. 10. 1965 gegen Belgien (0:5) in Brüssel; WM-Endrundenteilnehmer 1962; 146 Ligatore; Bulgariens bester Torschütze 1955, 1962 u. 1963.

Differdingen, Red Boys, Luxemburg, 1. Division; 6mal *Landesmeister* (zwischen 1923 u. 1979); 13mal *Pokalsieger* (zwischen 1925 u. 1985). 10 *EC-Teilnahmen:* 20 Spiele; 1 Sieg, 1 Unentschieden, 18 Niederlagen, 3:37 Punkte, 8:103 Tore. – *Spielkleidung:* weiße Hose, rotes Hemd, weiß-rote Stutzen. *Heimstadion:* Stade Municipal, 10 000 Plätze. – Bekannteste Spieler: *Dussier, Flenghi, Michaux* u. *Scheurer*. Abb.

1936	1. FC Nürnberg / VfB Leipzig
1937	FC Schalke 04 / FC Schalke 04
1938	Hannover 96 / Rapid Wien
1939	FC Schalke 04 / 1. FC Nürnberg
1940	FC Schalke 04 / Dresdner SC
1941	Rapid Wien / Dresdner SC
1942	FC Schalke 04 / TSV 1860 München
1943	Dresdner SC / Vienna Wien
1944	Dresdner SC / –

DFB-Trainer

BRD

1950/64	S. Herberger
1964/78	H. Schön
1978/84	J. Derwall
seit 1984	F. Beckenbauer[1]

[1]) Teamchef, d. h. ohne offizielle Trainerlizenz

Red Boys Differdingen

„Die Neue Fußballwoche"

Redakteure
M. Binkowski
D. Buchspieß
J. Pfitzner
G. Simon

ständige Mitarbeiter
A. Baingo
P. Brandes
W. Brumm
H. G. Burghause
G. Elbracht
H. Friedemann
R. Gabriel
H. Gehne
H. Heidrich
W. Hempel
H. Müller
R. Nachtigall
G. Oertel
P. Palitzsch
H. Schulze
S. Stolz
W. Stück
H. Szulakowski
K. Thiemann
D. Wales
G. Weigel
G. Zaplo

Dimitrija Tucovica ↑ Novi Sad, FK Vojvodina.

Dimitrow, Iwan, Bulgarien, geb. 14. 5. 1935, Verteidiger; spielte 1947/72 bei Lokomotive, Spartak, Lewski/Spartak u. Akademik Sofia; 70 Länderspiele; internationales Debüt am 21. 7. 1957 gegen die UdSSR (0:4) in Sofia; Länderspielabschied am 2. 6. 1970 gegen Peru (2:3) in Léon; WM-Endrundenteilnehmer 1962, 1966 (nicht eingesetzt) u. 1970.

Direktschuß

Alfredo **di Stéfano**

Dinamo, in *Albanien, Jugoslawien* u. *Rumänien* svw. ↑ Dynamo, z. B. D. Tirana, D. Zagreb, D. Bukarest.

Dinu, Cornel, Rumänien, geb. 21. 2. 1949; Verteidiger, Libero; spielte 1959 bis 1966 bei Metalul Tirgoviste u. 1966/83 bei Dinamo Bukarest; 75 Länderspiele (Rekord, zwischen 1968 u. 1981); internationales Debüt am 1. 5. 1968 gegen Österreich (1:1) in Linz; Länderspielabschied am 15. 4. 1981 gegen Dänemark (1:2) in Kopenhagen; WM-Endrundenteilnehmer 1970; Fußballer des Jahres 1970, 1972 u. 1974.

Dirceu, Guimaraes José, Brasilien, geb. 15. 6. 1952 Curitiba; Halbstürmer; spielte 1968/71 bei Curitiba, 1972/75 bei Botafogo Rio de Janeiro, 1976 bei Fluminense Rio de Janeiro, 1977/78 bei Vasco da Gama Rio de Janeiro, 1978 bei America (Mexiko), 1979/83 beim AC Hellas Verona, 1983/84 beim SSC Neapel, 1984/85 bei Ascoli u. 1985/86 bei Como; WM-Endrundenteilnehmer 1978, 1982 u. 1986; 40 Länderspiele (10 Tore).

Direktablage, den Ball unmittelbar *(direkt)*, d. h. ohne weitere Zwischenberührung(en), zum Mitspieler weiterleiten.

direkter Freistoß ↑ Freistoß.

direktes Weiterleiten, svw. ↑ Verlängern.

Direktschuß, ein unmittelbar aus dem Spielgeschehen heraus erfolgender Torschuß, d. h. ohne vorheriges Anhalten des Balles. Abb.

Direktspiel, sofortiges Weiterleiten od. Ablegen *(Direktablage)* des Balles zum Mitspieler, d. h. ohne den Ball zuvor anzuhalten.

Dirigieren, positives Beeinflussen des Spielrhythmus od -ablaufs bzw. einer Spielhandlung durch einen (meist zentral postierten) überdurchschnittlichen u. in der Regel routinierten Spieler, u. zwar innerhalb einer ↑ Reihe (*Abwehr-, Mittelfeld-* od. *Angriffsdirigent*) od. die gesamte Mannschaft betreffend *(Spieldirigent)*. – Auch der Torhüter *dirigiert* (oftmals lautstark) seine Abwehr (z. B. bei deren Formieren bei Standardsituationen).

Distanzieren, deutliches Besiegen der gegnerischen Mannschaft.

Distanzschuß, (Tor-)Schuß aus größerer Entfernung *(Distanz)*.

di Stéfano, Alfredo („Saeta Rubia", „Blonder Pfeil"), Argentinien/Spanien, geb. 4. 7. 1926 Boca (Stadtteil von Buenos Aires), italien. Abstammung (Vater *Alfredo* war bei River Plate Buenos Aires Mittelstürmer); begann mit 12 Jahren bei Navarro als Halbstürmer, wechselte März 1942 zu River Plate, wo er seit 1944 neben *Pedernera, Labruna* u. *Deambrosi* in der 1. Mannschaft spielte; 1946 ein Spieljahr bei Huracan, 1947 wieder zurück zu River Plate; gab 1947 sein Länderspieldebüt in Guayaquil (Ekuador), wurde dort mit Argentinien Südamerikameister.

Nach dem Streik der Fußballprofis in Argentinien, 1948 durch die *F.A.A. (Fút-*

bolistas Argentinos Agremiados) ausgerufen, u. der Androhung, ihn nach Italien zu verkaufen, ging „Don Alfredo" mit *N. Rossi* als „Gesetzloser" nach Kolumbien zu Millonarios Bogotá u. wurde mit dem „Blauen Ballett" (nach der Trikotfarbe) 1949, 1951 u. 1952 Meister (292 Spiele, 259 Tore). Ab 1953 bei Real Madrid, absolvierte er bis 1964 624 Spiele u. schoß dabei 405 Tore für die „Königlichen".
1957 u. 1959 Europas Fußballer des Jahres; in Spanien 1957, 1959, 1960, 1962 u. 1964 Sportler des Jahres; 1963 Kapitän der FIFA-Auswahl im Spiel gegen England; span. Torschützenkönig 1954 (29 Tore), 1956 (24), 1957 (31), 1958 (19) u. 1959 (23); 1962 in Chile mit Spanien WM-Endrundenteilnehmer. Beendete seine Karriere bei Español Barcelona (1964/66). – Danach arbeitete er als Trainer beim span. Klub FC Elche (1967/68), bei Boca Júniors Buenos Aires (1969), der argentin. Nationalmannschaft (1970), beim FC Valencia (1971), bei Sporting Lissabon, FC Castilla, Real Madrid u. seit 1986 wiederum beim FC Valencia. Abb.

Distorsion [latein.], svw. ↑ Verstauchung.

Dittes, Karl, Trainer, geb. 27. 8. 1917 Oberplanitz; Halblinker; spielte 1926/33 beim Arbeitersportverein VfL Planitz, 1933/45 beim Planitzer SC, 1946/51 bei SG Planitz u. ZSG Horch Zwickau. – Trainer 1952/57 bei Wismut Aue u. beim SC Wismut Karl-Marx-Stadt, 1958/65 bei Motor Zwickau; mit SC Wismut Meister 1956 u. 1957 sowie Pokalsieger 1955; mit Motor Zwickau Pokalsieger 1963.

Division, engl. Bez. für *Spielklasse;* auch in anderen Ländern üblich, z. B. in Österreich für die *1.* u. *2. D.* der ↑ Bundesliga (2).

Divisionsverfahren, Errechnung der *Torquotienten* durch Division der erzielten Treffer durch die erhaltenen; früher bei punktgleichem Tabellenstand zweier od. mehrerer Mannschaften angewandt. Das D. benachteiligte bei positivem Torverhältnis die abwehrstärkeren u. bevorteilte bei negativem Torverhältnis die angriffsstärkeren Mannschaften. Es wurde mittlerweile allgemein durch das ↑ Subtraktionsverfahren abgelöst. Tab.

Dnepropetrowsk, Dnepr, UdSSR, Oberliga, gegr. 1936 *(Stahl)*, 1949/61 *Metallurg*, seit 1962 *Dnepr;* ab 1972 Oberliga (außer 1979, 1980); *Landesmeister* 1983. 2 *EC-Teilnahmen:* 12 Spiele; 5 Siege, 3 Unentschieden, 4 Niederlagen, 13:11 Punkte, 16:13 Tore. – *Spielkleidung:* weiße Hose, rotes Hemd, rote Stutzen. *Heimstadion:* Dnepr-Stadion Meteor, 34000 Plätze.

Spieler (Auswahl): Grigorenko – W. Kusnezow – G. Litowtschenko – O. Protassow – Schewtschuk – P. Schneidermann – O. Taran – Troschkin – Tschernych – Ulitzkij. – **Trainer** (Auswahl): W. A. Jemez – Lukaschenko.

Dobiáš, Karol, ČSSR, geb. 18. 12. 1947 Trnava; Libero u. Verteidiger; spielte 1961/67 bei Banik Handlova, 1967/77 bei Spartak Trnava, 1977/80 bei Bohemians Prag u. 1980/85 beim SC Lokeren (Belgien); 67 Länderspiele (5 Tore); internationales Debüt am 3. 5. 1967 gegen die Schweiz (2:1) in Basel; Länderspielabschied am 9. 2. 1980 gegen Australien (2:2) in Melbourne; WM-Endrundenteilnehmer 1970; EM-Endrundenteilnehmer 1976; Fußballer des Jahres 1970 u. 1971; 344 Punktspiele (20 Tore). – Seit 1984 Trainer bei Bohemians Prag (Junioren). Abb.

Döbler, Hugo, Prof. Dr., Hochschullehrer, Wissenschaftsbereichsleiter an der DHfK Leipzig; geb. 18. 3. 1926 Jatznick; Halbrechter; spielte 1936/40 beim VfB Torgelow, 1940/43 bei TSV Jatznick u. 1950/60 bei der HSG DHfK Leipzig; 20facher Rugbynationalspieler; 1963/68 zweiter Trainer der DDR-Eishockeynationalmannschaft; (DFV-)Büro u. Präsidiumsmitglied; 1976/81 Chefverbandstrainer u. Trainerratsvorsitzender des DFV der DDR; von 1984 bis 1986 DFV-Vizepräsident. Abb.

Dobrin, Nicolae, Rumänien, geb. 26. 8. 1947; Stürmer, Mittelfeldspieler; spielte 1962/79 bei Arges Pitesti u. 1979/81 bei CS Tirgoviste; 48 Länderspiele; internationales Debüt am 1. 6. 1966 gegen die BRD (0:1) in Ludwigshafen; Länderspielabschied am 2. 4. 1980 gegen die DDR

Divisionsverfahren (Beispiel)
gleicher Punktestand
bei *A* u. *B.* sowie bei *C.* u. *D.*
A 42:11 Tore, Torquotient 3,818
B 40:10 Tore, Torquotient 4
B vor *A*
C 11:42 Tore, Torquotient 0,262
D 10:40 Tore, Torquotient 0,25
C vor *D*

Karol **Dobiáš**

Hugo **Döbler**

Doubles

Deutschland bis 1945

1937 FC Schalke 04

DDR

1971 Dynamo Dresden
1977 Dynamo Dresden

BRD

1969 FC Bayern München
1978 1. FC Köln
1986 FC Bayern München

Österreich

1919 Rapid Wien
1920 Rapid Wien
1928 Admira Wien
1932 Admira Wien
1934 Admira Wien
1946 Rapid Wien
1947 Wacker Wien
1949 Austria Wien
1962 Austria Wien
1963 Austria Wien
1965 Linzer ASK
1966 Admira-Energie Wien
1968 Rapid Wien
1973 SSW Inssbruck
1975 SSW Innsbruck
1980 Austria Wien
1983 Rapid Wien
1986 Austria Wien

Schweiz

1910 Young Boys Bern
1911 Young Boys Bern
1927 Grasshoppers Zürich
1935 Lausanne Sports
1937 Grasshoppers Zürich
1942 Grasshoppers Zürich
1943 Grasshoppers Zürich
1944 Lausanne Sports
1952 Grasshoppers Zürich
1954 FC La Chaux-de-Fonds
1955 FC La Chaux-de-Fonds
1956 Grasshoppers Zürich
1958 Young Boys Bern
1966 FC Zürich
1967 FC Basel
1976 FC Zürich
1979 Servette Genf
1983 Grasshoppers Zürich

(2:2) in Bukarest; WM-Endrundenteilnehmer 1970; Fußballer des Jahres 1966, 1967, 1971 u. 1977; 391 Ligaspiele (106 Tore). – Später Trainer; u. a. bei Arges Pitesti.

Docherty, Thomas, Schottland, Trainer u. Manager; geb. 1929; Läufer; spielte 1945/49 bei Celtic Glasgow, 1949/58 bei Preston North End, 1958/61 bei Arsenal u. Chelsea London; bestritt 25 Länderspiele; internationales Debüt am 28. 11. 1951 gegen Wales (0:1) in Glasgow; Länderspielabschied am 11. 4. 1959 gegen England (0:1) in London; WM-Endrundenteilnehmer 1954. – 1962/67 Trainer u. Manager beim FC Chelsea, 1967 bei Rotherham United, 1968/69 bei Aston Villa, 1969/72 beim FC Porto, 1972/73 bei der Nationalmannschaft Schottlands, 1973/77 bei Manchester United, 1977/79 bei Derby County, 1979/80 bei Queens Park Rangers, 1980/81 bei Sydney Olympic sowie 1981/84 bei Preston North End.

Doličku ↑ Prag, Bohemians.

Dolmabace-Stadion ↑ Istanbul, Fenerbahce.

Domasos, Dimitrios („Mimis"), Griechenland, geb. 1941 Athen; spielte 1959/78 bei Panathinaikos Athen u. 1978/79 bei AEK Athen; 49 Länderspiele (5 Tore); internationales Debüt am 9. 12. 1964 gegen Wales (2:0) in Athen; Länderspielabschied am 9. 3. 1977 gegen Österreich (0:2) in Wien; Fußballer des Jahres 1972, 1973 u. 1976; über 500 Ligaspiele.

Domenghini, Angelo, Italien, geb. 25. 8. 1941 Lallio; war Rechtsaußen; spielte 1960/64 bei Atalanta Bergamo, 1964/69 bei Internazionale Mailand, 1969/73 bei US Cagliari u. 1974/76 bei AS Rom; 33 Länderspiele (7 Tore); internationales Debüt am 10. 11. 1963 gegen die UdSSR (1:1) in Rom; Länderspielabschied am 29. 4. 1972 gegen Belgien (0:0) in Mailand; WM-Endrundenteilnehmer 1970; EM-Endrundenteilnehmer 1968.

Dominikanische Republik, Republik im Osten der Insel Haïti, 48 734 km^2, etwa 5,8 Mill. Ew., ein Fußballspieler je 527 Ew.; Verband *Federación Dominicana de Fútbol* („Dominikanischer Fußballverband"), Abk. *FDF*; gegr. 1953, Sitz *Santo Domingo*; Mitgl. der *FIFA* seit 1958, der *CONCACAF* seit 1964. – *Organisation:* 130 Klubs; 11 000 Amateurspieler (einschl. Nachwuchs- u. AM-Spieler); *Spieljahr:* März–Dezember; *Spielkleidung:* weiße Hose, azurblaues Hemd, rote Stutzen (Reserveausrüstung: weiße Hose, weißes Hemd, rote Stutzen); *Nationalstadion:* Estadio Olimpico Juan Pablo Duarte, Santo Domingo, 30 000 (22 000 Sitz-, 8 000 Stehplätze); *Stadien* (Auswahl): Salcedo R. D., 10 000; Villa Tapia, Salcedo, 10 000.

Donezk, Schachtjor, UdSSR, Oberliga; gegr. 1935 („Stachanowez"), seit 1947 *Schachtjor* (Bergarbeiter); ab 1938 Oberliga (außer 1945/48, 1953/54 u. 1972); *Pokalsieger* 1961, 1962, 1980 u. 1983. 5 *EC-Teilnahmen:* 18 Spiele; 10 Siege, 3 Unentschieden, 5 Niederlagen, 23:13 Punkte, 30:24 Tore. – *Spielkleidung:* schwarze Hose, orangeschwarzes Hemd, schwarze Stutzen. *Heimstadion:* Schachtjor-Stadion mit 43 000 Plätzen od. Lokomotive-Stadion, 50 000 Plätze.

Spieler (Auswahl): J. Degtjarew – Dudinski – Federenko – L. Fissenko – P. Iwantschuk – N. Letysch – W. Nikolajew – Pjanich – J. Resnik – Safonow – M. Sokolowski – W. Staruchin – G. Suchich – W. Swjaginzew – W. Tschanow – P. Tretjakow. – **Trainer** (Auswahl): G. W. Masanow – W. W. Nossow – O. Oschenkow.

Doppelpaß ↑ Paß.

Doppelspitze, Bez. für die beiden Angriffsspieler im 4-4-2-System; antrittsschnelle Spieler mit ausgeprägten Dribbel- u. Torschußfähigkeiten.

Doppelstopper, Abwehrvariante mit 2 *Mittelverteidigern*; in dieser verstärkten Abwehr spielen 2 Dreierreihen relativ dicht hintereinander, wobei ein zurückgezogener Stürmer (in der Abb. Nr. 8) speziell den Mittelverteidiger unterstützt. Der gesamte *Abwehrblock* verschiebt sich je nach der Angriffsweise des Gegners. Die Formation mit D. wird häufig gegen Mannschaften angewendet, die schnell, beweglich u. kombinationsreich im Angriff spielen. Abb.

doppelte Lanzenspitze ↑ „System der Systemlosigkeit", „Punta de Lanza".

Dorner, Konrad, geb. 23. 6. 1938 Berlin; Rechtsverteidiger bzw. Mittelverteidiger; spielte 1949/55 bei SG Berlin-Grünau (jetzt BSG Luftfahrt), 1955/58 beim SC Motor Berlin bzw. TSC Berlin-Oberschöneweide u. 1958/68 beim SC Dynamo bzw. Berliner FC Dynamo; 2 Länderspiele (1958 gegen Albanien 1:1, gegen Norwegen 5:6). – 1975/83 stellvertretender Generalsekretär des DFV der DDR.

Dörner, Hans-Jürgen („Dixie"), geb. 25. 1. 1951 Görlitz; Libero; spielte 1960/67 bei Energie/Motor WAMA Görlitz u. 1967/86 bei Dynamo Dresden; 100 Länderspiele (9 Tore); internationales Debüt am 22. 6. 1969 gegen Chile (0:1) in Magdeburg; einhundertstes Länderspiel am 18. 5. 1985 gegen Luxemburg (3:1) in Babelsberg; gewann 1976 bei Olympia in Montreal die Goldmedaille; Fußballer des Jahres 1977, 1984 sowie 1985; 392 Oberligaspiele (65 Tore). – Jetzt Trainer. Abb. S. a. „Klub der Hunderter", Stoßarten (Abb.).

Dortmund 09, BV Borussia, BRD, gegr. 9. 12. 1909 (Emblem ↑ Tf. 4); 1. Bundesliga 1964/72 u. seit 1976; sechsmal Meister der Regionalliga West (1948, 1949, 1950, 1953, 1956, 1957); *Landesmeister* 1956, 1957 u. 1963; 1965 *DFB-Pokalsieger*; 1966 *Europapokalgewinner* (EC II). 7 *EC-Teilnahmen:* 35 Spiele; 16 Siege, 6 Unentschieden, 13 Niederlagen, 38:32 Punkte, 77:57 Tore. – *Spielkleidung:* schwarze Hose, gelbes Hemd, gelbe Stutzen. *Heimstadion:* ↑ Westfalenstadion.

Spieler (Auswahl): R. Abramczik – H. Bertram – U. Bittcher – H. Bracht – F. Brungs – W. Burgsmüller – H. Cieslarczyk – G. Cyliax – W. Dressel – A. Edvaldsson – A. Egli – L. Emmerich – H. Flügel – S. Held – H. Hrubesch – L. Huber – D. Hupe – E. Immel – H. Kapitulski – E. Kasperski – A. Kelbassa – M. Koch – F. Konietzka – P. Koschmieder – D. Kurrat – H. Kwiatkowski – A. Lenz – R. Libuda – R. Loose – M. Michallek – F. Mill – W. Neuberger – A. Niepieklo – F. Pagelsdorf – W. Peters – A. Preißler – M. Raducanu – R. Rüßmann – H. Sandmann – E. Schanko – E. Schlebrowski – A. Schmidt – W. Schneider – J. Schütz – D. Simmes – J. Sobieray – W. Sturm – F.-J. Tenhagen – H. Tilkowski – M. Votava – J. Wegmann – D. Wosab – M. Zorc. – **Trainer** (Auswahl): H. Burdenski – P. Csernai – P. Eppenhoff – O. Knefler – T. Konietzka – U. Lattek – H. Lindemann – M. Merkel – M. Michallek – H. Murach – O. Pfau – O. Rehhagel – E. Ribbeck – C.-H. Rühl – R. Saftig – H. Schmidt – B. Zebec.

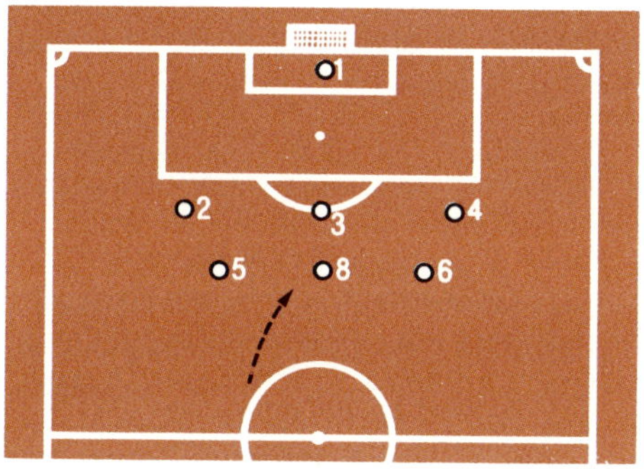

Doppelstopper; *hier* 3 u. 8

Double [französ., „Doppel"], Gewinn des Meister- u. Pokaltitels innerhalb eines Spieljahres. Tab.

Drake, Edward J. („Ted"), England, geb. 16. 8. 1912; Mittelstürmer; spielte 1923/34 beim FC Southampton u. beim FC Arsenal London (1934/1945); 5 Länderspiele (6 Tore); internationales Debüt am 14. 11. 1934 gegen Italien (3:2) in London; Länderspielabschied am 26. 5. 1938 gegen Frankreich (4:2) in Paris; 240 Ligaspiele (197 Tore, davon 123 in 196 Spielen für Arsenal); kreierte am 14. 12. 1935 gegen Aston Villa Birmingham mit 7 Toren (6 davon mit den ersten 6 Schüssen) einen Ligatorjägerrekord. – Später Manager bei FC Reading 1871, FC Chelsea London (Meister 1955) u. F.C. Barcelona (hier 1969 kurzzeitig Assistenz-Manager).

Drehschuß, svw. *Schuß aus der Drehung*; nicht zu verwechseln mit ↑ Effetstoß.

Dreiangel, svw. ↑ oberes Toreck.

Dresden, FSV Lokomotive, DDR, Bezirksliga, gegr. 6. 1. 1966; Vorgänger waren *SG Mickten*, Mai 1950 *BSG Sachsenverlag*, 1951/54 *BSG Rotation* u. 1954/65 *SC Einheit*; danach *FSV Lok*; Oberliga 1950/62. – *Spielkleidung:* schwarze Hose, weißes Hemd, weiße Stutzen. *Heimstadion:* Sportplatz Pieschener Allee 21 (seit 1970, vorher *Heinz-Steyer-Stadion*), etwa 3000 Stehplätze.

Hans-Jürgen **Dörner**

Spieler (Auswahl): C. Albig – H. Arlt – R. Berger – H. Berner – R. Clemens – R. Dietz – F. Döschner – K. Findeisen – W. Großstück – M. Hansen – H. Heinsmann – K. Hoegg – W. Jochmann – D. Legler – G. Losert – G. Matthes – L. Müller – D. Natusch – H. Nicklich – E. Petersohn – W. Pfeifer – W. Prenzel – F. Richter – F. Ritter – P. Tempel – F. Vogel – H. Walter. – **Trainer** (Auswahl): P. Döring – G. Eisler – K. Hallmann – F. Mayer – H. Rentsch – H. Seifert – H. Siegert.

Dresden, SC Einheit ↑ Dresden, FSV Lokomotive.

Dresden, SG Dynamo, DDR, Oberliga; gegr. 12. 4. 1953 im Dresdner Filmtheater „Schauburg" (Emblem ↑ Tf. 4); *Landesmeister* 1953, 1971, 1973, 1976, 1977 u. 1978; *Pokalsieger* 1952, 1971, 1977, 1982, 1984 u. 1985; 16 *EC-Teilnahmen:* 78 Spiele; 33 Siege, 20 Unentschieden, 25 Niederlagen, 86:70 Punkte sowie 125:99 Tore. – *Spielkleidung:* schwarze Hose, gelbes Hemd, gelbe Stutzen (od. Weiß od. Rot). *Heimstadion:* ↑ Dynamo-Stadion (1).

Spieler (Auswahl): K. Boden – H. Brunzlow – H.-J. Dörner – M. Döschner – F. Ganzera – E. Geyer – S. Gumz – T. Gütschow – R. Häfner – W. Haustein – G. Heidler – C. Helm – M. Hemp – B. Hofmann – B. Jakubowski – M. Kallenbach – U. Kirsten – P. Kotte – H.-J. Kreische – D. Legler – P. Meyer – R. Minge – K. Müller – M. Müller – P. Noske – W. Oeser – A. Pahlitzsch – W. Pfeifer – H.-U. Pilz – G. Prautzsch – F. Richter – D. Riedel – R. Sachse – K. u. M. Sammer – H. Schade – U. Schmuck – E. Siede – J. Stübner – A. Trautmann – H. Walter – S. Wätzlich – G. Weber – U. Ziegler. – **Trainer** (Auswahl): W. Fritzsch – M. Fuchs – E. Geyer – K. Kresse – H. Petzold – G. Prautzsch – K. Sammer.

Dresden, SG VP (*Volkspolizei*), DDR, gegr. 1950 u. in die Oberliga eingegliedert; spielte 1950/52 als *SG VP Dresden* u. 1952/54 als *SG Dynamo.* Nach dem Spieljahr 1951/52 wurde die Ligamannschaft der *SG VP Potsdam* zur SG VP Dresden delegiert. Mit Beendigung der Saison 1953/54 erhielt *Dynamo Dresden* einen Delegierungsauftrag nach Berlin u. spielte ab 1954/55 als *SC Dynamo Berlin* (↑ Berliner Fußballklub Dynamo). Dresden wurde *Landesmeister* 1953 u. *Pokalsieger* 1952; 4 Oberligaspieljahre. – *Spielkleidung:* grüne Hose, grünes Hemd grün-weiße Stutzen. *Heimstadion:* Heinz-Steyer-Stadion, 35 000 Plätze (30 000 Steh-, 5 000 Sitzplätze).

Spieler (Auswahl): H. Beulig – K. Fischer – G. Hänsecke – K. Haufe – W. Hindenberg – K.-H. Holze – H. Kiesewetter – H. Klemm – H. Maschke – J. Matzen – M. Michael – R. Möbius – H. Schoen – G. Schröter – G. Torhauer – G. Uhsemann – K. Zernecke. – **Trainer** (Auswahl): P. Döring – J. Gyarmati – R. Kukowitsch – F. Sack.

Dresden-Friedrichstadt, SG, DDR, war Nachfolgerin des bis 1945 existierenden *Dresdner Sport-Clubs;* 1949/50 Vizemeister. Nach der Oberligasaison 1949/50 verließ ein Großteil der Mannschaft die DDR, u. die SG wurde aufgelöst. – *Spielkleidung:* schwarze Hose, rotes Hemd, schwarz-rote Stutzen. *Heimstadion:* Heinz-Steyer-Stadion, 35 000 Plätze.

Spieler (Auswahl): K. Birkner – R. Drognitz – Hövermann – Jungnickel – H. Keßler – Köhna – H. Kreisch – H. Kreische – Kunstmann – K. Lehmann – H. Pohl – H. Schön – Seifert – Werner. – **Trainer** (Auswahl): G. Richter.

Dresdner Sport-Club, Deutschland bis 1945, gegr. 30. 4. 1898; *Landesmeister* 1943 u. 1944, *Vizemeister* 1940 sowie *Pokalsieger* 1940 u. 1941; nach dem 2. Weltkrieg bis 1950 *SG Dresden-Friedrichstadt.* – *Spielkleidung:* schwarze Hose, rotes (od. weißes) Hemd u. schwarz-rote Stutzen. *Heimstadion:* Ostragehege (nach 1945 *Heinz-Steyer-Stadion*), 35 000 Plätze.

Spieler (Auswahl): J. Adler – F. Belger – Bergmann – R. Berthold – F. Boczek – Buschkamp – G. Carstens – Claus – W. Dzur – Erdl – R. Gedlich – M. Haftmann – H. Hempel – Herzog – R. Hirsch – R. Hofmann – Jülich – G. Köhler – W. Kreisch – W. Kreß – H. Kugler – Langer – Liebig – F. Machate – H. Mantel – K. Miller – P. Müller – A. Neumann – H. Pechan – H. Pohl – G. Richter – Sachse – A. Sackenheim – H. Schaffer – K. Schlösser – H. Schön – H. Schubert – K. Stössel – Voigtmann – Weber – Wilhelm. – **Trainer** (Auswahl): H. Bergmann – J. Hogan – G. Köhler – G. Richter.

Dreß, Gesamtheit der *Spielkleidung;* besteht aus jeweils einheitlichem (lang- od. kurzärmeligem) *Trikot* (od. *Jersey*), kurzer *Sporthose* u. *Stutzen.* Die D. haben bei jeder Mannschaft eine bestimmte (Klub-) Farbe u. müssen sich

(zumindest das Trikot) von dem des Torhüters farblich eindeutig unterscheiden. Trikots sind in der Regel bei höherklassigen u. Auswahlmannschaften mit Rükkennummern versehen (evtl. zusätzliche Numerierung an den Hosen), häufig tragen sie das Klubemblem, den Klubnamen u. bzw. od. (z. B. bei westeuropäischen Vereinen) Werbeaufschriften (*Trikotwerbung*; ↑ Sponsor).
Die *Sporthosen* sind farblich mit den Trikots abgestimmt, ebenso die *Stutzen*, die knielangen Strümpfe der Spieler. Im Winter dürfen die Spieler bei extremen Witterungsbedingungen *Strumpf-* od. *Gymnastikhosen* tragen. Ein *3-cm-Ärmelstreifen* am linken Oberarm kennzeichnet den ↑ Spielführer. S. a. Spielausrüstung.

Drewry, Arthur, England, Fußballfunktionär, 1891–25. 3. 1961; war Präsident der engl. Football League (später auch des Verbandes) u. Präsident der FIFA-Studienkommission; wurde am 9. Juni 1956 in Lissabon zum (5.) *FIFA-Präsidenten* gewählt. – Sein Vorgänger war *R. W. Seeldrayers*, sein Nachfolger Sir *S. Rous*. Abb.

Drews, Werner, geb. 18. 2. 1940 Danzig (Gdansk); Linksaußen; spielte 1953/58

Werner **Drews** (*rechts* W. Mühlbächer)

bei Motor Rostock u. 1958/71 beim (SC Empor) FC Hansa Rostock; 2 Länderspiele (am 22. 10. 1961 gegen Polen [1:3] in Wrocław u. am 9. 12. 1962 gegen Mali [2:1] in Bamako); 268 Punktspiele (58 Tore). Abb.

Dr.-Gerö-Pokal ↑ Nationenpokal.

Dribbling, Treiben des Balles mit dem Fuß unter fortwährender Ballkontrolle; ein individuelles taktisches Mittel der Angriffsgestaltung. D. werden angewendet, wenn kein Mitspieler frei steht bzw. zur Schaffung von Überraschungssituationen. Voraussetzungen für ein erfolgreiches D. sind gute Ballführung, (Antritts-)Schnelligkeit, das Beherrschen von ↑ Finten sowie entschlossenes Handeln. – Verb: *Dribbeln*.

Dr.-Kurt-Fischer-Stadion ↑ Karl-Marx-Stadt, FC.

Dropkick [engl., „Tropfenschuß"], gegen den Ball schlagen, unmittelbar nachdem dieser den Boden berührt hat; den „abtropfenden" Ball wuchtig wegbefördern. Abb.

Druckspiel, svw. ↑ Pressing Game.

DS, Abk. für ↑ Deutscher Sportausschuß.

DSB, Abk. von *Deutscher Sportbund*, am 10. 12. 1950 in Hannover gegründeter Dachverband der Sportfachverbände (u. a. der DFB) u. Landessportverbände der BRD; Sitz: *Frankfurt/Main*.

DS-Liga, Vorläuferin der *DDR-Oberliga* (1949/50); s. a. Oberliga (1).

DTSB der DDR, Abk. für *Deutscher Turn- und Sportbund der DDR*, 1957 gegründete Massenorganisation, der 33 Sportverbände (u. a. der DFV der DDR) angehören; Sitz: *Berlin*.

Dublette, svw. *Zuspieldoppel* (mit Fuß od. Kopf ausgeführt), z. B. Kopfball-D., Doppelpaß.

Dublin, Shamrock Rovers FC ↑ Shamrock Rovers FC, Dublin.

Ducke, Peter, (der „schwarze Peter"), geb. 14. 10. 1941 Bencen (ČSSR), Bruder von *Roland D.*; Mittelstürmer; spielte 1950/59 bei Motor Schönebeck u. 1959/77 bei SC Motor u. FC Carl Zeiss Jena; 68 Länderspiele (15 Tore); internationales Debüt am 30. 10. 1960 gegen Finnland (5:1) in Rostock; Länderspielabschied am 19. 11. 1975 gegen die ČSSR (1:1) in Brno; 1974 WM-Endrundenteilnehmer; gewann bei Olympia 1972 Bronze; 352 Oberligaspiele (153 Tore); Torschützenkönig 1963 mit 19 Treffern; 1971 Fußballer des Jahres. Abb.

Arthur **Drewry**

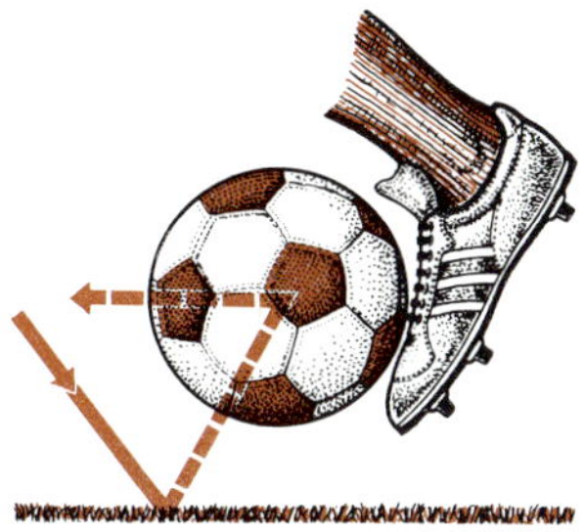

Dropkick

Ducke, Roland, geb. 19. 11. 1934 Bencen (ČSSR), Bruder von *Peter D.*; Links- u. Rechtsaußen; spielte 1946/47 bei Organa Schönebeck, 1947/55 bei Motor Schönebeck u. 1955/73 beim SC Motor

Peter **Ducke** (*dahinter* A. Glaubitz)

u. FC Carl Zeiss Jena; 37 Länderspiele (5 Tore); internationales Debüt am 14.9.1958 gegen Rumänien (3:2) in Leipzig; Länderspielabschied am 11.10.1967 gegen Dänemark (3:2) in Leipzig; 343 Oberligaspiele (50 Tore); 1970 Fußballer des Jahres. – Jetzt Trainer. Abb.

Stade Düdelingen

Düdelingen, Stade, Luxemburg, 2. Division; gegr. 1907 als „Cercle des Sports Le Stade Düdelange"; 9mal *Landesmeister* (zwischen 1939 u. 1965); 5mal *Pokalsieger* (zwischen 1938 u. 1956). 2 *EC-Teilnahmen:* 4 Spiele; 4 Niederlagen, 0:8 Punkte, 1:32 Tore. – *Spielkleidung:* weiße Hose, weißes Hemd, rot-weiße Stutzen. *Heimstadion:* Stade Aloyse Mayer, 5000 Plätze. Abb.

Spieler (Auswahl): E. Brenner – V. Feller – N. Kettel – C. Libar – B. Michaux – J. Rongoni. – **Trainer** (Auswahl): J. Blaschek – M. Häusler.

Florea **Dumitrache**

Duell, svw. ↑ Zweikampf.

Duisburg, MSV *(Spielverein Duisburg-Meiderich 02),* BRD (die „Zebras"), gegr. 17. 9. 1902 (Emblem ↑ Tf. 4) als *Meidericher SV* (bis 1964); Oberliga; 1. Bundesliga 1963/82, 1982/86 2. Bundesliga. 2 *EC-Teilnahmen:* 14 Spiele; 8 Siege, 3 Unentschieden, 3 Niederlagen, 19:9 Punkte, 38:19 Tore. – *Spiel-*

Roland **Ducke**

kleidung: weiße Hose, blau-weiß längsgestreiftes Hemd, weiße Stutzen (od. Blau bzw. Rot). *Heimstadion:* Wedaustadion, 32000 Plätze, davon 10000 Sitzplätze (6000 überdacht), wurde erbaut 1921/22, erweitert 1973/74.

Spieler (Auswahl): J. Baake – M. Bella – R. Benning – H. Biallas – H. Bohnes – K. Bregman – K. Bruckmann – T. Bücker – R. Budde – W. Busch – H. Büssers – J. Caspers – V. Danner – W. de Beer – B. Dietz – M. Dubski – W. Fischer – G. Gawliczek – H. Gecks – E. Graffmann – H. Heidemann – G. Heinze – K. Hetzel – H. Höher – D. Jakobs – K. Jara – E. Kaczor – T. Kempe – E. Kostedde – W. Krämer – H. Küppers – U. Lay – H. Linssen – M. Manglitz – K. Neumann – K. Nolden – P. Notthoff – D. Pavlic – D. Pirsig – G. Preuß – H. Rahn – F. Rausch – J. Riedl – K.-H. Rühl – L. u. W. Schneider – R. Seliger – P. Steiner – F.-J. Steininger – K. Thies – H. van Haaren – R. Worm – K. Wunder. – **Trainer** (Auswahl): H. Eppendorf – R. Faßnacht – R. Gebhardt – R. Gutendorf – F. Harthaus – G. Hentschke – H. Höher – O. Knefler – W. Kremer – H. Kronsbein – K. Lebzelter – H. Lindemann –

G. Lóránt – R. Momirski – W. („Fischken") Multhaup – G. Preuß – E. Rösch – R. Schafstall – W. Steinbrück – F. Wenzlaff – L. Zacarias.

Dumitrache, Florea, Rumänien, geb. 1948 Bukarest; Mittelstürmer; 27 Länderspiele (8 Tore); WM-Endrundenteilnehmer 1970. Abb.

Dumke, Otto, geb. 29. 4. 1887 Berlin, gest. 4. 8. 1912; Halbrechter; spielte 1896/12 bei Britannia u. Viktoria 89 Berlin; 2 Länderspiele, 3 Tore (1911); spielte repräsentativ für Berlin.

Dundee United, Schottland, Premier Division; gegr. 1909 als *Dundee Hibernians*, ab 1923 *United*; *Landesmeister* 1983. 14 *EC-Teilnahmen:* 66 Spiele; 28 Siege, 18 Unentschieden, 20 Niederlagen, 74:58 Punkte, 101:66 Tore. – *Spielkleidung:* schwarze Hose, mandarinenfarbenes Hemd mit schwarzen Streifen, schwarze Stutzen. *Heimstadion:* Tannadice Park, 22250 Plätze (19987 Steh-, 2263 Sitzplätze/Flutlichtanlage).

Spieler (Auswahl): E. Bannon – C. R. Gough – P. Hegarty – M. Malpas – D. Narey – P. Sturrock. – **Manager** (Auswahl): J. McLean – W. Smith.

Durchsetzungsvermögen, die Fähigkeit, sich bei der Angriffsgestaltung gegenüber dem od. den Gegenspielern im Zweikampf durchzusetzen, sei es durch Robustheit, Schnelligkeit, Trickreichtum usw. Abb.

Durchziehen, äußerst kraftvoller Einsatz des Schußbeins bis zur Streckung aus der Bewegung heraus bei gegnerischer Behinderung; kann beim ↑ Darüberhalten des Gegners zu eigenen schweren Verletzungen führen.

Dusch, Albert, Schiedsrichter, geb. 1912 Kaiserslautern; in den 30er Jahren Torhüter beim 1. FC Kaiserslautern; seit 1937 Schiedsrichter; 1951 FIFA-Referee; WM-Endrundenschiedsrichter 1958 u. 1962; leitete 1958 beide Messepokalendspiele zwischen London u. Barcelona (2:2 u. 0:6) sowie 1959 das EC I-Finale Real Madrid–Stade Reims (2:0) in Stuttgart; insgesamt über 1400 Einsätze. Abb.

Düsseldorf, Fortuna (die „Fortunen"), BRD, gegr. 6. 5. 1895 (Emblem ↑ Tf. 4); 1. Bundesliga 1966/67 u. seit 1971/72; 1966 Meister der Regionalliga West; 1933 *Landesmeister*; 1979 u. 1980 *DFB-*

Albert **Dusch**

Durchsetzungsvermögen

Pokalsieger; 1977 *Amateurmeister*. 5 *EC-Teilnahmen:* 29 Spiele; 11 Siege, 8 Unentschieden, 10 Niederlagen, 30:28 Punkte, 45:36 Tore. – *Spielkleidung:* weiße Hose, rotes Hemd, rote Stutzen (od. Weiß bzw. Rot). *Heimstadion:* ↑ Rheinstadion.

Spieler (Auswahl): E. Albrecht – K. u. T. Allofs – Baltes – J. Bender – M. Bockenfeld – R. Bommer – P. Borrefeld – T. Breuer – C. del' Haye – J. Derwall – R. Dusend – A. Edvaldsson – H. Fach – W. Fahrian – R. Geye – A. Görtz – U. Greiner – G. Harpers – D. Herzog – J. Hickersberger – H. Holmquist – H. Jäger – P. Janes – E. Juskowiak – R. Kargus – S. Kobierski – E. Köhnen – G. Kuczinski – M. Mauritz – W. Seel – B. Steffen – H. Straschitz – G. Thiele – A. Turek – J. Weikl – R. Wenzel – W. Wiegold – G. Zewe – G. Zimmermann – F. Zwolanowski. – **Trainer** (Auswahl): J. Berger – D. Brei – J. Derwall – H. Höher – K. Klötzer – O. Knefler – W. Kremer – H. Lindemann – H. Lucas – E. Melchior – J. Piontek – O. Rehhagel – H.-D. Tippenhauer – D. Weise.

Dragan **Džajić**

Werner **Eberhardt**

Dynamo, Bez. für Spielvereinigung od. Fußballklub der staatlichen Schutz- u. Sicherheitsorgane in den sozialistischen Ländern, z. B. Berliner FC D., D. Dresden, D. Kiew.

Dynamo-Stadion, 1. Dresden, Heimstätte der *SG Dynamo Dresden*, gelegen im Stadtzentrum (Dr.-Richard-Sorge-Straße); frühere Bezeichnungen waren *Illgenkampfbahn* u. *Rudolf-Harbig-Stadion* (bis 1971); 38000 Plätze (32000 Steh-, 6000 Sitzplätze), 4 Flutlichtmasten („Giraffen"), 1000 lx; Austragungsstätte von 5 Länderspielen.

2. ↑ Kiew, Dynamo.

3. ↑ Moskau, Dynamo.

Džajić, Dragan, Jugoslawien, geb. 30. 5. 1946 Uba; Linksaußen; spielte 1963/75 u. 1977/78 bei Roter Stern Belgrad sowie 1975/77 beim SEC Bastia; 85 Länderspiele (23 Tore); Länderspieldebüt am 9. 5. 1965 gegen England (1:1) in Belgrad; Länderspielabschied am 17. 9. 1979 gegen Argentinien (4:2) in Belgrad; war WM-Endrundenteilnehmer 1974; EM-Endrundenteilnehmer 1968 u. 1976; 585 Ligaspiele (275 Tore); Fußballer des Jahres 1963, 1966, 1968, 1969, 1970 u. 1972. – Jetzt Technischer Direktor bei Roter Stern. Abb.

E

Easter Road Park ↑ Edinburgh, Hibernians.

Eastham, George, England, geb. 23. 9. 1936; Stürmer; er spielte 1954/56 bei Newton Ards, 1956/60 bei Newcastle United, 1960/66 beim FC Arsenal u. 1966/74 bei Stoke City; 19 Länderspiele; internationales Debüt am 8. 5. 1963 gegen Brasilien (1:1) in London; Länderspielabschied am 3. 7. 1966 gegen Dänemark (2:0) in Kopenhagen; WM-Endrundenteilnehmer 1966 (nicht eingesetzt); 525 Punktspiele.

Eberhardt, Werner, Rundfunkreporter; geb. 21. 4. 1925 Altenburg; spielte als Jugendlicher für 08 Bischofswerda; seit 1. 2. 1949 Sportreporter beim Mitteldeutschen Rundfunk (Leipzig), ab 1952 bei Radio DDR (Berlin); berichtete von den Olympischen Spielen (Sommerspiele ab 1956, Winterspiele ab 1964), von den WM 1958, 1974, 1978, 1982 und 1986 sowie von den EM 1980 und 1984. Abb.

EC, Abk. für *European Cup* („Europapokal").

EC I, Abk. für ↑ Europapokal der Landesmeister.

EC II, Abk. für ↑ Europapokal der Pokalsieger.

EC III, Abk. für ↑ UEFA-Pokal.

Eckball, svw. ↑ Eckstoß.

Eckel, Horst, geb. 8. 2. 1932 Vogelbach; Läufer; spielte 1943/45 bei SV Vogelbach, 1946/61 beim 1. FC Kaiserslautern u. 1961/66 bei SV 06 Röchling Völklingen; 32 Länderspiele; internationales Debüt am 9. 11. 1952 gegen die Schweiz (5:1) in Augsburg; Länderspielabschied am 19. 11. 1958 gegen Österreich (2:2) in Berlin (West); WM-Endrundenteilnehmer 1954 u. 1958. – Später Trainer; u. a. 1966/68 bei SV 06 Röchling Völklingen. S. a. Tf. 22.

Eckenverhältnis, eigtl. *Eckstoßverhältnis*, Verhältniszahl aus den Eckstößen beider Mannschaften während eines Spiels. Aus dem E. lassen sich Rückschlüsse auf die Feldüberlegenheit einer Mannschaft ziehen, kaum aber auf das Endergebnis (z. B. E. 12:2, Tore 1:2).

eckig, svw. ↑ kantig.

Eckraumlinie, Viertelkreisbogen (Radius 1 m), der den *Eckraum* eingrenzt. S. a. Spielfeld (Abb.).

Eckstoß, den Ball aus dem Eckraum wieder ins Spiel bringen; ausgeführt von einem gegnerischen Spieler, nachdem der Ball hinter die eigene Torlinie außerhalb des Tores gespielt wurde. Der Ball ist dabei in denjenigen Eckraum zu legen, der der Stelle am nächsten liegt, wo der Ball die Torlinie überschritten hat. Er ist aus dieser Lage zu treten, ohne daß dabei die Eckfahne entfernt werden darf. Der Abstand der Spieler der verteidigenden Mannschaft zum Ball muß mindestens 9,15 m betragen. Der E. ist ein direkter Freistoß; aus ihm kann (seit 1924) *direkt* ein Tor erzielt werden. Abb. Tab. S.a. Spielregeln (Regel XVII).

Eckstoßverhältnis ↑ Eckenverhältnis.

Edinburgh, Hibernian („Hi-Bees"), Schottland; gegr. 1875, Verein der Premier Division; 5mal *Landesmeister* (zwischen 1903 u. 1981); *Cupsieger* 1887 u. 1902; *Ligacupgewinner* 1973. 14 *EC-Teilnahmen:* 66 Spiele; 32 Siege, 12 Unentschieden, 22 Niederlagen, 76:56 Punkte, 121:98 Tore. – *Spielkleidung:* weiße Hose, grünes Hemd (Ärmel u. Kragen weiß) u. grün-weiße Stutzen. *Heimstadion:* 1875 bis 1880 Mayfield; seitdem *Easter Road Park*, 29 464 Plätze (davon 5 886 Sitzplätze).

Spieler (Auswahl): J. Blackley – J. Brownie – P. B. Cormack – A. Duncan – J. Dunn – J. Govan – W. Harper – R. Johnstone – J. M. MacLeod – J. McLaren – W. E. Ormond – L. Reilly – D. Shaw – P. Stanton – E. Turnbull – T. Younger. – **Manager** (Auswahl): B. Auld – J. Blackley – A. McDonald – P. Quinn.

Edwards, Duncan, England, 21. 8. 1937–21. 2. 1958; linker Läufer; begann mit 15 Jahren bei Manchester United unter Manager *M. Busby* u. war bereits als 17jähriger Stammspieler; spielte in der engl. U 23 u. gab sein Nationalmannschaftsdebüt am 2. 4. 1955 in Wembley gegen Schottland (7:2), wo er als bis dahin Englands jüngster Nationalspieler auflief; bestritt 18 Länderspiele. – E., damals Englands größte Fußballhoffnung, wurde 1958 Opfer der Flugzeugkatastrophe in München-Riem (↑ Fußballtragödien und Katastrophen).

Effetstoß, Stoßart, bei der dem Ball durch besondere Schlagtechnik ein Drall erteilt wird; erfolgt meist mit Innenspann. *Effetflanken(bälle),* bei denen der Ball eine bananen-(sichel-)förmige Bahn weg vom gegnerischen Tor beschreibt, bezeichnet man deshalb auch als *Bananenflanken* (↑ Kaltz, M.).

Eggimann, Oliver, Schweiz, geb. 6. 8. 1921; Stopper; spielte u. a. bei Servette Genf; 44 Länderspiele (1941/55); war WM-Endrundenteilnehmer 1950 u. 1954.

Ehrenanstoß, kaum noch ausgeübte Zeremonie, die beinhaltet, daß bei einem Länderspiel ein Prominenter den *inoffiziellen Anstoß* vollzieht (z. B. bekannter Exnationalspieler, Politiker, Künstler). Nach dem E. erfolgt dann der eigentliche ↑ Anstoß.

Ehrendivision, Bez. für die höchste niederländ. Spielklasse (18 Vereine; 3 Absteiger).

Ehrenspielführer, *BRD* inoffizieller Titel; überragender Nationalspieler vergangener Jahre, dem während seiner aktiven Laufbahn über einen längeren Zeitraum die Funktion des Spielführers übertragen wurde, so z. B. *F. Walter, U. Seeler, F. Beckenbauer.*

Ehrentor, einziges Tor der unterlegenen Mannschaft, wobei die andere Mannschaft zumindest 3 Tore vorgelegt hat (meist sogar 4 bis 5 Tore u. mehr). Ein beim Stand von 2:0 erzieltes Gegentor bezeichnet man nicht als E., sondern als ↑ Anschlußtor.

Ehrentreffer, svw. ↑ Ehrentor.

Eigentor, unabsichtlich von einem Spieler der verteidigenden Mannschaft ins eigene Tor beförderter Ball; zählt als Treffer für den Gegner. S. a. Gegentor.

Eilitz, Werner, geb. 29. 8. 1923 Leipzig, Verteidiger oder Mittelverteidiger; spielte 1946/49 bei Motor Stötteritz, 1949/52 bei ZSG Industrie u. Chemie Leipzig sowie 1952/58 bei KVP Vorwärts Leipzig und ASK Vorwärts Berlin;

Eckstoß
(F. Beckenbauer, 1964)

Eckstoß (landessprachlich)
Corner kick [engl.]
Coup de coin [französ.]
Saque de esquina [span.]
Pontapé de canto [portugies.]
Calcio d'angelo [italien.]

167 Oberligaspiele (3 Tore); 8 Länderspiele; internationales Debüt am 21. 9. 1952 gegen Polen (0:3) in Warschau; Länderspielabschied am 14. 10. 1956 gegen Bulgarien (1:3) in Sofia. – Später Trainer; 1959/74 bei ASV Vorwärts Leipzig u. 1974/78 bei ASG Vorwärts Dessau; außerdem 1965/75 Vorsitzender der Trainerkommission des BFA Leipzig; seit 1983 Vorsitzender des KFA Fußball Dessau.

Einbeck, Heinz, Schiedsrichter, geb. 9. 4. 1931 Hornhausen (Kreis Oschersleben [Bode]); spielte 1945/52 als Rechtsverteidiger u. Torhüter bei Traktor Hornhausen. – 1950 Schiedsrichter, 1963 Oberliga-, 1970 FIFA-Schiedsrichter; leitete 7 Länderspiele, 10 Nachwuchs-, 7 Junioren-Länderspiele, 13 EC-Vergleiche u. ein FDGB-Pokalfinale (1975); Vorsitzender der DFV-Schiedsrichterkommission bis 1986. Abb.

Heinz **Einbeck**

einbeinig ist die Bez. für einen Spieler, wenn er hauptsächlich od. ausschl. nur ein Bein beim Ballumgang einsetzt. Dieses bezeichnet man als *starkes Bein* (meist das rechte), im Gegensatz zum *schwachen Bein*, dem anderen. S. a. beidbeinig.

Eindhoven, PSV *(Philips Sport Vereniging)*, Niederlande (Emblem ↑ Tf. 5), gegr. 31. 8. 1913; entstanden aus einer 1910 gebildeten Fußballelf der *N. V. Philips Gloeilampenfabrieken*; 1921 Aufstieg zur Ehrendivision; 9mal *Landesmeister* (zwischen 1929 u. 1986); 4mal *Pokalsieger* (zwischen 1937 u. 1976); *UEFA-Pokalgewinner* 1978. 17 *EC-Teilnahmen:* 87 Spiele; 46 Siege, 14 Unentschieden, 27 Niederlagen, 106:68 Punkte, 170:90 Tore. – *Spielkleidung:* schwarze Hose, rot-weiß längsgestreiftes Hemd, rot-weiß quergestreifte Stutzen. *Heimstadion:* Philips Sportpark, 30 000 Plätze.

Spieler (Auswahl): T. Alleman – E. Brandts – K. Brylle-Larsen – P. Doesburg – R. Edström – R. Gullit – J. Heintze – G. Hysen – H. Koeman – J. Koolhof – B. Nordqvist – P. Ressel – D. Schrijvers – D. J. Snoek – H. Stevens – F. A. M. Tebak – H. Thoresen – M. Valke – J. van Beveren – H. van Breukelen – R. van de Kerkhof – W. van de Kerkhof – P. van der Kuil – W. van der Kuylen – J. F. J. A. van Run – G. J. A. van Wissen – P. Wildschut – R. Wiersma. – **Trainer** (Auswahl): B. Appel – G. Hidding – T. Liebregts – K. Linder – J. Reker – K. Rijvers.

Eingabe, svw. ↑ Flankenball.

eingetragener Verein, Abk. *e. V., BRD* staatlich anerkannter, rechtsfähiger Zusammenschluß von Sportlern u. Sportfunktionären, deren Zweck, Organisation u. Namen durch Statut bestimmt sind.

Einheit, *DDR* Bez. für Betriebssportgemeinschaften der staatlichen Verwaltungen u. Einrichtungen, beispielsweise E. Pankow.

Einigeln, Zusammenziehen der engeren u. erweiterten Abwehr (*Mittelfeld*) vor dem eigenen Tor, um dem Gegner die Räume zu verengen. Damit soll ein momentan günstiges Ergebnis gehalten werden. E. ist ein destruktives taktisches Mittel.

Einklemmen, Blockieren eines od. beider Beine des gegnerischen Spielers im Liegen; verbotenes Spiel, das mit *direktem Freistoß* geahndet wird. Abb.

Einnicken, 1. den Ball mit dem Kopf unmittelbar vor der Torlinie ins Tor befördern.

2. svw. *unaufmerksam sein* („schlafen"), z. B. „der Torhüter war beim Schuß eingenickt".

Einsatz, 1. *sich einsetzen*, d. h. seine Kräfte im Spiel mobilisieren.

2. svw. *zum E. kommen*, d. h. im Spiel mitwirken.

„Einschläfern" des Gegners, bewußt langatmige u. behäbige Spielweise in der eigenen Spielhälfte, um der gegnerischen Mannschaft Passivität vorzutäuschen; dadurch gelingt es oftmals, blitzschnelle Vorstöße zu inszenieren u. die (bis dahin) „beruhigte" gegnerische Abwehr zu überraschen.

Einschnüren des Gegners, zeitweises od. ständiges Zurückdrängen des Gegners in dessen Spielhälfte infolge eigener spielerischer od. (im Spielverlauf) konditioneller Überlegenheit. Dem Gegner gelingt es in diesen Phasen nicht, sich der *Umklammerung* zu entziehen, um evtl. eigene ↑ Konter zu inszenieren, noch viel weniger, ein durchdachtes Spiel aufzubauen. Unausbleibliche Folge dieses einseitigen Spielverlaufes sind in der Regel Tore, insofern nicht Schußunvermögen, -pech od. ein überragender gegnerischer Torhüter diese verhindern.

Einspruch, svw. ↑ Protest.

„Einsteigen", überhartes u. unfaires Attackieren, z. B. „E." mit gestrecktem Bein.

Einwechselspieler ↑ Auswechslung.

Einwechslung, Hineinnahme eines Wechselspielers in das Spiel durch den Trainer, nachdem ein anderer Spieler zuvor ausgewechselt wurde. S. a. Auswechslung, Spielregeln (Regel III).

Einwurf, den die Seitenlinie vollständig überquerten Ball durch *Einwerfen* wieder in das Spiel bringen, u. zwar durch einen Spieler der Partei, die den Ball zuletzt nicht berührt hat. Dieser Spieler steht mit dem Gesicht zum Spielfeld u. wirft den Ball mit beiden Händen über den Kopf ein; dabei muß er mit beiden Füßen auf od. außerhalb der Seitenlinie stehen. Wenn regelwidriger E. *(falscher E.)* vorliegt, bekommt der Gegner den E. zugesprochen. Verlegt der Ausführende die E.stelle zu seinen Gunsten (in Richtung gegnerisches Tor), wird der E. zurückgepfiffen u. dort wiederholt, wo der Ball ausgegangen ist. S. a. Spielregeln (Regel XV).

Eisenhüttenstadt, BSG Stahl, DDR, Liga, gegr. 27. 11. 1950; hervorgegangen aus der *BSG Stahl Stalinstadt*; Oberliga 1969/70. – *Spielkleidung:* schwarze od. weiße Hose, weißes od. blaues Hemd, weiße Stutzen. *Heimstadion:*

Einwurf (landessprachlich)
Throw-in [engl.]
Rentrée de touche [französ.]
Saque de banda [span.]
Arremesso lateral [portugies.]
Rimessa in gioco [italien.]

Einklemmen

Jörg **Eißmann**

Ekuador

Landesmeister

1957	Emelec
1960	Emelec
1961	Everest
1962	Everest
1963	Barcelona
1964	Deportivo Quito
1965	Emelec
1966	Barcelona
1967	Nacional
1968	Deportivo Quito
1969	Liga Deportiva Universitaria
1970	Barcelona
1971	Barcelona
1972	Emelec
1973	Liga Deportiva Universitaria
1974	Nacional
1975	Liga Deportiva Universitaria
1976	Nacional
1977	Nacional
1978	Nacional
1979	Emelec
1980	Barcelona
1981	Barcelona
1982	Nacional
1983	Nacional
1984	Nacional
1985	Barcelona
1986	Nacional

Elfenbeinküste

Afrikapokal der Landesmeister

1966 Stade d'Abidjan

Sportplatz der Hüttenwerker, 10000 Plätze (7000 Steh-, 3000 Sitzplätze). **Spieler** (Auswahl): H. Basan – K. Grebasch – M. Jahn – H. Kittel – H. Köpcke – L. Reidock – W. Reschke – K. Schendzielorz – H.-J. Steinfurth – F. Strahl – L. Wagner – G. Weidhas – A. Wiegel – B. Woit. – **Trainer** (Auswahl): Altmann – G. Bäsler – A. Bialas – M. Fuchs – H. Heinze – G. Kasel – M. Lange – E. Lüdecke – P. Müller – H. Pönert – L. Reidock – G. Reinke – W. Schüler – H.-J. Steinfurth – K. Trautmann.

Eißmann, Hans-Jörg, Dr., Medizinalrat, geb. 15. 5. 1935 Zwickau; Verbandsarzt des DFV der DDR u. Vorsitzender der DFV-Ärztekommission; spielte 1948/52 bei Chemie Leuna u. 1952 bei Chemie Bad Dürrenberg; 1968/77 Mannschaftsarzt der DDR-Juniorenauswahl; seit 1977 Verbandsarzt u. Mannschaftsarzt der Nationalmannschaft; seit 1986 Vorsitzender der Medizinischen Kommission der UEFA; seit 1977 DFV-Präsidiums- u. -Büromitglied. Abb.

Ekuador, Staat an der Westküste Südamerikas 283561 km², etwa 9 Mill. Ew., 1 Fußballspieler je 563 Ew.; Verband *Federación Ecuatoriana de Fútbol* („Ekuadorianischer Fußballverband"), Abk. *AEF*; gegr. 1925, Sitz *Guayaquil*; Mitgl. der *FIFA* seit 1926, der *CONMEBOL* seit 1930. – *Organisation:* 175 Klubs; 400 Berufsspieler, 6000 Vertragsspieler, 5000 Amateurspieler, gesamt 16000 (einschl. Nachwuchs- u. AM-Spieler); *Spieljahr:* März–Dezember; *Spielkleidung:* azurblaue Hose, gelbes Hemd, rote Stutzen; *Nationalstadion:* Estadio Modelo Guayaquil, 48800 (ausschl. Sitzplätze); *Stadien* (Auswahl): Estadio Atahualpa, Quito, 40000; Estadio Bellavista, Ambato, 20000; Estadio Municipal, Cuenca, 20000. Tab.

Elastizität, Bewegungseigenschaft, welche die Dehnbarkeit u. Spannkraft der Muskulatur des Spielers kennzeichnet; im Sinne der Anpassungsfähigkeit auch qualitatives Merkmal eines Spielsystems.

Elf, Kurzbez. für ↑ Mannschaft, abgeleitet von der Mannschaftsstärke (11 Spieler).

„ELF", Nijmegen, Niederlande, Fußballmonatsblatt mit Magazincharakter; erscheint seit 1982. Chefredakteur: *H. van der Steen*. Bekannteste Autoren u. Kolumnisten: *T. Tummers, H. Mees, B. Nederlof.*

„11" ↑ International Federation of Football History & Statistics.

Elfenbeinküste, heute *Côte d'Ivoire,* Staat in Westafrika, 322463 km², etwa 8,5 Mill. Ew., 1 Fußballspieler je 2125 Ew.; Verband *Fédération Ivoirienne de Football* („Fußballverband Côte d'Ivoire"), Abk. *FIF*; gegr. 1960, Sitz *Yamoussoukro*; Mitgl. der *FIFA* seit 1960, der *CAF* seit 1960. – *Organisation:* 90 Klubs,; 4000 Fußballspieler (einschl. Nachwuchs- u. AM-Spieler); *Spieljahr:* November–August; *Spielkleidung:* weiße Hose, orange Hemd, grüne Stutzen (Reserveausrüstung: weiße Hose, weißes Hemd, orange Stutzen); *Nationalstadion:* Stade Houphouet Boigny, Yamoussoukro, 27500 (20500 Sitz-, 7000 Stehplätze); *Stadien* (Auswahl): Stade Municipal, Bouaké, 15000; Stade Biaka Boda, Gagnoa, 10000; Stade Leon Robert, Man, 10000; Stade Bondoukou, 10000; Stade Séguela, 10000; Stade Odienné, 10000; Stade Katiola, 10000. Tab.

Elfmeter ... ↑ Strafstoß ...

elfmeterreifes Foul, umgangssprachliche Bez. für ein Strafraumfoul, das vom Schiedsrichter nicht als solches betrachtet wurde; er läßt demzufolge weiterspielen.

Elfmeterschießen, umgangssprachliche Bez. für das reglementierte Ausführen von Torschüssen vom *Strafstoßpunkt* (↑ Strafstoßschießen).

Elkjaer-Larsen, Preben, Dänemark, geb. 11. 9. 1957 Frederiksberg; Stürmer; spielte 1975/76 bei Vanlöse IF, 1976/78 beim 1. FC Köln u. 1978/84 beim SC Lokeren (Belgien); seitdem bei Hellas Verona (Italien); 61 Länderspiele; WM-Endrundenteilnehmer 1986; EM-Endrundenteilnehmer 1984; Fußballer des Jahres 1984. Abb.

Elland Road ↑ Leeds United.

Ellis, Arthur, England, Schiedsrichter, geb. 1914; war bereits mit 16 Jahren Schiedsrichter; wurde 1946 FIFA-Referee; war WM-Endrundenschiedsrichter 1950 in Brasilien, 1954 in der Schweiz u. 1958 in Schweden; leitete 1952 beim olympischen Fußballturnier in Helsinki das Endspiel Ungarn–Jugoslawien (2:0), 1956 das erste EC I-Endspiel Real Madrid–Stade Reims (4:3) in Paris u. 1960 das erste Endspiel im Europapokal der Nationalmannschaften UdSSR–Jugoslawien (2:1 n. V.) in Paris. Abb.

El Salvador, Staat in Mittelamerika, 21041 km², etwa 5 Mill. Ew., 1 Fußballspieler je 227 Ew.; Verband *Federación Salvadoreña de Fútbol* („Fußballverband El Salvador"), Abk. *FSF*; gegr. 1935, Sitz *San Salvador*; Mitgl. der *FIFA* seit 1938, der *CONCACAF* seit 1962. – *Organisation:* 950 Klubs; 3000 Vertragsspieler, 15000 Amateurspieler, gesamt 22000 (einschl. Nachwuchs- u. AM-Spieler); *Spieljahr:* Januar–November; *Spielkleidung:* Azurblau (Reserveausrüstung: Weiß); *Nationalstadion:* Estadio Nacional de Flor Blanca, San Salvador, 60000 (ausschl. Sitzplätze); *Stadien*

Preben **Elkjaer-Larsen**

(Auswahl): Estadio Cuscatlán, San Salvador, 55000; Estadio Municipal, Santa Ana, 16000; Estadio Municipal, Sonsonate, 14000; Estadio Nacional, San Vicente, 10000. Tab.

Elsener, Rudolf, Schweiz, geb. 18. 2. 1953; Stürmer; spielte 1969/79 bei Grasshoppers Zürich, 1978/79 bei Eintracht Frankfurt/Main u. 1979/84 beim FC Zürich; 42 Länderspiele; internationales Debüt am 30. 4. 1975 gegen die Türkei (1:1) in Zürich; Länderspielabschied am 17. 6. 1983 gegen Brasilien (1:2) in Basel.

El Shorta Stadium, Nationalstadion von ↑ Oman.

Elsterkampfbahn ↑ Brieske-Senftenberg, BSG Aktivist.

EM, Abk. für ↑ Europameisterschaft.

EM-Endrunde, Finalwettbewerb der ↑ Europameisterschaft, bei dem diejenigen Nationalmannschaften der UEFA-Landesverbände, welche die vorangegangene Qualifikation geschafft haben, den Europameister ermitteln. 1960 (damals *Europapokal der Nationalmannschaften*) bis 1976 wurde in einem zuvor benannten Veranstalterland von vier Mannschaften im K.-o.-System der Titel ausgespielt (2 Halbfinales, Spiel um den dritten Platz, Endspiel). Seit 1980 wird die E. im Turniersystem durchgeführt (2 Gruppen zu je 4 Mannschaften, je Gruppe 6 Spiele; dann Zweiter gegen Zweiter um den dritten Platz u. Erster gegen Erster um den EM-Titel). Das Veranstalterland wird seit 1980 gesetzt, nimmt also ohne vorherige Qualifikationsspiele „automatisch" an der E. teil.

Emile-Metz-Tesch-Stadion ↑ Beggen, FC Avenir.

Emil-Versé-Stadion ↑ Anderlecht, RSC.

Emmerich, Lothar („Emma"), geb. 29. 11. 1941; Linksaußen; er spielte 1955 bis 1963 bei BV Dorstfeld, 1963/69 bei Borussia Dortmund sowie 1969/71 bei V.A.V. Beerschot Antwerpen; 5 Länderspiele (2 Tore); internationales Debüt am 23. 3. 1966 gegen die Niederlande (4:2) in Rotterdam; Länderspielabschied am 30. 7. 1966 gegen England (2:4) in London (WM-Endspiel); 183 Bundesligaspiele (115 Tore).

Empire Stadium ↑ Sliema Wanderers, F.C.

Empor, *DDR* Bez. für Betriebssportgemeinschaften des Handels u. der Nahrungsgüterwirtschaft, z. B. E. Lauter.

endgültige Entscheidung, die Spielentscheidung von fast abschließender Gültigkeit, z. B. ein Torerfolg zum 3:0 in der Schlußminute. S. a. Vorentscheidung.

Arthur **Ellis**

El Salvador

Weltmeisterschaft
1970 Endrunde
1982 Endrunde

olympisches Fußballturnier
1968 Endrunde

CONCACAF-Pokal der Landesmeister
1967 Alianza
1978 F.A.S.
1979 F.A.S.

England

Weltmeisterschaft
1950 Endrunde
1954 Endrunde
1958 Endrunde
1962 Endrunde
1966 1. Platz
1970 Endrunde
1982 2. Finalrunde
1986 Viertelfinale

Europameisterschaft
1968 3. Platz
1980 Endrunde

olympisches Fußballturnier
1900 1. Platz
1908 1. Platz
1912 1. Platz
1948 4. Platz

Supercup
1977 FC Liverpool
1979 Nottingham Forest
1982 Aston Villa

EC I
1968 Manchester United
1977 FC Liverpool
1978 FC Liverpool
1979 Nottingham Forest
1980 Nottingham Forest
1981 FC Liverpool
1982 Aston Villa
1984 FC Liverpool

EC II
1963 Tottenham Hotspur
1965 West Ham United
1970 Manchester City
1971 FC Chelsea
1985 F.C. Everton
EC III
1968 Leeds United
1969 Newcastle United
1970 FC Arsenal
1971 Leeds United
1972 Tottenham Hotspur
1973 FC Liverpool
1976 FC Liverpool
1981 IpswichTown
1984 Tottenham Hotspur
Landesmeister / Pokalsieger
1872 – / Wanderers F.C.
1873 – / Wanderers F.C.
1874 – / Oxford University
1875 – / Royal Engineers
1876 – / Wanderers F.C.
1877 – / Wanderers F.C.
1878 – / Wanderers F.C.
1879 – / Old Etonians
1880 – / Clapham Rovers
1881 – / Old Carthusians
1882 – / Old Etonians
1883 – / Blackburn Olympic
1884 – / Blackburn Rovers
1885 – / Blackburn Rovers
1886 – / Blackburn Rovers
1887 – / Aston Villa
1888 – / West Bromwich Albion
1889 Preston North End / Preston North End
1890 Preston North End / Blackburn Rovers
1891 F.C. Everton / Blackburn Rovers
1892 FC Sunderland / West Bromwich Albion
1893 FC Sunderland / Wolverhampton Wanderers
1894 Aston Villa / Notts County
1895 FC Sunderland / Aston Villa
1896 Aston Villa / Sheffield Wednesday
1897 Aston Villa / Aston Villa
1898 Sheffield United / Nottingham Forest
1899 Aston Villa / Sheffield United
1900 Aston Villa / Bury
1901 FC Liverpool / Tottenham Hotspur
1902 FC Sunderland / Sheffield United
1903 Sheffield Wednesday / Bury
1904 Sheffield Wednesday / Manchester City
1905 Newcastle United / Aston Villa
1906 FC Liverpool / F.C. Everton

Endspiel, svw. ↑ Finale.

Energie, *DDR* Bez. für Betriebssportgemeinschaften der Energie- u. Brennstoffindustrie, z. B. E. Cottbus.

Engagement [französ.], persönlicher Einsatz während des Spiels aus mannschaftlicher Verbundenheit heraus; Gefühl des Verpflichtetseins zu bestmöglicher Leistung. *Engagierte Spielweise* zeichnet sich durch hohe Einsatzstärke u. Willensbereitschaft aus; Gegensatz: *lustlose Spielweise* (eine Zumutung für den Betrachter).

England, 130363 km^2, etwa 46,5 Mill. Ew., 1 Fußballspieler je 29 Ew., Verband *The Football Association* („Englischer Fußballverband"), Abk. *FA*; gegr. 1863, Sitz *London*; Mitglied der *FIFA* von 1905/20, 1924/28, dann wieder ab 1946, der *UEFA* seit 1954. – *Organisation:* 40000 Klubs; 5000 Berufsspieler, 1500000 Amateurspieler, insgesamt 1600000 (einschl. Nachwuchs- u. AM-Spieler); *Spieljahr:* August–Juni; *Spielkleidung:* marineblaue Hose, weißes Hemd, weiße Stutzen (Reserveausrüstung: weiße Hose, rotes Hemd, rote Stutzen); *Nationalstadion:* ↑ Wembleystadion; *Stadien* (Auswahl): Old Trafford, Manchester United, 61288; Arsenal, London-Highbury, 60000; Villa Park, Birmingham, 59682; Goodison Park, Liverpool, 56470; White Harte Lane, Tottenham, London, 56335; Anfield Road, Liverpool, 56318; Hillsborough, Sheffield, 54405; Roker Park, Sunderland, 54245; Maine Road, Manchester City, 52500. Tab. S. a. Tf. 28.

„englisches Modell", Meisterschaftsaustragungsmodus in *England* seit 1981/82, bei dem für einen Sieg drei Punkte vergeben werden (statt der üblichen zwei). Das Modell soll dazu beitragen, die Spiele angriffsorientierter, d. h. siegbetonter u. damit für die Zuschauer attraktiver zu gestalten. Bislang hat es (bis auf *Island*) keine Nachahmung gefunden, auch nicht bei den übrigen brit. Verbänden, da der Nachweis einer höheren Spielqualität noch nicht angetreten werden konnte. Darüber hinaus wird die Übersichtlichkeit des Tabellenstandes gemindert. S. a. „Fußballmodelle".

englisches System, svw. *4-3-3-System* (↑ Spielsystem).

englische Woche, Austragung von 3 Punktspielen innerhalb einer Woche (z. B. Samstag – Mittwoch – Samstag). In *England* gibt es diesen Rhythmus seit langem, deshalb wurde diese Bezeichnung gewählt.

Entlastungsangriff, eigener Gegenangriff inmitten einer Drangperiode des Gegners; trägt zur *Entlastung* der Abwehr bei.

Entscheidung am grünen Tisch, Spiel-, Meisterschaftsausgang usw., der nicht auf dem Spielfeld, sondern im nachhinein von der Rechtskommission eines Verbandes entschieden wird (Proteste, Verstöße gegen die Spielordnung u. ä.); erfolgt in der Regel durch *Punktabspruch* für die schuldige Partei.

Entscheidungsspiel, nach einem *Spieljahr* (im Aufstiegs- od. Abstiegsbereich), *Turnier* od. *Pokalspiel* ausgetragene Begegnung zwischen 2 Mannschaften, die punkt- u. torgleich stehen; wird heute in der Regel bei Pokalspielen durch ↑ Strafstoßschießen beim Rückspiel entschieden. Ansonsten gibt es bei Gleichstand in der Tabelle ein E. mit Hin- u. Rückspiel od. eine Begegnung auf neutralem Platz. Bei Turnieren wird unterschiedlich verfahren.

EP, Abk. für *Europapokal.*

Episkyros, im Altertum von den Spartanern ausgeübtes, äußerst brutales Raufballspiel, das man weitläufig mit dem heutigen *American Football* vergleichen kann. Diese „Ballschlachten" wurden vorzugsweise auf Rennbahnen durchgeführt, vermutlich nach festgelegten Regeln, denn wer gegen eine Spielregel verstieß, wurde sofort ausgepeitscht. Die Ausrüstung der Spieler – Soldaten – war militärisch, mit Helm und Harnisch. Die Spiele standen unter dem Patronat des Halbgottes *Herakles*, dem man vor Spielbeginn Opfer darbrachte. Das E. soll später von den Römern übernommen worden sein, jedoch in einer humaneren Form.

E.P.O. ↑ Griechenland.

Equipe trikolore, Bez. für die französ. Nationalmannschaft.

Erbach, Günter, Prof. Dr., Hochschullehrer u. Sportfunktionär, geb. 22. 1. 1928 Kempin; 1956/63 Rektor der DHfK Leipzig (1963/65 Professor mit Lehrauftrag), ab 1974 Staatssekretär (1965/74 Stellvertreter) für Körperkultur u. Sport; seit Januar 1984 Präsident des DFV der DDR. Abb.

Erfolg, i.e.S. positives Ergebnis; von fußballerischer Warte her zählen dazu in erster Linie der *Sieg*, dann das *Unentschieden* (z. B. bei schwerem Auswärtsspiel), aber u. U. auch die knappe Niederlage (z. B. gegen einen „übermächtigen" Gegner). Abb.

Erfolgserlebnis, a) subjektives Erleben eines erfolgreichen Spielausgangs (Sieg, Unentschieden) nach vorangegangener Niederlagenserie; b) Erzielen eines Tores; c) Beherrschen eines starken Gegenspielers.

Erfolgszwang, psychologischer Druck, dem eine Mannschaft vor einem wichtigen Spiel, das sie unbedingt erfolgreich gestalten muß, um sich ihre Chancen zu bewahren, ausgesetzt ist.

Erfolg; Tahamata *(links)* u. Kist jubeln nach dem 3:2 der Niederlande gegen die DDR im Leipziger Zentralstadion (1979)

Günter **Erbach**

Ulf **Eriksson**

Dieter **Erler**

Erfurt, FC Rot-Weiß, DDR, Oberliga, gegr. 20. 1. 1966 (Emblem ↑ Tf. 5); 1946/48 *Erfurt-West*, 1948/49 *SG Fortuna*, 1949/50 *KWU* (**K**ommunales **W**irtschafts**u**nternehmen), 1950/54 *Turbine* u. 1954/65 *SC Turbine*; *Landesmeister* 1954 u. 1955. – *Spielkleidung:* weiße Hose, rotes Hemd, rote Stutzen. *Heimstadion:* 1946/48 Sportplatz auf der Cyriaksburg, 6000 Plätze, u. seit 1948 ↑ Georgi-Dimitroff-Stadion (1).
Spieler (Auswahl): G. Bach – W. Benkert – W. Brock – M. Busse – W. Dittmar – R. Dittrich – F. Egel – E. Franke – G. Franke – H. Fritz – K. Goldbach – D. Göpel – H. Grünbeck – R. Häfner – H. Hammer – H. Hergert – R. Hermsdorf – W. Herz – J. Heun – W. Hoffmeyer – J. Hornik – M. Iffarth – R. Jahn – R. Knobloch – G. Konzack – A. Krebs – L. Lindemann – K.-H. Löffler – H. Machts – J. Müller – S. Nathow – W. Nitsche – H. Nordhaus – A. Romstedt – G. Rosbigalle – C. Sänger – R. Schnuphase – R. Schulenberg – E. Seifert – H. Senftleben – T. Skaba – G. Stieler – R. Trölitzsch – J. Vlay – M. Vogel – S. Vollrath – W. Wallroth – H. Wehner – U. Weidemann – H. Weigang – G. Weigel – L. Weise – H. Weißhaupt – J. Weißhaupt – G. Wolff – H. Wozniakowski. – **Trainer** (Auswahl): G. Bäßler – H. Carl – A. Fischer – H. Geitel – S. Menz – H. Meyer – H. Nordhaus – M. Pfeiffer – H. Rüger – M. Schwendler – W. Seifert – S. Vollrath.

Erhardt, Herbert („Ertl"), geb. 6. 7. 1930 Fürth; Verteidiger, Läufer, Stopper;

1907 Newcastle United / Sheffield Wednesdey
1908 Manchester United / Wolverhampton Wanderers
1909 Newcastle United / Manchester United
1910 Aston Villa / Newcastle United
1911 Manchester United / Bradford City
1912 Blackburn Rovers / Barnsley
1913 FC Sunderland / Aston Villa
1914 Blackburn Rovers / FC Burnley
1915 F.C. Everton / Sheffield United
1920 West Bromwich Albion / Aston Villa
1921 FC Burnley / Tottenham Hotspur
1922 FC Liverpool / Huddersfield Town
1923 FC Liverpool / Bolton Wanderers
1924 Huddersfield Town / Newcastle United
1925 Huddersfield Town / Sheffield United
1926 Huddersfield Town / Bolton Wanderers
1927 Newcastle United / Cardiff City
1928 F.C. Everton / Blackburn Rovers
1929 Sheffield Wednesday / Bolton Wanderers
1930 Sheffield Wednesday / FC Arsenal
1931 FC Arsenal / West Bromwich Albion
1932 F.C. Everton / Newcastle United
1933 FC Arsenal / F.C. Everton
1934 FC Arsenal / Manchester City
1935 FC Arsenal / Sheffield Wednesday
1936 FC Sunderland / FC Arsenal
1937 Manchester City / FC Sunderland
1938 FC Arsenal / Preston North End
1939 F.C. Everton / FC Portsmouth
1946 – / Derby County
1947 FC Liverpool / Charlton Athletic
1948 FC Arsenal / Manchester United
1949 FC Portsmouth / Wolverhampton Wanderers

1950 FC Portsmouth / FC Arsenal
1951 Tottenham Hotspur / Newcastle United
1952 Manchester United / Newcastle United
1953 FC Arsenal / FC Blackpool
1954 Wolverhampton Wanderers / West Bromwich Albion
1955 FC Chelsea / Newcastle United
1956 Manchester United / Manchester City
1957 Manchester United / Aston Villa
1958 Wolverhampton Wanderers / Bolton Wanderers
1959 Wolverhampton Wanderers / Nottingham Forest
1960 FC Burnley / Wolverhampton Wanderers
1961 Tottenham Hotspur / Tottenham Hotspur
1962 Ipswich Town / Tottenham Hotspur
1963 F.C. Everton / Manchester United
1964 FC Liverpool / West Ham United
1965 Manchester United / FC Liverpool
1966 FC Liverpool / F.C. Everton
1967 Manchester United / Tottenham Hotspur
1968 Manchester City / West Bromwich Albion
1969 Leeds United / Manchester City
1970 F.C. Everton / FC Chelsea
1971 FC Arsenal / FC Arsenal
1972 Derby County / Leeds United
1973 FC Liverpool / FC Sunderland
1974 Leeds United / FC Liverpool
1975 Derby County / West Ham United
1976 FC Liverpool / FC Southampton
1977 FC Liverpool / Manchester United
1978 Nottingham Forest / Ipswich Town
1979 FC Liverpool / FC Arsenal
1980 FC Liverpool / West Ham United
1981 Aston Villa / Tottenham Hotspur
1982 FC Liverpool / Tottenham Hotspur
1983 FC Liverpool / Manchester United

spielte 1944/62 bei SpVgg Fürth u. 1962/64 bei FC Bayern München; 50 Länderspiele (1 Tor); internationales Debüt am 11. 10. 1953 gegen das Saarland (3:0) in Stuttgart; Länderspielabschied am 30. 9. 1962 gegen Jugoslawien (3:2) in Zagreb; WM-Endrundenteilnehmer 1954 (nicht eingesetzt), 1958 u. 1962.

Eriksson, Ulf, Schweden, Schiedsrichter, geb. 1942 Solleftea; spielte in unterklassigen Mannschaften; 1968 Schiedsrichter; 1972 1. Division, 1974 FIFA-Referee; WM-Endrundenschiedsrichter 1978 in Argentinien. Abb.

Erler, Dieter („Erle"), geb. 28. 5. 1939 Glauchau; Halbstürmer, Läufer; spielte 1953/57 bei Chemie Glauchau, 1957/59 bei Wismut Gera, 1959/63 bei Wismut Aue u. 1963/71 beim FC Karl-Marx-Stadt; 47 Länderspiele (12 Tore); internationales Debüt am 28. 6. 1959 gegen Portugal (2:3) in Porto; Länderspielabschied am 6. 12. 1967 gegen Rumänien (1:0) in Bukarest; Fußballer des Jahres 1967; 290 Oberligaspiele (69 Tore). – Später Trainer; seit 1972 beim FCK. Abb. S. a. Heine, W. (Abb.).

Erler, Holger, geb. 21. 3. 1950 Hohndorf; Mittelfeldspieler; spielte 1957/68 bei Lok Hohndorf, 1970/85 bei Wismut Aue u. 1985/86 bei Wismut Gera; 359 Oberligaspiele (78 Tore). – Trainer.

Ermahnung, vorbeugende erzieherische Maßnahme *(Vorwarnung)* des Schiedsrichters als Vorstufe für die ↑ Verwarnung; sie kann generell nur einmal gegeben werden.

Ernst, Rainer, geb. 31. 12. 1961 Neustrelitz; Stürmer; spielte 1968/75 bei Dynamo Neustrelitz, seit 1975 beim Berliner FC Dynamo; 31 Länderspiele (12 Tore); internationales Debüt am 11. 11. 1981 gegen Malta (5:1) in Jena; 127 Oberligaspiele (65 Tore); Torschützenkönig 1984 (20 Treffer) u. 1985 (24). Abb. S. a. Torjäger (Abb.)

Ernst-Abbe-Sportfeld, Jena, Heimstätte des FC Carl Zeiss; am 30. 9. 1921 Gründung der „Sportplatzbau-Genossenschaft des 1. SV Jena e.V., e.G.m.b.H."; Baubeginn (Architekt *Heinrich Voßler*) Frühjahr 1922; am 11. 11. 1923 Grundsteinlegung für die Tribüne; Stadionweihe am 24. 8. 1924 mit dem Spiel 1. SV Jena–VfL Halle 96 (1:1); Umbenennung in E. am 25. 8. 1939. – Wiederbeginn des Spielverkehrs nach dem 2. Weltkrieg am 26. 5. 1946 mit dem Spiel Jena gegen Falkenberg Weimar (4:2); Kapazität 16 000 Plätze (Tribüne für 500 Personen); Spielfeld 110 m × 72 m; am 20. 2. 1974 Einweihung der Flutlichtanlage (4 Masten, je 69 m u. 80 t, 1 500 Lux) beim Spiel gegen den BFC Dynamo (4:0); seit 1978 elektronische Anzeigetafel.

Rainer **Ernst**

Ernst-Grube-Stadion, Heimstätte des 1. FC Magdeburg; im Oktober 1954 erster Spatenstich; es wurden 150 000 Kubikmeter Schutt bewegt u. über 21 Kilometer Terrassensteine verlegt; am 18. 9. 1955 (zum I. Bezirks-Turn- u. Sportfest) eingeweiht; Fassungsvermögen 35 000 Plätze; Flutlichtanlage.

Ernst-Thälmann-Stadion, 1. ↑ DDR. **2.** ↑ Zeitz, BSG Chemie.

Erotokritou, Klitos, Zypern, geb. 17. 3. 1956 Nikosia; Mittelfeldspieler; spielt seit 1970 bei Omonia Nikosia; 37 Länderspiele (2 Tore); internationales Debüt am 5. 12. 1976 gegen Portugal (1:2) in Limassol.

Ersatzspieler, svw. *Einwechselspieler* (↑ Auswechslung).

erste Hälfte, gleichbedeutend mit erster ↑ Halbzeit [1].

1. FCK, Abk. für *1. FC Kaiserslautern.*

1. FCL, Abk. für *1. FC Lokomotive Leipzig.*

1. FCM, Abk. für *1. FC Magdeburg.*

Erstliga, *Schweiz* höchste Amateurspielklasse mit 4 Gruppen.

Erwärmung, Vorbereitung des Organismus vor dem Wettkampf u. zu Beginn einer Trainingseinheit auf die optimale Leistungsfähigkeit u. -bereitschaft. Gewöhnlich wird zwischen der *allgemeinen* u. *speziellen physischen Vorbereitung* unterschieden. Fast jedes Vorbereitungsprogramm enthält leichte Laufübungen, verbunden mit auflockernden u. dehnenden gymnastischen Übungen sowie Spielformen mit dem Ball. Im speziellen Teil der E. werden die Spieler mit fußballspezifischen Übungen unmittelbar auf die erste Aufgabe des Hauptteils der Trainingseinheit vorbereitet. Sie vermindert die Gefahr von Verletzungen am Stütz- u. Bewegungsapparat u. erfolgt sowohl individuell als auch in Gruppen.

Esch, A.S. Jeunesse, Luxemburg, Ehrendivision, gegr. 1907; 18mal *Landesmeister* (zwischen 1921 u. 1985); 8mal *Pokalsieger* (zwischen 1935 u. 1981). 18 *EC-Teilnahmen:* 41 Spiele; 6 Siege, 5 Unentschieden, 30 Niederlagen, 17:65 Punkte, 44:136 Tore. – *Spielkleidung:* schwarze Hose, schwarz-weiß längsgestreiftes Hemd, schwarze Stutzen. *Heimstadion:* Stade de la Frontiere, 6300 Plätze. Abb.

Spieler (Auswahl): J. Bach – J.-P. Barboni – R. Denis – R. Hoffmann – J. Hoscheid – R. Kaufmann – „Spitz" Kohn – H. Kosmala – P. Langer – T. Langers – V. Majerus – P. May – Meunier – P. Mousel – R. Pascucci – R. Ruffini – H. Scharry – H. Siedler – P. Steffen – M. Theis – J. van Rijsvijck. – **Trainer** (Auswahl): F. de Culot – G. Legrand – A. Piquer – W. Macho – L. Subits.

Esbjerg, BK, Dänemark, Verein der 2. Division, gegr. 1924; *Landesmeister* 1961, 1962, 1963, 1965 u. 1979; *Pokalsieger* 1964 u. 1976. 8 *EC-Teilnahmen:* 24 Spiele; 7 Siege, 6 Unentschieden, 11 Niederlagen, 20:28 Punkte, 22:45 Tore. – *Spielkleidung:* blaue Hose, blau-weiß längsgestreiftes Hemd, weiße Stutzen. *Heimstadion:* Idreatspark, 20000 Plätze.

Spieler (Auswahl): S. Andersen – C. Bertelson – E. Gardhöje – J. J. Hansen – J. P. Hansen – O. Hansen – E. Jensen – O. Kjär – J. Madsen – K. Petersen – J. Schmidt.

Escartin, Pedro Moran, Spanien, war Schiedsrichter, geb. 1901 Madrid; leitete 1928 Spiele des olympischen Fußballturniers in Amsterdam u. 1934 bei der WM-Endrunde in Italien; in 847 Treffen (darunter 100 internationale Spiele u. 5 span. Pokalendspiele) eingesetzt; 26 Jahre Präsident der span. Schiedsrichtervereinigung; erhielt die *Goldene Pfeife* der FIFA.

Eschen/Mauren, USV *(Abk. für Unterländer Spielervereinigung),* Liechtenstein, 1. Liga, gegr. 1963; *Pokalsieger* 1976, 1977 u. 1978. – *Spielkleidung:* weiße Hose, blaues Hemd sowie blauweiße Stutzen. *Heimstadion:* Sportpark Eschen/Mauren, mit 5300 Plätzen (5000 Steh-, 300 Sitzplätze).

Spieler (Auswahl): E. Büchel – H. Erne – D. u. H. Marxer – D. Meier – W. Watt. – **Trainer** (Auswahl): M. Ackermann.

Eschweiler, Walter, Schiedsrichter (seit 1951), geb. 1936 Bonn-Beuel; 1970 FIFA-Referee; WM-Endrundenschiedsrichter 1978 u. 1982; leitete 1981 das zweite UEFA-Pokalendspiel AZ 67 Alkmaar–Ipswich Town (4:2) u. 1982 das EC II-Finale F.C. Barcelona–Standard Lüttich (2:1); insgesamt 77 Länderspiel- u. 55 EC-Einsätze.

Essen, Rot-Weiß, BRD, gegr. 1. 2. 1907 (Emblem ↑ Tf. 5); 2. Bundesliga; Oberliga Nordrhein 1984/86; 1. Bundesliga 1966 bis 1967, 1969/70, 1970/71 u. 1973/74 bis 1976/77; 2. Bundesliga von 1981/82 bis 1983/84; 2. Liga Nord 1977/78 bis 1980/81; Regionalliga West 10 Serien, dabei dreimal Meister (1952, 1955, 1973); *Landesmeister* 1955; *DFB-Pokalsieger* von 1953. Eine *EC-Teilnahme:* 2 Spiele; 1 Unentschieden, 1 Niederlage, 1:3 Punkte, 1:5 Tore. – *Spielkleidung:* rote Hose, weißes Hemd mit rotem Winkel, rot-weiße Stutzen. *Heimstadion:* Georg-Melches-Stadion, 36400 Plätze, davon 4500 Sitz- u. 22000 Stehplätze überdacht.

Spieler (Auswahl): D. Bast – M. Burgsmüller – D. Ferner – Göbel – A. Gottschalk –

1984 FC Liverpool / F.C. Everton
1985 F.C. Everton / Manchester United
1986 FC Liverpool / FC Liverpool

Fußballer des Jahres

1948 S. Matthews (FC Blackpool)
1949 J. Carey (Manchester United)
1950 J. Mercer (FC Arsenal)
1951 H. Johnston (FC Blackpool)
1952 B. Wright (Wolverhampton Wanderers)
1953 N. Lofthouse (Bolton Wanderers)
1954 T. Finney (Preston North End)
1955 D. Revie (Manchester City)
1956 B. Trautmann (Manchester City)
1957 T. Finney (Preston North End)
1958 D. Blanchflower (Tottenham Hotspur)
1959 S. Owen (Luton Town)
1960 B. Slater (Wolverhampton Wanderers)
1961 D. Blanchflower (Tottenham Hotspur)
1962 J. Adamson (FC Burnley)
1963 S. Matthews (Stoke City)
1964 B. Moore (West Ham United)
1965 B. Collins (Leeds United)
1966 B. Charlton (Manchester United)
1967 J. Charlton (Leeds United)
1968 G. Best (Manchester United)
1969 D. Makay (Derby County)
1970 B. Bremner (Leeds United)
1971 F. McLintock (FC Arsenal)
1972 G. Banks (Stoke City)
1973 P. Jennings (Tottenham Hotspur)
1974 I. Callaghan (FC Liverpool)
1975 A. Mullery (FC Fulham)
1976 K. Keegan (FC Liverpool)
1977 E. Hughes (FC Liverpool)
1978 K. Burns (Nottingham Forest)
1979 K. Dalglish (FC Liverpool)
1980 T. Mc Dermott (FC Liverpool)
1981 F. Thijssen (Ipswich Town)
1982 S. Perryman (Tottenham Hotspur)
1983 K. Dalglish (FC Liverpool)
1984 I. Rush (FC Liverpool)
1985 N. Southall (F. C. Everton)
1986 G. Lineker (F. C. Everton)

Jeunesse Esch

Europaauswahl (Spielerkreis)

13. 8. 1955 in Belfast
L. Buffon (Frankreich)
A. van Brandt (Belgien)
B. Gustavsson (Schweden)
J. Vincent (Frankreich)
J. Jonquet (Frankreich)
B. Vukas (Jugoslawien)
L. Sörensen (Italien/Dänemark)
E. Ocwirk (Österreich)
V. Boskov (Jugoslawien)
R. Kopa (Frankreich)
J. Travassos (Portugal)

20. 5. 1964 in Kopenhagen
L. Jaschin (UdSSR)
H. Tilkowski (BRD)
B. Charlton (England)
J. Augusto (Portugal)
R. Wilson (England)
D. Law (Schottland)
J. Baxter (Schottland)
J. Popluhar (ČSSR)
P. van Himst (Belgien)
A. Hamilton (Schottland)
J. Bomba (ČSSR)
W. Woronin (UdSSR)
W. Henderson (Schottland)
Eusebio (Portugal)
J. Greaves (England)

23. 9. 1964 in Belgrad
L. Jaschin (UdSSR)
A. Simoes (Portugal)
Eusebio (Portugal)
J. Lála (ČSSR)
S. Pluskal (ČSSR)
W. Woronin (UdSSR)
K. Meszöly (Ungarn)
K.-H. Schnellinger (BRD)
J. Masopust (ČSSR)
U. Seeler (BRD)
Augusto (Portugal)

Europameisterschaft (landessprachlich)

European Championship [engl.]
Championnat d'Europe [französ.]
Campeonato de Europa [span.]
Campeonato Europeu [portugies.]
Campionato Europeo [italien.]

M. Herget – F. Herkenrath – Hinz – H. Hrubesch – D. Ilic – F. Islacker – W. Köchling – H. Kwiatkowski – W. Lippens – F. Mill – M. Pfeiffer – H. Rahn – W. Rausch – J. Rynio – B. Termath – P. Velhorn – H. Wewers – C. Wientjes – W. Zastrau. – **Trainer** (Auswahl): H. Burdenski – H. Erlhoff – D. Ferner – F. Harthaus – G. Hentschke – I. Horvat – H. Hrubesch – K. Klötzer – W. Multhaup – F. Pliska – E. Ribbeck – R. Schafstall – R. Schwab – W. Vordenbäumen – H. Witzler.

Estádio Antonio Carlos ↑ Mineiro, Clube Atlético.

Estadio Artocha ↑ San Sebastian, Real Sociedad.

Estadio Astéca, Nationalstadion von Mexiko (↑ Aztekenstadion).

Estádio Beira-Rio ↑ Pôrto Alegre, SC Internacional.

Estadio Benito Villamarin ↑ Sevilla, Real Betis Balompie.

Estadio Bonbonera ↑ Buenos Aires, CA Boca Júniors.

Estadio Centenario, Nationalstadion von ↑ Uruguay.

Estádio da Luz ↑ Lissabon, Benfica.

Estádio da Machava, Nationalstadion von ↑ Moçambique.

Estádio das Antas ↑ Porto, FC.

Estádio de São Januário ↑ Vasco da Gama, CdR.

Estadio Distrital Nemesio Camacho „El Campin", Nationalstadion von ↑ Kolumbien.

Estádio José de Alvalade ↑ Lissabon, SC Sporting.

Estadio Luis Casanova ↑ Valencia, FC.

Estádio Magalhães Pinto-Mineirao ↑ Cruzeiro, E.C.

Estádio Mário Filho, Nationalstadion von Brasilien (↑ Maracaná).

Estadio Modelo Guayaquil, Nationalstadion von ↑ Ekuador.

Estadio Monumental ↑ Buenos Aires, CA River Plate.

Estadio Nacional, 1. ↑ Nikaragua. **2.** ↑ Peru.

Estadio Nacional de Chile ↑ Chile.

Estadio Nacional de Flor Blanca, Nationalstadion von ↑ El Salvador.

Estadio Nacional de Kostarika ↑ Kostarika.

Estadio Nacional Olimpico ↑ Bolivien.

Estadio Norte a Sur, Nationalstadion von ↑ Honduras.

Estadio Olimpico, Nationalstadion von ↑ Venezuela.

Estádio Olimpico ↑ Pôrto Alegre, Gremio FB.

Estadio Olimpico Juan Pablo Duarte, Nationalstadion der ↑ Dominikanischen Republik.

Estadio Paseo del Bosque ↑ La Plata, Estudiantes de.

Estadio Revolución, Nationalstadion von ↑ Panama.

Estadio Santiago Bernabeu ↑ Bernabeu-Stadion.

Estadio Vicente Calderon ↑ Madrid, Atlético.

Europaauswahl, Mannschaft mit Spielern aus den europäischen Landesverbänden, die unter der Leitung der UEFA für internationale Begegnungen zusammengestellt wurde. Das erste Spiel einer E. fand am 13. 8. 1955 anläßlich des 75jährigen Bestehens des Nordirischen Fußballverbandes in Belfast statt, u. zwar gegen eine Auswahl Großbritanniens (4:1). Für die E. war der Franzose *P. Pibarot* als Trainer verantwortlich. Am 20. 5. 1964 trat eine E. ein weiteres Mal – aus Anlaß des 75jährigen Jubiläums des Dänischen Fußballverbandes – in Erscheinung u. besiegte in Kopenhagen eine Auswahl Skandinaviens mit 4:2. Am 23. 9. des gleichen Jahres bezwang schließlich eine von *H. Schön* betreute E. in Belgrad die jugoslaw. Nationalmannschaft mit 7:2 Toren. Die gesamten Spiel- u. Fernseheinnahmen dieses Treffens wurden zur Wiederinstandsetzung der durch die Erdbebenkatastrophe (1963) in Skopje zerstörten Stadien verwendet. – Infolge zunehmender technischer Schwierigkeiten, bes. was das Abstellen der Spitzenspieler betraf, beschloß das UEFA-Exekutivkomitee, künftig auf offizielle E.-Spiele zu verzichten. Tab. S. a. FIFA-Auswahl, FIFA-Europa-Auswahl.

Europäische Fußballunion, svw. ↑UEFA.

Europäischer Messepokal, svw. ↑ Internationaler Messepokal.

Europameisterschaft, bedeutendster internationaler Wettbewerb der Nationalmannschaften nach der Weltmeister-

schaft; seit 1968, jeweils in der Mitte zwischen 2 WM-Endrunden, ausgetragen. Die Idee brachte *H. Delaunay*, damals Generalsekretär des französ. Fußballverbandes, bereits 1927 bei der FIFA ein; jedoch zu einem ungünstigen Zeitpunkt, da bereits die organisatorischen Vorbereitungen für die I. Weltmeisterschaft in Uruguay 1930 liefen. Der 2. Weltkrieg schob die Ideen weiter hinaus.
Sein Sohn *Pierre D.* initiierte 1957 über Frankreich einen neuen Vorstoß bei der UEFA. Auf ihrem Kongreß in Köln stimmte diese 1957 mit 14 Stimmen dem Plan eines *Europapokals der Nationen* zu. Die erste Auslosung dafür erfolgte am 7. 7. 1958 im Sitzungszimmer des „Allsvenska Fotball-Förbundet" in Stockholm, u. zwar am Eröffnungstag der VI. WM-Endrunde. Die ersten beiden Wettbewerbe von 1958/60 u. 1962/64 wurden unter der Bezeichnung *Europapokal der Nationen (Henri-Delaunay-Coupe)* durchgeführt; ab 1967/68 wurde der Wettbewerb dann in E. umbenannt.
Die ersten beiden Wettbewerbe wurden im K.-o.-System mit Hin- u. Rückspielen, Achtel-, Viertel-, Halbfinale, Spiel um Platz 3 u. Finale durchgeführt. Ab 1968 erfolgte die Einteilung in 8 Gruppen mit Hin- u. Rückspielen. 1968, 1972 u. 1976 wurden in einem Viertelfinale die 4 Endrundenteilnehmer in einem vorher festgelegten Land ermittelt. 1980 u. 1984 fand die Endrunde mit jeweils 8 Ländern statt. Die Veranstalterländer Italien (1980) und Frankreich (1984) waren automatisch qualifiziert für die Endrunde. Abb. S. a. EM-Endrunde.

Europameisterschaft (Trophäe)

Europapokal der Landesmeister (Trophäe)

Europapokal der Pokalsieger (Trophäe)

I. EP der Nationen 1960 in Frankreich
UdSSR–Jugoslawien 2:1 (1:0, 0:1) n. V.
Austragungsort: Paris
Schiedsrichter: A. Ellis (England)
Zuschauer: 30 000

UdSSR	*Jugoslawien*
Jaschin	Soskic
Tschocheli	Durkovic
Masljonkin	Jusufi
Krutikow	Zanetic
Woinow	Miladinovic
Netto	Perusic
Metreweli(1)	Sekularac
Iwanow	Jerkovic
Ponedjelnik (1)	Galic (1)
Bubukin	Matous
Meschi	Kostic

Um den dritten Platz
ČSSR–Frankreich 2:0
Austragungsort: Marseille
Schiedsrichter: Jonni (Italien)
Zuschauer: 9 500

ČSSR	*Frankreich*
Schroijf	Taillandier
Safranek	Rodzik
Popluhar	Jonquet
Novak	Chorda
Bubernik	Marcel
Masopust	Siatka
Pavlovic (1)	Heutte
Vojta	Douis
Molnar	Wisnieski
Bubnik (1)	Stievenard
Dolinsky	Vincent

II. EP der Nationen 1964 in Spanien
Spanien–UdSSR 2:1 (1:1)
Austragungsort: Madrid
Schiedsrichter: Holland (England)
Zuschauer: 125 000

Spanien	*UdSSR*
Iribar	Jaschin
Rivilla	Schustikow
Calleja	Schesternjow
Zoco	Mudrik
Olivella	Woronin
Fuste	Anitschkin
Amancio	Tschislenko
Pereda (1)	Iwanow
Marcellino (1)	Ponedjelnik
Suarez	Kornejew
Lapetra	Chusainow (1)

Um den dritten Platz
Ungarn–Dänemark 3:1 (1:0, 1:1) n. V.
Austragungsort: Barcelona
Schiedsrichter: Mellet (Schweiz)
Zuschauer: 4 000

Ungarn	*Dänemark*
Szentmihalyi	L. Nielsen
Novak (2)	Wolmar
Meszöly	K. Hansen
Ihász	B. Hansen
Solymosi	Larsen
Sipos	E. Nielsen
Farkas	Bertelsen
Varga	S. Sörensen
Albert	O. Madsen
Bene (1)	Thorst
Fenyvesi	Danielsen

I. EM 1968 in Italien
Italien–Jugoslawien 1:1 (1:1, 0:1) n. V.
Austragungsort: Rom
Schiedsrichter: Dienst (Schweiz)
Zuschauer: 100 000

Italien	*Jugoslawien*
Zoff	Pantelic
Burgnich	Fazlagic
Guarneri	Paunovic
Castano	Holcer
Facchetti	Damjanovic
Ferrini	Pavlovic
Juliano	Trivic
Lodetti	Acimovic
Domenghini (1)	Petkovic
Anastasi	Musemic
Prati	Dzajic (1)

Wiederholung
Italien–Jugoslawien 2:0 (2:0)
Austragungsort: Rom
Schiedsrichter: de Mendibil (Spanien)
Zuschauer: 70 000

Italien	*Jugoslawien*
Zoff	Pantelic
Burgnich	Fazlagic
Guarneri	Paunovic
Salvadore	Holcer
Facchetti	Damjanovic
De Sisti	Pavlovic
Rosato	Trivic
Mazzola	Acimovic
Domenghini	Petkovic
Anastasi (1)	Musemic
Riva (1)	Džajić

Um den dritten Platz
England–UdSSR 2:0 (1:0)
Austragungsort: Rom
Schiedsrichter: Zsolt (Ungarn)
Zuschauer: 19 000

England	*UdSSR*
Banks	Pschenitschnikow
Wright	Schesternjow
Labone	Kaplitschny
Moore	Afonin
Wilson	Lenjew
Stiles	Logofet
Peters	Istomin
B. Charlton (1)	Malofejew
Hunter	Bischowez
Hunt	Banischewski
Hurst (1)	Jewrjuschichin

II. EM 1972 in Belgien
BRD–UdSSR 3:0 (1:0)
Austragungsort: Brüssel
Schiedsrichter: Marschall (Österreich)
Zuschauer: 50 000

BRD	*UdSSR*
Maier	Rudakow
Beckenbauer	Churzilawa
Höttges	Dsodsuaschwili
Schwarzenbeck	Kaplitschny
Breitner	Istomin
U. Hoeneß	Konkow
Netzer	Troschkin
Wimmer (1)	Kolotow
Heynckes	Baidatschny
D. Müller (2)	Banischewski
Kremers	Onistschenko
	(Dolmatow)
	(Kosinkewitsch)

Um den dritten Platz
Belgien–Ungarn 2:1 (2:0)
Austragungsort: Lüttich
Schiedsrichter: Boström (Schweden)
Zuschauer: 9 000

Belgien	*Ungarn*
Piot	Geczi
Heylens	Balint
van den Daele	Fabian
Thissen	Pancsics
Dolmans	P. Juhasz
Dockx	I. Juhasz
Verheyen	Albert
Polleunis	Kü (1)
Semmeling	Kozma
Lambert (1)	A. Dunai
van Himst (1)	Zambo
	(Szöke)

III. EM 1976 in Jugoslawien
ČSSR–BRD 2:2 (2:2, 2:1) n. V.
5:3 nach Strafstoßschießen
Austragungsort: Belgrad
Schiedsrichter: Gonella (Italien)
Zuschauer: 30 000

ČSSR	*BRD*
Viktor	Maier
Ondrus	Beckenbauer
Pivarnik	Vogts
Capkovic	Schwarzenbeck
Goegh	Dietz
Moder	Bonhof
Panenka	Beer
Dobias (1)	Wimmer
Masny	U. Hoeneß
Svehlik (1)	D. Müller (1)
Nehoda	Hölzenbein (1)
(Jurkemik)	(Flohe)
(Vesely)	(Bongartz)

Um den dritten Platz
Niederlande–Jugoslawien 3:2 (2:1, 2:2) n. V.
Austragungsort: Zagreb
Schiedsrichter: Hungerbühler (Schweiz)
Zuschauer: 10 000

Niederlande	*Jugoslawien*
Schrijvers	O. Petrovic
Suurbier	Buljan
van Kraay	Katalinski (1)
Krol	Muzinic
Jansen	Oblak
Peters	Surjak
Arntz	Acimovic
W. van de Kerkhof (1)	Jerkovic
	Popivoda
R. van de Kerkhof	Zungul
Geels (2)	Dzajic (1)
Rensenbrink	(Vladic)
(Meutstege)	(Halilhodzic)
(Kist)	

IV. EM 1980 in Italien
BRD–Belgien 2:1 (1:0)
Austragungsort: Rom
Schiedsrichter: Rainea (Rumänien)
Zuschauer: 48 000

BRD	*Belgien*
Schumacher	Pfaff
Stielike	Meeuws
Kaltz	Gerets
K. Förster	L. Millecamps
Dietz	Renquin
Schuster	Cools
Briegel	van Moer
H. Müller	Vandereycken (1)
K.-H. Rummenigge	Mommens
Hrubesch (2)	van der Elst
K. Allofs	Ceulemans
(Cullmann)	

Um den dritten Platz
ČSSR–Italien 1:1 (0:0, 9:8 nach Strafstoßschießen)
Austragungsort: Neapel
Schiedsrichter: Linemayr (Österreich)
Zuschauer: 25 000

ČSSR	*Italien*
Netolička	Zoff
Ondrus	Scirea
Barmos	Gentile
Vojacek	Collovati
Gögh	Cabrini
Kozak	Baresi
Jurkemik (1)	Tardelli
Panenka	Causio
Masny	Graziani (1)
Vizek	Altobelli
Nehoda	Bettega
(Gajdusek)	(Benetti)

V. EM 1984 in Frankreich
Frankreich–Spanien 2:0 (0:0)
Austragungsort: Paris
Schiedsrichter: Christov (ČSSR)
Zuschauer: 47 000

Frankreich	*Spanien*
Bats	Arconada
Bossis	Gallego
Battiston	Urquiaga
Le Roux	Salva
Fernandez	Senor
Platini (1)	Victor
Tigana	Francisco
Giresse	Camacho
Domergue	Julio Alberto
Lacombe	Santillana
Bellone (1)	Carrasco
(Amoros)	(Roberto)
(Genghini)	(Sarabia)

Halbfinale
Spanien–Dänemark 1:1 (1:1, 0:1) n. V. 5:4 nach Strafstoßschießen
Austragungsort: Lyon
Schiedsrichter: Courtney (England)
Zuschauer: 40 000
Torschützen: Maceda; Lerby

Frankreich–Portugal 3:2 (1:1, 1:0) n. V.
Austragungsort: Marseille
Schiedsrichter: Bergamo (Italien)
Zuschauer: 56 500
Torschützen: Domergue (2), Platini; Jordao (2)

Europameisterschaftsendrunde, Kurzbezeichnung: ↑ EM-Endrunde.

Europa-Nationenpokal, svw. *Europapokal der Nationen* (↑ Europameisterschaft).

Europapokal der Landesmeister, Abk. *EC I*, exponiertester u. lukrativster Pokalwettbewerb für alle europäischen Landesmeister der in der UEFA zusammengeschlossenen Landesverbände. Wettbewerbe wie der ↑ Mitropapokal u. der ↑ Latein Cup formten den Gedanken an einen Europapokal. Eine Richtung propagierte die *Klub-Superliga*, ausschl. den führenden Ländern Europas vorbehalten, eine andere die Teilnahme aller Landesmeister.
Der Franzose *Gabriel Hanot*, Fußballchef der französ. Sporttageszeitung „L'Equipe" u. früherer Nationalspieler, nahm letztere Idee auf. Am 16. 12. 1954 veröffentlichte er seinen Plan einer „Europameisterschaft der Klubs". 18 Klubs wurden daraufhin von „L'Equipe" nach Paris eingeladen, die aber nicht alle Landesmeister waren. 15 Klubs akzeptierten den Vorschlag; Hibernian Edinburgh, Sparta Prag u. Dynamo Moskau

Europapokal der Landesmeister

1956 *Real Madrid* – Stade Reims 4:3
1957 *Real Madrid* – AC Florenz 2:0
1958 *Real Madrid* – AC Mailand 3:2 (n. V.)
1959 *Real Madrid* – Stade Reims 2:0
1960 *Real Madrid* – Eintracht Frankfurt/Main 7:3
1961 *Benfica Lissabon* – F. C. Barcelona 3:2
1962 *Benfica Lissabon* – Real Madrid 5:3
1963 *AC Mailand* – Benfica Lissabon 2:1
1964 *Internazionale Mailand* – Real Madrid 3:1
1965 *Internazionale Mailand* – Benfica Lissabon 1:0
1966 *Real Madrid* – Partizan Belgrad 2:1
1967 *Celtic Glasgow* – Internazionale Mailand 2:1
1968 *Manchester United* – Benfica Lissabon 4:1 (n. V.)
1969 *AC Mailand* – Ajax Amsterdam 4:1
1970 *Feyenoord Rotterdam* – Celtic Glasgow 2:1 (n. V.)
1971 *Ajax Amsterdam* – Panathinaikos Athen 2:0
1972 *Ajax Amsterdam* – Internazionale Mailand 2:0
1973 *Ajax Amsterdam* – Juventus Turin 1:0
1974 *FC Bayern München* – Atlético Madrid 1:1 (n. V.), Wiederholung 4:0
1975 *FC Bayern München* – Leeds United 2:0
1976 *FC Bayern München* – AS St.-Étienne 1:0
1977 *FC Liverpool* – Borussia M.gladbach 3:1
1978 *FC Liverpool*–FC Brügge 1:0
1979 *Nottingham Forest* – Malmö FF 1:0
1980 *Nottingham Forest* – Hamburger SV 1:0
1981 *FC Liverpool* – Real Madrid 1:0
1982 *Aston Villa* – FC Bayern München 1:0
1983 *Hamburger SV* – Juventus Turin 1:0
1984 *FC Liverpool* – AS Rom 1:1 (n. V.), 4:2 nach Strafstoßschießen
1985 *Juventus Turin* – FC Liverpool 1:0
1986 *Steaua Bukarest* – F. C. Barcelona 0:0 (n. V.), 2:0 nach Strafstoßschießen

Länderwertung im **Europapokal der Landesmeister**
(nach Abschluß des 31. Wettbewerbes 1985/86)

Land	Klubs	Teilnahmen	Spiele	gew.	remis	verl.	Tore	Punkte	Punkte in %
1. Spanien	7	37	244	135	42	67	516:270	312:176	63,9
2. England	13	35	222	130	39	53	458:210	299:145	67,3
3. Italien	9	34	205	109	43	53	345:199	216:149	63,6
4. BRD	14	34	197	106	44	47	430:243	256:138	65,0
5. Niederlande	8	33	158	83	32	43	323:174	198:118	62,6
6. Schottland	8	31	155	79	26	50	271:198	184:126	59,3
7. Portugal	3	33	148	66	29	53	272:196	161:135	54,3
8. ČSSR	9	30	131	64	32	35	211:164	160:102	61,0
9. Belgien	7	31	135	63	16	56	240:208	142:128	52,5
10. Frankreich	8	31	131	55	28	48	208:173	138:124	52,6
11. Jugoslawien	7	31	127	59	17	51	238:184	135:119	53,1
12. Ungarn	7	30	121	57	20	44	249:195	134:108	55,3
13. UdSSR	10	19	88	45	19	24	128:77	109:67	61,9
14. Österreich	7	31	120	44	21	55	181:186	109:131	45,4
15. Polen	12	30	106	46	14	46	158:171	106:106	50,0
16. DDR	8	28	110	43	16	51	170:156	102:118	46,3
17. Bulgarien	5	29	108	41	19	48	164:169	101:115	46,7
18. Schweiz	7	31	109	40	20	49	178:197	100:118	45,8
19. Rumänien	7	29	104	37	17	50	144:163	91:117	43,7
20. Schweden	8	31	101	35	17	49	136:168	87:115	43,0
21. Griechenland	4	27	87	24	21	42	105:141	69:105	39,6
22. Dänemark	12	31	91	23	21	47	117:186	67:115	36,8
23. Türkei	4	29	80	24	13	43	73:141	61:99	38,1
24. Nordirland	8	27	64	8	17	39	70:165	33:95	25,7
25. Irland	11	29	66	8	10	48	55:196	26:106	19,6
26. Finnland	11	27	66	10	5	51	51:213	25:107	18,9
27. Zypern	6	21	48	11	2	35	47:160	24:72	25,0
28. Norwegen	9	26	58	7	8	43	53:154	22:94	18,9
29. Luxemburg	8	30	66	7	5	54	58:285	19:113	14,3
30. Albanien	5	13	26	5	5	16	15:43	15:37	28,8
31. Malta	6	25	52	5	5	42	26:181	15:89	14,4
32. Island	7	22	48	2	7	39	40:164	11:85	11,4

Europapokal der Pokalsieger

1961 *AC Florenz* – Glasgow Rangers 2:0, 2:1
1962 *Atlético Madrid* – AC Florenz 1:1 (n. V.), 3:0
1963 *Tottenham Hotspur* – Atlético Madrid 5:1
1964 *Sporting Lissabon* – MTK Budapest 3:3 (n. V.), 1:0
1965 *West Ham United* – TSV 1860 München 2:0
1966 *Borussia Dortmund* – FC Liverpool 2:1 (n. V.)
1967 *FC Bayern München* – Glasgow Rangers 1:0 (n. V.)
1968 *AC Mailand* – Hamburger SV 2:0
1969 *Slovan Bratislava* – F. C. Barcelona 3:2

entschuldigten ihre Abwesenheit. 1955 legte *Hanot* einen Reglementsvorschlag mit Hin- u. Rückspielen als Pokalwettbewerb vor, den die UEFA am 8. 5. in London durch ihr Dringlichkeitskomitee sanktionierte. Beim 1. Wettbewerb 1955/56 blockierte die engl. Liga die Teilnahme des FC Chelsea London; stattdessen nahm Gwardia Warschau teil. – Die Paarungen der einzelnen Runden werden ausgelost u. mit Hin- und Rückspielen durchgeführt. Bei Punktgleichheit entscheidet die Anzahl erzielter Tore, bei Torgleichheit zählen die auswärts erzielten Tore doppelt. – Der EC I-Gewinner spielt gegen den Sieger des Europapokals der Pokalsieger um den ↑ Supercup, außerdem trifft er auf den Südamerikameister (Gewinner der ↑ Copa Libertadores de America) u. spielt mit ihm den ↑ Weltpokal aus. Abb. Tab. S. a. Strafstoßschießen.

Europapokal der Nationen, Vorläufer der ↑ Europameisterschaft.

Europapokal der Pokalsieger, Abk. *EC II*, der zweite bedeutende europäische Wettbewerb nach dem ↑ Europapokal der Landesmeister, offen für alle Pokalsieger der zur UEFA gehörenden Landesverbände; 1960/61 mit 10 Teilnehmern zum erstenmal ausgetragen; ab 1962 unter UEFA-Regie. Wird ein Klub Landesmeister u. Pokalsieger (↑ Double), nimmt er am EC I, der unterlegene Pokalfinalist am EC II teil. Das Reglement des EC II entspricht dem des

PSV Eindhoven
AC Florenz
SpVgg Fürth

FC Rot-Weiß Erfurt
Eintracht Frankfurt/Main
Servette Genf

Rot-Weiß Essen
FC Vorwärts Frankfurt (Oder)
Celtic Glasgow

Glasgow Rangers
Hallescher FC Chemie
HJK Helsinki

Sturm Graz
Hamburger SV
Hertha BSC

ETO Rába Györ
Hannover 96
SSW Innsbruck

Fenerbahce Istanbul
FC Karl-Marx-Stadt
Vita Club Kinshasa

FC Carl Zeiss Jena
Karlsruher SC
1. FC Köln

1. FC Kaiserslautern
Dynamo Kiew
Reipas Lahti

Tafel 8

Leeds United
VfB Leipzig
VÖEST Linz

Chemie Leipzig
Bayer 04 Leverkusen
Benfica Lissabon

1. FC Lokomotive Leipzig
Alianza Lima
Sporting Lissabon

Klubwertung im **Europapokal der Landesmeister**
(nach Abschluß des 31. Wettbewerbes 1985/86)

Gesamtteilnehmer: 255 Klubs	Teilnahmen	Spiele	gew.	remis	verl.	Tore	Punkte	Punkte in %
1. Real Madrid	21	136	82	18	36	333:150	182:90	66,9
2. Benfica Lissabon	19	106	52	22	32	214:127	126:86	59,4
3. FC Liverpool	12	77	48	13	16	159:64	109:45	70,7
4. Ajax Amsterdam	15	75	42	15	18	141:74	99:51	66,0
5. Celtic Glasgow	13	70	39	13	18	134:67	91:49	65,0
6. Juventus Turin	13	73	38	15	20	112:70	91:55	62,3
7. Bayern München	9	63	39	12	12	148:62	90:36	71,4
8. Sredez Sofia	18	74	32	13	29	109:104	77:71	52,0
9. Inter Mailand	6	49	27	13	9	73:36	67:31	68,3
10. Roter Stern Belgrad	13	57	28	7	22	121:87	63:51	55,2
11. Manchester United	5	41	26	7	8	100:45	59:23	71,9
12. AC Mailand	8	46	26	6	14	116:60	58:34	63,0
13. RSC Anderlecht	13	58	25	8	25	106:102	58:58	50,0
14. Dynamo Kiew	8	42	23	9	10	55:33	55:29	65,4
15. Dukla Prag	10	45	22	10	13	75:58	54:36	60,0
16. Feyenoord Rotterdam	8	39	20	10	9	90:41	50:28	64,1
17. Atlético Madrid	5	39	21	7	11	65:39	49:29	62,8
18. Standard Lüttich	8	40	23	3	14	72:47	49:31	61,2
19. F. C. Barcelona	4	35	19	8	8	70:34	46:24	65,7
20. Rapid Wien	9	43	21	4	18	79:62	46:40	53,4
21. Dinamo Bukarest	12	48	20	6	22	79:78	46:50	47,9
22. AS Saint-Étienne	10	41	19	7	15	50:44	45:37	54,8
23. Glasgow Rangers	9	43	20	5	18	72:77	45:41	52,3
24. Dózsa Ujpest	9	38	17	8	13	65:58	42:34	55,2
25. Austria Wien	12	45	16	10	19	66:67	42:48	46,6
26. Borussia M'gladbach	5	31	15	10	6	69:31	40:22	64,5
27. Gornik Zabrze	9	33	17	3	13	54:51	37:29	56,0
28. Hamburger SV	4	27	16	3	8	53:31	35:19	64,8
29. Panathinaikos Athen	10	39	11	12	16	50:54	34:44	43,5
30. Spartak Trnava	5	24	13	7	4	44:20	33:15	68,7
31. Stade Reims	4	24	14	3	7	63:30	31:17	64,5
32. Berliner FC Dynamo	7	30	12	7	11	42:37	31:29	51,6
33. Vasas Budapest	6	27	12	6	9	62:34	30:24	55,5
34. Partizan Belgrad	8	33	13	4	16	55:52	30:36	45,4
35. PSV Eindhoven	5	24	12	5	7	52:26	29:19	60,4
36. Nottingham Forest	3	20	12	4	4	32:14	28:12	70,0
37. IFK Göteborg	7	30	12	4	14	62:55	28:32	46,6
38. Sparta Prag	4	20	11	5	4	33:26	27:13	67,5
39. Hajduk Split	4	18	12	2	4	41:18	26:10	72,2
40. Leeds United	2	17	12	1	4	42:11	25:9	73,5
41. FC Brügge	5	23	11	3	9	44:29	25:21	54,3
42. Legia Warschau	4	18	11	2	5	29:16	24:12	66,6
43. Malmö FF	8	25	10	4	11	27:38	24:26	48,0
44. FC Zürich	7	27	11	2	14	36:49	24:30	44,4
45. Sporting Lissabon	9	28	9	5	14	41:48	23:33	41,0
46. 1. FC Köln	3	17	7	8	2	27:19	22:12	64,7
47. Dynamo Dresden	5	22	9	4	9	36:30	22:22	50,0
48. FC Basel	7	22	10	2	10	43:40	22:22	50,0
49. Galatasaray Istanbul	7	25	8	6	11	29:39	22:28	44,0
50. Fenerbahce Istanbul	11	31	9	4	18	28:65	22:40	35,4

Anmerkung: Wegen der Ereignisse anläßlich des EC I-Finales 1985 in Brüssel wurde der engl. Fußballverband in allen 3 EC-Wettbewerben (seit 1985/86) mit einer unbefristeten Sperre belegt.

Länderwertung im **Europapokal der Pokalsieger**
(nach Abschluß des 26. Wettbewerbes 1985/86)

Land	Klubs	Teilnahmen	Spiele	gew.	remis	verl.	Tore	Punkte	Punkte in %
1. England	15	29	183	100	41	42	345:174	241:125	65,8
2. BRD	13	29	183	100	39	44	376:201	239:127	65,3
3. Spanien	9	29	176	97	38	41	336:189	232:120	65,9
4. Italien	10	26	149	78	36	35	228:125	192:106	64,4
5. Schottland	8	27	145	74	24	47	291:156	172:118	59,3
6. UdSSR	9	21	115	60	28	27	197:101	148:82	64,3
7. Belgien	10	24	115	64	13	38	210:127	141:89	61,3
8. Portugal	8	26	123	55	30	38	200:140	140:106	56,9
9. DDR	9	25	123	49	36	38	189:153	134:112	54,5
10. ČSSR	13	27	109	51	19	39	167:133	121:97	55,5
11. Ungarn	11	25	107	44	21	42	191:154	109:105	50,9
12. Niederlande	15	25	96	45	15	36	151:126	105:87	54,6
13. Jugoslawien	10	26	110	40	23	47	166:152	166:117	46,8
14. Frankreich	14	25	92	33	22	37	133:132	88:96	47,8
15. Österreich	9	26	103	29	30	44	127:162	88:118	42,7
16. Polen	11	22	83	35	15	33	132:118	85:81	51,2
17. Bulgarien	9	23	85	36	11	38	146:120	83:87	48,7
18. Wales	6	25	90	29	25	36	127:108	83:97	46,1
19. Schweiz	11	26	83	25	17	41	117:151	67:99	40,3
20. Rumänien	12	24	72	25	15	32	83:113	65:79	45,1
21. Griechenland	9	24	67	24	15	28	73:98	63:71	47,0
22. Schweden	10	18	60	17	23	20	88:73	57:63	47,5
23. Dänemark	16	25	72	22	10	40	96:133	54:90	37,5
24. Türkei	9	22	71	18	16	37	71:114	52:90	36,6
25. Norwegen	13	23	60	14	8	38	66:140	36:84	30,0
26. Irland	14	25	62	12	11	39	54:107	35:89	28,2
27. Finnland	10	21	52	9	10	33	48:148	28:148	26,9
28. Malta	7	25	56	9	5	42	29:203	23:89	20,5
29. Nordirland	12	24	54	7	7	40	47:159	21:87	19,4
30. Luxemburg	11	25	52	6	4	42	33:211	16:88	15,3
31. Zypern	8	22	48	3	8	37	27:181	14:82	14,5
32. Albanien	5	8	20	3	7	10	17:32	13:27	32,5
33. Island	8	21	44	4	4	36	23:150	12:76	13,6

1970 *Manchester City* – Gornik Zabrze 2:1
1971 *FC Chelsea* – Real Madrid 1:1 (n. V.), 2:1
1972 *Glasgow Rangers* – Dynamo Moskau 3:2
1973 *AC Mailand* – Leeds United 1:0
1974 *1. FC Magdeburg* – AC Mailand 2:0
1975 *Dynamo Kiew* – Ferencváros Budapest 3:0
1976 *RSC Anderlecht* – West Ham United 4:2
1977 *Hamburger SV* – RSC Anderlecht 2:0
1978 *RSC Anderlecht* – Austria Wien 4:0
1979 *F. C. Barcelona* – Fortuna Düsseldorf 4:3 (n. V.)

EC I. – Beim 1. Wettbewerb 1960/61 wurden noch 2 Endspiele ausgetragen, ab 1962 nur noch ein Spiel an einem neutralen Ort. Der EC II-Gewinner spielt gegen den des EC I um den ↑ Supercup. Abb. Tab.

Europas Fußballer des Jahres, die Wahl des besten od. populärsten europäischen Spielers des Jahres, durchgeführt von der Pariser Sportzeitschrift „France Football". Prädestinierte europäische Sportjournalisten können jeweils 4 Namen nennen. Die seit 1956 vorgenommene Auszeichnung ist mit dem *Goldenen Ball* („Le Ballon d'Or") verbunden. Tab.

Eusebio, eigtl. *E. Ferreira da Silva* (der „schwarze Panther"), Portugal, geb. 25. 1. 1942 Lourenço Marques (heute Maputo, Moçambique); Stürmer; spielte bei Sporting Clube Lourenço Marques (1958/60), Benfica Lissabon (1960/75), Rhode Islands Oceaners (USA, 1975), Boston Minuteman (1976), Toronto Metros Croatia (1976), SC Beira Mar (Portugal, 1976/77), Las Vegas Quicksilvers (1977) u. in Mexiko (bis 1979); 67 Länderspiele (40 Tore); 1965 Europas Fußballer des Jahres; WM-Endrundenteilnehmer 1966 (mit 9 Treffern Endrundentorschützenkönig); Europas Torschützenkönig 1968 (42 Tore) u. 1973 (40);

Klubwertung im **Europapokal der Pokalsieger**
(nach Abschluß des 26. Wettbewerbes 1985/86)

Gesamtteilnehmer: 344 Klubs	Teilnahmen	Spiele	gew.	remis	verl.	Tore	Punkte	Punkte in %
1. F. C. Barcelona	9	54	32	9	13	122:62	73:35	67,5
2. Atlético Madrid	7	48	29	10	9	85:45	68:28	70,8
3. Glasgow Rangers	10	54	27	11	16	100:62	65:43	60,1
4. Bayern München	5	39	19	14	6	67:36	52:26	66,6
5. AC Mailand	4	30	17	10	3	47:20	44:16	73,3
6. RSC Anderlecht	5	31	21	2	8	63:25	44:18	70,9
7. Hamburger SV	4	30	18	7	5	73:36	43:17	71,6
8. 1. FC Magdeburg	7	36	15	12	9	57:41	42:30	58,3
9. Cardiff City	11	41	15	12	14	58:44	42:40	51,2
10. Celtic Glasgow	6	32	18	4	10	62:25	40:24	62,5
11. Dynamo Kiew	3	24	18	3	3	60:19	39:9	81,2
12. Standard Lüttich	5	32	17	5	10	60:36	39:25	60,9
13. Rapid Wien	8	39	13	13	13	63:59	39:39	50,0
14. FC Aberdeen	5	29	17	4	8	62:27	38:20	65,5
15. Dynamo Moskau	4	29	15	8	6	46:25	38:20	65,5
16. West Ham United	4	30	15	6	9	58:42	36:24	60,0
17. FC Porto	6	31	15	6	10	43:38	36:26	58,0
18. Tottenham Hotspur	5	25	16	3	6	58:31	35:15	70,0
19. Sporting Lissabon	6	30	14	7	9	64:37	35:25	58,3
20. Real Madrid	3	25	13	7	5	46:20	33:17	66,0
21. Steaua Bukarest	9	30	11	8	11	36:40	30:30	50,0
22. AC Florenz	4	20	14	1	5	44:20	29:11	72,5
23. Slovan Bratislava	5	23	13	3	7	37:24	29:17	63,0
24. Benfica Lissabon	4	24	11	7	6	37:16	29:19	60,4
25. PSV Eindhoven	3	20	13	2	5	45:16	28:12	70,0
26. Austria Wien	6	31	8	11	12	34:44	27:35	43,5
27. Roter Stern Belgrad	4	24	10	6	8	51:32	26:22	54,1
28. Servette Genf	6	24	11	4	9	36:25	26:22	54,1
29. Dinamo Zagreb	8	29	10	6	13	28:34	26:32	44,8
30. FC Valencia	3	19	10	5	4	39:20	25:13	65,7
31. Juventus Turin	3	19	10	5	4	29:14	25:13	65,7
32. Dynamo Tbilissi	3	21	11	3	7	30:17	25:17	59,5
33. AS Rom	4	21	9	7	5	24:16	25:17	59,5
34. FC Carl Zeiss Jena	4	25	9	7	9	43:30	25:25	50,0
35. Manchester City	2	18	11	2	5	32:13	24:12	66,6
36. Dózsa Ujpest	4	23	10	4	9	48:35	24:22	52,1
37. Legia Warschau	6	23	9	6	8	34:27	24:22	52,1
38. Eintracht Frankfurt/M.	3	18	11	1	6	34:21	23:13	63,8
39. Ferencváros Budapest	4	19	9	5	5	34:24	23:15	60,5
40. Olympique Lyon	4	22	9	5	8	31:28	23:21	52,2
41. FC Chelsea	2	14	9	4	1	39:7	22:6	78,6
42. Gornik Zabrze	2	17	9	4	4	38:20	22:12	64,7
43. SSC Neapel	2	17	9	4	4	23:16	22:12	64,7
44. AC Turin	3	19	9	4	6	28:17	22:16	57,8
45. Dukla Prag	5	20	8	6	6	27:25	22:18	55,0
46. F.C. Everton	2	13	9	3	1	19:5	21:5	80,7
47. Manchester United	3	18	8	5	5	35:27	21:15	58,3
48. PAOK Saloniki	6	18	8	5	5	24:33	21:15	58,3
49. MTK/VM Budapest	3	19	8	5	6	27:22	21:17	55,2
50. Slawia Sofia	6	25	9	3	13	31:31	21:29	42,0

1980 *FC Valencia* – FC Arsenal 0:0 (n. V.), 5:4 nach Strafstoßschießen
1981 *Dynamo Tbilissi* – FC Carl Zeiss Jena 2:1
1982 *F. C. Barcelona* – Standard Lüttich 2:1
1983 *FC Aberdeen* – Real Madrid 2:1 (n. V.)
1984 *Juventus Turin* – FC Porto 2:1
1985 *F. C. Everton* – Rapid Wien 3:1
1986 *Dynamo Kiew* – Atlético Madrid 3:0

Europas Fußballer des Jahres

1956 S. Matthews (England)
1957 A. di Stéfano (Spanien)
1958 R. Kopa (Frankreich)
1959 A. di Stéfano (Spanien)
1960 L. Suarez (Spanien)
1961 O. Sivori (Italien)
1962 J. Masopust (ČSSR)
1963 L. Jaschin (UdSSR)
1964 D. Law (Schottland)
1965 Eusebio (Portugal)
1966 R. Charlton (England)
1967 F. Albert (Ungarn)
1968 G. Best (Nordirland)
1969 G. Rivera (Italien)
1970 G. Müller (BRD)
1971 J. Cruijff (Niederlande)
1972 F. Beckenbauer (BRD)
1973 J. Cruijff (Niederlande)
1974 J. Cruijff (Niederlande)
1975 O. Blochin (UdSSR)
1976 F. Beckenbauer (BRD)
1977 A. Simonsen (Dänemark)
1978 K. Keegan (England)
1979 K. Keegan (England)
1980 K.-H. Rummenigge (BRD)
1981 K.-H. Rummenigge (BRD)
1982 P. Rossi (Italien)
1983 M. Platini (Frankreich)
1984 M. Platini (Frankreich)
1985 M. Platini (Frankreich)
1986 I. Belanow (UdSSR)

F. C. Everton

portugies. Torschützenkönig 1964 bis 1973; erzielte über 300 Ligatore; debütierte am 23. 5. 1961 für Benfica Lissabon gegen Atlético Madrid, 3 Monate später in der Nationalmannschaft; spielte 1963 in der FIFA-Auswahl gegen England (1:2) u. 1964 in der Europa-Auswahl gegen Jugoslawien (7:2) u. Skandinavien (4:2). – Später Nachwuchstrainer u. seit 1985 Trainerassistent bei Benfica Lissabon. Abb.

Eusebio

e.V., *BRD* Abk. für ↑ eingetragener Verein.

Everaldo, eigtl. *Marques da Silva*, Brasilien, 1944–1974; war Linksverteidiger; spielte bei Gremio Pôrto Alegre; 32 Länderspiele; Länderspieldebüt am 3. 9. 1969 gegen Uruguay (0:0) in Montevideo; Länderspielabschied am 26. 4. 1972 gegen Paraguay (3:2) in Pôrto Alegre; 1970 WM-Endrundenteilnehmer. S. a. Brasilien (Abb.).

Everton, F.C. („The Toffeemen", „Die Butterweichen"), Liverpool (England), Verein der 1. Division; gegr. 1878 als *Sunday School Team of St. Domingo Congregational Church* im Liverpooler Stadtteil *Everton*; 1879 Umbenennung; seit 1885 Profifußball; 1888 Gründungsmitglied der Liga; 8mal *Landesmeister* (zwischen 1891 u. 1985) u. 4mal *FA-Cup-sieger* (1906, 1933, 1966 u. 1984); *EC I-Gewinner* 1985. 10 *EC-Teilnahmen:* 41 Spiele; 21 Siege, 11 Unentschieden, 9 Niederlagen, 53:29 Punkte, 65:31 Tore. – *Spielkleidung:* weiße Hose, marineblaues Hemd mit weißem Kragen, blau-weiß quergestreifte Stutzen. *Heimstadion:* 1878 Stanley Park, 1882 Priory Road, 1884 Anfield Road; seit 1892 *Goodison Park* mit 56 470 Plätzen (davon 25 000 Sitzplätze). Abb.
Spieler (Auswahl): W. Abbott – J. Bailey – A. J. Ball – P. W. Bracewell – C. S. Britton – E. Chadwick – S. Chedgzogy – W. D. Davies – W. R. Dean – D. C. Donovan – T. J. Eglington – P. D. Farrell – B. C. Freeman – F. Geary – C. W. Gee – A. Geldard – A. M. Gray – T. P. Griffiths – H. P. Hardman – V. Harris – G. Harrison – J. Holt – R. W. Irwine – F. Jefferis – T. C. F. Johnson – T. G. Jones – J. Kendrick – W. Lacey – R. D. Latchford – T. Lawton – G. Lineker – H. Makepeace – J. Mercer – A. Milward – D. Mountfield – J. O'Neill – C. Parry – F. Pickering – K. Ratcliffe – P. Reid – J. Royle – E. Sagar – J. Sharp – K. Sheedy – N. Southall – T. Steven – M. G. Stevens – M. Walsh – G. West – R. Wilson – S. Wolstenhome – G. Wood – T. J. Wright – A. Young. – **Manager** (Auswahl): B. Bingham – C. Britton – I. Buchan – J. Carey – H. Catterick – T. Kelly – H. Kendall – G. Lee – W. Dixon.

Ex..., svw. ehemaliger ..., z. B. *Ex-Meister, Ex-Nationalspieler.*

Eyzaguirre, Luis, Chile, geb. 22. 7. 1941 Santiago de Chile; Verteidiger; spielte 1955/72 bei Universidad de Chile (Landesmeister 1962, 1964, 1965 u. 1969); 31 Länderspiele; WM-Endrundenteilnehmer 1962 u. 1966.

F

FA ↑ England.

Fabbri, Edmondo, Italien, Trainer, geb. 1921; spielte u. a. für Bergamo u. Inter; italien. Nationalmannschaftstrainer vom 11. 11. 1962 bis 19. 7. 1966 (29 Spiele; 18 Siege, 6 Unentschieden, 5 Niederlagen).

Facchetti, Giacinto, Italien, geb. 18. 7.

1942 Treviglio; Verteidiger; spielte bei Trevigliese (4. Division, 1956/59) u. Internazionale Mailand (1960/78); seit 21. 5. 1961 (Roma–Inter 0:2) in der 1. Mannschaft; 94 Länderspiele (3 Tore), 70mal Spielführer (Rekord) zwischen 1963 u. 1977; internationales Debüt am 27. 3. 1963 gegen die Türkei (1:0) in Istanbul; nahm Länderspielabschied am 16. 11. 1977 gegen England (0:2) in London; WM-Endrundenteilnehmer 1966, 1970 u. 1974; EM-Endrundenteilnehmer 1968; Fußballer des Jahres 1968; 475 Ligaspiele (59 Tore). S. a. Glöckner, R. (Abb.).

Fachamt, Fußball, 1934 in Deutschland – nach nationaler Liquidierung des Deutschen Fußball-Bundes – im *Deutschen Reichsbund für Leibesübungen* gebildetes Gremium, dem sämtliche bürgerlichen Fußballverbände untergeordnet wurden. Somit war auch der Fußball in *Hitlers* Politik eingeschaltet. Wegen seiner starken propagandistischen Wirkung u. als Zuschauer- u. Kassenmagnet erhielt er besondere Förderung, was leistungsmäßig einen 3. Platz bei der WM 1934 in Italien u. eine positive Länderspielbilanz zur Folge hatte. Von den 106 Länderspielen, die von 1933 bis zur durch den zweiten Weltkrieg erzwungenen Einstellung des internationalen Spielverkehrs 1942 stattfanden, wurden 68 gewonnen, 16 endeten unentschieden, u. nur 22 gingen verloren.

Fachausschuß Fußball, *DDR* konstituierte sich am 3. 7. 1950 im ↑ Deutschen Sportausschuß in Berlin-Pankow, am 10./11. 1. 1952 in *Sektion Fußball* umbenannt; daraus ging am 17. 5. 1958 der *DFV der DDR* hervor.

Fackeln, svw. *Zögern, Abwarten*; beim Torschuß kommt es oft darauf an, „nicht lange zu fackeln".

FA Cup ↑ Challenge Cup.

Fahne, 1. svw. *Linienrichterfahne* (↑ Linienrichter).

2. Kurzbez. für ↑ Fahnenstange.

Fahnenstange, mindestens 1,50 m hohe, oben stumpfe od. gewölbte Spielfeldmarkierung aus Holz od. Plast, als *Eck-* od. *Hilfsfahne* verwendet. S. a. Spielfeld.

Fahrian, Wolfgang, geb. 31. 5. 1941 Ulm; Torhüter; spielte 1955/64 bei TSG Ulm 1846, 1964/65 bei Hertha BSC Berlin (West), 1966/67 bei TSV 1860 München, 1967/69 bei Fortuna Düsseldorf sowie 1969/74 bei Fortuna Köln; 10 Länderspiele; internationales Debüt am 11. 4. 1962 gegen Uruguay (3:0) in Hamburg; Länderspielabschied am 29. 4. 1964 gegen die ČSSR (3:4) in Ludwigshafen. Abb.

Wolfgang **Fahrian** *(rechts)* u. H. Tilkowski

„Fahrstuhlmannschaft", Bez. für eine Mannschaft, die in der Vergangenheit wiederholt auf- u. wieder abgestiegen ist (für die höhere Spielklasse zu schwach, für die niedrigere zu stark). – Sprachlich korrekter wäre allerdings die Bezeichnung „Aufzugmannschaft", da es sich bei dem angelehnten Begriff nicht um einen Fahrstuhl, sondern um einen *Aufzug* handelt („Liftmannschaft").

FAI ↑ Irland.

fair [engl.], sportlich einwandfrei, den Spielregeln entsprechend.

Fairneß [engl.], sportlich einwandfreies Verhalten, den Spielregeln entsprechende Kampfweise. – Im deutschen Sprachraum erstmals 1885 nachweisbar, gehört F. seit Beginn des 20. Jh. zum allgemeinen Wortschatz.

Fair play [engl.], ein ehrliches, sportlich einwandfreies Spiel; anständiges Verhalten. F. p. äußert sich in Rücksichtnahme u. Hilfsbereitschaft, Anerkennung der gegnerischen Leistung bei eigener Niederlage u. richtet sich nach den Geboten der ↑ Fairneß.

Falcao, Paulo Roberto, Brasilien, geb. 16. 10. 1953 Santa Catarina; Mittelfeldspieler; spielte 1963/80 beim SC Internacional Pôrto Alegre, 1980/84 bei AS Rom, 1985/86 bei Vasco da Gama u. seit 1986 beim FC São Paulo; 36 Länderspiele (9 Tore); internationales Debüt am 27.2.1976 gegen Argentinien (2:1) in Buenos Aires; WM-Endrundenteilnehmer 1978, 1982 u. 1986. Abb.

Fallrückzieher ↑ Rückzieher.

falscher Einwurf, nicht regelgerecht ausgeführter ↑ Einwurf, was nunmehr den Gegner zur Ausführung berechtigt. Individuelle Verstöße bei der Ausführung eines Einwurfs (z. B. Verlegung der Ausstelle, Übertreten) sind nicht gleichzusetzen mit f. E., sondern stellen technische Regelverstöße mit Spielfortsetzung *Wiederholung* dar.

Famagusta, Anorthosis, Zypern, 1. Division; gegr. 1911 (gehört zu den 8 Gründungsmitgliedern des Zyprischen Fußballverbandes); 6mal *Landesmeister* (zwischen 1950 u. 1963); *Pokalsieger* 1949, 1962 u. 1975. 5 *EC-Teilnahmen:* 10 Spiele; 1 Unentschieden, 9 Niederlagen, 1:19 Punkte, 2:51 Tore. – *Spielkleidung:* Blau. *Heimstadion:* „G. S. E.", Famagusta, 10000 Plätze. – *Bekannteste Spieler:* A. Andreou, A. Kezos, K. Konstantinou, A. Pampouris, D. Prokopis, F. Vrachimis; *Trainer:* B. Marković.

Fan [engl.], leidenschaftlich begeisterter Anhänger einer Mannschaft, der seine Verbundenheit mit der von ihm verehrten Mannschaft durch stimmgewaltige Unterstützung während des Spiels (auch bei Auswärtsspielen nach oftmals erschwerter Anreise), durch äu-

Roberto **Falcao**

„Fans"

Fans

ßeres Erscheinungsbild (z. B. aufgenähtes Emblem, Tragen von Mütze od. Schal in den Klubfarben), durch Mitführen von Klubfahne od. Transparent bekundet. F. unterstützen vorbehaltlos die eigene Mannschaft, respektieren aber auch die Leistung der gegnerischen Mannschaft u. die Entscheidungen des Schiedsrichters. „Echte" F., die ihrer Mannschaft übrigens auch bei anhaltender Erfolglosigkeit die Treue halten, sind demzufolge nicht mit „Fans" (Randalierern u. Krakeelern) gleichzusetzen. Abb.

Fath, Josef („Seppel"), geb. 27. 12. 1911 Worms, gest. 13. 8. 1985; Linksaußen; spielte 1921/33 bei Olympia Worms („Fischerweiden-Elf") u. 1933/40 bei Wormatia Worms; 13 Länderspiele, 7 Tore (1934/38); Länderspieldebüt am 9. 9. 1934 gegen Polen (5:2) in Warschau; Länderspielabschied am 24. 4. 1938 gegen Portugal (1:1) in Frankfurt/Main; erzielte am 23. 2. 1936 in Barcelona gegen Spaniens Torhüter *R. Zamora* 2 Tore; spielte repräsentativ für Südwest. – Infolge schwerer Knieverletzungen frühzeitiges Ende seiner aktiven Laufbahn.

Fatton, Jacques, Schweiz; geb. 19. 12. 1925; Linksaußen; spielte u. a. bei Servette Genf; 53 Länderspiele 1946/55 (29 Tore); WM-Endrundenteilnehmer 1950 u. 1954; 274 Ligatore.

Faustabwehr, Wegbefördern des anfliegenden Balles durch den Torhüter, erfolgt mit der bzw. den geschlossenen Händen *(Fäusten)*. Die F. ersetzt bei hohen, plazierten od. scharf getretenen Bällen das *Fangen*, insofern dies zu risikovoll wäre. Dabei soll der Ball möglichst weit aus der Gefahrenzone befördert werden. Abb.

Fausto, dos Santos (das „schwarze Wunder"), Brasilien, geb. 28. 2. 1905 Codó (Bundesstaat Maranhão), gest. 28. 3. 1939 Minas Gerais; Mittelläufer; spielte 1919/28 beim FC Bangu, 1928/30 bei Vasco da Gama u. danach bei F.C. Barcelona, Young Fellows Zürich u. Nacional Montevideo; 6 Länderspiele; internationales Debüt am 14. 7. 1930 gegen Jugoslawien (1:2) in Montevideo; Länderspielabschied am 10. 8. 1930 gegen Jugoslawien (4:1) in Rio de Janeiro; WM-Endrundenteilnehmer 1930.

Faustabwehr

Favorit, Mannschaft mit großen Siegesaussichten in einem Spiel od. Turnier. Als *Top-F.* bezeichnet man das Team mit den größten Siegesaussichten, als *Geheim-F.* (od. *Geheimtip*) einen ↑ Außenseiter, der gerüchteweise zu den F. gezählt wird, u. als *F.enschreck* einen Außenseiter, der im laufenden Spieljahr wiederholt gegen F. Punktgewinne verbuchen konnte.

FAW ↑ Wales.

Fazekas, Laszlo, Ungarn, geb. 15. 10. 1947 Budapest; Rechtsaußen, Mittelfeldspieler; spielte 1961/80 bei Dózsa Ujpest Budapest u. 1980/83 beim FC Royal Antwerpen; 91 Länderspiele (21 Tore); internationales Debüt am 4.5.1968 gegen die UdSSR (2:0) in Budapest; Länderspielabschied am 6. 10. 1983 gegen Frankreich (0:1) in Paris; WM-Endrundenteilnehmer 1978 sowie 1982; Fußballer des Jahres 1970. Abb.

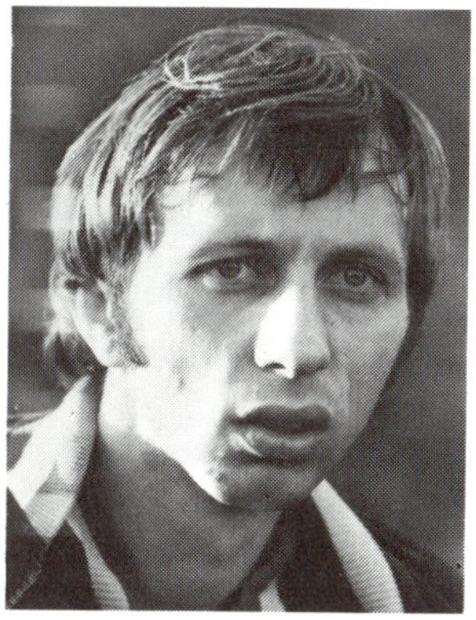

Laszlo **Fazekas**

FBE, *Brasilien* Abk. für *Federação Brasileira des Esportes* („Brasilianische Sportföderation"); gegr. 8. 6. 1914; aus ihr entstand später die *CBD* (*Confederação Brasileira de Esportes*, „Brasilianischer Sportverband").

FCK, Abk. für *FC Karl-Marx-Stadt*.

FDGB-Pokal (Trophäe)

Karlheinz **Feldkamp**

FCV, Abk. für *FC Vorwärts* (Frankfurt [Oder]).

FDGB-Pokal, offizieller Wettbewerb des *DFV der DDR*, 1949 durch den *Freien Deutschen Gewerkschaftsbund* (Abk. *FDGB*) initiiert; wurde gestiftet, um „die beste Fußballmannschaft der SGs der volkseigenen Betriebe" zu ermitteln; 193 Mannschaften aus den damaligen Ländern Sachsen, Sachsen-Anhalt, Thüringen, Brandenburg u. Mecklenburg meldeten 1949 für den 1. Wettbewerb; 1985 beteiligten sich über 14000 Mannschaften aus allen Bezirken; seit 1975 ist das ↑ Stadion der Weltjugend jährliche Endspielstätte. Abb.

Fedotow, Grigori, UdSSR, 1916–1957; Mittelstürmer; spielte 1932/49 bei Rote Fahne Noginsk, Serp u. Molot, Metallurg u. CDKA Moskau; erzielte in 163 Spielen 141 Tore (132 in der Meisterschaft, 9 im Pokal); übertraf als erster sowjet. Spieler die 100-Toregrenze; ihm zu Ehren wurde der „100-Tore-Klub Grigori Fedotow" gegründet (↑ Fedotow-Klub). – Später Trainer, u. a. (1950/57) bei ZSKA Moskau.

Fedotow-Klub, in der *UdSSR* nach dem gleichnamigen früheren CDKA-Mittelstürmer benannter „Torschützen"-Klub. In die Rangliste werden Spieler mit 100 u. mehr geschossenen Toren aufgenommen (Länderspiele, Europapokalspiele sowie Punkt- u. Pokalspiele in der UdSSR); 1986 40 Mitglieder.

FEF ↑ Spanien.

Fehlentscheidung, sachlich falsche Entscheidung des Schiedsrichters im Spielgeschehen, die von ihm im Moment der Entscheidung, d. h. in Sekundenbruchteilen, als richtig empfunden wurde. Obwohl jeder Schiedsrichter bemüht ist (bzw. sein sollte), das Spiel gemäß dem Reglement nach bestem Wissen u. Gewissen zu leiten, können auch dem qualifiziertesten Referee F. unterlaufen. F., die mit Spielverlauf u. Ergebnis zusammenhängen, werden, sobald das Spiel fortgesetzt wird, zur ↑ Tatsachenentscheidung u. sind nicht mehr anfechtbar. Hierzu zählen z. B.: Abstoß-, statt Eckstoßentscheidung (u. umgekehrt); Torentscheidung, obwohl der Ball die Torlinie noch nicht vollständig überschritten hatte; Toranerkennung trotz Handspiels des Torschützen u. a. S. a. Regelverstoß.

Feldkamp, Karlheinz („Kalli"), Trainer, geb. 2. 6. 1934; Verteidiger; spielte für Rot-Weiß Oberhausen. – Trainer seit 1968; bis 1971 bei Rot-Weiß Oberhausen (als Assistent), 1971/76 bei Wattenscheid 09, 1976/78 bei Arminia Bielefeld, 1978/82 beim 1. FC Kaiserslautern, 1982/83 bei BV Borussia Dortmund, 1983/84 wiederum bei Arminia Bielefeld u. seit 1984 bei Bayer 05 Uerdingen (1985 DFB-Pokalsieger). Abb.

Feldspieler, alle Spieler mit Ausnahme des Torhüters.

Feldüberlegenheit, größere Spielanteile einer Mannschaft über einen bestimmten Zeitraum hinweg; kann sich im Torestand u. im Eckenverhältnis numerisch widerspiegeln, insbes. bei *anhaltender F.*

Feldverweis, unumgängliche Straf- u. Erziehungsmaßnahme bei grobem bzw. wiederholtem Vergehen gegenüber dem sittlichen Spielgesetz (↑ Spielregeln [Regel XII]). Sollten alle bis an die Grenze des Möglichen vorangegangenen vorbeugenden Appelle an die sportliche Vernunft u. Fairneß vergeblich gewesen sein, endet die Ermessensfrage für den Schiedsrichter, u. er muß die zwar unpopuläre, aber notwendige drastische Entscheidung des F. – äußerlich dokumentiert durch das Zeigen der *roten Karte* – kompromißlos aussprechen. Je nach Schwere des Vergehens schließt sich für den betroffenen Spieler eine in der Regel mehrwöchige *Spielsperre* an.

Felix, Mielli Venerando, Brasilien, geb. 24. 12. 1937; Torhüter; spielte u. a. bei Fluminense Rio de Janeiro; 55 Länderspiele (1966/71); WM-Endrundenteilnehmer 1970. S. a. Brasilien (Abb.).

Fenyvesi, Mate, Dr., Ungarn, geb. 20. 9. 1933 Budapest; Linksaußen; spielte 1946/69 bei Kinizsi u. bei Ferencváros Budapest; 76 Länderspiele (8 Tore); internationales Debüt am 19. 9. 1954 gegen Rumänien (5:1) in Budapest; Länderspielabschied am 5. 6. 1966 gegen die Schweiz (3:1) in Budapest; WM-Endrundenteilnehmer 1958, 1962 u. 1966 (ohne

Einsätze); auch EM-Endrundenteilnehmer 1964.

Feola, Vicente, Brasilien, Trainer, geb. 12. 12. 1909 São Paulo, gest. 1975; war nie ein sog. „großer" Spieler; ab 1934 Trainer; u. a. des FC São Paulo (1937/50); wurde 1950 Assistent von Auswahltrainer *Flavio Costa* u. übernahm 1955 verantwortlich die Nationalmannschaft; gewann in Schweden zum erstenmal die WM für Brasilien; danach eine Saison in Argentinien; 1962 zur WM in Chile Trainerassistent von *Alfredo Moreira* beim zweiten Titelgewinn; ab 1963 Trainer der Auswahl u. des FC São Paulo. – Nach dem Scheitern bei der WM-Endrunde 1966 in England fiel F. in seiner Heimat in Ungnade u. ging nach Chile. „El Gordo" („Der Dicke") war Inspirator des 4-2-4-Systems 1958 in Schweden. S.a. Tf. 24 *(unten)*.

Ferner, Diethelm („Didi"), Trainer, geb. 13. 7. 1941; Außenstürmer; spielte für Rhenania u. VfB Bottrop, Werder Bremen u. Rot-Weiß Essen; Bundesligaspieler 1963/74 (239 Spiele, 21 Tore); 2 Länderspiele (1963/64). – Trainer seit 1973; bis 1975 bei Rot-Weiß Essen, 1975/76 beim Wuppertaler SV, 1976/78 beim FC St. Pauli Hamburg, 1978/79 bei Rot-Weiß Essen, 1979/83 bei Hannover 96 u. 1983/86 beim FC Schalke 04.

Fernschuß ↑ Hinterhaltschuß.

Ferrari, Giovanni, Italien, 6. 12. 1907 bis 2. 12. 1982; Halblinker; spielte 1921/25 bei Allessandria, 1925/35 bei Juventus Turin, 1935/40 bei (Ambrosiana) Internazionale Mailand u. 1941/43 beim FC Bologna; 44 Länderspiele (14 Tore), zweimal Spielführer; internationales Debüt am 9. 2. 1930 gegen die Schweiz (4:2) in Rom; Länderspielabschied am 4. 12. 1938 gegen Frankreich (1:0) in Neapel; WM-Endrundenteilnehmer 1934 u. 1938.

Fersenstoß ↑ Stoßarten.

Fertigkeit, im aktuellen Handlungsprozeß erkennbares Koordinationsresultat der motorischen Tätigkeit des Aktiven *(körperlich-sportliche F.)*. Ihr Niveau entspricht dem Ausprägungsgrad körperlich-sportlicher Fähigkeiten u. psychischer Leistungskomponenten.

Festhalten, verbotenes Spiel, das mit *direktem Freistoß* bzw. (im Strafraum) *Strafstoß* zu ahnden ist. Abb.

FFB Stade, Nationalstadion von ↑ Burundi.

FF CCCR ↑ UdSSR.

FFF ↑ Frankreich.

Fichtel, Klaus, geb. 19. 11. 1944; Libero; spielte 1956/65 bei Arminia Ickern, 1965/80 beim FC Schalke 04, 1981/84 bei Werder Bremen u. 1985/86 wiederum beim FC Schalke 04 (Trainerassistent u. Spieler); 23 Länderspiele (ein Tor); internationales Debüt am 22. 2. 1967 gegen Marokko (5:1) in Karlsruhe; Länderspielabschied am 17. 11. 1971 gegen Polen (0:0) in Hamburg; WM-Endrundenteilnehmer 1970; mit 541 Bundesligaspielen die häufigsten Einsätze in der Bundesliga.

Fidschi, Staat auf den *F.inseln* in Melanesien u. Polynesien, 18 274 km², etwa 660 000 Ew., 1 Fußballspieler je 30 Ew.; Verband *Fiji Football Association* („Fußballverband Fidschi") Abk. *FFA*; gegr.

Festhalten (gegen D. Halata)

1936, Sitz *Suva*; Mitgl. der *FIFA* seit 1963, der *OFC* seit 1963. – *Organisation:* 140 Klubs; 14 500 Amateurspieler, gesamt 22 000 (einschl. Nachwuchs- u. AM-Spieler); *Spieljahr:* März–September; *Spielkleidung:* schwarze Hose, weißes Hemd, schwarze Stutzen (Reserveausrüstung: schwarze Hose u. schwarz-weiß gestreiftes Hemd sowie schwarze Stutzen); *Nationalstadion:* Na-

FIFA

Präsidenten

R. Guérin (Frankreich)	1904/06
D. B. Woolfall (England)	1906/18
J. Rimet (Frankreich)	1921/54
R. W. Seeldrayers (Belgien)	1954/55
A. Drewry (England)	1956/61
S. Rous (England)	1961/74
J. Havelange (Brasilien)	seit 1974

Generalsekretäre

L. Muhlinghaus[1] (Belgien)	1904/06
C. A. W. Hirschmann[1] (Niederlande)	1906/28
I. Schricker (Schweiz)	1932/51
K. Gassmann (Schweiz)	1951/60
H. Käser (Schweiz)	1961/81
J. Blatter (Schweiz)	seit 1981

[1] ehrenamtlich

offizielle FIFA-Sprachen

Englisch	Deutsch
Französisch	Russisch
Spanisch	Arabisch

FIFA-Auswahlspiele (Beispiele)

1938	gegen England	0:3[1]
1947	gegen Großbritannien	1:6[1]
1953	gegen England	4:4[1]
1955	gegen Großbritannien	4:1[1]
1963	gegen England	1:2
1967	gegen Spanien	3:0
1968	gegen Brasilien	1:2
1971	gegen UdSSR	2:2
1972	gegen Hamburger SV	7:3
	gegen Roter Stern Belgrad	2:2
1973	gegen Benfica Lissabon	2:2
	gegen Brasilien	1:2
1975	gegen RSC Anderlecht	3:8
1978	gegen Cosmos New York	2:2
1979	gegen Argentinien	2:1
	gegen Borussia Dortmund	2:3
1980	gegen F. C. Barcelona	2:3
1981	gegen Europa	2:3[2]
1986	gegen Amerika (3:4 nach Strafstoßschießen)	2:2

[1] als ↑ FIFA-Europa-Auswahl
[2] als „Rest der Welt"

tional Sports Stadium, Suva, 25000 (5000 Sitz-, 20000 Stehplätze); *Stadien* (Auswahl): Ba Sports Stadium, 20000; Cakabau Park, Nausori, 12000; Churchill Park, Lautoka, 10000.

FIFA [Abk. für französ. *Fédération Internationale de Football Association*], svw. *Fußball-Weltverband*. In der FIFA sind die nationalen Verbände aller Kontinente vereinigt. Am 21. 5. 1904 wurde sie in Paris (deshalb die französ. Bezeichnung) von den Delegierten aus Frankreich, Belgien, Dänemark, den Niederlanden, Spanien, Schweden u. der Schweiz gegründet. Heute (Juni 1986) gehören ihr 158 nationale Verbände mit 333000 Klubs, 53 Millionen Spielern u. über 500000 registrierten Schiedsrichtern an (↑ Landesverband; Tab.).

Die Idee, eine Fußball-Weltorganisation aus der Taufe zu heben, verfochten vor allem der Niederländer *C. A. W. Hirschmann* u. der Franzose *R. Guérin*, Mitbegründer u. damaliger Präsident der *FFF (Fédération Française de Football)*, der 1904 auch zum ersten FIFA-Präsidenten gewählt wurde. 1953 autorisierte die FIFA die 6 kontinentalen Föderationen *Afrika* (↑ CAF), *Asien* (↑ AFC), *Europa* (↑ UEFA), *Nord-/Zentralamerika* u. *Karibik* (↑ CONCACAF), *Ozeanien* (↑ OFC) u. *Südamerika* (↑ CONMEBOL).

Die FIFA ist für alle sportlichen, sportpolitischen u. organisatorischen Obliegenheiten des Weltfußballs sowie für die Festlegung u. Überwachung des Regelwerks (↑ International Football Association Board) verantwortlich. Sie organisiert die Weltmeisterschaft, das olympische Fußballturnier, Kontinentvergleiche, Junioren- u. Jugendweltmeisterschaft, Entwicklungsprogramme u. internationale Akademien. Oberstes Organ ist der alle 2 Jahre zusammentretende *Kongreß* (↑ FIFA-Kongreß), ausführendes Organ das *Exekutivkomitee* (↑ FIFA-Exekutivkomitee). Für die einzelnen Fachgebiete existieren 12 *Ständige Kommissionen*. Administratives Organ ist der ↑ FIFA-Generalsekretär im FIFA-Sekretariat.

1984 stiftete die Weltorganisation den *FIFA-Orden*, der im Rahmen der Feierlichkeiten anläßlich des 80. Jahrestages der Gründung der FIFA an Sir *S. Rous* (England), *M. Andrejevic* (Jugoslawien), *H. Schön* (BRD), *R. Charlton* (England) u.

Sitz der **FIFA** (Zürich)

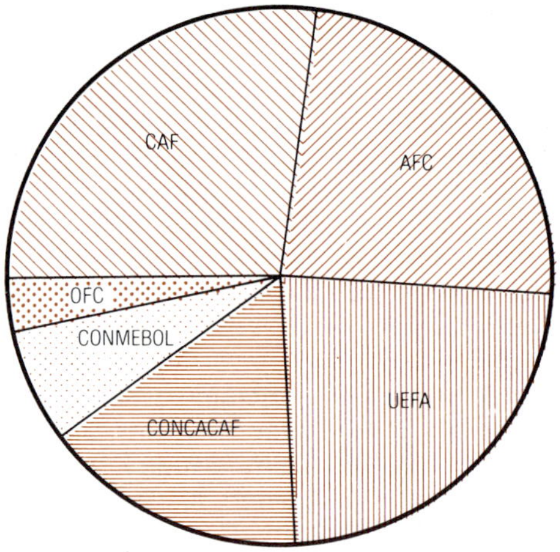

FIFA (Kontinentalkonföderationen)

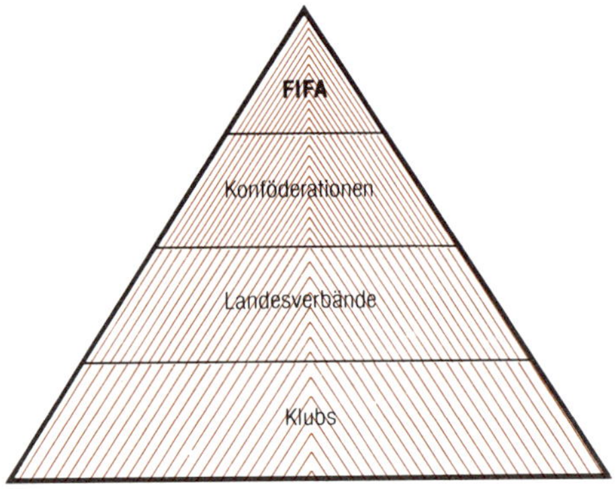

FIFA-Pyramide *(vereinfacht)*

F. Beckenbauer (BRD) verliehen wurde (1986 auch an *D. Zoff*). – Der *Sitz* der FIFA befindet sich im *FIFA-Haus* in Zürich. Die Einweihung dieses repräsentativen Gebäudes fand am 21.5.1979 anläßlich des 75jährigen Bestehens der FIFA statt. Abb. Tab.

FIFA-Auswahl, Mannschaft, die sich aus Spielern der der *FIFA* angeschlossenen Landesverbänden zusammensetzt; Organisation, Leitung u. Durchführung von Spielen der F. obliegen der FIFA. In der Regel bestreiten F. Freundschaftsspiele zu Ehren eines (verabschiedeten) Spielers, eines Klub- od. Verbandsjubiläums. 1938/53 wurde die F. nur mit Spielern Europas besetzt, seit 1963 auch mit südamerikanischen. Tab. S.a. Europaauswahl, FIFA-Europa-Auswahl.

FIFA-Dringlichkeitskomitee, Gremium, das einen Präsidenten, den Präsidenten der Finanzkommission u. ein Mitglied jeder Kontinentalkonföderation aus der Mitte des ↑ FIFA-Exekutivkomitees umfaßt, u. das sich mit der Behandlung aller Geschäfte, die einer unverzüglichen Erledigung zwischen 2 Sitzungen des Exekutivkomitees bedürfen, befaßt. Alle Beschlüsse des D. sind sofort vollziehbar u. sollen durch das Exekutivkomitee zu dessen nächster Sitzung ratifiziert werden.

FIFA-Europa-Auswahl, Mannschaft mit Spielern aus den der *FIFA* angeschlossenen Landesverbänden Europas; wird allgemein unter *FIFA-Auswahl* geführt, d.h. als *Weltauswahl*, was aber i.e.S. erst seit 1963 zutrifft. S.a. FIFA-Auswahl (Tab.).

FIFA-Exekutivkomitee, Gremium (1 Präsident, 8 Vizepräsidenten, 12 Mitglieder), das für die Verwaltung u. Geschäftsführung der FIFA verantwortlich ist u. weitestgehende Vollmachten besitzt. Aufgaben des F. sind u.a.: Auferlegen von Disziplinarstrafen (Verwarnung, Verweis, Geldstrafe, Suspension, Ausschluß), Wahl der Vorsitzenden u. Mitglieder der Kommissionen, Wahl der 4 Delegierten zum ↑ International Football Association Board, Wahl des ↑ FIFA-Generalsekretärs, Festlegung (Ort, Datum) des nächsten ↑ FIFA-Kongresses sowie des Ortes der Weltmeisterschaft nach Rücksprache mit dem Gastgeberland (bevorzugte Daten Juni, Juli). Das F. tritt mindestens jährlich einmal zusammen, zusätzlich zur Sitzung, die anläßlich des Kongresses stattfindet. Tab.

FIFA Fair Play Trophy, 1982 erstmals bei einer WM-Endrunde verliehene Fairplaytrophäe *(Sport Billy)*. Die Bewertung wird vom FIFA-Organisationskomitee vorgenommen, wobei jeder Mannschaft für ihre Spiele Punkte gutgeschrieben werden: 5 für die erste, 6 für die zweite Phase, 7 für die Halbfinals, 8 für das bzw. die Endspiele. Punktabzüge gibt es für Feldverweise, Verwarnungen, Ermahnungen für die gesamte Mannschaft, verspätetes Antreten u.ä. Vergehen. Die dann ermittelte Punktezahl wird durch die Anzahl der jeweils absolvierten Spiele dividiert; Sieger ist die Mannschaft mit dem höchsten Punktedurchschnitt. – 1982 und auch 1986 gewann Brasilien diese Trophäe. Abb.

FIFA-Generalsekretär, Leiter des Sekretariats der *FIFA*, verantwortlich für die Buchführung, die Erstellung der Protokolle der Sitzungen des Exekutivkomitees u. der Kommissionen sowie für die Erledigung der FIFA-Korrespondenz. Der F. ist das Bindeglied zwischen *FIFA, Kontinentalkonföderationen* u. *Landesverbänden* sowie zwischen *Organen* u. *Kommissionen* S.a. FIFA (Tab.).

FIFA-Juniorenturnier ↑ UEFA-Juniorenturnier.

FIFA-Kongreß, oberstes leitendes Organ der FIFA, findet alle 2 Jahre statt. Auf jedem F. wird Ort u. Zeit des folgenden Kongresses bestimmt. Das ↑ FIFA-Exekutivkomitee kann jederzeit einen *außerordentlichen F.* einberufen. – Auf dem 45. F. 1986 wurde *J. Havelange* für weitere 4 Jahre in seinem Amt bestätigt. Außerdem wurde beschlossen, daß am olympischen Fußballturnier 1992 nur jene Spieler aus Europa u. Lateinamerika teilnehmen dürfen, die an keiner WM-Endrunde mitgewirkt haben.

FIFA-Orden ↑ FIFA.

FIFA-Schiedsrichter ↑ internationale Schiedsrichter.

FIFA-Exekutivkomitee

Kontinentalkonföderationen	*Vizepräsidenten*	*Mitglieder*
CAF	1	2
CONCACAF	1	2
CONMEBOL	1	2
AFC	1	2
UEFA	2	4
außerdem britische Verbände	1	–
UdSSR	1	–

FIFA Fair Play Trophy („Sport Billy")

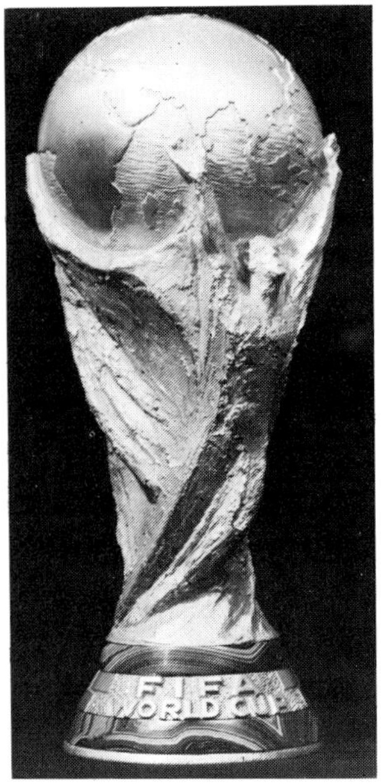

FIFA-World Cup (Trophäe)

Finnland

olympisches Fußballturnier
1912 4. Platz

Skandinavische Meisterschaft
1963 1. Platz

Landesmeister / Pokalsieger
1908 Unitas Helsinki / –
1909 PUS Helsinki / –
1910 IFK Abo / –
1911 HJK Helsinki / –
1912 HJK Helsinki / –
1913 KIF Turku / –
1915 KIF Helsinki / –
1916 KIF Helsinki / –
1917 HJK Helsinki / –
1918 HJK Helsinki / –
1919 HJK Helsinki / –
1920 IFK Abo / –
1921 PS Helsinki / –
1922 PS Helsinki / –
1923 HJK Helsinki / –
1924 IFK Abo / –
1925 HJK Helsinki / –
1926 PS Helsinki / –
1927 PS Helsinki / –
1928 TPS Turku / –
1929 PS Helsinki / –
1930 IFK Helsinki / –
1931 IFK Helsinki / –
1932 PS Helsinki / –
1933 IFK Helsinki / –
1934 PS Helsinki / –
1935 PS Helsinki / –
1936 HJK Helsinki / –
1937 IFK Helsinki / –
1938 HJK Helsinki / –
1939 Abo TPS / –

FIFA World Cup, 1. offizielle Bez. für die (Fußball-) ↑ Weltmeisterschaft.
2. erstmals 1974 für den Sieger der X. WM von der FIFA neugestifteter u. verliehener ↑ Weltpokal (2), Nachfolger des *Coupe Jules Rimet*. Geschaffen von dem italien. Bildhauer *S. Gazzaniga*, sind in dem Sockel des 36 cm hohen Pokals aus 18karätigem Gold (4970 g) 2 Kränze aus Malachithalbedelsteinen eingelegt. Der Sockel nimmt 17 Gravierungen auf, so viel enthält er Inschriftenfelder. Der jeweilige Weltmeister erhält nicht das Original, sondern dessen vergoldete Nachbildung. Abb.

FIGC ↑ Italien.

Fight [engl.], svw. *(Fußball-)Kampf*; Verb: *Fighten*; der Kämpfer: *Fighter*.

Figueroa, Elias Brander, Chile, geb. 25. 10. 1946; Verteidiger; spielte 1960/66 bei Valparaiso Wanderers, 1966/71 bei Peñarol Montevideo, 1971/75 bei Internacional Pôrto Alegre, 1975/80 bei Palestino Santiago de Chile, 1981/82 bei Fort Lauderdale Strikers u. 1982/84 bei Colo Colo Santiago de Chile; 70 Länderspiele (1967/82); WM-Endrundenteilnehmer 1974 u. 1982; Südamerikas Fußballer des Jahres 1974, 1975 u. 1976.

Filigrantechniker, Spieler mit ausgezeichneter Ballbehandlung u. ausgeprägtem Ballgefühl; einer, der am Ball „alles" kann.

Fillol, Ubaldo, Argentinien, geb. 21. 7. 1950 Buenos Aires; Torhüter; spielte 1968/73 für AC Quilmes, 1973/85 für River Plate Buenos Aires, ab 1985 für Atlético Madrid; 52 Länderspiele; WM-Endrundenteilnehmer 1974, 1978 u. 1982. S. a. Argentinien (Abb.).

Finale, Endspiel einer Meisterschaft, eines Turniers oder eines Pokalwettbewerbs.

Finney, Thomas („Tom"), England, geb. 17. 8. 1926; Außenstürmer; spielte von 1937 bis 1960 ausschl. bei Preston North End; ab 1940 Profi, bestritt er zwischen 1947 (am 27. 5. gegen Portugal [10:0] in Lissabon) u. 1958 (am 22. 10. gegen die UdSSR [5:0] in London) 76 Länderspiele (30 Tore), davon 43 als Rechts- u. 33 als Linksaußen (u. a. in der Angriffsreihe *Matthews, Mortensen, Lawton, Mannion, F.*); WM-Endrundenteilnehmer 1950, 1954 u. 1958; Fußballer des Jahres 1954 u. 1957; 433 Ligaspiele (187 Tore).

Finnland, 337032 km^2, etwa 4,8 Mill. Ew., 1 Fußballspieler je 96 Ew.; Verband *Suomen Palloliitto – Finlands Bollförbund* („Finnischer Fußballverband"), Abk. *SP-FBF*; gegr. 1907, Sitz *Helsinki*; Mitgl. der *FIFA* seit 1908, der *UEFA* seit 1954. – *Organisation:* 1000 Klubs; 25000 Amateurspieler, gesamt 50000 (einschl. Nachwuchs- u. AM-Spieler);

Fintieren (D. Kühn)

Spieljahr: April–Oktober; *Spielkleidung:* blaue Hose, weißes Hemd, weiße Stutzen (Reserveausrüstung: weiße Hose, blaues Hemd, blaue Stutzen); *Nationalstadion:* Olympiastadion, Helsinki, 50 000 (40 500 Sitz-, 9 500 Stehplätze); *Stadien* (Auswahl): Ratina, Tampere, 25 000; Urheilukeskus, Kotka, 14 500; Kupittaa, Turku, 11 000; Väinölänniemi, Kuopio, 10 000; Raatti, Oulu, 10 000; Urheilupuisto, Mikkeli, 10 000; Keskuskenttä, Seinäjoki, 10 000. Tab.

Finte, meist mit Ball durchgeführtes Schein- od. Täuschungsmanöver, das den Gegner irritieren u. zum Begehen taktischer Fehler verleiten soll. F. unterstützen wirksam das ↑ Dribbling, werden aber auch bei Ballannahme, Torschuß u. ä. angewandt. Sie müssen situationsbedingt eingesetzt werden mit dem Ziel, sich Spielvorteile zu verschaffen. – Verb: *Fintieren.* Abb.

Fiorentina [italien., „Florentinerin"], umgangssprachliche Bez. für den *AC Florenz.*

Fischer, Klaus, geb. 27. 12. 1949 Zwiesel; Mittelstürmer; spielte 1963/68 beim SC Zwiesel, 1968/70 beim TSV 1860 München, 1970/81 beim FC Schalke 04, 1981/84 beim 1. FC Köln u. 1984/86 beim VfL Bochum; 45 Länderspiele (32 Tore); internationales Debüt am 27. 4. 1977 gegen Nordirland (5:0) in Köln; Länderspielabschied am 11. 7. 1982 gegen Italien (1:3) in Madrid (WM-Endspiel); WM-Endrundenteilnehmer 1978 u. 1982; 512 Bundesligaspiele (265 Tore); 1976 Torschützenkönig (29 Treffer). Abb. (S. 142).

Fischera, Adolf, Österreich, 22. 8. 1888 bis 25. 8. 1938; Mittel- und Halbstürmer; spielte bis 1924 beim Wiener AC; 15 Länderspiele (8 Tore); internationales Debüt am 3. 5. 1908 für *Wien* (stellte 1902/08 die österreich. Nationalmannschaft) gegen Budapest (4:0) in Wien; Länderspielabschied am 21. 12. 1922 gegen die Schweiz (0:2) in Genf. – Gehörte zu Europas besten Spielern vor dem ersten Weltkrieg.

fit [engl.], in guter Form, sportlich leistungsfähig. – Substantiv: *Fitneß.* S. a. topfit.

Flachpaß ↑ Paß.

Flamengo [portugies.], zu *flämisch* bzw. *flandrisch,* z. B. F. Rio de Janeiro.

Flanke, 1. Spielfeldseite in der gegnerischen Hälfte (*rechte F.* u. *linke F.*). **2.** Kurzbez. für ↑ Flankenball.

Flanken, Ausführen eines ↑ Flankenballes.

Flankenball, Schlag od. Stoß von der Außenposition bis vor das gegnerische Tor bei hoher od. halbhoher Flugbahn des Balles. S. a. Bananenflanke.

Flatterball, infolge Windeinwirkung od. Effets ungerade fliegender Ball; für den Torhüter schwer berechenbar.

FLF ↑ Luxemburg.

Flögel, Rudolf, Österreich, geb. 13. 12. 1939; Halbstürmer; spielte u. a. bei Rapid Wien; 41 Länderspiele (1960/69).

Flohe, Heinz, geb. 28. 1. 1948; Halbstürmer; spielte u. a. beim 1. FC Köln u. bei TSV 1860 München; 39 Länderspiele, 8 Tore (1971/78); WM-Endrundenteilnehmer 1974 u. 1978; EM-Endrundenteilnehmer 1976; 343 Bundesligaspiele (81 Tore).

Florenz, AC, Italien (Emblem ↑ Tf. 5), Verein der 1. Liga *(Serie A);* gegr. 26. 8. 1926 als Fusion von „Sezione Calcio della Polisportiva Giovanile Libertas" u. „Club Sportivo Firenze"; *Landesmeister* 1956 u. 1969; *Pokalsieger* 1940, 1961, 1966 u. 1975; *EC II-Gewinner* 1961. 16 *EC-Teilnahmen:* 67 Spiele; 37 Siege, 10 Unentschieden, 20 Niederlagen, 84:50 Punkte, 104:74 Tore. – *Spielkleidung:* dunkellila Hose, hellila Hemd, hellila Stutzen. *Heimstadion:* Stadio Comunale, 66 500 Plätze.

Spieler (Auswahl): E. Albertosi – T. Amarildo – G. Antognoni– M. Bertini – D. L. Bertoni – D. Caso – S. Cervato – G. Chiapella – L. Chiarugi – M. Della Martira – G. de Sisti – A. Di Gennaro – G. Galli – C. Gentile – G. Gratton – F. Graziani – G. Guerrini – F. R. Lojacono – A. Magnini – S. Malatrasi – D. Massaro – C. Merlo – M. Montuori – G. Oriali – A. Orlando – E. Pandolfini – D. A. Passarella – E. Pecci – G. Petris – A. Picchini – A. Pitto – M. Pizziolo – P. Pulici – E. Robotti – M. Roggi – F. Rosetta – G. Sarti – A. Segato – Socrates – F. Superchi – G. Virgili. – **Trainer** (Auswahl): G. Ara– O. Baccani – F. Bernardini – G. Bigogno – C. Capskay – G. Chiapella – L. Czeizler – L. Carniglia – G. Feldmann – L. Ferrero – H. Felsner – G. Galuzzi – F. Ging – N. Hidegkuti – R. Magli – F. Molnar – C. Mazzone –

1940	Sudet Helsinki / –
1941	Abo TPS / –
1942	HT Helsinki / –
1944	IFK Vaasa / –
1945	Vaasa PS / –
1946	IFK Vaasa / –
1947	IFK Helsinki / –
1948	Vaasa PS / –
1949	TPS Turku / –
1950	Ilves Tampere / –
1951	Kotka TP / –
1952	Kotka TP / –
1953	IFK Vaasa / –
1954	Pentterit Helsinki / –
1955	IFK Helsinki / Haka Valkeakosken
1956	Kuopio Palloseura / Pallo-Pojat
1957	PS Helsinki / IF Drott
1958	Kuopio Palloseura / Kotka TP
1959	IFK Helsinki / Haka Valkeakosken
1960	Haka Valkeakosken / Haka Valkeakosken
1961	IFK Helsinki / Kotka TP
1962	Haka Valkeakosken / PS Helsinki
1963	Reipas Lahti / Haka Valkeakosken
1964	HJK Helsinki / Reipas Lahti
1965	Haka Valkeakosken / AIFK Turku
1966	Kuopio Palloseura / HJK Helsinki
1967	Reipas Lahti / Kotka TP
1968	TPS Turku / Kuopio Palloseura
1969	PV Kokkola / Haka Valkeakosken
1970	Reipas Lahti / MP Mikkeli
1971	TPS Turku / MP Mikkeli
1972	TPS Turku / Reipas Lahti
1973	HJK Helsinki / Reipas Lahti
1974	Kuopio Palloseura / Reipas Lahti
1975	TPS Turku / Reipas Lahti
1976	Kuopio Palloseura / Reipas Lahti
1977	Haka Valkeakosken / Haka Valkeakosken
1978	HJK Helsinki / Reipas Lahti
1979	OPS Oulu / Ilves Tampere
1980	OPS Oulu / Kotka TP
1981	HJK Helsinki / HJK Helsinki
1982	Kuusysi Lahti / Haka Valkeakosken
1983	Ilves Tampere / Kuusysi Lahti
1984	Kuusysi Lahti / HJK Helsinki

1985 HJK Helsinki / Haka Valkeakosken
1986 Kuusysi Lahti / ROPS Rovaniemi

Fußballer des Jahres
1966 M. Maekelae (HJK Helsinki)
1970 T. Kautonen (Reipas Lahti)
1971 A. Tolsa (V. A. V. Beerschot)
1972 M. Toivala (Turku Palloseura)
1973 J. Suomalainen (Kuopion Pallotoverit)
1974 A. Tolsa (V. A. V. Beerschot)
1975 G. Enckelman (Turku Palloseura)
1976 A. Heiskanen (Kuopion Pallotoverit)
1977 A. Tolsa (V. A. V. Beerschot)
1978 M. Toivola (HJK Helsinki)
1979 S. Pyykkö (PS Oulu)
1980 A. Lahtinen (PS Oulu)
1981 J. Dahlund (HJK Helsinki)
1982 O. Huttunen (Haka Valkeakosken)
1983 A. Lahtinen (Notts County)
1984 O. Huttunen (Haka Valkeakosken)
1985 J. Ikkalainen (PS Kemi)
1986 P. Tiainen (Kuusysi Lahti)

Klaus **Fischer**

M. Mazzoni – N. Liedholm – B. Pesaola – G. Rady – L. Radice – G. de Sisti – F. Valcareggi.

Flugball, weit u. hoch bis halbhoch geschlagener Ball, der eine relativ flache Flugbahn beschreibt.

Flügel, Raum in der Angriffshälfte entlang der Seitenlinien (*rechter* bzw. *linker* F.).

Flügellauf, Sprint mit Ball entlang der Seitenlinie in Richtung gegnerische Torlinie; abgeschlossen durch *Flankenball* od. *Rückpaß*, seltener durch *Torschuß*.

Flügelspiel, betontes Spiel über die ↑ Flügel, was voraussetzt, daß man über entsprechende *Außenstürmer* verfügt; ansonsten kann das F. nur sporadisch betrieben werden.

Flügelstürmer, svw. ↑ Außenstürmer.

Flügelwechsel, Langpaß (meist hoch u. weit sowie diagonal geschlagen) von einem Flügel auf den anderen; ein *spielverlagernder Paß*.

„Flügelzange", Bez. für überdurchschnittlich schnelle u. gewitzte Außenstürmer einer Mannschaft (links u. rechts), die ihre gegnerischen Dekkungsspieler ständig versetzen u. somit stets für Torgefahr sorgen. Bekannt ist die Wendung „die ‚F.' schnappte zu".

Flugkopfball, gestreckter (fast) waagerechter Sprung durch die Luft, um den anfliegenden Ball mit der Stirn ins Tor od. (bei Abwehrhandlung) wegzustoßen; attraktive Aktion. Abb.

Flugparade, Wegschnellen des Torhüters vom Boden, um im Hechtsprung mit gestreckten Armen an den Ball zu gelangen; der Körper liegt dabei frei u. meist waagerecht in der Luft. Eine bes. spektakuläre F. wird auch als *Robinsonade* (↑ Robinson, J. W.) bezeichnet. Abb.

Fluminense [portugies.], svw. *Bewohner von Rio de Janeiro*, z. B. F. Rio de Janeiro.

Flutlichtanlage, blendungsfreie Beleuchtungsanlage in Sportstadien; meist auf 4 zur Sportfläche geneigten od. austragenden Masten konzentrierte Anordnung von Lichtquellen hoher Beleuchtungsstärke. Tab.

FMFA ↑ Mexiko.

Flugkopfball (D. Stahmann)

Föderation [engl. *Federation*, französ. *Fédération*], svw. ↑ Konföderation.

„Fohlenelf", Bez. für eine *Nachwuchs(auswahl)mannschaft*.

Foiros, Georgios, Griechenland, geb. 1953 Asteras; Verteidiger; spielte 1967/70 bei Agrotikos Asteras u. 1971/83 bei Aris Saloniki; seit 1984 bei Apollon Kalamaria Saloniki; 53 Länderspiele (1 Tor); internationales Debüt am 4. 5. 1974 gegen Brasilien (0:0) in Rio de Janeiro; Länderspielabschied am 22. 12. 1982 gegen Zypern (1:0) in Ioannina; EM-Endrundenteilnehmer 1980; Fußballer des Jahres 1980.

Foni, Alfredo, Dr., Italien, geb. 23. 11. 1911, gest. 1985; Verteidiger; spielte bei Juventus Turin; 23 Länderspiele; internationales Debüt am 3. 8. 1936 gegen die USA (1:0) in Berlin; Länderspielabschied am 19. 4. 1942 gegen Spanien (4:0) in Mailand; bildete mit *P. Rava* 23mal das Abwehrtandem der „Squadra Azzurra"; zweimal Auswahlspielführer; WM-Endrundenteilnehmer 1938; gewann bei Olympia 1936 Gold. – Später Tainer bei Sampdoria Genua, Internazionale Mailand (Meister 1953 u. 1954), AC Bologna, AS Rom, der Nationalmannschaft Italiens (5. 12. 1954 bis 23. 3. 1958; 19 Spiele; 9 Siege, 2 Unentschieden, 8 Niederlagen) u. der Schweiz (WM-Endrundenteilnehmer 1966).

Fontaine, Just, Frankreich, geb. 18. 8. 1933 Marrakech (Marokko); Stürmer; spielte 1937/54 bei AS Marrakech u. U.S.M. Casablanca, 1954/58 bei OGC

Nizza u. 1958/61 bei Stade Reims; 20 Länderspiele (30 Tore); internationales Debüt am 7. 10. 1956 gegen Ungarn (1:2) in Paris; Länderspielabschied am 11. 12. 1960 gegen Bulgarien (3:0) in Paris; WM-Endrundenteilnehmer 1958 (mit 13 Treffern Torschützenkönig); erfolgreichster EC I-Torjäger 1959 (10 Treffer); 1958/60 bester französ. Ligatorschütze; erzielte insges. 159 Punktspieltore. Beendigung seiner aktiven Laufbahn nach kompliziertem Beinbruch. – Später Trainer in Marokko (1980/81), Spanien u. Frankreich (1967 Nationalmannschaft), außerdem bei St. Germain Paris, FC Toulouse.

Football [engl.], svw. *Fußball.*

Forechecking [engl., „Angriffsverteidigung"], vom *Eishockey* übernommener Begriff, der das frühzeitige energische Stören des gegnerischen Angriffs in der Entwicklung, d. h. noch in des Gegners Spielhälfte beinhaltet; verlangt einen ausgezeichneten Fitneßzustand (↑ fit) der Spieler, insbes. der Angreifer u. Mittelfeldspieler, da diese in erster Linie das F. ausführen. F. ist Inbegriff u. wesentlicher Bestandteil des *totalen Fußballs* (↑ Fußball total).

Form, Zustand der körperlich-sportlichen Leistungsfähigkeit eines Spielers od. einer Mannschaft. Weiterhin spricht man von *F.tief*, *-krise* od. *-schwäche* (schwache Leistung), *F.schwankung* (unterschiedliche Leistungsstärke) u. *F.anstieg* (zunehmende Leistungsstärke). – *Papier-F.* ist die aufgrund früherer Leistungen errechnete u. zu erwartende Leistung einer Mannschaft.

Formation, 1. svw. ↑ Mannschaftsaufstellung.

2. aufgestellte ↑ Reihe, z. B. Angriffs-F.

Förster, Bernd, geb. 3. 5. 1956; Verteidiger; spielte 1968/74 bei SV Waldhof Mannheim u. TSV Badenia Unterschwarzbach, 1974/76 beim FC Bayern München, 1976/78 beim 1. FC Saarbrükken; 1978/86 beim VfB Stuttgart; 38 Länderspiele; internationales Debüt am 22. 5. 1979 gegen Irland (3:1) in Dublin; Länderspielabschied am 20. 6. 1984 gegen Spanien (0:1) in Paris (EM-Endrunde); WM-Endrundenteilnehmer 1982 sowie EM-Endrundenteilnehmer 1980; 291 Bundesligaspiele (25 Tore). – Bruder von *Karlheinz F.*

Förster, Karlheinz, geb. 25. 7. 1958; Vorstopper, Libero; spielte 1966/75 bei SV Waldhof Mannheim u. TSV Badenia Unterschwarzbach u. 1975/86 beim VfB Stuttgart; seitdem bei Olympique Marseille; 81 Länderspiele (2 Tore); internationales Debüt am 5. 4. 1978 gegen Brasilien (0:1) in Hamburg; WM-Endrundenteilnehmer 1982 u. 1986; EM-Endrundenteilnehmer 1980 u. 1984; 272 Bundesligaspiele (17 Tore); Fußballer des Jahres 1982. – Bruder von *Bernd F.* Abb. S. a. Tf. 36.

Fortschritt, *DDR* Bez. für Betriebssportgemeinschaften der Leicht- u. Textilindustrie, z. B. F. Weißenfels.

Flutlichtanlagen (Auswahl)
(Beleuchtungsstärken in lx)

Zentralstadion, Leipzig	2 000
Heysel-Stadion, Brüssel	1 800
Praterstadion, Wien	1 800
Olympiastadion, Rom	1 400
Prinzenpark, Paris	1 200
Nepstadion, Budapest	1 000
Wankdorfstadion, Bern	900
Idraetspark, Kopenhagen	750
Rasundastadion, Stockholm	450
Strahovstadion, Prag	360
Hampden Park, Glasgow	350
Stadion „23. August", Bukarest	150
Ninian Park, Cardiff	50

Karlheinz **Förster**

Flugparade (W. Matthies)

Artemio **Franchi**

Trevor **Francis**

Frankreich

Weltmeisterschaft
1930 Endrunde
1934 Achtelfinale
1938 Viertelfinale
1954 Endrunde
1958 3. Platz
1966 Endrunde
1978 4. Platz
1982 4. Platz
1986 3. Platz

Europameisterschaft
1960 4. Platz
1984 1. Platz

olympisches Fußballturnier
1900 2. Platz
1984 1. Platz

Landesmeister / Pokalsieger
1918 – / Olympique de Pantin Paris
1919 – / CAS Generaux
1920 – / CA (Cercle Athletic) Paris
1921 – / Red Star Paris
1922 – / Red Star Paris
1923 – / Red Star Paris
1924 – / Olympique Marseille

Fortuna [latein., nach der röm. Göttin des Glücks], Vereinsbezeichnung aus den Anfängen des deutschen Fußballs; in der BRD beibehalten, z. B. F. Düsseldorf.

Fotballstadion Solna ↑ Stockholm, AIK.

Fotis, Kostas, Zypern, geb. 1960 Famagusta; Halbstürmer; spielt seit 1973 bei Anorthosis Famagusta; 13 Länderspiele (2 Tore); internationales Debüt am 12. 11. 1983 gegen Rumänien (0:1) in Limassol; Fußballer des Jahres 1983.

Fotografenlinie, svw. *Sperraumlinie* (↑ Spielfeld [Abb.]).

Foul [engl.], bewußt begangene Regelwidrigkeit im Zweikampf mit einem Gegner. – Verb: *Foulen.*

Foulelfmeter, svw. *Foulstrafstoß* (↑ Strafstoß).

Foulspiel, svw. ↑ Foul.

Foulstrafstoß ↑ Strafstoß.

FPF ↑ Portugal.

Fraktur [latein.], vollständige Zusammenhangstrennung od. umschriebene Zerstörung der Struktur des Knochens durch äußere Gewalteinwirkung. Bei *Gewaltbruch* übersteigen die einwirkenden Kräfte einmalig direkt od. indirekt die Widerstandsfähigkeit des Knochens. *Ermüdungsbruch* (*Marsch-* od. *schleichende F.*) tritt infolge ungewohnter Bewegungsbelastungen an biomechanisch überforderten Knochenabschnitten (z. B. Mittelfuß) auf. Ursachen hierfür sind u. a. mangelhaftes Schuhwerk, harter Boden, zu hoher Trainingsumfang im Ausdauerbereich. Von *offenem Bruch* spricht man, wenn die F. mit einer Weichteilwunde an der Bruchstelle verbunden ist. *Grünholzbruch* entsteht bei Kindern u. Jugendlichen dadurch, daß der gebrochene Knochen durch den starken u. elastischen Knochenhautschlauch „geschient" wird u. eine Abknickung dadurch nicht erfolgt. – *Therapie:* alle Maßnahmen, die zur Heilung der Knochenwunde u. Wiederherstellung der Funktion führen mit dem Ziel der Wiedererlangung der Berufs- u. Sportfähigkeit (*operative Behandlung* mit Metallimplantation, *konservative Behandlung* mit Gipsverband, *funktionelle Behandlung* bei speziellen F., z. B. bei Rippenbrüchen).

Fram [isländ.], svw. *vorwärts,* z. B. F. Reykjavik.

Francescoli, Enzo, Uruguay, geb. 12. 11. 1961 Capurro (Montevideo); Halbstürmer, Mittelfeldspieler; spielte 1976/83 beim Wanderers FC Montevideo u. 1983/86 bei River Plate Buenos Aires; seitdem bei Racing Paris; 25 Länderspiele; WM-Endrundenteilnehmer 1986; 1984 Südamerikas Fußballer des Jahres; 1986 in Argentinien Torschützenkönig (25 Treffer). Abb.

Franchi, Artemio, Dr., Italien, Fußballfunktionär, geb. 8. 1. 1922 Siena, gest. 12. 8. 1983 (Autounfall); war im nationa-

Enzo **Francescoli**

len Bereich Klubsekretär, Sekretär der Regionalliga, Präsident der Semiprofessionalliga sowie Präsident des Italienischen Fußballverbandes; seit 1962 FIFA-Instrukteur u. Referent bei Schiedsrichterkursen; wurde am 15. 3. 1973 auf dem 5. außerordentlichen Kongreß in Rom zum (3.) *UEFA-Präsidenten* gewählt (damit gleichzeitig *FIFA-Vizepräsident*); in der FIFA seit 1974 Präsident der Finanzkommission u. seit 1976 Präsident der Schiedsrichterkommission. – Sein Vorgänger war *G. Wiederkehr,* sein Nachfolger wurde *J. Georges.* Abb.

Francis, Trevor, England, geb. 19. 4. 1954 Plymouth; Stürmer; spielte 1966/70 beim FC Plymouth, 1970/79 beim FC Birmingham City (zwischenzeitlich – Juni 1978 bis Februar 1979 – bei Detroit [USA]), 1979/81 bei Nottingham Forest (Juni 1979 wiederum bei Detroit, September 1981 bei Manchester City) u. 1982/86 bei UC Sampdoria Genua; 51 Länderspiele (12 Tore); internationales Debüt am 9. 2. 1977 gegen die Niederlande (0:2) in London; WM-Endrundenteilnehmer 1982. Abb.

Franco-Martinez, Angel, Spanien, Schiedsrichter, geb. 1938 Murcia; er spielte als Torhüter in unteren Klassen; 1960 Schiedsrichter; 1969 1. Liga, 1970 FIFA-Referee; WM-Endrundenschiedsrichter 1978.

Franke, Gerhard, geb. 7. 7. 1933 Erfurt; Verteidiger; spielte 1945/50 bei Motor Nord Erfurt u. 1950/68 bei (Turbine, SC Turbine) FC Rot-Weiß Erfurt; 6 Länderspiele; internationales Debüt am 29. 6. 1958 gegen Polen (1:1) in Rostock; Länderspielabschied am 11. 2. 1959 gegen Indonesien (2:2) in Jakarta; 264 Oberligaspiele (23 Tore). – Später Nachwuchstrainer bei FC Rot-Weiß Erfurt.

Frankfurt/Main, SG Eintracht, BRD, gegr. 6. 3. 1899 (Emblem ↑ Tf. 5); 1. Bundesliga seit 1963; *Amateurmeister* 1970; zweimal Meister in der Oberliga Süd (1953, 1959); *Landesmeister* 1959; *DFB-Pokalsieger* 1974, 1975 u. 1981; *UEFA-Pokal-Gewinner* 1980. 12 *EC-Teilnahmen:* 73 Spiele; 39 Siege, 11 Unentschieden, 23 Niederlagen, 89:57 Punkte, 149:95 Tore. – *Spielkleidung:* schwarze Hose mit roten Streifen, rotschwarz längsgestreiftes Hemd, schwarze Stutzen (od. weiße Hose, rotweiß längsgestreiftes Hemd, weiße Stutzen). *Heimstadion:* ↑ Waldstadion (1).

Spieler (Auswahl): E. Bäumler – Bechtold – R. Borchers – T. Berthold – B.-k. Cha – K. Ehmer – R. Falkenmayer – N. Fruck – B. Grabowski – R. Gramlich – H.-J. Gundelach – I. Horvat – H. Höfer – B. Hölzenbein – Huberts – F. Jusufi – K.-H. Körbel – R. Kreß – W. Lorant – E. Loy – F. Lutz – F. Mantel – H. Müller – N. Nachtweih – W. Neuberger – B. Nickel – J. Pahl – B. Pezzey – A. Pfaff – A. Schmitt – F. Schütz – W. Smolarek – H. Stubb – M. Sziedat – I. Sztani – J. Svensson – H. Tilkowski – R. Wenzel. – **Trainer** (Auswahl): L. Buchmann – U. Klug – O. Knefler – G. Lorant – P. Oßwald – F. Rausch – E. Ribbeck – E. Schwartz – D. Weise.

Frankfurt (Oder), FC Vorwärts, DDR, Oberliga, gegr. 18. 1. 1966 (Emblem ↑ Tf. 5); August 1951 bis August 1953 *SV Vorwärts KVP Leipzig*, dann 1953/54 *ZSK Vorwärts* (der KVP), von März 1954 bis 17. 1. 1966 *ASK Vorwärts Berlin*, 18. 1. 1966 bis 31. 7. 1971 *FC Vorwärts Berlin* u. seit 1. 8. 1971 *FC Vorwärts Frankfurt (Oder)*; 6mal *Landesmeister* (zwischen 1958 u. 1969); *Pokalsieger* 1954 sowie 1970. 13 *EC-Teilnahmen:* 42 Spiele; 16 Siege, 3 Unentschieden, 23 Niederlagen, 35:49 Punkte, 54:63 Tore. – *Spielkleidung:* rote Hose, gelbes Hemd, rote Stutzen (od. weiße Hose, grünes Hemd, weiße Stutzen). *Heimstadion:* Stadion der Freundschaft, 16 000 Plätze (davon 9 839 Sitzplätze), Flutlicht (1 000 lx).

Spieler (Auswahl): W. Andreßen – F. Andrich – H. Assmy – H. Bartholomäus – R. Baumann – H. Begerad – W. Brodthagen – G. Ebert – W. Eilitz – L. Enzmann – O. Fräßdorf – R. Fritzsche – H. Fröhlich – J. Großheim – E. Hamann – G. Händler – L. Hause – G. Hoge – A. Jarmuszkiewicz – H. Jaschke – P. Kalinke – H. Kaulmann – H.-G. Kiupel – H. Klinkhammer – H. Kohle – G. Körner – H.-D. Krampe – R. Krause – G. Marotzke – L. Meyer – R. Mitzschke – R. Mücklich – M. Müller – R. Müller – R. Nachtigall – J. Nöldner – P. Pera – J. Piepenburg – R. Probst – G. Reichelt – H. Scherbaum – R. Segger – K.-H. Spickenagel – W. Strübing – K. Trautmann – W. Unger – W. Vogelsang – G. Vogt – S. Wachtel – R. Weigel – G. Weiß – K.-H. Wienhold – G. Wirth – F.-R. Withulz – W. Wolf – H. Wruck – A. Zulkowski. – **Trainer** (Auswahl): F. Belger – S. Cambal – K. Fritzsche – J. Großheim – J. Gyarmati – W. Kaßbohm – H.-G. Kiupel – H. Krügel – G. Lammich – G. Reichelt – H. Seeger – K. Trautmann – P. Ukrow – K. Vorkauf – K. Weichelt – W. Wolf.

Frankreich, 547 026 km², etwa 54,2 Mill. Ew., 1 Fußballspieler je 36 Ew.; Verband *Fédération Française de Football* („Französischer Fußballverband"), Abk. *FFF*; gegr. 1918 als *Comité Française Interfederal*, 1919 Zusammenschluß mehrerer Verbände zur FFF, Sitz *Paris*; Mitgl. der *FIFA* seit 1904, der *UEFA* seit 1954. – *Organisation:* 21 000 Klubs; 500 Berufsspieler, 400 Vertragsspieler, 600 000 Amateurspieler, insgesamt 1 500 000 (einschl. Nachwuchs- u. AM-Spieler); *Spieljahr:* August–Juni; *Spielkleidung:* weiße Hose, blaues Hemd, rote Stutzen (Reserveausrüstung: blaue Hose, wei-

1925	– / CAS Generaux
1926	– / Olympique Marseille
1927	– / Olympique Marseille
1928	– / Red Star Paris
1929	– / S. O. Montpellier
1930	– / FC Sète
1931	– / Club Française Paris
1932	– / AS Cannes
1933	Olympique Lille / Excelsior Roubaix
1934	FC Sète / FC Sète
1935	FC Sochaux / Olympique Marseille
1936	Racing Paris / Racing Paris
1937	Olympique Marseille / FC Sochaux
1938	FC Sochaux / Olympique Marseille
1939	FC Sète / Racing Paris
1940	Gruppe Nord: Rouen, Gruppe Südost: Nizza, Gruppe Südwest: Girondins Bordeaux / Racing Paris
1941	Red Star Paris (im von Deutschland besetzten Teil Frankreichs), Olympique Marseille (im unbesetzten Teil Frankreichs) / Girondins Bordeaux
1942	Stade Reims (besetzter Teil), FC Sète (unbesetzter Teil / Red Star Paris
1943	Gruppe Nord: FC Lens, Gruppe Süd: FC Toulouse / Olympique Marseille
1944	Artois / Nancy-Lorraine-Auswahl
1945	FC Rouen / Racing Paris
1946	Olympique Lille / Olympique Lille
1947	Excelsior Roubaix / Olympique Lille
1948	Olympique Marseille / Olympique Lille
1949	Stade Reims / Racing Paris
1950	Girondins Bordeaux / Stade Reims
1951	OGC Nizza / Racing Strasbourg
1952	OGC Nizza / OGC Nizza
1953	Stade Reims / Olympique Lille
1954	Olympique Lille / OGC Nizza
1955	Stade Reims / Olympique Lille
1956	OGC Nizza / Union Athletic Sedan-Torcy
1957	AS St.-Étienne / FC Toulouse
1958	Stade Reims / Stade Reims
1959	OGC Nizza / AS Le Havre
1960	Stade Reims / AS Monaco
1961	AS Monaco / UA Sedan

1962 Stade Reims / AS St. Étienne
1963 AS Monaco / AS Monaco
1964 AS St.-Étienne / Olympique Lyon
1965 FC Nantes / Stade Rennes
1966 FC Nantes / Racing Strasbourg
1967 AS St.-Étienne / Olympique Lyon
1968 AS St.-Étienne / AS St.-Étienne
1969 AS St.-Étienne / Olympique Marseille
1970 AS St.-Étienne / AS St.-Étienne
1971 Olympique Marseille / Stade Rennes
1972 Olympique Marseille / Olympique Marseille
1973 FC Nantes / Olympique Lyon
1974 AS St.-Étienne / AS St.-Étienne
1975 AS St.-Étienne / AS St.-Étienne
1976 AS St.-Étienne / Olympique Marseille
1977 FC Nantes / AS St.-Étienne
1978 AS Monaco / FC Nancy
1979 Racing Strasbourg / FC Nantes
1980 FC Nantes / AS Monaco
1981 AS St.-Étienne / SEC Bastia
1982 AS Monaco / St. Germain Paris
1983 FC Nantes / St. Germain Paris
1984 Girondins Bordeaux / FC Metz
1985 Girondins Bordeaux / AS Monaco
1986 St. Germain Paris / Girondins Bordeaux

Fußballer des Jahres

1966 P. Gondet (FC Nantes)
1967 B. Bosquier (AS St.-Étienne)
1968 B. Bosquier (AS St.-Étienne)
1969 H. Revelli (AS St.-Étienne)
1970 G. Carnu (AS St.-Étienne)
1971 G. Carnu (Olympique Marseille)
1972 M. Tresor (Olympique Marseille)
1973 H. Michel (FC Nantes)
1974 G. Bereta (Olympique Marseille)
1975 M. Larqué (AS St.-Étienne)
1976 D. Rocheteau (AS St.-Étienne)
1977 M. Platini (AS Nancy-Lorraine)
1978 J. Petit (AS Monaco)

Otto **Fräßdorf**

ßes Hemd, rote Stutzen); *Nationalstadion:* Parc-des-Princes, Paris, 47 231 (ausschl. Sitzplätze), Flutlichtanlage (1 200 lx); *Stadien* (Auswahl): Stade Vélodrome Jean Bouin, Marseille, 55 000; Stade de la Beaujoire, Nantes, 51 000; Stade Felix-Bollaert, Lens, 50 000; Stade de la Meinau, Strasbourg, 49 000; Stade de Gerland, Lyon, 48 000; Stade Geoffroy-Guichard, St. Étienne, 48 000; Stade Yves du Manoir, Colombes, Paris, 46 000. Tab.

Frauenfußball

Fräßdorf, Otto, geb. 5. 2. 1942 Magdeburg; Halbstürmer, Rechtsverteidiger; spielte 1954/60 bei Motor Nord (jetzt TuS Fortschritt) Magdeburg, 1961/71 beim (ASK Vorwärts) FC Vorwärts Berlin; 33 Länderspiele (4 Tore); internationales Debüt am 4. 9. 1963 gegen Bulgarien (1:1) in Magdeburg; Länderspielabschied am 11. 11. 1970 gegen die Niederlande (1:0) in Dresden; gewann 1964 bei Olympia Bronze. Beendete seine aktive Laufbahn nach einer Wirbelsäulenoperation (183 Punktspiele, 31 Tore). – Trainer 1977/78 im ASV-Trainingszentrum (Nachwuchs) Strausberg, 1978/84 bei Vorwärts Dessau. Abb.

Frauenfußball war bereits Anfang dieses Jahrhunderts bekannt, wurde aber in *England* bereits 1902 zum erstenmal öffentlich untersagt; fand größere Verbreitung dann Ende der 50er Jahre (vornehmlich in Dänemark, Italien, Frankreich, den Niederlanden u. in der BRD); ist mittlerweile in über 20 europäischen Landesverbänden fest mit Meisterschaften u. Pokalwettbewerben etabliert. 1986 nominierte auch *China* eine Frauenauswahlmannschaft. Die 1. (inoffizielle) *Europameisterschaft* gewann England 1967 gegen die BRD mit 4:0, die 1. (inoffizielle) *Weltmeisterschaft* 1970 (auch dann 1971) Dänemark. 1984 gewann Schweden gegen England den ersten offiziellen UEFA-Wettbewerb im F. – In der *DDR* veranstaltet der DFV der DDR seit 1979 *Frauenfußballbestenermittlungen* mit Vorrunden- u. Halbfinalspielen sowie einem Endspiel u. der Begegnung um den dritten Platz. – In der *BRD* wird seit 1974 ein Frauenfußballmeister ermittelt, außerdem steht seit 1981 der *DFB-Vereinspokal* u. der *Länderpokal* auf dem Spielplan. Abb. Tab.

Fredriksson, Erik, Schweden, Schiedsrichter, geb. 1943 Tidaholm; spielte 1951/61 bei Tidaholm; seit 1962 Schiedsrichter; 1971 1. Division; 1973 FIFA-Referee; leitete 1984 das EC I-Finale AS Rom–FC Liverpool (1:1 n. V., 2:4 nach Strafstoßschießen); WM-Endrundenschiedsrichter 1982 u. 1986; EM-Endrundenschiedsrichter 1984.

freier Mann, svw. ↑ Libero.

freier Raum, der vom Gegner ungedeckte Raum in dessen Spielhälfte; Steil- u. Diagonalpässe in diesen Raum bringen höchste Torgefahr, insofern man über *schnelle Sturmspitzen* verfügt.

Freigabe, Erteilung der Spielberechtigung für einen anderen Klub od. Verband; ist national u. international unterschiedlich geregelt.

Freilaufen, Handlungen mit dem Ziel, sich vom Gegner zu befreien u. auf dem Spielfeld eine günstige Position für Ballannahme, Zuspiel, Ballführung bzw. Torschuß zu erlangen. F. erleichtert dem Mitspieler das Zuspiel des Balles u. ist insbes. bei engem Deckungsspiel ein wirksames Mittel im Kampf mit der gegnerischen Abwehr. S. a. Abspielen und Freilaufen.

Freilos, bei *Pokalwettbewerben* durch Losentscheid erworbene Berechtigung zum kampflosen Einzug in die nächste Runde, damit eine für den Fortgang des Wettbewerbs günstige Teilnehmerzahl erreicht wird.

Freistoß, vom Schiedsrichter vergebene (Mindest-)Strafe für körperliche od. technische ↑ Fouls; dabei ist der Ball zu stoßen, wenn er ruhig am Boden liegt (ansonsten Wiederholung). Ein *direkter F.* wird verhängt für alle Vergehen *verbotenes Spiel* gemäß ↑ Spielregeln (Regel XII), ein *indirekter F.* für alle Vergehen *gefährliches Spiel* od. *unsportliches* u. *grob unsportliches* Betragen (ebenfalls gemäß Regel XII) sowie für bestimmte *technische* Regelverstöße im Rahmen des gesamten Regelwerkes. Tab.

Freistoßverhältnis, statistische Größe, die über die Anzahl (das *Verhältnis*) der verursachten Freistöße beider Mannschaften informiert; spiegelt in etwa das sportliche Verhalten beider Teams während des Spiels wider.

Frem [dän.], svw. *vorwärts,* z. B. F. Kopenhagen.

Frenzel, Henning, geb. 3. 5. 1942 Geithain; Mittelstürmer; spielte 1952/59 bei Motor Geithain, 1959/63 beim SC Lok Leipzig, 1963/65 beim SC Leipzig u. 1966/78 beim 1. FC Lok Leipzig; 56 Länderspiele (19 Tore); internationales Debüt am 10. 12. 1961 gegen Marokko (0:2) in Casablanca; Länderspielabschied am 28. 2. 1974 gegen Algerien (3:1) in Algier; gewann bei Olympia 1964 Bronze; 420 Oberligaspiele (152 Tore); 1966 mit 22 Treffern Oberligatorschützenkönig. – Seit 1978 Trainer. Abb.

Henning **Frenzel** (Abschied von der aktiven Laufbahn, 1978)

Freundschaftsspiel, Begegnung zweier Mannschaften ohne offiziellen (wie bei Punkt-, Pokalspiel o. ä.) Charakter; bei Länderspielen spricht man dann von *Freundschaftsländerspielen.*

F.R.F. ↑ Rumänien.

Friedemann, Horst, Journalist, geb. 1. 9. 1932 Wyhra (Kreis Borna); Mittelfeldspieler; spielte 1946/54 bei Aktivist Neukirchen-Wyhra. – Journalistisch tätig ab 1954 beim „Deutschen Sportecho", Berlin; berichtete von den WM-Endrunden 1970, 1974, 1978 u. 1986, von den EM-Endrunden 1972, 1976 u. 1980; Mitautor der WM- u. EM/EC-Titel des Sportverlages Berlin. Abb.

Friedenreich, Arthur („Fried"), Brasilien, geb. 18. 7. 1892, gest. 20. 11. 1969 São Paulo; Mittelstürmer, Stilist u. Improvisationskünstler; begann 1909 in São Paulo beim FC Germania, einem Klub deutscher Einwanderer; spielte

1979	M. Bossis (FC Nantes)
1980	J.-F. Larios (AS St.-Étienne)
1981	M. Bossis (FC Nantes)
1982	A. Giresse (Girondins Bordeaux)
1983	A. Giresse (Girondins Bordeaux)
1984	M. Platini (Juventus Turin)
1985	M. Platini (Juventus Turin)
1986	M. Amoros (AS Monaco)

Frauenfußball

I. UEFA-Wettbewerb 1982/84

Gruppe 1:		
1. Schweden	12:0	Punkte
2. Norwegen	7:5	Punkte
3. Finnland	4:8	Punkte
4. Island	1:11	Punkte
Gruppe 2:		
1. England	12:0	Punkte
2. Schottland	7:5	Punkte
3. Irland	5:7	Punkte
4. Nordirland	0:12	Punkte
Gruppe 3:		
1. Italien	10:2	Punkte
2. Frankreich	7:5	Punkte
3. Schweiz	5:7	Punkte
4. Portugal	2:10	Punkte
Gruppe 4:		
1. Dänemark	8:4	Punkte
2. Niederlande	6:6	Punkte
3. BRD	5:7	Punkte
4. Belgien	5:7	Punkte

Halbfinales
England–Dänemark 2:1, 1:0
Schweden–Italien 3:2, 2:1

Finale
Schweden–England 1:0
(am 21. 5. 1984 in Göteborg)
England–Schweden 1:0[1]
(am 27. 5. 1984 in Luton)

[1] 3:4 nach Strafstoßschießen

DDR-Bestenermittlung

1979	Motor Mitte Karl-Marx-Stadt (in Templin)
1980	Wismut Karl-Marx-Stadt (in Blankenburg [Harz])
1981	Turbine Potsdam (in Potsdam-Babelsberg)
1982	Turbine Potsdam (in Lauchhammer)
1983	Turbine Potsdam (in Schwedt)
1984	Motor Halle (in Colditz u. Grimma)
1985	Turbine Potsdam (in Markkleeberg)
1986	Turbine Potsdam (in Dresden)

BRD-Landesmeister

1974	TuS Wörrstadt (in Mainz)
1975	Bonner SC (in Bad Godesberg)

1976 FC Bayern München (in Siegen)
1977 SSG Bergisch Gladbach
1978 SC Bad Neuenahr
1979 SSG Bergisch Gladbach
1980 SSG Bergisch Gladbach
1981 SSG Bergisch Gladbach
1982 SSG Bergisch Gladbach
1983 SSG Bergisch Gladbach
1984 SSG Bergisch Gladbach
1985 KBC Duisburg
1986 FSV Frankfurt/Main

Freistoß (landessprachlich)
Free kick [engl.]
Coup franc [französ.]
Saque libre [span.]
Pontapé livre [portugies.]
Calcio libero [italien.]

Horst **Friedemann**

weiterhin für CA Ipiranga Bahia (El Salvador), FC Americano São Paulo u. CA Paulistas São Paulo; 22 Länderspiele (10 Tore); internationales Debüt am 21. 7. 1914 gegen Exeter City (England) – erstes Spiel einer brasilian. Auswahl; Länderspieldebüt am 29. 9. 1914 gegen Argentinien (0:3) in Buenos Aires; internationaler Abschied am 24. 2. 1935 gegen River Plate Buenos Aires (0:3) in Rio de Janeiro; übertraf als erster die 1000-Tore-Marke (1929), was später „Bimbo" *Binder* u. *Pelé* nachvollzogen; war 9 Jahre São Paulos Torjäger Nummer 1 (1329 Treffer).

Friedländer, Hans-Peter, Schweiz, geb. 19. 4. 1920; Mittelstürmer; spielte u. a. bei Grasshoppers Zürich; 22 Länderspiele (1942/52); WM-Endrundenteilnehmer 1950; Torschützenkönig 1945, 1946 u. 1951.

Friedrich-Ludwig-Jahn-Sportpark, Berlin; Heimstätte des Oberligaklubs *Berliner FC Dynamo*, an der Cantianstraße gelegen. – 1825 verkaufte ein Gutsbesitzer namens *Griebenow* eine sandige Fläche zwischen Tops- u. Gaudystraße für 9518 Taler an das preußische Militär. Der westliche Teil diente dem Exerzieren (daher der Name „Exer"). Der später errichtete Sportplatz trug den Namen „einsame Pappel". 1912 zahlte der Berliner Magistrat 6,5 Millionen Mark für den östlichen Teil, als Sportplatz für Schulen u. Arbeitersportvereine genutzt. 1928 wurde das Fußballerstandbild aufgestellt. – Mit Trümmerschutt wurden 1951 die Wälle des heutigen Stadions aufgeschüttet. Nach fünfmonatiger Bauzeit wurde es für die III. Weltfestspiele der Jugend u. Studenten im August 1951 fertiggestellt. Im F. fanden 6 Länderspiele (zwischen 1971 u. 1984) sowie ein FDGB-Pokalfinale (1965) statt. *Fassungsvermögen:* 21000 Plätze.

Fritzsch, Walter, Trainer, geb. 21. 11. 1920 Zwickau-Planitz/Sachsen; Läufer u. Verteidiger; spielte 1927/40 beim SC Planitz, 1940 beim VfL Leisnig, 1943 beim BC Hartha u. SC Döbeln, 1945/47 bei Zwickau-Oberhohndorf u. 1947/50 bei Wismut Cainsdorf. – *Trainerstationen:* 1945/47 Oberhohndorf, 1947/50 Cainsdorf, 1950/52 Wismut Aue, 1952/53 Empor Lauter, 1953/55 Motor Dessau, 1956/57 SC Motor Karl-Marx-Stadt, 1958/59 Stahl Riesa, 1959/65 SC Empor Rostock, 1965/69 Stahl Riesa, 1969/78 Dynamo Dresden. – Seit 1. 7. 1978 DFV-Trainer (Berater im Juniorenbereich), außerdem ist er Vorsitzender der Trainerkommission des Bezirksfachausschusses Dresden. *Erfolge:* Landesmeister 1971, 1973, 1976, 1977 u. 1978 sowie Pokalsieger 1971 u. 1977. Abb.

Fritzsche, Kurt, Trainer, geb. 6. 12. 1919 Wiederitzsch; spielte als Verteidiger 1927/30 beim ATSV Wiederitzsch, 1931/33 beim ATSV Halle (Saale), 1933/45 beim VfL Halle 96 u. 1945/50 bei SG Freiimfelde Halle, ZSG Union Halle sowie Turbine Halle. – Trainer seit 1950; bis 1951 bei Chemie Leuna, 1951/52 Cheftrainer der SV Chemie, 1952/54 bei Chemie Bitterfeld, 1954/55 beim SC Wissenschaft DHfK Leipzig u. 1955/81 bei der ASV Vorwärts (1963/65 ASK Vorwärts Berlin).

Fritz-Walter-Stadion ↑ Kaiserslautern, 1. FC.

Frühwirth, Eduard („Edi") Österreich, Trainer, geb. 17. 11. 1908 Wien; Läufer; spielte 1926/30 bei Rapid Wien u. 1930/45 beim Wiener AC sowie beim Floridsdorfer AC; 1 Länderspiel am 7. 10. 1928 in Wien gegen Ungarn (5:1). – Später Trainer; u. a. 1945/47 beim Floridsdorfer AC u. Wacker Wien; betreute vom 4. 3. 1948 bis 15. 11. 1954 Österreichs Nationalmannschaft (bis 1. 9. 1948 gemeinsam mit *Putzdopler* u. *Kolisch*, bis 15. 11. 1954 gemeinsam mit *Nausch* u. *Pesser*), ebenso vom 20. 11. 1964 bis 13. 1. 1967; trainierte außerdem 1958 FC Schalke 04 u. 1963 Austria Wien.

FSHF ↑ Albanien.

FSJ ↑ Jugoslawien.

FTC-Stadion ↑ Budapest, Ferencváros.

Fuchs, Dieter, Dr., Trainer, geb. 19. 10. 1940 Weißwasser; Abwehr- u. Mittelfeldspieler; spielte 1952/59 bei Chemie Weißwasser, 1959/60 beim SC Dynamo Berlin, 1960/62 bei Dynamo Berlin-Hohenschönhausen u. 1962/68 beim SC Dynamo Berlin u. BFC Dynamo. – Trainer seit 1978; bis 1983 Cheftrainer beim BFC Dynamo u. 1983/86 Chefverbandstrainer des DFV der DDR.

Führungsspieler, Bez. für einen leistungsmäßig überdurchschnittlichen Spieler, der in der Lage ist, das Spiel der eigenen Mannschaft maßgeblich zu gestalten u. zu steuern sowie die (jüngeren) Mitspieler zu „führen". Ein F. ist meist in der Position des *zentralen Mittelfeldspielers* angesiedelt u. strebt dort die „Vorherrschaft" an.

Führungstor, Treffer zum 1:0; geht die andere Mannschaft im weiteren Spielverlauf mit 2:1 in Führung, spricht man von *erstmaliger Führung*, schafft dann die erstere noch das 3:2, von *erneuter Führung*.

Fuhry, Ernst, geb. 23. 11. 1903, gest. 1976; Trainer, Journalist; Herausgeber einer Fußballzeitschrift (vorwiegend für Jugendliche); baute die Elf der „Spartaner" auf, die sich stilvoller Technik ohne Zweikampfhärte verschrieben hatte. Der 2. Weltkrieg zerstörte F.s Tätigkeit. – Später Trainer; u. a. bis 1956 bei Eintracht Nordhorn.

„Fummeln", übertriebenes Dribbling, meist auf engstem Raum, wobei man sich meist „verzettelt" u. „hängenbleibt".

5-m-Raum, svw. ↑ Torraum.

Fürth, SpVgg (die „Kleeblättler"), BRD, gegr. 23. 9. 1903 (Emblem ↑ Tf. 5); Oberliga Bayern seit 1983/84; dreimal *Landesmeister* (1914, 1926, 1929); 2. Bundesliga 1981/82 u. 1982/83; 2. Liga Süd 1974 bis 1981; Meister in der Oberliga Süd 1950. – *Spielkleidung:* schwarze Hose, weißes Hemd, schwarze Stutzen (od. Grün bzw. Blau). *Heimstadion:* Ronhof, 24 000 Plätze, davon 2 241 Sitzplätze (1910 angekauft, 1920 komplettiert, 1951 neue Tribüne).

Spieler (Auswahl): M. Appis – W. Ascherl – K. Auer – Brenzke – K. Burger – H. Ehrhardt – R. Ehrlinger – H. Fiederer – L. Fiederer – G. Frank – A. Franz – R. Gottinger – F. Hack – H. Hagen – J. Hirsch – K. Höger – G. Kießling – A. Knoll – G. Knöpfle – U. Krauß – H. Lang – L. Leinberger – T. Lohrmann – K. Mai – J. Müller – Plawky – H. Schade – H. Schmidt – L. Seiderer – H. Sutor – G. Weilhöfer – G. Wunderlich. – **Trainer** (Auswahl): H. Baldauf – W. Bickelhaupt – Z. Cajkovski – H. Cieslarczyk – J. Csaknady – H. Elzner – R. Gebhardt – W. Hahnemann – A. Hoffmann – H. Schade – H. Schmidt – H. Schneider – D. Schulte – W. Townley – J. Vincze.

Fußball, 1. svw. ↑ Ball (1).
2. Sportspiel, bei dem ein Ball möglichst oft in das gegnerische Tor zu stoßen ist, während Tore der gegnerischen Mannschaft verhindert werden sollen. Eine *Mannschaft* besteht aus 11 Spielern (1 Torhüter u. 10 Feldspieler, die entspr. der gewählten Taktik aus einer unterschiedlichen Zahl von Abwehr-, Mittelfeld- u. Angriffsspielern bestehen) u. mehreren Auswechselspielern, von denen in Meisterschafts- u. Pokalspielen nur einmal je Spiel gewöhnlich 2 ein- (u. aus-)gewechselt werden können. Die *Spielzeit* beträgt für Männermannschaften 2 × 45 min. Bei unentschiedenem Ausgang von Pokal- u. Entscheidungsspielen wird das Spiel um 2 × 15 min verlängert.
Der Ball darf mit allen Körperteilen außer Hand (gesamter Arm) gespielt werden. Jeder Spieler, auch der Torhüter, kann Tore erzielen. Eigentore (Ball ins eigene Tor) sind möglich, sie zählen als Torerfolg für den Gegner. Von den insgesamt 17 Spielregeln sind die über *verbotenes Spiel* (Halten, Treten, Stoßen, Schlagen, Unterlaufen, Beinstellen u. absichtliches Handspiel) sowie die über *Abseits* bes. wichtig. Verstöße gegen diese Regeln werden mit *Freistoß* geahndet. Foulspiel der verteidigenden Mannschaft im eigenen Strafraum ergibt einen *Strafstoß* für den Gegner. Im Torraum genießt der Torhüter Sonderrechte (darf z. B. im Sprung nach dem Ball nicht gerempelt werden). Das Spiel wird von einem *Schiedsrichter* u. 2 *Linienrichtern*, die hauptsächlich Abseitsstellungen u. Ausbälle anzeigen, geleitet. In der *F.taktik* dominieren gegenwärtig das 4-3-3- u. das 4-4-2-System (s. a. Spielsystem).
Geschichte: Bereits um 2700 v. u. Z. soll in *China* ein fußballähnliches Spiel betrieben worden sein (↑ Ts'uh-küh), dessen Ursprung dem „Gelben Kaiser" *Huangdi* zugesprochen wird. Von den

Fußball (landessprachlich)
Foodbold [dän.]
Fotbal [tschech.]
Football [engl., französ.]
Fotbal [rumän.]
Fotball [norweg.]
Fotboll [schwed.]
Futball [ungar.]
Futbol [span.]
футбол [russ.]
Futebol [portugies.]
Jalkapallo [finn.]
Nogometna lopta [serbokroat.]
Piłka nożna [poln.]

Walter **Fritzsch**

Regeln des ältesten „F.spiels" ist nichts bekannt, aber nachweislich wurde es gezielt zum Training der Soldaten durchgeführt u. gehörte zum militärischen Ausbildungsprogramm. Daraus kann geschlußfolgert werden, daß es im Spiel ziemlich rauh zuging, daß Reaktionsschnelligkeit, taktisches Verhalten, Disziplin u. Mannschaftsgeist vermittelt wurden. – Während der *Zhou-Dynastie* (11. Jh. v. u. Z. bis 249 v. u. Z.) breitete sich das „F.spiel" auch im Volke aus, u. man begann, strengere Regeln abzufassen, um Auswüchse zu verhindern. Es wurden spezielle F.felder hergerichtet. Der Ball, bestehend aus zusammengenähten Lederstücken, wurde mit Federn u. Tierhaaren ausge-

Kinderfußball

stopft. In der Zeit der *Qin-Dynastie* bis zum Ende der Sui-Dynastie (221 v. u. Z. bis 618 u. Z.) gelangte das „F.spiel" in China zu höchster Beliebtheit u. wurde zum Unterhaltungssport, den sogar Frauen betrieben. Der luftgefüllte Ball wurde erfunden, die Regeln in einem Handbuch des „F.spiels" (25 Kapitel) festgehalten. Es gab Tore, Torhüter, Spielführer und sogar Trainingsprogramme, wobei eine Mannschaft aus mindestens 10, meist jedoch aus mehr Spielern bestand. Überraschenderweise geriet das hochentwickelte Spiel um 900 völlig in Vergessenheit. – In *Ägypten* ist die Existenz eines fußballähnlichen Spiels seit 1900 v. u. Z. urkundlich nachgewiesen. Die auf ägypt. u. assyr. Reliefs dargestellten Ballspiele sind wahrscheinlich kultischen Ursprungs – im Gegensatz zum Ts'uh-küh – u. werden mit der Sonnenverehrung in Zusammenhang gebracht. Der Ball wurde mit Fuß u. Oberschenkel gespielt. – In *Japan* hielt das „F.spiel" im 6. Jh. (belegt 587) Einzug, angeblich eingeführt von chines. „Fußballgeistern". Allerdings wurde das Spiel (↑ Kemari) zu einer kultischen Zeremonie umfunktioniert, die auf den Tempelbereich als Schauplatz u. den Hochadel als Teilnehmer beschränkt blieb. – Aus dem *Altertum* sind das ↑ Episkyros der Spartaner u. das *Harpastum* (Laufballspiel) der Römer überliefert.

Die *Eskimos* betrieben ebenfalls seit alters her ein fußballähnliches Spiel (↑ Aqsaqtuk). Dazu verwendeten sie einen mit trockenem Moos ausgestopften Ball aus Rentier- od. Robbenleder u. trieben ihn auf einer 300 bis 400 m langen ebenen Fläche über die gegnerische Mal-Linie. Der Ball wurde gekickt, gestoßen u. geworfen, wobei man in der Wahl der Mittel nicht zimperlich vorging. Die Eskimos zogen aus dem Spielausgang Rückschlüsse auf das Wetter im darauffolgenden Winter, was die große Begeisterung u. Leidenschaft beim Spiel erklärte. – Auf dem *amerikanischen Kontinent* wurde ebenfalls eine Art F. gespielt. Eine der wenigen überlieferten Beschreibungen schildert ein „F.spiel" in *Kalifornien*. Dieses war eine

Kreis-„Fußball" um 1600 (Hinterindien)

Art Weitkicken, bei dem im Wechsel je ein Spieler einer Mannschaft den Ball auf die gegnerische Mal-Linie zutrieb. Kombinationen u. Kampf um den Ball waren nicht bekannt, stattdessen feierliche Zeremonien, die auf kultische Bräuche schließen lassen. Das Spiel dauerte oft Tage, was eine relativ große Spielfläche voraussetzte, da es sonst eher beendet worden wäre. Andere Quellen

„Fußball" um 1610 (Venedig)

besagen, daß die *Indianer* den Umgang mit dem Ball, das Dribbeln, bereits gut beherrscht haben. Sie übten verschiedene Spiele aus, bei denen der Ball nur mit dem Fuß gespielt wurde. Von einem „F.spiel" der Inkas in *Peru*, der Azteken in *Mexiko* sowie der Bewohner *Kubas* u. des gesamten mittelamerikanischen Raumes wird ebenfalls bereits frühzeitig berichtet.

F. in Europa: Die Engländer wollten es lange nicht wahrhaben, daß es Anfänge des „F.spiels" im Mittelalter auch bereits in anderen europäischen Ländern gegeben hat. So wird aber z. B. in *Frankreich* im 12. Jh. ein Ballspiel erwähnt, bei dem man treten u. fausten durfte. Ausgeübt wurde es bei Volksfesten, an denen sich ganze Dörfer einschl. der geistlichen Würdenträger beteiligten. Aus diesem Spiel, das die Franzosen urspr. *Houle* nannten, entwickelte sich später das ↑ Soule. – In *Italien*, wo das „F.spiel" um 1410 Erwähnung findet (*Giuoco del Calcio*, ↑ Calcio), erschien 1555 erstmals seit der Antike wieder ein Ballspielbuch, in dem jahrhundertalte Ballspiele beschrieben wurden.

Eine besondere Entwicklung nahm das „F.spiel" in *England*. Hier bildeten sich aus dem mittelalterlichen berühmt-berüchtigten *Lusus pilae Celebrem* („berühmtes Ballspiel"), 1174 erwähnt, die ersten Anfänge des F. heraus. Bei diesem Spiel wurde übrigens unbarmherzig getreten, geboxt, gestoßen u. gekniffen. Diese „teuflische Kurzweil" wurde deshalb immer wieder verboten, was aber stets erfolglos blieb, weil sich das Spiel bereits größter Popularität erfreute. Es gab damals weder verbindliche Regeln noch ein begrenztes Spielfeld, was dazu führte, daß man teilweise weitab des eigentlichen Spielplatzes (sogar -ortes) weiterspielte. Tore kannte man ebenfalls noch nicht, u. die Anzahl der Spieler war ebenfalls nicht festgelegt. Erst zu Beginn des 19. Jh., als sich die Studenten des F.s annahmen, wurden dem zügellosen Raufspiel Grenzen gesetzt. Die Bestrebungen, feste Regeln aufzustellen, kamen vor allem von den Universitäten Cambridge, Eton, Westminster, Harrow u. Rugby. Außer den Spielern letzterer Universität einigte man sich bald, den Ball nur noch mit den Füßen zu treten. Rugby dagegen blieb bei dem später nach ihm benannten „Hand-und-Fuß-Spiel". 1846 verfaßten Cambridger Studenten die ersten F.regeln, in denen die Mannschaftsstärke mit 15 bis 20 Spielern festgelegt wurde.

Kreis-„Fußball" um 1760 (Grönland)

Zum „Mutterland des Fußballs" avancierte England aber erst am 26. 10. 1863, als in London die *Football Association* gegründet wurde. Entscheidend für die weitere Entwicklung des F.s in England – u. damit auf der ganzen Welt – waren diejenigen Passagen in dem neuen, 14 Absätze umfassenden Regelwerk, in denen der grundsätzliche Unterschied zum bislang ausgeübten *Rugby Football* dargelegt wurde: Der Ball darf nunmehr ausschl. mit den Füßen getreten werden, u. die Füße dürfen nur nach dem Ball treten. Mit den Händen darf weder der Gegner festgehalten noch der Ball berührt werden. Somit gebührt den Engländern der Ruhm, das heutige F.spiel erfunden zu haben, das Spiel mit den höchsten Zuschauerzahlen unter den Sportspielen u. mit der größten Entwicklungsbreite in nahezu allen nationalen Verbänden – kurzum: das weitverbreitetste u. beliebteste aller Mannschaftsspiele. Abb. Tab.

„Fußball", Fachzeitschrift, München; 1911/44 von *E. Seybold* herausgegeben, erschien abermals am 10. 8. 1948; stellte nach 2 Jahren Erscheinen ein.

Fußballerbeine, für einen Fußballspieler typische muskulöse, oft bananenförmige (nach außen gewölbte) Beine, „er hat F." od. (kurz) „O-Beine" (günstige Konstitution für Außenseitstöße).

Fußballer des Jahres, höchste verliehene Auszeichnung in zahlreichen Ländern für den besten Spieler des vorangegangenen Spieljahres. Befragt werden in der Regel die Sportjournalisten (s. a. bei den Ländern; Tab.). – In der DDR ist die Ehrung mit einem Wanderpreis, dem von der Fachzeitschrift „Die Neue Fußballwoche" gestifteten *Silbernen Fußballschuh* verbunden. S. a. Europas Fußballer des Jahres, Südamerikas Fußballer des Jahres.

Fußballhochburg, Ort (meist Stadt) mit überdurchschnittlich großem Fußballinteresse, in dem z. B. ein bekannter u. erfolgreicher Klub beheimatet ist (zahlreiche Zuschauer, ein begeisterungsfähiger Anhang).

Fußball im Fernsehen der DDR, seit 1955, dem Beginn elektronischer Übertragungen, liegt Fußball in Zuschauerumfragen auf Platz 1 betreffs Beliebtheit u. Sendeanzahl (etwa 270 jährlich); erste Direktübertragung am 23. 10. 1955 Berlin–Prag (0:1), Reporter *H. F. Oertel*; seit Februar 1965 ständige Oberligaberichterstattung mit 4 bis 5 Spielen als Aufzeichnung (etwa 60 Minuten), bei Direktübertragung (etwa 60 Minuten), bei Direktübertragungen mit *Konferenzschaltung*; seit 1962 Direktübertragungen u. Aufzeichnungen von allen WM-Endrunden, seit 1968 von allen EM-Endrunden (vorher vom Europapokal der Nationen); seit Einführung des Europapokals für Klubmannschaften Direktübertragungen bzw. Aufzeichnungen aller DDR-Spiele u. a. interessierender Begegnungen; alljährliche Direktübertragung des EC I-Finales u. des FDGB-Pokalendspiels. Am 5. 9. 1976 wurde die Sendung *„Fußball-Panorama"* (etwa 20 Minuten) eingeführt. *Inhalt:* Wochenresümee mit Länderspielen, Europapokal, Oberliga, Nachwuchsfußball, Zuschauerrätsel. Die Sonntagssendung ist Bestandteil von *„Sport aktuell"*. Die Sendung *„Pokal spezial"* wurde am 15. 9. 1983 mit jeweils 45 bis 60 Minuten etabliert. *Inhalt:* Analysen der EC I-Spiele mit DDR-Beteiligung, Kurzberichte von allen im Austausch angebotenen EC-Treffen am Tag nach den (Mittwoch-)Europapokalbegegnungen. – Bekannte TV-Reporter sind u. a. *U. Grandel, G. Weise, U.-D. Hesse, H. Schulz, D. Thiele, J. Schröter* u. *B. Boeck*, Gastmoderatoren *W. Hempel, H. Knobloch, H. F. Oertel* u. *G. Roth*.

Fußball im Rundfunk der DDR, bei *Radio DDR* in Sportjahren ohne Olympische Spiele zu 50 Prozent im (Sport-) Sendeprogramm vertreten. Übertragen werden in der Regel alle *Länderspiele* der DDR-Nationalmannschaft (2. Halbzeit zumeist original), alle *Oberligaspiele* mit Originalkonferenzsendungen der 2. Halbzeit seit Beginn der Saison 1965/66, außerdem *FDGB-Pokalspiele* ab Achtelfinale (2. Halbzeit original, Endspiel in voller Länge) sowie je Spieltag Reportagen u. Berichte (etwa 10 Minuten) von einem bis zu *3 Ligaspielen*. Übertragungsmodalitäten bei den *WM-Endrunden* 1974 u. 1978: alle Spiele original; 1982 ab 2. Hauptrunde, 1986 ab Viertelfinale original. Von der *EM-Endrunde* 1980 übertrug Radio DDR alle Spiele, 1984 die Halbfinals u. das Endspiel in voller Länge. – Bekannte Rundfunkreporter sind u. a. *W. Hempel, W. Eberhardt, H. F. Oertel, H. Knobloch, W. Vorkefeld, H. G. Otto, T. Schwarz* u. *H. Schulze*.

Fußballklub, **1.** *allgemein* freiwilliger Zusammenschluß von Aktiven, Trainern, Funktionären sowie Anhängern zur organisierten Durchführung von Training u. Spielbetrieb (auch als *Verein, Gemeinschaft, Club* od. *Klub* bezeichnet).
2. eigenständige Grundorganisation des DFV der DDR; 1965/66 aus den Fußballsektionen der Sportklubs hervorgegan-

Fußballklubs der DDR
(Gründungsdaten)

1. FC Magdeburg	22. 12. 1965
FC Hansa Rostock	28. 12. 1965
Berliner FC Dynamo	15. 01. 1966
FC Karl-Marx-Stadt	15. 01. 1966
FC Vorwärts Frankfurt (Oder)	18. 01. 1966
1. FC Union Berlin	20. 01. 1966
1. FC Lokomotive Leipzig	20. 01. 1966
FC Carl Zeiss Jena	20. 01. 1966
FC Rot-Weiß Erfurt	20. 01. 1966
Hallescher FC Chemie	26. 01. 1966

„Fußballmodelle“
„englisches Modell“
(seit 1981/82)
„sowjetisches Modell“
(seit 1984)
„isländisches Modell“
(seit 1984)
„bulgarisches Modell“
(seit 1985/86)
„polnisches Modell“
(seit 1986/87)
– s.a. beim jeweiligen Stichwort –

gen. Ein F. *(FC)* ist beauftragt, den Fußball als Leistungssport bes. zu pflegen. Tab.

„Fußballmodelle“, i. w. S. Experimente („Tests“) einzelner europäischer Fußballverbände, durch veränderten Austragungsmodus – die Punktwertung betreffend – die Landesmeisterschaft attraktiver zu gestalten. Die „F.“ sind in ihrem Charakter zumeist unterschiedlich, haben aber insgesamt das Bestreben um angriffsbetontere Spielweise zum Inhalt. Die in den letzten Jahren international erfolgreichsten Länder (bei WM, EM) haben sich bislang an derartigen Versuchen nicht beteiligt. Für die Übersichtlichkeit und Lesbarkeit der aktuellen Tabellenstände sind diese Maßnahmen nicht förderlich. Tab.

„Fußballpanorama“ ↑ Fußball im Fernsehen der DDR.

Fußballprogramm, svw. ↑ Programm.

Fußballregeln, svw. ↑ Spielregeln.

„Fußballschlacht“, äußerst spannendes, dramatisches u. kämpferisches Spiel, dazu meist bei widrigen Bodenverhältnissen (Matsch, Morast) ausgetragen.

Fußballschuhe, Schuhwerk für den Wettspiel- u. Trainingsbetrieb; man unterscheidet Leisten-, Stollen- u. Nockenschuhe. – a) Bei den früher üblichen *Leistenschuhen* wurden die Leisten aus Leder od. Gummi hergestellt u. erstreckten sich über die gesamte Sohlenbreite. Sie waren an den Enden abgerundet u. durften nicht schmaler als 12,7 mm sein. – b) Die *Stollenschuhe* besitzen unabhängig voneinander einzeln an der Sohle angebrachte u. auswechselbare Stollen. Diese können aus Leder, Gummi, Aluminium, Plast u. ä. Material bestehen, müssen aber massiv sein (runder Querschnitt, Mindestdurchmesser 12,7 mm). Bei Verwendung von Schraubstollen muß das Aufnahmegewinde in der Sohle versenkt sein. – c) Bei *Nockenstollen* müssen die Stollen, die als fester Bestandteil der Sohle geprägt u. nicht auswechselbar sind, aus Gummi, Plast u. ä. weichem Material bestehen. Die Sohle muß mindestens 10 Stollen aufweisen (Durchmesser der Stollen ≧ 10 mm). Abb. S. a. Spielregeln (Regel IV, 2).

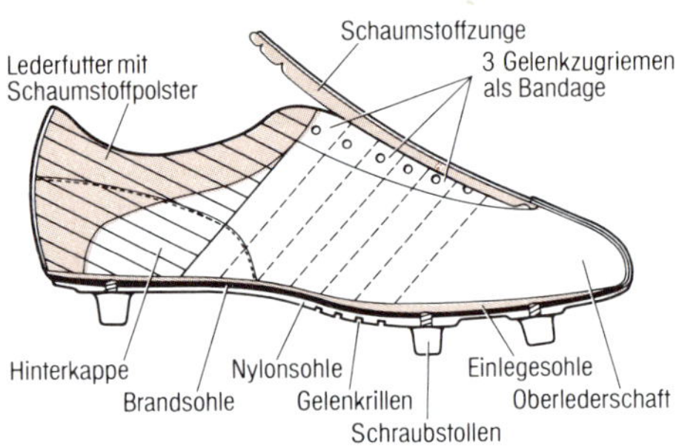

Fußballschuh *(Aufbau)*

Fußballschuhe
(um 1950 u. heute)

Fußballsprüche, im Laufe der Jahre sich herausgeprägte, oft humorige Aussprüche (auch „Weisheiten“), die in vielfältigster Form die Fußballthematik beinhalten, weit verbreitet sind, aber nicht allzu wörtlich genommen werden sollten. Abb. Tab.

Fußballstadion, svw. ↑ Stadion.

Fußballtennis, dem Spielgedanken nach tennisähnliche Variante des Fußballspiels. Der Ball ist über eine die Spielfläche halbierende Leine (od. Netz) in die gegnerische Hälfte zu spielen. Beim F. gibt es kein verbindliches Regelwerk.

Fußball total, Inbegriff des modernen u. attraktiven Fußballs; geprägt durch ein Höchstmaß an technisch-taktischer Vollkommenheit, durch Rasanz u. Tempowechsel, Eleganz u. Raffinesse. Taktische Elemente des F.t. sind z. B. *Umkehrspiel, Forechecking* u. *Druckspiel*. Je nach Spielsituation richtig angewandt, befähigen sie eine Spitzenmannschaft, im Spiel die eigene *offensive Grundhaltung* (Wesen des F.t.) durchzusetzen.

Fußballtoto, organisierte fußballspezifische Sportwette, bei welcher der Spielausgang (nicht das Resultat) einer bestimmten Anzahl zuvor festgelegter u. veröffentlichter Fußballspiele vorausgesagt werden muß. Dabei ist entweder die 1 anzukreuzen (Sieg der Heimmannschaft), die 2 (Sieg der Gastmannschaft) od. die 0 (Unentschieden). Bei Spielausfall wird die jeweilige Paarung ausgelost. – F. gab es erstmals 1921 in *England*, in der *Schweiz* seit 1938, in der *BRD* seit 1948, in *Österreich* seit 1949 u. in der *DDR* seit 1953. Nach mehrmaligen Änderungen ist heute allgemein die *Elferwette* üblich.

Fußballtragödien und Katastrophen, Vorkommnisse u. Begebenheiten, die zu den schwärzesten Kapiteln des Fußballs gehören. Nachfolgend eine chronologische Übersicht *(Auswahl)*:

5. 4. 1902: Während des Länderspiels Schottland–England stürzt die westliche Stehtribüne im Ibrox Park von *Glasgow* ein. Das Spiel wird nach 30 Minuten abgebrochen (1:1). 25 Tote u. 340 Verletzte sind die Schreckensbilanz. – ***9. 3. 1946:*** Vor Beginn des FA-Cupspiels zwischen Bolton Wanderers u. Stoke City im Burnden Park in *Bolton* bricht eine Stützmauer u. fällt auf die Stehplatztribüne (33 Tote u. über 400 Verletzte). – ***4. 5. 1949:*** Beim Rückflug von einem Spiel in Lissabon streift das Flugzeug mit dem AC Turin an Bord den *Supergahügel* (in der Nähe Turins) u. stürzt ab, niemand überlebt. Unter den 28 Toten befindet sich die ganze Mannschaft (einschl. Reservespieler, Manager u. Trainer). – ***Juni 1950:*** An Herzschlag sterben 8 Fans aus Uruguay nach dem WM-Endspielsieg ihrer Mannschaft in *Rio de Janeiro* gegen Brasilien. – ***6. 11. 1955:*** Im Stadion San Paolo in *Neapel* verhängt der Schiedsrichter einen Strafstoß, den Bologna zum Ausgleichstor gegen Neapel verwandelt. Das Leben des Referees wird allein durch das Eingreifen der Polizei mit Tränengas gerettet. 152 Personen, einschl. Polizisten, werden verletzt. – ***6. 2. 1958:*** Nach dem Viertelfinalspiel im Europapokal der Landesmeister gegen Roter Stern Belgrad (3:3) verunglückt eine Maschine mit Englands Titelträger Manchester United auf dem Flughafen *München-Riem*. Unter den Toten befinden sich 8 Spieler des Teams (u. a. *T. Taylor, D. Edwards*). – ***30. 6. 1958:*** 5 Brasilianer ereilt der Tod nach dem WM-Endspielsieg ihrer Nationalmannschaft 1958 in *Stockholm* gegen Schweden (5:2). Weitere Fans werden in Brasilien während der Rundfunkübertragung von schweren Herzattacken befallen. – ***16. 7. 1960:*** 8 Spieler der B-Auswahl Dänemarks kommen ums Leben, als ihr Flugzeug bei der Landung in *Kastrup* abstürzt. – ***3. 4. 1961:*** Beim Rückflug von Osorno verunglückt das Flugzeug mit dem chilen. Erstdivisionär Green Cross Santiago an Bord im *Las-Lastimas-Gebirge*. Niemand von den Insassen überlebt. – ***21. 9. 1962:*** In *Libreville* (Gabun) sterben während des Länderspiels zwischen Gabun u. Kongo 9 Zuschauer bei einem Tribüneneinsturz; 30 Menschen werden verletzt. – ***24. 5. 1964:*** Im Nationalstadion von *Lima* führen Zuschauerausschreitungen zur bislang schlimmsten Fußballkatastrophe. Beim Olympiaqualifikationsspiel zwischen Peru u. Argentinien – die Gäste führten kurz vor dem Abpfiff mit 1:0 – erkennt Schiedsrichter *Pazos* (Uruguay) das Ausgleichstor von Peru nicht an. 2 „Fans" greifen *Pazos* an, der das Spiel abbricht. Hunderte stürmen das Feld, worauf die Polizei Schußwaffen mit Tränengas u. scharfer Munition einsetzt. Die in Panik Fliehenden werden vor dem geschlossenen Nordausgang z. T. zu Tode getreten. Mit Plünderungen von Geschäften u. PKW-Zerstörungen setzen sich die Ausschreitungen nach dem Spiel fort. Die Bilanz: 318 Tote, darunter viele Kinder, 500 Verletzte. – ***23. 6. 1968:*** Im Estadio Monumental von *River Plate Buenos Aires* tritt der Gastgeber gegen den Erzrivalen Boca Júniors an. Auf den oberen Rängen lösen randalierende „Fans" einen Brand aus. Die Panik vor verschlossenen Stadiontoren fordert 74 Tote u. über 150 Verletzte. – ***26. 9. 1969:*** Boliviens Spitzenklub The Strongest stürzt in den *Anden*, etwa 100 km vor dem Ziel, beim Rückflug von La Paz ab. Alle 19 Spieler u. Offiziellen finden den Tod. – ***31. 12. 1970:*** Der Amateurklub Air Liquide Algier (Algerien) stürzt bei einem Flug nach *Spanien* zu einem Freundschaftsspiel ab. – ***2. 1. 1971:*** Nach dem Lokalderby zwischen Celtic u. den Rangers im Ibrox Park kommt es in *Glasgow* zu schweren Zuschauerzusammenstößen. Stahlbarrieren brechen ein. Das Desaster fordert 66 Tote u. 140 Schwerverletzte. – ***17. 9. 1971:*** Nach einem Spiel der unterklassigen Mannschaften von Kayserie u. Siwas in der *Türkei* bricht eine Stadionplattform ein, die über 600 Menschen

Fußballsprüche (Auswahl)
Weisheiten
„Der Ball ist rund" [1]
„Das nächste Spiel ist immer das schwerste"
„Angriff ist die beste Verteidigung"
„Zum Ball gehen – nicht auf ihn warten" [1]
„Nach dem Spiel ist vor dem Spiel" [1]
„Zurück zum Spiel – es gibt kein besseres Vorwärts" [1]
Feststellungen
„Fußball ist die schönste Nebensache der Welt"
„Nicht alles ist Fußball, aber alles ist nichts ohne Fußball"
„Lieber einmal 0:8 verloren als achtmal 0:1"
„Fußball wird nicht nur am Boden gespielt" [1]
Humor
„Verhalten beginnen und dann langsam nachlassen"
„Hinten dicht, vorne hilft der liebe Gott"
„Ich habe noch nie gesehen, daß ein Billardspieler immer um den Billardtisch rennt. Aber ich habe schon Generationen von Fußballspielern um den Platz laufen sehen" [1]

[1] nach S. Herberger

Fußballsprüche: „Fußball ist die schönste Nebensache der Welt ..." (*hier* K.-H. Wienhold)

unter sich begräbt (40 Tote). – ***Februar 1972:*** Im argent. *Cordoba* greifen die Spieler von Sportivo Rural den Linienrichter *A. Basso* an und treten ihn tot. – ***17. 2. 1974:*** In *Kairo* bricht bei einem Lokalderby eine Tribüne ein. Dabei erleiden 49 Zuschauer den Tod. – ***31. 10. 1976:*** Beim WM-Qualifikationsspiel in Yaoundé zwischen Kamerun u. Kongo verhängt der Schiedsrichter einen Strafstoß für Kamerun u. wird danach vom Gästetorhüter attackiert. In das Stadion einfliegende Armeehubschrauber beenden den sich ausbreitenden Tumult. 2 tote kamerun. Zuschauer werden geborgen. – ***6. 12. 1976:*** Während des WM-Qualifikationsspiels zwischen Haïti u. Kuba in *Port-au-Prince* (1:1) brennen einheimische „Fans" ein Feuerwerk ab. Die Schießerei der Polizei fordert 6 Tote. – ***Juni 1977:*** Im brasilian. São Paulo registriert die Polizei 15 Tote nach Herzattacken u. durch Verkehrsunfälle, als E.C. Corinthians die Ligameisterschaft gewinnt. – ***Oktober 1977:*** Bei einem Spiel der 2. Division in *Kolumbien* begeht Linksaußen *L. Zungiga* von Santa Rosa de Cabal böse Fouls am gegnerischen Torhüter u. a. Spielern. Ein Gegenspieler rennt ihn um u. tritt ihn tot. – ***Oktober 1979:*** 17 Spieler des sowjet. Oberligaklubs Pachtakor Taschkent kommen bei einem Flugzeugabsturz innerhalb der UdSSR ums Leben. – ***11. 5. 1985:*** Während des Zweitligaspiels in *England* zwischen Bradford City u. Lincoln City bricht auf den mit 3500 Zuschauern besetzten Rängen der 77 Jahre alten Holztribüne ein Brand aus. Die Feuerkatastrophe fordert 56 Menschenleben, darunter 11 Kinder. 200 Menschen werden verletzt. – ***29. 5. 1985:*** Vor dem 30. Endspiel um den Europapokal der Landesmeister zwischen Juventus Turin u. dem FC Liverpool inszenieren fanatisierte engl. Rowdys bereits 1 Stunde vor Spielbeginn schwere Ausschreitungen im Brüsseler Heysel-Stadion, das restlos gefüllt ist. Juventusanhänger werden mit Feuerwerkskörpern beschossen u. tätlich angegriffen. Die in panischer Angst Fliehenden reißen eine Betonmauer nieder, wobei Zuschauer zerquetscht u. zertreten werden. Unter den 39 Toten befinden sich 27 Italiener, 4 Belgier, je ein Franzose u. Engländer; 6 Leichen können nicht identifiziert werden. Die weitere Bilanz sind 376 z. T. Schwerverletzte. – Nach der „Fußballkatastrophe von Brüssel" verhängten die UEFA u. die FIFA schwere Sanktionen gegen die engl. Klubs, gegen Juventus Turin u. gegen den Belgischen Fußballverband. – ***2. 6. 1985:*** 10 Menschen kommen in *Mexiko-City* ums Leben, als sich beim zweiten Endspiel um die Landesmeisterschaft zwischen America u. Universidad weitere Tausende von Zuschauern den Zugang in das mit 80000 Besuchern bereits überfüllte Stadion erzwingen wollen. Mindestens 50 Personen werden verletzt.

Fußballweltverband, svw. ↑ FIFA.

„Fußballwoche" ↑ „Die Neue Fußballwoche".

„Fußballzwerg", Bez. für einen zahlenmäßig meist kleinen u. in der Vergangenheit international ziemlich erfolglosen Fußballverband (bes. bezogen auf die Nationalmannschaft), dem bislang allenfalls ↑ Achtungserfolge gelangen. In Europa zählt man zu den F. z. B. *Luxemburg, Malta, Zypern.*

„fuwo" ↑ „Die Neue Fußballwoche".

fuwo-Punktwertung, seit der Spielserie 1962/63 von der DDR-Fachzeitschrift „Die Neue Fußballwoche" eingeführte Leistungsbenotung für Spieler in Oberligameisterschaftstreffen. Die Bewertung erfolgt durch den jeweils anwesenden redaktionellen Mitarbeiter (bis 1966/67 von 0 – ungenügend – bis 5 Punkte – sehr gut, seit 1967/68 von 0–10). Ähnliche Punktbewertungen werden auch in anderen europäischen Ländern je Spieltag durchgeführt.

G

Gabun, ein Staat in Äquatorialafrika, 267667 km², etwa 565000 Ew., 1 Fußballspieler je 54 Ew.; Verband *Fédération Gabonaise de Football* („Fußballverband Gabun"), Abk. *FGF*; gegr. 1962, Sitz *Libreville*; Mitgl. der *FIFA* seit 1963, der *CAF* seit 1967. – *Organisation:* 325 Klubs; 10500 Spieler (einschl. Nachwuchs- u. AM-Spieler); *Spieljahr:* Oktober–Juli; *Spielkleidung:* Weiß (Reserveausrüstung: gelbe Hose, blaues Hemd, grüne Stutzen); *Nationalstadion:* Compléxe Omnisports Président Bongo, Libreville, 30000 (ausschl. Sitzplätze).

Gadocha, Robert, Polen, geb. 10.1.1946 Krakow; Linksaußen; spielte 1956/66 bei Garbania Krakow, 1966 bei Wawel Krakow u. 1966/75 bei Legia Warschau, 1975/78 beim FC Nantes; 1979 bei Chicago Stings u. 1981 bei Hellions Hartford; 65 Länderspiele (19 Tore, 1967 bis 1979); WM-Endrundenteilnehmer 1974 u. 1978; gewann bei Olympia 1972 Gold. Abb.

Gaganelow, Boris, Bulgarien, geb. 7.10. 1941; Verteidiger, Stopper; er spielte 1955/75 bei ZSKA Sofia; 51 Länderspiele; internationales Debüt am 29.11.1964 gegen die UdSSR (0:0) in Sofia; Länderspielabschied am 4. 6. 1970 gegen die BRD (2:5) in Léon (WM); war WM-Endrundenteilnehmer 1966 u. 1970.

Gainza, Augustin, Spanien, geb. 28. 5. 1922; Linksaußen; spielte 1939/58 bei Athletic Bilbao; bestritt 33 Länderspiele (11 Tore); internationales Debüt am 11. 3. 1945 gegen Portugal (2:2) in Lissabon; Länderspielabschied am 17. 3. 1955 gegen Frankreich (1:2) in Madrid; WM-Endrundenteilnehmer 1950.

Gajdusek, Miroslav, ČSSR, geb. 20. 9. 1951 Gottwaldov; Linksaußen; spielte 1963/66 bei Jiskra Otrokovice, 1966/70 bei TJ Gottwaldov u. 1970/81 bei Dukla Prag sowie 1981/83 bei TJ Vitkovice; 48 Länderspiele (4 Tore); internationales Debüt am 25. 9. 1971 gegen die DDR (1:1) in Berlin; Länderspielabschied am 21.6.1980 gegen Italien (1:1) in Neapel; EM-Endrundenteilnehmer 1980; bestritt 341 Punktspiele (75 Tore). Abb.

Gala..., svw. Best..., Glanz..., z. B. *G.besetzung, -sturm, -vorstellung.*

Galakos, Ilias Michalis („Mike"), Griechenland, geb 23. 11. 1951 Athen; Mittelstürmer; spielte 1964/68 bei Ethnikos Piräus, 1969/76 bei Olympiakos Piräus, 1976/77 beim VfR Bottrop (BRD) u. 1977/78 bei Fortuna Düsseldorf (2 Bundesligaspiele), 1978/82 bei Olympiakos Piräus und 1982/84 bei Panathinaikos Athen; seit 1985 bei Apollon Athen; 30 Länderspiele (5 Tore); internationales Debüt am 6.5.1976 gegen Polen (1:0) in Athen; Länderspielabschied am 20. 1. 1982 gegen Portugal (1:2) in Athen; EM-Endrundenteilnehmer 1980.

Galić, Milan, Jugoslawien, geb. 1938 Belgrad; Stürmer; spielte 1950/69 bei Partizan Belgrad, Standard Lüttich u. Stade Reims; 51 Länderspiele (31 Tore); internationales Debüt am 31.5. 1959 gegen Bulgarien (2:0) in Belgrad; Länderspielabschied am 9. 10. 1965 gegen Frankreich (0:1) in Paris; WM-Endrundenteilnehmer 1962; EM-Endrundenteilnehmer 1960; gewann bei Olympia 1960 Gold; 281 Ligaspiele (165 Tore).

Gall, Karl, Österreich, geb. 16. 9. 1909 Wien, gest. 1941 (gefallen); linker Läufer; spielte 1920/31 bei HAC Nordstern u. 1931/38 bei Austria Wien; 11 Länderspiele; internationales Debüt am 12.4.1931 gegen die ČSR (2:1) in Wien; Länderspielabschied am 22. 3. 1936 gegen die ČSR (1:1) in Wien; Mitglied des ↑ „Wunderteams".

Gallacher, Hugh Kilpatrick („Hughie"), Schottland, geb. 18. 4. 1903 Bellshill, gest. 11. 6. 1957; Mittelstürmer; spielte für Bellshill Athletic (1920/21), Queen of the South (1921), Airdrionians (1922/25), Newcastle United (1925/30), FC Chelsea (1930/34), Derby County (1934/36), Notts County (1936), Grimsby Town (1937) u. Gateshead (1938/39); 541 Ligaspiele (387 Tore); bestritt zwischen 1924 (am 1.3. gegen Nordirland [2:0] in Glasgow) u. 1935 (am 6. 4. gegen England [2:0] in Glasgow) 22 Länderspiele (24 Tore); vierfacher Torschütze gegen Nordirland (7:3) am 23.2.1929 in Belfast; am 31.3.1928 Mittelstürmer beim sensa-

Robert **Gadocha**

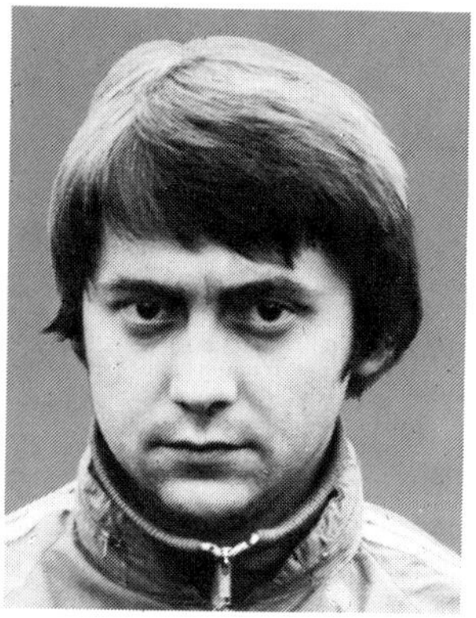

Miroslav **Gajdusek**

tionellen 5:1 gegen England im Wembley mit den damals berühmten schott. „Blauen Teufeln".

Gallego, Americo Ruben, Argentinien, geb. 25. 4. 1955 Rosario; Mittelfeldspieler; spielt seit 1976 bei Newells Old Boys Rosario; 68 Länderspiele; WM-Endrundenteilnehmer 1978 u. 1982. S. a. Argentinien (Abb.).

Galler, Bruno, Schweiz, Schiedsrichter, geb. 1946 Kirchdorf; spielte bis 1965 aktiv; 1963 Schiedsrichter; 1974 1. Liga; 1978 FIFA-Referee; leitete 1984 das erste UEFA-Pokalendspiel RSC Anderlecht–Tottenham Hotspur (1:1); WM-Endrundenschiedsrichter 1982.

Gallische Hähne, Bez. für die Spieler der französ. Nationalmannschaft (nach dem Wappentier im Verbandsemblem). S. a. Equipe trikolore.

Gambia, Republik in Westafrika, 11 295 km^2 etwa 640 000 Ew., 1 Fußballspieler je 674 Ew.; Verband *Gambia Football Association* („Fußballverband Gambia"), Abk. *GFA*; gegr. 1952, Sitz *Banjul*; Mitglied der *FIFA* seit 1966, der *CAF* seit 1962. – *Organisation:* 30 Klubs; 400 Amateurspieler, gesamt 950 (einschl. Nachwuchs- u. AM-Spieler); *Spieljahr:* Oktober–Juli; *Spielkleidung:* weiße Hose, weiß-rotes Hemd und weiße Stutzen (Reserveausrüstung: blaue Hose, blaues Hemd, weiße Stutzen); *Nationalstadion:* New Independence Stadium, Banjul, 20 000 (ausschl. Sitzplätze); weiteres Stadion: Box-Bar Stadium, Banjul, 10 000.

Game [engl.], svw. *(Fußball-)Spiel*; Laws of the Game: *Spielregeln*.

Garnitur, 1. svw. ↑ Mannschaft.
2. svw. ↑ Dreß.

Garrido, Antonio José da Silva, Portugal, Schiedsrichter, geb 1932 Vieira de Leiria; spielte 1950/63 bei Marinha Grande; 1964 Schiedsrichter; 1969 1. Division, 1972 FIFA-Referee; WM-Endrundenschiedsrichter 1982; leitete 1980 das EC I-Finale Nottingham Forest–Hamburger SV (1:0) in Madrid.

Garrincha („O Torto", „Mané"), eigtl. *Manuel Francisco dos Santos*, Brasilien, geb. 23. 3. 1933 Pau Grande (Vorort von Rio de Janeiro), gest. 20. 1. 1983 Rio de Janeiro; Rechtsaußen; Dribbelphänomen; wies ein linkes X-Bein, 6 Zentimeter kürzer als das rechte O-Bein auf (daher „Garrincha", ein brasilian. Paradiesvogel mit schaukelndem Gang); wuchs unter ärmlichen Verhältnissen auf; spielte zunächst beim EC Pau Grande (1947/53), 1953/65 bei Botafogo Rio de Janeiro u. danach bei E.C. Corinthians (bis 1968) sowie Flamengo Rio de Janeiro (1969); 57 Länderspiele (15 Tore); Länderspieldebüt am 18. 9. 1955 gegen Chile (1:1) in Rio de Janeiro; Länderspielabschied am 15. 7. 1966 gegen Ungarn (1:3) in Liverpool (WM-Endrunde); nahm an den WM-Endrunden 1958, 1962 u. 1966 teil; 1966 beendete eine Meniskusoperation seine internationale Laufbahn (gab ein Abschiedsspiel am 19. 12. 1973 im Maracaná). – G., dreimal verheiratet u. Vater von 12 Kindern, verfiel später völlig dem Alkohol. In den Slums von Rio suchte er für ein Spottgeld im Auftrag einer Wohlfahrtsorganisation nach begabten jungen Spielern.

Garrincha umspielt den walis. Verteidiger Hopkins (WM-Endrunde 1958 in Schweden)

Das große Idol des brasilian. Fußballs verstarb mit 49 Jahren als ein im Leben Gescheiterter, beigesetzt auf dem Friedhof „Jardim da Saudade" in Rio de Janeiro. Abb. S. a. Tf. 24 *(unten)*.

Gasse, freier, d. h. ungedeckter Raum inmitten der gegnerischen Abwehrreihe, in den der Ball gespielt wird *(in die G. spielen)* u. vom Angriffsspieler erlaufen wird *(in die G. laufen)*.

Gassmann, Kurt, Schweiz, Fußballfunktionär, 21. 5. 1895–24. 7. 1964; 1951/60 Generalsekretär der FIFA. – Sein Vorgänger war *I. Schricker*, sein Nachfolger *H. Käser*.

Gastspieler, Spieler, der vorübergehend von einer Spitzenmannschaft an einen anderen, schwächeren Verein „ausgeliehen" wird. Für den G. ist dies dann der *Gastverein*.

Gauchito [span.], svw. (kleiner) *Gaucho* (südamerikan. Viehhirt); war offizielles ↑ WM-Maskottchen 1978 in Argentinien. S. a. Tf. 40.

Gebälk, svw. *Querlatte* (↑ Tor [2]).

Gebhardt, Robert („Zapf"), Trainer, 20. 9. 1922–1985; linker Läufer; spielte 1936/52 beim 1. FC Nürnberg u. 1953/58 bei Bremerhaven 93 (Spielertrainer). – Danach Trainer: 1958/63 bei SV Sodingen, 1963/65 beim Wuppertaler SV, 1965/66 bei Arminia Bielefeld, 1966/68 bei SpVgg Fürth, 1968/70 bei MSV Duisburg u. 1970/71 bei Werder Bremen; später nochmals (1978/79) beim 1. FC Nürnberg.

Gebietsliga, untere Spielklasse in den österreich. Bundesländern *Steiermark* u. *Tirol*. S. a. Region.

Gedlich, Richard, geb. 17. 2. 1900, gest. 1971; Mittelstürmer; spielte 1912/30 beim Dresdner SC u. 1930/33 bei Brandenburg Dresden; 2 Länderspiele (am 18. 4. 1926 gegen die Niederlande [4:2] in Düsseldorf u. am 2. 10. 1927 gegen Dänemark [1:3] in Kopenhagen).

Geels, Ruud, Niederlande, geb. 28. 7. 1948; Stürmer; spielte 1960/66 bei DSS Haarlem u. Telstar Velsen, 1966/70 bei Feyenoord Rotterdam, 1970/71 bei Go Ahead Deventer, 1971/74 beim FC Brügge, 1974/78 bei Ajax Amsterdam, 1978/79 beim RSC Anderlecht u. 1979/81 bei Sparta Rotterdam; seit 1981 bei PSV Eindhoven; 19 Länderspiele (1974/81); WM-Endrundenteilnehmer 1974 (nicht eingesetzt); EM-Endrundenteilnehmer 1976; Fußballer des Jahres 1975, 1976 u. 1977; über 300 Ligatore.

Gefahrenzone, nicht exakt einzugrenzender Bereich vor dem eigenen Tor, der etwa den gesamten Strafraum (u. darüber hinaus) umfaßt; praktisch diejenige Zone, in der die Angreifer unmittelbar torgefährlich werden können.

„gefährliches Spiel", Spielweise, die es einem in unmittelbarer Nähe befindlichem Gegenspieler unmöglich macht, den Ball zu spielen, ohne sich selbst od. den Gegenspieler dabei zu verletzen. Unter *unmittelbarer Nähe* versteht man die Entfernung des seitlich ausgestreckten Armes. „G. S." wird mit *indirektem Freistoß* geahndet. Abb.

„gefährliches Spiel"

Gegammel, Spiel(erei) miesester Qualität (*Gammelspiel*).

Gegenspieler, Spieler der gegnerischen Mannschaft; einen *direkten G.* bezeichnet man auch als *unmittelbaren G.* S. a. Mitspieler.

Gegenstoß, aus der Abwehr od. aus der Bedrängnis heraus geführter (Gegen-) Angriff; blitzschnell vorgetragen, kann er zu einem *Überzahlangriff* werden, da die gegnerischen Abwehrspieler aufgerückt sind, d. h. deren Abwehr entblößt ist.

Gegentor, ein Treffer der gegnerischen Mannschaft; dazu zählt auch das ↑ Eigentor.

Gegenzug, svw. ↑ Gegenstoß.

Geheimtip ↑ Favorit.

Geiger, Rolf, geb. 16. 10. 1934 Marbach; Halbstürmer; spielte 1945/53 beim FC Marbach; 1953/55 bei FV Kornwestheim, 1955/57 bei Stuttgarter Kickers, 1957/62 beim VfB Stuttgart, 1962/63 beim AC Mantua (Italien) u. 1963/66 wiederum beim VfB Stuttgart; 8 Länderspiele (2 Tore); internationales Debüt

Claudio **Gentile**

am 23. 12. 1956 gegen Belgien (4:1) in Köln; Länderspielabschied am 7. 6. 1964 gegen Finnland (4:1) in Helsinki.

Geisler, Manfred („Männe"), geb. 3. 3. 1941 Brauß (Strehlen); Linksverteidiger, Läufer od. Libero; spielte 1949/83 bei Chemie, SC Rotation, SC u. 1. FC Lok Leipzig sowie bei Turbine Markranstädt; 15 Länderspiele (1 Tor) zwischen 1965 (am 3. 1. gegen Uruguay 2:0 in Montevideo) u. 1967 (am 13. 9. gegen die Niederlande 0:1 in Amsterdam); Bronzemedaillengewinner 1964 in Tokio; 318 Oberligaspiele (46 Tore).

Geläuf, svw. *Spielfläche*; z. B. „das glatte G. stellte hohe Anforderungen an die Aktiven".

„Gelb", Kurzbez. für *gelbe Karte* (↑ Verwarnung), z. B. „die Gastmannschaft sah dreimal G.".

gelbe Karte ↑ Verwarnung.

Gellesch, Rudolf, geb. 1. 5. 1914; Halbstürmer, Außenläufer; spielte 1926/46 beim FC Schalke 04 u. 1946/50 bei TuS Lübbecke (Westfalen); WM-Endrundenteilnehmer 1938; Olympiateilnehmer 1936 (nicht eingesetzt); Länderspieldebüt am 18. 8. 1935 gegen Luxemburg (1:0) in Luxemburg; Länderspielabschied am 5. 10. 1941 gegen Finnland (6:0) in Helsinki; spielte repräsentativ für Westfalen u. Berlin. – Später Trainer bei Hessen Kassel, Eintracht Trier u. Verbandstrainer von Hessen.

Gelsenkirchen, FC Schalke 04 ↑ Schalke 04, FC.

Gemeindesportplatz, Nationalstadion von ↑ Liechtenstein.

Gemeinschaft ↑ Fußballklub (1).

Genf, FC Servette (Emblem ↑ Tf. 5), Schweiz, Nationalliga A, gegr. 20. 3. 1890; ständiges Mitglied der Nationalliga seit ihrer Gründung 1933; 15mal *Landesmeister* (zwischen 1907 u. 1985); 6mal *Pokalsieger* (zwischen 1928 u. 1984); *Alpenpokalgewinner* 1973, 1975, 1976 sowie 1978. 19 *EC-Teilnahmen:* 63 Spiele; 24 Siege; 12 Unentschieden u. 27 Niederlagen, 60:66 Punkte, 95:100 Tore. – *Spielkleidung:* rote Hose, rotes Hemd, blau-rote Stutzen. *Heimstadion:* Stade des Charmilles, 35 000 Plätze (31 300 Steh-, 3 700 Sitzplätze).

Spieler (Auswahl): G. Aeby – L. Amado – Andrey – U. Barberis – J. Barlie – Bizzini – Brigger – E. Burgener – Chivers – Decastel – M. Desbiolles – B. Dörfel – O. Eggimann – Elia – Engel – J. Fatton – R. Favre – Geiger – Genghini – Guyot – W. Heuri – Kielholz – Lörtscher – R. Maffiolo – Magnusson – P. Pazmandy – Pfister – K. Rappan – Renquin – J.-C. Schindelholz – Schnyder – F. Séchehaye – J. Sundermann – Tamini – Trinchero – R. Vonlanthen – E. Walacek. – **Trainer** (Auswahl): B. Guttmann – L. Leduc – G. Mathez – P. Pazmandy – J. Snella – R. Vonlanthen – H. Weisweiler.

Gentile, Claudio, Italien, geb. 27. 9. 1953 Tripolis; Verteidiger; spielte 1970/71 u. 1972/73 bei Varese, 1971/72 bei Arona u. 1973/84 bei Juventus Turin; seitdem beim AC Florenz; 71 Länderspiele (1 Tor); internationales Debüt am 19. 4. 1975 gegen Polen (0:0) in Rom; Länderspielabschied am 26. 5. 1984 gegen Kanada (2:0) in Toronto; WM-Endrundenteilnehmer 1978 u. 1982; EM-Endrundenteilnehmer 1980; 312 Punktspiele (9 Tore). Abb.

Gento, Lopez Francisco („Paco"), Spanien, geb. 22. 10. 1933 Guarniza; Linksaußen; spielte bei Nueva Montana, Astillero, Rayo Cantabria, Real Santander u. Real Madrid (1953/71); absolvierte für Real über 800 Spiele (256 Tore); 43 Länderspiele (6 Tore); internationales Debüt am 18. 5. 1955 gegen England (1:1) in Madrid; Länderspielabschied am 15. 10. 1969 gegen Finnland (6:0) in La Linea de la Concepción; WM-Endrundenteilnehmer 1962 u. 1966; spielte 11 Jahre gemeinsam mit *di Stéfano* u. wurde nach dessen Rücktritt 1964 Spielführer bei Real; 1963 in der FIFA-Auswahl (gegen England) eingesetzt (1:2). – Später war er Nachwuchstrainer bei den „Königlichen". S. a. Madrid, Real (Abb.).

Gentofte ↑ Kopenhagen, B 1903.

Genua, UC Sampdoria („Samp"), Italien, Verein der 1. Liga *(Serie A)*; gegr. 1. 8. 1946 als Fusion von „Andrea Doria" (gegr. 1895) u. „Sampierdarenese" (gegr. 1899, ab 1913 mit dem neuen Namen „Liguria"); *Pokalsieger* 1985. 2 *EC-Teilnahmen:* 8 Spiele; 5 Siege, 1 Unentschieden, 2 Niederlagen, 11:5 Punkte, 7:9 Tore. – *Spielkleidung:* weiße Hose, azurblaues Hemd mit weiß-roten Querstreifen, blaue Stutzen. *Heimstadion:* Stadio „Luigi Ferraris", 55 800 Plätze. Abb.

Spieler (Auswahl): P. Barison – M. Bergamaschi – G. Bernasconi – I. Bordon – H.-P. Briegel – S. Brighenti II – L. Burlando – M. Cacciatori – T. Cerezo – E. Firmani – T. Francis – G. Lodetti – G. Mari – B. Mora – F. Morini – G. Moro – B. Sarti – G. Souness – L. Suarez – B. Venturini – P. Vierchowod. – **Trainer** (Auswahl): E. Bersellini – G. Canali – H. Herrera – G. Vincenzi.

Genua 1893, FC, Italien, Verein der 1. Liga *(Serie A)*; gegr. 3. 9. 1893 als „Cricket and Athletic Club", 1899 in „Genua Football Club" umbenannt, seit 1929 „Genua 93". Engl. Seefahrer u. Kaufleute brachten den Fußball Ende des 19. Jh. in die nordwestitalien. Hafenstadt. Von 1898 – Genua gewann die erste Landesmeisterschaft überhaupt – bis 1924 sorgten die engl. Spieler *Spensley, Leaver, Dapples, Baird, Arkless, Henman, Fawcus, Leale, Walsingham* u. a. für 9 Titelgewinne. 1937 *Pokalsieger. – Spielkleidung:* blaue Hose, rotblaues Hemd, blaue Stutzen mit roten Streifen. *Heimstadion:* Stadio „Luigi Ferraris", 55 800 Plätze.

Spieler (Auswahl): J. C. Abbadie – B. Arcari (IV) – M. Bacigalupo – E. Benchero – O. Barbicri – P. Barison – F. Becattini – D. Bellini – F. Berardo – A. Bergamo – Bertolio – S. Bertoni (I) – Bocciardo – G. Brezzi – L. Buffon – L. Burlando – R. Carapellese – Cartier – C. Casanova – E. Catto – M. Corso – De Galleani – G. De Prá – R. de Vecchi – Eloi – Foffani – M. Genta – C. Ghigliano – Goetzlof – Le Pelley – Magni – S. Marchi – E. Mariani – D. Mendoza – Montaldi – G. Neri – Passodoro – Pasteur I u. II – Pellerani – M. Perazzolo – J. Peters – Polla – R. Pruzzo – Salvade – A. E. Santamaria – E. Sardi – Schoeller – Senft. – **Trainer** (Auswahl): T. Burgnich – A. Silvestri – L. Simoni.

Georges, Jacques, Frankreich, Fußballfunktionär, geb. 1918; führte nach dem Tode von *A. Franchi* als Präsident des Französischen Fußballverbandes die UEFA zwischen dem 12. 8. 1983 u. 3. 7. 1984 interimistisch; auf dem 17. UEFA-Kongreß in Paris anläßlich der EM-Endrunde als einziger nominierter Kandidat zum (4.) *UEFA-Präsidenten* gewählt. Abb.

Georgescu, Dudu, Rumänien, geb. 1. 11. 1950 Bukarest; Stürmer; spielte 1962/71 bei Progresul Bukarest, 1971/73 beim FCM Resita, 1973/84 bei Dinamo Bukarest u. seit 1984 bei Gloria Bucau; 45 Länderspiele (1973/82); europäischer Torschützenkönig 1975 (33 Tore/34 Spiele) u. 1977 (47/34); über 250 Punktspieltore.

Georgi-Dimitroff-Stadion, 1. Erfurt; Heimstätte des Oberligaklubs FC Rot-Weiß u. des SC Turbine (Leichtathletik). – 1925 erging ein Beschluß der Erfurter Stadtverordnetenversammlung zum Bau eines 35 000-Mannstadions; 1927 Beginn der Erdarbeiten, am 17. 5. 1931 Eröffnung mit einem Spiel der Repräsentativmannschaften von Mitteldeutschland u. Brandenburg (3:0). – 1952 Namensumbenennung in G., 1969 Installation der elektronischen Anzeigentafel, 1970 der Flutlichtanlage (1 000 Lux); Fassungsvermögen: 28 100 Plätze (23 500 Steh-, 4 600 Sitzplätze).

2. ↑ Zwickau, BSG Sachsenring.

Georg-Melches-Stadion ↑ Essen, Rot-Weiß.

Georg-Schwarz-Sportpark ↑ Leipzig, BSG Chemie.

Geplänkel, destruktives Hin- u. Hergeschiebe des Balles ohne jedes kämpferische Engagement u. ohne Zielstrebigkeit; meist im Mittelfeld demonstriert *(Mittelfeld-G.)*.

Gera, BSG Wismut, DDR, Liga, gegr. 7. 10. 1951; als Zusammenschluß von *Gera-Süd* u. *RFT* entstand die *BSG Mechanik*, später *BSG Motor*, die 1951 den Namen *Wismut* annahm; spielte Oberliga 1949/50 unter Gera-Süd, 1950/52 unter *Motor* sowie 1966/67 u. 1977/78 unter *BSG Wismut. – Spielkleidung:* schwarze Hose, orange Hemd, orange Stutzen. *Heimstadion:* Stadion der Freundschaft, 35 000 Plätze (31 200 Steh-, 3 800 Sitzplätze). Abb.

Spieler (Auswahl): G. Buschner – D. Fischer – H. Freitag – H. Frey – H.-J. Giersch – K. Golde – H. Hergert – G. Hoppe – H. Irmscher – M. Kaiser I – M. Kaiser II – F. Klotz – U. Korn – R. Kraft – K. Langethal – K.-H. Marx – B. Müller – S. Offrem – H. Petzold – F. Schattauer – O. Skrowny – M. Strempel – G. Struppert – H. Sturm –

Sampdoria Genua

Jacques **Georges**

Wismut Gera

Ghana	
olympisches Fußballturnier	
1964	Endrunde
1968	Endrunde
1972	Endrunde
Afrikameisterschaft	
1963	1. Platz
1965	1. Platz
1968	2. Platz
1970	2. Platz
1978	1. Platz
1982	1. Platz
Afrikapokal der Landesmeister	
1970	Ashanti Kotoko Kumasi
1983	Ashanti Kotoko Kumasi

M. Wollenschläger – F. Zergiebel – H. Zubek. – **Trainer** (Auswahl): O. Büchner – E. Dietel – H. Ernst – W. Glöde – M. Kaiser – C. Kreul – H. Melzer – D. Pohl – W. Seifert – H. Speth – G. Struppert.

Gerets, Erik, Belgien, geb. 18. 5. 1954 Rekem; Verteidiger; spielte 1971/72 bei Rekem, 1972/83 bei Standard Lüttich, 1983/84 beim AC Mailand u. 1985 beim SK Beveren-Waas; seit 1986 beim PSV Eindhoven; 62 Länderspiele; internationales Debüt am 27. 9. 1975 gegen die DDR (1:2) in Brüssel; WM-Endrundenteilnehmer 1982 u. 1986; EM-Endrundenteilnehmer 1980; Fußballer des Jahres 1982. – Im Frühjahr 1984 in einen Bestechungsskandal verwickelt u. bis zum 30. 6. 1985 gesperrt. Abb.

Germania [latein., von „Germanien", dem Gebiet zwischen Rhein, Donau u. Wisła zur Römerzeit], Vereinsbez. aus den Anfängen des deutschen Fußballs, z. B. G. Berlin 88 (einer der ältesten deutschen Fußballvereine, gegr. 1888).

Germano, de Figueiredo, Portugal, geb. 18. 1. 1933; Stopper; spielte 1947/60 bei Atlético Lissabon u. 1960/70 bei Benfica Lissabon; 24 Länderspiele (1960/66); WM-Endrundenteilnehmer 1960.

Gerson, eigtl. *Nunes de Oliveira,* Brasilien, geb. 11. 1. 1941 Niterói (Bundesstaat Rio de Janeiro); Mittelfeldspieler; spielte 1955/63 bei Flamengo Rio de Janeiro, 1964/69 bei Botafogo Rio de Janeiro, 1970 beim FC São Paulo u. bei Botafogo, 1971 wiederum beim FC São Paulo u. abschließend (1972/75) zum wiederholten Mal bei Botafogo; 78 Länderspiele; internationales Debüt am 7. 5. 1961 gegen Chile (2:1) in Santiago de Chile; Länderspielabschied am 9. 7. 1972 gegen Portugal (1:0) in Rio de Janeiro; war WM-Endrundenteilnehmer 1966 u. 1970. S. a. Brasilien (Abb.).

gestandener Spieler, erfahrener Spieler meist reiferen Alters.

gestrecktes Bein, „gefährliches Spiel" (durchgedrücktes Knie, steifes Bein) beim Angriff auf den Gegner; wird mit *indirektem Freistoß* geahndet.

Ghana, Staat in Westafrika, 238 537 km², etwa 12,5 Mill. Ew., 1 Fußballspieler je 1 042 Ew.; Verband *Ghana Football Association* („Ghanaischer Fußballverband"), Abk. *GCOS,* gegr. 1957, Sitz *Accra;* Mitgl. *FIFA* seit 1958, der *CAF* seit 1958. – *Organisation:* 350 Klubs; 7 000 Amateurspieler, gesamt 12 000 (einschl. Nachwuchs- u. AM-Spieler); *Spieljahr:* Januar–November; *Spielkleidung:* Weiß; *Nationalstadion:* Accra Sports Stadium, 34 000 (12 000 Sitz-, 22 000 Stehplätze); *Stadien* (Auswahl): Sports Stadium, Kumasi, 55 000; Sports Stadium, Sekondi, 15 000; Sunyani Sports Stadium, 10 000; Sports Stadium, Cape Coast, 10 000; Sports Stadium, Tema, 10 000; Sports Stadium, Koforidua, 10 000. Tab.

Erik **Gerets** sieht „Gelb"

Ghiggia, Alcide Edguardo, Uruguay/Italien, geb. 22. 12. 1926 Montevideo; Rechtsaußen; spielte für Peñarol Montevideo u. AS Rom; wurde mit Uruguay Weltmeister 1950 (1 Endspieltor); 8 Länderspiele (1957/59); 1 Tor für Italien als ↑ „Oriundi". S. a. Tf. 20 *(unten).*

Giants Stadium ↑ New York, Cosmos.

Gießner, Peter, geb. 12. 9. 1941 Leipzig; Libero; spielte 1949/56 bei Chemie Leipzig, 1956/63 beim SC Lok Leipzig, 1963/66 beim SC Leipzig u. 1966/75 beim 1. FC Lok Leipzig; 313 Oberligaspiele (16 Tore). – Seit 1975 Vorsitzender des 1. FC Lok Leipzig. Abb.

Gilmar, eigtl. *Neves dos Santos*, Brasilien, geb. 22. 8. 1930; Torhüter („Strafstoßtöter"); Nachfolger von *Barbosa* u. *Castilho* in der Nationalmannschaft; spielte bei F.C. Corinthians u. FC Santos; 95 Länderspiele; Länderspieldebüt am 1. 3. 1953 gegen Bolivien (8:1) in Lima; Länderspielabschied am 12. 6. 1969 gegen England (2:1) in Rio de Janeiro; WM-Endrundenteilnehmer 1958, 1962 u. 1966. – Später Trainer u. Funktionär beim FC Santos. S. a. Tf. 24 *(unten)*.

Gipedo Alkasar ↑ Larissa, FC.

Gipedo Rizopolis ↑ Athen, Apollon.

Giresse, Alain („Giggi"), Frankreich, geb. 2. 9. 1952 Langoiran; Mittelfeldspieler; spielte 1962/86 bei Girondins Bordeaux; seitdem bei Olympique Marseille; 47 Länderspiele (6 Tore); internationales Debüt am 7. 9. 1974 gegen Polen (2:0) in Wrocław; WM-Endrundenteilnehmer 1982 u. 1986; EM-Endrundenteilnehmer 1984; über 530 Ligapunktspiele. Abb.

„Giuseppe Meazza" ↑ Stadio „Giuseppe Meazza".

Gladsaxe Idraetspark ↑ Kopenhagen, AB.

Glaser, Josef („Sepp"), Prof. Dr., 11. 5. 1887–12. 8. 1969; Mittelläufer; spielte 1897/1921 beim Freiburger FC; 5 Länderspiele (1909/12), 4mal Spielführer; Olympiateilnehmer 1912; spielte repräsentativ für Süddeutschland. – Nach 1945 in der BRD Vorsitzender des Südbadischen FV, Funktionär im DFB u. SFV (Süddeutscher Fußballverband) sowie DFB-Ehrenmitglied.

Gläser, Gerhard, Trainer, geb. 26. 12. 1911 Magdeburg; war Torhüter; spielte 1922/33 beim SC Komet Magdeburg, 1933/45 bei Cricket Viktoria Magdeburg, 1946/49 bei SG Magdeburg-Lemsdorf u. 1950/53 bei Grün-Rot u. Einheit Magdeburg; 75 Städteauswahlspiele. – 1953/54 Trainer bei Turbine Halle, 1955 beim SC Chemie Halle-Leuna, 1955/59 bei Lok Stendal, 1960/61 beim SC Chemie Halle (Nachwuchs), 1961 beim SC Fortschritt Weißenfels, 1962/65 DFV-Trainer, 1965/69 beim FC Hansa Rostock u. 1969/74 bei Chemie Wolfen.

Glasgow, FC Celtic, Schottland, Verein der Premier Division (Emblem ↑ Tf. 5); gegr. 1888 von ir.-roman. Katholiken im östlichen Glasgow (Initiator: der Mönch *Walfrid*). Die Spielerlöse kamen der öffentlichen Wohlfahrt, den katholischen Armen u. Arbeitslosen zugute. Der Verein ist vom Katholizismus geprägt; bis 1977 wurde die Fahne des Freistaates Irland im Stadion gehißt. Celtic ist Mitbegründer der FA u. der Liga; seit 1891 in der höchsten Spielklasse; 34mal *Landesmeister* (zwischen 1893 u. 1986), 27mal *Cupsieger* (zwischen 1892 u. 1985) sowie 9mal *Ligacupgewinner* (zwischen 1957 u. 1983); *EC I-Gewinner* 1967 (in dem Jahr gewann Celtic Meisterschaft, Cup u. Europapokal). 23 *EC-Teilnahmen:* 116 Spiele; 61 Siege, 22 Unentschieden, 33 Niederlagen, 144:88 Punkte, 218:111 Tore. – *Spielkleidung:* weiße Hose, grün-weiß quergestreiftes Hemd, grün-weiße Stutzen. *Heimstadion:* Celtic Park (Fernhill), 67 500 Plätze (davon 9 000 Sitzplätze).

Spieler (Auswahl): R. Aitken – R. Auld – A. Bennett – J. Blessington – J. Brogan – T. Burns – J. Campbell – J. Cassidy – P. Chalmers – J. Clark – R. Y. Collins – P. T. Crerand – K. Dalglish – J. Delaney – D. Doyle – R. Evans – W. Fernie – T. Gemmill – D. Hay – J. Hay – J. Hughes – J. Johnstone – J. Kennedy – R. Lennox – E. G. McCreadie – M. McGhee – W. McGonagle –

Alain **Giresse**

Peter **Gießner**

Alois **Glaubitz**

D. McGrain – J. McGrory – D. McKay – A. McLean – D. McLeod – A. McMahon – J. McMenemy – A. McNair – W. McNeill – J. McPhail – P. McStay – W. McStay – L. Macari – W. Miller – R. Murdoch – C. E. Napier – C. Nicholas – D. Provan – J. Quinn – R. Simpson – J. Thomson – P. Wilson. – **Manager** (Auswahl): B. Maley – J. McGrory – B. McNeill – J. McStay – J. Stein.

Glasgow Rangers, FC („The Blues", „Die Blauen"), Schottland, Verein der Premier Division (Emblem ↑ Tf. 6); gegr. 1873 durch die 3 protestantischen Familien *Campbell, McNeill* u. *Vallance*; viertältester schott. Klub; 1890 Gründungsmitglied der Liga; führte 1893 den Profifußball ein. Die *Rangers* verpflichteten ausschl. Protestanten od. Nichtkatholiken; letzter Katholik war der um 1911 aktive *Willie Kivlichan* (1986 erstmals wieder einer: *John Spencer*); 37mal *Landesmeister* (zwischen 1891 u. 1978), 24mal *Cupsieger* (zwischen 1894 u. 1981) sowie 13mal *Ligacupgewinner* (zwischen 1947 u. 1985); *EC II-Gewinner* 1972. 25 *EC-Teilnahmen:* 125 Spiele; 60 Siege, 21 Unentschieden, 44 Niederlagen, 141:109 Punkte, 211:171 Tore. – *Spielkleidung:* weiße Hose, königsblaues Hemd, schwarze Stutzen. *Heimstadion:* 1875 Fleshers' Haugh in Glasgow Green (gemeinsam mit Great Eastern FC), dann Burnbank, bis 26. 2. 1887 Kinning Park; seit 20. 8. 1887 *Ibrox Park*, 44 000 Plätze (davon 19 000 Sitzplätze).

Spieler (Auswahl): A. Archibald – S. Baird – J. C. Baxter – J. Bett – R. Brand – G. C. P. Brown – J. Buchanan – T. Butcher – E. Caldow – J. Campbell – D. Cooper – S. Cox – T. Craig – A. N. Cunningham – A. Dawson – J. Dawson – J. Drummond – J. Forrest – T. Forsyth – N. Gibson – G. Gillispie – J. E. Gordon – D. Gray – J. Greig – R. C. Hamilton – W. Henderson – C. Jackson – A. Jardine – D. Johnston – W. Johnstone – S. Kennedy – P. McCloy – I. M. McColl – R. McKinnon – I. L. McMillan – R. McPhail – D. Mitchell – T. A. Muirhead – D. Parlane – D. Provan – T. Prytz – J. T. Robertson – A. S. Scott – J. Shaw – R. Shearer – J. Simpson – A. Smith – N. Smith – C. Stein – W. Thornton – T. Vallance – W. Waddell – D. Wilson – W. A. Woodburn – G. L. Young. – **Manager** (Auswahl): J. Greig – G. Souness – W. Struth – J. S. Symon – J. Wallace – W. Wilton.

Glaubitz, Alois („All"), geb. 6. 5. 1934 Zwickau; Verteidiger, Libero; spielte 1944/54 bei Motor Dorfhain u. 1954/73 bei (Motor) Sachsenring Zwickau (am 23. 5. 1956 Debüt in der Oberliga gegen den SC Lok Leipzig [1:3]); absolvierte bis zum 9. 6. 1973 428 Oberligaspiele. Dieser Rekord wurde von *E. Vogel* am 12. 9. 1981 überboten. Abb. S. a. Ducke, P. (Abb.).

Glechner, Walter, Österreich, geb. 12. 2. 1939; spielte u. a. bei Rapid Wien; Abwehrspieler; 43 Länderspiele (1961 bis 1969).

gleiche Höhe, strafbare Abseitsstellung, wobei sich der vorderste Angriffsspieler der Mannschaft *A* u. der letzte (Feld-) Abwehrspieler der Mannschaft *B* im Augenblick der Ballabgabe (durch einen Spieler von *A*) auf gleicher rechtwinkliger Fluchtlinie zur Seitenlinie befinden. S. a. Abseits.

Gleichstand ↑ Ausgleich.

Gleittackling, svw. ↑ Sliding tackling.

Glöckner, Rudi, Schiedsrichter, geb. 20. 3. 1929 Markranstädt; 1953 Referee;

Schiedsrichter Rudi **Glöckner** *(Mitte)* sowie die beiden Spielführer G. Facchetti *(links)* u. Carlos Alberto *(rechts)* vor dem WM-Finale 1970

1959/77 Oberligaschiedsrichter, seit 1961 internationaler u. FIFA-Schiedsrichter; leitete 24 A-Länderspiele, 47 EC-Spiele (davon 5 Finalspiele), 1 Weltpokal- u. 1 Supercupspiel; 1 100 Spiele insgesamt, davon 107 international;

WM-Endrundenschiedsrichter 1970 in Mexiko (leitete das Endspiel Brasilien–Italien [4:1]) u. 1974 in der BRD; EM-Endrundenschiedsrichter 1972 in Brüssel. – Seit 1978 Mitglied der Schiedsrichterkommission der UEFA u. seit 1986 Vorsitzender der Schiedsrichterkommission des DFV der DDR. Abb.

Gloria, Otto, Brasilien, war Trainer, 1910–1986; spielte 1932/44 bei Vasco da Gama u. Botafogo Rio de Janeiro; seit 1942 Trainer; u. a. 1942 bei Botafogo, 1944/53 u. 1969/71 bei America Rio de Janeiro, 1954/59 bei Benfica u. Sporting Lissabon, Olympique Marseille, 1963/66 u. 1982/83 der Nationalmannschaft Portugals (1966 WM-Endrunde), 1967/68 bei Portuguesa São Paulo u. Atlético Madrid, 1968 beim FC Porto, 1971 bei Internacional Pôrto Alegre u. 1979/80 in Nigeria.

Gmoch, Jacek, Polen, Trainer, geb. 13. 1. 1939 Pruszkow (bei Warschau); Verteidiger; spielte 1953/60 bei Znicz Pruszkow u. 1960/68 bei Legia Warschau (bis zu einer schweren Verletzung); 29 Länderspiele; internationales Debüt am 11. 10. 1962 gegen Marokko (1:1) in Warschau; Länderspielabschied am 20. 6. 1968 gegen Brasilien (3:6) in Warschau. – 1970/74 Trainerassistent bei Auswahlchef *Kazimierz Gorski*, dem G. die *Informationsbank* (Details über Mannschaften u. Spieler) erarbeitete; 1974/76 Studienaufenthalt in den USA u. in England; 1976/80 Nationalmannschaftstrainer.

Goal [engl.], svw. ↑ Tor (1,2).

Goalgetter [engl.], svw. ↑ Torjäger.

Goalkeeper [engl.], svw. ↑ Torhüter.

Gödicke, Fritz, geb. 21. 10. 1919 Zeitz; Verteidiger; spielte 1931/33 bei Freie Turnerschaft Zeitz (organisiert im Arbeiter-Turn- u. Sportbund), 1933/38 bei Sportvereinigung Zeitz, 1938/45 bei SV Tura 99 Leipzig u. 1945/51 bei SG Leipzig-Leutzsch, ZSG Industrie u. Chemie Leipzig; 21 Oberligaspiele (1 Tor). – *Trainerstationen:* 1953/55 DFV-Nachwuchstrainer (Junioren), 1955/58 SC Wismut Karl-Marx-Stadt, 1958/61 DFV-Verbandstrainer (1958/59 A-Auswahl, 1959/61 Cheftrainer), 1961/65 SV Dynamo (1962/65 SC Dynamo Berlin [Oberliga]), 1965/71 TSC u. 1. FC Union Berlin. – 1950/52 Spartenleiter (heute: *Generalsekretär*) im Fachausschuß Fußball, 1951 Sportsekretär des Deutschen Sportausschusses u. NOK-Vizepräsident sowie Mitglied des Nationalrates der DDR, 1952/53 Präsident der Sektion Fußball der DDR, 1970/85 Wissenschaftlicher Mitarbeiter im Staatssekretariat für Körperkultur u. Sport. Abb.

Goldbrunner, Ludwig („Lutte"), 5. 3. 1908–26. 9. 1981; Mittelläufer; spielte von 1922/27 bei Sportfreunde München u. 1927/44 beim FC Bayern München; 39 Länderspiele (1933/40); WM-Endrundenteilnehmer 1938; Olympiateilnehmer 1936; Länderspieldebüt am 19. 11. 1933 gegen die Schweiz (2:0) in Zürich; Länderspielabschied am 20. 10. 1940 gegen Bulgarien (7:3) in München; spielte 1937 in der Westeuropaauswahl (gegen Zentraleuropa 1:3 in Amsterdam) u. repräsentativ für München, Bayern u. Süddeutschland.

Goldene Göttin ↑ Weltpokal (2).

Goldener Fußballschuh ↑ Torschützenkönig.

goldenes Tor, einziges, spielentscheidendes Tor.

Golfturnier, svw. ↑ Arabisches Golfturnier.

Gomes, eigtl. *Fernando Mendes Soares,* Portugal, geb. 21. 11. 1956 Porto; Stürmer; 1970/80 beim FC Porto, 1980/82 bei Sporting Gijon (Spanien) u. seit 1982 wiederum beim FC Porto; 56 Länderspiele (23 Tore); WM-Endrundenteilnehmer 1986; EM-Endrundenteilnehmer 1984; europäischer Torschützenkönig 1983 (36 Treffer) u. 1985 (39); bester Ligatorschütze 1977 (26 Treffer), 1978 (24), 1979 (27), 1985 (39); erzielte über 450 Punktspieltore für Porto.

Goodison Park ↑ Everton, FC.

Gorgon, Jerzy, Polen, geb. 18. 7. 1947 Zabrze-Mikulczyce; Libero; spielte 1966/67 bei MGKS Mikulczyce, 1967/80 bei Gornik Zabrze u. 1980/83 bei FC St. Gallen; 60 Länderspiele (6 Tore); internationales Debüt am 14. 10. 1970 gegen Albanien (3:0) in Chorzow; Länderspielabschied am 26. 4. 1978 gegen Bulgarien (1:0) in Warschau; WM-Endrundenteilnehmer 1974 sowie 1978; gewann bei

Fritz **Gödicke**

Jerzy **Gorgon**

Olympia Gold 1972 und Silber 1976. – Später Trainer. Abb.

Göröcs, Janos, Ungarn, geb. 15. 4. 1939 Budapest; Halbstürmer; spielte 1957/68 bei Dózsa Ujpest u. 1969/72 bei Bányász Tatabánya; 62 Länderspiele (19 Tore); internationales Debüt am 14. 9. 1958 gegen Polen (3:1) in Chorzow; Länderspielabschied am 27. 9. 1970 gegen Österreich (1:1) in Budapest; WM-Endrundenteilnehmer 1962. – Trainer; u. a. in Kuweit u. seit 1985 bei Dózsa Ujpest.

Gorski, Kazimierz, Polen, Trainer, geb. 2. 3. 1921 Lwow; Mittelstürmer; spielte 1935/39 bei RKS u. Spartak Lwow sowie 1945/52 bei Legia Warschau; ein Länderspiel (am 26. 6. 1948 gegen Dänemark [0:8] in Kopenhagen). – Später Trainer; u. a. der Junioren- u. Nachwuchsauswahl, vom 5. 5. 1971 (gegen die Schweiz [4:2] in Lausanne) bis 1976 Nationalmannschaftstrainer; WM-Dritter 1974; gewann bei Olympia 1972 Gold u. 1976 Silber; seit 1976 Klubtrainer, u. a. bei Panathinaikos Athen, Ethnikos Piräus, AEK Athen. Abb.

IFK Göteborg

Kazimierz **Gorski** *(rechts)* u. B. Blaut

Gösmann, Hermann, Fußballfunktionär, geb. 9. 1. 1904, gest. 1979; 1962/75 DFB-Präsident; 1964/74 Mitglied des FIFA-Exekutivkomitees.

Gostwriter [engl.], svw. ↑ Gastspieler; speziell für die europäischen Spieler in der US-amerik. Soccer-Liga gebrauchte Bezeichnung.

Göteborg, IFK (die „Engel"), Schweden, 1. Division, gegr. 4. 10. 1904; *EC III-Gewinner* 1982; 12mal *Landesmeister* (zwischen 1903 u. 1984); 3mal *Pokalsieger:* 1979, 1982 u. 1983. 11 *EC-Teilnahmen:* 52 Spiele; 24 Siege, 10 Unentschieden, 18 Niederlagen, 58:46 Punkte, 99:82 Tore. – *Spielkleidung:* blaue Hose, blau-weiß längsgestreiftes Hemd, weiße Stutzen. *Heimstadion:* Ullevi, 52 000 Plätze. Abb.

Spieler (Auswahl): H. Almen – R. Almqvist – E. Andersson – Er. Andersson – H. Andersson – W. Andersson – S. A. Axbom – A. Bengtsson – F. Berg – B. Berndtsson – E. Börjesson – R. Börjesson – Y. Brodd – D. Corneliusson – R. Emanuelsson – S. Fredriksson – G. Gren – Ä. Hansson – H. Hansson – E. Hjelm – Tom. Holmgren – Tor. Holmgren – G. Hysen – J. Johansson – H. Karlsson – J. Karlsson-Nottorp – G. Löfgren – V. Lund – G. Nicklasson – T. Nilsson – O. Nordin – B. Nordqvist – A. Nyberg – O. Ohlsson – A. Rydberg – G. Rydberg – H. Samuelsson – M. Sandberg – C. Schylander – G. Strömberg – H. Svensson – K. Törnqvist – T. Wernersson. – **Trainer** (Auswahl): G. Bentsson – S.-G. Eriksson – J. „Bebben" Johansson – O. Kindvall.

Göteborg, Örgryte IS, Schweden, 1. Division, gegr. 4.12.1887; 14mal *Landesmeister* (zwischen 1896 u. 1985; gewann von 1896 bis 1899 die ersten vier Titel hintereinander). Zwei *EC-Teilnahmen:* 6 Spiele; 1 Sieg, 3 Unentschieden, 2 Niederlagen, 5:7 Punkte, 7:14 Tore. – *Spielkleidung:* blaue Hose, rotes Hemd, blau-rote Stutzen. *Heimstadion:* Ullevi, 52 000 Plätze.

Spieler (Auswahl): A. Andersson – S. Andersson – J. Appelgren – O. Bengtsson – E. Bergström – H. Berndtsson – A. Billing – E., R. u. S. Börjesson – V. Carlund – O. Grahn – G. Gren – E. Hansson – H. Helgesson – C.-E. Holmberg – I. Klingström – T. Larsson – J. Levin – E. Lundkvist – H. Myhrberg – S. Ohlsson – Ö. Persson – S. Rydell – A. Simonsson – K. Svanström – L. Wing – R. Zander. – **Trainer** (Auswahl): A. Simonsson.

Government Stadium, Nationalstadion von ↑ Hongkong.

Grabowski, Jürgen, geb. 7. 7. 1944 Biebrich; Rechtsaußen u. Mittelfeldspieler; spielte 1955/64 bei FV Biebrich 02 u. SV 19 Biebrich-Wiesbaden, 1964/80 bei Eintracht Frankfurt/Main; 44 Länderspiele (5 Tore); internationales Debüt am 4. 5. 1966 gegen Irland (4:0) in Dublin; Länderspielabschied am 7. 7. 1974 gegen die Niederlande (2:1) in München (WM-Endspiel); WM-Endrundenteilnehmer 1966 (nicht eingesetzt), 1970 sowie 1974; EM-Endrundenteilnehmer 1976; 441 Bundesligaspiele (109 Tore). Abb. S. a. BRD (Abb.).

Grahn, Ove, Schweden, geb. 9. 5. 1943; Stürmer; spielte für Elfsborg Boras, Grasshoppers Zürich, Lausanne Sports u. Örgryte IS; bestritt 45 Länderspiele (1962/75); WM-Endrundenteilnehmer 1970 u. 1974.

Gramlich, Rudolf, geb. 6. 6. 1908 Frankfurt/Main; rechter Läufer; spielte 1919/26 beim FC Borussia Frankfurt/Main, 1926/29 bei Sportfreunde Freiburg (Sachsen) u. 1929/39 bei Eintracht Frankfurt/Main; 22 Länderspiele (1931 bis 1936), 10mal Spielführer; WM-Endrundenteilnehmer 1934; Olympiateilnehmer 1936; Länderspieldebüt am 27. 9. 1931 gegen Dänemark (4:2) in Hannover; Länderspielabschied am 7. 8. 1936 gegen Norwegen (0:2) in Berlin; spielte repräsentativ für Hessen u. Süddeutschland. – Später Trainer beim FC Haidhof, Präsident bei Eintracht Frankfurt/Main u. Vorsitzender des DFB-Bundesligaausschusses; seit 1975 DFB-Ehrenmitglied.

Granatkin, Valentin, UdSSR, Fußballfunktionär, 16. 7. 1908–1979; 1954/79 FIFA-Vizepräsident; leitete den Ausschuß für die Entwicklung des Fußballs in der Welt. – Ihm zu Ehren wird seit 1981 in Leningrad das *(Valentin-) Granatkin-Gedenkturnier* durchgeführt. Bisherige Sieger: 1981 BRD, 1982 u. 1983 UdSSR, 1984 BRD, 1985, 1986 u. 1987 UdSSR.

Grandel, Uwe, TV-Reporter, Sportredakteur; geb. 2. 4. 1947 Halle (Saale); Außenverteidiger; spielte 1961/65 bei Lok Halle u. 1965/69 bei HSG Wissenschaft Greifswald. – Seit 1969 Reporter u. Redakteur beim DDR-Fernsehen; berichtete von den WM 1974, 1978, 1982 u. 1986, von den EM 1976, 1980 u. 1984 sowie von den Olympischen (Sommer-) Spielen 1976 u. 1980.

Grapenthin, Hans-Ulrich („Sprotte"), geb. 2. 9. 1943 Wolgast; Torhüter; spielte 1952/66 bei Aufbau u. Motor

Hans-Ulrich **Grapenthin**

Wolgast sowie 1966/85 beim FC Carl Zeiss Jena; 21 Länderspiele; internationales Debüt am 31. 7. 1975 gegen Kanada (7:1) in Ottawa; Länderspielabschied am 10. 10. 1981 gegen Polen (2:3) in Leipzig; Fußballer des Jahres 1980 u. 1981; absolvierte 308 Oberligaspiele, davon zwischen 4. 3. 1978 u. 30. 3. 1985 186 in ununterbrochener Folge. Abb. S. a. Mauer (Abb.), Handabwurf (Abb.).

„Graupe", leicht haltbarer Treffer, der dem Torhüter gewissermaßen „durch die Augen" gegangen ist. Steckt er wiederholt eine „G." (auch *Hummel* gen.) ein, wird er scherzhaft als *Hummelfänger* bezeichnet. – Eine G. unterläuft jedem Torhüter irgendwann einmal, auch dem besten.

Graz, SK Sturm, Österreich, 1. Division, gegr. 1909 (Emblem ↑ Tf. 6); *Pokalfinalist* 1948 u. 1975; 11mal *Steierischer Meister* (zwischen 1921 u. 1949). 6 *EC-Teilnahmen:* 26 Spiele; 8 Siege, 6 Unentschieden sowie 12 Niederlagen, 22:30 Punkte, 29:34 Tore. – *Spielkleidung:* Weiß. *Heimstadion:* Liebenau-Stadion, 21 000 Plätze. (16 000 Steh-, 5 000 Sitzplätze/Flutlicht, 120 lx).

Spieler (Auswahl): B. Bakota – J. Cop – F. Feirer – J. Hansen – W. Hörmann – P. Huberts – G. Jurtin – M. Petrovic – R. Pflug – A. Pichler – W. Saria – R. Schauß – L. Szokolai – H. Thonhofer – H. Weber. – **Trainer** (Auswahl): O. Baric – G. Fraydl – I. Markovic – F. Mikscha – R. Pflug.

Grazer AK *(Athletiksportklub Ring Schuh),* Österreich, 1. Division, gegr.

Jürgen **Grabowski**

Grazer AK

Francesco **Graziani**

Gyula **Grosics**

Griechenland

Europameisterschaft
1980 Endrunde

olympisches Fußballturnier
1906 2. Platz (Zwischenolympiade)

Landesmeister / Pokalsieger

1928	Aris Saloniki / –
1930	Panathinaikos Athen / –
1931	Olympiakos Piräus / –
1932	Aris Saloniki / AEK Athen
1933	Olympiakos Piräus / Ethnikos Piräus
1934	Olympiakos Piräus / –
1936	Olympiakos Piräus / –
1937	Olympiakos Piräus / –
1938	Olympiakos Piräus / –

1902; 1981 als erster steierischer Verein *Pokalsieger*; 10mal *Steierischer Meister* (zwischen 1924 u. 1933); Erstdivisionär zwischen 1949 u. 1974 sowie seit 1975. 6 *EC-Teilnahmen:* 12 Spiele; 3 Unentschieden, 9 Niederlagen, 3:21 Punkte, 11:32 Tore. – *Spielkleidung:* Rot, mit weißen Streifen abgesetzt. *Heimstadion:* Liebenau-Stadion (↑ Graz, SK Sturm). Abb.

Spieler (Auswahl): G. Koschak – E. Marko – J. Stering – Z. Vidovic – M. Zuenelli. – **Trainer** (Auswahl): G. Fraydl – Hohenwarter.

Graziani, Francesco, Italien, geb. 16. 12. 1952 Subiaco; Mittelstürmer; spielte 1970/73 bei US Arezzo, 1973/81 beim AC Turin, 1981/83 beim AC Florenz u. seitdem bei AS Rom; 64 Länderspiele (23 Tore); internationales Debüt am 19. 4. 1975 gegen Polen (0:0) in Rom; Länderspielabschied am 29. 5. 1983 gegen Schweden (0:2) in Göteborg; WM-Endrundenteilnehmer 1978 u. 1982 sowie EM-Endrundenteilnehmer 1980; 317 Punktspiele (118 Tore); 1977 Torschützenkönig (21 Treffer); Fußballer des Jahres 1976. Abb.

Greaves, James („Jimmy"), England, geb. 20. 2. 1940; Halbstürmer; spielte für FC Chelsea (1957/61), AC Mailand (1961), Tottenham Hotspur (1962/70), West Ham United (1970/71) u. Barnet (bis 1977 [Nordlondoner Amateurklub, Southern Liga]); absolvierte 57 Länderspiele zwischen 1959 (am 17. 5. gegen Peru [1:4] in Lima) u. 1967 (am 27. 5. gegen Österreich [1:0] in Wien); 44 Länderspiel- u. 357 Ligatore (516 Ligaspiele); WM-Endrundenteilnehmer 1962 u. 1966 (im Endspiel wegen einer Hepatitis nicht eingesetzt).

Greenwood, Ronnie, England, Trainer, geb. 1923; spielte bei FC Chelsea, Bradford City, Brentford FC u. FC Fulham (insges. etwa 300 Ligaspiele). – Später Trainer bei Oxford University u. Walthamstowe Avenue, Manager bei Eastbourne United u. 1961/75 bei West Ham United; 1975/77 Generalmanager bei West Ham, mit den „Hammers" FA-Cupsieger 1964 u. 1975 sowie EC II-Gewinner 1965; betreute Englands Nationalmannschaft 1977/82 (1982 WM-Endrundenteilnehmer).

Gregg, Harold („Harry"), Nordirland, geb. 30. 3. 1933 Coleraine; Torhüter; spielte 1945/47 bei Derry City, 1947/66 bei Manchester United u. 1966/68 bei Stoke City; 25 Länderspiele; internationales Debüt am 31. 3. 1954 gegen Wales (2:1) in Wrexham; Länderspielabschied am 20. 11. 1963 gegen England (3:8) in London; WM-Endrundenteilnehmer 1958. – Überlebte 1958 die Flugzeugkatastrophe mit Manchester United in München-Riem. Später Manager bei Swansea City, Crewe Alexandra u. Torhütertrainer bei Manchester United.

Grémio [portugies.], svw. *Verein,* z. B. G. Pôrto Alegre.

Gren, Gunnar („Gärda"), Schweden, geb. 31. 10. 1921; Halbstürmer; der „Professor" spielte u. a. 1934/39 bei BK Strix, 1939/48 bei IFK Göteborg, 1948 bei Örgryte IS, 1949/52 bei AC Mailand, 1952/54 beim FC Florenz u. 1955/56 beim FC Genua 93; 57 Länderspiele (1940/58); Olympiasieger 1948; Vizeweltmeister 1958; Fußballer des Jahres 1946; Torschützenkönig 1947 mit 18 Treffern.

Grenada, Staat im Karibischen Meer, 344 km² etwa 113 000 Ew., 1 Fußballspieler je 452 Ew.; Verband *Grenada Football Association* („Fußballverband Grenada"), Abk. *GFA*; gegr. 1924, Sitz *Saint George's*; Mitgl. der *FIFA* u. der *CONCACAF* seit 1976. – *Organisation:* 15 Klubs; 250 Amateurspieler (einschl. Nachwuchs- u. AM-Spieler); *Spieljahr:* Juli–Dezember; *Spielkleidung:* rote Hose, grün-gelbes Hemd, grün-gelbe Stutzen (Reserveausrüstung: gelbe Hose, grünes Hemd, rote Stutzen); *Stadion:* Queen's Park, Saint George's, 8 000 (ausschl. Sitzplätze).

„Gre-No-Li", Abk. für den legendären schwed. Innensturm *Gren-Nordahl-Liedholm,* der mit dem AC Mailand 1951 italien. Meister wurde.

Griechenland, 131 944 km², etwa 9,8 Mill. Ew., 1 Fußballspieler je 58 Ew.; Verband *Elliniki Podosfairiki Omospondia* („Griechischer Fußballverband"), Abk. *E. P. O.*; gegr. 1926, Sitz *Athen*; Mitgl. der *FIFA* seit 1927, der *UEFA* seit 1954. – *Organisation:* 2 650 Klubs; 450 Berufsspieler, 2 000 Vertragsspieler,

160 000 Amateurspieler, gesamt 170 000 (einschl. Nachwuchs- u. AM-Spieler); *Spieljahr:* September–Juni; *Spielkleidung:* blaue Hose, weißes Hemd, weiße Stutzen (Reserveausrüstung: weiße Hose, blaues Hemd, blaue Stutzen); *Nationalstadion:* Karaiskaki, Athen, 42 000 (40 000 Sitz-, 2 000 Stehplätze); *Stadien* (Auswahl): Kaftanzoglion, Saloniki, 47 000; AEK, Athen, 35 000; PAOK, Saloniki, 40 000; Aris, Saloniki, 30 000; Panathinaikos, Athen, 25 000; National, Volos, 25 000; National, Kavala, 25 000; Panachaiki, Patras, 25 000; Panionios, Athen, 20 000. Tab.

Grimonprez-Jooris ↑ Lille, OSC.

grobes Foul, gezieltes, rücksichtsloses körperliches ↑ Foul, das vom Schiedsrichter strengstens zu ahnden ist, u. zwar mit *direktem Freistoß* od. *Strafstoß* (im Strafraum) sowie darüber hinaus mit *Verwarnung,* evtl. *Feldverweis.*

grob unsportliches Betragen, alle infamen u. diskriminierenden Handlungen, die die Grenzen der noch halbwegs zumutbaren Verstöße des sportlichen Anstands überschreiten, z. B. Gewalttätigkeiten, Anspucken, Schmähungen, Beleidigungen. G. u. B. hat zwingend den *Feldverweis* zur Folge, danach wird das Spiel (im Falle einer Spielunterbrechung) mit *indirektem Freistoß* fortgesetzt.

Gromotka, Gerhard, Schiedsrichter, geb. 22. 1. 1915 Berlin; Rechtsaußen od. Verteidiger; spielte 1925 beim BFC Preußen, 1926/33 bei Fichte Kreuzberg u. Süd Ost sowie 1933/36 beim BFC Viktoria 89; 1935 Schiedsrichter; Sportfunktionär 1946/69 in Luckenwalde, Bernau, Prenzlau u. Berlin; 1955/63 Liga- u. Oberligaschiedsrichter; 1958/63 Mitglied der DFV-Schiedsrichterkommission u. 1963 bis 1981 Vorsitzender Spielkommission des DFV der DDR; Ehrenmitglied des DFV-Präsidiums.

Grosics, Gyula, Ungarn, geb. 4. 2. 1926 Dorog; Torhüter; spielte 1940/63 bei Mateosz, Teherfuvar, Honvéd Budapest u. Bányász Tatabánya; 86 Länderspiele; internationales Debüt am 20. 8. 1947 gegen Albanien (3:0) in Budapest; Länderspielabschied am 14. 10. 1962 gegen Jugoslawien (0:1) in Budapest; WM-Endrundenteilnehmer 1954, 1958 u. 1962; gewann bei Olympia 1952 Gold. – Später Trainer; u. a. bei Bányász Tatabánya u. in Kuweit; 1979 Klubvorsitzender von Volan Budapest. Abb.

Großheim, Jürgen, Trainer, geb. 16. 6. 1942 Quedlinburg; Außenstürmer; spielte 1962/71 bei ASK u. FC Vorwärts Berlin; 108 Oberligaspiele (15 Tore). – Seit 1972 Trainer (1982/84 Oberliga) beim FC Vorwärts Frankfurt (Oder).

Grotenburg-Kampfbahn ↑ Uerdingen, Bayer 05.

Grundlagenausdauer, svw. *konditionelle Fähigkeit;* Widerstandsfähigkeit gegen Ermüdung; gekennzeichnet durch ausgeprägte Bewegungsökonomie, hohe Kapazität u. hohe Ökonomie sämtlicher physiologischen Funktionen (Herz-, Kreislauf-, Stoffwechsel-, Atmungsfunktionen); Voraussetzung für die ↑ spezielle Ausdauer.

Grundlagentraining, erster Ausbildungsabschnitt des Nachwuchstrainings (Altersklassen 8 bis 14); gekennzeichnet durch Vielseitigkeit, einen relativ hohen Anteil allgemeinen Trainings u. eine betonte Ausbildung der koordinativen Fähigkeiten. *Hauptaufgaben:* a) Herausbildung eines festen Interesses sowie gefestigter Motive für die Sportart Fußball; b) Erlernen u. Festigen der wichtigsten technischen Elemente (Ballführung, Ballannahme u. -mitnahme, Täuschungshandlungen u. Stoßarten); c) Vermittlung taktischer Grundverhaltensweisen u. Prinzipien; d) betonte Schnelligkeitsentwicklung; u. e) Gestaltung als Eignungs- u. Auswahltraining.

Grundlinie, Torlinie außerhalb des Tores. Dem *G.ndurchbruch* eines angreifenden Spielers folgt in der Regel eine Flanke od. ein Rückpaß zum aufgerückten Mitspieler. Abb.

Gruppe, Zusammenfassung einer bestimmten Anzahl von Mannschaften zu einem *Teilnehmerfeld;* z. B. im Rahmen einer Qualifikation *(Qualifikations-G.),* innerhalb eines Turniers *(Turnier-G.)* u. ä.

Gschweidl, Friedrich, Österreich, 16. 4. 1904–23. 3. 1970; Halbrechter; spielte

1939	AEK Athen / Panathinaikos Athen
1940	AEK Athen / Panathinaikos Athen
1946	Aris Saloniki / –
1947	Olympiakos Piräus / Olympiakos Piräus
1948	Olympiakos Piräus / Panathinaikos Athen
1949	– / AEK Athen
1950	Panathinaikos Athen / AEK Athen
1951	Olympiakos Piräus / Olympiakos Piräus
1952	– / Olympiakos Piräus
1953	Panathinaikos Athen / Olympiakos Piräus
1954	Olympiakos Piräus / Olympiakos Piräus
1955	Olympiakos Piräus / Panathinaikos Athen
1956	Olympiakos Piräus / AEK Athen
1957	Olympiakos Piräus / Olympiakos Piräus
1958	Olympiakos Piräus / Olympiakos Piräus
1959	Olympiakos Piräus / Olympiakos Piräus
1960	Panathinaikos Athen / Olympiakos Piräus
1961	Panathinaikos Athen / Olympiakos Piräus
1962	Panathinaikos Athen / Olympiakos Piräus
1963	AEK Athen / Olympiakos Piräus
1964	Panathinaikos Athen / AEK Athen
1965	Panathinaikos Athen / Olympiakos Piräus
1966	Olympiakos Piräus / AEK Athen
1967	Olympiakos Piräus / Panathinaikos Athen
1968	AEK Athen / Olympiakos Piräus
1969	Panathinaikos Athen / Panathinaikos Athen
1970	Panathinaikos Athen / Aris Saloniki
1971	AEK Athen / Olympiakos Piräus
1972	Panathinaikos Athen / PAOK Saloniki
1973	Olympiakos Piräus / Olympiakos Piräus
1974	Olympiakos Piräus / PAOK Saloniki
1975	Olympiakos Piräus / Olympiakos Piräus
1976	PAOK Saloniki / AS Iraklis Saloniki
1977	Panathinaikos Athen / Panathinaikos Athen
1978	AEK Athen / AEK Athen

1979 AEK Athen / Panionios Athen
1980 Olympiakos Piräus / Kastoria
1981 Olympiakos Piräus / Olympiakos Piräus
1982 Olympiakos Piräus / Panathinaikos Athen
1983 Olympiakos Piräus / AEK Athen
1984 Panathinaikos Athen / Panathinaikos Athen
1985 PAOK Saloniki / FC Larissa
1986 Panathinaikos Athen / Panathinaikos Athen

Guatemala

olympisches Fußballturnier
1968 Endrunde
1976 Endrunde

CONCACAF-Pokal der Landesmeister
1974 Municipal
1978 Comunicaciones

u. a. bei Vienna Wien; 44 Länderspiele (1924/35); internationales Debüt am 4. 5. 1924 gegen Ungarn (2:2) in Budapest; Länderspielabschied am 24. 3. 1935 gegen Italien (0:2) in Wien; Mitglied des ↑ „Wunderteams".

„G.S.E." ↑ Famagusta, Anorthosis.

G.S.P.-Stadion ↑ Nikosia, FC Apoel.

Guadalajara, CD (*Club Deportivo*, „Sportklub"), Mexiko; gegr. 1908; 8mal Landesmeister (zwischen 1957 u. 1965); gewann 1963, 1964 sowie 1965 den *CONCACAF-Pokal der Landesmeister*. – *Spielkleidung:* weiße Hose, weißes Hemd mit rotem Streifen, weiße Stutzen. – *Heimstadion:* Estadio Jalisco, 66 193 Plätze.

Guaita, Enrico, Uruguay/Italien, 1910 bis 1959; Rechts- u. Linksaußen; spielte als ↑ „Oriundi" für AS Rom; 10 Länderspiele (5 Tore); internationales Debüt am 11. 2. 1934 gegen Österreich (2:4) in Turin; nahm Länderspielabschied am 24. 3. 1935 gegen Österreich (2:0) in Wien; WM-Endrundenteilnehmer 1934 (schoß entscheidendes 1:0 im Halbfinale gegen Österreich); italien. Meisterschaftsrekordtorschütze 1935 (28 Treffer).

Guanabara-Cup ↑ Rio-de-Janeiro-Meisterschaft.

Guatemala, ein Staat in Mittelamerika, 108 889 km^2, etwa 7,7 Mill. Ew., 1 Fußballspieler je 175 Ew.; Verband *Federación Nacional de Fútbol de Guatemala C.A.* („Fußballverband Guatemala"), Abk. *FFG*; gegr. 1926, Sitz *Guatemala*; Mitgl. der *FIFA* seit 1933, der *CONCACAF* seit 1961. – *Organisation:* 1 620 Klubs; 400 Vertragsspieler, 13 000 Amateurspieler, gesamt 44 000 (einschl. Nachwuchs- u. AM-Spieler); *Spieljahr:* Januar–Dezember; die *Spielkleidung:* weiße Hose, azurblaues Hemd, azurblaue Stutzen (Reserveausrüstung: azurblaue Hose, weißes Hemd, weiße Stutzen); *Nationalstadion:* Mateo Flores, Guatemala, 50 000 (45 000 Sitz-, 5 000 Stehplätze); *Stadien* (Auswahl): Del Ejército, Guatemala, 20 000; Mario Camposeco, Quetzaltenango 10 000; Carlos Salazar, Mazatenango, 8 000. Tab.

Guerin, Henri, Frankreich, Trainer, geb. 1921; spielte 1946/56 bei Stade Rennes u. Stade Français Paris; 2 Länderspiele. – Später Trainer bei AS St.-Étienne; war in den 60er Jahren (u. a.

Durchbruch zur **Grundlinie** (H. Kunze)

bei der WM-Endrunde in England 1966) für die Nationalmannschaft verantwortlich; er arbeitete danach mit *Georges Boulogne* u. *Michel Hidalgo* einen Plan für die Verbesserung der Nachwuchsarbeit aus (↑ Operation Guerin). – Seit 1986 Technischer Direktor des Französischen Fußballverbandes als Nachfolger von *Hidalgo.*

Guérin, Robert, Frankreich, Fußballfunktionär; Diplomingenieur, Redakteur u. späterer Zeitungskorrespondent; Ritter der Ehrenlegion; war Generalsekretär der *Union Française des Sports-Athlétiques (UFSA)*; vertrat Frankreich gemeinsam mit *André Espir*, als man am 21. 5. 1904 in der Rue Saint-Honoré 229 in Paris im Hinterhaus des Sitzes der UFSA die *FIFA* gründete; wurde 2 Tage später, am 23. 5. 1904, zum ersten *FIFA-Präsidenten* gewählt. – Sein Nachfolger war *D. B. Woolfall.*

Guinea, Staat im Westen von Afrika, 245 857 km², etwa 5,5 Mill. Ew., 1 Fußballspieler je 458 Ew.; Verband *Fédération Guinéenne de Football* („Fußballverband Guinea"), Abk. *J.R.D.A.*; gegr. 1959, Sitz *Conakry*; Mitgl. der *FIFA* seit 1961, der *CAF* seit 1962. – *Organisation:* 360 Klubs; 6 500 Amateurspieler, gesamt 12 000 (einschl. Nachwuchs- u. AM-Spieler); *Spieljahr:* Oktober–Juni; *Spielkleidung:* gelbes Hemd u. rote Hose, grüne Stutzen (Reserveausrüstung: Weiß); *Nationalstadion:* Stade du 28 Septembre, Conakry, ges. 40 000 (25 000 Sitz-, 15 000 Stehplätze); *Stadien* (Auswahl): Stade 8 Novembre, Kankan, 8 000; Stade 8 Novembre, N'Zerekore, 7 000. Tab.

Gullit, Ruud, Niederlande, geb. 1. 9. 1962 Amsterdam (surinam. Herkunft); Libero, aber auch Mittelstürmer; spielte 1977/82 bei Haarlem u. 1982/85 bei Feyenoord Rotterdam; seit 1985 beim PSV Eindhoven; 22 Länderspiele; internationales Debüt am 1. 9. 1981 gegen die Schweiz (1:2) in Bern; Fußballer des Jahres 1983 u. 1986. Abb.

Gumz, Siegfried, Trainer, geb. 2. 5. 1940 Neuhof; Außenstürmer; spielte 1954/59 bei Chemie Ilmenau, 1959 bei Dynamo Erfurt u. 1960/70 bei Dynamo Dresden; 120 Oberligaspiele (33 Tore). – Später Trainer, u. a. bei Chemie IW Ilmenau (1984/85); seit 1985 bei Stahl Riesa.

Günter-Harder-Stadion ↑ Neubrandenburg, BSG Post „Walter Block".

Gustavsson, Bengt („Julle"), Schweden, geb. 13. 1. 1928 Norrköping; Mittelläufer; spielte für IFK Norrköping, Atvidaberg FF u. Atalanta Bergamo; 57 Länderspiele (1951/63); WM-Endrundenteilnehmer 1958; gewann bei Olympia 1952 Bronze; Fußballer des Jahres 1953.

Gutendorf, Rudi, Trainer, geb. 30. 8. 1926 Koblenz; er spielte bei TuS Neuendorf, Blue Stars Zürich u. FC Luzern (Spielertrainer). – Später Trainer; 1961/62 in Tunesien, 1962/63 bei TSV Marl Hüls, 1963/65 bei MSV Duisburg, 1965/66 beim VfB Stuttgart, 1966/68 bei St. Louis Stars (USA), 1968/70 bei Schalke 04, 1970/71 bei Kickers Offenbach, 1971/72 bei Sporting Cristal Lima (Peru), 1972/73 in Chile u. 1973/74 bei TSV 1860 München; danach in den USA, Bolivien, Venezuela u. Valladolid (Spanien), 1975 bei Fortuna Köln; dann in Trinidad, Antigua, Botswana u. 1976/77 bei Tennis Borussia Berlin (West); 1977 beim Hamburger SV, danach in Japan, 1986 bei Hertha BSC Berlin (West). – „Weltreisender" in Sachen Fußball.

Guttmann, Bela, Ungarn, Trainer, geb. 1900 Budapest, gest. 1981; Mittelläufer; spielte bei MTK Budapest, Hakoah Wien, Vienna Wien, New York Giants; 4 Länderspiele (1 Tor) – Seit 1933 Trainer; u. a. bei FC Twente/Enschede, C.S. Chinezul (Rumänien), Dózsa Ujpest u. Kispest Budapest, FC Padua, FC Triest, AC Mailand, Lanerossi Vicenza, FC São Paulo, FC Porto, Benfica Lissabon, Aarhus GF u. in Österreich (1964).

Guyana, Staat im Nordosten Südamerikas, 214 969 km², etwa 920 000 Ew., 1 Fußballspieler je 460 Ew.; Verband *Guyana Football Association* („Fußballverband Guyana"), Abk. *GFA*; gegr. 1902, Sitz *Georgetown*; Mitgl. der *FIFA* seit 1968, der *CONCACAF* seit 1969. – *Organisation:* 105 Klubs; 1 000 Amateurspieler, gesamt 2 000 (einschl. Nachwuchs- u. AM-Spieler); *Spieljahr:* März–Dezember; die *Spielkleidung:* schwarze Hose, grün-gelbes Hemd,

Ruud **Gullit**

Guinea

olympisches Fußballturnier
1968 Endrunde

Afrika-Nationencup
1976 2. Platz

Afrikapokal der Landesmeister
1972 Hafia FC Conakry
1975 Hafia FC Conakry
1977 Hafia FC Conakry

Afrikapokal der Pokalsieger
1978 Horoya Conakry

weiß-grüne Stutzen (Reserveausrüstung: grüne Hose, gelbes Hemd, gelbe Stutzen); *Nationalstadion:* Cricket Club, Georgetown, 15 000 (12 000 Sitz-, 3 000 Stehplätze); *Stadien* (Auswahl): Albion Sports Complex, Georgetown, 25 000; McKenzie Sports Club, Georgetown, 5 000.

Gwardia [poln.], historisch svw. *Garde,* z. B. G. Warschau.

Gyarmati, Janos, Ungarn, Trainer, geb. 8. 2. 1910 Tapioszelle, gest. 1974 Budapest; Läufer; 3 Länderspiele (am 14. 11. 1937 gegen die Schweiz [2:0] in Budapest, am 9. 1. 1938 gegen Portugal [0:4] in Lissabon u. am 16. 1. 1938 gegen Luxemburg [6:0] in Luxemburg). – Später Trainer; u. a. in der DDR 1953/54 bei VP Dresden, 1954/55 beim SC DHfK Leipzig, 1955/56 beim ASK Vorwärts Berlin, 1955/57 DFV-Auswahltrainer, 1960/63 beim SC Dynamo Berlin.

Arie **Haan**

Györ, ETO Rába, Ungarn, Oberliga (Emblem ↑ Tf. 6); gegr. 1904 als „Egyetertes Torna Osztaly" („Einheit"-Turnsektion), bis 1964 *Vasas,* seit 1965 *ETO Rába* als Sportklub eines Waggon-, Maschinen- u. Güterkraftwagenwerkes; 1937 zum erstenmal in der höchsten Spielklasse; *Landesmeister* 1964, 1982 u. 1983; *Pokalsieger* 1965, 1966, 1967 u. 1979. 10 *EC-Teilnahmen:* 38 Spiele; 18 Siege, 4 Unentschieden, 16 Niederlagen, 40:36 Punkte, 68:68 Tore. – *Spielkleidung:* weiße Hose, rotes Hemd (mit weißem Bruststreifen), weiße Stutzen. *Heimstadion:* Rába ETO-Stadion, 25 000 Plätze.

Hackentrick (Tor von F. Walter)

Spieler (Auswahl): Baroti – Göcze – Jozsa – Karpati – Keglovich – Kovacs – Orban – Orosz – Palotai – Penzes – Poczik – Somogyi – Szentmihalyi – Toth – Varsanyi. – **Trainer** (Auswahl): L. Baroti – F. Farsang – N. Hidegkuti – F. Szusza.

H

Haan, Arendt („Arie"), Niederlande, geb. 16. 11. 1948 Winschoten; Mittelfeldspieler; spielte 1962/72 bei WVV Winschoten, 1972/74 bei Ajax Amsterdam, 1974/81 beim RSC Anderlecht Brüssel, 1981/83 bei Standard Lüttich, 1983/84 bei PSV Eindhoven u. 1984 bei Seiko Hongkong (China); 35 Länderspiele (6 Tore); internationales Debüt am 30. 8. 1972 gegen die ČSSR (1:2) in Prag; Länderspielabschied am 17. 6. 1980 gegen die ČSSR (1:1) in Mailand; WM-Endrundenteilnehmer 1974 sowie 1978. – Danach Trainer; 1984/85 beim FC Antwerpen u. seit 1985 beim RSC Anderlecht. Abb.

Hackenstoß, svw. *Fersenstoß* (↑ Stoßarten).

Hackentrick, den ankommenden Ball mit dem Absatz (der *Hacke*) direkt weiterleiten; risikovolle, aber äußerst attraktive Stoßart. – Unvergessen bleibt *Fritz Walters* legendäres H.tor vom 6. 10. 1956, das er im Spiel des 1. FC Kaiserslautern gegen den damaligen SC Wismut Karl-Marx-Stadt im Leipziger Zentralstadion im Hechtsprung erzielte. Abb.

Häfner, Reinhard, geb. 2. 2. 1952 Sonneberg; Mittelfeldspieler; spielte 1961/68 bei Motor Sonneberg u. 1968/71 beim FC Rot-Weiß Erfurt; seit 1971 bei Dynamo Dresden; bestritt 58 Länderspiele (5 Tore); internationales Debüt am 18. 9. 1971 gegen Mexiko (1:1) in Leipzig; Länderspielabschied am 12. 9. 1984 gegen Griechenland (1:0) in Zwickau; 1976 Goldmedaillengewinner in Montreal; 352 Oberligaspiele (52 Tore). Abb.

Reinhard **Häfner**

Haftmann, Martin, geb. 16.7.1899 Dresden; Rechtsaußen; spielte 1910/18 bei Sportlust Dresden, 1918/22 bei Fortuna Dresden u. 1922/33 beim Dresdner SC; 1 Länderspiel (am 2.10.1927 gegen Dänemark [1:3] in Kopenhagen).

Hahnemann, Wilhelm, Österreich, geb. 14.4.1914 Wien; Halbstürmer; spielte 1927/31 bei Donaufelder Rasenspieler, 1931/46 bei Admira Wien u. 1946/51 bei Wacker Wien; 46 Länderspiele (1935/37 u. 1946/48 23 für Österreich, 1938/41 23 für Deutschland nach Annexion Österreichs); internationales Debüt am 12.5.1935 gegen Polen (5:2) in Wien; Länderspielabschluß am 2.8.1948 gegen Schweden (0:3) in London (Olympische Spiele); WM-Endrundenteilnehmer 1938. – Später Trainer.

Haifa, Maccabi, Israel, 1. Liga, gegr. 1924; *Landesmeister* 1984 u. 1985; *Pokalsieger* 1962. – *Spielkleidung:* grünes Hemd, weiße Hose, grün-weiße Stutzen. *Heimstadion:* Kyriat Haeem Stadium, 20000 Plätze.
Spieler (Auswahl): Z. Armeli – B. Mamman – Y. Parselani – R. Rosental – M. Selekter. – **Trainer** (Auswahl): S. Scharf.

Haïti, Inselstaat der Großen Antillen, 27750 km^2, etwa 5,2 Mill. Ew., 1 Fußballspieler je 1040 Ew.; Verband *Fédération Haïtienne de Football* („Haïtianischer Fußballverband"), Abk. *FHF*; gegr. 1912, Sitz *Port-au-Prince*; Mitgl. der *FIFA* seit 1937, der *CONCACAF* seit 1957. – *Organisation:* 40 Klubs, 5000 Amateurspieler (einschl. Nachwuchs- u. AM-Spieler); *Spieljahr:* November bis Mai; *Spielkleidung:* schwarze Hose, rotes Hemd, rote Stutzen (Reserveausrüstung: schwarze Hose, weißes Hemd, rote Stutzen); *Nationalstadion:* Stade Sylvio Cator, Port-au-Prince, 25000 (ausschl. Sitzplätze); weiteres Stadion: Stade Gonaives, 7200. Tab.

„Halbes", Spiel auf ein Tor, d. h., das Spielgeschehen spielt sich fast ausschl. in der Hälfte der unterlegenen Mannschaft ab.

Halbfinale, vorletzte Runde eines im K.-o.-System ausgetragenen Turnier- od. Pokalwettbewerbs, an dem noch 4 Mannschaften (= 2 Spiele) beteiligt sind; setzt sich aus den Siegern des ↑ Viertelfinales zusammen. Die beiden Gewinner erreichen das ↑ Finale.

Halblinker, svw. linker ↑ Halbstürmer.

Halbprofi, *kommerzieller Fußball* Aktiver, der weder Amateur-, noch Berufsspieler ist; in der Regel ein Spieler, der für das Spielen bezahlt wird, aber noch einen Beruf ausübt.

Halbrechter, svw. rechter ↑ Halbstürmer.

Halbserie, die Hälfte eines ↑ Spieljahres, z. B. allgemein in Europa in der Regel die *Herbst- (erste Serie)* od. *Frühjahrsserie (zweite Serie).*

Halbstürmer, Bez. für die beiden Stürmer im *WM-System* auf halbrechter u. -linker Position; Rückennummern 8 u. 10. Tab.

Halbzeit, 1. halbierte ↑ Spielzeit, wobei man zwischen *erster* u. *zweiter H.* unterscheidet; beträgt im Senioren- u. Juniorenbereich je 45 min. Bei *Verlängerung* (z. B. in Pokalspielen) ist die Spielzeit mit 30 min festgelegt, d. h. je H. 15 min.
2. Kurzbez. für ↑ Halbzeitpause.

Halbzeitpause, Erholungsphase für die Aktiven beider Mannschaften u. für das Schiedsrichterkollektiv zwischen den ↑ Halbzeiten (1), wobei die effektive H.

Haïti
Weltmeisterschaft
1974 Endrunde
CONCACAF-Pokal der Landesmeister
1966 Racing Port-au-Prince

Halbstürmer (landessprachlich)
Halbrechter
Inside right [engl.]
Intérieur droit [französ.]
Interior derecho [span.]
Médio-direito [portugies.]
Interno destro [italien.]
Halblinker
Inside left [engl.]
Intérieur gauche [französ.]
Interior izquierdo [span.]
Médio-esquerdo [portugies.]
Interno sinistro [italien.]

5 min nicht überschreiten sollte, außer mit Zustimmung des Schiedsrichters. – Zwischen den Halbzeiten der *Verlängerung* ist keine H. vorgesehen. d. h., das Spiel geht nach Seitenwechsel unmittelbar weiter.

Halfback [engl.], svw. ↑ *Läufer*.

Half-time [engl.], svw. ↑ Halbzeit (1).

Hallenfußball, Fußball auf überdachtem Spielfeld, bes. im Winterhalbjahr in der punktspielfreien Zeit ausgeübt; derzeit noch kein international verbindliches Regelwerk. Beliebt sind *Hallenturniere*, wobei die Ausmaße der Spielfläche etwa 30 bis 50 m (Länge) u. 15 bis 25 m (Breite) betragen sollten (Spielzeit maximal 2 × 15 min). Neben vielen anderen Abweichungen zum Regelwerk beim Großfeldfußball (Anzahl der Spieler, Schuhwerk, Einwurf, Freistoß usw.) ist erwähnenswert, daß die Abseitsregel aufgehoben ist. Abb.

Haller, Helmut, geb. 21. 7. 1939 Augsburg; Halbstürmer; spielte 1949/62 beim FC Augsburg, 1962/68 beim FC Bologna, 1968/73 bei Juventus Turin, 1973/76 wiederum beim FC Augsburg u. 1976/77 bei BSV 07 Schwenningen; 33 Länderspiele (13 Tore); internationales Debüt am 24. 9. 1958 gegen Dänemark (1:1) in Kopenhagen; Länderspielabschied am 3. 6. 1970 gegen Marokko (1:1) in Léon; WM-Endrundenteilnehmer 1962, 1966 u. 1970.

Hallescher Fußballklub Chemie, Abk. *HFC*, DDR, Liga (Emblem ↑ Tf. 6); gegr. 1945 als *SG Freiimfelde Halle*, 1949/50 *ZSG Union*, 1950/54 *BSG Turbine*, 1954/58 *SC Chemie Halle-Leuna*, 1958/66 *SC Chemie* u. seit 26. 1. 1966 *HFC*; 1948 *Vizemeister* der 1. Ostzonenmeisterschaft sowie 1949 *Meister* der 2. Ostzonenmeisterschaft; *Landesmeister* 1952; *Pokalsieger* 1956 u. 1962. 2 *EC-Teilnahmen:* 3 Spiele; 2 Unentschieden, 1 Niederlage, 2:4 Punkte, 3:5 Tore. – *Spielkleidung:* rote Hose, rot-weiß quergestreiftes Hemd, weiße Stutzen. *Heimstadion:* Kurt-Wabbel-Stadion, 30 000 Plätze, Flutlicht (750 lx).

Spieler (Auswahl): F. Belger – H. Bernhardt – E. Blanke – H. Blüher – B. Bransch – K. Büchner – G. Busch – B. Donau – H. Ebert I – K. Ebert II – K. Fritzsche – K. Gola – E. Haase – R. Heyer – G. Heyse – G. Hoffmann – K. Hoffmann – W. Horter – G. Imhof – F. Jaukus – H. Kegel – O. Knefler – H. Krostitz – H. Küchler – G. Kulitze – R. Langer – E. Lehmann – W. Lehrmann – H. Mei-

Hallenfußball; D. Kühn *(links)* u. R. Kreer

nert – Meininger – H. Mertin – G. Melchior – E. Mosert – R. Nowotny – W. Okupniak – F. Pastor – W. Peter – M. Pillau – H. Rappsilber – A. Richter – G. Riedl – U. Rothe – S. Schäller – Walter Schmidt – Wolfgang Schmidt – R. Segger – H. Speth – H. Stein – W. Stops – D. Stricksner – D. Strozniak – H. Schleif – R. Theile – K. Urbanczyk – H. Walter – H. Weise – G. Weitkuhn – O. Werkmeister – W. Welzel – H. Wilk. – **Trainer** (Auswahl): G. Gläser – G. Hoffmann – O. Keller – P. Kohl – H. Krügel – F. Schulz – H. Sockoll – W. Schmidt – K. Trautmann – K. Urbanczyk – K. Vorkauf – O. Werkmeister.

Hamann, Erich („Ete"), geb. 27. 11. 1944 Pasewalk; Läufer, Stopper, Verteidiger; spielte zwischen 1956 u. 1975 für Lok Pasewalk, SC Neubrandenburg, Stahl Eisenhüttenstadt u. FC Vorwärts Berlin (bzw. Frankfurt [Oder]); 3 Länderspiele zwischen 1969 (am 22. 6. gegen Chile [0:1] in Magdeburg) u. 1974 (am 26. 6. gegen Brasilien [0:1] in Hannover); WM-Endrundenteilnehmer 1974. – Seit 1980 Trainer beim FCV.

Hamburg, F.C. St. Pauli, BRD, 2. Bundesliga, gegr. 15. 5. 1910; spielte 1977 bis 1978 Bundesliga (Platz 18, 18:50 Punkte, 44:86 Tore). – *Spielkleidung:* braune Hose, weißes Hemd, braun-weiße Stutzen. *Heimstadion:* früher St. Pauli-Sportplatz am Millerntor, 28 000 Plätze; jetzt *Wilhelm-Koch-Stadion,* 19 800 Plätze (16 300 Steh-, 3 500 Sitzplätze). Abb.

Spieler (Auswahl): H. Appel – A. Beck – W. Dzur – J. Famulla – F. Gerber – N.-T. Hansen – H. Hempel – H. Hieronymus – F. Machate – K. Miller – P. Nogly – I. Porges – J. Rynio – H. Stender – H. Wohlers – H. Wunstorf. – **Trainer** (Auswahl): O. Coors – D. Ferner – H. Hempel – K. Krause – M. Lorkowski – K.-H. Mühlhausen – J. Piontek – W. Reimann – E. Türk.

Hamburger SV, Abk. *HSV,* BRD, gegr. 29. 9. 1887 (Emblem ↑ Tf. 6); am 1. 6. 1919 als Zusammenschluß der Vereine *Hamburger SC 88, Falke 06* u. *Germania 1887* unter der heutigen Bezeichnung in das Vereinsregister der Freien u. Hansestadt Hamburg eingetragen; 1. Bundesliga seit 1963; 15facher Meister in der Oberliga Nord (1948 bis 1953, 1955 bis 1963); siebenmal *Landesmeister:* 1922 (nach 2 unentschieden ausgegangenen Endspielen gegen den 1. FC Nürnberg – 2:2, 1:1 – durch den DFB zum Sieger erklärt, danach verzichtete der HSV), 1923, 1928, 1960, 1979, 1982, 1983; *DFB-Pokalsieger* 1963, 1976. *Europapokalgewinner* 1977 (EC II) u. 1983 (EC I). 17 *EC-Teilnahmen:* 113 Spiele; 63 Siege, 20 Unentschieden, 30 Niederlagen, 146:80 Punkte, 231:136 Tore. – *Spielkleidung:* rote Hose und weißes Hemd, blaue Stutzen. *Heimstadion:* ↑ Volksparkstadion.

Spieler (Auswahl): A. Adamkiewicz – O. Bastrup – A. Beier – F. Beckenbauer – F. u. G. Dörfel – H. Gründel – A. Halvorsen – O. Harder – W. Hartwig – Holdt – H. Hrubesch – D. Jakobs – M. Kaltz – K. Keegan – T. Kroth – G. Krug – J. Kurbjuhn – F. Laband – H. Lang – W.-F. Magath – G. Mahlmann – M. McGhee – J. Meinke – C. Memering – J. Milewski – P. Nogly – G. Plessers – J. Posipal – W. Reimann – W. Risse – W. Rolff – D. Schatzschneider – G. Schlegel – H. Schmeißer – H. Schnoor – W. Schulz – D., E. u. U. Seeler – E. Soler – H. Spundflasche – U. Stein – K. Stürmer – H. Trenkel – T. von Heesen – G. Volkert – B. Wehmeyer – J. Werner – Woitkowiak – W. Wuttke – Zaczyk. – **Trainer** (Auswahl): G. Gawliczek – R. Gutendorf – E. Happel – K. Klötzer – G. Knöpfle – K. Koch – G. Mahlmann – K. Ochs – J. Schneider – M. Wilke – B. Zebec.

Hammarby, IF, Schweden, Verein der 1. Division, gegr. 1897. 2 *EC-Teilnahmen:* 10 Spiele; 5 Siege, 2 Unentschieden, 3 Niederlagen, 12:8 Punkte, 22:14 Tore. – *Spielkleidung:* grüne Hose, weißes Hemd, weiße Stutzen. *Heimstadion:* Söderstadion, mit 20 000 Plätzen. Abb.

Spieler (Auswahl): M. Andersson – S. Bergquist – U. Eriksson – R. Hellström – K. Johansson – G. Lundell – A. Nilsson – B. Ohlsson – S.-O. Ramberg – J. Sjöström – L. Skoglund – T. Turesson – M. Werner – G. Wihlborg. – **Trainer** (Auswahl): B. Persson.

„Hammer", bes. wuchtiger, richtungsorientierter (Tor-)Schuß. – Verb: *Hämmern.*

Hampden Park, Glasgow; traditionelle Länderspielstätte des Schottischen Fußballverbandes; nicht im Besitz von Celtic od. Glasgow Rangers, sondern Eigentum des Zweitdivisionärs *The Queens Park Glasgow;* 1904 erbaut, Fas-

F.C. St. Pauli

IF Hammarby

sungsvermögen (seit 1936) 153 059 Zuschauer; nach Baufälligkeit u. Einsturzgefahr umgebaut u. auf 74 730 Plätze (64 730 Steh-, 10 000 Sitzplätze) verringert; Austragungsstätte von 4 EC-Endspielen (je 2 im EC I [1960 u. 1976] u. im EC II [1961 u. 1966]). – Der H. P. ist berühmt-berüchtigt wegen des *Hampden Roar* („Hampden-Gebrüll"), eine der lautstärksten Zuschauerkulissen überhaupt. Flutlichtanlage (350 lx).

Hamrin, Kurt („Kurre"), Schweden; geb. 19. 11. 1934 Stockholm; Rechtsaußen; spielte 1949/56 bei AIK Stockholm, 1956/57 bei Juventus Turin, 1957/58 beim AC Padua, 1958/67 beim AC Florenz, 1967/69 beim AC Mailand, 1970/71 beim SSC Neapel u. 1971 bei Caserta; 32 Länderspiele (1953/65); war WM-Endrundenteilnehmer von 1958; schwed. Torschützenkönig 1955 mit 23 Treffern; über 400 Ligaspiele in Italien.

Hanappi, Gerhard („Gschropp"), Österreich, geb. 9. 7. 1929 u. gest. 23. 8. 1980 Wien (beigesetzt auf dem Friedhof Wien-Hietzing); Allroundfeldspieler (auf 9 Positionen); spielte bei Wacker Wien (1945/48), Austria Wien (1948/50) u. bei Rapid Wien (1950/65); 90 Länderspiele (österreich. Rekordhalter), 12 Tore; 1955/62 Spielführer (Nachfolger von *E. Ocwirk*); internationales Debüt am 14. 11. 1948 gegen Schweden (2:1) in Wien; Auswahlabschied am 16. 9. 1962 gegen die ČSSR (0:6) in Wien; WM-Endrundenteilnehmer 1954 u. 1958; 60 Länderspiele in ununterbrochener Folge; gehörte 1953 der FIFA-Auswahl im Spiel gegen England (4:4) an. – Als Architekt u. Diplomingenieur plante u. baute er das später nach ihm benannte neue Wiener Fußballstadion.

Hanappi-Stadion ↑ Wien, FK Austria u. SK Rapid.

„Hand", Kurzbez. für ↑ Handspiel, z. B. „er machte im eigenen Strafraum H.".

Handabwurf, Werfen des Balles zu einem Mitspieler durch den Torhüter, nachdem dieser den Ball unter Kontrolle gebracht hat; erfolgt aus dem Spielgeschehen heraus, d. h. analog zum ↑ Abschlag. Durch H. (meist auf die Außen[verteidiger]) erreicht der Torhüter, daß der Ball zunächst in den eigenen Reihen bleibt, im Gegensatz zum relativ unkontrolliert geschlagenen, wenn auch weiträumigeren Abschlag. Abb.

Handelfmeter, svw. *Handstrafstoß* (↑ Strafstoß).

Handgeld, *kommerzieller Fußball* Betrag, den ein Spieler von seinem neuen Verein bei Vereinswechsel erhält. Die Höhe des H.es wird – im Gegensatz zur ↑ Ablösesumme – von den Beteiligten

Handabwurf (H.-U. Grapenthin)

meist geheimgehalten, soll aber z. B. bei *Superstars* Millionen Mark betragen.

Handspiel, verbotenes Spielen (Berühren, Aufhalten, Mitnehmen) des Balles durch einen Feldspieler mit der Hand od. dem Arm (einschl. Oberarm); wird mit *direktem Freistoß* od. *Strafstoß* (im eigenen Strafraum) geahndet. *Absichtliches H.* liegt vor, wenn die Hand den Ball „sucht", d. h. die Hand zum Ball geht. Erstes absichtliches Handspiel außerhalb des Bereiches einer torreifen Situation zieht eine *Ermahnung* nach sich, im Wiederholungsfall eine *Verwarnung*, beim dritten Mal den *Feldver-*

weis. Bei einer Torrettungsaktion ist dem fehlbaren Spieler bereits beim ersten Mal eine Verwarnung zu erteilen. – *Unabsichtliches H.* liegt vor, wenn der Ball „zur Hand" geht („angeschossene" bzw. „angesprungene" Hand). Hierzu gehört auch die *Schutzhand*, d. h. die Reflexbewegung des Spielers durch Hochreißen der schützenden Hände vor das Gesicht bzw. durch Schützen des Unterleibs. (Hierbei muß jedoch der Ball, scharf u. aus kurzer Distanz getreten, direkt auf ihn zukommen.)

Handstrafstoß ↑ Strafstoß.

Hänel, Erich, geb. 21. 10. 1915 Hartha; Mittelstürmer; spielte 1922/30 bei Preußen Chemnitz, 1930/45 u. 1948/50 beim BC Hartha, 1950/53 beim Bremer SV u. 1953/58 beim VfB Oldenburg; 3 Länderspiele (1 Tor): am 26. 3. 1939 gegen Luxemburg (1:2) in Differdingen, am 29. 6. 1939 gegen Estland (2:0) in Tallinn u. am 3. 12. 1939 gegen die ČSR (3:1) in Chemnitz (Karl-Marx-Stadt).

hängender Mittelstürmer, wandernder Mittelstürmer ↑ Hidegkuti.

Hannover 96 *(Hannoverscher Sportverein von 1896 e.V.)*, Abk. *HSV*, BRD, gegr. 12.4.1896 (Emblem ↑ Tf.6); 1. Bundesliga 1963/74, 1975/76 u. 1985/86; 2. Bundesliga 1981/82 bis 1984/85 u. seit 1986/87; 2. Liga Nord 1974/75 (Meister) u. von 1976/77 bis 1980/81; Meister in der Oberliga Nord 1954; dreimal *Amateurmeister* (1960, 1964, 1965); *Landesmeister* 1938 u. 1954. 7 *EC-Teilnahmen:* 21 Spiele; 6 Siege, 3 Unentschieden, 12 Niederlagen, 15:27 Punkte, 30:50 Tore. – *Spielkleidung:* schwarze Hose, rotes Hemd, weiße Stutzen. *Heimstadion:* ↑ Niedersachsenstadion.

Spieler (Auswahl): Anders – Bandura – K. Bohnsack – Bothe – Z. Cebinac – E. Deike – H. Elzner – R. Faßnacht – Fischer – F. Gerber – H. Geruschke – F. Hartmann – F. Heiser – Hellingrath – J. Heynckes – W. Hundertmark – Keller – H. Krämer – O. Laszig – E. Malecki – L. Männer – E. u. R. Meng – J. Milewski – Müller – H. Podlasly – L. Pritzer – W. Reimann – W. Rodekamp – J. Rynio – D. Schatzschneider – F. Schicks – H. Siemensmeyer – H. Sievert – J. Skoblar – Stiller – B. Thiele – W. Thomas – H. Tkotz – Uppenkamp – B. Wehmeyer – H. Wewetzer – K. Wunder.
Trainer (Auswahl): H. Baldauf – J. Berger – W. Biskup – H. Buhtz – H. Burmeister – Z. Cajkovski – D. Ferner – R. Fuchs – G. Grotkopp – H. Hipp – H. Johannsen – H. Kronsbein – H. Lucas – J. Währling.

Hanot, Gabriel, Frankreich, Journalist, geb. 1889 Tourcoing; spielte als Verteidiger zunächst am Lyzeum, dann bei U.S. Tourcoing; 12 Länderspiele seit 1908; Länderspielabschied am 9. 3. 1919 gegen Belgien (2:2) in Brüssel; Organisator des Profifußballs in Frankreich u. Trainer; Journalist bei „L'Auto", „Miroir des Sports" u. „L'Equipe"; initiierte den Europapokal der Landesmeister (1955) u. den Europapokal der Nationalmannschaften (1959).

Hansa [latein., von „Hanse", einem mittelalterlichen niederdeutschen Kaufmanns- u. Städtebund], Bez. für den Rostocker Fußballklub *Hansa*, dessen Spieler auch (abgeleitet) *Hanseaten* genannt werden.

Hansen, Asbjörn, Norwegen, geb. 29. 5. 1930; Torhüter; spielte bei Sparta Sarpsborg u. FK Sarpsborg; 52 Länderspiele (1952/62).

Hansen, Bent, Dänemark, geb. 13. 9. 1933; Stürmer spielte bei BK 1903 Kopenhagen; 59 Länderspiele (1958/75); EM-Endrundenteilnehmer 1964; er gewann bei Olympia 1960 Silber.

Hansen, Johnny, Dänemark, geb. 14. 11. 1943; Verteidiger; spielte 1957/68 bei Vejle BK, 1968/69 beim 1. FC Nürnberg u. 1970/76 beim FC Bayern München; 45 Länderspiele; internationales Debüt am 9. 6. 1965 gegen Finnland (3:1) in Kopenhagen; Länderspielabschied am 20. 9. 1978 gegen England (3:4) in Kopenhagen.

Hans-Zoschke-Stadion ↑ Berlin, BSG EAB 47.

Hapgood, Edris („Eddie"), England, geb. 1909 Kettering; Linksverteidiger; spielte 1923/28 bei Kettering Town u. 1928/43 beim FC Arsenal; 30 Länderspiele; internationales Debüt am 13. 5. 1933 gegen Italien (1:1) in Rom; Länderspielabschied am 18. 5. 1939 gegen Jugoslawien (1:2) in Belgrad; bestritt 392 Punktspiele für die „Gunners". – Nach dem 2. Weltkrieg Manager bei Blackburn Rovers, FC Waterford u. FC Bath City.

Ernst **Happel**

Happel, Ernst, Österreich, Trainer, geb. 29.11.1925 Wien; Stopper od. Verteidiger; spielte ab 1933 bei Rapid Wien, Vienna Wien u. Racing Paris; 51 Länderspiele (1947/58); WM-Endrundenteilnehmer 1954 u. 1958. – Trainer seit 1962; bis 1969 bei ADO Den Haag, 1969/73 bei Feyenoord Rotterdam, 1973/75 beim FC Sevilla, 1975/79 beim FC Brügge, 1978 bei der niederländ. Nationalmannschaft (WM-Zweiter in Argentinien), 1979/81 bei Standard Lüttich u. seitdem beim Hamburger SV. Abb.

Hardturm ↑ Zürich, Grasshoppers Club.

Härte, energische Zweikampfführung im Rahmen der Fairneß („hart, aber fair"); gekennzeichnet durch hohen körperlichen Einsatz bei gleichzeitig eigener *H.verträglichkeit.* – Als *schonungslose H.* bezeichnet man die H. an der Grenze des Erlaubten.

Hartmann, Carl, 8.2.1894–24.6.1943; Mittelstürmer od. Halbrechter; spielte 1905/23 bei Union Potsdam u. 1923/28 bei Victoria Hamburg; 4 Länderspiele; internationales Debüt am 10.5.1923 gegen die Niederlande (0:0) in Hamburg; Länderspielabschied am 31.8.1924 gegen Schweden (1:4) in Berlin.

Hartplatz, Spielfläche ohne Rasen, mehrschichtig u. wasserdurchlässig aufgebaut. Die *Konstruktionsschichten* (Filter-, Trag-, Zwischen-, Deckschicht) bestehen aus abgestuften mineralischen Korngemischen, wobei insbes. Splitt u. Splittbrechsand aus witterungsbeständigem Naturstein verwendet wird.

Hartwig, Wolfgang, Journalist, geb. 25.11.1929 Halle (Saale); er spielte 1943/52 bei Wacker Halle, SG Moritzburg u. Wissenschaft Halle. – Journalistisch tätig für die „Tribüne", Berlin (1952/53), die „Junge Welt", Berlin (1953/80) u. seit 1980 für die „Berliner Zeitung"; berichtete u.a. über die WM-Endrunden 1970 u. 1974, die Olympischen Spiele 1972, die EM 1980 sowie über 15 UEFA-Juniorenturniere.

Hat-Trick [engl.], das Erzielen von 3 Toren hintereinander in einem Spiel od. Spielabschnitt in ununterbrochener Folge durch ein u. denselben Spieler. Man unterscheidet demzufolge: H. in einem Spiel u. H. in einer Halbzeit (umgangssprachlich auch *echter H.* genannt); darüber hinaus: H. in der Verlängerung (also ohne Übernahme von Toren aus der regulären Spielzeit!). – Nicht einbezogen in einen H. werden Tore bei einem eventuellen Strafstoßschießen.

Hau-ruck-Fußball, primitive, system- u. zusammenhanglose „Spielweise", bevorzugt von *Bolzern* u. *Plauzern*; Fußball auf niedrigster Ebene, der an dessen Anfänge im Mittelalter erinnert. Die „verfeinerte" Form des H.s ist der ↑ Kick-and-rush.

Havelange, Godefroid Jean Maria Faustin („João"), Dr., Brasilien, Fußballfunktionär, geb. 8.5.1916 Rio de Janeiro; Jurist, Verwaltungsfachmann, Unternehmer; war Juniorenfußballmeister mit Fluminense Rio de Janeiro sowie Olympiateilnehmer 1936 u. 1952 (als Schwimmer u. Wasserballspieler); 1958/74 Präsident der *CBD (Confederaçâo Brasileira de Deporte,* „Brasilianischer Sportverband"), der Dachorganisation des brasilian. Sports; wurde am 11.6.1974

João **Havelange**

beim 39. Kongreß in Frankfurt/Main als erster nichteuropäischer Präsident zum (7.) *FIFA-Präsidenten* gewählt u. während der WM-Endrunde in Mexiko 1986 vom 45. FIFA-Kongreß für eine vierte Amtsperiode wiedergewählt; Initiator der WM-Endrunde mit 24 Mannschaften (seit 1982) sowie der Jugend- u. Junioren-WM. – Sein Vorgänger war Sir *S. Rous.* Abb.

Haynes, John Norman („Johnny"), England, geb. 5. 9. 1935; Halbstürmer; spielte 1952/70 beim FC Fulham; 56 Länderspiele (17 Tore), 20mal Spielführer; gab internationales Debüt am 2. 11. 1955 gegen Nordirland (3:0) in London; nahm Länderspielabschied am 10. 6. 1962 gegen Brasilien (1:3) in Viña del Mar (Chile); WM-Endrundenteilnehmer 1958 sowie 1962; 643 Punktspiele (189 Tore).

Heart of Midlothian, Edinburgh (Schottland), Verein der *Premier Division,* gegr. 1874; 5mal *Landesmeister* (zwischen 1885 u. 1980); 5mal *Cupsieger* (zwischen 1891 u. 1956); *Ligacupgewinner* 1955, 1959, 1960 u. 1963. 6 *EC-Teilnahmen:* 20 Spiele; 6 Siege, 4 Unentschieden sowie 10 Niederlagen, 16:24 Punkte, 32:42 Tore. – *Spielkleidung:* weiße Hose, braunes Hemd (weiß abgesetzt), braune Stutzen. *Heimstadion:* bis 1878 The Meadows, 1878 bis 1881 Powderhall, 1881 bis 1886 Tyneside; seit 1886 *Tynecastle Park,* 27 000 Plätze (davon 7 000 Sitzplätze).

Spieler (Auswahl): A. Anderson – D. Baird – W. Bauld – I. Begbie – J. Cruickshank – J. Cumming – D. Ford – D. D. Holt – J. A. Johnstone – A. King – A. Massie – D. McCulloch – A. D. Munro – J. Murray – H. G. Rennie – D. Russel – C. Thomson – J. Walker – R. Walker – W. S. B. Wallace – G. W. Wilson – A. Young. – **Manager** (Auswahl): T. Ford – S. Jardine – A. McDonald.

Heber, gelupfter Ball (↑ Lupfen).

Hecht(flug)kopfball, svw. ↑ Flugkopfball.

Hechtsprung, svw. ↑ Flugparade.

Heimann, Karl-Heinz, Journalist, geb. 20. 12. 1924 Oestrich (Westfalen); spielte als Halbstürmer 1936/40 bei Germania Segefeld (Falkensee) u. VfL Nauen, 1940/42 beim Spandauer SV u. 1950/51 beim TSV Detmold. – Journalist seit 1950; bis 1951 bei den „Aachener Nachrichten"; seit 15. 3. 1952 beim ↑ „Kikker", zunächst Chef vom Dienst, später Chefredakteur. Abb.

Heimkomplex, gehemmte Spielweise einer Mannschaft bei den Heimspielen; kann begründet sein im *psychologischen Bereich* („Erwartungsdruck" des eigenen Anhangs; dadurch ängstliche u. verkrampfte Spielweise, Nervosität [bes. bei jungen Spielern]) od. im *Übereifer* u. damit im *taktischen Fehlverhalten* (blindlings anrennen u. dabei die Abwehr vernachlässigen). S. a. Auswärtskomplex.

Heimnimbus, Ansehen u. Glanz, den eine Mannschaft dadurch erworben hat, daß sie seit geraumer Zeit auf eigenem Platz unbesiegt geblieben ist.

Heimschiedsrichter, hin u. wieder verwendete Bez. für einen Schiedsrichter, der (angeblich) wiederholt od. ständig die Heimmannschaften mit seinen Entscheidungen bevorteilt. Es obliegt der jeweiligen Schiedsrichterkommission eines Verbandes, dafür zu sorgen, daß mögliche diesbezügliche Tendenzen unterbunden werden.

Heimstärke, bes. ausgeprägte Spielstärke einer Mannschaft vor eigener Kulisse, die von den Gegnern gefürchtet ist u. die Heimmannschaft als „Macht" darstellen läßt. Ein begeisterungsfähiges Publikum, die Eigenheit der Platzanlage u. ä. Faktoren können hierbei eine Rolle spielen.

Heimvorteil, bei Hin- u. Rückspielen (bes. im Pokalwettbewerb) verwendeter Begriff, der das Heimspiel als Vorteil für die gastgebende (Heim-)Mannschaft beinhaltet. Die Praxis besagt, daß bei der Auslosung der Pokalbegegnungen die meisten Mannschaften daran interessiert sind, erst im Rückspiel H. zu besitzen, um diesen bei der endgültigen Entscheidung, beim zweiten Spiel, wirksam werden zu lassen.

Heine, Werner, geb. 14. 8. 1935 Roßleben (Bezirk Halle); Stopper; spielte 1943/51 bei Eintracht bzw. Aktivist Roßleben, 1952/53 bei Aktivist Nebra, 1953/55 beim SC DHfK Leipzig, 1955/66 beim SC Dynamo bzw. Berliner FC Dynamo u. 1966/67 beim 1. FC Union Berlin; 29 Länderspiele (2 Tore); internationales Debüt am 5. 10. 1958 gegen Bulgarien (1:1) in Berlin; Länderspielabschied am 23. 2. 1964 gegen Ghana (0:3) in Accra; 194 Punktspiele (13 Tore). – Trainer seit 1967; bis 1971 beim 1. FC Union Berlin (Nachwuchs u. Senioren), 1971/74 bei Wismut Aue, 1974/84 bei Motor Wildau u. 1984/85 bei Stahl Hennigsdorf. Abb.

Heinsch, Jürgen, Trainer, geb. 4. 7. 1940

Karl-Heinz **Heimann**

Werner **Heine** *(Mitte)*; außerdem *(von links)* F. Albert, F. Bene, D. Erler u. K. Liebrecht

Jürgen **Heinsch**

Siegfried **Held**

Lübeck; Torhüter; spielte 1955/72 beim SC Empor bzw. FC Hansa Rostock (176 Oberligaspiele); 7 Länderspiele; internationales Debüt am 4. 9. 1963 gegen Bulgarien (1:1) in Magdeburg; Länderspielabschied am 4. 9. 1965 gegen Bulgarien (2:3) in Warna; errang 1964 mit der DDR-Olympiaauswahl in Tokio die Bronzemedaille. – Beim FC Hansa 1972/78 Nachwuchs-, 1978/79 u. 1982 bis 1985 Oberligatrainer. Abb.

Heinz-Steyer-Stadion ↑ Dresden [SG VP] u. Dresden-Friedrichstadt.

Held, Siegfried, geb. 7. 8. 1942 Freudenthal; Stürmer; er spielte 1952/63 bei SV Marktheidenfeld, 1963/65 sowie 1972/76 bei Kickers Offenbach, 1965/71 u. 1977/79 bei Borussia Dortmund, Juli bis Oktober 1979 bei Preußen Münster sowie 1979/81 bei Bayer 05 Uerdingen; 41 Länderspiele (5 Tore); internationales Debüt am 23. 2. 1966 gegen England (0:1) in London; Länderspielabschied am 14. 11. 1973 gegen Schottland (1:1) in Glasgow; er war WM-Endrundenteilnehmer 1966 u. 1970; 422 Bundesligaspiele (72 Tore). – Später u. a. Trainer (1981/83) beim FC Schalke 04, bei BV 08 Lüttringhausen u. der isländ. Nationalmannschaft (seit 1986). Abb.

Heleno, de Freitas, Brasilien, geb. 11. 12. 1929 São Joao Nepomuceno (Bundesstaat Minas Gerais), gest. 8. 11. 1959 Barbacena; Mittelstürmer; spielte 1943 bis 1947 bei Fluminense u. 1947/54 bei Botafogo Rio de Janeiro; 18 Länderspiele (15 Tore); Länderspieldebüt am 17. 5. 1944 gegen Uruguay (4:0) in São Paulo; Länderspielabschied am 4. 4. 1948 gegen Uruguay (1:1) in Montevideo.

Hellström, Ronnie, Schweden, geb. 21. 2. 1949 Malmö (Malmöhus); Torhüter; spielte 1966/74 bei Hammarby IF u. 1974/84 beim 1. FC Kaiserslautern (243 Bundesligaspiele); 77 Länderspiele (1968/80), WM-Endrundenteilnehmer 1970, 1974 u. 1978; schwed. Fußballer des Jahres 1971 u. 1978. – Später (Torhüter-)Trainer in Hammarby.

Helsinki, HJK (*Helsingin Jalkapalloklubi*, „Helsinkier Ballspielklub"), Finnland, Verein der 1. Division (Emblem ↑ Tf. 6), gegr. 1907; 14mal *Meister* (zwischen 1911 u. 1985); *Pokalsieger* 1966, 1981 u. 1984. Neun *EC-Teilnahmen:* 24 Spiele; 6 Siege, 18 Niederlagen, 12:36 Punkte, 23:79 Tore. – *Spielkleidung:* blau-weiße Hose, blau-weißes Hemd, blau-weiße Stutzen, *Heimstadion:* Olympiastadion, 50 000 Plätze.

Spieler (Auswahl): S. Boström – J. Dahlund – J. Europaeus – K. Haaskivi – A. Ismail – P. Jaakonsaari – J. Nieminen – M. Palmroos – J. Parikka – J. Rantanen – P. Rasimus – P. Rautiainen – J. Soini – H. Suhonen – M. Toivola – J. Virtanen.

Hempel, Walter, 12. 8. 1887–10. 1. 1940; Verteidiger; spielte 1897/1900 bei der 3. Realschule Leipzig u. 1900/23 beim F.C. Sportfreunde Leipzig; 11 Länderspiele; internationales Debüt am 5. 4. 1908 gegen die Schweiz (3:5) in Basel; Länderspielabschied am 1. 7. 1912 gegen Rußland (16:0) in Stockholm (während des olympischen Fußballturniers); bestritt zahlreiche Repräsentativspiele für den *V.M.B.V. (Verband Mitteldeutscher Ballspielvereine).*

Hempel, Wolfgang (der „Doktor") Rundfunkreporter; geb. 7. 3. 1927 Neustadt (Orla); spielte bis 1952 bei Erfurt-West (Fortuna, KWU, Turbine). – Seit 1. 4. 1948 freiberuflicher Sportreporter beim Sender Weimar, seit 1. 9. 1952 bei Radio DDR (Berlin); berichtete von den WM 1954, 1958, 1970, 1974, 1978, 1982 u. 1986, von allen EM-Endrunden seit 1976; außerdem Rundfunk- u. TV-Reporter bei über 25 Eishockey-WM seit 1955. Abb.

Henry-Delaunay-Coupe, svw. *Europapokal der Nationen* ↑ Europameisterschaft.

Herauslaufen, *Torhüter* Verlassen des Tores im richtigen Moment bei sich anbahnender akuter Torgefahr, um in Ballbesitz zu gelangen bzw. den Ball aus der *Gefahrenzone* wegzufördern; kennzeichnendes Kriterium der ↑ Strafraumbeherrschung. Das H. ist inbes. wichtig bei *Alleingängen* gegnerischer Angreifer, weil der Torhüter damit den ↑ Schußwinkel für den Angreifer verringert. – *Unmotiviertes H.* führt in der Regel dazu, daß der Torhüter leicht überwunden (umspielt, „verladen") wird.

Herausstellung, svw. ↑ Feldverweis.

Heraustreten, taktisches Mittel der engeren Abwehr *(Abwehrkette),* um eine ↑ Abseitsfalle aufzubauen; muß schnell u. organisiert erfolgen.

Herberger, Josef („Sepp"), Trainer, geb. 28. 3. 1897, gest. 28. 4. 1977; Stürmer;

Sepp **Herberger** mit der „Goldenen Göttin" (1954)

spielte 1907/24 bei Waldhof Mannheim, 1924/25 beim VfR Mannheim (1925 Süddeutscher Meister) u. 1925/30 bei Tennis Borussia; 3 Länderspiele (2 Tore): am 18. 9. 1921 gegen Finnland [3:3] in Helsingfors, am 23. 11. 1924 gegen Italien [0:1] in Duisburg u. am 29. 3. 1925 gegen die Niederlande [1:2] in Amsterdam); seit 1930 Trainer des Westdeutschen Fußballverbandes u. Assistent von DFB-Trainer *O. Nerz* sowie dessen Nachfolger vom 13. 9. 1936 bis 1942, der Einstellung des internationalen Spielbetriebes in Deutschland.

H. arbeitete nach Ende des 2. Weltkrieges seit 1948, d. h. 2 Jahre vor seiner Neueinstellung als Bundestrainer durch den neuzugründenden DFB, am Aufbau einer neuen Nationalmannschaft, die dann am 22. 11. 1950 gegen die Schweiz ihr erstes Länderspiel als BRD-Auswahl bestritt. Er fungierte bis 7. 6. 1964 als DFB-Trainer (Nachfolger wurde *H. Schön*). *Bilanz:* 167 Spiele; 94 Siege, 27 Unentschieden sowie 46 Niederlagen, 435:250 Tore. „Der Chef" wurde mit der BRD-Elf Weltmeister 1954, WM-Vierter 1958. Abb.

Herbin, Robert, Frankreich, geb. 30. 3. 1939 Paris; Mittelläufer; spielte

Ronnie **Hellström**

Wolfgang **Hempel**

Robert **Herbin**

Matthias **Herget**

Jupp **Heynckes**

1953/57 bei Cavigal Nizza u. 1957/71 bei AS St.-Étienne; 23 Länderspiele; internationales Debüt am 6. 7. 1960 gegen Jugoslawien (4:5) in Paris; Länderspielabschied am 6. 4. 1968 gegen Jugoslawien (1:1) in Marseille; WM-Endrundenteilnehmer 1966; EM-Endrundenteilnehmer 1960. – Später Trainer bei AS St-Étienne. Abb.

Herbstmeister, inoffizieller Titel für diejenige Mannschaft, die nach Abschluß der 1. Halbserie (der *Hin-* od. *Herbstrunde*) die Tabelle anführt.

Herbstrunde, svw. *Hinrunde* (↑ Spieljahr).

Hergesell, Helmut, Dr., Trainer, geb. 22. 10. 1941 München; Außenverteidiger; spielte 1952/63 bei Einheit Greifswald u. 1963/72 beim SC Empor u. FC Hansa Rostock; 200 Oberligaspiele (17 Tore). – Trainer seit 1973; bis 1975 Nachwuchs- u. 1975/79 Oberligatrainer. Hochschullehrer.

Herget, Matthias, geb. 14. 11. 1955 Millingen; Libero, Mittelfeldspieler; spielte 1969/76 beim SC 07 Gelsenkirchen, 1976/78 beim VfL Bochum u. 1978/82 bei Rot-Weiß Essen; seit 1982 bei Bayer 05 Uerdingen; 29 Länderspiele (4 Tore); internationales Debüt am 26. 10. 1983 gegen die Türkei (5:1) in Berlin (West); WM-Endrundenteilnehmer 1986; bestritt 154 Bundesligaspiele (19 Tore). Abb.

Herkenrath, Fritz, geb. 9. 9. 1928 Dellbrück; Torhüter (begann im Handballtor); spielte 1936/45 bei TV Dellbrück, 1945/51 dann bei Preußen Dellbrück, 1951/52 beim 1. FC Köln u. 1952/62 bei Rot-Weiß Essen; 21 Länderspiele; internationales Debüt am 26. 9. 1954 gegen Belgien (0:2) in Brüssel; Länderspielabschied am 24. 9. 1958 gegen Dänemark (1:1) in Kopenhagen; *Turek*-Nachfolger im Tor der DFB-Auswahl; WM-Endrundenteilnehmer 1958.

Herlovsen, Kai-Erik, Norwegen, geb. 25. 9. 1959 Fredrikstad; Mittelfeldspieler; spielte 1969/82 bei FK Fredrikstad u. seitdem bei Borussia Mönchengladbach; 17 Länderspiele; internationales Debüt am 28. 4. 1982 gegen Finnland (1:1) in Stavanger; Fußballer des Jahres 1985.

Herrera, Helenio, (der „Sklaventreiber"), Argentinien, Trainer, geb. 28. 5. 1916 Buenos Aires; spielte als Läufer od. Abwehrspieler in Argentinien für Boca Júniors Buenos Aires, in Frankreich u. a. für Charleville, Racing u. Red Star Paris. – Nach Beendigung der Profilaufbahn Trainer bei Red Star u. Stade Paris, Belenenses u. Sporting Lissabon, Atlético Madrid, La Coruña, FC Sevilla, F.C. Barcelona u. Internazionale Mailand; betreute außerdem die Nationalmannschaften von Frankreich, Spanien (1958/59 u. 1962) sowie Italien (vom 1. 11. 1966 bis 27. 3. 1967 gemeinsam mit *F. Valcareggi* in 4 Spielen); führte bei Inter Mailand (ab 1960) den berüchtigten *Catenaccio* (↑ Spielsystem) ein; wurde mit Inter Mailand dreimal Meister (1963, 1965 u. 1966) sowie je zweimal EC I-Gewinner und Weltpokalsieger (1964 und 1965).

Herrmann, Widukind, Schiedsrichter, geb. 7. 5. 1936 Mühlhausen (Thüringen); spielte als Allroundspieler 1950/55 bei Motor Mühlhausen u. 1955/57 bei Motor Leipzig-Lindenau West; wurde 1957 Schiedsrichter; 1974 Oberliga-, 1978 FIFA-Referee (3 Länder- u. 5 EC-Spiele); leitete 104 Oberligaspiele.

Hertha [svw. „die Starke", Nebenform des weiblichen Vornamens Herta], Vereinsbezeichnung aus den Anfängen des Berliner Fußballs; beibehalten z. B. von H. BSC Berlin (West).

Hertha BSC, Berlin (West), gegr. 25. 7. 1892, Oberliga Berlin (West); 2. Bundesliga 1981/86; 1963/64 1. Bundesliga, danach Rückversetzung wegen Verletzung der Bundesligastatuten (überhöhte Gehaltszahlungen); 1971 in den durch Arminia Bielefeld ausgelösten ↑ Bundesligaskandal verwickelt; 1968/80 erneut in der höchsten Spielklasse; 1980/81 Zweite Liga Nord; vor 1945 20facher Berlin-Brandenburger Meister (vierzehnmal Brandenburg, sechsmal Berlin); sechsfacher Meister der Regionalliga Berlin (West): 1957, 1961, 1963 u. 1966/68; *Landesmeister* 1930 u. 1931. 7 *EC-Teilnahmen:* 34 Spiele; 19 Siege, 5 Unentschieden, 10 Niederlagen, 43:25 Punkte, 53:39 Tore. – *Spielkleidung:* weiße Hose, blaues od. weißes

Hemd, blaue Stutzen. *Heimstadion:* ↑ Olympiastadion (2).

Spieler (Auswahl): H. Appel – E. Beer – Birkner – F. Brungs – H. Clute-Simon – H. Faeder – G. Fraydl – P. Gehlhaar – L. Gerghely – G. Grillemeier – W. Kirsey – W. Kleff – U. Kliemann – E. Kostedde – E. Krause – B. Lehmann – B. Magnusson – J. Milewski – N. Nigbur – P. Patzke – O. Rasmussen – O. Rehhagel – H. Ruch – H.-G. Schimmöller – J. Schmiege – H. Schmutzler – – G. Schüler – W. Sidka – H. Sobek – L. Varga – W. Völker – H. Weiner – F. Wenske – Wilhelm. – **Trainer** (Auswahl): H. Carolin – G. Graf – R. Gutendorf – G. Keßler – U. Kliemann – U. Klimaschefski – K. Klötzer – H. Kronsbein – H. Sobeck – J. Sundermann.

Herunterstellung svw. ↑ Feldverweis.

Heynckes, Josef („Jupp"), Trainer, geb. 9. 5. 1945; spielte als Stürmer für Hannover 96 u. Borussia Mönchengladbach; Bundesligaspieler 1965/78 (369 Spiele, 220 Tore); 39 Länderspiele (14 Tore, 1967/76); WM-Endrundenteilnehmer 1974; EM-Endrundenteilnehmer 1972. – 1978 Trainerassistent bei Mönchengladbach, seit 1979 dort Trainer. Abb.

Heysel-Stadion, Nationalstadion von ↑ Belgien.

HFC Chemie, Kurzbez. für *Hallescher Fußballklub Chemie.*

Hidalgo, Michel, Frankreich, Trainer, geb. 22. 3. 1933 Leffrinhoucke; Rechtsaußen, Halbrechter u. Läufer; spielte 1947/66 bei AC Le Havre, Stade Reims u. AS Monaco; 1 Länderspiel (am 5. 5. 1962 gegen Italien [1:2] in Florenz [für *Raymond Kopa* eingewechselt]); EC I-Finalist 1956 mit Stade Reims in Paris (gegen Madrid 3:4 [Torschütze zum 3:2]). – Begann als Trainer beim AS Monaco (Jugend- u. Reserve-Elf); ab 1970 Auswahltrainerassistent bei *Georges Boulogne,* Jugend- u. Nachwuchs-Auswahltrainer u. ab 1975 Nationalmannschaftstrainer (als Nachfolger des Rumänen *Stefan Kovacs*); WM-Endrundenteilnahmen 1978 u. 1982 (Platz 4) sowie Europameister 1984; nach der EM-Endrunde 1984 Technischer Direktor der *FFF* (bis 31. 6. 1986); sein Nachfolger als Nationalmannschaftstrainer wurde *Henri Michel.* Seit 1986/87 Trainer bei Olympique Marseille. Abb.

Hidegkuti, Nandor, Ungarn, geb. 3. 3. 1922 Budapest; („hängender" od. „wandernder") Mittelstürmer; spielte bei Herminamezei AC, Elektromos Budapest (1943/46) u. MTK Budapest (1946/58); 68 Länderspiele (39 Tore, 1945/58); WM-Endrundenteilnehmer 1954 u. 1958; gewann bei Olympia 1952 Gold. Beim legendären 6:3 gegen England in London (25. 11. 1953; ↑ „Spiel des Jahrhunderts") schoß H. 3 Tore. – Später arbeitete er als Trainer bei MTK, Vasas, ETO Rába Györ, AC Florenz, AC Mantua, Spartacus Budapest u. Al-Ahly (Ägypten). Abb. S. a. Tf. 22 *(oben).*

Hiden, Rudolf, Österreich, geb. 19. 3. 1909 Graz, gest. 1972; Torhüter; spielte 1920/25 beim Grazer AK, 1925/35 beim Wiener SC u. 1934/40 bei Racing Paris; 20 Länderspiele für Österreich; internationales Debüt am 6. 5. 1928 gegen Jugoslawien (3:0) in Wien; Länderspielabschied am 12. 2. 1933 gegen Frankreich (4:0) in Paris; wurde von Frankreich naturalisiert (ein Länderspiel am 28. 1. 1940 gegen Portugal [3:2] in Paris); Mitglied des legendären ↑ „Wunderteams". – Später Trainer; u. a. in Österreich, in der Türkei u. in Italien.

„Hieb", äußerst wuchtiger Torschuß.

Highbury ↑ Arsenal, FC.

Hilfsfahne ↑ Spielfeld (Abb.).

Hinausstellung, svw. ↑ Feldverweis.

Hineingrätschen, svw. ↑ Tackling.

Hinrunde ↑ Spieljahr.

Hinspiel, erstes Spiel zweier Mannschaften innerhalb einer Punktspiel- od. Pokalrunde, die nochmals gegeneinander antreten müssen (zum *Rückspiel*).

Hinterhaltschuß, aus der ↑ zweiten Reihe abgegebener Torschuß; dabei kann dem Torhüter durch eigene od. gegnerische Spieler die Sicht versperrt sein. In jedem Fall befinden sich zwischen demjenigen, der den H. ausführt, u. dem Torhüter weitere Spieler. – Vom *Fernschuß* (30 m u. mehr) spricht man, wenn keine Feldspieler den Torhüter bei Schußabgabe beeinflussen. Abb.

Hintermannschaft, svw. ↑ Abwehr.

Hinunterstellung, svw. ↑ Feldverweis.

Hirschmann, Günter, geb. 8. 12. 1935 Burg; Halbstürmer, Läufer; spielte 1947/55 bei Einheit Burg, 1955/57 bei

Michel **Hidalgo**

Nandor **Hidegkuti**

Hochsteigen („hoch, höher, am höchsten")

Motor Mitte Magdeburg u. 1957/68 beim (SC Aufbau) 1. FC Magdeburg; 1 Länderspiel am 16. 4. 1961 gegen Ungarn (0:2) in Budapest; bestritt 162 Punktspiele (47 Tore). – Später (Nachwuchs-)Übungsleiter.

Hochgesang, Georg, geb. 3. 11. 1897; Halbstürmer; spielte 1905/23 bei Pfeil u. Franken Nürnberg, 1923/28 beim 1. FC Nürnberg u. 1928/34 bei Fortuna Düsseldorf; 6 Länderspiele, 4 Tore (1924/27); spielte repräsentativ für Süddeutschland, Nürnberg/Fürth (Städteauswahl) u. Westdeutschland. – Später Trainer bei VfL Bochum, Turu u. Fortuna Düsseldorf, Rheydter SV u. Preußen Krefeld.

Hochsteigen, aus dem Stand od. nach wenigen Anlaufschritten hochspringen, um einen Kopfstoß anzubringen; erfolgt meist unter Einsatz des *Sprungbeines,* seltener (aus dem Stand) durch beidbeinigen Absprung. Abb.

Hochwurf, die fälschliche Bez. für ↑ Schiedsrichterball.

Hoeneß, Ulrich („Uli"), geb. 5. 1. 1952 Ulm; Halbrechter; spielte 1966/70 bei TSG Ulm, 1970/78 beim FC Bayern München u. 1978/79 beim 1. FC Nürnberg; 35 Länderspiele (5 Tore); internationales Debüt am 29. 3. 1972 gegen Ungarn (2:0) in Budapest; Länderspielabschied am 20. 6. 1976 gegen die ČSSR (2:2) in Belgrad; WM-Endrundenteilnehmer 1974; EM-Endrundenteilnehmer 1972 u. 1976; erfolgreichster UEFA-Pokaltorschütze 1980 (7 Treffer); 250 Bundesligaspiele (86 Tore). Seit 1979 Manager beim FC Bayern. Abb. S. a. BRD (Abb.). – Sein Bruder *Dieter H.* (geb. 7. 1. 1953) bestritt sechs Länderspiele (4 Tore) u. 262 Bundesligaspiele (120 Tore). Er wurde mit dem FC Bayern München viermal Landesmeister (1980, 1981, 1985 u. 1986) sowie Pokalsieger 1982, 1984 u. 1986. Der „Mister Europapokal" kam oft als „Joker" zum Einsatz; war WM-Endrundenteilnehmer 1986.

Hoffmann, Martin, geb. 22. 3. 1955 Gommern; Linksaußen, Linksverteidiger; spielte 1963/68 bei Aktivist Gommern; seit 1968 beim 1. FC Magdeburg; 66 Länderspiele (16 Tore); internationales Debüt am 21. 11. 1973 gegen Ungarn (1:0) in Budapest; Länderspielabschied am 19. 5. 1981 gegen Kuba (5:0) in Senftenberg; war WM-Endrundenteilnehmer 1974 sowie Olympiasieger 1976; 255 Oberligaspiele (78 Tore). Abb.

Hofmann, Richard („König Richard"),

Hinterhaltschuß

Martin **Hoffmann**

geb. 8. 2. 1906 Meerane, gest. 5. 5. 1983 Freital; Mittelstürmer; spielte 1913/28 bei Meerane 07, 1929/45 beim Dresdner Sportclub, dann 1945/47 bei SG Dresden-Hainsberg, 1947/48 beim VfL Willich u. 1948/49 bei SG Dresden-Friedrichstadt; 25 Länderspiele (24 Tore), 4mal Kapitän der deutschen Nationalmannschaft vor dem 2. Weltkrieg; internationales Debüt am 2. 10. 1927 gegen Dänemark (1:3) in Kopenhagen; Länderspielabschied am 19. 3. 1933 gegen Frankreich (3:3) in Berlin; erzielte am 10. 5. 1930 beim 3:3 gegen England in Berlin alle 3 Tore, am 23. 6. 1929 beim 3:0 gegen Schweden sogar 6 (3 davon annulliert). – Nach seiner aktiven Laufbahn 1949 Trainer bei Vorwärts Gotha; 1950 Landestrainer Sachsens, Lehrgangsleiter der Sportschule Werdau u. Mitglied des Trainerrats; 1955 Cheftrainer der SV Turbine; 1956 DFV-Trainer (B-, Nachwuchs- u. Juniorenauswahl); 1957 DHfK-Studium, danach Dresdner Bezirksauswahl- u. DFV-Trainer (1963 Nachwuchsauswahl). 1969 beendete er wegen einer Hüftgelenkoperation seine Trainertätigkeit. H. war Mitbegründer des NOK der DDR u. Ehrenmitglied des DFV der DDR. Abb.

Hogan, Jimmy, England, Trainer; mit seinem Landsmann *W. J. Townley* (Blackburn Rovers, zwei Länderspiele 1889/90) einer der ersten engl. Trainer, der auf dem europäischen Festland arbeitete; trainierte Meerane 07 (entdeckte dort *Richard Hofmann*), war bis 1914 bei Austria Wien u. danach bei MTK u. Vasas Budapest; arbeitete 1908/11 beim Karlsruher SC, bei SpVgg Fürth u. beim FC Bayern München.

Höher, Heinz, Trainer, geb. 11. 8. 1938; spielte als Halbstürmer bei Bayer 04 Leverkusen, MSV Duisburg, FC Twente/Enschede u. VfL Bochum; Bundesligaspieler 1963/65 (20 Spiele). – Trainer seit 1970; bis 1972 bei Schwarz-Weiß Essen, 1972/79 beim VfL Bochum, 1979/80 beim MSV Duisburg, 1980 (Oktober bis Dezember) bei Ethnikos Piräus, 6 Monate bei Fortuna Düsseldorf, 1981/83 bei PAOK Saloniki, 1983 (Juli bis November) bei Olympiakos Piräus u. seit 1. 1. 1984 beim 1. FC Nürnberg.

Hohe Warte ↑ Wien, First Vienna Emco.

Hohmann, Karl 18. 6. 1908–31. 3. 1974; Mittelstürmer; spielte 1916/37 beim VfL Benrath, 1938 bei FK Pirmasens u. 1939/49 wiederum beim VfL Benrath; 26 Länderspiele, 20 Tore (1930/37), 4mal Spielführer; WM-Endrundenteilnehmer 1934; Olympiateilnehmer 1936; Länderspieldebüt am 7. 9. 1930 gegen Dänemark (3:6) in Kopenhagen; Länderspielabschied am 25. 6. 1937 gegen Lettland (3:1) in Riga; spielte repräsentativ für Westdeutschland u. Niederrhein. – Später Trainer; u. a. bei Union Ohligs, Rot-Weiß Essen u. VfL Benrath. S. a. Deutschland bis 1945 (Abb.).

Holke, Kurt, Trainer, geb. 11. 9. 1922 Magdeburg; spielte als Rechtsaußen 1948/50 bei Eintracht Sudenburg, 1950/54 bei Stahl Magdeburg u. bei Motor Mitte Magdeburg. – 1954/69 Trainer beim (SC Aufbau) 1. FC Magdeburg, 1969/71 beim 1. FC Lok Leipzig, 1971/76 DFV-Verbandstrainer (Nachwuchs [U 23]) u. seit 1976 wiederum beim 1. FC Magdeburg.

Holland, John, Malta, geb. 1952; Libero; spielte 1966/86 bei Floriana Valletta; 60 Länderspiele (damit Maltas Rekordinternationaler); internationales Debüt am 28. 9. 1973 gegen Kanada (2:0) in Valletta; Fußballer des Jahres 1976 u. 1978.

Holtfreter, Herbert, geb. 21. 11. 1932

Uli **Hoeneß**

Richard **Hofmann**

Bernd **Hölzenbein**

Horst-Dieter **Höttges**

Honduras

Weltmeisterschaft
1982 Endrunde

CONCACAF-Pokal der Landesmeister
1972 Olimpia Tegucigalpa

Wismar; Mittelstürmer; spielte 1945/52 bei Anker u. Motor Wismar, 1954/60 u. 1963/64 beim SC Empor Rostock u. abschließend bei der TSG Wismar; 134 Oberligaspiele (39 Tore).

„Holz“, svw. *Querlatte* (↑ Tor [2]), z. B. „er traf wiederholt das H.“

Holzen, überharte, unfaire u. rohe Spielweise; bedienen sich ihrer beide Mannschaften, wird das Spiel zur *Holzerei.*

Hölzenbein, Bernd, geb. 9. 3. 1946 Dehrn; Mittelfeldspieler u. Stürmer; spielte u. a. 1960/66 bei TuS Dehrn u. 1966/81 bei Eintracht Frankfurt/Main, März 1981/82 bei Fort Lauderdale Strikers; abschließend 1986 kurzzeitig beim FSV Salmrohr; 40 Länderspiele (5 Tore); internationales Debüt am 10. 10. 1973 gegen Österreich (4:0) in Hannover; Länderspielabschied am 21. 6. 1978 gegen Österreich (2:3) in Cordoba (Argentinien/WM); WM-Endrundenteilnehmer 1974 u. 1978; 420 Bundesligaspiele (160 Tore). Abb. S. a. BRD (Abb.).

Homburg, FC 08, BRD, Verein der 1. Bundesliga, gegr. 15. 6. 1908; 1966/74 Regionalliga Südwest; 1974/81 Zweite Liga Süd; 1981/84 Oberliga Südwest; 1984/86 Zweite Bundesliga. – *Spielkleidung:* weiße Hose, grünes Hemd, grüne Stutzen. *Heimstadion:* Waldstadion, 25 000 Plätze (davon 1 200 überdachte Sitzplätze).

Spieler (Auswahl): J.-A. Baylon – A. Buncol – R. Cvijanovic – H. Demange – T. Dooley – B. Dordevic – H. Ehrmanntraut – U. Freiler – K. Friedmann – U. Fuchs – O. Geisert – S. Gretarsson – W. Gruler – S. Jambo – M. Lenz – K. Marchetti – M. Mörsdorf – A. u. K. Müller – F. Niederländer – J. Petersen – M. Pfahler – G. Quasten – G. Reinders – K. Scherer – K.-H. Subklewe – R. Wojcicki. – **Trainer** (Auswahl): H. Binkert – F. Fuchs – H. Heese – U. Klimaschefski – S. Melzig – A. Müller – K. Sommerlatt.

Honduras, ein Staat in Mittelamerika, 112 088 km², etwa 4 Mill. Ew., 1 Fußballspieler je 250 Ew.; Verband *Federación Nacional Autónoma de Fútbol de Honduras* („Honduranischer Fußballverband“), Abk. *FENAFUTH,*; gegr. 1935, Sitz *Tegucigalpa*; Mitgl. der *FIFA* seit 1946, der *CONCACAF* seit 1961. – *Organisation:* 1 100 Klubs; 650 Berufsspieler, 1 500 Vertragsspieler, 10 000 Amateurspieler, gesamt 16 000 (einschl. Nachwuchs- u. AM-Spieler); *Spieljahr:* Februar – Dezember; *Spielkleidung:* Azurblau (Reserveausrüstung: Weiß); *Nationalstadion:* Estadio Norte e Sur, Tegucigalpa, 50 000 (ausschl. Sitzplätze); *Stadien* (Auswahl): Francisco Morazán, San Pedro Sula, 25 000; Municipal, La Ceiba, 15 000; Humberto Micheleti, El Progreso, 10 000. Tab.

Hongkong, brit. Kolonie an der südchines. Küste, 1 045 km², etwa 4,6 Mill. Ew., 1 Fußballspieler je 1 150 Ew.; Verband *The Hong Kong Football Association Ltd.* („Fußballverband Hongkong“), Abk. *HFA*; gegr. 1914, Sitz *Hongkong*; Mitgl. der *FIFA* seit 1954, der *AFC* seit 1954. – *Organisation:* 70 Klubs; 300 Vertragsspieler, 2 000 Amateurspieler, gesamt 4 000 (einschl. Nachwuchs- u. AM-Spieler); *Spieljahr:* September – Juni; *Spielkleidung:* weiße Hose, rotes Hemd, rote Stutzen (Reserveausrüstung: Weiß); *Nationalstadion:* Government Stadium, Hongkong, 28 000 (ausschl. Sitzplätze); *Stadien* (Auswahl): South China Stadium, Hongkong, 9 000; Mangkok Stadium, 9 000.

Horn, Leo, Niederlande, Schiedsrichter seit 1934, geb. 1916; 1950 FIFA-Referee; WM-Endrundenschiedsrichter 1962 in Chile; leitete 1953 das ↑ „Spiel des Jahrhunderts“ (England–Ungarn 3:6), 1957 das EC I-Finale Real Madrid–AC Florenz (2:0) in Madrid u. 1962 das EC-I-Endspiel Benfica Lissabon–Real Madrid (5:3) in Amsterdam; amtierte 133mal international; erhielt die *Goldene Pfeife* der FIFA.

Horvat, Ivica, Jugoslawien; geb. 16. 7. 1926 Zagreb; Stopper; spielte 1940/45 bei Ferrari Zagreb, 1945/56 bei Dinamo Zagreb u. 1956/66 bei Eintracht Frankfurt/Main; 60 Länderspiele; internationales Debüt am 9. 5. 1946 gegen die ČSR (2:0) in Prag; Länderspielabschied am 28. 11. 1956 gegen England (0:3) in London; WM-Endrundenteilnehmer 1950 u. 1954; gewann bei Olympia 1948 u. 1952 Silber; bestritt über 500 Punktspiele für Zagreb u. Frankfurt/Main. – Später Trainer; 1964/65 bei Eintracht Frankfurt/Main, 1971/75 u. 1978/79 beim

FC Schalke 04 (Pokalsieger 1972), 1975/76 bei Rot-Weiß Essen u. 1976/78 Westfalia Herne; er trainierte Zagreb, PAOK Saloniki u. AEK Athen.

Höttges, Horst-Dieter („Eisenfuß"), geb. 10. 9. 1943 Mönchengladbach; Linksverteidiger; spielte 1953/59 bei Blau-Weiß Bahl, 1959/60 beim Rheydter SV, 1960/63 bei Borussia Mönchengladbach, 1963/78 beim SV Werder Bremen (auch 1979/82) u. 1978/79 beim SV Oberbecksen; 66 Länderspiele (1 Tor); internationales Debüt am 13. 3. 1965 gegen Italien (1:1) in Hamburg; Länderspielabschied am 22. 6. 1974 gegen die DDR (0:1) in Hamburg; WM-Endrundenteilnehmer 1966, 1970 u. 1974; EM-Endrundenteilnehmer 1972; 420 Bundesligaspiele (55 Tore für Werder). Abb.

Hrubesch, Horst, geb. 17. 4. 1951 Pelkum; Mittelstürmer; spielte 1965/75 bei FC Pelkum, Germania Hamm, Hammer SpV u. SC Westtünnen, 1975/78 bei Rot-Weiß Essen, 1978/83 beim Hamburger SV, 1983/85 bei Standard Lüttich; 1985/86 bei Borussia Dortmund; 21 Länderspiele (6 Tore); internationales Debüt am 2. 4. 1980 gegen Österreich (1:0) in München; Länderspielabschied am 11. 7. 1982 gegen Italien (1:3) in Madrid (WM-Finale); EM-Endrundenteilnehmer 1980; 207 Bundesligaspiele (136 Tore). – Seit 1. 7. 1986 Trainer bei Rot-Weiß Essen. Abb.

HSV, 1. Abk. für *Hamburger Sportverein.*

2. Abk. für *Hannoverscher Sportverein.*

Huambo, FC Mambroa, Angola, 1. Division, gegr. 1934. – Bekannteste Spieler sind *Machado, Maria* u. *Naita.*

Huber, Willy; Schweiz, geb. 7. 7. 1911; Torhüter; spielte u. a. bei Grasshoppers Zürich; 16 Länderspiele (1933/42); WM-Endrundenteilnehmer 1938.

Hueppe, Ferdinand, Sportfunktionär u. -wissenschaftler, 24. 8. 1853–16. 9. 1938; gehört zu den Pionieren des deutschen Fußballs; Mitbegründer des DFB (1900) u. dessen erster Präsident (1900/04).

Hughes, Emlyn, England, geb. 28. 8. 1947 Barrow-in-Furness; Verteidiger, Läufer; spielte 1961/65 beim FC Barrow, 1965/67 beim FC Blackpool, 1967/79 beim FC Liverpool, 1979/81 bei Wolverhampton Wanderers u. 1981/82 beim FC Rotherham United (Spielermanager); 62 Länderspiele (1 Tor); internationales Debüt am 5. 11. 1969 gegen die Niederlande (1:0) in Amsterdam; Länderspielabschied am 24. 5. 1980 gegen Schottland (2:0) in Glasgow; Fußballer des Jahres 1977. Abb.

Hügi, Josef, Schweiz, geb. 3. 9. 1930; Stürmer; spielte u. a. beim FC Basel; 34 Länderspiele 1951/61 (23 Tore); WM-Endrundenteilnehmer 1954; Torschützenkönig 1952, 1953 u. 1954; 245 Ligatore. – Später Trainer; u. a. der schweizer. Nationalmannschaft.

Humberto, eigtl. *Manuel Jesus Coelho,* Portugal, geb. 20. 4. 1950 Porto; Libero; spielte 1964/66 beim FC Ramaldense, 1966/74 bei Benfica Lissabon, 1974/76 bei Paris St. Germain u. 1976/85 wiederum bei Benfica Lissabon; 65 Länderspiele (6 Tore), 39mal Spielführer; internationales Debüt am 27. 10. 1968 gegen Rumänien (3:0) in Lissabon; Länderspielabschied am 27. 4. 1983 gegen die UdSSR (0:5) in Moskau; EM-Endrundenteilnehmer 1984; Fußballer des Jahres 1974. Abb.

Hunt, Roger, England, geb. 20. 7. 1938; Mittelstürmer; spielte u. a. beim FC Liverpool sowie bei Bolton Wanderers; 31 Länderspiele (1962/69); WM-Endrundenteilnehmer 1966; Torschützenkönig 1966 (30 Tore); 269 Ligatore.

Hurst, Geoffrey, England, geb. 8. 12. 1941; Halbstürmer; spielte u. a. 1956/72 bei West Ham United u. 1972/76 bei Stoke City; 49 Länderspiele (24 Tore); internationales Debüt am 2. 4. 1966 gegen Schottland (4:3) in Glasgow; Länderspielabschied am 29. 4. 1972 gegen die BRD (1:3) in London; WM-Endrundenteilnehmer 1966 (dreifacher Endspieltorschütze beim 4:2 gegen die BRD) u. 1970. – Später Manager; u. a. bei Telford United, FC Chelsea (1979/81) u. Sporting Club Kuweit (1982/83). S. a. Tf. 28 *(unten).*

Hvidovre ↑ Kopenhagen, Hvidovre.

Horst **Hrubesch**

Emlyn **Hughes**

Humberto

Indien	
olympisches Fußballturnier	
1948	Endrunde
1952	Endrunde
1956	4. Platz
Asienmeisterschaft	
1964	2. Platz

I

Iakovou, Panikos, Zypern, geb. 12. 1. 1941 Famagusta; Abwehrspieler; spielte 1956/66 bei Anorthosis Famagusta, 1967/69 bei Panathinaikos Athen u. 1970/71 wiederum bei Anorthosis; 5 Länderspiele; internationales Debüt am 17. 2. 1968 gegen die Schweiz (2:1) in Nikosia; Länderspielabschied am 26. 3. 1969 gegen Griechenland (0:1) in Athen. – Trainer seit 1971; bis 1976 bei Anorthosis; 1977/78 Trainerassistent von Zyperns U 18 u. 1979/84 deren Trainer; seit 1985 Nationalmannschaftstrainer u. Technischer Direktor des Zyprischen Verbandes.

Ibrox-Park ↑ Glasgow Rangers, FC.

Idraetspark, Nationalstadion von ↑ Dänemark.

Idrottsparken ↑ Norrköping, IFK.

IFA ↑ Nordirland.

IFC, Abk. für ↑ Internationaler Fußballcup.

Ikonomopoulos, Takis, Griechenland, geb 1939 Piräus; Torhüter; spielte 1956/73 bei Panathinaikos Athen; 34 Länderspiele; internationales Debüt am 29. 11. 1964 gegen Dänemark (4:2) in Athen; Länderspielabschied am 20. 1. 1971 gegen Zypern (2:1) in Nikosia.

Iljin, Anatoli, UdSSR, geb. 1931; Außenstürmer; spielte 1946/48 bei Arbeitsreserven Moskau u. 1949/62 bei Spartak Moskau; 32 Länderspiele (15 Tore); WM-Endrundenteilnehmer 1958; gewann bei Olympia 1956 Gold; 226 Ligaspiele (84 Tore); Torschützenkönig 1954 u. 1958.

In-den-Mann-Gehen, grobe Unsportlichkeit, die sich darin äußert, daß der körperliche Angriff (die Attacke) eindeutig dem gegnerischen Spieler, nicht aber dem Ball gilt; unkontrollierte Aktion, die vom Schiedsrichter je nach Schwere des Vergehens entspr. zu ahnden ist (direkter Freistoß, Verwarnung o. ä.). I. ist ein Verstoß gegen Regel XII (↑ Spielregeln) u. beinhaltet *verbotenes Spiel.*

Independiente [span.], zu *unabhängig* bzw. *frei,* z. B. I. Buenos Aires.

Indien, Republik im Süden Asiens, 3 287 590 km², etwa 720 Mill. Ew., 1 Fußballspieler je 12 000 Ew.; Verband *All India Football Federation* („Indischer Fußballverband"), Abk. *AIFF;* gegr. 1937, *Sitz* Calcutta; Mitgl. der *FIFA* seit 1948, der *AFC* seit 1954.

Organisation: 2 000 Klubs; 41 000 Amateurspieler, gesamt 60 000 (einschl. Nachwuchs- u. AM-Spieler); *Spieljahr:* Januar bis Dezember; *Spielkleidung:* weiße Hose, lichtblaues Hemd, dunkelblaue Stutzen (Reserveausrüstung: blaue Hose, weißes Hemd, weiße Stutzen); *Nationalstadion:* Nehru-Stadion, Delhi, 75 000 (ausschl. Sitzplätze); *Stadien* (Auswahl): Eden Garden Stadium, Calcutta, 100 000; Corporation Stadium,

„In-die-Zange-Nehmen" (H. Richter [*Mitte*])

Calcutta, 100 000; Barabati Stadium, Cuttack, 50 000; Lal Bahadur Stadium, Hyderabad, 50 000; Gauhati Stadium, Assam, 50 000. Tab.

In-die-Gasse-Spielen, auch svw. *In-die-Lücke-Spielen;* erfolgt als flaches kurzes bis mittleres Zuspiel zwischen den Gegenspielern hindurch; ausgeprägt war früher das Prager ↑ Ulička.

„In-die-Zange-Nehmen", strafbare Aktion, bei der ein Angreifer von 2 gegnerischen Spielern in seiner Ballführung regelwidrig behindert wird, indem diese seine Laufrichtung fast schneiden, d. h. ihn von links u. rechts körperlich attackieren. Spielfortsetzung: *direkter Freistoß.* Abb.

indirekter Freistoß ↑ Freistoß.

Indonesien, ein Staat in Südostasien, 1 904 569 km², etwa 153 Mill. Ew., 1 Fußballspieler je 1 530 Ew.; Verband *All Indonesia Football Federation* („Indonesischer Fußballverband"), Abk. *PSSI*; gegr. 1930, Sitz *Jakarta*; Mitgl. der *FIFA* seit 1952, der *AFC* seit 1954. – *Organisation:* 2 900 Klubs; 80 000 Amateurspieler, gesamt 100 000 (einschl. Nachwuchs- u. AM-Spieler); *Spieljahr:* Januar–Dezember; *Spielkleidung:* weiße Hose, rotes Hemd, rote Stutzen (Reserveausrüstung: weiße Hose, weißes Hemd, rote Stutzen); *Nationalstadion:* Senayan Main Stadium, Jakarta, 110 000 (ausschl. Sitzplätze); *Stadien* (Auswahl): Bima Stadium, Cirebon, 50 000; Pemuda Stadium, Surabaja, 40 000; Matoangin Stadium, Bandung, 40 000; Teladan Stadium, Medan, 30 000; Diponegoro Stadium, Semarang, 30 000. Tab.

Injektion [latein.], Einspritzen von Lösungen in den Körper zu therapeutischen od. diagnostischen Zwecken unter Umgehung des Magen-Darm-Traktes. Im Fußball ist bei akuten Schmerzen nach Verletzung das „Fit"-Spritzen sportmedizinisch abzulehnen, da durch die Ausschaltung des Schmerzsignals die Belastbarkeitsgrenze der betroffenen Regionen überschritten werden kann („chirurgisches Doping"). Tab.

Innenrist, svw. *Innenspann* (↑ Stoßarten).

Innenseitstoß, -spannstoß ↑ Stoßarten.

Innenstürmer, Bez. für die beiden Halbstürmer u. den Mittelstürmer im *WM-System*; versehen mit den Rückennummern 8, 9 u. 10.

Innentrio, svw. ↑ Innenstürmer.

Innenverteidiger, Bez. für die im Zentrum postierten Abwehrspieler (z. B. Vorstopper u. Mittelverteidiger).

Innsbruck, SSW *(Swarovski/Wacker)*, Österreich, Nationalligateam (Emblem ↑ Tf. 6); gegr. 1913 als *FC Wacker Innsbruck*, der sich 1971 nach dem ersten Titelgewinn mit dem Lokalrivalen *SG Wattens* vereinigte, vorübergehend als *FC Tirol* spielte u. dann den Namen in *Swarovski/Wacker* änderte; seit Juli 1986 wieder *FC Tirol*; 5mal *Landesmeister* (zwischen 1971 u. 1977); 5mal *Pokalsieger* (zwischen 1970 u. 1979); *Mitropapokalgewinner* 1975 u. 1976. 14 *EC-Teilnahmen:* 38 Spiele; 12 Siege, 5 Unentschieden, 21 Niederlagen, 29:47 Punkte, 42:69 Tore. – *Spielkleidung:* schwarze Hose, schwarz-grün längsgestreiftes Hemd, schwarze Stutzen. *Heimstadion:* Tivoli, 20 000 Plätze. **Spieler** (Auswahl): R. Auer – H. Binder – Breuer – H. Eigenstiller – J. Ettmayer – Flindt – L. Grausam – R. Hattenberger – R. Horvath – K. Jara – Z. Kereki – F. u. P. Koncilia – A. Koreimann – W. H. Kriess – Metzler – F. Oberacher – H. Müller – B. Pezzey – P. Pumm – H. Rebele – Rettsteiner – J. Stering – K. Welzl – F. Wolny – W. Zanon. – **Trainer** (Auswahl): O. Baric – B. Elsner – R. Gebhardt – G. Keßler – F. Latzke – F. Peer – F. Pfister.

Intercup, frühere Bez. für ↑ Internationaler Fußballcup.

Interimstrainer, zwischenzeitlich eingesetzter Verantwortlicher für die Durchführung des Trainings, bis ein neuer Trainer die Geschicke übernimmt; praktiziert z. B. bei vorzeitiger Trainerentlassung. In der Regel wird der bisherige ↑ Trainerassistent mit dieser Aufgabe betraut.

Interklubspiel, Spiel zwischen 2 Klubs verschiedener ↑ Landesverbände (1), das von diesen Verbänden zuvor genehmigt werden muß.

Interligenspiel, Spiel zwischen 2 *Unterverbänden*, was jedoch nicht als Länderspiel gilt, auch wenn diese Unterverbände verschiedenen Landesverbänden angehören. Ein I. wäre z. B. eine Begegnung zwischen *Kärnten* (gehört als Unterverband dem Österreichischen Fußball-Bund an) u. *Bayern* (gehört als Unterverband dem DFB an). I. müssen von den jeweiligen Landesverbänden genehmigt werden.

International Board, Kurzbez. für ↑ International Football Association Board.

Internationaler, svw. ↑ Nationalspieler.

Internationaler Fußballcup, Abk. *IFC*, zur Überbrückung der in vielen europäischen Ländern punktspielfreien Sommerzeit eingeführter Pokalwettbewerb; initiiert von europäischen Totogesellschaften. *K. Rappan* u. *E. B. Thommen* (damals Schatzmeister des Schweizeri-

Indonesien
olympisches Fußballturnier
1956 Endrunde

Injektionsarten
in die Haut *(intracutan)*
unter die Haut *(subcutan)*
in den Muskel *(intramuskulär)*
in die Vene *(intravenös)*
in das Gelenk *(intraarticulär)*

Internationaler Fußballcup
1962 Ajax Amsterdam
1963 Slovnaft Bratislava
1964 Slovnaft Bratislava
1965 Polonia Bytom
1966 1. FC Lokomotive Leipzig
1967 Eintracht Frankfurt/Main

Ipswich Town

Internationaler Messepokal

1958 *Barcelona* – London 2:2, 6:0
1960 *F. C. Barcelona* – FC Birmingham 1:1, 4:1
1961 *AS Rom* – FC Birmingham 2:0, 2:2
1962 *FC Valencia* – F. C. Barcelona 6:2, 1:1
1963 *FC Valencia* – Dinamo Zagreb 2:0, 2:1
1964 *Real Saragossa* – FC Valencia 2:1
1965 *Ferencváros Budapest* – Juventus Turin 1:0 (in Turin)
1966 *F. C. Barcelona* – Real Saragossa 0:1, 4:2 (n. V.)
1967 *Dinamo Zagreb* – Leeds United 2:0, 0:0
1968 *Leeds United* – Ferencváros Budapest 1:0, 0:0
1969 *Newcastle United* – Dózsa Ujpest 3:0, 3:2
1970 *FC Arsenal* – RSC Anderlecht 1:3, 3:0
1971 *Leeds United* – Juventus Turin 2:2, 1:1

Italien

Weltmeisterschaft
1934 1. Platz
1938 1. Platz
1950 Endrunde
1954 Endrunde
1962 Endrunde
1966 Endrunde
1970 2. Platz
1974 Endrunde
1978 4. Platz
1982 1. Platz
1986 Achtelfinale

Europameisterschaft
1968 1. Platz
1980 4. Platz

olympisches Fußballturnier
1928 3. Platz
1936 1. Platz

schen Fußballverbandes) ließen den Wettbewerb ab 1961 durch die UEFA sanktionieren. Bis 1967 wurde der Gesamtsieger ermittelt, danach nur noch Gruppensieger. 25 bis 40 Klubs nehmen in jedem Sommer am IFC teil, mit Ausnahme der französ. u. engl. Vereine. Tab.

Internationaler Messepokal, im April 1955 maßgeblich von *E. B. Thommen* in Basel ins Leben gerufener Pokalwettbewerb europäischer Messestädte (Barcelona, Basel, Birmingham, Frankfurt/Main, Köln, Kopenhagen, Lausanne, Leipzig, London, Mailand, Wien, Zagreb). Beim ersten Wettbewerb 1955/58 wurden die Städte von repräsentativen Auswahlmannschaften vertreten, während bei der zweiten Auflage des I.M. die Teilnahme von Klubmannschaften gestattet war, die aus einer Messestadt stammen mußten. In der Folgezeit sollte der I.M. seinen festen Rhythmus im internationalen Klubfußball einnehmen. Parallel mit dem Aufschwung der UEFA löste er sich indessen mit der Zeit von den Messestädten, so daß es eine logische Schlußfolgerung war, den Wettbewerb fortan (ab 1972) als ↑ UEFA-Pokal durchzuführen. Offiziell tagte das Messepokalkomitee am 21. 9. 1971 zum letztenmal (in Sitges, Spanien) u. beendete damit den Wettbewerb. Tab.

internationale Schiedsrichter, von den Landesverbänden alljährlich bis zum 15. 7. der FIFA-Schiedsrichterkommission vorzuschlagende Schiedsrichter, die nach Auffassung des jeweiligen Verbandes in jeder Beziehung in der Lage sind, als Spielleiter internationaler Spiele, bei Weltmeisterschaften u. olympischen Fußballturnieren zu amtieren. Jeder Landesverband darf maximal 7 Namen von i. S. unterbreiten, wobei am 31. 12. des Jahres seiner Nominierung der vorgeschlagene Schiedsrichter mindestens 25 und nicht älter als 50 Jahre sein sollte. Darüber hinaus muß er zuvor wenigstens 2 Jahre regelmäßig Spiele der nationalen Spitzenklasse seines Landes geleitet haben.
Die *FIFA-Schiedsrichterkommission* behält sich das Recht vor, nach Prüfung der vorgeschlagenen Namen u. nach Rücksprache mit den betreffenden Landesverbänden, einen Schiedsrichter evtl. auszuschließen. Ebenso behält sie sich vor, wen sie wann u. wo einsetzt. Die i. S. sind verpflichtet, sich einer medizinischen Untersuchung u. einem Fitneßtest zu unterziehen. Wurden alle genannten Kriterien erfüllt, werden die jeweiligen i. S. in die offizielle *FIFA-Liste* aufgenommen u. haben das Recht, sich nach 2 geleiteten internationalen Spielen von besonderem Wichtigkeitsgrad als *FIFA-Schiedsrichter* zu bezeichnen.

Internationale Soccer-Liga, Abk. *ISL,* 1959 von *Bill Cox,* einem der Gründer des „Philadelphia Phillies Baseball Club“, eingeführte Meisterschaftsrunde; wurde sechsmal in 2 Gruppen (I. und II. Division) in *New York* (im Polo Ground of Randall's Island) u. in *Jersey City* (im Roosevelt Stadium) ausgespielt, stets nach Abschluß des Spieljahres. 1963 wurden Chikago, Detroit u. Chiopee (Massachusetts), 1964 Boston u. Los Angeles als Austragungsstädte mit einbezogen.

Internationale Sommermeisterschaft, frühere Bez. für ↑ Internationaler Fußballcup.

International F.A. Board, Kurzbez. für ↑ International Football Association Board.

International Federation of Football History & Statistics [engl., „Internationale Föderation für Fußballgeschichte und -statistik“], gegr. 1986; Sitz *Wiesbaden* (BRD); publiziert jährlich 6 Ausgaben (in mehreren Sprachen) des Fachjournals „11“ *(Zeitschrift für internationale Fußballgeschichte und -statistik)*; Inhalt: Geschichte des Fußballs (national u. international), Übersichten, Statistiken, Biografien, Archivfotos u. ä.

International Football Association Board, kurz *Board,* am 2. 6. 1886 in London gegründete internationale Schiedsrichter- u. Regelkommission, die vorgeschlagene Änderungen zu den Spielregeln u. a. den Fußball betreffende Angelegenheiten berät u. beschließt. Dem Board gehören an die *Football Association,* England, die *Scottish Football Association,* die *Football Association of*

Wales, die *Irish Football Association*, Nordirland, u. seit 1913 die *FIFA*, die jeweils mit 4 Delegierten vertreten sind. Die 4. brit. Verbände verfügen bei den Abstimmungen über je eine Stimme, während die FIFA, im Namen aller ihr angeschlossenen ↑ Landesverbände (1), über 4 Stimmen verfügt. Änderungen der Spielregeln können ausschl. anläßlich der jährlich im Juni stattfindenden Hauptversammlung vorgenommen werden, u. zwar nur mit der Zustimmung von mindestens 75% der anwesenden Stimmberechtigten. Die Beschlüsse des Boards sind für die Landesverbände verbindlich, wobei die Verbände keine Veränderungen der Spielregeln vornehmen dürfen, ohne daß diese vom Board behandelt worden sind. – Aus Anlaß des 100jährigen Bestehens des Boards wurde 1986 durch die FIFA das „Internationale Jahr des Fußballschiedsrichters" proklamiert.

International Stadium, Nationalstadion von ↑ Jordanien.

Intertotorunde, frühere Bez. für ↑ Internationaler Fußballcup.

Ipswich Town, FC, („The Blues", „Die Blauen"), England, Verein der 1. Division; gegr. 1887; seit 1936 Profifußball; ab 1938 3. Division, 1954/55 2. Division, 1955/57 3. Division, 1957/61 2. Division, 1961/64 1. Division, 1964/68 2. Division, seit 1968 in der höchsten Spielklasse; 1962 *Landesmeister* u. 1978 *FA-Cupgewinner*; 1981 *UEFA-Pokalsieger*. 10 *EC-Teilnahmen:* 50 Spiele; 29 Siege, 9 Unentschieden, 12 Niederlagen, 67:33 Punkte, 100:51 Tore. – *Spielkleidung:* weiße Hose, blaues Hemd mit roten Streifen u. weißem Kragen sowie blaue Stutzen. *Heimstadion:* Portman Road, 37000 Plätze. Abb.

Spieler (Auswahl): T. K. Beattie – A. Brazil – G. Burley – T. Butcher – T. R. Carroll – D. P. Curtis – A. Hunter – D. E. Johnson – P. Mariner – M. D. Mills – A. Muhren – K. O'Callaghan – R. Osman – B. Talbot – F. Thijssen – C. Viljoen – J. Wark. – **Manager** (Auswahl): B. Ferguson – B. McGarry – J. Milburn – A. Ramsey – B. Robson – B. Scott – A. Scott Duncan.

Irak, Staat in Westasien, 434924 km², etwa 14 Mill. Ew., 1 Fußballspieler je 3500 Ew.; Verband *Iraq Football Association* („Irakischer Fußballverband"), Abk. *IFA*; gegr. 1948, Sitz *Bagdad*; Mitgl. der *FIFA* seit 1951, der *AFC* seit 1971. – *Organisation:* 160 Klubs; 3500 Amateurspieler, gesamt 4000 (einschl. Nachwuchs- u. AM-Spieler); *Spieljahr:* Oktober–Mai; *Spielkleidung:* Weiß (Reserveausrüstung: schwarze Hose, grünes Hemd, schwarze Stutzen); *Nationalstadion:* Cité Sportive Camille Chamoun, Bagdad, 50000 (ausschl. Sitzplätze); *Stadien* (Auswahl): Maysan Stadium, 50000; Mosul Stadium, Niniveh, 26000; Sulaimaniya Stadium, 25000; Kut Stadium, 25000; Anbar Stadium, 25000; Basrah Stadium, 25000; Arbil Stadium, 25000; Kirkuk Stadium, 20000. S. a. Tab. (↑ Anhang).

Iran, Staat in Westasien, 1648000 km², etwa 40 Mill. Ew., 1 Fußballspieler je 129 Ew.; Verband *Iranian Football Federation* („Iranischer Fußballverband"), Abk. *IFF*; gegr. 1922, Sitz *Teheran*; Mitgl. der *FIFA* seit 1948, der *AFC* seit 1958. – *Organisation:* 6400 Klubs; 30000 Amateurspieler, gesamt 310000 (einschl. Nachwuchs- u. AM-Spieler); *Spieljahr:* April–Februar; *Spielkleidung:* weiße Hose, grünes Hemd, rote Stutzen (Reserveausrüstung: Weiß); *Nationalstadion:* Aria Mehre Stadium, Teheran, 100000 (80000 Sitz-, 20000 Stehplätze); *Stadien* (Auswahl): Takhti Stadium, Teheran, 30000; Sheiroudi Stadium, Teheran, 25000; Isfahan Stadium, 20000; Schiras Stadium, 20000; Ahwas Stadium, 20000. S. a. Tab. (↑ Anhang).

Irland, 70283 km², etwa 3,5 Mill. Ew., 1 Fußballer je 56 Ew.; Verband *The Football Association of Ireland* („Irischer Fußballverband"), Abk. *FAI*; gegr. 1921, Sitz *Dublin*; Mitgl. der *FIFA* seit 1923, der *UEFA* seit 1954. – *Organisation:* 3510 Klubs; 90 Berufsspieler, 400 Vertragsspieler, 56000 Amateurspieler, gesamt 63000 (einschl. Nachwuchs- u. AM-Spieler); *Spieljahr:* August–Mai; *Spielkleidung:* weiße Hose, grünes Hemd, grüne Stutzen (Reserveausrüstung: grüne Hose, weißes Hemd, grüne Stutzen); *Stadien* (Auswahl): Dalymount Park, Dublin 45000; Lansdowne Road, Dublin, 48000; Glenmalure Park, Dublin, 25000; Flower Lodge, Cork,

1960 4. Platz
1984 4. Platz
Weltpokal
1964 Internazionale Mailand
1965 Internazionale Mailand
1969 AC Mailand
1985 Juventus Turin
Supercup
1984 Juventus Turin
EC I
1963 AC Mailand
1964 Internazionale Mailand
1965 Internazionale Mailand
1969 AC Mailand
1985 Juventus Turin
EC II
1961 AC Florenz
1968 AC Mailand
1973 AC Mailand
1984 Juventus Turin
EC III
1961 AS Rom
1977 Juventus Turin
Landesmeister / Pokalsieger
1898 FC Genua / –
1899 FC Genua / –
1900 FC Genua / –
1901 AC Mailand / –
1902 FC Genua / –
1903 FC Genua / –
1904 FC Genua / –
1905 Juventus Turin / –
1906 AC Mailand / –
1907 AC Mailand / –
1908 Pro Vercelli / –
1909 Pro Vercelli / –
1910 Internazionale Mailand / –
1911 Pro Vercelli / –
1912 Pro Vercelli / –
1913 Pro Vercelli / –
1914 Casale / –
1915 FC Genua / –
1920 Internazionale Mailand / –
1921 Pro Vercelli / –
1922 Pro Vercelli (Meister der CCI), US Novese (Meister derFICG); infolge Verbandsstreitigkeiten 2 Meister / AC Vado
1923 FC Genua / –
1924 FC Genua / –
1925 FC Bologna / –
1926 Juventus Turin / –
1927 AC Turin / –
1928 AC Turin / –
1929 FC Bologna / –
1930 Internazionale Mailand /
1931 Juventus Turin /
1932 Juventus Turin /
1933 Juventus Turin /
1934 Juventus Turin /
1935 Juventus Turin /
1936 FC Bologna / AC Turin
1937 FC Bologna / FC Genua 93
1938 Internazionale Mailand / Juventus Turin

1939 FC Bologna / Internazionale Mailand
1940 Internazionale Mailand / AC Florenz
1941 FC Bologna / FC Venedig
1942 AS Rom / Juventus Turin
1943 AC Turin / AC Turin
1944 La Spezia (inoffiziell) / –
1946 AC Turin / –
1947 AC Turin / –
1948 AC Turin / –
1949 AC Turin / –
1950 Juventus Turin / –
1951 AC Mailand / –
1952 Juventus Turin / –
1953 Internazionale Mailand / –
1954 Internazionale Mailand / –
1955 AC Mailand / –
1956 AC Florenz / –
1957 AC Mailand / –
1958 Juventus Turin / Lazio Rom
1959 AC Mailand / Juventus Turin
1960 Juventus Turin / Juventus Turin
1961 Juventus Turin / AC Florenz
1962 AC Mailand / SSC Neapel
1963 Internazionale Mailand / Atalanta Bergamo
1964 AC Bologna / AS Rom
1965 Internazionale Mailand / Juventus Turin
1966 Internazionale Mailand / AC Florenz
1967 Juventus Turin / AC Mailand
1968 AC Mailand / AC Turin
1969 AC Florenz / AS Rom
1970 US Cagliari / FC Bologna
1971 Internazionale Mailand / AC Turin
1972 Juventus Turin / AC Mailand
1973 Juventus Turin / AC Mailand
1974 Lazio Rom / FC Bologna
1975 Juventus Turin / AC Florenz
1976 AC Turin / SSC Neapel
1977 Juventus Turin / AC Mailand
1978 Juventus Turin / Internazionale Mailand
1979 AC Mailand / Juventus Turin
1980 Internazionale Mailand / AS Rom
1981 Juventus Turin / AS Rom
1982 Juventus Turin / Internazionale Mailand
1983 AS Rom / Juventus Turin
1984 Juventus Turin / AS Rom
1985 Hellas Verona / Sampdoria Genua
1986 Juventus Turin / AS Rom

25000; Lourdes Stadium, Drogheda, 25000; Tolka Park, Dublin, 20000. S. a. Tab. (↑ Anhang).

Irmscher, Harald, Trainer, geb. 12. 2. 1946 Oelsnitz; Mittelfeldspieler; spielte 1956/62 bei Aktivist Karl-Liebknecht Oelsnitz, 1962/68 bei (Motor) Sachsenring Zwickau, 1968/76 beim FC Carl Zeiss Jena u. 1976/78 bei Wismut Gera; 41 Länderspiele (4 Tore); internationales Debüt am 4. 9. 1966 gegen Ägypten (6:0) in Karl-Marx-Stadt; Länderspielabschied am 30. 10. 1974 gegen Schottland (0:3) in Glasgow; 1974 WM-Endrundenteilnehmer; gewann bei Olympia 1972 Bronze; er bestritt 330 Punktspiele (202 Jena, 36 Tore; 128 Zwickau, 17 Tore). – 1978/83 Trainer beim FC Carl Zeiss; seit 1983 Nationalmannschaftstrainerassistent. Abb.

Harald **Irmscher**

Isa Town Stadium, Nationalstadion von ↑ Bahrein.

ISL, ↑ Internationale Soccer-Liga.

Island, 103000 km², etwa 236000 Ew., 1 Fußballspieler je 13 Ew.; Verband *Knattspyrnusamband Islands* („Isländischer Fußballverband"), Abk. *KSI*; gegr. 1907, Sitz *Reykjavik*; Mitgl. der *FIFA* seit 1929, der *UEFA* seit 1954. – *Organisation:* 70 Klubs; 11000 Amateurspieler, gesamt 18000 (einschl. Nachwuchs- u. AM-Spieler); *Spieljahr:* April–Oktober; *Spielkleidung:* weiße Hose, blaues Hemd, blaue Stutzen (Reserveausrüstung: blaue Hose, weißes Hemd, weiße Stutzen); *Nationalstadion:* Laugardalsvöllur, Reykjavik, 15100 (3500 Sitz-, 11600 Stehplätze); *Stadien* (Auswahl): Melavöllur, Reykjavik, 10000; Keflavikurvöllur, Keflavik, 5000; Akureyrarvöllur, 4000; Kópavogsvöllur, 4000. S. a. Tab. (↑ Anhang).

„isländisches Modell", seit 1984 in der isländ. 1. Liga angewendeter Austragungsmodus bei Meisterschaftsspielen, der bei einem Sieg 3 (statt der sonst üblichen 2) Pluspunkte beinhaltet. S. a. „Fußballmodelle".

Israel, Staat in Westasien, 14000 km², etwa 4 Mill. Ew., 1 Fußballspieler je 129 Ew.; Verband *Israel Football Association* („Israelischer Fußballverband"), Abk. *IFA*; gegr. 1928, Sitz *Tel Aviv*; Mitgl. der *FIFA* seit 1929, der *AFC* seit 1956. – *Organisation:* 550 Klubs; 17000 Amateurspieler, gesamt 31000 (einschl. Nachwuchs- u. AM-Spieler); *Spieljahr:* September–Juni; *Spielkleidung:* blaue Hose, weißes Hemd, weiße Stutzen (Reserveausrüstung: weiße Hose, blaues Hemd, weiße Stutzen); *Nationalstadion:* Ramat-Gan, Tel Aviv, 55000 (ausschl. Sitzplätze); *Stadien* (Auswahl): Bloomfield Stadium, Tel Aviv, 20000; Kyriat Haeem Stadium, Haifa, 20000; Municipality Stadium, Haifa, 15000. S. a. Tab. (↑ Anhang).

Israel, Rinus, Niederlande, geb. 19. 3. 1942 Amsterdam; Verteidiger; spielte 1956/66 bei DWS Amsterdam, 1966/75 bei Feyenoord Rotterdam, 1975/76 bei Excelsior Rotterdam u. 1976/82 bei PEC Zwolle; 47 Länderspiele (3 Tore); internationales Debüt am 30. 9. 1964 gegen Belgien (0:1) in Antwerpen; Länderspielabschied am 3. 7. 1974 gegen Brasilien (2:0) in Dortmund; WM-Endrundenteilnehmer 1974; Fußballer des Jahres 1970. – 1986 Trainer bei Venlo.

Istanbul, Besiktas Gymnastik, Türkei, Oberliga, gegr. 1903; 5mal *Landesmeister* (zwischen 1960 u. 1986); *Pokalsieger* 1975. 10 *EC-Teilnahmen:* 20 Spiele; 3 Siege, 3 Unentschieden, 14 Niederlagen, 9:31 Punkte, 12:42 Tore. – *Spielkleidung:* grüne Hose, grün-weiß längsgestreiftes Hemd, grüne Stutzen (weiß abgesetzt). *Heimstadion:* Mihatpasa-Stadion, 45000 Plätze. Abb.

Spieler (Auswahl): Ahmet I – Ahmet II – Cevdet – Coskun – Erkan – Kalicanin – Necmi – Sabri – Suat – Yavuz.

FC Liverpool
Real Madrid
Internazionale Mailand

Standard Lüttich
1. FC Magdeburg
Manchester City

Atlético Madrid
AC Mailand
Manchester United

Waldhof Mannheim
AS Monaco
Torpedo Moskau

Minnesota Strikers
Borussia Mönchengladbach
FC Bayern München

RWD Molenbeek
Peñarol Montevideo
TSV 1860 München

Preußen Münster
Nottingham Forest
St. Germain Paris

Cosmos New York
1. FC Nürnberg
Internacional Pôrto Alegre

IFK Norrköping
Kickers Offenbach
Slavia Prag

Valur Reykjavik
Fluminense Rio de Janeiro
Feyenoord Rotterdam

Stahl Riesa
AS Rom
1. FC Saarbrücken

Flamengo Rio de Janeiro
FC Hansa Rostock
Austria-Casino Salzburg

Istanbul, Fenerbahce, Türkei, Oberliga (Emblem ↑ Tf. 7); gegr. 1907 als *Fenerbahce Spor Kulübü Altiyol*; 11mal *Landesmeister* (zwischen 1959 u. 1985); 4mal *Pokalsieger* (zwischen 1968 u. 1983). 20 *EC-Teilnahmen:* 56 Spiele; 16 Siege, 7 Unentschieden, 33 Niederlagen, 39:73 Punkte, 53:106 Tore. – *Spielkleidung:* weiße Hose, blau-gelb längsgestreiftes Hemd, weiße Stutzen. *Heimstadion:* Dolmabace-Stadion, 20000 Plätze.

Spieler (Auswahl): Abdullah – Ahmet – Aidin – Bekir – Birol – Fian – Fiklet – Giat – Ismail – Ismet – Lefter – Mustafa – Nedin – Ogun – Özcon – Özer – Selim – Senol.

Istanbul, Galatasaray, Türkei, Oberliga, gegr., 1905; 6mal *Landesmeister* (zwischen 1962 u. 1973); 8mal *Pokalsieger* (zwischen 1963 u. 1986). 16 *EC-Teilnahmen:* 55 Spiele; 15 Siege, 13 Unentschieden sowie 27 Niederlagen, 43:67 Punkte, 62:101 Tore. – *Spielkleidung:* gelbe Hose, gelbes Hemd, gelb-grüne Stutzen. *Heimstadion:* Ali Sami Yen, 40000 Plätze. – Bekanntester Spieler: *S. Turgay*; bekanntester Trainer: *J. Derwall*. Abb.

Italien, 301225 km², etwa 56,3 Mill. Ew., 1 Fußballspieler je 21 Ew.; Verband *Federazione Italiana Giuoco Calcio* („Italienischer Fußballverband"), Abk. *FIGC*; gegr. 1898, Sitz *Rom*; Mitgl. der *FIFA* seit 1905, der *UEFA* seit 1954. – *Organisation:* 19100 Klubs; 4250 Berufsspieler, 20000 Vertragsspieler, 800000 Amateurspieler, insgesamt 2,7 Mill. (einschl. Nachwuchs- u. AM-Spieler); *Spieljahr:* September–Juni; *Spielkleidung:* weiße Hose, azurblaues Hemd, blaue Stutzen (Reserveausrüstung: azurblaue Hose, weißes Hemd, blaue Stutzen); *Nationalstadion:* Stadio Olimpico, Rom (↑ Olympiastadion [5]); *Stadien* (Auswahl): ↑ Stadio „Giuseppe Meazza", Mailand; ↑ Stadio San Paolo da Fuorigrotta, Neapel; ↑ Stadio Comunale, Turin; Stadio Comunale, Florenz, 67800; Stadio S. Elia, Cagliari, 60000; Stadio Luigi Ferraris, Genua, 63700. Tab. S. a. Tf. 30, 36.

italienisches System, svw. *1-2-3-2-3-System* (↑ Spielsystem).

Itzling ↑ Salzburg, SC Austria-Casino.

Iwanow, Valentin, UdSSR, geb. 19. 1. 1934 Moskau; Halbstürmer; spielte 1948/66 bei Torpedo Moskau; 60 Länderspiele (26 Tore); WM-Endrundenteilnehmer 1958 u. 1962; Gewinner des Europapokals der Nationen (EM-Vorläufer) 1960, zweiter Platz 1964; Olympiasieger 1956; bestritt 287 Ligaspiele (1956/66); 162 Tore (124 in Punkt-, 12 in Pokal- u. 26 in Länderspielen). – Ab 1979 Funktionär u. Trainer bei Torpedo Moskau.

Izmir, Altay, Türkei, Oberliga, gegr. 16. 1. 1914; *Pokalsieger* 1967 u. 1980; 17mal Meister der *Regionalliga Izmir* (existierte bis 1958 mit den Klubs des südwestanatolischen Raums). 6 *EC-Teilnahmen:* 12 Spiele; 2 Siege, 3 Unentschieden, 7 Niederlagen, 7:17 Punkte, 14:32 Tore. – *Spielkleidung:* schwarze Hose, schwarz-weiß längsgestreiftes Hemd, weiße Stutzen. *Heimstadion:* Alsancak Stadion, 20000 Plätze. Abb.

Spieler (Auswahl): Ahmet – Ayfer – Cakirer – Cinar – Enver – Esat – Evliyazade – Feridun – Hikmet – Kazim – Oguz – Varol – Yilmaz.

Izmir, Göztepe, Türkei, 2. Liga, gegr. 1925; 12mal *Landesmeister* (zwischen 1936 und 1953); *regionaler Pokalsieger* 1939, 1940 u. 1942 (in der Regionalliga Izmir, existierte bis 1958 mit den Klubs des südwestanatol. Raums); *nationaler Pokalsieger* (seit 1963 ausgespielt) 1969 u. 1970. 7 *EC-Teilnahmen:* 30 Spiele; 10 Siege, 2 Unentschieden, 18 Niederlagen, 22:38 Punkte, 36:49 Tore. – *Spielkleidung:* schwarze Hose, gelb-schwarz längsgestreiftes Hemd, gelbe Stutzen. *Heimstadion:* Atatürk-Stadion, 70000 Plätze. Abb.

J

Jack, David, England, 1899–1958; Halbrechter; spielte 1916/24 beim FC Plymouth, 1924/28 bei Bolton Wanderers u. 1928/36 beim FC Arsenal; 9 Länderspiele (3 Tore); internationales Debüt am 12. 4. 1924 gegen Schottland (1:1) in

Besiktas Istanbul

Galatasaray Istanbul

Altay Izmir

Göztepe Izmir

London; Länderspielabschied am 7. 12. 1932 gegen Österreich (4:3) in London; erzielte 1923 beim FA-Cupfinale das erste Endspieltor im Wembleystadion überhaupt (beim 2:0 von Bolton gegen West Ham United); erster engl. Profi, für den im Oktober 1928 10000 Pfund Ablösesumme von Arsenal an Bolton gezahlt wurden. – Später Spielermanager beim FC Southend; nach dem zweiten Weltkrieg Manager bei dem FC Middlesbrough u. bei Shelbourne Dublin.

Jairzinho

Jacob, Helmut, Trainer, geb. 13. 8. 1921 Zeitz; Verteidiger; spielte 1930/39 beim Zeitzer Ballspiel-Club (ZBC), 1941 bei Jahn Regensburg, 1942 bei Straubing, 1945/49 bei Rot-Weiß Zeitz, 1949/50 bei Chemie Zeitz, 1950/52 bei Einheit Berlin-Pankow, 1952/53 bei Chemie Wolfen u. 1953/54 bei Einheit Ost Leipzig. – Trainer seit 1954; bis 1955 beim SC DHfK Leipzig u. bei der DFV-Juniorenauswahl, 1955/56 beim SC Wismut Karl-Marx-Stadt, 1956/60 bei Rotation Babelsberg, 1960/68 bei der Stadtauswahl Berlin, 1968/76 Bezirkstrainer in Berlin u. 1976/85 Bezirksnachwuchstrainer in Potsdam.

Jäger, Adolf, geb. 31. 3. 1889 Hamburg, gest. (getötet bei einem Bombenangriff) 21. 11. 1944; Mittelstürmer; er spielte 1908/27 bei FC Altona 93; 18 Länderspiele, 11 Tore (1908/24), 10mal Spielführer; Olympiateilnehmer 1912; gab Länderspieldebüt am 7. 6. 1908 gegen Österreich (2:3) in Wien; Länderspielabschied am 14. 12. 1924 gegen die Schweiz (1:1) in Stuttgart; spielte repräsentativ für Hamburg u. Norddeutschland. – Sein talentierter Sohn *Rolf J.* wurde ebenfalls ein Opfer des zweiten Weltkrieges (gefallen 1944).

Jahnbaude ↑ Böhlen, BSG Chemie.

Jahnsportplatz ↑ Wismar, TSG.

Jairzinho, eigtl. *Filho Jair Ventura*, Brasilien, geb. 25. 12. 1944 Rio de Janeiro; Rechtsaußen, Garrincha-„Nachfolger"; spielte 1957/74 u. 1981/82 bei Botafogo Rio de Janeiro; bestritt 74 Länderspiele (18 Tore); Länderspieldebüt am 7. 6. 1964 gegen Portugal (4:1) in Rio de Janeiro; Länderspielabschied am 3. 3. 1982 gegen die ČSSR (1:1) in São Paulo; WM-Endrundenteilnehmer 1966, 1970 (7 Tore) u. 1974. Abb. S. a. Tor (Abb.), Brasilien (Abb.).

Jakarta Anniversary Tournament, Pokalturnier für Nationalmannschaften Südostasiens, 1970 durch die *All Indonesia Football Federation* (↑ Indonesien) aus der Taufe gehoben. Zweimal, 1973 u. 1974, nach Toren u. Punkten, ansonsten im K.-o.-System ausgespielt. Bisherige Teilnehmer: Australien, Burma, Indonesien, Südkorea, Malaysia, Thailand. Tab.

Jakarta Anniversary Tournament

1970	Malaysia
1971	Burma
1972	Indonesien
1973	Burma
1974	Burma
1975	Burma
1976	Südkorea

Jakimow, Dimitar, Bulgarien, geb. 12. 8. 1941 Sofia; war Halbstürmer; er spielte 1955/60 bei Septembri Sofia; 60 Länderspiele (8 Tore); internationales Debüt am 6. 12. 1959 gegen Dänemark (2:1) in Sofia; Länderspielabschied am 11. 6. 1970 gegen Marokko (1:1) in Léon (Mexiko); WM-Endrundenteilnehmer 1962, 1966 u. 1970.

Jakob, Hans, geb. 16. 6. 1908 Regensburg; Torhüter; spielte 1916/25 bei TV 61 Regensburg, 1925/42 bei Jahn Regensburg, 1942/45 beim FC Bayern München u. 1945/49 beim FC Lichtenfels; 38 Länderspiele (1930/39); Länderspieldebüt am 2. 11. 1930 gegen Norwegen (1:1) in Breslau (Wrocław); Länderspielabschied am 24. 9. 1939 gegen Ungarn (1:5) in Budapest; WM-Endrundenteilnehmer 1934 u. 1938 (nicht eingesetzt); Olympiateilnehmer 1936; eingesetzt in der Westeuropaauswahl 1937 (1:3 gegen Zentraleuropa in Amsterdam); spielte repräsentativ für Süddeutschland u. Bayern. – Später Trainer; u. a. beim FC Lichtenfels u. bei Passau.

Jamaika, ein Inselstaat im Karibischen Meer, 10991 km², etwa 2,2 Mill. Ew., 1 Fußballspieler je 44 Ew.; Verband *The Jamaica Football Federation* („Jamaikanischer Fußballverband"), Abk. *JFF*; gegr. 1910, Sitz *Kingston*; Mitgl. der *FIFA* seit 1962, der *CONCACAF* seit 1963. – *Organisation:* 270 Klubs; 25000 Amateurspieler, gesamt 50000 (einschl. Nachwuchs- u. AM-Spieler); *Spieljahr:* August–April; *Spielkleidung:* schwarze Hose, grünes Hemd, grüngoldgelbe Stutzen (Reserveausrüstung: schwarze Hose, goldgelbes Hemd, goldgelbe Stutzen); *Nationalstadion:* National Stadium, Kingston, 40000 (36000 Sitz-, 4000 Stehplätze); weiteres Stadion: Cricket Club, Kingston, mit 24000 Plätzen.

James, Alec („Jack"), England, schott. Herkunft, 14. 9. 1901–1953; Halblinker; begann beim Amateurklub Belshill Athletic and Ashfield; wechselte 1922 zu den Raith Rovers u. 1925 zum engl. Erstdivisionär Preston North End (1925/29, 53 Tore in 147 Spielen); 1929 von Arsenalmanager *H. Chapman* nach London verpflichtet, wo er der Torschütze der „Gunners" wurde. Sein internationales Debüt gab J. am 31. 10. 1925 gegen Wales (3:0) in Cardiff. Er bestritt 8 Länderspiele (3 Tore) u. stand neben *E. J. Drake* u. *C. Bastin* im legendären Arsenalteam der 30er Jahre. – Nach dem 2. Weltkrieg wurde J. Assistenzmanager bei Arsenal, später arbeitete er als Journalist.

Janes, Paul, geb. 11. 3. 1912 Küppersteg; Verteidiger; spielte 1923/30 bei Jahn Küppersteg u. 1930/51 bei Fortuna Düsseldorf; 71 Länderspiele (7 Tore), 31mal Spielführer; gab Länderspieldebüt am 30. 10. 1932 gegen Ungarn in Budapest (1:2); Länderspielabschied am 3. 11. 1940 gegen Jugoslawien (0:2) in Zagreb; WM-Endrundenteilnehmer 1934 und 1938; war Olympiateilnehmer 1936 (nicht eingesetzt); spielte repräsentativ für Westdeutschland, Niederrhein u. Niedersachsen. – Später Trainer bei Fortuna Düsseldorf, Eintracht Trier, SV Baesweiler u. SpVgg Vohwinkel. S. a. Deutschland bis 1945 (Abb.).

Jansen, Wim, Niederlande, geb. 28. 10. 1946 Rotterdam; Mittelfeldspieler; spielte 1960/80 bei Feyenoord Rotterdam, 1980/81 bei Washington Diplomats u. 1981 bei Ajax Amsterdam, 1981/82 bei PSV Eindhoven u. 1982/83 bei NAC Breda; 66 Länderspiele (1 Tor); internationales Debüt am 4. 10. 1967 gegen Dänemark (2:3) in Kopenhagen; Länderspielabschied am 23 1. 1980 gegen Spanien (0:1) in Vigo; WM-Endrundenteilnehmer 1974 sowie 1978; war EM-Endrundenteilnehmer 1976; 450 Ligaspiele. – Später u. a. Trainer bei Feyenoord (Jugend u. 2. Mannschaft).

Janvion, Gerard, Frankreich, geb. 21. 8. 1953 Fort-de-France (Martinique); Verteidiger; spielte 1964/72 bei Case Pilote (Martinique) u. 1972/84 bei A.S. St.-Étienne; 36 Länderspiele; internationales Debüt am 12. 10. 1975 gegen die DDR (1:2) in Leipzig; Länderspielabschied am 6. 10. 1982 gegen Ungarn (1:0) in Paris; WM-Endrundenteilnehmer 1978 u. 1982. Abb.

Japan, Staat in Ostasien, 372313 km^2, etwa 120 Mill. Ew., 1 Fußballspieler je 333 Ew.; Verband *The Football Association of Japan* („Japanischer Fußballverband"), Abk. *JFA*; gegr. 1921, Sitz *Tokio*; Mitgl. der *FIFA* seit 1929 bis 1945, dann wieder ab 1950, der *AFC* seit 1954. – *Organisation:* 13050 Klubs; 80000 Amateurspieler, gesamt 360000 (einschl. Nachwuchs- u. AM-Spieler); *Spieljahr:* März–Januar; *Spielkleidung:* weiße Hose, blaues Hemd, blaue Stutzen (Reserveausrüstung: blaue Hose; weißes Hemd, weiße Stutzen); *Nationalstadion:* National Stadium of Tokyo, 72100 (ausschl. Sitzplätze); *Stadien* (Auswahl): Heiwa-dai-Stadium, Fukuoka, 30000; Nagai Stadium, Osaka, 23000; Hiroshima Prefectural Stadium, 21000; Kusanagi Prefectural Stadium, Shizuoka, 21000; Komazawa Olympic Stadium, Tokio, 20500. Tab.

Jara, Kurt, Österreich, geb. 14. 10. 1950; Mittelfeldspieler; spielte 1964/73 bei SV u. Wacker Innsbruck, 1973/75 beim FC Valencia, 1975/80 beim MSV Duisburg sowie 1980/81 beim FC Schalke 04 (191 Bundesligaspiele, 25 Tore); 1981/1985 bei Grasshoppers Zürich; 56 Länderspiele (14 Tore); internationales Debüt am 11. 7. 1971 gegen Brasilien (1:1) in São Paulo; WM-Endrundenteilnehmer 1978 u. 1982.

Jaschin, Lew (der „schwarze Panther"), UdSSR, geb. 22. 10. 1929 Bogorodskoje (bei Moskau); Torhüter; begann bei einer Werksmannschaft in Tuschino; ab 1945 bei Dynamo Moskau (als Eishokkeyspieler), wo ihn *A. Chomitsch* unter seine Fittiche nahm; debütierte 1953 bei Dynamo u. 1954 in der Nationalmannschaft (gegen Bulgarien); absolvierte 813 Spiele, davon 326 Meisterschaftstreffen; er bestritt 78 Länderspiele

Gerard **Janvion**

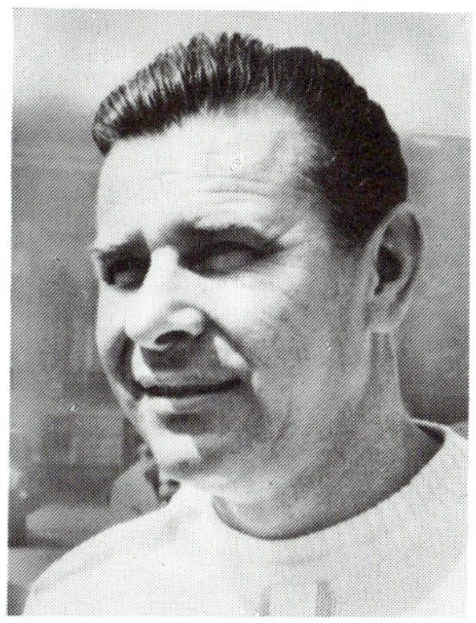

Lew **Jaschin**

Japan
olympisches Fußballturnier
1968 3. Platz

Pat **Jennings**

Vaclav **Jezek**

Jawaharlal-Nehru-Goldcup

1982	Uruguay
1983	Ungarn (Olympiaauswahl)
1984	Polen
1985	UdSSR
1986	UdSSR

FC Carl Zeiss Jena (seit 1946)

1. 6. 1946	SG Ernst Abbe
Oktober 1948	SG Stadion Jena
4. 3. 1949	BSG Carl Zeiss Jena
16. 1. 1951	BSG Mechanik Jena
Mai 1951	BSG Motor Jena
19. 11. 1954	SC Motor Jena
20. 1. 1966	FC Carl Zeiss Jena

(1954/67) (nur 70 Gegentore); gewann 1960 in Rom die Goldmedaille u. 1960 den Europapokal der Nationen (Vorgänger der EM) in Paris; war 1958, 1962, 1966 u. 1970 (nicht eingesetzt) WM-Endrundenteilnehmer.
J. gehörte 1963 der FIFA-Auswahl gegen England, 1968 gegen Brasilien u. 1964 der UEFA-Auswahl gegen Skandinavien u. Jugoslawien an; außerdem hütete er 1965 in Stoke beim Abschiedsspiel von *S. Matthews* das Tor. Er hielt über 150 Strafstöße. Sein Abschiedsspiel bestritt er am 27. 5. 1971 bei Dynamo Moskau – FIFA-Auswahl (2:2 im Lenin-Stadion, 103 000 Zuschauer). – Seit 1971 Klubvorsitzender bei Dynamo Moskau, später Vizepräsident der UdSSR-Fußballföderation. 1963 wurde er als erster Torhüter überhaupt Europas Fußballer des Jahres. Für seine Verdienste um den sowjet. Fußball erhielt J. den *Leninorden*, außerdem 1985 vom IOC den *Olympischen Orden*. 1985 mußte er sich einer Unterschenkelamputation unterziehen. Abb.

Jawaharlal-Nehru-Goldcup, seit 1982 ausgetragenes, von der *AIFF (All India Football Federation)* organisiertes Einladungsturnier für Auswahl- u. Klubmannschaften aller Kontinente. – Die DDR (Olympiaauswahl) nahm erstmals 1986 daran teil (3. Platz). Tab.

Jemen, Volksdemokratische Republik, Staat im Süden der Arabischen Halbinsel, 332 968 km², etwa 2,1 Mill. Ew., 1 Fußballspieler je 1 050 Ew.; Verband *P.D.R Yemen Football Association* („Fußballverband der VDR Jemen") Abk. *PDR YFA*; gegr. 1940, Sitz *Aden*; Mitgl. der *FIFA* seit 1967, der *AFC* seit 1967. – *Organisation:* 20 Klubs; 2 000 Amateurspieler (einschl. Nachwuchs- u. AM-Spieler); *Spieljahr:* April–Dezember; *Spielkleidung:* weiße Hose, lichtblaues Hemd, lichtblaue Stutzen; *Nationalstadion:* Stadium of the Martyr Al-Habashie, Aden, 4 500 (3 000 Sitz-, 1 500 Stehplätze).

Jemenitische Arabische Republik, Staat im Südwesten der Arabischen Halbinsel, 195 000 km², etwa 6,1 Mill. Ew., 1 Fußballer je 254 Ew.; Verband *Yemen Football Association* („Fußballverband der Jemenitischen Arabischen Republik"), Abk. *YFA*; gegr. 1962, Sitz *Sana*; Mitgl. der *FIFA* seit 1980, der *AFC* seit 1980. – *Organisation:* 65 Klubs; 3 000 Vertragsspieler, 6 000 Amateurspieler, gesamt 24 000 (einschl. Nachwuchs- u. AM-Spieler); *Spielkleidung:* Grün (Reserveausrüstung: Weiß); *Nationalstadion:* Yemen National Stadium, 10 000 (ausschl. Sitzplätze).

Jena, FC Carl Zeiss, DDR, Oberliga; gegr. 20. 1. 1966 im Jenaer „Volkshaus" (Emblem ↑ Tf. 7); historisch seit 13. 5. 1903 im regelmäßigen Spielbetrieb ausgewiesen; am 14. 3. 1917 in *1. SV Jena* umbenannt; offizieller Trainingsbeginn nach dem 2. Weltkrieg am 17. 4. 1946, erstes Spiel am 1. 5. 1946 gegen Stadtroda; am 1. 6. 1946 in Jena Gründungstag der 4 Sportgemeinschaften *SG Ernst Abbe, SG Forst, SG Kunitzburg u. SG Jenzig*; Landesmeister 1963; 1968 u. 1970; *Pokalsieger* 1960, 1972, 1974 u. 1980; *EC II-Finalist* 1981 (gegen Dynamo Tbilissi [1:2] in Düsseldorf); *Olympiapokalgewinner* 1964 (gegen Lok Stendal [4:2] in Brandenburg/Havel). 16 *EC-Teilnahmen:* 81 Spiele; 38 Siege, 16 Unentschieden u. 27 Niederlagen, 92:70 Punkte, 132:102 Tore. – *Spielkleidung:* blaue Hose, weiß-blaues Hemd, weiße Stutzen (od. blaue Hose, blaugelb gestreiftes Hemd, blaue Stutzen). *Heimstadion:* ↑ Ernst-Abbe-Sportfeld. Tab.

Spieler (Auswahl): H. Ahnert – E. Anhalt – W. Bachmann – D. Becker – A. Bielau – W. Blochwitz – P. Blüher – B. Bransch – G. Brauer – P. Bräutigam – J. Burow – G. Buschner – W. Eglmeyer – P. Ducke – R. Ducke – W. Fischer – H. Fritzsche – K. Gablik – H.-U. Grapenthin – H. Graupe – H. Heiner – H. Hergert – G. Hoppe – R. Hüfner – G. Imhof – H. Irmscher – R. Jahn – H. Kirsch – A. Krause – L. Kurbjuweit – D. Lange – L. Lindemann – K. Lindig – A. Linke – H. Malter – H. Marx – S. Meixner – H. Müller – K. Oehler – H.-J. Otto – H. Peschke – U. Preuße – G. Pfeiffer – J. Raab – G. Rahm – M. Retschke – P. Rock – F. Röhrer – H. Sänger – W. Schilling – B. Schipphorst – R. Schlutter – G. Schmidt – K. Schnieke – R. Schnuphase – E. Schymik – G. Sorm – H. Sperschneider – H. Stein – M. Strempel – D. Stricksner – G. Struppert – M. Trocha – E. Vogel – G. Volland –

K. Weise – J. Werner – S. Woitzat – H. Ziehn – R. Zimmermann. – **Trainer** (Auswahl): G. Buschner – K. Findeisen – M. Hofsommer – L. Kurbjuweit – H. Meyer – H. Petzold – D. Pfeifer – H. Pönert – E. Schipphorst – H. Schüßler – H. Warg – F. Zerrgiebel.

Jennings, Patrick („Pat"), Nordirland, geb. 12.6.1945 Newry; Torhüter; spielte 1963/64 beim FC Watford, 1964/78 bei Tottenham Hotspur London, 1978/85 beim FC Arsenal u. 1986 beim F.C. Everton; internationales Debüt am 15. 4. 1964 gegen Wales (3:2) in Swansea; 100. Länderspiel am 21. 9. 1983 gegen Österreich (3:1) in Belfast; mit 119 Länderspielen der „Weltrekordler"; Fußballer des Jahres 1973; WM-Endrundenteilnehmer 1982 u. 1986; bestritt über 1100 Ligaspiele. – J. wurde 1986 für seine fußballerischen Verdienste mit der Ehrendoktorwürde der „Ulster University" Belfast geehrt. Abb. S. a. „Klub der Hunderter".

Jens, Karl-Heinz, Journalist, geb. 12. 5. 1918 Dargun (Mecklenburg); spielte als Rechtsaußen od. Mittelstürmer 1932/40 bei dem SC 1922 Neubrandenburg, 1940/41 bei Heiligenhafen u. Tönning sowie 1946 beim TSV Behringersdorf; in der BRD sportjournalistisch tätig 1948/68 beim „Sportmagazin" sowie 1968/83 beim „Kicker-Sportmagazin". Sportbuchautor („Kicker-Almanach").

Jerewan, Ararat, UdSSR, 2. Liga; gegr. 1937 als *Dynamo*, 1954/62 *Spartak*, seit 1963 *Ararat* (nach dem höchsten Gipfel Armeniens); *Landesmeister* 1973, *Pokalsieger* 1973 u. 1975. 3 *EC-Teilnahmen:* 16 Spiele; 11 Siege, 2 Unentschieden, 3 Niederlagen, 24:8 Punkte, 37:15 Tore. – *Spielkleidung:* Weiß. *Heimstadion:* Rasdan, 70000 Plätze. Abb.

Spieler (Auswahl): S. Andreasjan – S. Bondarenko – C. Oganesjan. – **Trainer** (Auswahl): A. Faljan – Glebow – A. Ponomarjow – N. Simonjan.

Jersey, svw. *Trikot* (↑ Dreß); meist mit *Rückennummern* versehen.

Jerusalem, Camillo, Österreich, geb. 3. 4. 1914 Erdberg; Halblinker; spielte 1926/34 bei Landstraßer Amateure u. 1934/46 bei Austria Wien; 12 Länderspiele (6 Tore); internationales Debüt am 17.5.1936 gegen Italien (2:2) in Rom; Länderspielabschied am 6. 12. 1945 gegen Frankreich (4:1) in Wien.

Jerusalem, Beitar, Israel, 1. Liga, gegr. 1939; *Pokalsieger* 1976 u. 1979. – *Spielkleidung:* schwarze Hose, gelbes Hemd, gelb-schwarze Stutzen. *Heimstadion:* Beitar-Stadion, 20000 Plätze.

Spieler (Auswahl): H. Azulai – S. Kirat – U. Malmilian – J. Mizrachi – D. Neuman – E. Ohana – S. Shirazi. – **Trainer** (Auswahl): D. Kaschtan – D. Schweizer.

Ježek, Vaclav, ČSSR, Trainer, geb. 1. 10. 1923; Stürmer, Läufer; spielte u. a. bei SK Banská Bystrica, Úpice, Dvůr Králové u. Liberec. – Später Trainer bei Ceskej Lipe, Dukla u. Sparta Prag, 1970/72 bei ADO Den Haag, 1972/78 der ČSSR-Nationalmannschaft (mit ihr Europameister 1976), 1978/82 bei Feyenoord Rotterdam u. ab 1983 bei Sparta Prag. Abb.

Jira, Václav, Dr., ČSSR, Trainer u. Fußballfunktionär, geb. 2. 8. 1921 Prag; Mittelläufer; spielte für Spartak u. Bohemians Prag; 6 Länderspiele (1947/52); Trainer der ČSSR-Auswahl vom 3. 11. 1963 bis 30. 5. 1965 in 7 Spielen; exponierter Funktionär der UEFA ab 1969, seit 1978 Präsident der Technischen Kommission, seit 22. 4. 1978 UEFA-Vizepräsident.

JNA ↑ Belgrad, Partizan.

Johannsen, Helmut, Trainer, geb. 27. 2. 1920; spielte als Läufer od. Stürmer beim FC St. Pauli Hamburg; ab 1949 Trainerlizenz. – *Trainerstationen* waren: 1950/54 Bremerhaven 93, 1954/61 Holstein Kiel, 1961/63 1. FC Saarbrükken, 1963/70 Eintracht Braunschweig, 1970/72 Hannover 96, 1972/75 SV Röchling Völklingen, 1975/76 Tennis Borussia, 1976/79 Grasshoppers Zürich, 1979/81 VfL Bochum, 1981/85 FC St. Gallen.

Johannsson, Ake, Schweden, geb. 19. 3. 1928; Mittelfeldspieler, Verteidiger; spielte bei IFK Norrköping; 53 Länderspiele (1955/65).

„Joker", Spieler, der als Einwechsler wiederholt erfolgreich war u. fast verlorene Spiele noch „herumgerissen" hat; (letzte) „Trumpfkarte" des Trainers.

Joksch, Siegfried, Österreich, geb. 4.7.1917 Süßenbrunn an der Nordbahn;

Ararat Jerewan

Jugoslawien

Weltmeisterschaft
1930 Halbfinale
1950 Endrunde
1954 Viertelfinale
1958 Viertelfinale
1962 4. Platz
1974 2. Finalrunde
1982 Endrunde

Europameisterschaft
1960 2. Platz
1968 2. Platz
1976 3. Platz

olympisches Fußballturnier
1948 2. Platz
1952 2. Platz
1956 2. Platz
1960 1. Platz
1980 4. Platz
1984 3. Platz

EC III
1967 Dinamo Zagreb

Landesmeister / Pokalsieger
1923 Gradanski Zagreb / –
1924 Jugoslavija Belgrad / –
1925 Jugoslavija Belgrad / –
1926 Gradanski Zagreb / –
1927 Hajduk Split / –
1928 Gradanski Zagreb / –
1929 Hajduk Split / –
1930 Concordia Zagreb / –
1931 BSK Belgrad / –
1932 Concordia Zagreb / –
1933 BSK Belgrad / –
1935 BSK Belgrad / –
1936 BSK Belgrad / –
1937 Gradanski Zagreb / –
1938 HASK Zagreb / –
1939 BSK Belgrad / –
1940 Gradanski Zagreb / –
1947 Partizan Belgrad / Partizan Belgrad
1948 Dinamo Zagreb / Roter Stern Belgrad
1949 Partizan Belgrad / Roter Stern Belgrad
1950 Hajduk Split / Roter Stern Belgrad

1951	Roter Stern Belgrad / Dinamo Zagreb
1952	Hajduk Split / Partizan Belgrad
1953	Roter Stern Belgrad / BSK Belgrad
1954	Dinamo Zagreb / Partizan Belgrad
1955	Hajduk Split / BSK Belgrad
1956	Roter Stern Belgrad / –
1957	Roter Stern Belgrad / Partizan Belgrad
1958	Dinamo Zagreb / Roter Stern Belgrad
1959	Roter Stern Belgrad / Roter Stern Belgrad
1960	Roter Stern Belgrad / Dinamo Zagreb
1961	Partizan Belgrad / Vardar Skopje
1962	Partizan Belgrad / OFK Belgrad
1963	Partizan Belgrad / Dinamo Zagreb
1964	Roter Stern Belgrad / Roter Stern Belgrad
1965	Partizan Belgrad / Dinamo Zagreb
1966	Vojvodina Novi Sad / OFK Belgrad
1967	FC Sarajevo / Hajduk Split
1968	Roter Stern Belgrad / Roter Stern Belgrad
1969	Roter Stern Belgrad / Dinamo Zagreb
1970	Roter Stern Belgrad / Roter Stern Belgrad
1971	Hajduk Split / Roter Stern Belgrad
1972	Zeljeznicar Sarajevo / Hajduk Split
1973	Roter Stern Belgrad / Hajduk Split
1974	Hajduk Split / Hajduk Split
1975	Hajduk Split / Hajduk Split
1976	Partizan Belgrad / H. Split
1977	Roter Stern Belgrad / Hajduk Split
1978	Partizan Belgrad / FC Rijeka
1979	Hajduk Split / FC Rijeka
1980	Roter Stern Belgrad / Dinamo Zagreb
1981	Roter Stern Belgrad / Velez Mostar
1982	Dinamo Zagreb / Roter Stern Belgrad
1983	Partizan Belgrad / Dinamo Zagreb
1984	Roter Stern Belgrad / Hajduk Split
1985	FC Sarajevo / Roter Stern Belgrad
1986	Roter Stern Belgrad / Velez Mostar

linker Läufer; spielte 1931/32 beim SC Süßenbrunn, 1932/37 bei Admira Wien u. 1937/51 bei Austria Wien; 22 Länderspiele; internationales Debüt am 6. 12. 1945 gegen Frankreich (4:1) in Wien; Länderspielabschied am 19. 3. 1950 gegen die Schweiz (3:3) in Wien.

Jones, Clifford („Cliff"), Wales, geb. 19. 5. 1937; Linksaußen; spielte u. a. bei Swansea Town u. Tottenham Hotspur; 58 Länderspiele (1956/69); WM-Endrundenteilnehmer 1958.

Jonquet, Robert, Frankreich, geb. 3. 5. 1925 Paris; Mittelläufer; spielte 1939/42 bei Chatenay-Malabry u. S.S. Voltaire, 1942/60 bei Stade Reims u. 1960/62 bei Racing Strasbourg; 58 Länderspiele; internationales Debüt am 23. 4. 1948 gegen die Niederlande (1:4) in Amsterdam; Länderspielabschied am 7. 7. 1960 gegen die ČSSR (0:2) in Marseille; WM-Endrundenteilnehmer 1954 u. 1958. – Später Trainer, u. a. bei Stade Reims u. Racing Strasbourg.

Jordanien, Staat im Westen von Asien, 97 740 km², etwa 3,5 Mill. Ew., 1 Fußballspieler je 700 Ew.; Verband *Jordan Football Association* („Jordanischer Fußballverband"), Abk. *J.F.A.*; gegr. 1949, Sitz Amman; Mitgl. der *FIFA* seit 1958 u. der *AFC* seit 1970. – *Organisation:* 100 Klubs; 2 300 Amateurspieler, gesamt 5 000 (einschl. Nachwuchs- u. AM-Spieler); *Spieljahr:* April–Dezember; *Spielkleidung:* Weiß (Reserveausrüstung: Lichtblau); *Nationalstadion:* International Stadium, Amman, 30 000 (25 000 Sitz-, 5 000 Stehplätze); *Stadien* (Auswahl): Zarqa Stadium, 12 000; Irbid Stadium, 12 000.

Jordao, eigtl. *Rui Manuel Trinidade*, Portugal, geb. 9. 8. 1952 Benguela (Angola); Stürmer; spielte 1971/76 bei Benfica Lissabon u. 1976/78 bei Real Saragossa; seit 1978 bei Sporting Lissabon; 40 Länderspiele; EM-Endrundenteilnehmer 1984.

Juan Abrantes de la Universidad de Occidente, Nationalstadion von ↑ Kuba.

Juanito, offizielles ↑ WM-Maskottchen der IX. WM in Mexiko 1970.

Jugendafrikameisterschaft, seit 1978 im Zweijahresrhythmus ausgetragener Wettbewerb der ↑ CAF; dient gleichzeitig als Qualifikation für das *FIFA-Weltjugendturnier*, das bei seiner ersten Durchführung 1985 von *Nigeria* gewonnen wurde.

Jugendeuropameisterschaft, erstmals 1980/82 in UEFA-Regie ausgetragener Wettbewerb für *Jugendauswahlmannschaften* (U 16); durchgeführt in einer Endrunde mit 16 (seit 1984/85) Mannschaften – Bisherige Sieger waren: 1982 (in Italien) *Italien* (1:0 gegen BRD), 1984 (in der BRD) *BRD* (2:0 gegen die UdSSR) u. 1985 (in Ungarn) die *UdSSR* (4:0 gegen Griechenland).

Jugoslawien, 255 804 km², etwa 22,7 Mill. Ew., 1 Fußballspieler je 50 Ew.; Verband *Fudbalski Savez Jugoslavije* („Jugoslawischer Fußballverband"), Abk. *FSJ*; gegr. 1919, Sitz *Belgrad*; Mitgl. der *FIFA* seit 1919, der *UEFA* seit 1955. – *Organisation:* 14 700 Klubs; 450 Berufsspieler, 700 Vertragsspieler, 250 000 Amateurspieler, gesamt 455 000 (einschl. Nachwuchs- u. AM-Spieler); *Spieljahr:* August–Juni; *Spielkleidung:* weiße Hose, blaues Hemd, rote Stutzen (Reserveausrüstung: Weiß); *Stadien* (Auswahl): Roter Stern, Belgrad, 95 000; Dinamo, Zagreb, 65 000; Armee-Stadion, Belgrad, 55 000; Hajduk, Split, 55 000; Sarajevo-Stadion, 40 000. Tab.

Jules Rimet Cup, svw. ↑ Weltpokal (2).

Juliska ↑ Prag, Dukla.

Junior, eigtl. *Gama Junior Leovegildo Lins*, Brasilien, geb. 29. 6. 1954 João Pessoa; Linksverteidiger; spielte 1968/73 bei Juventus Rio de Janeiro, 1973/84 bei Flamengo Rio de Janeiro u. 1984/86 beim AC Turin; bestritt 70 Länderspiele (7 Tore); war WM-Endrundenteilnehmer 1982 u. 1986.

Junioreneuropameisterschaft, Nachfolgerin des ↑ UEFA-Juniorenturniers, seit 1981 ausgetragen. Bis 1984 jährlich durchgeführt, erstreckt sie sich seit 1985/86 über jeweils 2 Jahre. Die bestplazierten Mannschaften erwerben gleichzeitig die Qualifikation für die Teilnahme an der Endrunde der ↑ Juniorenweltmeisterschaft. Tab.

Juniorenweltmeisterschaft, von der *FIFA* seit 1977 alle 2 Jahre durchgeführtes Turnier für Auswahlmannschaften mit Spielern bis zu 20 Jahren. In allen Kontinentalkonföderationen finden dafür zuvor Qualifikationsturniere statt. 1977 u. 1979 wurde die J. unter der Bezeichnung *Juniorenweltturnier* durchgeführt. Tab.

Ladislav **Jurkemik**

Jura, Horst, geb. 16. 3. 1937 Plauen; Halbstürmer; spielte 1943/56 bei (VfB) Empor Nord Plauen, 1957 bei Wismut Plauen u. 1957/69 bei Motor Zwickau; bestritt 252 Oberligaspiele (58 Tore). – Trainer 1969/71 beim TZ Zwickau, 1971/73 bei Sachsenring Zwickau (Junioren), 1973/80 bei Union Freiberg u. 1980/82 bei Motor Brand-Langenau.

Jurkemik, Ladislav, ČSSR, geb. 20. 7. 1953 Jacovce; Libero; spielte u. a. 1972/80 u. 1981/83 bei Inter Bratislava u. 1980/81 bei Banska Bystrica; 54 Länderspiele (3 Tore); internationales Debüt am 7. 6. 1975 gegen Österreich (0:0) in Wien; nahm Länderspielabschied am 21. 9. 1983 gegen Schweden (0:1) in Stockholm; WM-Endrundenteilnehmer 1982; EM-Endrundenteilnehmer 1976 u. 1980; 293 Ligaspiele (50 Tore). Abb.

Juschka, Romualdas, UdSSR, Schiedsrichter, geb. 1942 Kvenada; er spielte 1960/72 bei CKA Vilnius u. Metallist Charkow; 1972 Schiedsrichter; 1977 Oberliga-, 1976 FIFA-Referee; EM-Endrundenschiedsrichter 1984.

Juskowiak, Erich („Hammer"), geb. 7. 9. 1926, gest. 1. 7. 1983; Verteidiger; spielte 1943/46 beim FC 08 u. 1946/50 bzw. 1951/53 bei Rot-Weiß Oberhausen, 1950/51 beim Wuppertaler SV u. 1953/62 bei Fortuna Düsseldorf; 31 Länderspiele (4 Tore), einmal Spielführer; internationales Debüt am 23. 12. 1951 gegen Luxemburg (4:1) in Essen; Länderspielabschied am 8. 11. 1959 gegen Ungarn (3:4) in Budapest; WM-Endrundenteilnehmer 1958.

Jusufi, Fahrudin, Jugoslawien, geb. 8. 12. 1939; Linksverteidiger; spielte 1955/66 bei Pobeda Partizan Belgrad, 1966/70 bei Eintracht Frankfurt/Main u. 1970/72 bei Kickers Offenbach u. Germania Wiesbaden; 56 Länderspiele; internationales Debüt am 25. 10. 1959 gegen Bulgarien (1:1) in Sofia; Länderspielabschied am 3. 5. 1967 gegen die BRD (1:0) in Belgrad; WM-Endrundenteilnehmer 1962; EM-Endrundenteilnehmer 1960; war Olympiasieger 1960; bestritt 111 Bundesligaspiele (2 Tore). – Später Trainer beim FC Dornbirn (Österreich, 1972/76), 1976/78 Verbandstrainer in Österreich, 1978/81 beim FC Schalke 04 (Jugend-, Assistenz- u. Cheftrainer), 1982/85 bei Wattenscheid 09 u. seitdem bei TSV 1860 München.

K

Kaburek, Matthias, Österreich, geb. 2. 2. 1911 Wien; Mittel- u. Halbstürmer; spielte 1924/35 bei Cricket u. Rapid Wien; 4 Länderspiele; gab sein internationales Debüt am 11. 2. 1934 gegen Italien (4:2) in Turin; Länderspielabschied am 24. 3. 1935 gegen Italien (0:2) in Wien.

Kaftanzoglion ↑ Saloniki, Iraklis.

Kaiafas, Sotiris, Zypern, geb. 1950 Nikosia; Stürmer; er spielte 1965/81 bei Omonia Nikosia; 30 Länderspiele (fünf Tore); internationales Debüt am 20. 1. 1971 gegen Griechenland (1:2) in Nikosia; nahm Länderspielabschied am 21. 12. 1980 gegen Belgien (0:2) in Nikosia; 1973/77 Torschützenkönig; 1976 Europas Torschützenkönig (39 Treffer); 190 Meisterschaftstore (1977 Rekord mit 45). – Bekanntester zypr. Spieler.

Junioreneuropameisterschaft

1981 in der BRD
BRD–Polen 1:0
1982 in Finnland
Schottland–ČSSR 3:1
1983 in England
Frankreich–ČSSR 1:0
1984 in der UdSSR
Ungarn–UdSSR 0:0 n. V., 3:2 nach Strafstoßschießen
1986 in Jugoslawien
DDR–Italien 3:1

Juniorenweltmeisterschaft

1977 in Tunesien[1]
1. UdSSR
2. Mexiko
3. Brasilien

1979 in Japan[1]
1. Argentinien
2. UdSSR
3. Uruguay

1981 in Australien
1. BRD
2. Katar
3. Rumänien

1983 in Mexiko
1. Brasilien
2. Argentinien
3. Polen

1985 in der UdSSR
1. Brasilien
2. Spanien
3. Nigeria

[1] inoffiziell („Juniorenweltturnier")

Manfred **Kaiser**

Manfred **Kaltz**

Kamerun

Weltmeisterschaft
1982 Endrunde
olympisches Fußballturnier
1984 Endrunde
Afrikameisterschaft
1984 1. Platz
Afrikapokal der Landesmeister
1964 Oryx Douala
1971 Canon de Yaoundé
1978 Canon de Yaoundé
1979 Union Douala
1980 Canon de Yaoundé
Afrikapokal der Pokalsieger
1975 Tonnere Yaoundé
1979 Canon de Yaoundé
1981 Union Douala

Kaiser, Manfred, geb. 7. 1. 1929 Zeitz; Rechtsaußen, Mittelstürmer, Läufer; spielte 1939/50 bei (Sportvereinigung) Rot-Weiß Zeitz, 1950/54 bei (Motor Süd, Mechanik, Motor) Wismut Gera u. 1955/65 bei (SC Wismut Karl-Marx-Stadt) Wismut Aue; 31 Länderspiele (ein Tor); internationales Debüt am 20. 11. 1955 gegen Bulgarien (1:0) in Berlin; Länderspielabschied am 23. 2. 1964 gegen Ghana (0:3) in Accra; 1963 erster Fußballer des Jahres in der DDR; bestritt 336 Punktspiele (32 Tore). – Später Trainer. Abb.

Kaiserslautern, 1. FC, Abk. *1. FCK* („Die roten Teufel vom Betzenberg"), BRD; gegr. 2. 7. 1900 als Fußballklub, 1909 in Fußballverein umbenannt, seit 1931 nach Fusionen *1. FCK* (Emblem ↑ Tf. 7); 1. Bundesliga seit 1963; zehnmal Meister in der Oberliga Südwest (1948 bis 1951, 1953 bis 1957 u. 1963); zweimal *Landesmeister* (1951 u. 1953). Für die BRD-Weltmeisterelf von 1954 stellte der 1. FCK 5 Spieler (*F.* u. *O. Walter, W. Liebrich, H. Eckel* u. *W. Kohlmeyer*). 7 *EC-Teilnahmen:* 44 Spiele; 24 Siege, 3 Unentschieden, 17 Niederlagen, 51:37 Punkte, 91:59 Tore. – *Spielkleidung:* rote Hose, weißes Hemd, rote Stutzen (od. Rot bzw. Weiß). *Heimstadion:* Fritz-Walter-Stadion, 38 500 Plätze, davon alle 9 643 Sitz-, außerdem 28 357 Stehplätze überdacht).

Spieler (Auswahl): T. Allofs – W. Baßler – G. Bold – H. Bongartz – A. Brehme – H.-P. Briegel – Diehl – M. Dusek – H. Eckel – F. Funkel – R. Geye – R. Hellström – E. Hofeditz – W. Hölz – U. Klimaschefski – W. Kohlmeyer – W. Liebrich – N. Eilenfeldt – W. Melzer – H. Neues – Pirrung – O. Rehhagel – F. Scheffler – K. Schmidt – Schwager – K. Toppmüller – F. Walter – O. Walter – E. Wenger – B. Wendt – W. Wolf – W. Wuttke. – **Trainer** (Auswahl): H. Bongartz – G. Brocker – K. Feldkamp – O. Knefler – M. Krafft – G. Lorant – E. Ribbeck – R. Schneider – D. Weise.

Kalb, Hans, Dr., geb. 3. 8. 1899 Nürnberg, gest. (Blutvergiftung) 5. 4. 1945; Mittelläufer; spielte 1907/18 bei Pfeil Nürnberg u. 1918/34 beim 1. FC Nürnberg; 15 Länderspiele, 2 Tore (1920 bis 1928), 4mal Spielführer; war Olympiateilnehmer 1928; Länderspieldebüt am 27. 6. 1920 gegen die Schweiz (1:4) in Zürich; nahm Länderspielabschied am 31. 10. 1926 gegen die Niederlande (3:2) in Amsterdam; spielte repräsentativ für Nürnberg/Fürth (Städteauswahl), Bayern sowie Süddeutschland; bestritt 681 Spiele für den „Club" u. hatte wesentlichen Anteil an der Rekordserie der Nürnberger (104 Spiele hintereinander ungeschlagen [8. 7. 1918 bis 28. 3. 1921]). – War auch ein ausgezeichneter Schiedsrichter u. Tennisspieler.

Kalinke, Peter, geb. 21. 12. 1936 Naumburg (Saale); Rechtsverteidiger; spielte 1949/54 bei Rotation Naumburg, 1954/55 beim SC DHfK Leipzig u. 1955/71 beim (ASK) FC Vorwärts Berlin; 7 Länderspiele; internationales Debüt am 10. 7. 1960 gegen Bulgarien (0:2) in Sofia; Länderspielabschied am 22. 10. 1961 gegen Polen (1:3) in Wrocław; bestritt 219 Punktspiele (4 Tore).

Kallotheou, Nikos, Zypern, geb. 2. 7. 1950 Nikosia; Verteidiger; spielte 1966/81 bei Omonia Nikosia; 31 Länderspiele (1 Tor); internationales Debüt am 24. 1. 1973 gegen die Niederlande (0:0) in Nikosia; Länderspielabschied am 19. 11. 1980 gegen Irland (0:6) in Dublin (25mal Spielführer).

„Kaltstellen", den Gegenspieler zur Wirkungslosigkeit verurteilen, ihn nicht ins Spiel kommen lassen; betroffen sind meist die Angriffsspieler, z. B. „er wurde von seinem Bewacher ‚kaltgestellt'".

Kaltz, Manfred, geb. 6. 1. 1953 Ludwigshafen; Verteidiger; spielte 1960/68 bei VfL Neuhofen, 1968/70 bei TuS Altrip; seit 1970 beim Hamburger SV; 69 Länderspiele (8 Tore), sechsmal Spielführer; internationales Debüt am 3. 9. 1975 gegen Österreich (2:0) in Wien; Länderspielabschied am 23. 2. 1983 gegen Portugal (0:1) in Lissabon; WM-Endrundenteilnehmer 1978 u. 1982; EM-Endrundenteilnehmer 1980; bestritt 469 Bundesligaspiele (62 Tore). – Er beherrschte vorzüglich die „Bananenflanke". Abb.

Kamerun, Republik in Äquatorialafrika, 475 442 km², etwa 8,9 Mill. Ew., 1 Fußballspieler je 937 Ew.; Verband *Fédération Camerounaise de Football* („Fußballverband Kameruns"), Abk. *FCF;*

gegr. 1960, Sitz Yaoundé; Mitgl. der *FIFA* seit 1962, der *CAF* seit 1963. – *Organisation:* 206 Klubs; 5000 Amateurspieler, gesamt 9500 (einschl. Nachwuchs- u. AM-Spieler); *Spieljahr:* Oktober–August; *Spielkleidung:* rote Hose, grünes Hemd, gelbe Stutzen (Reserveausrüstung: grüne Hose, gelbes Hemd, rote Stutzen); *Nationalstadion:* Stade Ahmadou Ahidjo, Yaoundé, 90000 (50000 Sitz-, 40000 Stehplätze); *Stadien* (Auswahl): Réunification, Douala, 40000; Garoua Stade, 20000; Stade Militaire, Yaoundé, 15000; Stade Akwa, Douala, 12000. Tab.

Kamm, Josef („Sepp"), Fußballfunktionär, geb. 24. 9. 1920 Zwodau (ČSSR), gest. 25. 9. 1986 Berlin; Halb- u. Mittelstürmer; spielte 1930/38 beim Roten Sportverein Zwodau, 1947/50 bei SG Eintracht Ranis, 1950/51 bei Stahl Maxhütte u. 1952/55 bei Grün-Weiß Berlin-Baumschulenweg. – 1952 stellvertretender Leiter des Deutschen Sportausschusses der DDR, 1956/57 u. 1961/85 beim Staatlichen Komitee für Körperkultur u. Sport, 1958/61 DFV-Generalsekretär; 1960/61 Mitglied des Messepokalkomitees der UEFA.

Kampfbahn, früher häufige Bez. für ↑ Stadion.

Kampuchea, Staat in Südostasien, 181035 km², etwa 6,981 Mill. Ew., 1 Fußballspieler je 9972 Ew.; Verband Fédération Khmère de Football Association („Fußballverband Kampuchea"), Abk. *FKFA*; gegr. 1933, Sitz *Phnom Penh*; Mitgl. der *FIFA* seit 1953, der *AFC* seit 1957. – *Organisation:* 35 Klubs; 700 Amateurspieler (einschl. Nachwuchs- u. AM-Spieler); *Spieljahr:* November–Oktober; *Spielkleidung:* weiße Hose, blaues Hemd, rote Stutzen; *Nationalstadion:* C.S.N. (Complexe Sportif National), Phnom Penh, 170000 (100000 Sitz-, 70000 Stehplätze); *Stadien* (Auswahl): Stade Municipal de Phnom Penh, 30000; Stade de Takhmau, Kandal, 25000; Stade de Preah Vihear, Siem Reap, 20000; Stade de Battambang, 20000.

Kamuzu Stadium, Nationalstadion von ↑ Malawi.

Kanada, Bundesstaat im Norden Nordamerikas, 9976139 km², etwa 24,6 Mill. Ew., 1 Fußballspieler je 109 Ew.; Verband *The Canadian Soccer Association* („Kanadischer Fußballverband"), Abk. *CSA*; gegr. 1912, Sitz *Ottawa*; Mitgl. der *FIFA* 1912 bis 1926, dann wieder ab 1948, der *CONCACAF* seit 1978. – *Organisation:* 1650 Klubs; 200 Berufsspieler, 150 Vertragsspieler, 30000 Amateurspieler, gesamt 226000 (einschl. Nachwuchs- u. AM-Spieler); *Spieljahr:* Mai–November; *Spielkleidung:* Rot (Reserveausrüstung: Weiß); *Nationalstadion:* Olympic Stadium, Montreal, 64400 (59400 Sitz-, 5000 Stehplätze); *Stadien* (Auswahl): Empire Stadium, Vancouver, 35000; Canadian National Exhibition Ground, Toronto, 33100; Varsity Stadium, Toronto, 22000. Tab.

Kantersieg, zahlenmäßig (sehr) hoher Erfolg, z. B. 8:0.

kantig wirkt ein (meist körperlich großer) Spieler, der in seinen Lauf- u. Spielhandlungen kein gutes Koordinationsvermögen aufweist sowie Schwächen in der Ballbehandlung verrät; gekennzeichnet durch „eckige" Bewegungen.

Kapitän, Kurzbez. für *Mannschaftskapitän*; svw. ↑ Spielführer.

Kaplitschny, Wladimir, UdSSR, geb. 1944; Verteidiger; spielte 1958/62 bei Dynamo Chmelnizki, 1963/65 bei SKA Kiew u. 1966/75 bei ZSKA Moskau; 59 Länderspiele; WM-Endrundenteilnehmer 1970; EM-Endrundenteilnehmer 1972; gewann bei Olympia 1972 Bronze; 288 Ligaspiele (5 Tore). – Später Trainer; u. a. bei ZSKA Moskau (1978, Assistent) u. SKA Lwow (1979).

Kapselriß, Zerreißen der *Gelenkkapsel*, die den Gelenkspalt umschließt u. an ihrer Innenseite die Gelenkschmiere *(Synovia)* absondert; führt evtl. zu blutigen Gelenkergüssen.

Karaiskaki, Nationalstadion von ↑ Griechenland.

Karatschi Stadium, Nationalstadion von ↑ Pakistan.

Karl-Liebknecht-Sportplatz ↑ Babelsberg, BSG Rotation.

Karl-Marx-Stadt, FC, Abk. *FCK*, DDR, Oberliga, gegr. 15. 1. 1966 (Emblem ↑ Tf. 7); vorher *SG Chemnitz Nord*,

Kanada

Weltmeisterschaft

1986	Endrunde

olympisches Fußballturnier

1980	Endrunde
1984	Endrunde

Landesmeister

1913	Norwood Wanderers
1914	Norwood Wanderers
1915	Winnipeg Scots
1919	Grand Trunk Quebec
1920	Westinghouse Ontario
1921	Toronto Scots
1922	Hillhurst Calgary
1923	Nanaimo British Columbia
1924	Weston University Winnipeg
1925	Toronto Ulsters
1926	Weston University Winnipeg
1927	Nanaimo British Columbia
1928	New Westminster Royals
1929	C. N. R. Montreal
1930	New Westminster Royals
1931	New Westminster Royals
1932	Toronto Scots
1933	Toronto Scots
1934	Verduns Montreal
1935	Aldreds Montreal
1936	New Westminster Royals
1937	Johnston Nacionals
1938	North Shore Vancouver
1939	Radials Vancouver
1946	Toronto Ulsters
1947	St. Andrews Vancouver
1948	Carsteel Montreal
1949	North Shore Vancouver
1950	Vancouver City
1951	Ulster United Toronto
1952	Steelco Montreal
1953	New Westminster Royals
1954	Scottish Winnipeg
1955	New Westminster Royals
1956	Halecos Vancouver
1957	Ukrainia S. C. Montreal
1958	New Westminster Royals
1959	Alouetts Montreal
1960	New Westminster Royals
1961	Concordia Montreal
1962	Scottish Winnipeg
1964	Columbus Vancouver
1965	Firefighters Vancouver
1966	Firefighters Vancouver
1967	Toronto Royals
1968	Toronto Royals
1969	Columbus Vancouver
1970	Manitoba Selects
1971	Eintracht Vancouver
1972	New Westminster Blues
1973	Firefighters Vancouver
1974	Calgary Springer Kickers
1975	London Boxing Club Victoria
1976	Victoria West S. C.
1977	Columbus Vancouver
1978	Columbus Vancouver

Kärntner Fußballverband

Gawriil **Katschalin**

Katar

olympisches Fußballturnier
1984 Endrunde

1950/51 *BSG Fewa*, 1951/53 *BSG Chemie Chemnitz*, 1953/56 *BSG Chemie Karl-Marx-Stadt*, 1956/63 *SC Motor*, 1963/65 *SC Karl-Marx-Stadt* u. seit 15. 1. 1966 *FCK*; *Landesmeister* 1967. Eine *EC-Teilnahme:* 2 Spiele; 2 Niederlagen, 0:4 Punkte, 2:5 Tore. – *Spielkleidung:* weiße Hose, hellblaues Hemd, hellblaue Stutzen. *Heimstadion:* Dr.-Kurt-Fischer-Stadion, 28 000 Plätze.

Spieler (Auswahl): J. Bähringer – G. Below – G. Berthold – G. Bierbaum – D. Erler – F. Feister – C. Franke – M. Glowatzky – F.-W. Göcke – E. Gruhle – E. Haake – M. Hambeck – E. Härtwig – W. Holzmüller – R. Hübner – F. Hüttner – W. Krahnke – C. Kreul – M. Kupferschmied – D. Leuschner – M. Lienemann – A. Müller – J. Müller – P. Müller – S. Persigehl – H. Rentzsch – K. Rüdrich – G. Schellenberg – W. Schmidt – E. Schuster – F. Sorge – J. Speck – R. Steinmann – W. Uhle – F. Uhlig – E. Vogel – H. Vogtländer – K. Voigtmann – M. Weikert – K. Weißenfels – H.-J. Wolf – G. Wunderlich. – **Trainer** (Auswahl): D. Erler – W. Fritzsch – K. Haueisen – G. Hofmann – M. Kupferschmied – M. Lienemann – B. Müller – H. Scherbaum – H. Weber – H. Werner – F. Wittenbecher.

Karlsruher SC, BRD, gegr. 1. 11. 1894 als *FC Phönix Karlsruhe* (Emblem ↑ Tf. 7); Bundesliga 1963/68, 1975/77, 1980 bis 1983 u. 1984/85; 2. Liga Süd 1974/75, 1977/80; 2. Bundesliga 1983/84 u. seit 1985/86; Meister in der Oberliga Süd 1956, 1958, 1960 u. 1969; Meister der 2. Liga 1975; *Landesmeister* 1909 (als *Phönix*); *DFB-Pokalsieger* 1955 u. 1956. – *Spielkleidung:* Weiß (od. Blau). *Heimstadion:* Wildparkstadion, 46 000 Plätze, davon 6 300 Sitz- u. 9 500 Stehplätze überdacht.

Spieler (Auswahl): W. Baureis – H. Beck – E. Becker – H. Binkert – H. Buhtz – R. Fischer – G. Franusch – B. Fuhr – S. Gross – E. Günther – M. Harforth – G. Herrmann – W. Hesse – J. Hirsch – E. Hollstein – R. Kargus – E. Kunkel – R. Neumeier – E. Oberle – O. Reiser – W. Reitgaßl – H. Ruppenstein – I. Schricker – G. Siedl – K. Sommerlatt – F. Späth – H. Szymaniak – B. Termath – O. Traub – H. Trenkel – K. Wegele – R. Wimmer – K. Zaczyk. – **Trainer** (Auswahl): H. Baas – K. Baluses – L. Buchmann – E. Frühwirth – G. Gawliczek – B. Hoss – M. Merkel – W. Olk – W. Roth – C.-H. Rühl – W. Schäfer – K. Sommerlatt – W. Townley.

Kärntner Fußballverband, Abk. *KFV*, einer der 9 österreich. Unterverbände des *ÖFB* (↑ Österreich); Spielklasseneinteilung: *Kärntner Liga* (14 Vereine), *Unterliga* (2 Gruppen je 14 Vereine), *1. Klasse* (4 Gruppen je 14 Vereine) u. *2. Klasse* (7 Gruppen je 12 bis 14 Vereine). Abb.

Käser, Helmut, Dr., Schweiz, Fußballfunktionär, geb. 14. 11. 1912; seit 1961 Generalsekretär des Schweizerischen Fußball-Verbandes u. 1961/81 *FIFA-Generalsekretär*. – Sein Vorgänger war *K. Gassmann*, sein Nachfolger wurde *J. S. Blatter*.

Kasperczak, Henryk, Polen, geb. 10. 7. 1946 Zabrze; Läufer; spielte 1962/64 bei Stal Zabrze, 1964/66 u. 1968/78 bei Stal Mielec, 1966/68 bei Legia Warschau u. 1978/80 beim FC Metz; 63 Länderspiele (1973/78), 5 Tore; WM-Endrundenteilnehmer 1974 u. 1978; gewann bei Olympia 1976 Silber; Fußballer des Jahres 1976. – Später Trainer, u. a. beim FC Metz (1979/83).

Katar, Emirat in Westasien, am Persischen Golf gelegen, 11 000 km², etwa 258 000 Ew., 1 Fußballspieler je 129 Ew.; Verband *Qatar Football Association* („Fußballverband Katar"), Abk. *Q.F.A.*; gegr. 1960, Sitz *Doha*; Mitgl. der *FIFA* seit 1970, der *AFC* seit 1972. – *Organisation:* 8 Klubs; 500 Amateurspieler, gesamt 2 000 (einschl. Nachwuchs- u. AM-Spieler); *Spieljahr:* Oktober–Mai; *Spielkleidung:* kastanienbraune Hose, weißes Hemd, weiße Stutzen (Reserveausrüstung: weiße Hose, kastanienbraunes Hemd, kastanienbraune Stutzen); *Nationalstadion:* Khalifa Olympic Stadium, Ad Dawhah, 40 000 (ausschl. Sitzplätze); weiteres Stadion: Ad Dawhah Stadium, 8 000. Tab.

Katschalin, Gawriil, UdSSR, Trainer, geb. 1911; Stürmer, Läufer; er spielte 1929/33 bei Sortiworotschnaja Moskau u. 1933/45 bei Dynamo Moskau. – Später Trainer; u. a. bei Arbeitsreserven Moskau, Lokomotive Moskau u. Dynamo Tbilissi, 1955/62 Trainer der UdSSR-Auswahl; gewann mit ihr 1960 den Europapokal der Nationen u. 1956 bei Olympia Gold; wurde 1964 mit Tbilissi Landesmeister. – Buchautor. Abb.

KDVR-Football ↑ Korea.

Keegan, Kevin („Mighty mous", „Mächtige Maus"), England, geb. 14. 2. 1951 Doncaster (West Riding); Halbstürmer; begann bei Scunthorpe United (1968 bis 1971), spielte für den FC Liverpool (1971/77), Hamburger SV (1977/80), FC Southampton (1980/82), Newcastle United (1982/84); seit 1984 bei den Tigers Kuala Lumpur (Malaysia); Länderspieldebüt am 15. 11. 1972 gegen Wales (1:0) in Cardiff; Länderspielabschied am 25. 3. 1981 gegen Spanien (1:2) in London; spielte 63mal für England (21 Tore); absolvierte 321 Ligaspiele für die „Reds" (68 Tore); 1976 in England sowie 1978 u. 1979 in Europa zum Fußballer des Jahres gewählt. Abb.

Keeper [engl.], Kurzbez. für *Goalkeeper* (↑ Torhüter).

Keizer, Jan, Niederlande, Schiedsrichter, geb. 1940 Volendam; spielte 4 Jahre in Volendam; 1957 Schiedsrichterprüfung; leitete bis 1967 Amateurliga, ab 1968 1. Division; 1972 FIFA-Referee; WM-Endrundenschiedsrichter 1986; EM-Endrundenschiedsrichter 1984. Abb.

Keizer, Pieter („Piet"), Niederlande, geb. 14. 6. 1943; Linksaußen; spielte 1961/75 bei Ajax Amsterdam; 34 Länderspiele (11 Tore); internationales Debüt am 5. 9. 1962 gegen Niederländische Antillen (8:0) in Amsterdam; Länderspielabschied am 10. 10. 1973 gegen Polen (1:1) in Rotterdam; WM-Endrundenteilnehmer 1974.

Kemari, 587 in Japan belegtes fußballähnliches Spiel, das von 4 bis 6 Teilnehmern bestritten wurde. Die Spieler, in prächtigen Kimonos gekleidet, stellten sich im Kreis auf u. versuchten, mit Würde und Geschicklichkeit den Ball hochkickend möglichst lange in der Luft zu halten („Kreisfußball"). Das „Ergebnis" bestand darin, die Götter günstig zu stimmen. – Noch heute wird in Japan die Tradition des K. vereinzelt gepflegt. S. a. Fußball (Geschichte).

Kempes, Mario Alberto, Argentinien, geb. 15. 7. 1954 Bell Ville; Mittelstürmer; spielte 1964/72 bei Talleres Bell Ville, 1973 bei Instituto Cordoba; 1973/76 bei Rosario Central, 1976/81 beim FC Valencia (span. Torschützenkönig 1977 u. 1980), 1981/84 bei River Plate Buenos Aires, 1985/86 bei Hercules Alicante; seitdem bei Austria Wien; 43 Länderspiele (26 Tore) seit 1973; WM-Endrundenteilnehmer 1974 u. 1978 (mit 6 Treffern Torschützenkönig); Südamerikas Fußballer des Jahres 1978. S. a. Argentinien (Abb.), Tf. 34 *(oben)*.

Kenia, Staat in Ostafrika, 582 646 km², etwa 17,9 Mill. Ew., 1 Fußballspieler je 1 884 Ew.; Verband *Kenya Football Federation* („Fußballverband Kenias") Abk. *KFF*; gegr. 1932, Sitz *Nairobi*; Mitgl. der *FIFA* seit 1960, der *CAF* seit 1968. – *Organisation:* 360 Klubs; 8 500 Amateurspieler, gesamt 9 500 (einschl. Nachwuchs- u. AM-Spieler); *Spieljahr:* Februar–Oktober; *Spielkleidung:* Rot (Reserveausrüstung: schwarze Hose, rotes Hemd, rot-weiße Stutzen); *Nationalstadion:* City Stadium, Nairobi, 18 000 (8 000 Sitz-, 10 000 Stehplätze); *Stadien* (Auswahl): Mombasa Stadium, 15 000; Nakuru Stadium, 15 000; Kisumu Stadium, 15 000.

„KEPES SPORT", Budapest; Fußballmagazin, erscheint wöchentlich. Chefredakteur: *I. Kutas*. Tab.

Kernen, Willy, Schweiz, geb. 6. 8. 1929; Außenverteidiger; spielte u. a. bei La Chaux-de-Fonds; 41 Länderspiele (1950 bis 1960); WM-Endrundenteilnehmer 1954.

„Kerze", steil aufsteigender Ball, meist verunglückter Schlag. S. a. „Korkenzieher".

Keskusurheilukenttä ↑ Lahti, Reipas.

Keßler, Georg, Niederlande, Trainer, geb. 23. 9. 1932 St. Ingbert/Saar; Verteidiger; spielte beim FC Sittard (Niederlande). – Seit 1960 Trainer; bis 1964 beim Westdeutschen Regionalverband, 1964/70 bei der Nationalmannschaft der Niederlande (einschl. Schüler- u. Juniorenauswahl), 1970/71 bei Sparta Rotterdam, 1971/73 beim RSC Anderlecht, 1973/74 PEC Zwolle (2. Division/Niederlande), 1974/77 bei Hertha BSC Berlin (West), 1977/85 bei Swarovski/Wakker Innsbruck, AZ '67 Alkmaar u. FC Brügge u. Olympiakos Piräus, 1986 beim 1. FC Köln, 1986/87 FC Antwerpen.

KFA, *DDR* Abk. für einen *Kreisfachausschuß*.

Kevin **Keegan**

Jan **Keizer**

„KEPES SPORT"

(Journalisten)	K. Sari
A. Bano	A. Szego
I. Dobs	L. Szücs
G. Faludi	I. Tihanyi
I. Horvath	Z. Thaly
G. Lakatos	D. Vad
T. Oltvanyi	Z. Zsengeller
L. Orban	(u. a.)

David **Kipiani**

„Kicker"
Redakteure (Auswahl)
B. Breitenstein
H. Dirschner
R. Franzke
K.-H. Heimann
K.-H. Jens
R. Kalb
H.-G. Klemm
H. Landefeld
H. A. Metzen
W.-J. Müller
W. Rothenburger
W. Schilling
U. Schröder
W. Tobien
D. Ueberjahn
G. Wich
H. Wiskow

KFV, 1. Abk. für ↑ Kärtner Fußballverband.
2. Abk. für *Karlsruher FV* (1910 deutscher Meister).
Khalifa Olympic Stadium, Nationalstadion von ↑ Katar.
Kick-and-rush [engl., „tritt und eile"], veraltete Spielweise, bei der der Ball planlos nach vorn geschlagen (gedroschen, gewuchtet) wurde; dabei gab es keinen systematischen Spielaufbau, u. die Stürmer fungierten in der Rolle der „Eiler", die die Bälle zu erreichen u. zu verwerten hatten. – Mit der Gründung der engl. *Football Association* 1863 u. der Festlegung eines progressiven Regelwerkes wurde das bis dahin übliche K. nach u. nach von der organisierten Mannschaftstaktik abgelöst. Trotzdem sind auch im heutigen Fußball hin u. wieder „Kick-Teams" anzutreffen, die sich dieser urigen „Spielweise" bedienen u. an guten Tagen allenfalls ↑ „Hauruck-Fußball" zustande bringen.
Kicken [engl.], a) svw. Fußballspielen; b) Treten od. Stoßen des Balles.
Kicker [engl.], svw. *(Fußball-)Spieler.*
„Kicker", Sportzeitschrift, seit dem 14. 7. 1920 von *W. Bensemann* in Konstanz, später in Nürnberg, Hamburg, Köln, München u. wieder in Nürnberg herausgegeben; wiedererschienen am 10. 12. 1951 durch Herausgeber Dr. *Friedebert Becker,* der am 6. 11. 1946 den „Sport" Nürnberg herausbrachte (am 1. 1. 1948 in „Sportmagazin" umbenannt, um nicht mit „Sport" Zürich zu kollidieren).
Die erste Ausgabe des „Kicker-Sportmagazins" erschien nach der Fusion von „K." u. „Sportmagazin" am 1. 1. 1968. *Auflage:* montags (mit Tiefdruck in Farbe) 270 000, donnerstags (nur Zeitungsdruck) 230 000 Exemplare. Seit 1976 gibt „Kicker-Sportmagazin" auch das monatliche „Fußball-Magazin" heraus. – Ansonsten sind in der BRD u. Berlin (West) alle nach dem 2. Weltkrieg erschienenen Fußball- und Sportzeitschriften bis auf „Fußball-Woche" (Berlin [West]), „Sportillustrierte" (Köln) u. „Sport-Kurier" (Augsburg) von der Bildfläche verschwunden. Tab.
Kickers [engl., „Fußballspieler"], Vereinsbezeichnung aus den Anfängen des deutschen Fußballs; in der BRD beibehalten, z. B. K. Offenbach.
Kick-off [engl.], svw. ↑ Anstoß.
Kiel, KSV Holstein *(Kieler Sportvereinigung),* BRD, (die „Störche"), gegr. 7. 10. 1900; Oberliga Nord 1947/48, 1949/63, 1974/78 u. seit 1981; Regionalliga Nord 1963/74; 2. Liga Nord 1978/81; *Landesmeister* 1912, 7mal *Landesliga-* u. *Regionalligameister* (1910, 1911, 1912, 1926, 1927, 1930 u. 1965). – *Spielkleidung:* weiße Hose, blaues Hemd, rote Stutzen. *Heimstadion:* Holstein-Stadion, 22 000 Plätze, davon 1 760 Sitzplätze (1 100 überdacht); Flutlicht.
Spieler (Auswahl): G. Andreßen – R. Balsam – A. Bornemann – M. Burmeister – W. Cryns – H.-P. Ehlers – S. Esser – H. Fick – R. Gerbers – B. Gerulat – G. Getzler – F.-J. Hönig – A. Kovacz – W. Krause – E. Kreuz – G. Krogmann – L. Kröpelin – J. Ludwig – H. Martiensen – O. Meyer – F. W. Moeck – A. u. E. Möller – K. Müller – H. Mund – P. Neumann – P. Rautenberg – S. Rausch – H. Reese – O. Richter – J. Rohweder – M. Podlich – H. Peper – H. Schmuck – W. Schwierzke – G. Sabrowski – P. Schnoor – K. Schulz – G. Tams – K. Voß – B. Wehner – H. Weißleder – Adolf u. August Werner – U. Witt – W. Wittmayer. – **Trainer** (Auswahl): K. Böge – H.-P. Ehlers – R. Faßnacht – H. Johannsen – M. Lorkowski – A. Oezcan – E. Preuß – G. Prokop – H. Ullmann – E. Wolf.
Kiew, Dynamo, UdSSR, Oberliga, gegr. 1927 (Emblem ↑ Tf. 7); seit 1936 Mitglied der höchsten Spielklasse; 12mal *Landesmeister* (zwischen 1961 u. 1986); 7mal *Pokalsieger* (zwischen 1954 u. 1985); *EC II-Gewinner* 1975 u. 1986; *Supercupgewinner 1975.* 16 *EC-Teilnahmen:* 84 Spiele; 49 Siege, 18 Unentschieden, 17 Niederlagen, 116:52 Punkte, 134:64 Tore. – *Spielkleidung:* blaue Hose, weißes Hemd, blau-weiße Stutzen. *Heimstadion:* Zentralstadion, 100 000 Plätze, od. Dynamo-Stadion, 30 000 Plätze.
Spieler (Auswahl): Bal – Baltatscha – W. Bannikow – I. Belanow – O. Basiljewitsch – W. Bessonow – A. Biba – O. Blochin – L. Burjak – A. Byschowez – Chmelnizki – F. Daschkow – A. Demjanenko – J. Fabin – A. Fomenko – N. Gawrilin – N. Gorbunow – Jaremtschuk – W. Kolotow – M. Koman – W. Konkow – Krulikowski – O. Kusnezow –

Siegfried **Kirschen**

A. Lerman – O. Makarow – Matwijenko – Medwid – W. Muntjan – W. Muschta – Onistschenko – G. Ponomarew – A. Pusatsch – Reschko – J. Rudakow – Sabo – A. Schepel – A. Schtaschanow – Serebrjannikow – W. Sewastjanow – Shurawlow – Sosnichin – Tschanow – Weremejew. – **Trainer** (Auswahl): O. Basilewitsch – W. Lobanowski – W. Maslow – M. O. Okun – O. Oschenkow – A. Sewidow – W. Solowjow.

Kilcohan Park ↑ Waterford, FC.

Kilmarnock, FC, Schottland, Premier Division, gegr. 1869; *Landesmeister* 1965; *Cupsieger* 1920 u. 1929. 5 *EC-Teilnahmen:* 24 Spiele; 9 Siege, 5 Unentschieden, 10 Niederlagen, 23:25 Punkte, 38:39 Tore. – *Spielkleidung:* blaue Hose, blau-weiß längsgestreiftes Hemd, blau-weiße Stutzen. *Heimstadion:* Rugby Park, mit 17 600 Plätzen (13 510 Steh-, 4 090 Sitzplätze), Flutlicht.

Spieler (Auswahl): W. B. Agnew – P. Cunningham – W. Dickson – R. Ferguson – C. Forsyth – A. Hunter – J. Johnstone – J. E. McGrory – T. McLean – J. McPherson – J. Mitchell – J. Nibloe – D. Provan – R. Templeton. – **Manager** (Auswahl): H. Allan – J. Clunie – R. Ferguson – E. Morrison.

Kindvall, Ove, Schweden, geb. 16. 5. 1943 Norrköping; Halbstürmer u. Mittelfeldspieler; er spielte 1953/67 u. 1971/75 bei IFK Norrköping, 1967/71 bei Feyenoord Rotterdam u. 1975/76 bei IFK Göteborg; 43 Länderspiele (1965 bis 74); WM-Endrundenteilnehmer 1970 u. 1974; schwed. Torschützenkönig 1966 (20 Treffer) u. zugleich Fußballer des Jahres. – Später Funktionär bei IFK Göteborg.

King Georg V Stadium, Nationalstadion von ↑ Mauritius.

Kings Cup [„Königspokal"], Wettbewerb für Nationalmannschaften Südostasiens; 1968 in Bangkok durch *Thailand* organisiert. Weitere Teilnehmer waren *Burma, Indonesien, Singapur, Malaysia, Südkorea.* Alle Spiele werden im K.-o.-System ausgetragen. Tab.

Kinshasa, AS Vita Club, Zaïre, 1. Division (Emblem ↑ Tf. 7); neben *TP Mazembé Lubumbashi* führender Klub; *Afrikapokalsieger der Landesmeister* 1973. – *Heimstadion:* Stade du 24 Novembre, 25 000 Plätze.

Spieler (Auswahl): U. K. Kembo – M. Kibonge – B. Lobilo – M. Mavuba – M. Mayanga – M. Ndaie – K. Ntumba – D. Tubilando. – **Trainer** (Auswahl): K. wa Kabengu.

Kipiani, David, UdSSR, geb. 18. 11. 1951; Mittelfeldspieler; spielte 1961/84 bei 35. Schule, Lok u. Dynamo Tbilissi (ab 1971 Oberliga); 19 Länderspiele (9 Tore); internationales Debüt am 23. 3. 1977 gegen Jugoslawien (4:2) in Belgrad; Länderspielabschied am 30. 5. 1981 gegen Wales (0:0) in Wrexham. – Seit 1984 Trainer bei Dynamo Tbilissi. Abb.

Kirow-Stadion ↑ Leningrad, Zenit.

Kirschen, Siegfried, Schiedsrichter; geb. 13. 10. 1943 Chemnitz (Karl-Marx-Stadt); spielte 1954/56 bei Dynamo Karl-Marx-Stadt u. 1956/61 beim SC Motor Karl-Marx-Stadt. – Ab 1961 Schiedsrichter; seit 1972 Oberliga-, 1974 internationaler u. 1979 FIFA-Schiedsrichter; WM-Endrundenschiedsrichter 1986 in Mexiko; leitete 13 Länder- u. 22 EC-Spiele, das FDGB-Endspiel 1980 (FC Carl Zeiss Jena–FC Rot-Weiß Erfurt 3:1) sowie 166 Oberligaspiele. Abb.

Kirsten, Ulf, geb. 4. 12. 1965 Leipzig-Gohlis; Rechtsaußen; spielte 1973/79 bei Stahl Riesa; seit 1979 bei Dynamo Dresden; 11 Länderspiele (2 Tore); internationales Debüt am 8. 5. 1985 gegen Dänemark (1:4) in Kopenhagen; bestritt

Kings Cup	
1968	Indonesien
1969	Südkorea
1970	Südkorea
1971	Südkorea
1972	Malaysia
1973	Südkorea
1974	Südkorea
1975	Südkorea
1976	Südkorea
1977	Südkorea u. Malaysia
1978	Malaysia
1979	Thailand
1980	Thailand u. Südkorea
1981	Thailand u. Südkorea
1982	Thailand
1983	Thailand
1986	KDVR

„Klub der Hunderter"

119	P. Jennings (Nordirland)	1964/86
115	B. Nordqvist (Schweden)	1963/78
112	D. Zoff (Italien)	1968/83
108	R. Moore (England)	1962/73
107	O. Blochin (UdSSR)	seit 1972
106	R. Charlton (England)	1958/70
105	W. Wright (England)	1946/59
104	T. Svenssen (Norwegen)	1947/62
104	G. Lato (Polen)	1971/84
103	F. Beckenbauer (BRD)	1965/77
102	K. Deyna (Polen)	1968/78
102	J. Streich (DDR)	1969/85
101	H. G. Chumpitaz (Peru)	1964/82
100	J. Bozsik (Ungarn)	1947/62
100	H.-J. Dörner (DDR)	1969/85
100	K. Dalglish (Schottland)	1970/86

60 Oberligaspiele (15 Tore). Abb. S. a. Antritt (Abb.).

Kische, Gerd, geb. 23. 10. 1951 Teterow; Verteidiger; spielte 1960/70 bei Einheit Teterow, 1970/81 beim FC Hansa Rostock, 1982/83 bei TSG Bau Rostock u. 1983/84 bei Post Neubrandenburg; 63 Länderspiele; internationales Debüt am 16. 8. 1971 gegen Mexiko (1:0) in Guadalajara; Länderspielabschied am 19. 11. 1980 gegen Ungarn (2:0) in Halle (Saale); war WM-Endrundenteilnehmer 1974; gewann bei Olympia 1976 Gold; bestritt 181 Oberligaspiele (11 Tore). Abb.

Kist, Kees, Niederlande, geb. 7. 8. 1952; Mittelstürmer; spielte 1966/74 bei Steewek, 1974/82 bei AZ '67 Alkmaar u. seitdem bei Paris St. Germain; 21 Länderspiele; internationales Debüt am 30. 4. 1975 gegen Belgien (0:1) in Antwerpen; Länderspielabschied am 30. 12. 1980 gegen Uruguay (0:2) in Montevideo; EM-Endrundenteilnehmer 1976 u. 1980.

Kitzinger, Albin 1. 2. 1912–6. 8. 1970; linker Läufer, Mittelläufer; spielte 1924/46 ausschl. für Schweinfurt 05; 44 Länderspiele, 2 Tore (1935/42), einmal Spielführer; Länderspieldebüt am 25. 8. 1935 gegen Rumänien (4:2) in Erfurt; Länderspielabschied am 3. 5. 1942 gegen Ungarn (5:3) in Budapest; WM-Endrundenteilnehmer 1938; eingesetzt in der Westeuropaauswahl 1937 (1:3 gegen Zentraleuropa in Amsterdam) u. in der FIFA-Auswahl 1938 (0:3 gegen England in London); spielte repräsentativ für Bayern u. Süddeutschland; er bestritt 826 Spiele für Schweinfurt u. war vorübergehend auch dort Trainer.

KJS, *DDR* Abk. für *Kinder- und Jugendsportschule.*

Klank, Wolfgang, geb. 31. 7. 1930 Dessau; Torhüter; spielte 1939/44 bei SV Dessau 05, 1948/49 bei Eintracht Nordhorn, 1949/54 bei Motor Dessau, 1954/55 bei Kickers Offenbach, 1955 bei Südwest Leipzig, 1955/62 beim SC Rotation Leipzig u. 1962/65 wiederum bei Motor Dessau; 3 Länderspiele (am 21. 9. 1952 gegen Polen [0:3] in Warschau, am 26. 10. 1952 gegen Rumänien [1:3] in Bukarest und am

Ulf **Kirsten**

14. 6. 1953 gegen Bulgarien [0:0] in Dresden); bestritt 233 Oberligaspiele.

Klären, svw. *Bereinigen,* z. B. „K. einer gefährlichen Strafraumsituation". Abb.

klassisches System, svw. *1-2-3-5-System* (↑ Spielsystem).

Kleiminger, Heino, geb. 3. 2. 1939 Wismar; Halbstürmer, Läufer; er spielte 1951/56 bei Motor Wismar, 1956/70 beim SC Empor u. FC Hansa Rostock u. 1970/74 bei TSG Wismar; 4 Länderspiele (5 Tore); internationales Debüt am 4. 9. 1963 gegen Bulgarien (1:1) in Magdeburg; Länderspielabschied am 23. 2. 1964 gegen Ghana (0:3) in Accra; 185 Oberligaspiele (62 Tore).

Klimaschefski, Uwe („Klima"), Trainer, geb. 11. 12. 1938; Verteidiger; spielte für Bremerhaven 93, Bayer 04 Leverkusen, Hertha BSC u. 1. FC Kaiserslautern; Bundesligaspieler 1963/69 (159 Spiele, 12 Tore). – 1970/71 Trainer beim FC Homburg, 1971/72 bei Hapoel Haifa, war 1972/74 wiederum beim FC Homburg, 1974 bei Mainz 05, 1974/80 erneut beim FC Homburg, 1980/81 bei Hertha BSC Berlin (West) u. 1982/86 beim 1. FC Saarbrücken; seitdem beim FC St. Gallen.

Klodt, Bernhard („Bernie"), geb. 26. 10. 1926; Außenstürmer; spielte 1940/48 u. 1950/62 beim FC Schalke 04 u. 1948/50 bei TSV Horst-Emscher; 19 Länderspiele (3 Tore); internationales Debüt am 22. 11. 1950 gegen die Schweiz (1:0) in Stuttgart; Länderspielabschied am 20. 5. 1959 gegen Polen (1:1) in Hamburg; WM-Endrundenteilnehmer 1954 u. 1958.

Klodt, Hans, geb. 10. 6. 1914; Torhüter; spielte 1925/35 bei BV 12 Gelsenkirchen, 1935/48 beim FC Schalke 04 u. 1948/55 bei SpVgg Beckum; 17 Länderspiele (1938/41); Länderspieldebüt am 20. 3. 1938 gegen Luxemburg (2:1) in Wuppertal; Länderspielabschied am 5. 10. 1941 gegen Schweden (2:4) in Stockholm; spielte repräsentativ für Westfalen. – Später Trainer bei Horst Emscher, SpVgg Beckum u. Teutonia Lippstadt.

Klub, svw. ↑ Fußballklub.

„Klub der Hunderter“, inoffizielle Bez. für denjenigen internationalen Spielerkreis, der bereits 100 u. mehr Länderspiele bestritten hat. Den od. die (bei Gleichstand) führenden Spieler bezeichnet man dann auch als „Weltrekordler“. Tab.

klubinterne Sperre, Wettkampf-(Spiel-) Sperre für einen od. mehrere Spieler, ausgesprochen durch den eigenen Klub (z. B. aufgrund moralischer Verfehlungen, unsportlicher Verhaltensweise innerhalb der Mannschaft o. ä.); disziplinarisches Erziehungsmittel (nicht zu verwechseln mit vom Verband erteilter ↑ Spielsperre).

Knefler, Otto, Trainer, geb. 5. 9. 1923 Bernburg (Saale), gest. 30. 10. 1986; Läufer; spielte 1937/56 bei Bernburg 07, ZSG Union Halle (später Turbine), Werder Bremen u. VfR Heilbronn. – Anschließend Trainer: 1957 bis 1960 bei SpVgg Neckarsulm, 1960/63 bei SV Ludweiler, 1963/67 bei Saar 05 Saarbrücken, 1967/68 beim 1. FC Kaiserslautern, 1968/70 bei Fortuna Düsseldorf, 1970/74 bei Eintracht Braunschweig, 1974/76 bei BV Borussia Dortmund, 1976/77 beim MSV Duisburg, 1977 bei Hertha BSC Berlin (West) u. 1978/79 bei Eintracht Frankfurt/Main.

Kneifen, körperlichen Einsatz scheuen, ängstlich agieren u. Zweikämpfen möglichst aus dem Weg gehen.

Knobloch, Hubert, Rundfunkreporter, geb. 19. 12. 1939 Schlesiersee; spielte bis 1954 bei Einheit Greiz; seit 1. 8. 1965 Reporter bei Radio DDR (Berlin); berichtete von den WM 1974, 1978, 1982 u. 1986, von der EM 1980 u. von den Olympischen Spielen (Sommerspiele 1972, 1976 u. 1980, Winterspiele 1976, 1980 u. 1984).

Knochenbruch, svw. ↑ Fraktur.

„Knochenfutter“, kurzes, ungenaues Zuspiel, das etwa zwischen einem gegnerischen Spieler sowie dem Mitspie-

Gerd **Kische**

Klären (K. Weise [*rechts*] gegen D. Müller)

ler, dem eigentlichen Adressaten, ankommt; ergibt zwangsläufig diffizile Zweikampfsituationen.

„Knödeln", freizügige (die Regeln betreffend) fußballerische Freizeitbeschäftigung von Kindern u. Jugendlichen auf (Spiel-)Straßen, Plätzen o. a. geeigneten Flächen. Heute meist durch geregelten Spiel- u. Trainingsbetrieb ersetzt, war das K. in den Nachkriegsjahren im hiesigen Raum weit verbreitet u. sehr beliebt.

Knöpfle, Georg, geb. 18. 5. 1904; rechter Läufer; spielte 1913/14 bei Schramberg 08, 1914/28 bei SpVgg Fürth, 1928/36 bei FSV Frankfurt/Main u. 1936/44 bei Eintracht Braunschweig; 23 Länderspiele (1928/33); Länderspieldebüt am 15. 4. 1928 gegen die Schweiz (3:2) in Bern; Länderspielabschied am 1. 1. 1933 gegen Italien (1:3) in Bologna; Olympiateilnehmer 1928; spielte repräsentativ für Süddeutschland. – Später Trainer von Niedersachsen, bei Arminia Hannover, Hamburger SV, FC Bayern München, Alemannia Aachen, SV Werder Bremen, 1. FC Köln u. SV Meiendorf.

„Knüppeln", rohe und rücksichtslose Spielweise, meist von vierschrötigen Verteidigertypen ausgeübt; primitivste Art, Fußball zu „spielen".

KNVB ↑ Niederlande.

Kobierski, Stanislaus („Tau"), geb. 15. 11. 1910 gest. 18. 11. 1972; Linksaußen; spielte 1919/29 bei Schwarz-Weiß Düsseldorf, 1929/31 bei Turu Düsseldorf u. 1931/50 bei Fortuna Düsseldorf; 26 Länderspiele, 9 Tore (1931/41), einmal Spielführer; Länderspieldebüt am 27. 9. 1931 gegen Dänemark (4:2) in Hannover; Länderspielabschied am 5. 10. 1941 gegen Finnland (6:0) in Helsinki; WM-Endrundenteilnehmer 1934; spielte repräsentativ für Niederrhein, Westdeutschland u. Berlin. – Später Trainer beim Düsseldorfer SC.
S. a. Deutschland bis 1945 (Abb.).

Koch, Konrad, Prof., Pädagoge u. Fußballpionier, 13. 2. 1846–17. 4. 1911; führte 1872 in *Braunschweig* Fußball als Pflichtspiel für Nachmittagsschulen ein; gründete 1874 den ersten Schülerfußballverein; verfaßte 1875 die ersten deutschen Fußballregeln; erließ 1886 einen (damals noch ungehörten) Aufruf zur Gründung eines Deutschen Fußballverbandes.

Koch, Wolfgang, Trainer, geb. 2. 12. 1943 Herten-Scherlebeck; Diplomsportlehrer; spielte 1955/58 bei Lok Großkorbetha, 1958/64 u. 1967/69 bei Fortschritt Weißenfels u. 1969/70 beim Halleschen FC Chemie. – Später Trainer: 1966/68 Bezirksauswahl Leipzig (Jugend, Junioren), 1968/69 HFC Chemie (1. Jugend), 1969/71 HFC Chemie (Juniorenoberliga), 1970/71 DFV-Trainerassistent (Nachwuchsauswahl bis 23 Jahre), 1970/76 DFV-Trainer der Juniorenauswahlmannschaften 1973, 1974 u. 1976; ab 1976/79 Trainer im Wissenschaftlichen Zentrum des DFV der DDR in Leipzig, ab 1979 Leiter des WZ.

Kocsis, Sándor („Schani"), Ungarn; geb. 23. 9. 1929 Budapest, gest. 1979; Halbstürmer u. Kopfballspezialist; spielte für Ferencváros Budapest (1947/49), EDOSZ Budapest (1949/50), Honvéd Budapest (1950/56), Young Fellows Zürich (1957) u. F.C. Barcelona (1958/66); 68 Länderspiele (75 Tore, 1948/56); internationales Debüt am 6. 6. 1948 gegen Rumänien (9:0) in Budapest; Vizeweltmeister 1954 (mit 11 Treffern Endrundentorschützenkönig); 1952 Olympiasieger; bester ungar. Torschütze 1951 (30 Tore), 1952 (36) u. 1954 (33).

Peter **Kohl**

Kohl, Peter, Trainer geb. 29. 1. 1942 Hohenmölsen; Läufer od. Verteidiger; spielte 1950/73 bei Chemie Zeitz, Fortschritt Weißenfels u. Vorwärts Leipzig. – 1971/73 Trainer bei Chemie Zeitz; 1973/76 stellvertretender Klubvorsitzender des Halleschen FC Chemie, 1976/82 Oberligatrainer beim HFC Chemie, 1982/85 bei Stahl Riesa, seit 1985 bei Stahl Brandenburg. Abb.

Kohle, Horst, geb. 8. 10. 1935 Schönebeck (Elbe); Halbstürmer; er spielte 1948/54 bei Motor Schönebeck, 1954 beim SC DHfK Leipzig u. 1955/66 beim (ASK) FC Vorwärts Berlin; am 28. 6. 1959 Länderspieleinsatz gegen Portugal (2:3) in Porto (1 Tor); 137 Punktspiele (38 Tore).

Köhler, Georg, geb. 1. 2. 1900 Dresden; Mittelläufer; er spielte 1909/35 beim

Dresdner SC u. 1935/41 beim VfB Dresden; 5 Länderspiele; internationales Debüt am 25. 10. 1925 gegen die Schweiz (4:0) in Basel; Länderspielabschied am 30. 9. 1928 gegen Schweden (0:2) in Stockholm. – Später Trainer beim Dresdner SC.

Köhler, Helmut, Schiedsrichter, geb. 20. 7. 1917 Bautzen; Mittelstürmer; spielte 1927/34 beim VfB Bautzen; 1935 Schiedsrichter; 1949/66 Oberligareferee (leitete bereits in den Anfängen der DDR-Oberliga zahlreiche Begegnungen u. zählte während seiner aktiven Zeit zu den profiliertesten Unparteiischen in der DDR); FIFA-Referee von 1964 bis 1967 (zweiter DDR-FIFA-Schiedsrichter nach *Werner Bergmann* [Hildburghausen]); leitete 3 Länder-, 11 EC- u. Städtespiele sowie 220 nationale u. internationale Begegnungen (insgesamt 1019 Spiele); seit 1954 Leiter der BSG Motor Leipzig-Mockau.

Kohlmeyer, Werner, 19. 10. 1924–26. 3. 1974; Linksverteidiger; spielte 1940/57 beim 1. FC Kaiserslautern u. 1957/59 beim FC Homburg; 22 Länderspiele; internationales Debüt am 17. 6. 1951 gegen die Türkei (1:2) in Berlin (West); Länderspielabschied am 30. 3. 1955 gegen Italien (1:2) in Stuttgart; WM-Endrundenteilnehmer 1954. S. a. Tf. 22 *(unten)*.

Kolding ↑ Kopenhagen Boldklub.

Kolew, Iwan, Bulgarien, geb. 1. 11. 1930 Sofia; Stürmer; spielte 1950/68 bei (ZDNA, ZSKA) ZSKA Septemberfahne Sofia; 75 Länderspiele (25 Tore), achtmal Spielführer; internationales Debüt am 18. 5. 1952 gegen Polen (1:0) in Warschau; Länderspielabschied am 20. 7. 1966 gegen Ungarn (1:3) in Manchester; war WM-Endrundenteilnehmer 1962 u. 1966; Olympiateilnehmer 1952, 1956 (Bronze), 1960. – Später Trainer. Abb.

Koller, Karl, Österreich, geb. 8. 2. 1929; linker Läufer; spielte u. a. bei Vienna Wien; 86 Länderspiele (1951/64); WM-Endrundenteilnehmer 1954 u. 1958.

Köln, 1. FC *(Fußball-Club 01/07)*, die „Geißböcke", BRD; gegr. 13. 2. 1948 als Fusion von *Kölner Ballspiel-Club 01* u. *SpVg. Sülz 07* (Emblem ↑ Tf. 7); 1. Bundesliga seit 1963; *Amateurmeister* 1981; fünfmal Meister in der Oberliga West (1954, 1960/63); *Landesmeister* 1962, 1964 u. 1978; *DFB-Pokalsieger* 1968, 1977, 1978 u. 1983. 22 *EC-Teilnahmen:* 141 Spiele; 75 Siege, 22 Unentschieden sowie 44 Niederlagen, 172:110 Punkte, 283:174 Tore. – *Spielkleidung:* Weiß (od. weiße Hose, rotes Hemd, rote Stutzen). *Heimstadion:* Müngersdorfer Stadion, 61188 Plätze (alle 28000 Sitz- u. 33188 Stehplätze überdacht).

Spieler (Auswahl): K. u. T. Allofs – H. Benthaus – U. Bein – R. Bonhof – R. Botteron – B. Cullmann – P. Elkjaer-Larsen – S. Engels – F. Ewert – K. Fischer – H. Flohe – R. Geilenkirchen – K.-H. Geils – W. Hartwig – R. Hense – F. Herkenrath – H. Hornig – H.-J. Kapellmann – H. Konopka – H.-P. Lehnhoff – P. Littbarski – J. Löhr – P. Mebus – Moog – D. Müller – Y. Okudera – M. Olsen – W. Overath – F. Pott – D. Prestin – H. Rahn – J. Röhrig – C.-H. Rühl – H. Schäfer – K.-H. Schnellinger – H. Schumacher – B. Schuster – M. Soskic – P. Steiner – G. Stollenwerk – G. Strack – H. Sturm – W. Weber – H. Weisweiler – L. Wilden – T. Woodcock – K.-H. Thielen. – **Trainer** (Auswahl): Z. Čajkovski – K.-H. Heddergott – G. Keßler – G. Knöpfle – J. Löhr – G. Lóránt – H. Merkle – R. Michels – W. Multhaup – E. Ocwirk – O. Pfau – R. Schlott – P. Szabo – H. Weisweiler.

Fortuna Köln

Köln, S.C. Fortuna, BRD, gegr. 21. 2. 1948 (Fusion von *Victoria 1911*, *Bayenthaler SV 1920* u. *SV Köln 1927*); 1. Bundesliga 1973/74; 2. Liga Nord 1974/81; seit 1981/82 2. Bundesliga. – *Spielkleidung:* rote Hose, rot-weiß gestreiftes Hemd, rote Stutzen (od. Weiß). *Heimstadion:* Sportanlage Köln-Süd, 15000 Plätze, davon 2000 Sitzplätze überdacht. Abb.

Spieler (Auswahl): R. Aussem – J. Baier – J. Baylon – K. Bregman – N. Campbell – W. Fahrian – H.-J. Gede – B. Grabosch – J. Gudlaugsson – R. Hattenberger – U. Helmes – H. Linssen – H. Löring – H. Lütkebohmert – H.-G. Neues – F. Nielsen – D. Schatzschneider – H.-J. Werres – H. Wilden – G. Zimmermann. – **Trainer** (Auswahl): V. Beara – R. Faßnacht – E.-G. Habig – H. Hornig – V. Kottmann – W. Kremer – H. Linßen – M. Luppen.

Iwan **Kolew**

Kolský, Karel, ČSSR, geb. 21. 9. 1914 Kladno; linker Läufer; spielte 1927/34 bei SK Krocehlavy, 1934/36 beim SK Kladno u. 1936/48 bei Sparta Prag u.

Kolumbien

Weltmeisterschaft
1962 Endrunde

olympisches Fußballturnier
1968 Endrunde
1972 Endrunde
1980 Endrunde

Südamerikameisterschaft
1975 2. Platz

Landesmeister
1948 Independiente Santa Fé
1949 Millonarios Bogotá
1950 Deportes Caldas
1951 Millonarios Bogotá
1952 Millonarios Bogotá
1953 Millonarios Bogotá
1954 Nacional Medellin
1955 Independiente Medellin
1956 Atlético Quindio
1957 Independiente Medellin
1958 Independiente Santa Fé
1959 Millonarios Bogotá
1960 Independiente Sante Fé
1961 Millonarios Bogotá
1962 Millonarios Bogotá
1964 Millonarios Bogotá
1965 Deportivo Cali
1966 Independiente Santa Fé
1967 Deportivo Cali
1968 Union Magdalena Santa Maria
1969 Deportivo Cali
1970 Deportivo Cali
1971 Independiente Santa Fé
1972 Millonarios Bogotá
1973 Nacional Medellin
1974 Deportivo Cali
1975 Independiente Santa Fé
1976 Nacional Medellin
1977 Atlético Júnior Barranquila
1978 Millonarios Bogotá
1979 America Cali
1980 Júniors Barranquila
1981 Nacional Medellin
1982 America Cali
1983 America Cali
1984 America Cali
1985 America Cali
1986 America Cali

Kongo

Afrikameisterschaft
1972 1. Platz

Afrikapokal der Landesmeister
1974 C. A. R. A. Brazzaville

1948/51 bei Sparta Úpice; 13 Länderspiele; internationales Debüt am 15. 5. 1937 gegen Schottland (1:3) in Prag; Länderspielabschied am 18. 4. 1948 gegen Polen (1:3) in Warschau; WM-Endrundenteilnehmer 1938; er bestritt 1935/48 265 Punktspiele (9 Tore). – Später Trainer: u. a. bei Sparta Úpice (1950/51), ATK Prag (1951/59), Sparta Prag (1960/63 u. 1970/72), Wisła Krakow (1963/65), bei Zbrojovka Brno (1965/67), Iskra Jablonec (1967/69), Skoda Plzeň (1969/70), SONP Kladno (1972/75) u. RH Cheb (1976/78); 1956 bis 1958 ČSR-Auswahltrainer (18 Spiele).

Kolumbien, Staat im Nordwesten Südamerikas, 1 138 914 km², etwa 28,8 Mill. Ew., 1 Fußballspieler je 152 Ew.; Verband *Federación Colombiana de Fútbol* („Kolumbianischer Fußballverband"), Abk. *FCF*; gegr. 1924, Sitz *Bogotá*; Mitgl. der *FIFA* seit 1940, der *CONMEBOL* seit 1940. – *Organisation:* 3 700 Klubs; 500 Berufsspieler, 500 Vertragsspieler, 165 000 Amateurspieler, gesamt 190 000 (einschl. Nachwuchs- u. AM-Spieler); *Spieljahr:* Februar–Dezember; *Spielkleidung:* schwarze Hose, rotes Hemd, rote Stutzen (Reserveausrüstung: Weiß); *Nationalstadion:* Estadio Distrital Nemesio Camacho „El Campin", Bogotá, 57 000 (ausschl. Sitzplätze); *Stadien* (Auswahl): Metropolitano, Barranquila, 70 000; Pascual Guerrero, Cali, 61 000; Atanasio Girardot, Medellin, 47 000; Centenario, Monteria, 42 000. Tab.

kombinierte Deckung, anspruchsvolles Deckungssystem, das auf der rationellen Verbindung von ↑ Manndeckung u. ↑ Raumdeckung beruht u. die Vorteile beider Abwehrformen vereint. Die Schwierigkeit der k.D. besteht bes. in der reibungslosen *Übergabe* (deshalb auch als *übergebendes Decken* bezeichnet) des gegnerischen Spielers an den Mitspieler. Die flexible Abwehrgestaltung bei der k.D. trägt dazu bei, das Spiel ideenreicher u. attraktiver zu gestalten, weil sie dem Spiel mehr Überraschungsmomente verleiht u. das Improvisationsvermögen der Spieler bedeutend mehr fordert als bei der Mann- od. Raumdeckung.

kombinierte Mann-/Raumdeckung, sprachlich unkorrekte Bez. für *Mann-/Raumdeckung* (↑ kombinierte Deckung), da diese die Kombination bereits zum Ausdruck bringt.

Kommenlassen des Gegners, leicht defensivorientiertes (Abwarte-)Verhalten, um dem vorrückenden Gegner spielerische Unterlegenheit vorzutäuschen u. daraus eigene Konter zu inszenieren.

Koncilia, Fritz („Friedel"), Österreich, geb. 25. 2. 1948 Klagenfurt; Torhüter; spielte 1959/67 bei Austria u. AC Klagenfurt, 1967/68 bei WSG Wattens, 1968/79 bei Swarowski/Wacker Innsbruck, 1978/79 beim RSC Anderlecht u. 1979/85 bei Austria Wien; 84 Länderspiele; internationales Debüt am 31. 10. 1970 gegen Italien (1:2) in Wien; Länderspielabschied am 7. 5. 1985 gegen Zypern (4:0) in Graz; WM-Endrundenteilnehmer 1978 u. 1982. Abb.

Kondition, physischer u. psychischer Trainingszustand, in dem sich der Organismus eines Spielers befindet; der Spieler ist in guter K., wenn er sowohl seine *physischen Fähigkeiten* (Schnelligkeit, Kraft, Ausdauer, Geschicklichkeit) als auch die *psychischen* (Willensstärke, Kombinationsgabe, Übersichtsvermögen usw.) in hohem Grad entwikkelt hat. Nur im guten konditionellen Zustand befindliche Spieler können im Spiel ihr technisches u. taktisches Können voll zur Geltung bringen.

Konföderation, übergeordneter Verband, dem die Landesverbände (↑ Kontinentalkonföderation) bzw. Kontinental-K. (*Welt-K.*; ↑ FIFA) angehören.

Kongo, ein Staat in Äquatorialafrika, 342 000 km², etwa 1,6 Mill. Ew., 1 Fußballspieler je 246 Ew.; Verband *Fédération Congolaise de Football* („Kongolesischer Fußballverband"), Abk. *FECOFOOT*; gegr. 1962, Sitz *Brazzaville*; Mitgl. der *FIFA* seit 1963, der *CAF* seit 1966. – *Organisation:* 260 Klubs; 5 500 Amateurspieler, gesamt 6 500 (einschl. Nachwuchs- u. AM-Spieler); *Spieljahr:* Februar–Oktober; *Spielkleidung:* rote Hose, rotes Hemd, weiße Stutzen (Reserveausrüstung: Weiß); *Nationalstadion:* Stade de la Révolution, Brazzaville, 50 000 (ausschl. Sitzplätze); *Sta-*

dien (Auswahl): Stade Casimir Mvoulailya, Pointe-Noire, 20000; Stade Eboué, Brazzaville, 12000. Tab.

Kongreß, svw. ↑ FIFA-Kongreß.

Konietzka, Friedhelm („Timo"), geb. 2. 8. 1938 Lünen; Halbstürmer; spielte 1952/58 beim VfB 08 Lünen, 1958/65 bei Borussia Dortmund, 1965/67 beim TSV 1860 München, 1967/71 beim FC Winterthur (Schweiz) u. 1971/72 (als Spielertrainer) beim FC Zürich; 9 Länderspiele (3 Tore); internationales Debüt am 30. 9. 1962 gegen Jugoslawien (3:2) in Zagreb; Länderspielabschied am 24. 4. 1965 gegen Zypern (5:0) in Karlsruhe; 100 Bundesligaspiele (72 Tore); erzielte am 24. 8. 1963 bei Werder Bremen–Borussia Dortmund (3:2) nach 58 Sekunden das erste Bundesligator überhaupt. – Später Trainer; 1971/78 bei FC u. Grasshoppers Zürich (wieder seit 1985) sowie Young Boys Bern, 1982/83 bei Hessen Kassel, 1983/84 bei Bayer 05 Uerdingen u. (Juli/Oktober) 1984 bei Borussia Dortmund.

Konkow, Anatoli, UdSSR, geb. 19. 9. 1949; Mittelfeldspieler; spielte 1964/67 bei Avantgarde Kramatorsk, 1968/74 bei Schachtjor Donezk u. 1975/81 bei Dynamo Kiew; 1971/78 47 Länderspiele; war EM-Endrundenteilnehmer 1972; gewann bei Olympia 1976 die Bronzemedaille. Abb.

Konrath, George, Frankreich, Schiedsrichter, geb. 1937 Schwindtratzheim; spielte 1947/57 beim FC Schwindtratzheim u. 1957/62 beim AS Hochfelden; seit 1964 Schiedsrichter; 1973 1. Division; 1975 FIFA-Referee; leitete 1978 das erste Nachwuchs-EM-Finale DDR–Jugoslawien (0:1) in Halle (Saale) u. 1982 das EC I-Endspiel Aston Villa–FC Bayern München (1:0).

konsequente Manndeckung, stures (deshalb auch *sture Manndeckung* genannt) Verfolgen u. Bewachen eines vom Trainer vor dem Spiel bestimmten Gegenspielers (meist der bzw. die überragenden Angriffs-, aber auch Mittelfeldspieler) auf engstem Raum *(hautnahes Decken)*; destruktive Spielweise, im modernen (Spitzen-)Fußball verpönt.

Konstantinou, Andreas, Zypern, geb. 10. 8. 1950 Limassol; Torhüter; spielt seit 1967 bei AEL Limassol; 35 Länderspiele; internationales Debüt am 18. 11. 1973 gegen Bulgarien (0:2) in Sofia.

Konter, (blitz-)schneller Gegenangriff *(K.zug, K.angriff)*; Zweck des *Konterns* ist es, mit wenigen Spielzügen nach einem abgewehrten gegnerischen Angriff rasch das Mittelfeld zu überbrükken (vornehmlich durch Steilpässe), um somit die aufgerückte Abwehr des Gegners zu düpieren (schnelle u. ballgewandte eigene Sturmspitzen vorausgesetzt).

Konterstellung, Abwarteverhalten einer Mannschaft in der eigenen Hälfte, um dann plötzlich *Konter* zu starten.

Kontinentalkonföderation, Gesamtheit der Landesverbände, die der *FIFA* angeschlossen sind u. dem gleichen Kontinent angehören; insg. gibt es 6 K. Tab.

Kontinentalverband, svw. ↑ Kontinentalkonföderation.

Kontustion [latein.], svw. ↑ Prellung.

Konzack, Günter, Trainer, geb. 24. 9. 1930 Bergheide (Niederlausitz); Stürmer; spielte 1945/50 bei Chemie Annahütte, 1950/53 bei Chemie Leipzig, 1953/55 beim SC Turbine Erfurt u. 1955/60 beim SC Lok Leipzig. – Später Trainer: 1960/63 bei Chemie Riesa, 1963/66 beim SC Leipzig (1965/66 Oberliga), 1966/67 beim 1. FC Lok Leipzig, 1967/68 bei Motor Steinach, 1968/70 bei Lok Stendal u. 1970/76 beim 1. FC Magdeburg (Trainerassistent von *H. Krügel*).

Konzeption, svw. ↑ Spielkonzeption.

Kopa, Raymond (poln. Abstammung: *Kopaszewski*), Frankreich, geb. 13. 10. 1931 Noeux les Mines; Stürmer; spielte bei SCO Angers (1949/51), Stade Reims (1952/55, 1959/64) u. Real Madrid (1956/59); internationales Debüt am 5. 10. 1952 gegen die BRD (3:1) in Paris; Länderspielabschied am 11. 11. 1962 gegen Ungarn (2:3) in Paris; 45 Länderspiele (18 Tore); WM-Endrundenteilnehmer 1954 u. 1958; 1958 Europas Fußballer des Jahres. – Später Trainer, TV-Kommentator u. Kolumnist.

Koparvallen ↑ Atvidaberg FF.

Köpcke, Fritz, Schiedsrichter, geb. 6. 10. 1914 Peine (Hannover); spielte seit 1930 als Torhüter u. Mittelverteidiger

Friedel **Koncilia**

Anatoli **Konkow**

Kontinentalkonföderationen
(Gründungsjahre)

1916	CONMEBOL (Südamerika)
1954	UEFA (Europa)
	AFC (Asien)
1956	CAF (Afrika)
1961	CONCACAF (Nord-, Zentralamerika u. Karibik)
1966	OFC (Ozeanien)

(s. a. beim jeweiligen Stichwort)

AB Kopenhagen

bei Vater Jahn Peine u. 1947/50 bei Empor Wusterhausen. – Seit 1949 Schiedsrichter der Kreis-, Bezirksklasse u. Bezirksliga; 1951/67 Oberligaschiedsrichter; leitete 2 A-Länderspiele (Rumänien–ČSSR u. UdSSR–Uruguay); war 1968/80 Vorsitzender der DFV-Schiedsrichterkommission u. ist Ehrenmitglied des DFV der DDR.

Kopecký, Vlastimil („Vlasta"), ČSSR; 14. 10. 1912–31. 7. 1967; Halblinker; spielte 1932/48 bei Rapid Vinohrady u. Slavia Prag; 23 Länderspiele (5 Tore); internationales Debüt am 17. 4. 1932 gegen die Schweiz (1:5) in Zürich; Länderspielabschied am 29. 8. 1948 gegen Bulgarien (0:1) in Sofia; WM-Endrundenteilnehmer 1934 u. 1938; erzielte 156 Tore für Slavia Prag.

Kopenhagen, AB (*Akademisk Boldklub*, „Akademischer Fußballverein"), Dänemark, Verein der 2. Division, gegr. 26. 2. 1889; 9mal *Landesmeister* (zwischen 1919 u. 1967). 3 *EC-Teilnahmen:* 10 Spiele; 3 Siege, 1 Unentschieden, 6 Niederlagen, 7:13 Punkte, 17:19 Tore. – *Spielkleidung:* weiße Hose, grünes Hemd, weiß-grüne Stutzen. *Heimstadion:* Gladsaxe Idraetspark, 10 000 Plätze. Abb.

Spieler (Auswahl): K. Bastrup-Birk – H. Bendixen – H. Bernburg – P. Berth – K. Bjerre – C. Brögger – E. Frigast Larsen – K. A. Hansen – E. Jensen – K. Jörgensen – F. Kjärsgaard – E. Kleven – J. Larsen – K. Lundberg – F. Nielsen – V. Nielsen – J. Petersen – P. Petersen – M. Rasmussen – E. Sandvad – H. Seebach – E. Thielsen – P. Toft-Jensen – F. Wiberg – N. Yde.

Kopenhagen, B 93 (*Boldklubben af 1893*), Dänemark, Verein der 1. Division, gegr. 1893; 9mal *Landesmeister* (zwischen 1916 u. 1946); *Pokalsieger* 1982. 1 *EC-Teilnahme:* 4 Spiele; 1 Sieg, 3 Niederlagen, 2:6 Punkte, 5:10 Tore. – *Spielkleidung:* blaue Hose, weißes Hemd, blaue Stutzen. *Heimstadion:* Österbro, 7 000 Plätze.

Spieler (Auswahl): P. Andersen – B. Christensen – E. Dennung – J. Gandil – C. Grothan – J. Hammeken – H. Hansen – P. L. Hansen – J. Jacobsen – O. Jensen – P. Jensen – S. Jensen – E. Jörgensen – V. Klein – H. Lasthein – A. Lindgreen – H. G. A. Nielsen – S. Nielsen – A. Olsen – K. B. Overgaard – S. Petersen – M. L. Rohde – M. T. Simonsen – H. Söbrik – T. Söndergaard – A. Sörensen – C. Stoltz – F. Tarp – K. Uldaler – P. Zölck.

Kopenhagen, B 1903 (*Boldklubben*), Dänemark, Verein der 1. Division, gegr. 1903; 7mal *Landesmeister* (zwischen 1920 u. 1976); *Pokalsieger* 1979 u. 1986. 10 *EC-Teilnahmen:* 26 Spiele; 5 Siege, 5 Unentschieden, 16 Niederlagen, 15:37 Punkte, 34:54 Tore. – *Spielkleidung:* Weiß. *Heimstadion:* Gentofte, 18 000 Plätze.

Spieler (Auswahl): E. I. Andersen – A. Friedmann – B. Hansen – C. Hansen – H. Hansen – B. Havn – V. Jörgensen – W. Jörgensen – B. Mathiesen – E. Nielsson – F. Steen.

Kopenhagen, Frem (*Boldklubben*); gegr. 1886; zweitältester Verein der 1. Division Dänemarks; 6mal *Landesmeister* (zwischen 1923 u. 1944); *Pokalsieger* 1956 sowie 1978. 6 *EC-Teilnahmen:* 14 Spiele; 4 Siege, 10 Niederlagen, 8:20 Punkte, 14:36 Tore. – *Spielkleidung:* weiße Hose, rot-blau gestreiftes Hemd, rot-blaue Stutzen. *Heimstadion:* Valby Idraetspark, 12 000 Plätze.

Spieler (Auswahl): B. W. Andersen – K. Birkedal – W. Christensen – K. Christophersen – H. Colberg – J. Hansen – K. Hansen – Ka. Hansen – S. Hansen – P. Henriksen – S. Johansen – P. Jörgensen – B. Larsen – O. Larsen – L. Nielsen – S. Nielsen – S. Olsen – J. Plöger – O. Rasmussen – E. Sörensen – O. Sörensen – H. Steffensen.

Kopenhagen, Hvidovre (*Idraetsforening*, „Sportverein"), Dänemark, Verein der 1. Division; *Landesmeister* 1966, 1973 u. 1981; Pokalsieger 1980. 7 *EC-Teilnahmen:* 18 Spiele; 3 Siege, 5 Unentschieden, 10 Niederlagen, 11:25 Punkte, 22:39 Tore. – *Spielkleidung:* blaue Hose, rote Hemden, blaue Stutzen. *Heimstadion:* Hvidovre, 15 000 Plätze.

Spieler (Auswahl): H. Aebach – M. Christensen – P. Dahl – P. H. Fredriksen – S. Hansen – J. Henriksen – H. Hildebrandt – H. Jensen – P. Larsen – M. Mannichel – S. Olsen – B. Pedersen – J. Petersen – O. Skouboe – L. Sörensen – K. Stendal – A. Toft – K. Wagener – J. Worbye – S. Ziegler.

Kopenhagen Boldklub (KB), Dänemark, Verein der 2. Division, gegr. 26. 4. 1876; 15mal *Landesmeister* (zwischen 1913 u. 1980). Neun *EC-Teilnahmen:* 27 Spiele;

7 Siege, 5 Unentschieden, 15 Niederlagen, 19:35 Punkte, 45:62 Tore. – *Spielkleidung:* blaue Hose, weißes Hemd, weiße Stutzen. *Heimstadion:* Kolding, 12 000 Plätze.

Spieler (Auswahl): S. S. Blicher – G. Brysting – S. A. Castella – J. W. Hansen – O. Jörgensen – E. Köppen – M. Laudrup – V. Laursen – S. I. Lykke – H. Lyngsa – N. Middelboe – E. Nielsen – P. Nielsen – O. Nörland – A. Pilmark – O. Qvist – J. Sörensen – V. Wolfhagen.

Kopfball, Spielen des Balles mit dem Kopf; erfolgt meist aus dem Sprung heraus. Einen gezielten, mit der Stirn ausgeführten K. bezeichnet man als ↑ Kopfstoß. S. a. Flugkopfball.

Kopfballduell, Luftzweikampf mit dem Ziel, im Sprung vor dem gegnerischen Spieler an den Ball zu gelangen. Abb.

Köpfen, einen ↑ Kopfstoß ausführen.

kopflos, svw. *konfus*; gekennzeichnet durch fehlende Übersicht in diffizilen (Strafraum-)Situationen, Übersehen der besser postierten Mitspieler, hektische

Kopfballduell

Aktionen („mit dem Kopf durch die Wand") u. ä. Fehlverhalten.

Kopfstoß, Weiterleitung halbhoch u. hoch anfliegender Bälle mit der Stirn; kann auch als Abwehrhandlung od. Stoß auf das gegnerische Tor erfolgen. Der K. wird im *Stand, Sprung,* aus dem *Lauf* od. im *Hechtflug* (↑ Flugkopfball) ausgeführt. Die Ausholbewegung des Oberkörpers beim Anflug des Balles u. das Straffen der Nackenmuskulatur ge-

Kopfstoß von W.-R. Netz

währleisten eine explosive K.ausführung. Abb.

Korea, *Koreanische Demokratische Volksrepublik*, Abk. *KDVR*, ein ostasiat. Staat, 120 538 km², etwa 19 Mill. Ew., 1 Fußballspieler je 4 222 Ew.; Verband *Football Association of the Democratic People's Republic of Korea* („Fußballverband der KDVR"), Abk. *KDVR-Football*; gegr. 1945, Sitz *Phòngjang*; Mitgl. der *FIFA* seit 1958, der *AFC* seit 1974. – *Organisation:* 100 Klubs; 3 000 Amateurspieler, gesamt 4 500 (einschl. Nachwuchs- sowie AM-Spieler); *Spielzeit:* März–November; *Spielkleidung:* weiße Hose, rotes Hemd, rote Stutzen (Reserveausrüstung: lichtgrüne Hose, weißes Hemd, weiße Stutzen): *Nationalstadion:* Moranbong Stadium, Phòngjang, 90 000 (70 000 Sitz-, 20 000 Stehplätze); *Stadien* (Auswahl): Hamhung Stadium, 70 000; Tschongtschin Stadium, 70 000; Nampo Stadium, 60 000; Hyesan Stadium, 60 000. Tab.

Südkorea: 98 484 km², etwa 39,9 Mill. Ew., 1 Fußballspieler je 13 100 Ew.; Verband *Korea Football Association* („Fußballverband Südkoreas"), Abk. *KFA*; gegr. 1928, Sitz *Sòul*; Mitgl. der *FIFA* seit 1948, der *AFC* seit 1954. – *Organisation:* 480 Klubs; 800 Amateurspieler, gesamt 3 000 (einschl. Nachwuchs- u. AM-Spieler); *Spieljahr:* März–November; *Spielkleidung:* Rot (Reserveausrüstung: Blau); *Nationalstadion:* Sòul Municipal Stadium, 30 000 (27 000 Sitz-,

Korea (KDVR)	
Weltmeisterschaft	
1966	Endrunde
olympisches Fußballturnier	
1976	Endrunde
Südkorea	
Weltmeisterschaft	
1954	Endrunde
1986	Endrunde
olympisches Fußballturnier	
1948	Endrunde
1964	Endrunde
Asienmeisterschaft	
1956	1. Platz
1960	1. Platz
1972	2. Platz

3000 Stehplätze); *Stadien* (Auswahl): Hyochang Municipal Stadium, 20000; Pusan Kooduck Municipal Stadium, 20000; Intschon Puplik Stadium, 20000. Tab.

„Korkenzieher", unkontrolliert vor dem eigenen Tor hochgeschlagener Ball (drallförmige Bewegung, zurücktrudelnd). S. a. „Kerze".

Körner, Gerhard („Theo"), geb. 20. 9. 1941 Zwickau; Außenläufer; spielte 1952/59 bei Wismut Wilkau-Haßlau, 1959/60 bei Vorwärts Marienberg, 1960/71 beim FC Vorwärts Berlin u. 1971/72 beim FC Vorwärts Frankfurt (Oder); 33 Länderspiele (4 Tore) zwischen 1962 (am 3. 5. gegen die UdSSR [1:2] in Moskau) u. 1969 (am 19. 12. gegen Ägypten [3:1] in Kairo); gewann bei Olympia 1964 die Bronzemedaille; bestritt 276 Oberligaspiele (50 Tore). – 1973/82 Bezirkstrainer, jetzt bei der SV Dynamo Trainerinstrukteur.

körperbetontes Spiel, Spielweise, die durch energischen u. überwiegend robusten (Körper-)Einsatz einer Mannschaft geprägt ist (auch für den einzelnen Spieler gebraucht); der fußballtechnische Aspekt steht dabei meist im Hintergrund. S. a. körperloses Spiel.

körperloses Spiel, Spielweise einer Mannschaft, die sich durch ein hohes Maß an spielkulturellen Fertigkeiten auszeichnet, wobei aber der kämpferische Körpereinsatz oftmals zu kurz kommt (auch für den einzelnen Spieler gebraucht). S. a. körperbetontes Spiel.

Kostalek, Josef, ČSSR, 31. 8. 1909 bis 21. 11. 1971; rechter Läufer; spielte 1929/45 bei Sparta Prag; 1945/46 bei Sparta Povazska Bystrica u. 1946/51 bei SK Rakovnik; bestritt 42 Länderspiele (4 Tore); internationales Debüt am 11. 5. 1930 gegen Frankreich (3:2) in Paris; Länderspielabschied am 4. 12. 1938 gegen Rumänien (6:2) in Prag; WM-Endrundenteilnehmer 1934 u. 1938. – Später Trainer bei Povazska Bystrica, Rakovnik u. SONP Kladno.

Kostarika, ein Staat in Mittelamerika, 50700 km^2, etwa 2,3 Mill. Ew., 1 Fußballspieler je 177 Ew.; Verband *Federación Costarricense de Fútbol* („Fußballverband Kostarika"), Abk. *FCF*; gegr. 1921, Sitz *San José*; Mitgl. der *FIFA* seit 1927, der *CONCACAF* seit 1962. – *Organisation:* 440 Klubs; 500 Vertragsspieler, 11000 Amateurspieler, gesamt 13000 (einschl. Nachwuchs- u. AM-Spieler); *Spieljahr:* März–Oktober; *Spielkleidung:* azurblaue Hose, rotes Hemd, weiße Stutzen (Reserveausrüstung: Weiß); *Nationalstadion:* Estadio Nacional de Kostarika, San José, 30000 (25000 Sitz-, 5000 Stehplätze); *Stadien* (Auswahl): Estadio Ricardo Saprissa, 25000; Alejandro Morera, Alajuela, 15000; Estadio Rosabal Cordero, Heredia, 15000; Estadio Fello Meza, Cartago, 15000. Tab.

Kostarika
olympisches Fußballturnier
1980 Endrunde
1984 Endrunde
CONCACAF-Pokal der Landesmeister
1970 Deportivo Saprissa (für Zentralamerika)

Kostikos, Georgios, Griechenland, geb. 1958 Saloniki; Verteidiger; spielt seit 1970 bei PAOK Saloniki; 40 Länderspiele (5 Tore); internationales Debüt am 14. 2. 1970 gegen Israel (1:4) in Tel Aviv; EM-Endrundenteilnehmer 1980.

K.-o.-System [von engl. *knockout*, Abk. *k.o.*, „erledigt"], Spielrunde in Turnier od. Pokalwettbewerben, wobei der Unterlegene sofort ausscheidet; wird je nach Austragungsmodus nur mit Hinspiel od. mit Hin- u. Rückspiel ausgetragen. S. a. Pokalsystem.

Kouis, Kostas, Griechenland, geb. 5. 6. 1955 Xilopoulis; Mittelfeldspieler; er spielte 1969/73 bei Agrotikos Asteras; seit 1974 bei Aris Saloniki; 35 Länderspiele (1 Tor); internationales Debüt am 21. 3. 1979 gegen Rumänien (0:3) in Bukarest; Länderspielabschied am 10. 4. 1984 gegen Zypern (1:1) in Athen; EM-Endrundenteilnehmer 1980.

Koura, altmarokkan. Fußballspiel, ähnlich dem französ. ↑ Soule, mit einem etwa apfelgroßen Lederball als Spielgerät. Der Ball wurde zwischen 2 Feldern gelegt, wobei es galt, ihn mittels Fußstoßes ins gegnerische Feld zu treiben. Darüber hinaus gab es eine Abart, den Ball mit Stöcken zu treiben u. zu schlagen.

Kovacs, Stefan, Rumänien, Trainer, geb. 1920; Halbstürmer; spielte 1934/38 bei CA Oradea, 1938/41 bei Olympique Charleroi (Belgien), 1941 bei Ripensia Timisoara, 1941/42 beim CFR Severin, 1942/44 bei KAC Cluj, 1944/47 bei Ferrar Cluj, 1947/50 bei CFR Cluj u.

1950/53 bei Universitatea Cluj; 6 Länderspiele. – Seit 1949 Trainer; u. a. 1949/50 bei CFR Cluj (Trainerassistent), 1950/59 bei Universitatea Cluj (ab 1953 Cheftrainer), 1959/62 bei CSM Cluj, 1962/65 Rumänien B u. U 21, 1965/67 rumän. Nationalmannschaft (Trainerassistent), 1967/71 bei Steaua Bukarest, 1971/73 bei Ajax Amsterdam, 1973/81 rumän. Nationalmannschaft u. 1981/83 bei Panathinaikos Athen; seit 1986 bei AS Monaco. Abb.

Kozeluh, Karel, ČSR, 1895–1950; Stürmer; spielte 1909/14 beim SK Bubenec, 1914/16 u. 1923 bei Sparta Prag, 1917/20 beim DFC Prag u. 1920/23 beim Teplitzer FK; beendete seine Laufbahn beim Wiener AC; 3 Länderspiele 1923 (1 Tor). – Er war auch ein ausgezeichneter Tennisspieler.

Kraftausdauer, Ermüdungswiderstandsfähigkeit des Organismus bei langandauernden Kraftleistungen; trainiert der Fußballspieler zur Vorbereitung auf die *Schnellkraft-* u. *Schnelligkeitsausdauerleistungen.* Deshalb muß im K.training eine schnellkräftige Übungsdurchführung so lange wie möglich beibehalten werden.

Kraftfußball, betont athletisch u. kämpferisch ausgerichtete Spielweise einer Mannschaft, wobei der spielerisch bzw. spielkulturelle Aspekt zwangsläufig in den Hintergrund tritt.

Krakow, G.T.S. Wisła *(Gwardyjskie Towarzystwo Sportowe,* „Gardesportverein"), 1. Liga, gegr. 1906; ältester poln. Fußballklub; 1949/55 *Gwardia;* 6mal *Landesmeister* (zwischen 1927 u. 1978); *Pokalsieger* 1967. 6 *EC-Teilnahmen:* 20 Spiele; 8 Siege, 5 Unentschieden, sowie 7 Niederlagen, 21:29 Punkte, 34:32 Tore. – *Spielkleidung:* Rot. *Heimstadion:* Wisła, 45000 Plätze, Flutlicht (600 lx).

Spieler (Auswahl): R. Budka – S. Flanek – W. Giergiel – M. Gracz – A. Iwan – J. Jalocha – J. Jurowicz – Z. Kapka – W. Kawula – K. Kmiecik – J. Kowalik – M. Kusto – L. Lipka – H. Maculewicz – F. Motyka – Z. Mordarski – M. Motyka – A. Musial – A. Nawalka – K. Polok – H. Reyman – P. Skrobowski – M. Szczurek – A. Szymanowski – A. Wozniak. – **Trainer** (Auswahl): R. Durniok – M. Gracz – Lencik – E. Zientara.

Krampe, Hans-Dieter, geb. 6. 1. 1937 Halle; Verteidiger; spielte 1951/55 bei Post Halle u. 1955/69 beim FC Vorwärts Berlin; 28 Länderspiele; internationales Debüt am 11. 2. 1959 gegen Indonesien (2:2) in Jakarta; Länderspielabschied am 4. 9. 1965 gegen Bulgarien (2:3) in Warna; 264 Punktspiele (6 Tore).

Krankl, Johann („Hans"), Österreich, geb. 14. 2. 1953 Wien; Mittelstürmer; spielte 1962/63 beim SC Loquai/Wien, 1963/69 beim S.C. Straßenbahn Wien, 1969 bei Rapid Wien (bis 1972 ausgeliehen an Wiener AC u. S.C. Hinteregger), 1972/78 bei Rapid Wien, 1978/80 beim F.C. Barcelona, 1980/81 bei Vienna Wien, 1981/85 wiederum bei Rapid Wien u. seit 1986 beim Wiener Sportklub; 69 Länderspiele (34 Tore); internationales Debüt am 13.6.1973 gegen Brasilien (1:1) in Wien; Länderspielabschied am 17. 4. 1985 gegen Ungarn (0:3) in Wien; WM-Endrundenteilnehmer 1978 u. 1982; europäischer Torschützenkönig 1978 (41 Treffer); österreich. Torschützenkönig 1974 (36 Tore), 1977 (32), 1978 (41) u. 1983 (23); span. Torschützenkönig von 1979 (29); über

Hans **Krankl**

Stefan **Kovacs**

400 Ligaspiele (mehr als 300 Tore). Abb.

Krause, Rudolf, Dr., Trainer, geb. 21. 1. 1927 Leipzig; Stürmer; spielte 1950/52 u. 1953/54 bei Chemie Leipzig, 1952/53 bei KVP Vorwärts Leipzig u. KVP Vorwärts Berlin sowie 1955/60 beim SC Lok Leipzig; 2 Länderspiele (am 14. 6. 1953 gegen Bulgarien [0:0] in Dresden u. am 20. 9. 1956 gegen Indonesien [3:1] in Karl-Marx-Stadt); bestritt 249 Punktspiele (94 Tore); Oberligatorschützenkönig 1951/52 mit 27 Treffern (gemeinsam mit *K. Weißenfels* [Lok Stendal]). – Trainer seit 1960: bis 1962 bei Stahl Lippendorf, 1963/65 beim SC Leipzig, 1966/68 bei Chemie Zeitz, 1968/86 DFV-Trainer (1968/76 Juniorenauswahl, 1976/78, 1980/81 Nachwuchsauswahl, 1979/80 Olympiaauswahl, 1982/83 Nationalmannschaft u. seit 1984 Trainer im DFV der DDR). Abb.

Rudolf **Krause**

Kreativität, schöpferische Kraft u. Ideenreichtum sowie deren Umsetzung, d. h. Verwirklichung im Spiel. *Kreative Spieler* sind die geistigen Lenker einer Mannschaft, die in der Lage sind, je nach Situation den Spielfluß zu beschleunigen bzw. zu verlangsamen, das Spiel zu verlagern, Überraschungsmomente zu schaffen u. ä. Sie bestimmen weitgehend die taktische Marschroute einer Mannschaft u. sind meist im Mittelfeld angesiedelt. – Ein Trainer, der seinen kreativsten Spieler vorrangig mit Deckungsaufgaben betraut, begeht einen taktischen Fehler, da er ihn somit aus dem konstruktiven Spielaufbau herausnimmt bzw. seine Bewegungs- u. Handlungsfreiheit weitgehendst einschränkt.

Kreer, Ronald, geb. 10. 11. 1959 Leipzig; Verteidiger, Vorstopper; spielte 1968 bis 70 bei Lok Delitzsch; seit 1971 beim 1. FC Lok Leipzig; 38 Länderspiele (2 Tore); debütierte am 22. 9. 1982 gegen Bulgarien (2:2) in Burgas; 149 Oberligaspiele (9 Tore). Abb. S. a. Hallenfußball (Abb.).

Kreische, Hans-Jürgen, geb. 19. 7. 1947 Dresden; Halbstürmer, Mittelfeldregisseur; spielte 1957/77 bei Dynamo Dresden; 50 Länderspiele (25 Tore, 1968/75); internationales Debüt am 2. 2. 1968 gegen die ČSSR (2:2) in Santiago de Chile; Länderspielabschied am 31. 7. 1975 gegen Kanada (7:1) in Ottawa; WM-Endrundenteilnehmer 1974; gewann bei Olympia 1972 Bronze; Fußballer des Jahres 1973; bestritt 256 Oberligaspiele

Ronald **Kreer**

Hans-Jürgen **Kreische**

(131 Tore); viermal Torschützenkönig: 1971 (17 Treffer), 1972 (14), 1973 (26) u. 1976 (24). – Später Nachwuchstrainer. Abb.

„Kreiseln", Kombinationsform, bei welcher der Ball in wechselnder Richtung, aber insgesamt mit Raumgewinn zwischen den Feldspielern hin- u. hergespielt wird („kreiselt"), ohne daß der Gegner dabei in Ballbesitz gelangt; aufgekommen und berühmt geworden durch den ↑ „Schalker Kreisel" in den 30er Jahren.

Kreisklasse, *DDR,* niedrigste *Spielklasse;* unterteilt sich – territorial unterschiedlich – noch in 1., 2. K. usw. Nächsthöhere Spielklasse ist die ↑ Bezirksklasse.

Kreisliga, *BRD* niedrigste Spielklasse der Landesverbände des DFB (K. *A, B* u. *C*); nächsthöhere ist die ↑ Bezirksliga (2).

Kreß, Willibald, geb. 13. 11. 1906; Torhüter; spielte 1917/33 bei Rot-Weiß Frankfurt/Main, gab 1933 kurzzeitiges Profigastspiel beim FC Mulhouse (Frankreich), danach (bis 1945) beim Dresdner SC u. 1945/49 bei FSV Frankfurt/Main; 16 Länderspiele (1929/34); Länderspieldebüt am 10. 2. 1929 gegen die Schweiz (7:1) in Mannheim; Länderspielabschied am 3. 6. 1934 gegen die ČSR (1:3) in Rom (WM-Endrunde); spielte repräsentativ für Sachsen u. Süddeutschland. – Später Trainer bei Rot-Weiß u. FSV Frankfurt/Main, VfB Gießen, Wormatia Worms, Wuppertaler SV u. Verbandstrainer von Hessen. S. a. Deutschland bis 1945 (Abb.).

Kreul, Claus, Trainer, geb 26. 5. 1944 Erlbach (Vogtland); Mittelstürmer, Verteidiger; spielte 1955/63 bei Traktor Erlbach, 1963/69 beim (SC) FC Karl-Marx-Stadt (52 Oberligaspiele, zwei Tore), 1969/73 bei Wismut Aue (33 Spiele). – Seit 1973 Trainer: bis 1976 bei Wismut Gera, 1976/78 bei Energie Cottbus, 1978/85 beim 1. FC Magdeburg (bis 1982 Nachwuchs, ab 1. 4. 1982 Oberliga), 1985/86 beim FC Hansa Rostock; seitdem DFV-Trainer.

„Kreuz", Kurzbez. für ↑ Lattenkreuz.

Krol, Rudolf („Ruud"), Niederlande, geb. 24. 3. 1949 Amsterdam; Libero; spielte 1962/66 bei Ruud-Wit Amsterdam, 1966/80 bei Ajax Amsterdam, 1980 (Mai bis Oktober) bei Vancouver Whitecaps u. 1980/84 beim SSC Neapel; seitdem beim AS Cannes (2. Division Frankreich); 83 Länderspiele

Heinz **Krügel** (nach dem EC II-Sieg 1974)

(4 Tore); internationales Debüt am 5. 11. 1969 gegen England (0:1) in Amsterdam; Länderspielabschied am 16. 2. 1983 gegen Spanien (1:0) in Sevilla; WM-Endrundenteilnehmer 1974 sowie 1978; EM-Endrundenteilnehmer 1976.

Kronprinzenpokal, erster Fußballwettbewerb in Deutschland für Auswahlmannschaften der Verbände; 1907 vom damaligen Kronprinzen gestiftet, wurde der silberne Pokal bis 1918 ausgespielt. Nachfolger des K.s war der ↑ Bundespokal. Tab.

Kronprinzenpokal

1909	Mitteldeutschland
1910	Süddeutschland
1911	Norddeutschland
1912	Süddeutschland
1913	Westdeutschland
1914	Norddeutschland
1917	Norddeutschland
1918	Brandenburg

Krügel, Heinz, Trainer, geb. 24. 4. 1921 Zwickau-Planitz (Sachsen); Mittel- u. Außenverteidiger; spielte 1926/48 beim Planitzer SC u. 1949/50 bei Fortschritt Crimmitschau (dort Kniebänderverletzung). – Seit 1951 Trainer; zunächst Landestrainer von Sachsen, 1951/54 bei KVP Vorwärts Leipzig, 1954/56 bei (Einheit Ost) SC Rotation Leipzig, 1956/59 bei SC Empor Rostock, 1959/61 DFV-Verbandstrainer, 1961/66 bei SC Chemie Halle u. 1966/76 beim 1. FC Magdeburg (1974 EC II-Gewinner). Abb.

Kryotherapie [griech.], svw. ↑ Vereisung.

KSC, Abk. für *Karlsruher SC.*

KSI ↑ Island.

Kuba, ein Staat im Karibischen Meer, 110922 km², etwa 10 Mill. Ew., 1 Fußballspieler je 769 Ew.; Verband *Associa-*

Kuba
Weltmeisterschaft
1938 Endrunde
olympisches Fußballturnier
1976 Endrunde
1980 Endrunde

ción de Fútbol de Cuba („Kubanischer Fußballverband"), Abk. *AFC*; gegr. 1924, Sitz *Havanna*; Mitgl. der *FIFA* seit 1932, der *CONCACAF* seit 1961. *Organisation:* 75 Klubs; 3500 Amateurspieler, gesamt 13000 (einschl. Nachwuchs- u. AM-Spieler); *Spieljahr:* Juli bis November; *Spielkleidung:* azurblaue Hose, weißes Hemd, weiße Stutzen (Reserveausrüstung: weiße Hose, rotes Hemd, weiße Stutzen); *Nationalstadion:* Juan Abrantes de la Universidad de Occidente, Havanna, 18000 (15000 Sitz-, 3000 Stehplätze); *Stadien* (Auswahl): Estadio Latino-Americano, Havanna, 55000; Guillermón Moncada, Santiago de Cuba, 20000; Pedro Marrero, Havanna, 18000. Tab.

Kubala, Ladislao, Ungarn/ČSR/Spanien, geb. 10.6.1927 Budapest; Halb- u. Mittelstürmer; spielte 1942/44 bei Ganz, 1944/46 bei Ferencváros Budapest, 1946/48 beim SK Bratislava, 1948/49 bei Vasas Budapest, 1949/50 bei Pro-Patria (Italien), 1950/51 beim AC Mailand, 1951/63 beim F.C. Barcelona, 1963/65 bei Español Barcelona, 1966/67 beim FC Zürich u. 1967/69 bei Toronto Falcons; 28 Länderspiele (14 Tore); internationales Debüt am 27. 10. 1946 gegen Österreich (4:3) in Wien (für die ČSR); Länderspielabschied am 2. 4. 1961 gegen Frankreich (2:0) in Madrid (für Spanien); spielte international für die ČSR sechsmal (4 Tore, 1946/47), für Ungarn dreimal (1948) u. für Spanien neunzehnmal (10 Tore, 1953/61). – Seit 1969 Trainer, u. a. der Nationalmannschaft Spaniens (1969/80) sowie beim F.C. Barcelona (1980/82); 1986 bei CR Murcia (Spanien).

Kucera, Rudolf, ČSSR, geb. 23. 1. 1941; Mittelstürmer; spielte u. a. 1957/59 bei TJ Gottwaldov u. 1959/67 bei Dukla Prag; 7 Länderspiele (3 Tore); internationales Debüt am 8. 10. 1961 gegen Irland (3:1) in Dublin; Länderspielabschied am 3. 11. 1963 gegen Jugoslawien (0:2) in Zagreb; bestritt 121 Punktspiele (44 Tore). – Eine schwere Verletzung beendete frühzeitig seine Karriere (Dukla Prag–Gornik Zabrze am 21. 11. 1963).

Kühn, Dieter („Zwecke"), geb. 4.7.1956 Leipzig; Mittelstürmer, Linksaußen; spielt seit 1964 beim 1. FC Lok Leipzig; 13 Länderspiele (5 Tore); internationales Debüt am 6. 9. 1978 gegen die ČSSR (2:1) in Leipzig; Länderspielabschied am 30. 3. 1983 gegen Belgien (1:2) in Leipzig; gewann bei Olympia Silber 1976; 242 Oberligaspiele (111 Tore). S. a. Finte (Abb.), Hallenfußball (Abb.), Sportverletzung (Abb.).

„Kuip" ↑ Rotterdam, SC Feyenoord.

Kulicke, Hans, Schiedsrichter; geb. 21. 9. 1934 Oderberg; spielte 1949/51 bei Aufbau Niederfinow, 1951/53 bei Traktor Liepe, 1953/55 bei Motor Oderberg, 1955/56 bei Dynamo Schwerin, 1956/57 bei Vorwärts Neubrandenburg u. 1957/61 wiederum bei Motor Oderberg. – War seit 1961 Schiedsrichter (1970/84 Oberliga); leitete u. a. 4 Länderspiele sowie 35 EC-Spiele, außerdem 149 Punkt- u. 70 Pokalspiele sowie das FDGB-Endspiel 1982. Jetzt Schiedsrichterbeobachter (Bezirks- bis Oberliga). Abb.

Hans **Kulicke**

Kulisse, vollbesetzte Ränge eines Stadions; großartiger äußerer Rahmen, z. B. „die 100000 Zuschauer bildeten eine geräuschvolle K.".

Kulminationspunkt, dramatischer Höhepunkt eines Spiels, der Moment, wo sich eine Entscheidung anbahnt od. eine Siegeschance vergeben wird (z. B. verschossener Strafstoß).

Kümmel, Ernst („Anti"), Trainer, geb. 16.3.1925 Magdeburg; Stürmer, Läufer; spielte 1939/44 bei Cricket Viktoria Magdeburg, 1946/48 bei Eintracht Sudenburg, 1949/51 bei Stahl Magdeburg u. 1952/55 beim (Motor Mitte, SC Aufbau) 1. FC Magdeburg; vertrat zweimal

Sachsen-Anhalt u. 30mal die Stadtauswahl Magdeburg. – 1959/85 Trainer beim 1. FCM (u. a. Oberligatrainer 1962/66); seit 1985 BTZ-Trainer in Magdeburg.

künstlicher Rasen, svw. ↑ Kunstrasen

Kunstrasen, industriell hergestellter Rasen auf der Basis hochentwickelter Plaste (z. B. Polyethylen) u. synthetischer Fasern (z. B. Nylon) in wasserdurchlässiger Mehrschichtenkonstruktion. Unter dem eigentlichen K. befinden sich eine *gebundene Tragschicht*, eine *ungebundene Tragschicht*, eine *Filterschicht* u. der *Unterbau mit Dränung*. K. ist in der Regel grün eingefärbt. Er kam gegen 1968 auf u. hat sich insbes. in den USA (im Freien), in Skandinavien u. in der UdSSR (in Hallen) durchgesetzt. Die Umstellung von natürlichem Rasen auf K. ist für die Spieler beträchtlich (Standfestigkeit, Pralleigenschaften des Balles, Spieltechnik u. a.).

Kunze, Alfred, Trainer, Dozent u. Fußballtheoretiker, geb. 8. 9. 1909 Leipzig; Läufer; spielte 1926/33 beim VfL Leipzig-Südost (Arbeiter-Turn- und -Sportbund) u. 1934/38 beim SC Wacker Leipzig (ein Beinbruch beendete seine aktive Laufbahn). – 1950/52 DFV-Auswahltrainer, 1952/54 Dozent für Fußball an der DHfK Leipzig, 1953 Trainer bei Chemie Leipzig, 1954/55 beim SC Lok Leipzig, 1955/56 bei Lok Weimar, 1957 bei Wissenschaft Halle, 1958/63 wiederum beim SC Lok Leipzig u. 1963/67 nochmals bei Chemie Leipzig; wurde mit Chemie 1964 Landesmeister u. 1966 Pokalsieger; veröffentlichte das Lehrbuch „Fußball" (1977) u. a. Beiträge zur Theorie u. Praxis des Fußballs. Abb.

Kunze, Gerhard, Schiedsrichter, geb. 16. 10. 1924 Erfenschlag; spielte 1935/40 als Läufer bei Blau-Weiß Erfenschlag. – 1946 Schiedsrichter, 1963/74 FIFA-Referee; leitete 4 Länderspiele, 21 EC-Vergleiche, 1970 das zweite Messepokalfinale zwischen FC Arsenal u. RSC Anderlecht sowie 3 FDGB-Pokalendspiele (1962, 1964 u. 1970); Linienrichter bei der EM-Endrunde 1972 in Belgien.

Kuopio, PS (*Kuopion Palloseura*, „Kuopioer Ballsportverein"), Abk. *KuPS*, Finnland, Verein der 1. Division, gegr. 1923; *Landesmeister* 1956, 1958, 1966, 1974 u. 1976; *Pokalsieger* 1968. 7 *EC-Teilnahmen:* 16 Spiele; 2 Siege, 3 Unentschieden, 11 Niederlagen, 7:25 Punkte, 14:51 Tore. – *Spielkleidung:* schwarze Hose, gelbes Hemd, schwarzgelbe Stutzen. *Heimstadion:* Väinölänniemi, 10 000 Plätze. Abb.

Spieler (Auswahl): G. Enckelman – A. Heikkinen – A. Heiskanen – E. Heiskanen – P. Hieta – L. Houtsonen – P. Kupiainen – E. Rissanen – El. Rissanen – K. Ukkonen.

Kupfer, Andreas („Anderl"), geb. 7. 5. 1914; Läufer; spielte 1923/33 beim VfR Schweinfurt u. 1933/54 bei Schweinfurt 05; 44 Länderspiele, 1 Tor (1937/50), einmal Spielführer; Länderspieldebüt am 21. 3. 1937 gegen Luxemburg (3:2) in Luxemburg; Länderspielabschied am 22. 11. 1950 gegen die Schweiz (1:0) in Stuttgart; eingesetzt in der FIFA-Auswahl 1938 (gegen England 0:3 in London); WM-Endrundenteilnehmer 1938; spielte repräsentativ für Bayern u. Süddeutschland; bestritt für den FC 05 650 Spiele. – Später Trainer.

Kurbjuweit, Lothar, Trainer, geb. 6. 11. 1950 Riesa; Läufer u. Verteidiger; spielte 1959/65 bei Traktor Seerhausen, 1965/70 bei Stahl Riesa (35 Oberligaspiele, 5 Tore), 1970/83 beim FC Carl

Lothar **Kurbjuweit**

Alfred **Kunze**

PS Kuopio

Kuweit
Weltmeisterschaft
1982 Endrunde
olympisches Fußballturnier
1980 Endrunde
Asienmeisterschaft
1976 2. Platz

Andrej **Kvašnák**

Zeiss Jena (299 Oberligaspiele, 21 Tore) u. 1983/84 beim Halleschen FC Chemie (23 Spiele); 66 Länderspiele, (4 Tore); internationales Debüt am 16. 5. 1970 gegen Polen (1:1) in Krakow; Länderspielabschied am 10. 10. 1981 gegen Polen (2:3) in Leipzig; WM-Endrundenteilnehmer 1974; gewann bei Olympia 1976 Gold u. 1972 Bronze. – Seit 1984 Trainer beim FC Carl Zeiss Jena. Abb.

Kurth, Ernst, Trainer, geb. 10. 12. 1941 Klietz (bei Rathenow); Halblinker, Mittelfeldspieler; spielte 1949/56 bei Zentralschule Flessau, 1956/63 bei Einheit Osterburg, 1963/64 beim SC Potsdam u. 1965/73 bei Stahl Hennigsdorf. – Trainer seit 1973; bis 1978 bei Stahl Hennigsdorf, 1978/79 bei Chemie Premnitz, 1980/85 bei Motor Suhl; seit 1986 bei Motor Babelsberg.

Kurt-Wabbel-Stadion ↑ Hallescher Fußballklub Chemie.

Kurz, Karl, Österreich, geb. 21. 11. 1890 Wien; Verteidiger; spielte 1909/28 bei Amateure (später Austria) Wien; 31 Länderspiele; internationales Debüt am 9. 11. 1919 gegen Ungarn (2:3) in Budapest; Länderspielabschied am 11. 11. 1928 gegen Italien (2:2) in Rom.

„kurze Ecke", Eckstoß als (kurzes) Abspiel zum Mitspieler.

kurzes Eck, vom Spieler der angreifenden Mannschaft aus gesehen das nächstliegende Toreck, im Unterschied zum entfernteren, dem *langen Eck*; analog hierzu: *kurzer* u. *langer Pfosten*.

Kurzpaß ↑ Paß.

Kuweit, Emirat in Westasien, am Persischen Golf, 17 818 km², etwa 1,5 Mill. Ew., 1 Fußballspieler je 750 Ew.; Verband *Kuwait Football Association* („Kuweitischer Fußballverband"), Abk. *KFA*; gegr. 1952, Sitz *Al-Kuweit*; Mitgl. der *FIFA* seit 1962, der *AFC* seit 1964. – *Organisation:* 14 Klubs; 1 500 Amateurspieler, gesamt 2 000 (einschl. Nachwuchs- u. AM-Spieler); *Spieljahr:* Oktober–Mai; *Spielkleidung:* weiße Hose, blaues Hemd, blaue Stutzen (Reserveausrüstung: weiße Hose, rotes Hemd, rote Stutzen); *Nationalstadion:* Al-Qadisiyya Sporting Club Stadium, Al-Kuweit, 25 000 (ausschl. Sitzplätze); *Stadien* (Auswahl): Al-Kuweit Sporting Club Stadium, 25 000; Al-Arabi Sporting Club, Al-Kuweit, 25 000; Kazma Sporting Club Stadium, 25 000. Tab.

Kuzorra, Ernst, geb. 16. 10. 1905; Halblinker u. Mittelstürmer; spielte 1915/50 ausschl. beim FC Schalke 04; 12 Länderspiele, 7 Tore (1927/38); Länderspieldebüt am 20. 11. 1927 gegen die Niederlande (2:2) in Köln; Länderspielabschied am 20. 3. 1938 gegen Ungarn (1:1) in Nürnberg; war Olympiateilnehmer 1928 (nicht eingesetzt); spielte repräsentativ für Westfalen u. Westdeutschland; prägte mit seinem Schwager *F. Szepan* maßgeblich des FC Schalke Glanzzeit (↑ „Schalker Kreisel"). – Später Trainer bei Schalke 04 u. Erkenschwick.

Kvašnák, Andrej, ČSSR, geb. 19. 5. 1936 Košice; Halblinker; spielte 1947/56 bei Jednota Košice; 1956/58 bei Dukla Trencin, Tankista Prag u. Dukla Pardubice, 1958/59 bei VSS Košice, 1959/69 bei Sparta Prag, 1969/72 beim FC Mechelen u. Viktoria Zizkov; 47 Länderspiele (13 Tore; 1960/70); WM-Endrundenteilnehmer 1962 u. 1970; 248 Ligaspiele (83 Tore). Abb.

Kyriat Haeem Stadium ↑ Haifa, Maccabi.

L

Labruna, Angel Amadeo, („argentinischer Stan Matthews"), geb. 28.9.1918 Buenos Aires; exzellenter Halbstürmer; spielte bei River Plate Buenos Aires (1930/59), wurde mit dem Klub neunmal Meister u. schoß 490 Tore in über 1 000 Spielen, ehe er sich später Platense, Green Cross (Chile) u. den Rampla Juniors (Uruguay) anschloß. Der „Alte" war der orthodoxe Angriffsstratege im River-Plate-Angriff *Munoz – Moreno – Pedernera – L. – Lostau* (od. *Deambrosi*), dem berühmtesten Sturm der „La Maquina" zwischen 1941 u. 1947. Er bestritt von 1942 bis 1958 36 Länderspiele (17 Tore) u. war 1958 mit Argentinien WM-Endrundenteilnehmer in Schweden. 1959 beendete er seine Karriere. – Später Manager u. Trainer bei Platense, River Plate, Argentinos Júniors u. Rosario Central.

La Chaux-de-Fonds, FC, Schweiz, gegr. 1894, Verein der 1. Division; *Landesmeister* 1919, 1954, 1955 u. 1964; *Pokalsieger* 1948, 1951, 1957 u. 1961. – *Spielkleidung:* Weiß. *Heimstadion:* La Chaux-de-Fonds. 25 000 Plätze.

Lacombe, Bernard, Frankreich, geb. 15. 8. 1952 Lyon; Stürmer; spielte 1963/68 bei Fontaines-sur-Saône, 1968 bis 1978 bei Olympique Lyon, 1978/79 bei A. S. St.-Étienne u. 1979/87 bei Girondins Bordeaux; 37 Länderspiele; internationales Debüt am 8. 9. 1973 gegen Griechenland (3:1) in Paris; Länderspielabschied am 27. 6. 1984 gegen Spanien 2:0 (EM-Finale) in Paris; WM-Endrundenteilnehmer 1978 u. 1982. Abb.

Lahti, Reipas *(Lahden Reipas)*, Finnland, Verein der 1. Division (Emblem ↑ Tf. 7), gegr. 1891; *Landesmeister* 1967 u. 1970; 7mal *Pokalsieger* (zwischen 1964 u. 1978). 10 *EC-Teilnahmen:* 24 Spiele; 3 Siege, 5 Unentschieden, 16 Niederlagen, 11:37 Punkte, 23:93 Tore. – *Spielkleidung:* schwarze Hose, schwarz-orange Hemd, schwarz-orange Stutzen. *Heimstadion:* Keskusurheilukenttä, mit 8 000 Plätzen.

Spieler (Auswahl): G. Enckelman – H. Lampi – H. Lindholm – A. Lyytikka – E. Vihtilä.

Lála, Jan, ČSSR, geb. 10. 9. 1936 Prag; Rechtsverteidiger; spielte 1950/55 bei Meteor Zizkov u. Cechie Karlin, 1955 bis 1957 u. 1960/69 bei Slavia Prag, 1958/60 bei Dukla Pardubice, 1969/71 bei Lausanne Sports u. bei Spartak Ústi nad Labem; 37 Länderspiele (1 Tor); internationales Debüt am 22. 4. 1962 gegen Uruguay (3:1) in Prag; Länderspielabschied am 22. 11. 1967 gegen Irland (1:2) in Prag; WM-Endrundenteilnehmer 1962. Abb.

Lamo Castillo, Augusto, Spanien, Schiedsrichter, geb. 1938 Madrid; Referee seit 1960; 1972 1. Division; 1978 FIFA-Referee; eingesetzt 1979 bei der 2. Junioren-WM in Japan u. 1981 bei der Mini-WM in Uruguay; WM-Endrundenschiedsrichter 1982; EM-Endrundenschiedsrichter 1984. Abb.

Ländermannschaft, svw. ↑ Nationalmannschaft.

Länderpokal, Bez. für den 1950 in der BRD von den Landesverbänden des DFB ausgetragenen Pokalwettbewerb (Sieger: *Bayern*); wurde ab 1951 als ↑ Amateur-Länderpokal weitergeführt.

Länderspiel, Spiel zwischen Auswahlmannschaften zweier ↑ Landesverbände (1), meist als *A-L.* ausgetragen, wobei man zwischen *Freundschafts-L.* u. L., bei dem um eine Qualifikation bzw. einen Titel gespielt wird (EM, WM usw.), unterscheidet. Die Landesverbände müssen die L. 14 Tage nach deren Abschluß der FIFA bekanntgeben. Weiterhin muß vom Generalsekretär des veranstaltenden Verbandes innerhalb von 14 Tagen nach dem L. das offizielle Berichtsformular ausgefüllt der FIFA zugestellt werden.

Länderspielkappe, in *England* „Ehrenmütze" für in Länderspielen eingesetzte Spieler, deren Länderspieleinsätze seit 1886 nach Kappen *(capes)* gezählt werden. L. werden extra für jedes Spiel angefertigt. Den Vorschlag dafür machte *N. L. Jackson* am 30. 1. 1886; am 10. 5. desselben Jahres wurde die Idee durch die Football Association bestätigt. Das Aussehen der L.: königsblauer Samt mit einer Rose am Vorderteil u. dem Datum auf dem Mützenschirm. Im Laufe der Zeit veränderten die L. ihr Aussehen; neben dem Datum wurde auch der Anfangsbuchstabe der gegnerischen Mannschaft eingestickt, die Rose durch 3 Löwen ersetzt, u. hinzu kam eine silberne Quaste. – L. wurden in den Fußballanfängen auch in *Österreich* verliehen, u. zwar für Einsätze in der Auswahl Wiens od. Österreichs. Dabei handelte es sich um scharlachrote Samtmützen mit Silberquaste.

Landesliga, 1. *Österreich* höchste Spielklasse in den Bundesländern a) Steiermark (18 Vereine), b) Oberösterreich (14 Vereine), c) Salzburg (14 Vereine) u. d) Burgenland (14 Vereine) sowie zweithöchste Spielklasse in e) Tirol. Die Meister der L. a u. b bestreiten mit dem Ersten der *Kärntner Liga* Aufstiegsspiele zur 2. Division der Bundesliga, während die Meister der L. c u. d in die *Regional-*

Bernard **Lacombe**

Jan **Lála**

Augusto **Lamo Castillo**

John Langenus

Estudiantes de La Plata

Beitritt der **Landesverbände** zur FIFA

1904	Frankreich, Belgien, Dänemark, Niederlande, Schweden, Schweiz, Deutschland
1905	England, Italien, Österreich
1906	ČSSR
1907	Ungarn
1908	Finnland, Norwegen
1910	Luxemburg, Schottland, Wales
1911	Nordirland
1912	Argentinien, Kanada, Chile
1913	Spanien, USA
1917	Brasilien
1919	Jugoslawien
1921	Paraguay
1923	Ägypten, Irland, Polen, Türkei, Uruguay
1924	Bulgarien, Peru
1925	Thailand
1926	Bolivien, Ekuador, Portugal
1927	Griechenland, Kostarika
1928	Philippinen
1929	Island, Israel, Japan, Mexiko, Suriname
1930	Rumänien, Tansania
1931	China, Kolumbien
1932	Albanien, Kuba, Niederländische Antillen

liga West (c) bzw. *Ost* (d) aufsteigen. S. a. Region.
2. *BRD* zweithöchste Amateurspielklasse der Landesverbände; nächsthöhere ist die ↑ Verbandsliga, nächstniedrigere die ↑ Bezirksliga (3).

Landesmeister, Tabellenerster der höchsten nationalen Spielklasse nach Abschluß des Spieljahres *(Titelgewinner)*, der sich damit die Berechtigung erwirbt, am ↑ Europapokal der Landesmeister teilzunehmen.

Landesverband, 1. Fußball-Dachorganisation auf nationaler Ebene. Tab.
2. Bez. für einen Unterverband auf regionaler Ebene in der BRD u. in Österreich, der jeweils dem L. (1) unterstellt ist.

Landsdowne Road ↑ Irland.

Lange, Dieter, geb. 15. 6. 1940 Jena; Halbstürmer; spielte 1954/74 bei BSG Carl Zeiss Jena u. bei (SC Motor) FC Carl Zeiss Jena; bestritt 201 Punktspiele (47 Tore).

Langenus, John, Belgien, Schiedsrichter, 1891–1961; berühmt durch seine Kleidung (Knickerbocker, Krawatte), legendärer Referee; leitete das erste WM-Endspiel 1930 zwischen Uruguay–Argentinien (4:2), auch 1934 in Italien u. 1938 in Frankreich WM-Endrundenschiedsrichter; insgesamt in 85 internationalen Treffen eingesetzt. Abb.

Langer, Kurt, Sportfunktionär, geb. 18. 4. 1920 Pockau (Erzgebirge); Halbstürmer; spielte seit 1930 beim Arbeiter-Turnverein Frei-Sport Pockau, 1945/49 bei SG Pockau, 1949/53 bei Empor Olbernhau u. 1953/55 bei Lok Pockau. – Ab 1. 11. 1955 Leiter der Abteilung Fußball im Deutschen Sportausschuß, 1958/74 stellvertretender DFV-Generalsekretär u. 1974/85 Wissenschaftlicher Mitarbeiter im Staatssekretariat für Körperkultur u. Sport in Berlin.

langes Eck ↑ kurzes Eck.

Langpaß ↑ Paß.

Lantos, Mihaly, Ungarn, geb. 1928; Verteidiger; spielte 1940/61 bei MTK Budapest; 52 Länderspiele; internationales Debüt am 10. 7. 1949 gegen Polen (8:2) in Debrecen; Länderspielabschied am 9. 6. 1956 gegen Portugal (2:2) in Lissabon; WM-Endrundenteilnehmer 1954; gewann bei Olympia 1952 Gold. – Später Trainer; u. a. bei Olympiakos Piräus, Nagykanisza u. Videoton Szekesfehervar.

Laos, Staat in Südostasien, 236 800 km², etwa 4 Mill. Ew., 1 Fußballspieler je 1600 Ew.; Verband *Fédération de Football Laos* („Laotischer Fußballverband"), Abk. *FFL*; gegr. 1951, Sitz *Vientiane*; Mitgl. der *FIFA* seit 1952, der *AFC* seit 1968. – *Organisation:* 80 Klubs mit 1700 Amateurspielern, gesamt 2500 (einschl. Nachwuchs- u. AM-Spieler); *Spieljahr:* Oktober–Mai; *Spielkleidung:* weiße Hose, rotes Hemd, blaue Stutzen (die Reserveausrüstung: weiße Hose, blaues Hemd, rote Stutzen); *Nationalstadion:* Stade National, Vientiane, 11 000 (8000 Sitz-, 3000 Stehplätze); *weitere Stadien:* Stade Municipal, Savannakhet, 2500; Stade Municipal, Luangprabang, 2000.

La Plata, Estudiantes de, Argentinien, Verein der 1. Division, gegr. 1905; *Landesmeister* 1983; *Weltpokalgewinner* 1968, *Südamerikapokalgewinner* 1968, 1969 u. 1970. – *Spielkleidung:* weiße Hose, rotes Hemd, weiß-rote Stutzen. *Heimstadion:* Estadio Paseo del Bosque, 70 000 Plätze. Abb.
Spieler (Auswahl): Bilardo – Conigliaro – Echecopar – Errea – Flores – Hernandez – Madero – Malbernat – Manera – Medina – Pachame – Pagnonini – Pezzano – Poletti – Ribaudo – Romeo – Rudzki – Sparado – Suarez – Taverna – Togneri – Veron.

Larissa, FC, Griechenland, Nationalliga; gegr. 1964 als „Larissa Athletikos Ethnikos (A.E.)", ab 1980 mit Einführung des Profifußballs Namenswechsel in FC; 1973/74 u. seit 1978/79 Nationalliga; *Pokalsieger* 1985. Drei *EC-Teilnahmen:* 10 Spiele; 4 Siege, 3 Unentschieden, 3 Niederlagen, 11:9 Punkte, 9:8 Tore. – *Spielkleidung:* Weiß (od. rote Hose, weißes Hemd, weiße Stutzen). *Heimstadion:* Gipedo Alkasar, 17 000 Plätze.
Spieler (Auswahl): K. Adamczyk – J. Galitsios – E. Kmiecik – K. Kolomitrousis – G. Mitsibonas – T. Parafestas – G. Plitsis – J. Valaoras – T. Woutiritsas – M. Ziogas. – **Trainer** (Auswahl): J. Gmoch – A. Strelau.

Larnaka, EPA F.C., Zypern, 1. Division; gegr. 1930 (gehört zu den 8 Gründungsmitgliedern des Zyprischen Fußballverbandes); *Landesmeister* 1945, 1946 u. 1970; 6mal *Pokalsieger* (zwischen 1945 u. 1984). 2 *EC-Teilnahmen:* 4 Spiele; 4 Niederlagen, 0:8 Punkte, 0:18 Tore. – *Spielkleidung:* Weiß. *Heimstadion:* „G.S.Z." Larnaka, 8000 Plätze. – Bekannteste *Spieler:* M. Karseras, N. Kissonergis, A. Louciou, P. Papakostas; *Trainer:* S. Tsarman.

die Punkte der 4 beteiligten Klubs zu einer Länderwertung addiert (Platz 1 = 4 Punkte, Platz 2 = 3, Platz 3 = 2, Platz 4 = 1 Punkt). Der L. C. wurde an das Land mit den meisten Punkten vergeben. Er fand als Klubwettbewerb mit *Gesamtländerwertung* statt u. endete mit der Einführung des Europapokals. Tab.

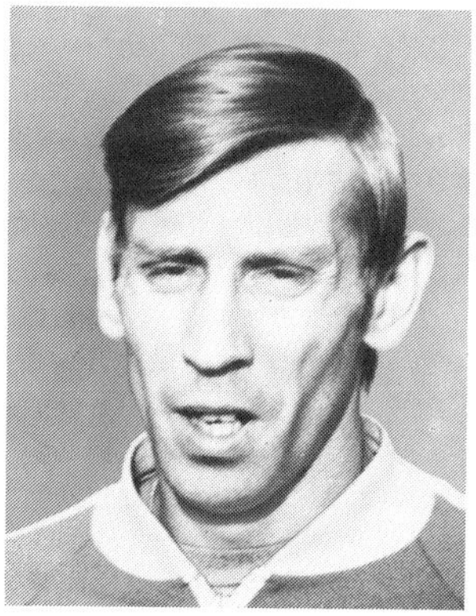
Bo **Larsson**

Grzegorz **Lato**

Udo **Lattek**

Larnaka, Pezoporikos Omilos, Zypern, 1. Division, gegr. 1948; seit 1952 in der 1. Division; *Landesmeister* 1954; *Pokalsieger* 1970 u. 1973. 6 *EC-Teilnahmen:* 12 Spiele; 4 Unentschieden, 8 Niederlagen, 4:20 Punkte und 8:45 Tore. – *Spielkleidung:* Himmelblau. *Heimstadion:* „G.S.Z.", Larnaka, 8000 Plätze. – Bekannteste *Spieler:* P. Kounas, L. Kouis, S. Papadopoulos, T. Theophanous; *Trainer:* D. Dembarski.

La Romareda ↑ Saragossa, Real.

Larsson, Bo, Schweden, geb. 5.5.1944; Stürmer u. Läufer; spielte u. a. 1954/66 bei Malmö FF, 1966/69 beim VfB Stuttgart (89 Bundesligaspiele, 21 Tore) u. 1969/80 wiederum bei Malmö FF; 70 Länderspiele (1964/78); WM-Endrundenteilnehmer 1970, 1974 u. 1978; Fußballer des Jahres 1965, 1973 u. 1978; Torschützenkönig 1963 (17 Treffer), 1965 (28) u. 1970 (16). Abb.

LASK-Stadion ↑ Linzer ASK.

Latein Cup, einer der Vorgänger des *Europapokals;* Wettbewerb der Meistervereine aus Frankreich, Italien, Spanien u. Portugal zwischen 1949 u. 1957. *Modus:* In jedem Jahr wurde ein Pokalsieger ermittelt u. nach 4 Konkurrenzen

Lato, Grzegorz, Polen, geb. 8. 4. 1950 Malbork; Stürmer; spielte 1964/79 bei Stal Mielec, 1979/82 beim SC Lokeren (Belgien), 1982/83 bei Atlanta (Mexiko) u. seit 1983 bei Toronto Nationals (Kanada); 104 Länderspiele (poln. Rekord), 46 Tore (1971/84); internationales Debüt am 17. 11. 1971 gegen die BRD (0:0) in Hamburg; Länderspielabschied am 17. 4. 1984 gegen Belgien (0:1) in Warschau; WM-Endrundenteilnehmer 1974 (Torschützenkönig mit 7 Treffern), 1978 u. 1982; gewann bei Olympia 1972 Gold u. 1976 Silber; Torschützenbester 1973 u. 1975; erzielte insgesamt 111 Ligatore; Fußballer des Jahres 1974 u. 1977. Abb. S. a. „Klub der Hunderter".

„Latte", Kurzbez. für *Querlatte* (↑ Tor [2]).

Lattek, Udo, Trainer, geb. 16. 1. 1935; Stürmer u. Läufer; spielte bei SSV Marienheide, Bayer Leverkusen, VfR Wipperfürth, VfL Osnabrück.– Erste Trainerstation war VfR Wipperfürth; 1965 bis 1969 DFB-Trainer (Jugend, Junioren, Amateure, Assistent von *H. Schön*), 1970/75 bei Bayern München, 1975/79 bei Borussia Mönchengladbach, 1979 bis 1981 bei BV Borussia Dortmund,

1933	Guatemala
1935	Libanon
1937	Haïti, Syrien
1938	El Salvador, Panama
1946	Honduras, UdSSR
1947	Burma
1948	Afghanistan, Indien, Iran, Neuseeland, Pakistan, Sudan, Südkorea, Zypern
1950	BRD, Nikaragua, Sri Lanka
1951	Irak
1952	DDR, Indonesien, Laos, Singapur, Venezuela
1953	Äthiopien, Kampuchea
1954	Hongkong, Taiwan
1956	Malaysia, Marokko
1958	Dominikanische Republik, Ghana, Jordanien, Korea
1959	Malta, Nigeria, Saudi-Arabien, Uganda
1960	Côte d'Ivoire, Kenia, Puerto Rico, Tunesien
1961	Guinea, Somalia
1962	Bermudas, Jamaika, Kamerun, Kuweit, Liberia, Mali, Mauritius, Senegal, Togo
1963	Algerien, Australien, Fidschi, Gabun, Kongo, Libyen, Papua-Neuguinea, Trinidad und Tobago, Zentralafrikanische Republik
1964	Burkina Faso, Lesotho, Madagaskar, Mauretanien, Sambia, Vietnam, Zaïre
1965	Simbabwe
1966	Bahrein, Gambia
1967	Jemen, Malawi, Niger, Sierra Leone
1968	Bahamas, Barbados, Guyana
1969	Benin, Brunei
1970	Antigua und Barbuda, Katar, Nepal
1972	Burundi, Vereinigte Arabische Emirate
1974	Bangladesh, Liechtenstein
1976	Botswana, Grenada, Macau, Rwanda, Swasiland
1978	Moçambique
1980	Angola, Jemenitische Arabische Republik, Oman
1986	Äquatorial-Guinea, Belize, Guinea-Bissau, Kapverden, Malediven, São Tomé und Principe, Seychellen, Westsamoa

Latein Cup

I. Wettbewerb, Sieger: Spanien

1949 F.C. Barcelona
1950 Benfica Lissabon
1951 AC Mailand
1952 F.C. Barcelona

1. Spanien	12 Punkte
2. Frankreich	10 Punkte
3. Italien	9 Punkte
4. Portugal	9 Punkte

II. Wettbewerb, Sieger: Spanien

1953 Stade Reims
1955 Real Madrid
1956 AC Mailand
1957 Real Madrid

1. Spanien	12 Punkte
2. Italien	11 Punkte
3. Frankreich	9 Punkte
4. Portugal	8 Punkte

Nikolai **Latyschew**

Lausanne Sports

1981/83 beim FC Barcelona u. seit 1983 wieder bei Bayern München. *Erfolge:* mit Bayern München 1972, 1973, 1974, 1985 u. 1986 Meister, 1971, 1984 u. 1986 Pokalsieger sowie EC I-Gewinner 1974; mit Mönchengladbach Meister 1976 u. 1977 sowie UEFA-Pokalgewinner 1979; mit F.C. Barcelona 1981 Pokalsieger u. 1982 EC II-Gewinner. Abb.

Lattenkreuz, Torecke, an der Querlatte u. Torpfosten miteinander verbunden sind; äußerer Abschluß des ↑ oberen Torecks.

Latyschew, Nikolai, UdSSR, Schiedsrichter, geb. 1912 Moskau; seit 1941 1. Liga, 1944 FIFA-Referee; leitete 1956 Spiele des olympischen Fußballturniers u. der WM-Endrunden 1958 in Schweden u. 1962 in Chile (u.a. Endspiel Brasilien–ČSSR [3:1]); gehörte der FIFA-Schiedsrichterkommission an u. leitete auch die Schiedrichterkommission der UdSSR. Abb.

Lauck, Reinhard, geb. 16.9.1946 Sielow (Kreis Cottbus); Mittelfeldspieler; spielte 1958/61 bei SG Sielow, 1961/67 beim SC Cottbus, 1967 bei Vorwärts Neubrandenburg u. Energie Cottbus, 1968 bis 1973 beim 1. FC Union Berlin u. 1973/80 beim Berliner FC Dynamo; 33 Länderspiele (3 Tore); internationales Debüt am 16.5.1973 gegen Ungarn (2:1) in Karl-Marx-Stadt; Länderspielabschied am 12.7.1977 gegen Argentinien (0:2) in Buenos Aires; WM-Endrundenteilnehmer 1974; gewann 1976 bei Olympia Gold; er bestritt 261 Oberligaspiele (46 Tore). Abb.

Laudrup, Michael, Dänemark, geb. 15. 6. 1964 Kopenhagen; Halbstürmer, Rechtsaußen; er spielte 1974/79 bei Bröndby IF Kopenhagen, 1980/81 bei BK Kopenhagen, 1981/83 wiederum bei Bröndby IF Kopenhagen u. 1983/85 bei Lazio Rom; seit 1985 bei Juventus Turin; 33 Länderspiele (19 Tore); internationales Debüt am 15. 6. 1982 gegen Norwegen (1:2) in Oslo; WM-Endrundenteilnehmer 1986; EM-Endrundenteilnehmer 1984; Fußballer des Jahres 1982 u. 1985.

Läufer, im *WM-System* Bindeglied zwischen Abwehr u. Angriff, wobei man zwischen *rechtem, Mittel-* u. *linkem L.* unterschied (Rückennummern 4, 5 u. 6); heute durch den Begriff *Mittelfeldspieler* abgelöst.

Läuferreihe, Bez. für die 3 ↑ Läufer im *WM-System.*

Laugardalsvöllur ↑ Reykjavik, KR u. Fram.

Lausanne, Sports, Schweiz, Oberliga, gegr. 1896 (hervorgegangen aus einer Fusion zwischen dem 1896 gegründeten Klub *Montriond* u. dem 1904 gegründeten Klub *Hygiénique de Lausanne*); 7mal *Landesmeister* zwischen 1913 (als *Lausanne Montriond*) u. 1965; 7mal *Pokalsieger* (zwischen 1935 u. 1981). 15 *EC-Teilnahmen:* 45 Spiele; 11 Siege, 6 Unentschieden, 28 Niederlagen, 28:62 Punkte, 63:102 Tore. – *Spielkleidung:* weiße Hose, blaues Hemd, weiß-blaue Stutzen. *Heimstadion:* Stade Olympique, 45000 Plätze. Abb.

Spieler (Auswahl): K. Armbruster – J.-M. Bilancioni – R. Dürr – K. Elsener – N. Eschmann – C. Golay – O. Grahn – A. Grobety – C. Hertig – R. Hosp – P. Kerkhoffs – E. Parlier – B. Prince – H. Schneiter – T. Sunesson – E. Tacchella. – **Trainer** (Auswahl): K. Linder – R. Nunweiler – K. Rappan.

Lauter, BSG Empor, DDR, gegr. 1946; Kreisklasse; bis 1949 *SG Lauter* (Bezirk Karl-Marx-Stadt), 1950/51 *BSG Freiheit Wismut Lauter* u. 1951/54 *BSG Empor.*

Reinhard **Lauck**

Nach der Saison 1953/54 wurde die Oberligamannschaft nach Rostock delegiert u. bildete die Basis für den dortigen *SC Empor* (↑ Rostock, FC Hansa). – *Spielkleidung:* weiße Hose, gelbes Hemd (mit blauem Brustring), blaugelbe Stutzen. *Heimstadion:* zunächst Stadion am Lumpicht, 15 000 Plätze, später das Otto-Auerswald-Stadion, 5 000 Plätze, od. Kampfbahn des Friedens, 6 000 Plätze (Schwarzenberg).

Spieler (Auswahl): A. Bialas – J. Ernst – W. Espig – J. Friedrich – W. Hartmann – R. Hertzsch – R. Leber – R. Leeb – K.-H. Mohr – K. Pöschel – H. Roth – G. Schaller – F. u. W. Schmiedel – R. Schneider – F. Schüller – H. Schützer – K.-H. Singer – E. Wüst – K. Zapf – H. Zedel – H. Zwahr. – **Trainer** (Auswahl): W. Fritzsch – W. Grosam – H. Pönert.

Law, Denis, Schottland, geb. 24. 2. 1940 Aberdeen; Halbstürmer; wurde mit 15 Jahren von Huddersfield Town (England) anläßlich eines Schülerspiels in Aberdeen unter Vertrag genommen (spielte 1957/60), später bei Manchester City (1960, 1973/75), AC Turin (1961/62) u. Manchester United (1963/73); 55 Länderspiele (32 Tore); internationales Debüt am 18. 10. 1958 in Cardiff gegen Wales (3:0) – mit 19 Jahren bis dahin jüngster schott. Nationalspieler; Länderspielabschied am 14. 6. 1974 bei der WM-Endrunde in der BRD (Dortmund) gegen Zaïre (2:0); 1964 Europas Fußballer des Jahres; 456 Ligaspiele (261 Tore). – Arbeitet seit Beendigung seiner aktiven Laufbahn als Fernsehkommentator.

Laws of the game [engl.], svw. ↑ Spielregeln; oberstes Gebot sind *Fairneß* u. *Fair play*. Abb.

Lawton, Thomas („Tommy"), England, geb. 6. 10. 1919; Mittelstürmer; Nachfolger von *W. R. Dean* beim FC Everton u. von *Broome* u. *E. J. Drake* in der Nationalelf; spielte 1934/36 für den FC Burnley, 1936/45 für Everton, 1945/48 für Chelsea London, 1948/54 für Notts County u. Brentford u. 1954/56 für Arsenal London; internationales Debüt am 22. 10. 1938 gegen Wales (2:4) in Cardiff; 23 Länderspiele (23 Tore); letztes Spiel am 26. 9. 1948 gegen Dänemark (0:0) in Kopenhagen. Der schußkräftige, kopfballstarke Center schoß fast 300 Tore in über 250 Ligaspielen. – Nach 1945 wurde er Spielertrainer u. Manager bei Kettering Town u. Notts County.

Lazar, Gyula, Ungarn, geb. 1911 Budapest; linker Läufer; spielte 1925/43 bei Ferencváros Budapest; 49 Länderspiele (1 Tor); internationales Debüt am 12. 4. 1931 gegen die Schweiz (6:2) in Budapest; Länderspielabschied am 6. 4. 1941 gegen Deutschland (0:7) in Köln; war WM-Endrundenteilnehmer 1934 und 1938; spielte am 20. 6. 1937 für Zentraleuropa gegen Westeuropa (3:1) in Amsterdam.

Leao, Emerson, Brasilien, geb. 11. 7. 1949 São Paulo; Torhüter; spielte 1961/63 bei São José dos Campos, 1963/68 bei Comercial, 1968/78 bei S.E. Palmeiras u. 1978/86 bei Vasco da Gama; 80 Länderspiele; WM-Endrundenteilnehmer 1970, 1974, 1978 u. 1986 (nicht eingesetzt).

Leeds United, AFC („Peacocks", die „Pfauen"), England, Verein der 2. Division, gegr. 1919 (Emblem ↑ Tf. 8); Vorläuferin war die 1904 gegründete *Leeds City*; ab 1920 Profifußball u. Mitglied der 2. Division, seit 1924 1. Division; fünfmal abgestiegen (1927, 1931, 1947, 1960 u. 1982); *Landesmeister* 1969 u. 1974; *FA-Cupsieger* 1972; *Ligacupge-*

Laws of the game; Fair play (demonstriert von P. Schöne)

winner 1968; *Messepokalgewinner* 1968 u. 1971. 11 *EC-Teilnahmen:* 91 Spiele; 50 Siege, 24 Unentschieden, 17 Niederlagen, 124:58 Punkte, 165:67 Tore. – *Spielkleidung:* Weiß. *Heimstadion:* Elland Road, 39423 Plätze.

Spieler (Auswahl): W. J. Bremner – R. J. Browne – W. J. Charles – T. J. Cherry – A. J. Clarke – D. Cochrane – R. Y. Collins – T. Cooper – W. Copping – A. Curtis – H. A. Duggan – W. Edwards – P. J. Fitzgerald – A. Graham – E. Gray – F. T. Gray – C. S. Harris – E. Hart – D. Harvey – N. Hunter – J. Jordan – P. Lorimer – P. E. Madeley – J. J. McCabe – G. McQueen – A. Peacock – P. Reaney – D. Revie – G. Sprake – B. Sproston – B. Stevenson – T. C. Yorath. – **Manager** (Auswahl): J. Adamson – J. Armfield – W. Bremner – R. Carter – A. Clarke – B. Clough – W. Edwards – E. Gray – B. Hampson – B. Lambton – D. Revie – J. Stein – J. Taylor.

Le(e)nstra, Abe, Niederlande, geb. 27. 11. 1920, gest. 1985; Halblinker; spielte 1930/63 bei Heerenveen und SC Enschede; 47 Länderspiele; internationales Debüt am 31. 3. 1940 gegen Luxemburg (4:5) in Rotterdam; Länderspielabschied am 19. 4. 1959 gegen Belgien (2:2) in Amsterdam.

Legia [poln.], *historisch* svw. *Legion,* z. B. L. Warschau.

Lehner, Ernst, geb. 7. 11. 1912, gest. 10. 1. 1986; Rechtsaußen; spielte 1921 bis 1947 bei Schwaben Augsburg, dann kurzzeitiges Gastspiel bei Blau-Weiß Berlin u. 1947/49 bei Viktoria Aschaffenburg; 65 Länderspiele, 30 Tore (1933 bis 1942), einmal Spielführer; Länderspieldebüt am 19. 11. 1933 gegen die Schweiz (2:0) in Zürich; Länderspielabschied am 1. 11. 1942 gegen Kroatien (5:1) in Stuttgart; WM-Endrundenteilnehmer 1934 u. 1938; Olympiateilnehmer 1936; eingesetzt in der Westeuropaauswahl 1937 (1:3 gegen Zentraleuropa in Amsterdam); spielte repräsentativ für Bayern, Berlin u. Süddeutschland. – Später Trainer bei Viktoria Aschaffenburg, Hanau 93 u. Darmstadt 98. S. a. Deutschland bis 1945 (Abb.).

Lehrmann, Werner, geb. 6. 12. 1936 Lettin (bei Halle); Mittelstürmer; spielte 1946/52 bei Porzellan Lettin, 1952/55 bei Empor Halle u. 1955/69 beim SC Chemie Halle-Leuna u. SC Chemie Halle; 165 Oberligaspiele (45 Tore). – Trainierte 1969/77 Turbine Halle.

Leidl, Franz, Österreich; geb. 23. 10. 1920 Mattersburg (Burgenland); Initiator u. Präsident der ↑ Union Europäischer Fußballtrainer; früher Oberst im österreich. Bundesheer; fußballerisch etwa 10 Jahre (von 1937 an) als Torhüter beim SC Mattersburg tätig; trainierte seit 1961 Vereine der Landesliga, Regionalliga, später Vienna Wien (3 Jahre) u. die B-Mannschaft von Rapid Wien (1 Jahr); avancierte 1967 zum Gründer u. Leiter des österreich. Heeressportverbandes; beschäftigte sich seit Bestehen des *Bundes Österreichischer Fußballehrer* (1967), Abk. *BÖFL,* mit der Gründung eines europäischen Fußballtralnerverbandes u. berief 1978 u. 1979 erste diesbezügliche Planungskonferenzen ein; gründete dann hauptverantwortlich am 12. 1. 1980 in Wien die *U.E.F.*

Leinberger, Ludwig („Habberer"), geb. 21. 5. 1903, gest. 3. 3. 1943; Mittelläufer; spielte 1912/20 bei TV 46 Nürnberg, 1920/23 bei Bayern Nürnberg, 1923/34 bei SpVgg Fürth u. 1934/36 bei VfR Köln, außerdem kurzzeitiges Gastspiel bei SV Solingen; 24 Länderspiele (1927/33), 11mal Spielführer; Länderspieldebüt am 2. 10. 1927 gegen Dänemark (1:3) in Kopenhagen; Länderspielabschied am 1. 1. 1933 gegen Italien (1:3) in Bologna; Olympiateilnehmer 1928; spielte repräsentativ für Nürnberg/Fürth (Städteauswahl) u. Süddeutschland.

Leip, Rudolf, 8. 6. 1890–5. 3. 1947; Rechtsaußen; spielte 1900/44 bei Guts-Muths Dresden; 3 Länderspiele: am 12. 8. 1923 gegen Finnland (1:2) in Dresden, am 4. 11. 1923 gegen Norwegen (1:0) in Hamburg u. am 31. 8. 1924 gegen Schweden (1:4) in Berlin.

Leipzig, BSG Chemie, DDR, Liga, gegr. 30. 8. 1950 (Emblem ↑ Tf. 8); 1945 *SG Leipzig-Leutzsch,* 1948 *ZSG Industrie* u. 1950 *BSG Chemie;* 1954 Übersiedlung nach Leipzig-Gohlis (Stadion des Friedens, 20000 Plätze) u. Umbenennung in *SC Lokomotive* (8 Oberligaspieljahre); *Spielkleidung:* schwarze Hose, rotes Hemd, rot-schwarze Stutzen); 1963

BSG Chemie Leipzig

1945 SG Leutzsch
1948 ZSG Industrie
1950 BSG Chemie
– Georg-Schwarz-Sportpark –
1954 SC Lokomotive
– Stadion des Friedens –
1963 BSG Chemie (Neubildung)
– Georg-Schwarz-Sportpark –

vom SC Lokomotive	vom SC Rotation
E. Dallagrazia	W. Behla
H. Herrmann	B. Herzog
W. Krause	K. Lisiewicz
J. Ohm	M. Richter
H.-G. Sannert	*weiterhin*
D. Scherbarth	B. Bauchspieß (Chemie Zeitz)
H. Slaby	K. Günther (Aktivist Böhlen)
D. Sommer	L. Pacholski (Chemie Zeitz)
M. Walter	

Rückkehr nach Leutzsch wiederum als *BSG Chemie* (Zusammenfassung der – vermeintlich – leistungsschwächeren Spieler aus dem SC Rotation u. SC Lokomotive); gewann als „Rest von Leipzig" sofort den Landesmeistertitel; spielte Oberliga 1949/54, 1963/71, 1972/74, 1975/76, 1979/80 u. 1983/85; *Landesmeister* 1951 u. 1964; *Pokalsieger* 1957 (SC Lok) u. 1966. 2 *EC-Teilnahmen:* 6 Spiele; 2 Siege, 1 Unentschieden, 3 Niederlagen, 5:7 Punkte, 9:10 Tore. – *Spielkleidung:* grüne Hose, weißes Hemd, weiße Stutzen. *Heimstadion:* Georg-Schwarz-Sportpark, 22000 Plätze (18000 Steh-, 4000 Sitzplätze). Tab.

Spieler (Auswahl): W. Andreßen – H. Baraniak – T. Barth – B. Bauchspieß – R. Baumann – W. Behla – G. Behne – K.-H. Brandt – W. Brembach – D. Busch – G. Busch – W. Conrad – E. Dallagrazia – B. Dobermann – K. Drößler – W. Eilitz – W. Erler – U. Ferl – D. Fischer – H. Frenzel – S. Fritzsche – H. Fröhlich – W. Gase – A. Gawöhn – P. Gießner – F. Gödicke – R. Grupe – K. Günther – G. Händler – R. Heine – G. Helbig – H. Herrmann – B. Herzog – W. Keller – G. Konzack – G. Kott – R. Krause – W. Krause – R. Krauß – H.-J. Leitzke – W. Lischke – K. Lisiewicz – H.-B. Matoul – P. Nauert – J. Ohm – L. Pacholski – G. Polland – H. Pönert – M. Reimer – M. Richter – B. Rohr – W. Rose – H.-G. Sannert – J. Saumsiegel – D. Scherbarth – H. Scherbaum – H. Schmidt – H. Schoppe – O. Skrowny – H. Slaby – S. Söllner – D. Sommer – R. Sommer – W. Stieglitz – G. Stiller – V. Trojan – B. Trunzer – L. Vetterke – M. Walter – W. Walther – H. Weigang – A. Werner – K. Wittenbecher – G. Zenker. – **Trainer** (Auswahl): E. Dallagrazia – E. Dietel – H. Frenzel – M. Fuchs – H. Höfer – F. Krauß – A. Kunze – W. Müller – K. Schäffner – D. Sommer – G. Struppert – O. Tschirner – O. Westphal – F. Wittenbecher.

Leipzig, BSG Einheit Ost ↑ Leipzig, 1. FC Lokomotive.

Leipzig, 1. FC Lokomotive, Abk. *1. FCL,* DDR, Oberliga, gegr. 20. 1. 1966 (Emblem ↑ Tf. 8); 1945 *SG Probstheida,* 1948 *BSG Erich Zeigner* u. 1949 *BSG Einheit Ost* (1 Oberligaspieljahr); 1954 Bildung des SC Rotation (8 Oberligaspieljahre; *Spielkleidung:* schwarze Hose, weißes Hemd, schwarz-weiß geringelte Stutzen) u. 1963 des *SC Leipzig* (Konzentrierung der – vermeintlich – leistungsstärksten Spieler aus dem SC Rotation u. dem SC Lokomotive), 2 Oberligaspieljahre; seit 1966 als *1. FCL* Leistungszentrum; Intercupsieger 1966; *Pokalsieger* 1976, 1981 u. 1986. 15 *EC-Teilnahmen:* 62 Spiele; 25 Siege, 11 Unentschieden, 26 Niederlagen, 61:63 Punkte, 90:82 Tore. – *Spielkleidung:* blaue Hose, gelbes Hemd, gelbe Stutzen. *Heimstadion:* Bruno-Plache-Stadion, 25500 Plätze (22000 Steh-, 3500 Sitzplätze). Tab.

Spieler (Auswahl): R. Alt – W. Altmann – W. Bär – M. Bauer – F. Baum – W. Behla – A. Bornschein – K. Braunert – U. Bredow – T. Dennstedt – E. Dobermann – A. Dörl – K. Drößler – K.-H. Dufke – D. Engelhardt – M. Faber – S. Fettke – C. Franke – H. Franke – V. Franke – H. Frenzel – W. Friese – J. Fritsche – W. Gase – M. Geisler – P. Gießner – W. Gröbner – R. Hammer – R. Hecker – R. Hempel – B. Herzog – T. Hofmann – H. Jacob – W. Jahn – W. Jeßner – H.-J. Kinne – W. Klank – W. Knaust – E. Köditz – R. Krause – R. Kreer – R. Krost – D. Kühn – H.-J. Leitzke – H. Lembke – M. Liebers – K. u. R. Lisiewicz – W. Löwe – O. Marschall – H.-B. Matoul – G. Matthäus – L. Moldt – R. Müller – P. Nauert – H.-J. Naumann – M. Pfeiffer – K. Pfeufer – W. Pröhl – H. Reichel – G. Richter – H. Richter – M. u. P. Richter – A. Roth – H. Rybarczyk – K. Schaller – R. Schauer – H. Scherbaum – M. Schön – K. Schwanke – W. Seifert – G. Sekora – R. Sommer – A. Treske – V. Trojan – R. Trölitzsch – W. Vogelsang – H. Wagner – G. Weidenbörner – H. Weigang – R. Weigel – A. Zerbe – U. Zötzsche. – **Trainer** (Auswahl): M. Braunert – K. Fischer – K. Holke – H. Joerk – G. Konzack – R. Krause – H. Krügel – H. Miller – M. Pfeiffer – H. Scherbaum – M. Schwendler – H. Studener – H.-U. Thomale – O. Winter.

Leipzig, SC ↑ Leipzig, 1. FC Lokomotive.

Leipzig, SC Lokomotive ↑ Leipzig, BSG Chemie.

Leipzig, SC Rotation ↑ Leipzig, 1. FC Lokomotive.

Leipzig, VfB, Deutschland bis 1945 (Emblem ↑ Tf. 8); gegr. 26.5.1896 durch Zusammenschluß des am 11. 11. 1893 gegründeten Klubs „Sportbrüder" u. ehemaliger Angehöriger der Spielvereinigung des „Allgemeinen Turnervereins

1. FC Lokomotive Leipzig

1945 SG Probstheida
1948 BSG Erich Zeigner
1949 BSG Einheit Ost
1954 SC Rotation
1963 SC Leipzig (Konzentration)
1966 1. FC Lokomotive (Leistungszentrum)

– Bruno-Plache-Stadion –

vom SC Rotation	vom SC Lokomotive
D. Engelhardt	K. Drößler
M. Faber	D. Fischer
V. Franke	H. Frenzel
M. Geisler	W. Gase
W. Löwe	P. Gießner
H.-J. Naumann	P. Nauert
K. Pfeufer	*außerdem*
K. Schaller	C. Franke (SC Motor Karl-Marx-Stadt)
V. Trojan	
R. Trölitzsch	
H. Weigang	
A. Zerbe	

von 1845" Leipzig in „Kämpf's Weinstube" von dem Initiator *Theodor Schöffler*; erstes Spiel am 5. 7. 1896 gegen den *L.B.C. (Leipziger Ballspiel-Club)*; *Landesmeister* 1903 (erste deutsche Meisterschaft überhaupt), 1906 u. 1913; *DFB-Pokalsieger* 1936. – *Spielkleidung:* weiße Hose, blau-weiß längsgestreiftes Hemd, schwarze Stutzen. *Heimstadion:* VfB-Stadion, 15 000 Plätze (1921/22 erbaut, am 6. 8. 1922 eingeweiht); jetzt *Bruno-Plache-Stadion* (↑ Leipzig, 1. FC Lokomotive).

Spieler (Auswahl): O. Braune – Breidenbach – E. Blüher – E. Dobermann – Dolge – P. Drechsel – A., B. u. W. Friedrich – R. Gabriel – O. Geißler – Grosse – G. Haase – W. Hempel – A. Herrmann – F. Hesse – O. Hofmann – Jähnig – H. Krügel – Kuller – Lässig – H. Lederer – P. Matthes – H. Mai – Michel – Oppermann – A. Otto – P. Pömpner-Paulsen – H. , Edu u. Edy Pendorf – E. Raydt – Reichmann – L. Richter – H. Riso – Rößler – E. Schmidt – K. Schmöller – H. u. J. Schneider – W. Schomburgk – M. Schön – Stanischewski – G. Steinbeck – Thiele – C. Ugi – K. Uhle – W. Völker – R. Werner Wöllner.

Leipzig, ZSG Industrie ↑ Leipzig, BSG Chemie.

Leistenzerrung, umgangssprachliche, aber fachlich falsche Bez. für ↑ Adduktorensyndrom (*Leiste:* Körpergegend zwischen Unterbauch u. Oberschenkel).

Leistungsdiagnostik, Ermittlung der aktuellen Leistungsfähigkeit durch Erfassung, Wertung u. Beurteilung leistungsbestimmter Parameter. Im Fußball werden Tests, Verfahren u. Analysen in folgenden Bereichen eingesetzt: individuelle Technik/Taktik, kollektive Taktik, technische Koordination, Kondition u. Pädagogik-Psychologie. Für die Erfassung der technisch-taktischen Leistung haben sich besonders *Wettkampfanalyseverfahren* bewährt.

Leistungsgefälle, Leistungsschwankungen innerhalb einer Mannschaft, bezogen auf einen bestimmten Zeitabschnitt (z. B. Spiel, Spieljahr) u. auf Mannschaftsteile, Reihen u. Positionen. Je geringer das L. – ausgehend von der potentiellen Leistung eines jeden einzelnen –, desto stärker die Mannschaft.

Leistungsträger, Spieler einer Mannschaft, die überdurchschnittliches Können aufweisen u. wesentlich die Leistung ihrer Mannschaft beeinflussen u. bestimmen; sie können in jedem Mannschaftsteil stehen.

Lemanczyk, Heinz, geb. 13. 11. 1934 Poley (Kreis Senftenberg); Halbstürmer, Läufer; spielte 1948/63 bei Franz Mehring Brieske, Aktivist Brieske-Ost u. SC Aktivist Brieske-Senftenberg sowie 1963/66 bei (SC) Energie Cottbus; 2 Länderspiele (am 18. 9. 1955 gegen Rumänien [3:2] in Bukarest; am 14. 9. 1958 gegen Rumänien [3:2] in Leipzig); bestritt 239 Oberligaspiele (58 Tore).

Lenarduzzi, Silvano („Sam"), Kanada, geb. 19. 12. 1949 Udine (Friuli-Venezia-Giulia [Italien]); Libero; spielte 1967/74 bei Vancouver Columbus, 1974/78 bei Vancouver Whitecaps u. 1979/82 bei Toronto Blizzard); 29 Länderspiele (kanad. Rekordinternationaler); internationales Debüt am 6. 10. 1968 gegen die Bermudas (4:0) in Ottawa; Länderspielabschied am 15. 9. 1980 gegen Neuseeland (4:0) in Montreal; 157 Ligapunktspiele.

Leningrad, Zenit, UdSSR, Oberliga; gegr. 1931 als *Stalinez*; seit 1940 *Zenit*; seit 1938 Oberliga; *Landesmeister* 1984; *Pokalsieger* 1944. 2 *EC-Teilnahmen:* 6 Spiele, 3 Siege, 3 Niederlagen, 6:6 Punkte, 9:10 Tore. – *Spielkleidung:* weiße Hose, blaues Hemd, weiße Stutzen. *Heimstadion:* Kirow-Stadion, mit 74 000 Plätzen. Abb.

Zenit Leningrad

Spieler (Auswahl): Afanasjew – Birjukow – Broschin – L. Burtschalkin – Dawydow – Dmitriew – Gerassimow – Golubew – Kasatschjonok – B. Klementjew – Kusnezow – Larionow – Melnikow – J. Sheludkow – Stepanow – Tschuchlow. – **Trainer** (Auswahl): M. P. Butussow – K. Lemeschew – J. Morosow – P. F. Sadirin – G. Sonin.

Lenin-Stadion, 1. Nationalstadion der ↑ UdSSR.
2. ↑ Altenburg, BSG Motor.

Lenstra, A. ↑ Le(e)nstra, A.

Lenz, August, geb. 29. 11. 1910; Mittelstürmer; spielte 1921/49 ausschl. bei Borussia Dortmund; 14 Länderspiele, 9 Tore (1935/38); Olympiateilnehmer 1936; spielte mehrmals für Westfalen.

Leonidas da Silva (der „schwarze Diamant"), Brasilien, geb. 6. 9. 1913 São Christóvao (Vorort von Rio de Janeiro); Mittelstürmer; Nachfolger *A. Friedenreichs*; schmalbrüstiger, gummihaft („The Rubber Man") wirkender Supertechniker; begann bei Vasco da Gama, spielte seit 1933 bei Nacional Montevideo, dann wiederum bei Vasco, 1935 bei Botafogo u. bei Flamengo Rio de Janeiro; bestritt 24 Länderspiele (25 Tore); Länderspieldebüt am 4. 12. 1932 gegen Uruguay (2:1) in Montevideo (schoß beide Tore); Länderspielabschied am 29. 1. 1946 gegen Paraguay (1:1) in Montevideo; 1934 u. 1938 WM-Endrundenteilnehmer. – Später Trainer.

L'Equipe [französ.], Sporttageszeitung, gegr. 1945 in Paris; hervorgegangen aus „L'Auto-Vélo" (gegr. 1900); erscheint täglich; Mitveranstalter der *Tour de France* u. Initiator des *Fußballeuropapokals* (1955). S. a. Hanot, G.

Lerby, Sören, Dänemark, geb. 1. 2. 1958 Kopenhagen; Mittelfeldspieler; spielte 1970/75 bei Taastrup IK u. Fremad Amager, 1975/83 bei Ajax Amsterdam, 1983/86 beim FC Bayern München; seit 1986 bei AS Monaco; 56 Länderspiele (11 Tore); internationales Debüt am 24. 5. 1978 gegen Irland (3:3) in Kopenhagen; war WM-Endrundenteilnehmer 1986 u. EM-Endrundenteilnehmer 1984; 89 Bundesligaspiele (22 Tore).

Lesotho, Binnenstaat in Südafrika, 30 355 km², etwa 1,4 Mill. Ew., 1 Fußballspieler je 560 Ew.; Verband *Lesotho Sports Council* („Fußballverband Lesotho"), Abk. *LSC*; gegr. 1932, Sitz *Maseru*; Mitgl. der *FIFA* seit 1964, der *CAF* seit 1964. – *Organisation:* 90 Klubs; 1 500 Amateurspieler, gesamt 2 500 (einschl. Nachwuchs- u. AM-Spieler); *Spieljahr:* November–Oktober; *Spielkleidung:* blaue Hose, weißes Hemd, weiße Stutzen (Reserveausrüstung: weiße Hose, blaues Hemd, blaue Stutzen); *Nationalstadion:* Lesotho National Stadium, Maseru, 20 000 (ausschl. Sitzplätze).

Letna-Stadion ↑ Prag, Sparta.

Letziggrund ↑ Zürich, FC.

letzter Mann, svw. ↑ Ausputzer.

Leux, Georg, Fußballfunktionär u. -pionier, 22. 4. 1863–4. 10. 1936; begründete den organisierten Fußball in Berlin; rief 1890 den „Bund Deutscher Fußballspieler" ins Leben, den ersten deutschen Fußballverband überhaupt (1892 wieder aufgelöst).

Leverkusen, Bayer 04, BRD, gegr. 15. 6. 1904 (Emblem ↑ Tf. 8); 1. Bundesliga seit 1979; Meister der *Regionalliga West* 1968; Meister der 2. Liga Nord 1979. – *Spielkleidung:* weiße Hose u. rotes Hemd, rote Stutzen (od. Weiß). *Heimstadion:* Ulrich-Haberland-Stadion, mit 25 000 Plätzen, davon 7 082 überdachte Sitz- u. 5 300 überdachte Stehplätze.

Spieler (Auswahl): D. Bast – F. Bockholt – K. Bruckmann – B.-k. Cha – D. Demuth – J. Gelsdorf – J. Glowacz – F. Götz – D. Herzog – H. Höher – T. Hörster – A.-L. Økland – W. Patzke – H.-O. Peters – A. Reinhardt – H.-W. Rolff – C. Sackewitz – C. Schreier – W. Vögl – R. Vollborn – H. Waas – R. Wojtowicz. – **Trainer** (Auswahl): G. Bisanz – D. Cramer – T. Kirchberg – W. Kremer – F. Pliska – E. Ribbeck – M. Rummel.

LFV ↑ Liechtenstein.

Libanon, Staat in Westasien, am Mittelmeer, 10 400 km², etwa 2,8 Mill. Ew., 1 Fußballspieler je 329 Ew.; Verband *Fédération Libanaise de Football Association* („Libanesischer Fußballverband"), Abk. *F.L.F.A.*; gegr. 1933, Sitz *Beirut*; Mitgl. der *FIFA* seit 1935, der *AFC* seit 1964. – *Organisation:* 105 Klubs; 6 000 Amateurspieler, gesamt 8 500 (einschl. Nachwuchs- u. AM-Spieler). *Spieljahr:* Oktober–Juni; *Spielkleidung:* weiße Hose, rotes Hemd, rote Stutzen (Reserveausrüstung: weiße Hose, weißes Hemd, rote Stutzen); *Nationalstadion:* Cité Sportive Camille Chamoun, Beirut, 60 000 (ausschl. Sitzplätze); *Stadien* (Auswahl): Stade Bourj Hammoud, 15 000; Stade Municipal, Jounié, 10 000.

Liberia, Staat im Westen Afrikas, 111 369 km², etwa 2,113 Mill. Ew., 1 Fußballspieler je 3 019 Ew.; Verband *The Liberia Football Association* („Liberianischer Fußballverband"), Abk. *LFA*; gegr. 1956, Sitz *Monrovia*; Mitgl. der *FIFA* seit 1962, der *CAF* seit 1968. – *Organisation:* 25 Klubs; 700 Amateurspieler (einschl. Nachwuchs- u. AM-Spieler); *Spielkleidung:* weiße Hose, weißbraun längsgestreiftes Hemd, weiße Stutzen.

Kurt **Liebrecht**

Liechtenstein

Keine eigenen Landesmeisterschaften. Der LFV ist mit seinen Vereinen dem Schweizerischen Fußballverband (↑ Schweiz) angegliedert u. beteiligt sich dort am Punktspielbetrieb.

Pokalsieger

1946 FC Triesen
1947 FC Triesen
1948 FC Triesen
1949 FC Vaduz
1950 FC Triesen
1951 FC Triesen
1952 FC Vaduz
1953 FC Vaduz
1954 FC Vaduz
1955 FC Schaan
1956 FC Vaduz
1957 FC Vaduz
1958 FC Vaduz
1959 FC Vaduz
1960 FC Vaduz
1961 FC Vaduz
1962 FC Vaduz
1963 FC Schaan
1964 FC Balzers
1965 FC Triesen
1966 FC Vaduz
1967 FC Vaduz
1968 FC Vaduz
1969 FC Vaduz
1970 FC Vaduz
1971 FC Vaduz
1972 FC Triesen
1973 FC Balzers
1974 FC Vaduz
1975 FC Triesen
1976 USV Eschen/Mauren
1977 USV Eschen/Mauren
1978 USV Eschen/Mauren

Libero [italien., „freier Mann"], Abwehrspieler ohne direkten Gegenspieler, der gefährliche Situationen im Strafraum bereinigen u. sich darüber hinaus – im Gegensatz zum ↑ Ausputzer – in den Angriff einschalten soll, wenn es die Situation erlaubt od. erfordert. Der L. ist eine vorherrschende taktische (Abwehr-)Variante.

Libuda, Reinhard („Stan"), geb. 10. 10. 1942; Rechtsaußen; spielte 1952/65, 1968/72 u. 1973/76 beim FC Schalke 04, 1965/68 bei Borussia Dortmund u. 1972/73 bei Racing Strasbourg; 26 Länderspiele (3 Tore); internationales Debüt am 28. 9. 1963 gegen die Türkei (3:0) in Frankfurt/Main; Länderspielabschied am 17. 11. 1971 gegen Polen (0:0) in Hamburg; WM-Endrundenteilnehmer 1970; 264 Bundesligaspiele (28 Tore).

Libyen, Staat im Norden Afrikas, 1 759 540 km², etwa 3,2 Mill. Ew., 1 Fußballspieler je 914 Ew.; Verband *Libyan Arab Jamahiriya Football Federation* („Libyscher Fußballverband"), Abk. *LFF*; gegr. 1963, Sitz *Tripolis*; Mitgl. der *FIFA* seit 1963, der *CAF* seit 1965. – *Organisation:* 95 Klubs; 2 000 Amateurspieler, gesamt 3 500 (einschl. Nachwuchs- u. AM-Spieler); *Spieljahr:* September–April; *Spielkleidung:* weiße Hose, grünes Hemd, grüne Stutzen; *Nationalstadion:* Sports City Stadium, Tripolis, 70 000 (50 000 Sitz-, 20 000 Stehplätze); *Stadien* (Auswahl): Sports City Stadium, Benghasi, 50 000; Municipality Football Field, Tripolis, 20 000; Municipality Football Field, Benghasi-Berka, 15 000.

Matthias **Liebers**

Liebenau-Stadion ↑ Graz [SK Sturm] u. Grazer AK.

Liebers, Matthias, geb. 22. 11. 1958 Leipzig; Läufer; spielte 1965/68 bei Lok Mitte Leipzig, seit 1968 beim 1. FC Lok Leipzig; 46 Länderspiele (2 Tore); debütierte am 8. 10. 1980 beim 1:0 gegen die ČSSR in Prag; gewann bei Olympia 1980 Silber; 207 Oberligaspiele (24 Tore). Abb.

Liebrecht, Kurt („Kuddel"), geb. 24. 12. 1936 Stendal; linker Läufer; spielte 1947/71 bei Lokomotive Stendal (Eintracht, Hans Wendler); 16 Länderspiele (ein Tor); internationales Debüt am 30. 10. 1960 gegen Finnland (5:1) in Rostock; Länderspielabschied am 4. 9. 1965 gegen Bulgarien (2:3) in Warna; gewann bei Olympia 1964 Bronze; bestritt 179 Oberligaspiele (32 Tore). – Später Übungsleiter. Abb. S. a. Heine, W. (Abb.).

Liebrich, Werner, geb. 18. 1. 1927; Stopper; spielte seit 1938/62 beim 1. FC Kaiserslautern; 16 Länderspiele; internationales Debüt am 17. 6. 1951 gegen die Türkei (1:2) in Berlin (West); Länderspielabschied am 21. 11. 1956 gegen die Schweiz (1:3) in Frankfurt/Main; WM-Endrundenteilnehmer 1954. Abb. S. a. Tf. 22.

Liechtenstein, Kleinstaat in Mitteleuropa, 157 km², etwa 26 000 Ew., 1 Fußballspieler je 17 Ew.; Verband *Liechtensteiner Fußballverband*, Abk. *LFV*; gegr. 1933, Sitz *Vaduz*; Mitgl. der *FIFA* seit 1974, der *UEFA* seit 1974. – *Organisation:* 7 Klubs; 1 250 Amateurspieler, gesamt 1 500 (einschl. Nachwuchs- u. AM-Spieler); *Spieljahr:* August–Juli; *Spielkleidung:* rote Hose, blaues Hemd, blaue Stutzen (Reserveausrüstung: rote Hose, gelbes Hemd, gelbe Stutzen); *Nationalstadion:* Gemeindesportplatz, Vaduz, 10 000 (1 000 Sitz-, 9 000 Stehplätze); *Stadien* (Auswahl): Blumenau, Triesen, 8000; Rheinwiese, Balzers, 6000; Sportpark, Eschen, 6000. Tab.

Liedholm, Nils („Nisse"), Schweden, geb. 8. 10. 1922 Norrköping; Halbstürmer; spielte 1940/47 bei IK Sleipner Valdemarsvik, 1947/48 bei IFK Norrköping u. 1948/61 bei AC Mailand (↑ Gren, G.; Nordahl, G.); 23 Länderspiele (1947/58); WM-Endrundenteilnehmer 1958; Olympiasieger 1948. – Später Trainer bei AC Mailand (1961/66, 1977/79), Monza, US Varese, Verona, AC Florenz (1971/73) u. AS Rom (1973/77). Abb.

Lienemann, Manfred, Trainer; geb. 24. 12. 1946 Plauen; Stürmer; spielte 1957 beim SC Motor Karl-Marx-Stadt u. 1965/75 beim FC Karl-Marx-Stadt; bestritt 143 Oberligaspiele (32 Tore); seit 1975 Trainer (FCK-Nachwuchs, 1981/85 Oberliga).

Liga, 1. i. w. S. svw. ↑ Spielklasse, z. B. *Ober-L.*, *Bundes-L.* S. a. Zweite Liga.
2. zweithöchste Spielklasse in der DDR; besteht aus 2 Staffeln (A u. B) zu je 18 Mannschaften. Die Staffelsieger steigen in die ↑ Oberliga (1) auf, die jeweils 3 Letzten in die ↑ Bezirksliga (1) ab.

Werner **Liebrich** *(rechts)* u. F. Walter (1958)

Lille, OSC, Frankreich, Verein der Ehrendivision, gegr. 1945; *Landesmeister* 1946 u. 1954; *Pokalsieger* 1946, 1947, 1948, 1953 u. 1955. – *Spielkleidung:* dunkelbraune Hose, weißes Hemd, dunkelbraune Stutzen. *Heimstadion:* Grimonprez-Jooris 23000 Plätze (davon 10800 Sitzplätze).
Spieler (Auswahl): J. Baratte – G. Bieganski – J. Bigot – R. Bihel – F. u. G. Bourbotte – R. Cabral – R. Carré – D. Christophe – Coste – J. da Rui – A. dos Santos – Y. Douis – R. Gardon – A. Gemmrich – B. Germain – F. Heutte – J. Lechantre – S. Muslin – G. Peyroche – Prevost – C.-J. Ruminski – D. Simon – A. Strappe – B. Tempowski – E. Vandenbergh – C. van der Hart – R. Vandooren – J. Vincent. – **Trainer** (Auswahl): J. Arribas – Berry – A. Cheuva – A. dos Santos – R. Gardien – G. Peyroche.

Lilleström, SK, Norwegen, 1. Division, gegr. 1917; 4mal *Landesmeister* (zwischen 1959 u. 1986); 5mal *Pokalsieger* (zwischen 1977 u. 1985). 5 *EC-Teilnahmen:* 12 Spiele; 3 Siege, 2 Unentschieden, 7 Niederlagen, 8:16 Punkte, 7:25 Tore. – *Spielkleidung:* schwarze Hose, gelbes Hemd, schwarz-gelbe Stutzen. *Heimstadion:* Arasen-Stadion, mit 15000 Plätzen. Abb.
Spieler (Auswahl): A. Amundsen – P. Berg – B. Bjerkland – A. Dokken – O. Dyrstad – A. u. B. Erlandsen – P. Forsnes – A. Giske – G. Hammer – L. Hansen – T. E. Johansen – A. Krogsaether – T. Lund – L. Opseth – R. Richardsen – T. I. Smedas – E. Soler – T. Sundby – J. Vaadal. – **Trainer** (Auswahl): B. Foulkes – T. Lund.

Lima, Alianza, Peru, Verein der 1. Division (Emblem ↑ Tf. 8) 16mal Landesmeister zwischen 1927 u. 1978. – *Spielkleidung:* weiße Hose, rotweißes Hemd, rot-weiße Stutzen. *Heimstadion:* Estadio Club Alianza, 50000 Plätze.
Spieler (Auswahl): T. Cubillas – M. Sotil – J. Valdivieso – A. Villa.

Lima, Universitario, Peru, 1. Division; gegr. 1920 als studentischer Amateurklub; *Südamerika-Pokal-Finalist* 1972; 15mal *Landesmeister* (zwischen 1929 u. 1982). – *Spielkleidung:* blaue Hose, weißes Hemd u. blau-weiße Stutzen. *Heimstadion:* Estadio Nacional, 45000 Sitzplätze.
Spieler (Auswahl): E. Acusuzo – G. Lequia – A. Luces – E. Mosquera – H. Sotil.

1979	FC Balzers
1980	Unterländer FV
1981	FC Balzers
1982	FC Balzers
1983	FC Balzers
1984	FC Balzers
1985	FC Vaduz
1986	FC Vaduz

Nils **Liedholm**

SK Lilleström

Limassol, Athletikos Enosis, Zypern, 1. Division, gegr. 1934 (gehört zu den acht Gründungsmitgliedern des Zyprischen Fußballverbandes); 5mal *Landesmeister* (zwischen 1941 u. 1968); 4mal *Pokalsieger* (zwischen 1939 u. 1985); 2 *EC-Teilnahmen:* 4 Spiele; 1 Unentschieden, 3 Niederlagen, 1:7 Punkte, 2:18 Tore. – *Spielkleidung:* Weiß. *Heimstadion:* Tsirion, 20 000 Plätze. – Bekannteste Spieler: *N. Ikonomou, A. Konstantinou, L. Mavroudis, S. Neofytidou;* Trainer: *F. Havranek.*

Limassol, FC Apollon, Zypern, 1. Division, gegr. 1954; *Pokalsieger* 1966, 1967 u. 1986. 4 *EC-Teilnahmen:* 8 Spiele; 2 Unentschieden, 6 Niederlagen, 2:14 Punkte, 5:32 Tore. – *Spielkleidung:* blaue Hose, weißes Hemd (mit Bruststreifen), weiße Stutzen. *Heimstadion:* Tsirion, 20 000 Plätze.

Spieler (Auswahl): D. Antoniou – C. u. M. Constantinou – D. Ioannides – D. Kavazis – P. Krystadis – A. Michailidis – A. Papademas – E. Vassiliou – K. Vesis. – **Trainer** (Auswahl): J. Szolnay.

Lindberg, Knut, Dänemark, Arzt u. Schriftsteller, geb. 4. 7. 1924; Fußball- u. Basketballspieler; 22 Fußballänderspiele (1947/53); veröffentlichte 1951 den Bestseller „Esse, trinke und bleibe schlank".

Lindemann, Lutz, geb. 13. 7. 1949 Halberstadt; Stürmer, Mittelfeldspieler; spielte 1958/65 bei Aufbau/Empor Halberstadt, 1965/67 beim (SC Aufbau) 1. FC Magdeburg, 1967/71 bei Motor Nordhausen, 1971/77 beim FC Rot-Weiß Erfurt u. 1977/81 beim FC Carl Zeiss Jena; 21 Länderspiele (2 Tore); internationales Debüt am 7. 9. 1977 gegen Schottland (1:0) in Berlin; Länderspielabschied am 15. 10. 1980 gegen Spanien (0:0) in Leipzig; 205 Oberligaspiele (42 Tore). – Trainer seit 1982. Abb.

Lutz **Lindemann**

Gary **Lineker**

Lindenberg ↑ Weimar, BSG Motor.

Lindner, Ernst, geb. 11. 3. 1935 Goldbeck (Altmark); Mittelstürmer, Stopper; spielte 1946/53 bei Empor Goldbeck u. 1953/71 bei Lok Stendal; 6 Länderspiele; internationales Debüt am 14. 10. 1956 gegen Bulgarien (1:3) in Sofia; Länderspielabschied am 16. 9. 1962 gegen Jugoslawien (2:2) in Leipzig; bestritt 240 Punktspiele (36 Tore); 1956 Oberligatorschützenkönig (18 Treffer). – Später Übungsleiter.

Lineker, Gary, England, geb. 30. 11. 1960 Leicester; Rechtsaußen, Mittelstürmer; spielte 1974/85 beim FC Leicester City u. 1985/86 beim FC Everton Liverpool;

seit 1986 beim F.C. Barcelona; 20 Länderspiele (14 Tore); internationales Debüt am 26. 5. 1984 gegen Schottland (1:1) in Glasgow; WM-Endrundenteilnehmer 1986 (Torschützenkönig mit 6 Treffern); Englands erfolgreichster WM-Endrundentorschütze vor *B. Charlton, G. Hurst* u. *R. Hunt*; erzielte das 1300. WM-Endrundenjubiläumstor am 11. 6. 1986 beim 3:0 gegen Polen in Monterrey; Fußballer des Jahres 1986; 30 Liga- u. 13 FA-Cup-Tore für Everton. Abb.

Linemayr, Erich, Österreich, Schiedsrichter, geb. 1933 Linz; 1963 Nationalliga, 1966 FIFA-Referee; WM-Endrundenschiedsrichter 1974 in der BRD u. 1978 in Argentinien; EM-Endrundenschiedsrichter 1980 in Italien; leitete 1973 das erste UEFA-Pokalendspiel FC Liverpool–Borussia Mönchengladbach (3:0), 1977 das zweite UEFA-Pokalfinale Athletic Bilbao–Juventus Turin (2:1) u. 1979 das EC I-Finale Nottingham Forest–Malmö FF (1:0) in München; amtierte sechsmal bei österreich. Pokalendspielen. Abb.

Linfield, FC *(Football and Athletic Club),* Nordirland („The Blues", „Die Blauen"), gegr. 1886; 38mal *Landesmeister* (zwischen 1891 u. 1986); 33mal Cupsieger (zwischen 1891 u. 1982). 19 *EC-Teilnahmen:* 43 Spiele; 7 Siege, 10 Unentschieden, 26 Niederlagen, 24:62 Punkte, 46:98 Tore. – *Spielkleidung:* weiße Hose, blaues Hemd mit roten Streifen sowie blau-rote Stutzen. *Heimstadion:* Windsor Park, Belfast, 58000 Plätze. Abb.

Spieler (Auswahl): J. Bambrick – W. Dalton – J. Darling – H. Gordon – B. Hamilton – R. J. Irvine – J. Jones – W. S. McFaul – R. G. Milne – J. Peden – S. Torrans – S. Young.

Linie, 1. Kurzbez. für *Seitenlinie* od. *Torlinie.*

2. Kurzbez. für *taktische Linie.*

Linienrichter, Helfer des Schiedsrichters, der keine Entscheidungsbefugnis besitzt. Beide L. sollen mittels der *L.-fahne* (lebhafte Farbe, bei Flutlicht leuchtfarben) signalisieren: Ausball, strafbare Abseitsstellung, Berechtigung zum Abstoß, Eckstoß od. Einwurf (auch Regelwidrigkeiten bei deren Durchführung); grobe Regelverstöße, Unsportlichkeiten usw. im Rücken des Schiedsrichters; Spielerauswechslung. Im Interesse einer einheitlichen Spielleitungsmethode beziehen die L. in der rechten Spielfeldhälfte ihre Position, d. h. diagonal gegenüber. Ihr Laufbereich erstreckt sich zwischen Mittel- u. Torlinie entlang der Seitenlinie außerhalb des Spielfeldes. Zum Anzeigen von Ausbällen obliegt ihnen die gesamte Seitenlinie der jeweiligen Spielfeldseite. Tab. S. a. Auswechslung (Abb.), Diagonalkontrollsystem, Spielregeln (Regel VI).

linker Läufer ↑ Läufer.

Linksaußen, svw. linker ↑ Außenstürmer.

Linksfüßer, Spieler mit ausgeprägt starkem linkem Bein; s. a. einbeinig.

Linksverteidiger, svw. *linker Abwehrspieler* (↑ Außenverteidiger).

Linnemann, Felix, Fußballfunktionär, 20. 10. 1882 – 21. 3. 1948; Schiedsrichter u. Kricketspieler; Mitglied der FIFA-Amateurkommission; 1919 bis 1945 DFB-Präsident.

Linß, Werner, geb. 26. 8. 1937 Steinach; Halbstürmer; spielte 1945/75 bei Motor Steinach; 2 Länderspiele 1962 (am 9. 12. gegen Mali [2:1] in Bamako u. am 16. 12. gegen Guinea [3:2] in Conakry); 48 Oberligaspiele (1 Tor).

Linzer ASK, Österreich, Nationalliga; gegr. 25. 7. 1908 als *Linzer Sportklub,* seit 14. 9. 1919 *ASK; Landesmeister* 1965; *Pokalsieger* 1965; erster Verein, der die Wiener Meister- u. Pokalsiegerphalanx durchbrach. 7 *EC-Teilnahmen:* 19 Spiele; 7 Siege, 2 Unentschieden, 10 Niederlagen, 16:22 Punkte, 19:39 Tore. – *Spielkleidung:* weiße Hose, weiß-lila längsgestreiftes Hemd, weiße Stutzen. *Heimstadion:* LASK-Stadion, 25000 Plätze. Abb.

Spieler (Auswahl): J. Gröss – M. Hagmayer – H. Kitzmüller – H. Köglberger – H. Kondert – K. Lindenberger – L. Liposinovic – K. Nagel – M. Pichler – R. Sabetzer – G. Sturmberger – H. Trubrig – F. Viehböck – H. Wild. – **Trainer** (Auswahl): F. Bufka – J. Kondert – K. Leutgöb.

Linz, SK VÖEST, Österreich, Nationalliga, gegr. 10. 11. 1949 (Emblem ↑ Tf. 8); hervorgegangen aus dem am 30. 6. 1946

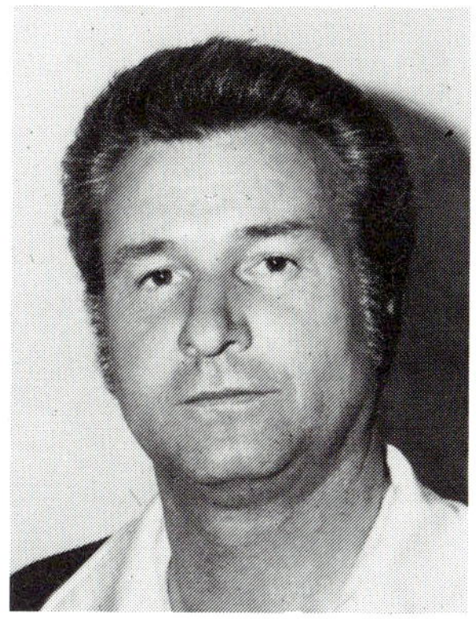

Erich **Linemayr**

FC Linfield

Linzer ASK

Linienrichter
(landessprachlich)

Linesman [engl.]
Juge de touche [französ.]
Juec de linea [span.]
Juiz de linha [portugies.]
Guarda linee [italien.]

gegründeten *Sportverein Eisen u. Stahl Linz;* 1969 erstmals in der Nationalliga; *Landesmeister* 1974. 4 *EC-Teilnahmen:* 8 Spiele; 1 Sieg, 2 Unentschieden, 5 Niederlagen, 4:12 Punkte, 5:18 Tore. – *Spielkleidung:* Weiß (mit lila Streifen abgesetzt). *Heimstadion:* Stadion Linz, 22100 Plätze (18000 Steh- und 4100 Sitzplätze), Flutlicht.

Spieler (Auswahl): G. Breitenberger – N. Ferhatovic – E. Fuchsbichler – M. Hagmayer – G. Haider – G. Stöffelbauer – G. Ulmer – H. Wartinger. – **Trainer** (Auswahl): F. Milanovic – F. Supolik.

Klaus **Lisiewicz**

Lisiewicz, Klaus („Liese"), geb. 2. 2. 1943 Bensburg (Bencen); Halbstürmer u. Läufer; spielte 1961/63 beim SC Rotation Leipzig u. 1963/73 bei Chemie Leipzig; gewann bei Olympia 1964 Bronze; 152 Oberligaspiele (18 Tore); danach wissenschaftlicher Mitarbeiter an der DHfK Leipzig. Abb. – Sein Neffe *Rainer L.* (geb. 6. 10. 1949) absolvierte für den 1. FC Lok Leipzig 1969/77 143 Punktspiele (21 Tore); später Trainer; u. a. bei Motor Grimma.

Lissabon, Benfica *(Sport Lisboa e Benfica),* Portugal, Verein der 1. Liga (Emblem ↑ Tf. 8); gegr. 28. 2. 1904 als „Benfica Football Club" im nordwestlichen Stadtteil Lissabons *Benfica.* Der Gründer *Cosmé Damiao,* am engl. Fußball orientiert, war Mittelstürmer, Schatzmeister, Sekretär u. Klubpräsident. 1907 verleibte der Klub sich zusätzlich 2 kleine Lissaboner Vereine ein u. nannte sich fortan Benfica. Seit Einführung der 1. Liga 1934/35 gehört Benfica – „Orgulho de Portugal" („Stolz von Portugal") – der höchsten Spielklasse an. Seit dem 24. 8. 1913 gibt er eine klubeigene Zeitung heraus („O Benfica"). 26mal *Landesmeister* (zwischen 1935 u. 1984); 22mal *Pokalsieger* (zwischen 1930 u. 1986); *EC-I-Gewinner* 1961 u. 1962. 27 *EC-Teilnahmen:* 152 Spiele; 73 Siege, 37 Unentschieden, 42 Niederlagen, 183:121 Punkte, 281:163 Tore. – *Spielkleidung:* weiße Hose, rotes Hemd, rote Stutzen. *Heimstadion* (1985 rekonstruiert): Estádio da Luz („Stadion des Lichts"), 100000 Plätze; *vorherige Stadien:* Feiteira (1908/12), Sete Rios (1912/25), Amoreiras Stadium (1925/41), Campo Grande (1941/54), seitdem im Estádio da Luz.

Spieler (Auswahl: J. P. Aguas – G. M. Angelo – J. Augusto – A. Batista – Manuel A. Bento – D. Cavem – Chalana – M. E. Coluna – A. d. Costa Pereira – C. Damiao – Eusebio – Germano – J. Graca – Humberto – M. Joao – Laranjeira – Nene – J. Neto – J. Pereira – Pietra – M. Raul – F. Ruz – J. Santana – Sheu – A. C. Simoes – J. Torres. – **Trainer** (Auswahl): J. Augusto – L. Baroti – P. Csernai – B. Guttmann – R. Mortimore – F. Riera.

Lissabon, SC Sporting, Portugal, Verein der 1. Liga (Emblem ↑ Tf. 8), gegr. 1. 7. 1906; *EC II-Gewinner* 1964; 16mal *Landesmeister* (zwischen 1941 u. 1982); 15mal *Pokalsieger* (zwischen 1923 u. 1982). 26 *EC-Teilnahmen*: 109 Spiele; 45 Siege, 26 Unentschieden, 38 Niederlagen, 116 : 102 Punkte, 190:146 Tore. – *Spielkleidung:* schwarze Hose, grünweiß geringeltes Hemd, grün-weiß geringelte Stutzen. *Heimstadion:* Estádio José de Alvalade, 49089 Plätze.

Spieler (Auswahl): Artur – J. A. Baptista – J. Carlos – J. Carvalho – V. Damas – J. A. Diniz – F. C. Festas – P. Futre – M. P. Gomes – V. M. Goncalves – R. Hilario – R. M. T. Jordao – S. Keita – J. Laranjeira – F. Morais – M. Negrete – A. Nobrega – A. Sousa – H. Yazalde. – **Trainer** (Auswahl): A. di Stefano – O. Gloria – J. Hagan – H. Jose – M. Lino – S. McAllison – Oliveira – F. Vaz.

Littbarski, Pierre, geb. 16. 4. 1960 Berlin (West); spielte 1972/78 beim VfL Schöneberg u. bei Hertha 03 Zehlendorf u. 1978/86 beim 1. FC Köln; seitdem bei Racing Paris; 45 Länderspiele (12 Tore); internationales Debüt am 29. 4. 1981 gegen Österreich (2:0) in Hamburg; WM-Endrundenteilnehmer 1982 u. 1986; bestritt 234 Bundesligaspiele (89 Tore). Abb.

Liverpool, FC („The Reds", „Die Roten"), England, Verein der 1. Division (Emblem ↑ Tf. 9); gegr. 1892; seit 1892 Profifußball; 1893 2. Division, 1894 erstmals 1. Division; dreimal Abstieg (1895, 1904 u. 1954), seitdem ununterbrochen in der höchsten Spielklasse; mit 16 Titelgewinnen (zwischen 1901 u. 1986) *Rekordlandesmeister; FA-Cupsieger* 1965, 1974 u. 1986 sowie viermal *Ligacupsieger* (1981 bis 1984); *Supercupgewinner* 1977; *EC I-Gewinner* 1977, 1978, 1981 u. 1984; *UEFA-Pokalsieger* 1973 u. 1976.

21 *EC-Teilnahmen:* 140 Spiele; 84 Siege, 26 Unentschieden, 30 Niederlagen, 194:86 Punkte, 278:106 Tore. – *Spielkleidung:* Rot (od. Gelb mit rotem Kragen). *Heimstadion:* Anfield Road, 56 318 Plätze.

Spieler (Auswahl): A. A'Court – J. Beglin – P. Boersma – T. G. Bromilow – G. Byrne – I. R. Callaghan – Case – R. Clemence – J. Cox – K. Dalglish – Fairclough – B. Grobbelaar – J. Hansen – S. Hardy – S. D. Heighway – E. W. Hughes – R. Hunt – J. Johnston – J. P. Jones – J. K. Keegan – A. Kennedy – R. Kennedy – W. Lacey – R. Lambert – G. Lathom – C. Lawler – T. Lawrence – M. Lawrenson – S. Lee – W. Liddell – A. Lindsay – L. V. Lloyd – E. Longworth – P. McCormack – P. McDermott – G. Milne – P. G. Neal – S. Nicol – A. G. Raisbeck – I. Rush – E. Scott – T. Smith – G. J. Souness – I. St. John – P. Thompson – J. B. Toshack – J. Wark – R. Whelan – R. Yeats. – **Manager** (Auswahl): J. Fagan – K. Dalglish – G. Kay – B. Paisley – B. Shankly – P. Taylor – D. Welsh.

Liverpool, F.C. Everton ↑ Everton, F.C.

Livingstone-Pohlhammer, Sergio, Chile, geb. 22. 3. 1921; Torhüter; spielte 1936/37 bei Union Español, 1938/42 bei Universidad Catolica, 1943/44 bei Racing Buenos Aires, 1945/56 u. 1958/59 bei Universidad Católica sowie 1957 bei Colo Colo Santiago de Chile; war WM-Endrundenteilnehmer 1950; 75 Länderspiele (1939/59). – Später Reporter, Journalist.

Pierre **Littbarski**

Lizenz, durch den Landesverband erteilte Erlaubnis, den Fußball beruflich auszuüben *(Spieler-, Trainer-L.).*

Lizenzentzug, *kommerzieller Fußball* a) erfolgt bei schuldhaften Verstößen der *Lizenzspieler* gegenüber ihren Vereinen (od. ihrem Verband) befristet od. unbefristet; b) erfolgt bei Vereinen, wenn die Pflichten, die sich aus dem Lizenzvertrag ergeben, verletzt werden od. wenn eine der Voraussetzung für eine Lizenzerteilung nicht erfüllt ist.

Lizenzspieler, *BRD* mit Einführung der Bundesliga 1963/64 festgelegte Bez. für einen Spieler, der bei einem lizenzierten Verein unter Vertrag steht. Ein L. ist nicht Mitglied seines Vereins, sondern dessen Angestellter. Er darf, wenn es der Verein gestattet, noch einen anderen Beruf ausüben. Gehälter u. Prämien sowie Ablösesummen u. Handgelder sind nicht begrenzt u. können frei vereinbart werden. Rechtlich u. moralisch sind die L. heute den ↑ Berufsspielern gleichzusetzen.

LMEA, *Brasilien* Abk. für *Liga Metropolitano de Esportes Atléticos* („Hauptstädtische Athletiksportliga"); vereinigte sich am 8. 5. 1906 mit der ↑ LMF.

LMF, *Brasilien* Abk. für *Liga Metropolitano de Futbol* („Hauptstädtische Fußballiga"), vereinigte sich am 8. 5. 1906 mit der ↑ LMEA.

Lobanowski, Walerie Wassilewitsch, UdSSR, Trainer, geb. 1939; Linksaußen; spielte bei Dynamo Kiew, Tschernomorez Odessa u. Schachtjor Donezk; 253 Ligaspiele (71 Tore) beendete 1968 seine Laufbahn. – Danach Trainer bei Dnepr Dnepropetrowsk, Dynamo Kiew (seit 1973) u. der UdSSR-Nationalmannschaft (1975/76, 1982/84 u. seit 1986). Mit Dynamo Kiew 1975 Supercup- u. EC II-Gewinner, 6mal Meister (zwischen 1974 u. 1986), Pokalsieger 1974, 1978 u. 1985; EC II-Gewinner 1986.

Lo Bello, Concetto, Italien, Schiedsrichter, geb. 1924 Siracusa; 1954 Nationalliga A; 1958 FIFA-Referee; WM-Endrundenschiedsrichter 1966 in England; leitete 6 große Endspiele: 1966 das

Weltpokalfinale Peñarol Montevideo – Real Madrid (2:0), 1966 das zweite Messepokalfinale Real Saragossa – F.C. Barcelona (2:4 n. V.), 1967 das EC II-Endspiel FC Bayern München – Glasgow Rangers (1:0 n.V.) in Nürnberg, 1968 das EC I-Finale Manchester United–Benfica Lissabon (4:1 n. V.) in London, 1970 das EC I-Endspiel Feyenoord Rotterdam – Celtic Glasgow (2:1 n. V.) in Mailand u. 1974 das UEFA-Pokalendspiel Feyenoord Rotterdam–Tottenham Hotspur (2:0); amtierte in 328 Begegnungen der Nationalliga.

Locatelli, Ugo, Italien, geb. 1916; Läufer; spielte für (Ambrosiana) Internazionale Mailand; 22 Länderspiele (3 Tore); internationales Debüt am 3. 8. 1936 gegen die USA (1:0) in Berlin (olympisches Fußballturnier); Länderspielabschied am 1. 12. 1940 gegen Ungarn (1:1) in Genua; WM-Endrundenteilnehmer 1938.

Łódź, RTS Widzew (*Rabotnicze Towarzystwo Sportowe,* „Arbeitersportverein"), Polen, 1. Liga, gegr. 1910; *Landesmeister* 1981 u. 1982; *Pokalsieger* 1985. 7 *EC-Teilnahmen:* 32 Spiele; 11 Siege, 7 Unentschieden, 14 Niederlagen, 29:35 Punkte, 43:53 Tore. – *Spielkleidung:* rote Hose, weißes Hemd, rote Stutzen. *Heimstadion:* RTS-Stadion, 25 000 Plätze, Flutlicht (1800 lx).

Spieler (Auswahl): H. Bolesta – Z. Boniek – D. Dziekanowski – M. Dziuba – J. Mlynarczyk – W. Smolarek – M. Tlokinski – R. Wojcicki – W. Zmuda. – **Trainer** (Auswahl): T. Gapinski – J. Nikiel – W. Zmuda.

Lofthouse, Nat, England, geb. 27. 8. 1925 Bolton; Stürmer; spielte 1938/42 bei Castle Hill, 1942/61 beim FC Bolton Wanderers; 33 Länderspiele (30 Tore); internationales Debüt am 22. 11. 1950 gegen Jugoslawien (2:2) in London (erzielte beide Tore); Länderspielabschied am 26. 11. 1958 gegen Wales (2:2) in Birmingham; WM-Endrundenteilnehmer 1954; Fußballer des Jahres 1953; bestritt 452 Ligaspiele (255 Tore); war am 24. 9. 1952 beim 7:1 der engl. gegen die ir. Liga-Auswahl sechsfacher Torschütze; übertraf 1956 *Steve Bloomers* Torrekord mit 29 Toren. – Später Manager bei den Bolton Wanderers.

Löhr, Johannes („Hannes"), Trainer; geb. 5. 7. 1942; Linksaußen, Halbstürmer; spielte bei SV Eitorf 09, Sportfreunde Saarbrücken u. 1. FC Köln; Bundesligaspieler 1964/78 (381 Spiele, 166 Tore); 20 Länderspiele (5 Tore; 1967/70). – Trainer seit 1979 (Assistent bei *H. Weisweiler, K. Heddergott*) beim 1. FC Köln, 1980/83 Manager beim glei-

Hannes **Löhr** *(rechts)* u. H. Weisweiler

chen Klub u. 1983/86 dort Bundesligatrainer; seit 1986 DFB-Trainer. Abb.

Lohrmann, Theodor („Teddy"), 7. 9. 1898–4. 9. 1971; Torhüter; 3 Länderspiele (1920/22); er wechselte 1923 von SpVgg Fürth nach Wien über, wo er einen „Allround"-Rekord an einem Tag aufstellte: aktiv in vier verschiedenen Sportarten (vormittags Handball, danach Rugby u. Fußball, am Abend Wasserball). – Später Trainer.

Lok, Kurzbez. für ↑ Lokomotive.

Lokalderby, svw. ↑ Ortsderby.

Lokomotive, *DDR* Bez. für Betriebssportgemeinschaften des Verkehrswesens, z. B. L. Stendal. – Auch in *Bulgarien* u. in der *ČSSR* (z. B. L. Sofia, L. Košice) gebräuchlich.

London, FC Arsenal ↑ Arsenal, FC.

London, FC Chelsea ↑ Chelsea, FC.

London, FC Tottenham Hotspur ↑ Tottenham Hotspur, FC

London, F. C. West Ham United ↑ West Ham United, F. C.

Lóránt, Gyula, Ungarn, 6. 2. 1923–31. 5. 1981; Stopper; spielte u. a. bei Honvéd Budapest; 42 Länderspiele (1948/55); WM-Endrundenteilnehmer 1954; gewann 1952 bei Olympia Gold. – Später Trainer; u. a. bei 1. FC Köln, Bayern München, Schalke 04 u. PAOK Saloniki.

Wolfram **Löwe**

Losen, svw. ↑ Auslosung bzw. ↑ Losentscheid.

Losentscheid, Form der Ermittlung von Spielpaarungen bzw. der Zusammenstellung von Spielpartnern in Durchgängen (z. B. Vorrundengruppen bei Turnieren).

„Louis II" ↑ Monaco, AS.

Löwe, Wolfram, geb. 14. 5. 1945 Markranstädt; Linksaußen; spielte 1955/80 bei Turbine Markranstädt sowie beim (Rotation, SC), 1. FC Lok Leipzig; 43 Länderspiele (12 Tore) zwischen 1967 (am 17. 5. gegen Schweden [1:0] in Hälsingborg) u. 1977 (am 12. 10. gegen Österreich [1:1] in Leipzig); WM-Endrundenteilnehmer 1974; Olympiasieger 1976; 321 Oberligaspiele (87 Tore). Abb. S. a. Sperren (Abb.).

LPF, 1. *Brasilien* Abk. für *Liga Paulista de Futbol* („São-Paulo-Fußballiga"), am 13. 12. 1901 gegründet.
2. ↑ Paraguay.

Luanda, 1. de Agosto, Angola, 1. Division; gegr. 1975 als Armeeklub; *Landesmeister* 1979, 1980 u. 1981. – Bekannteste Spieler sind *Dungide, Guca,* Nationaltorhüter *Napoleao* u. *Tando.*

Lubanski, Wlodzimierz, Polen, geb. 28. 2. 1947 Sosniza; Mittelstürmer; spielte u. a. 1962/75 bei Gornik Zabrze, 1975/82 beim SC Lokeren, 1982/84 bei US Valenciennes u. 1984/85 bei Stade Quimper (Frankreich [2. Division]); 80 Länderspiele (50 Tore); internationales Debüt am 4. 9. 1963 gegen Norwegen (9:0) in Szczecin; Länderspielabschied am 24. 9. 1980 gegen die ČSSR (1:1) in Chorzow; WM-Endrundenteilnehmer 1978; gewann bei Olympia 1972 Gold u. 1976 Silber; Fußballer des Jahres 1967 u. 1970; erzielte in 234 Punktspielen in Polen u. Belgien insgesamt 243 Tore. Abb.

Lubumbashi, TP Mazembé (*Tout-Puissant,* „Allmächtig"), Zaïre, 1. Division; gegr. 1936 als *Saint George FC,* 1944 *Saint Paul FC,* 1947 *TP Englebert FC,* jetzt *TP Mazembé; Afrikapokalsieger der Landesmeister* 1967 u. 1968; *Afrikapokalsieger der Pokalgewinner* 1980. – *Spielkleidung*: weiße Hose, grünes Hemd, weiße Stutzen. *Heimstadion*: Stade 20. Mai, 60000 Plätze. – Bekannteste Spieler: *T. Buhanga, O. Kalambay, K. Ngois, W. Tshinabu.* Bekanntester Trainer: *J. Csanadi* (Ungarn).

Lucescu, Mircea, Rumänien, Trainer, geb. 29. 8. 1945; Linksaußen; spielte 1960/63 bei Sportul Bukarest u. 1963/78 bei Dinamo Bukarest; 72 Länderspiele; internationales Debüt am 2. 11. 1966 gegen die Schweiz (4:2) in Bukarest; Länderspielabschied am 5. 6. 1976 gegen Italien (2:4) in Mailand; Spielführer bei der WM 1970 in Mexiko; Fußballer des Jahres 1969. – Später Spielertrainer bei Corvinul Hunedoara; 1981 Auswahltrainerassistent bei *V. Stanescu;* löste 1981 *S. Kovacs* u. *Stanescu* als Nationalmannschaftstrainer ab; EM-Endrundenteilnehmer 1984; seit 1985 bei Dinamo Bukarest.

Ludl, Josef, ČSSR, geb. 3. 6. 1916; Läufer; spielte bei Mlada Boleslav, Viktoria Zizkov u. 1939/51 bei Sparta Prag; 13 Länderspiele (3 Tore; 1937/48); WM-Endrundenteilnehmer 1938; spielte 1947 in der FIFA-Europa-Auswahl gegen Großbritannien (1:6). – Später Trainer; u. a. bei SONP Kladno, Spartak Hradec Kralove u. Jednota Trencin.

Luftduell, svw. *Sprungduell* (↑ „Luftkampf").

„Luftkampf", Sprungduell (bei 2 Betei-

Wlodzimierz **Lubanski**

Luxemburg

olympisches Fußballturnier

1920	Endrunde
1924	Endrunde
1928	Endrunde
1936	Endrunde
1948	Endrunde
1952	Endrunde

Landesmeister / Pokalsieger

1910	RC (Racing) Luxemburg / –
1911	SC (Sporting) Luxemburg / –
1912	US Hollerich Bonneweg / –
1914	US Hollerich Bonneweg / –
1915	US Hollerich Bonneweg / –
1916	US Hollerich Bonneweg / –
1917	US Hollerich Bonneweg / –
1918	Fola Esch / –
1919	SC Luxemburg / –

1920 Fola Esch / –
1921 Jeunesse Esch / –
1922 Fola Esch / Racing Luxemburg
1923 Red Boys Differdingen / Fola Esch
1924 Fola Esch / Fola Esch
1925 Spora Luxemburg / Red Boys Differdingen
1926 Red Boys Differdingen / Red Boys Differdingen
1927 US Hollerich Bonneweg / Red Boys Differdingen
1928 Spora Luxemburg / Spora Luxemburg
1929 Spora Luxemburg / Red Boys Differdingen
1930 Fola Esch / Red Boys Differdingen
1931 Red Boys Differdingen / Red Boys Differdingen
1932 Red Boys Differdingen / Spora Luxemburg
1933 Red Boys Differdingen / Progres Niederkorn
1934 Spora Luxemburg / Red Boys Differdingen
1935 Spora Luxemburg / Jeunesse Esch
1936 Spora Luxemburg / Red Boys Differdingen
1937 Progres Niederkorn / Jeunesse Esch
1938 Spora Luxemburg / Stade Düdelingen
1939 Stade Düdelingen / US Düdelingen
1940 Stade Düdelingen / Spora Luxemburg
1941 – / Red Boys Differdingen
1945 – / Progres Niederkorn
1946 Stade Düdelingen / Jeunesse Esch
1947 Stade Düdelingen / Union Luxemburg
1948 Stade Düdelingen / Stade Düdelingen
1949 Spora Luxemburg / Stade Düdelingen
1950 Stade Düdelingen / Spora Luxemburg
1951 Jeunesse Esch / SC Tetingen
1952 The National Schifflingen / Red Boys Differdingen
1953 Progres Niederkorn / Red Boys Differdingen
1954 Jeunesse Esch / Jeunesse Esch
1955 Stade Düdelingen / Fola Esch
1956 Spora Luxemburg / Stade Düdelingen
1957 Stade Düdelingen / Spora Luxemburg
1958 Jeunesse Esch / Red Boys Differdingen

„Luftkampf"

ligten) im Kampf um den Ball; auch bei Einbeziehung des Torhüters verwendete Bezeichnung. Abb.

Lupfen, (gefühlvolles) Heben des Balles auf das gegnerische Tor.

Luque, Leopoldo Jacinto, Argentinien, geb. 3. 5. 1949; Stürmer; spielte u. a. 1975/81 bei River Plate Buenos Aires; 44 Länderspiele (1974/81); WM-Endrundenteilnehmer 1978 (4 Tore). S. a. Argentinien (Abb.).

Lüttich, Royal Standard Club, Belgien (Emblem ↑ Tf. 9), Oberliga, gegr. 1898; seit 1921 ununterbrochen in der höchsten Spielklasse; *EC II-Finalist* 1982; 8mal *Landesmeister* (zwischen 1958 u. 1983); 4mal *Pokalsieger* (zwischen 1954 u. 1981). 20 *EC-Teilnahmen:* 108 Spiele; 55 Siege, 17 Unentschieden, 36 Niederlagen, 127:89 Punkte, 187:129 Tore. – *Spielkleidung:* Rot. *Heimstadion:* Stade de Sclessin, 43 000 Plätze (35 500 Steh-, 7 500 Sitzplätze).

Spieler (Auswahl): Bukal – J. Capelle – N. Claessen – A. Czerniatynski – Dewalque – R. Edström – M. Galic – M. Gellis – E. Gerets – D. Houf – H. Hrubesch – E. Kostedde – W. Meeuws – J. Nicolai – E. Önal – B. Patzke – C. Piot – G. Plessers – M. Preudhomme – Raskin – M. Renquin – L. Semmeling – A. Sigurvinsson – L. Spronk – I. Sztani – S. Tahamata – S. Takac – Thissen – W. van Moer – J. Vliers – E. Voordekkers – J. Wegry. – **Trainer** (Auswahl): M. Bollens – E. Happel – R. Hauss – G. Jordan – G. Kalocsay – V. Markovic – M. Rion – C. van der Hart – R. Waseige.

Luxation [latein.], svw. ↑ Verrenkung.

Luxemburg, 2586 km^2, etwa 360 000 Ew., 1 Fußballspieler je 15 Ew.; Verband *Fédération Luxembourgeoise de Football* („Luxemburgischer Fußballverband"), Abk. *FLF;* gegr. 1908, Sitz *Luxemburg;* Mitgl. der *FIFA* seit 1910, der *UEFA* seit 1954. – *Organisation:* 220 Klubs; 13 500 Amateurspieler, gesamt 23 000 (einschl. Nachwuchs- u. AM-Spieler); *Spieljahr:* September–Juli; *Spielkleidung:* weiße Hose, rotes Hemd, blaue Stutzen (Reserveausrüstung: weiße Hose, blau-weiß gestreiftes Hemd, blau-weiße Stutzen); *Nationalstadion:* Stade Municipal de la Ville de Luxembourg, Luxemburg, 15 100 (9 100 Sitz-, 6 000 Stehplätze); *Stadien* (Auswahl): Stade Emile Mayrisch, Esch, 10 800; Stade Municipal, Differdingen, 10 000. Tab.

Luxemburg, Spora, Luxemburg, Ehrendivision; gegr. 1908 als Fusion von *Sporting* u. *Racing;* 10mal *Landesmeister* (zwischen 1925 u. 1961); 9mal *Pokalsieger* (zwischen 1922 u. 1980). 7 *EC-Teilnahmen:* 15 Spiele; 2 Siege, 13 Niederlagen, 4:26 Punkte, 10:68 Tore. – *Spielkleidung:* weiße Hose, blaues Hemd, blau-weiße Stutzen. *Heimstadion:* Stade Municipal de la Ville de Luxemburg, 15 100 Plätze (9 100 Sitz-, 6 000 Stehplätze).

Spieler (Auswahl): Bofferding – Brosius – Devillet – Hansen – Hardt – Hilbert – Kariko – Lanners – Martin – Morocutti – Nürenberg – Schoder – Trierweiler – Wampach – Weis. – **Trainer** (Auswahl): Nürenberger.

Luxemburg, Union Sportive, Luxemburg, Ehrendivision, gegr. 1908; 5mal *Landesmeister* (zwischen 1911 u. 1971); 7mal *Pokalsieger* (zwischen 1947 u. 1986). 11 *EC-Teilnahmen:* 22 Spiele; 2 Siege, 1 Unentschieden, 19 Niederlagen, 5:39 Punkte, 10:86 Tore. – *Spielkleidung:* blaue Hose, blau-weißes Hemd, blau-weiße Stutzen. *Heimstadion:* Stade Achille Hammerel, 15 000 Plätze. Abb.

Spieler (Auswahl): N. Braun – J.-P. Girres – J. Hoffmann – R. Langers – F. Novak – L. Schonckert – N. Wagner. – **Trainer** (Auswahl): B. Michaux.

Lyn [norweg.], svw. *Blitz,* z.B. L. Oslo.

M

Macau, portugies. Überseeprovinz an der südchines. Küste, 16 km², etwa 300 000 Ew., 1 Fußballspieler je 353 Ew.; Verband *Associacao de Futebol de Macau* („Fußballverband Macau"), Abk, A. F. M.; gegr. 1939, Sitz *Macao;* Mitgl. der *FIFA* seit 1976, der *AFC* seit 1976. – *Organisation:* 52 Klubs; 750 Amateurspieler, gesamt 850 (einschl. Nachwuchs- u. AM-Spieler); *Spielkleidung:* weiße Hose, grünes Hemd, grün-weiße Stutzen (Reserveausrüstung: weiße Hose, weißes Hemd, rote Stutzen); *Spieljahr:* Oktober–Juni; *Nationalstadion*: Campo Desportivo, Macao, 12 000 Plätze (8 000 Sitz-, 4 000 Stehplätze).

Maccabi [hebräisch *Makkabiah*, nach den Makkabäern], Bez. für einige jüdische Fußballvereine, z. B. M. Haifa, M. Nathanya.

Maccabi-Stadium ↑ Nathanya, Maccabi.

Madagaskar, Inselstaat im Indischen Ozean, östlich vom afrikan. Festland, 587 041 km², etwa 9,3 Mill. Ew., 1 Fußballspieler je 372 Ew.; Verband *Comité National de Coordination du Football a Madagascar* („Fußballverband Madagaskar"), Abk. *FMF;* gegr. 1961, Sitz *Antanarivo;* Mitgl. der *FIFA* seit 1964, und der *CAF* seit 1963. – *Organisation:* 775 Klubs; 23 500 Amateurspieler, gesamt 25 000 (einschl. Nachwuchs- u. AM-Spieler); *Spieljahr:* November bis Oktober; *Spielkleidung:* weiße Hose, rotes Hemd, grüne Stutzen (Reserveausrüstung: weiß); *Nationalstadion:* Stade Municipal de Mahamasina, Antananarivo, 13 600 (1 600 Sitz-, 12 000 Stehplätze); *Stadien* (Auswahl): Stade Municipal de Diego-Suarez, 5 400; Stade Municipal de Tamatave, 4 800.

Madden, John William, Schottland, 11. 6. 1865–17. 4. 1948; Mittelstürmer bei Celtic Glasgow (1891/1902); 2 Länderspiele gegen Wales in Wrexham (5 Tore; 4 am 18. 3. 1893 u. eins am 23. 2. 1895); trainierte bis Mitte der dreißiger Jahre auf dem europäischen Kontinent u. lehrte den brit. Stil im Training u. Spiel, u. a. 1905/29 bei Slavia Prag (zwischen 1913 u. 1935 8mal Landesmeister).

Madrid, Atlético *(Club Atlético de Madrid),* Spanien, Verein der 1. Liga (Emblem ↑ Tf. 9); gegr. 1. 4. 1903 als „Athletic Club de Madrid" auf Initiative des Präsidenten vom Athletic Club Bilbao, der sich eine bask. Filiale in Madrid schuf. Vorübergehend trugen die „Colchonenzos" („Matratzen") od. „Rojiblancos" („Rot-Weißen") den Namen „Athletico Aviacione"; 8mal *Landesmeister* (zwischen 1940 u. 1977); 6mal *Pokalsieger* (zwischen 1960 u. 1985); *Weltpokalsieger* 1974; *EC II-Gewinner* 1962. 22 *EC-Teilnahmen:* 120 Spiele; 64 Siege; 21 Unentschieden, 35 Niederlagen, 149:91 Punkte, 202:134 Tore. – *Spielkleidung:* blaue Hose, rot-weiß längsgestreiftes Hemd, rot-weiße Stutzen. *Heimstadion:* Estadio Vicente Calderón, 62 089 Plätze.

Spieler (Auswahl): Adelardo – R. H. Ayala – L. Ben Barek – Calleja – R. A. Cano – G. Carlsson – Chuzo – Collar – M. Domingo – Escudero – Estruch – Garate – Glaria – Jones – E. Leal – Madinabeytia – R. Marcelino – Melo – Mendoza – Miguel – Mujica – Pazos – J. Peiro – Pio-F. Riera – H. Rivilla – D. B. Ruiz – H. Sanchez – R. G. Tinte – L. Ufarte – Vavá. – **Trainer** (Auswahl): D. Balmanya – M. Domingo – O. Gloria – H. Herrera – M. Merkel – R. G. Tinte – P. Tomas – R. Zamora.

Madrid, Real *(Club de Futbol),* die „Königlichen", Spanien, Verein der 1. Liga (Emblem ↑ Tf. 9), von Studenten 1898 als „Madrid Football Club" gegründet, offizielle Gründung März 1902. 1920 sanktionierte der span. König Alfons XIII. (1886–1941) den Namen *Real* für den Verein. Real war 1928 Gründungsmitglied der 1. Liga, führte 1929 den Profifußball ein u. stieg nie aus der höchsten

Union Luxemburg

1959 Jeunesse Esch / Union Luxemburg
1960 Jeunesse Esch / The National Schifflingen
1961 Spora Luxemburg / Alliance Düdelingen
1962 Union Luxemburg / Alliance Düdelingen
1963 Jeunesse Esch / Union Luxemburg
1964 Aris Bonneweg / Union Luxemburg
1965 Stade Düdelingen / Spora Luxemburg
1966 Aris Bonneweg / Spora Luxemburg
1967 Jeunesse Esch / Aris Bonneweg
1968 Jeunesse Esch / US Rümelingen
1969 Avenir Beggen / Union Luxemburg
1970 Jeunesse Esch / Union Luxemburg
1971 Union Luxemburg / Jeunesse Hautcharage
1972 Aris Bonneweg / Red Boys Differdingen
1973 Jeunesse Esch / Jeunesse Esch
1974 Jeunesse Esch / Jeunesse Esch
1975 Jeunesse Esch / US Rümelingen
1976 Jeunesse Esch / Jeunesse Esch
1977 Jeunesse Esch / Progres Niederkorn
1978 Progres Niederkorn / Progres Niederkorn
1979 Red Boys Differdingen / Red Boys Differdingen
1980 Jeunesse Esch / Spora Luxemburg
1981 Progres Niederkorn / Jeunesse Esch
1982 Avenir Beggen / Red Boys Differdingen
1983 Jeunesse Esch / Avenir Beggen
1984 Avenir Beggen / Avenir Beggen
1985 Jeunesse Esch / Red Boys Differdingen
1986 Avenir Beggen / Union Luxemburg

Felix **Magath**

Spielklasse ab. Zwei der einflußreichsten Präsidenten waren Don *Juan Padros Rubio* (vor dem 1. Weltkrieg) u. ab 1943 *Santiago Bernabeu* (1895–1978). 1955 begann der Aufstieg zur Weltklasse mit EC- u. Weltpokaltriumphen in Serie. In diesen Jahren fanden nur Elitespieler einen Platz im „Weißen Ballett". 21mal *Landesmeister* (zwischen 1932 u. 1986); 15mal *Pokalsieger* (zwischen 1905 u. 1982); *Weltpokalgewinner* 1960; *EC I-Sieger* 1956, 1957, 1958, 1959, 1960 u. 1966; *UEFA-Pokalsieger* 1985 u. 1986; Latein-Cupsieger 1955 u. 1957. 30 *EC-Teilnahmen:* 201 Spiele; 114 Siege, 31 Unentschieden, 56 Niederlagen, 259:143 Punkte, 446:218 Tore. – *Spielkleidung:* Weiß. *Heimstadion:* ↑ Bernabeu-Stadion. Zu Beginn spielte Real im „Velodrome" in Ciudad Lineal u. seit 1948 im „Estadio Chamartin" (später zu Ehren Bernabeus umbenannt), dessen Bau 1943 begann u. das am 14. 12. 1947 eingeweiht wurde. Abb.

Spieler (Auswahl): J. Alonso – A. V. Amancio – M. Angel – Araquistain – T. Belaund – G. Benito – P. Breitner – Butragueno – J. A. Camacho – Cabrera – Canario – Ciriaco – del Sol – Didi – A. di Stéfano – Dominguez – Felo – R. Gallego – F. Gento – R. Gordillo – Hilario – J. I. F. Joseito – J. G. Juanito – R. Kopa – A. Maceda – M. Michel – Miera – Molowny – L. Muller – M. Munoz – Navarro – G. Netzer – M. Olivares – A. Pachin – J. M. Pena – R. Petit – J. M. Pirri – Prats – F. Puskás – J. Quincoces – L. Regueiro – H. Rial – P. V. Rocha – J. R. Rubio – H. Sanchez – I. San Jose – J. E. Santamaria – C. A. Santillana – A. Simonsson – H. Sotero – U. Stielike – Tejada – Vidal-Zabalo – R. Zamora – J. M. Zarraga – Zoco. – **Trainer** (Auswahl): H. Albéniz – A. V. Amancio – J. Armet – P. Bru – P. H. Coronado – A. di Stéfano – R. Encinas – B. Firsth – M. Keeping – M. Miljanic – Molowny – M. Munoz – A. Pittefeno – J. Quincoces – J. E. Santamaria – H. Scarone – F. Solich.

Madsen, Ole, Dänemark, geb. 21. 12. 1934; Mittelstürmer; spielte u. a. bei Sparta Rotterdam; 51 Länderspiele (1957/68), 43 Tore.

Magath, Felix-Wolfgang, geb. 26. 7. 1953 Aschaffenburg (Bayern); Mittelfeldspieler; spielte seit 1960 bei VfR Nilkheim, TV u. Viktoria Aschaffenburg sowie beim 1. FC Saarbrücken u. 1976/86 beim Hamburger SV; 43 Länderspiele (3 Tore); internationales Debüt am 30. 4. 1977 gegen Jugoslawien

Real Madrid; Europapokalspiel im Pokal der Landesmeister 1964 gegen Dukla Prag; *(von links) oben:* Betancourt – Miera – Santamaria – Pachin – Muller – Zoco; *unten:* Felo – Amancio – Grosso – Pirri – Gento.

(2:1) in Belgrad; Länderspielabschied am 29. 6. 1986 gegen Argentinien (2:3, WM-Endspiel) in Mexiko-City; WM-Endrundenteilnehmer 1982 u. 1986; EM-Endrundenteilnehmer 1980; bestritt 291 Bundesligaspiele (46 Tore). Seit 1986 Manager beim HSV. Abb.

Magdeburg, 1. FC, Abk. *1. FCM,* DDR, Oberliga, gegr. 22. 12. 1965 (Emblem ↑ Tf. 9); zuvor *SG Einheit Sudenburg,* bis April 1951 *BSG Krupp,* 1951/52 *BSG Stahl,* 1952/53 *BSG Motor,* 1953/56 *BSG Motor Mitte,* 1957/65 *SC Aufbau* u. seitdem *1. FCM; Landesmeister* 1972, 1974 u. 1975; *Pokalsieger* 1964, 1965, 1969, 1973, 1978, 1979 u. 1983; *EC II-Gewinner* 1974 (gegen AC Mailand [2:0] im Rotterdamer „Kuip"). 14 *EC-Teilnahmen:* 66 Spiele; 30 Siege, 14 Unentschieden, 22 Niederlagen, 74:58 Punkte, 113:82 Tore. – *Spielkleidung:* blaue Hose, weißes Hemd, blau-weiße Stutzen. *Heimstadion:* Ernst-Grube-Stadion, 35 000 Plätze.

Spieler (Auswahl): W. Abraham – G. Behne – W. Blochwitz – H. Bonan – D. Busch – K. Decker – M. Eckardt – D. Enge – G. Fronzeck – H. Gaube – D. Halata – H.-J. Herrmann – D. Heyne – G. Hirschmann – M. Hoffmann – K. Holke – O. Hoppe – W. Klingbiel – S. Koch – G. Kubisch – E. Kümmel – Lehmann – L. Marzahl – W. Meininger – S. Mewes – H.-G. Michallak – H.-J. Moldenhauer – H. Oelze – J. Ohm – J. Pommerenke – D. Raugust – R. Retschlag – R. Röpke – H. Sasse – H. Schmidt – D. Schößler – U. Schulze – W. Seguin – B. Sommer – J. Sparwasser – D. Stahmann – W. Steinbach – H. Stöcker – J. Streich – G. Torhauer – A. Tyll – H.-J. Walter – A. Wittke – M. Wuckel – M. Zapf – **Trainer** (Auswahl): C. Kreul – H. Krügel – E. Kümmel – J. Streich – K. Urbanczyk – G. Weitkuhn – F. Wittenbecher.

magisches Viereck, Variante des ↑ WM-Systems, wobei durch das Zusammenspiel der beiden Halbstürmer (8 u. 10) u. Außenläufer (4 u. 6) ein spielerisches Übergewicht im Mittelfeld erzeugt werden sollte. – Beim m. V. italien. Prägung (bei den WM 1934 u. 1938 angewandt) übernahmen die Verteidiger die (vorgeschobene) Innendeckung, während die Außenläufer die gegnerischen Außenstürmer bekämpften. Die Italiener hatten mit dieser aggressiven Deckungsart große Erfolge zu verzeichnen, insbes. zur WM 1938.

Mai, Karl („Charly"), geb. 27. 7. 1928 Fürth; rechter Läufer; spielte 1941/58 bei SpVgg Fürth, 1958/61 beim FC Bayern München, 1961/62 bei Young Fellows Zürich u. 1962/64 beim FC Dornbirn; 21 Länderspiele (1 Tor); internationales Debüt am 11. 10. 1953 gegen das Saarland (3:0) in Stuttgart; Länderspielabschied am 20. 5. 1959 gegen Polen (1:1) in Hamburg; WM-Endrundenteilnehmer 1954. – Später Trainer bei Johannis 83 Nürnberg. S. a. Tf. 22.

Maier, Josef-Dieter („Sepp"), geb. 28. 2. 1944 Haar; Torhüter; spielte 1952/60 bei TSV Haar und 1960/79 beim FC Bayern München; 95 Länderspiele (1966/79); internationales Debüt am 4. 5. 1966 gegen Irland (4:0) in Dublin; Länderspielabschied am 26. 5. 1979 gegen Island (3:1) in Reykjavik; WM-Endrundenteilnehmer 1966, 1970, 1974 u. 1978; EM Endrundenteilnehmer 1972 u. 1976; Fußballer des Jahres 1975, 1977 u. 1978. – Ein Autounfall am 14. 7. 1979 beendete seine Karriere. Abb.

Sepp **Maier**

Mailand, AC, Italien, Verein der 1. Liga (Emblem ↑ Tf. 9); gegr. am 15. 1. 1899 als fünftältester italien. Klub *(Milan Cricket and Football Club)* von dem Engländer *Alfred Edwards;* seit 1900 an der Ligameisterschaft beteiligt; 1901 erster Titelgewinn (1:0 gegen Genua); 10mal *Landesmeister* (zwischen 1901 u. 1979); *Pokalsieger* 1967, 1972, 1973 u. 1977; *Weltpokalsieger* 1969; *EC I-Gewinner* 1963 u. 1969; *EC II-Gewinner* 1968 u. 1973; *Latein-Cup-Sieger* 1951 u. 1956. 20 *EC-Teilnahmen:* 125 Spiele; 64 Siege, 27 Unentschieden, 34 Niederlagen, 155:95 Punkte, 231:134 Tore. – *Spielkeidung:* weiße Hose, rot-schwarz längsgestreiftes Hemd, schwarze Stutzen. *Heimstadion:* ↑ Stadio „Giuseppe Meazza."

Spieler (Auswahl): E. Albertosi – J. Altafini – A. T. S. Amarildo – C. Annovazzi – A. Anquiletti – F. Baresi (II) – L. Buffon – F. Capello – L. Chiarugi – F. Collovati – R. de Vecchi – A. Frignani – C. Galli – E. Gerets – G. Ghezzi – G. Green – M. Hateley – K. Hamrin – N. Liedholm – G. Lodetti – St. Malatrasi – A. Maldera (III) – C. Maldini – B. Mora – G. Nordahl – P. Prati – L. Radice –

Malmö FF

Malaysia

olympisches Fußballturnier

1972 Endrunde

Malta

	Landesmeister / Pokalsieger
1910	FC Floriana La Valetta / –
1912	FC Floriana La Valetta / –
1913	FC Floriana La Valetta / –
1914	Hamrun Spartans FC / –
1915	Valetta United / –
1917	St. Georges FC / –
1918	Hamrun Spartans FC / –
1919	K. O. M. R. Milizia / –
1920	Sliema Wanderers / –
1921	FC Floriana La Valetta / –
1922	FC Floriana La Valetta / –
1923	Sliema Wanderers / –
1924	Sliema Wanderers / –
1925	FC Floriana La Valetta / –
1926	Sliema Wanderers / –
1927	FC Floriana La Valetta / –
1928	FC Floriana La Valetta / –
1929	FC Floriana La Valetta / –
1930	Sliema Wanderers / –
1931	FC Floriana La Valetta / –
1932	FC La Valetta / –
1933	Sliema Wanderers / –
1934	Sliema Wanderers / –
1935	FC Floriana La Valetta / Sliema Wanderers
1936	Sliema Wanderers / Sliema Wanderers
1937	FC Floriana La Valetta / Sliema Wanderers
1938	Sliema Wanderers / FC Floriana La Valetta
1939	Sliema Wanderers / FC Melita
1940	Sliema Wanderers / Sliema Wanderers
1945	FC La Valetta / FC Floriana La Valetta
1946	FC La Valetta / Sliema Wanderers
1947	Hamrun Spartans FC / FC Floriana La Valetta
1948	FC La Valetta / Sliema Wanderers
1949	Sliema Wanderers / FC Floriana La Valetta

G. Rivera – R. Rosato – P. Rossi – G. Sabadini – M. Sala – S. Salvadore – J. A. Schiaffino – K. H. Schnellinger – O. Tognon – G. Trapattoni – C. R. Wilkins. – **Trainer** (Auswahl): L. Bonizzoni – I. Castagner – L. Czeizler – B. Guttmann – N. Liedholm – N. Rocco – G. Trapattoni – G. Viani.

Mailand, Internazionale *(Football Club),* Italien, Verein der 1. Liga (Emblem ↑ Tf. 9), gegr. 9. 3. 1908; 1928 fusionierte der Verein mit *US Milanese* u. nannte sich bis 1945 *Ambrosiana-Internazionale,* seitdem ausschl. *Internazionale;* 12mal *Landesmeister* (zwischen 1910 u. 1980); *Pokalsieger* 1939, 1978 u. 1982; *EC I-* u- *Weltpokalsieger* 1964 u. 1965. 24 *EC-Teilnahmen:* 144 Spiele; 71 Siege, 31 Unentschieden u. 42 Niederlagen, 173:115 Punkte, 242:138 Tore. – *Spielkleidung:* schwarze Hose, blau-schwarz längsgestreiftes Hemd u. schwarze Stutzen mit blauem Streifen. *Heimstadion:* ↑ Stadio „Giuseppe Meazza".

Spieler (Auswahl): A. Altobelli – A. Amadei – A. V. Angelillo – G. Baresi (I) – G. Bedin – D. Bellini – M. Bellugi – G. Bergomi – F. Bernardini – M. Bertini – R. Boninsegna – I. Bordon – L. Brady – L. Buffon – T. Burgnich – Batista – A. Campatelli – F. Causio – C. Ceresoli – L. Cevenini (III) – L. Coeck – F. Collovati – B. Conti – M. Corso – A. Demaria – A. Domenghini – G. Facchetti – G. Ferrari – P. Ferraris (II) – V. Fossati – G. Ghezzi – G. Giacomazzi – A. Giovannini – A. Guarneri – G. Hitchens – Jair – U. Locatelli – B. Lorenzi – G. Marini – A. Mazzola – G. Meazza – H. Müller – G. Oriali – D. Passarella – Peiro – A. Picchi – A. Pitto – K.-H. Rummenigge – G. Sarti – P. Serantoni – L. Skoglund – L. Suarez. – **Trainer** (Auswahl): E. Bersellini – T. Cargnelli – I. Castagner – A. Castellazzi – G. Chiapella – A. Foni – Hel. Herrera – Her. Herrera – G. Invernizzi – L. Radice – G. Trapattoni – A. Veisz.

Maine Road ↑ Manchester City, F. C.

Makarios Athletic Centre, Nationalstadion von ↑ Zypern.

Malawi, Staat in Ost- u. Südzentralafrika, 118 484 km², etwa 6,3 Mill. Ew., 1 Fußballspieler je 450 Ew.; Verband *Football Association of Malawi* („Fußballverband Malawi"), Abk. *FAM;* gegr. 1966, Sitz *Blantyre;* Mitgl. der *FIFA* seit 1967, der *CAF* seit 1968. – *Organisation:* 470 Klubs; 800 Vertragsspieler, 11 000 Amateurspieler, gesamt 14 000 (einschl. Nachwuchs- u. AM-Spieler); *Spieljahr:* März-Dezember; *Spielkleidung:* ganz in Rot (Reserveausrüstung: schwarze Hose, weißes Hemd, rote Stutzen); *Nationalstadion:* Kamuzu Stadium, Blantyre, 53 000 (52 000 Sitz-, 1 000 Stehplätze); weiteres Stadion: Kamuzu Institute of Sports, Lilongwe, 30 000.

Malaysia, Bundesstaat in Südostasien, 330 434 km², etwa 14,8 Mill. Ew., 1 Fußballspieler je 1 233 Ew.; Verband *Persatuan Bolasepak Malaysia* („Fußballverband Malaysia"), Abk. *PBM;* gegr. 1933, Sitz *Selangor;* Mitgl. der *FIFA* seit 1956, der *AFC* seit 1954. – *Organisation:* 450 Klubs; 12 000 Amateurspieler (einschl. Nachwuchs- u. AM-Spieler); *Spieljahr:* Februar–September; *Spielkleidung:* weiße Hose, schwarz-goldenes Hemd, schwarz-goldene Stutzen (Reserveausrüstung: Weiß); *Nationalstadion:* Stadium Merdeka, Kuala Lumpur, 37 000 (ausschl. Sitzplätze); *Stadien* (Auswahl): Sultan Mohamed IV, Kelantan; 30 000; Stadium Darulmakmur, Kuantan, 20 000; City Stadium, Penang, 20 000; Stadium Perak, Ipoh, 20 000. Tab.

Mali, Binnenstaat im Westen Afrikas, 1 240 000 km², etwa 7,4 Mill. Ew., 1 Fußballspieler je 1 233 Ew.; Verband *Fédération Malienne de Football* („Fußballverband Mali"), Abk. *FMF;* gegr. 1960, Sitz *Bamako;* Mitgl. der *FIFA* seit 1962, der *CAF* seit 1963. – *Organisation:* 135 Klubs; 5 000 Amateurspieler, gesamt 6 000 (einschl. Nachwuchs- u. AM-Spieler); *Spieljahr:* Oktober–Juni; *Spielkleidung:* gelbe Hose, grünes Hemd, rote Stutzen (Reserveausrüstung: Weiß); *Nationalstadion:* Stade Omnisport, Bamako, 30 000 (25 000 Sitz-, 5 000 Stehplätze); *Stadien* (Auswahl): Stade Mamadou Konate, Bamako, 10 000; Stade Municipal, Ségou, 6 000; Stade Kasse Keita, Gao, 6 000; Stade Municipal, Mopti, 6 000.

Malmö FF, Schweden, Oberliga, gegr. 1910; 13mal *Landesmeister* (zwischen 1944 u. 1986); 13mal *Pokalsieger* (zwischen 1944 u. 1986). 21 *EC-Teilnahmen:* 63 Spiele; 22 Siege, 13 Unentschieden, 28 Niederlagen, 57:69 Punkte,

72:94 Tore. – *Spielkleidung:* weiße Hose, hellblaues Hemd, weiße Stutzen. *Heimstadion:* Malmö-Stadion am Pildams Park, 35 000 Zuschauer. Abb.

Spieler (Auswahl): M. Andersson – R. Andersson – R. Björklund – H. Borg – T. Cervin – J. Ekström – B. Elmstedt – R. Eriksson – I. Erlandsson – I. Gärd – L. Granström – S. Hjertsson – N. Hult – E. Jönsson – K. Jönsson – K. Kristensson – B. Larsson – T. Larsson – B. Lindskog – R. Magnusson – J. Möller – B. Nilsson – E. Nilsson – S. Nilsson – J. Ohlin – K. Olsberg – C. Palmer – P. Öberg – M. Rönnberg – K. Rosen – I. Rydell – N. Sandell – T. Sjöberg – T. Sunesson – I. Svahn – T. Svensson – B. Tapper – H. Thillberg. – **Trainer** (Auswahl): B. Houghton – T. Grip – R. Hodge – R. Hudson – H. Jönsson.

Malofejew, Eduard, UdSSR, Trainer, geb. 1943; Stürmer; spielte 1961/63 bei Spartak Moskau u. 1963/72 bei Dynamo Minsk; 41 Länderspiele (6 Tore); WM-Endrundenteilnehmer 1966; absolvierte für Minsk 239 Spiele. – Später Trainer bei Dynamo Brest u. Dynamo Minsk (1982 Landesmeister); seit 1983 Trainer der Olympiaauswahl u. 1984/86 der Nationalmannschaft; seitdem bei Dynamo Moskau.

Malta, 316 km², etwa 360 000 Ew., 1 Fußballspieler je 48 Ew.; Verband *Malta Football Association* („Fußballverband Malta") Abk. *MFA;* gegr. 1900, Sitz *Valletta;* Mitgl. der *FIFA* seit 1959, der *UEFA* seit 1960. – *Organisation:* 360 Klubs; 350 Berufsspieler, 5 000 Amateurspieler, gesamt 7 500 (einschl. Nachwuchs- u. AM-Spieler); *Spieljahr:* September–Mai; *Spielkleidung:* weiße Hose, rotes Hemd, rote Stutzen (Reserveausrüstung: weiße Hose, weißes Hemd, rote Stutzen); *Nationalstadion:* Ta'Qali Stadium, Valletta, 40 000 (15 000 Sitz, 25 000 Stehplätze); *Stadien* (Auswahl): The Stadium, Gzira, 30 000; Manoel Island Upper Ground, Valletta, 10 000; Schreiber Sports Ground, Paola, 8 000. Tab.

Manager [engl.], *kommerzieller Fußball* in der Regel vom Verein bezahlter Geschäftsführer; kann allgemein für den Verein arbeiten, aber auch speziell für dessen erste Mannschaft. Sein Aufgabenbereich ist nicht exakt abgegrenzt. Ein M. kann sich ausschl. um die Mannschaft kümmern, aber auch nur um die Organisation. – In *England* wird z. B. sehr oft der Trainer *(Coach)* als M. bezeichnet, u. zwar dann, wenn seine Befugnisse die der Betreuung der Mannschaft mit einschließen.

Manchester City, F. C. („The Citizens", „Die Bürgerlichen"), England, Verein der 1. Division (Emblem ↑ Tf. 9); gegr. 1887 als *Ardwick FC* (entstanden aus den Vereinen *West Gorton* u. *Gorton Athletic*), 1895 Namensänderung; seit 1887 Profifußball; ab 1892 2. Division; 1899 Aufstieg in die 1. Division; 7mal Abstieg in die 2. Division (1902, 1909, 1926, 1938, 1950, 1963 u. 1983), ab 1985 wieder in der höchsten Spielklasse; *Landesmeister* 1937 u. 1968; *FA-Cupsieger* 1904, 1934, 1956 u. 1969; *Ligacupsieger* 1970 u. 1976; *EC II-Gewinner* 1970. 7 *EC-Teilnahmen:* 34 Spiele; 15 Siege, 9 Unentschieden, 10 Niederlagen, 39:29 Punkte, 54:34 Tore. – *Spielkleidung:* Himmelblau. *Heimstadion:* 1880/81 Clowes Street, 1881/82 Kirkmanshulme Cricket Ground, 1882/84 Queens Road, 1884/87 Pink Bank Lane, 1887/23 Hyde Road; seit 1923 *Maine Road* an der Moss Side, 52 500 Plätze.

Spieler (Auswahl): S. Barkas – P. S. Barnes – C. Bell – J. Bray – I. A. Broadis – E. F. Brook – H. Burgess – M. W. Busby – M. R. Channon – R. J. Clarke – J. P. Conway – J. T. Corrigan – J. A. Crossan – P. D. Doherty – W. Donachie – M. Doyle – F. Fagan – T. Francis – R. A. Hartford – W. L. Jones – D. Law – F. H. Lee – G. T. Livingstone – M. McCarthy – R. J. McCourt – J. McMullen – W. H. Meredith – R. Paul – D. G. Revie – F. Roberts – J. Royle – M. G. Summerbee – F. V. Swift – S. Tilson – B. Trautmann – D. Tueart – W. Walsh – D. V. Watson – G. A. Wynn. – **Manager** (Auswahl): M. Allison – J. Benson – J. Bond – T. Book – S. Cowan – L. McDowall – J. Hart – J. Mercer – B. McNeill – G. Poyser – R. Saunders – J. Thomson – W. Wild.

Manchester United, FC („The Red Devils", „Die roten Teufel"), England, Verein der 1. Division (Emblem ↑ Tf. 9); gegr. 1878 als *Newton Heath LYR* (*L*ancashire and *Y*orkshire *R*ailway Co.) in einer östlichen Vorstadt Manchesters; seit 1885 Profifußball; 1902 Namensänderung in *FC Manchester United;* 1892 Beginn in der 2. Division, ab 1906 1. Di-

1950	FC Floriana La Valetta / FC Floriana La Valetta
1951	FC Floriana La Valetta / Sliema Wanderers
1952	FC Floriana La Valetta / Sliema Wanderers
1953	FC Floriana La Valetta / FC Floriana Valetta
1954	Sliema Wanderers / FC Floriana La Valetta
1955	FC Floriana La Valetta / FC Floriana La Valetta
1956	Sliema Wanderers / Sliema Wanderers
1957	Sliema Wanderers / FC Floriana La Valetta
1958	FC Floriana La Valetta / FC Floriana La Valetta
1959	FC La Valetta / Sliema Wanderers
1960	FC La Valetta / FC La Valetta
1961	FC Hibernians La Valetta / FC Floriana La Valetta
1962	FC Floriana La Valetta / FC Hibernians La Valetta
1963	FC La Valetta / Sliema Wanderers
1964	Sliema Wanderers / FC La Valetta
1965	Sliema Wanderers / Sliema Wanderers
1966	Sliema Wanderers / FC Floriana La Valetta
1967	FC Hibernians La Valetta / FC Floriana La Valetta (aus La Valetta wird „Valletta")
1968	FC Floriana Valletta / Sliema Wanderers
1969	FC Hibernians Valletta / Sliema Wanderers
1970	FC Floriana Valletta / FC Hibernians Valletta
1971	Sliema Wanderers / FC Hibernians Valletta
1972	Sliema Wanderers / FC Floriana Valletta
1973	FC Floriana Valletta / Gzira United
1974	FC Valletta / Sliema Wanderers
1975	FC Floriana Valletta / FC Valletta
1976	Sliema Wanderers / FC Floriana Valletta
1977	FC Floriana Valletta / FC Valletta
1978	FC Valletta / FC Valletta
1979	FC Hibernians Valletta / Sliema Wanderers
1980	FC Valletta / FC Hibernians Valletta
1981	FC Hibernians Valletta / FC Floriana Valletta

1982 FC Hibernians Valletta / FC Hibernians Valletta
1983 Hamrun Spartans FC / Hamrun Spartans FC
1984 FC Valletta / Hamrun Spartans FC
1985 FC Ajax Rabat / FC Zurrieg
1986 FC Ajax Rabat / FC Ajax Rabat

Manchester United

Flugzeugkatastrophe am 6.2.1958 in München-Riem, einen Tag nach dem EC I-Halbfinalrückspiel bei Roter Stern Belgrad (3:3)

Mannschaftsaufstellung
Harry Gregg[2]
Bill Foulkes[2]
Roger Byrne[1]
Eddie Colman[1]
Mark Jones[1]
Duncan Edwards[1]
Kenny Morgans[2]
Bobby Charlton[2]
Tommy Taylor[1]
Dennis Viollet[2]
Albert Scanlon[2]

außerdem
Jim Berry[2]
Johnny Berry[2]
Jonny Blanchflower[2]
Geoff Bent[1]
David Pegg[1]
Harry Whelan[1]
Ray Wood[2]
Matt Busby[2] (Manager)

Journalisten
Alf Clark[1] („Manchester Evening Chronicle")
Don Davies[1] („Manchester Guardian")
George Follows[1] („Daily Herald")
Tom Jackson[1] („Manchester Evening News")
Archie Ledbrooke[1] („Daily Mirror")
Henry Rose[1] („Daily Express")
Frank Swift[1] („News of the World")
Eric Thompson[1] („Daily Mail")

[1] überlebten nicht
[2] (schwer-)verletzt bzw. unversehrt

---

vision; viermal Abstieg in die 2. Division (1922, 1931, 1937 u. 1974); seit 1975 in der höchsten Spielklasse; 7mal *Landesmeister* (zwischen 1908 u. 1967) u. 6mal *FA-Cupsieger* (zwischen 1909 u. 1985); *EC I-Gewinner* 1968 (erster engl. Verein). 13 *EC-Teilnahmen:* 86 Spiele; 46 Siege, 21 Unentschieden, 19 Niederlagen, 113:59 Punkte, 181:96 Tore. – *Spielkleidung:* weiße Hose, rotes Hemd, schwarze Stutzen. *Heimstadion:* 1880/93 North Road, Monsall Road, 1893 Bank Street; seit 1910 *Old Trafford;* 61 288 Plätze. – Eine große Krise erwartete man nach der Flugzeugkatastrophe am 6.2.1958 mit dem Tod von 8 (z. T. National-)Spielern. Aber Manager *M. Busby* baute jedoch die neue Mannschaft („Busby Babes") in kürzester Zeit wieder auf. Tab.

Spieler (Auswahl): A. Albiston – T. Anderson – J. Aston – G. Bailey – G. Best – J. Blanchflower – S. A. Brennan – R. W. Byrne – N. Cantwell – J. J. Carey – R. Charlton – H. Cockburn – G. A. Daly – A. Davies – J. Delaney – A. Dunne – P. A. J. Dunne – M. Duxbury – D. Edwards – W. A. Foulkes – M. J. Giles – D. J. Givens – B. Greenhoff – H. Gregg – A. A. Grimes – G. A. Hill – J. A. Holton – M. Hughes – T. Jackson – J. Jordan – B. Kidd – D. Law – L. Macari – M. P. Martin – M. McGrath – R. C. McGrath – S. B. McIlroy – G. McQueen – W. H. Meredith – W. Morgan – K. Moran – J. M. Nicholl – J. J. Nicholson – J. S. Pearson – S. C. Pearson – D. Pegg – B. Robson – J. F. Rowley – D. Sadler – F. Stapleton – N. P. Stiles – G. Strachan – T. Taylor – D. S. Viollet – G. Wall – W. Whelan – N. Whiteside – C. Webster – R. G. Wilkins – R. E. Wood. – **Manager** (Auswahl): R. Atkinson – M. Busby – W. McGuiness – F. O'Farrell – T. Docherty – A. Ferguson – D. Sexton.

Mándi, Gyula, Ungarn, geb. 1899 Budapest; linker od. rechter Verteidiger, Mittelläufer; spielte 1911/18 bei Ferencváros sowie 1918/38 bei MTK u. Hungaria Budapest; 31 Länderspiele; internationales Debüt am 5. 6. 1921 gegen Deutschland (3:0) in Budapest; Länderspielabschied am 29. 4. 1934 gegen Bulgarien (4:1) in Budapest; 1924 Olympionike.

Manndeckung, enges bzw. lockeres Decken des festgelegten Gegenspielers, bes. angewendet zur wirksamen Ausschaltung spielstarker gegnerischer Spieler od. Spielgestalter. Die *lockere M.* wird fälschlicherweise mitunter als ↑ Raumdeckung bezeichnet. Die „sture" Anwendung der M. ist abzulehnen, da sie zum *Pärchenbetrieb* führt u. somit der Attraktivität des Fußballs schadet. M. ist aber im torgefährlichen Raum notwendig. S. a. kombinierte Deckung.

manngebundenes Decken, soviel wie ↑ Manndeckung.

Mannheim, SV Waldhof (*SV* [Sportverein] *Waldhof Mannheim 07 e. V.*), die „Waldhofbuben", BRD; gegründet am 11. 4. 1907 als *SV Waldhof 07,* 1920 Fusion mit *TV 1877 Waldhof* zu *Sport- und Turnverein 1877 Waldhof* (1925 Trennung), 1972 *SV Chio Waldhof 07,* 1978 *SVW Mannheim* u. 1979 *SV Waldhof Mannheim 07* (Emblem ↑ Tf. 10); 1. Bundesliga seit 1983/84; zweimal Amateurmeister Baden (1971, 1972); 1974/75 bis 1980/81 2. Liga Süd; 1981/82 u. 1982/83 (Meister) 2. Bundesliga. – Spielkleidung: blaue Hose, blau-schwarz längs gestreiftes Hemd, blaue Stutzen. *Heimstadion:* Südwest-Stadion Ludwigshafen, 41 383 Plätze, davon 11 383 Sitzplätze (2 100 überdacht).

Spieler (Auswahl): H. u. P. Bausch – F. Biegel – K. Bielmeier – W. Böhni – A. Brückl – K. Bührer – K.-H. Emig – B. Förster – W. Heck – E. Herrmann – J. Herberger – S. Hof – K. Höger – H. Hohmann – W. Hutter – K. Klotz – P. Lipponer – J. Makan – U. Rahn – T. Remark – H. Rombach – F. Rößling – D. Schlindwein – H. Schneider – R. Scholz – A. Schön – G. Sebert – H., L., Oskar u. Otto Siffling – K. Vetter – F. Walter – U. Zimmermann. – **Trainer** (Auswahl): H. Berninger – S. Cendic – G. Gawliczek – F. Hoffmann – R. Körner – A. Medve – P. Rohr – A. Rudinsky – K. Schlappner – K. Sinn – K. Striebinger – H. Wendlandt.

Mannheim, VfR *(Verein für Rasenspiele e. V.),* BRD, gegr. 1. 8. 1896; seit 1975 Oberliga Baden-Württemberg; 1945/63 Oberliga Süd, 1963/74 (außer 1971/73) Regionalliga Süd; 1974/75 2. Liga Süd; Landesmeister 1949; Süddeutscher Meister 1925; Landesmeister 1949. – *Spielkleidung:* weiße Hose, blaues od. rotes Hemd, blaue od. rote Stutzen. *Heimstadion:* VfR-Stadion, 12 000 Plätze.

Spieler (Auswahl): A. Au – D. Danner – R. de la Vigne – H. Fleischmann – J. Herberger – K. Höger – K. Keuerleber – K. Langenbein – B. Langlotz – E. Löttke – K. Meißner – E.-O. Meyer – O. Nerz – O. Rohr – E. Rößling – Stiefvater – K. Striebinger – K. Vetter. – **Trainer** (Auswahl): G. Baumann – H. Elzner – K. Keuerleber – H. Kronsbein – O. Pfau – H. Schmidt.

Männig, Günter, Schiedsrichter; geb. 22. 6. 1928 Hirschfelde; spielte 1940/45 beim VfB Leipzig, 1946/47 bei SG Probstheida (Leipzig) u. 1947/51 bei Aktivist Böhlen; seit 1952 Schiedsrichter (seit 1960 Oberliga, ab 1962 internationaler Schiedsrichter); leitete 5 A-, 2 B-, 2 Nachwuchs-, 7 Juniorenländerspiele u. ein FDGB-Pokalendspiel sowie 23 EC-Spiele. Abb.

Mann-/Raumdeckung, svw. ↑ kombinierte Deckung.

Mannschaft, einem Klub, Verein od. einer Gemeinschaft bzw. einem Landesverband angehörende Gruppe von Spielern, die gemeinsam die Wettkämpfe (Punkt-, Pokal-, Freundschaftsspiele usw.) bestreitet. Tab.

Mannschaftsarzt, Arzt, der besondere sportmedizinische Kenntnisse u. Ausbildung besitzt u. eine Mannschaft diesbezüglich betreut. Seine Aufgaben sind u. a. die Untersuchung u. Überwachung der Spieler, Trainingskontrolle, Wettkampfdienst, Verhütung u. Behandlung von Sportverletzungen u. -schäden.

Mannschaftsaufstellung, fest nominierte Aufstellung einer Mannschaft; Angabe der einzelnen Positionen u. ihre namentlichen Besetzungen. Zur M. gehören außerdem die vorher bestimmten *Einwechselspieler* (↑ Auswechslung), von denen 2 Spieler während des Spiels zum Einsatz gelangen können.

Mannschaftsbetreuer, ehrenamtlicher Funktionär, der eine Mannschaft organisatorisch betreut. In der Regel sollte der M. die „rechte Hand" des Trainers (außerhalb des Spielbetriebes) u. der „gute Geist" der Mannschaft sein. Untere Mannschaften verfügen oft über keine M., während höherklassige od. Auswahlmannschaften darüber hinaus noch einen *Mannschaftsleiter* aufweisen können, dessen Aufgabenbereich allerdings meist noch weniger fest umrissen ist als der eines M. (Er repräsentiert die Mannschaft u. kümmert sich um die organisatorischen Belange.)

Mannschaftskapitän, svw. ↑ Spielführer.

Mannschaftsleiter ↑ Mannschaftsbetreuer.

Mannschaftsteil, vertikale Formation einer Mannschaft; besteht aus *Torhüter, Abwehr, Mittelfeld* u. *Angriff.*

Maracaná, *Estádio Mário Filho* [nach dem Begründer der Sporttageszeitung „Journal dos Sports"], größtes Stadion der Welt in Rio de Janeiro mit einem Fassungsvermögen von 220000 Besuchern (178000 Sitz-, 42000 Stehplätze, jeweils überdacht); wurde vornehmlich für die IV. WM-Endrunde 1950 erbaut (entworfen von *João Roque*). Das Stadion hat folgende Dimensionen: Länge 317 m, Breite 280 m u. Höhe 32 m. Das Spielfeld ist durch einen 3 m breiten tiefen Graben von den Zuschauerrängen getrennt. An den Eingängen registrieren 124 Drehkreuze die Anzahl der passierenden Besucher.
Am 16. 6. 1950 wurde das M. mit einem Spiel zweier Auswahlmannschaften von Rio de Janeiro u. São Paulo eingeweiht (erster Torschütze: *Didi*). Am 16. 7. 1950 sahen dann 203849 Besucher das WM-Endspiel Brasilien–Uruguay (1:2), was Zuschauerweltrekord bedeutete. Einen weiteren Besucherrekord für Klubspiele gab es 1963, als bei der Begegnung zwischen Flamengo u. Fluminense Rio de Janeiro 177656 Zuschauer gezählt wurden. Das M. ist Brasiliens *Nationalstadion.*

Maradona, Diego Armando, Argentinien, geb. 30. 10. 1960 Lanus; Stürmer; spielte 1969/81 bei Argentinos Júniors, 1981/82 bei Boca Júniors Buenos Aires u. 1982/84 beim F.C. Barcelona, seitdem beim SSC Neapel; 54 Länderspiele (23 Tore); internationales Debüt 1977; war bereits Junioren-WM-Endrundenteilnehmer 1979; WM-Endrundenteilnehmer 1982 u. 1986 (als bester Spieler mit dem „Goldenen Ball" ausgezeichnet); Südamerikas Fußballer des Jahres 1979 u. 1980. – In den Spielen bei der WM-Endrunde 1986 erzielte der „Superstar" 5 Tore u. war darüber hinaus

Günter **Männig**

Mannschaft (landessprachlich)
Team [engl.]
Equipe [französ.]
Equipo [span.]
Equipa [portugies.]
Squadra [italien.]

Diego **Maradona**

ein brillanter Regisseur u. (Tore-)Vorbereiter. Abb.

Marangos, Nikos, Zypern, geb. 10. 5. 1960 Nikosia; Halbstürmer; spielt seit 1973 bei Apoel Nikosia; 11 Länderspiele (1 Tor); internationales Debüt am 22. 12. 1982 gegen Griechenland (0:1) in Ioannina.

Marche, Roger, Frankreich, geb. 5. 3. 1924 Villers-Semeuse; Linksverteidiger; spielte 1938/45 beim F. C. Mohon (Ardennen), 1946/54 bei Stade Reims u. 1954/62 beim Racing Club Paris; 63 Länderspiele; internationales Debüt am 23. 3. 1946 gegen Portugal (1:0) in Paris; Länderspielabschied am 17. 12. 1959 gegen Spanien (4:3) in Paris; WM-Endrundenteilnehmer 1954 u. 1958.

Marcos, eigtl. *Carneiro de Mendonca,* Brasilien, geb. 25. 11. 1894 Cataguases (Bundesstaat Minas Gerais); Torhüter; spielte 1910/13 beim FC América u. 1913/22 beim FC Fluminense Rio de Janeiro; 15 Länderspiele; internationales Debüt am 21. 7. 1914 gegen den FC Exeter City (England) 2:0 in Rio de Janeiro (erstes internationales Spiel Brasiliens); Länderspielabschied am 24. 9. 1922 gegen Paraguay (1:1) in Rio de Janeiro.

Markieren, 1. Vortäuschen einer Verletzung; unsportlich.
2. svw. ↑ Decken.

Marktwert, *kommerzieller Fußball* augenblicklicher (Geld-)Wert, den ein Spieler auf dem Transfermarkt *(Spielermarkt)* hat.

Marokko, Staat im Nordwesten Afrikas, 446 550 km², etwa 21,7 Mill. Ew., 1 Fußballspieler je 1 085 Ew.; Verband *Fédération Royale Marocaine de Football* („Marokkanischer Fußballverband"), Abk. *FMF;* gegr. 1955, Sitz *Rabat;* Mitgl. der *FIFA* seit 1956, der *CAF* seit 1966. – *Organisation:* 355 Klubs; 9 000 Amateurspieler, gesamt 20 000 (einschl. Nachwuchs- u. AM-Spieler; *Spieljahr:* September–Juni; *Spielkleidung:* grüne Hose, rotes Hemd, rote Stutzen, (Reserveausrüstung: Weiß); *Nationalstadion:* Stade d'Honneur, Casablanca, 70 000 (ausschl. Sitzplätze); *Stadien* (Auswahl): Al Inbiaat, Agadir, 30 000; El Harti, Marrakech, 20 000; Marshan, Tanger, 20 000; Hassan II, Fès, 20 000; Municipal, El Jadida, 20 000; Saniet Rmel, Tetouan, 20 000; F. U. S. Rabat, 20 000. Tab.

Marokko	
Weltmeisterschaft	
1970	Endrunde
1986	Achtelfinale
olympisches Fußballturnier	
1964	Endrunde
1972	Endrunde
1984	Endrunde
Afrikameisterschaft	
1976	1. Platz
Afrikapokal der Landesmeister	
1985	FAR Rabat

Marschall, Ferdinand, Österreich, Schiedsrichter, geb. 19. 2. 1924 Wien; spielte 1945/48 in einer unterklassigen Amateurmannschaft; 1948 Schiedsrichter; 1953 1. Division; 1954 FIFA-Referee (bis 1972); leitete 1972 das EM-Endspiel BRD–UdSSR (3:0) in Brüssel; WM-Endrundenschiedsrichter 1970; leitete 13 Länderspiele u. 23 EC-Vergleiche. – Seit 1978 Vorsitzender der österreich. Schiedsrichterkommission.

Marseille, Olympique, Frankreich, Verein der Ehrendivision, gegr. 1898; seit 1932 Profifußball; *Landesmeister* 1937, 1948, 1971 u. 1972; 9mal *Pokalsieger* (zwischen 1924 u. 1976). 9 *EC-Teilnahmen:* 24 Spiele; 10 Siege, 2 Unentschieden, 12 Niederlagen, 22:26 Punkte, 32:39 Tore. – *Spielkleidung:* weiße Hose, weißes Hemd mit lila Kragen, lila Stutzen mit weißem Streifen. *Heimstadion:* Stade Vélodrome Jean Bouin, 55 308 Plätze. Abb.

Spieler (Auswahl): A. Anderson – M. Artelesa – E. Aznar – L. Ben Barek – M. Berdoll – G. Bereta – J. Bonnel – B. Bosquier –

J. Boyer – F. Bracci – G. Carnus – D. Couecou – E. Crut – L. Cunningham – Delachet – J. Devasquez – J. Djorkaeff – K. Förster – A. Giresse – G. Gress – F. Hervé – Jairzinho – S. Keita – Kohut – T. La Ling – A. Linderoth – C. Lopez – C. Loubet – R. Magnusson – J. Nagy – J. Novi – D. Pantelic – J.-P. Papin – Paulo César Lima – F. Pironti – J. Rodriguez – P. Sauvage – R. Scotti – D. Six – J. Skoblar – L. Temime – M. Tresor – H. C. Yazalde – V. Zvunka. – **Trainer** (Auswahl): J. Arribas – J. Bonnel – R. Domergue – O. Gloria – R. Gransart – M. Hidalgo – L. Leduc – P. Markovic – F. Riera – J. Robin – M. Zatelli – V. Zvunka.

Olympique Marseille

Masny, Marian, ČSSR, geb. 13. 8. 1950 Rybany; Rechtsaußen; spielte 1970/71 bei Dukla Banská Bystrica u. 1972/81 bei Slovan Bratislava; 75 Länderspiele (19 Tore); internationales Debüt am 25. 9. 1974 gegen die DDR (3:1) in Prag; Länderspielabschied am 24. 6. 1982 gegen Frankreich (1:1) in Valladolid (Spanien); EM-Endrundenteilnehmer 1976 u. 1980; bestritt über 300 Ligaspiele (80 Tore).

Masopust, Josef, ČSSR, Trainer, geb. 9. 2. 1931 Most; Läufer; spielte 1945/50 beim SK Most, 1950/52 bei Vodotechna Teplice, 1952/68 bei ATK (dann Dukla) Prag u. 1968/70 bei Crossing Molenbeek (Belgien); 63 Länderspiele (11 Tore); internationales Debüt am 24. 10. 1954 gegen Ungarn (1:4) in Budapest; Länderspielabschied am 18. 5. 1966 gegen die UdSSR (1:2) in Prag; WM-Endrundenteilnehmer 1958 u. 1962; EM-Endrundenteilnehmer 1960; Europas Fußballer des Jahres 1962 u. Fußballer des Jahres 1966; 386 Ligaspiele (79 Tore); spielte 1963 in der FIFA-Auswahl gegen England (1:2) u. 1964 in der Europaauswahl gegen Jugoslawien (7:2). – Später Trainer; 1970/76 Dukla Prag, 1976/80 Zbrojovka Brno u. seit 15. 7. 1984 ČSSR-Auswahltrainer. Abb.

Maspoli, Roque, Uruguay, Trainer, geb. 12. 10. 1917; Torhüter; spielte 1938/57 bei Bella Vista, Wanderers, Cerro Porteno u. Peñarol Montevideo; 44 Länderspiele (1945/55); WM-Endrundenteilnehmer 1950 u. 1954. – Später Trainer; mit Peñarol 1960 u. 1961 Südamerikapokalgewinner u. 1961 Weltpokalsieger; gewann mit Uruguay 1981 die „Copa de Oro" (Mini-WM) in Montevideo im Endspiel gegen Brasilien (2:1).

Massage, svw. ↑ Sportmassage.

Match [engl.], svw. *(Fußball-)Wettkampf.*

Mateo Flores ↑ Guatemala.

Mátrai, Sandor, Ungarn, geb. 20. 2. 1932; Libero; spielte 1948/52 bei Oroszhaz u. 1952/68 bei Ferencváros Budapest sowie bei SC Egyetertes; 80 Länderspiele; internationales Debüt am 29. 4. 1956 gegen Jugoslawien (2:2) in Budapest; Länderspielabschied am 27. 9. 1967 gegen die DDR (3:1) in Budapest; WM-Endrundenteilnehmer 1958, 1962 u. 1966; EM-Endrundenteilnehmer 1964.

Matthäus, Lothar, geb. 21. 3. 1961 Herzogenaurach; Mittelfeldspieler; spielte 1975/79 beim FC Herzogenaurach, 1979/84 bei Borussia Mönchengladbach; seit 1984 beim FC Bayern München; 51 Länderspiele (3 Tore); internationales Debüt am 14. 6. 1980 gegen die Niederlande (3:2) in Neapel (EM-Endrunde); war WM-Endrundenteilnehmer 1982 u. 1986; 218 Bundesligaspiele (62 Tore). Abb.

Matthews, Stanley (der „Sir am rechten Flügel"), Sir, England, geb. 1. 2. 1915 Hennley; Rechtsaußen; spielte für Stoke City ab 1930 als Amateur in der 2. Division, seit 1932 in der 1. Mannschaft bis 1947, danach für den FC Blackpool (1947/61) u. wieder für Stoke (1961/65); bestritt zwischen 1932 u. 1965 (damals mit 50 Jahren Englands ältester Berufsspieler) 886 Spiele (95 Tore), davon 54 Länderspiele (11 Tore), 701 Liga- u. 86 FA-Cup-Spiele; debütierte am 29. 9. 1934 gegen Wales (4:0) in Cardiff u. absolvierte sein letztes Länderspiel am 15. 5. 1957 gegen Dänemark (4:1) in Kopenhagen; war 1938, 1947, 1953 u. 1955 für England gegen FIFA-Auswahlmannschaften dabei; 1950 u. 1954 WM-Endrundenteilnehmer; 1948 u. 1963 in England u. 1956 in Europa Fußballer des Jahres (erster überhaupt).

1965 wurde M. mit dem Titel *Commander of the British Empire* geehrt u. am 23. 2. 1965 als erster engl. Fußballer in den Adelsstand erhoben. Eine Legende ist der „Matthews-Trick": links antäu-

Josef **Masopust**

Lothar **Matthäus**

schen u. rechts den Gegner passieren. Nach seiner Karriere wurde er Manager bei Port Vale, dem kleinsten Klub in Stoke-on-Trent (1965 bis 1968), siedelte 1970 nach Malta über u. managte dort Hibernians Valletta.

„Matthews-Trick“ ↑ Oberkörperfinte.

Mauer, Spielerkette zur Sicherung des eigenen Tores bei gegnerischen direkten od. indirekten Freistößen in Tornähe (etwa bis 30 m vor dem Tor); dabei formieren sich bei der *M.bildung* die Spieler nach den Anweisungen des Torhüters in der Art, daß sie – dicht nebeneinanderstehend – eine Seite des Tores verdecken. Je nach Entfernung u. Lage der Freistoßausführung (innen od. außen) besteht die M. aus 2 bis 6 Spielern (bei indirekten Freistößen unmittelbar vor dem Tor auch aus mehr Spielern). Die M.bildung (mindestens 9,15 m vom Ball entfernt) sollte rasch erfolgen u. deshalb abgestimmt sein, während die übrigen Spieler die gegnerischen vorgeschobenen Angreifer genau zu markieren u. dabei *Freistoßvarianten* einzukalkulieren haben. Abb.

„Mauern“, übertriebenes Defensivspiel; insbes. von spielerisch unterlegenen u. auswärtsschwachen Mannschaften praktiziert. Beim M. wird ausschl. Wert auf *Torsicherung* gelegt.

Mauer; *(von links)* H. Peschke, S. Meixner, K. Weise, J. Raab; *dahinter* H.-U. Grapenthin.

Mauretanien, Staat im Nordwesten Afrikas, 1 030 700 km², etwa 1,7 Mill. Ew., 1 Fußballspieler je 680 Ew.; Verband *Fédération de Foot-Ball de la République Islamique de Mauritanie* („Fußballverband Mauretanien“), Abk. *FFM;* gegr. 1961, Sitz *Nouakchott;* Mitgl. der *FIFA* seit 1964, der *CAF* seit 1968. – *Organisation:* 112 Klubs; 1 500 Amateurspieler, gesamt 2 500 (einschl. Nachwuchs- u. AM-Spieler); *Spieljahr:* November–Juli; *Spielkleidung:* blaue Hose, grün-gelbes Hemd, grüne Stutzen (Reserveausrüstung: grüne Hose, gelbes Hemd, gelbe Stutzen); *Nationalstadion:* Stade National, Nouakchott, 6 000 (1 500 Sitz-, 4 500 Stehplätze); *Stadien* (Auswahl): Stade Régional, Nouadhibou, 3 500; Stade Régional, Rosso, 3 000.

Mauritius, Staat im Indischen Ozean, 2 045 km², etwa 1 Mill. Ew., 1 Fußballspieler je 32 Ew.; Verband *Mauritius Football Association* („Fußballverband Mauritius“), Abk. *MFA;* gegr. 1952, Sitz *Port Louis;* Mitgl. der *FIFA* seit 1962, der *CAF* seit 1963. – *Organisation:* 400 Klubs; 18 000 Amateurspieler, gesamt 31 000 (einschl. Nachwuchs- u. AM-Spieler); *Spieljahr:* September bis Juni; *Spielkleidung:* weiße Hose, rotes Hemd, rote Stutzen (Reserveausrüstung: weiße Hose, weißes Hemd, rote Stutzen); *Nationalstadion:* King George V Stadium, Port Louis, 39 500 (23 300 Sitz-, 16 200 Stehplätze); *Stadien* (Auswahl): Rose Hill Stadium, 9 000; Guy Rozemont Stadium, 9 000.

Mauro, eigtl. *Ramos de Oliveira,* Brasilien, geb. 30. 8. 1930 Pocos de Caldas (Bundesstaat Minas Gerais); Libero; spielte 1944/61 beim FC São Paulo u. 1961/67 beim FC Santos; 28 Länderspiele; internationales Debüt am 10. 4. 1949 gegen Bolivien (10:1) in São Paulo; Länderspielabschied am 21. 11. 1965 gegen die UdSSR (2:2) in Rio de Janeiro; WM-Endrundenteilnehmer 1958, 1962.

Mavris, Christos, Zypern, geb. 5. 6. 1955 Nikosia; Mittelstürmer; spielt seit 1970 bei Omonia Nikosia; 21 Länderspiele (1 Tor); internationales Debüt am 14. 1. 1980 gegen Griechenland (1:1) in Nikosia; Fußballer des Jahres 1982.

Mavros, Thomas, Griechenland, geb. 30. 3. 1954 Piräus; Stürmer; spielte 1966/69 bei Panionios Athen u. seit 1970 bei AEK Athen; 36 Länderspiele (10 Tore); internationales Debüt am 16. 2. 1972 gegen die Niederlande (0:5) in Athen; EM-Endrundenteilnehmer 1980; 1979 zweitbester Torschütze Europas (31 Treffer); griech. Torschützenkönig 1978, 1979 u. 1985. Abb.

Mazurkiewicz, Ladislao, Uruguay, geb. 14. 2. 1945 Montevideo; Torhüter; spielte 1961/65 bei Racing Montevideo, 1965/72 u. 1975/81 bei Peñarol Montevideo, 1972/74 bei Atlético Mineiro u. 1974/75 beim FC Granada (Spanien); bestritt 65 Länderspiele (1965/74); WM-Endrundenteilnehmer 1966, 1970 u. 1974; eingesetzt in FIFA-Auswahlmannschaften 1968 (gegen Brasilien 1:2) u. 1971 gegen die UdSSR 2:2 (Verabschiedung von *L. Jaschin*).

Mazzola, Alessandro („Sandro"), Italien, geb. 8. 11. 1942 Turin, Sohn von *Valentino M.*; Stürmer, war Mittelfelddirigent; spielte für Internazionale Mailand (1952/77), ab 1961 in der 1. Männermannschaft, seit 1962 ständig; internationales Debüt am 12.5.1963 gegen Brasilien (3:0) in Mailand; 70 Länderspiele (22 Tore), fünfmal Spielführer (1963/74); Auswahlabschied am 23. 6. 1974 (WM) gegen Polen (1:2) in Stuttgart; WM-Endrundenteilnehmer 1966, 1970 u. 1974; EM-Endrundenteilnehmer 1968. – Später Manager von Inter. S. a. Pankau (Abb.)

Mazzola, Valentino, Italien, 23. 6. 1919 bis 4. 5. 1949, Vater von *Sandro M.*; Halblinker; spielte bei Venedig (1939/42) u. AC Turin (1942/49); 12 Länderspiele (4 Tore), fünfmal Spielführer; internationales Debüt am 5. 4. 1942 in Kroatien (4:0); kam 5 Wochen vor Saisonende 1949 bei einem Flugzeugabsturz am Supergahügel (bei Turin) ums Leben. S. a. Fußballtragödien und Katastrophen.

„Mazzola" ↑ Altafini, J. G.

McIlroy, Samuel Baxter („Sammy"), Nordirland, geb. 2. 8. 1954 East Belfast; Halblinker, Mittelfeldspieler; spielte 1971/81 bei Manchester United u. 1981/85 bei Stoke City; seit 1985 bei Manchester City (1986 an Örgryte IS Göteborg „ausgeliehen"); 87 Länderspiele (5 Tore); internationales Debüt am 16. 2. 1972 gegen Spanien (1:1) in Hull; WM-Endrundenteilnehmer 1982 u. 1986, FA-Cupsieger 1977.

Meazza, Giuseppe („Peppino"), Italien, geb. 23. 8. 1910 Mailand, gest. 21. 8. 1979; Mittelstürmer, Halbrechter; spielte für Ambrosiana (Internazionale) Mailand (1927 bis 1939), AC Mailand (1939/42), Juventus Turin (1942/43), Varese (1943/44), für Atalanta Bergamo (1945/46) u. Inter Mailand (1946/47); 53 Länderspiele (33 Tore); internationales Debüt am 9. 2. 1930 gegen die Schweiz (4:2); Weltmeister 1934 u. 1938; am 20. 6. 1937 Halbrechter der Zentraleuropaauswahl (3:1) gegen Westeuropa; siebzehnmal Spielführer der Squadra Azzurra; 453 Ligaspiele (272 Tore). – Später Trainer bei Inter (Jugend). Nach ihm wurde das frühere *San-Siro-Stadion* in Mailand benannt (↑ Stadio „Giuseppe Meazza").

Meckern, ständiges bzw. wiederholtes Kritisieren der Schiedsrichterentscheidungen; äußert sich in Beschimpfungen bis hin zum Gebrauch unflätiger Äußerungen. Je nach Geduld des Schiedsrichters u. Schwere der Anschuldigungen folgen Ermahnung, Verwarnung od. Feldverweis des Betreffenden.

Meerane, BSG Fortschritt, DDR, Bezirksklasse, gegr. 1.9.1946 als *SG Meerane,* 1.9.1949–1.9.1950 *BSG Einheit,* danach *Fortschritt;* spielte 1948 u. 1949 in beiden Endrunden zur Ostzonenmeisterschaft (jeweils unter den letzten Vier), 1949/51 u. 1953/55 Oberliga. – *Spielkleidung:* ganz in Blau od. blaue Hose, rotes Hemd, blaue Stutzen. *Heimstadion:* Karl-Liebknecht-Sportplatz (1946/57 „Rote Erde"), jetzt *Stadion der Freundschaft,* 15000 Stehplätze.

Spieler (Auswahl): R. Baumgart – W. Bock – M. Czaja – G. Engelmann – G. Feldweg – W. Flehmig – H. Goethe – R. Heyne – G. Kraitzek – W. Lichtenstein – D. Löschner – E. Lüdecke – W. Mühlbächer – R. Päßler – R. Ploch – W. Starke – H. Thate – K. Zierold. – **Trainer** (Auswahl): K. Haueisen – H. Höfer – H. Melzer – G. Päschke.

Mees, Victor, Belgien, geb. 26. 1. 1927 Antwerpen; Mittelfeldspieler; spielte

Thomas **Mavros**

Cesar Luis **Menotti**

Max **Merkel**

Merdeka Anniversary Football Tournament (Sieger)

1957	Hongkong
1958	Malaysia
1959	Malaysia
1960	Malaysia u. Südkorea
1961	Indonesien
1962	Indonesien
1963	Taiwan
1964	Burma
1965	Taiwan u. Südkorea
1966	Südvietnam
1967	Burma u. Südkorea
1968	Malaysia
1969	Indonesien
1970	Südkorea
1971	Burma
1972	Südkorea
1973	Malaysia
1974	Malaysia
1975	Südkorea
1976	Malaysia
1977	Südkorea
1978	Südkorea
1979	Malaysia u. Südkorea
1980	Marokko
1981	Irak

bei Royal Antwerpen; 68 Länderspiele (1949/60); WM-Endrundenteilnehmer 1954.

Meisl, Hugo, Österreich, Trainer u. Fußballfunktionär, 16. 11. 1881–17. 2. 1937; bekannt als internationaler Schiedsrichter u. Delegierter des Österreichischen Fußballbundes; initiierte 1927 den ↑ Mitropapokal; betreute das ↑ „Wunderteam"; Verbandskapitän 1914/37. Abb. S. a. „Schmieranski-Team".

Meister, Kurzbez. für *Landesmeister.*

Meisterpokal, umgangssprachlich svw. ↑ Europapokal der Landesmeister.

Meisterschaft, vom jeweiligen Landesverband bzw. von internationalen Föderationen (z. B. FIFA, UEFA) – regelmäßig – ausgeschriebene Bestenermittlung. Nach ihrem territorialen Geltungsbereich unterscheidet man z. B. *Landes-, Europa-* u. *Welt-M.*

Meisterschaftsspiel, svw. ↑ Punktspiel.

Melavöllur ↑ Reykjavik, FC Valur.

Mellös-Stadion ↑ Moss, FK.

Menegali, Gianfranco, Italien, Schiedsrichter, geb. 1933 Rom; spielte bei Fortitudo Rom (4. Liga). – Seit 1958 Schiedsrichter; 1968 Nationalliga A; 1970 FIFA-Referee; leitete am 11. 5. 1983 das EC II-Finale FC Aberdeen–Real Madrid (2:1 n. V.) in Göteborg.

Meniskusverletzung, Ein- od. Abriß des *Meniskus* (sichelförmige Knorpelstücke, die innen u. außen im Kniegelenk die Inkongruenz, d. h. Nichtübereinstimmung, der Kniegelenkskörper ausgleichen); fußballtypische Verletzung. Der *innere Meniskus* ist mit dem inneren Seitenband fest verwachsen u. dadurch bei Verletzungen etwa achtmal häufiger betroffen als der äußere. Verletzungsursache ist meist die Drehung des Körpers bei feststehendem Fuß („Drehbeugemechanismus"), aber auch fehlerhafte Dauerbelastungen in Verbindung mit Abnutzungsvorgängen am Knorpel.

Klinische Zeichen: lokalisierte Schmerzen im Gelenkspalt mit Druckschmerz, verstärkte Schmerzen durch Drehbewegung im Kniegelenk, Fremdkörpergefühl u. Bewegungssperre. *Therapie:* chirurgischer Eingriff, da es andernfalls

Hugo **Meisl**

durch den abgerissenen Meniskus zu weiteren Schädigungen des Gelenkinnenraumes kommen kann.

Menotti, Cesar Luis („El Flaco"), Argentinien, Trainer, geb. 5. 11. 1938 Rosario; Stürmer, Läufer; spielte für Rosario, Racing Club u. Boca Júniors Buenos Aires, FC Santos, The Generals u. Cosmos New York. – Trainer bei Rosario Central u. Hurrucan Buenos Aires (1973 Meister); übernahm 1974 nach der WM die argentin. Nationalmannschaft u. führte sie 1978 auf den Weltmeisterthron; trainierte danach u. a. den F.C. Barcelona (1983/84). Abb.

Mercer, Joseph („Joe"), England, geb. 9. 9. 1914; Läufer; spielte 1929/46 beim FC Everton u. 1946/54 beim FC Arsenal; 5 Länderspiele (1 Tor); internationales Debüt am 16. 11. 1938 gegen Irland (7:0) in Manchester; Länderspielabschied am 24. 5. 1939 gegen Rumänien (2:0) in Bukarest; 420 Ligaspiele. – Später Manager bei Manchester City, Sheffield United, Aston Villa u. Coventry City.

Merdeka Anniversary Football Tournament, erstmals 1957 zur Eröffnung des *Merdeka-Stadions* in *Kuala Lumpur* (Malaysia) ausgetragenes Turnier. Zu den Teilnehmern gehören seitdem Australien, Burma, Hongkong, Indien, Indonesien, Japan, Kuweit, Malaysia, Pakistan, Singapur, Südkorea, Vietnam, Taiwan, Thailand u. a. Alle Turniere, außer 1974 in Ipoh, fanden im Merdeka-Stadion statt; die ersten 3 nach Tor- u. Punktsystem, die späteren nach dem K.-o.-System. Tab.

Meredith, William („Welsh Wizard",

„Waliser Hexenmeister") Wales, 7. 8. 1876–1950; bekannt und gefürchtet wegen seiner Schußkraft u. leichtfüßigen, trickreichen Liniendribblings sowie präzisen Eck-, Frei- u. Strafstößen; begann in Chirk (Nordwales), wechselte 1894 zu Manchester City, 1906 zu Manchester United u. spielte ab 1920 noch einmal 3 Jahre bei Manchester City; aktiv bis 1925 (49 Jahre alt); schoß 181 Tore in 857 Ligaspielen sowie 10 Treffer in 48 Länderspielen; internationales Debüt am 16. 3. 1895 gegen Irland (2:2) in Belfast; Länderspielabschied am 15. 3. 1920 gegen England (2:1) in London.

Merkel, Max, Österreich, Trainer, geb. 7. 12. 1918 Wien; Läufer; spielte bei Rapid Wien (1933/37, 1946/54), Wiener SK (1937/42), LSV Markendorf (1942/45) u. Vienna Wien (1945/46); 1 Länderspiel für Österreich (am 22. 6. 1952 gegen die Schweiz 1:1 in Genf; 1 Länderspiel für Deutschland (am 27. 8. 1939 gegen die CŠR 0:2 in Preßburg [Bratislava] nach Annexion Österreichs); beendete 1954 seine aktive Laufbahn. – Danach Trainer bei ADO Den Haag, Rapid Wien, Borussia Dortmund, TSV 1860 München (1964 Pokalsieger, 1966 Meister u. 1965 EC II-Finalist), 1. FC Nürnberg (1968 Meister), FC Sevilla, Atlético Madrid, Schalke 04, FC Augsburg u. Karlsruher SC; betreute vom 1. 4. 1955 bis 30. 8. 1956 die Auswahl der Niederlande. 1977/78 techn. Berater beim ÖFB. Abb.

Mermans, Joseph („Jeff"), Belgien, geb. 16. 2. 1922; Stürmer; spielte 1945/58 beim RSC Anderlecht, 56 Länderspiele, 23 Tore (1945/55); WM-Endrundenteilnehmer 1954.

Meschi, Michail, UdSSR, geb. 1937; Außenstürmer; spielte 1954/69 bei Dynamo Tbilissi u. 1970 bei Lokomotive Tbilissi; 35 Länderspiele (4 Tore); 1960 Gewinner des Europapokals der Nationen (EM-Vorläufer); 1962 WM-Endrundenteilnehmer; bestritt 286 Ligaspiele (50 Tore).

Messepokal, früher Kurzbez. für ↑ Internationaler Messepokal.

Messestädtepokal, svw. ↑ Internationaler Messepokal.

Mészöly, Kalman, Ungarn, Trainer, geb. 16. 7. 1941 Budapest; Libero; spielte 1955/60 beim III. Bezirk Budapest (2. Liga) u. 1960/72 bei Vasas Budapest; 61 Länderspiele; internationales Debüt am 12. 12. 1961 gegen Chile (0:0) in Santiago de Chile; Länderspielabschied am 4. 4. 1971 gegen Österreich (2:0) in Wien; WM-Endrundenteilnehmer 1962 u. 1966; spielte am 23. 9. 1964 in der Europaauswahl gegen Jugoslawien (7:2) in Belgrad. – Später Trainer; mit Ungarn WM-Endrundenteilnehmer 1982.

Metreweli, Slawa, UdSSR, geb. 30. 5. 1936 Sotschi; Außenstürmer; spielte 1952/55 bei Sotschi, 1955/56 bei Torpedo Gorki, 1956/62 bei Torpedo Moskau u. 1962/72 bei Dynamo Tbilissi; 48 Länderspiele (12 Tore; 1958/70); WM-Endrundenteilnehmer 1962 u. 1966; EM-Endrundenteilnehmer 1960; stand 1968 in der FIFA-Auswahl gegen Brasilien; bestritt 375 Ligaspiele, 113 Tore (84 in Punkt-, 17 in Pokal- u. 12 in Länderspielen).

Metz, F.C. („Messins", „Metzer"), Frankreich, Verein der Ehrendivision, gegr. 1932; *Pokalsieger* 1984; 4 *EC-Teilnahmen:* 10 Spiele; 1 Sieg, 3 Unentschieden, 6 Niederlagen, 5:15 Punkte, 15:25 Tore. – *Spielkleidung:* weiße Hose, dunkelrotes Hemd, dunkelrote Stutzen. *Heimstadion:* Saint-Symphorien, 25 000 Plätze. Abb.

Spieler (Auswahl): M. Amoros – E. H. Bakhuys – U. Barberis – P. Battiston – B. Bellone – A. Betta – J. Bocande – N. Braun – T. Cisowski – N. Combin – A. Curiol – R. Edström – J.-L. Ettori – S. Jensen – H. Kasperczak – Libar – A. Merry (Krimau) – J. Nagy – F. Remetter – Soerensen – E. Stojaspal – Szepaniak – V. Zvunka. – **Trainer** (Auswahl): G. Banide – J. Favre – P. Flamion – R. Husson – H. Kasperczak – M. Rastoll – E. Rous – Schirschin – J. Snella – E. Veinante – P. Vernier.

Mewes, Siegmund („Keule"), geb. 26. 2. 1951 Magdeburg; Läufer, Vorstopper; spielte 1959/61 bei Rotation Magdeburg, 1961/65 bei Aufbau Elbe Magdeburg, 1965 bei Motor Mitte Magdeburg u. 1965/85 beim (SC Aufbau) 1. FC Magdeburg; bestritt 296 Oberligaspiele (56 Tore). – Jetzt Trainer.

Mexiko, Republik in Mittelamerika, 1 972 547 km², etwa 74 Mill. Ew., 1 Fußballspieler je 51 Ew.; Verband *Federa-*

1982 Santa Catarina (Klubauswahl)
1983 Buenos Aires
1984 Südkorea
1985 Südkorea
1986 Malaysia

FC Metz

Mexiko

Weltmeisterschaft
1930 Endrunde
1950 Endrunde
1954 Endrunde
1958 Endrunde
1962 Endrunde
1966 Endrunde
1970 Viertelfinale
1978 Endrunde
1986 Viertelfinale

olympisches Fußballturnier
1928 Endrunde
1948 Endrunde
1964 Endrunde
1968 4. Platz
1972 Endrunde
1976 Endrunde

CONCACAF-Pokal der Landesmeister
1963 Guadalajara
1964 Guadalajara
1965 Guadalajara
1968 Toluca
1969 Cruz Azul
1970 Cruz Azul (für Nordamerika)
1971 Cruz Azul
1975 Atlético Español
1977 America León
1980 U. N. A. M.
1981 U. N. A. M.
1982 U. N. A. M.
1983 Atlante

Landesmeister
1903 Orizaba AC
1904 Mexiko Country Club
1905 Pachuca AC España
1906 Reforma Mexiko
1907 Reforma
1908 Reforma
1909 Reforma
1910 Reforma
1911 Reforma
1912 Reforma
1913 Mexiko Country Club
1914 España
1915 España
1916 España
1917 España
1918 Pachuca
1919 España
1920 España
1921 España
1922 España
1923 Asturias Mexiko
1924 España
1925 America Mexiko
1926 America
1927 America
1928 America
1929 Marte Mexiko
1931 España
1932 Atlante Mexiko
1933 Necaxa
1934 España
1935 Necaxa
1936 España
1937 Necaxa
1938 Necaxa
1939 Asturias
1940 España
1941 Atlante
1942 España
1943 Marte
1944 Asturias
1945 España
1946 Veracruz CF
1947 Atlante
1948 León AC
1949 León AC
1950 Veracruz
1951 Atlas Guadalajara
1952 León
1953 Tampico CF
1954 Marte
1955 Zacatepec
1956 León
1957 Guadalajara
1958 Zacatepec AC
1959 Guadalajara CD
1960 Guadalajara
1961 Guadalajara
1962 Guadalajara
1963 Oro Jalisco Guadalajara
1964 Guadalajara
1965 Guadalajara
1966 America
1967 Toluca CD
1968 Toluca CD

ción Mexicana de Fútbol Asociación („Mexikanischer Fußballverband"), Abk. *FMFA*; gegr. 1927, Sitz *Mexiko-City*; Mitgl. der *FIFA* seit 1929, der *CONCACAF* seit 1961. – *Organisation:* 80 Klubs; 2800 Berufsspieler, 1,25 Mill. Amateurspieler, gesamt 1,45 Mill. (einschl. Nachwuchs- u. AM-Spieler); *Spieljahr:* September–Juni; *Spielkleidung:* weiße Hose, grünes Hemd, grüne Stutzen (Reserveausrüstung: blaue Hose, rotes Hemd, blaue Stutzen); *Nationalstadion:* ↑ Aztekenstadion; *Stadien* (Auswahl): Estadio Olimpico '68, Mexiko-City, 72449; Estadio Jalisco, Guadalajara, 66193; Estadio Cuauhtemoc, Puebla, 46412; Estadio Universitario, Monterrey, 43861; Estadio „La Corregidora", Querétaro, 38904; Estadio Tecnológico, Monterrey, 38662; Estadio Neza '86, Nezahualcoyotl, 34536; Estadio de León, León, 33930; Estadio „La Bonbonera", Toluca, 31300; Estadio de Irapuato, Irapuato, 30712; Estadio „3 de Marzo", Guadalajara, 30015.

Meyer, Hans, Trainer, geb. 3. 11. 1942 Briesen (ČSSR); Verteidiger; spielte 1956/63 bei Motor Dietlas (Bezirk Suhl), 1963/70 beim SC Motor u. FC Carl Zeiss Jena (30 Oberligaspiele, 1 Tor). –

Hans **Meyer**

1970/71 Trainerassistent von *G. Buschner*; 1971/83 Oberligatrainer in Jena; seit 1984 beim FC Rot-Weiß Erfurt; wurde mit Jena fünfmal Vizemeister u. dreimal Pokalsieger (1972, 1974 u. 1980; EC II-Finale 1981). Abb.

Mezey, György, Ungarn, Trainer, geb. 1941; 1980/83 Nationalmannschaftstrainerassistent von *K. Mészöly*; 7. 9. 1983 bis 9. 6. 1986 Nationalmannschaftstrainer; führte Ungarn 1986 zur WM-Endrunde; seitdem in Kuweit. Abb.

MFS ↑ Malta.

Michalski, Kurt, war Fußballfunktionär, 8. 1. 1920–5. 3. 1968; Verteidiger; spielte seit 1930 im Arbeitersportverein Zechau u. 1948/49 bei BSG Glückauf Zechau. – Später u. a. 1954/61 Vorsitzender des SC Aktivist Brieske-Senftenberg u. seit 30. 4. 1961 DFV-Generalsekretär.

Michel, Henri, Frankreich, Trainer, geb. 29. 10. 1947 Aix; Mittelfeldspieler; spielte unter anderem 1966/82 beim FC Nantes; 58 Länderspiele; internationales Debüt am 17. 9. 1967 gegen Polen (4:1) in Warschau; Länderspielabschied am 11. 10. 1980 gegen Zypern (7:0) in Limassol. – Später Trainer; seit 1984 Auswahltrainer Frankreichs (Nachfolger von *M. Hidalgo*). Abb.

Michel, Rudi, Sportkommentator, geb. 2. 8. 1921; spielte unterklassig aktiv; Leiter der Sportredaktion des Südwestfunks (Hörfunk u. Fernsehen) in Baden-Baden (BRD); versierter Fachmann der Fußball-, Handball- u. Radsportszene; übertrug als ARD-Reporter die WM-Endspiele 1958, 1962, 1966, 1974 u. 1982.

Michels, Rinus, Niederlande, Trainer, geb. 9. 2. 1928 Amsterdam; Mittel- u. Halbstürmer; spielte bei Ajax Amsterdam; 5 Länderspiele; internationales Debüt am 8. 6. 1950 gegen Schweden (1:4) in Stockholm; Länderspielabschied am 30. 5. 1954 gegen die Schweiz (1:3) in Zürich. – Später Trainer; 1965/71 bei Ajax Amsterdam (EC I-Gewinner 1971, Landesmeister 1966, 1967, 1968 u. 1970; Pokalsieger 1967 u. 1970), 1974/76 Nationalmannschaft (seit 11. 1. 1974 [Vorgänger *F. Fadrhonc*]; führte die Niederlande 1974 zur Vizeweltmeisterschaft), 1971/75 u. 1976/78 beim F. C. Barcelona (1974 Landesmeister, 1978 Pokalsieger), 1978/80 bei Los Angeles Aztecs u. 1980/83 beim 1. FC Köln. – 1984/86 Technischer Direktor des Königlichen Niederländischen Fußballverbandes u. seit Juni 1986 wieder Nationalmannschaftstrainer. Abb.

Mielec, F. K. S. Stal (*Fabryczny Klub Sportowy*, „Betriebssportklub"), Polen,

1. Liga, gegr. 1939; *Landesmeister* 1973 u. 1976. 5 *EC-Teilnahmen:* 16 Spiele; 4 Siege, 4 Unentschieden, 8 Niederlagen, 12:20 Punkte, 11:24 Tore. – *Spielkleidung:* weiße Hose, hellblaues Hemd, weiße Stutzen (blau abgesetzt). *Heimstadion:* Stal-Stadion, mit 30 000 Plätzen u. Flutlicht (1 500 lx). Abb.

(53 Oberligaspiele, 1 Tor), Vorwärts Leipzig u. Stahl Eisenhüttenstadt. – 1973/78 Trainer beim FC Vorwärts Frankfurt (Oder) – u. a. Oberligatrainer-assistent –, 1978/85 beim 1. FC Lok Leipzig (ab 1979 Oberligatrainer); seit 1985 DFV-Trainer (1986 Olympiaauswahltrainer, mit *Wilfried Gröbner*).

1969	Guadalajara
1970	Cruz Azul
1971	America
1972	Cruz Azul
1973	Cruz Azul
1974	Cruz Azul
1975	Toluca
1976	U. N. A. M. (Universidad Autonoma Mexiko)
1977	Universidad de Guadalajara
1978	America
1979	Cruz Azul
1980	Cruz Azul
1981	U. N. A. M.
1982	Universidad de Nuevo León
1983	Puebla
1984	America
1985	America
1986	FC Monterrey

György **Mezey**

Henri **Michel**

Rinus **Michels**

Spieler (Auswahl): K. Buda – W. Ciolok – J. Domarski – Z. Hnatio – W. Karas – H. Kasperczak – D. Kubicki – Z. Kukla – G. Lato – E. Oratowski – K. Rześny – A. Szarmach. – **Trainer** (Auswahl): A. Gajewski – H. Jalocha – L. Jezierski – M. Kosinski – R. Latawiec – J. Machcinski – E. Zientara.

Mihatpasa-Stadion ↑ Istanbul, Besiktas Gymnastik.

Miljanić, Miljan („Tschitscha"), Jugoslawien, Trainer, geb. 4. 5. 1930 Bitola; Läufer; spielte 1946/64 bei Roter Stern Belgrad. – Später Trainer; 1964/74 bei Roter Stern Belgrad (fünfmal Landesmeister zwischen 1964 u. 1973 sowie Pokalsieger 1968, 1970 u. 1971); 1965/70 erstmals in der Auswahlkommission mit *Tirnanić, Antolković* u. *Gegić*; 1974 Nationalmannschaftstrainer (übernahm die Mannschaft 3 Monate vor der WM-Endrunde in der BRD); trainierte 1974/78 Real Madrid; 1979/82 abermals Auswahlverantwortlicher; danach (ab 1983) Technischer Direktor im jugoslaw. Fußballverband, seit April 1986 Nationalmannschaftstrainer.

Miller, Harro, Trainer, geb. 22. 4. 1940 Chemnitz (Karl-Marx-Stadt); Verteidiger u. Libero; spielte bei SG Gablenz, SC Motor Karl-Marx-Stadt, Wismut Aue

Milutinović, Milos, Jugoslawien, Trainer, geb. 1933; Stürmer; spielte 1950/59 bei Partizan Belgrad u. 1959 bei OFK Belgrad, danach beim FC Bayern München, bei Racing u. Stade Français Paris; 34 Länderspiele (18 Tore); internationales Debüt am 21. 5. 1953 gegen Wales (5:2) in Belgrad; Länderspielabschied am 19. 6. 1958 gegen die BRD (0:1) in Malmö; WM-Endrundenteilnehmer 1954 u. 1958; bestritt 192 Punktspiele für Partizan (183 Tore). – Später Trainer; u. a. in Mexiko, in der Türkei, bei OFK Belgrad, Partizan Belgrad (hier Pokalsieger 1983) u. September 1984 bis 22. 12. 1985 jugoslaw. Nationalmannschaftstrainer (Nachfolger von *I. Toplak*). – Bruder von *Velibor M.* Abb.

Milutinović, Velibor („Bora"), Jugoslawien, Trainer, geb. 1942; Mittelläufer, Verteidiger; spielte 1956/72 bei Partizan Belgrad, FC Winterthur (Schweiz), AS Monaco, OGC Nizza u. U.N.A.M. (Mexiko). – Seit 1972 in Mexiko, trainierte er 1983 bis 1986 Mexikos Nationalmannschaft. M. wurde nach der WM-Endrunde 1986 mit dem „Orden des Azteken-Adlers" geehrt, der höchsten mexikan. Auszeichnung, die einem

Milos **Milutinović**

Stal Mielec

Atlético Mineiro

Mitropapokal

1927	Sparta Prag
1928	Ferencváros Budapest
1929	Dózsa Ujpest Budapest
1930	Rapid Wien
1931	First Vienna Wien
1932	FC Bologna
1933	Austria Wien
1934	FC Bologna
1935	Sparta Prag
1936	Austria Wien
1937	Ferencváros Budapest
1938	Slavia Prag
1939	Dózsa Ujpest Budapest
1955	Vörös Lobogo (MTK) Budapest
1956	Vasas Budapest
1957	Vasas Budapest
1959	Honvéd Budapest
1960	Ungarn (die Punkte der beteiligten Klubs wurden zu einer Länderwertung addiert)
1961	FC Bologna
1962	Vasas Budapest
1963	MTK Budapest
1964	Spartak Sokolovo Prag
1965	Vasas Budapest
1966	AC Florenz
1967	Spartak Trnava
1968	Roter Stern Belgrad
1969	Inter Bratislava
1970	Vasas Budapest
1971	Celik Zenica
1972	Celik Zenica
1973	Bányász Tatabánya
1974	Bányász Tatabánya
1975	SSW Innsbruck
1976	SSW Innsbruck
1977	Vojvodina Novi Sad
1978	Partizan Belgrad
1979	AC Udine
1981	Tatran Presov
1982	AC Mailand
1983	Vasas Budapest
1984	SC Eisenstadt
1985	Iskra Bugojno
1986	SC Pisa

Ausländer zuteil werden kann. – Bruder von *Milos M.*

Minas-Gerais-Meisterschaft, seit 1914 jährlich durchgeführter Wettbewerb im Staat *Minas Gerais* [portugies., „verschiedene Bergwerke"] – gelegen im Inneren Ostbrasiliens, Hauptstadt *Belo Horizonte* –, ähnlich der ↑ Rio-de-Janeiro-Meisterschaft.

Mineiro, Clube Atlético, Belo Horizonte (Bundesstaat *Minas Gerais*), Brasilien; gegr. 25. 3. 1908; 30mal *Staatenmeister* (zwischen 1915 u. 1983, 1956 gemeinsam mit Cruzeiro); *Landesmeister* 1971. – *Spielkleidung:* schwarze Hose mit weißen Seitenstreifen, schwarz-weiß längsgestreiftes Hemd, weiße Stutzen. *Heimstadion:* Estádio Antonio Carlos, 80000 Plätze (am 30. 5. 1929 eingeweiht). Abb.

Spieler (Auswahl): Carlyle – M. de Castro – A. C. Cerezo – Dario – Eder – H. Francarolli – Guará – Haroldo – P. Isidoro – Kafunga – J. Leite – J. R. de Lima – Luizinho – Margival – L. Mazurkiewicz – Murilo – Nelsinho – Odilon – J. Pena – Reinaldo – Renato – Zé do Monte. – **Trainer** (Auswahl): P. de Almeida – Barbatana – P. Cardoso – A. Lacerda – V. Lage – R. Minelli – Mussula – Oliveira – Pepe – T. Santana.

Minelli, Severino, Schweiz, geb. 6. 9. 1909; Verteidiger; spielte 1920/30 beim FC Küsnacht, 1930/31 bei Servette Genf, 1931/43 bei Grasshoppers Zürich u. 1943/45 beim FC Zürich; 79 Länderspiele (schweizer. Rekordhalter); WM-Endrundenteilnehmer 1934 u. 1938. – Seit 1983 Ehrenmitglied des Schweizerischen Fußballverbandes.

Minerva [röm. Göttin, Schützerin der Künste], Vereinsbezeichnung aus den Anfängen des deutschen Fußballs.

Minge, Ralf, geb. 8. 10. 1960 Prösen; Mittelstürmer, Mittelfeldspieler; spielte 1969/72 bei Stahl Prösen u. 1972/80 bei TSG Gröditz; seit 1. 7. 1980 bei Dynamo Dresden; 25 Länderspiele (6 Tore); internationales Debüt am 13. 4. 1983 gegen Bulgarien (3:0) in Gera; 127 Oberligaspiele (74 Tore). Abb.

Miniweltmeisterschaft, svw. ↑ Copa de Oro.

Minnesota Strikers, USA, gehörte der US-Soccerliga (Profifußball) an (Emblem ↑ Tf. 10).

Spieler (Auswahl): R. Alonso – G. Barnett – R. Futcher – C. Hamilton – A. Merrick – W. Morgan – B. Nordqvist – A. West – A. Willey. – **Trainer** (Auswahl): R. McCrohan.

Minsk, Dynamo, UdSSR, Oberliga; gegr. 1928; 1954/59 *Spartak*, 1960/62 *Belaruss*; in der Oberliga seit 1945 (außer 1951, 1953, 1956, 1958, 1959, 1974, 1975, 1977 u. 1978); *Landesmeister* 1982. 2 *EC-Teilnahmen:* 14 Spiele; 7 Siege, 3 Unentschieden, 4 Niederlagen, 17:11 Punkte, 28:14 Tore. – *Spielkleidung:* blaue Hose, weißes Hemd, blau-weiße Stutzen. *Heimstadion:* Dynamo-Stadion, 50000 Plätze.

Spieler (Auswahl): Alejnikow – S. Borowski – Gassajew – Gozmanow – I. Gurinowitsch – W. Karassew – W. Komarow – M. Korobko – E. Kotow – Kurenin – B. Kurnew – N. Makarow – E. Malofejew – A. Michailow – M. Mustygin – A. Nasarow – A. Okulewitsch – A. Prokopenko – Pudyschew – M. Rudakow – E. Sarembo – Schawejko – N. Scheweljantschik – F. Sikow – Sygmantowitsch – J. Tarabrin – A. Terschkow – Wergejenko. – **Trainer** (Auswahl): W. W. Arsamaszew – L. N. Kortschebekow – E. Malofejew.

Mitič, Raiko, Jugoslawien, geb. 6. 11. 1922; Halbrechter, Läufer; spielte 1940/45 bei Kosutnjak u. BSK Belgrad u. 1945/58 bei Roter Stern Belgrad; 59 Länderspiele (32 Tore; 1946/57); internationales De-

Ralf **Minge**

büt am 9.5.1946 gegen die ČSR (2:0) in Prag; Länderspielabschied am 29. 9. 1957 gegen Rumänien (1:1) in Bukarest; WM-Endrundenteilnehmer 1950 und 1954; gewann bei Olympia 1948 u. 1952 Silber. – Später Trainer (u. a. der jugoslaw. Nationalmannschaft, 1967/70) u. Journalist.

Mitropapokal, 1927 von *H. Meisl*, dem damaligen Generalsekretär des ÖFB, für die jeweils 2 besten Klubmannschaften aus Österreich, Ungarn, Jugoslawien u. der CŠR initiierter Wettbewerb; 1930 wurde Italien mit einbezogen. Der M. um den Lorbeer der „besten mitteleuropäischen Vereinsmannschaft" genoß enorme Popularität. Nach dem 2. Weltkrieg u. bes. nach der Einführung des Europapokals der Landesmeister (später auch des der Pokalsieger) schwand das Interesse am M. Zwischen 1940 u. 1954 wurde er nicht ausgetragen; 1951 gewann Rapid Wien einen inoffiziellen Wettbewerb. Tab.

Mitspieler, Spieler der eigenen Mannschaft. S. a. Gegenspieler.

Mitteleuropäischer Cup, svw. ↑ Mitropapokal.

Mittelfeld, 1. etwa der Bereich zwischen den beiden Strafräumen; Aktionsbereich bes. der *M.spieler*.
2. Kurzbez. für die Gesamtheit der *M.spieler*.

Mittelfeldachse, fälschliche Bez. für *Mittelfeldreihe* (↑ Reihe). S.a. Achse.

Mittelfeldregisseur, svw. ↑ Spielmacher.

Mittelfeldspieler, mittlere Spielerreihe (↑ Reihe) in den heutigen Spielsystemen, welche die Verbindung zwischen Abwehr u. Angriff herzustellen hat. Je nach den vorhandenen Spielertypen u. der daraus resultierenden Taktik gibt es dann *defensive* u. *offensive M*. Von der Güte der M. hängt es weitgehendst ab, inwieweit das *Mittelfeld* u. damit das Spiel bestimmt wird. Tab.

Mittelkreis ↑ Spielfeld (Abb.).

Mittelläufer, Spieler im Zentrum der *Läuferreihe* beim *WM-System* mit Aufgaben der Abwehr (vornehmlich) u. Angriff; in modernen Spielsystemen durch ↑ Libero u. ↑ Vorstopper abgelöst. Tab.

Mittellinie, -punkt ↑ Spielfeld (Abb.).

Mittelstürmer, in der Mitte der 5- (früher im WM-System) od. 3köpfigen Angriffsreihe spielender Stürmer; Hauptaufgaben sind das Erzielen von Toren u. das Führen des Angriffs. Anfangs der 50er Jahre kreierte Ungarn äußerst erfolgreich den *zurückgezogenen* (od. *hängenden*) *M.* (s. a. Hidegkuti, N.). Tab.

Mittelverteidiger, im Abwehrzentrum spielender Verteidiger; je nach Spielsystem als *Ausputzer, Mittelläufer* od. *Libero* fungierend.

mittlere Reihe, svw. *Mittelfeldreihe* (↑ Reihe).

MLS ↑ Ungarn.

Moçambique, Staat an der Südostküste Afrikas, 801590 km², etwa 11,052 Mill. Ew., 1 Fußballspieler je 969 Ew.; Verband *Federação Moçambicana de Futebol* („Fußballverband Moçambique"), Abk. *RPM*; gegr. 1923, Sitz *Maputo*; Mitgl. der *FIFA* seit 1978, der *CAF* seit 1978. – *Organisation:* 145 Klubs; 11400 Amateurspieler (einschl. Nachwuchs- u. AM-Spieler); *Spieljahr:* Januar–November; die *Spielkleidung:* schwarze Hose, gelbes Hemd, gelbe Stutzen (Reserveausrüstung: Rot). *Nationalstadion:* Estádio da Machava, Maputo, 35000 (ausschl. Sitzplätze); *Stadien* (Auswahl): Maxaquene, 12000; Beira, 10000; Nampula, 6000.

Mock, Hans, Österreich, geb. 9.12.1906 Bielitz (Bielice), gest. 1983; Mittelläufer; spielte 1923/27 beim F.C. Nicholson Favoriten (später F.C.) Wien u. 1927/42 bei Austria Wien; 17 Länderspiele (1929/37 12 für Österreich, 1938/42 5 für Deutschland nach der Annexion Österreichs); internationales Debüt am 15.9.1929 gegen die ČSR (2:1) in Wien; Länderspielabschied am 1. 2. 1942 gegen die Schweiz (1:2) in Wien.

Molenbeek, RWD, Brüssel (Belgien), 1. Division (Emblem ↑ Tf. 10); gegr. 1973 als Fusion von *Racing White Molenbeek* u. *Daring Club Brüssel*; *Landesmeister* 1975; Racing zwischen 1897 u. 1908 6mal Landesmeister, Daring Club zwischen 1912 u. 1937 5mal. 7 *EC-Teilnahmen:* 30 Spiele; 11 Siege, 10 Unentschieden, 9 Niederlagen, 32:28 Punkte, 39:33 Tore. – *Spielkleidung:* schwarze

---

Mittelfeldspieler
(landessprachlich)
rechter Mittelfeldspieler
Right halfback [engl.]
Demitroit [französ.]
Medio derecho [span.]
Medio-direito [portugies.]
Mediano destro [italien.]
linker Mittelfeldspieler
Left halfback [engl.]
Demigauche [französ.]
Medio izquierda [span.]
Medio-esquerdo [portugies.]
Mediano sinistro [italien.]
Mittelläufer (landessprachlich)
Center halfback [engl.]
Demi-centre [französ.]
Centromedio [span., portugies.]
Médio-centro [italien.]

Mittelstürmer
(landessprachlich)
Center forward [engl.]
Avant-centre [französ.]
Centrodelantero [span.]
Avancado-centre [portugies.]
Centroattacco [italien.]

Hose, rot-weiß längsgestreiftes Hemd, weiße Stutzen. *Heimstadion:* RWD-Stadion, 30000 Plätze.

Spieler (Auswahl): Alhinho – Boskamp – Desanghere – Koens – Martens – Nielsen – Olsen – Polleunis – Ruiter – Teugels – van Himst – Wellens. – **Trainer** (Auswahl): P. de Visser – F. Week.

Molineux Grounds ↑ Wolverhampton Wanderers.

Molnar, Pavol, ČSSR, geb. 13. 2. 1936 Bratislava; Halbstürmer; spielte u. a. 1957/58 bei CH Bratislava, 1958/65 bei Slovan Bratislava, 1966/67 bei Internacional Bratislava, 1968 beim FC Prague Sydney u. 1968/70 bei Alpine Donawitz (Österreich); 20 Länderspiele (3 Tore); internationales Debüt am 26. 8. 1956 gegen Chile (0:3) in Santiago de Chile; Länderspielabschied am 9. 7. 1960 gegen Frankreich (2:0) in Marseille; WM-Endrundenteilnehmer 1958 u. 1962 (nicht eingesetzt); EM-Endrundenteilnehmer 1960; 204 Punktspiele (66 Tore). – Später Trainer.

Mommsenstadion ↑ Tennis Borussia.

Monaco, AS („Monegasques", „Monegassen"), Frankreich, Verein der Ehrendivision (Emblem ↑ Tf. 10), gegr. 1924; seit 1948 Profifußball; *Landesmeister* 1961, 1963 u. 1978; *Pokalsieger* 1960, 1963, 1980 u. 1985; 11 *EC-Teilnahmen:* 26 Spiele; 6 Siege, 6 Unentschieden, 14 Niederlagen, 18:34 Punkte, 37:48 Tore. – *Spielkleidung:* rote Hose, weiß-rot diagonal geteiltes Hemd, weiße Stutzen mit roten Streifen. *Heimstadion:* „Louis II", 11000 Plätze (8000 überdacht).

Spieler (Auswahl): M. Amoros – B. Bellone – A. Ben Tifour – H. Biancheri – D. Bravo – A. H. Carlier – D. Christophe – L. Cossou – A. Couriol – C. Dalger – Y. Douis – A. Emon – J.-L. Ettori – R. Gardon – B. Genghini – L. Gianessi – L. Glovacki – M. Hidalgo – R. Kaelbel – S. Lerby – Y. Le Roux – C. Lopez – F. Ludo – R. Milla – Moizani – R. Nogues – D. Onnis – Pastoriza – J. Petit – L. Quittet – S. Roy – G. Soler – H. Skiba – E. Stojaspal – Taravini – Theo (Skudlapski) – M. Zitouni – D. Zorzetto. – **Trainer** (Auswahl): G. Banide – D. Bravo – R. Courtois – M. Duval – S. Kovac – J. Luciano – L. Muller – Marek – G. Muro – P. Sinibaldi.

Mönchengladbach, VfL Borussia, BRD, gegr. 1. 8. 1900 (Emblem ↑ Tf. 10); 1. Bundesliga seit 1965; *Westmeister* 1920; Meister der Regionalliga West 1965; *Landesmeister* 1970, 1971, 1975, 1976 u. 1977; *DFB-Pokalsieger* 1960 u. 1973. *UEFA-Pokal-Gewinner* 1975 u. 1979; *DFB-Supercup-Sieger* 1977. 14 *EC-Teilnahmen:* 103 Spiele; 63 Siege, 21 Unentschieden, 19 Niederlagen, 147:59 Punkte, 243:113 Tore. – *Spielkleidung:* Weiß. *Heimstadion:* Bökelberg, 38100 Plätze, davon 8722 überdachte Sitzplätze.

Spieler (Auswahl): R. Bonhof – U. Borowka – F. Brungs – H.-G. Bruns – A. Brülls – C. del Haye – M. Frontzeck – W. Hannes – K.-E. Herlovsen – J. Heynckes – C. Hochstätter – W. Kleff – W. Kneib – H. Köppel – B. Krauss – E. Kremers – H. Laumen – U. le Fevre – E. Lienen – L. Matthäus – F. Mill – G. Netzer – H. Nickel – K. Pinkall – U. Rahn – K.-D. Sieloff – A. Simonsen – U. Stielike – U. Sude – H.-H. Vogts – H. Wimmer. – **Trainer** (Auswahl): J. Heynckes – F. Langner – U. Lattek – F. Pliska – H. Weisweiler.

Montevideo, AC Peñarol, Uruguay (Emblem ↑ Tf. 10); gegr. 28. 9. 1891 als „Central Uruguay Railway Cricket Club" von engl. Arbeitern der *Central Railroad* („Zentraleisenbahn"), Initiatoren: *Arthur Davenport, Frank Henderson, Frank Hudson* u. *Roland Moor*. 1900 gründete ein Klubmitglied die *AUF* (↑ Uruguay) u. die *Liga*, bestehend aus *Cricket Club, Albion* u. *Uruguay F.C.* (1913 Namensänderung in *AC*). 39mal *Landesmeister*

Bobby **Moore** bekommt von Königin Elisabeth II. den „Coupe Jules Rimet" überreicht.

FC Sankt Gallen
Real Saragossa
Betis Sevilla

Colo Colo Santiago de Chile
FC Schalke 04
Hajduk Split

FC Santos
Vitoria Setúbal
Motor Steinach

Lokomotive Stendal
VfB Stuttgart
Tampa Bay Rowdies

AIK Stockholm
Swansea City
Ilves Tampere

Racing Strasbourg
Pogon Szczecin
AC Turin

Juventus Turin
FC Valletta
A.F.C. Waterford

FC Twente/Enschede
Vasco da Gama
Westbromwich Albion

Bayer 05 Uerdingen
Gwardia Warschau
West Ham United

Austria Wien
Wolverhampton Wanderers
FC Zürich

Rapid Wien
Wrexham United
Grasshoppers Zürich

Vienna Wien
Wuppertaler SV
Sachsenring Zwickau

(zwischen 1900 u. 1982); *Südamerikapokalsieger* 1960, 1961, 1966 u. 1982; *Weltpokalgewinner* 1961, 1966 u. 1982. Den WM-Titel 1950 gewann Uruguay mit den Peñarol-Stars *Andrade, Ghiggia, Schiaffino, Vidal, Maspoli* u. *Varela*. – *Spielkleidung: schwarze Hose, schwarz-gelbes Hemd, schwarze Stutzen. Heimstadion:* „Pocitos" in Las Acacias (Trainingsstadion, gespielt wird im *Centenario*, 74 000 Sitzplätze).

Spieler (Auswahl): Andrade – Cubillas – Ghiggia – Goncalvez – Gonzales – Hohberg – Martinez – Maspoli – Mazurkiewicz – Morena – Nasazzi – Piendibene – Rocha – Schiaffino – Spencer – Varela – Vidal.

Montevideo, Club Nacional de Fútbol, Uruguay; gegr. 1899 durch Fusion von „Montevideo F.C." u. „Defensor F.C."; erster Verein in Uruguay, der nicht von Ausländern gegründet wurde; seit 1901 spielt „La Maquina" („Die Maschine") in der 1. Liga; 33mal *Landesmeister* (zwischen 1902 u. 1983), *Südamerikapokalgewinner* 1971 u. 1980; *Weltpokalgewinner* 1971 u. 1980. Den WM-Titel 1930 gewann Uruguay mit den Nacional-Stars *Nasazzi, Scarone, Castro* u. *Cea*. – *Spielkleidung:* blaue Hose, weißes Hemd mit rot-blau abgesetzten Streifen, weiße Stutzen. *Heimstadion:* Estadio Parque Central, 20 000 Plätze (Trainingsstadion, gespielt wird im *Centenario*, 74 000 Sitzplätze). Abb.

Spieler (Auswahl): Aguilera – Artime – Castro – Cea – Cubillas – Escalada – Esparrago – Garcia – Manga – Nasazzi – Peres – Petrone – Santamaria – Scarone – Ubilas.

Monti, Luigi, Argentinien/Italien, 15. 1. 1901–1983; Mittelläufer; spielte bei San Lorenzo de Almagro, Boca Júniors (Argentinien) u. Juventus Turin; mit Argentinien WM-Endrundenteilnehmer 1930; 17 Länderspiele; spielte danach als ↑ „Oriundi" bei Juventus Turin; bestritt vom 27. 11. 1932 (gegen Ungarn [4:2] in Mailand) bis 5. 4. 1936 (gegen die Schweiz [2:1] in Zürich) 18 Länderspiele für Italien (1 Tor); 1934 mit Italien WM-Endrundenteilnehmer; gewann bei Olympia 1928 Silber.

Monzeglio, Eraldo, Italien, 1906–1981; Rechtsverteidiger; spielte beim FC Bologna u. bei AS Rom; 35 Länderspiele (6 Tore); internationales Debüt am 11. 5. 1930 gegen Ungarn (5:0) in Budapest; Länderspielabschied am 5. 6. 1938 gegen Norwegen (2:1) in Marseille; Weltmeister 1934 u. 1938 (im ersten Endrundenspiel gegen Norwegen verletzt ausgeschieden).

Moore, Robert („Bobby"), England, geb. 12. 4. 1941 Barking; Stopper; spielte für West Ham United (1958/74), FC Fulham (1974/76) u. San Antonio Thunder Bay (USA/1977); 108 Länderspiele; internationales Debüt am 20. 5. 1962 gegen Peru (4:0) in Lima; einhundertstes Länderspiel am 14. 2. 1973 gegen Schottland (5:0) in Glasgow; Länderspielabschied am 14. 11. 1973 gegen Italien (0:1) in London; WM-Endrundenteilnehmer 1962, 1966 u. 1970; EM-Endrundenteilnehmer 1968; Fußballer des Jahres 1964. – Später Manager bei Oxford City u. (1985/86) bei Southend United. Abb. S. a. „Klub der Hunderter".

Moranbong Stadium, Nationalstadion der ↑ KDVR.

Moreira, Alfredo („Zezé"), Brasilien, Trainer; geb. 1908 Miracema (Provinz Rio); Läufer; spielte für America Rio de Janeiro, Fluminense, Flamengo, Botafogo, Palmeiras São Paulo, Nacional Montevideo, FC São Paulo u. Belenenses Lissabon. – Trainierte u. a. Botafogo, Fluminense u. Canto de Rio sowie Belenenses Lissabon, Nacional Montevideo u. die Nationalmannschaft Brasiliens (1952/54).

Moreira, Aymoré, Brasilien, Trainer, geb. 1912; Torhüter; spielte bis 1933 bei Iracamu, Sportklub Brasil u. America Rio de Janeiro, 1934 bei Palestra Italiana u. S.E. Palmeiras sowie 1934/45 bei Botafogo Rio de Janeiro; 15 Länderspiele. – Später Trainer; 1945/49 bei Olario FC Rio, 1950 beim FC Bangu, 1951 bei São Cristovao São Paulo, 1952 beim FC Santos, 1953/62 bei Portuguesa, 1962 Trainer der Nationalmannschaft Brasiliens (führte sie gemeinsam mit *V. Feola* 1962 zum WM-Gewinn), 1962/67 bei Portuguesa, 1967/68 wiederum Nationalmannschaftstrainer Brasiliens, 1968/69 bei Flamengo Rio de Janeiro, 1969/70 bei Portuguesa u. 1970/72 bei S.C. Corinthians.

Nacional Montevideo

Morena, Fernando, Uruguay, geb. 2. 2. 1952 Montevideo; Stürmer; er spielte 1965/73 bei River Plate Montevideo, 1973/79 u. 1981/83 bei Peñarol Montevideo, 1979/80 bei Rayo Valecano Madrid u. 1983/84 bei Flamengo Rio de Janeiro; 38 Länderspiele (62 Tore); WM-Endrundenteilnehmer 1974; in Uruguay sechsmal Torschützenkönig (1975 in 21 Spielen 34 Treffer); erzielte 1969/79 481 Ligatore (über 600 insgesamt).

Moreno, José Manuel, Argentinien, 3. 8. 1916–1978; artistischer Halbstürmer (aggressiv, torgefährlich) von der Klasse *di Stéfanos, Pederneras* u. *Labrunas*; begann in der Jugendelf von River Plate Buenos Aires u. wurde mit 18 Jahren Stammspieler in der 1. Division; spielte dann bei España Mexiko-City (1944/45), Universidad Católica (Chile, 1947/50), Boca Júniors Buenos Aires (1950), abermals bei Universidad Católica (1951), Defensor Montevideo (1952/53) u. (als Spielertrainer) 1954/60 bei Independiente Medellin (Kolumbien, 1955 u. 1957 Landesmeister); 33 Länderspiele (1941/47; 20 Tore); 950 Ligaspiele (850 Tore).

Max **Morlock**

Morlock, Max, geb. 11. 5. 1925; Halbrechter; begann bei Eintracht Nürnberg, spielte 1933/65 beim 1. FC Nürnberg; 26 Länderspiele (21 Tore), einmal Spielführer; internationales Debüt am 22. 11. 1950 gegen die Schweiz (1:0) in Stuttgart; Länderspielabschied am 28. 12. 1958 gegen Ägypten (1:2) in Kairo; WM-Endrundenteilnehmer 1954; Fußballer des Jahres 1961; bestritt über 900 Spiele für den „Club" (21 in der Bundesliga, 8 Tore). Abb. S. a. Tf. 22.

Mortensen, Stanley H. („Stan"), England, geb. 26. 5. 1921 Shielas; Halbrechter; überlebte im 2. Weltkrieg einen Flugzeugabsturz; spielte 1946/55 beim FC Blackpool, danach bei Hull City u. Southport; 25 Länderspiele (24 Tore); internationales Debüt am 27. 5. 1947 gegen Portugal (10:0) in Lissabon (erzielte 4 Tore); Länderspielabschied am 25. 11. 1953 gegen Ungarn (3:6) in London; WM-Endrundenteilnehmer 1950; bestritt 374 Ligaspiele (215 Tore). – Später Manager beim FC Blackpool.

Moskau, Dynamo, UdSSR, Oberliga; gegr. April 1923 als *Gewerkschaftsklub der Elektriker* (Nachfolger des 1887 gegründeten ältesten russ. Klubs *Morozovtsi* in Orekhovo Zujevo); erfolgreichster Klub der 1890 gegründeten Fabrikliga u. später der Moskauer Liga; 1906 Namensänderung in *Orekhovo Klub Sport (OKS)*; seit 1923 *Dynamo*; 1936 Gründungsmitglied der Liga u. erster Landesmeister; 11mal *Landesmeister* (1936/76); 6mal *Pokalsieger* (1937/84); *EC II-Finalist* 1972. 8 *EC-Teilnahmen:* 39 Spiele; 18 Siege, 10 Unentschieden, 11 Niederlagen, 46:32 Punkte, 56:38 Tore. – *Spielkleidung:* blaue Hose, weißes Hemd, blau-weiße Stutzen. *Heimstadion:* Dynamo-Stadion, 51 000 Plätze. Abb.

Spieler (Auswahl): W. Anitschkin – J. Awruzki – W. Beljakow – K. Beskow – W. Blinkow – W. Bubnow – A. Chomitsch – W. Dolbonossow – W. Feditschkin – J. Gassajew – M. Gerschkowitsch – G. Gussarow – W. Iljin – W. Iwanow – A. Jakubik – M. J. Jakuschin – L. Jaschin – G. Jewrushichin – W. Karzew – W. Koslow – A. Krishewskij – J. Kusnezow – Lowtschew – Machowikow – A. Maljawkin – E. Malofejew – W. Maslow – A. Metreweli – I. Moser – D. Nikulin – A. Petrow – W. Pilgui – M. Potapow – G. Rjabow – W. Sawdunin – M. Semitschastny – J. Sjomin – A. Sokolow – S. Solowjew – W. Sykow – W. Trofimow – I. Tschislenko – Zarjow – W. Zwetkow. – **Trainer** (Auswahl): B. Arkadjew – K. Beskow – W. Dubinin – W. Iljin – M. J. Jakuschin – J. Kusnezow – K. Kwaschnin – E. Malofejew – A. Ponomarjow – A. Sewidow.

Moskau, Spartak, UdSSR, Oberliga; gegr. 19. 4. 1935; zuvor (ab1922) *MKS, Krasnaja Presnja* (Moskau), *Pitschtewiki, Dukat* u. *Promkooperacia*; seit 1936 Oberliga; Gründungsmitglied; erster Landesmeister (1936); 10mal *Landesmeister* (1936/79); 9mal *Pokalsieger* (1938 bis 1971); 12 *EC-Teilnahmen:* 60 Spiele; 34 Siege, 11 Unentschieden, 15 Niederlagen, 79:41 Punkte, 101:62 Tore. – *Spielkleidung:* Weiß. *Heimstadion:* Lenin-Stadion, 100 000 Plätze.

Spieler (Auswahl): A. Akimow – A. Bubnow – Chidjatullin – Chusainow – R. Dassajew – N. Dementjew – G. Fedotow – J. Gawrilow – A. Iljin – S. Iljin – G. Jarzew – A. Junissow – Kisseljow – J. Kostikow – E. Kuleschow – A. Leontjew – J. Lowtschew – W. Maljawkin – G. Morosow – I. Netto – S. Nowikow – I. Osjanin – A. Paramonow – W. Parschin – K. Rjasanzew – S. Rodionow – Romanzew – W. Rudnow – S. Salnikow – L. Samochin – Schawlo – Schwezow – J. Sedow – N. Simonjan – W. Sokolow – A. Starostin – N. Starostin – W. Stepanow – W. Terentjew – F. Tscherenkow – W. Tschernischew. – **Trainer** (Auswahl): K. Beskow – C. A. Dangulow – N. Guljajew – K. Kwaschnin – P. Popow – N. Simonjan – W. Sokolow – N. Starostin – A. Vollrath.

Moskau, Torpedo, UdSSR, Oberliga; gegr. 1924 als „Proletarischer Schmied"; seit 1936 *Torpedo* (Emblem ↑ Tf. 10); Oberliga seit 1938; *Landesmeister* 1960, 1965 u. 1976; *Pokalsieger* 1949, 1952, 1960, 1968, 1972 u. 1986. 8 *EC-Teilnahmen:* 27 Spiele; 10 Siege, 11 Unentschieden, 6 Niederlagen, 31:23 Punkte, 34:22 Tore. – *Spielkleidung:* schwarze Hose, weißes Hemd, weiße Stutzen. *Heimstadion:* Torpedo-Stadion, 21000 Plätze.

Spieler (Auswahl): W. Abramow – W. Bannikow – Belenkow – Chrabrostin – J. Djakow – G. Duganow – A. Gomez – Grischin – G. Gussarow – W. Iwanow – G. Jarkow – A. Kawasaschwili – N. Kotow – P. Kruglow – N. Morosow – N. Parschin – Petrakow – P. Petrow – A. Ponomarjow – Redkous – M. Rodin – L. Samochin – W. Schustikow – S. Solomatin – J. Solotow – E. Strelzow – J. Tschaikow – W. Tschanow – N. Wassiljew – W. Woronin. – **Trainer** (Auswahl): W. Iwanow – K. Kwaschnin – W. Marjenko – W. Maslow – N. Morosow – N. Nikitin.

Moskau, ZSKA, UdSSR, Oberliga; gegr. 1923 als *OLLS*, 1923/27 *OPPV*, 1928/50 *ZDKA*, 1950/54 *ZDSA*, 1954/59 *ZSK MO* u. seit 1960 *ZSKA*; Oberliga 1946/84; 6mal *Landesmeister* (zwischen 1946 u. 1970); 4mal *Pokalsieger* (zwischen 1945 u. 1955). 2 *EC-Teilnahmen:* 6 Spiele; 3 Siege, 1 Unentschieden, 2 Niederlagen, 7:5 Punkte, 7:5 Tore. – *Spielkleidung:* weiße Hose und rotes Hemd, weiß-rote Stutzen. *Heimstadion:* ZSKA-Stadion, 45000 Plätze.

Spieler (Auswahl): E. Babitsch – Baschaschkin – A. Belenkow – L. Below – W. Bobrow – W. Demin – G. Fedotow – B. Gordunow – A. Grinin – Istomin – W. Jakuschin – G. Jarzew – Kaplitschny – I. Kotschetkow – K. Ljaskowski – W. Nikanarow – W. Nikolajew – W. Nowikow – Olschanski – A. Ponomarjow – A. Prochorow – M. Rodin – S. Schaposchnikow – A. Schesternjow – W. Solowjew – A. Tarchanow – W. Tschanow – J. Tschesnokow – W. Tschistowalow – A. Winogradow – A. Wodjagin. – **Trainer** (Auswahl): B. A. Arkadjew – O. Basiljewitsch – N. Guljajew – W. Nikolajew.

Moss, FK, Norwegen, 1. Division, gegr. 1906; *Pokalsieger* 1983. 2 *EC-Teilnahmen:* 4 Spiele; 4 Niederlagen, 0:8 Punkte, 5:11 Tore. – *Spielkleidung:* schwarze Hose und gelbes Hemd, schwarz-gelbe Stutzen. *Heimstadion:* Mellös-Stadion, 10000 Plätze.

Spieler (Auswahl): J. K. Fjärestad – S. Gröndalen – P. Heliasz – G. Henäs – T. L. Johannesen – S. Kollshaugen – R. Tangen. – **Trainer** (Auswahl): P. Henaes – J. Olsson.

Mothes, Harald, geb. 28. 11. 1956 Aue; Mittelstürmer; spielt seit 1972 bei Wismut Aue; 1 Länderspiel: am 28. 3. 1984

Harald **Mothes**

gegen die ČSSR (2:1) in Erfurt; 206 Oberligaspiele (61 Tore). Abb.

Motivation, Gesamtheit der Beweggründe u. Einflüsse, welche die Aktivitäten eines Spielers od. einer Mannschaft beeinflussen. Dem Trainer kommt hierbei eine entscheidende Bedeutung zu, wenn er es z. B. geschickt versteht, die Mannschaft psychologisch auf den kommenden Gegner einzustimmen, sie zu *motivieren*, u. U. auch herauszufordern u. sie sogar in bestimmtem Maß zu provozieren. M. hervorrufen, bedeutet

Dynamo Moskau

Erzeugung von *Leistungsbereitschaft* bei den Aktiven. Bes. schwierig ist es für den Trainer, die Mannschaft nach auftretender Erfolglosigkeit für das jeweils anstehende Treffen neu zu motivieren. In einem Endspiel andererseits – welcher Art auch immer – sind die Spieler bereits von sich aus motiviert.

Motor, *DDR* Bez. für Betriebssportgemeinschaften des Maschinen- u. Fahrzeugbaus, z. B. M. Suhl.

motorisch [latein.], die *Motorik* (Gesamtheit der willkürlichen, aktiven, durch die Hirnrinde gesteuerten Bewegungsvorgänge) betreffend; z. B. *m.e Fähigkeit* (körperlich-sportliche Fähigkeit), *m.e Fertigkeit* (körperlich-sportliche Fertigkeit).

MSV, Abk. für *Meidericher Spielverein* (↑ Duisburg, MSV).

Mt. Smart Stadium, Nationalstadion von ↑ Neuseeland.

Mühlbächer, Waldemar, geb. 25. 9. 1937 Medisch (Rumänien); Mittelfeldspieler, Libero; spielte 1950/56 bei Fortschritt Meerane u. 1956/68 beim SC Dynamo bzw. Berliner FC Dynamo; 17 Länderspiele (1 Tor); internationales Debüt am 4. 5. 1958 gegen Albanien (1:1) in Tirana; Länderspielabschied am 9. 10. 1965 gegen Ungarn (2:3) in Budapest; 218 Oberligaspiele (31 Tore). S. a. Drews, W. (Abb.).

Gerd **Müller**

Müller, Bringfried („Binges"), Trainer, geb. 28. 1. 1931 Langenberg (Thüringen); Verteidiger u. Libero; spielte 1948/50 bei Traktor Langenberg (Handball, Fußball), 1950/51 bei Lok Gera, 1951/55 bei Motor Gera, 1955/64 beim SC Wismut Karl-Marx-Stadt u. Wismut Aue; bestritt 286 Oberligaspiele sowie 18 Länderspiele zwischen 1955 (am 18. 9. gegen Rumänien [3:2] in Bukarest) u. 1960 (am 11. 12. gegen Marokko [3:2] in Casablanca). – Trainer bei Wismut Gera (1964/67); FC Karl-Marx-Stadt (1967/70) u. Wismut Aue (1971/76).

Müller, Gerhard („Gerd"), geb. 3. 11. 1945 Nördlingen; Mittelstürmer; spielte für TSV Nördlingen [Bayern] (1955/64), Bayern München (1964/79) u. Fort Lauderdale Strikers/USA (1979/81); 62 Länderspiele (68 Tore); internationales Debüt am 12. 10. 1966 gegen die Türkei (2:0) in Ankara; Länderspielabschied am 7. 7. 1974 beim WM-Finale gegen die Niederlande (2:1) in München; WM-Endrundenteilnehmer 1970 u. 1974; EM-Endrundenteilnehmer 1972.

Der „Bomber der Nation" war 1970 WM-Endrundentorschützenkönig (zehn Treffer), erfolgreichster Bundesligatorschütze 1967 (28), 1969 (30), 1970 (38), 1972 (40), 1973 (36), 1974 (30) u. 1978 (24); erzielte 365 Tore in 427 Bundesligaspielen; wurde bester EC I-Torschütze 1973 (11), 1974 (9), 1975 (5) u. 1977 (5); erreichte im EC II 1967 9 Treffer; war 1967 u. 1969 in der BRD sowie 1970 in Europa Fußballer des Jahres. Abb. S. a. BRD (Abb.), Tf. 32 *(unten)*.

Müller, Hans, geb. 27. 7. 1957 Stuttgart; Mittelfeldspieler; spielte 1963/69 bei SV Rot u. 1969/82 beim VfB Stuttgart, 1982/84 bei Internazionale Mailand, 1984/85 bei Como u. seit 1985 beim FC Tirol; 42 Länderspiele (5 Tore); internationales Debüt am 5. 4. 1978 gegen Brasilien (0:1) in Hamburg; Länderspielabschied am 7. 9. 1983 gegen Ungarn (1:1) in Budapest; WM-Endrundenteilnehmer 1978 u. 1982; EM-Endrundenteilnehmer 1980; bestritt 143 Bundesligaspiele (54 Tore) u. in Italien über 70 Punktspiele (9 Tore). Abb.

Müller, Helmut, geb. 17. 3. 1937 Steinach; Halbstürmer; spielte 1951/55 bei Motor Steinach u. 1955/67 beim (SC Motor) FC Carl Zeiss Jena; 13 Länderspiele (5 Tore); internationales Debüt am 27. 10. 1957 gegen die ČSR (1:4) in Leipzig; Länderspielabschied am 14. 10. 1962 gegen Rumänien (3:2) in Dresden; bestritt 229 Punktspiele (78 Tore); 1958 Oberligatorschützenkönig (17 Treffer). – Später Übungsleiter.

Müller, Jochen, geb. 23. 10. 1925 u. gest. 11. 2. 1985 Erfurt; Läufer; spielte ab 1936 ausschl. in Erfurt (SC, Erfurt-West, Fortuna, KWU, Turbine u. SC Turbine); 3 Länderspiele: am 14. 6. 1953 gegen Bulgarien (0:0) in Dresden, am 26. 9. 1954 gegen Polen (0:1) in Rostock u. am 24. 10. 1954 gegen Bulgarien (1:3) in Sofia; bestritt zwischen 1949 u. 1958 313 Oberligaspiele (10 Tore).

Müller, René, geb. 11. 2. 1959 Leipzig;

Torhüter; spielte 1965/70 bei Aktivist Markkleeberg; seit 1970 beim 1. FC Lok Leipzig; 25 Länderspiele; debütierte am 15. 2. 1984 beim 3:1 gegen Griechenland in Athen; 160 Oberligaspiele; 1986 Fußballer des Jahres. Abb.

Multhaup, Willi („Fischken"), Trainer, geb. 19. 7. 1903; wurde 1965 mit Werder Bremen Landesmeister u. gewann 1966 mit Borussia Dortmund den Europapokal der Pokalsieger.

München, FC Bayern (die „Bayern"), BRD; gegr. 27. 2. 1900 mit dem Aufbau einer Jugendabteilung; am 1. 1. 1906 Fusion mit dem *Münchner Sportclub*; ab 1919 Trennung vom Sportclub u. Zusammenschluß mit dem *Turnverein Jahn München*; 1924 Trennung von Jahn, jetzt selbständiger Verein (Emblem ↑ Tf. 10); 1. Bundesliga seit 1965; Süddeutscher Meister 1926 u. 1928; nach dem 2. Weltkrieg Mitglied der Süddeutschen Oberliga (aus 16 Vereinen Bayerns, Hessens, Badens u. Württembergs); 1955 Abstieg in die 2. Liga, 1956 Wiederaufstieg in die Oberliga; Meister der Regionalliga Süd 1965; *Landesmeister* 1932, 1969, 1972, 1973, 1974, 1980, 1981, 1985 u. 1986; *DFB-Pokalsieger* 1957, 1966, 1967, 1969, 1971, 1982, 1984 u. 1986; EC I-Gewinner 1974, 1975 u. 1976; EC II-Gewinner 1967; *Weltpokalgewinner* 1976. 19 *EC-Teilnahmen:* 137 Spiele; 76 Siege, 32 Unentschieden, 29 Niederlagen, 184:90 Punkte, 288:137 Tore. – *Spielkleidung:* Rot. *Heimstadion:* ↑ Olympiastadion (4).

Spieler (Auswahl): B. Andersson – K. Augenthaler – R. Aumann – F. Beckenbauer – B. Beierlorzer – J. Bergmaier – A. Brehme – P. Breitner – W. Dremmler – B. Dürnberger – N. Eder – H. Erhardt – M. Gablonsky – W. Giesemann – L. Goldbrunner – E. Hahn – J. Hansen – S. Haringer – C. Heidkamp – D. u. U. Hoeneß – L. Hofmann – U. Horsmann – W. Junghans – H.-J. Kapellmann – L. Kögl – W. Kraus – S. Lerby – J. Maier – R. Mathy – L. Matthäus – G. Müller – N. Nachtweih – K. Niedermayer – H. Nowak – B. Oblak – R. Ohlhauser – W. Olk – J.-M. Pfaff – H. Pflügler – J. Pöttinger – F. Roth – K.-H. u. M. Rummenigge – G. Schwarzenbeck – G. Siedl – A. Sigurvinsson – G. Starek – W. Simetsreiter – J. Streitle – H. Weiner – H. Willmer – W. Winklhofer – R. Wohlfarth – R. Zobel. – **Trainer** (Auswahl): Z. Čajkovski – D. Cramer – P. Csernai – F. Dietl – W. Hahn – K. Heidkamp – R. Högg – G. Knöpfle – U. Lattek – G. Lóránt – R. Patek – A. Riemke – H. Schneider – B. Zebec.

René **Müller**

München von 1860 e.V., TSV (die „Löwen"), BRD, gegr. 17. 5. 1860, Fußballabteilung am 25. 4. 1899 (Emblem ↑ Tf. 10); seit 1982/83 Oberliga Bayern; 1. Bundesliga von 1963/70, 1977/78, 1979/80, 1980/81; 2. Bundesliga 1981/82; 2. Liga Süd 1974/75 bis 1976/77 u. 1978/79 (Meister); Regionalliga Süd 1970/71 bis 1973/74. Für die Saison 1982/83 erhielt der Verein wegen starker Verschuldung keine Lizenz für den Profifußball u. stieg in die Oberliga ab. *Landesmeister* 1966; *DFB-Pokalsieger* 1942 u. 1964. 6 *EC-Teilnahmen:* 30 Spiele; 15 Siege, 6 Unentschieden u. 9 Niederlagen, 36:24 Punkte, 70:42 Tore. – *Spielkleidung:* weiße Hose, blaues Hemd, weiße Stutzen. *Heimstadion:* Stadion an der Grünwalder Straße, 26 172 Plätze, davon 2 970 Sitzplätze (1 600 überdacht), 1926 eröffnet, 1959 Flutlichtanlage.

Spieler (Auswahl): J. Auernhammer – E. Beer – H. Blankenburg – R. Brunnenmeier – F. Eiberle – G. Enhuber – G. Erlt – K. Fischer – H. Flohe – H. Francillon – G. Fraydl – J. Goldstein – P. Grosser – Hammerl – W. Hartwig – A. Heiß – G. Hillringhaus – J. Hornauer – L. Janda – H.-J. Kapellmann – F. Keller – E. Kling – L. Kögl – W. Kohlars – R. Kölbl – E. Kraus – G. Kroth – H. Küppers – P. Lachner – A. Löbmann – O. Luttrop – M. Perfetto – Z. Perusic – G. Peter – B. Patzke – A. Pledl – P. Radenkovic –

Hans **Müller**

H. Rebele – H. Reich – A. Riemke – M. Schäfer – U. Scheml – J. Schütz – W. Sidka – R. Steiner – A. Stemmer – R. Völler – J. Wendl – E. Willimowski. – **Trainer** (Auswahl): E. Beer – F. Binder – M. Breunig – R. Gutendorf – H. Hipp – E. Krautzun – H. Lucas – M. Merkel – C.-H. Rühl – E. Schwartz – A. Sing – H. Tilkowski.

„Mundialito“, svw. ↑ Copa de Oro.

Müngersdorfer Stadion ↑ Köln, 1. FC.

Munoz, Miguel, Spanien, Trainer, geb. 19. 1. 1922 Madrid; Halbstürmer; spielte ab 1939 in den unterklassigen Vereinen Imperio, Girod u. Lorgones, 1944/46 bei Racing Santander, 1946/48 bei Celta de Vigo u. 1948/58 bei Real Madrid; erzielte Reals erstes Europapokaltor überhaupt (beim 2:0 gegen Servette Genf 1955); bestritt 7 Länderspiele. – Später Trainer; u. a. 1959/60 bei Plus Ultra Madrid (Reals Ausbildungsmannschaft in der 2. Division), 1960/73 bei Real Madrid (erster Trainererfolg war der EC I-Gewinn 1960 [7:3] gegen Eintracht Frankfurt/Main in Glasgow), ab 1973 u. a. bei Hercules Alicante, FC Sevilla u. Las Palmas; seit 1982 nach der WM-Endrunde u. dem Rücktritt *J. E. Santamarias* Spaniens Auswahlchef. Vizeeuropameister 1984, WM-Endrundenteilnehmer 1986.

Münster, SC Preußen 06 e.V. (die „Preußen“), BRD, Oberliga; gegr. 6. 5. 1906 (als FC), 1921 umbenannt in SC (Emblem ↑ Tf. 11); 1963/64 1. Bundesliga, ab 1949 Regionalliga West; 1974/81 2. Liga Nord, seitdem Oberliga Westfalen. – *Spielkleidung:* schwarze Hose, weißes Hemd, weiß-grüne Stutzen. *Heimstadion:* Preußen-Stadion, 32 000 Plätze (30 500 Steh-, 1 650 überdachte Sitzplätze), 1926 eröffnet.

Spieler (Auswahl): W. Bensmann – K.-H. Bente – H. Blankenburg – R. Blau – K. Bockisch – F. Dörr – D. Drewes – H. Eiteljörge – D. Feller – J. Fleer – W. Fuchs – F. Gerritzen – R. Grünther – S. Held – F. Hesse – A. Jenatschek – H. Kania – G. Kasperski – E. Kaczor – K.-H. Krekeler – B. Leifeld – R. Letzgus – H. Lulka – W. Lungwitz – B. Möhlmann – H.-W. Moors – M. Pohlschmidt – A. Preißler – M. Rummel – S. Rachuba – A. Scheidt – R. Schulz – H. Tybussek. – **Trainer** (Auswahl): W. Biskup – S. Cendic – R. Faßnacht – K. Klötzer – W. Olk – A. Schmidt – R. Schneider.

Muntjan, Wladimir, UdSSR, geb. 14. 9. 1946; Läufer; spielte 1958/62 bei SKA Kiew u. 1963/78 bei Dynamo Kiew; 49 Länderspiele (7 Tore); internationales Debüt am 2. 8. 1968 gegen Schweden (2:2) in Göteborg; Länderspielabschied am 26. 5. 1976 gegen Ungarn (1:1) in Budapest; WM-Endrundenteilnehmer 1970; gewann bei Olympia 1972 Bronze; Fußballer des Jahres 1969; 302 Ligaspiele (57 Tore). – Später Trainer; seit 1981 bei SKA Kiew.

Münzenberg, Reinhold (der „Eiserne“), geb. 7. 3. 1908 Aachen, gest. 26. 6. 1986; Mittelläufer; spielte 1918/51 bei Alemannia Aachen u. während des 2. Weltkrieges u. a. bei LSV Hamburg u. Werder Bremen; 41 Länderspiele (1930/39), 8mal Spielführer; Länderspieldebüt am 7. 9. 1930 gegen Dänemark (3:6) in Kopenhagen; Länderspielabschied am 26. 3. 1939 gegen Luxemburg (1:2) in Differdingen); WM-Endrundenteilnehmer 1934 u. 1938 (nicht eingesetzt); Olympiateilnehmer 1936; spielte repräsentativ für Mittelrhein u. Westdeutschland. – Später Erster Vorsitzender bei Alemannia Aachen.

Muskelfaserriß, Zerreißung einzelner Muskelfasern durch Überschreiten ihrer Elastizität u. Festigkeit infolge mangelhafter Erwärmung, schlechter Durchblutung, Kälte, Ermüdung, Koordinationsstörungen od. unmittelbarer Gewalteinwirkung. M. treten häufig am vermindert durchbluteten Muskel-Sehnen-Übergang auf. Auch hierbei gelten als prophylaktische Maßnahmen zur Verhütung von Muskelverletzungen die Elemente einer gezielten *Dehnungsgymnastik*. S. a. Muskelzerrung.

Muskelkater, bei Bewegungen Schmerzen in der Muskulatur, die bis zu mehreren Tagen nach ungewohnten u. intensiven sportlichen Belastungen auftreten. Als Ursachen werden Muskelsäureansammlungen in der Muskelzelle, Absinken des intrazellulären *p*H-Wertes, entzündungsähnliche Veränderungen in der Muskulatur sowie vielfache kleinste Muskelfaserrisse angenommen.

Muskelzerrung, die Überdehnung der Oberschenkel- od. Wadenmuskulatur durch plötzliche unkoordinierte Bewegungen, ungenügende Erwärmung od. infolge Ermüdung; auch bei Begehen eines (fußball-)technischen Fehlers (z. B. über den Ball schlagen) od. bei Anspannung gegen einen Widerstand. Dabei wird die Grenze der Muskelelastizität erreicht, jedoch nicht überschritten. *Klinische Zeichen:* plötzlicher dumpfer Schmerz, lokaler Druckschmerz, schmerzende aktive Bewegung (kein Bluterguß od. Schwellung). *Therapie:* vorerst nur Kälte- u. Elektrobehandlung. (Keine Massage! Die Gefahr der Bildung einer Kalkspange im Muskel ist groß.) *Prophylaxe:* Dehnungsgymnastik als Teil jeder Erwärmung. S. a. Muskelfaserriß.

N

Nachrücken, bei betontem Offensivverhalten aufschließen der Abwehr- u. defensiven Mittelfeldspieler in die vorgelagerte gegnerische Spielhälfte, um somit die ↑ zweite Reihe zu verstärken; schwächt das eigene Abwehrverhalten bei gegnerischen ↑ Kontern.

Nachschlagen, dem Gegner einen Tritt od. Schlag versetzen, nachdem das Spiel unterbrochen wurde; auch das Treten od. Stoßen von hinten gegen einen davonlaufenden gegnerischen Spieler, ohne jegliche eigene Chance, in Ballbesitz zu gelangen. N. wird in der Regel mit ↑ Feldverweis bestraft.

Nachschuß, Torschuß(versuch) nach mißglückter Abwehr, nach Pfosten- od. Lattenschuß usw.

Nachsetzen, bei diffizilen Situationen einem bereits vom Gegner abgewehrten Ball hinterherlaufen, um dennoch in Ballbesitz zu gelangen. Erfolgreiches N. bedingt in der Regel fehlerhaftes Abwehrverhalten des Gegners, was bekanntlich beim Fußball nie auszuschalten ist. Ein besonderes Gewicht hat das N. beim Torschuß (↑ Abstauben).

Nachspielen, Verlängern des Spieles über die reguläre Spielzeit hinaus (erste bzw. zweite Halbzeit), um während des Spieles aufgetretene Zeitverluste (Verletzungen, witterungsbedingte Unterbrechungen, unzulässiges Auf-Zeit-Spielen u. ä.) wieder auszugleichen. Die *Nachspielzeit* liegt im Ermessen des Schiedsrichters.

Nachtigall, Rainer, geb. 27. 4. 1941 Hoyerswerda; Rechtsaußen; er spielte 1948/51 bei SG Neustadt (Spree), 1951 bis 1955 bei Aktivist Lohsa, 1955/59 bei Aufbau Hoyerswerda u. 1959/70 beim (ASK) FC Vorwärts Berlin; 11 Länderspiele (3 Tore); internationales Debüt am 11. 12. 1960 gegen Marokko (3:2) in Casablanca; Länderspielabschied am 3. 1. 1965 gegen Uruguay (2:0) in Montevideo; gewann 1964 bei Olympia Bronze; 159 Punktspiele (27 Tore). – Seit 1964 Fußballjournalist beim „Deutschen Sportecho", Berlin.

Nachtreten, svw. ↑ Nachschlagen.

NAFC-Meisterschaft, von der nicht mehr existierenden *North American Football Confederation (NAFC),* 1939 gegr., nur zweimal ausgetragene Verbandsmeisterschaft. Gründungsmitglieder waren Kuba, Mexiko u. USA. Neue Mitglieder kamen bis zur Auflösung Mitte der fünfziger Jahre nicht hinzu. 1961, mit der Gründung der ↑ CONCACAF, wurde die N. offiziell eingestellt. Tab.

NAFC-Meisterschaft

1947 in Havanna
(einfache Runde)
1. Mexiko, 2. Kuba, 3. USA

1949 in Mexiko-City
(mit Hin- u. Rückspielen)
1. Mexiko, 2. USA, 3. Kuba

Naidenow, Georgi Iwan, Bulgarien, geb. 22. 12. 1931 Sofia, gest. 1970; Torhüter; er spielte 1948/67 bei Botew Plowdiw, ZSKA Septemberfahne Sofia u. Spartak Sofia; 51 Länderspiele; internationales Debüt am 20. 11. 1955 gegen die DDR (0:1) in Berlin; Länderspielabschied am 16. 7. 1966 gegen Portugal (0:3) in Manchester (WM); WM-Endrundenteilnehmer 1962 u. 1966; gewann bei Olympia 1956 Bronze. – Später Trainer bei Lewski/Spartak Sofia u. Mariza Plowdiw.

Nakivubo Stadium, Nationalstadion von ↑ Uganda.

Nantes, FC, Frankreich, Verein der Ehrendivision, gegr. 23. 4. 1943; seit 1945 Profifußball; sechsmal *Landesmeister* (1965, 1966, 1973, 1977, 1980 u. 1983); *Pokalsieger* 1979; 12 *EC-Teilnahmen*: 42 Spiele; 15 Siege, 11 Unentschieden,

F.C.N.

FC Nantes

NASL

NASL

Landesmeister

1967	Los Angeles Wolves (USA) Oakland Clippers (NPSL)
1968	Atlanta Chiefs
1969	Kansas City Spurs
1970	Rochester Lancers
1971	Dallas Tornado
1972	Cosmos New York
1973	Philadelphia Atoms
1974	Los Angeles Aztecs
1975	Tampa Bay Rowdies
1976	Toronto Metro-Croatia
1977	Cosmos New York
1978	Cosmos New York
1979	Vancouver Whitecaps
1980	Cosmos New York
1981	Chicago Stings
1982	Cosmos New York
1983	Tulsa Roughnecks
1984	Chicago Stings

europäische **Nationalstadien**

Albanien (Tirana)	Qemal Stafa
Belgien (Brüssel)	Heysel-Stadion
Bulgarien (Sofia)	Wassil-Lewski-Stadion
ČSSR (Prag)	Strahovstadion
Dänemark (Kopenhagen)	Idraetspark
DDR (Leipzig)	Zentralstadion[1)]
England (London)	Wembley-stadion[1)]
Finnland (Helsinki)	Olympiastadion
Frankreich (Paris)	Prinzenpark
Griechenland (Athen)	Karaiskaki
Island (Reykjavik)	Laugardalsvöllur
Italien (Rom)	Olympiastadion
Liechtenstein (Vaduz)	Gemeindesport-platz
Luxemburg (Differdingen)	Stade Municipal

16 Niederlagen, 41:43 Punkte, 63:62 Tore. – *Spielkleidung:* grüne Hose, gelb-grünes Hemd, gelbe Stutzen mit grünen Streifen. *Heimstadion:* De la Beaujoire, 51 287 Plätze. Abb.

Spieler (Auswahl): L. Amisse – W. Ayache – V. Bargas – B. Baronchelli – J. P. Bertrand-Demanes – B. Blanchet – M. Bibard – M. Bossis – R. Budzynski – J. Burruchaga – G. De Michele – D. Eon – P. Gondet – F. Gonzales – Guillot – V. Halilhodzic – S. Kovacevic – R. Lemerre – E. Maas – H. Michel – L. Muller – E. Pécout – V. Ramos – G. Rampillon – P. Rio – O. Sahnoun – J. Simon – J.-C. Suaudeau – J. Touré – V. Trossero – T. Tusseau – E. Veinante. – **Trainer** (Auswahl): J. Arribas – J.-C. Suaudeau – E. Veinante – J. Vincent.

Naranjito („Apfelsinchen"), offizielles ↑ WM-Maskottchen der WM 1982 in Spanien. S. a. Tf. 40.

NASL, Abk. für *North American Soccer League,* „Nordamerikanische Fußballliga"; 1968 von den USA u. Kanada durch den Zusammenschluß der *USA (United Soccer Association,* „Vereinigter Fußballverband") u. der *NPSL (National Professional Soccer League)* gegründet; Saison: April bis August, eine der kürzesten im Weltfußball.

In den USA existierte Fußball seit 1930 in der *ASL* (*American Soccer League,* „Amerikanische Fußballiga"). Mitte der 60er Jahre entstand die *ISL* (*International Soccer League,* „Internationale Fußballiga"). 1966 erfolgte der Zusammenschluß der *USSFA* (*United States Soccer Football Association,* „Fußballverband der Vereinigten Staaten") u. der *CSFA* (*Canadian Soccer Football Association,* „Kanadischer Fußballverband") zur NASL. Diese – wie auch der zweite existierende Verband, die *NPSL* – verweigerten den Beitritt zur FIFA: Ständige Reglementsänderungen u. unorthodoxe eigene Regeln machten die NASL zum Problemfall. 1967/68 wurde die erste Saison mit 9 Klubs aus der USSFA sowie mit 8 aus der NPSL gespielt (1978 auf 24 Klubs erweitert). In den Klubs befanden sich etwa nur zu einem Prozent Spieler aus den USA u. aus Kanada.

Durch Spielerimporte aus Europa u. Südamerika – oft handelt es sich hierbei um „Altstars" – bemühten sich Manager, Vereinsbosse u. Sponsoren, dem ↑ Soccer in den USA zum Durchbruch zu verhelfen. Bekanntester Klub ist *Cosmos New York,* für den u. a. *Pelé* u. *F. Beckenbauer* spielten. Weitere Spielereinkäufe waren *G. Best* (Los Angeles Aztecs), *B. Moore* (San Antonio Thunder), *G. Banks* (Florida Strikers) sowie *Eusebio* (Toronto). Zu erwähnen wären außerdem *J. Cruijff* u. *G. Müller,* die in Washington bzw. Fort Lauderdale unter Vertrag standen. Trotz aller Anstrengungen ist es dem Soccer nicht gelungen, sich gegen die Konkurrenz von American Football, Baseball u. Basketball durchzusetzen. Im Gegenteil, 1985 beschloß die NASL, die Meisterschaft bis auf weiteres auszusetzen, da fast alle Klubs mittlerweile finanziell Pleite gegangen waren. Abb. Tab.

Nasser Stadium, Nationalstadion von ↑ Ägypten.

Nathanya, Maccabi, Israel, 1. Liga, gegr. 1939; *Landesmeister* 1971, 1974, 1978, 1980 u. 1983; *Pokalsieger* 1978; Internationaler Fußballcup-Gruppensieger 1978 u. 1980. – *Spielkleidung:* gelbes Hemd, schwarze Hose, gelb-schwarze Stutzen. *Heimstadion:* Maccabi-Stadium, 20 000 Plätze.

Spieler (Auswahl): A. Alter – C. Bar – M. Gariani – B. Lamm – D. Levi – G. Machness – O. Machness – D. Pizanti – S. Shirazi – M. Spiegler. – **Trainer** (Auswahl): A. Redler – M. Spiegler.

National Athletic Stadium, Nationalstadion von ↑ Australien.

Nationalliga A, höchste schweizer. Spielklasse; umfaßt 16 Mannschaften (meist Vertragsspieler). Die Aufsteiger kommen aus der *Nationalliga B* (ebenfalls 16 Mannschaften, meist Vertragsspieler).

Nationalmannschaft, eine vom jeweiligen Landesverband getroffene Auswahl von Spitzenspielern für internationale Spiele; tritt zumeist in den Farben od. mit dem Emblem ihrer Nation auf.

Nationalspieler, Spieler, der für die ↑ Nationalmannschaft seines Verbandes Länderspiele bestreitet; kann sein Land nur international vertreten, wenn er dessen Staatsangehörigkeit besitzt. In der Vergangenheit (heute nicht mehr gestattet) gab es einige N., die nacheinander in verschiedenen Nationalmannschaften gespielt haben (↑ „Oriundi"). Für die jeweilige individuelle Klasse eines N. im eigenen Land spricht die Anzahl seiner *Länderspieleinsätze*.

Nationalstadion, Repräsentativstadion (großes Fassungsvermögen) eines Landes, in dem wichtige Länderspiele zur Austragung gelangen. In *Europa* verfügen lediglich die BRD, Irland, Jugoslawien u. Spanien über kein N. Tab.

National Stadium ↑ Jamaika.

National Stadium of Tokio ↑ Japan.

Nationalverband, svw. ↑ Landesverband (1).

Nationenpokal, drittältester europäischer Pokalwettbewerb nach der Britischen u. der Skandinavischen Meisterschaft; 1927 von *H. Meisl* organisiert; zwischen 1927 u. 1960 sechsmal ausgetragen. *Gründerländer:* Österreich, Italien, Ungarn, Schweiz, ČSR. *Reglement:* jeder gegen jeden mit Hin- u. Rückspielen. – 1936/37 wurde der 4. Wettbewerb wegen der Annexion Österreichs durch Deutschland nicht abgeschlossen; 1955 war Jugoslawien erstmals dabei. 1955 wurde von der UEFA der N. in *Dr.-Gerö-Pokal* umbenannt. Der damalige ÖFB-Präsident war maßgeblich an der Gründung der UEFA beteiligt. Lange Wettbewerbszeiträume machten den Pokal unüberschaubar u. reizlos. Er endete 1960. Tab.

Nausch, Walter, Österreich, Trainer, geb. 5. 2. 1907 Wien, gest. 11. 7. 1957 Obertraun (Bundessportschule); linker Läufer u. Rechtsverteidiger; spielte 1922 bei Josefstädter FC, 1922 bei Libertas, 1923 bei Amateure Wien (später Austria), u. 1925/29 beim Wiener AC u. 1929/38 bei Austria Wien u. Young Fellows Zürich; 41 Länderspiele (1 Tor); Länderspieldebüt am 27. 10. 1929 gegen die Schweiz (3:1) in Bern; Länderspielabschied am 24. 10. 1937 gegen die ČSR (2:1) in Prag; ging als Trainer 1938 zu Young Fellows Zürich; Mitglied des ↑ Wunderteams". – Vom 1. 9. 1948 bis 15. 11. 1954 österreich. Verbandskapitän (bei der WM-Endrunde 1954 gemeinsam mit *E. Frühwirth* u. *H. Pesser*).

Neapel, SSC, Italien, Verein der 1. Liga *(Serie A)*, gegr. 1904; danach Fusionen mit „Internazionale" (1912 u. 1922); ab 1. 8. 1926 in *AC*, später in *SSC* umbenannt; *Pokalsieger* 1962 u. 1976; *Alpenpokalgewinner* 1966, *Anglo-Italian-Cup-sieger* 1977. 13 *EC-Teilnahmen:* 59 Spiele; 26 Siege, 15 Unentschieden, 18 Niederlagen, 67:51 Punkte, 72:66 Tore. – *Spielkleidung:* weiße Hose, azurblaues Hemd, blaue Stutzen mit weißen Streifen. *Heimstadion:* ↑ Stadio San Paolo Fuorigrotta.

Spieler (Auswahl): J. Altafini – A. Amadei – S. Bagni – M. Bellugi – D. Bertoni – O. Bugatti – J. F. Canè – G. Casari – E. Colombari – G. Damiani – G. J. Dirceu – S. Esposito – P. Ferraris (II) – H. Jeppson – A. Juliano – R. Krol – D. A. Maradona – M. Mihalic – A. Orlandini – B. Pesaola – A. Sallustro – G. Savoldi (I) – G. Vavassori – Vinicio – A. Vojak – D. Zoff. – **Trainer** (Auswahl): G. Chiapella – R. Marchesi – G. Di Marzio – L. V. de Menezes – P. Santin.

Nea Smyrnis ↑ Athen, Panionios.

Neckarstadion, Stuttgart, gelegen in einem Talkessel zu beiden Seiten des Neckars; im August 1937 eingeweiht u. zwischen Dezember 1971 u. Mai 1973 anläßlich der WM-Endrunde 1974 umgebaut; 70 705 Plätze (35 687 Sitzplätze/ 18 900 überdacht, 35 018 Stehplätze).

Neeskens, Johan, Niederlande, geb. 15. 9. 1951 Heemsted; Mittelfeldspieler; spielte 1969/74 bei Ajax Amsterdam, 1974/79 beim F.C. Barcelona u. 1979/84 bei Cosmos New York; 1984/85 beim FC Groningen; 49 Länderspiele; internationales Debüt am 11. 11. 1970 gegen die DDR (0:1) in Dresden; Länderspielabschied am 18. 11. 1981 gegen Frankreich (0:2) in Paris; WM-Endrundenteilnehmer 1974 u. 1978; EM-Endrundenteilnehmer 1976. S. a. Tf. 32 *(oben)*.

Nehoda, Zdenek, ČSSR, geb. 9. 5. 1952 Hulin; Stürmer; spielte u. a. 1960/67 bei Moravice, 1967/70 bei TJ Gottwaldov, 1970/82 bei Dukla Prag, 1983 bei SV Darmstadt 98, 1984 bei Standard Lüttich u. 1984/86 beim F.C. A.S. Grenoble; 89 Länderspiele (31 Tore); internationales Debüt am 25. 9. 1971 gegen die DDR (1:1) in Berlin; Länderspielabschied am 24. 6. 1982 gegen Frankreich (1:1) in Valladolid (Spanien); WM-Endrunden-

Malta (Valletta)	Ta'Qali Stadium
Niederlande (Amsterdam)	Olympiastadion
Nordirland (Belfast)	Windsor Park
Norwegen (Oslo)	Ulleval Stadion
Österreich (Wien)	Praterstadion[1]
Polen (Warschau)	Stadion „X. Jahrestag"
Portugal (Lissabon)	„Cruz Quebrada"
Rumänien (Bukarest)	Stadion „23. August"
Schottland (Glasgow)	Hampden Park[1]
Schweden (Stockholm)	Rasundastadion
Schweiz (Bern)	Wankdorfstadion[1]
Türkei (Ankara)	Stadion „19. Mai"
UdSSR (Moskau)	Lenin-Stadion
Ungarn (Budapest)	Nepstadion[1]
Wales (Cardiff)	Ninian Park
Zypern (Nikosia)	Makarios Athletic Centre

[1] s. a. beim Stichwort

Nationenpokal

I. 1927/30	*II. 1931/32*
1. Italien	1. Österreich
2. Österreich	2. Italien
3. ČSR	3. Ungarn
4. Ungarn	4. ČSR
5. Schweiz	5. Schweiz
III. 1933/35	*V. 1948/53*
1. Italien	1. Ungarn
2. Österreich	2. ČSR
3. Ungarn	3. Österreich
4. ČSR	4. Italien
5. Schweiz	5. Schweiz
VI. 1955/60	
1. ČSSR	
2. Ungarn	
3. Österreich	
4. Jugoslawien	
5. Italien	
6. Schweiz	

Zdenek **Nehoda**

Igor **Netto**

Günter **Netzer**

teilnehmer 1982; EM-Endrundenteilnehmer 1976 u. 1980; Fußballer des Jahres 1978 u. 1979; 346 Ligaspiele (145 Tore). Abb.

Nehru-Goldcup, Kurzbez. für ↑ Jawaharlal-Nehru-Goldcup.

Nehru-Stadion, Nationalstadion von ↑ Indien.

Nejedlý, Oldrich, ČSSR, geb. 24. 12. 1909 Zebrak; Halblinker; spielte u. a. 1926/31 u. 1941/48 bei Rakovnik, 1931/41 bei Sparta Prag; 43 Länderspiele (29 Tore); internationales Debüt am 14. 6. 1931 gegen Polen (4:0) in Warschau; Länderspielabschied am 4. 12. 1938 gegen Rumänien (6:2) in Prag; WM-Endrundenteilnehmer 1934 (Torschützenkönig mit 5 Treffern) u. 1938; spielte 1937 für Zentraleuropa gegen Westeuropa (3:1) in Amsterdam; erzielte insgesamt 148 Ligatore.

Nené, eigtl. *Baptista Tamagnini Manuel Gomes*, Portugal, geb. 20. 11. 1949 Leca da Palmeira (Distrikt Porto); Mittelstürmer; spielte 1965/66 bei Ferroviario da Namanga (Moçambique) u. 1966/86 bei Benfica Lissabon; 66 Länderspiele (22 Tore); internationales Debüt am 21. 4. 1971 gegen Schottland (2:0) in Lissabon; Länderspielabschied am 23. 6. 1984 gegen Frankreich 2:3 (n.V., EM-Endrunde) in Marseille; Torschützenkönig 1981 (20 Treffer); 72 EC-Spiele (29 Tore); Fußballer des Jahres 1971.

Nepal, Staat im zentralen Teil des Himalaja, 140 797 km², etwa 15 Mill. Ew., 1 Fußballspieler je 5 000 Ew.; Verband *All Nepal Football Association* („Nepalesischer Fußballverband"), Abk. *A.N.F.A.*; gegr. 1951, Sitz *Katmandu*; Mitgl. der *FIFA* seit 1970, der *AFC* seit 1971. – Organisation: 85 Klubs; 1 500 Amateurspieler, gesamt 3 000 (einschl. Nachwuchs- u. AM-Spieler); *Spieljahr:* April–November; *Spielkleidung:* blaue Hose, rotes Hemd, blauweiße Stutzen; *Nationalstadion:* Dasarath Rangasala, Katmandu, 35 000 (30 000 Sitz-, 5 000 Stehplätze); *Stadien* (Auswahl): Tribhuvan University Stadium, 10 000; Gyaneswar Football Ground, 5 000.

Nepstadion („Volksstadion"), Budapest, größtes Stadion Ungarns; Baubeginn nach den Olympischen Spielen 1948; entstand auf dem 27 ha großen Gelände der ehemaligen Trabrennbahn *Loversenyter*; 0,5 Mill. m³ Erde wurden bewegt; 71 000 (70 000 Sitz-, 1 000 Stehplätze), überdachte Ehrentribüne. Flutlichtanlage (1 000 lx).

Nerz, Otto, Prof. Dr., Trainer; 21. 10. 1892–26. 2. 1949; spielte aktiv beim VfR Mannheim; erster DFB-Auswahltrainer überhaupt (1. 7. 1926 bis 7. 8. 1936); *Bilanz:* 70 Spiele; 42 Siege, 10 Unentschieden, 18 Niederlagen, 192:113 Tore; WM-Dritter 1934.

Netto, Igor, UdSSR, geb. 2. 9. 1930 Moskau; Läufer; spielte 1944/48 für das Zentralhaus der Jungen Pioniere in Moskau u. 1948/66 bei Spartak Moskau; 57 Länderspiele (4 Tore), 52mal Spielführer; WM-Endrundenteilnehmer 1958 u. 1962; EM-Endrundenteilnehmer 1960; Olympiasieger 1956. – Später Trainer, u. a. bei Omonia Nikosia (1967), Shinnik Jaroslawl (1968), im Iran (1970/71) u. bei Panionios Athen. Abb.

Netzer, Günter, geb. 14. 9. 1944 Mönchengladbach; Halbstürmer; er spielte 1952/63 beim 1. FC Mönchengladbach, 1963/73 bei Borussia Mönchengladbach, 1973/76 bei Real Madrid u. 1976/77 bei Grasshoppers Zürich; 37 Länderspiele (6 Tore); internationales Debüt am 9. 10. 1965 gegen Österreich (4:1) in Stuttgart; Länderspielabschied am 11. 10. 1975 gegen Griechenland (1:1) in Düsseldorf; WM-Endrundenteilnehmer 1974; EM-Endrundenteilnehmer 1972; Fußballer des Jahres 1972 u. 1973; bestritt 230 Bundesligaspiele (82 Tore). – 1979/86 Manager beim Hamburger SV. Abb.

Neuberger, Hermann, Fußballfunktionär, geb. 12. 12. 1919 Fenne (Saarland); spielte Außenläufer u. Stopper beim 1. FC Saarbrücken, betrieb auch Leichtathletik u. Handball; 1945 Gründungsmitglied des Saarländischen Fußballbundes (SFB), dort u. beim 1. FC Saarbrücken zunächst Jugendleiter; 1951 SFB-(später SFV-)Präsident; 1962/69 Mitglied des DFB-Bundesligaausschusses; 1969/75 DFB-Vizepräsident, ab Oktober 1975 DFB-Präsident; seit 1974 FIFA-Vizepräsident, außerdem Vizepräsident des FIFA-Exekutivkomitees; Organisationschef der WM-Endrundenturniere seit 1974. Abb.

Neubrandenburg, BSG Post „Walter Block", DDR, Liga, gegr. 1. 5. 1950; 1948/50 SG „Fritz Reuter", 1950/53 *BSG Energie*, 1953/62 *BSG Turbine*, 1962/66 *SC Neubrandenburg*, dann in die *BSG Post* eingegliedert; spielte eine Serie (1964/65) Oberliga. – *Spielkleidung:* blaue Hose, gelb-blaues Hemd, blaue Stutzen. *Heimstadion:* Günter-Harder-Stadion, 15 800 Plätze (12 000 Steh-, 3 000 Sitz-, 800 Tribünenplätze). Abb.

Spieler (Auswahl): W. Bengs – W. Boldt – E. Hamann – W. Hillmann – G. Jüsgen – S. Nathow – J. Schröder – H.-J. Steinfurth – F. Strahl – M. Uentz – W. Voigt – K. Weiser. – **Trainer** (Auswahl): W. Böhme – G. Eisler (Oberliga) – M. Hesse – P. Krabbe – G. Lammich – M. Müller – H. Reif – P. Romanski – H. Säckel – J. Schröder – W. Schumann – R. Walter – H. Weber.

Neuköllner Stadion ↑ Tasmania 1900.

Neunkirchen, VfB Borussia e.V., BRD, gegr. 1. 5. 1905; 1. Bundesliga 1964/65, 1965/66 u. 1967/68; 2. Liga Süd 1974/75, 1978/79, 1980/81; seitdem Oberliga Südwest; Meister der Oberliga Südwest 1962; Meister der Regionalliga Südwest 1964, 1967, 1971, 1972 u. 1974. – *Spielkleidung:* schwarze Hose, weißes Hemd mit schwarzem Brustring, schwarz-weiße Stutzen. *Heimstadion:* Stadion Ellenfeld, 33 000 Plätze, davon 3 450 überdachte Sitzplätze. Abb.

Spieler (Auswahl): H. Bissort – M. Brendler – R. Dörrenbächer – G. Eichhorn – W. Emser – W. Ertz – A. Fischera – E. Follmann – W. Gayer – N. Georg – A. u. K. Goedicke – W. Görts – F. Grumpelt – G. Heiden – H. Henkes – E. Hermesdorf – L., O., R. u. H. Jenewein – A. Kirsch – A. Klein – E. Leibenguth – E. Leist – H. Linsenmaier – G. Litzenburger – P. Momber – J. Muche – H. u. W. Neu – M. Pink – K. Regitz – K. Ringel – J. Schröer – H. Schuchmann – G. Siedl – M. Theobald – W. Weihs – E. u. K. Welsch – G. Zewe. – **Trainer** (Auswahl): S. Abadijew – H. Binkert – H. Buhtz – Z. Čajkovski – H. Meurer – G. Noel – B. Oles – H. Pilz – A. Preißler – D. Schwager – K. Sommerlatt – P. Szabo – E. Türk.

Neuseeland, Staat südöstlich von Australien, 268 676 km², etwa 3,2 Mill. Ew., 1 Fußballspieler je 57 Ew.; Verband *New Zealand Football Association Inc.* („Neuseeländischer Fußballverband") Abk. *NZFA*; gegr. 1891, Sitz *Wellington*; Mitgl. der *FIFA* seit 1948, der *OFC* seit 1966. – *Organisation:* 315 Klubs; 120 Berufsspieler, 11 000 Amateurspieler, gesamt 54 000 (einschl. Nachwuchs- u. AM-Spieler); *Spieljahr:* März–Oktober; *Spielkleidung:* schwarze Hose, weißes Hemd, weiße Stutzen (Reserveausrüstung: weiße Hose, schwarzes Hemd, weiße Stutzen); *Nationalstadion:* Mt. Smart Stadium, Auckland, 18 000 (ausschl. Sitzplätze); *Stadien* (Auswahl): Basin Reserve, Wellington, 12 000; English Park, Christchurch, 12 000; Caledonian Ground, Dunedin, 8 300. Tab.

Neutraler, svw. ↑ Schiedsrichter.

neutraler Platz, von einem internationalen od. nationalen Verband festgelegter Platz zur Austragung eines Qualifikations-, Entscheidungs-, Endspiels usw.; liegt geografisch meist etwa zwischen den beiden Teilnehmern (nicht zu verwechseln mit ↑ Ausweichplatz!). S. a. Platzsperre.

Neutralisieren des Gegenspielers, Ausschalten, d. h. Kompensieren der individuellen Stärken des Gegners, indem man eigene wirkungsvolle Gegenmaßnahmen einsetzt, die aber ausschl. spielerische bzw. kämpferisch erlaubte Mittel beinhalten sollten. In der Regel für die Mittelfeld(gegen)spieler gebraucht, wird die Bezeichnung „Neutralisieren" auch für die *Mittelfeldreihen* beider Mannschaften angewendet, insofern keine von beiden Spielvorteile für sich verbuchen kann.

Newcastle United, FC („The Magpies", „Die Elstern"), England, Verein der 1. Division; gegr. 1882; ab 1889 Profifußball; seit 1893 2. Division, 1898/1934 1. Division, 1934/48 2. Division, 1948/61 1. Division, 1961/65 2. Division, 1965/78 1. Division, 1978/84 2. Division, ab 1984 wieder in der höchsten Spielklasse; *Landesmeister* 1905, 1907, 1909 u. 1927; 6mal *FA-Cupsieger* (zwischen 1910 u. 1955); *Messepokalgewinner* 1969; *Anglo-Italian-Cupsieger* 1973. 4 *EC-Teilnahmen:* 28 Spiele; 14 Siege, 7 Unentschieden, 7 Niederlagen, 35:21 Punkte,

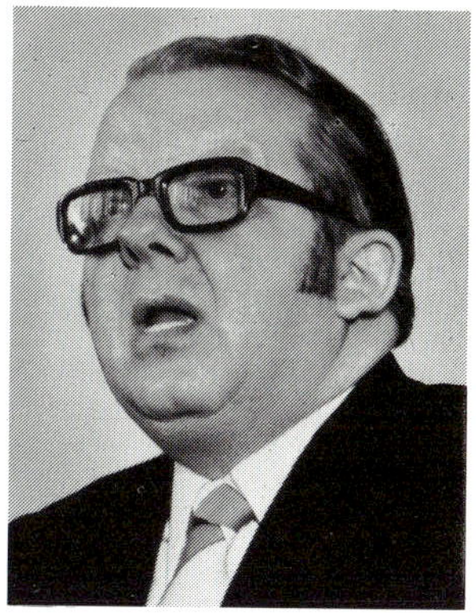

Herrmann **Neuberger**

Post Neubrandenburg

Borussia Neunkirchen

Newcastle United

Neuseeland

Weltmeisterschaft
1982 Endrunde

Ozeanien-Cup
1973 1. Platz

Niederösterreichischer Fußballverband

Niederlande

Weltmeisterschaft
1934 Achtelfinale
1938 Achtelfinale
1974 2. Platz
1978 2. Platz

Europameisterschaft
1976 3. Platz
1980 Endrunde

olympisches Fußballturnier
1908 3. Platz
1912 3. Platz
1920 3. Platz
1924 4. Platz

Weltpokal
1970 Feyenoord Rotterdam
1972 Ajax Amsterdam

Supercup
1972 Ajax Amsterdam
1973 Ajax Amsterdam

EC I
1970 Feyenoord Rotterdam
1971 Ajax Amsterdam
1972 Ajax Amsterdam
1973 Ajax Amsterdam

EC III
1974 Feyenoord Rotterdam
1978 PSV Eindhoven

Landesmeister / Pokalsieger
1898 RAP Amsterdam / –
1899 RAP / RAP
1900 VV Den Haag / Velocitas Breda
1901 VV Den Haag / HBS Den Haag
1902 VV Den Haag / RC Haarlem
1903 VV Den Haag / HVV Den Haag
1904 HBS Den Haag / HFC Haarlem
1905 VV Den Haag / VOC Rotterdam
1906 HBS Den Haag / Concordia Delft
1907 VV Den Haag / VOC
1908 Quick II Den Haag / HBS Den Haag
1909 Sparta Rotterdam / Quick II Den Haag

43:26 Tore. – *Spielkleidung:* schwarze Hose, schwarz-weiß längsgestreiftes Hemd, schwarze Stutzen mit weißem Streifen. *Heimstadion:* St. James' Park, 37 700 Plätze (1892 bis 1893 Chillingham Road, Heaton). Abb.

Spieler (Auswahl): A. Aitken – I. J. Allchurch – J. Anderson – F. Brennan – A. D. Burton – J. Carr – T. Casey – T. Cassidy – D. J. Craig – E. R. Davies – W. I. Foulkes – H. K. Gallacher – J. Hay – A. Higgins – D. M. Hollins – J. Howie – K. Keegan – W. L. Low – M. P. Martin – W. McCracken – D. McCreery – W. S. McFaul – A. McMichael – P. McWilliam – R. Moncur – J. R. Richardson – J. Rutherford – A. Shepherd – C. C. M. Veitch – R. C. Waddle – S. Weaver. – **Manager** (Auswahl): J. Charlton – A. Cox – R. Dinnis – J. Harvey – D. Livingstone – G. Lee – G. Martin – B. McGarry – C. Mitten – N. Smith.

Newcomer [engl., svw. „Ankömmling"], ein neuer, meist junger Spieler, der auf Anhieb einschlägt.

New Grosvenor Stadium ↑ Belfast, FC Distillery.

New Independence Stadium, Nationalstadion von ↑ Gambia.

Newton Cup [nach *Richard Newton,* einem engl. Einwanderer], ab 1906 ausschl. zwischen Argentinien u. Uruguay unregelmäßig ausgetragener Pokalwettbewerb. Argentinien gewann (bis 1976) den N. 19mal u. Uruguay 12mal (beide je 5mal gemeinsam).

New York, Cosmos, USA (Emblem ↑ Tf. 11); gegr. 1971 als Profifußballunternehmen des US-amerikan. Medienkonzerns *Warner Bros;* Mitglied der ↑ NASL; *NASL-Meister* 1972, 1977, 1978, 1980 u. 1982. Der Aufstieg des Vereins basierte auf der Verpflichtung zahlreicher Auslandsprofis u. Trainer (z. B. *H. Weisweiler*/BRD). – *Spielkleidung:* weiße Hose, grünes Hemd mit weißen Streifen, weiße Stutzen mit grünen Ringen. *Heimstadion:* Giants Stadium, 80 000 Plätze.

Spieler (Auswahl): F. Beckenbauer – V. Bogicevic – Carlos Alberto – A. Carbognani – G. Chinaglia – J. Cruijff – Eskandarian – E. Firmani – F. Marinho – N. Morais – J. Neeskens – Pelé – A. Razak – W. Rijsbergen – E. Yasin.

NF ↑ Norwegen.

Nicholas, Paul, Frankreich, 4. 11. 1899 Paris–3. 3. 1959; Mittelstürmer; spielte u. a. 1913/18 bei Lyceum Charlemagne u. 1918/33 bei Red Star Paris; 35 Länderspiele (1920/32). – War Frankreichs Selektionär („Teamchef") bei der WM-Endrunde 1958 in Schweden.

Nichtamateurspieler, *FIFA* svw. *Lizenz-* od. *Vertragsspieler.*

Nichtantreten, strafbare Handlung im Sinne der Spielordnung, insofern die betreffende Mannschaft *schuldhaft* ist. Bestimmungen (u. a.): Wenn eine Mannschaft a) zu einem Pokalspiel nicht antritt, scheidet sie aus dem Wettbewerb aus; b) im laufenden Spieljahr dreimal zu Punktspielen nicht antritt, ist sie von der weiteren Teilnahme zu streichen.

Niederlande, 40 844 km², etwa 14,5 Mill. Ew., 1 Fußballspieler je 13 Ew.; Verband *Koninklijke Nederlandsche Voetbalbond* [„Königlicher Niederländischer Fußballbund"], Abk. *KNVB;* gegr. 1889, Sitz *Zeist;* Mitgl. der *FIFA* seit 1904, der *UEFA* seit 1954. – Organisation: 7 900 Klubs; 1 000 Berufsspieler, 550 000 Amateurspieler, insgesamt 1 113 000 (einschl. Nachwuchs- u. AM-Spieler); *Spieljahr:* August–Juni; *Spielkleidung:* weiße Hose, orange Hemd, orange Stutzen (Reserveausrüstung: Weiß; *Nationalstadion:* Olympiastadion, Amsterdam, 59 503 (51 303 Sitz-, 8 200 Stehplätze); *Stadien* (Auswahl): Feyenoord-Stadion, Rotterdam, 62 000; Spangen (Sparta), Rotterdam, 31 000; De Meer (Ajax) Amsterdam, 30 000; De Goffert (NEC) Nijmegen, 30 000; Sportpark Diekman, Enschede, 30 000; De Vliert, Den Bosch, 30 000. Tab. S. a. Tf. 32, 34.

Niederländische Antillen, autonomer überseeischer Gliedstaat der Niederlande, im Karibischen Meer gelegen, 961 km², etwa 267 000 Ew., 1 Fußballspieler je 53 Ew.; Verband *Nederlands Antilliaanse Voetbal Unie* („Fußballverband der Niederländischen Antillen"), Abk. *NAV;* gegr. 1921, Sitz *Curaçao;* Mitgl. der *FIFA* seit 1932, der *CONCACAF* seit 1961. – *Organisation:* 90 Klubs; 450 Vertragsspieler, 3 600 Amateurspieler, gesamt 5 000 (einschl. Nachwuchs- u. AM-Spieler); *Spieljahr:* August–Februar; *Spielkleidung:* weiße

Hose, weißes Hemd, rote Stutzen (Reserveausrüstung: blaue Hose, weißes Hemd, blaue Stutzen); *Nationalstadion:* Centro Deportivo Korsouw, Curaçao, 12 000 (ausschl. Sitzplätze); *Stadien* (Auswahl): Wilhelmina Stadium, Aruba, 5 000; S.U.B.T. Stadium, Curaçao, 5 000. S. a. Tab. (↑ Anhang).

Niederösterreichischer Fußballverband, Abk. *NÖFV,* einer der 9 österreich. Unterverbände des *ÖFB* (↑ Österreich); Spieklasseneinteilung: *Landesliga* (14 Vereine), *2. Landesliga* (14 Vereine), *Oberliga* (2 Gruppen je 14 Vereine), *Unterliga* (4 Gruppen je 12 bis 16 Vereine), *1. Klasse* (8 Gruppen je 12 bis 16 Vereine), *2. Klasse* (16 Gruppen je 12 bis 16 Vereine) u. *3. Klasse* (12 Vereine). Abb.

Niedersachsenstadion, Hannover; wie das Hamburger ↑ Volksparkstadion 1952/53 aus Trümmerschutt erbaut, im Stadtzentrum am *Maschsee* gelegen; ursprünglich 75 000 Plätze, nach dem Umbau anläßlich der WM-Endrunde 1974 60 449 Plätze (39 000 Sitzplätze, 21 449 Stehplätze, insgesamt 40 300 überdacht), Flutlicht. Abb.

Niger, Binnenstaat im Westen Afrikas, 1 267 000 km², 5,7 Mill. Ew., 1 Fußballspieler je 2 850 Ew.; Verband *Fédération Nigérienne de Football* („Nigerischer Fußballverband"), Abk. *FNF;* gegr. 1967, Sitz *Niamey;* Mitgl. der *FIFA* seit 1967, der *CAF* seit 1967. – *Organisation:* 70 Klubs; 1 500 Amateurspieler, gesamt 2 000 (einschl. Nachwuchs- u. AM-Spieler); *Spieljahr:* Oktober–Juli; *Spielkleidung:* weiße Hose, orange Hemd, grüne Stutzen (Reserveausrüstung: weiße Hose, orange Hemd, orange Stutzen); *Nationalstadion:* Stade National, Niamey, 7 100 (2 100 Sitz-, 5 000 Stehplätze); *Stadien* (Auswahl): Stade Musulman, Niamey, 1 000; Stade de Zinder, 1 000; Stade de Maradi, 1 000.

Nigeria, Staat in Westafrika, am Golf von Guinea, 923 768 km², etwa 83 Mill. Ew., 1 Fußballspieler je 1 025 Ew.; Verband *Nigeria Football Association* („Nigerianischer Fußballverband"), Abk. *N.F.A.;* gegr. 1945, Sitz *Lagos;* Mitgl. der *FIFA* seit 1959, der *CAF* seit 1959. – *Organisation:* 330 Klubs; 25 000 Amateurspieler, gesamt 81 000 (einschl. Nachwuchs- u. AM-Spieler); *Spieljahr:* Januar bis Dezember; *Spielkleidung:* weiße Hose, grünes Hemd, grüne Stutzen (Reserveausrüstung: grüne Hose, weißes Hemd, grüne Stutzen); *Nationalstadion:* Nigeria National Stadium, Lagos, 50 000 (45 000 Sitz-, 5 000 Stehplätze); *Stadien* (Auswahl): Liberty Sta-

Niedersachsenstadion

1910 VV Den Haag / Quick II Den Haag
1911 Sparta Rotterdam / Quick II Den Haag
1912 Sparta Rotterdam / HFC Haarlem
1913 Sparta Rotterdam / HFC Haarlem
1914 VV Den Haag / DFC Dordrecht
1915 Sparta Rotterdam / HFC Haarlem
1916 Willem Tilburg / Quick Den Haag
1917 Go Ahead Deventer / Ajax Amsterdam
1918 Ajax Amsterdam / RC Haarlem
1919 Ajax Amsterdam / –
1920 Quick Groningen / CVV Rotterdam
1921 NAC Breda / Schoten Haarlem
1922 Go Ahead Deventer / –
1923 RC Haarlem / –
1924 Feyenoord Rotterdam / –
1925 HBS Den Haag / Zaandamsche FC
1926 VC Enschede / Longa Tilburg
1927 Heracles Almelo / VUC Den Haag
1928 Feyenoord Rotterdam / RC Haarlem
1929 PSV Eindhoven / –
1930 Go Ahead Deventer / Feyenoord Rotterdam
1931 Ajax Amsterdam / –
1932 Ajax Amsterdam / DFC
1933 Go Ahead Deventer / –
1934 Ajax Amsterdam / Velocitas Groningen
1935 PSV Eindhoven / Feyenoord Rotterdam
1936 Feyenoord Rotterdam / Roermond
1937 Ajax Amsterdam / PSV Eindhoven
1938 Feyenoord Rotterdam / VSV Velsen
1939 Ajax Amsterdam / Wageningen
1940 Feyenoord Rotterdam / –
1941 Heracles Almelo / –
1942 ADO Den Haag / –
1943 ADO Den Haag / Ajax Amsterdam
1944 de Volewijckers Amsterdam / Willem II Tilburg
1946 FC Haarlem / –
1947 Ajax Amsterdam / –
1948 BVV Hertogenbosch / Wageningen
1949 SVV Schiedam / Quick Nijmegen
1950 Limburgia Brunssum / PSV Eindhoven

1951 PSV Eindhoven / –
1952 Willem II Tilburg / –
1953 RC Haarlem / –
1954 PSV Eindhoven / –
1955 Willem II Tilburg / –
1956 Rapid JC Haarlem / –
1957 Ajax Amsterdam / Fortuna '54 Geleen
1958 DOS Utrecht / Sparta Rotterdam
1959 Sparta Rotterdam / VV Venlo
1960 Ajax Amsterdam / –
1961 Feyenoord Rotterdam / Ajax Amsterdam
1962 Feyenoord Rotterdam / Sparta Rotterdam
1963 PSV Eindhoven / Willem II Tilburg
1964 DWS Amsterdam / Fortuna '54 Geleen
1965 Feyenoord Rotterdam / Feyenoord Rotterdam
1966 Ajax Amsterdam / Sparta Rotterdam
1967 Ajax Amsterdam / Ajax Amsterdam
1968 Ajax Amsterdam / ADO Den Haag
1969 Feyenoord Rotterdam / Feyenoord Rotterdam
1970 Ajax Amsterdam / Ajax Amsterdam
1971 Feyenoord Rotterdam / Ajax Amsterdam
1972 Ajax Amsterdam / Ajax Amsterdam
1973 Ajax Amsterdam / NAC Breda
1974 Feyenoord Rotterdam / PSV Eindhoven
1975 PSV Eindhoven / FC Den Haag
1976 PSV Eindhoven / PSV Eindhoven
1977 Ajax Amsterdam / FC Twente Enschede
1978 PSV Eindhoven / AZ 67 Alkmaar
1979 Ajax Amsterdam / Ajax Amsterdam
1980 Ajax Amsterdam / Feyenoord Rotterdam
1981 AZ 67 Alkmaar / AZ 67 Alkmaar
1982 Ajax Amsterdam / AZ 67 Alkmaar
1983 Ajax Amsterdam / Ajax Amsterdam
1984 Feyenoord Rotterdam / Feyenoord Rotterdam
1985 Ajax Amsterdam / FC Utrecht
1986 PSV Eindhoven / Ajax Amsterdam

dium, Ibadan, 35 000; Ahmadu Bello Stadium, Kaduna, 35 000; Sports Stadium, Enugu, 18 000; Lagos City Stadium, Lagos, 15 000; Sports Stadium, Kano, 12 000. S. a. Tab. (↑ Anhang).

Nikaragua, Staat in Mittelamerika, 130 000 km², etwa 2,9 Mill. Ew., 1 Fußballspieler je 1 450 Ew.; Verband *Federación Nacional de Fútbol* („Nikaraguanischer Fußballverband"), Abk. *FNFN*; gegr. 1931, Sitz *Managua*; Mitgl. der *FIFA* seit 1950, der *CONCACAF* seit 1968. – *Organisation:* 35 Klubs; 2 000 Amateurspieler (einschl. Nachwuchs- u. AM-Spieler); *Spieljahr:* Juni bis September; *Spielkleidung:* Azurblau; *Nationalstadion:* Estadio Nacional, Managua, 30 000 (25 000 Sitz-, 5 000 Stehplätze); weiteres Stadion: Estadio Cranshaw, 5 000.

Nikosia, FC Apoel, Zypern, 1. Division; gegr. 1926 als „Greek Athletic and Football-Club of Nicosia"; 13mal *Landesmeister* (zwischen 1936 u. 1986); 10mal *Pokalsieger* (zwischen 1941 u. 1984). 13 *EC-Teilnahmen:* 30 Spiele; 3 Siege, 5 Unentschieden, 22 Niederlagen, 11:49 Punkte, 21:93 Tore. – *Spielkleidung:* blaue Hose, gelbes Hemd mit Bruststreifen, gelb-blaue Stutzen. *Heimstadion:* G.S.P.-Stadion, 12 000 Plätze.
Spieler (Auswahl): Agathodeus – Anastasiadis – Antoniadis – Archontides – Assiotis – Avraamidis – Constantinidis – Haritakis – Hiotis – Katzilieris – Mavroudis – Pantelidis – K. u. N. Pantziaras – Papallos – Partakis – Pavlou – Savva – Shiantris – Stylianou – Talianos – Vassiliou. – **Trainer** (Auswahl): J. Carver – B. Guttmann – N. Franklin – J. Kunstler – G. Zsengeller.

Nikosia, Olympiakos F.C., Zypern, 1. Division, gegr. 1930 (gehört zu den 8 Gründungsmitgliedern des Zyprischen Fußballverbandes); seit 1934 1. Division; *Landesmeister* 1967, 1969 u. 1971; *Pokalsieger* 1977. 5 *EC-Teilnahmen:* 10 Spiele: 1 Unentschieden, 9 Niederlagen, 1:19 Punkte, 5:56 Tore. – *Spielkleidung:* rote Hose, blaues Hemd, rote Stutzen. *Heimstadion:* „G.S.P.", Nikosia, 12 000 Plätze. – *Bekannteste Spieler:* F. Kalotheou, C. Lagos, A. Toumazou, S. Valter; *Trainer:* C. Cernoianu.

Nikosia, Omonia, (von griech. ὁμόνοια, „Eintracht"), Zypern, 1. Division; gegr. 1948 als Vereinigung der Arbeitersportklubs von Nikosia; seit 1952 1. Division; 14mal *Landesmeister* (zwischen 1961 u. 1985); *Pokalsieger* 1965, 1972, 1980, 1982 u. 1983. 14 *EC-Teilnahmen:* 34 Spiele; 10 Siege, 2 Unentschieden, 22 Niederlagen, 22:46 Punkte, 42:82 Tore. – *Spielkleidung:* Blau. *Heimstadion:* „G.S.P.", Nikosia, 12 000 Plätze. Abb.
Spieler (Auswahl): P. Dimitriou – K. Erotokritou – K. Fotis – S. Kaiafas – N. Kanzilires – K. Leonidas – C. Mavris – D. Papadopoulos – A. Pathikis – G. Savvidis – S. Stylianou. – **Trainer** (Auswahl): D. Dramow – I. Netto.

Ninian Park, Nationalstadion von ↑ Wales.

Nitsch, Leopold, Österreich, geb. 8. 5. 1895 Wien; linker Läufer; spielte 1914/26 bei Rapid Wien; 34 Länderspiele; internationales Debüt am 3. 10. 1915 gegen Ungarn (4:2) in Wien; Länderspielabschied am 13. 3. 1926 gegen die ČSR (2:0) in Wien. – Trainierte Rapid Wien 1939/45.

Nizza, OGC, Frankreich, Verein der Ehrendivision, gegr. 1892; *Landesmeister* 1951, 1952, 1956 u. 1959; *Pokalsieger* 1952 sowie 1954. 7 *EC-Teilnahmen:* 28 Spiele; 12 Siege, 3 Unentschieden, 13 Niederlagen, 27:29 Punkte, 45:50 Tore. – *Spielkleidung:* schwarze Hose, rot-schwarz längsgestreiftes Hemd, schwarze Stutzen mit roten Streifen. *Heimstadion:* Stade Municipal du Ray, 26 000 Plätze (davon 13 000 Sitzplätze). Abb.
Spieler (Auswahl): R. Barraja – F. Basdira – N. Bjekovic – G. Buscher – A. Guesdon – M. Joly – J. Jouve – D. Sanchez. – **Trainer** (Auswahl): L. Rossi – J. Serafin.

NÖFV, Abk. für ↑ Niederösterreichischer Fußballverband.

Nöldner, Jürgen, geb. 22. 2. 1941 Berlin; Halbstürmer; spielte 1949/72 bei Sparta Berlin-Lichtenberg, Turbine BEWAG Berlin, 15. Schule Berlin-Lichtenberg, ASK Vorwärts Berlin u. FC Vorwärts Frankfurt (Oder); 30 Länderspiele (16 Tore) zwischen 1960 (am 10. 7. gegen Bulgarien [0:2] in Sofia) u. 1969 (am 29. 3. gegen Italien [2:2] in Berlin; gewann 1964 in Tokio Bronze; Fußballer des Jahres 1966; 285 Oberligaspiele (88 Tore). – Seit 1985 Chefredakteur der „Neuen Fußballwoche", Berlin. Abb.

Nominierung, svw. ↑ Berufung (1).

Nordafrika-Cup, der zweite Wettbewerb für die Pokalsieger aus den nordafrikan. Ligen (↑ Nordafrikameisterschaft), während der französ. Kolonialzeit zwischen 1930 u. 1949 durchgeführt. S. a. Tab. (↑ Anhang).

Nordafrikameisterschaft, ältester afrikan. Klubwettbewerb mit Vereinen aus der *Algier-, Oran-, Constantine-, Marokko-* u. *Tunesien-Liga*; ausgetragen ab 1919, 1930 durch den *Nordafrika-Cup* ergänzt. Die N. wurde während des 2. Weltkrieges unterbrochen, 1948 beendet. S. a. Tab. (↑ Anhang).

Nordahl, Gunnar, Schweden, geb. 19. 10. 1921 Hörnefors; Mittelstürmer; spielte 1940/43 bei Degerfors, 1943/49 bei IFK Norrköping, 1949/55 bei AC Mailand (↑ Gren, G.; Liedholm, N.) u. 1956/59 beim AS Rom; 33 Länderspiele (1942/48); Olympiasieger 1948; viermal schwed. Torschützenkönig: mit Degerfors 1943 (16 Treffer), IFK Norrköping 1945 (27), 1946 (25) u. 1948 (17); Fußballer des Jahres 1947, 1948 u. 1949; absolvierte 407 Ligaspiele (363 Tore); spielte 1947 u. 1953 in der FIFA-Europaauswahl gegen Großbritannien (1:6) u. gegen England (4:4). – Nach seiner aktiven Laufbahn Trainer bei AS Rom, Karlstad, Degerfors u. Norrköping. – Seine Brüder *Bertil* (15 Länderspiele 1945/48) u. *Knut N.* (26 1946/50) sowie sein Sohn *Thomas N.* (15 1967/75) spielten ebenfalls für die „Tre Kronors", die schwed. Nationalmannschaft.

Björn **Nordqvist**

Nordhaus, Helmut, geb. 10. 10. 1922 Erfurt; Stopper; spielte 1933/35 bei Wakker Erfurt, 1935/39 beim VfB Erfurt u. 1948/56 beim (Fortuna, KWU, Turbine) SC Turbine Erfurt; bestritt 3 Länderspiele: gegen Bulgarien (0:0) in Dresden (am 14. 6. 1953), gegen Polen (0:1) in Rostock (am 26. 9. 1954) u. gegen Bulgarien (1:3) in Sofia (am 24. 10. 1954); 178 Punktspiele (33 Tore). – Später Trainer; u. a. 1964/66 beim SC Turbine Erfurt.

Nordirland, 14 120 km², etwa 1,5 Mill. Ew., 1 Fußballspieler je 60 Ew.; Verband *Irish Football Association Ltd.* („Nordirischer Fußballverband"), Abk. *IFA*; gegr. 1880, Sitz *Belfast*; Mitgl. der *FIFA* 1911 bis 1920, 1924 bis 1928 u. seit 1946, der *UEFA* seit 1954. – *Organisation:* 1 560 Klubs; 270 Berufsspieler, 20 000 Amateurspieler, gesamt 25 000 (einschl. Nachwuchs- u. AM-Spieler); *Spieljahr:* August–Mai; *Spielkleidung:* weiße Hose, grünes Hemd, grüne Stutzen (Reserveausrüstung: grüne Hose, weißes Hemd, weiße Stutzen); *Nationalstadion:* Windsor Park, in Belfast, 58 000 (13 000 Sitz-, 45 000 Stehplätze); *Stadien* (Auswahl): The Oval, Belfast, 40 000; Cliftonville, 28 000; Grosvenor Park, 20 000; Mourneview Park, 20 000; Shamrock Park, Portadown, 18 000. Tab.

Nordischer Fußballpokal, 1923/33 jährlich ausgetragener Pokalwettbewerb der skandinav. Länder (Schweden, Dänemark, Norwegen u. Finnland). Pokalsieger waren Dänemark (1923/28), Norwegen (1929/32) u. Schweden (1933).

Nordqvist, Björn, Schweden, geb. 6. 10. 1942 Hallsborg; Stopper; spielte u. a. 1962/72 bei IFK Norrköping, 1972/74 bei PSV Eindhoven, 1974/78 bei IFK Göteborg, 1979/80 bei Minnesota Kicks u. 1980/82 bei Örgryte IF; mit 115 Länderspielen (1963/78) schwed. Rekordinternationaler; WM-Endrundenteilnehmer 1970, 1974 u. 1978; Fußballer des Jahres 1968; 460 Ligaspiele (insgesamt 1 138 Spiele in 23 Jahren). Abb. S. a. „Klub der Hunderter".

Normalform, eine ↑ Form, die man – gemessen an seinem Leistungsvermö-

Omonia Nikosia

OGC Nizza

Jürgen **Nöldner**

Nordirland

Weltmeisterschaft

1958	Viertelfinale
1982	2. Finalrunde
1986	Endrunde

Landesmeister / Pokalsieger

1881	– / Moyala Park
1882	– / Queens Island
1883	– / Cliftonville
1884	– / FC Distillery Belfast
1885	– / FC Distillery
1886	– / FC Distillery
1887	– / Ulster
1888	– / Cliftonville
1889	– / FC Distillery
1890	– / Gordon Highlanders

1891 FC Linfield / FC Linfield
1892 FC Linfield / FC Linfield
1893 FC Linfield / FC Linfield
1894 FC Glentoran Belfast / FC Distillery
1895 FC Linfield / FC Linfield
1896 FC Distillery / FC Distillery
1897 FC Glentoran / Cliftonville
1898 FC Linfield / FC Linfield
1899 FC Distillery / FC Linfield
1900 Celtic Belfast / Cliftonville
1901 FC Distillery / Cliftonville
1902 FC Linfield / FC Linfield
1903 FC Distillery / FC Distillery
1904 FC Linfield / FC Linfield
1905 FC Glentoran / FC Distillery
1906 Cliftonville u. FC Distillery / SC Shelbourne
1907 FC Linfield / Cliftonville
1908 FC Linfield / Bohemians Belfast
1909 FC Linfield / Cliftonville
1910 Cliftonville / FC Distillery
1911 FC Linfield / SC Shelbourne
1912 FC Glentoran / FC Linfield (zum Pokalsieger erklärt)
1913 FC Glentoran / FC Linfield
1914 FC Linfield / FC Glentoran
1915 Celtic Belfast / FC Linfield
1916 – / FC Linfield
1917 – / FC Glentoran
1918 – / Celtic Belfast
1919 – / FC Linfield
1920 Celtic Belfast / SC Shelbourne (zum Pokalsieger erklärt)
1921 FC Glentoran / FC Glentoran
1922 FC Linfield / FC Linfield
1923 FC Linfield / FC Linfield
1924 Queens Island / Queens Island
1925 FC Glentoran / FC Distillery
1926 Celtic Belfast / Celtic Belfast
1927 Celtic Belfast / Newton Ards
1928 Celtic Belfast / Willowfield
1929 Celtic Belfast / Ballymena United
1930 FC Linfield / FC Linfield
1931 FC Glentoran / FC Linfield
1932 FC Linfield / FC Glentoran
1933 Celtic Belfast / FC Glentoran

gen – von einem Spieler erwarten kann; steigert er sich beträchtlich, spricht man von *überragender Form*, fällt er ab, von *unter Form* (anhaltend: *Formkrise*).

Norrköping, IFK, Schweden, Oberliga (Emblem ↑ Tf. 11), gegr. 29. 5. 1897; 11mal *Landesmeister* (zwischen 1943 u. 1963); *Pokalsieger* 1943, 1945 u. 1969; 9 *EC-Teilnahmen:* 30 Spiele, 8 Siege, 11 Unentschieden, 11 Niederlagen, 27:33 Punkte, 39:41 Tore. – *Spielkleidung:* blaue Hose, weißes Hemd und blauweiße Stutzen. *Heimstadion:* Idrottsparken, 35 000 Plätze. –

Spieler (Auswahl): S. Axbom – L. Backman – H. Bild – E. Fredriksson – B. Gustavsson – E. Holmqvist – C. Hult – T. Johannsson – A. Johannsson – T. Jonsson – O. Kindvall – H. Källgren – N. Liedholm – T. Lindberg – G. Löfgren – T. Mansson – Ö. Martinsson – G. Nordahl – O. Nordin – B. Nordqvist – B. Nyholm – H. Rosander – B. Rosengren – H. Sandin – S. Sundqvist – I. Svensson – J. Svensson – B. Wendt. – **Trainer** (Auswahl): G. Nordahl – G. Nurndaon.

Norwegen, 324 219 km^2, etwa 4,1 Mill. Ew., 1 Fußballspieler je 9 Ew.; Verband *Norges Fotballforbund* („Norwegischer Fußballverband"), Abk. *NF*; gegr. 1902, Sitz *Oslo*; Mitgl. der *FIFA* seit 1908, der *UEFA* seit 1954. – *Organisation:* 1 860 Klubs; 225 000 Amateurspieler, gesamt 449 000 (einschl. Nachwuchs- u. AM-Spieler); *Spieljahr:* April bis November; *Spielkleidung:* weiße Hose und rotes Hemd, blaue Stutzen (Reserveausrüstung: weiße Hose, blaues Hemd, blaue Stutzen); *Nationalstadion:* Ulleval-Stadion, Oslo, 24 500 (16 800 Sitz-, 7 700 Stehplätze); *Stadien* (Auswahl): Lerkendal Stadion, Trondheim, 30 000; Brann Stadion, Bergen, 25 200; Bislet Stadion, Oslo, 24 000; Stavanger Stadion, Stavanger, 19 800. S. a. Tab. (↑ Anhang).

„Notbremse", Foulspiel im od. kurz vor dem Strafraum als letzte Möglichkeit, einen durchgebrochenen gegnerischen Spieler am erfolgreichen Abschluß zu hindern; wird im Strafraum mit *Strafstoß* geahndet. Abb.

Notschlag, unkontrolliertes Wegdreschen des Balles aus höchster Bedrängnis; meist im eigenen Strafraum bei brenzligen Situationen durchgeführt.

Nottingham Forest, FC („The Reds", „Die Roten"), England, Verein der 1. Division (Emblem ↑ Tf. 11), gegr. 1865; nach *Notts County* (gegr. 1862) zweitältester engl. Ligaverein; seit 1889 Profifußball; ab 1892 1. Division; fünfmal abgestiegen in die 2. (1906, 1911, 1925, 1972) u. 3. Division (1949); seit 1977 in der höchsten Spielklasse; *Landesmeister* 1978; *FA-Cupsieger* 1898 u. 1959; *Anglo-Scottish Cupgewinner* 1977; *Ligacupgewinner* 1978 u. 1979; *Supercupgewinner* 1979; *Weltpokalfinalist* 1980; *EC I-Gewinner* 1979 u. 1980. 7 *EC-Teilnahmen:* 38 Spiele; 22 Siege, 7 Unentschieden und 9 Niederlagen,

„Notbremse"

51:25 Punkte, 52:30 Tore. – *Spielkleidung:* weiße Hose, rotes Hemd (weiß abgesetzt), rote Stutzen. *Heimstadion:* 1865 Forest Racecourse, 1879 The Meadows, 1880 Trent Bridge Cricket Ground, 1882 Parkside Lenton, 1885 Gregory Lenton, 1890 Town Grown; seit 1898 *City Ground*, 35 000 Plätze.

Spieler (Auswahl): V. Anderson – G. Birtles – K. Burns – P. B. Cormack – F. Forman – T. Francies – F. T. Gray – W. T. Hennessy – E. Hughes – J. J. S. Imlach – J. Iremonger – T. Jackson – L. V. Lloyd – D. K. Martin – F. G. Morgan – A. G. Morris – W. J. O'Kane – M. H. O'Neill – R. R. Rees – J. Robertson – P. L. Shilton – S. W. Widdowson – F. Wignall. – **Manager** (Auswahl): A. Beattie – A. Brown – J. Carey – B. Clough – M. Gillies – D. Mackay – B. Walker.

Notts County („The Magpies", „Die Elstern"), England, Verein der 3. Division, gegr. 1862 (ältester engl. Ligaverein); ab

1885 Profifußball; seit 1888 *Ltd. Co.* u. Gründungsmitglied der *FL (Football League);* 1893/97 2. Division; 1897/1913, 1914/20, 1923/26 u. 1981/84 1. Division; 1893/97, 1913/14, 1920/23, 1926/30, 1931/35, 1950/58, 1973/81 u. 1984/85 2. Division; 1930/31, 1935/50, 1958/59, 1960/64, 1971/73 u. seit 1985 3. Division; 1959/60 u. 1964/71 4. Division. *FA-Cupsieger* 1894. – *Spielkleidung:* schwarze Hose, schwarz-weiß längsgestreiftes Hemd, weiße Stutzen. *Heimstadion:* 1862 The Park, 1864 The Meadows, 1877 Beeston Cricket Ground, 1880 Castle Ground, 1883 Trent Bridge u. seit 1910 *County Ground Meadow Lane*, 24045 Plätze.

Spieler (Auswahl): W. Ashurst – L. Bradd – Bramley – D. Bruce – D. Calderhead – J. Chidozie – H. A. Cursham – H. B. Daft – J. A. Dixon – A. T. C. Dobson – C. F. Dobson – L. Donelly – Fashanu – Ferguson – E. H. Greenhalgh – W. Gunn – Harkouk – Harper – Hendry – P. Humphreys – A. Iremonger – T. Keetley – Locker – Logan – S. Macrae – A. McGregor – T. McInnes – H. T. Moore – H. Morley – H. Morse – H. Orborne – J. Oswald – A. Shelton – G. Toone – Watson. – **Manager** (Auswahl): R. Barker – A. Beattie – J. Burkitt – T. Coleman – R. Fenton – B. Gray – F. Hill – E. Houghton – T. Lawton – L. Lloyd – E. Lowe – G. Poyser – J. Sirrel – A. Stollery.

Nou Camp ↑ Barcelona, F.C.

Novak, Ladislav, ČSSR, Trainer, geb. 5. 12. 1931 Louny; Verteidiger; spielte 1944/49 bei SK Louny, 1950/51 bei Technomat Teplice, 1952/66 bei ATK, UDA u. Dukla Prag sowie 1966/68 bei LIAZ Jablonec; 75 Länderspiele (1 Tor); internationales Debüt am 14. 9. 1952 gegen Polen (2:2) in Prag; Länderspielabschied am 18. 5. 1966 gegen die UdSSR (1:2) in Prag; WM-Endrundenteilnehmer 1954, 1958 u. 1962; EM-Endrundenteilnehmer 1960. – Später Trainer; u. a. der ČSSR-Auswahl (1971/73, gemeinsam mit *Viedol* u. *Kacani*), in Belgien (Lokeren, Antwerpen) u. 1980/83 bei Dukla Prag. Abb.

Novi Sad, FK Vojvodina, Jugoslawien, 1. Division, gegr. 1914; *Landesmeister* 1966. 9 *EC-Teilnahmen:* 34 Spiele; 13 Siege, 8 Unentschieden, 13 Niederlagen; 34:34 Punkte, 37:40 Tore. – *Spielkleidung:* schwarze Hose und weißes Hemd (schwarz abgesetzt), rote Stutzen, *Heimstadion:* Dimitrija Tucovica, 20000 Plätze. Abb.

Spieler (Auswahl): R. Aleksić – S. Bena – M. Bosković – Z. Ivezić – Z. Jurić – R. Kovacević – A. Kozlina – D. Milić – Z. Nikolić – Pantelić – D. Pavlić – Pirmajer – D. Popovic – N. Radović – D. Savić – D. Stojanović – S. Svinjarević – S. Takać – V. Trifunović – T. Veselinović – M. Vukasinović. – **Trainer** (Auswahl): A. Ivos – S. Sekereš – G. Zec.

NPSL ↑ NASL.

Nunweiler, Rumänien, „Fußballdynastie"; 7 Brüder, die Fußballgeschichte schrieben. 1939 kam Vater *Wilhelm N.* mit der Familie von Suceava nach Bukarest. In den Mannschaftsaufstellungen erschienen später die Brüder unter I bis VII.

Costica N. (N. I), geb. 1932; war Verteidiger bei Dinamo Obor Bukarest. – *Dumitru N. (N. II)*, geb. 1934; spielte als Verteidiger bei Dinamo Obor Bukarest. – *Ion N. (N. III)*, geb. 1936 Piatra Neamt; Läufer, Libero; spielte 1948/51 bei Unirea Tricolor, 1951/53 bei Dinamo Obor Bukarest, 1953/67 bei Dinamo Bukarest u. 1967/71 bei Fenerbahce Istanbul; 40 Länderspiele; internationales Debüt am 26. 10. 1958 gegen Ungarn (1:2) in Bukarest; Länderspielabschied am 25. 6. 1967 gegen Italien (0:1) in Bukarest. Seit 1971 Trainer bei Dinamo Bukarest. – *Lica N. (N. IV)*, geb. 1938; 5 Länderspiele; später Juniorentrainer bei Dinamo Bukarest. – *Viktor N. (N. V)*, geb. 1940; Torhüter; Dinamo Bukarest; spielte nur kurzzeitig. – *Radu N. (N. VI)*, geb. 1944; Mittelfeldspieler; 45 Länderspiele; internationales Debüt am 25. 6. 1967 gegen Italien (0:1) in Bukarest (Bruder *Ion* bestritt sein letztes Länderspiel); WM-Endrundenteilnehmer 1970; seit 1985 Trainer bei Lausanne Sports. – *Edy N. (N. VII)*, geb. 1952, nur Knabenspieler.

Nürnberg, 1. FC (der „Club"), BRD, gegr. 4. 5. 1900 (Emblem ↑ Tf. 11); *1. Bundesliga* 1963/69, 1978/79, 1980/81 bis 1983/84 u. seit 1985/86; sechsmal Meister der Oberliga Süd: 1947, 1948, 1951, 1957, 1961 u. 1962; Meister der 2. Liga Süd 1980; neunmal *Landesmeister:* 1920, 1921, 1924, 1925, 1927, 1936,

1934	FC Linfield / FC Linfield
1935	FC Linfield / FC Glentoran
1936	Celtic Belfast / FC Linfield
1937	Celtic Belfast / Celtic Belfast
1938	Celtic Belfast / Celtic Belfast
1939	Celtic Belfast / FC Linfield
1940	Celtic Belfast / Ballymena United
1941	– / Celtic Belfast
1942	– / FC Linfield
1943	– / Celtic Belfast
1944	– / Celtic Belfast
1945	– / FC Linfield
1946	– / FC Linfield
1947	– / Celtic Belfast
1948	Celtic Belfast / FC Linfield
1949	FC Linfield / Derry City
1950	FC Linfield / FC Linfield
1951	FC Glentoran / FC Glentoran
1952	FC Glenavon / Newton Ards
1953	FC Glentoran / FC Linfield
1954	FC Linfield / Derry City
1955	FC Linfield / Dundela
1956	FC Linfield / FC Distillery

Vojvodina Novi Sad

Ladislav Novak

1957 FC Glentoran / FC Glenavon
1958 Newton Ards / Ballymena United
1959 FC Linfield / FC Glenavon
1960 FC Glenavon / FC Linfield
1961 FC Linfield / FC Glenavon
1962 FC Linfield / FC Linfield
1963 FC Distillery / FC Linfield
1964 FC Glentoran / Derry City
1965 Derry City / FC Coleraine
1966 FC Linfield / FC Glentoran
1967 FC Glentoran / FC Crusaders
1968 FC Glentoran / FC Crusaders
1969 FC Linfield / Newton Ards
1970 FC Glentoran / FC Linfield
1971 FC Linfield / FC Distillery
1972 FC Glentoran / FC Coleraine
1973 FC Crusaders / FC Glentoran
1974 FC Coleraine / Newton Ards
1975 FC Linfield / FC Coleraine
1976 FC Crusaders / Carrick Rangers
1977 FC Glentoran / FC Coleraine
1978 FC Linfield / FC Linfield
1979 FC Linfield / Cliftonville
1980 FC Linfield / FC Linfield
1981 FC Glentoran / FC Ballymena United
1982 FC Linfield / FC Linfield
1983 FC Linfield / FC Glentoran
1984 FC Linfield / Ballymena United
1985 FC Linfield / FC Glentoran
1986 FC Linfield / FC Glentoran

1948, 1961 u. 1968; *DFB-Pokalsieger:* 1935, 1939 u. 1962. 5 *EC-Teilnahmen:* 18 Spiele; 9 Siege, 3 Unentschieden, 6 Niederlagen, 21:15 Punkte, 30:23 Tore. – *Spielkleidung:* schwarze Hose, rotes Hemd, rote Stutzen (od. Weiß).

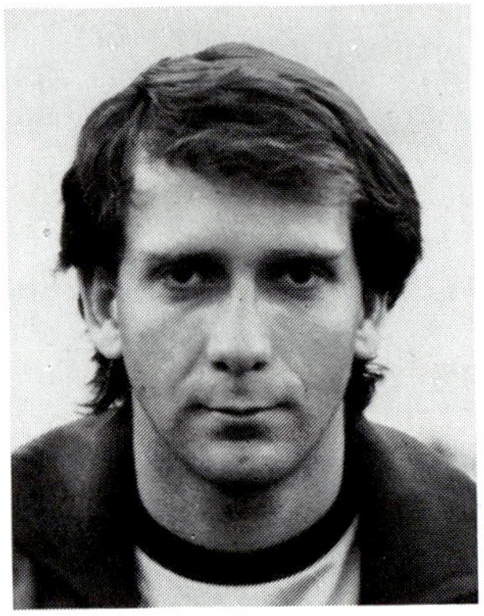

Tibor **Nyilasi**

Heimstadion: Städtisches Stadion, 57000 Plätze, davon 15000 Sitzplätze (4000 überdacht).

Spieler (Auswahl): A. Allemann – R. Bast – G. Baumann – E. Beer – B. Beierlorzer – G. Bergner – W. Billmann – Bös – R. Botteron – F. Brungs – Z. Cebinac – N. Eder – K. H. Ferschl – G. Friedel – R. Gebhardt – R. Geiger – G. Glomb – K. Gussner – J. Hansen – G. Hochgesang – H. Hofmann – H. Kalb – G. Kennemann – A. Kugler – M. Morlock – L. Müller – A. Munkert – L. Popp – H. Pöschl – S. Reisch – C. Riegel – E. Schaffer – H. Schmidt – G. Starek – H. Strehl – W. Strobel – H. Stuhlfauth – H. Sutor – H. Träg – K. Ucko – U. Ueberlein – G. Volkert – R. Wabra – F. Wenauer – L. Wieder – K. Zaczyk. – **Trainer** (Auswahl): G. Baumann – F. Binder – H. Buhtz – Z. Čajkovski – J. Csaknady – R. Gebhardt – H. Heese – H. Höher – K. Klötzer – U. Klug – F. Langner – M. Merkel – H. Schmidt – T. Tilkowski – J. Vincze – J. Vliers – H. Widmayer.

n.V., Abk. für *nach Verlängerung.*

Nyilasi, Tibor, Ungarn, geb. 18. 1. 1955 Budapest; spielte u. a. 1972/83 bei Ferencváros Budapest; seit 1983 bei Austria-Memphis Wien; 70 Länderspiele (27 Tore); internationales Debüt am 10. 8. 1975 gegen Iran (2:1) in Teheran; WM-Endrundenteilnehmer 1982; ungar. Fußballer des Jahres 1980 u. 1981. Abb.

O

oberes Toreck, rechter od. linker oberer Torwinkel; Treffer in das o. T. zählen zu den attraktivsten. Abb.

Oberhausen, SC Rot-Weiß, BRD, gegr. 18. 12. 1904; 2. Bundesliga seit 1983/84; 1. Bundesliga 1969/73; 2. Liga Nord 1974/75, 1979/80 u. 1980/81; 1963/64 bis 1968/69 (Meister) sowie 1973/74 Regionalliga West; stieg zwischen 1975 u. 1979 bis in die Amateurliga Niederrhein u. Oberliga Nordrhein ab. – *Spielkleidung:* weiße Hose, weißes Hemd mit grünem Kleeblatt, weiße Stutzen (od. Rot). *Heimstadion:* Städtisches Stadion Niederrhein, 28000 Plätze. Abb.

Spieler (Auswahl): M. Brocker – M. Burgsmüller – H. Degen – W. Demski – N. Dörmann – K. Eickels – W. Günther – P. Hahn – D. Jakobs – E. Juskowiak – W. Jürissen – W. Kleff – U. Kliemann – H. J. Sundermann – F.-J. Tenhagen – H. Traska. – **Trainer** (Auswahl): G. Brocker – F. Elting – W. Hahn – N. Lengyel – H. Murach – A. Preißler – M. Rummel – W. Stahl.

Oberkörpereinsatz, faires Attackieren des Gegners unter Einsatz des Oberkörpers (Brust od. Schulter). *Unfairer O.* ist z. B. das heftige od. gefährliche ↑ Rempeln, das Rempeln von hinten (ohne daß man vom Gegner behindert wird) u. das Stoßen (*verbotenes Spiel*, das jeweils mit *direktem Freistoß* geahndet wird; s. a. Spielregeln [Regel XII]).

Oberkörperfinte, während des Ballführens einen seitlichen Ausfallschritt ausführen u. dabei den Oberkörper nach der gleichen Seite neigen, um unmittelbar darauf den Ball mit dem Außenspann des anderen Beines in der Gegenbewegung mitzunehmen u. auf der anderen Seite am Gegner vorbeizuführen. – Erstmals von *S. Matthews* perfekt demonstriert, wird diese Finte auch als „Matthews-Trick" bezeichnet.

Oberkörperhärte, svw. betonter ↑ Oberkörpereinsatz; oft gebraucht in der Wendung „gesunde O.", was ausgeprägte, aber faire O. beinhaltet.

Oberliga, 1. *DDR* seit 1949/50 höchste Spielklasse, ab 1954/55 stets mit 14 Mannschaften. Tab.

2. *BRD* a) 1945/63 höchste Spielklasse, bestand aus den O. *Nord, West, Südwest, Süd*; Nachfolgerin wurde die ↑ Regionalliga; b) seit 1979 höchste Amateurspielklasse, besteht aus 8 Staffeln (↑ Spielklassen [Tab.]); nächsthöhere Spielklasse ist die ↑ Zweite Bundesliga (bis 1981 war es die ↑ Zweite Liga [2]).

Oberligatrainer, *DDR* verantwortlicher Trainer einer Mannschaft der ↑ Oberliga (1).

Oberösterreichischer Fußballverband, Abk. *O.Ö-FV*, einer der 9 Unterverbände des *ÖFB* (↑ Österreich); Spielklasseneinteilung: *1. Landesliga* (14 Vereine), *2. Landesliga* (2 Gruppen je 14 Vereine), *Bezirksliga* (4 Gruppen je 14 Vereine), *1. Klasse* (8 Gruppen je 12 Vereine) u. *2. Klasse* (15 Gruppen je 10 bis 12 Vereine). Abb.

Obervolta, frühere Bez. für ↑ Burkina Faso.

Oblak, Branco („Brane"), Jugoslawien, geb. 27. 5. 1947 Ljubljana; Stürmer u. Mittelfeldspieler; spielte 1957/66 bei Olimpija Ljubljana, 1966/75 bei Hajduk Split, 1975/77 bei Schalke 04 u. 1977/80 beim FC Bayern München; 50 Länderspiele (1970/77); WM-Endrundenteilnehmer 1974; bestritt 120 Bundesligaspiele (10 Tore).

Ernst **Ocwirk** *(rechts)* u. B. Wright; *Mitte* Schiedsrichter Griffith (Wales)

Ocwirk, Ernst, Österreich, geb. 7. 3. 1926 Wien, gest. 23. 1. 1980 Wien; Libero u. Läufer; spielte u. a. 1936/47 beim Floridsdorfer AC, 1947/56 u. 1961/62 bei Austria Wien u. 1956/61 bei

Rot-Weiß Oberhausen

Oberösterreichischer Fußballverband

DDR-**Oberliga** 1949/50 (erstes Spieljahr, Abschlußtabelle)

	damals	*heute*
1.	Horch Zwickau	Sachsenring Zwickau
2.	Dresden-Friedrichstadt	–
3.	Waggonbau Dessau	Motor Dessau
4.	KWU Erfurt	FC Rot-Weiß Erfurt
5.	ZSG Union Halle	Hallescher FC Chemie
6.	Franz-Mehring-Marga	Aktivist Brieske-Senftenberg
7.	Volksstimme Babelsberg	DEFA Babelsberg
8.	Industrie Leipzig	Chemie Leipzig
9.	Einheit Meerane	Fortschritt Meerane
10.	H. Wendler Stendal	Lokomotive Stendal
11.	Gera Süd	Wismut Gera
12.	Stahl Altenburg	Motor Altenburg
13.	Anker Wismar	TSG Wismar
14.	Vorwärts Schwerin	–

Schuß ins **obere Toreck**

Torschützenkönige der DDR-Oberliga

1949/50	H. Satrapa (Horch Zwickau)	23
1950/51	H. Schöne (Rotation Babelsberg)	38
1951/52	R. Krause (Chemie Leipzig)	27
	K. Weißenfels (Lok Stendal)	27
1952/53	H. Arlt (Rotation Dresden)	26
1953/54	H. Satrapa (Wismut Aue)	21
	S. Vollrath (Turbine Erfurt)	21
1954/55	W. Tröger (SC Wismut Karl-Marx-Stadt)	22
1956	E. Lindner (Lok Stendal)	18
1957	H. Kaulmann (ASK Vorwärts Berlin)	15
1958	H. Müller (SC Motor Jena)	17
1959	B. Bauchspieß (Chemie Zeitz)	18
1960	B. Bauchspieß (Chemie Zeitz)	25
1961/62	A. Bialas (SC Empor Rostock)	23
1962/63	P. Ducke (SC Motor Jena)	19
1963/64	G. Backhaus (Lok Stendal)	15
1964/65	B. Bauchspieß (Chemie Leipzig)	14
1965/66	H. Frenzel (1. FC Lok Leipzig)	22
1966/67	H. Rentzsch (Motor Zwickau)	17
1967/68	G. Kostmann (FC Hansa Rostock)	15
1968/69	G. Kostmann (FC Hansa Rostock)	18
1969/70	O. Skrowny (Chemie Leipzig)	12
1970/71	H.-J. Kreische (Dynamo Dresden)	17
1971/72	H.-J. Kreische (Dynamo Dresden)	14
1972/73	H.-J. Kreische (Dynamo Dresden)	26
1973/74	H.-B. Matoul (1. FC Lok Leipzig)	20
1974/75	M. Vogel (Hallescher FC Chemie)	17
1975/76	H.-J. Kreische (Dynamo Dresden)	24
1976/77	J. Streich (1. FC Magdeburg)	17
1977/78	K. Havenstein (Chemie Böhlen)	15

Sampdoria Genua; 62 Länderspiele (6 Tore); internationales Debüt am 19. 8. 1945 gegen Ungarn (0:2) in Budapest; Länderspielabschied am 2. 5. 1956 gegen Schottland (1:1) in Glasgow; WM-Endrundenteilnehmer 1954; Kapitän der FIFA-Auswahl 1953 gegen England u. 1955 gegen Großbritannien. – Später Trainer, u. a. bei Sampdoria Genua (1962/65), Austria Wien (1965/70), 1. FC Köln (1970/71) u. Admira Wien (1971/73). Abb.

ODCC ↑ CONCACAF.

Odense, BK, Dänemark, 1. Division, gegr. 1887; *Landesmeister* 1977 u. 1982; *Pokalsieger* 1983 u. 1984. 4 *EC-Teilnahmen:* 8 Spiele; 1 Unentschieden, 7 Niederlagen, 1:15 Punkte, 7:21 Tore. – *Spielkleidung:* blaue Hose, blau-weiß längsgestreiftes Hemd, weiße Stutzen. *Heimstadion:* Odense Stadion, 30000 Plätze. Abb.

Spieler (Auswahl): P. Andersen – P. Bartram – A. Hansen – S. J. Hansen – S. Hugger – B. Hylle – K. Johannsen – J. Leschley – R. Möller-Nielsen – W. Munk-Nielsen – E. Nielsen – F. Nielsen – F. Sterebo – M. Thorkildsen.

Odermatt, Kurt, Schweiz, geb. 17. 12. 1942; Mittelfeldspieler; spielte 1954/62 bei Concordia Basel, 1962/75 beim FC Basel u. 1975/79 bei Young Boys Bern; 50 Länderspiele (1963/73); WM-Endrundenteilnehmer 1966; Fußballer des Jahres 1970 u. 1972.

Oehler, Karl, geb. 26. 3. 1923 Ronneburg; Abwehrspieler, Stopper; spielte 1937/49 bei (VfB) Wismut Ronneburg u. 1949/59 bei Motor bzw. SC Motor Jena; 74 Oberligaspiele (4 Tore).

Oertel, Heinz Florian, Dr. rer. pol., Journalist; geb. 11. 12. 1927 Cottbus; Redaktionsleiter beim Berliner Rundfunk, Reporter u. Kommentator bei Radio DDR u. beim DDR-Fernsehen; Buchautor („Mit dem Sportmikrofon um die Welt", „Immer wieder unterwegs", „30 Jahre wie ein Sprint"); berichtete von allen Olympischen Spielen seit 1952, von den WM ab 1954 bis 1982 (außer Chile 1962), von der EM 1980 sowie von Länder- u. EC-Spielen. Abb.

ÖFB. ↑ Österreich.

OFC, [Abk. für engl. *Oceania Football Confederation*], Vereinigung der nationalen Verbände Ozeaniens; Sitz *Auckland* (Neuseeland). 1966 gegründet, als die FIFA eine eigene Konföderation für den ozeanischen Raum sanktionierte. Initiator der Gründung war Australien, bes. unterstützt von Neuseeland. Von Beginn an wurden Fidschi u. Papua-Neuguinea mit einbezogen. 1973 trat Australien vorübergehend aus, weil seine beabsichtigte Vorherrschaft nicht anerkannt wurde. Australiens Interessen konzentrierten sich daher mehr auf die asiatischen Verbände u. deren Wettbewerbe. Die OFC hat die Schirmherrschaft über die *South Pacific Games* u. organisierte das 1. Jugendturnier 1974 in Papeete (Tahiti). Tab.

„offen" ist ein Spielausgang bei etwa gleichstarken Spielpartnern vor einer Begegnung bzw. im Spiel selbst bei knappem Spielstand.

Offenbach, Kickers (*O. F. C. Kickers 1901 e. V.*), BRD, Oberliga, gegr. 27. 5. 1901 (Emblem ↑ Tf. 11); 2. Bundesliga 1981/82, 1982/83 u. 1984/85; 1. Bundesliga 1968/69, 1970/71, 1972/73 bis 1975/76 u. 1983/84; 2. Liga Süd 1976/77 bis 1980/81; fünfmal Meister der Regionalliga Süd: 1949, 1955, 1967, 1970 u. 1972; *DFB-Pokalsieger* 1970. Eine *EC-Teilnahme:* 2 Spiele; 1 Sieg, 1 Niederlage, 2:2 Punkte, 2:3 Tore. – *Spielkleidung:* weiße Hose und rotes Hemd, rote Stutzen. *Heimstadion:* Bieberer Berg, 31500 Plätze, davon sind 8200 Sitz- u. 8500 Stehplätze überdacht.

Spieler (Auswahl): H. Baas – R. Balder – L. Bastrup – W. Bechthold – B. Beck – H. Bitz – H. Buhtz – G. Franusch – S. Gast – K. Göhlich – E. Gröner – M. Grünwald – W. Hartwig – S. Held – B. Helmschrot – J. Hickersberger – U. Höfer – N. Janzon – F. Kaiser – G. Kaufhold – W. Keim – R. Keller – E. Kostedde – B. Kraus – H. Kremers – H. Lichtl – E. Novotny – H. Nowak – H. Nuber – G. Oleknavicius – G. Paulus – A. Picard – H. Preisendörfer – W. Rausch – R. Rech – H. Reich – M. Ritschel – W. Schäfer – E. Schmitt – K. Schreiner – A. Schultheiß – L. Skala – H. Staab – R. Völler – K. Volz – E. Wade – K. Waldmann – W. Weber – R. Weida – J. Weilbächer – W. Zimmermann – **Trainer** (Auswahl): K. Baluses – F. Brungs – Z. Cajkovski – B. Cuvaj –

F. Fuchs – R. Gutendorf – H. Heese – R. Keller – K. Klötzer – U. Klug – G. Lóránt – H. Merkle – R. Momirski – P. Oßwald – O. Rehhagel – A. Schmidt – K. Schreiner.

offener Schlagabtausch, vom *Boxsport* übernommener Begriff, womit das wechselweise Anrennen der Mannschaften (druckvoll, aber ungestüm) auf das Tor bezeichnet wird. Dabei werden die Deckungsreihen geöffnet (deshalb o. S.) u. die zuvor festgelegten taktischen Verhaltensweisen völlig über den Haufen geworfen. Der o. S. ist eine ungezügelte Offensivvariante, trefferwirksam u. für den Betrachter spannend bis beschaulich anzusehen.

Offensive, svw. *Angriff*, *Vorstoß*.

Offensivspiel, selbstbewußte und angriffsorientierte Spielweise einer Mannschaft mit dem Ziel, bekannte od. vermutete Abwehrschwächen des Gegners durch eigene Angriffsstärke auszunutzen; drückt sich bereits im gewählten *Spielsystem* aus (z. B. offensives Mittelfeld, Einsatz mehrerer Sturmspitzen). S. a. Defensivspiel.

Offensivverteidiger, Außenverteidiger, der seine Aufgabe nicht nur in der Bewachung des Gegenspielers u. in der Abwehr gegnerischer Angriffe sieht, sondern über die Flügel weit in die gegnerische Hälfte eindringt u. von dort aus für mittelbare (Flanke) od. unmittelbare Torgefahr (Torschuß) sorgt.

Offside [engl.], svw. ↑ Abseits.

Okudera, Yasuhiko, Japan, geb. 12. 3. 1952; Verteidiger; spielte bei FC Furukawa Tokio, Hertha BSC Berlin (West), 1977/81 beim 1. FC Köln u. 1981/86 SV Werder Bremen; 42 Länderspiele; 234 Bundesligaspiele (26 Tore).

Old Trafford ↑ Manchester United.

Olivieri, Aldo, Italien, geb. 1910; Torhüter; spielte für Lucchese u. AC Turin; 24 Länderspiele; internationales Debüt am 15. 11. 1936 gegen Deutschland (2:2) in Berlin; Länderspielabschied am 5. 5. 1940 gegen Deutschland (3:2) in Mailand; WM-Endrundenteilnehmer 1938; spielte 1937 für Zentraleuropa gegen Westeuropa (3:1) in Amsterdam u. 1938 für die FIFA-Europa-Auswahl gegen England (0:3) in London.

Olsen, Morten, Dänemark, geb. 14. 8. 1949 Vordingborg (Sjaeland); Libero; spielte 1967/72 bei Nyköbing Falster Boldklub af 1901, 1972/76 bei Cercle Brügge, 1976/80 bei RWD Molenbeek u. 1980/86 beim RSC Anderlecht Brüssel; seit 1986 beim 1. FC Köln; 87 Länderspiele (2 Tore); internationales Debüt am 23. 9. 1970 in Kopenhagen (0:1) gegen Norwegen; WM-Endrundenteilnehmer 1986; EM-Endrundenteilnehmer 1984; Fußballer des Jahres 1983 u. 1986.

Olympia [griech., nach der Zeuskultstätte auf dem Peloponnes], Vereinsbezeichnung aus den Anfängen des deutschen Fußballs, z. B. O. Wilhelmshaven.

Olympiapokal, *DDR* 1964 ausgetragener Pokalwettbewerb, dessen Sieger eine von der Fachzeitschrift „Die Neue Fußballwoche" gestiftete Silberschale, versehen mit den olympischen Ringen, erhielt. Die Oberligamannschaften überbrückten mit diesem Wettbewerb den Zeitraum der XVIII. Sommerspiele in Tokio. Im Finale am 24. 10. 1964 in Brandenburg (Havel) gewann der SC Motor Jena gegen Lokomotive Stendal 4:2 (2:1).

Olympiastadion, 1. Amsterdam, Nationalstadion der ↑ Niederlande.
2. Berlin (West), zwischen 1935 u. 1936 anläßlich der Olympischen Spiele 1936 erbaut; urspr. Fassungsvermögen 100 000, dann 86 000 Zuschauer; April 1972 bis März 1974 umgebaut; 76 000 Sitzplätze (26 000 überdacht), Flutlicht.
3. Helsinki, Nationalstadion von ↑ Finnland.
4. München, anläßlich der Olympischen Spiele von 1972 erbaut, gelegen im Olympiapark von Oberwiesenfeld; Zeltdach; 77 573 Plätze (48 073 Sitzplätze/29 100 überdacht, 29 500 Stehplätze), Flutlicht; WM-Endspielstätte 1974. Abb.
5. *Stadio Olimpico*, Rom; im „Foro Italico" gelegenes Großstadion für 90 000 Zuschauer; *Baubeginn* 1950, *Fertigstellung* 1953, *Kosten* 3,5 Md. Lire; Einweihung am 17. 5. 1953 mit Italien–Ungarn (0:3); Zugang zu den Sitz- u. Stehplätzen (30 000) durch 10 äußere Tore und 59 Eingänge mit einer Ge-

1978/79	J. Streich (1. FC Magdeburg)	23
1979/80	D. Kühn (1. FC Lok Leipzig)	21
1980/81	J. Streich (1. FC Magdeburg)	20
1981/82	R. Schnuphase (FC Carl Zeiss Jena)	19
1982/83	J. Streich (1. FC Magdeburg)	19
1983/84	R. Ernst (Berliner FC Dynamo)	20
1984/85	R. Ernst (Berliner FC Dynamo)	24
1985/86	R. Sträßer (1. FC Union Berlin)	14

Heinz Florian **Oertel**

BK Odense

OFC-Mitgliedsländer
Australien
Fidschi
Neukaledonien[1]
Neuseeland
Papua-Neuguinea
Salomonen[1]
Tahiti[1]
Vanuatu[1]
Westsamoa
[1] kein FIFA-Mitglied

olympisches Fußballturnier

Zulassungsbestimmungen (FIFA)
a) „Zur Teilnahme am o. F. ist jeder Spieler berechtigt, der während der gesamten Dauer der Vorbereitung, der Spieltätigkeit, der Erholung u. gegebenenfalls der Genesung eine materielle u. finanzielle Unterstützung bezieht, die direkt von folgenden Organisationen geleistet werden: von seinem Landesverband, den Ligen, Komitees od. Klubs, dem NOK od. auch beauftragten staatlichen Behörden".
b) „Die Landesverbände Europas u. Lateinamerikas dürfen in ihrer Olympiamannschaft keine Spieler aufstellen, die an den Spielen der Fußballweltmeisterschaft (Vor- od. Endrunde) teilgenommen haben".

olympisches Fußballturnier

Paris 1900: Großbritannien
Großbritannien (Upton Park London)–Frankreich (L'Union Francaise de Sports Athletique) 4:0

St. Louis 1904: Kanada
Kanada (Galt F.C. Ontario)–USA (St. Rose Kickers) 4:0

Athen 1906: Dänemark
Dänemark–Griechenland 9:0

London 1908: England
England–Dänemark 2:0

Stockholm 1912: England
England–Dänemark 4:2
3. Platz:
Niederlande–Finnland 9:0

Antwerpen 1920: Belgien
Belgien–ČSR 2:0 (abgebrochen, ČSR disqualifiziert)
2. Platz: Spanien
3. Platz: Niederlande

Paris 1924: Uruguay
Uruguay–Schweiz 3:0
3. Platz:
Schweden–Niederlande 1:1 (n. V.) u. 3:1

Amsterdam 1928: Uruguay
Uruguay–Argentinien 1:1 (n. V.) u. 2:1
3. Platz:
Italien–Ägypten 11:3

Berlin 1936: Italien
Italien–Österreich 2:1 (n. V.)
3. Platz:
Norwegen–Polen 3:2

samtlänge von 237 m; Spielfläche: 105,20 m × 69,20 m; 1960 Austragungsstätte der Olympischen Spiele; erlebte 3 EM-Finales (am 6. 6. u. 8. 6. 1968 (Wiederholungsspiel) Italien–Jugoslawien, am 22. 6. 1980 BRD–Italien sowie 1977 u. 1984 die Endspiele im Pokal der Landesmeister, außerdem 31 Länderspiele.

Olympic Stadium, Nationalstadion von ↑ Kanada.

olympisches Fußballturnier, im Rahmen der *Olympischen Spiele* ausgetragener Fußballwettbewerb, an dem (im Gegensatz zur Fußball-WM; ↑ Weltmeisterschaft) nur Amateurspieler teilnehmen dürfen. Waren die „Turniere" 1900, 1904 u. 1906 (↑ Olympische Zwischenspiele) noch olympische Pseudoveranstaltungen (1900 3 Teilnehmer: England, Frankreich u. Belgien; 1904 3 Teilnehmer [Klubs]: Galt F. C. Ontario, Christian Brothers u. St. Rose Kickers; beide letzteren aus den USA), so konnte man ***1908*** erstmals von einem o. F. sprechen. 6 Mannschaften traten an, Frankreich gleich mit 2 Vertretungen. Dabei kam es in der Begegnung Dänemark gegen Frankreich A zu dem Rekordergebnis von 17:1. Organisiert u. durchgeführt wurde das Turnier von der engl. Football Association.

1912 hatten sich 13 Länder für den Wettbewerb eingetragen, darunter Deutschland u. Österreich. Nachdem Frankreich u. Belgien kurzfristig nicht antraten, gab es für 5 Mannschaften in der ersten Runde Freilos. Deutschland unterlag in dieser Runde den Österreichern 1:5, die in der nächsten Runde ihrerseits gegen die Niederlande mit 1:3 den kürzeren zogen. In der Trostrunde, welche die Verlierer der ersten beiden Runden vereinte, bezwang dann Deutschland Rußland mit 16:0 u. verlor 1:3 gegen Ungarn. Diese gewannen gegen Österreich 3:0 u. wurden Sieger der Trostrunde.

1920 waren 14 Mannschaften angetreten, u. es kam zum Skandal: Im Endspiel verließ die ČSR vorzeitig das Spielfeld, weil sie sich von Schiedsrichter *Ellis* (England) benachteiligt sah. Nach einem undurchsichtigen Auswahlverfahren spielten schließlich die Niederlande u. Spanien um die Silbermedaille, die Spanien mit *R. Zamora* gewann.

1924 übernahm erstmals die FIFA die Aufgabe, das o. F. zu organisieren. Mit 21 Teilnehmern lag ein Melderekord vor. England hatte keine Meldung abgegeben, während Deutschland aus politischen Gründen (1. Weltkrieg) wie 1920

Münchner **Olympiastadion**

ausgeschlossen blieb. Mit dem hohen Niveau dieses Turniers bekam der Fußball Weltgeltung, insbes. geprägt von Uruguay (u. a. mit *Andrade*, *Nasazzi* u. *Scarone*). Die Schweiz bezwang die ČSR, Italien u. Schweden u. erreichte überraschend das Finale.

1928 meldeten nur noch 17 Mannschaften. Österreich, Ungarn u. die ČSR hatten sich zum Profifußball bekannt u. blieben deshalb dem Turnier fern, ebenso England, das einmal mehr aus der FIFA ausgetreten war. Wieder dabei war – nach 1912 – Deutschland, hinzu kamen mit Argentinien, Chile u. Mexiko 3 überseeische „Neue". Deutschland schlug in der ersten Runde die Schweiz 4:0 (3 Tore von *R. Hofmann*) u. unterlag dann dem späteren Olympiasieger Uruguay 1:4 (hektische Partie mit Feldverweisen für *Kalb* u. *Hofmann*).

Vor den Olympischen Spielen ***1932*** tauchten im IOC Meinungsverschiedenheiten zum Amateurstatus auf. Die FIFA hatte mit der ersten WM 1930 in Uruguay eine eindeutige Trennung von Amateur- u. Berufsspielern erreicht. Die meisten europäischen Landesverbände zeigten nun wenig Interesse an einer Beschickung der Spiele, u. so verzichtete die FIFA in Anbetracht der Umstände auf die Ausrichtung eines o. F.

So konnte erst ***1936*** bei den Olympischen Spielen in Berlin wieder ein o. F. ausgetragen werden. Außer Peru war diesmal keine südamerikanische Vertretung dabei, dafür erstmals Japan u. China. Insgesamt nahmen 16 Mannschaften das Turnier auf. Deutschland schied nach einem 9:0 Auftaktsieg (Gegner Luxemburg) gegen Norwegen aus (0:2), während Österreich (nach einem 3:1 gegen Ägypten) über Peru (das zum Wiederholungsspiel nicht antrat) u. Polen (3:1) das Finale erreichte.

Wegen des 2. Weltkrieges fand das nächste o. F. erst wieder ***1948*** statt. Im Kreis der 16 Teilnehmer (ohne deutsche Beteiligung) unterlag Österreich in der Vorrunde gegen Schweden (mit *Gren*, *Nordahl* u. *Liedholm*), das sich bis ins Finale durchkämpfte u. dort auch nicht von Jugoslawien zu bremsen war.

Das o. F. ***1952*** in Helsinki stand eindeutig im Zeichen der Ungarn. Die DDR war noch nicht vertreten u. sollte erst 1955 provisorisch auf der 50. IOC-Tagung als IOC-Mitglied aufgenommen werden. Die BRD gewann in der Vorrunde 3:1 gegen Ägypten u. in der Zwischenrunde 4:2 (n. V.) gegen Brasilien, unterlag dann im Halbfinale Jugoslawien (1:3) u. im Spiel um den 3. Platz Schweden (0:2). Österreich schied nach einem 4:3-Auftaktsieg über Finnland in der Zwischenrunde gegen Schweden aus (1:3). Die Schweden ihrerseits unterlagen im Halbfinale den Ungarn 0:6.

1956 bei den Olympischen Spielen in Melbourne trat die IOC-Festlegung in Kraft, nach der beide deutsche Staaten eine gemeinsame Mannschaft zu stellen hatten. Als es aber zwischen dem DSB u. DFB der BRD sowie dem NOK der DDR zu keiner Übereinkunft bei der Bildung einer gemeinsamen (Fußball-) Olympiamannschaft kam, zog die DDR ihren Kaderkreis zurück. Die BRD unterlag dann bereits in der Vorrunde gegen den späteren Olympiasieger UdSSR mit 1:2 u. schied somit aus dem weiteren Turnierverlauf aus.

Als ***1960*** in Rom auf Beschluß des IOC die Sportler der DDR u. der BRD wiederum in einer gemeinsamen Mannschaft starten mußten, wurden Ausscheidungskämpfe zwischen beiden Vertretungen anberaumt. So kam es zu 2 Ausscheidungsspielen, in denen die DDR jeweils unterlag (0:2 in Berlin, 1:2 in Düsseldorf). Die BRD scheiterte aber darauf in den erstmals ausgetragenen Qualifikationsspielen für das o. F., ebenso die UdSSR, der Olympiasieger von 1956. Die große Überraschung war Dänemark, das in der Vorrunde Polen (2:1), Argentinien (3:2) u. Tunesien (3:1) bezwang u. auch im Halbfinale über die Ungarn (2:0) siegreich blieb.

Für die Olympischen Spiele ***1964*** in Tokio hatte die FIFA bestimmt, daß Spieler, die an Weltmeisterschaften teilgenommen hatten, nicht spielberechtigt waren. Wiederum mußten beide deutsche Staaten Ausscheidungsspiele bestreiten, wobei die DDR diesmal insgesamt die erfolgreichere Mannschaft war (3:0 in Karl-Marx-Stadt, 1:2 in Hanno-

London 1948: Schweden
Schweden–Jugoslawien 3:1
3. Platz:
Dänemark–England 5:3

Helsinki 1952: Ungarn
Ungarn–Jugoslawien 2:0
3. Platz:
Schweden–BRD 2:0

Melbourne 1956: UdSSR
UdSSR–Jugoslawien 1:0
3. Platz:
Bulgarien–Indien 3:0

Rom 1960: Jugoslawien
Jugoslawien–Dänemark 3:1
3. Platz:
Ungarn–Italien 2:1

Tokio 1964: Ungarn
Ungarn–ČSSR 2:1
3. Platz:
DDR–VAR 3:1

Mexiko-City 1968: Ungarn
Ungarn–Bulgarien 4:1
3. Platz:
Japan–Mexiko 2:0

München 1972: Polen
Polen–Ungarn 2:1
3. Platz:
UdSSR–DDR 2:2 (n. V.)

Montreal 1976: DDR
DDR–Polen 3:1
3. Platz:
UdSSR–Brasilien 2:0

Moskau 1980: ČSSR
ČSSR–DDR 1:0
3. Platz:
UdSSR–Jugoslawien 2:0

Los Angeles 1984: Frankreich
Frankreich–Brasilien 2:0
3. Platz:
Jugoslawien–Italien 2:1

ver) u. sich somit für die anstehende Ausscheidung gegen die Niederlande qualifizierte. Einem 1:0 in Den Haag folgte im Rückspiel in Rostock ein 3:1, so daß es zum entscheidenden Duell mit der UdSSR kam. Nach dem 1:1-Hinspiel in Leipzig u. dem gleichen Rückspielergebnis in Moskau gab es ein drittes Spiel auf neutralem Platz, wobei die DDR die UdSSR in Warschau mit 4:1 bezwang. Damit hatte sich die DDR erstmals die Teilnahme am o. F. gesichert. – Nach Siegen über Iran (4:0) u. Mexiko (2:0) sowie dem Unentschieden (1:1) gegen Rumänien wurde sie Gruppensieger u. schlug dann Jugoslawien im Viertelfinale 1:0. Erst im Halbfinale wurde sie von der cleveren ČSSR-Elf gestoppt (1:2).

Für das o. F. ***1968*** in Mexiko-City hatte die FIFA das Reglement wieder geändert. Nunmehr durften auch Spieler teilnehmen, die bei WM-Spielen eingesetzt waren – insofern sie keine Profis waren. Der erste Qualifikationsgegner der DDR, Griechenland, wurde zweimal klar bezwungen (5:0 in Athen u. in Dresden). Dann folgten zwei 1:0-Siege gegen Rumänien (in Berlin u. Bukarest), bevor man im abschließenden Durchgang an Bulgarien scheiterte (1:4 in Stara Zagora, 3:2 in Leipzig). – Wie schon 1952, 1964 u. 1968 stand das o. F. wieder im Zeichen der Magyaren, deren Spiel diesmal geprägt war von Könnern wie *Dunai, Juhasz* u. *Fazekas.*

1972 fanden die Olympischen Spiele in München statt, für die sich die DDR-Fußballer wie folgt qualifizieren konnten: gegen Italien 4:0 in Dresden u. 1:0 in Terni, gegen Jugoslawien 2:0 in Rostock u. 0:0 in Prilep. – Die DDR besiegte in ihrer Gruppe beim o. F. Ghana 4:0 u. Kolumbien 6:1, unterlag aber Polen 1:2, wobei jedoch die Ersten u. Zweiten jeder Gruppe in die 2 Zwischenrundengruppen kamen, in denen nochmals jeder gegen jeden spielen mußte. Die beiden Zwischenrundengruppenersten bestritten das Endspiel, die Zweiten ermittelten den Bronzemedaillengewinner. In der Zwischenrundengruppe A gewann die DDR gegen Mexiko 7:0, gegen die BRD (besiegte in der Vorrunde Malaysia 3:0, Marokko 3:0 u. USA 7:0) 3:2 u. verlor gegen Ungarn 0:2. Die BRD spielte ihrerseits 1:1 gegen Mexiko u. unterlag Ungarn 1:4, so daß in dieser Gruppe Ungarn u. die DDR das Halbfinale erreichten.

Das o. F. ***1976*** in Montreal stand im Zeichen der favorisierten Mannschaften. In 4 Gruppen zu je 4 Mannschaften qualifizierten sich für die Halbfinales die DDR (in den Gruppenspielen gegen Brasilien 0:0 u. gegen Spanien 1:0, in der Zwischenrunde gegen Frankreich 4:0), die UdSSR, Polen u. Brasilien. Nach einem 2:1 gegen die UdSSR erreichte die DDR die Endspielteilnahme.

1980 fanden die Olympischen Spiele in Moskau statt. Die Gruppen- u. Zwischenspiele des o. F. wurden in Moskau, Kiew, Leningrad u. Minsk, die Halbfinales u. das Endspiel in Moskau ausgetragen (Dynamo- u. Leninstadion). Aufmerksamkeit erregten Kuba, Algerien, Irak u. Kuweit mit dem Einzug unter die letzten Acht. Die DDR erreichte das Endspiel nach einem Unentschieden gegen Spanien (1:1), sowie nach Siegen gegen Algerien (1:0), Syrien (5:0) u. die UdSSR (1:0).

1984 in Los Angeles wurden wiederum 4 Gruppen mit jeweils 4 Ländern gebildet. Bemerkenswert waren die bislang bei o. F. nicht gekannten hohen Zuschauerzahlen bei den Spielen in Boston, Massachussetts, Annapolis, Maryland, Palo Alto u. Pasadena. Die BRD (in Gruppe C gegen Marokko 2:0, Brasilien 0:1 u. Saudi-Arabien 6:0) unterlag in der Zwischenrunde gegen Jugoslawien mit 2:5. Tab.

Olympische Zwischenspiele, 1906 in Athen durchgeführte Sportveranstaltung „zwischen 2 Olympischen Spielen", die vom IOC nicht anerkannt wurden. Am Fußballturnier im Rahmen der o. Z. nahmen 4 Mannschaften teil: Griechenland (vertreten durch Athen u. Saloniki) mit 2 Vertretungen, Dänemark u. eine internationale Mannschaft. S. a. olympisches Fußballturnier.

Oman, Staat in Westasien, im Südosten der Arab. Halbinsel, 212457 km^2, etwa 950000 Ew., 1 Fußballspieler je 317 Ew.; Verband *Oman Football Association*

(„Fußballverband Oman"), Abk. *OFA;* gegr. 1978, Sitz *Masqat;* Mitgl. der *FIFA* seit 1980, der *AFC* seit 1979. – *Organisation:* 50 Klubs; 1500 Amateurspieler, gesamt 3000 (einschl. Nachwuchs- u. AM-Spieler); *Spieljahr:* Februar–Oktober; *Spielkleidung:* rote Hose, weißes Hemd, weiße Stutzen (Reserveausrüstung: weiße Hose, rotes Hemd, rote Stutzen); *Nationalstadion:* El Shorta Stadium, Masqat, 45000 (26000 Sitz-, 19000 Stehplätze); *Stadien* (Auswahl): Sur Stadium, 20000; Salalah Stadium, 18000; Suhar Stadium, 17000.

„ominöser Punkt", svw. *Strafstoßpunkt.*

Omladinski Stadion ↑ Belgrad, OFK.

Ondrus, Anton, ČSSR, geb. 27. 3. 1950 Solcany; Libero; spielte u.a. 1959/81 bei Slovan Bratislava, 1981/84 beim FC Brügge u. 1984/85 beim CS (Club Sportif) Thonon (2. Division, Frankreich); 58 Länderspiele (9 Tore); internationales Debüt am 27. 3. 1974 gegen die

Anton **Ondrus**

DDR (0:1) in Dresden; Länderspielabschied am 21. 6. 1980 gegen Italien (1:1) in Neapel; EM-Endrundenteilnehmer 1976 u. 1980; 226 Punktspiele (38 Tore). Abb.

Onistschenko, Wladimir, UdSSR, geb. 25. 12. 1949 Kiew; Rechtsaußen; spielte bei Dynamo Kiew u. Sarja Woroschilowgrad; 29 Länderspiele. – Später Trainer. Abb.

Operation Guérin [nach *H. Guérin*], *Frankreich* nach dem enttäuschenden Abschneiden bei der WM 1966 begonnene systematische Forcierung des Jugendfußballs. Von den etwa 35000 Jugendlichen, die fußballerisch geprüft wurden, blieben nach mehrmaliger Auswahl etwa 150 übrig, mit denen dann in einer zentralen Fußballschule die Ausbildung begann. Darüber hinaus wurde jeder französ. Profiklub verpflichtet, eine eigene Fußballschule einzurichten (Internatsbetrieb, etwa je 50% Schul- u. Fußballstunden). Der Erfolg der O. G. zeigte sich dann zur WM 1982 (Halbfinale), spätestens aber 1984, als die *Equipe tricolore* Europameister wurde – mit einigen der früheren Fußballschüler.

Ordner, ehrenamtlicher Helfer bei Fußballveranstaltungen, der für Ordnung u. Disziplin vor, während u. nach dem Spiel zu sorgen u. darüber hinaus Spieler sowie Schiedsrichterkollektiv vor Belästigungen zu schützen hat. Die Anzahl der zu stellenden *Ordnungskräfte* ist in der Regel festgelegt – entspr. der Besucherzahl –, wobei darüber hinaus evtl., je nach zu erwartender Zuschauerzahl u. -reaktion, Staffeln von *Polizeikräften* zur Aufrechterhaltung von Ordnung u. Sicherheit bereitstehen. Das besondere Augenmerk der Ordnungs- u. Sicherheitskräfte gilt dabei dem Auftreten der „Fans". – Beim *DFV der DDR* z. B. muß die platzbauende Gemeinschaft bei einer Zuschauerzahl bis zu 100 Personen 3 O. zum Einsatz bringen. Geht die Zuschauerzahl über 100 hinaus, so ist für alle weiteren 100 Zuschauer je 1 O. einzusetzen. Tab.

Ordner (Mindestzahl)

Zuschauer	*Ordner*
500	7
1000	12
10000	102
40000	402
95000	952

Oriali, Gabriele, Italien, geb. 25. 11. 1952 Como; Vorstopper, Mittelfeldspieler; spielte 1970/83 bei Internazionale Mailand; seitdem beim AC Florenz; 28 Länderspiele (1 Tor); internationales Debüt am 21. 12. 1978 gegen Spanien (1:0) in Rom; Länderspielabschied am 29. 5. 1983 gegen Schweden (0:2) in Göteborg; WM-Endrundenteilnehmer 1982; EM-Endrundenteilnehmer 1980; 332 Punktspiele (39 Tore).

„Oriundi" [zu *oriundo*, „stammend", „gebürtig"], ausländischer Spieler italien. Abstammung, der die italien. Staatsbürgerschaft erwirbt (*naturalisiert* wird).

Orsi, Raimondo, Argentinien/Italien, 2. 12. 1901–April 1986; Linksaußen;

Wladimir **Onistschenko**

VfL Osnabrück

Banik Ostrava

Ost-und-Zentralafrika-Challenge-Cup

1973 in Uganda
Uganda–Tansania 2:1
1974 in Tansania
Tansania–Uganda 5:4
(n. V. u. Strafstoßschießen)
1975 in Sambia
Kenia–Malawi 3:1
1976 in Sansibar
Uganda–Sambia 2:0
1977 in Somalia
Uganda–Sambia 5:3
(n. V. u. Strafstoßschießen)
1978 in Malawi
Malawi–Sambia 2:1
1979 in Kenia
Malawi–Kenia 3:2 (n. V.)
1980 in Sudan
Sudan–Tansania 1:0
1981 in Tansania
Kenia–Tansania 1:0
1982 in Uganda
Kenia–Uganda 5:3
(n. V. u. Strafstoßschießen)
1983 in Kenia
Kenia–Simbabwe 1:0
1984 in Sambia
Sambia–Malawi 3:0
(n. V. u. Strafstoßschießen)

Österreich

Weltmeisterschaft
1934 4. Platz
1954 3. Platz
1958 Endrunde
1978 2. Finalrunde
1982 2. Finalrunde
olympisches Fußballturnier
1936 2. Platz
ÖFB-Supercup
1986 Rapid Wien
Landesmeister / Pokalsieger
1897 – / Challenge Cup: Cricketer

spielte 1920/29 bei Independiente Buenos Aires u. 1929/35 bei Juventus Turin; 16 Länderspiele für Argentinien, 35 für Italien (13 Tore als ↑ „Oriundi"); internationales Debüt für Italien am 1. 12. 1929 gegen Portugal (6:1) in Mailand; Länderspielabschied am 24. 3. 1935 gegen Österreich (2:0) in Wien; WM-Endrundenteilnehmer 1934 (ein Tor im Finale) mit der „Squadra Azzurra"; Silbermedaillengewinner mit Argentinien 1928 beim olympischen Fußballturnier in Amsterdam.

Orth, György, Ungarn, 1901–1962; spielte auf 5 Positionen (vom Stürmer bis zum Verteidiger) bei MTK Budapest u. Hungaria FC; 1917 internationales Debüt; 30 Länderspiele (13 Tore) von 1917 bis 1927; sechsmal (zwischen 1917 u. 1925) mit MTK Meister, zweimal (1923 u. 1925) Pokalsieger; eine komplizierte Verletzung gegen Austria Wien 1927 beendete seine Karriere. – Später Trainer in Italien, Mexiko, Chile, Argentinien, Portugal u. Peru (1950 Nationalmannschaft).

orthodox, svw. *streng* od. *starr*; angewandt z. B. im Zusammenhang mit Spielsystem (*o.e Spielweise*, „überholte, schematische Spielweise") od. -position (*o.er Außenstürmer*, „an der Linie ‚klebender' Außen ohne Positionswechsel"). – Gegensatz: *unorthodox* (flexibel, überraschend, modern).

Ortiz, Oscar Alberto, Argentinien, geb. 8. 4. 1953 Buenos Aires; spielte 1970/73 bei Talleres Cordoba u. 1973/80 bei River Plate Buenos Aires; 29 Länderspiele; WM-Endrundenteilnehmer 1978. S. a. Argentinien (Abb.).

Ortsderby, Spiel zweier örtlich benachbarter Mannschaften od. zweier Mannschaften aus einer Stadt, die deshalb oft besonders rivalisieren (ebenso die Anhänger!), z. B. Internazionale Mailand–AC Mailand, 1. FC Union Berlin–Berliner FC Dynamo.

Oslizlo, Stanislaw, Polen, geb. 13. 1. 1937; Libero; spielte 1955 bei Kolejarz Wodzisław, 1956 bei Kolejarz Katowice, 1957/59 bei Gornik Radlin u. 1960/73 bei Gornik Zabrze; 57 Länderspiele (ein Tor); internationales Debüt am 21. 5. 1961 gegen die UdSSR (1:0) in Warschau; Länderspielabschied am 10. 10. 1971 gegen die BRD (1:3) in Warschau; Fußballer des Jahres 1966 u. 1968. – Später Trainer; 1985/86 bei GKS Odra Wodzisław.

Oslo, Lyn (*Ski-og Fotballklubben*, „Ski- und Fußballklub"), Norwegen, 2. Division, gegr. 3. 3. 1896; *Landesmeister* 1964 u. 1968; 8mal *Pokalsieger* (zwischen 1908 u. 1968). 8 *EC-Teilnahmen:* 22 Spiele; 4 Siege, 2 Unentschieden, 16 Niederlagen, 10:34 Punkte, 30:74 Tore. – *Spielkleidung:* blaue Hose, rotweiß längsgestreiftes Hemd, weiße Stutzen. *Heimstadion:* Ulleval-Stadion, 24 500 Plätze (16 800 Sitz-, 7 700 Stehplätze). – Bekanntester Spieler: *H. Berg*; Trainer: *K. Osnes*.

Osnabrück, VfL, BRD, gegr. 29. 4. 1899; 2. Bundesliga 1981/84 u. seit 1985/86; 2. Liga Nord 1974/81; Meister der Regionalliga Nord 1969, 1970 u. 1971. – *Spielkleidung:* lila Hose, weißes Hemd, lila Stutzen. *Heimstadion:* Städtisches Stadion „Bremer Brücke", 22 500 Plätze, davon 3 300 Sitzplätze. Abb.

Spieler (Auswahl): H.-J. Alpert – Arens – O. Bauer – M. Billen – A. Burose – O. Coors – G. Elfert – G. Eymold – H. Flotho – E. Gleixner – H. Haferkamp – F. Holtgrave – W. Kaniber – W. Komorowski – L. Kostellnick – U. Lattek – P. Linz – Ö. Meyer – E. Nienhaus – H. Oettler – T. Schönhöft – M. Schröder – N. Tune-Hansen – A. Vetter – L. Westerhaus – W. Zuback. – **Trainer** (Auswahl): E. Ahmann – W. Biskup – R. Ertel – R. Grünther – H. Hemmo – W. Holstein – E. Izso – F. Langner – H.-W. Loßmann – H. Marotzke – H. Meidt – S. Melzig – R. Momirski – K. Ochs – E. Türk.

Ostafrika-Challenge-Cup, unregelmäßig ausgetragener Pokalwettbewerb der Nationalmannschaften Äthiopiens, Kenias, Sudans, Tansanias, Ugandas u. Somalias. 1966 als *Friendship Cup Competition of East Africa* durch die inoffizielle „East African Football Confederation" eingeführt.

Ost- und-Zentralafrika-Challenge-Cup, von der inoffiziellen *Ost-/Zentralafrika-Föderation* für folgende Nationalmannschaften organisierter Pokalwettbewerb: Kenia, Malawi, Uganda, Sudan, Tansania, Zaïre, Sambia u. Simbabwe. Tab.

Österbro ↑ Kopenhagen, B 93.

Österreich, 83 849 km², etwa 7,6 Mill. Ew., 1 Fußballspieler je 25 Ew.; Verband *Österreichischer Fußball-Bund*, Abk. *ÖFB*; gegr. 1904, Sitz *Wien*; Mitgl. der *FIFA* seit 1905, der *UEFA* seit 1954. – *Organisation:* 2 009 Klubs; 750 Berufsspieler, 300 000 Amateurspieler, gesamt 400 000 (einschl. Nachwuchs- u. AM-Spieler); *Spieljahr:* August–Juni; *Spielkleidung:* schwarze Hose, weißes Hemd, schwarze Stutzen (Reserveausrüstung: weiße Hose, rotes Hemd, rote Stutzen); *Nationalstadion:* ↑ Praterstadion; *Stadien* (Auswahl): Hanappi-Stadion, Wien, 30 000; Salzburger Stadion, 25 000; Linzer Stadion, 22 000; Hohe Warte, Wien, 21 000. Tab.

Ostragehege ↑ Dresdner Sport-Club.

Ostrava, TJ Banik, ČSSR, Oberliga, gegr. 1922; spielte 1922/48 als *SK Slezska*, 1948/51 als *Sokol Trojice*, 1951 als *Sokol OKD* u. seit 1952 unter dem jetzigen Namen; 1937 zum erstenmal in der höchsten Spielklasse; 3mal *Landesmeister*; 2mal *Cupsieger*; *Tschechischer Pokalgewinner* 1973, 1978 u. 1979. 11 *EC-Teilnahmen:* 50 Spiele; 23 Siege, 8 Unentschieden, 19 Niederlagen, 54:46 Punkte, 70:58 Tore. – *Spielkleidung:* weiße Hose, blaues Hemd, weiß-blaue Stutzen. *Heimstadion:* Bazaly-Stadion, 32 000 Plätze. Abb.

Spieler (Auswahl): M. Albrecht – L. Knapp – W. Lička – P. Michalik – P. Nemec – T. Pospíchal – L. Radimec – Z. Rygel – F. Schmukker – Z. Sreiner – F. Valošek – R. Vojacek – M. Wiecek. – **Trainer** (Auswahl): E. Hadamczik – T. Pospíchal – J. Rubas.

Ostseestadion, Rostock, Heimstätte des Oberligaklubs FC Hansa u. des SC Empor (Leichtathletik); Baubeginn 1952; 1956 Einweihung der überdachten Tribüne (4 000 Sitzplätze); 1970 Inbetriebnahme der Flutlichtanlage (790 lx); Fassungsvermögen: 28 000 Plätze (22 000 Sitz-, 6 000 Stehplätze). Im O. fanden 8 Länderspiele (1954 bis 1980) statt.

Oswaldo-Cruz-Cup, ein nur gelegentlich ausgespielter Wettbewerb zwischen Brasilien u. Paraguay, dessen Trophäe 1950, 1955, 1956, 1958, 1961, 1962, 1968 u. 1976 ausschl. von Brasilien gewonnen wurde.

Otto-Grotewohl-Stadion ↑ Aue, BSG Wismut.

Otto-Müller-Kampfbahn ↑ Weißenfels, BSG Fortschritt.

Overath, Wolfgang, geb. 29. 9. 1943 Siegburg; Halblinker; spielte 1953/63 bei SV Siegburg 04 u. 1963/77 beim 1. FC Köln; 81 Länderspiele (17 Tore); internationales Debüt am 28. 9. 1963 gegen die Türkei (3:0) in Frankfurt/Main; Länderspielabschied am 7. 7. 1974 gegen die Niederlande (2:1) in München; WM-Endrundenteilnehmer 1966, 1970 u. 1974; spielte 1968 in der FIFA-Auswahl gegen Brasilien (1:2); 765 Spiele (287 Tore), davon 409 Bundesligaspiele (83 Tore). Abb. S. a. BRD (Abb.).

Wolfgang **Overath**

Ozeanien-Cup, erst 1973 als *Nationencup* für alle Mitgliedsländer der ↑ *OFC* eingeführt, obwohl die Föderation schon seit 1966 bestand. Die weiten Entfernungen (900 bis über 4 000 km) zwischen den Ländern erwiesen sich als großes Handicap für den Cup. 1971 scheiterte ein erster Versuch an überzogenen finanziellen Forderungen Australiens. 1973 unternahm Neuseeland einen weiteren Versuch (ohne Australien); innerhalb einer Woche fanden 4 Spiele im „Newmarket Park Stadium" in Auckland statt. *Teilnehmer:* Neuseeland, Tahiti, Neukaledonien, Fidschi, Neue Hebriden (heute Vanuatu). *Gewinner:* Neuseeland (2:0 gegen Tahiti; *Platz 3:* Neukaledonien (2:1 gegen Neue Hebriden). – 1980 gewann unter 8 Teilnehmerländern in Neukaledonien *Australien* den O.

1898	– / Cricketer
1899	– / Vienna Wien
1900	– / Vienna Wien
1901	– / Wiener AC
1902	– / Cricketer
1903	– / Wiener AC
1904	– / Wiener AC
1905	– / Wiener Sportklub
1909	– / Ferencváros Budapest
1911	– / Wiener Sportklub
1912	Rapid Wien / –
1913	Rapid Wien / –
1914	Wiener AF / –
1915	Wiener AC / –
1916	Rapid Wien / –
1917	Rapid Wien / –
1918	Floridsdorfer AC / –
1919	Rapid Wien / Rapid Wien
1920	Rapid Wien / Rapid Wien
1921	Rapid Wien / SC Amateure (Austria)
1922	Wiener Sportklub / Wiener AF
1923	Rapid Wien / Wiener Sportklub
1924	SC Amateure (Austria) / SC Amateure (Austria)
1925	SC Hakoah / Austria Wien
1926	SC Amateure (Austria) / Austria Wien
1927	Admira Wien / Rapid Wien
1928	Admira Wien / Admira Wien
1929	Rapid Wien / First Vienna FC Wien
1930	Rapid Wien / First Vienna FC Wien
1931	Vienna FC Wien / Wiener AC
1932	Admira Wien / Admira Wien
1933	Vienna FC Wien / Austria Wien
1934	Admira Wien / Admira Wien
1935	Rapid Wien / Austria Wien
1936	Admira Wien / Austria Wien
1937	Admira Wien / Vienna FC Wien
1938	Rapid Wien / Schwarz-Rot (Wiener AC)
1939	Admira Wien / –
1940	Rapid Wien / –
1941	Rapid Wien / –
1942	Vienna FC Wien / –
1943	Vienna FC Wien / –
1944	Vienna FC Wien / –
1946	Rapid Wien / Rapid Wien
1947	Wacker Wien / Wacker Wien
1948	Rapid Wien / Austria Wien
1949	Austria Wien / Austria Wien
1950	Austria Wien / –
1951	Rapid Wien / –
1952	Rapid Wien / –
1953	Austria Wien / –

1954 Rapid Wien / –
1955 Vienna FC Wien / –
1956 Rapid Wien / –
1957 Rapid Wien / –
1958 Wiener Sportklub / –
1959 Wiener Sportklub / Wiener AC
1960 Rapid Wien / Austria Wien
1961 Austria Wien / Rapid Wien
1962 Austria Wien / Austria Wien
1963 Austria Wien / Austria Wien
1964 Rapid Wien / Admira-Energie Wien
1965 Linzer ASK / Linzer ASK
1966 Admira-Energie Wien / Admira-Energie Wien
1967 Rapid Wien / Austria Wien
1968 Rapid Wien / Rapid Wien
1969 Austria Wien / Rapid Wien
1970 Austria Wien / Wacker Innsbruck
1971 Swarovski-Wacker Innsbruck / Austria Wien
1972 Swarovski-Wacker Innsbruck / Rapid Wien
1973 Swarovski-Wacker Innsbruck / Swarovski-Wacker Innsbruck
1974 SK VÖEST Linz / Austria Wien
1975 Swarovski-Wacker Innsbruck / Swarovski-Wacker Innsbruck
1976 Austria-Wiener AC / Rapid Wien
1977 Swarovski-Wacker Innsbruck / Austria-Wiener AC
1978 Austria Memphis Wien / Swarovski-Wacker Innsbruck
1979 Austria Memphis Wien / Swarovski-Wacker Innsbruck
1980 Austria Memphis Wien / Austria Memphis Wien
1981 Austria Memphis Wien / Grazer AK
1982 Rapid Wien / Austria Memphis Wien
1983 Rapid Wien / Rapid Wien
1984 Austria Wien / Rapid Wien
1985 Austria Wien / Rapid Wien
1986 Austria Wien / Austria Wien

Fußballer des Jahres:
1968 T. Fritsch (Rapid Wien)
1969 H. Köglberger (Austria Wien)
1970 W. Kreuz (Admira-Energie Wien)
1971 K. Jara (Wacker Innsbruck)
1972 G. Gallos (Rapid Wien)
1973 H. Krankl (Rapid Wien)
1974 H. Krankl (Rapid Wien)

P

Paarung, svw. ↑ Spiel.

Packung, deftige (hohe) Niederlage.

Pahlman, Kai, Finnland, geb. 8. 7. 1935; Stürmer; spielte bei HPS u. HJK Helsinki sowie bei Reipas Lahti; 56 Länderspiele (1954/68); erzielte 190 Ligatore.

Paine, Terence L. („Terry"), England, geb. 23. 3. 1939 Winchester; Rechtsaußen; spielte bei Winchester City, FC Southampton (1956/74) u. Hereford United (1974/77); 19 Länderspiele (7 Tore); internationales Debüt am 20. 5. 1963 gegen die ČSSR (4:2) in Bratislava; Länderspielabschied am 16. 7. 1966 gegen Mexiko (2:0) in London (einziger Einsatz während der WM-Endrunde); 824 Ligaspiele.

Paisley, Robert („Bob"), Schottland, Manager, geb. 23. 1. 1919 Hetton; spielte 1946/53 bei Bishop Auckland u. 1939/54 beim FC Liverpool. – Wurde Juli 1974 beim FC Liverpool Managernachfolger des legendären *B. Shankley* u. übte diese Tätigkeit bis 1983 aus. Mit ihm wurde Liverpool Supercupgewinner 1977, EC I-Gewinner 1977, 1978 u. 1981, UEFA-Pokalsieger 1976, 6mal Landesmeister (zwischen 1976 u. 1983) u. 1974 Cupsieger.

Pak Doo Ik, Korea, geb. 17. 12. 1943 Phòngjang; Halbstürmer; spielte für den korean. Armeeklub; WM-Endrundenteilnehmer 1966 u. Torschütze des 1:0 gegen Italien am 19. 7. im Ayrsome Park von Middlesbrough; dadurch war Italien eliminiert, Korea Gruppenzweiter (erst im Viertelfinale im Goodison Park von Liverpool 3:5 an Portugal gescheitert [nach 3:0-Führung]). P.D.I. absolvierte 1966 alle 4 Endrundenspiele gegen die UdSSR, Chile, Italien u. Portugal. – Später Trainer, u. a. der korean. Juniorenauswahl.

Pakistan, Staat im Süden Asiens, 803 943 km², etwa 87,2 Mill. Ew., 1 Fußballspieler je 3791 Ew.; Verband *Pakistan Football Federation* („Pakistanischer Fußballverband"), Abk. *PFF*; gegr. 1948, Sitz *Islamabad*; Mitgl. der *FIFA* seit 1948, der *AFC* seit 1950. – *Organisation:* 890 Klubs; 16 000 Amateurspieler, gesamt 23 000 (einschl. Nachwuchs- u. AM-Spieler); *Spieljahr:* März–Oktober; *Spielkleidung:* weiße Hose, grünes Hemd, grüne Stutzen (Reserveausrüstung: Weiß); *Nationalstadion:* Karatschi Stadium, 86 000 (80 000 Sitz-, 6 000 Stehplätze); *Stadien* (Auswahl): Lahore Stadium, 55 000; Islamabad Stadium, 50 000; Multan Stadium, 30 000; Peschawar Stadium, 25 000; Haidarabad Stadium, 25 000.

Palmeiras, S.E., São Paulo (Brasilien); gegr. 1914 als „Palestra Itália" von *Luigi Cervo* u. a. italien. Einwanderern; 1916 offiziell registriert u. 1942 in *Palmeiras* umbenannt; *Taca-de-Ouro-Sieger* 1967, 1969, 1972 u. 1973; *Rio-São-Paulo-Sieger* 1933 (inoffiziell), 1951 u. 1965; 18mal *São-Paulo-Meister* (zwischen 1920 u. 1976). – *Spielkleidung:* weiße Hose, grünes Hemd mit weißen Streifen, grün-weiße Stutzen. *Heimstadion:* Parque Antartica (1919 als erstes Großstadion in São Paulo gebaut u. 1923 rekonstruiert), 30 000 Plätze.

Spieler (Auswahl): Ademir – Altafini – Artime – Da Guia – Diaz – Jair – Julinho – Juvenal – Leao – Lima – Mazzola – Pereira – Rinaldo – Romeu – Salvador – D. Santos – Vavá.

Palotai, Karoly, Ungarn, Schiedsrichter; gewann als Aktiver (Läufer) 1964 bei Olympia Gold. – Seit 1970 FIFA-Referee; amtierte bei den WM-Endrunden 1974, 1978 u. 1982 sowie bei den olympischen Fußballturnieren 1972 u. 1976; leitete ein Weltpokalfinale u. 4 EC-Endspiele (EC I 1976 u. 1981, EC II 1979 u. EC III 1975). – Jetzt Stellvertretender Präsident der Kommission für Körperkultur u. Sport des Kreises Györ-Sopron. Abb.

Panagoulias, Alketas, Griechenland, Trainer, geb. 30. 5. 1934 Saloniki; Läufer; spielte 1950/62 bei Aris Saloniki; 6 B-Länderspiele. – Trainer seit 1969; u. a. bis 1970 Auswahltrainerassistent, 1972/73 bei Aris Saloniki, 1974/75 u. 1978/80 Nationalmannschaftstrainer, 1977/78 u. 1980/82 bei Olympiakos Piräus u. 1982/85 USA-Auswahltrainer; erreichte mit Griechenland 1980 die EM-Endrunde; wurde mit Olympiakos

Herbert **Pankau** *(rechts)* u. S. Mazzola

1975	H. Krankl (Rapid Wien)
1976	H. Krankl (Rapid Wien)
1977	H. Krankl (Rapid Wien)
1978	H. Krankl (Rapid Wien)
1979	H. Krankl (F.C. Barcelona)
1980	H. Feurer (Rapid Wien)
1981	H. Feurer (Rapid Wien)
1982	H. Krankl (Rapid Wien)
1983	H. Krankl (Rapid Wien)
1984	H. Prohaska (Austria Wien)

Panamerikanische Spiele
(Fußballturniere)

1937	Dallas: Argentinien
1951	Buenos Aires: Argentinien
1955	Mexiko-City: Argentinien
1959	Chicago: Argentinien
1963	São Paulo: Brasilien
1967	Winnipeg: Mexiko
1971	Cali: Argentinien
1975	Mexiko-City: Mexiko
1979	San Juan: Brasilien
1983	Caracas: Uruguay

Landesmeister 1980 u. 1981 sowie Pokalsieger 1981 (Double). Professor für politische Wissenschaften u. öffentliche Rechte.

Panama, ein Staat in Mittelamerika, 77 082 km², etwa 2,1 Mill. Ew., 1 Fußballspieler je 420 Ew.; Verband *Federación Nacional de Fútbol de Panamá* („Fußballverband Panama"), Abk. *FFP*; gegr. 1937, Sitz *Panama-Stadt*; Mitgl. der *FIFA* seit 1938, der *CONCACAF* seit 1960. – *Organisation:* 65 Klubs; 3 500 Amateurspieler, gesamt 5 000 (einschl. Nachwuchs- u. AM-Spieler); *Spieljahr:* September–Juni; *Spielkleidung:* azurblaue Hose, rot-weißes Hemd, rote Stutzen (Reserveausrüstung: rote Hose, azurblau-weißes Hemd, rote Stutzen); *Nationalstadion:* Estadio Revolución, Panama-Stadt, 22 000 (15 000 Sitz-, 7 000 Stehplätze); weiteres Stadion: Artes y oficios, Panama-Stadt, 3 000.

Panamerikanische Spiele *(Juegos Desportivos Panamericanos)*, 1940 auf einem Kongreß in Buenos Aires von 16 Nationalen Olympischen Komitees Süd-, Mittel- u. Nordamerikas beschlossene Durchführung von Amateursportspielen für die Länder des amerikan. Kontinents. Die ersten offiziellen Spiele sollten 1942 stattfinden, was der 2. Weltkrieg unmöglich machte. Sie wurden dann erstmals 1951 durchgeführt. Inoffizielle P. S. fanden einmal, 1937 in Dallas (Texas), statt. Tab.

Panenka, Antonin, ČSSR, geb. 2. 12. 1948 Prag; Stürmer; spielte 1958/80 bei Bohemians Prag u. 1980/85 bei Rapid Wien; seit 1985 bei St. Pölten; 59 Länderspiele (17 Tore); internationales Debüt am 26. 9. 1973 gegen Schottland (1:2) in Glasgow; Länderspielabschied am 24. 6. 1982 gegen Frankreich (1:1) in Valladolid (Spanien); war WM-Endrundenteilnehmer 1982 sowie EM-Endrundenteilnehmer 1976 u. 1980; 1980 Fußballer des Jahres in der ČSSR; über 300 Ligaspiele (96 Tore). Abb.

Pankau, Herbert, geb. 4. 10. 1941 Blaukwitt (bei Flatow); rechter Läufer; spielte 1950/71 bei Einheit Grevesmühlen u. FC Hansa Rostock; 25 Länderspiele (4 Tore) zwischen 1962 (am 9. 12. gegen Mali [2:1] in Bamako) u. 1967 (am 6. 12. gegen Rumänien [1:0] in Bukarest); gewann in Tokio 1964 die Bronzemedaille, 257 Oberligaspiele (30 Tore). Abb.

Pankow, BSG Einheit, ↑ Berlin, BSG Einheit Pankow.

Pantziaras, Georgios, Zypern, geb. 1952 Skilouga (Nordzypern), Bruder von *Nikos P.*; Verteidiger; spielte 1967/68 bei Skilouga, 1969/75 bei Apoel Nikosia,

Karoly **Palotai**

Antonin **Panenka**

Paraguay
Weltmeisterschaft
1930 Endrunde
1950 Endrunde
1958 Endrunde
1986 Achtelfinale
Südamerikameisterschaft
1922 2. Platz
1923 3. Platz
1924 3. Platz
1925 3. Platz
1929 2. Platz
1937 3. Platz
1939 3. Platz
1946 3. Platz
1947 2. Platz
1949 2. Platz
1953 1. Platz
1958 3. Platz
1963 2. Platz
1979 1. Platz
Südamerikapokal der Pokalsieger
1979 Olimpia Asunción
Weltpokal
1979 Olimpia Asunción
Landesmeister
1906 Guarani
1907 Guarani
1909 Nacional
1910 Libertad
1911 Nacional
1912 Olimpia
1913 Cerro Porteno
1914 Olimpia
1915 Cerro Porteno
1916 Olimpia
1917 Libertad
1918 Cerro Porteno
1919 Cerro Porteno
1920 Libertad
1921 Guarani
1923 Guarani
1924 Nacional
1925 Olimpia
1926 Nacional
1927 Olimpia
1928 Olimpia
1929 Olimpia
1930 Libertad
1931 Olimpia
1935 Cerro Porteno
1936 Olimpia
1937 Olimpia
1938 Olimpia
1939 Cerro Porteno
1940 Cerro Porteno
1941 Cerro Porteno
1942 Nacional
1943 Libertad
1944 Cerro Porteno
1945 Libertad
1946 Nacional
1947 Olimpia
1948 Olimpia
1949 Guarani
1950 Cerro Porteno

1976/80 bei OF Iraklion Kreta, 1978/79 bei Panathinaikos Athen u. 1979/84 bei Aris Saloniki; seit 1984 bei Panseraikos Serres; 18 Länderspiele; internationales Debüt am 2. 4. 1975 gegen Griechenland (1:2) in Nikosia; Länderspielabschied am 29. 4. 1981 gegen die Niederlande (0:1) in Nikosia.

Pantziaras, Nikos, Zypern, geb. 7. 1. 1954 Skilouga (Nordzypern), Bruder von *Georgios P.*; Libero u. Verteidiger; spielt seit 1969 bei Apoel Nikosia; 53 Länderspiele (1 Tor); internationales Debüt am 2. 4. 1975 gegen Griechenland (1:2) in Nikosia; zypr. Rekordinternationaler; bekanntester der 3 Brüder P. (außerdem *Koulis P.* [Apoel Nikosia]).

Papaioannou, Dimitrios („Mimis"), Griechenland, geb. 11. 11. 1942 Veria (Mazedonien), Bruder von *Nikos P.*; Halbstürmer u. Linksaußen; spielte 1962/78 bei AEK Athen; 62 Länderspiele (21 Tore); Rekordinternationaler Griechenlands; internationales Debüt am 27. 11. 1963 gegen Zypern (1:3) in Nikosia; Länderspielabschied am 13. 12. 1978 gegen Rumänien (2:1) in Athen; Fußballer des Jahres 1971, 1974 u. 1975; 323 Punktspiele (233 Tore).

Papaioannou, Nikos, Griechenland, geb. 1942, Bruder von *Dimitrios P.*; Stürmer; spielte 1964/79 bei AEK Athen; 41 Länderspiele (22 Tore); erfolgreichster Ligatorschütze 1964 (29 Tore) u. 1966 (24); bestritt über 500 Punktspiele (237 Tore).

Papierform ↑ Form.

„Päppeln", freudbetontes (Freizeit-)Fußball-„Spielchen" auf geeigneter, bes. kleiner Spielfläche (ohne reglementierte Durchführungsbestimmungen); ausgeführt von technisch veranlagten Aktiven (beengter Raum!), ungeeignet für fußballerisch „Blinde" (z. B. „Bolzer", „Holzer", „Stecher").

Papua-Neuguinea, Staat (konstitutionelle Monarchie) in Melanesien (Südpazifik), 461 691 km², etwa 3,1 Mill. Ew., 1 Fußballspieler je 344 Ew.; Verband *Papua New Guinea Football Association* („Fußballverband Papua-Neuguinea"), Abk. *P.N.G.F.A.*; gegr. 1962, Sitz *Boroko*; Mitgl. der *FIFA* seit 1963, der *OFC* seit 1963. – *Organisation:* 350 Klubs; 6 500 Amateurspieler, gesamt 9 000 (einschl. Nachwuchs- u. AM-Spieler); *Spieljahr:* Februar–November; *Spielkleidung:* schwarze Hose, rotes Hemd, rote Stutzen (Reserveausrüstung: Weiß); *Nationalstadion:* Sir Hubert Murray Stadium, Port Moresby, 20 000 (6 000 Sitz-, 14 000 Stehplätze); *Stadien* (Auswahl): Lae Stadium, 9 000; Rabaul Stadium, 6 000.

Parade, 1. effektvolle Torhüteraktion (↑ Flugparade). – Im *Feldspiel* auch gebraucht in der Wendung „er fuhr ihm in die P.", d. h., er nahm ihm korrekt, z. B. durch Tackling, den Ball ab.
2. svw. ↑ Gala...

Paraguay, Staat im mittleren Südamerika, 406 752 km², etwa 3,4 Mill. Ew., 1 Fußballspieler je 23 Ew.; Verband *Liga Paraguaya de Fútbal* („Fußballverband Paraguay"), Abk. *LPF*; gegr. 1906, Sitz *Asunción*; Mitgl. der *FIFA* seit 1921, der *CONMEBOL* seit 1921. – *Organisation:* 1 500 Klubs; 127 000 Amateurspieler, gesamt 145 000 (einschl. Nachwuchs- u. AM-Spieler); *Spieljahr:* März–November; *Spielkleidung:* azurblaue Hose, rotweißes Hemd, azurblaue Stutzen; *Nationalstadion:* Estadio de la Liga Paraguaya de Fútbol „Defensores del Chaco", Asunción, 60 000 (56 000 Sitz-, 4 000 Stehplätze); *Stadien* (Auswahl): Estadio Manuel Ferreira, Asunción, 40 000; Estadio Cerro Porteno, 30 000; Estadio Libertad, 20 000; Estadio Nacional, 10 000. Tab.

Parc-des-Princes, Nationalstadion von ↑ Frankreich.

„Pärchenbetrieb", taktisches Mittel, im Spiel durch ständiges gegenseitiges Bewachen u. Verfolgen den Gegenspieler zu neutralisieren. Diese bes. im Mittelfeld praktizierte (Antifußball-)Methode läßt keinen attraktiven u. angriffsorientierten Fußball zu, da sie Konstruktivität u. Kreativität weitgehend einschränken.

Paris, FC Saint Germain, Frankreich, ein Verein der Ehrendivision (Emblem ↑ Tf. 11), gegr. 1973; Landesmeister 1986; *Pokalsieger* 1982 u. 1983; 3 *EC-Teilnahmen:* 14 Spiele; 7 Siege, 3 Unentschieden, 4 Niederlagen, 17:11 Punkte, 24:16 Tore. – *Spielkleidung:* rote Hose, dunkelbraunes Hemd mit breitem rotem Mittelstreifen, dunkelbraune Stutzen mit rotem Streifen. *Heimstadion:* Parc-des-Princes, 50000 Plätze.

Spieler (Auswahl): J. Alves – O. C. Ardiles – D. Baratelli – D. Bathenay – A. Bianchi – J. Bocande – L. Cardiet – C. Carlos – M. Dahleb – J. Deloffre – J.-P. Dogliani – L. Fernandez – G. Janvion – K. Kist – Larque – M. N'Gom – J. Novy – D. Pantelic – F. Piasecki – D. Rocheteau – I. Surjak – S. Susic – N. Tokoto. – **Trainer** (Auswahl): J. Fontaine – Larque – L. Leduc – G. Peyroche – V. Vasovic.

Paris, Racing-Club de, Abk. *RCP*, Frankreich, Verein der Ehrendivision; gegr. 1896 als Fußballsektion von „Racing-Club de France" (gegr. 1882), seit 1932 unter der heutigen Bezeichnung selbständig; 1966 Zusammenschluß mit „Union Athlétique Sedan-Torcy" unter dem Namen *Racing Club de Paris/UA Sedan*, nach dessen Auflösung 1982 neugegründet; war *Landesmeister* 1936; *Pokalgewinner* 1936, 1939, 1940, 1945 u. 1949. 2 *EC-Teilnahmen:* eine als *RCP* (2 Spiele; 2 Niederlagen, 0:4 Punkte, 2:4 Tore), eine als *Racing Paris/UA Sedan* (2 Spiele; 1 Sieg, 1 Niederlage, 2:2 Punkte, 2:5 Tore). – *Spielkleidung:* schwarze Hose, weißes Hemd, weiße Stutzen. *Heimstadion:* Stade Yves de Manoir Colombes, 65000 Plätze.

Spieler (Auswahl): Amalfi – A. Ben Mabrouck – A. Bianchi – E. Bongiorni – M. Bossis – T. Cisowski – E. Delfour – R. Diagne – M. Dupuis – L. Fernandez – E. Francescoli – R. Gabet – Gudmundsson – E. Happel – O. Heisserer – F. Heutte – R. Hiden – H. Hiltl – L. Jasseron – G. Jordan – R. Lamy – L. Leduc –P. Littbarski – R. Madjer – J.-J. Marcel – R. Marche – M. Milutinovic – R. Nogues – L.-A. Oekland – M. Salva –T. Tusseau – J. Ujlaki – E. Vaast – E. Veinante – R. Vignal – Zabalo – V. Zvunka. – **Trainer** (Auswahl): P. Baron – G. Jordan – Kimpton – A. de Martigny – Pibarot.

Parkstadion, Gelsenkirchen, von August 1969 bis Juli 1973 anläßlich der WM-Endrunde 1974 erbaut; 70600 Plätze (39000 Sitzplätze/22000 überdacht, 31600 Stehplätze), Flutlicht.

Parque Antartica ↑ Palmeiras, S. E.

Partie, svw. ↑ Spiel.

Partridge, Patrick, England, Schiedsrichter, geb. 1930 Billingham; spielte 1944/48 beim SC Synthonia Billingham; seit 1953 Schiedsrichter; 1966 1. Division; 1971 FIFA-Referee; leitete 1977 das EC II-Finale Hamburger SV–RSC Anderlecht (2:0) in Amsterdam; WM-Endrundenschiedsrichter 1978. Abb.

Paß, Zuspiel des Balles als Mittel der Angriffsgestaltung u. als Grundlage des Kombinationsspiels. Bezogen auf das Spielfeld wird zwischen Quer-, Steil-, Diagonal- u. Rück-P. unterschieden. Dabei werden *Quer-* u. *Steil-P.* vorwiegend von Abwehr- u. Mittelfeldspielern, *Diagonal-P.* (spielverlagernder, schwierigster P.) bes. von Mittelfeldspielern u. *Rück-P.* (zum direkten Torschuß durch den nachrückenden Mitspieler) meist von Stürmern auf den Außen- u. Halbpositionen bevorzugt. Vom *P. in den Raum* (od. *P. in die Tiefe*) spricht man, wenn die aufgerückte („entblößte") gegnerische Abwehr überschlagen wird. – Nach der Höhe des gespielten Balles werden *Flach-, halbhoher* u. *hoher P. (Flugball)* sowie bezüglich der Entfernung *Kurz-* u. *Lang-P.* unterschieden. – Beim *Direkt-P.* wird der Ball mit der ersten Berührung unmittelbar weitergespielt. Als *Doppel-P.* wird das direkte u. durch sofortiges Weiterleiten des Balles gekennzeichnete Zusammenspiel zweier angreifender Spieler bezeichnet. Letzterer dient dazu, die gegnerische Abwehr blitzschnell auszumanövrieren. S. a. Abseitsfalle (Abb.).

Passarella, Daniel Alberto, Argentinien, geb. 25. 5. 1953 Chacabuco; Libero; spielte 1958/73 bei Argentino de Chacabuco, 1973/74 bei Sarmiento de Junin, 1974/82 bei River Plate Buenos Aires u. 1982/86 beim AC Florenz; seitdem bei Internazionale Mailand; 75 Länderspiele (12 Tore); Spielführer der WM-Mannschaft von 1978; WM-Endrundenteilnehmer 1982 u. 1986 (nicht eingesetzt). S. a. Argentinien (Abb.).

Paßfolge, svw. ↑ Ballstafette.

Passing Game [engl.], svw. *1-2-2-6-System* (↑ Spielsystem).

Passivität ↑ reserviert.

Paulo César Lima, Brasilien, geb. 16. 6. 1949 Rio de Janeiro; Halbstürmer, Mittelfeldspieler; spielte seit 1963 bei Bota-

1951	Sportivo Luqueno
1952	Presidente Hayes
1953	Sportivo Luqueno
1954	Cerro Porteno
1955	Libertad
1956	Olimpia
1957	Olimpia
1958	Olimpia
1959	Olimpia
1960	Olimpia
1961	Cerro Porteno
1962	Olimpia
1963	Cerro Porteno
1964	Guarani
1965	Olimpia
1966	Cerro Porteno
1967	Guarani
1968	Olimpia
1969	Olimpia
1970	Cerro Porteno
1971	Olimpia
1972	Cerro Porteno
1973	Cerro Porteno
1974	Cerro Porteno
1975	Olimpia
1976	Libertad
1977	Cerro Porteno
1978	Olimpia
1979	Olimpia
1980	Olimpia
1981	Olimpia
1982	Olimpia
1983	Olimpia
1984	Olimpia
1985	Olimpia
1986	Sol de America

Patrick **Partridge**

Paulo Cesar Lima

fogo, Flamengo u. Fluminense Rio de Janeiro, Gremio Pôrto Alegre, Corinthians São Paulo, Vasco da Gama, Olympique Marseille u. FC São Paulo; 64 Länderspiele (17 Tore); internationales Debüt am 19. 9. 1967 gegen Chile (1:0) in Santiago de Chile; WM-Endrundenteilnehmer 1970 u. 1974. Abb.

Pelé

Paulsen, svw. ↑ Pömpner-Paulsen.

Paul-Zobel-Sportplatz ↑ Berlin, BSG Einheit Pankow.

Pedernera, Adolfo, Argentinien, geb. 15. 11. 1918 Buenos Aires; Mittelstürmer des legendären River-Plate-Innentrios *Moreno – P. – Labruna* in den 40er Jahren; gab 1936 mit 18 Jahren sein Debüt in der 1. Mannschaft (136 Spiele, 250 Tore); 21 Länderspiele. Weitere Spielerstationen waren Atlanta, Huracan (Argentinien) u. Millonarios Bogotá (Kolumbien). – Trainierte Kolumbien 1962 in der WM-Qualifikation u. -Endrunde; danach Manager u. Trainer bei Argentinas Gimnasia y Esgrima, Boca Júniors, Huracan, Independiente, San Lorenzo de Almagro sowie der argentin. Nationalmannschaft (1969).

Pelé, eigtl. *Edson Arantes do Nascimento* (die „schwarze Perle"), Brasilien, geb. 23. 10. 1940 Tres Coracóes (Minas Gerais); Stürmer; Sohn von *Dodinho,* Mittelstürmer in der 2. Division beim AC Bauru; begann 1952 im „Barfußteam" *Sete de Sétembro* bereits als „Pelé"; spielte dann für Amerquinha, dem Jugendteam des FC América Rio de Janeiro, wo er von *Waldemar Brito,* dem Manager des AC Bauru, entdeckt wurde; ab 1954 beim AC Bauru, ab 1956 beim FC Santos; gab mit 16 Jahren sein Profidebüt bei Santos gegen AIK Stockholm u. spielte – noch nicht 17jährig – bereits am 7. 7. 1957 in der Nationalmannschaft Brasiliens beim 1:2 gegen Argentinien (Einwechsler); WM-Endrundenteilnehmer 1958, 1962, 1966, 1970; erzielte für seinen Klub 1959 127 Tore (1961 110, 1965 101), stets waren es über 70 je Saison; 1969 der dritte Spieler in der Welt mit mehr als 1 000 geschossenen Toren (nach *Friedenreich* [Brasilien] u. *Binder* [Österreich]).
Das 1 000. Tor erzielte P. am 19. 11. 1969 im Maracaná gegen Vasco da Gama. An gleicher Stelle gab er am 18. 7. 1971 vor 130 000 Zuschauern sein Abschiedsspiel in der Nationalmannschaft (2:2 gegen Jugoslawien); 93 Länderspiele (80 Tore). P. spielte bis zum 2. 10. 1974 18 Jahre (1 114mal) für Santos. Vom 15. 6. 1975

bis 1. 10. 1977 stand er bei *Warner Communication* für Cosmos New York unter Vertrag. Beim Abschiedsspiel Cosmos–FC Santos am 1. 10. 1977 (2:1) schoß er im Giants Stadium sein 1278stes Tor. Die „schwarze Perle" brach alle Rekorde. Er absolvierte 1363 Spiele aller Kategorien u. schoß 1281 Tore, darunter 7 Hat-Tricks in internationalen Begegnungen. 1973 Südamerikas Fußballer des Jahres; 1977 mit Cosmos NASL-Meister. – Nach Beendigung seiner Laufbahn Rundfunk- u. Fernsehkommentator, darüber hinaus (kurzzeitig) Trainer in Saudi-Arabien. Abb. S. a. Tor (Abb.), Brasilien (Abb.), Tf. 24, 26 *(oben).*

Peltonen, Juhani, Finnland, geb. 16. 6. 1936; Mittelfeldspieler, Stürmer; spielte 1954/64 u. 1967/71 bei HAKA Valkeakoska u. 1964/66 beim Hamburger SV; 68 Länderspiele (1956/70); er erzielte 109 Ligatore.

Pena, Gustavo, („El Halcon", „Der Falke"), Mexiko, geb. 21. 11. 1941 Talpa (Jalisco); Verteidiger, Stopper; spielte 1959/67 bei Oro Guadalajara, 1967/70 bei Cruz Azul, 1970/74 bei Jalisco Guadalajara, 1974/76 beim FC Monterrey u. 1977 bei Laguna Torreón; 82 Länderspiele (mexikanischer Rekord; März 1961–März 1974); WM-Endrundenteilnehmer 1966 u. 1970; stand in der FIFA-Auswahl 1969 (1:2 gegen Brasilien) u. 1971 (2:2 gegen die UdSSR); Fußballer des Jahres 1968 u. 1970; debütierte mit 18 Jahren in der 1. Division; 306 Punktspiele.

Penalty Kick [engl.], svw. ↑ Strafstoß.

Pendorf, Eduard („Edy"), geb. 18. 10. 1892 Lehe (bei Bremerhaven), gest. 3. 11. 1958; Linksverteidiger, Mittelläufer, Mittelstürmer; spielte 1902/04 beim Schleußiger F.C. Normannia 01 (Arbeitersportverein), 1904/07 in einer Leipziger Schulmannschaft u. gründete im Sommer 1907 (als 14jähriger!) den Schleußiger F.C. Olympia; seit Juli 1912 (bis 1932) beim VfB Leipzig; 3 Länderspiele: am 21. 3. 1913 gegen England (0:3) in Berlin, am 26. 3. 1922 gegen die Schweiz (2:2) in Frankfurt/Main u. am 23. 4. 1922 gegen Österreich (2:0) in Wien.

Penew, Dimitar, Bulgarien, geb. 12. 7. 1945; Verteidiger; spielte 1959/64 bei Lokomotive Sofia u. 1964/77 bei ZSKA Sofia; 90 Länderspiele (1964/76); WM-Endrundenteilnehmer 1966, 1970 u. 1974; Fußballer des Jahres 1967 u. 1971.

Penverne, Armand, Frankreich, geb. 26. 11. 1926 Pont-Scorff (Bretagne); Läufer; spielte 1940/46 bei US Versailles, 1947/58 bei Stade Reims u. 1959/61 bei Red Star Paris sowie FC Limoges; 39 Länderspiele; internationales Debüt am 5. 10. 1952 gegen die BRD (3:1) in Paris; Länderspielabschied am 13. 12. 1959 gegen Österreich (5:2) in Paris; WM-Endrundenteilnehmer 1954 u. 1958. – Später Trainer.

Perfumo, Robert, Argentinien, geb. 30. 10. 1942; Abwehr- u. Mittelfeldspieler; spielte u. a. bei Racing Buenos Aires; 39 Länderspiele (1957/70); WM-Endrundenteilnehmer 1966; stand 1968 in der FIFA-Auswahl gegen Brasilien (1:2 in Rio de Janeiro).

Periodisierung, Folge von Etappen im Prozeß des planmäßigen Leistungsaufbaus. Im Fußball hat sich, unabhängig von der Spielklasse, die *doppelte P.* bewährt, mit 2 Vorbereitungsperioden, 2 Wettkampfperioden, 2 Übergangsperioden. Sie wird im *Leistungsfußball* von der zeitlichen Lage der WM- u. EM-Endrunden, des olympischen Fußballturniers bzw. der Europacupspieltermine bestimmt. Im *Nachwuchsleistungsfußball* sind die Junioreneuropameisterschaften bzw. der UEFA-Wettbewerb für Juniorenauswahlvertretungen unter 16 Jahre bei der P. zu beachten. Für den *allgemeinen Nachwuchsbereich* empfiehlt sich eine P. im klassischen Sinne nicht. Das Trainings- u. Wettkampfjahr sollte in *Ausbildungsabschnitte* eingeteilt werden. Ihre zeitliche Dauer u. Verlauf werden vom Inhalt u. von einigen strukturell bedingten Faktoren (Schule, Ferien usw.) bestimmt.

Peru, Staat im Westen Südamerikas, 1285216 km², etwa 28,8 Mill. Ew., 1 Fußballspieler je 56 Ew.; Verband *Federación Peruana de Fútbol* („Peruanischer Fußballverband"), Abk. *F.P.F.*;

Peru

Weltmeisterschaft

1930	Endrunde
1970	Viertelfinale
1978	2. Finalrunde
1982	Endrunde

Südamerikameisterschaft

1927	3. Platz
1935	3. Platz
1939	1. Platz
1949	3. Platz
1955	3. Platz
1957	3. Platz
1975	1. Platz

Landesmeister

1926	C.S. Progreso Lima
1927	Alianza Lima
1928	Alianza Lima
1929	Universitario Lima
1930	Atlético Chalaco
1931	Alianza Lima
1932	Alianza Lima
1933	Alianza Lima
1934	Alianza Lima
1935	Sport Boys Lima
1937	Sport Boys Lima
1938	Deportivo Municipal
1939	Universitario Lima
1940	Deportivo Municipal
1941	Universitario Lima
1942	Sport Boys Lima
1943	Deportivo Municipal
1944	Mariscal Sucre
1945	Universitario Lima
1946	Universitario Lima
1947	Atlético Chalaco
1948	Alianza Lima
1949	Deportivo Municipal
1950	Alianza Lima
1951	Sport Boys
1952	Alianza Lima
1953	Mariscal Sucre
1954	Alianza Lima
1955	Alianza Lima
1956	Sporting Cristal Lima
1957	Alianza Lima
1958	Sport Boys Lima
1959	Universitario Lima
1960	Universitario Lima
1961	Sporting Cristal Lima
1962	Alianza Lima
1963	Alianza Lima
1964	Universitario Lima
1965	Alianza Lima
1966	Universitario Lima
1967	Universitario Lima
1968	Sporting Cristal Lima
1969	Universitario Lima
1970	Sporting Cristal Lima
1971	Universitario Lima
1972	Sporting Cristal Lima
1973	Sporting Cristal Lima
1974	Defensor Lima
1975	Universitario Lima
1976	Unión Huaral
1977	Alianza Lima

1978 Alianza Lima
1979 Sporting Cristal Lima
1980 Sporting Cristal Lima
1981 FC Melgar
1982 Universitario Lima
1983 Sporting Cristal Lima
1984 Sport Boys Lima
1985 Sport Boys Lima

Martin **Peters**

gegr. 1924, Sitz *Lima;* Mitgl. der *FIFA* seit 1924, der *CONMEBOL* seit 1926. – *Organisation:* 10000 Klubs; 700 Berufsspieler, 300000 Amateurspieler, gesamt 335000 (einschl. Nachwuchs- u. AM-Spieler); *Spieljahr:* April–Dezember; *Spielkleidung:* weiße Hose, weißes Hemd mit rotem Streifen, weiße Stutzen (Reserveausrüstung: weiße Hose, rotes Hemd, weiße Stutzen); *Nationalstadion:* Estadio Nacional, Lima, 45000 (ausschl. Sitzplätze); *Stadien* (Auswahl): Estadio Universidad de San Marcos, Lima, 60000; Estadio Club Alianza, Lima, 50000; Estadio Torres Belón, Puno, 40000; Estadio San Martin, Porres, 20000; Estadio Elias Aguirre, Lima, 20000; Estadio Club Universitario de Deportes, Lima, 20000; Estadio Garcilaso, Cuzco, 20000. Tab.

Peschel, Klaus, Schiedsrichter, geb. 19. 3. 1941 Gittersee (bei Dresden); Linksaußen; spielte 1955/59 bei Motor Cossebaude, 1959/60 bei Dynamo Dresden (Kreisliga u. Sportschule), 1960/62 bei Dynamo Gera u. 1962/64 bei Dynamo Dresden (II). – 1957 Schiedsrichter; seit 1974 Oberliga-, 1980 internationaler Schiedsrichter (3 Länderspiele, 6 EC-Treffen); leitete über 50 internationale Spiele.

Pesek-„Káda", Karel, ČSSR, 20. 9. 1895 bis 30. 9. 1970; Stopper; spielte 1908/12 bei SK Meteor Vinorahdy, 1913 bei CAFC Vinorahdy, 1913/33 bei Sparta Prag u. 1933/34 bei SK Zidenice; 45 Länderspiele (1 Tor); internationales Debüt am 28. 8. 1920 gegen Jugoslawien (7:0) in Antwerpen (olympisches Fußballturnier); Länderspielabschied am 20. 9. 1931 gegen Ungarn (0:3) in Budapest; nahm am olympischen Fußballturnier 1924 teil; 727 Ligaspiele für Sparta (Klubrekord).

Pesser, Hans, Österreich, geb. 7. 11. 1911 Wien, gest. 1986; Mittelläufer u. Linksaußen; spielte 1921/26 bei SK Slavoj, 1926/28 bei Graphia u. 1928/45 bei Rapid Wien; 21 Länderspiele (1935/37 9 für Österreich, 1938/40 12 für Deutschland nach Annexion Österreichs), zwei Tore; gab internationales Debüt am 24. 3. 1935 gegen Italien (0:2) in Wien; Länderspielabschied am 17. 11. 1940 gegen Dänemark (1:0) in Hamburg; WM-Endrundenteilnehmer 1938. – Später Trainer; 1945/53 bei ,Rapid Wien, 1953/60 beim Wiener Sportklub, 1960/67 bei Admira Wien; österreich. Nationalmannschaftstrainer 1946 bis 1947, 1953/54 (bei der WM-Endrunde, gemeinsam mit *Nausch* u. *Frühwirth*), 1957/58 u. 1967/68 (gemeinsam mit *Alge*); führte die Wiener Vereine Rapid, Admira u. Sportklub zu Titel- u. Pokalerfolgen.

Peters, Martin, England, geb. 8. 11. 1943 Plaistow; Mittelfeldspieler; spielte u. a. 1959/69 bei West Ham United, 1969/74 bei Tottenham Hotspur, 1974/80 bei Norwich City u. 1980/81 bei Sheffield United; 67 Länderspiele (21 Tore); internationales Debüt am 4. 5. 1966 gegen Jugoslawien (2:0) in London; Länderspielabschied am 18. 5. 1974 gegen Schottland (0:2) in Glasgow; WM-Endrundenteilnehmer 1966 u. 1970; EM-Endrundenteilnehmer 1968; über 700 Ligaspiele (165 Tore). – Später Manager; u. a. 1981 bei Sheffield United. Abb. S. a. Tf. 28 *(unten)*.

Petrone, Petro, Uruguay, 1902–1970;

Bruno **Pezzey**

Mittelstürmer bei Nacional Montevideo; mit Uruguay 1923, 1924 u. 1926 Südamerikameister; 1924 u. 1928 Olympiasieger; 58 Länderspiele; wurde nach der I. WM-Endrunde 1930 vom AC Florenz gekauft u. schoß 1931/32 25 Tore für die Fiorentina. – Nach seinem Italienaufenthalt kehrte P. 1934 zu Nacional Montevideo zurück.

Pezzey, Bruno, Österreich, geb. 3. 2. 1955 Bregenz; Libero; spielte 1965/74 bei SV Lauterbach u. Schwarz-Weiß Bregenz sowie 1974/78 bei Swarovski/Wacker Innsbruck, 1978/83 bei Eintracht Frankfurt/Main; seit 1983 bei Werder Bremen; 77 Länderspiele (6 Tore); internationales Debüt am 7. 6. 1975 gegen die ČSSR (0:0) in Wien; WM-Endrundenteilnehmer 1978, 1982; 240 Bundesligaspiele (44 Tore). Abb.

Pfaff, Jean-Marie, Belgien, geb. 4. 12. 1953 Lebekke (Ostflandern); Torhüter; spielte 1963/82 beim SK Beveren-Waas; seit 1982 beim FC Bayern München; 59 Länderspiele; internationales Debüt am 3. 9. 1977 gegen Island (4:0) in Brüssel; Fußballer des Jahres 1978; WM-Endrundenteilnehmer 1982 u. 1986; EM-Endrundenteilnehmer 1980 u. 1984; 97 Bundesligaspiele. Abb.

Pfeifenmann, gehobene Bez. für ↑ Schiedsrichter.

Pfitzner, Joachim, Journalist, geb. 9. 6. 1934 Jonitz (Kreis Dessau); Links- u. Rechtsverteidiger; spielte 1947/52 bei Waggonbau bzw. Motor Dessau, 1953/54 bei Vorwärts Torgau u. 1955/56 bei Vorwärts Halle. – Tätig als Journalist u. Redakteur 1957/60 für „Neues Deutschland" (Bezirksredaktion Magdeburg) u. 1960/71 für „Neues Deutschland", Berlin; arbeitet seit 1974 für „Die Neue Fußballwoche", Berlin.

Pflichtspiel, frühere Bez. für ein *Punkt-* od. *Pokalspiel* im nationalen Rahmen.

Pfosten, Kurzbez. für *Torpfosten* (↑ Tor [2]).

Philippinen, Republik in Südostasien, 300 000 km², etwa 50,7 Mill. Ew., 1 Fußballspieler je 1 102 Ew.; Verband *Philippine Football Association* („Philippinischer Fußballverband"), Abk. *PFA*; gegr. 1907, Sitz *Manila*; Mitgl. der *FIFA* seit 1928, der *AFC* seit 1954. – *Organisation:* 650 Klubs; 35 000 Amateurspieler, gesamt 46 000 (einschl. Nachwuchs- u. AM-Spieler); *Spieljahr:* Juli–April; *Spielkleidung:* weiße Hose, blaues Hemd, blaue Stutzen (Reserveausrüstung: blaue Hose, weißes Hemd, rote Stutzen); *Nationalstadion:* Rizal Memorial Football Stadium, Manila, 30 000 (22 000 Sitz-, 8 000 Stehplätze); *Stadien* (Auswahl): Bacolod City Negros Occidental, 20 000; University of Life, Manila, 15 000; KB Sports Complex, Manila, 10 000; Cagayan de Oro City, 10 000; Zamboanga City, 10 000.

Philips-Sportpark ↑ Eindhoven, PSV.

Phillips, Leighton, Wales, geb. 1950 Cardiff; Verteidiger, Läufer; spielte 1969/74 bei Cardiff City, 1974/79 bei Aston Villa, 1979/81 bei Swansea Town u. 1981/83 bei Charlton Athletic; 58 Länderspiele; internationales Debüt am 21. 4. 1971 gegen die ČSSR (1:3) in Swansea; Länderspielabschied am 18. 11. 1981 gegen die UdSSR (0:3) in Tbilissi.

Phönix [latein., nach einem altägypt. Sagenvogel], Vereinsbezeichnung aus den Anfängen des (nord-)deutschen Fußballs; beibehalten in der BRD, z. B. P. Lübeck.

Physiotherapeut [griech.], sportmedizinisch ausgebildeter Fachschulabsolvent, der die Verordnungen des (Mannschafts-)Arztes auf allen Gebieten der *Physiotherapie* (Naturheilbehandlung; Behandlung von Verletzungen mit Wasser, Luft, Wärme, Licht), einschl. der *Massagebehandlung,* ausführt. Dazu zählen auch die *Strahlen-* u. *Elektrobehandlung.* S. a. Massage.

Piantoni, Roger, Frankreich, geb. 26. 12. 1931; Halblinker; spielte 1941/49 bei ES Piennes, 1949/57 beim FC Nancy u. 1957/65 bei Stade Reims; 38 Länderspiele (19 Tore); internationales Debüt am 16. 11. 1952 gegen Irland (1:1) in Dublin; nahm Länderspielabschied am 28. 9. 1961 gegen Finnland 5:1 in Paris; WM-Endrundenteilnehmer 1958.

„Pickles" ↑ Weltpokal (2).

Piechniczek, Antoni, Polen, Trainer, geb. 3. 5. 1942; Verteidiger; spielte in den 60er Jahren bei Legia Warschau; 3 Länderspiele (am 8. 10. 1967 gegen

Jean-Marie **Pfaff**

Olympiakos Piräus

Belgien [4:2] in Brüssel, am 29. 10. 1967 gegen Rumänien [0:0] in Krakow u. am 15. 6. 1968 gegen Bulgarien [1:4] in Sofia). – Danach Trainer bei Bielko u. Odra Opole (hier 1979 „Trainer des Jahres"); 1981/86 Nationalmannschaftstrainer; WM-Endrundenteilnehmer 1982 u. 1986. Danach bei Gornik Zabrze.

Pike, svw. *Schuhspitze*; *P.nstoß:* Spitzenstoß.

Pilot, Luis, Luxemburg, geb. 11. 11. 1940 Luxemburg; Stürmer bzw. Verteidiger; spielte 1960/72 bei Standard Lüttich (Spielführer, 512 Spiele) u. 1972/75 bei Royal Antwerpen; 45 Länderspiele (1964/77); Fußballer des Jahres 1966, 1967, 1969, 1970, 1971 u. 1972. – Später Trainer; u. a. 1975/78 bei Racing Jet Brüssel u. 1978 der Nationalmannschaft Luxemburgs.

Pilz, Hans-Uwe, geb. 10. 11. 1958 Hohenstein-Ernstthal; Mittelfeldspieler; spielte 1968/73 bei Motor Hohenstein-Ernstthal u. 1973/82 bei Sachsenring Zwickau; seit 1982 bei Dynamo Dresden; 23 Länderspiele; internationales Debüt am 8. 9. 1982 gegen Island (1:0) in Reykjavik; 186 Oberligaspiele (36 Tore). Abb.

Piola, Silvio, Italien, geb. 29. 9. 1913 Robbidomelino; Mittelstürmer; spielte bei Pro Vercelli (1929/34), Lazio Rom (1934/43), AC Turin (1943/44), Juventus Turin (1945/46) u. Novara (1946/54); 34 Länderspiele, 30 Tore, neunmal Spielführer; Länderspieldebüt am 24. 3. 1935 gegen Österreich (2:0) in Wien; Länderspielabschied am 18. 5. 1952 gegen England (1:1) in Florenz; 1938 Weltmeister; wuchtiger Center u. Gegenpol zum grazilen *Meazza*; absolvierte in 25 Jahren 566 Ligaspiele (1. u. 2. Division) u. schoß 355 Tore (brach damit *Meazzas* Rekord von 272). – Später Manager bei Lazio Rom; betreute Italiens U 23; danach technischer Berater des italien. Fußballverbandes (1960/76).

Piontek, Josef („Sepp"), Trainer, geb. 5. 3. 1940 Breslau (Wrocław); Mittelstürmer u. Verteidiger; spielte 1954/60 bei Germania Leer (Ostfriesland) u. 1960/71 bei Werder Bremen; 6 Länderspiele; internationales Debüt am 13. 3. 1965 gegen Italien (1:1) in Hamburg; Länderspielabschied am 7. 5. 1966 gegen Nordirland (2:0) in Belfast; 203 Bundesligaspiele (14 Tore). – Später Trainer; 1971/75 bei Werder Bremen, 1975/76 bei Fortuna Düsseldorf, 1976/78 Auswahltrainer von Haïti, 1978 beim FC St. Pauli; seit 1. 7. 1979 Auswahltrainer Dänemarks; führte Dänemark 1984 zur EM- u. 1986 zur WM-Endrunde.

Pique, [lateinamerikan. „Schärfe", „Pfeffer"], offizielles ↑ WM-Maskottchen der WM 1986 in Mexiko; ein Männlein mit Chilly-Sombrero. S. a. Tf. 40.

Piräus, Ethnikos, Griechenland, Nationalliga, gegr. 1924; seit der Gründung 1959 in der Nationalliga; *Pokalsieger* 1933. – *Spielkleidung:* weiße Hose, lila Hemd, lila Stutzen. *Heimstadion:* Karaiskaki, Piräus, 42 000 Plätze, u. Olympiastadion, Athen, 75 000 Plätze. – *Bekanntester Spieler:* K. Batsinilas; *Trainer:* R. Barker, K. Gorski.

Piräus, F.C. Olympiakos, Griechenland, Nationalliga, gegr. 1925 (existierte bereits seit 1909 unter anderem Namen); 23mal *Landesmeister* (zwischen 1931 u. 1983); 18mal *Pokalsieger* (zwischen

Hans-Uwe **Pilz**

1947 u. 1981). 22 *EC-Teilnahmen:* 61 Spiele; 23 Siege, 9 Unentschieden, sowie 29 Niederlagen, 55:67 Punkte, 64:97 Tore. – *Spielkleidung:* rote Hose, weißes Hemd, rot-weiß geringelte Stutzen. *Heimstadion:* Karaiskaki, Piräus, 42000 Plätze (40000 Sitz-, 2000 Stehplätze). Abb.

Spieler (Auswahl): Anastopoulus – Arvanitis – Delikaris – Galakos – Gounaris – Kelesidis – Koulas – Kousoulakis – Kyrastas – Lemonis – Michos – Mitropoulos – Nikoulidis – Perisas – Saraganos – Sarganis – Vamvakoulis – Viera. – **Trainer** (Auswahl): A. Panagoulias – L. Petropoulos.

Pirri, Martinez Sánchez José, Spanien, geb. 11. 3. 1945 Ceuta; Libero; spielte u. a. 1964/80 bei Real Madrid; 41 Länderspiele (16 Tore); internationales Debüt am 13. 7. 1966 gegen Argentinien (1:2) in Birmingham; Länderspielabschied am 11. 6. 1978 gegen Schweden (1:0) in Buenos Aires; WM-Endrundenteilnehmer 1966 u. 1978; Fußballer des Jahres 1970; über 500 Punktspiele für Real. S. a. Madrid, Real (Abb.).

Pischke, Robert, Schiedsrichter, geb. 16. 8. 1941 Danzig (Gdánsk); Läufer; spielte 1951/58 bei Traktor Diekhof (Kreis Güstrow). – Schiedsrichter 1957; seit 1959 Bezirks-, 1968 Leistungsklasse; 1970 Oberliga, seit 1. 8. 1974 internationaler Schiedsrichter (29 internationale Einsätze); leitete am 31. 5. 1974 das UEFA-Juniorenturnierendspiel; seit 1986 Klubvorsitzender des FC Hansa Rostock.

Pittodrie Park ↑ Aberdeen, FC.

Pivarnik, Jan, ČSSR, geb. 13. 11. 1947; Verteidiger; spielte 1963/66 bei Slavia Trebišov, 1966/72 bei VSS Košice, 1972/78 bei Slovan Bratislava, 1978/79 bei Dukla Banská Bystrica u. 1981 beim FC Cadiz (Spanien); 39 Länderspiele (1 Tor); internationales Debüt am 27. 4. 1968 gegen Jugoslawien (3:0) in Bratislava; Länderspielabschied am 24. 5. 1977 gegen die Schweiz (0:1) in Basel; WM-Endrundenteilnehmer 1970 (nicht eingesetzt); EM-Endrundenteilnehmer 1976.

Plánička, František, ČSSR, geb. 2. 7. 1904 Prag; Torhüter; spielte u. a. bei Bubenec (1918/23) und Slavia Prag (1923/39); 73 Länderspiele (1926/38); internationales Debüt am 17. 1. 1926 gegen Italien (1:3) in Turin; Länderspielabschied am 12. 6. 1938 gegen Brasilien (1:1) in Bordeaux; 1934 u. 1938 WM-Endrundenteilnehmer; bestritt 969 Spiele für Slavia u. wurde mit ihr achtmal Meister sowie sechsmal Pokalsieger. Noch als 60jähriger war P. in der Slavia-Altrepräsentativelf aktiv. Abb.

Platini, Michel, Frankreich, geb. 21. 6. 1955 Joeuf (Lothringen); Mittelfeldspieler; spielte 1972/79 bei AS Nancy-Lorraine, 1979/82 bei AS St.-Étienne u. seitdem bei Juventus Turin; 70 Länderspiele (41 Tore); internationales Debüt am 27. 3. 1976 gegen die ČSSR (2:2) in Paris; WM-Endrundenteilnehmer 1978, 1982 und 1986; EM-Endrundenteilnehmer 1984; Europas Fußballer des Jahres 1983, 1984 u. 1985; Fußballer des Jahres 1977, 1984 u. 1985; italien. Torschützenkönig 1983 (16 Treffer), 1984 (20) u. 1985 (18). – 1985 von Staatspräsident *F. Mitterand* zum „Ritter der Ehrenlegion" ernannt u. in das Pariser Wachsfigurenkabinett „Musée Grevin" aufgenommen. Abb.

Platz, svw. ↑ Position.

Platzarbeiter, -meister, svw. ↑ Platzwart.

Platzer, Peter, Österreich, 29. 5. 1910 bis 3. 12. 1959; Torhüter; spielte 1923/31 beim Floridsdorfer AC und 1931/39 bei Admira Wien; 33 Länderspiele (1933/37 31 für Österreich, 1939 2 für Deutschland nach Annexion Österreichs); internationales Debüt am 9. 4. 1933 gegen die ČSR (1:2) in Wien; Länderspielabschied am 26. 3. 1939 gegen Italien (2:3) in Florenz; WM-Endrundenteilnehmer 1934; war Mitglied des ↑ „Wunderteams".

Platzordner, svw. ↑ Ordner.

Platzsperre, zeitlich befristete Ordnungsstrafe gegen einen gastgebenden Klub wegen Vernachlässigung der Ordnungspflicht bei Ausschreitungen der Zuschauer; wird vom zuständigen Verband bzw. bei internationalen Spielen von der jeweiligen Konföderation ausgesprochen. Der Verein muß das od. die nächsten Spiele dann auf ↑ neutralem Platz austragen.

Frantisek **Plánička**

Michel **Platini**

Petrolul Ploiesti

Svatopluk **Pluskal**

Pokalsystem

2^n Mannschaften (2^{n-1} Spiele)
2^7 = 128 (64) : Vorrunde
2^6 = 64 (32) : 1. Hauptrunde
2^5 = 32 (16) : 2. Hauptrunde
2^4 = 16 (8) : Achtelfinale
2^3 = 8 (4) : Viertelfinale
2^2 = 4 (2) : Halbfinale
2^1 = 2 (1) : Finale

Polen

Weltmeisterschaft
1938 Achtelfinale
1974 3. Platz
1978 2. Finalrunde
1982 3. Platz
1986 Achtelfinale
olympisches Fußballturnier
1936 4. Platz
1972 1. Platz
1976 2. Platz
Landesmeister/Pokalsieger
1921 Cracovia Kraków / –
1922 Pogon Lwow / –
1923 Pogon Lwow / –

Platzverhältnisse, Zustand des Spielfeldes; abhängig von der *Bodenbeschaffenheit* (Rasen-, Hartplatz, Ebenheit usw.) u. von der *Witterung* (Regen, Schnee, Frost usw.), wobei insbes. im Winterhalbjahr Witterungsunbilden zur *Unbespielbarkeit* des Platzes führen können. (Die Entscheidung hierüber obliegt dem Schiedsrichter.) Abb.

Platzvorteil, svw. ↑ Heimvorteil.

Platzverweis, svw. ↑ Feldverweis.

Platzwahl ↑ Begrüßung.

Platzwart, Angestellter einer Stadionverwaltung od. eines Klubs, der für die Wartung der Sportanlage u. -geräte verantwortlich ist; betrifft u. a. die Pflege des Rasens, die Sauberhaltung des Stadions, die Pflege der Spiel- u. Trainingsbälle sowie der Trainingsgeräte u. die Präparation des Spielfeldes vor Spielbeginn.

Play-Off-Runde [engl.], svw. *Wiederholungs(spiel)runde.* – In *Österreich* spielen nach der Saison die 8 Besten der 1. Division der ↑ Bundesliga (2) in einem *Meister-Play-Off* den Landesmeister aus. Ebenso gibt es ein *Aufstiegs-Play-Off* (die 4 letzten der 1. Division u. 4 besten der 2. Division), in dem die 4 Aufsteiger zur 1. Division, u. ein *Abstiegs-Play-Off* (die 8 letzten der 2. Division), in dem die 3 Absteiger in die ↑ Regionen ermittelt werden.

Plazieren, ein gezieltes Schießen bzw. Schlagen, z. B. „er plaziert den Ball in die äußerste Torecke", „ein plazierter Schuß".

Ploieşti, Petrolul, Rumänien, Oberliga; gegr. 1952 als Nachfolger von *Juventus Ploiesti*; *Landesmeister* 1958, 1959 u. 1966; *Pokalsieger* 1963. 7 *EC-Teilnahmen:* 23 Spiele; 12 Siege, 1 Unentschieden, 10 Niederlagen, 25:21 Punkte, 24:32 Tore. – *Spielkleidung:* rote Hose, weißes Hemd, rot-weiße Stutzen. *Heimstadion:* Petrolul-Stadion, 30 000 Plätze. Abb.

Spieler (Auswahl): G. Andrei – V. Anghel – N. Coman – G. Constantin – O. Dincuta – M. Dridea – M. Flamaropol – G. Florea – A. Fronea – B. Iordache – C. Moldoveanu – D. Munteanu – R. Niculescu – I. Oana – G. Petrescu – T. Popescu – V. Sfetcu – E. Stanescu – C. Toma – I. Zaharia. – **Trainer** (Auswahl): A. Cernaianu – I. Oana.

Pluskal, Svatopluk, ČSSR, geb. 28. 10. 1930 Gottwaldov; Mittelfeldspieler; spielte 1943/48 bei SK Letna Zilina, 1948/51 bei Svit Gottwaldov, 1951/66

Platzverhältnisse (unbespielbarer Platz)

bei Dukla Prag u. 1966/68 bei LIAZ Jablonec; 56 Länderspiele (1 Tor); internationales Debüt am 11. 5. 1952 gegen Rumänien (1:3) in Bukarest; Länderspielabschied am 25. 4. 1965 gegen Portugal (0:1) in Bratislava; WM-Endrundenteilnehmer 1954, 1958 u. 1962; spielte 1963 in der FIFA-Auswahl gegen England (1:2). – Später Trainer; u. a. bei Bohemians Prag (1968/71, 1974/75), Enosis Poralimni (Zypern, 1971/74 u. 1976/78), Skoda (1978/79) u. Slovan Plzeň (1979/81), BS Vlasim (1981/86); seitdem bei JZD Slušovice. Abb.

Pohl, Herbert, geb. 18. 9. 1916; rechter Läufer; spielte 1924/44 beim Dresdner SC, 1946/49 bei SSV Wuppertal u. 1949/51 bei Phönix Ludwigshafen; 2 Länderspiele: am 5. 10. 1941 gegen Finnland (6:0) in Helsinki u. am 7. 12. 1941 gegen die ČSR (4:0) in Breslau (Wrocław).

Pokal, 1. Trophäe, um die bei *P.wettbewerben* gespielt wird.

2. nach dem ↑ K.-o.-System durchgeführter Wettbewerb, bei dem der Verlierer der jeweiligen P.runde ausscheiden muß (Hin- u. Rückspiel, bei Toregleichstand zählen die Auswärtstreffer doppelt). Die Paarungen der P.runden werden ausgelost. Der nationale *P.wettbewerb* ist neben der Landesmeisterschaft der wichtigste Wettbewerb eines Verbandes. *Internationale P.wettbewerbe* im europäischen Raum sind die *Europapokale* (EC I, II u. III).

„Pokal spezial" ↑ Fußball im Fernsehen der DDR.

Pokalspiel, Begegnung innerhalb eines Pokalwettbewerbes (↑ Pokal [2]), oft ausgetragen mit Hin- u. Rückspiel (ausgenommen – in der Regel – das *Pokalendspiel [neutraler Platz]).*

Pokalsystem, Austragungsmodus bei Pokalwettbewerben, wobei es das Prinzip des *Setzens* u. *(Dazu-)Losens* sowie das des ausschließlichen *Losens* gibt. Ab der zweiten Runde werden in der Regel alle Paarungen dann durch Losen ermittelt. Sämtliche Spiele werden im ↑ K.-o.-System ausgetragen, Europapokalbegegnungen stets mit Hin- u. Rückspiel (außer den Endspielen im EC I u. EC II, die auf neutralem Platz stattfinden). Bei nationalen Pokalwettbewerben greifen die Mannschaften der höchsten Spielklasse oft erst später in das Pokalgeschehen ein. – Beim P. muß die Anzahl der beteiligten Mannschaften stets der 2^n-Potenzreihe entsprechen, die der Anzahl der Spiele 2^{n-1}. Um dies zu erreichen, sind oftmals in der ersten Runde *Ausscheidungsspiele* erforderlich (z. B. 2 bei 34 Teilnehmern), od. es werden *Freilose* gezogen (z. B. 1 bei 31 Teilnehmern). Tab.

Pol, Ernest, Polen, geb. 3. 11. 1932 Zabrze; Mittelstürmer; spielte 1945/53 bei Slavia Nova Huta, 1954/56 bei Legia Warschau und 1957/67 bei Gornik Zabrze; 49 Länderspiele (40 Tore); internationales Debüt am 29. 5. 1955 gegen Rumänien (2:2) in Bukarest; Länderspielabschied am 1. 11. 1965 gegen Italien (1:6) in Neapel; Torschützenkönig 1954, 1956, 1959, 1961 u. 1962; erzielte insgesamt 186 Punktspieltore.

Polen, 312683 km², etwa 35,9 Mill. Ew., 1 Fußballspieler je 126 Ew.; Verband *Fédération Polonaise de Football* („Polnischer Fußballverband"), Abk. *PZPN*; gegr. 1919, Sitz *Warschau*; Mitgl. der *FIFA* seit 1923, der *UEFA* seit 1955. – *Organisation:* 5340 Klubs; 240000 Amateurspieler, gesamt 285000 (einschl. Nachwuchs- u. AM-Spieler); *Spieljahr:* August–Dezember, März–Juni; *Spielkleidung:* rote Hose, weißes Hemd, weiße Stutzen (Reserveausrüstung: weiße Hose, rotes Hemd, rote Stutzen); *Nationalstadion:* Stadion „X. Jahrestag", Warschau, 87000 (69000 Sitz-, 18000 Stehplätze); *Stadien* (Auswahl): Stadion Slaski, Chorzow, 93000; Stadion „22. Lipca", Poznań, 50000; Stadion Olympique Wrocław, 72000; Stadion „Ruch", Chorzów, 40000; Stadion „Wisła", Kraków, 40000. Tab.

Polgar, Gyula, Ungarn, geb. 1912 Budapest; Halbstürmer, Rechtsverteidiger u. Mittelläufer; spielte 1926/33 bei Budai II u. 1933/44 bei Ferencváros Budapest; 26 Länderspiele (2 Tore); internationales Debüt am 18. 9. 1932 gegen die ČSR (2:1) in Budapest; Länderspielabschied am 1. 11. 1942 gegen die Schweiz (3:0) in Budapest; WM-Endrundenteilnehmer 1938.

1925	Pogon Lwow / –
1926	Pogon Lwow / –
1927	Wisła Kraków / –
1928	Wisła Kraków / –
1929	Warta Poznań / –
1930	Cracovia Kraków / –
1931	Garbania Kraków / –
1932	Cracovia Kraków / –
1933	Ruch Chorzów / –
1934	Ruch Chorzów / –
1935	Ruch Chorzów / –
1936	Ruch Chorzów / –
1937	Cracovia Kraków / –
1938	Ruch Chorzów / –
1946	Polonia Warschau / –
1947	Warta Poznań / –
1948	Cracovia Kraków / –
1950	Wisla Kraków / –
1951	Wisla Kraków / Ruch Chorzów
1952	Ruch Chorzów / Polonia Warschau
1953	Ruch Chorzów / –
1954	Polonia Bytom / Gwardia Warschau
1955	CWKS (Legia) Warschau / CWKS (Legia) Warschau
1956	CWKS (Legia) Warschau / CWKS (Legia) Warschau
1957	Gornik Zabrze / LKS Łódź
1958	LKS Łódź / –
1959	Gornik Zabrze / –
1960	Ruch Chorzów / –
1961	Gornik Zabrze / –
1962	Polonia Bytom / Zagłebie Sosnowiec
1963	Gornik Zabrze / Zagłebie Sosnowiec
1964	Gornik Zabrze / Legia Warschau
1965	Gornik Zabrze / Gornik Zabrze
1966	Gornik Zabrze / Legia Warschau
1967	Gornik Zabrze / Wisła Kraków
1968	Ruch Chorzów / Gornik Zabrze
1969	Legia Warschau / Gornik Zabrze
1970	Legia Warschau / Gornik Zabrze
1971	Gornik Zabrze / Gornik Zabrze
1972	Gornik Zabrze / Gornik Zabrze
1973	Stal Mielec / Legia Warschau
1974	Ruch Chorzów / Ruch Chorzow
1975	Ruch Chorzów / Stal Rzeszów
1976	Stal Mielec / Słask Wrocław
1977	Słask Wrocław / Zagłebie Sosnowiec
1978	Wisła Kraków / Zagłebie Sosnowiec

1979 Ruch Chorzów / Arka Gdynia
1980 Szombierki Bytom / Legia Warschau
1981 Widzew Łódź / Legia Warschau
1982 Widzew Łódź / Lech Poznań
1983 Lech Poznań / Lechia Gdansk
1984 Lech Poznań / Lech Poznań
1985 Gornik Zabrze / Widzew Łódź
1986 Gornik Zabrze / GKS Katowice

Fußballer des Jahres
1966 S. Oslizlo (Gornik Zabrze)
1967 W. Lubanski (Gornik Zabrze)
1968 S. Oslizlo (Gornik Zabrze)
1969 K. Deyna (Legia Warschau)
1970 W. Lubanski (Gornik Zabrze)
1971 Z. Szoltysik Gornik Zabrze)
1972 K. Deyna (Legia Warschau)
1973 K. Deyna (Legia Warschau)
1974 G. Lato (Stal Mielec)
1975 A. Szymanowski (Wisła Krakow)
1976 H. Kasperczak (Stal Mielec)
1977 G. Lato (Stahl Mielec)
1978 Z. Boniek (Widzew Lodz)
1979 W. Rudy (Zaglebie Sosnowiec)
1980 Z. Boniek (Widzew Lodz)
1981 A. Buncol (Legia Warschau)
1982 W. Smolarek (Widzew Lodz)
1983 J. Mlynarczyk (Widzew Lodz)
1984 W. Smolarek (Widzew Lodz)
1985 D. Dziekanowski (Legia Warschau)
1986 W. Smolarek (Eintracht Frankfurt/Main)

Jaroslav **Pollak**

Pollak, Jaroslav, ČSSR, geb. 11. 7. 1947 Nizny Medzev; Mittelfeldspieler; spielte 1957/76 bei VSS Košice, 1976/79 bei Dukla Banská Bystrica, 1979/80 bei Sparta Prag u. 1980/83 bei Austria Salzburg; 49 Länderspiele (1 Tor); internationales Debüt am 23. 6. 1968 gegen Brasilien (3:2) in Bratislava; Länderspielabschied am 26. 3. 1980 gegen die Schweiz (0:2) in Basel; WM-Endrundenteilnehmer 1970; EM-Endrundenteilnehmer 1976 u. 1980; 418 Ligaspiele (25 Tore). Abb.

„polnisches Modell“, Meisterschaftsaustragungsmodus in *Polen* seit 1986/87, bei dem jeder Sieg mit mindestens 3 Toren Differenz 3 Pluspunkte (anstatt 2) einbringt. Damit soll die angriffsorientierte Spielweise gefördert werden. S. a. „Fußballmodelle“.

Pommerenke, Jürgen („Pomme“), geb. 22. 1. 1953 Wegeleben; Mittelfeldspieler; spielte 1961/67 bei Traktor Wegeleben u. 1967/84 beim 1. FC Magdeburg; 57 Länderspiele (3 Tore); internationales Debüt am 31. 5. 1972 gegen Uruguay (0:0) in Rostock; Länderspielabschied am 16. 3. 1983 gegen Finnland (3:1) in Magdeburg; WM-Endrundenteilnehmer 1974, gewann bei Olympia 1972 Bronze; Fußballer des Jahres 1975; 301 Oberligaspiele (80 Tore). – Danach Trainer. Abb.

Pömpner-Paulsen, Paul, 28. 12. 1892 bis 17. 5. 1934; Halblinker bzw. Linksaußen; spielte 1901/07 beim SC Preußen (später Tura) Weißenfels, 1907/11 bei Wakker Halle u. 1911/30 beim VfB Leipzig; 6 Länderspiele (3 Tore); internationales Debüt am 31. 8. 1924 gegen Schweden (1:4) in Berlin; Länderspielabschied am 26. 6. 1925 gegen Finnland (5:3) in Helsingfors; spielte 34mal repräsentativ für den *V.M.B.V. (Verband Mitteldeutscher Ballspielvereine)* u. 24mal für die Stadtmannschaft Leipzig; bestritt 380 Spiele für den VfB Leipzig.

Ponnet, Alexis, Belgien, Schiedsrichter, geb. 1939 Brüssel; spielte 1953/61 beim RSC St. Josse u. RSC Anderlecht; 1961 Schiedsrichter; 1972 1. Division, 1975 FIFA-Referee; WM-Endrundenschiedsrichter 1982 u. 1986; EM-Endrundenschiedsrichter 1984; leitete 1980 das zweite UEFA-Pokalendspiel Eintracht Frankfurt/Main–Borussia Mönchengladbach (1:0).

Ponomarjow, Alexander, UdSSR, geb. 1918; Stürmer; spielte 1936/37 bei Spartak Chabarowsk, 1937/40 bei Traktor Wolgograd, 1942/50 bei Torpedo Moskau u. 1951/52 bei Schachtjor Donezk; 34 Länderspiele; 244 Ligaspiele (152 Tore); war Torschützenkönig 1938 u. 1946. – Später Trainer; u. a. Betreuer der UdSSR-Föderation, 1954/56 bei Schachtjor Donezk, 1962/64 bei Dynamo Moskau, 1965/68 bei Upon-Pollo (Finnland), 1969/70 bei Ararat Jerewan u. 1971/72 Trainer der UdSSR-Olympiaauswahl.

Poortvliet, Jan, Niederlande, geb. 21. 9. 1955 Arnemuiden; Mittelfeldspieler, Verteidiger; spielte 1972/84 bei PSV Eindhoven; seit 1984 bei Olympique Nîmes; 19 Länderspiele (1 Tor); internationales Debüt am 20. 5. 1978 gegen Österreich (0:1) in Wien; Länderspielabschied am 14. 4. 1982 gegen Griechenland (1:0) in Eindhoven; WM-Endrundenteilnehmer 1978.

Popluhar, Jan, ČSSR, geb. 12. 9. 1935 Bernolakovo; Stopper; spielte 1945/54

Jürgen **Pommerenke** mit dem FDGB-Pokal (1983)

bei Dynamo Bernolakovo, 1954/1955 u. 1958/69 bei Slovan Bratislava, 1955/58 bei Ruda Hvezda Brno, 1969/70 beim FC Olympique Lyon, 1970/72 bei Zbrojovka Brno u. 1972/79 beim Wiener AC; 62 Länderspiele (1 Tor); internationales Debüt am 11. 6. 1958 gegen die BRD (2:2) in Hälsingborg (WM); Länderspielabschied am 22. 11. 1967 gegen Irland (1:2) in Prag; WM-Endrundenteilnehmer 1958 u. 1962; EM-Endrundenteilnehmer 1960, spielte 1963 in der FIFA-Auswahl gegen England (1:2) sowie 1964 in der Europaauswahl gegen Skandinavien (4:2); Fußballer des Jahres 1965; 306 Ligaspiele (23 Tore). – Später Trainer. Abb.

Portman Road ↑ Ipswich Town, FC.

Porto, FC, Portugal, Oberliga, gegr. 2. 8. 1906; *EC-II-Finalist* 1984; 9mal *Landesmeister* (zwischen 1935 u. 1986); 10mal *Pokalsieger* (zwischen 1922 u. 1984); gewann den ersten Pokalwettbewerb u. die erste Landesmeisterschaft Portugals überhaupt; 24 *EC-Teilnahmen:* 89 Spiele; 39 Siege, 16 Unentschieden sowie 34 Niederlagen, 94:84 Punkte, 119:113 Tore. – *Spielkleidung:* blaue Hose, blau-weiß längsgestreiftes Hemd, blaue Stutzen. *Heimstadion:* Estádio das Antas, 64336 Plätze.

Spieler (Auswahl): F. Abel – F. Bene – J. A. Costa – L. de Celso – T. Cubillas – M. G. Eurico – Festa – A. Flavio – T. Freitas – Gabriel – F. M. S. Gomes – A. S. Inacio – Jaime – A. Lima – Pereira – Lopez – Mendez – J. Melnarczyk – A. Nunes – Octavio – J. Oliveira – J. Pacheco – Pavao – J. Pinto – J. Rolando – F. Rui – A. A. de Sousa – Teixeira – J. Torres – Virgilio – I. Walsh – Ze Beto. – **Trainer** (Auswahl): F. R. Riera – F. Cabrita – O. Gloria – A. Jorge – A. Moreira – J. M. Pedroto.

Pôrto Alegre, Gremio FB *(Foot-Ball),* Brasilien (Bundesstaat *Rio Grande do Sul*), gegr. 15. 9. 1883; 30mal *Staatenmeister* (zw. 1904 u. 1985, bis 1915 galt sie als inoffiziell); *Taca-de-Ouro-Sieger* 1981; *Südamerikameister* u. *Weltpokalsieger* 1983. – *Spielkleidung:* schwarze Hose mit blau-weißen Seitenstreifen, blau-schwarz-weiß längsgestreiftes Hemd, weiße Stutzen. *Heimstadion:* Estádio Olimpico, 70000 Plätze (144 Flutlichtreflektoren).

Spieler (Auswahl): Airton – Alcindo – Baideck – Baltazar – Batista – Calvet – L. Carvalho – De Leon – Elton – Gessi – P. Isidoro – E. Lara – E. Leao – Mazzaropi – Mílton – Oberti – Ortunho – Renato – Tarciso – Tita – J. Vieira. – **Trainer** (Auswahl): E. Andrade – Chiquinho – P. de Almeida – L. Engelka – V. Espinoza – C. Froner – M. Kuelle – P. Lumumba – R. Minelli – Oberdan – Ribeiro – T. Santana – S. M. Torres.

Pôrto Alegre, SC Internacional, Brasilien (Bundesstaat *Rio Grande do Sul*); gegr. 4. 4. 1909 (Emblem ↑ Tf. 11); 29mal *Staatenmeister* (zwischen 1927 u. 1984); 7mal *Stadtmeister* von Pôrto Alegre (zwischen 1913 u. 1922); *Taca-de-Ouro-Sieger* 1975, 1976 u. 1979. – *Spielkleidung:* weiße Hose mit roten Seitenstreifen, rotes Hemd (Kragen u. Ärmel weiß), weiße Stutzen mit roten Querstreifen. *Heimstadion:* Estádio Beira-Rio („Gigante Beira"), 110000 Plätze.

Spieler (Auswahl): Batista – Carlitos – P. C. Carpegiani – Claudomiro – Dunga – Eder – P. R. Falcao – E. Figueroa – M. Galvao – Larry – Manga – Nena – Oreco – P. d. C. Orlando – Paulinho – R. Paz – Salvador – J. B. da Silva – Teseurinha – Tita – Valdomiro. – **Trainer** (Auswahl): E. Andrade – P. C. Carpegiani – Castilho – C. Duarte – C. Froner – O. Goncalves – E. Guedes – C. Guinete – M. Juliato – D. Menezes – R. Minelli – S. M. T. Nunes – D. Sani.

Portugal, 91863 km², etwa 10 Mill. Ew., 1 Spieler je 164 Ew.; Verband *Federação Portuguesa de Futebol* („Portugiesischer Fußballverband"), Abk. *FPF*; gegr. 1914, Sitz *Lissabon*; Mitgl. der *FIFA* seit 1926, der *UEFA* seit 1954. – *Organisation:* 1260 Klubs; 1900 Berufsspieler, 34000 Amateurspieler, gesamt 61000 (einschl. Nachwuchs- und AM-Spieler); *Spieljahr:* September–Juli; *Spielkleidung:* weiße Hose, rotes Trikot, rote Stutzen (Reserveausrüstung: Weiß); *Nationalstadion:* Estádio National „Cruz Quebrada", Lissabon, 51000 (ausschl. Sitzplätze); *Stadien* (Auswahl): Estádio da Luz, Lissabon, 100000; Estádio das Antas, Porto, 65000; Estádio José Alvalade, Lissabon, 50000; Estádio 1 de Maio, Braga 37000; Estádio de Restelo, Lissabon, 35000; Estádio do Bonfim, Setúbal, 32500; Estádio Municipal, Coimbra, 30000. Tab.

Posipal, Josef („Jupp"), geb. 20. 6. 1927

Jan **Popluhar**

Jupp **Posipal**

Portugal

Weltmeisterschaft
1966 3. Platz
1986 Endrunde

Europameisterschaft
1984 Halbfinale

olympisches Fußballturnier
1928 Endrunde

EC I
1961 Benfica Lissabon
1962 Benfica Lissabon

EC II
1964 Sporting Lissabon

Landesmeister / Pokalsieger
1922 – / SC Porto
1923 – / Sporting Lissabon
1924 – / Olhanense
1925 – / FC Porto
1926 – / SC Maritimo
1927 – / Belenenses Lissabon

1928 – / Carcavelinhos
1929 – / Belenenses Lissabon
1930 – / Benfica Lissabon
1931 – / Benfica Lissabon
1932 – / FC Porto
1933 – / Belenenses Lissabon
1934 – / Sporting Lissabon
1935 FC Porto / Benfica Lissabon
1936 Benfica Lissabon / Sporting Lissabon
1937 Benfica Lissabon / FC Porto
1938 Benfica Lissabon / Sporting Lissabon
1939 FC Porto / Academica Coimbra
1940 FC Porto / Benfica Lissabon
1941 Sporting Lissabon / Sporting Lissabon
1942 Benfica Lissabon / Belenenses Lissabon
1943 Benfica Lissabon / Benfica Lissabon
1944 Sporting Lissabon / Benfica Lissabon
1945 Benfica Lissabon / Sporting Lissabon
1946 Belenenses Lissabon / Sporting Lissabon
1947 Sporting Lissabon / –
1948 Sporting Lissabon / Sporting Lissabon
1949 Sporting Lissabon / Benfica Lissabon
1950 Benfica Lissabon / –
1951 Sporting Lissabon / Benfica Lissabon
1952 Sporting Lissabon / Benfica Lissabon
1953 Sporting Lissabon / Benfica Lissabon
1954 Sporting Lissabon / Sporting Lissabon
1955 Benfica Lissabon / Benfica Lissabon
1956 FC Porto / FC Porto
1957 Benfica Lissabon / Benfica Lissabon
1958 Sporting Lissabon / FC Porto
1959 FC Porto / Benfica Lissabon
1960 Benfica Lissabon / Belenenses Lissabon
1961 Benfica Lissabon / Leixoes Porto
1962 Sporting Lissabon / Benfica Lissabon
1963 Benfica Lissabon / Sporting Lissabon
1964 Benfica Lissabon / Benfica Lissabon
1965 Benfica Lissabon / Vitoria Setúbal
1966 Sporting Lissabon / Sporting Braga

Lugosch (Rumänien); Stopper; 1943/46 bei Linden 07, 1946/49 bei Arminia Hannover u. 1949/58 beim Hamburger SV; 32 Länderspiele (1 Tor); internationales Debüt am 17. 6. 1951 gegen die Türkei (1:2) in Berlin (West); Länderspielabschied am 15. 9. 1956 gegen die UdSSR (1:2) in Hannover; WM-Endrundenteilnehmer 1954; spielte 1953 in der FIFA-Auswahl gegen England (4:4). Abb. – sein Sohn *Peer P.*, geb. 3. 7. 1962, 1976/82 beim Hamburger SV aktiv, spielt seit 1982 bei Eintracht Braunschweig.

Position, 1. Tabellenplatz einer Mannschaft.
2. Funktion, die ein Spieler in einer Mannschaft ausübt, z. B. Torhüter, Libero, Angriffsspieler; eine *Mannschaftsteil-P.* ist dabei z. B. Mittelfeldspieler, eine *Reihen-P.* linker Mittelfeldspieler.

Positionswechsel, während des Spieles kurzzeitig eine andere Position besetzen, bezogen auf den Positionstausch innerhalb der *Angriffsreihe* (z. B. Rechtsaußen auf die linke Außenposition u. umgekehrt). Das *Rochieren* (wiederholter P.) muß spontan u. diskontinuierlich, aber abgestimmt erfolgen, ansonsten kann sich der Gegner darauf ohne Schwierigkeiten einstellen. – Planlose P. sind besser als „Umherirren" zu bezeichnen, da sie mehr die Mitspieler als den Gegner verunsichern.

Pospíchal, Tomás, ČSSR, geb. 26. 6. 1936 Pudlov; Rechtsaußen u. Halbstürmer; spielte 1946/50 bei SK Prerov, 1950/55 VZKG Ostrava, 1955/57 bei Tankista Prag, 1957/64 bei Banik Ostrava, 1964/68 bei Sparta Prag u. 1968/71 beim FC Rouen; 26 Länderspiele (8 Tore); internationales Debüt am 21. 4. 1956 gegen Brasilien (0:0) in Prag; nahm Länderspielabschied am 30. 5. 1965 gegen Rumänien (0:1) in Bukarest; WM-Endrundenteilnehmer 1962; 239 Ligaspiele (70 Tore). – Später Trainer bei TJ Brevnov (1971/72), Banik Ostrava (1972/75) u. Skoda Plzeň (1975/77); seit 1977 bei Bohemians Prag. Abb.

Post, *DDR* Bez. für Betriebssportgemeinschaften des Verkehrs- u. Nachrichtenwesens, z. B. P. Neubrandenburg.

Tomás **Pospichal**

Potsdam, BSG Turbine, *Frauenfußball* DDR-Bester 1981, 1982, 1983, 1985 u. 1986; gegr. am 11. 3. 1971 in der Betriebssportgemeinschaft des VEB Energiekombinat Potsdam. – *Spielkleidung:* weiße Hose, blaues Hemd, blaue Stutzen. *Heimstadion:* Sportplatz Waldstadt, 2000 Plätze.
Spielerinnen (Auswahl): H. Braune – A. Funke – M. Grüner – E. Henning – H. Hoffmann – M. Hoffmeister – I. Kulick – I. Nichelmann – D. Schmidt – S. Seidel. – **Trainer:** B. Schröder.

Poznan, Lech KKS (*Kolejowy Klub Sportowy*, „Eisenbahnersportklub"), Polen, 1. Liga, gegr. 1922; *Landesmeister* u. *Pokalsieger* 1984. 5 *EC-Teilnahmen:* 12 Spiele; 3 Siege, 1 Unentschieden, 8 Niederlagen, 7:17 Punkte, 9:25 Tore. – *Spielkleidung:* weiße Hose, hellblaues Hemd mit weißen Streifen, weiße Stutzen mit roten Streifen. *Heimstadion:* „22. Lipca", 50000 Plätze.
Spieler (Auswahl): T. Aniola – H. Barczak – R. Jakóbczak – M. Justek – J. Kupcewicz – P. Mowlik – M. Okonski – J. Szewczyk. – **Trainer** (Auswahl): E. Bialas – W. Jakubowski – J. Kopy – W. Lazarek – S. Malczyk.

Pozzo, Vittorio, Italien, war Trainer, 2. 5. 1886–21. 12. 1968; Journalist, Redakteur bei „La Stampa"; Fußballpraktiker u. -theoretiker; prägte maßgeblich Auswahlperioden: 29. 6. 1912 bis 3. 7. 1912 (3 Spiele; 1 Sieg, 2 Niederlagen), 9. 3. 1924 bis 2. 6. 1924 (5 Spiele; 2 Siege, 1 Unentschieden, 2 Niederlagen) u. 1. 12. 1929 bis 5. 8. 1948 (87 Spiele; 60 Siege, 16 Unentschieden, 11 Niederlagen). – P. betreute die „Squadra Azzurra" 95mal (63 Siege, 17 Unentschieden, 15 Niederlagen). Unter seiner Leitung gewann Italien 1934 u. 1938 die Weltmeisterschaft u. wurde 1936 Olympiasieger. Obwohl ein Freund vollendeter Spielkunst, ließ sein nüchterner Sachverstand ihn in den 30er Jahren auf Härte, Physis u. Kondition vertrauen.

Prag, Bohemians *(TJ Bohemians ČKD Praha)*, ČSSR, Klub der 1. Liga; gegr. 1903 als „SK Kotva Vršovice"; mehrere Namensänderungen: 1905 *AFK Vršovice*, 1927 (nach der ersten Australientournee eines ČSR-Klubs, daher auch „Känguruhs" genannt) *AFK Bohemians*, 1939 *AFK Bohemia*, 1949 *Sokol Železničari*, 1951 *Spartak Stalingrad*, 1961 *Spartak ČKD* u. seit 1965 unter der heutigen Bezeichnung; Landesmeister 1983. 8 *EC-Teilnahmen:* 34 Spiele; 13 Siege, 7 Unentschieden, 14 Niederlagen; 33:35 Punkte, 51:44 Tore. – *Spielkleidung:* weiße Hose, grünes Hemd, grünweiße Stutzen. *Heimstadion:* Dolicku, 17 500 Plätze, Abb.

Spieler (Auswahl): P. Bičovský – M. Cermak – P. Chaloupka – K. Dobiás – Z. Hruška – F. Jakubec – V. Jira – F. Knebort – S. Levy – J. Nemec – J. Ondra – A. Panenka – Z. Prokeš – J. Rubás – J. Vedral – J. Vejvoda – P. Zelensky. – **Trainer** (Auswahl): L. Ledecký – T. Pospichal – J. Rubás.

Prag, Dukla, ČSSR, Klub der 1. Liga; gegr. 1948 als Klub der Armee („Armádny Telovýchovný Klub"); führte Anfang der 50er Jahre den Namen *UDA* u. gehörte stets der höchsten Spielklasse an; 11mal *Landesmeister* (zwischen 1953 u. 1982), 7mal *Pokalsieger* (zwischen 1961 u. 1985). 19 *EC-Teilnahmen:* 81 Spiele; 36 Siege, 20 Unentschieden, 25 Niederlagen, 92:70 Punkte, 124:106 Tore. – *Spielkleidung:* weiße Hose, rot-gelbes Hemd, rot-gelbe Stutzen. *Heimstadion:* Juliska, 29 000 Plätze. Abb.

Spieler (Auswahl): J. Adamec – J. Berger – J. Borovicka – J. Brumovsky – J. Cadec – J. Capkovic – M. Dvorak – J. Fiala – M. Gajdusek – J. Geleta – J. Jelinek – T. Knebort – P. Kouba – R. Kucera – J. Masopust – Z. Nehoda – L. Novak – S. Pluskal – J. Popluhar – F. Safranek – V. Samek – F. Stambachr – I. Urban – J. Vacenovsky – I. Viktor – L. Vizek. – **Trainer** (Auswahl): J. Brumovsky – K. Kolsky – B. Musil – L. Novak – J. Vejvoda.

Prag, SK Slavia, ČSSR, Klub der 1. Liga (Emblem ↑ Tf. 11); gegr. 1893 als Fußballsektion im *Sportklub ACOS Prag;* mehrfach umbenannt: 1895 *Slavia*, 1948 *Sokol Slavia*, 1951 *Dynamo Slavia*, 1965 *TJ Slavia*, seit 1977 heutige Bezeichnung; 1912 Gründungsmitglied der 1. Liga; 15mal *Landesmeister* (zwischen 1913 u. 1974; *Mitropapokalgewinner* 1930; 6 EC-Teilnahmen: 14 Spiele; 6 Siege, 1 Unentschieden, 7 Niederlagen, 13:15 Punkte, 18:20 Tore. – *Spielkleidung:* weiße Hose, rot-weißes (halbiert) Hemd, rot-weiße Stutzen. *Heimstadion:* Stadion Dr. V. Vacka mit 43 000 Plätzen.

Spieler (Auswahl): J. Bican – P. Biroš – V. Bradač – S. Čambal – O. Hemele – P. Herda – L. Hlavacek – K. Jarolim – F. Junek – J. Jurkanin – V. Kopecký – J. Kosek – R. Krčil – J. Lála – J. Pešek – F. Plánička – A. Puč – J. Sobotka – F. Svoboda – J. Trnka – I. Urban – F. Veselý – L. Ženišek. – **Trainer** (Auswahl): J. Jareš – H. Madden – B. Musil – R. Vytlacil.

Prag, Sparta *(TJ Sparta ČKD Praha)*, ČSSR, Klub der 1. Liga; gegr. 1893 als „Athletic Club Vinohrady (Weinberge) Prag"; mehrfacher Namenswechsel: 1894 *AC Sparta*, 1948 *Sokol Sparta*, 1949 *Sokol Bratrství Sparta*, 1951 *Sokol Sparta ČKD Sokolovo*, 1953 *Spartak Sokolovo*, seit 1965 heutige Bezeichnung; 24mal *Landesmeister* (zwischen 1912 u. 1985); *Pokalsieger* 1964, 1972, 1976, 1980 u. 1984; *Mitropapokalgewinner* 1927, 1935 u. 1964. 13 *EC-Teilnahmen:* 58 Spiele; 28 Siege, 9 Unentschieden sowie 21 Niederlagen, 65:51 Punkte, 108:80 Tore. – *Spielkleidung:* weiße Hose, cherryrotes Hemd, cherryrote Stutzen. *Heimstadion:* Letna Stadion (ben. nach dem gleichnamigen Berg), 38 000 Plätze. Abb.

Spieler (Auswahl): J. Berger – J. Boucek – J. Burger – J. Cejp – V. Chaloupka – F. Chovanec – J. Čtyřoký – P. Dyba – A. Hojer – A. Janda („Očko") – J. Jarolim – J. Jurkanin – F. Kolenaty – K. Kolsky – K. Koželuh – J. Kostalek – P. Kouba – A. Kramerius – T. Kraus –

1967	Benfica Lissabon / Vitoria Setúbal
1968	Benfica Lissabon / FC Porto
1969	Benfica Lissabon / Benfica Lissabon
1970	Sporting Lissabon / Benfica Lissabon
1971	Benfica Lissabon / Sporting Lissabon
1972	Benfica Lissabon / Benfica Lissabon
1973	Benfica Lissabon / Sporting Lissabon
1974	Sporting Lissabon / Sporting Lissabon
1975	Benfica Lissabon / Boavista Porto
1976	Benfica Lissabon / Boavista Porto
1977	Benfica Lissabon / FC Porto
1978	FC Porto / Sporting Lissabon
1979	FC Porto / Boavista Porto
1980	Sporting Lissabon / Benfica Lissabon
1981	Benfica Lissabon / Benfica Lissabon
1982	Sporting Lissabon / Sporting Lissabon
1983	Benfica Lissabon / FC Porto
1984	Benfica Lissabon / FC Porto
1985	FC Porto / Benfica Lissabon
1986	FC Porto / Benfica Lissabon

Bohemians Prag

Dukla Prag

Sparta Prag

A. Kvasnak – J. Ludl – V. Masek – V. Migas – I. Mraz – O. Nejedly – A. Pazdera – K. Pešek („Kada") – V. Pilat – J. Pollak – T. Pospichal – J. Pospisil – A. Puc – J. Riha – J. Sedlacek I – J. Silny – F. Straka – V. Taborsky – J. Tichy – J. Vanik – J. Vejvoda – B. Vesely. – **Trainer** (Auswahl): A. Bulla – A. Hlocek – V. Jezek – K. Kolsky – J. Rubaš – V. Taborsky.

Prallenlassen, den zugespielten Ball dem Mitspieler in den Lauf ablegen, ohne den Ball zuvor anzuhalten.

Praterstadion, im *Wiener Prater*, dem Volks- u. Vergnügungspark gelegenes Großstadion; eröffnet am 11. 7. 1931. Am 10.5.1929 beschloß der Wiener Gemeinderat seinen Bau (Kostenaufwand 80 Mrd. Kronen). Architekt war der Nürnberger *Schweizer*, der auch den „Zabo" entworfen hatte. Anfang der 80er Jahre wurde es nach starken Verschleißerscheinungen rekonstruiert u. am 29. 10. 1986 wiedereröffnet (Österreich–BRD 4:1). 69 996 Plätze (38 998 Sitz- und 30 998 Stehplätze), Flutlichtanlage (1 800 lx).

Prautzsch, Gerhard, Trainer; geb. 25. 9. 1941 Rochlitz; Verteidiger; spielte 1958/69 bei Dynamo Dresden. – 1969/73 Trainer bei Dresden (Nachwuchs), 1973/78 Assistenztrainer, 1978 bis 1983 Oberligatrainer (1982 Pokalsieger); 1984/85 Dynamo Eisleben. Abb.

Prellung, häufigste Form der *stumpfen Verletzung* infolge Quetschung der Weichteile gegen härtere Strukturen (z. B. Knochen), Quetschung der Knochenhaut, Druck auf Gelenke od. Organe (Bluterguß!). Ursache ist dabei stets die direkte Einwirkung einer stumpfen Gewalt auf den Körper. Fußballspezifische P. sind die des Knie- u. Sprunggelenkes sowie des Schien- u. Wadenbeines (Schienbeinschützer!). *Therapie:* sofortige Kältebehandlung (↑ Vereisung) u. Anlegen eines Druckverbandes; Wärmebehandlung frühestens nach 24 Stunden. S. a. Sportverletzung (Abb.).

Premier Division, seit 1975/76 erste schott. Fußballiga mit 10 Mannschaften (zuvor: *Liga*).

Preschen, mit maximaler Geschwindigkeit, den Ball treibend, an der (Außen-) Linie entlangstürmen; auch als *Fegen* od. *Jagen* bezeichnet (ungelenke Spieler: *Galoppieren*). – Bei schmächtigen, wendigen Typen spricht man von *Huschen* bzw. *Flitzen* („Flügelflitzer").

Gerhard **Prautzsch** nach dem FDGB-Pokalsieg 1982

Pressekonferenz, vom Veranstalter (Verband, Klub) einberufene Zusammenkunft für akkreditierte Journalisten vor u. bzw. od. nach einem Spiel, meist im Stadiongebäude durchgeführt *(Presseraum)*. Bei *P. vor dem Spiel* werden die Journalisten über die Mannschaftsaufstellungen u. a. Details informiert, bei *P. nach dem Spiel* beziehen die beiden verantwortlichen Trainer Stellung zum Spiel u. beantworten (od. auch nicht) die Fragen der Journalisten.

Pressing Game [engl.], svw. *Druckspiel*; moderne spieltaktische Variante, die kurzzeitiges, längeres od. ständiges Anrennen auf das gegnerische Tor beinhaltet, an dem sich außer dem Torhüter alle Mannschaftsteile wechselweise u. abgestimmt beteiligen. P.G. beginnt bereits beim frühzeitigen Stören u. Bekämpfen des gegnerischen Angriffs bzw. Angriffsversuchs (↑ Forechecking) u. setzt hohe Laufbereitschaft, Dynamik u. gute Kondition der Aktiven voraus. Der *Druck nach vorn* verhindert, daß der Gegner zu ruhigem u. kontrolliertem Spielaufbau findet u. verleitet ihn zu fehlerhaften Handlungen im Abwehrverhalten. Spielt sich das P.G. fast ausschl. im (gedachten) gegnerischen Drittel ab, spricht man auch vom *Po-*

werplay [engl., der Eishockeysprache angelehnt].

Preßschlag, gleichzeitiges, gegensätzliches An-den-Ball-Schlagen durch je einen Spieler beider Mannschaften.

Preston North End, Abk. *P.N.E.* („The Lilywhites", „Die Lilienweißen"), England, Verein der 4. Division; gegr. 1881; ab 1885 Profifußball; 1888 Gründungsmitglied der Liga; in der 1. Division 1888/1901, 1904/12, 1913/14, 1919/25, 1934/49 u. 1951/61; in der 2. Division 1901/04, 1912/13, 1914/15, 1925 bis 1934, 1949/51, 1961/70, 1971/74 u. 1978/81; in der 3. Division 1970/71, 1974/78 u. 1981/85; seit 1985 in der 4. Division. P.N.E. gewann die ersten beiden englischen Ligameisterschaften 1888/89 u. 1889/90 sowie 1889 das erste Double (3:0 gegen Wolverhampton Wanderers). Der 2. FA-Cupgewinn gelang 1938. – *Spielkleidung:* marineblaue Hose, weißes Hemd (marineblau abgesetzt), weiße Stutzen mit marineblauen Streifen. *Heimstadion:* Deepdale Ground, 20000 Plätze. Abb.
Spieler (Auswahl): J. Anderson – A. Beattie – R. Bond – P. W. Bracewell – W. C. Cunningham – S. Davies – F. Dewhurst – T. H. Docherty – T. Finney – A. Gara – J. Goodall – R. Holmes – R. H. Howarth – W. J. Irvine – A. W. James – J. A. Kelly – P. McBride – J. McCall – P. McGee – A. McLaren – F. O'Farrell – W. Shankly – J. Trainer – R. C. P. Treacy. – **Manager** (Auswahl): T. Booth – C. Britton – H. Catterick – B. Charlton – A. Ball Snr. – T. Docherty – F. Hill – A. Kelly – G. Lee – J. Milne – B. Seith – W. Scott – N. Stiles – S. Symon.

Preußen [nach dem ehemaligen Land], Vereinsbezeichnung aus den Anfängen des deutschen Fußballs; in der BRD z. T. noch beibehalten, z. B. P. Münster.

Preußen-Stadion ↑ Münster, SC Preußen 06 e. V.

Prinzenpark, svw. Parc-des-Princes (↑ Frankreich).

Profi [Kurzbez. für engl. *Professional*], svw. ↑ Berufsspieler.

Programm, jeweils am Spieltag unmittelbar vor dem Spiel im Stadion od. in dessen Nähe von Beauftragten der Heimmannschaft vertriebene Broschüre unterschiedlicher Stärke u. Ausstattung, in der u. a. folgende Angaben enthalten sein können: Mannschaftsaufstellungen, Schieds- u. Linienrichter, Vorstellung der Gastmannschaft u. einzelner Spieler der Heimmannschaft, Neuigkeiten aus dem Klubleben (z. B. aus dem Nachwuchsbereich), die aktuelle Tabelle, gleichzeitige u. kommende Spielansetzungen, Fortsetzungsgeschichten über die Klubgeschichte, Aktionsfotos,

Preston North End

Pressekonferenz mit F. Beckenbauer

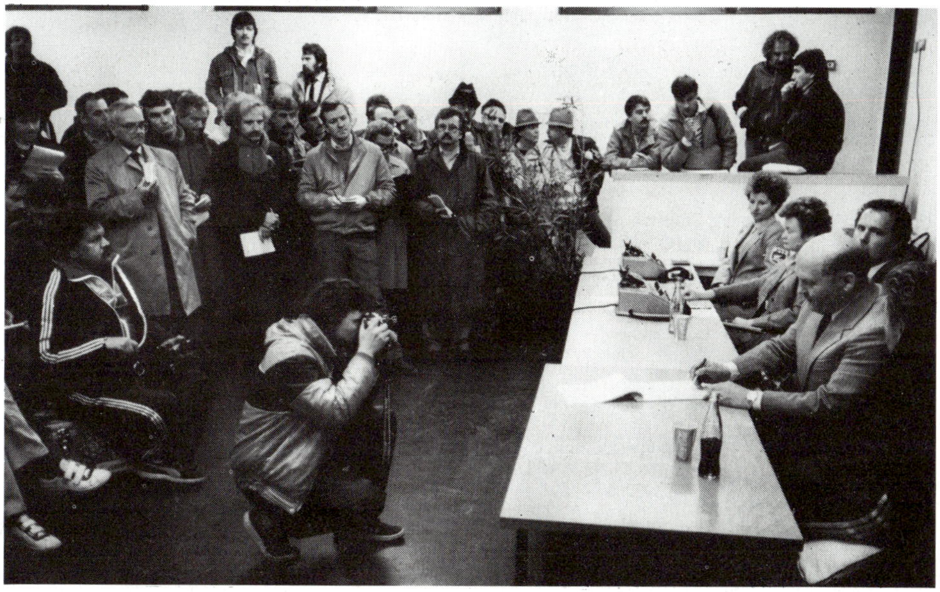

Porträts, Interviews u. einschlägige Reklamen. – Häufig ein begehrtes Sammelobjekt.

Prohaska, Herbert („Schneckerl"), Österreich, geb. 8. 8. 1955 Wien; Mittelfeldspieler; spielte 1965/70 bei Vorwärts Wien, 1970/72 bei Ostbahn XI, 1972/80 bei Austria Wien, 1980/82 bei Internazionale Mailand u. 1982/83 bei AS Rom; seit 1983 bei Austria Wien; 79 Länderspiele (10 Tore); internationales Debüt am 16. 3. 1975 gegen Luxemburg (2:1) in Luxemburg; Länderspielabschied am 14.5.1985 gegen Zypern (4:0) in Wien; WM-Endrundenteilnehmer 1978 u. 1982. Abb.

Herbert **Prohaska**

Antonin **Puč**

Prokop, Adolf, Schiedsrichter, geb. 2. 2. 1939 Altenbuch; spielte 1950/58 bei Traktor Mehrstedt (war universell einsetzbar). – Schiedsrichterprüfung 1958 (bei *Karl Gartner*, Mühlhausen, einem der ersten DDR-Oberligaschiedsrichter); 1958/59 Kreis-, 1959/60 Bezirksklasse, 1960/65 Bezirksliga, 1965/69 Liga, ab 1969 Oberliga; 1974 FIFA-Referee; leitete 22 Länder- u. 45 EC-Spiele; WM-Endrundenschiedsrichter 1978 u. 1982; auch EM-Endrundenschiedsrichter 1980 u. 1984; Referee beim olympischen Fußballturnier 1976; FDGB-Pokalendspiele 1976 u. 1978; 245 Oberligaspiele. Abb. S. a. Verwarnung (Abb.).

Prophylaxe [griech.], vorbeugende *(prophylaktische)* Maßnahmen (z. B. Dehnungsgymnastik) zur Verhütung von (Muskel- od. Sehnen-)Verletzungen.

Protassow, Oleg, UdSSR, geb. 1964 Dnepropetrowsk; Mittelstürmer; spielt seit 1975 bei Dnepr Dnepropetrowsk; 11 Länderspiele (11 Tore); internationales Debüt am 28. 3. 1984 gegen die BRD (1:2) in Hannover; WM-Endrundenteilnehmer 1986; 1985 (Rekord-)Torschützenkönig (35 Treffer, bisher *N. Simonjan* [1950], 34 Tore). Abb.

Protest, Einwand gegen die Wertung von nicht regelgerecht erzielten Spielergebnissen. Ein P. muß in einer festgelegten Frist schriftlich begründet beim zuständigen Organ des Landesverbandes eingereicht werden. Protestieren können nur die am Spiel beteiligten Klubs, wobei bestimmte Gebühren zu entrichten sind; die bei stattgegebenem P. zurückerstattet werden. Gegen das Urteil kann ↑ Berufung eingelegt werden. ↑ Tatsachenentscheidungen sind nicht durch P. anfechtbar.

Pro Vercelli, USC (*Unione Sportive Calcio*, „Fußballsportvereinigung"), Italien, Verein der Serie C (3. Liga); gegr. 1892 als „Societá Ginnastica Pro Vercelli"; zweitältester italien. Verein; 7mal *Landesmeister* (zwischen 1908 u. 1922). –

Adolf **Prokop**

Spielkleidung: weiße Hose, blaues Hemd, weiß-blaue Stutzen. *Heimstadion* ist das Stadio „L. Robbiano", 15000 Plätze. – Bekannteste Spieler: *V. Rosetta* u. *S. Piola*.

Puč, Antonin, ČSSR, geb. 16. 5. 1907 Prag; Linksaußen; spielte 1913/20 bei Cechiu Smichov, 1920/25 bei SK Smichov, 1925/38 bei Slavia Prag, 1938/40 bei Viktoria Zizkov u. SK Smichov; 60 Länderspiele (34 Tore); internationales Debüt am 28. 6. 1926 gegen Jugoslawien (6:2) in Zagreb; Länderspielabschied am 12. 6. 1938 gegen Brasilien (1:1) in Bordeaux (WM); WM-Endrundenteilnehmer 1934 u. 1938; erfolgreichster Ligatorschütze 1927 (13 Treffer) u. 1929 (13); erzielte insgesamt 113 Ligatore. – Später Trainer. Abb.

Puerto Rico, östlichste Insel der Großen Antillen, sog. assoziierter Freistaat der USA, 8897 km^2, etwa 3,4 Mill. Ew., 1 Fußballspieler je 756 Ew.; Verband *Federación Puertorriqueña de Fútbol* ("Puertorikanischer Fußballverband"), Abk. *F.P.F.*; gegr. 1940, Sitz *San Juan*; Mitgl. der *FIFA* seit 1960, der *CONCACAF* seit 1962. – *Organisation:* 175 Klubs; 1500 Amateurspieler, gesamt 4500 (einschl. Nachwuchs- u. AM-Spieler); *Spieljahr:* März–Juni; *Spielkleidung:* azurblaue Hose, weiß-rotes Hemd, azurblaue Stutzen (Reserveausrüstung: azurblaue Hose, weißes Hemd, rote Stutzen); *Nationalstadion:* Sixto Escobar, San Juan, 12000 (9000 Sitz-, 3000 Stehplätze); *Stadien* (Auswahl): Country Club, San Juan, 10000; Parque Central, Ciudad Deportiva, 5000; Levittown, Toa Baja, 5000.

Punkt, Kurzbez. für *Strafstoßpunkt.*

Punkte, Wertungseinheiten im Wettkampfbetrieb; s. a. Punktspiele.

Punktelieferant, Mannschaft, die in der Tabelle weit hinten rangiert u. demzufolge ihre (Plus-)Punkte in der Regel an den Gegner abliefern muß (viele Niederlagen, kaum Unentschieden, noch weniger Siege).

Punkteteilung, svw. ↑ Unentschieden.

Punktspiele, wettkampfmäßiger Spielbetrieb innerhalb eines Spieljahres zur Ermittlung der Staffelsieger, Meister sowie Auf- u. Absteiger; dabei erhält jeweils der *Sieger* 2 Plus-, der *Verlierer* 2 Minuspunkte; bei *Unentschieden* erhalten beide beteiligten Mannschaften je einen Plus- u. Minuspunkt (s. a. „Fußballmodelle").

„Punta de Lanza" [span.], svw. *doppelte Lanzenspitze*; eine 1930 vom damaligen Weltmeister Uruguay praktizierte Angriffstaktik (↑ Spielsystem). S. a. „System der Systemlosigkeit".

Puskás, Ferenc, Ungarn, geb. 2. 4. 1927 Budapest; Halblinker; spielte bei Honvéd Budapest (vormals Kispest F.C., 1943/56) u. Real Madrid (1957/66); 84 Länderspiele (83 Tore; 1945/56) für Ungarn, 4 Länderspiele (1961/62) für Spanien (2 Tore); mit Ungarn 1954 WM-Endrundenteilnehmer u. 1952 Olympiasieger; WM-Endrundenteilnehmer 1962 mit Spanien; spielte 1963 in der FIFA-Auswahl gegen England (1:2) u. wirkte 1965 im Abschiedsspiel für *S. Matthews* mit; ungar. Torschützenkönig 1948 (50 Tore), 1949/50 (31), 1950 (25) u. 1953 (27); span. Torschützenkönig 1960 (26 Tore), 1961 (27), 1963 (26) u. 1964 (10); beendete 1965 seine Karriere bei Real mit 372 Spielen u. 324 Toren. – Seit 1967 Trainer; u. a. bei San Francisco Ga-

Oleg **Protassow**

les, Vancouver Royals, Panathinaikos Athen, in Saudi-Arabien, beim FC Murcia, bei Colo Colo Santiago de Chile, AEK Athen u. FC Port Said.

Pyramidensystem, svw. *klassisches System* (↑ Spielsystem).

PZPN ↑ Polen.

Q

Quadissya-Cup, irak. Pokalwettbewerb um die gleichnamige Trophäe, die jährlich vor Saisonbeginn von den 6 Mei-

Helmut **Rahn**

Uwe **Rahn**

sterschaftsbesten des Vorjahres ausgespielt wird.

Qualifikationsspiel, svw. ↑ Ausscheidungsspiel.

Queen's Park, Nationalstadion von ↑ Grenada.

Queen's Park Oval, Nationalstadion von ↑ Trinidad u. Tobago.

Quemal Stafa, Nationalstadion von ↑ Albanien.

Querbalken, svw. *Querlatte* (↑ Tor [2]).

Querpaß ↑ Paß.

Querschläger, wuchtiger, aber mißglückter Schußversuch, wodurch der abgerutschte, d. h. nicht voll getroffene Ball eine unkontrollierte Flugbahn u. (Quer-)Flugrichtung einnimmt.

Quincoces, Jacinto, Spanien, Trainer; Verteidiger; spielte beim FC Valencia u. bei Real Madrid; 25 Länderspiele; internationales Debüt am 30. 5. 1928 gegen Mexiko (7:1) in Amsterdam (während der IX. Olympischen Spiele); Länderspielabschied am 19. 1. 1936 gegen Österreich (4:5) in Madrid. – Später Trainer, 1945 der span. Nationalmannschaft.

Quini, Enrique Castro, Spanien, geb. 23. 9. 1949 Oviedo; Mittelstürmer; spielte 1963/80 bei Sporting Gijon u. 1980/84 beim F.C. Barcelona u. 1984/86 bei Sporting Gijon; 32 Länderspiele; internationales Debüt am 28. 10. 1970 gegen Griechenland (2:1) in Saragossa; Länderspielabschied am 2. 7. 1982 gegen die BRD (1:2) in Madrid; WM-Endrundenteilnehmer 1978 u. 1982; EM-Endrundenteilnehmer 1980; Torschützenkönig 1974, 1976, 1980, 1981 u. 1982.

R

Racecourse Ground ↑ Wrexham United, A.F.C.

Racing [französ.], Kurzbez. für *Racing-Club* („Läuferklub"), z. B. R. Strasbourg.

Rackern, ständiges Rennen u. Kämpfen (um den Ball); einsatzstarke u. engagierte Spielweise. Wenn allerdings der Überblick, d. h. die Spielübersicht nicht gewahrt bleibt, wird aus dem R. meist ein ↑ „Wühlen".

Raftl, Rudolf, Österreich, geb. 7. 2. 1911 Wien; Torhüter; spielte bei Rapid Wien; 12 Länderspiele (1933/40; 6 für Österreich, 6 für Deutschland nach Annexion Österreichs); internationales Debüt am 17. 9. 1933 gegen die ČSR (3:3) in Prag; Länderspielabschied am 14. 4. 1940 gegen Jugoslawien (1:2) in Wien; war WM-Endrundenteilnehmer 1938.

Rahmentrainingsplan, Grundkonzeption der Fußballverbände zur Steuerung u. Regelung des Trainings- u. Wettkampfjahres für bestimmte Mannschaften (Nationalmannschaft, Nachwuchsauswahl U 21, Juniorenauswahl usw.) od. für einen bestimmten Ausbildungsbereich (Kinder-, Knaben-, Schüler-, Jugendtraining). Der R. basiert auf der trainingsmethodischen Grundkonzeption des jeweiligen Fußballverbandes. In ihm werden die wesentlichen Aufgaben eines Trainings- u. Wettkampfjahres mit dem Ziel der optimalen Vorbereitung des Jahreshöhepunktes konkret ausgewiesen.

Rahn, Helmut (der „Boß"), geb. 16. 8. 1929 Essen; Rechtsaußen; er spielte 1938/46 bei BC Altenessen, 1946/50 beim SC Oelde 1909, 1950/51 bei Sportfreunde Katernberg, 1951/59 bei Rot-Weiß-Essen, 1959/61 beim 1. FC Köln, 1961/63 beim FC Twente/Enschede u. 1963/66 beim Meidericher SV; 40 Länderspiele (21 Tore); internationales Debüt am 21. 11. 1951 gegen die Türkei (2:0) in Istanbul; Länderspielabschied am 27. 4. 1960 gegen Portugal (2:1) in Ludwigshafen; WM-Endrundenteilnehmer 1954 u. 1958. Abb. S. a. Tf. 22 *(unten)*.

Rahn, Uwe, geb. 21. 5. 1962 Mannheim; Mittelfeldspieler; spielte 1972/80 bei TSV Schönau u. SV Waldhof Mannheim; seit 1980 bei Borussia Mönchengladbach; 9 Länderspiele (4 Tore); internationales Debüt am 17. 10. 1984 gegen Schweden (2:0) in Köln; WM-Endrundenteilnehmer 1986 (nicht eingesetzt); 161 Bundesligaspiele (45 Tore). Abb.

Rainea, Nicolae, Rumänien, Schiedsrichter, geb. 1933 Braila; er spielte

1947/56 in Braila bei Metalul, Constructorul, Rulmentul u. Birlad. – Seit 1959 Schiedsrichter; 1964 1. Liga; 1967 FIFA-Referee; leitete 1978 das zweite UEFA-Pokalendspiel PSV Eindhoven–SEC Bastia (3:0), 1980 das EM-Endspiel BRD–Belgien (2:1) in Rom und 1983 das EC I-Finale Hamburger SV–Juventus Turin (1:0) in Athen; WM-Endrundenschiedsrichter 1974, 1978 u. 1982. Abb.

Rainer, Karl, Österreich, geb. 5. 2. 1904 Wien; Rechtsverteidiger; spielte 1920 bis 1936 bei Vienna Wien; 40 Länderspiele; internationales Debüt am 4. 5. 1924 gegen Ungarn (2:2) in Budapest; Länderspielabschied am 6. 10. 1935 gegen Ungarn (4:4) in Wien.

Ramallets, Antonio, Spanien, geb. 4. 7. 1925; Torhüter; spielte 1949/63 für den F.C. Barcelona; 35 Länderspiele; internationales Debüt am 29. 6. 1950 gegen Chile (2:0) in Rio de Janeiro (während der WM-Endrunde); nahm Länderspielabschied am 18. 5. 1961 gegen Wales (1:1) in Madrid.

Ramat-Gan, Nationalstadion von ↑ Israel.

Ramsey, Alfred („Alf"), Sir (1967), England, Trainer, geb. 22. 1. 1920 Dangaham; war Rechtsverteidiger; spielte 1938 bis 1950 bei FC Southampton u. Tottenham Hotspur; 32 Länderspiele (drei Tore); internationales Debüt am 1. 12. 1948 gegen die Schweiz (6:0) in London; nahm Länderspielabschied am 25. 11. 1953 gegen Ungarn (3:6) in London; war WM-Endrundenteilnehmer 1950. – Später Trainer; u. a. bei Ipswich Town (1962 Landesmeister) u. 1963/74 der Nationalmannschaft; führte England 1966 zum WM-Titelgewinn (wurde danach geadelt). Abb.

Ramseyer, Rudolf, Schweiz, 15. 9. 1897 bis 1943; Verteidiger; spielte bei Young Boys Bern, La Chaux-de-Fonds und FC Bern; 59 Länderspiele; gewann bei Olympia 1924 in Paris Silber. – War seit 1932 Ehrenmitglied des Schweizerischen Fußballverbandes.

Ranta, Esko, Finnland, geb. 14. 1. 1947; Verteidiger; spielte 1961/82 bei Ilves Tampere, Tampere PV, Palloseura Tampere u. HAKA Valkeakoski; 69 Länderspiele (1972/80).

Rapid [zu „rapid", svw. reißend, blitzartig, schnell], Vereinsbezeichnung, z. B. R. Wien.

Rappan, Karl, Österreich, Trainer, geb. 26. 9. 1905 Wien; Halbrechter; spielte mit 17 Jahren bei Donau Wien, 1924/28 bei Wacker, 1928/29 bei Austria u. 1929/31 bei Rapid Wien sowie 1931/35 bei Servette Genf; vier Länderspiele (1927). – Trainer seit 1931; bis 1935 u. 1949/57 bei Servette Genf (Spielertrainer), 1935/49 bei Grasshoppers Zürich, 1958/59 beim FC Zürich u. 1964/68 bei Lausanne Sports; trainierte darüber hinaus 1937/38, 1942/49, 1953/54 u. 1960/64 die schweizer. Nationalmannschaft u. führte den *Schweizer Riegel* (↑ Spielsystem) ein; initiierte im Interesse westeuropäischer TOTO-Gesellschaften ab 1961 den *Intercup* (↑ Internationaler Fußballcup), der 1967 nach ihm benannt wurde. Abb.

Rasdan ↑ Jerewan, Ararat.

Rasenplatz, Spielfeld mit dichter, auf maximal 6 cm gehaltener *Grasnarbe,* die durch Aussaat verschiedener Grassorten (Ober- u. Untergräser) bes. strapazierfähig wird; von Bedeutung ist eine intensive *R.pflege* (Mähen, Bewässern, Düngen). – Das *Wembleystadion* in London ist z. B. bekannt für seinen ausgezeichneten Rasen, der im Schachbrettmuster geschnitten ist.

Raufball, früher Bez. für die verschiedenen Vorformen des Fußballspiels im Altertum u. Mittelalter.

Raumdeckung, Decken des gegnerischen Spielers in bestimmten Zonen des Spielfeldes, das praktisch (gedanklich) in Räume aufgeteilt ist. Bei der R. wird also derjenige Gegner gedeckt (übernommen), der in den Raum des dort befindlichen Mitspielers eindringt. Die R. hat weitgehend die ↑ Manndekkung abgelöst u. ist das z. Z. international verbreiteste Deckungssystem. Eine verbesserte Variante der R. ist allerdings bereits die ↑ kombinierte Dekkung.

Raumgewinn, Bez. für das schnelle Überbrücken des Mittelfeldes beim Angriff.

Rausstellung, umgangssprachlich svw. ↑ Feldverweis.

Nicolae **Rainea**

Alf **Ramsey**

Karl **Rappan**

Regelverstoß

	Art des Verstoßes	Spielfortsetzung
1.	Regelwidrigkeiten mit anschließender Vorteilssituation	Weiterspielen, erforderlichenfalls nachträglich mit entsprechender Erziehungsmaßnahme
2.	Ordnungsvergehen	Schiedsrichterball
3.	Zwangsunterbrechung	Schiedsrichterball
4.	technischer Regelverstoß	Wiederholung
5.	technischer Regelverstoß	indirekter Freistoß
6.	unsportliches Betragen	indirekter Freistoß
7.	grob unsportliches Betragen	Feldverweis u. indirekter Freistoß
8.	gefährliches Spiel	indirekter Freistoß
9.	verbotenes Spiel	direkter Freistoß bzw. Strafstoß

Regionen

Region Ost
Wien
Niederösterreich
Burgenland
Region Mitte
Steiermark
Kärnten
Oberösterreich
Region West
Salzburg
Tirol
Vorarlberg

Rava, Pietro, Italien, geb. 1916 Turin; Linksverteidiger; spielte für Juventus Turin und US Alessandria; 30 Länderspiele (zweimal Spielführer); internationales Debüt am 3. 8. 1936 gegen die USA (1:0) in Berlin (olympisches Fußballturnier); Länderspielabschied am 1. 12. 1946 gegen Österreich (3:2) in Mailand; 1938 WM-Endrundenteilnehmer; spielte für Zentraleuropa gegen Westeuropa 1937 (3:1) in Amsterdam u. 1938 für die FIFA-Auswahl gegen England (0:3) in London.

Raynor, George, England, Trainer, 1907–1985; trainierte Coventry City u. Doncaster Rovers; 1948/58 Coach der schwed. Nationalmannschaft; wurde mit den „Tre Kronors“ Vizeweltmeister 1958 in Schweden.

reaktionsschnell, svw. *rasch handelnd*; wird insbes. in Verbindung mit dem Torhüter gebraucht. Wenn ein Torhüter „auf der Linie“ stark ist, bedeutet dies nichts anderes, als daß er r. ist.

Real [span.], svw. *königlich*, z. B. R. Madrid (die „Königlichen“).

Reamateurisieren, *kommerzieller Fußball* vom Berufsspieler wieder zum Amateurspieler werden. Eine Spielerlaubnis für das olympische Fußballturnier od. für einen von der UEFA ausgeschriebenen Amateurwettbewerb gibt es nach dem R. allerdings für den jeweiligen Spieler nicht.

rechter Läufer ↑ Läufer.

Rechtsaußen, svw. rechter ↑ Außenstürmer.

Rechtsverteidiger, svw. ein *rechter Abwehrspieler* (↑ Außenverteidiger).

„Reds“ [„Rote“], umgangssprachliche Kurzbez. für den FC Liverpool.

Referee [engl.], svw. ↑ Schiedsrichter.

Regeln, Kurzbez. für ↑ Spielregeln.

Regelverstoß, Nichteinhaltung der Spielregeln durch einen od. mehrere Spieler. Bei *technischen R.* unterscheidet man diejenigen mit Spielfortsetzung „Wiederholung“ (z. B. Ausführung eines Freistoßes, bevor der Ball ruht) u. solche mit Spielfortsetzung „indirekter Freistoß“ (z. B. ein Spieler steht *strafbar* abseits). – R. des Schiedsrichters (selten!) sind *protestfähige R.* u. können zu Spielwiederholung od. anderen Auswirkungen führen. Tab.

Regelwerk, svw. die zusammengefaßten ↑ Spielregeln.

Regelwidrigkeit, svw. ↑ Regelverstoß.

Region, territoriale Spielklasseneinteilung in *Österreich*. In der *R. Ost* gibt es als höchste Spielklasse die *Regionalliga Ost* (14 Vereine; ein Aufsteiger in die 2. Division der Bundesliga, 3 Absteiger); in der *R. Mitte* bestreiten die Meister der Landesligen u. der der Kärntner Liga Aufstiegsspiele (1 Aufsteiger in die 2. Division); in der *R. West* besteht die *Regionalliga West* (14 Vereine; 1 Aufsteiger in die 2. Division, 3 Absteiger). Tab.

Regionalliga, 1. *BRD* 1963/74 nach der Bundesliga zweithöchste Spielklasse, die aus den 5 Regionalligen *Nord, West, Südwest, Süd* u. *Berlin (West)* bestand. Die erfolgreichsten R.vereine wurden 1974 in die ↑ Zweite Liga (2) übernommen. Vorläuferin der R. war die ↑ Oberliga (2).
2. *Österreich* höchste Spielklasse in der *Region Ost* u. in der *Region West*. S. a. Region.

Regisseur, svw. ↑ Spielmacher.

Reglement [französ.], Sammelbez. für ↑ Spielregeln.

Rehhagel, Otto, Trainer, geb. 9. 8. 1938; Verteidiger; spielte bei TuS Helene Essen, Rot-Weiß Essen, Hertha BSC Berlin (West) u. 1. FC Kaiserslautern. – Trainer seit 1972; bis 1973 beim 1. FC Saarbrükken, 1973/75 bei Kickers Offenbach, März/Juni 1976 bei Werder Bremen, 1976/78 bei BV Borussia Dortmund, 1978/79 bei Arminia Bielefeld, 1979/80 bei Fortuna Düsseldorf u. seit April 1981 wieder bei Werder Bremen. Abb.

Reihe, die horizontale Formation der ↑ Mannschaftsteile, d. h. *Abwehr-R., Mittelfeld-R., Angriffs-R.*

Reims, Stade de, Frankreich, Verein der 2. Division; gegr. am 18. 6. 1931 als „Société du Parc-Pommery“, 1938 Fusion mit „Sporting Club Rémois“; sechsmal *Landesmeister* (zwischen 1949 u. 1962); *Pokalsieger* 1950 u. 1958; *EC I-Finalist* 1956 (1. Wettbewerb überhaupt) sowie 1959; *Latein-Cupgewinner* 1953. 4 *EC-Teilnahmen:* 24 Spiele; 14 Siege,

3 Unentschieden, 7 Niederlagen, 31:17 Punkte, 63:30 Tore. – *Spielkleidung:* weiße Hose, rotes Hemd mit weißen Ärmeln u. weißem Kragen, rote Stutzen mit weißen Streifen. *Heimstadion:* Stade Auguste-Delaune, 25000 Plätze.

Spieler (Auswahl): A. Batteux – R. Bliard – D. Colonna – J. Fontaine – L. Glovacki – M. Hidalgo – A. Jaquet – R. Jonquet – R. Kopa – M. Leblond – R. Marche – A. Penverne – R. Piantoni – B. Rodzick – R. Siatka – J. Vincent – S. Zimny. – **Trainer** (Auswahl): A. Batteux – J. Snella – P. Phelipon.

Reinhardt, Walter, Schiedsrichter, geb. 16. 6. 1907 Quedlinburg; spielte 1921/24 als Halbrechter bei Wacker 20 u. Alemannia 22 Berlin, 1925/33 bei Bamag u. 1934/45 bei Berolina LSC. – 1930 Schiedsrichter. 1936 Oberliga-, seit 1952 internationaler Referee (3 Länderspiele u. weitere Auswahl- u. Klubvergleiche [u. a. Motor Jena–Luton Town, Stadtauswahl Berlin–Torpedo Moskau, ZSKA Moskau–Austria Wien, SC Wismut Karl-Marx-Stadt–1. FC Kaiserslautern, VP Dresden–Admira Wien]); 1936/53 Schiedsrichterlehrer; 1957 Ende seiner Schiedsrichterlaufbahn; 1954/64 Vorsitzender des Schiedsrichterausschusses des DFV der DDR; DFV-Präsidiumsmitglied 1954/66.

Reipas [finn.], svw. *frischauf,* z. B. R. Lahti.

„Reißer", (Mittel-)Stürmer mit großem Durchsetzungsvermögen (draufgängerisch, athletisch, schußstark u. -entschlossen).

Rekordmeister, Mannschaft der höchsten Spielklasse eines Landes, die seit Bestehen derselben die häufigsten Titelgewinne verbuchen konnte. R. im deutschen Fußball bis 1945 waren z. B. der 1. FC Nürnberg u. Schalke 04, die beide je 6 Meistertitel errangen. – *DDR-R.* ist der Berliner FC Dynamo mit 8 Titeln in Folge (1979/86).

Relegationsspiel [schweizer., „Abstiegsspiel"], Entscheidungsspiel (meist mit Hin- u. Rückspiel) nach Abschluß des Spieljahres. Durchgeführt a) zwischen 2 Vertretungen auf abstiegsbedrohter Tabellenposition bei gleichem Punkt- u. Torverhältnis, um den (zusätzlichen) Absteiger zu ermitteln; b) zwischen 2 Vertretungen benachbarter Spielklassen um den Klassenerhalt bzw. Aufstieg; in der BRD beispielsweise jährlich praktiziert (Drittletzter der Bundesliga gegen Dritten der Zweiten Bundesliga, aber ohne Anwendung der ↑ Auswärtstoreregel).

Remetter, François, Frankreich, geb. 8. 8. 1928 Strasbourg; Torhüter; spielte 1940/64 bei FC Metz, FC Sochaux, Girondins Bordeaux, Limoges u. Racing Strasbourg; 26 Länderspiele; internationales Debüt am 11. 6. 1953 gegen Schweden (0:1) in Stockholm; Länderspielabschied am 17. 12. 1960 gegen Spanien (4:3) in Paris; WM-Endrundenteilnehmer 1954 u. 1958.

Remis [französ.], svw. ↑ Unentschieden.

Rempeln, erlaubter körperlicher Angriff mit den Schultern bei angelegten Oberarmen; nicht gestattet ist das *heftige* od. *gefährliche R.* (s. a. Spielregeln [Regel XII]).

Rensenbrink, Nicolaus Robert („Rob"), Niederlande, geb. 3. 7. 1947 Oostzaan; Linksaußen; spielte 1957/66 bei SV Oostzaan, 1966/69 bei DWS Amsterdam, 1969/72 bei Cercle Club Brügge, 1972/77 beim RSC Anderlecht, 1977/82 beim FC Toulouse u. 1982/84 bei Portland Timbers (Kanada); 48 Länderspiele (18 Tore); internationales Debüt am 30. 5. 1968 gegen Schottland (0:0) in Amsterdam; Länderspielabschied am 2. 5. 1979 gegen Polen (0:2) in Chorzow; WM-Endrundenteilnehmer 1974 u. 1978 (mit 5 Treffern zweitbester Torschütze, erzielte das 1000. WM-Endrundentor); EM-Endrundenteilnehmer 1976; belg. Fußballer des Jahres 1976; 173 Liga- u. 33 EC-Tore. Abb.

Rep, Nicolas Johannes („Jonny"), Niederlande, geb. 25. 11. 1951 Zaandam; Rechtsaußen; er spielte 1965/68 beim F.C. Engage Zaandam, 1968/75 u. 1979/81 bei Ajax Amsterdam, 1976/77 beim FC Valencia, 1977/78 beim SEC Bastia, 1981/84 bei AS St.-Étienne u. seit 1984 beim PEC Zwolle; 42 Länderspiele (18 Tore); internationales Debüt am 2. 5. 1973 gegen Spanien (3:2) in Amsterdam; Länderspielabschied am 18. 11. 1981 gegen Frankreich (0:2) in Paris; WM-Endrundenteilnehmer 1974 u.

Otto **Rehhagel**

Robert **Rensenbrink**

1978; EM-Endrundenteilnehmer 1976. Abb.

Repräsentativspieler, svw. *Auswahlspieler*; in der Nationalmannschaft: ↑ Nationalspieler.

Reservebank, svw. ↑ Auswechselbank.

Reservemannschaft, frühere Bez. für die 2. Mannschaft eines Klubs im Seniorenbereich; bildete das Reservoir für die „Erste".

reserviert verhält sich ein Aktiver während des Spiels, wenn sich seine Lauf- u. Einsatzbereitschaft in bescheidenen Grenzen halten; gekennzeichnet durch *Inaktivität* od. *Passivität*, d. h. Bewegungsarmut. – Auch für das Auftreten der gesamten Mannschaft gebraucht, z. B. „die Elf spielte reserviert", d. h. zurückhaltend.

Retter, Erich, geb. 17. 2. 1925; rechter Verteidiger; spielte 1934/44 bei SV Plüdershausen u. 1944/57 beim VfB Stuttgart; 14 Länderspiele (1952/56); internationales Debüt am 20. 4. 1952 gegen Luxemburg (3:0) in Luxemburg; Länderspielabschied am 25. 5. 1956 gegen England (1:3) in Berlin (West).

Fram Reykjavik

Rettungsschlag, svw. ↑ Notschlag.

Revanchefoul, „Racheakt" an einem Gegenspieler, von dem man – meist unmittelbar zuvor u. schmerzhaft – gefoult wurde; äußert sich in der Regel in noch gröberem Vorgehen als das vorangegangene. Meist liegt Kurzschlußreaktion des Betreffenden vor, was von mangelnder Selbstbeherrschung zeugt. R.s (Nachschlagen, Treten usw.) sind unentschuldbar u. führen i. allg. zum ↑ Feldverweis.

Revelli, Herve, Frankreich, geb. 1946; Stürmer; spielte 1960/77 bei AS St.-Étienne u. 1977/78 bei OGC Nizza; 29 Länderspiele; internationales Debüt am 28. 9. 1966 gegen Ungarn (2:4) in Budapest; Länderspielabschied am 26. 3. 1975 gegen Ungarn (2:0) in Paris; Fußballer des Jahres 1969; Torschützenkönig 1967 (31 Treffer) u. 1970 (28); bis 1984 mit 216 Toren Rekordtorschütze (erst 1983/84 von *Lacombe* [Girondins Bordeaux] überboten). – Später Trainer; u. a. bei Chenois Genf u. La Berichonne Chateauroux (2. Division).

Revie, Don, England, Trainer, geb. 1927

Nicolas **Rep**

Leicester; Halbrechter; spielte 1943/49 bei Leicester City, 1949/51 bei Hull City, 1951/56 bei Manchester City, 1956/58 beim FC Sunderland u. 1958/61 bei Leeds United; 6 Länderspiele (4 Tore); internationales Debüt am 2. 10. 1954 (2:0) u. Länderspielabschied am 6. 10. 1956 (1:1), jeweils gegen Nordirland in Belfast; Fußballer des Jahres 1955. – Später Manager; u. a. 1961/74 bei Leeds United, 1974/77 der Nationalmannschaft, u. 1977/81 Coach der Vereinigten Arabischen Emirate.

Reykjavik, FC Valur, Island, 1. Division, gegr. 11. 5. 1911 (Emblem ↑ Tf. 12); 18mal *Landesmeister* (zwischen 1930 u. 1985); 4mal *Pokalsieger* (zwischen 1965 u. 1977). 11 *EC-Teilnahmen:* 24 Spiele; 2 Siege, 6 Unentschieden, 16 Niederlagen, 10:38 Punkte, 14:74 Tore. – *Spielkleidung:* weiße Hose, rotes Hemd, weiße Stutzen. *Heimstadion:* Melavöllur, 10 000 Plätze.

Spieler (Auswahl): K. Björnsson – S. Dagsson – H. Danielsson – A. u. J. Edvaldsson – I. Eliasson – I. Elisson – T. Fridthjofsson – A. Gudmundsson – G. u. H. Gunnarsson – E. u. H. Halldorsson – S. Helgason – H. Hilmarsson – R. Jonsson – B. Juliusson – B. Magnusson – A. Njalsson – S. Olafsson – E. Sölvarsson. – **Trainer** (Auswahl): J. Jonsson – O. B. Jonsson.

Reykjavik, Fram, Island, 1. Division, gegr. 1. 5. 1908; 16mal *Landesmeister* (zwischen 1913 u. 1986); 5mal *Pokalsieger* (zwischen 1970 u. 1985). 10 *EC-Teilnahmen:* 22 Spiele; 4 Siege, 18 Niederlagen, 8:36 Punkte, 11:63 Tore. – *Spielkleidung:* weiße Hose, blaues

Hemd, blaue Stutzen mit weißem Rand. *Heimstadion:* Laugardalsvöllur, 15100 Plätze (11600 Steh-, 3500 Sitzplätze). Abb.

Spieler (Auswahl): J. Atlason – A. Bjarnason – A. Eliasson – S. Gislason – R. Jonsson – E. u. M. Geirsson – K. Gudmundsson – E. Magnusson – J. Petursson – A. Stefansson. – **Trainer** (Auswahl): G. Jonsson – O. Orasson.

Reykjavik, KR (*Knattspyrnufélagid Reykjavikur*, „Reykjaviker Fußballverein"), Island, 1. Division; gegr. 1899 als ältester isländ. Verein durch einen schottischen Drucker mit Namen *Ferguson*; *Rekordlandesmeister* mit 20 Titeln (zwischen 1912 u. 1968); *Rekordpokalsieger* mit 7 Siegen (zwischen 1960 u. 1967). 6 *EC-Teilnahmen:* 12 Spiele; 12 Niederlagen, 0:24 Punkte, 10:62 Tore. – *Spielkleidung:* schwarze Hose, schwarzweiß längsgestreiftes Hemd, schwarze Stutzen. *Heimstadion:* Laugardalsvöllur, 15100 Plätze (11600 Steh-, 3500 Sitzplätze).

Spieler (Auswahl): G. Arnason – H. Arsälsson – B. Baldvinsson – B. Bergsson – H. Björnsson – T. Beck – B., G. u. H. Felixson – O. Gislason – H. Gudjonsson – G. Gudmundsson – E. Hafsteinsson – O. Hanesson – J. Jakobsson – S. Jonsson – A. Kjartansson – G. Petursson – Ö. Steinsen – G. Thorkelsson. – **Trainer** (Auswahl): B. Bjarnason – K. Gudmundsson – S. Jonsson.

Rheinstadion, Düsseldorf, 1925 erbaut; anläßlich der WM-Endrunde 1974 zwischen Oktober 1968 u. September 1972 umgebaut; 68119 Plätze (37781 Sitzplätze/25000 überdacht, 30338 Stehplätze); Flutlicht.

Rhythmuswechsel, je nach Spielsituation das Spieltempo drosseln od. erhöhen; wird in der Regel durch den ↑ Spielmacher u. die übrigen ↑ Anspielpunkte realisiert.

Ribbeck, Erich, Trainer, geb. 13.6.1937; Verteidiger; spielte bei Wuppertaler SV u. Viktoria Köln. – Trainer seit 1965; bis 1967 bei Borussia Mönchengladbach (Assistent), 1967/68 bei Rot-Weiß Essen, 1968/73 bei Eintracht Frankfurt/Main, 1973/78 beim 1. FC Kaiserslautern, 1978/84 DFB-Trainer, 1984/85 bei Borussia Dortmund, seit 1. 7. 1985 bei Bayer 04 Leverkusen. Abb.

Riedel, Helmut, Fußballfunktionär, geb. 9.4.1921; Mitglied des FIFA-Exekutivkomitees seit 1970; Vorsitzender der FIFA-Schiedsrichterkommission 1970/74 und Präsident des DFV der DDR 1961/76.

Riedel, Wolfgang, Schiedsrichter, geb. 9. 12. 1928 Falkensee; spielte 1938/52 bei der SG Finkenkrug. – Seit 10.3.1952 Schiedsrichter, 1. 1. 1960 bis 30. 6. 1978 Oberliga, ab 1. 8. 1964 internationaler Referee; 11 A-Länderspiele; 2 FDGB-Pokalendspiele (1965 u. 1973); seit 29. 3. 1968 DFV-Schatzmeister u. Mitglied des Präsidiums u. des Büros des DFV der DDR; ab 1980 Mitglied der UEFA-Studienkommission für Probleme der Nichtberufsspieler u. 1982 bis 1984 Mitglied der UEFA-Kommission für Rundfunk- u. TV-Probleme.

Riediger, Hans-Jürgen, geb. 20.12.1955 Finsterwalde; Rechtsaußen; er spielte 1964/70 bei Motor Finsterwalde Süd u. 1970/84 beim Berliner FC Dynamo; 41 Länderspiele (6 Tore); internationales Debüt am 26. 3. 1975 gegen Bulgarien (0:0) in Berlin; Länderspielabschied am 13. 10. 1982 gegen Schottland (0:2) in Glasgow; bestritt 193 Oberligaspiele (105 Tore); gewann 1976 bei Olympia Gold. – Seit 1985 (Nachwuchs-)Trainer beim BFC Dynamo. Abb.

Erich **Ribbeck**

Hans-Jürgen **Riediger**

Riegel ↑ Abwehrriegel.

Riegel, Carl, 6. 9. 1896–26. 11. 1970; Außenläufer; spielte 1906/17 bei Pfeil Nürnberg u. 1917/26 beim 1. FC Nürnberg; 7 Länderspiele (1920/23), zweimal Spielführer; spielte repräsentativ für Nürnberg/Fürth (Städteauswahl) u. Süddeutschland. – War auch ein hervorragender Tennisspieler.

Riesa, BSG Stahl, DDR, Oberliga; gegr. September 1948 (Emblem ↑ Tf. 12). – Spielkleidung: schwarze Hose, rotes Hemd, rote Stutzen. *Heimstadion:* Stadion der Stahlwerker „Ernst Grube“, 16 000 Plätze (davon 2 000 Sitzplätze).

Spieler (Auswahl): F. Andrich – W. Bengs – H. Berge – C. Boden – T. Börner – J. Ehl – G. Guttmann – R. Hauptmann – M. Kallenbach – R. Kaube – J. Kern – R. Köpnick – P. Kotte – L. Kurbjuweit – K. Lehmann – E. Lippmann – W. Lischke – W. Meinert – L. Paul – J. u. I. Pfahl – P. Prell – A. Ringel – B. Runge – R. Sachse – W. Scharf – K. Schlutt – W. Schremmer – W. Schröder – F. Steuer – H.-U. Thomale. – **Trainer** (Auswahl): K.-H. Dufke – H. Frenzel – W. Fritzsch – S. Gumz – G. Guttmann – P. Kohl – M. Loose – W. Müller – K. Schäffner.

Rijsbergen, Wilhelmus („Wim“), Niederlande, geb. 18. 1. 1952 Leiden; Verteidiger, Vorstopper; spielte 1966/71 bei Leiden (Lugdunum), 1972/78 bei Feyenoord Rotterdam, 1978/79 bei SEC Bastia, 1979/80 bei PEC Zwolle, 1980/82 bei Cosmos New York, 1983/84 bei Helmond Sport; seit 1984 beim FC Utrecht; 28 Länderspiele (1 Tor); internationales Debüt am 5. 6. 1974 gegen Rumänien (0:0) in Rotterdam; Länderspielabschied am 11. 6. 1978 gegen Schottland (2:3) in Mendoza (WM); WM-Endrundenteilnehmer 1974 u. 1978; EM-Endrundenteilnehmer 1976. S. a. Tf. 32 *(unten).*

Rimet, Jules, Frankreich, Fußballfunktionär, geb. 24. 10. 1873 Theuley-les-Lavancourt, gest. 15. 10. 1956; gründete *Red Star Paris* (1904 Klubpräsident); 1910 Ligapräsident; bildete 1919 die *FFF (Fédération Française de Football),* die er eigenständig bis 1949 leitete. Der Pariser Rechtsanwalt wurde 1920 während des olympischen Fußballturniers komissarisch u. am 1. 3. 1921 zum (3.) *FIFA-Präsidenten* gewählt. 1928 setzte er beim Amsterdamer Kongreß seine Idee der Weltmeisterschaft durch u. überreichte 1930 in Montevideo dem Spielführer von Uruguay erstmals den WM-Pokal.

Während des Luxemburger Kongresses der FIFA 1946 erhielt die WM-Endrunde den Beinamen *Coupe Jules Rimet.* Der „Vater der Weltmeisterschaft“ u. Vizepräsident des französ. Nationalen Olympischen Komitees gab 1954 während des FIFA-Kongresses in Bern im Alter von 80 Jahren sein Amt ab. Am 21. 6. 1954 wurde er zum ersten *FIFA-Ehrenpräsidenten* ernannt. Sein Vermächtnis hat er in dem Buch „L'Historie merveilleuse de la Coupe du Monde“ hinterlassen. – Sein Vorgänger war *D. B. Woolfall,* sein Nachfolger *R. W. Seeldrayers.* Abb.

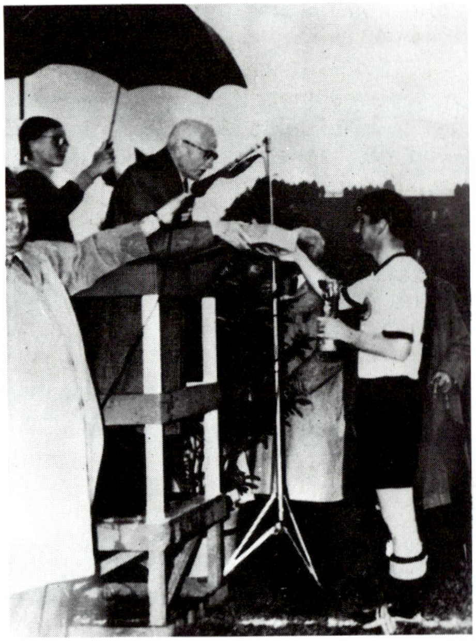

Jules **Rimet** überreicht F. Walter die „Goldene Göttin“ (WM 1954), *ganz links* E. B. Thommen

Rio de Janeiro, CdR Vasco da Gama ↑ Vasco da Gama, CdR.

Rio de Janeiro, FC Botafogo, Brasilien, gegr. 12. 8. 1904; hervorgegangen aus dem am 1. 7. 1894 gegründeten „Regataclub Botafogo“; 1905 eines der 6 Gründungsmitglieder der Rio-Liga;

Botafogo Rio de Janeiro

1942 Fusion mit dem „Clube de Regatas" u. Umbenennung in die heutige Bezeichnung; gehört mit *Flamengo, Fluminense* u. *Vasco da Gama* zu den „großen Vier" in Rio; 13mal *Rio-Meister* (zwischen 1907 u. 1968); *Rio-São-Paulo-Sieger* 1962, 1964 u. 1966. Bei der WM 1962 spielten mit *Amarildo, Didi, Garrincha, N. Santos* u. *M. Zagalo* 5 Botafogospieler in der Auswahl. – *Spielkleidung:* schwarze Hose, schwarz-weiß längsgestreiftes Hemd, graue Stutzen. *Heimstadion:* Estádio Mané Garrincha in Marechal Hermes, Rio, 20000 Plätze (Trainingsstadion, gespielt wird im Maracaná). Abb.

Spieler (Auswahl): T. Amarildo – Basso – A. Brito – Carlos Alberto – M. Chagas – Didi – Dirceu – H. de Freitas – Garrincha – Gerson – Jairzinho – Leonidas da Silva – Manga – F. Marinho – Mirandinha – Paulo César Lima – N. Santos – P. Sérgio – P. Valentim – Vava – Zagalo – A. Zezé Moreira. – **Trainer** (Auswahl): Abel – P. de Almeida – Carbore – Didi – O. Pantoni – G. Nunes – J. Pereira – M. Rodrigues – J. Saldanha – A. T. da Silveira – J. Vieira – M. Zagalo – A. Zezé Moreira.

Rio de Janeiro, FC Fluminense, Brasilien (Emblem ↑ Tf. 12); gegr. 21. 7. 1902 von *Oscar Fox* als engl. *Fluminense Footballclub*; *Taca-de-Ouro-Sieger* 1970 u. 1984; 26mal *Rio-Meister* (zwischen 1906 u. 1985); *Rio-São-Paulo-Sieger* 1940, 1957 u. 1960; besaß mit *Romeu* (Halbrechter), *Tim* (Halblinker) u. *Carreiro* (Linksaußen) Mitte der 30er Jahre 3 Weltklassestürmer. – *Spielkleidung:* weiße Hose, rot-grün-weiß gestreiftes Hemd, weiße Stutzen. *Heimstadion:* Estádio Alvaro Chaves, 15000 Plätze (Trainingsstadion, gespielt wird im Maracaná).

Spieler (Auswahl): Ademir – Altair – Amorim – Antonio – Branco – Brant – Carlos Alberto – Carreiro – Castilho – Denilson – Didi – Dirceu – Edinho – Felix – Flavio – Fortes – Gomes – Hércules – Laís – Mendonca – Neto – Oswaldo – Pelliciari – Pinheiro – Preguinho – Rivelino – Romeu – Russo – Tato – Tim – Vidal – P. Vitor – Zagalo – Zezé – Welfare. – **Trainer** (Auswahl): P. Amaral – Carbone – G. Cardoso – Carlos Alberto Torres – Didi – Duque – Evaristo – P. Emilio – Zezé Moreira – Nelsinho – O. Pastoriza – Pinheiro – Pirilo – T. Santana – F. Solich – M. Travaglini – J. Vieira – O. Vieira – L. Vinhaes – M. Zagalo.

Rio de Janeiro, Flamengo (*Clube de Regatas e Futebol*, „Regatta- u. Fußballklub"), Brasilien (Emblem ↑ Tf. 12); gegr. 15. 11. 1895 als Segelklub (ältester brasilian. Sportverein); 1911 wurde Fußball einbezogen; *Weltpokalsieger* 1981; *Südamerikapokalsieger* 1981; *Taca-de-Ouro-Sieger* 1980, 1982 u. 1983; 20mal *Rio-Meister* (zwischen 1914 u. 1981); *Rio-São-Paulo-Sieger* 1940 u. 1961. – *Spielkleidung:* weiße Hose, rotschwarz quergestreiftes Hemd, rot-schwarz geringelte Stutzen. *Heimstadion:* Estádio da Gavea, 20000 Plätze (Trainingsstadion, die Spiele werden im Maracaná ausgetragen).

Spieler (Auswahl): Adilio – Alberto Borgerth – Bebeto – Biguá – Brito – Carlos Alberto Torres – Claudinho – Dequinha – Diaz – Dida – Didi – Domingues da Guia – Enrique – Evaristo – Gerson – Fausto – Garcia – Garrincha – Joel – Júnior – Jurandir – Leandro – Leonidas da Silva – Lima – Mozer – Patuska – Raul – Reyes – Roberto – Rubens – Socrates – Vevé – Zagalo – Zico – Ziza – Zizinho – Zozimo. – **Trainer** (Auswahl): Paulo Cé Carpegiani – F. Costa – C. Coutinho – Edu – Jouber – D. Kürschner – F. Solich – Tim.

Rio-de-Janeiro-Meisterschaft, seit 1906 jährlich durchgeführter Wettbewerb um den *Guanabara-Cup* (*Guanabara:* Bundesstaat im Südosten Brasiliens, Hauptstadt *Rio de Janeiro*). Tab.

Riso, Heinrich („Riso I"), geb. 30. 6. 1882 Leipzig, Bruder von *Hans R.*; rechter od. linker Verteidiger; spielte 1891/1900 bei SpVg. ATV Leipzig u. 1900/12 beim VfB Leipzig; zwei Länderspiele: am 7. 6. 1908 gegen Österreich (2:3) in Wien u. am 4. 4. 1909 gegen Ungarn (3:3) in Budapest. – Verstorben.

Riso, Hans („Riso II"), geb. 16. 3. 1889 Leipzig, Bruder von *Heinrich R.*; Torhüter; spielte 1900/06 bei Arminia Leipzig u. 1906/14 bei Wacker Leipzig; ein Länderspiel am 3. 4. 1910 gegen die Schweiz (3:2) in Basel. – Verstorben.

Rist, svw. *Spann* (↑ Stoßarten).

Riva, Luigi („Gigi"), Italien, geb. 7. 11. 1944 Legnano; Linksaußen; spielte u. a. 1962/63 beim FC Legnano u. 1964/76 bei US Cagliari; 42 Länderspiele

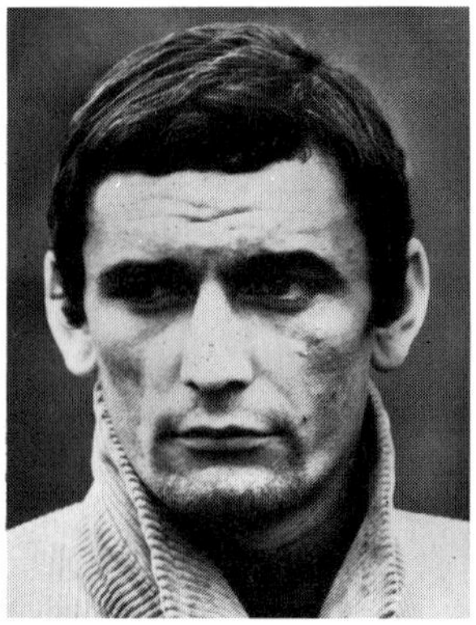

Luigi **Riva**

Roberto **Rivelino**

Frank **Rohde**

(35 Tore); internationales Debüt am 27. 6. 1965 gegen Ungarn (1:2) in Budapest; Länderspielabschied am 19.6.1974 gegen Argentinien (1:1) in Stuttgart; WM-Endrundenteilnehmer 1970 und 1974; EM-Endrundenteilnehmer 1968; Fußballer des Jahres 1967 u. 1970; bestritt 269 Punktspiele (156 Tore); Torschützenkönig 1967 (18 Treffer), 1969 (20) u. 1970 (21). Abb.

Rivelino, Roberto, Brasilien, geb. 1. 1. 1946 São Paulo; Halbstürmer; spielte 1964/75 bei Corinthians São Paulo, 1975/78 bei Fluminense Rio de Janeiro u. nach der WM 1978 in den Vereinigten Arabischen Emiraten, in Kuweit u. in Saudi-Arabien; bestritt 96 Länderspiele (44 Tore); Länderspieldebüt am 9.6.1968 gegen Uruguay (2:0) in Rio de Janeiro; Länderspielabschied am 24. 6. 1978 gegen Italien (2:1) in Buenos Aires; WM-Endrundenteilnehmer 1970, 1974 u. 1978; gewann 1972 mit Brasilien in Uruguay die „Mini-Copa". – Später Kommentator für „Bandeirantes São Paulo". Abb. S. a. Brasilien (Abb.).

Rivera, Gianni, Italien, geb. 18. 8. 1943 Alessandria; Halbstürmer od. Mittelfeldspieler; spielte bei US Alessandria (1958/60) u. AC Mailand (1960/79); 60 Länderspiele (14 Tore), viermal Spielführer; internationales Debüt 1960 bei den Olympischen Spielen in Rom, in der A-Elf am 13. 5. 1962 gegen Belgien (3:1) in Brüssel; Länderspielabschied am 19.6.1974 (WM) gegen Argentinien (1:1) in Stuttgart; WM-Endrundenteilnehmer 1962, 1966, 1970 u. 1974; EM-Endrundenteilnehmer 1968; Fußballer des Jahres 1969 u. 1973; Europas Fußballer des Jahres 1969. – Nach Beendigung seiner Laufbahn Vizepräsident beim AC Mailand.

Rizal Memorial Football Stadium, Nationalstadion der ↑ Philippinen.

Robinson, John, England, 19. 7. 1878 bis 4. 5. 1949; Torhüter; spielte 1893/98 bei New Brighton Tower u. seit 1899 beim FC Southampton; 11 Länderspiele; internationales Debüt 1897 gegen Schottland (1:2) im Crystal Palace; Länderspielabschied 1901 gegen Irland (3:0) in Southampton; stand 1900 u. 1902 mit Southampton im engl. Cupfinale. – Seine attraktiven u. erfolgreichen Abwehrparaden prägten den bis heute gültigen Begriff „Robinsonaden".

Robinsonade, svw. spektakuläre ↑ Flugparade; abgeleitet von *J. Robinson.*

Robson, Brian, England, geb. 11. 1. 1957 Chester-Le-Street; Halbstürmer u. Mittelfeldspieler; spielte 1974/81 bei West Bromwich Albion; seit Oktober 1981 beim FC Manchester United; 55 Länderspiele (10 Tore); internationales Debüt am 6. 2. 1980 gegen Irland (2:0) in London; WM-Endrundenteilnehmer 1982 u. 1986.

Rocha, Pedro Virgilio Franchetti, Uruguay, geb. 3. 12. 1942 Montevideo; Halbstürmer; spielte 1954/59 bei Peñarol Salto, 1959/70 bei Peñarol Montevideo u. 1970/75 beim FC São Paulo; 44 Länderspiele (1960/74); WM-Endrundenteilnehmer 1962, 1966, 1970 u. 1974; stand 1968 in der FIFA-Auswahl gegen Brasilien (1:2).

Rochieren, Ausführen von (häufigen) ↑ Positionswechseln.

Rohde, Frank, geb. 2. 3. 1960 Rostock; Libero; spielte 1966/69 bei Dynamo Rostock-Mitte, seit 1969 beim Berliner FC Dynamo; 20 Länderspiele; internationales Debüt am 12. 9. 1984 gegen Griechenland (1:0) in Zwickau; 106 Oberligaspiele (8 Tore). – Seine Brüder *Peter* u. *Rainer R.* spielten ebenfalls in der Oberliga. Abb.

Rohde, Hans, geb. 7. 12. 1914 Hamburg, gest. 3. 12. 1979; Mittelläufer; spielte 1924/48 ausschl. bei TV Eimsbüttel Hamburg; 25 Länderspiele; internationales Debüt am 27. 9. 1936 gegen Luxemburg (7:2) in Krefeld; Länderspielabschied am 22. 11. 1942 gegen die Slowakei (5:2) in Preßburg (Bratislava); spielte repräsentativ für Hamburg u. Norddeutschland. – Später Trainer; u. a. Verbandstrainer von Hamburg u. Schleswig-Holstein sowie bei Concordia Hamburg.

Rohr, Bernd, Techniker, geb. 4. 6. 1942 Leipzig; Rechtsaußen od. Halbstürmer; er spielte bei SC Rotation Leipzig (1956/58), Motor Warnowwerft Warnemünde (1958/64), SC Chemie Halle (1964/65), Chemie Leipzig (1965/66;

mehrere Oberligaspiele, 1 Tor), „Cubanitro" Matanzas (Kuba, 1966/67), Aktivist Böhlen (1967/68) u. Rotation Leipzig 1950 (1968/74). – Seit 1968 im VEB Bibliographisches Institut Leipzig beschäftigt, gab er 1983 (gemeinsam mit Prof. *Herbert Wiele*, Magdeburg) das „Lexikon der Technik" heraus. Abb.

Rom, AS, Italien (Emblem ↑ Tf. 12), Verein der 1. Liga *(Serie A)*, gegr. 22.7.1927 als Fusion der Klubs *L'Alba* (gegr. 1911), *SG Fortitudo* (gegr. 1906) u. *Roman* (gegr. 1903); *Landesmeister* 1942 u. 1983 sowie *Pokalsieger* 1964, 1969, 1980, 1981, 1984 u. 1986; *Messepokalgewinner* 1961. 14 *EC-Teilnahmen:* 82 Spiele; 38 Siege, 18 Unentschieden, 26 Niederlagen, 94:70 Punkte, 122:82 Tore. – *Spielkleidung:* rote Hose, rotes Hemd, rote Stutzen mit weißen Streifen. *Heimstadion:* Stadio Olimpico, 80000 Plätze.

Spieler (Auswahl): L. Allemandi – C. Ancelotti – S. Andreoli – A. T. Angelillo – P. Barison – K. Berggreen – O. Bergmark – F. Bernardini – A. Bet – Z. Boniek – A. C. Cerezo – J. Charles – B. Conti – P. Conti – F. Cordova – R. Costantino – F. Cudicini – G. de Sisti – del Sol – A. di Bartolomei – P. R. Falcao – A. Ferraris (IV) – C. Galli – A. Ghiggia – F. Graziani – E. Guaita – F. Landini – F. R. Lojacono – G. Losi – S. Malatrasi – G. Menichelli – E. Monzeglio – S. Nela – A. Orlando – E. Pandolfini – J. L. Peiro – P. Prati – R. Pruzzo – U. Righetti – F. Rocca – S. Santarini – J. A. Schiaffino – P. Serantoni – A. B. Sormani – L. Spinosi – F. Tancredi – A. Venturi – F. Zaglio. – **Trainer** (Auswahl): G. Bravi – P. Carosi – R. Clagluna – S. G. Eriksson – G. Giagnoni – Hel. Herrera – N. Liedholm – G. Masetti – A. Schaffer – N. Scopigno – L. Tessari.

Rom, S.S. Lazio, Italien, 1. Liga *(Serie A)*; gegr. am 9. 1. 1900 auf Initiative von *Luigi Bigiarelli* als „Societa Podistica Lazio"; *Landesmeister* 1974; *Pokalsieger* 1958; *Alpenpokalsieger* 1971. 4 *EC-Teilnahmen:* 14 Spiele; 5 Siege, 1 Unentschieden, 8 Niederlagen, 11:17 Punkte, 20:28 Tore. – *Spielkleidung:* Weiß. *Heimstadion:* Stadio Olimpico, 80000 Plätze. Abb.

Spieler (Auswahl): G. Baldo – J. Batista – F. Bernardini – R. Burini – G. Chinaglia – V. D'Amico – A. Ferraris (IV) – B. Giordano – A. Guarisi – F. Janich – M. Laudrup – R. Lovati – L. Manfredonia – A. Mariani – L. Sentementi (IV) – P. Sentementi (V) – G. Wilson. – **Trainer** (Auswahl): P. Carosi – G. Corsini – J. C. Lorenzo – T. Maestrelli – L. V. de Menezes – G. Morrone – G. Oddi.

Romeu, Pellicciari, Brasilien, geb. 1911; Mittelstürmer der 30er Jahre bei Palestra Italia São Paulo, ab 1930 bei Palestra; spielte seit 1935 bei Fluminense Rio de Janeiro in der Weltklasseangriffsreihe mit dem Halblinken *Tim* sowie mit Linksaußen *Carreiro*; 13 Länderspiele (3 Tore); Länderspieldebüt am 5. 6. 1938 gegen Polen (6:5) in Strasbourg (WM-Endrunde); Länderspielabschied am 31. 3. 1940 gegen Uruguay (1:1) in Rio de Janeiro; 1938 WM-Endrundenteilnehmer; kehrte 1942 zu Palestra zurück.

Ronhof ↑ Fürth, SpVgg.

Rosario Central, Argentinien, 1. Division, gegr. 1917; *Landesmeister* 1971, 1973 u. 1980. – *Spielkleidung:* weiße Hose, weißes Hemd (mit rotem senkrechtem Streifen), weiße Stutzen. *Heimstadion:* Estadio Central, 40000 Plätze. – Bekannteste Spieler: *O. Diaz, L. C. Menotti, M. Kempes*. Abb.

Rosbigalle, Georg, geb. 12. 8. 1926 Breslau (Wrocław); Läufer; spielte 1945/46 bei SG Kirchheim, 1946/49 bei Motor Ichtershausen, 1949/52 bei Motor Gotha, 1952/62 (27 Tore) bei Turbine u. SC Turbine Erfurt; 2 Länderspiele (am 21. 9. 1952 gegen Polen [0:3] in Warschau u. am 26. 10. 1952 gegen Rumänien [1:3] in Bukarest); 173 Oberligaspiele. – Seit 1962 Trainer; u. a. 1962/66 beim SC Turbine Erfurt, 1967/69 beim 1. FC Lokomotive Leipzig (Trainerassistent); seit 1973 beim FC Rot-Weiß Erfurt (Nachwuchs).

Rose, Walter, geb. 5. 11. 1912 Leipzig; Mittelläufer, rechter Läufer u. Rechtsverteidiger; spielte 1921/45 beim FC Viktoria Leipzig-Leutzsch (Arbeitersport) u. Spielvereinigung Leipzig, 1945/48 bei SG Lindenau-Hafen u. 1948/54 bei (ZSG Industrie) Chemie Leipzig; 1 Länderspiel (am 29. 8. 1937 gegen Estland [4:1] in Königsberg [Kaliningrad]); 151 Oberligaspiele (26 Tore).

Rossi, Nestor, Argentinien, geb. 10. 5. 1925 Buenos Aires; Läufer; spielte in den 50er Jahren eine überragende Rolle

Bernd **Rohr**

Lazio Rom

Rosario Central

bei River Plate Buenos Aires (1940/48, 1955/56), Millonarios Bogotá (1949/54) und Huracan Buenos Aires (1957) sowie als Nationalmannschaftskapitän (30 Länderspiele); 1958 bei der WM-Endrunde in Schweden Kapitän der „Gauchos".

Rossi, Paolo, Italien, geb. 23. 9. 1956 Prato; Mittelstürmer; spielte 1972/75 bei Juventus Turin, 1975 beim AC Como (von Juventus Turin „ausgeliehen"), 1976/79 bei SS Lanerossi Vicenza, 1979/80 beim AC Perugia, 1980/81 bei SS Lanerossi Vicenza (Serie B [ohne Spiele]) u. 1981/85 bei Juventus Turin, 1985/86 beim AC Mailand; seitdem bei AS Hellas Verona; 48 Länderspiele (20 Tore); internationales Debüt am 21. 12. 1977 gegen Belgien (1:0) in Lüttich; WM-Endrundenteilnehmer 1978, 1982 (Torschützenkönig mit 6 Treffern) u. 1986 (nicht eingesetzt); bestritt 220 Punktspiele (76 Tore); 1978 italien. Rekordtorschütze (23 Treffer); Fußballer des Jahres 1978. – War 1980 an dem italien. *Wettskandal* beteiligt u. erhielt 2 Jahre Sperre (bis 4. 5. 1982). Abb.

Rostock, FC Hansa, DDR (Emblem ↑ Tf. 12), Liga, gegr. 28. 12. 1965 (Nachfolger des im November 1954 gegründeten *SC Empor*); *Vizemeister* 1962, 1963, 1968; *Pokalfinalist* 1955, 1957, 1959 und 1967. 2 *EC-Teilnahmen:* 8 Spiele; 4 Siege sowie 4 Niederlagen, 8:8 Punkte, 13:12 Tore. – *Spielkleidung:* weiße Hose, Hemd u. Stutzen blau. *Heimstadion:* ↑ Ostseestadion.

Spieler (Auswahl): W. Barthels – A. Bialas – J. Decker – W. Drews – J. Ernst – L. Haack – K. Habermann – L. Hahn – J. Heinsch – H. Hergesell – H. Holtfreter – B. Jakubowski – R. Jarohs – R. Kaube – G. Kische – H. Kleiminger – G. Kostmann – R. Leber – R. Leeb – D. Lenz – G. Madeja – E. Märzke – H. Minuth – M. Mischinger – H. Pankau – K. Pöschel – Chr. Radtke – W. Rahn – W. Rump – G. Sackritz – G. Schaller – J. Schlünz – D. Schneider – R. Schneider – M. Schröbler – H. Schühler – A. Schulz – K.-D. Seehaus – K.-H. Singer – S. Söllner – H. Speth – K.-P. Stein – J. Streich – P. Sykora – J. Uteß – D. Wruck – W. Wruck – K. Zapf – H. Zedel – H. Zwahr. – **Trainer** (Auswahl): E. Dietel – W. Fritzsch – G. Gläser – H. Hergesell – J. Heinsch – H. Krügel – C. Kreul – Möhring – H. Nippert – O. Pfau – H. Saß – W. Voigt – H. Werner.

„Rot" ↑ rote Karte.

Rotation, *DDR* Bez. für Betriebssportgemeinschaften der polygrafischen Industrie u. des Verlagswesens, z. B. R. Leipzig 1950.

rote Karte, das optische Zeichen des Schiedsrichters für einen von ihm ausgesprochenen ↑ Feldverweis; auch ausgedrückt in der Wendung „er zeigte dem Spieler ‚Rot'".

Paolo **Rossi**

Roter Stern „Maracaná" ↑ Belgrad, FK Roter Stern.

Roth, Volker, Schiedsrichter (bis 1986, WM-Endrunde), geb. 1942 Salzgitter; spielte Basketball (Lebenstedter Basketball-Gemeinschaft); ab 1958 Pfeifenmann; 1967 auf der DFB-Liste, 1972 Bundesliga- u. 1977 FIFA-Referee; er war WM-Endrundenschiedsrichter 1986 u. EM-Endrundenschiedsrichter 1984; leitete 1984 das zweite UEFA-Pokalendspiel Tottenham Hotspur–RSC Anderlecht (1:1 n. V., 4:3 nach Strafstoßschießen).

Rotterdam, SC Feyenoord (ben. nach einem Stadtteil der Hafenstadt), Niederlande (Emblem ↑ Tf. 12); gegr. 19.7.1908 von dem Millionär *C. R. J. Kieboom* als

Stadionklub Rotterdam; stand lange Jahre im Schatten von *Sparta*; 1921 Aufstieg in die Ehrendivision; 12mal *Landesmeister* (zwischen 1924 u. 1984) u. 6mal *Pokalsieger* (zwischen 1930 u. 1984); *Weltpokalsieger* 1970; *EC I-Gewinner* 1970; *UEFA-Pokalsieger* 1974. 18 *EC-Teilnahmen:* 93 Spiele; 51 Siege, 18 Remis u. 24 Niederlagen, 120:66 Punkte, 199:104 Tore. – *Spielkleidung:* schwarze Hose, rot-weiß längshalbiertes Hemd, schwarze Stutzen mit rot-weißem Umschlag. *Heimstadion:* Stadion Feyenoord (mit Unter- u. Oberstock), 67 000 Zuschauer (47 000 Sitz- und 20 000 Stehplätze). Der „Kuip" („Korb") wurde 1937 erbaut.

Spieler (Auswahl): M. A. Bennaers – G. M. C. H. Bergholtz – J. Boskamp – M. Bosselaar – F. Bouwmeester – R. Bul – J. Cruijff – T. J. de Jong – A. de Vroet – R. Geels – H. Groot – A. W. Haak – F. Hasil – M. D. R. Israel – W. M. A. Jansen – O. Kindvall – J. A. Klaassens – J. H. Kraay – E. Kreutz – P. Kriuver – M. W. T. Laseroms – R. Michels – C. Moulijn – B. J. Paauwe – E. L. Pieters Graafland – C. A. Pijl – W. Rijsbergen – C. B. Rijvers – P. D. G. Romeijn – A. Scheliaskow – Schoenmaker – S. Tahamata – C. van de Gijp – T. van de Korput – C. A. van Dijke – W. van Hanegem – G. H. (Puck) van Heel – A. van Marle – C. P. Veldhoen – L. R. J. Vente – H. W. J. G. Wery. – **Trainer** (Auswahl): V. Boskov – T. Brzezancyk – A. Fafie – E. Happel – R. Israel – V. Jezek – W. Kment – H. van Kraay – T. Libregts.

Rotterdam, Sparta *(R. V. & A. V.)*, Niederlande; gegr. 1. 4. 1888 als Kricketclub, der sich jedoch bald dem Fußball zuwandte; seit 1908 Ehrendivision; 6mal *Landesmeister* (zwischen 1909 u. 1959); *Pokalsieger* 1958, 1962 u. 1966; 7 *EC-Teilnahmen:* 32 Spiele; 14 Siege, 7 Unentschieden, 11 Niederlagen, 35:29 Punkte, 64:44 Tore. – *Spielkleidung:* schwarze Hose u. rot-weiß gestreiftes Hemd, rot-weiß quergestreifte Stutzen. *Heimstadion:* Spangen, 30 000 Plätze. Abb.

Spieler (Auswahl): W. Boerdam – R. Boomsma – M. Bosselaar – H. F. de Groot – J. A. Eijkenbroek – O. N. Formenoy – J. M. de Korver – J. T. Klijnjan – W. Landman – M. W. T. Laseroms – O. Madsen – C. W. Ruffelse – H. H. Steeman – M. Terlouw – J. van Beveren – P. A. van de Wolk – J. G. N. Venneker – J. G. Weber. – **Trainer** (Auswahl): W. Coerver – B. Jacobs – E. Schwartz.

Rous, Stanley, Sir, England, Fußballfunktionär, geb. 24. 4. 1895 Watford, gest. 18. 7. 1986 London; internationaler Referee (34 Länderspiele); 1934/62 Sekretär der engl. Football Association; am 28. 9. 1961 zum sechsten FIFA-Präsidenten gewählt (Vorgänger: *A. Drewry*; Nachfolger: *J. Havelange*). In seine 12jährige Amtszeit fielen 4 WM-Endrunden (1962 Chile, 1966 England, 1970 Mexiko u. 1974 BRD) sowie 3 olympische Fußballturniere (1964 Tokio, 1968 Mexiko-City und 1972 München). R. führte England 1946 in die FIFA zurück, begründete 1948 das FIFA-Juniorenturnier u. initiierte den Messepokal, dessen Präsident er 1955/71 war.

Am 11. Juni 1974 wurde R. anläßlich des FIFA-Kongresses in Frankfurt/Main zum *FIFA-Ehrenpräsidenten* ernannt. Er war maßgeblicher Mitarbeiter im ↑ International Football Association Board u. verfaßte zahlreiche Publikationen über Schiedsrichter- und Regelprobleme. – Für seine Verdienste wurde R. von König *Georg VI.* geadelt. Die FIFA verlieh ihm 1984 den neugeschaffenen *FIFA-Orden*. Abb.

Routinier [französ.], erfahrener, meist älterer Spieler, der sich über einen längeren Zeitraum fußballtaktische Fähigkeiten erworben hat; er verfügt über *Routine*, ist *routiniert*. S. a. clever.

Ruben Paz, eigtl. *Ruben Walter Paz Marquez,* Uruguay, geb. 8. 8. 1959 Artigas; Halbstürmer; spielte 1973/77 bei Peñarol Artigas, 1977/82 bei Peñarol Montevideo u. 1982/86 bei Pôrto Alegre; danach bei Racing Paris; 23 Länderspiele; WM-Endrundenteilnehmer 1986.

Rückennummern ↑ Geschichte des Fußballs in Daten (Tab.); 1933a u. 1939a.

Rückpaß ↑ Paß.

Rückrunde ↑ Spieljahr.

Rückspiel ↑ Hinspiel.

Rückzieher, über den erhobenen Kopf von vorn gespielter („gezogener") Ball. Läßt sich der Spieler dabei rückwärts fallen (oft bei anfliegendem Ball), spricht man vom *Fall-R.*, wobei hier

Stanley **Rous**

Sparta Rotterdam

Rumänien

Weltmeisterschaft
1930 Endrunde
1934 Achtelfinale
1938 Achtelfinale
1970 Endrunde

Europameisterschaft
1984 Endrunde

olympisches Fußballturnier
1924 Endrunde
1952 Endrunde
1964 Endrunde

Balkanpokal
1931 1. Platz
1933 1. Platz
1936 1. Platz

EC I
1986 Steaua Bukarest

Landesmeister / Pokalsieger
1910 F.C. Olimpia Bukarest / –
1911 F.C. Olimpia Bukarest / –
1912 F.C. United Ploiesti / –
1913 C.A. Colentina Bukarest / –
1914 C.A. Colentina Bukarest / –
1915 Romano-Americana Bukarest / –

Jewgeni **Rudakow**

Karl-Heinz **Rummenigge**

evtl. der ↑ Scherenschlag angewandt wird (spektakuläre Aktion). – Als „Erfinder" des Fall-R. gilt *U. Caligaris.* S. a. Seitfallzieher.

Rückziehfinte, dem Gegner den Ball „anbieten", im Moment dessen Zugriffs den Ball mit der Sohle des Spielbeines zurückziehen u. ihn mit der folgenden Vorwärtsbewegung des Spielbeines am Gegner vorbeiführen.

Rudakow, Jewgeni, UdSSR, geb. 2. 1. 1942 Moskau; Torhüter; spielte 1958/60 bei Torpedo Moskau, 1960/62 bei Sudrostrojtel Nikolajewo u. 1963/79 bei Dynamo Kiew; 47 Länderspiele; internationales Debüt am 16. 6. 1968 gegen Österreich (3:1) in Leningrad; Länderspielabschied am 22. 5. 1976 gegen die ČSSR (2:2) in Kiew; WM-Endrundenteilnehmer 1970; EM-Endrundenteilnehmer 1972; gewann 1972 bei Olympia Bronze. – Später Trainer bei Dynamo Kiew. Abb.

Rudwaleit, Bodo, geb. 3. 8. 1957 Woltersdorf; Torhüter; spielte 1965/69 bei Einheit Woltersdorf u. seit 1969 beim Berliner FC Dynamo; 29 Länderspiele; internationales Debüt am 9. 2. 1979 gegen Irak (1:1) in Bagdad; Länderspielabschied am 28. 3. 1984 gegen die ČSSR (2:1) in Erfurt; Nachfolger von *Jürgen Croy* u. Vorgänger von *René Müller*; gewann bei Olympia 1980 Silber; 239 Oberligaspiele. Abb.

Rugby Park ↑ Kilmarnock, FC.

Ruhr-Stadion ↑ Bochum 1848, VfL.

Rumänien, 237 500 km², etwa 22,5 Mill. Ew., 1 Fußballspieler je 124 Ew.; Verband *Federatia Romana de Fotbal* („Rumänischer Fußballverband"), Abk. *F.R.F.*; gegr. 1908, Sitz *Bukarest*; Mitgl. der *FIFA* seit 1930, der *UEFA* seit 1955. – *Organisation:* 5500 Klubs; 126 000 Amateurspieler, gesamt 181 000 (einschl. Nachwuchs- u. AM-Spieler); *Spieljahr:* August–Juli (mit Winterpause); *Spielkleidung:* blaue Hose, gelbes Hemd, rote Stutzen (Reserveausrüstung: gelbe Hose, blaues Hemd, rote Stutzen); *Nationalstadion:* „23. August", Bukarest, 95 000 (75 000 Sitz-, 20 000 Stehplätze), Flutlichtanlage (150 lx); *Stadien* (Auswahl): Zentralstadion, Craiova, 40 000; Stadion der Republik, Bukarest, 37 000; Stadion „1. Mai", Timisoara, 30 000; Stadion Municipal, Cluj, 40 000. Tab.

Rummenigge, Karl-Heinz, geb. 25. 9. 1955 Lippstadt; Stürmer; spielte 1963/74 bei Borussia Lippstadt, 1974/84 beim FC

Bodo **Rudwaleit** (*rechts* H.-J. Kinne)

1916 F.C. Prahova Ploiesti / –
1920 A.S.C. Venus Bukarest / –
1921 A.S.C. Venus Bukarest / –
1922 C.S. Chinezul Timisoara / –
1923 C.S. Chinezul Timisoara / –
1924 C.S. Chinezul Timisoara / –
1925 C.S. Chinezul Timisoara / –
1926 C.S. Chinezul Timisoara / –
1927 C.S. Chinezul Timisoara / –
1928 C.S. Coltea Brasov / –
1929 A.S.C. Venus Bukarest / –
1930 F.C. Juventus Bukarest / –
1931 S.S.U.D. Resita / –
1932 A.S.C. Venus Bukarest / –
1933 F.C. Ripensia Timisoara / –
1934 A.S.C. Venus Bukarest / F.C. Ripensia Timisoara
1935 F.C. Ripensia Timisoara / C.F. Rapid Bukarest
1936 F.C. Ripensia Timisoara / F.C. Ripensia
1937 A.S.C. Venus Bukarest / Rapid Bukarest
1938 F.C. Ripensia Timisoara / Rapid Bukarest
1939 A.S.C. Venus Bukarest / Rapid Bukarest

Bayern München u. seitdem bei Internazionale Mailand; 95 Länderspiele (45 Tore), 51mal Spielführer; internationales Debüt am 6. 10. 1976 gegen Wales (2:0) in Cardiff; Länderspielabschied am 29. 6. 1986 gegen Argentinien (2:3) in Mexiko-City (WM-Endspiel); WM-Endrundenteilnehmer 1978, 1982 u. 1986; EM-Endrundenteilnehmer 1980; Europas Fußballer des Jahres 1980 u. 1981; Fußballer des Jahres 1980; Bundesliga-Torschützenkönig 1980 (26 Treffer), 1981 (29) u. 1984 (26); EC I-Torschützenbester 1981 (6); bestritt 314 Bundesligaspiele (162 Tore). Abb. – Sein Bruder *Michael R.* (geb. 3. 2. 1964) spielte für Borussia Lippstadt; seit 1981 beim FC Bayern München (1 Länderspiel); 89 Bundesligaspiele (26 Tore).

Runterstellung, umgangssprachlich für ↑ Feldverweis.

Rush, Ian, Wales, geb. 20. 10. 1961 St. Asaph; Stürmer; spielte 1977/80 beim FC Chester City u. seit 1980 beim FC Liverpool; 25 Länderspiele (10 Tore); internationales Debüt am 21. 5. 1980 gegen Schottland (0:1) in Glasgow; 1984 Fußballer des Jahres; 271 Ligaspiele (166 Tore); Europas Torschützenkönig 1983/84 (32 Treffer).

Rwanda, ein Binnenstaat in Ostafrika, 26 338 km², etwa 5,3 Mill. Ew., 1 Fußballspieler je 6 625 Ew.; Verband *Fédération Rwandaise de Foot-ball Amateur* („Amateurfußballverband Rwanda"), Abk. *FRFA*; gegr. 1972, Sitz *Kigali*; Mitgl. der *FIFA* seit 1976, der *CAF* seit 1976. – *Organisation:* 170 Klubs; 800 Amateurspieler (einschl. Nachwuchs- u. AM-Spieler); *Spieljahr:* Oktober–Mai; *Spielkleidung:* Rot; *Stadien* (Auswahl): Stade de Gisenyi, 10 000; Stade du Camp Militaire, 5 000; Stade Huye, 5 000; Stade Mumena, 5 000.

Ryavallen ↑ Boras, IF Elfsborg.

Rydell, Sven, Schweden, geb. 14. 1. 1905; Stürmer; spielte 1923/32 bei Örgryte IS und bei Redbergslid; 43 Länderspiele (1923/32), 50 Tore. – Nach seiner aktiven Laufbahn Sportjournalist („Svenska Dagbladet").

S

Saarbrücken, 1. FC, BRD, gegr. 18. 4. 1903 (Emblem ↑ Tf. 12); 2. Bundesliga; 1963/64, 1976/77, 1977/78 u. 1985/86 1. Bundesliga; 1945 Mitglied der Oberliga Südwest; dann vorübergehend in der 2. Division Frankreichs; 1946, 1952 u. 1961 Meister der Oberliga Südwest; Meister der 2. Liga Süd 1976. Eine *EC-Teilnahme:* 2 Spiele; 1 Sieg, 1 Niederlage, 2:2 Punkte, 5:7 Tore. – *Spielkleidung:* weiße od. blaue Hose, blaues Hemd, blaue Stutzen. *Heimstadion:* Städtisches Stadion Ludwigspark, 40 000 Plätze, davon 8 319 Sitzplätze.

Spieler (Auswahl): J. Acimovic – J. Balzert – M. Berdoll – H. Binkert – Denz – E. Diehl – D. Ferner – B. Förster – A. Keck – F.-W. Magath – J. Makan – P. Momber – W. Otto – W. Philippi – T. Puff – E. Rohe – E. Schmidt – D. Schnier – W. Seel – G. Siedl – W. Sold – Stegmayer – E. Traser – H. Traser – H. Vollmar. – **Trainer** (Auswahl): H. Binkert – S. Cendic – H. Cieslarczyk – J. Csaknady – H. Johannsen – U. Klimaschefski – M. Krafft – O. Luttrop – M. Nikolic – B. Oles – H. Pilz – O. Rehhagel – H. Schneider.

Safety first [engl., „Sicherheit zuerst"], betont defensive Spielweise, die auf vordergründiges Abwehrverhalten ausgerichtet ist; unattraktiv (verengte Räume, wenig Tore) u. überholt.

Saint-Étienne, AS, Abk. *ASSE*, Frankreich, 1. Liga, gegr. 1920 als Fusion von *A.S. Casino, A.S. Stéphanoise* u. *Stade Forézien-Universitaire*; Profifußball seit 1933; 10mal *Landesmeister* (zwischen 1957 u. 1981); 6mal *Pokalsieger* (zwischen 1962 u. 1977); *EC I-Finalist* 1976. 16 *EC-Teilnahmen:* 69 Spiele; 29 Siege, 15 Unentschieden, 25 Niederlagen, 73:65 Punkte, 103:80 Tore. – *Spielkleidung:* weiße Hose, grünes Hemd (mit weißem Kragen), grüne Stutzen (weiß abgesetzt). *Heimstadion:* Stade Geoffroy-Guichard, 47 800 Plätze (10 920 Sitz-, 36 880 Stehplätze). Abb.

Spieler (Auswahl): C. Abbes – D. Bathenay – P. Battiston – Y. Beck – G. Bereta – P. Bernard – B. Bosquier – G. Carnus – J. Castaneda – D. Curkovic – D. Didier – G. Dimitrow – V. Durkovic – K. Ferry – J. Foix –

1940 A.S.C. Venus Bukarest / Rapid Bukarest
1941 Unirea Tricolor Bukarest / Rapid Bukarest
1942 Rapid Bukarest / Rapid Bukarest
1943 Universitatea Craiova / C.F.R. Turnu Severin
1947 Flacara Rosie Arad / –
1948 Flacara Rosie Arad / Flacara Rosie Arad
1949 I.C. Oradea / C.C.A. Bukarest
1950 Flamura Rosie U.T. Arad / C.C.A. Bukarest
1951 C.C.A. Bukarest / C.C.A. Bukarest
1952 C.C.A. Bukarest / C.C.A. Bukarest
1953 C.C.A. Bukarest / Flamura Rosie U.T. Arad
1954 Flamura Rosie U.T. Arad / Metalul Resita
1955 Dinamo Bukarest / C.C.A. Bukarest
1956 C.C.A. Bukarest / Progresul I.C. Oradea
1957 – / – (Übergangsrunde)
1958 Petrolul Ploiesti / Stiinta Timisoara
1959 Petrolul Ploiesti / Dinamo Bukarest
1960 C.C.A. Bukarest / Progresul Bukarest
1961 Steaua (vorher C.C.A.) Bukarest / Ariesul Turda
1962 Dinamo Bukarest / Steaua Bukarest
1963 Dinamo Bukarest / Petrolul Ploiesti
1964 Dinamo Bukarest / Dinamo Bukarest
1965 Dinamo Bukarest / Stiinta Cluj
1966 Petrolul Ploiesti / Steaua Bukarest
1967 Rapid Bukarest / Steaua Bukarest
1968 Steaua Bukarest / Dinamo Bukarest
1969 U.T. Arad / Steaua Bukarest
1970 U.T. Arad / Steaua Bukarest
1971 Dinamo Bukarest / Steaua Bukarest
1972 F.C. Arges Pitesti / Rapid Bukarest
1973 Dinamo Bukarest / Chimia Rimnicu Vilcea
1974 Universitatea Craiova / Jiul Petroseni
1975 Dinamo Bukarest / Rapid Bukarest
1976 Steaua Bukarest / Steaua Bukarest
1977 Dinamo Bukarest / Universitatea Craiova

AS St.-Étienne

Sergej **Salnikow**

1978	Steaua Bukarest / Universitatea Craiova
1979	F.C. Arges Pitesti / Steaua Bukarest
1980	Universitatea Craiova / Politehnica Timisoara
1981	Universitatea Craiova / Universitatea Craiova
1982	Dinamo Bukarest / Dinamo Bukarest
1983	Dinamo Bukarest / Universitatea Craiova
1984	Dinamo Bukarest / Dinamo Bukarest
1985	Steaua Bukarest / Steaua Bukarest
1986	Steaua Bukarest / Dinamo Bukarest

Fußballer des Jahres

1966	N. Dobrin (Arges Pitesti)
1967	N. Dobrin (Arges Pitesti)
1968	G. Dumitrache (Dinamo Bukarest)
1969	M. Lucescu (Dinamo Bukarest)
1970	C. Dinu (Dinamo Bukarest)
1971	N. Dobrin (Arges Pitesti)
1972	C. Dinu (Dinamo Bukarest)
1973	I. Dumitru (Steaua Bukarest)
1974	C. Dinu (Dinamo Bukarest)
1975	D. Georgescu (Dinamo Bukarest)
1976	D. Georgescu (Dinamo Bukarest)

B. Genghini – R. Herbin – G. Janvion – A. Jaquet – S. Keita – J.-P. Larios – J.-M. Larque – C. Lopez – R. Mekloufi – W. Piazza – G. Peyroche – M. Platini – J. Rep – H. u. P. Revelli – K. Rijvers – D. Rocheteau – P. Samardzic – C. Sarramagna – C. Synaeghel – Y. Triantafilos – R. Tylinski – A. J. Zimako. – **Trainer** (Auswahl): A. Batteux – P. Garronniere – H. Guerin – R. Herbin – A. Jaquet – J. Snella – I. Tax – J. Vernier.

Saint-Symphorien ↑ Metz, FC.

Saison, svw. ↑ Spieljahr.

„Salatschüssel" umgangssprachliche Bez. für die *DFB-Meisterschale.*

Salnikow, Sergej, UdSSR, geb. 13. 9. 1925 Krasnodar, gest. 1984; Halbstürmer; spielte 1941/43 bei Spartak Moskau, 1944/45 bei Zenit Leningrad, 1946/49 bei Spartak Moskau, 1950/54 bei Dynamo Moskau u. 1955/60 bei Spartak Moskau; 23 Länderspiele (11 Tore); gewann bei Olympia 1956 Gold; absolvierte 333 Ligaspiele; 134 Tore (101 in Punkt-, 22 in Pokal- u. 11 in Länderspielen); Landesmeister 1954 mit Dynamo Moskau, 1956 u. 1958 mit Spartak; Pokalsieger 1953 mit Dynamo, 1958 mit Spartak. – Später Trainer. Abb.

Saloniki, A.C. Aris, Griechenland, Nationalliga, gegr. 1914; *Landesmeister* 1928 (erste griech. Meisterschaft), 1932 u. 1946; *Pokalsieger* 1970. 10 *EC-Teilnahmen:* 28 Spiele; 9 Siege, 6 Unentschieden, 13 Niederlagen, 24:32 Punkte, 41:61 Tore. – *Spielkleidung:* schwarze Hose, gelb-schwarz längsgestreiftes Hemd, schwarze Stutzen. *Heimstadion:* „Stadium of Athletic Club ARIS Gipedo Charilaos", 31 000 Plätze.

Spieler (Auswahl): K. Aslanidis – N. Athanasiadis – D. Ballis – G. Chadzipanagis – T. Christidis – G. Foiros – C. Gounaris – N. Isakidis – G. Kermanidis – A. Konstantinou – K. Kouis – S. Mokalis – G. Pallas – G. Pantziaras – K. Papafloratos – G. Semertzidis – N. Skomboi – G. Spiridon – J. Tsifopoulos – E. Vanglis – J. Venos. – **Trainer** (Auswahl): Blackstone – Correa – D. Cramer – A. Georgiadis – M. Glisovic – T. Lambrigts – J. MacGuiness – N. Nalpantis – B. Palfai – A. Panagoulias – K. Pastidis – P. Sasia – B. Stankovic – M. Tsivic – M. Vican – Zetschew

Saloniki, Iraklis, Griechenland, gegr. 1908; seit der Gründung 1959 in der Nationalliga (durch Abstieg unterbrochen); *Pokalsieger* 1956. 3 *EC-Teilnahmen:* 6 Spiele; 1 Sieg, 1 Unentschieden, 4 Niederlagen, 3:9 Punkte, 4:21 Tore. – *Spielkleidung:* weiße Hose, weißes Hemd (mit schwarzen Armstreifen), weiße Stutzen. *Heimstadion:* Kaftanzoglion, 43 000 Plätze. – Bekannteste Spieler: *W. Chadzipanagis, G. Kofidis, L. Papaioannou, N. Xanthopoulos;* Trainer: *D. Ferner, J. Kopa.*

Saloniki, PAOK (*Panthessalonikeios Athlitikos Omilos Konstantinoupoliton,* „Gesamtsalonikier Sportverein der Konstantinopolitaner"), Griechenland, Nationalliga; gegr. 28. 4. 1926 als Sportverein von Griechen aus Konstantinopel, die sich 1924 nach dem zwischen Griechenland u. der Türkei erfolgten Bevölkerungsaustausch in Saloniki niedergelassen hatten; seit Nationalligagründung 1959 Mitglied; 1980 Übergang zum Profifußball; *Landesmeister* 1976 u. 1985; *Pokalsieger* 1972 u. 1974. 14 *EC-Teilnahmen:* 40 Spiele; 16 Siege, 8 Unentschieden, 16 Niederlagen, 40:40 Punkte, 45:66 Tore. – *Spielkleidung:* schwarze Hose, schwarz-weißes Hemd (mit schwarzen Armstreifen), weiße Stutzen. *Heimstadion:* Touba, Saloniki, 41 060 Plätze. Abb.

Spieler (Auswahl): N. Alavantas – A. Anastasiadis – K. Apostolidis – A. Aslanidis – K. Ballis – J. Damanakis – C. Dimopoulos – M. Fortula – J. Gounaris – L. Gujdar – K. Iosifidis – G. Kostikos – G. Koudas – J. Kyrastas – K. Orfanos – A. Pantelis – D. Paridis – P. Pelios – S. Sarafis – C. Terzanidis. – **Trainer** (Auswahl): M. Bellis – C. Emmanuel – G. Koudas – G. Lóránt – L. Sannon – W. Skocik.

Salzburg, SC Austria-Casino, Österreich, gegr. 1933 (Emblem ↑ Tf. 12); erster Aufstieg in die Staatsliga 1953; *Pokalfinalist* 1974, 1980 u. 1981. 3 *EC-Teilnahmen:* 8 Spiele; 3 Siege, 5 Niederlagen, 6:10 Punkte, 11:17 Tore. – *Spielkleidung:* weiße Hose, violettes Hemd, weiße Stutzen. *Heimstadion:* Itzling, 12 400 Plätze (11 000 Steh-, 1 400 Sitzplätze).

Spieler (Auswahl): W. Koch – D. Milovanovic – G. Rieder – G. Roos – Z. Zugic. – **Trainer** (Auswahl): A. Kibler – H. Winkelbauer.

Salzburger Fußballverband, einer der 9 österreich. Unterverbände des *ÖFB* (↑ Österreich [Tab]); Spielklasseneinteilung: *1. Landesliga* (14 Vereine), *2. Lan-*

desliga (2 Gruppen je 14 Vereine), *1. Klasse* (2 Gruppen je 12 bis 14 Vereine), *2. Klasse* (3 Gruppen je 9 bis 12 Vereine) u. *3. Klasse* (11 Vereine). Abb.

Sambia, Binnenstaat im Süden Zentralafrikas, 752 614 km², etwa 6,2 Mill. Ew., 1 Fußballspieler je 1 240 Ew.; Verband *Football Association of Zambia* („Fußballverband Sambia"), Abk. *FAZ*; gegr. 1929, Sitz *Lusaka*; Mitgl. der *FIFA* seit 1964, der *CAF* seit 1964. – *Organisation:* 20 Klubs; 350 Berufsspieler, 2 000 Amateurspieler, gesamt 5 000 (einschl. Nachwuchs- u. AM-Spieler); *Spieljahr:* März–November; *Spielkleidung:* weiße Hose, grünes Hemd, schwarze Stutzen (Reserveausrüstung: schwarze Hose u. orange Hemd, schwarze Stutzen); *Nationalstadion:* Independence Stadium, Lusaka, 30 000 (ausschl. Sitzplätze); *Stadien* (Auswahl): Stadium Dag Hammerskjoeld, Ndola, 18 000; Shinde Stadium, Mufulira, 12 000; Scriveners Stadium, Kitwe, 12 000. Tab.

Samitier, José, Spanien, geb. 1902 Barcelona; Läufer od. Stürmer; spielte 1916/33 beim F. C. Barcelona u. bei Real Madrid; 21 Länderspiele (1 Tor); internationales Debüt am 28. 8. 1920 gegen Dänemark (1:0) in Brüssel (während des Fußballturniers der VII. Olympischen Spiele, als Spaniens Nationalmannschaft mit *Zamora, Otero, Arrate, Samitier, Belauste, Eguiazabal, Pagaza, Sesumaga, Patricio, Pichichi* u. *Acedo* zum erstenmal international antrat); Länderspielabschied am 13. 12. 1931 gegen Irland (5:0) in Dublin; gewann 1920 bei Olympia Silber.

Sammer, Klaus, Trainer, geb. 5. 12. 1942 Gröditz; Läufer u. Stopper; spielte 1954/62 bei Stahl bzw. TSG Gröditz, 1962/65 beim SC Einheit Dresden u. 1965/75 bei Dynamo Dresden; 183 Oberligaspiele (27 Tore) u. 17 Länderspiele; internationales Debüt am 11. 11. 1970 gegen die Niederlande (1:0) in Dresden; Länderspielabschied am 26. 9. 1973 gegen Rumänien (2:0) in Leipzig. – Trainer bei Dynamo Dresden 1977/83 (Nachwuchs) sowie 1983/86 (Oberligatrainer); wurde mit Dynamo Pokalsieger 1984 u. 1985 sowie Vizemeister 1984 u. 1985. Abb.

Sanchez, Hugo („Niño del Oro", „Goldjunge"), Mexiko, geb. 11. 6. 1958 Mexiko-City; Stürmer; spielte bis 1980 bei U.N.A.M. Mexiko-City, 1980/84 bei Atlético Madrid u. seit 1985 bei Real Madrid; 7 Länderspiele (3 Tore); internationales Debüt am 27. 9. 1977 gegen die USA (3:0) in Mexiko-City; Torschützenkönig 1985 (19) u. 1986 (22); WM-Endrundenteilnehmer 1978 u. 1986.

Sanchez, Leonel, Chile, geb. 25. 5. 1936 Santiago de Chile; Linksaußen; spielte 1953/62 bei Universidad de Chile; 62 Länderspiele (28 Tore); WM-Endrundenteilnehmer 1962 u. 1966.

Sándor, Károly, Ungarn, geb. 28. 12. 1928 Moraváros; Rechtsaußen; spielte 1947/65 bei Vörös Lobogo, Bastya, Textiles u. MTK Budapest; 75 Länderspiele (27 Tore); internationales Debüt am 10. 4. 1949 gegen die ČSSR (2:5) in Prag;

Klaus **Sammer**

Länderspielabschied am 11. 10. 1964 gegen die ČSSR (2:2) in Budapest; WM-Endrundenteilnehmer 1958 u. 1962; erzielte für MTK 183 Punktspieltore. – Später Trainer.

Sankt Gallen, FC, Schweiz, Nationalliga, gegr. 19. 4. 1897; (Emblem ↑ Tf. 13) ältester Fußballverein der Eidgenossen; *Landesmeister* 1904; *Pokalsieger* 1969. 3 *EC-Teilnahmen:* 8 Spiele; ein Sieg, 2 Unentschieden, 5 Niederlagen, 4:12 Punkte, 4:16 Tore. – *Spielkleidung:*

1977	N. Dobrin (Arges Pitesti)
1978	N. Coman (CS Tirgoviste)
1979	S. Sames (Steaua Bukarest)
1980	M. Raducanu (Steaua Bukarest)
1981	I. Balaci (Universitatea Craiova)
1982	I. Balaci (Universitatea Craiova)
1983	L. Bölöni (ASA Tirgu Mures)
1984	S. Lung (Universitatea Craiova)
1985	G. Hagi (Sportul Studentesc Bukarest)
1986	H. Ducadam (Steaua Bukarest)

PAOK Saloniki

Salzburger Fußballverband

Sambia

olympisches Fußballturnier

1980 Endrunde

San Lorenzo de Almagro

Tele **Santana**

weiße Hose, weiß-grün gestreiftes Hemd, grün-weiße Stutzen. *Heimstadion:* Espenmoos, 30 000 Plätze.

Spieler (Auswahl): Braschler – Fleury – H. Fuhrer – J. Gorgon – V. Gross – Labhart – R. Nafziger – M. Pfirter – F. Rafreider – Ritter – Rietmann – M. Tanner – H. Ziehmann. – **Trainer** (Auswahl): U. Klimaschefski – W. Olk – A. Sing – W. Sommer.

San Lorenzo de Almagro, Buenos Aires, 1. Division, gegr. 1915; *Landesmeister* 1972 u. 1974; 8mal *Meister* der 1. Division von Buenos Aires (zwischen 1923 u. 1972, galt bis 1966 als offizielle Landesmeisterschaft). – *Spielkleidung:* schwarze Hose, blau-weiß längsgestreiftes Hemd, schwarz-blaue Stutzen. *Heimstadion:* San Lorenzo, 45 000 Plätze. Abb.

San Sebastian, Real Sociedad de Fútbol, Spanien, 1. Division; gegr. 1909 als *Club Ciclistica de San Sebastian*; *Landesmeister* 1981 u. 1982; *Pokalsieger* 1909. 6 *EC-Teilnahmen:* 24 Spiele; 7 Siege, 7 Unentschieden, 10 Niederlagen, 21:27 Punkte, 25:36 Tore. – *Spielkleidung:* rote Hose, blau-weiß längsgestreiftes Hemd, rotgeringelte Stutzen. *Heimstadion:* das Estadio Artocha, 29 000 Plätze (17 532 Steh-, 11 468 Sitzplätze).

Spieler (Auswahl): M. Alonso – L. Arconada – M. Artola – Celayeta – J. A. Diego – R. Gordillo – R. Lopez Ufarte – A. Ormaechea – J. M. Satrustegui – J. M. Zamora. – **Trainer** (Auswahl): A. Ormaechea.

Santamaria, José Emilio, (die „Wand"), Uruguay/Spanien; Stopper; er spielte 1950/56 bei Nacional Montevideo u. 1957/65 bei Real Madrid; 51 Länderspiele bis 1962 (35 für Uruguay, WM-Vierter 1954, u. 16 für Spanien [vom 15. 10. 1958 gegen Nordirland 6:2 in Madrid bis zum 3. 6. 1962 gegen Mexiko 1:0 in Vina del Mar]). – Später Trainer; u. a. 1971/77 bei Español Barcelona, Assistenztrainer bei *L. Kubala* (1977/80) u. 1980 nach der EM-Endrunde in Italien Nationalmannschaftstrainer (insgesamt 21 Spiele) bis 1982. Abb. S. a. Madrid, Real (Abb.).

Santana, Tele, Brasilien, Trainer, geb. 1932; Stürmer; spielte u. a. bei Fluminense Rio de Janeiro. – Später Trainer bei Fluminense, Atlético Mineiro, FC São Paulo, Botafogo Rio de Janeiro, Gremio Pôrto Alegre u. S. E. Palmeiras; betreute ab 1980 Brasiliens Nationalteam (als Nachfolger *C. Coutinhos*) u. war mit ihm WM-Endrundenteilnehmer 1982 in Spanien; danach bei Al-Ahli Jiddah (Saudi-Arabien); ab 1986 wieder Auswahltrainer Brasiliens (löste *Carlos Alberto Pareira* ab). WM-Endrundenteilnehmer 1986 (danach zurückgetreten). Abb.

Santiago de Chile, Club de Deportes Colo Colo, Chile (Emblem ↑ Tf. 13); gegr. 1925 als „Colo Colo Foot Ball Club". Der Indianerkopf im Vereinsemblem ist ein Symbol für den Freiheitskampf des chilen. Volkes gegen die span. Eroberer u. gegen deren Kolonisierungspolitik. 14mal *Landesmeister* (zwischen 1937 u. 1983); *Südamerikapokalfinalist* 1973. – *Spielkleidung:* weiße Hose, schwarzes Hemd, weiße Stutzen. *Heimstadion:* Estadio Colo Colo mit 10 000 Plätzen).

Jose Emilio **Santamaria**

Spieler (Auswahl): Bello – Caszely – Cruz – Escuti – Figueroa – Galindo – Garcia – Garrido – Gonzalez – Lara – Moren – Osben – Paez – Rivas – Toro – Valdes – Velis.

Santos, Djalma, Brasilien, geb. 27. 2. 1929 São Paulo; Rechtsverteidiger; er begann bei Portuguesa São Paulo (1948/57), danach bei S.E. Palmeiras (1958/68); beendete seine Karriere bei Atlético Parana Curitiba (1968/71); bestritt 100 internationale u. Länderspiele

1er
CAMPEONATO
MUNDIAL
DE FOOTBALL
URUGUAY
MONTEVIDEO
1930

COPPA DEL MONDO • COUPE DU MONDE • WORLD'S
CUP • WELTMEISTERSCHAFT • COPA DEL MUNDO
ITALIA
A. XII
F.I.F.A.
CAMPIONATO
MONDIALE
DI CALCIO
27 MAGGIO
10 GIUGNO

DESMÉ
PARIS
FIFA
FFFA
OUPE DU MONDE
1938

oben Brasilien vor dem entscheidenden Spiel gegen Uruguay am 16. Juli im Maracaná, das 1:2 verloren ging; *stehend von links* Barbosa – Augusto – Juvenal – Bauer – Danilo – Bigode, *hockend* Masseur Johnson – Friaca – Zizinho – Ademir – Jair – Chico – Masseur Americo
unten Weltmeister Uruguay; *stehend von links* Varela – Trainer Lopez – Tejera – Gambetta – Gonzales – Maspoli – Andrade, *hockend* Ghiggia – Perez – Miguez – Schiaffino – Moran

IV CAMPEONATO
MUNDIAL DE
FUTEBOL
·TAÇA JULES RIMET·
JUNHO DE 1950
BRASIL

oben Endspielszene aus BRD–Ungarn (3:2); *von links* Hidegkuti, Eckel, Czibor, Mai u. Liebrich

unten Weltmeister BRD; *von links* F. Walter – Turek – Eckel – Rahn – O. Walter – Liebrich – Posipal – Schäfer – Kohlmeyer – Mai – Morlock

Tafel 24 WM 1958

oben Schwedens Torhüter Svensson muß im Endspiel durch Pelé *(verdeckt)* den dritten Treffer hinnehmen (Endstand 5:2 für Brasilien)

unten Weltmeister Brasilien; *stehend von links* Trainer Feola – D. Santos – Zito – Bellini – N. Santos – Orlando – Gilmar, *hockend* Garrincha – Didi – Pelé – Vavá – Zagalo – Trainerassistent Amaral

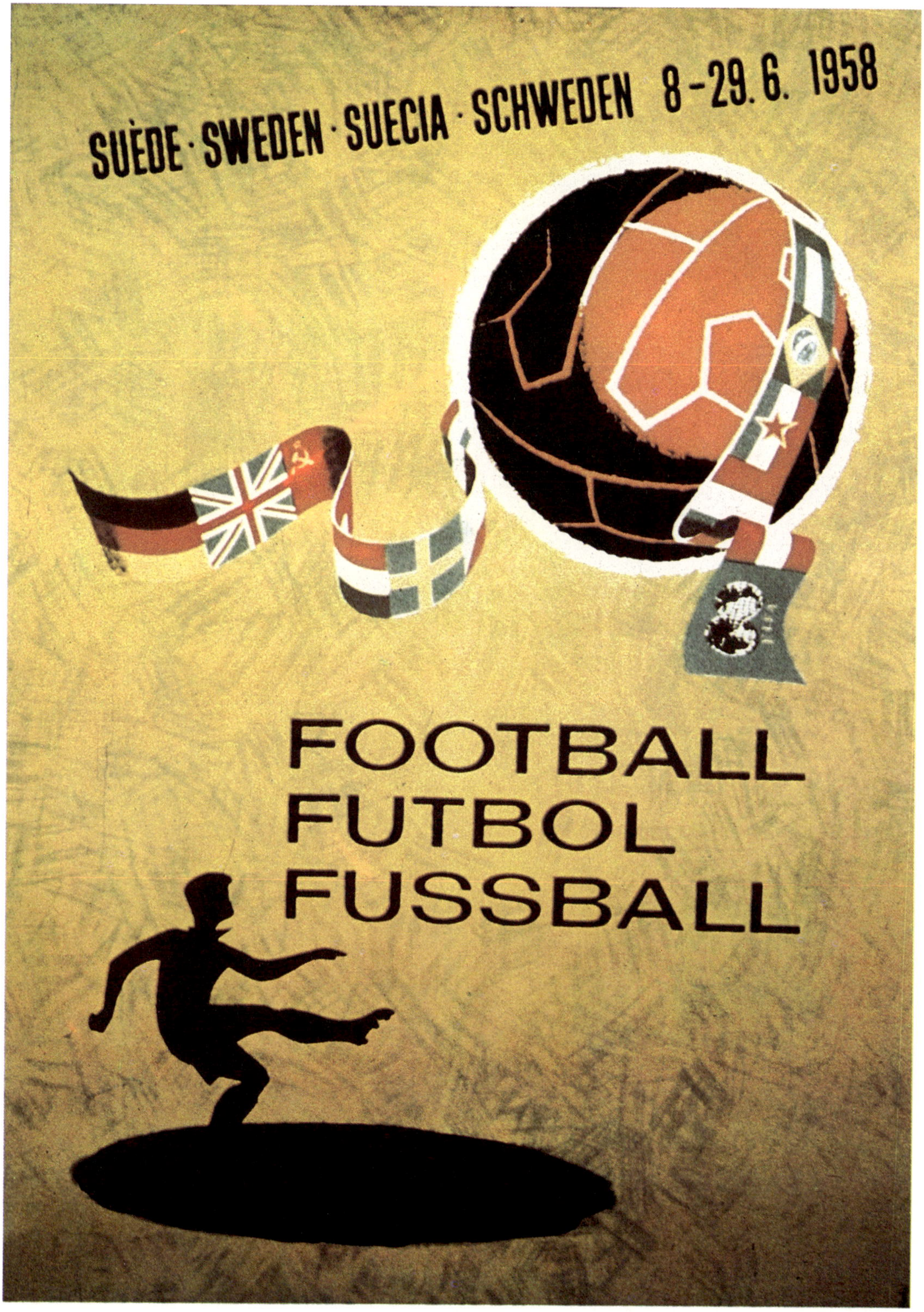
SUÈDE · SWEDEN · SUECIA · SCHWEDEN 8-29. 6. 1958
FOOTBALL
FUTBOL
FUSSBALL

oben Vorrundenbegegnung Brasilien–ČSSR am 2. Juni in Viña del Mar (0:0). Pelé (später verletzt) in Aktion

unten Endspiel in Santiago de Chile. Ausgleich durch Amarildo *(am Boden)*; am Ende hieß es 3:1 für Brasilien

CAMPEONATO MUNDIAL DE FUTBOL
WORLD FOOTBALL CHAMPIONSHIP
CHAMPIONNAT MONDIAL DE FOOTBALL
COUPE JULES RIMET
CHILE
1962

oben BRD (links) u. der spätere Weltmeister England vor dem Endspiel am 30. Juli im Londoner Wembleystadion

unten Torhüter Tilkowski wird hart von Hurst (10) bedrängt, weiter erkennt man *(von links)* Weber, Peters u. Höttges (2)

WORLD CUP
WORLD CUP
JULY 11 to 30
1966
ENGLAND

oben Endspiel Brasilien–Italien im Aztekenstadion. Glück für Torhüter Felix, daß Domenghinis Schuß nur das Außennetz trifft. Einschußbereit wartet Riva (11)

unten Freistoß für Italien, Spieleransammlung vor dem brasilianischen Tor. Am Ende hieß es aber 4:1 für Brasilien

MEXICO 70
IX football world championship
may 31 - june 21

Tafel 32 WM 1974

oben Endspiel BRD–Niederlande im Münchener Olympiastadion. Neeskens verwandelt den Foulstrafstoß in der ersten Minute sicher zum 1:0 für die Niederlande, doch letztlich gewannen die Gastgeber (2:1)

unten Zweikampf Rijsbergen gegen G. Müller *(am Boden)*

WM 74
Fußball-Weltmeisterschaft 1974
FIFA World Cup 1974
Coupe du Monde de la FIFA 1974
Copa Mundial de la FIFA 1974
13.6.–7.7.1974
Hamburg
West-Berlin
Hannover
Düsseldorf
Gelsenkirchen
Dortmund
Frankfurt
Stuttgart
München

oben Endspiel Argentinien–Niederlande in Buenos Aires. Kempes *(links)* erzielte soeben das 2:1 in der Verlängerung. Suurbiers Rettungsversuch *(am Boden)* kommt zu spät. Houseman (9) dreht jubelnd ab, mit der 4 Bertoni

unten Jansens Tacklingversuch ist vergebens, Bertoni zieht an ihm vorbei

XI
Campeonato
Mundial
de Fútbol
Junio 1978
Buenos Aires
Córdoba
Mar del Plata
Mendoza
Rosario
Argentina '78

Tafel 36 WM 1982

oben Endspiel Italien–BRD im Madrider Bernabeu-Stadion. Gleich fällt das 3:0 durch Altobelli *(rechts am Boden)*. Schumacher, Kaltz u. K. Förster *(von links)* haben das Nachsehen

unten Gefahr vor Schumachers Gehäuse. Bedrängt von K. Förster (4) köpft Torschützenkönig Rossi zum 1:0 ein. Cabrini (4) u. Tardelli (14) brauchen nicht einzugreifen. Am Ende hieß es 3:1 für Italien

ESPAÑA
82
COPA DEL MUNDO DE FUTBOL
ESPAÑA 82

Tafel 38 WM 1986

oben Endspiel Argentinien–BRD im Aztekenstadion.
Im Sprungduell behauptet sich Valdano *(Mitte)* gegen Förster; *rechts* läuft Jakobs mit

unten Weltmeister Argentinien; *stehend von links* Batista – Cuciuffo – Olarticoechea – Pumpido – Brown – Ruggeri – Maradona, *hockend* Burruchaga – Giusti – Enrique – Valdano

MEXICO86

Tip und Tap

Gauchito

Naranjito

Pique

(4 Tore); Länderspieldebüt am 10. 4. 1952 gegen Peru (0:0) in Santiago de Chile; nahm Länderspielabschied am 9. 6. 1968 gegen Uruguay (2:0) in Montevideo; WM-Endrundenteilnehmer 1954, 1958, 1962 u. 1966; wurde einmal in die FIFA-Auswahl berufen; absolvierte über 1 200 Ligaspiele. – 1971 übernahm S. als Trainer die Nationalmannschaft von Panama u. war später in Brasilien bei Bahia tätig; 1986 in Kuweit bei Al Itihad. S. a. Tf. 24.

Santos, Nilton, Brasilien, geb. 16. 5. 1926 Ilha do Governador; Stopper u. Linksverteidiger; spielte bei Flecheiras (Distrikt Rio de Janeiro) u. 1948/64 bei Botafogo Rio de Janeiro; 83 Länderspiele (3 Tore); Länderspieldebüt am 17. 4. 1949 gegen Kolumbien (5:0) in Rio de Janeiro; Länderspielabschied am 17. 6. 1962 gegen die ČSSR (3:1) in Santiago de Chile (WM-Finale); WM-Endrundenteilnehmer 1954, 1958 u. 1962; beendete 1964 seine Karriere u. wurde 1971 Trainer bei Botafogo Rio de Janeiro. S. a. Tf. 24.

Santos, FC, Brasilien (Emblem ↑ Tf. 13), gegr. 14. 4. 1912 von 3 Studenten (*Raimundo Marques, Mário Ferras de Campos* u. *Argemiro de Sousa*); ab 1933 Profifußball; war 1968 *Taca-de-Ouro-Sieger*; *Weltpokalsieger* 1962 u. 1963; *Südamerikapokalsieger* 1962 u. 1963; *Rio-São-Paulo-Meister* 1959, 1963, 1964, 1965 u. 1968; 14mal *São-Paulo-Meister* (zwischen 1935 u. 1984); stellte 1961 bis 1964 das Gros der Nationalmannschaft; spielte in über 125 Ländern; *Pelé*-Debüt im September 1956. – *Spielkleidung:* Weiß. *Heimstadion:* Estádio „Urbano Caldeira", 26 130 Plätze (davon 15 000 Sitzplätze).

Spieler (Auswahl): Antoninho – Arakan – Calvet – Carlos Alberto Torres – Castilho – Chicao– Clodoaldo – Coutinho – Dalmo – Dorval – Edu – Faroldo – Feitico – Geraldino – Gilmar – Ismael – Joao Paulo – Joel – Juary – Lima – Marinho – Mauro – Menotti – Mirandinha – Olavo – Orlando – Pagao – Paulo Isidoro – Pelé – Pepe – Pita – Rema – Rildo – Rodolfo – Rodriguez – Serginho – Tostao – Zito. – **Trainer** (Auswahl): Alfredinho – Antoninho – Castilho – Cilinho – Formiga – Lula – Paulo Emilio – Pepe – Rubens Quintas – Tim – Urubatao.

São Paulo, E.C. Corinthians ↑ Corinthians, E.C.

São Paulo, FC, Brasilien, gegr. 26. 1. 1930 (damaliges Idol: *A. Friedenreich*); ab 1933 Profifußball; am 14. 5. 1935 aufgelöst, ab 16. 12. 1935 wieder reorganisiert im Spielbetrieb; 1979 *Taca-de-Ouro-Sieger*; 14mal *São-Paulo-Meister* (zwischen 1931 u. 1985); verpflichtete 1942 *Leonidas da Silva* u. gewann mit ihm 5 Titel (1943, 1945, 1946, 1948 u. 1949). 1957 spielte *Zizinho* eine Saison bei den „Paulistas", ab 1970/71 Mittelfeldregisseur *Gérson*. – *Spielkleidung:* weiße Hose, weißes Hemd mit 2 rotschwarzen Längsstreifen, weiße Stutzen. *Heimstadion:* Estádio Morumbi (Cicero Pompeu de Toledo), 150 000 Plätze (größtes Privatstadion der Welt).

Spieler (Auswahl): Bauer – Beline – Canhoteiro – Careca – Chicao – De Sordi – Dias – R. Falcao – A. Friedenreich – Gérson – Getúlio – Gijo – Gino – King – Luisinho – Mauro – Müller – Noronha – Oscar – V. Peres – D. Pereyra – J. Poy – Z. Procópio – Remo – Renato – P. Rocha – Rui – Sastre – Serginho – Zé Sergio – Toninho – Zizinho. – **Trainer** (Auswahl): O. Brandao – Cilinho – F. Costa – Del Debbio – V. Feola – Leonidas da Silva – Pirilo – J. Poy – T. Santana – J. G. da Silva – Tim – M. Travalini.

São Paulo, S. E. Palmeiras ↑ Palmeiras, S. E.

Saragossa, Real, Spanien, 1. Division, gegr. 1906 (Emblem ↑ Tf. 13); *Pokalsieger* 1964, 1966 u. 1986; *Messepokalgewinner* 1964. Neun *EC-Teilnahmen:* 58 Spiele; 31 Siege, 8 Unentschieden und 19 Niederlagen, 70:46 Punkte, 115:84 Tore. – *Spielkleidung:* Blau. *Heimstadion:* La Romareda, 43 516 Plätze.

Spieler (Auswahl): Alonso – Canario – Cortize – Duca – Guerri – Isal – Lapetra – Marcelino – Reija – Salva – Santamaria – Senor – Villa – Yarza.

Sarganis, Nikos, Griechenland, geb. 1954 Drama; Torhüter; spielte 1968/79 bei Doxa Drama u. 1979/85 bei Olympiakos Piräus; seitdem bei Panathinaikos Athen; 36 Länderspiele; internationales Debüt am 15. 10. 1980 gegen Dänemark (1:0) in Kopenhagen; Fußballer des Jahres 1982 u. 1984.

Sárosi, György, Dr., Ungarn, geb.

5. 8. 1912 Budapest; Stopper; spielte 1929/43 bei Ferencváros Budapest; 61 Länderspiele (42 Tore); internationales Debüt am 21. 5. 1931 gegen Jugoslawien (2:3) in Belgrad; Länderspielabschied am 7. 11. 1943 gegen Schweden (2:7) in Budapest; WM-Endrundenteilnehmer 1934 u. 1938; spielte 1937 für Zentraleuropa gegen Westeuropa (3:1) in Amsterdam; bestritt 383 Ligaspiele (349 Tore); bester Ligatorschütze 1936 (36 Treffer), 1940 (23) u. 1941 (29). – Später Trainer, u. a. bei Juventus Turin (Landesmeister 1952).

Sarsfield, Velez, Buenos Aires, 1. Division, gegr. 1914; *Landesmeister* 1968. – *Spielkleidung:* Blau. *Heimstadion:* Estadio Sarsfield, 50 000 Plätze. – Bekannteste Spieler: *P. Laraquy, R. Lavolpe, N. Pumpidu, O. Roldan.* Abb.

Velez Sarsfield

Satrapa, Heinz, geb. 7. 7. 1927 Zwickau; Stürmer; spielte 1937/45 bei VfL Zwikkau, 1945/46 bei Empor Zwickau-Nord, 1946/48 bei Zwickau-Mitte, 1948/52 bei Horch u. Motor Zwickau, 1952/56 bei Wismut Aue u. SC Wismut Karl-Marx-Stadt u. 1956/58 bei Empor Zwickau-Nord; Oberligatorschützenkönig 1950 (23 Treffer) u. 1954 (21, gemeinsam mit dem Erfurter *S. Vollrath*); 142 Oberligaspiele (88 Tore). – Später Trainer; u. a. 1960/64 bei Chemie Glauchau, 1964/66 bei Aktivist Karl Marx Zwickau, 1966/68 bei Motor Wema Plauen u. 1968/70 bei Motor Bautzen.

sauber, 1. svw. ↑ fair.

2. svw. *vorbildlich* od. *genau*, z. B. „ein sauberer Torschuß" od. „ein sauberes Abspiel".

Saudi-Arabien, Staat in Westasien, auf der Arab. Halbinsel, 2 149 690 km², etwa 10 Mill. Ew., ein Fußballspieler je 1 000 Ew.; Verband *Saudi Arabian Football Federation* („Saudi-Arabischer Fußballverband"), Abk. *SAFF*; gegr. 1959, Sitz *Ar-Riyad*; Mitgl. der *FIFA* seit 1959, der *AFC* seit 1972. – *Organisation:* 120 Klubs; 6 000 Amateurspieler, gesamt 10 000 (einschl. Nachwuchs- u. AM-Spieler); *Spieljahr:* Oktober bis Februar; *Spielkleidung:* weiße Hose, grünes Hemd, grüne Stutzen (Reserveausrüstung: Weiß); *Nationalstadion:* Malaz Ground, Ar-Riyad, 30 000 (ausschl. Sitzplätze); *Stadien* (Auswahl): Jeddah Stadium, 30 000; Dammam Stadium, 25 000; Al-Madinah Stadium, 25 000, Hail Stadium, 20 000. Tab.

Saudi-Arabien

olympisches Fußballturnier
1984 Endrunde

Asienmeisterschaft
1984 1. Platz

Savvidis, Georgios, Zypern, geb. 8. 2. 1961 Nikosia; Stürmer; spielt seit 1973 bei Omonia Nikosia; 14 Länderspiele (1 Tor); internationales Debüt am 20. 1. 1982 gegen Syrien (1:0) in Damaskus (Torschütze); Fußballer des Jahres 1985; Torschützenkönig 1985 (26).

Sbornaja [russ.] Bez. für die sowjet. Nationalmannschaft.

Scarone, Hector (der „Magier"), Uruguay, 21. 6. 1898–1968; Halbrechter, Stürmerprototyp; bekanntester Starspieler der „Celestes" zwischen 1924 u. 1930; begann 1912/13 beim drittklassigen Montevideo-Klub *Sportsman* u. wurde bereits ein Jahr später von Nacional (bis 1930) unter Vertrag genommen; gab sein internationales Debüt 1919 bei der Südamerikameisterschaft; 1924 mit den Urus Olympiasieger; 1926 vom F.C. Barcelona verpflichtet, kehrte er nach 6 Monaten zu Nacional zurück; 1927 erfolgreichster Torschütze beim Gewinn der Südamerikameisterschaft in Lima (Peru); 1928 erneut mit Uruguay Olympiasieger (Siegtor zum 2:1 gegen Argentinien). – S. war einer derjenigen Spieler Uruguays, der wie *Nasazzi, Andrade* u. *Cea* zweimal Olympiasieger u. 1930 auch Weltmeister wurde. Danach wechselte er zu Inter-Ambrosiana Mailand. Nach dem 2. Weltkrieg arbeitete er als Trainer bei Real Madrid (1951) u. kehrte 1953, bereits 55jährig, zu Nacional Montevideo zurück. Dort kam er noch kurzzeitig als Spieler zum Einsatz, was „Altersrekord" in Uruguay bedeutete. S. bestritt 1919/30 63 Länderspiele.

Schachner, Walter, Österreich, geb. 1. 2. 1957 Leoben; Außenstürmer; spielte 1974/75 bei San Michael, 1975/78 bei Alpine Donawitz, 1978/81 bei Austria Wien u. 1981/83 beim AC Cesena; 1983/86 beim AC Turin; 61 Länderspiele (21 Tore); internationales Debüt am 5. 12. 1976 gegen Malta (1:0) in Valletta; WM-Endrundenteilnehmer 1978 und 1982.

Schade, Hartmut, geb. 13. 11. 1954 Radeberg; Mittelfeldspieler; er spielte

1964/69 bei Robotron Radeberg u. 1969/84 bei Dynamo Dresden; 31 Länderspiele (5 Tore); internationales Debüt am 12. 10. 1975 gegen Frankreich (2:1) in Leipzig; Länderspielabschied am 13. 2. 1980 gegen Spanien (1:0) in Malaga; 183 Oberligaspiele (34 Tore). – Später Rehabilitationstrainer bei Dynamo Dresden.

Schäfer, Hans, geb. 19. 10. 1927 Köln-Zollstock; Linksaußen od. Halblinker; spielte 1941/65 bei Rot-Weiß Köln-Zollstock u. beim 1. FC Köln; 39 Länderspiele (15 Tore), 16mal Spielführer; internationales Debüt am 9. 11. 1952 gegen die Schweiz (5:1) in Augsburg; Länderspielabschied am 10. 6. 1962 gegen Jugoslawien (0:1) in Santiago de Chile (WM-Endrunde); WM-Endrundenteilnehmer 1954 u. 1958; bestritt 39 Bundesligaspiele (20 Tore). Abb. S. a. Tf. 22 *(unten).*

Schaffer, Alfred („Spezi"), Ungarn, geb. 24. 8. 1893 Budapest, gest. 3. 9. 1949 Prien (Chiemsee); Mittelstürmer; spielte 1901/19 bei MTK Budapest, 1919/21 beim 1. FC Nürnberg, dann beim FC Basel, Wacker München, Austria Wien u. Sparta Prag; 15 Länderspiele (17 Tore); internationales Debüt am 7. 11. 1915 gegen Österreich (6:2) in Budapest (drei Tore); Länderspielabschied am 6. 4. 1919 gegen Österreich (2:1) in Budapest; unter Manager *J. Hogan* Mittelstürmer der „goldenen Ära" des MTK; Torschützenkönig 1918 (44 Treffer) u. 1919 (41). – Ab 1935 Trainer bei MTK/Hungarian Budapest, Coach der ungar. Auswahl u. Klubtrainer in Österreich, Deutschland u. Italien.

Schäffner, Karl, Trainer, geb. 29. 12. 1931 Apolda; Halbstürmer; er spielte 1941/53 bei SC, Blau-Gold u. Chemie Apolda; 1953 bei Dynamo Eisleben, 1954 bei Dynamo Dresden u. 1955/60 beim SC Dynamo Berlin. – 1961/70 Trainer beim SC Dynamo u. Berliner FC Dynamo (seit 1965 Oberligatrainer), 1970/72 bei Stahl Riesa, 1972/78 bei Chemie Leipzig u. 1978/84 bei Stahl Brandenburg; seit 1984 beim 1. FC Union Berlin (Pokalfinalist 1986 [1:5 gegen den 1. FC Lok Leipzig]). Abb.

Schafstall, Rolf, Trainer, geb. 22. 2. 1937; spielte für Hamborn 07, SSV Reutlingen; Trainer 1974/76 beim MSV Duisburg (Jugend- u. Assistenztrainer), 1976/77 beim Landesverband Nordbaden, 1977/78 beim MSV Duisburg (Assistent) u. beim Karlsruher SC; weitere Stationen: 1978/79 MSV Duisburg, 1979/81 Rot-Weiß Essen, 1981/86 beim VfL Bochum u. seitdem beim FC Schalke 04. Abb.

Schalke 04, FC (die „Knappen"), BRD, gegr. 4. 5. 1904 in *Schalke*, einem Vorort von Gelsenkirchen (Emblem ↑ Tf. 13); Bundesliga 1963/80, 1980/81, 1982 bis 1983 u. seit 1984/85; 2. Bundesliga 1981/82 u. 1983/84; Westmeister 1929, 1930, 1932 u. 1933; Meister der Oberliga West 1951 u. 1958; siebenmal *Landesmeister:* 1934, 1935, 1937, 1939, 1940, 1942 u. 1958; *DFB-Pokalsieger* 1937 u. 1972. 5 *EC-Teilnahmen:* 31 Spiele; 17 Siege, 6 Unentschieden, 8 Niederlagen, 40:22 Punkte, 53:41 Tore. – *Spielkleidung:* weiße Hose, blaues Hemd und blau-weiße Stutzen. *Heimstadion:* ↑ Parkstadion.

Spieler (Auswahl): R. Abramczik – H. Bongartz – K. Borutta – H. Burdenski – B. Dietz – H. Eppenhoff – K. Fichtel – K. Fischer – G. Gawliczek – R. Gellesch – W. Hannes – F. Hartmann – F. Hasil – K. Jara – W. Junghans – G. Kleppinger – B. u. H. Klodt – W. Koslowski – E. u. H. Kremers – T. Kruse – E. Kuzorra – R. Libuda – Lütkebohmert – P. Matzkowski – Mellage – C. Memering – G. Neuser – H. Nowak – N. Nigbur – E. Pörtgen – R. Rüßmann – D. Schatzschneider – M. Schipper – W. Schulz – Schweißfurth – F. Szepan – K. Täuber – O. Thon – H. Tibulski – O. Tibulski – A. Urban. – **Trainer** (Auswahl): G. Brocker – S. Cendic – D. Ferner – E. Frühwirth – R. Gutendorf – I. Horvat – F. Jusufi – F. Langner – N. Lengyel – G. Lóránt – M. Merkel – F. Rausch – R. Schafstall – H. Schmidt.

„Schalker Kreisel", vom FC Schalke 04 in den 30er Jahren perfekt demonstrierte Kombinationstechnik *(Kreiseln),* wobei der Ball in wechselnden Richtungen zwischen den Feldspielern hin- u. hergespielt wurde, ohne daß der Gegner in Ballbesitz gelangte. Dies wurde auch in der Nähe des gegnerischen Tores in der Regel so lange fortgeführt, bis eine torschußreife Situation heraus-

Hans **Schäfer**

Karl **Schäffner**

Rolf **Schafstall**

Ramas **Schengelija**

Dieter **Scherbarth**

Horst **Scherbaum**

gespielt wurde. Als „Väter" des S. K. gelten *F. Szepan* u. *E. Kuzorra*.

Schall, Anton, Österreich, geb. 16. 2. 1908, gest. 10. 8. 1947; Halblinker; er spielte 1921/36 bei Admira Wien; 29 Länderspiele (27 Tore); internationales Debüt am 11. 3. 1927 gegen die ČSR (1:2) in Wien; Länderspielabschied am 3. 6. 1934 gegen Italien (0:1) in Mailand; WM-Endrundenteilnehmer 1934; Torschützenkönig 1927 (27 Tore), 1928 (36), 1929 (21), 1931 (25) u. 1932 (22); Mitglied des ↑ „Wunderteams". – Nach dem 2. Weltkrieg Trainer in der Schweiz.

Schaltstation, Spieler, der aufgrund seiner technisch-taktischen Fähigkeiten in der Lage ist, nach abgewehrten gegnerischen Angriffen rasch u. wirkungsvoll eigene Angriffe einzuleiten; meist im Mittelfeld angesiedelt.

Schanko, Erich, geb. 4. 10. 1919; Läufer; spielte bei TuS 04 Bövinghausen u. Borussia Dortmund; 14 Länderspiele; internationales Debüt am 21. 11. 1951 gegen die Türkei (2:0) in Istanbul; Länderspielabschied am 28. 3. 1954 gegen das Saarland (3:1) in Saarbrücken; spielte repräsentativ für Westdeutschland.

„Schanko", eigtl. *Lothar Nagel,* Journalist, geb. 3. 12. 1911 Leipzig, gest. 2. 3. 1963 Berlin; journalistisch tätig seit April 1933 („Berliner Börsen-Courier"). – 1949/62 Mitarbeiter beim „Vorwärts", bei der „Berliner Fußballwoche" u. beim „Deutschen Sportecho"; veröffentlichte gemeinsam mit *K. Schlegel* „Elfmeter" (Kommentare zu Fußballregeln) im Sportverlag, Berlin. – Er war auch unter dem Pseudonym „Ernst Molnos" bekannt.

„scharf", svw. *hart, straff, kräftig*; gebraucht im unmittelbaren Zusammenhang mit dem Stoß gegen den Ball, z. B. „ein ‚s.er' Schuß".

Schaub, Walter, Schiedsrichter, geb. 24. 8. 1904 Leipzig; spielte seit 1919 bei Sportfreunde Torgau; 1929 Schiedsrichter; 1949/57 Oberligareferee; Mitglied der BSG Motor Leipzig-Möckern; 1958/66 ehrenamtlicher DFV-Schiedsrichterlehrer.

Schaufeln, Heben des Balles über kurze Entfernung aus der Bodenlage des Balles heraus, z. B. „er schaufelte den Ball über den Torhüter hinweg".

Schengelija, Ramas, UdSSR, geb. 1. 1. 1957 Kutaissi; Außenstürmer; er spielte 1968/77 bei Torpedo Kutaissi; seit 1977 bei Dynamo Tbilissi; 25 Länderspiele (8 Tore); internationales Debüt am 28. 3. 1979 gegen Bulgarien (3:1) in Simferopol; nahm Länderspielabschied am 26. 7. 1983 gegen die DDR (3:1) in Leipzig; WM-Endrundenteilnehmer 1982; Fußballer des Jahres 1978 u. 1981. Abb.

Scherbarth, Dieter („Schere"), geb. 9. 11. 1939 Bad Polzin (Potzyn Zdroj); spielte 1955/63 beim SC Lok Leipzig u. 1963/75 bei Chemie Leipzig; bestritt 297 Punktspiele (39 Tore). – Später Übungsleiter. Abb.

Scherbaum, Horst („Schere"), geb. 2. 8. 1925 Plauen; Halbstürmer, Rechts- u. Mittelläufer; spielte 1934/42 bei SV Concordia 05 Plauen, 1945/49 bei Plauen Süd, 1950/52 bei (ZSG Industrie) Chemie Leipzig, 1953/55 bei Vorwärts Leipzig u. Berlin, 1956/60 beim SC Rotation Leipzig; 5 Länderspiele; internationales Debüt am 21. 9. 1952 gegen Polen (0:3) in Warschau; Länderspielabschied am 14. 9. 1958 gegen Rumänien (3:2) in Leipzig; bei den ersten 4 A-Länderspielen der DDR-Nationalmannschaft war er deren Spielführer; 241 Oberligaspiele (5 Tore). – Trainer seit 1956; bis 1960 beim SC Rotation Leipzig (Nachwuchs), 1961/62 DFV-Trainer, 1963/69 beim FC Karl-Marx-Stadt (1967 Meister), 1969/71 bei Sachsenring Zwickau u. 1971 beim 1. FC Lok Leipzig. 1954/60 DFV-Präsidiumsmitglied, 1974/82 Mitglied im DFV-Trainerrat, 1971/85 beim 1. FC Lok Leipzig Vorstandsmitglied. Seit 1986 Bezirksfachausschuß-Vorsitzender in Leipzig. Abb.

Scherenschlag, artistischer „Beinwechselschlag"; *Reihenfolge:* a) Absprung; b) Sprungbein nach hinten, Schwungbein nach vorn; c) Sprungbein (energisch nach vorn *(Schußbein)*, Schwungbein nach hinten. – Als Erfinder des relativ selten angewandten S. gilt der Italiener *U. Caligaris*.

Schesternjew, Albert, UdSSR, geb. 21. 10. 1941 Moskau; Libero; spielte

1955/58 bei Zeleznaja Doroga u. 1959/72 bei ZSKA Moskau; 91 Länderspiele; internationales Debüt am 6. 9. 1959 gegen die ČSR (3:1) in Moskau; Länderspielabschied am 27. 10. 1971 gegen Spanien (0:0) in Sevilla; WM-Endrundenteilnehmer 1966 und 1970; EM-Endrundenteilnahmer 1964, 1968 u. 1972; spielte 1968 in der FIFA-Auswahl gegen Brasilien; 278 Punktspiele; Fußballer des Jahres 1970. – Später Trainer bei ZSKA Moskau (1974), ab 1975 an der ZSKA-Sportschule.

Scheurell, Klaus, Schiedsrichter, geb. 22.8.1941 Köritz; spielte 1955/58 Mittelstürmer u. Libero bei Lok Köritz (Junioren); danach Schiedsrichter in Kreis- u. Bezirksklasse, Bezirksliga u. Liga; seit August 1971 Oberliga-, seit 1976 internationaler u. seit 1979 FIFA-Schiedsrichter; leitete 14 A-Länderspiele, 13 EC-Vergleiche, ein FDGB-Pokalendspiel (1977) u. 174 Punktspiele; 1980 Schiedsrichter beim olympischen Fußballturnier. Abb.

Scheurer, Rudolf, Schweiz, Schiedsrichter, geb. 1925 Bettlach; 1967 FIFA-Referee; WM-Endrundenschiedsrichter 1970; leitete 4 EC-Endspiele: 1968 das erste Messepokalfinale Leeds United–Ferencváros Budapest (1:0), 1970 das erste Messepokalfinale RSC Anderlecht–FC Arsenal (3:1), 1971 das EC II-Finale FC Chelsea–Real Madrid (1:1 n. V.) in Athen u. 1974 das erste UEFA-Pokalendspiel Tottenham Hotspur–Feyenoord Rotterdam (2:2).

Schiaffino, Juan Alberto, Uruguay/Italien, geb. 28. 7. 1925 Montevideo; Halbstürmer, Regisseur; begann 1943 mit 17 Jahren im Jugendteam von Peñarol Montevideo u. war bereits ein Jahr darauf Stammspieler (Halblinker) in der 1. Mannschaft; debütierte 1945 in der Nationalmannschaft; wurde 1950 in Brasilien Weltmeister mit seinen Peñarol-Mannschaftskameraden Torhüter *Maspoli*, Mittelläufer *Varela*, Außenläufer *Andrade*, Rechtsaußen *Ghiggia* u. Linksaußen *Vidal*; schoß den 1:1-Ausgleich beim 2:1 gegen Brasilien; WM-Endrundenteilnehmer 1954, danach Wechsel zum AC Mailand (1954/60) u. AS Rom (1960/62). – 1962 beendete er seine Laufbahn mit 30 Länderspielen für Uruguay (1945/54) u. 4 für Italien: gegen Argentinien (1954), Nordirland (1957 u. 1958) u. Portugal (1957). 1976 war er 6 Monate Peñarol-Coach u. betreute in 2 Spielen die Nationalmannschaft Uruguays. S. a. Tf. 20 *(unten)*.

Schiavio, Angelo, Italien, geb. 1905; Mittelstürmer; spielte für FC Bologna; 21 Länderspiele (15 Tore); internationales Debüt am 4. 11. 1925 gegen Jugoslawien (2:1) in Padua; Länderspielabschied am 10. 6. 1934 gegen die ČSR (2:1) in Rom (WM-Endspiel; erzielte in der Endrunde 4 Tore).

„Schicken", Einsetzen eines Angriffsspielers durch einen lang geschlagenen Ball (Steil- od. Diagonalpaß).

Schiedsrichter, regelkundiger Unparteiischer, der Spiele leitet u. dessen ↑ Tatsachenentscheidungen unanfechtbar sind. Abb. S. a. Spielregeln (Regel V). Tab.

Schiedsrichterball, den Ball wieder ins Spiel bringen, nachdem dieses weder durch einen Regelverstoß noch durch einen Ausball unterbrochen wurde. Der Schiedsrichter läßt den Ball dort, wo das Spiel unterbrochen wurde, aus Brusthöhe auf den Boden fallen; erst wenn der Ball den Boden berührt hat, darf er gespielt werden.

Schiedsrichterbeleidigung, Mißfallensäußerung (Worte, Gesten) gegenüber dem Schiedsrichter durch einen Spieler; *unsportliches Betragen*, das je nach Schwere der S. mit Verwarnung bzw. Feldverweis geahndet wird. Die Spielfortsetzung *(indirekter Freistoß)* erfolgt an der Stelle, wo der Verstoß stattfand. S. a. Spielregeln (Regel XII).

Schiedsrichterbeobachter, Verantwortlicher eines Landesverbandes od. (bei internationalen Spielen) internationalen Verbandes, der die Schiedsrichterleistung bei der jeweiligen Begegnung einzuschätzen u. schriftlich dem jeweiligen Verband weiterzuleiten hat. In der Regel üben meist ehemalige internationale Schiedsrichter diese Funktion aus.

Schiedsrichtergespann, eine umgangssprachliche Bez. für ein „eingespieltes" ↑ Schiedsrichterkollektiv eines Verban-

Klaus **Scheurell**

Schiedsrichter; Kleidung um 1930 (*hier* P. Bauwens)

Schiedsrichter (landessprachlich)
Referee [engl.]
Arbitre [französ.]
Árbitro [span., portugies.]
Arbitro [italien.]

des, das z. B. wiederholt bei Länderspielen zum Einsatz gelangte.

Schiedsrichterkollektiv, ein Trio von Unparteiischen, bestehend aus *Schiedsrichter* u. den beiden *Linienrichtern*.

Schiedsrichterkommission, *FIFA* Gremium, das sich aus einem Vorsitzenden u. 8 vom ↑ FIFA-Exekutivkomitee gewählten Mitgliedern zusammensetzt. Wichtige A. der S. sind u. a.: Einflußnahme auf die einheitliche Auslegung u. Anwendung der Spielregeln in den FIFA-Mitgliedsverbänden; Erstellung einer Liste geeigneter Schiedsrichter anhand der von den Landesverbänden unterbreiteten Vorschläge für die Leitung von Länderspielen; Organisierung u. Durchführung von Kursen für internationale Schiedsrichter; Kontrolle der Arbeit der nationalen S. in den jeweiligen Landesverbänden. – Analoge Kommissionen gibt es z. B. bei der UEFA u. deren Landesverbänden.

Schiedsrichterzeichen, fixierte Handsignale des Schiedsrichters zur optischen Anzeige eines Regelverstoßes od. einer Entscheidung.

Schießen, einen ↑ Schuß (a) ausführen.

Schillerpark ↑ Dessau, BSG Motor.

Schiri, Kurzbez. für ↑ Schiedsrichter.

Schkopau, BSG Chemie Buna, DDR, Liga; gegr. November 1948; 1981/82 Oberliga. – *Spielkleidung:* grüne Hose, grünes Hemd, weiße Stutzen. *Stadion:* Stadion der Chemiearbeiter in Merseburg, 14500 Plätze (500 Sitz-, 14000 Stehplätze).
Spieler (Auswahl): M. Fülle – J. Habekuß – G. Koßmann – H. Krostitz – R. Langer – R. Nowotny – H. Skowronek – D. Strozniak – R. Wallek. – **Trainer** (Auswahl): O. Keller – R. Langer – H. Peschke.

Schlachtenbummler, Zuschauer, insbes. Fans, die ihre Mannschaft zu Auswärtsspielen begleiten (in der Regel per Eisenbahn). Abb.

Schlackeplatz, frühere Bez. für ↑ Hartplatz.

Schlagen, 1. wuchtiges Weg- od. Weiterbefördern des Balles. – Substantiv: *Schlag*.
2. svw. *einen Gegner besiegen*.

Schlagerspiel, Spiel von besonderer Bedeutung, z. B. ein *Spitzenspiel* (wie Tabellenerster gegen -zweiten).

Schlappe, hohe, vernichtende Niederlage.

Schlappner, Klaus („Schlappi"), Trainer, geb. 22. 5. 1940; Läufer, Verteidiger;

Schlachtenbummler

spielte für Olympia u. VfB Lampertheim, FV Biblis, VfR Bürstadt, Phönix u. Südwest Ludwigshafen; 1975 Trainer bei FV Biblis u. Groß-Rohrheim, 1977/80 beim SV Darmstadt 98 (Trainerassistent); seit 1980 beim SV Waldhof Mannheim.

Schlegel, Klaus, Journalist, geb. 4. 5. 1931 Erfurt; Halbstürmer, Libero; spielte 1942/45 beim VfB Erfurt, 1946/50 bei Erfurt West, Fortuna u. KWU Erfurt, 1950/51 beim VfB Pankow u. 1951/53 bei Rotation Mitte Berlin. – 1950/85 im Sportverlag, Berlin, tätig; 1950/60 beim „Deutschen Sportecho“ (zwischenzeitlich, 1952, beim „Illustrierten Motorsport“) u. 1960/85 Chefredakteur der „Neuen Fußballwoche“ (schied 1985 aus gesundheitlichen Gründen aus); berichtete von den WM-Endrunden 1958, 1970, 1974 u. 1978 sowie von den Olympischen Spielen 1960, 1972 u. 1980; Mitautor aller im Sportverlag erschienenen WM- u. EM-Bücher zwischen 1962 u. 1984 sowie der Titel „Im Banne des Balls“ u. „Elfmeter“ (gemeinsam mit *„Schanko“*); Autor von „Magnet für Millionen“; Mitglied der FIFA-Amateurkommission 1978/84; DFV-Präsidiumsmitglied seit 1960; Vorsitzender der DFV-Pressekommission bis 1984. Abb.

Schlenzer, ein gefühlvoller Effetstoß über die gegnerische Mauer hinweg (ins lange [Tor-]Eck u. ä.).

Schlosser, Imre, Ungarn, geb. 24. 1. 1889 Budapest, gest. 1959; Halblinker; spielte 1906/15 u. 1926/27 bei Ferencváros Budapest, 1915/26 bei MTK Budapest u. 1927/28 beim Wiener AC; 68 Länderspiele (59 Tore); internationales Debüt am 7. 10. 1906 gegen die ČSR (4:4) in Prag; nahm Länderspielabschied am 10. 4. 1927 gegen Österreich (0:6) in Wien; erzielte am 29. 10. 1911 beim 9:0 in Budapest gegen die Schweiz 6 Tore, sein 50. am 5. 11. 1916 beim 3:3 gegen Österreich in Wien; Torschützenkönig 1909 (20 Tore), 1910 (26), 1911 (45), 1912 (40), 1913 (44), 1914 (36) u. 1917 (38); gesamt 249 Ligatore. – Später Trainer in Österreich u. Schweden.

Schlüsselspiel, die Meisterschaft od. den Abstieg (vor-)entscheidendes Spiel, demzufolge ein „Alles-oder-nichts“-Spiel (deshalb auch [übertrieben] „Schicksalsspiel“ genannt).

Schlüsselspieler, überragender (meist Mittelfeld-)Spieler, der innerhalb der Mannschaft eine *Schlüsselposition* einnimmt. Er fungiert insbes. als *(Um-) Schaltstation*, u. zwar beim (Um-)Schalten von Abwehr- auf Angriffsverhalten u. umgekehrt.

Schlußmann, svw. ↑ Torhüter.

Schmaus, Willibald, Österreich, geb. 16. 6. 1911 u. gest. 26. 4. 1979 Wien; Linksverteidiger, auch Stürmer od. Läufer; spielte 1923/44 bei Vienna Wien; 26 Länderspiele (1935/37 16 für Österreich, 1938/42 10 für Deutschland nach Annexion Österreichs); internationales Debüt am 14. 4. 1935 gegen die ČSR (0:0) in Prag; Länderspielabschied am 1. 2. 1942 gegen die Schweiz (1:2) in Wien; WM-Endrundenteilnehmer 1938; spielte 1937 in Amsterdam für Zentraleuropa (gemeinsam mit *K. Sesta*) gegen Westeuropa (3:1).

Schmidt, Alfred („Aki“), Trainer, geb. 5. 9. 1935; Halbstürmer, Außen- u. Mittelläufer; spielte 1944/56 bei SpVgg Berghofen u. 1956/67 bei Borussia Dortmund; 25 Länderspiele (8 Tore); internationales Debüt am 3. 4. 1957 gegen die Niederlande (2:1) in Amsterdam; Länderspielabschied am 7. 6. 1964 gegen Finnland (4:1) in Helsinki; WM-Endrundenteilnehmer 1958. – Später Trainer; u. a. bei Kickers Offenbach (1970 DFB-Pokalsieger), Burglengenfeld u. Amberg.

Schmidt, Hans („Bumbes“), geb. 23. 12. 1893 Fürth, gest. 31. 1. 1971; Außenläufer; spielte 1903/18 bei SpVgg Fürth, 1918/21 bei Fürth 1860 u. 1921/28 beim 1. FC Nürnberg; 16 Länderspiele (1913/26); einmal Spielführer; internationales Debüt am 18. 5. 1913 gegen die Schweiz (1:2) in Freiburg; Länderspielabschied am 12. 12. 1926 gegen die Schweiz (2:3) in München; spielte repräsentativ für Nürnberg/Fürth (Städteauswahl) u. Süddeutschland. – Später Trainer; u. a. bei FC Schalke 04, Schwarz-Weiß Essen, TSV Jahn Regensburg, 1. FC Nürnberg, Schwaben Augsburg, VfR Mannheim, SpVgg Fürth u. Borussia Dortmund.

„Schmieranski-Team“, von *H. Meisl*,

Klaus **Schlegel**

Günter **Schneider**

Karl-Heinz **Schnellinger**

Schottland

Weltmeisterschaft

1954 Endrunde
1958 Endrunde
1974 Endrunde
1978 Endrunde
1982 Endrunde
1986 Endrunde

Supercup

1983 FC Aberdeen

EC I

1967 Celtic Glasgow

EC II

1972 Glasgow Rangers
1983 FC Aberdeen

Landesmeister / Pokalsieger

1874 – / Queens Park Glasgow
1875 – / Queens Park Glasgow
1876 – / Queens Park Glasgow
1877 – / Vale of Leven
1878 – / Vale of Leven
1879 – / Vale of Leven
1880 – / Queens Park Glasgow
1881 – / Queens Park Glasgow
1882 – / Queens Park Glasgow
1883 – / Dumbarton

dem damaligen österreich. Verbandskapitän, Anfang Mai 1931 im Wiener Ringcafé geprägte Bez. für die auf Drängen der Journalisten (von *Meisl* „Schmieranskis" genannt) von ihm neu zusammengestellten österreichischen Nationalmannschaft (mit *M. Sindelar* und *F. Gschweidl*, die er seit dem 0:5 einer Wiener Auswahl gegen Süddeutschland [1929] nie wieder zusammenspielen lassen wollte). *Meisl* konnte damals nicht ahnen, daß dies die Geburtsstunde des späteren legendären ↑ „Wunderteams" war.

Schneiden, 1. svw. ↑ Anschneiden.
2. Ignorieren des Mitspielers; ihn ständig – obwohl er anspielbar ist – „übersehen".

Schneider, Günter, Fußballfunktionär, geb. 3. 7. 1924 Planitz; Halbstürmer u. Läufer; spielte 1945/49 bei SG Planitz, 1949 bei ZSG Union Halle u. 1949/56 bei Motor Zwickau; 1 Länderspiel (am 26. 9. 1954 gegen Polen [0:1] in Rostock; in der 75. Min. für den Babelsberger *H. Schöne* eingewechselt); Ostzonenmeister 1948. – 1961/68 Vizepräsident des DFV der DDR, 1968/76 DFV-Generalsekretär u. 1976/83 DFV-Präsident; seit 1970 in verschiedenen Fachkommissionen der UEFA, ab 1978 Mitglied des UEFA-Exekutivkomitees u. erster Vizepräsident der Organisationskommission der Europapokalspiele; seit 1980 (1984 Büro-) Mitglied des WM-Organisationskomitees; Mitglied des Organisationskomitees der Jugend-WM u. Präsident der UEFA-Junioren-Kommission; seit 1983 Vizepräsident des DFV der DDR. Abb.

Schneider, Johannes, 5. 8. 1887–18. 9. 1914; Torhüter; spielte 1896/14 beim VfB Leipzig; zwei Länderspiele: am 26. 10. 1913 gegen Dänemark (1:4) in Hamburg u. am 23. 11. 1913 gegen Belgien (2:6) in Antwerpen.

Schneiter, Heinz, Schweiz, geb. 12. 4. 1935; Allroundspieler; aktiv u. a. bei Young Boys Bern u. Lausanne Sports; 44 Länderspiele (1957/66); WM-Endrundenteilnehmer 1962 u. 1966.

Schnelligkeit, Fähigkeit der Überbrükkung eines Raumes in einer möglichst kurzen Zeitspanne. Ein Spieler, der innerhalb einer bestimmten Zeit einen größeren Weg zurücklegt als der andere, ist *schneller*. Wichtige Komponenten sind hierbei die *S. des Starts* (↑ Antritt), die *S. der Drehbewegungen*, die *S. des Richtungswechsels* u. – nicht zuletzt – die *S. der Ballbehandlung*.

Schnellinger, Karl-Heinz, geb. 31. 3. 1939 Düren; Verteidiger; spielte 1949/58 bei der SG Düren 99, 1958 bis 1963 beim 1. FC Köln, 1963/64 beim AC Mantua, 1964/65 bei AS Rom, 1965/74 beim AC Mailand u. 1975/76 bei Tennis Borussia Berlin (West); 47 Länderspiele (1 Tor, 1958–1971); internationales Debüt am 2. 4. 1958 gegen die ČSSR (2:3) in Prag; nahm Länderspielabschied am 17. 2. 1971 gegen Albanien (1:0) in Tirana; WM-Endrundenteilnehmer 1958, 1962, 1966 u. 1970; Fußballer des Jahres 1962. Abb.

Schnellkraft, Fähigkeit des Nerv-Muskelsystems, Widerstände mit einer hohen Kontraktionsgeschwindigkeit zu überwinden; entscheidende Grundlage für die Schuß- u. Sprungkraft sowie für das Antritts- u. Sprintvermögen des Fußballspielers. Unter Beachtung der wettkampfspezifischen Anforderungen liegt der Akzent bei der S.entwicklung auf dem Schnelligkeits- u. nicht auf dem Kraftanteil. Ein sich dem S.training anschließendes *wettkampfnahes Training in Spielform* wirkt sich günstig für den Krafteinsatz in der spielspezifischen Bewegung aus.

Schnieke, Karl, 24. 8. 1919 Apolda bis 13. 6. 1974; Stürmer; spielte 1933/48 bei SG Apolda, 1948/50 bei BSG Apolda u. 1950/59 bei (Motor) SC Motor Jena; 3 Länderspiele: gegen Rumänien am 26. 10. 1952 (1:3) in Bukarest (in der 26. Minute erster Länderspieltorschütze der DDR), gegen Polen 1954 (0:1) in Rostock u. gegen Bulgarien 1954 (1:3) in Berlin; er bestritt 68 Oberligaspiele (21 Tore). – Trainer ab 1959 bei SC Motor bzw. BSG Carl Zeiss u. seit 1966 beim FC Carl Zeiss Jena (II).

Schnippeln, kurzes Abspiel, raffiniert in der Ausführung, wobei der Ball angeschnitten wird (↑ Anschneiden); technisch anspruchsvoll, aber nicht immer produktiv, zumal der Angespielte oft

Probleme hat, den tückischen Ball zu „verarbeiten".

Schnuphase, Rüdiger, geb. 23. 1. 1954 Erfurt; Stürmer, Läufer, Libero; spielte 1962/64 bei Traktor Werningshausen, 1964/76 beim SC Turbine u. FC Rot-Weiß Erfurt, 1976/84 beim FC Carl Zeiss Jena, 1984/86 wiederum beim

Rüdiger **Schnuphase**

FC Rot-Weiß Erfurt; mit Jena 1980 Pokalsieger u. 1981 EC II-Finalist; 320 Oberligaspiele (123 Tore); 45 Länderspiele (6 Tore); internationales Debüt am 17. 7. 1973 gegen Island (2:1) in Reykjavik; Länderspielabschied am 12. 10. 1983 gegen die Schweiz (3:0) in Berlin; WM-Endrundenteilnehmer 1974; gewann bei Olympia 1980 Silber; Fußballer des Jahres 1982; Oberligatorschützenkönig 1982 mit 19 Treffern. – Später Trainerassistent beim FC Rot-Weiß Erfurt. Abb. S. a. Begrüßung (Abb.).

Schoen, Herbert, geb. 18. 5. 1929 Luckenwalde; Stopper; spielte 1939/48 bei Luckenwalde Süd, 1949/50 bei VP Potsdam, 1950/54 bei VP u. Dynamo Dresden, 1955/58 beim SC Dynamo Berlin u. 1958/62 bei SG Dynamo Berlin-Hohenschönhausen; 12 Länderspiele; internationales Debüt am 21. 9. 1952 gegen Polen (0:3) in Warschau; Länderspielabschied am 27. 10. 1957 gegen die ČSR (1:4) in Leipzig; mit VP Dresden 1952 Pokalsieger u. mit Dynamo Dresden 1953 Meister; bestritt 167 Oberligaspiele (3 Tore). – Trainer seit 1959; bis 1962 bei SG Dynamo Berlin-Hohenschönhausen, 1963/65 beim SC Dynamo u. seit 1966 beim Berliner FC Dynamo (Nachwuchs).

Schön, Helmut (der „Mann mit der Mütze"), Trainer, geb. 15. 9. 1915 Dresden; Halbstürmer; spielte 1928/33 bei Dresdensia, danach (1933 bis 1945) beim Dresdner SC, 1945/50 bei der SG Dresden-Friedrichstadt u. 1950/51 bei Hertha BSC Berlin (West); 16 Länderspiele (17 Tore); internationales Debüt am 21. 11. 1937 gegen Schweden (5:0) in Hamburg; Länderspielabschied am 5. 10. 1941 gegen Schweden (2:4) in Stockholm. – Trainer der DFB-Auswahl als Nachfolger von *J. Herberger* vom 4. 11. 1964 bis zum 21. 6. 1978. *Bilanz:* 139 Spiele; 87 Siege, 31 Unentschieden, 21 Niederlagen, 292:107 Tore; wurde mit der BRD-Elf Weltmeister 1974, Vizeweltmeister 1966 u. WM-Dritter 1970, außerdem Europameister 1972 u. EM-Zweiter 1976; 1984 mit dem neugeschaffenen *FIFA-Orden* (↑ FIFA) geehrt. Abb.

Schöne, Hans („Hanne"), geb. 23. 4. 1920 Oberhausen; Mittelstürmer, Halbstürmer, Läufer; spielte 1932/37 bei PSV Eindhoven, 1937/40 bei TSV Weißwasser, 1941 bei SV Gelb-Weiß Görlitz, 1942 in Strasbourg, 1942/44 bei Breslau (Wrocław) 02, 1946/50 bei Cottbus Ost

Helmut **Schön**

1884 – / Queens Park Glasgow
1885 – / Renton
1886 – / Queens Park Glasgow
1887 – / Hibernian Edinburgh
1888 – / Renton
1889 – / Third Lanark
1890 – / Queens Park Glasgow
1891 Dumbarton u. Glasgow Rangers (beide gleichauf) / Heart of Midlothian Edinburgh
1892 Dumbarton / Celtic Glasgow
1893 Celtic Glasgow / Queens Park Glasgow
1894 Celtic Glasgow / Glasgow Rangers
1895 Heart of Midlothian Edinburgh / St. Bernards
1896 Celtic Glasgow / Heart of Midlothian Edinburgh
1897 Heart of Midlothian Edinburgh / Glasgow Rangers
1898 Celtic Glasgow / Glasgow Rangers
1899 Glasgow Rangers / Celtic Glasgow
1900 Glasgow Rangers / Celtic Glasgow
1901 Glasgow Rangers / Heart of Midlothian Edinburgh
1902 Glasgow Rangers / Hibernian Edinburgh
1903 Hibernian Edinburgh / Glasgow Rangers
1904 Third Lanark / Celtic Glasgow
1905 Celtic Glasgow / Third Lanark
1906 Celtic Glasgow / Heart of Midlothian Edinburgh
1907 Celtic Glasgow / Celtic Glasgow
1908 Celtic Glasgow / Celtic Glasgow
1909 Celtic Glasgow / –
1910 Celtic Glasgow / FC Dundee
1911 Glasgow Rangers / Celtic Glasgow
1912 Glasgow Rangers / Celtic Glasgow
1913 Glasgow Rangers / FC Falkirk
1914 Celtic Glasgow / Celtic Glasgow
1915 Celtic Glasgow / –
1916 Celtic Glasgow / –
1917 Celtic Glasgow / –
1918 Glasgow Rangers / –
1919 Celtic Glasgow / –
1920 Glasgow Rangers / FC Kilmarnock
1921 Glasgow Rangers / Partick Thistle

1922 Celtic Glasgow / Morton Greenock
1923 Glasgow Rangers / Celtic Glasgow
1924 Glasgow Rangers / Airdrionians Airdrie
1925 Glasgow Rangers / Celtic Glasgow
1926 Celtic Glasgow / St. Mirren
1927 Glasgow Rangers / Celtic Glasgow
1928 Glasgow Rangers / Glasgow Rangers
1929 Glasgow Rangers / FC Kilmarnock
1930 Glasgow Rangers / Glasgow Rangers
1931 Glasgow Rangers / Celtic Glasgow
1932 FC Motherwell / Glasgow Rangers
1933 Glasgow Rangers / Celtic Glasgow
1934 Glasgow Rangers / Glasgow Rangers
1935 Glasgow Rangers / Glasgow Rangers
1936 Celtic Glasgow / Glasgow Rangers
1937 Glasgow Rangers / Celtic Glasgow
1938 Celtic Glasgow / East Fife
1939 Glasgow Rangers / Clyde Glasgow
1947 Glasgow Rangers / FC Aberdeen
1948 Hibernians Edinburgh / Glasgow Rangers
1949 Glasgow Rangers / Glasgow Rangers
1950 Glasgow Rangers / Glasgow Rangers
1951 Hibernian Edinburgh / Celtic Glasgow
1952 Hibernian Edinburgh / FC Motherwell
1953 Glasgow Rangers / Glasgow Rangers
1954 Celtic Glasgow / Celtic Glasgow
1955 FC Aberdeen / Clyde Glasgow
1956 Glasgow Rangers / Heart of Midlothian Edinburgh
1957 Glasgow Rangers / FC Falkirk
1958 Heart of Midlothian Edinburgh / Clyde Glasgow
1959 Glasgow Rangers / St. Mirren
1960 Heart of Midlothian Edinburgh / Glasgow Rangers
1961 Glasgow Rangers / Dunfermline Athletic
1962 FC Dundee / Glasgow Rangers

u. 1950/57 bei (Märkische Volksstimme) Rotation Babelsberg (1954 ein Spiel u. ein Tor für Einheit Ost Leipzig); 3 Länderspiele 1954: am 8. 5. gegen Rumänien (0:1) in Berlin, am 26.9. gegen Polen (0:1) in Rostock u. am 24. 10. gegen Bulgarien (1:3) in Sofia; 215 Oberligaspiele (113 Tore); 1950/51 DDR-Rekordtorschütze (38 Treffer). – Später Trainer; u. a. 1965/79 bei Motor Babelsberg. Abb.

Hans **Schöne**

„schottische Furche" ↑ Spielsystem.

schottisches System, svw. „schottische Furche" (↑ Spielsystem).

Schottland, 78773 km², etwa 5,2 Mill. Ew., 1 Fußballspieler je 37 Ew.; Verband *The Scottish Football Association Ltd.* („Schottischer Fußballverband"), Abk. *SFA*; gegr. 1873, Sitz *Glasgow*; Mitgl. der *FIFA* 1910 bis 1920, 1924 bis 1928 u. seit 1946, der *UEFA* seit 1954. – *Organisation:* 5500 Klubs; 4000 Berufsspieler, 57000 Amateurspieler, gesamt 140000 (einschl. Nachwuchs- u. AM-Spieler); *Spieljahr:* August–Mai; *Spielkleidung:* weiße Hose, dunkelblaues Hemd, rote Stutzen (Reserveausrüstung: blaue Hose, rotes Hemd, weiße Stutzen); *Nationalstadion:* ↑ Hampden Park; *Stadien* (Auswahl): Celtic Park, Glasgow, 67000; Ibrox Stadium, Glasgow, 45000; Firhill Park, Glasgow, 36000; Easter Road Park, Edinburgh, 30000; Stark's Park, 28000; East End Park, Dunfermline, 27500; St. Mirren Park, Paisley, 25800; Pittodrie Stadium, Aberdeen, 24000. Tab.

Schrijvers, Piet, Niederlande, geb. 3. 7. 1947 Soest; Torhüter; spielte 1961/65 bei HVC Hilversum, 1965/71 bei DWS Amsterdam, 1971/74 beim FC Twente/Enschede, 1974/83 bei Ajax Amsterdam u. 1983/84 bei PEC Zwolle; 46 Länderspiele; internationales Debüt am 1. 12. 1971 gegen Schottland (2:1) in Amsterdam; Länderspielabschied am 14. 3. 1984 gegen Dänemark (6:0) in Amsterdam; WM-Endrundenteilnehmer 1978 u. EM-Endrundenteilnehmer 1976. – Seit 1986 (Torhüter-)Trainer beim PEC Zwolle.

Schröder, Karl-Heinz („Schrippe"), geb. 24.7.1919 Nowawes (Kreis Teltow); Torhüter; spielte ab 1928 Fußball bei Nowawes 03 (1937 1. Mannschaft), 1946 bei Holstein Kiel u. VfR Mannheim, 1947/56 bei (ZSG, Märkische Volksstimme) Rotation Babelsberg; absolvierte 1949/57 138 Oberligaspiele; 1949 Brandenburgischer Landesmeister; spielte in der Berliner Stadtauswahl u. in der Landesauswahl Brandenburg. – Später Trainer.

Schröder, Ulfert, Journalist u. Kolumnist, geb. 6. 11. 1933 Ulm; spielte als linker Mittelfeldspieler 1947/52 bei Preußen Dellbrück. – Journalistisch 1952/55 bei der „Neuen Rhein-Zeitung", Köln, tätig, 1955 beim Südfunk Konstanz, 1956/59 bei der „Neuen Ruhr-Zeitung", Duisburg, 1959/61 bei der „Deutschen Zeitung", Köln, 1961/67 bei „Der Mittag", Düsseldorf, 1968 beim „Kicker", Nürnberg. – Ab 1969 freischaffend.

Schroijf, Viliam, ČSSR, geb. 2. 8. 1931 Prag; Torhüter; spielte u. a. 1952/55 bei Olomouc, 1955/65 bei Slovan Bratislava, 1965/66 bei Lok Košice, 1967/68 bei Slavia Melbourne, 1969/73 bei Vienna Wien und 1973/77 bei ASV Chiemsee; 39 Länderspiele; internationales Debüt am 4. 10. 1953 gegen Ungarn (1:5) in Prag; Länderspielabschied am 30. 5. 1965 gegen Rumänien (0:1) in Bukarest; war WM- (1962) u. EM-Endrundenteilnehmer (1960). Abb.

„Schroten“, umgangssprachliche Bez. für planloses An-den-Ball-Dreschen; kraftvoll, aber unkontrolliert. – Substantiv: *Schroter*.

Schröter, Günter („Moppel“), geb. 3. 5. 1927 Brandenburg (Havel); Halbstürmer (meist halblinke Position); spielte 1940 beim BBC (Brandenburger Ballspiel-Club), 1948/49 bei Motor Süd Brandenburg, 1949/50 bei Volkspolizei Potsdam, 1950/54 bei (VP) Dynamo Dresden u. 1954/63 beim SC Dynamo Berlin; 39 Länderspiele (13 Tore); internationa-

Viliam **Schroijf**

les Debüt am 21. 9. 1952 gegen Polen (0:3) in Warschau; Länderspielabschied am 21. 11. 1962 gegen die ČSSR (2:1) in Berlin; mit VP Dresden 1952 u. mit SC Dynamo Berlin 1959 Pokalsieger, mit Dynamo Dresden 1953 Meister; 321 Oberligaspiele (140 Tore). – Trainer seit 1963; bis 1965 beim SC Dynamo (Oberligaassistenztrainer), seit 1965 beim Berliner FC Dynamo (bis 1968 Schülertrainer; 1969/72 Oberligaassistenztrainer; 1972/81 Assistenztrainer Liga, Nachwuchsoberliga- u. Juniorentrainer; seit 1981 Nachwuchstrainer [Altersklassen 10 bis 12]). Abb.

„Schruppen“, umgangssprachliche Bez. für ständiges überhartes Zweikampfverhalten, insbes. von vierschrötigen Abwehrspielern ausgeübt. Derartige *Schrupper* sind in der Regel fußballerisch „blind“ u. etwa zwischen *Bolzern* u. *Holzern* einzuordnen.

Schuhe, Schuhwerk ↑ Fußballschuhe.

Schulz, Gerhard („Gesch“), früherer Schiedsrichter; internationaler Referee, amtierte 1926/60; leitete 1939, nach Annexion Österreichs durch Deutschland, das Endspiel um die deutsche Meisterschaft in Berlin (FC Schalke 04 – Admira Wien 9:0). – Profiliertester Unparteiischer in der DDR zwischen 1945 u. 1960; ab 1. 10. 1949 erster Fußballspartenleiter im Deutschen Sportausschuß (DS); seit 3. 7. 1950 Mitglied des Fachausschusses Fußball im DS; ab 1. 7. 1949 Schiedsrichterlehrer, Oberliga- u. FIFA-Referee (zwischen 15. 9. 1952 u. 14. 9. 1958); Initiator u. Durchführer der praktischen Regelkunde vor DDR-Oberligaspielen; leitete am 26. 6. 1949 das erste Ostzonenendspiel (ZSG Union Halle gegen Fortuna Erfurt [4:1] in Dresden), das erste internationale Spiel in der DDR nach dem 2. Weltkrieg (am 9. 10. 1949 Sachsen gegen Gewerkschaftsauswahl Ungarn [1:2] in Berlin) u. als erster DDR-Schiedsrichter ein WM-Qualifikationsspiel (am 28. 6. 1953 Rumänien gegen Bulgarien [3:1]), außerdem die FDGB-Pokalendspiele 1950 (in Berlin) u. 1955 (in Leipzig).

Schulz, Willi, geb. 4. 10. 1938 Günnigfeld (Westfalen); Läufer bzw. Libero; spielte 1950/60 bei Union Günnigfeld, 1960/65 beim FC Schalke 04 u. 1965/73 beim Hamburger SV; 66 Länderspiele; internationales Debüt am 20. 12. 1959 gegen Jugoslawien (1:1) in Hannover; Länderspielabschied am 17. 6. 1970 gegen Italien (3:4) in Mexiko-City; WM-Endrundenteilnehmer 1962, 1966 u. 1970; spielte 1968 in der FIFA-Auswahl gegen Brasilien (1:2); bestritt 263 Bundesligaspiele (5 Tore).

Schumacher, Harald („Toni“), geb. 6. 3. 1954 Düren (Nordrhein-Westfalen); Torhüter; spielte 1962/72 bei Schwarz-Weiß Düren; seit 1972 beim 1. FC Köln; 76 Länderspiele; internationales Debüt am 26. 5. 1979 gegen Island (3:1) in Reykjavik; WM-Endrundenteilnehmer 1982 u. 1986; EM-Endrundenteilnehmer 1980 u. 1984; Fußballer des Jahres 1984 u. 1986; bestritt 426 Bundesligaspiele

1963	Glasgow Rangers / Glasgow Rangers
1964	Glasgow Rangers / Glasgow Rangers
1965	FC Kilmarnock / Celtic Glasgow
1966	Celtic Glasgow / Glasgow Rangers
1967	Celtic Glasgow / Celtic Glasgow
1968	Celtic Glasgow / Dunfermline Athletic
1969	Celtic Glasgow / Celtic Glasgow
1970	Celtic Glasgow / FC Aberdeen
1971	Celtic Glasgow / Celtic Glasgow
1972	Celtic Glasgow / Celtic Glasgow
1973	Celtic Glasgow / Glasgow Rangers
1974	Celtic Glasgow / Celtic Glasgow
1975	Glasgow Rangers / Celtic Glasgow
1976	Glasgow Rangers / Glasgow Rangers
1977	Celtic Glasgow / Celtic Glasgow
1978	Glasgow Rangers / Glasgow Rangers
1979	Celtic Glasgow / Glasgow Rangers
1980	FC Aberdeen / Celtic Glasgow
1981	Celtic Glasgow / Glasgow Rangers

Günter **Schröter** (1961)

1982 Celtic Glasgow / FC Aberdeen
1983 Dundee United / FC Aberdeen
1984 FC Aberdeen / FC Aberdeen
1985 FC Aberdeen / Celtic Glasgow
1986 Celtic Glasgow / FC Aberdeen

Fußballer des Jahres
1966 J. Greigg (Glasgow Rangers)
1967 W. McNeill (Celtic Glasgow)
1968 G. Wallace (Raith Rovers)
1969 B. Murdock (Celtic Glasgow)
1970 P. Stanton (Hibernian Edinburgh)
1971 M. Buchan (FC Aberdeen)
1972 D. Smith (Glasgow Rangers)
1973 G. Connelly (Celtic Glasgow)
1974 J. Holton (Manchester United)
1975 S. Jardine (Glasgow Rangers)
1976 J. Greigg (Glasgow Rangers)
1977 D. McGrain (Celtic Glasgow)
1978 D. Johnstone (Glasgow Rangers)
1979 A. Ritchie (FC Morton)
1980 G. Strachan (FC Aberdeen)
1981 J. Wark (Ipswich Town)
1982 P. Sturrock (Dundee United)
1983 C. Nicolas (Celtic Glasgow / FC Arsenal)
1984 W. Miller (FC Aberdeen)
1985 J. Duffy (FC Morton)
1986 S. Jardine (Hibernian Edinburgh)

Schweden
Weltmeisterschaft
1934 Viertelfinale
1938 4. Platz
1950 3. Platz
1958 2. Platz
1970 Endrunde
1974 2. Finalrunde
1978 Endrunde
olympisches Fußballturnier
1924 3. Platz
1948 1. Platz
1952 3. Platz

Toni **Schumacher**

(213 vom 23. 4. 1977 bis 3. 9. 1983 in Folge). Abb. S. a. Tf. 36.

Schuß, a) das Stoßen, Schlagen od. Treten mit dem Fuß gegen den Ball, z. B. „ein S. neben das Tor"; b) durch einen S. (a) in Bewegung versetzter Ball, z. B. „der S. war unhaltbar"; c) das Auftreffen eines Schusses (b), z. B. „ein S. gegen die Querlatte"; d) Fähigkeit, den Ball gezielt zu schlagen, zu treten usw., z. B. „einen plazierten S. anbringen".

Schuß aus dem Fußgelenk, unvermittelt aus der Ballführung heraus abgegebener Torschuß, wobei der Spann gestreckt ist; schnellkräftig ausgeführt u. ein „Alptraum" für Torhüter, weil im (Schuß-)Ansatz nicht zu erkennen.

Schuß aus der Drehung, einen etwa parallel zur Torlinie anfliegenden flachen Ball mit dem Gesicht zum Ball direkt in Torrichtung weiterleiten, wobei der Oberkörper eine entsprechende Drehbewegung mitvollzieht; ein komplizierter, aber äußerst torgefährlicher Schuß.

Schußbein, Bein, mit dem der Spieler (gewöhnlich) schießt; das andere Bein ist dann das *Standbein*.

Schußhaltung, Oberkörperstellung des Schützen; neigt (im Sprachgebrauch: „legt") er ihn beim Schuß über den Ball, verleiht er diesem eine flache Flugkurve, lehnt er ihn nach hinten, steigt die Flugkurve an. Beim Torschuß ist die erstere, bei Abwehrschlägen die letztere S. gefragt.

Schußpech, häufig strapazierter Begriff für wiederholte, aber vergebliche Versuche, ins gegnerische Tor zu treffen (daneben, darüber, Latte, Pfosten, gehalten); vom S. zum *Unvermögen* ist es oft nicht weit.

Schußwinkel, *Torschuß* je nach Entfernung u. seitlicher Stellung des Schützen zum Tor abhängiger Winkel zwischen dem Schützen (Scheitel des S.) u. den beiden Torinnenpfosten. Durch *Herauslaufen* im richtigen Moment zwingt der Torhüter den Angreifer (vom Umspielen des Torhüters einmal abgesehen), aus weiterer Torentfernung abzuschießen. Damit verringert („verkürzt") sich für den Schützen der S. u. damit die ungedeckte Fläche des Tores. – Die oft gebrauchte Wendung „der Torhüter, ‚verkürzte' den S." ist nur bedingt richtig. Wenn der Schütze, egal ob der Torhüter herausläuft od. nicht, jeweils von einem Punkt A abschießt, bleibt der S.

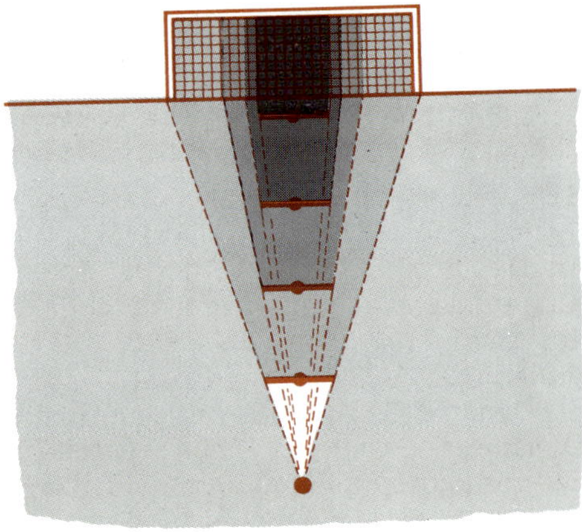

Schußwinkel; Herauslaufen des Torhüters

konstant, lediglich – wie bereits erwähnt – die ungedeckte Torfläche ändert sich (Auch bei einem Freistoß: Steht der Torhüter auf der Torlinie od. 5 m davor – der S. bleibt der gleiche!) Abb.

Schuster, Bernd, geb. 22. 12. 1959 Augsburg; Mittelfeldspieler; spielte 1976/78 beim FC Augsburg, 1978 bis

Oktober 1980 beim 1. FC Köln; seitdem beim F. C. Barcelona; 21 Länderspiele (4 Tore); internationales Debüt am 22. 5. 1979 gegen Irland (3:1) in Dublin; Länderspielabschied am 29. 2. 1984 gegen Belgien (1:0) in Brüssel; EM-Endrundenteilnehmer 1980; bestritt 61 Bundesligaspiele (10 Tore). Abb.

Schützenfest, Spiel, in dem eine Mannschaft ungewöhnlich viel Tore erzielt (etwa 6 od. mehr).

schwaches Bein ↑ einbeinig.

„Schwalbe", geschicktes Sichfallenlassen im gegnerischen Strafraum, um einen Strafstoß herauszuschinden. Unsportliches Verhalten, das im Wiederholungsfall, insofern der Schiedsrichter nicht darauf „hereinfällt", mit Ermahnung bzw. mit Verwarnung zu ahnden ist.

Schwartz, Ebbe, Dänemark, Fußballfunktionär, geb. 1895, gest. 19. 10. 1964 (auf der Heimfahrt von den Olympischen Spielen in Tokio); seit 1913 Mitglied bei AB Kopenhagen (1948/55 Schatzmeister des Klubs); 1950/64 Präsident des Dänischen Fußballverbandes; wurde am 22. 6. 1954 zum ersten *UEFA-Präsidenten* gewählt (Amtszeit bis 17. 4. 1962); danach bis zu seinem Tode FIFA-Vizepräsident. – Sein Nachfolger wurde *G. Wiederkehr*.

Schwartz, Elek, Ungarn/Frankreich, Trainer, geb. 1908 Racas; Verteidiger; spielte für C.S. u. F.C. Ripensia Timisoara u. seit 1932 in Frankreich für US Cannes, Racing Strasbourg (1937 Pokalsieger) u. Red Star Paris. – Trainer u. a. bei US Cannes, AS Monaco, MSV Duisburg, Rot-Weiß Essen, Racing Strasbourg, Benfica Lissabon, Eintracht Frankfurt/Main u. TSV 1860 München; trainierte vom 1. 6. 1957 bis 30. 6. 1964 die Nationalmannschaft der Niederlande u. betreute sie in 49 Spielen.

Schwarzenbeck, Hans-Georg („Katsche"), geb. 3. 4. 1948 München; Vorstopper; spielte bei Sportfreunde München und 1966/81 beim FC Bayern München; 44 Länderspiele; internationales Debüt am 12. 6. 1971 gegen Albanien (2:0) in Karlsruhe; Länderspielabschied am 22. 2. 1978 gegen England (2:1) in München; WM-Endrundenteilnehmer 1974; Europameister 1972 u. Vizeeuropameister 1976; 416 Bundesligaspiele (21 Tore). S. a. BRD (Abb.).

„schwarze Perle" ↑ Pelé.

„schwarzer Diamant" ↑ Leonidas da Silva.

Schweden, 449 964 km², etwa 8,3 Mill. Ew., 1 Fußballspieler je 47 Ew.; Verband *Svenska Fotbollförbundet* („Schwedischer Fußballverband"), Abk. *SF*; gegr. 1904, Sitz *Stockholm*; Mitgl. der *FIFA* seit 1904, der *UEFA* seit 1954. – *Organisation:* 3 450 Klubs; 109 000 Amateurspieler, gesamt 175 000 (einschl. Nachwuchs- u. AM-Spieler); *Spieljahr:* April–Oktober (mit Winterpause); *Spielkleidung:* blaue Hose, gelbes Hemd, gelbe Stutzen (Reserveausrüstung: weiße Hose, blaues Hemd, gelbe Stutzen); *Nationalstadion:* Rasundastadion, Stockholm (32 000 Sitz-, 20 000 Stehplätze), Flutlichtanlage (450 lx); *Stadien* (Auswahl): Ullevi, Göteborg, 52 000; Malmö Stadion, Malmö, 35 000; Idrottsparken, Norrköping, 35 000; Olympiastadion, Helsingborg, 25 000; Stadion Stockholm, 25 000. Tab. S. a. Tf. 24 *(oben)*.

Schweiz, 41 288 km², etwa 6,5 Mill. Ew., 1 Fußballspieler je 36 Ew.; Verband *Association Suisse de Football* („Schweizerischer Fußballverband"), Abk. *SFV-ASF*; gegr. 1895, Sitz *Bern*; Mitgl. der *FIFA* seit 1904, der *UEFA* seit 1954. *Organisation:* 1 450 Klubs; 600 Berufsspieler, 83 000 Amateurspieler, gesamt 200 000 (einschl. Nachwuchs- und AM-Spieler); *Spieljahr:* August–Juni; *Spielkleidung:* weiße Hose, rotes Hemd, rote Stutzen (Reserveausrüstung: weiße Hose, weißes Hemd, rote Stutzen); *Nationalstadion:* ↑ Wankdorfstadion; *Stadien* (Auswahl): St.-Jakobs-Stadion, Basel, 60 000; Stade Olympique, Lausanne, 45 000; Parc des Sports des Charmilles, Genf, 38 800; Hardtturmstadion, Zürich, 37 200; Stadio Cornaredo, Lugano, 35 000; Letziggrundstadion, Zürich, 25 000. Tab.

Schweizer Riegel ↑ Spielsystem.

Schwendler, Martin, Trainer, geb. 19. 9. 1919 Halle; Torhüter; spielte 1929/35 bei Askania Ballenstedt, 1935/36 bei LSV Halberstadt, 1937/39 bei LSV Celle

Bernd **Schuster**

Skandinavische Meisterschaft
1936 1. Platz
1947 1. Platz
1951 1. Platz
1955 1. Platz
1959 1. Platz
1967 1. Platz
1971 1. Platz

EC III
1982 IFK Göteborg

Landesmeister / Pokalsieger
(Bis 1925 wurde der Landesmeister nach dem Pokalmodus ermittelt, seit 1925 nach der Punktwertung; deshalb 1925 2 Landesmeister.)
1896 Örgryte Göteborg / –
1897 Örgryte Göteborg / –
1898 Örgryte Göteborg / –
1899 Örgryte Göteborg / –
1900 AIK Stockholm / –
1901 AIK Stockholm / –
1902 Örgryte Göteborg / –
1903 IFK Göteborg / –
1904 Örgryte Göteborg / –
1905 Örgryte Göteborg / –
1906 Örgryte Göteborg / –
1907 Örgryte Göteborg / –
1908 IFK Göteborg / –
1909 Örgryte Göteborg / –
1910 IFK Göteborg / –
1911 AIK Stockholm / –
1912 Djurgarden Stockholm / –
1913 Örgryte Göteborg / –
1914 AIK Stockholm / –
1915 Djurgarden Stockholm / –
1916 AIK Stockholm / –
1917 Djurgarden Stockholm / –
1918 IFK Göteborg / –
1919 GAIS Göteborg / –
1920 Djurgarden Stockholm / –
1921 IFK Eskilstuna / –
1922 GAIS Göteborg / –
1923 AIK Stockholm / –
1924 IF Göteborg Fässberg / –
1925 Brynäs Gävle u.
GAIS Göteborg / –

1926 Örgryte Göteborg / –
1927 GAIS Göteborg / –
1928 Örgryte Göteborg / –
1929 Helsingborg IF / –
1930 Helsingborg IF / –
1931 GAIS Göteborg / –
1932 AIK Stockholm / –
1933 Helsingborg IF / –
1934 Helsingborg IF / –
1935 IFK Göteborg / –
1936 IF Elfsborg Boras / –
1937 AIK Stockholm / –
1938 IK Sleipner Norrköping / –
1939 IF Elfsborg Boras / –
1940 IF Elfsborg Boras / –
1941 Helsingborg IF / Helsingborg IF
1942 IFK Göteborg / GAIS Göteborg
1943 IFK Norrköping / IFK Norrköping
1944 Malmö FF / Malmö FF
1945 IFK Norrköping / IFK Norrköping
1946 IFK Norrköping / Malmö FF
1947 IFK Norrköping / Malmö FF
1948 IFK Norrköping / Raa Helsingborg
1949 Malmö FF / AIK Stockholm
1950 Malmö FF / AIK Stockholm
1951 Malmö FF / Malmö FF
1952 IFK Norrköping / –
1953 Malmö FF / Malmö FF
1954 GAIS Göteborg / –
1955 Djurgarden Stockholm / –
1956 IFK Norrköping / –
1957 IFK Norrköping / –
1958 IFK Göteborg / –
1959 Djurgarden Stockholm / –
1960 IFK Norrköping / –
1961 IF Elfsborg Boras / –
1962 IFK Norrköping / –
1963 IFK Norrköping / –
1964 Djurgarden Stockholm / –
1965 Malmö FF / –
1966 Djurgarden Stockholm / –
1967 Malmö FF / Malmö FF
1968 Östers IF Växjö / –
1969 IFK Göteborg / IFK Norrköping
1970 Malmö FF / Atvidaberg FF
1971 Malmö FF / Atvidaberg FF
1972 Atvidaberg FF / Landskrona BOIS
1973 Atvidaberg FF / Malmö FF
1974 Malmö FF / Malmö FF
1975 Malmö FF / Malmö FF
1976 Halmstad BK / AIK Stockholm
1977 Malmö FF / Östers IF Växjö
1978 Östers IF Växjö / Malmö FF
1979 Halmstad BK / IFK Göteborg
1980 Östers IF Växjö / Malmö FF

u. LSV Lüben sowie 1946/50 bei Aktivist Neumark u. Aktivist Geiseltal. – Trainer seit 1950; bis 1952 bei Aktivist Neumark, 1952/53 bei Aktivist Bleicherode, 1953/54 Cheftrainer der SV Aktivist, 1955/57 beim SC Aktivist Brieske-Senftenberg, 1957/60 bei Motor Eisenach, 1961/63 beim SC Rotation Leipzig, 1963/66 bei Lok Stendal, 1966/70 beim FC Rot-Weiß Erfurt u. 1970/75 bei Motor Eisenach.

Schwenzfeier, Werner, Trainer, geb. 10. 4. 1925 Berlin; Verteidiger; 1935/43 bei Alemannia 90, 1947/50 beim SC Charlottenburg Berlin (West), 1950/52 bei Alemannia 90 Berlin (West), 1952/54 beim 1. FC Neukölln Berlin (West) u. 1954/59 bei Motor Berlin-Oberschöneweide. – Trainer seit 1955; bis 1960 beim ASK Vorwärts Berlin (Nachwuchs), 1957/62 DFV-Trainer (Jugend), 1960/62 beim TSC Berlin-Oberschöneweide (Nachwuchs), 1962/66 beim TSC Berlin, 1966/69 beim 1. FC Union Berlin, 1969/70 u. 1974/77 bei Stahl Finow, 1970/74 bei Lok Stendal, 1978/81 bei EAB Berlin-Lichtenberg 47, seit 1981 bei Rotation Berlin; wurde 1968 mit dem 1. FC Union FDGB-Pokalsieger.

Gaetano **Scirea**

Gustav **Sebes**

Rodolphe W. **Seeldrayers**

Schwerin, SG Vorwärts, DDR; gegr. 1947 als Gemeinschaft der städtischen Verwaltungsbetriebe; bestritt 1949/50 ein Oberligaspieljahr; danach noch 2 Ligajahre (Staffel Nord) bis 1952 als *BSG Einheit.* – *Spielkleidung:* blaue Hose, gelbes (od. blau-gelb gestreiftes) Hemd, blaue Stutzen. *Heimstadion:* Sportplatz am Burgsee, 1750 Plätze (1500 Steh-, 250 Sitzplätze) od. (bedingt) Sportpark Paulshöhe (10000 Plätze).

Spieler (Auswahl): W. Böhme – K.-H. Dehn – H.-W. Friederich – H.-H. Gau – J. Giersch – H. Hagelstein – G. Heyduck – G. Kollenda – W. Körtje – H. Krüger – F. Ott – H. Petersen – W. Petersen – J. Siegert – A. Wasilewski – J. Westphal. – **Trainer** (Auswahl): H. Hartmann – J. Siegert.

Schwinte, Pierre, Frankreich, Schiedsrichter, geb. 1922 Strasbourg; seit 1953 1. Liga; 1954 FIFA-Referee; WM-Endrundenschiedsrichter 1962 in Chile; leitete 1961 das zweite Messepokalendspiel AS Rom–FC Birmingham City (2:0) u. 1966 das EC II-Finale Borussia Dortmund–FC Liverpool (2:1 n. V.) in Glasgow; leitete in seiner 26jährigen Laufbahn über 1500 Spiele; ist Präsident der französischen Schiedsrichtervereinigung.

Scifo, Vincenzo, Belgien, geb. 19. 2. 1966 (Sohn italien. Eltern) La Louviere; Mittelfeldspieler; spielte 1976/83 bei La Louviere; seit 1983 beim RSC Anderlecht; 17 Länderspiele (2 Tore); internationales Debüt am 13. 6. 1984 gegen Jugoslawien (2:0) in Lens; WM-Endrundenteilnehmer 1986; EM-Endrundenteilnehmer 1984; Fußballer des Jahres 1984 in Belgien.

Scirea, Gaetano, Italien, geb. 25. 5. 1953 Cernusco; Libero; spielte 1972/74 bei Atalanta Bergamo; seitdem bei Juventus Turin; 77 Länderspiele (2 Tore, mehrmals Spielführer); internationales Debüt am 30. 12. 1975 gegen Griechenland (3:2) in Florenz; WM-Endrundenteilnehmer 1978, 1982 u. 1986; EM-Endrundenteilnehmer 1980; Fußballer des Jahres 1982; er bestritt über 350 Punktspiele (23 Tore). Abb.

Sdrawkow, Radoslaw, Bulgarien, geb. 30. 7. 1956 Sofia; Mittelfeldspieler; er spielte 1968/80 bei Lok Sofia; seit 1980 bei ZSKA Septembri (jetzt Sredez) Sofia; 68 Länderspiele; internationales Debüt am 1. 6. 1977 gegen Irland (2:1) in Sofia; WM-Endrundenteilnehmer 1986; Fußballer des Jahres 1982; über 300 Meisterschaftsspiele (80 Tore).

Seaview ↑ Belfast, FC Crusaders.

Sebes, Gustav, Ungarn, geb. 21. 6. 1906, gest. 30. 1. 1986 Budapest; Trainer; spielte für Vasas Budapest, Hungaria Budapest sowie Billancourt (Frankreich); trainierte Dózsa Ujpest, Honvéd u. Ferencváros Budapest; Selektionär u. Trainer der Nationalmannschaft 1949/1956 in den „goldenen" 50er Jahren; gewann Gold bei Olympia 1952; Vizeweltmeister 1954; betreute die ungar. Nationalmannschaft in 66 Spielen. – Später in Funktionen bei der FIFA u. UEFA (1954 Mitbegründer, 1955/60 Vizepräsident) tätig. Abb.

Séchehay, Frank, Frankreich/Schweiz, geb. 3. 11. 1907 Moçambique, gest. 1983; Torhüter; spielte 1921/37 bei Etoile-Carouge (unter dem schott. Trainer *Nicholson*), Club Française Paris, Servette Genf u. Lausanne Sports; 37 Länderspiele für die Schweiz; internationales Debüt am 17. 4. 1927 gegen Spanien (0:1) in Santander; WM-Endrundenteilnehmer 1934.

16-m-Raum, häufig gebrauchte, aber eigtl. falsche Bez. für ↑ Strafraum, da die Bezugslänge 16,5 Meter beträgt (18 Yards); richtig wäre demzufolge *16,5-m-Raum*.

Seeger, Harald, Trainer, geb. 1. 4. 1922 Brandenburg (Havel); Halbstürmer, Läufer; spielte 1934/36 bei SV Havel 08 Brandenburg, 1937/42 bei Brandenburger SC 05, 1947/48 bei Polizei Nord Brandenburg u. 1949/52 bei ZSG Einheit Kyritz (Spielertrainer). – Trainer 1952/53 bei Einheit Potsdam, 1954/57 bei Motor Treptow-Berlin u. 1958/63 beim ASK Vorwärts Berlin; 1963/70 DFV-Trainer (1968/70 Nationalmannschaft); 1970/72 1. FC Union Berlin.

Uwe **Seeler**

Seehaus, Klaus-Dieter („Fips"), geb. 6. 10. 1942 Hagen; Läufer, Verteidiger; spielte 1961/74 beim SC Empor u. FC Hansa Rostock; 10 Länderspiele; internationales Debüt am 17. 12. 1963 gegen Burma (5:1) in Rangun; Länderspielabschied am 22. 11. 1969 gegen Italien (0:3) in Neapel; gewann bei Olympia 1964 Bronze; 261 Oberligaspiele (4 Tore).

Seeldrayers, Rodolphe William, Belgien, Fußballfunktionär, geb. 1877, gest. 7. 10. 1955; Rechtsanwalt in Brüssel; aktiver Spieler u. später Präsident bei Racing-Club Brüssel; Schiedsrichter; Präsident des Belgischen Fußballverbandes 1929/37; FIFA-Vizepräsident 1927/54; am 21. 6. 1954 in Bern zum (4.) *FIFA-Präsidenten* gewählt (im Amt bis zu seinem Tode). – Sein Vorgänger war *J. Rimet*, sein Nachfolger *A. Drewry*. Abb.

Seeler, Uwe („uns Uwe"), geb. 5. 11. 1936 Hamburg; Mittelstürmer; spielte ausschl. für den Hamburger SV (1944/72), schoß annähernd 600 Tore als Jugend- u. 772 Tore als Seniorenspieler (in 916 Spielen; am 15. 8. 1953 erster Einsatz gegen Göttingen 05); 239 Bundesligaspiele, 137 Tore (1963/72); bester Torschütze 1956 (32 Tore), 1959 (29), 1960 (36), 1961 (30) u. 1964 (30);

1981 Östers IF Växjö / Kalmar FF
1982 IFK Göteborg / IFK Göteborg
1983 IFK Göteborg / IFK Göteborg
1984 IFK Göteborg / Malmö FF
1985 Örgryte Göteborg / AIK Stockholm
1986 Malmö FF / Malmö FF

Schweiz

Weltmeisterschaft
1934 Viertelfinale
1938 Viertelfinale
1950 Endrunde
1954 Viertelfinale
1962 Endrunde
1966 Endrunde

olympisches Fußballturnier
1924 2. Platz

Landesmeister / Pokalsieger
1898 Grasshoppers Zürich / –
1899 Anglo-Americans FC Zürich / –
1900 Grasshoppers Zürich / –
1901 Grasshoppers Zürich / –
1902 FC Zürich / –
1903 Young Boys Bern / –
1904 FC St. Gallen / –
1905 Grasshoppers Zürich / –
1906 FC Winterthur / –
1907 Servette Genf / –
1908 FC Winterthur / –
1909 Young Boys Bern / –
1910 Young Boys Bern / Young Boys Bern
1911 Young Boys Bern / Young Boys Bern
1912 FC Aarau / Young Boys Bern
1913 Lausanne Montriond / FC Basel
1914 FC Aarau / –
1915 SC Brühl-St. Gallen / –
1916 FC Cantonal-Neuchâtel / –
1917 FC Winterthur-Veltheim / –
1918 Servette Genf / –
1919 FC Etoile La Chaux-de-Fonds / –
1920 Young Boys Bern / –
1921 Grasshoppers Zürich / FC Bern
1922 Servette Genf / Concordia Basel
1924 FC Zürich / –
1925 Servette Genf / FC Bern
1926 Servette Genf / Grasshoppers Zürich
1927 Grasshoppers Zürich / Grasshoppers Zürich
1928 Grasshoppers Zürich / Servette Genf

1929 Young Boys Bern / Urania Sport Genf
1930 Servette Genf / Young Boys Bern
1931 Grasshoppers Zürich / FC Lugano
1932 Lausanne Sports / Grasshoppers Zürich
1933 Servette Genf / FC Basel
1934 Servette Genf / Grasshoppers Zürich
1935 Lausanne Sports / Lausanne Sports
1936 Lausanne Sports / Young Fellows Zürich
1937 Grasshoppers Zürich / Grasshoppers Zürich
1938 FC Lugano / Grasshoppers Zürich
1939 Grasshoppers Zürich / Lausanne Sports
1940 Servette Genf / Grasshoppers Zürich
1941 FC Lugano / Grasshoppers Zürich
1942 Grasshoppers Zürich / Grasshoppers Zürich
1943 Grasshoppers Zürich / Grasshoppers Zürich
1944 Lausanne Sports / Lausanne Sports
1945 Grasshoppers Zürich / Young Boys Bern
1946 FC Servette Genf / Grasshoppers Zürich
1947 FC Biel / FC Basel
1948 FC Bellinzona / FC La Chaux-de-Fonds
1949 FC Lugano / Servette Genf
1950 Servette Genf / Lausanne Sports
1951 Lausanne Sports / FC La Chaux-de-Fonds
1952 Grasshoppers Zürich / Grasshoppers Zürich
1953 FC Basel / Young Boys Bern
1954 FC La Chaux-de-Fonds / FC La Chaux-de-Fonds
1955 FC La Chaux-de-Fonds / FC La Chaux-de-Fonds
1956 Grasshoppers Zürich / Grasshoppers Zürich
1957 Young Boys Bern / FC La Chaux-de-Fonds
1958 Young Boys Bern / Young Boys Bern
1959 Young Boys Bern / FC Grenchen
1960 Young Boys Bern / FC Luzern
1961 Servette Genf / FC La Chaux-de-Fonds
1962 Servette Genf / Lausanne Sports
1963 FC Zürich / FC Basel

72 Länderspiele (43 Tore); internationales Debüt am 16. 10. 1954 gegen Frankreich (1:3) in Hannover; Länderspielabschied am 9. 9. 1970 gegen Ungarn (3:1) in Nürnberg; nahm an 4 WM-Endrunden teil (1958, 1962, 1966 u. 1970) u. bestritt dabei 21 Spiele; stand 1963 in der FIFA-Auswahl gegen England (1:2 in London) u. 1964 in der Europaauswahl gegen Jugoslawien (7:2 in Belgrad); Ehrenspielführer der BRD-Nationalmannschaft; Fußballer des Jahres 1960, 1964 u. 1970. Abb.

Seguin, Wolfgang („Paule"), geb. 14. 9. 1945 Burg; Stürmer bzw. Außenläufer; er spielte 1953/63 bei Einheit Burg, 1963/81 beim (SC Aufbau) 1. FC Magdeburg (ab 9. 2. 1964 1. Männer); 21 Länderspiele zwischen 1972 (am 27. 5. gegen Uruguay [1:0] in Magdeburg) u. 1975 (am 3. 9. gegen die UdSSR [0:0] in Moskau); gewann 1972 in München die Bronzemedaille; 1974 WM-Endrundenteilnehmer; bestritt 380 Oberligaspiele (199 in ununterbrochener Folge), 43 Tore. Abb.

Seiderer, Leonhard („Lony"), geb. 1. 11. 1895, gest. (Tuberkulose) 3. 7. 1940; Mittelstürmer; er spielte 1904/16 beim 1. FC Nürnberg und 1916/29 bei SpVgg Fürth; 8 Länderspiele, 5 Tore (1920/24), 3mal Spielführer; spielte repräsentativ für Nürnberg/Fürth (Städteauswahl) u. Süddeutschland. – Später

Wolfgang **Seguin**

Trainer; so u. a. bei SpVgg Fürth, FC 05 Schweinfurt u. VfB Stuttgart.

Seipelt, Fritz, Österreich, 1916–1981; FIFA-Schiedsrichter, Publizist u. Schiedsrichterlehrer; leitete 19 Länderspiele; langjähriger Präsident der österreich. u. der UEFA-Schiedsrichterkommission.

Seitenaus, das *Aus* jenseits der Seitenlinie.

Seitenläufer, svw. ↑ Außenläufer.

Seitenlinie ↑ Spielfeld (Abb.).

Seitenwahl ↑ Begrüßung.

Seitfallzieher (W. Altmann)

Seitenwechsel ↑ Halbzeit (1).

Seitfallzieher, einen etwa parallel zur Torlinie anfliegenden halbhohen Ball (mit dem Gesicht zum Ball) direkt in Torrichtung weiterleiten, wobei sich der Schütze nach hinten seitlich fallen läßt u. das Schußbein (den Spann) in Richtung Tor dreht; spektakulärer Torschuß. Abb.

Sektion Fußball ↑ Fachausschuß Fußball.

Sekularac, Dragoslav („Sekki"), Jugoslawien, geb. 1937 Split; Halbstürmer; er spielte für Roter Stern Belgrad (1948), OFK Belgrad, TSV 1860 München, Karlsruher SC (1966), St. Louis Stars (USA/1967), OFK Belgrad (1968), Independiente Santa Fé (Kolumbien/1970) u. Millonarios Bogotá (1972 Meister); WM-Teilnehmer 1958 u. 1962; 40 Länderspiele 1956/66. – Später Trainer u. Manager (u. a. bei New York Eagles u. 1984 der Nationalmannschaft von Guatemala).

Selbsttor, svw. ↑ Eigentor.

Semertzidis, Georgios, Griechenland, geb. 18. 4. 1957 Nea Santa Kilkis; Mittelfeldspieler; spielte 1970/74 bei OF Iraklion Kreta u. seit 1975 bei Aris Saloniki; 26 Länderspiele (1 Tor); internationales Debüt am 26. 10. 1977 gegen Bulgarien (0:0) in Sofia; EM-Endrundenteilnehmer 1980.

Semifinale, svw. ↑ Halbfinale.

Senayan Main Stadium, Nationalstadion von ↑ Indonesien.

Senegal, Staat im Westen Afrikas, 136 192 km², etwa 6 Mill. Ew., 1 Fußballspieler je 1 333 Ew.; Verband *Fédération Sénégalaise de Football* („Senegalesischer Fußballverband"), Abk. *FSF*; gegr. 1960, Sitz *Dakar*; Mitgl. der *FIFA* seit 1962, der *CAF* seit 1963. – *Organisation:* 75 Klubs; 2 500 Amateurspieler, gesamt 4 500 (einschl. Nachwuchs- u. AM-Spieler); *Spieljahr:* Oktober–Juli; *Spielkleidung:* gelbe Hose, grünes Hemd, rote Stutzen (Reserveausrüstung: gelbe Hose, rotes Hemd, grüne Stutzen); *Nationalstadion:* Dempa Diop, Dakar, 15 000 (ausschl. Sitzplätze); *Stadien* (Auswahl): Stade Iba Diop, Dakar, 5 000; Stade de la Maison des Jeunes, Thies, 5 000; Stade de Nema, Ziguinchor, 5 000; Stade Lat dior, Thies, 5 000.

Senekowitsch, Helmut („Zeki"), Österreich, Trainer, geb. 22. 10. 1933 Graz; Halbstürmer; spielte u. a. bei Sturm Graz u. Betis Sevilla; 18 Länderspiele (5 Tore); internationales Debüt am 25. 9. 1957 gegen die Niederlande (1:1) in Amsterdam; Länderspielabschied am 16. 6. 1968 gegen die UdSSR (1:3) in Leningrad; WM-Endrundenteilnehmer 1958. – Später Trainer; u. a. 1972 bei Swarovski/Wakker Innsbruck (Meister), 1973/75 bei VÖEST Linz (Meister 1974), 1975/76 bei Admira/Wacker Wien, 1975 der Olympiaauswahl Österreichs, vom 1. 3. 1976 bis 30. 6. 1978 der Nationalmannschaft Österreichs (26 Spiele, WM-Endrundenteilnehmer 1978), 1978/79 u. ab 1986 bei Universidad de Guadalajara, 1979/80 bei Athletic Bilbao, 1980/82 bei Panathinaikos Athen u. Olympiakos Piräus, 1982 bei Eintracht Frankfurt/M., bis 1986 bei AEK Athen, Grazer AK u. Guadalajara.

Serantoni, Pietro, Italien, 1906–1964; Halbrechter; spielte für (Ambrosiana) Internazionale Mailand, Juventus Turin u. AS Rom; 17 Länderspiele; internationales Debüt am 12. 2. 1933 gegen Belgien (3:2) in Brüssel; nahm Länderspielabschied am 13. 5. 1939 gegen England (2:2) in Mailand; WM-Endrundenteilnehmer 1938.

Serie, svw. ↑ Spieljahr.

Serienmeister, Titelgewinner in der höchsten Spielklasse *(Landesmeister)* über mehrere Jahre hinweg in ununterbrochener Reihenfolge („in Serie").

Servieren, genaues Zuspiel auf den Mitspieler in gegnerischer Tornähe.

Sesta, Karl, eigtl. *Karl Szestak*, Österreich, geb. 18. 3. 1906 u. gest. 12. 7. 1974 Wien; Links- bzw. Rechtsverteidiger; spielte 1920/25 beim SC Vorwärts 11 Wien, 1925/27 beim 1. Simmeringer Sportklub (als Stürmer), 1927/28 beim Teplitzer FC, 1928/34 beim Wiener AC, 1935/45 bei Austria Wien, 1945/47 bei Vienna Wien u. 1947/49 bei Halport Hochstädt; 47 Länderspiele (1932/37 u. 1945 44 für Österreich, 3 für Deutschland 1941/42 nach der Annexion Österreichs); internationales Debüt am 22. 5. 1932 gegen die ČSR (1:1) in Prag; Länderspielabschied am 20. 8. 1945 gegen Ungarn (2:5) in Budapest; WM-Endrundenteilnehmer 1934 u. 1938; Mitglied des ↑ „Wunderteams"; bildete mit *Pavlicek, Rainer, Cisar*

1964	FC La Chaux-de-Fonds / Lausanne Sports
1965	Lausanne Sports / FC Sion
1966	FC Zürich / FC Zürich
1967	FC Basel / FC Basel
1968	FC Zürich / FC Lugano
1969	FC Basel / FC St. Gallen
1970	FC Basel / FC Zürich
1971	Grasshoppers Zürich / Servette Genf
1972	FC Basel / FC Zürich
1973	FC Basel / FC Zürich
1974	FC Zürich / FC Sion
1975	FC Zürich / FC Basel
1976	FC Zürich / FC Zürich
1977	FC Basel / Young Boys Bern
1978	Grasshoppers Zürich / Servette Genf
1979	Servette Genf / Servette Genf
1980	FC Basel / FC Sion
1981	FC Zürich / Lausanne Sports
1982	Grasshoppers Zürich / FC Sion
1983	Grasshoppers Zürich / Grasshoppers Zürich
1984	Grasshoppers Zürich / Servette Genf
1985	Servette Genf / FC Aarau
1986	Young Boys Bern / FC Sion

Fußballer des Jahres

1967	K. Odermatt (FC Basel)
1968	G. Vuilleumier (Lausanne Sports)
1969	E. Tacchella (Young Boys Bern)
1970	K. Odermatt (FC Basel)
1971	K. Müller (Young Boys Bern)
1972	K. Odermatt (FC Basel)
1973	J. Kuhn (FC Zürich)
1974	D. Jeandupeux (FC Zürich)
1975	R. Botteron (FC Zürich)
1976	U. Barberis (Servette Genf)
1977	H. Pfister (Servette Genf)
1978	E. Burgener (Lausanne Sports)
1979	U. Barberis (Servette Genf)
1980	U. Barberis (AS Monaco)
1981	H. Lüdi (FC Zürich)
1982	C. Sulser (Grasshoppers Zürich)
1983	L. Favre (FC Toulouse)
1984	H. Hermann (Grasshoppers Zürich)
1985	H. Hermann (Grasshoppers Zürich) u. R. Osterwalder (FC Aarau)
1986	H. Hermann (Xamax Neuchâtel)

u. *Schmaus* Weltklasseverteidigerpaare; spielte 1937 in Amsterdam für Zentraleuropa gemeinsam mit *Schmaus* gegen Westeuropa (3:1). – Später Trainer; u. a. bei Vienna Wien, Austria Salzburg, BC Augsburg.

Setúbal, FC Vitoria, Portugal, 1. Division, gegr. 20. 11. 1910 (Emblem ↑ Tf. 13); *Pokalsieger* 1965 u. 1967. 11 *EC-Teilnahmen:* 56 Spiele; 26 Siege, 7 Unentschieden sowie 23 Niederlagen, 59:53 Punkte, 90:72 Tore. – *Spielkleidung:* weiße Hose, weiß-grün längsgestreiftes Hemd, weiße Stutzen. *Heimstadion:* Estadio do Bonfim, 32 520 Plätze.

Spieler (Auswahl): Arcanjo – Barao – Bebelo – Bio – Campora – Cardoso – Carrico – Duda – Graca – Hilario – Joao – Maria – Matine – Mendes – Octavio – Rebelo – Torres.

Setzen, bei Turnieren u. Pokalwettbewerben oft angewandte Methode, wobei in der Vergangenheit erfolgreiche od. höherklassige Mannschaften so eingereiht werden, daß sie nicht bereits in der Vorrunde aufeinandertreffen. S. a. Pokalsystem.

Sevilla, Real Betis Balompie, Spanien, 1. Division, gegr. 1908 (Emblem ↑ Tf. 13); *Landesmeister* 1935; *Pokalsieger* 1977. 4 *EC-Teilnahmen:* 12 Spiele; 3 Siege, 3 Unentschieden und 6 Niederlagen, 9:15 Punkte, 10:15 Tore. – *Spielkleidung:* weiße Hose, grün-weiß längsgestreiftes Hemd, grün-weiß geringelte Stutzen. *Heimstadion:* Estadio Benito Villamarin, 51 945 Plätze (30 000 Steh-, 21 945 Sitzplätze).

Spieler (Auswahl): S. Alabanda – A. Benitez – A. Biosca – Biszocho – Cabezas – J. Cardenosa – R. Gordillo – F. Lopez – G. Muhren – Sabate – G. Soriano. – **Trainer** (Auswahl): A. Dunai – R. Irionda.

SF ↑ Schweden.

SFA ↑ Schottland.

SFV-ASF ↑ Schweiz.

Sha'ab Stadium, Nationalstadion von ↑ Irak.

Shamrock Rovers

Shamrock Rovers FC, Dublin (Irland), 1. Division; gegr. 1919 von *Joseph Cunningham* (50 Jahre Präsident des Vereins); 13mal *Landesmeister* (zwischen 1923 u. 1986); 23mal *Cupsieger* (zwischen 1925 u. 1986). 14 *EC-Teilnahmen:* 34 Spiele; 7 Siege, 7 Unentschieden, 20 Niederlagen, 21:47 Punkte, 37:62 Tore. – *Spielkleidung:* weiße Hose, grün-weiß quergestreiftes Hemd, weiße Stutzen. *Heimstadion:* Dalymount Park, 45 000 Plätze. Abb.

Spieler (Auswahl): P. Ambrose – T. Breen – P. Byrne – P. Coad – J. Dunne – P. D. Farrell – J. J. Flood – P. Gaskins – M. J. Giles – W. Glen – T. F. Godwin – P. Kinsella – M. Lawlor – M. Leech – J. Mooney – P. M. Mulligan – R. Nolan – P. O'Leary – F. S. O'Neill – R. C. P. Treacy – L. Tuchy. – **Manager** (Auswahl): P. Doherty – A. Fitzsimmons – L. Tuchy.

Sichern, svw. ↑ Absichern.

Siegprämie, bes. im kommerziellen Fußball übliches Sonderhonorar für die Spieler einer Mannschaft im Falle eines Sieges, wie z. B. in einem bedeutsamen (internationalen) Pokalspiel, aber auch in einem entscheidenden Meisterschaftsspiel. Die Höhe der S. wird den Spielern als Motivationsanreiz oft bereits vor dem Spiel bekanntgegeben.

Sierra Leone, Staat in Westafrika, 71 740 km², etwa 3,7 Mill. Ew., 1 Fußballspieler je 411 Ew.; Verband *Sierra Leone Amateur Football Association* („Fußballverband Sierra Leone"), Abk. *SLAFA*; gegr. 1967, Sitz *Freetown*; Mitgl. der *FIFA* seit 1967, der *CAF* seit 1967. – *Organisation:* 110 Klubs; 6 500 Amateurspieler, gesamt 9 000 (einschl. Nachwuchs- u. AM-Spieler); *Spieljahr:* Mai–Dezember, Februar–Mai; *Spielkleidung:* weiße Hose, grünes Hemd, blaue Stutzen (Reserveausrüstung: weiße Hose, blaues Hemd, blaue Stutzen); *Nationalstadion:* Brookfields Stadium, Freetown, 36 000 (ausschl. Sitzplätze); *Stadien* (Auswahl): WAFA Stadium, Freetown, 15 000; Coronations Ground, Bo, 4 000; State Park, Kenema, 3 000.

Siffling, Otto (der „Holz"), geb. 3. 8. 1912, gest. 20. 10. 1939 (Rippenfellentzündung) Mannheim; Halb- u. Mittelstürmer; spielte 1920/39 bei SV Waldhof Mannheim; 31 Länderspiele (17 Tore); Länderspieldebüt am 27. 5. 1934 gegen Belgien (5:2) in Florenz; Länderspielabschied am 24. 4. 1938 gegen Portugal (1:0) in Lissabon; WM-Endrundenteilnehmer 1934 u. 1938; war Olympiateilnehmer 1936; spielte repräsentativ für Baden. – Eine Straße auf dem Waldhof u. das alljährlich stattfindende „Otto-Siffling-Turnier" erinnern an Mann-

Nikita **Simonjan**

heims großen Fußballsohn (beigesetzt auf dem Friedhof im Käfertal). S. a. Deutschland bis 1945 (Abb.).

Sigurvinsson, Asgeir, Island, geb. 8. 5. 1955 Reykjavik; Halbstürmer od. Mittelfeldspieler; spielte 1965/73 bei IB Vestmannaeyjar, 1973/81 bei Standard Lüttich, 1981/82 beim FC Bayern München u. seit 1982 beim VfB Stuttgart; 37 Länderspiele; internationales Debüt am 22.5.1972 gegen Belgien (0:4) in Lüttich; 119 Bundesligaspiele (29 Tore).

Allan **Simonsen**

Silberner Fußballschuh ↑ Torschützenkönig.

Simbabwe, Republik in Südzentralafrika, 390580 km², etwa 7,5 Mill. Ew., 1 Fußballspieler je 625 Ew.; Verband *Zimbabwe Football Association* („Fußballverband Simbabwe"), Abk. *ZFA*; gegr. 1965, Sitz *Salisbury*; Mitgl. der *FIFA* seit 1965, der *CAF* seit 1968. – *Organisation:* 610 Klubs; 12000 Amateurspieler (einschl. Nachwuchs- u. AM-Spieler); *Spieljahr:* Januar–November; *Spielkleidung:* schwarze Hose, weißes Hemd, schwarze Stutzen; *Nationalstadion:* Rufaro Stadium, Salisbury, 32000 (ausschl. Sitzplätze).

Simon, Günter, Journalist, geb. 26. 3. 1931 Neupetershain (Niederlausitz); Verteidiger, Läufer; spielte 1946/47 bei SG Drebkau, 1947/50 beim SC Corona 1910 Neupetershain, 1950/51 bei Traktor Markee u. 1951/58 bei Rotation Babelsberg (55 Oberligaspiele). – Seit 1961 Redakteur bei der „Neuen Fußballwoche", Berlin; Mitautor aller zwischen 1962 u. 1982 im Sportverlag erschienenen WM- u. EM-Bücher sowie der Titel „Im Banne des Balls", „Magnet für Millionen" u. „Fußball in Vergangenheit u. Gegenwart"; Gesamtredaktion beim Sportverlag-Almanach „Fußball informativ" (1986). Abb.

Günter **Simon**

Simonjan, Nikita, UdSSR, geb. 12. 10. 1926 Armavir; Stürmer; spielte 1940/45 bei Suchumi, 1946/48 bei Krylja Sowjetov Moskau u. 1949/59 bei Spartak Moskau; 23 Länderspiele (12 Tore); WM-Endrundenteilnehmer 1958; Olympiasieger 1956; 265 Ligaspiele; 179 Tore (144 in Punkt-, 23 in Pokal- u. 12 in Länderspielen). – Später Trainer; u. a. 1960/65 u. 1967/72 bei Spartak Moskau u. 1966 sowie 1976/79 der UdSSR-Auswahl; 1986 UdSSR-Teamchef in Mexiko. Abb.

Simonsen, Allan, Dänemark, geb. 15. 12. 1953 Vejle (Jütland); wendiger Außenstürmer; spielte 1963/72 bei Vejle BK, 1972/79 bei Borussia Mönchengladbach, 1979/82 beim F. C. Barcelona u. 1982/83 bei Charlton Atletic (England); seit 1984 bei Vejle BK; Fußballer des Jahres 1972; 56 Länderspiele (21 Tore); internationales Debüt am 3. 7. 1972 gegen Island (5:2) in Reykjavik; Länder-

Matthias **Sindelar**

spielabschied am 24. 9. 1986 gegen die BRD (0:2) in Kopenhagen; Europas Fußballer des Jahres 1977; 178 Bundesligaspiele (76 Tore); WM-Endrundenteilnehmer 1986. Abb.

Sindelar, Matthias (der „Papierne"), Österreich; geb. 10. 2. 1903 Kozlau (ČSSR), gest. (Selbsttötung unter mysteriösen Umständen) 23. 1. 1939 Favoriten (Wiener Vorstadt); Mittelstürmer; er spielte bei Hertha Wien (1912/24), Amateure (FK Austria, 1924/39); 43 Länderspiele, 27 Tore (1926/37); internationales Debüt am 28. 9. 1926 gegen die ČSR (2:1) in Prag; Länderspielabschied am 19. 9. 1937 gegen die Schweiz (4:3) in Wien; 1934 WM-Endrundenteilnehmer. – Der „Mozart des Fußballs" war Mitglied des ↑ „Wunderteams". Abb.

Sing, Albert, geb. 7. 4. 1917 Eislingen; Halblinker od. linker Läufer; er spielte 1936/47 bei Kickers Stuttgart, 1947/48 bei TSG Ulm 46, 1948/49 bei Normannia Gmünd u. 1949/52 bei Young Boys Bern; 9 Länderspiele (1 Tor); internationales Debüt am 20. 10. 1940 gegen Bulgarien (7:3) in München; Länderspielabschied am 22. 11. 1942 gegen die Slowakei (5:2) in Preßburg (Bratislava). – Später Trainer; u. a. (seit 1957) bei Young Boys Bern, FC St. Gallen, Grasshoppers u. FC Zürich, VfB Stuttgart (1966/67) u. TSV 1860 München (1967/68).

Singapur, Staat in Südostasien, 581 km^2, etwa 2,5 Mill. Ew., 1 Fußballspieler je 300 Ew.; Verband *Football Association of Singapore* („Fußballverband Singapur"), Abk. *FAS*; gegr. 1892, Sitz *Singapur;* Mitgl. der *FIFA* seit 1952, der *AFC* seit 1954. – *Organisation:* 250 Klubs; 6500 Amateurspieler, gesamt 9000 (einschl. Nachwuchs- u. AM-Spieler); *Spieljahr:* Juni–Oktober; *Spielkleidung:* Himmelblau (Reserveausrüstung: Weiß); *Nationalstadion:* National Stadium Singapur, 65000 Sitzplätze.

Sipos, Ferenc, Ungarn, geb. 13. 12. 1932 Budapest; Libero; spielte 1952/63 bei MTK Budapest u. 1963/69 bei Honvéd Budapest; 77 Länderspiele (1 Tor); internationales Debüt am 15. 9. 1957 gegen Bulgarien (2:1) in Sofia; danach – bis zum 19. 5. 1963 gegen Dänemark (6:0) in Budapest – 57 Spiele hintereinander; Länderspielabschied am 30. 10. 1966 gegen Österreich (3:1) in Budapest; WM-Endrundenteilnehmer 1958, 1962 u. 1966; EM-Dritter 1964. – Später Trainer.

Sir Hubert Murray Stadium, Nationalstadion von ↑ Papua-Neuguinea.

Sir Stanley Rous Coup, Wettbewerb in Würdigung der Verdienste des ehemaligen FIFA-Präsidenten, 1985 erstmals durchgeführt; wird zwischen England u. Schottland ausgetragen, wobei die Einbeziehung eines nichtbrit. dritten Teilnehmers möglich ist. Gewinner 1985: *Schottland.*

Sivori, Enrique Omar, Argentinien/Italien, geb. 2. 10. 1935 St. Nicolas (Argentinien); Stürmer; spielte 1944/54 bei St. Nicolas Buenos Aires, 1954/57 bei River Plate Buenos Aires, 1957/65 bei Juventus Turin u. 1965/69 bei SSC Neapel; 18 Länderspiele für Argentinien (9 Tore, 1956/57) u. 9 Länderspiele für Italien (8 Tore, 1961/62); schoß 135 Tore für Juventus; 1961 Europas Fußballer des Jahres; mit Italien 1962 WM-Teilnehmer; war während seiner aktiven Laufbahn ein „Enfant terrible", was mindestens 20 Feldverweise belegen; spielte ab 1969 wieder in Argentinien. – Spätere Trainerstationen waren u. a. 1970 Rosario Central, 1971 Estudiantes de La Plata, die argentin. Juniorenauswahl (1972), River Plate, SSC Neapel (1976) u. Velez Sarsfield (1978/79).

Six, Didier, Frankreich, geb. 21. 8. 1954 Lille; Linksaußen; spielte 1970/78 bei Racing Lens, 1978/81 bei Olympique Marseille, 1981/83 beim VfB Stuttgart, 1983/84 beim FC Mulhouse, 1984/85 beim FC Aston Villa, 1985/86 beim FC Metz u. 1986/87 bei Racing Strasbourg; 52 Länderspiele (15 Tore); internationales Debüt am 27. 3. 1976 gegen die ČSSR (2:2) in Paris; WM-Endrundenteilnehmer 1978 und 1982; EM-Endrundenteilnehmer 1984.

Skaba, Martin, geb. 28. 7. 1935 Gleiwitz (Gliwice); Rechts- u. Linksverteidiger; spielte 1952/54 bei Motor Quedlinburg, 1954 bei HSG DHfK Leipzig, 1955/68 beim (SC Dynamo) Berliner FC Dynamo; 8 Länderspiele; internationales

Debüt am 14. 9. 1958 gegen Rumänien (3:2) in Leipzig; Länderspielabschied am 19. 10. 1963 gegen Ungarn (1:2) in Berlin; bestritt insgesamt 255 Oberligaspiele. – 1968/84 Trainer beim BFC Dynamo.

Skandinavische Meisterschaft, 1924 als erster europäischer Nationencupwettbewerb außerhalb Großbritanniens von Dänemark, Norwegen, Schweden u. Finnland eingeführt. Der 4. Wettbewerb des *Skandinaviencups* wurde durch den 2. Weltkrieg unterbrochen u. erst später (1947) komplettiert. Alle Begegnungen werden auf Punktspielbasis (mit Hin- u. Rückspielen) ausgetragen. – Beim ersten Wettbewerb (1924/28) war Finnland noch nicht dabei, spielte aber in den darauffolgenden Durchgängen ohnehin nur eine untergeordnete Rolle. Wurde der skandinavische Leistungsstand bis 1977 eindeutig von den Schweden bestimmt (neunmal Sieger in ununterbrochener Reihenfolge seit 1936), gelang es Dänemark in den letzten Jahren, sich in der europäischen Spitzenklasse zu etablieren (EM 1984, WM 1986) u. den Schweden den Rang abzulaufen. Folgerichtig wurden sie 1983 (nach 1928) Sieger der zwölften S. M. Tab.

Skoblar, Josip, Jugoslawien, geb. 12. 3. 1941 Belgrad; Linksaußen; spielte 1954/59 bei Sloboda Tuzla, 1959/66 beim OFK Belgrad; 1967/70 bei Hannover 96, 1966/67 u. 1970/74 bei Olympique Marseille, 1974/75 bei NK Rijeka; 32 Länderspiele (12 Tore); internationales Debüt am 7. 5. 1961 gegen Ungarn (2:4) in Belgrad; Länderspielabschied am 7. 10. 1967 gegen die BRD (1:3) in Hamburg; WM-Endrundenteilnehmer 1962; europäischer Torschützenkönig 1971 (44 Treffer); bester französ. Torschütze 1971, 1972 u. 1973. – Später Trainer bei Marseille, NK Rijeka u. (seit 1986) Hajduk Split.

Skoglund, Lennart („Nacka"), Schweden; geb. 24. 12. 1929 Stockholm; Linksaußen; spielte für AIK Stockholm, Internazionale Mailand, Sampdoria Genua, SSC Palermo u. Hammarby IF; 11 Länderspiele (1950/64); war Vizeweltmeister 1958. – Später Trainer.

Slavia [slaw.], svw. *auf das Slawische bezogen*; Vereinsbezeichnung in der ČSSR u. Bulgarien, z. B. S. Prag, Slawia Sofia.

Sliding tackling [engl., „Gleitangriff"], seitliches Blockieren od. Wegtreten des vom Gegner geführten Balles; erfolgt in der Regel mit dem „ballnahen" Bein u. nicht – wie oft nachzulesen – mit beiden Beinen. Beim S. t. handelt es sich um ein gleitendes „Hineingrätschen" vor den ballführenden Gegner mit dem Ziel, den *Ball* zu treffen, nicht aber den Gegner. Abb.

Sliding tackling

Sliema Wanderers, F. C., Malta, 1. Division; gegr. 3. 11. 1909 als drittältester maltes. Verein nach *St. Georges* u. *FC Floriana;* 20mal *Landesmeister* (zwischen 1920 u. 1976); 16mal *Pokalsieger* (zwischen 1935 [beim ersten Cupwettbewerb überhaupt] u. 1979). 18 *EC-Teilnahmen:* 40 Spiele; 7 Siege, 3 Unentschieden, 30 Niederlagen, 17:63 Punkte, 25:117 Tore. – *Spielkleidung:* schwarze Hose, lichtblaues Hemd, blaue Stutzen. *Heimstadion:* "The Empire Stadium", Gzira, 30 000 Plätze (25 000 Steh- und 5 000 Sitzplätze). Abb.

Spieler (Auswahl): J. Buttigieg – J. Gatt – M. Gregory – C. Sciberras – S. Theuma.

Smistik, Josef („Pepi"), Österreich, geb. 3. 6. 1907 Wien-Stadlau, gest. 28. 9. 1985 Wien; Mittelläufer; spielte 1921/26

Skandinavische Meisterschaft

1924/28	1. Dänemark
	2. Schweden
	3. Norwegen
1929/32	1. Norwegen
	2. Schweden
	3. Dänemark
	4. Finnland
1933/36	1. Schweden
	2. Dänemark
	3. Norwegen
	4. Finnland
1937/47	1. Schweden
	2. Dänemark
	3. Norwegen
	4. Finnland
1948/51	1. Schweden
	2. Dänemark
	3. Norwegen
	4. Finnland
1952/55	1. Schweden
	2. Norwegen
	3. Dänemark
	4. Finnland
1956/59	1. Schweden
	2. Norwegen
	3. Dänemark
	4. Finnland
1960/63	1. Schweden
	2. Dänemark
	3. Norwegen
	4. Finnland
1964/67	1. Schweden
	2. Dänemark
	3. Finnland
	4. Norwegen
1968/71	1. Schweden
	2. Dänemark
	3. Norwegen
	4. Finnland
1972/77	1. Schweden
	2. Dänemark
	3. Norwegen
	4. Finnland

S.W.F.C

Sliema Wanderers

Slawia Sofia

Sócrates

Karoly **Soos**

bei ESV Stadlau u. 1926/38 bei Rapid Wien; 39 Länderspiele; internationales Debüt am 6. 5. 1928 gegen Jugoslawien (3:0) in Wien; Länderspielabschied am 8. 11. 1936 gegen die Schweiz (3:1) in Zürich; Mitglied des ↑ „Wunderteams"; WM-Endrundenteilnehmer 1934. – Später Trainer; u. a. beim ESV Stadlau u. Floridsdorfer AC (jeweils Jugendtrainer) sowie 1948/50 beim FC Schaffhausen.

Sobeck, Hans („Hanne"), geb. 18. 3. 1900; Halbrechter; spielte 1914/20 bei Bavaria 09, 1920/25 bei Alemannia 90 und 1925/39 bei Hertha BSC Berlin; 10 Länderspiele (2 Tore); internationales Debüt am 3. 6. 1923 gegen die Schweiz (2:1) in Basel; Länderspielabschied am 21. 6. 1931 gegen Norwegen (2:2) in Oslo; spielte über 100mal in der Berliner Auswahl. – Später Trainer; u. a. der VBB-Auswahl (1950/56), bei Union 06, Viktoria 89 u. Hertha BSC (jeweils Berlin [West]). – War bis 1965 unter *Sobek* bekannt.

Soccer [engl., aus der Mittelsilbe *soc* von Association], Bez. für den US-amerikan. Fußball, der mit einigen von der FIFA genehmigten Abweichungen vom international verbindlichen Regelwerk gespielt wird (nicht zu verwechseln mit *American Football*, der härteren Gangart des Rugbys!). Gespielt wird bzw. wurde in der ↑ NASL.

Sockoll, Horst, Trainer, geb. 24. 4. 1925 Zeitz; Verteidiger; spielte 1933/34 beim Zeitzer BC, 1934/45 bei SV Zeitz u. 1945/51 bei Chemie Zeitz. – 1954 Trainerassistent beim SC Turbine Erfurt, Trainer 1955/58 beim SC Chemie Halle-Leuna, 1959/60 bei Chemie Wolfen, 1961/66 DFV-Trainer, 1966/70 beim Halleschen FC Chemie und 1970/72 Bezirkstrainer BFA Halle, 1972/75 in Somalia (Auswahltrainer u. verantwortlich für Trainerausbildung), 1975–1978 WZ-Mitarbeiter in Leipzig, 1978/80 in Syrien (Auswahltrainer und Trainerausbilder), 1980 in der VDR Jemen (Trainerausbildung), 1981/82 WZ-Mitarbeiter in Leipzig, September/Oktober 1982 in Mexiko (Trainerausbildung), 1983 in Lesotho (4 Monate Trainerausbildung) u. seit 1983 beim Halleschen FC Chemie (Nachwuchsausbildung).

Sócrates, eigtl. *Sampaio de Souza Vieira de Oliveira Socrates Brasileiro*, Dr. (Arzt für allgemeine Medizin), geb. 19. 2. 1954 Belem; Mittelfeldspieler; begann bei Varreu Belem; spielte 1972/76 bei Botafogo Rio de Janeiro, 1976/84 bei Corinthians São Paulo u. 1984/85 beim AC Florenz; seitdem bei Flamengo Rio de Janeiro; 63 Länderspiele (17 Tore); internationales Debüt am 17. 5. 1979 gegen Paraguay (6:0) in Rio de Janeiro; Südamerikas Fußballer des Jahres 1983; WM-Endrundenteilnehmer 1982 und 1986. Abb.

Sofia, Lewski/Spartak, ↑ Sofia, Witoscha.

Sofia, Slawia, Bulgarien, Oberliga, gegr. 1913; ältester bulgar. Klub; hieß zwischen 1951 u. 1957 *Udarnik*; 6mal *Landesmeister* (zwischen 1928 u. 1943); 9mal *Pokalsieger* (zwischen 1928 u. 1980). 11 *EC-Teilnahmen:* 37 Spiele; 13 Siege, 6 Unentschieden, 18 Niederlagen, 32:42 Punkte, 45:51 Tore. – *Spielkleidung:* Weiß. *Heimstadion:* Slawia-Stadion, 35 000 Plätze. Abb.

Spieler (Auswahl): A. Andrejew – D. Baikuschew – I. Dawidow – C. Eftimow – M. Goranow – D. Isakow – N. Iwanow – D. Kostow – A. Kowatschew – P. Krastew – D. Largow – D. Manolow – K. Milew – M. Nikolow – P. Petrow I u. II – A. Schalamanow – Scheliaskow – S. Simeonow – N. Staikow – G. u. W. Stojanow – D. Taschkow – S. Tschumpalow – A. Wassilew – P. Welitschkow – Zwetkow. – **Trainer** (Auswahl): A. Kowatschew – C. Mladenov – M. Nikolow – D. Taschkow – R. Vytlacil.

Sofia, Sredez, Bulgarien, Oberliga; gegr. August 1985 als Nachfolger des aufgelösten *ZSKA Septemberfahne*; dessen Entwicklung begann 1948 als *Tschawdar Sofia*, danach ZDV, 1949 *ZDNA*, 1966 *ZSKA* u. 1969 *ZSKA Septemberfahne*; 1985 reorganisiert (mit den Sofioter Bezirken *Lenin* u. *Dimitroff* als Einzugsgebieten); 23mal *Landesmeister* (zwischen 1948 u. 1983); 10mal *Pokalsieger* (zwischen 1951 und 1974). 25 *EC-Teilnahmen:* 94 Spiele; 39 Siege, 16 Unentschieden, 39 Niederlagen, 94:94 Punkte, 139:134 Tore. – *Spielkleidung:* weiße Hose, rotes Hemd, weiße Stutzen. *Heimstadion:* Narodnia Armia, 30 000 Plätze.

Spieler (Auswahl): C. Bonew – S. Boschkow – G. Denew – D. Dimitrow – G. Dimitrow – B. Gaganelow – G. Iliew – D. Jakimow – K. Janew – M. Jankow – S. Jordanow – I. Kolew – N. Kowatschew – M. Manolow – D. Maraschliew – D. Milanow – G. Naidenow – A. Nikodimow – P. Panajotow – A. Panew – D. Penew – K. Rakarow – B. Rangelow – P. Schekow – S. Simeonow – B. Stankow – G. Stojanow – I. Wassiliew – I. Zafirow – N. Zanew – R. Zdrawkow. – **Trainer** (Auswahl): S. Jotow – N. Kowatschew – M. Manolow – A. Nikodimow – S. Ormandschiew – D. Penew – G. Pinaitschew.

Sofia, Witoscha, Bulgarien, Oberliga; gegr. August 1985 als Nachfolger von *Lewski/Spartak*; der *CS (Club Sportif) Lewski* wurde 1914 gegr. (zweitältester Klub nach *Slawia*); am 22. 1. 1969 Zusammenschluß mit *Spartak* (1947 gegr.); 1985 als *Witoscha* neuorganisiert mit den Sofioter Einzugsgebieten *Blagoew* u. *Wassil Lewski;* 15mal *Landesmeister* (zwischen 1933 u. 1984); 16mal *Pokalsieger* (zwischen 1933 u. 1986). 17 *EC-Teilnahmen:* 62 Spiele; 22 Siege, 13 Unentschieden, 27 Niederlagen, 57:67 Punkte, 112:108 Tore. – *Spielkleidung:* blaue Hose, blaues Hemd (mit weißem Kragen), blaue Stutzen. *Heimstadion:* Wassil-Lewski-Stadion, 70000 Plätze (53000 Steh-, 17000 Sitzplätze).

Spieler (Auswahl): S. Abadschiew – B. Apostolow – G. Asparuchow – A. Christow – N. Dimitrow (Faz) – A. Dinew – D. Doitschinow – K. Efremow – B. Gabrowski – K. Georgiew – C. Iliew – Iskrenow – G. Jordanow – K. Jowowitsch – A. Klewa – A. Kostow – B. Laskow – M. Losanow – G. Mateew – B. Michailow – N. Mustaftschiew – N. Nikolow – A. Pantschew – A. Peschew – P. Petrow – D. Schetschew – I. Sdrawkow – Sirakow – A. u. G. Sokolow – B. Spassow – W. Spassow – L. Stamboliew – I. Wuzow – B. Zwetkow. – **Trainer** (Auswahl): J. Arsow – D. Doitschinow – K. Iwkow – C. Mladenow – P. Panow – G. Sokolow – K. Tschakarow – R. Vytlacil – I. Wuzow.

Sofia, ZSKA Septemberfahne, ↑ Sofia, Sredez.

Solo(gang), svw. ↑ Alleingang.

Somalia, Staat im Norden Ostafrikas, 637657 km², etwa 5,1 Mill. Ew., 1 Fußballspieler je 2550 Ew.; Verband *Federazione Somala Giuoco Calcio* („Somalischer Fußballverband"), Abk. *FSGC;* gegr. 1951, Sitz *Muqdisho;* Mitgl. der *FIFA* seit 1961, der *CAF* seit 1968. – *Organisation:* 50 Klubs; 300 Vertragsspieler, 300 Amateurspieler, gesamt 2000 (einschl. Nachwuchs- u. AM-Spieler); *Spieljahr:* September–März; *Spielkleidung:* weiße Hose, himmelblaues Hemd, weiße Stutzen (Reserveausrüstung: Weiß); *Nationalstadion:* C.O.N.I. Stadium, Muqdisho, 15000 (ausschl. Sitzplätze); *Stadien* (Auswahl): Muqdisho Stadium, 35000; Chisimaio, 12000; Hargeisa, 10000; Baidoa, 8000.

Sommerpause ↑ Spielpause.

Sonderbewacher, Deckungsspieler, der sich fast ausschl. auf die *Bewachung* eines (tor-)gefährlichen Angriffsspielers der Gegenpartei konzentriert, seltener auf Mittelfeldspieler bezogen.

„Sonntagsschuß", (meist) aus größerer Entfernung überraschend abgegebener Schuß, der unhaltbar für den Torhüter im Torwinkel einschlägt.

Soos, Karoly, Ungarn, Trainer; geb. 5. 4. 1909 Budapest; Mittelläufer; spielte 1930/32 bei Vasas F. C. Nemzeti, 1932/33 bei Attila Miskolc, 1933/35 beim FC Saint-Malo, 1935/37 bei Olympique Alès (beides Frankreich), 1937 beim FC Bern, 1938 bei Banská Bystrica, 1938/39 bei Budafok u. 1939/44 beim Gamma F. C., bei dem er auch seine Trainerlaufbahn begann. – Weitere Trainerstationen: 1947/50 u. 1953 Haladas Szombathely, 1951/52 Dorog Budapest, 1953/57 Kinizsi bzw. Ferencváros Budapest (137 Spiele), 1957/61 Honvéd Budapest, 1961/67 DDR-Nationalmannschaft (43 Länderspiele zwischen 14. 5. 1961 u. 18. 11. 1967; 19 Siege, 10 Unentschieden u. 14 Niederlagen, 92:66 Tore; gewann mit der DDR-Olympiaauswahl 1964 in Tokio Bronze), 1968/69 ungar. Nationalmannschaft (die er bereits 1956 gemeinsam mit *M. Bukovi* trainiert hatte); Präsident des ungar. Pokalwettbewerbs; Vorsitzender der „Ratgeberkommission der Alten" (gemeinsam mit Dr. *Kalocsay*, *Sandor*, *Hidegkuti* u. *Lantos*) sowie Mitglied des ungar. Trainerrates. Abb. S. a. Wolf, W. (Abb.)

Soskic, Milutin, Jugoslawien, geb. 1936; Torhüter; spielte 1950/66 bei Roter

Milutin **Soskic**

Spanien

Weltmeisterschaft
1934 Viertelfinale
1950 4. Platz
1962 Endrunde
1966 Endrunde
1978 Endrunde
1982 2. Finalrunde
1986 Viertelfinale

Europameisterschaft
1964 1. Platz
1980 Endrunde
1984 2. Platz

olympisches Fußballturnier
1920 2. Platz
1924 Endrunde
1928 Endrunde
1968 Endrunde
1976 Endrunde
1980 Endrunde

Weltpokal
1960 Real Madrid
1974 Atlético Madrid

Supercup
1980 FC Valencia

EC I
1956 Real Madrid
1957 Real Madrid
1958 Real Madrid
1959 Real Madrid
1960 Real Madrid
1966 Real Madrid

EC II
1962 Atlético Madrid
1979 F.C. Barcelona
1980 FC Valencia
1982 F.C. Barcelona

EC III
1985 Real Madrid
1986 Real Madrid

Messepokal
1958 Barcelona
1960 F.C. Barcelona

1962 FC Valencia
1963 FC Valencia
1964 Real Saragossa
1966 F.C. Barcelona

Landesmeister / Pokalsieger

1902 – / Vizcaya Bilbao
1903 – / AC Bilbao
1904 – / AC Bilbao
1905 – / Real Madrid
1906 – / Real Madrid
1907 – / Real Madrid
1908 – / Real Madrid
1909 – / Ciclista San Sebastian
1910 – / AC Bilbao
1911 – / AC Bilbao
1912 – / F.C. Barcelona
1913 – / F.C. Barcelona
1914 – / AC Bilbao
1915 – / AC Bilbao
1916 – / AC Bilbao
1917 – / Real Madrid
1918 – / Real Union Iruna
1919 – / Arenas de Guecho Bilbao
1920 – / F.C. Barcelona
1921 – / AC Bilbao
1922 – / F.C. Barcelona
1923 – / AC Bilbao
1924 – / Real Union Iruna
1925 – / F.C. Barcelona
1926 – / F.C. Barcelona
1927 – / Real Union Iruna
1928 – / F.C. Barcelona
1929 F.C. Barcelona / Español Barcelona
1930 AC Bilbao / AC Bilbao
1931 AC Bilbao / AC Bilbao
1932 Real Madrid / AC Bilbao
1933 Real Madrid / AC Bilbao
1934 AC Bilbao / Real Madrid
1935 Real Betis Sevilla / FC Sevilla
1936 AC Bilbao / Real Madrid
1939 – / FC Sevilla
1940 AC Aviacion Madrid / Español Barcelona
1941 AC Aviacion Madrid / FC Valencia
1942 FC Valencia / F.C. Barcelona
1943 AC Bilbao / AC Bilbao
1944 FC Valencia / AC Bilbao
1945 F.C. Barcelona / AC Bilbao
1946 FC Sevilla / Real Madrid
1947 FC Valencia / Real Madrid
1948 F.C. Barcelona / FC Sevilla
1949 F.C. Barcelona / FC Valencia
1950 Atlético Madrid / AC Bilbao
1951 Atlético Madrid / F.C. Barcelona
1952 F.C. Barcelona / F.C. Barcelona

Stern u. Partizan Belgrad u. 1966/71 beim 1. FC Köln; 49 Länderspiele; internationales Debüt am 11. 10. 1959 gegen Ungarn (2:4) in Belgrad; Länderspielabschied am 1. 6. 1966 gegen Bulgarien (0:2) in Belgrad; WM-Endrundenteilnehmer 1962; EM-Endrundenteilnehmer 1960; spielte 1963 in der FIFA-Auswahl gegen England. – Später Trainer, Leiter einer Torhüterschule bei Partizan u. seit 1985 Nationalmannschaftstrainerassistent. Abb.

Sosnowiec, GKS Zaglebie (*Gorniczy Klub Sportowy*, „Bergarbeitersportklub"), Polen, 1. Liga, gegr. 1949; *Pokalsieger* 1962, 1963, 1977 u. 1978. 6 *EC-Teilnahmen:* 13 Spiele; 2 Siege, 3 Unentschieden u. 8 Niederlagen, 7:19 Punkte, 11:28 Tore. – *Spielkleidung:* weiße Hose, grünes Hemd, weiße Stutzen. *Heimstadion:* Stadion Ludowy, 34000 Plätze.
Spieler (Auswahl): R. Bazan – J. Dworcyk – J. Galeczka – A. Jarosik – Z. Kostrzewa – J. Machnik – W. Majewski – W. Mazur – Z. Myga – W. Rudy – F. Skiba – W. Spiewak – R. Strzalkowski – I. Urban – Z. Uznanski. – **Trainer** (Auswahl): H. Kostka – J. Machnik – Z. Myga – K. Szmidt – T. Wiecorek.

Soule, altfranzös. (Fastnachts-)Fußballspiel, das vor allem in der Bretagne ausgeübt wurde. Dieses Kampfspiel ging auf einen german. Sonnenkult zurück u. wurde in zahlreichen Varianten ausgeübt. Dabei wurde der Ball meist gestoßen od. geschlagen. Als Spielfelder dienten Straßen u. freie Plätze, aber auch von Ortschaft zu Ortschaft wurde gespielt. Ursprünglich wurde S. *Houle* genannt und um sowie über Kirchen beziehungsweise Kirchtürme gespielt (geworfen, gekickt). S. a. Fußball (Geschichte).

Souness, Graeme, Schottland, geb. 6. 5. 1953 Edinburgh; Mittelfeldspieler; spielte 1969/73 bei Tottenham Hotspur, 1973/78 beim FC Middlesbrough u. 1978/84 beim FC Liverpool u. 1984/86 bei Sampdoria Genua; 54 Länderspiele (2 Tore); internationales Debüt am 30. 10. 1974 gegen die DDR (3:0) in Glasgow; Länderspielabschied am 8. 8. 1986 gegen die BRD (1:2) in Querétaro; WM-Endrundenteilnehmer 1978, 1982 und 1986 (423 Spiele, 60 Tore). – Seitdem Spielermanager bei Glasgow Rangers.

„sowjetisches Modell", Meisterschaftsaustragungsmodus in der *UdSSR* seit 1984, bei dem jeder Mannschaft innerhalb eines Spieljahres ein Unentschiedenlimit von 10 Spielen (10 Punkte) zusteht; für jedes weitere Remis bekommt die betreffende Mannschaft keinen (Plus-)Punkt zugesprochen (d. h. 0:2 Punkte), unabhängig vom Ergebnis (0:0, 4:4 usw.). S. a. „Fußballmodelle".

Spangen ↑ Rotterdam, Sparta.

Spanien, 504782 km², etwa 38 Mill. Ew., 1 Fußballspieler je 119 Ew.; Verband: *Real Federación Española de Fútbol* („Spanischer Fußballverband"), Abk. *FEF*; gegr. 1905, Sitz *Madrid*; Mitgl. der *FIFA* seit 1913, der *UEFA* seit 1954. – *Organisation:* 7600 Klubs; 2300 Berufsspieler, 150000 Amateurspieler, gesamt 320000 (einschl. Nachwuchs- u. AM-Spieler); *Spieljahr:* September–Juni; *Spielkleidung:* azurblaue Hose, rotes Hemd, schwarze Stutzen mit einem gelben Streifen (Reserveausrüstung: azurblaue Hose, blaues Hemd, schwarze Stutzen); *Stadien* (Auswahl): Nou Camp, Barcelona, 103500; Santiago Bernabeu, Madrid, 90000; Ramón Sanchez Pizjuán, Sevilla, 70500; Vicente Calderon, Madrid, 62000; Luis Casanova, Valencia, 49500; San Mames, Bilbao, 47000; Benito Villamarin, Sevilla, 47000; La Romareda, Saragossa, 43500; El Molinon, Gijon, 42000. Tab.

Spannstoß ↑ Stoßarten.

Spartak [nach *Spartakus,* dem Führer des röm. Sklavenaufstandes], Klubbezeichnung in der UdSSR u. Bulgarien, z. B. S. Moskau, S. Plewen.

Sparte Fußball, *DDR* svw. ↑ Fachausschuß Fußball.

Sparwasser, Jürgen, geb. 4. 6. 1948 Halberstadt; Mittelstürmer; spielte 1958/64 bei Lok Halberstadt u. 1965/79 beim (SC Aufbau) 1. FC Magdeburg; 53 Länderspiele (15 Tore); internationales Debüt am 22. 6. 1969 gegen Chile (0:1) in Magdeburg; Länderspielabschied am 16. 11. 1977 gegen die Türkei (2:1) in Izmir; WM-Endrundenteilnehmer 1974; Bronzemedaillengewinner 1972 in München; 271 Oberligaspiele (111 Tore). Abb.

Sperre, Kurzbez. für ↑ Spielsperre.

Sperren, a) durch Dazwischenlaufen od. -stellen den Gegner daran hindern, an den Ball zu gelangen, ohne selbst den Ball spielen zu wollen; wird mit *indirektem Freistoß* geahndet; b) Decken des Balles ohne ihn zu berühren, im Bemühen, den Gegner zu hindern, den Ball zu spielen, während der Ball in Spielnähe bleibt; kein Regelverstoß (Abb.). S. a. Spielregeln (Regel XII).

Sperren ohne Ball, svw. ↑ Sperren (a).

Sperraum ↑ Spielfeld.

Speth, Hans, Trainer, geb. 6. 7. 1934 Halberstadt; Linksaußen; er spielte von 1946 bis 1952 bei Empor Halberstadt, 1952/53 bei Empor u. Turbine Halle, 1953/54 bei Stahl Thale, 1955/60 beim SC Empor Rostock u. 1960/65 bei Motor Zwickau; 2 Länderspiele (am 26. 10. 1952 gegen Rumänien [1:3] in Bukarest u. am 29. 6. 1958 gegen Polen [1:1] in Rostock); 220 Punktspiele (39 Tore). – Später Trainer; 1965/71 bei Blau-Weiß Reichenbach, 1971/78 bei Sachsenring Zwickau (ab 1976 Oberliga), 1978/79 FCK (Juniorenoberliga), 1979/80 bei Chemie Böhlen, 1981/84 bei Wismut Gera, 1984/85 bei Sachsenring Zwickau (Bezirksliga) u. ab 1986 bei Wismut Aue. Abb.

Sperren (H. Schykowski [*vorn*] gegen W. Löwe)

Jürgen **Sparwasser**

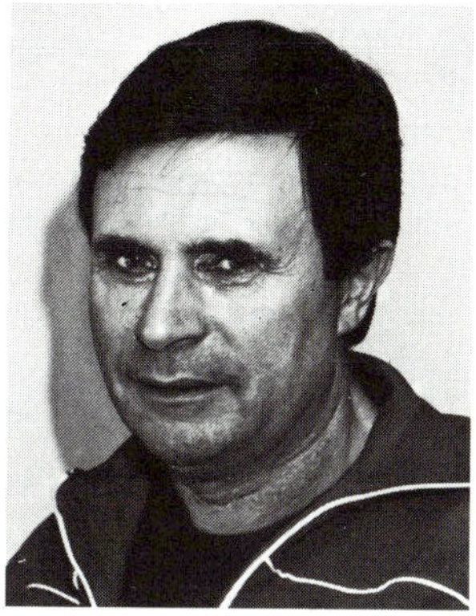

Hans **Speth**

Karl-Heinz **Spickenagel**

spezielle Ausdauer, Ermüdungswiderstandsfähigkeit gegen die spezifischen Anforderungen des Wettkampfes. Neben der Funktionstüchtigkeit des Herz-Kreislaufsystems, des Stoffwechsels u. des Nervensystems wird ihr Niveau maßgeblich vom Beherrschungsgrad der Fußballtechnik u. -taktik bestimmt, weil mit zunehmender Bewegungsökonomie der Energieverbrauch vermindert wird. Die s. A. nimmt im Bereich der physisch-konditionellen Ausbildung die zentrale Stellung ein u. ist für den Fußballspieler die entscheidende spezielle Anforderung im Sinne der sportartspezifischen Belastung. Voraussetzung für die s. A. ist die ↑ Grundlagenausdauer.

SP-FBF ↑ Finnland.

Spickenagel, Karl-Heinz („Spicke"), geb. 17. 1. 1932 Berlin; Torhüter; er spielte 1947/51 bei Fortuna Pankow, 1952/54 bei Einheit Pankow, 1954/55 bei DHfK Leipzig u. 1955/64 beim (ZSK, ASK) FC

1953	F.C. Barcelona / F.C. Barcelona
1954	Real Madrid / FC Valencia
1955	Real Madrid / AC Bilbao
1956	AC Bilbao / AC Bilbao
1957	Real Madrid / F.C. Barcelona
1958	Real Madrid / AC Bilbao
1959	F.C. Barcelona / F.C. Barcelona
1960	F.C. Barcelona / Atlético Madrid
1961	Real Madrid / Atlético Madrid
1962	Real Madrid / Real Madrid
1963	Real Madrid / F.C. Barcelona
1964	Real Madrid / Real Saragossa
1965	Real Madrid / Atlético Madrid
1966	Atlético Madrid / Real Saragossa
1967	Real Madrid / FC Valencia
1968	Real Madrid / F.C. Barcelona
1969	Real Madrid / AC Bilbao
1970	Atlético Madrid / Real Madrid
1971	FC Valencia / F.C. Barcelona
1972	Real Madrid / Atlético Madrid
1973	Atlético Madrid / AC Bilbao
1974	F.C. Barcelona / Real Madrid
1975	Real Madrid / Real Madrid
1976	Real Madrid / Atlético Madrid
1977	Atlético Madrid / Real Betis Sevilla
1978	Real Madrid / F.C. Barcelona
1979	Real Madrid / FC Valencia
1980	Real Madrid / Real Madrid
1981	Real San Sebastian / F.C. Barcelona
1982	Real San Sebastian / Real Madrid
1983	AC Bilbao / F.C. Barcelona
1984	AC Bilbao / AC Bilbao
1985	F.C. Barcelona / Atlético Madrid
1986	Real Madrid / Real Saragossa

Vorwärts Berlin; 176 Oberligaspiele; 29 Länderspiele; internationales Debüt am 26. 9. 1954 gegen Polen (0:1) in Rostock; Länderspielabschied am 3. 5. 1962 gegen die UdSSR (1:2) in Moskau. – Später Trainer (1966/73) u. Klubvorsitzender (seit 1982) beim FCV. Abb.

Spielabbruch, vorzeitiges Beenden des Spiels durch den Schiedsrichter bei akuter Gefährdung der regulären Weiterführung. In diesem Fall ist der zuständigen Behörde ein eingehender Bericht zu übersenden, u. zwar gemäß den Bestimmungen des für die Leitung des Spieles verantwortlichen Landesverbandes (bzw. der zuständigen Konföderation). Tab.

Spielabbruch *(Beispiele)*

Unwetter
Gewitter
einbrechende Dunkelheit
Nebel
Flutlichtausfall
Zuschauerausschreitungen
Spielerdisziplinlosigkeiten

Spielausrüstung, Ausrüstung der Spieler beim Wettkampf; besteht aus einheitlicher *Spielkleidung* (↑ Dreß) u. ↑ Fußballschuhen. Das Tragen von Strumpf- od. Gymnastikhosen (unter der Sporthose) ist bei extremen Witterungsbedingungen statthaft. Die *Torhüterkleidung* muß sich in der Farbe von der der Spieler u. des Schiedsrichters deutlich abzeichnen. Der Torhüter darf Trainingshosen tragen. Das Tragen von *Rückennummern* regelt die Spielordnung des jeweiligen Verbandes. Der 3-cm-Ärmelstreifen am linken Oberarm kennzeichnet den ↑ Spielführer.

Spielball, svw. ↑ Ball (1).

Spielbeobachter, 1. svw. ↑ Schiedsrichterbeobachter.

2. Vertreter („Späher") eines Klubs, der den kommenden Gegner seiner Mannschaft in (meist) einem Spiel beobachtet („studiert"), um dessen Stärken u. Schwächen später analysieren zu können. Die *Spielbeobachtung* kann vom Trainer, Assistenztrainer, aber auch von einem Klubleitungsmitglied vorgenommen werden.

Spielberechtigung, das Recht eines Spielers, aufgrund einer vom zuständigen Landesverband erteilten Erlaubnis (entspr. der jeweiligen Spielordnung) für einen bestimmten Klub spielen zu dürfen. Die S. beginnt mit der Erteilung der ↑ Spielerlaubnis u. dokumentiert sich im ↑ Spielerpaß. Die S. kann bei schweren Verstößen gegen die Satzungen des Verbandes od. die sportlichen Regeln (vorübergehend) entzogen werden. Bei Klub- od. Staatswechsel kann ein (befristeter) Entzug der S. eintreten.

„Spiel des Jahrhunderts", denkwürdiges Länderspiel zwischen England u. Ungarn am 25. 11. 1953 im Londoner Wembleystadion, das die Magyaren vor 105 000 Zuschauern mit 6:3 (4:2) gewannen u. damit Englands Nimbus, im eigenen Land von einer Nationalmannschaft des europäischen Kontinents noch niemals bezwungen worden zu sein, zerstörten. Dies war die große Zeit der *Bozsik*, *Hidegkuti*, *Puskas*. – Das (Revanche-)Rückspiel in Budapest wurde für die Engländer noch demütigender, sie unterlagen am 23. 5. 1954 1:7 (0:3).

England	*Ungarn*
Merrick	Grosics
Ramsey (1)	Buzansky
Eckersley	Lóránt
Wright	Lantos
Johnston	Bozsik (1)
Dickinson	Zakarias
Matthews	Budai II
Taylor	Kocsis
Mortensen (1)	Hidegkuti (3)
Sewell (1)	Puskas (2)
Robb	Czibor

Spieler, Akteur, der für einen Klub innerhalb einer Mannschaft Fußball spielt; dazu muß er eine ↑ Spielerlaubnis besitzen u. einen ↑ Spielerpaß nachweisen können. Im Spiel selbst unterscheidet man z. B. zwischen *Feld-S.* und *Torhüter*, bei den einzelnen ↑ Reihen zwischen *Abwehr-*, *Mittelfeld-* u. *Angriffs-S.* Tab.

Spieler (landessprachlich)

Player [engl.]
Joueur [französ.]
Jugador [span.]
Jogador [portugies.]
Calciatore [italien.]

Spielerbank, svw. ↑ Auswechselbank.

Spielerei, nutz- u. erfolglose Spielweise, system- u. zusammenhanglos.

Spielerlaubnis, vom Landesverband erteilte Spielgenehmigung für einen bestimmten Klub; erfolgt formal durch die Ausstellung des ↑ Spielerpasses.

Spielerpaß, vom Landesverband ausgestellter Ausweis, der zur Teilnahme am Spielbetrieb berechtigt. Die Kontrolle der S. erfolgt vor dem Spiel durch die Spielführer od. andere verantwortliche Funktionäre in Gegenwart des Schiedsrichters. Auf Verlangen sind die S. durch die Spieler persönlich zur Kontrolle vorzulegen. Die Ausstellung des

Spielerpaß (Inhalt [u. a.])

Name u. Vorname
Staatsangehörigkeit
Geburtsdatum u. -ort
Beginn der Spielberechtigung
(sport-)ärztliche Untersuchung
Porträtfoto
eigenhändige Unterschrift

Spielfeld (landessprachlich)

Field of play [engl.]
Terrain de jeu [französ.]
Campo del juego [span.]
Campo del jogo [portugies.]
Campo di gioco [italien.]

europäische Länder, deren **Spieljahr** mit dem Kalenderjahr abschließt

Dänemark
Finnland
Island
Norwegen
Schweden
UdSSR

S. schließt die ↑ Spielerlaubnis ein. Tab.

Spielertrainer, aktiver Spieler einer Mannschaft (meist älterer u. erfahrener Akteur), der darüber hinaus das Training der Mannschaft leitet; insbes. bei unterklassigen Vertretungen anzutreffen.

Spielertraube, Bez. für mehrere Spieler, die (fast) gleichzeitig zum Kopfstoß hochsteigen, z. B. „er reckte sich in der S. am höchsten u. köpfte den Ball in die Maschen".

Spielfaden, svw. „roter Faden" einer Spielkonzeption, der im Spiel zu „finden" od. zu „knüpfen" ist. Oft reißt der S., u. das eigene Spiel „zerfällt".

Spielfeld, rechtwinklige Spielfläche mit einer Länge von 90 bis 120 m u. einer Breite von 45 bis 90 m, wobei die Länge in jedem Fall die Breite übertreffen muß. Diese *Spielfeldausmaße* sollen bei

Spielfeld

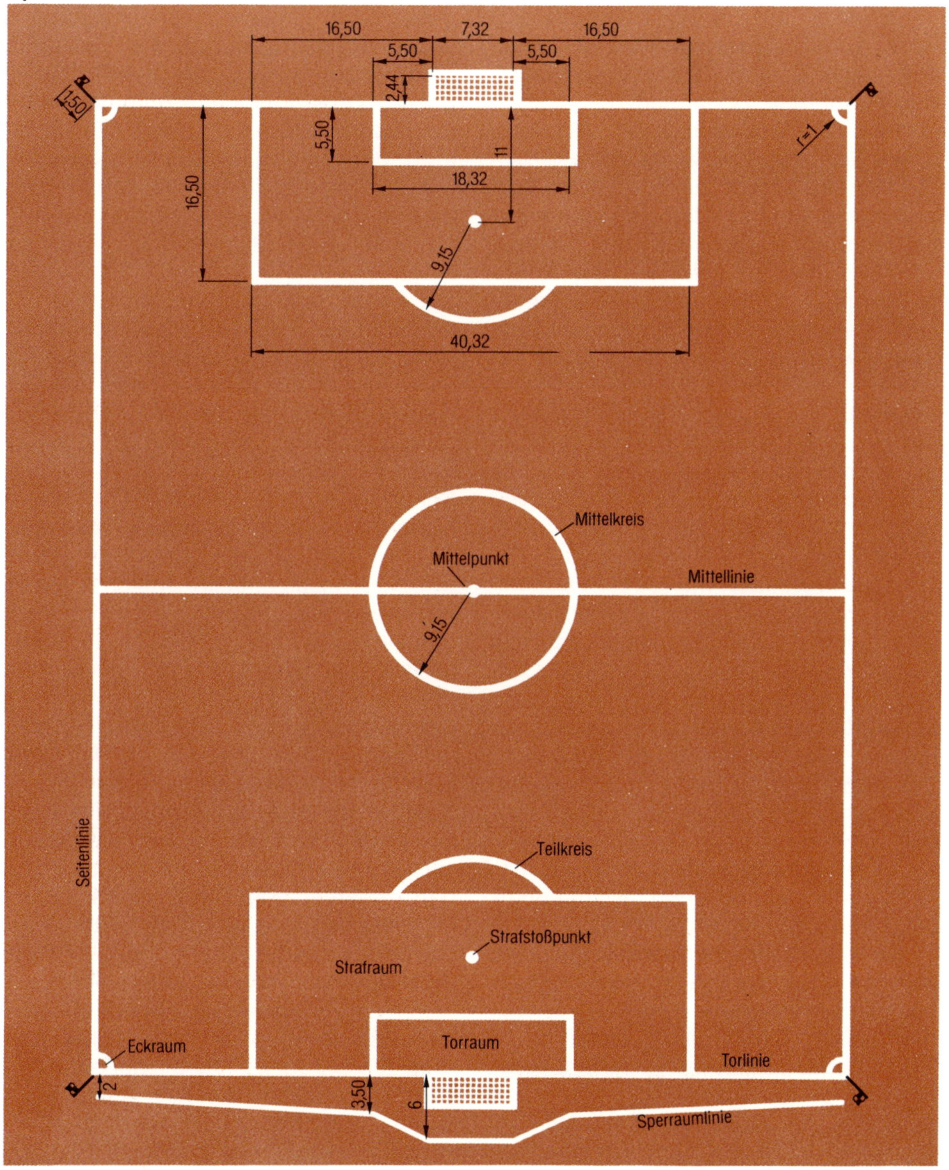

internationalen Begegnungen maximal 110 m × 75 m u. minimal 100 m × 64 m betragen. Die *Begrenzungslinien* (z. B. Strafraum-, Torraumlinie) müssen deutlich sichtbar sein, dürfen maximal 12 cm breit, nicht rinnenförmig u. nicht erhaben (ballig) sein. Sie gehören zu denjenigen *S.teilen* (z. B. Straf-, Torraum), deren Flächen sie eingrenzen. An jeder S.ecke ist eine *Eckfahne* anzubringen. Eine weitere Fahnenmarkierung kann an der Mittellinie auf jeder Seite des S. angebracht werden, jedoch mindestens 1 m von der Seitenlinie entfernt. – Bei ungekreideten bzw. ungezeichneten S. (z. B. Schneeboden) werden außer den Eckfahnen 10 *Hilfsfahnen* zur Verdeutlichung der Mittellinie u. der Strafraumlinie aufgestellt. Sämtliche Fahnen stehen dann *auf* den Tor- bzw. Seitenlinien. – Bei Zulassung von Bildreportern wird hinter jeder Torlinie von Eckfahne zu Eckfahne ein *Sperrraum* markiert, der von diesem Personenkreis während des Spiels nicht betreten werden darf. Abb. Tab. S. a. Spielregeln (Regel I).

Spielfluß, nahtloses Ineinandergreifen der einzelnen Mannschaftsteile bei Ballbesitz; gekennzeichnet durch genaues Zusammenspiel, offensiv u. konstruktiv geführt.

Spielführer, von den Mannschaftsmitgliedern gewählter, meist aber von Trainer u. Mannschaftsleiter (vor-) bestimmter Sprecher einer Mannschaft; vertritt die Interessen seiner Kameraden gegenüber Klub, Trainer u. Schiedsrichter. Außerdem ist der S. an einer 3 cm breiten Oberarmbinde zu erkennen. Vor dem Spielbeginn begrüßt er das Schiedsrichterkollektiv (bei unterklassigen Spielen evtl. nur den Schiedsrichter, weil oft die Linienrichter fehlen) sowie den gegnerischen S. u. nimmt mit diesem die Seitenwahl vor. Nur der S. darf während des Spieles mit dem Schiedsrichter sprechen, wenn es die Situation erfordert.

Spielhälfte, 1. svw. ↑ Halbzeit (1). **2.** halbiertes ↑ Spielfeld (*eigene* u. *gegnerische S.*).

Spieljahr, Dauer der Wettkampfsaison; ist (meist) nicht mit dem Kalenderjahr identisch, in Mitteleuropa etwa von August bis Juni. Das S. besteht aus 2 *Halbserien*, der Hin- u. Rückrunde. Aus dem S. ergibt sich die ↑ Spielpause. Tab.

Spielklassen, die verschiedenen Ligen, in denen die Klubs, Vereine u. Gemeinschaften eingeteilt sind; in der Regel besteht nach einem abgeschlossenen Spieljahr die Möglichkeit, aus der momentanen Klasse auf- od. abzusteigen. Tab.

Spielkleidung ↑ Dreß.

Spielkonzeption, taktische Grundkonzeption für ein bevorstehendes Spiel, das weitgehend durch das jeweilige Spielsystem u. von der mannschaftlichen Entwicklung bestimmt wird (Mannschaftsstruktur – taktischer Reifegrad der Spieler – Erfahrungswerte). Darüber hinaus findet die *Gegneranalyse* in der S. Aufnahme, um zu einer optimalen Einstellung auf den Gegner zu gelangen.

Spielleiter, svw. ↑ Schiedsrichter.

Spielmacher, überdurchschnittlicher, technisch-taktisch versierter Spieler, der weitgehendst das Spiel (Spielrhythmus, -gestaltung, -tempo) seiner Mannschaft bestimmt; von ihm gehen Ideen u. Impulse aus.

Spiel ohne Ball, wichtiges taktisches Mittel, das durch Freilaufen, Positionswechsel, Anbieten, „Zurückspringen" u.ä. gekennzeichnet ist; erleichtert dem Mitspieler das Zuspiel u. desorganisiert die gegnerische Abwehr. Das S. o. B. verlangt geistiges Mit- u. Vorausdenken der Spieler.

Spielordnung, vom jeweiligen Landesverband erlassene Ordnung für den Spielbetrieb eines Landes. Tab.

Spielpause, die punktspielfreie Zeit; zwischen 2 Spieljahren: *Sommerpause*, zwischen 2 Halbserien: *Winterpause*. In den verschiedenen Ländern ebenso unterschiedlich wie das ↑ Spieljahr, das die S. bestimmt.

Spielregeln, offizielle, international u. national verbindliche Ablaufform u. Verhaltensweisen bei der Durchführung eines Spiels; herausgegeben u. veröffentlicht von der *FIFA* in gemeinsamer Zusammenarbeit mit dem *International Football Association Board*, der

Spielklassen *(Auswahl)*

DDR

Oberliga
14 Mannschaften
2 Absteiger

Liga (Staffeln A u. B)
je 18 Mannschaften
je ein Auf- u. 3 Absteiger

Bezirksliga (15staffelig)
Berlin
Cottbus
Dresden
Erfurt
Frankfurt (Oder)
Gera
Halle
Karl-Marx-Stadt
Leipzig
Magdeburg
Neubrandenburg
Potsdam
Rostock
Schwerin
Suhl
(3 Aufstiegsgruppen, wobei die jeweils ersten beiden Mannschaften aufsteigen; Abstieg unterschiedlich geregelt)

Bezirksklasse
regional unterschiedlich

Kreisklasse
regional unterschiedlich

BRD

Bundesliga
18 Mannschaften
2 od. 3 Absteiger[1)]

Zweite Bundesliga
20 Mannschaften
2 od. 3 Auf-[1)], 4 Absteiger

Oberliga (8staffelig)
Baden-Württemberg
Bayern
Berlin (West)
Hessen
Nord
Nordrhein
Südwest
Westfalen
(2 Aufstiegsgruppen, wobei die jeweils ersten beiden Mannschaften aufsteigen; Abstieg unterschiedlich geregelt)

Verbandsliga (16staffelig)
Baden
Bayern (3 Gruppen)
Berlin (West)
Bremen
Hamburg
Hessen (3 Gruppen)
Mittelrhein
Niederrhein
Niedersachsen
Rheinland
Saarland
Schleswig-Holstein

für Regeländerungen maßgebenden Instanz. Insgesamt gibt es 17 S.
Im gleichen Maße, wie sich der Fußball vor über 100 Jahren in England beginnend ausbreitete, entwickelten u. verfeinerten sich seine S. – Das Regelwerk in seiner heutigen Form wurde 1938 neu gefaßt u. ist bis auf kleinere, geringfügige Änderungen seit dieser Zeit im wesentlichen konstant geblieben. Die FIFA ist bestrebt, daß die S. in allen ihr angeschlossenen Verbänden einheitlich angewendet u. ausgelegt werden; sie läßt demzufolge keine Abweichungen vom gültigen Regelwerk od. diesbezügliche Versuche zu. Tab.

Regel I – Spielfeld

1. *Ausmaße*. Das Spielfeld muß rechtwinklig sein. Seine Länge soll nicht mehr als 120 m u. nicht weniger als 90 m, seine Breite nicht mehr als 90 m u. nicht weniger als 45 m betragen. (In internationalen Spielen soll die Länge nicht mehr als 110 m u. nicht weniger als 100 m, die Breite nicht mehr als 75 m u. nicht weniger als 64 m betragen.) Die Länge muß in jedem Fall die Breite übertreffen.

2. *Abgrenzung*. Das Spielfeld soll in Übereinstimmung mit dem Plan durch gut sichtbare, nicht mehr als 12 cm breite Linien abgegrenzt sein, aber nicht durch V-förmige Rinnen. Die längeren Grenzlinien heißen *Seitenlinien*, die kürzeren *Torlinien*. An jeder Ecke ist eine Fahne an einer Stange, die nicht unter 1,50 m hoch u. oben nicht spitz sein darf, anzubringen. Eine gleiche Fahnenstange kann an der Mittellinie auf jeder Seite des Spielfeldes aufgestellt werden, jedoch soll sie mindestens 1 m von der Seitenlinie entfernt stehen. Eine *Mittellinie* soll quer über das Spielfeld gezogen sein. Der *Mittelpunkt* des Spielfeldes ist durch ein geeignetes Zeichen kenntlich zu machen u. mit einem Kreis von 9,15 m Halbmesser zu umziehen.

3. *Torraum*. An jeder Torlinie sind im Abstand von 5,50 m von jedem Torpfosten 2 Linien rechtwinklig zur Torlinie zu ziehen. Diese Linien müssen sich 5,50 m in das Spielfeld hinein erstrekken u. durch eine zur Torlinie parallele Linie miteinander verbunden werden. Jeder der von diesen Linien u. der Torlinie umschlossenen Räume wird *Torraum* genannt.

4. *Strafraum*. An jeder Torlinie sind im Abstand von 16,50 m von jedem Torpfosten 2 Linien rechtwinklig zur Torlinie zu ziehen. Diese Linien müssen sich 16,50 m in das Spielfeld hinein erstrekken u. durch eine zur Torlinie parallele Linie miteinander verbunden werden. Jeder der von diesen Linien u. der Torlinie umschlossene Raum wird *Strafraum* genannt. In jedem Strafraum, 11 m von dem Mittelpunkt der Torlinie, u. zwar gemessen auf einer nicht gezeichneten Linie im rechten Winkel hierzu, ist ein sichtbares Zeichen anzubringen (*Strafstoßmarke*). Von diesen Marken ist ein Teilkreis von 9,15 m Halbmesser außerhalb des Strafraumes zu ziehen.

5. *Eckraum*. Um jede Eckfahne ist ein Viertelkreis von 1 m Halbmesser im Spielfeld zu ziehen.

6. *Tore*. In der Mitte jeder Torlinie sind die Tore aufzustellen. Diese bestehen aus 2 senkrechten *Pfosten*, die in gleichem Abstand von den Eckfahnen mit einem Zwischenraum von 7,32 m (innen gemessen) aufgestellt u. durch eine *Querlatte* verbunden sind, deren Unterkante 2,44 m vom Boden entfernt ist. Die Torpfosten u. die Querlatte dürfen höchstens 12 cm breit u. tief sein. Die Torpfosten u. Querlatten sollen die gleiche Breite haben.

Tornetze. Sie können an den Pfosten, an der Querlatte u. am Boden hinter den Toren befestigt sein u. sollen in geeigneter Weise abgestützt u. so angebracht sein, daß dem Torhüter genügend Spielraum verbleibt.

Entscheidungen des Board:

1. Bei internationalen Spielen sollen die Ausmaße des Spielfeldes höchstens 110 m × 75 m, mindestens 100 m × 64 m betragen.

2. Die Landesverbände müssen sich streng an diese Maße halten. Jeder Landesverband, der ein internationales Spiel veranstaltet, muß vor dessen Beginn den besuchenden Verband hinsichtlich des Platzes u. der Ausmaße des Spielfeldes in Kenntnis setzen.

Südbaden
Südwest
Westfalen
Württemberg
(Auf- u. Abstieg unterschiedlich geregelt)

Landesliga
regional unterschiedlich

Bezirksliga
regional unterschiedlich

Kreisliga (A u. B)
regional unterschiedlich
([1] ermittelt durch ↑ Relegationsspiele)

Österreich

Bundesliga (1. Division)
12 Mannschaften

Bundesliga (2. Division)
12 Mannschaften
(Auf- u. Abstieg ↑ Play-Off-Runde)

Regionalliga (Ost u. West)
je 14 Mannschaften
je 1 Auf- u. 3 Absteiger
(weitere Untergliederung regional unterschiedlich; ↑ Region)

Schweiz

Nationalliga A
16 Mannschaften
2 Absteiger

Nationalliga B
16 Mannschaften
2 Aufsteiger

1. Liga
56 Mannschaften (mehrstaffelig)

2. Liga
216 Mannschaften

3. Liga
513 Mannschaften

4. Liga
472 Mannschaften

5. Liga
139 Mannschaften

Spielordnung (Inhalt [u. a.])

Spielberechtigung
Spielklasseneinteilung
Spielplanung u. -durchführung
Aufstiegs- u. Abstiegsregelung
Klubwechsel
Rechtsinstanzen
Erziehungsmaßnahmen
Finanzen

Spielregeln (landessprachlich)

Laws of the game [engl.]
Règles du jeu [französ.]
Reglas del juego [span.]
Reglas de jogo [portugies.]
Regolas di gioco [italien.]

Spielregeln
vom International Board festgelegte Abmaße (yd = Yard, ft = Foot, in = Inch, oz = Ounce)

130 yd = 120 m	Spielfeldlänge
120 yd = 110 m	Spielfeldlänge
110 yd = 100 m	Spielfeldlänge
100 yd = 90 m	Spielfeldlänge/-breite
80 yd = 75 m	Spielfeldbreite
70 yd = 64 m	Spielfeldbreite
50 yd = 45 m	Spielfeldbreite
18 yd = 16,50 m	Strafraumbreite
12 yd = 11 m	Straßstoßentfernung
10 yd = 9,15 m	Strafraumteilkreis- u. Mittelkreisdurchmesser
8 yd = 7,32 m	Torbreite zwischen den Pfosten
6 yd = 5,50 m	Torraumbreite
8 ft = 2,44 m	lichte Torhöhe
5 ft = 1,50 m	Fahnenstangenhöhe
28 in = 71 cm	Ballumfang
27 in = 68 cm	Ballumfang
9 in = 22 cm	Balldurchmesser
5 in = 12 cm	Begrenzungslinienbreite, Torpfosten-, Querlattendurchmesser
¾ in = 19 mm	Stollenaustrittslänge
½ in = 12,7 mm	(Einzel-)Stollendurchmesser
⅜ in = 10 mm	(Nocken-)Stollendurchmesser
14 oz = 396 g	Ballmasse bei Spielbeginn
16 oz = 453 g	Ballmasse bei Spielbeginn

3. Die Torlinie muß in der gleichen Breite wie die Tiefe der Torpfosten u. der Querlatte aufgezeichnet werden, so daß Torlinie u. Torpfosten die gleichen inneren u. äußeren Kanten haben.
4. Die 6 Yards = 5,50 m (für den Umriß des Torraumes) u. die 18 Yards = 16,50 m (für den Umriß des Strafraumes), die entlang der Torlinie gemessen werden müssen, haben von der Innenseite der Torpfosten zu beginnen.
5. Die Flächen innerhalb der verschiedenen Spielräume des Spielfeldes schließen jeweils die Breite der Begrenzungslinien dieser Räume ein.
6. Alle Verbände müssen, vor allem für internationale Spiele, bei denen die Spielregeln in jeder Hinsicht zu beachten sind, eine *Standardausrüstung* zur Verfügung halten, vor allem bezüglich der Größe des Balles u. der anderen Zubehöre, die den Bestimmungen entsprechen muß. Alle Fälle, in denen es unterlassen wird, eine Standardausrüstung bereitzuhalten, sind der FIFA zu melden.
7. In einem Wettbewerbsspiel ist, falls die Querlatte verschoben wird od. bricht, das Spiel zu *unterbrechen*; es ist *abzubrechen*, wenn die Querlatte nicht repariert u. wieder in die richtige Lage gebracht werden kann, ohne daß eine Gefahrenquelle für die Spieler besteht. Die Verwendung eines Seiles wird nicht als genügender Ersatz für eine Querlatte betrachtet.
In einem Freundschaftsspiel kann bei beiderseitigem Einverständnis das Spiel ohne Querlatte wieder aufgenommen werden, vorausgesetzt, daß diese entfernt wurde u. keine Gefahr mehr für die Spieler darstellt. Unter diesen Umständen kann ein *Seil* als Ersatz für die fehlende Querlatte verwendet werden. Wenn kein Seil verwendet wird u. nach der Ansicht des Schiedsrichters der Ball die Torlinie an einem Punkt überschreitet, der tiefer liegt als die fehlende Querlatte, soll er auf Tor erkennen.
8. Innerhalb der Grenzen der Regel I können die Landesverbände nach eigenem Ermessen die Höchst- u. Mindestbreiten für die Torpfosten u. Querlatten festlegen.
9. Die Torpfosten u. Querlatten müssen aus Holz, Metall od. einem anderen, vom International Board von Zeit zu Zeit geprüften u. genehmigten Material bestehen.
Torpfosten u. Querlatten können quadratisch, rechteckig, rund, halbrund od. elliptisch sein. Aus anderem Material od. in anderen Formen sind sie nicht erlaubt.
10. Vorspiele zu internationalen Spielen sollen nur nach Übereinkommen zwischen Vertretern der beiden Verbände u. dem Schiedsrichter (des internationalen Spieles) am Tage des Spieles u. unter Berücksichtigung des Zustandes des Spielfeldes stattfinden.
11. Landesverbände sollen, speziell bei internationalen Spielen, a) die Anzahl der Fotografen um das Spielfeld beschränken; b) hinter den Torlinien je eine Linie (*Sperraumlinie*) ziehen, die mindestens 2 m hinter der Eckfahne beginnt u. durch einen Punkt führt, der mindestens 3,5 m hinter dem Schnittpunkt der Begrenzungslinie des Torraumes mit der Torlinie liegt, u. von dort durch einen weiteren Punkt, der mindestens 6 m hinter den Torpfosten liegt; c) den Bildreportern verbieten, diese Linien zu überschreiten; u. d) den Gebrauch von künstlichem Licht in Form von „Blitzlicht" untersagen.

Regel II – Ball

Der Ball muß kugelförmig sein; die äußere Hülle muß aus Leder od. einem anderen genehmigten Material bestehen; für seine Herstellung darf kein Material verwendet werden, das den Spielern Gefahr bringen könnte.
Der Umfang des Balles darf nicht mehr als 71 cm u. nicht weniger als 68 cm betragen. Die Masse des Balles bei Spielbeginn darf nicht mehr als 453 g u. nicht weniger als 396 g betragen. Der Druck soll 60 bis 110 kPa betragen, was 6 bis 11 N/cm^2 auf Meereshöhe entspricht. Der Ball darf während des Spiels nur mit Bewilligung des Schiedsrichters ausgewechselt werden.
Entscheidungen des Board:
1. Der bei allen Spielen verwendete Ball soll als Eigentum des Verbandes od. des Klubs betrachtet werden, auf dessen

Platz das Spiel stattfindet. Er muß am Spielende dem Schiedsrichter zurückgegeben werden.
2. Von Zeit zu Zeit wird der International Board entscheiden, was als genehmigtes Material zu gelten hat. Jedes genehmigte Material muß durch den International Board als solches bescheinigt werden. Bälle, deren Hülle aus irgendeinem anderen Material besteht (Gummi usw.), dürfen nicht verwendet werden.
3. Der Board hat die in den Spielregeln angegebene Masse des Balles wie folgt anerkannt: 14 bis 16 Ounces = 396 bis 453 g.
4. Wenn der Ball im Verlaufe eines Spieles platzt od. schrumpft, ist das Spiel zu unterbrechen u. durch *Schiedsrichterball* an der Stelle, wo der Ball schadhaft wurde, mit dem neuen Ball fortzusetzen.
5. Wenn dies während einer Unterbrechung des Spieles geschieht (Anstoß, Abstoß, Eckstoß, Freistoß, Strafstoß od. Einwurf) ist das Spiel entsprechend fortzusetzen.

Regel III – Spielerzahl

1. Das Spiel wird mit 2 Mannschaften durchgeführt, von denen jede nicht mehr als 11 Spieler aufweisen darf; einer von ihnen ist der Torhüter.
2. *Auswechselspieler* können unter folgenden Bedingungen in jedem Spiel, das mit den Regeln eines offiziellen Wettbewerbs auf FIFA-, Konföderations- od. Landesverbandsebene gespielt wird, eingesetzt werden: a) die Genehmigung des zuständigen internationalen od. nationalen Verbandes muß erteilt sein; b) unter Beachtung der im folgenden Absatz c enthaltenen Beschränkung müssen die Bestimmungen eines Wettbewerbs festlegen, wieviele – wenn überhaupt – Auswechselspieler eingesetzt werden dürfen, u. c) eine Mannschaft soll nicht mehr als 2 Spieler in einem Spiel auswechseln dürfen.
3. Auswechselspieler können in jedem anderen Spiel eingesetzt werden, vorausgesetzt, daß sich die beiden beteiligten Mannschaften über eine Höchstzahl einigen, die nicht über 5 hinausgeht, und daß die Vereinbarung vor dem Spiel dem Schiedsrichter mitgeteilt wird. Wenn die Mannschaften keine Einigung erzielen, od. wenn der Schiedsrichter nicht benachrichtigt wird, können nicht mehr als 2 Spieler ausgewechselt werden.
4. Jeder Spieler darf seinen Platz mit dem Torhüter tauschen, vorausgesetzt, daß der Schiedsrichter vor dem Wechsel davon benachrichtigt wird, u. der Wechsel während einer Spielunterbrechung durchgeführt wird.
5. Wenn ein Torhüter od. ein anderer Spieler durch einen Auswechselspieler ersetzt werden soll, sind die nachstehenden Bedingungen zu beachten: a) dem Schiedsrichter ist von dem beabsichtigten Auswechseln vor dessen Durchführung Mitteilung zu machen; b) der Auswechselspieler darf das Spielfeld nicht betreten, ehe der Spieler, den er ersetzt, es verlassen hat, u. dann nur, nachdem er ein Zeichen des Schiedsrichters erhalten hat; c) der Auswechselspieler soll das Spielfeld während einer Spielunterbrechung u. an der Mittellinie betreten; d) ein Spieler, der ersetzt wurde, darf später am Spiel nicht wieder teilnehmen; e) ein Auswechselspieler ist der Autorität u. dem Entscheidungsrecht des Schiedsrichters unterstellt, egal ob er eingesetzt wird od. nicht; f) die Auswechslung ist vollzogen, wenn der Auswechselspieler das Spielfeld betritt. In diesem Augenblick wird er zum Spieler, u. der Spieler, den er ersetzt, hört auf, ein Spieler zu sein.

Strafbestimmung:

a) Das Spiel soll für einen Verstoß gegen Punkt 4 nicht unterbrochen werden. Die betreffenden Spieler sollen verwarnt werden, sobald der Ball nicht mehr im Spiel ist. b) Wenn ein Auswechselspieler das Spielfeld ohne Erlaubnis des Schiedsrichters betritt, soll das Spiel unterbrochen werden. Der Auswechselspieler soll verwarnt werden u., je nach Umständen, vom Feld geschickt od. mit Feldverweis belegt werden. Das Spiel wird durch Schiedsrichterball fortgesetzt an jener Stelle, wo der Ball bei Spielunterbrechung war. c) Für jeden anderen Verstoß ge-

Fragen u. Antworten zu den **Spielregeln**

Regel I

Wenn bei einem Meisterschaftsspiel die Querlatte sich verschiebt od. bricht u. keine Möglichkeit besteht, den Fehler zu beheben od. die Querlatte zu ersetzen, ist dann das Spiel abzubrechen?
Ja. Die Querlatte darf nicht durch ein Seil od. Band ersetzt werden, um das Spiel zu Ende zu führen.
Ist es notwendig, an der Mittelfeldlinie Fähnchen anzubringen?
Nein.

Regel III

Überschreitet ein Spieler zufällig eine der Spielfeldbegrenzungslinien, ist dieses Verlassen des Spielfeldes als eine Handlung ohne Erlaubnis des Schiedsrichters zu betrachten?
Nein.
Ein Spieler, im Besitze des Balles, überschreitet ohne Ball die Seitenlinie, um einen Gegner zu überlisten (überrunden). Hat ihn deshalb der Schiedsrichter wegen unerlaubten Verlassens des Spielfeldes zu bestrafen?
Nein. Das vorübergehende Verlassen des Spielfeldes ist als Teil einer Spielhandlung zu betrachten. Es gilt jedoch die allgemeine Regel, daß die Spieler innerhalb des Spielfeldes verbleiben sollen.
Ist es dem Torhüter gestattet, einen Einwurf auszuführen?
Ja.

gen diese Regel soll der betreffende Spieler verwarnt werden, u. wenn das Spiel durch den Schiedsrichter unterbrochen wurde, um die Verwarnung auszusprechen, soll es mit einem indirekten Freistoß durch einen Spieler der gegnerischen Mannschaft an der Stelle fortgesetzt werden, an der der Ball war, als das Spiel unterbrochen wurde. Wenn der Freistoß einer Mannschaft innerhalb des eigenen Torraumes zugesprochen wird, darf der Freistoß von irgendeinem Punkt aus in der Hälfte des Torraumes ausgeführt werden, in der sich der Ball befand, als das Spiel unterbrochen wurde.

Entscheidungen des Board:

1. Die Bestimmung der Mindestanzahl von Spielern einer Mannschaft ist dem Ermessen der Landesverbände überlassen.
2. Der International Board ist der Meinung, daß ein Spiel als ungültig betrachtet werden soll, wenn eine der beiden Mannschaften weniger als 7 Spieler zählt.
3. Ein Wettbewerb kann erfordern, daß der Schiedsrichter vor Beginn des Spiels über die Namen von nicht mehr als 5 Spielern informiert wird, aus denen die Auswechselspieler (wenn es sie gibt) ausgewählt werden müssen.
4. Wenn ein Spieler, bevor das Spiel tatsächlich begonnen hat, vom Spielfeld gewiesen wird, kann er nur durch einen der gemeldeten Auswechselspieler ersetzt werden. Um dem Auswechselspieler den Eintritt ins Spiel zu ermöglichen, darf der Anstoß jedoch nicht verzögert werden.

Wenn ein Spieler nach Beginn des Spieles vom Spielfeld gewiesen wird, kann er nicht ersetzt werden. – Ein gemeldeter Auswechselspieler, der vor od. nach Beginn des Spiels vom Spielfeld gewiesen wird, kann nicht ersetzt werden. (Diese Entscheidung bezieht sich nur auf Spieler, die – gestützt auf Regel XII – vom Spielfeld gewiesen werden. Sie betrifft nicht Spieler, welche die Regel IV verletzt haben.)

Regel IV – Ausrüstung der Spieler

1. Ein Spieler darf nichts tragen, was für einen anderen Spieler gefährlich ist.
2. Die *Schuhe* müssen den folgenden Vorschriften entsprechen: a) *Leisten* müssen aus Leder od. Gummi hergestellt sein, quer verlaufen u. flach sein. Sie dürfen nicht weniger als 12,7 mm breit sein, müssen sich über die gesamte Breite der Sohle erstrecken u. an den Ecken abgerundet sein. b) *Stollen*, die unabhängig voneinander einzeln an der Sohle angebracht u. auswechselbar sind, müssen aus Leder, Gummi, Aluminium od. einem ähnlichen Material hergestellt u. massiv sein. Mit Ausnahme des Teiles, der die Basis der Stollen bildet, der nicht mehr als 6,35 mm aus der Sohle herausragen darf, müssen die Stollen im Querschnitt rund sein u. nicht weniger als 12,7 mm Durchmesser haben. Wo die Stollen sich verjüngen, darf der Mindestdurchmesser jedes Teils des Stollens nicht weniger als 12,7 mm betragen. Wo Metallgewinde für Schraubstollen verwendet wird, muß das Gewinde in der Sohle der Fußbekleidung versenkt sein, u. jede Befestigungsschraube muß Bestandteil des Stollens sein. Mit Ausnahme des Metallgewindes für Schraubstollen dürfen keine Metallplatten, auch wenn sie mit Leder od. Gummi überzogen sind, keine Stollen, die ein Gewinde enthalten, damit man sie auf eine Basisschraube aufschrauben kann, die mit Nägeln od. auf andere Weise an den Sohlen der Fußbekleidung befestigt ist, u. auch keine Stollen, die, abgesehen von der Basis, in irgendeiner Form eine vorspringende Kante, ein Profil od. eine Verzierung aufweisen, erlaubt werden. c) *Nocken*, die als fester Bestandteil der Sohle geprägt u. nicht auswechselbar sind, müssen aus Gummi, Plast, Polyurethan o. ä. weichem Material bestehen. Unter der Voraussetzung, daß die Sohle nicht weniger als 10 Nocken aufweist, müssen sie einen Mindestdurchmesser von 10 mm haben. Zusätzliches Stützmaterial zur Stabilisierung von Nocken aus weichem Material u. Leisten, die nicht mehr als 5 mm von der Sohle hervorstehen u. zur Verstärkung dienen, sind gestattet, vorausgesetzt, daß sie in keiner Weise andere Spieler gefährden. In jeder anderen Beziehung

Regel IV
Wenn ein Spieler laut ärztlicher Verordnung genötigt ist, einen Gipsverband zu tragen, um seinen Ellbogen od. einen anderen Körperteil vor weiteren Verletzungen zu schützen, ist der Schiedsrichter befugt, darüber zu entscheiden, ob der Verband eine Gefahr für die anderen Spieler bedeutet?
Ja.
Ist es einem Spieler erlaubt, an einem Spiel, anstatt mit normalen Fußballschuhen, mit gewöhnlichem Schuhwerk teilzunehmen?
Die Spielregeln schreiben nicht vor, daß irgendeine bestimmte Art von Schuhen getragen werden muß. Wenn diese jedoch mit Leisten od. Klötzen versehen sind, so müssen Leisten u. Klötze den Bestimmungen der Regel IV entsprechen.

müssen sie aber mit den allgemeinen Vorschriften dieser Regel übereinstimmen. d) *Kombinierte Leisten u. Stollen* können getragen werden, vorausgesetzt, daß das Ganze den allgemeinen Vorschriften dieser Regel entspricht. Weder Leisten noch Stollen auf den Sohlen dürfen mehr als 19 mm hervorstehen. Wenn Nägel verwendet werden, müssen sie vollständig versenkt werden, so daß sie glatt mit der Oberfläche abschneiden.

3. Der *Torhüter* muß eine Sportkleidung tragen, die ihn in der Farbe von den anderen Spielern u. vom Schiedsrichter unterscheidet.

Strafbestimmung:

Bei jedem Verstoß gegen diese Regel soll der schuldige Spieler des Feldes verwiesen werden, um seine Ausrüstung in Ordnung zu bringen. Er darf erst dann zurückkehren, wenn er sich beim Schiedsrichter gemeldet hat, der sich davon überzeugen muß, daß die Ausrüstung in Ordnung ist. Der Spieler darf erst wieder ins Spiel eintreten, wenn der Ball aus dem Spiel, d. h. dasselbe unterbrochen ist.

Entscheidungen des Board:

1. Die übliche Ausrüstung eines Spielers besteht aus Jersey od. Hemd, kurzer Sporthose, Stutzen u. Schuhen. In einem Spiel, das nach den Regeln eines Wettbewerbes ausgetragen wird, brauchen Spieler keine Schuhe zu tragen, aber sie müssen Jersey od. Hemd, kurze Sporthose od. Trainingshose bzw. eine ähnliche Hose u. Stutzen tragen.

2. Die Regel verlangt nicht, daß Schuhe getragen werden müssen. In Wettbewerbsspielen sollten die Schiedsrichter jedoch nicht zulassen, daß ein Spieler od. einige Spieler ohne Fußbekleidung spielen, wenn alle anderen Spieler Fußbekleidung tragen.

3. Bei internationalen Spielen, internationalen Klubwettbewerben u. Freundschaftsspielen zwischen Klubs verschiedener Landesverbände hat der Schiedsrichter vor Spielbeginn das Schuhwerk der Spieler zu prüfen u. jedem Spieler, dessen Schuhwerk nicht mit den Anforderungen dieser Regel übereinstimmt, das Spielen zu verbieten, bis es den Anforderungen entspricht.

4. Wenn der Schiedsrichter feststellt, daß ein Spieler Gegenstände an sich trägt, die nach den Spielregeln nicht erlaubt sind und die eine Gefahr für die anderen Spieler darstellen könnten, hat er den Spieler aufzufordern, sie zu entfernen. Wenn der Spieler der Aufforderung des Schiedsrichters nicht Folge leistet, so darf er am Spiel nicht teilnehmen.

5. Ein Spieler, der wegen Verletzung der Regel IV daran gehindert wurde, am Spiel teilzunehmen, od. ein Spieler, der vom Spielfeld gewiesen wurde, muß sich beim Schiedsrichter während einer Spielunterbrechung zurückmelden. Er darf das Spielfeld erst wieder betreten, nachdem der Schiedsrichter sich davon überzeugt hat, daß der Spieler den beanstandeten Mangel beseitigt hat.

6. Ein Spieler, der daran gehindert wurde, am Spiel teilzunehmen, oder wegen eines Verstoßes gegen Regel IV vom Spielfeld gewiesen wurde, od. der das Spielfeld unter Verletzung der Regel XII betritt od. wieder betritt, um in seine Mannschaft einzutreten od. wieder einzutreten, ist zu *verwarnen*.

Wenn der Schiedsrichter das Spiel unterbricht, um die Verwarnung auszusprechen, ist es am Ort, wo sich der Ball befand, als der Schiedsrichter das Spiel unterbrach, durch *indirekten Freistoß* wieder aufzunehmen. Wenn der Freistoß einer Mannschaft innerhalb des eigenen Torraumes zugesprochen wird, darf er von irgendeinem Punkt aus in der Hälfte des Torraumes ausgeführt werden, in der sich der Ball befand, als das Spiel unterbrochen wurde.

Regel V – Schiedsrichter

Für jedes Spiel muß ein Schiedsrichter bestimmt werden. Seine Autorität u. die Ausübung der Befugnisse, die ihm durch die Spielregeln gegeben werden, beginnen, sobald er das Spielfeld betritt. – Seine Macht, Strafen zu verhängen, erstreckt sich auch auf Vergehen, die begangen werden, wenn das Spiel zeitweilig unterbrochen wurde, od.

Regel V
Wenn ein Schiedsrichter vom Ball im Gesicht getroffen, dadurch vorübergehend außer Gefecht gesetzt u. ein Tor erzielt wird, ohne daß er dies feststellen konnte, ist ein so erzieltes Tor gültig?
Ja. Sofern dieses nach Meinung des dem Vorfall näherstehenden neutralen Linienrichters ordnungsgemäß erzielt wurde.
Ein Linienrichter zeigt an, daß der Ball die Seitenlinie überquert habe. Bevor aber der Schiedsrichter auf Ball „aus dem Spiel" entschieden hat, schlägt der Verteidiger einen angreifenden Spieler innerhalb des Strafraumes. Was entscheidet der Schiedsrichter?
Nachdem der Schiedsrichter die geeigneten Maßnahmen bezüglich des Verstoßes getroffen hat, nimmt er das Spiel mit Einwurf wieder auf; denn der Verstoß erfolgte, als der Ball schon aus dem Spiel war.
Wie reagiert der Schiedsrichter einem Spieler gegenüber, der sich während des Spieles eine Zigarette anzündet?
Mit Verwarnung wegen unsportlichen Verhaltens.
Kann ein Spielführer einen Mannschaftskameraden wegen grob unsportlichen Verhaltens des Spielfeldes verweisen?
Nein. Nur der Schiedsrichter kann einen Spieler des Feldes verweisen.
Was hat der Schiedsrichter zu tun, wenn die beiden Spielführer übereinkommen, auf die Halbzeitpause zu verzichten u. einer der Spieler auf seinem Recht auf 5 Minuten Pause beharrt?
Die Spieler haben Anrecht auf 5 Minuten Pause, u. der Schiedsrichter muß diese gewähren.

wenn der Ball aus dem Spiel ist. Seine Entscheidung über Tatsachen, die mit dem Spiel zusammenhängen, ist endgültig, soweit es um das Spielergebnis geht. Er hat: a) den Spielregeln Geltung zu verschaffen; b) von einer Strafe in allen Fällen abzusehen, in denen er die Überzeugung hat, daß er dadurch der die Regel übertretenden Mannschaft einen Vorteil verschaffen würde; c) sich Aufzeichnungen über den Verlauf des Spieles zu machen. Er muß Zeit nehmen u. die volle od. vereinbarte Spieldauer einhalten. Durch Unglücksfälle od. aus anderen Gründen verlorengegangene Zeit muß er nachspielen lassen. d) Die unumschränkte Macht, das Spiel jederzeit wegen eines Regelverstoßes zu unterbrechen u. es wegen der Witterung, Störung durch Zuschauer od. aus anderen Gründen zu unterbrechen od. abzubrechen, wenn er eine derartige Maßnahme für notwendig hält. In einem solchen Fall ist der zuständigen Behörde ein eingehender Bericht einzusenden, u. zwar innerhalb der vorgeschriebenen Frist u. gemäß den Bestimmungen der für die Leitung des Spieles verantwortlichen Föderation bzw. des jeweiligen Landesverbandes. e) Mit dem Augenblick, wo er das Spielfeld betritt, einen Spieler wegen ungebührlichen od. unsportlichen Betragens zu verwarnen u. wenn der Spieler sich weiterhin unsportlich beträgt, ihn von der weiteren Teilnahme auszuschließen. In solchen Fällen ist der zuständigen Behörde ein detaillierter Bericht unter Namensnennung des schuldigen Spielers einzusenden, u. zwar innerhalb der vorgeschriebenen Frist u. gemäß den Bestimmungen des für die Leitung des Spieles verantwortlichen Landesverbandes. f) Keiner anderen Person als den Spielern u. den Linienrichtern das Betreten des Spielfeldes zu gestatten. g) Das Spiel zu unterbrechen, wenn nach seiner Ansicht ein Spieler ernstlich verletzt ist. Er soll den Spieler so bald als möglich vom Felde schaffen lassen u. dann das Spiel sofort fortsetzen. Wenn ein Spieler nur leicht verletzt ist, soll das Spiel nicht unterbrochen werden, bis der Ball aus dem Spiel ist. Ein Spieler, der in der Lage ist, zur Seiten- od. Torlinie zu gehen, um sich pflegen zu lassen, soll nicht auf dem Spielfeld behandelt werden. h) Jeden Spieler des Feldes zu verweisen, der sich, seiner Meinung nach, einer Tätlichkeit (eines gewalttätigen Verhaltens), eines schweren Foulspiels od. beleidigender bzw. schmähender Äußerungen schuldig macht. i) Ein Zeichen für den Fortgang des Spieles nach jeder Unterbrechung zu geben. j) Zu entscheiden, daß der für ein Spiel vorgesehene Ball den Anforderungen der Regel II entspricht.

Entscheidungen des Board:

1. *Schiedsrichter* haben bei internationalen Spielen Jacken od. Blusen zu tragen, die sich in der Farbe deutlich von denen der spielenden Mannschaften unterscheiden.
2. Die Schiedsrichter für internationale Spiele sind aus einem neutralen Land zu wählen, wenn sich die betreffenden Länder nicht einigen, einen ihrer eigenen offiziellen Schiedsrichter mit der Spielleitung zu betrauen.
3. Der Schiedsrichter für internationale Spiele muß unter denjenigen gewählt werden, die sich auf der offiziellen Liste der *internationalen Schiedsrichter* befinden. (Dies bezieht sich nicht auf die internationalen Amateur- od. Jugendspiele).
4. Der Schiedsrichter soll den zuständigen Instanzen unsportliches Verhalten od. etwaige Verfehlungen durch Zuschauer, Offizielle, Spieler, gemeldete Auswechselspieler od. andere Personen anzeigen, die sich entweder auf dem Spielfeld od. in seiner Nähe zu irgendeinem Zeitpunkt vor dem Spiel, während des Spiels od. nach dem Spiel ereignen, damit die betreffenden Instanzen geeignete Maßnahmen ergreifen können.
5. *Linienrichter* sind Helfer des Schiedsrichters. Auf keinen Fall darf der Schiedsrichter dem Eingreifen eines Linienrichters stattgeben, wenn er selbst den Vorfall gesehen hat u. aufgrund seiner Stellung im Spielfeld diesen besser beurteilen kann. Mit diesem Vorbehalt u. vorausgesetzt, daß der Linienrichter *neutral* ist, kann der Schiedsrichter die

Meldung des Linienrichters berücksichtigen u., wenn sich diese auf die Spielphase unmittelbar vor Erzielung eines Tores bezieht, danach handeln u. das Tor als ungültig erklären.
6. Der Schiedsrichter kann jedoch seine erste Entscheidung nur rückgängig machen, solange das Spiel nicht wieder fortgesetzt wurde.
7. Wenn der Schiedsrichter sich entschlossen hat, die *Vorteilsbestimmung* anzuwenden u. dem Spiel freien Lauf zu lassen, kann er seine Entscheidung *nicht* widerrufen, wenn der vorausgesetzte Vorteil nicht verwirklicht wurde, selbst dann nicht, wenn er seine Entscheidung durch keine Geste angezeigt hat. Dies darf jedoch den Schiedsrichter nicht hindern, sich mit dem fehlbaren Spieler zu befassen.
8. Die S. sollen die Voraussetzung dafür schaffen, daß die Spiele mit möglichst wenig Unterbrechungen abgewickelt werden können, weshalb es Pflicht der Schiedsrichter ist, nur absichtliche Regelverstöße zu bestrafen. Ein ständiges Pfeifen wegen unwesentlicher u. zweifelhafter Vergehen verursacht Verstimmung u. Gereiztheit bei den Spielern u. verdirbt das Vergnügen der Zuschauer.
9. Laut Regel V ist der Schiedsrichter ermächtigt, ein Spiel im Falle ernster Störung abzubrechen, aber er ist in einem solchen Fall nicht berechtigt, zu entscheiden, daß die eine od. die andere Mannschaft disqualifiziert u. damit als Verlierer des Spieles betrachtet werden soll. Er muß einen ausführlichen Bericht an die zuständige Behörde schicken, die allein berechtigt ist, sich weiter mit der Angelegenheit zu befassen.
10. Wenn ein Spieler zu gleicher Zeit 2 Vergehen verschiedener Art begeht, hat der Schiedsrichter das schwerere Vergehen zu bestrafen.
11. Es ist Pflicht der Schiedsrichter, bei Vorfällen, die sie nicht persönlich beobachteten, den Aussagen neutraler Linienrichter gemäß zu handeln.
12. Der Schiedsrichter soll keiner Person das Betreten des Spielfeldes erlauben, bis das Spiel unterbrochen ist, u. nur, wenn er ihm ein Zeichen dazu gegeben hat, u. er soll keine Anweisungen von den Begrenzungslinien aus zulassen.

Regel VI – Linienrichter

2 *Linienrichter* sind zu bestimmen, deren Aufgabe es ist, unbeschadet der Entscheidung des Schiedsrichters anzuzeigen: a) wenn der Ball aus dem Spiel ist; b) welche Mannschaft zum Eckstoß, Abstoß od. Einwurf berechtigt ist; c) wenn eine Auswechslung gewünscht wird. Sie sollen ferner dem Schiedsrichter helfen, das Spiel in Übereinstimmung mit den Regeln zu leiten. Bei ungehöriger Einmischung od. nicht einwandfreiem Betragen eines Linienrichters soll der Schiedsrichter ihn seines Amtes entheben u. einen Ersatzmann bestimmen. (Ein solcher Fall ist der zuständigen Behörde zu melden.) Die Linienrichter sollen von dem Klub, auf dessen Platz das Spiel ausgetragen wird, die *Linienrichterfahnen* erhalten.

Entscheidungen des Board:
1. Neutrale Linienrichter haben stets die Pflicht, die Aufmerksamkeit des Schiedsrichters auf jegliche von ihnen festgestellte Übertretung der Spielregeln zu lenken, wenn sie glauben, daß der Schiedsrichter diese nicht sehen konnte. Es ist dann jedoch Sache des Schiedsrichters, endgültig zu entscheiden.
2. Den Landesverbänden ist empfohlen, bei internationalen Spielen offizielle Schiedsrichter neutraler Länder als Linienrichter zu bestimmen.
3. Bei *internationalen Spielen* sollen die Flaggen der Linienrichter in lebhaften Farben – grellrot od. lebhaftes Gelb – gehalten sein. Solche Flaggen werden auch für alle anderen Spiele empfohlen.
4. Ein Linienrichter kann nur aufgrund eines Berichtes des Schiedsrichters wegen ungerechtfertigter Einmischung od. ungenügender Unterstützung zum Gegenstand einer Disziplinarmaßnahme werden.

Regel VII – Spieldauer

Das Spiel besteht, wenn nichts anderes vereinbart worden ist, aus 2 *Spielzeithälften* von je 45 Minuten Dauer. Dabei

Regel VI
Darf der Schiedsrichter einen neutralen Linienrichter um seine Meinung befragen, ob der Ball die Torlinie zwischen den Torpfosten überquert habe od. nicht?
Ja.

soll der Schiedsrichter jeder Spielzeithälfte die nach seinem Ermessen durch Unfall od. aus einem anderen Grunde verlorengegangene Zeit hinzufügen. Der Schiedsrichter muß jede Spielzeithälfte verlängern, um einen innerhalb der normalen Spielzeit verwirkten Strafstoß ausführen zu lassen. Die *Halbzeitpause* soll 5 Minuten nicht überschreiten, außer mit der Zustimmung des Schiedsrichters.

Entscheidungen des Board:

1. Wird ein Spiel durch den Schiedsrichter vor Ablauf der in den Regeln festgesetzten Zeit aus einem der in Regel V erwähnten Gründe abgebrochen, muß es zur Gänze wiederholt werden, vorausgesetzt, daß die betreffenden Wettspielbestimmungen die Beibehaltung des bei Abbruch des Spieles erzielten Resultates nicht vorsehen.
2. Die Spieler haben in der Halbzeit Anrecht auf eine Pause.

Regel VIII – Spielbeginn

a) *Vor Beginn des Spieles* wird mittels einer Münze um die Spielfeldhälften u. den Anstoß *gelost.* Die das Los gewinnende Mannschaft kann die Spielfeldhälfte od. den Anstoß wählen. Nachdem der Schiedsrichter ein Zeichen gegeben hat, beginnt das Spiel durch den *Anstoß*, indem ein Spieler den Ball, der auf dem Boden im Mittelpunkt des Spielfeldes ruht, in die gegnerische Spielhälfte stößt. Jeder Spieler muß sich in seiner eigenen Spielfeldhälfte befinden, u. jeder Spieler der Mannschaft, die den Anstoß nicht ausführt, muß mindestens 9,15 m von dem Ball entfernt bleiben, bis dieser angestoßen worden ist. Der Ball ist erst dann im Spiel, wenn er eine Strecke von der Länge seines Umfanges zurückgelegt hat. Der Spieler, der den Anstoß ausgeführt hat, darf den Ball nicht ein zweites Mal spielen, bevor dieser nicht von einem anderen Spieler gespielt od. berührt worden ist. b) *Nach einem Torerfolg* ist das Spiel in gleicher Weise durch einen Spieler der Mannschaft, gegen die das Tor erzielt worden ist, wieder aufzunehmen. c) *Nach der Halbzeit* werden vor Wiederbeginn des Spieles die Spielfeldhälften gewechselt. Der Anstoß wird von einem Spieler der Mannschaft ausgeführt, die zu Beginn des Spieles den Anstoß *nicht* hatte.

Strafbestimmung:

Bei jedem Verstoß gegen diese Regel ist der Anstoß zu wiederholen, ausgenommen in dem Fall, wo der Spieler den im Spiel befindlichen Ball ein zweites Mal spielt, bevor dieser von einem anderen Spieler berührt od. gespielt worden ist. Für dieses Vergehen ist ein *indirekter Freistoß* durch einen gegnerischen Spieler da auszuführen, wo sich der Verstoß ereignete, ausgenommen, der Verstoß wurde von einem Spieler im Torraum der gegnerischen Mannschaft begangen; in diesem Falle ist der Freistoß von irgendeinem Punkt innerhalb der Hälfte des Torraumes auszuführen, in der der Verstoß begangen wurde. Aus einem Anstoß kann direkt *kein* Tor erzielt werden. d) *Nach jeder anderen zeitweiligen Unterbrechung*. Wenn das Spiel nach einer zeitweiligen Unterbrechung, die sich aus keinem Regelverstoß ergab, wieder aufgenommen wird, wobei der Ball nicht unmittelbar vor der Unterbrechung über die Seiten- od. Torlinie gegangen sein darf, muß der Schiedsrichter den Ball an der Stelle, wo dieser sich im Augenblick der Spielunterbrechung befunden hat, fallen lassen (*Schiedsrichterball*). Der Ball gilt als im Spiel, sobald er den Boden berührt hat. Wenn der durch den Schiedsrichter ins Spiel gebrachte Ball die Seiten- od. Torlinie überquert, ehe er von einem Spieler berührt worden ist, od. wenn ein Spieler den Ball spielt, bevor er den Boden berührt hat, muß der Schiedsrichterball wiederholt werden.

Entscheidungen des Board:

1. Wenn bei einem Schiedsrichterball ein Spieler gegen irgendeine Spielregel verstößt, bevor der Ball den Boden berührt, ist der betreffende Spieler, je nach der Schwere der Regelverletzung, zu verwarnen od. vom Spielfeld zu weisen. Der gegnerischen Mannschaft kann jedoch kein Freistoß zuerkannt werden, da der Ball im Zeitpunkt des Vergehens noch nicht im Spiel war. Der Schiedsrichterball ist daher zu wiederholen.

Regel VIII

Darf der Anstoß zu einem Spiel durch eine andere Person erfolgen als durch einen der am Spiel teilnehmenden Spieler?

Nein. Ist jedoch bei gewissen Spielen für eine Person, die nicht am Spiel teilnimmt, eine Eröffnungszeremonie vereinbart, darf sie den Anstoß vornehmen („Ehrenanstoß"). Der Ball ist danach jedoch auf den Mittelpunkt des Spielfeldes zurückzubringen, u. der Anstoß hat in Übereinstimmung mit der Regel zu erfolgen.

Welche Mannschaft hat dann den Anstoß, wenn Verlängerungen zu spielen sind?

Für die zusätzliche Spielzeit losen die Spielführer um die Wahl für Platzhälfte od. Anstoß.

Wie entscheidet der Schiedsrichter, wenn der Ball beim Anstoß direkt in des Gegners Tor getreten wird?

Mit Abstoß für die gegnerische Mannschaft.

2. Die Ausführung des Anstoßes durch andere Personen als die im Spiele mitwirkenden Spieler ist verboten.

Regel IX – Ball in u. aus dem Spiel

Der Ball ist aus dem Spiel, wenn a) er entweder auf dem Boden od. in der Luft die Tor- od. Seitenlinie völlig überquert hat; b) das Spiel durch den Schiedsrichter unterbrochen worden ist. – Der Ball ist zu jeder anderen Zeit von Spielbeginn bis -ende im Spiel, auch dann, wenn a) er von einem Torpfosten, der Querlatte od. einer Eckfahne ins Spielfeld zurückspringt; b) er vom Schiedsrichter od. den Linienrichtern ins Spielfeld zurückspringt, sofern diese sich im Spielfeld befinden; c) ein Regelverstoß vermutet wird, ein Entscheid aber nicht getroffen wurde.

Entscheidungen des Board:

1. Die Linien gehören zu denjenigen Flächen, die sie begrenzen. Daher gehören die Seiten- sowie Torlinien zum Spielfeld.

Regel X – Torerzielung

Ein Tor ist erzielt, wenn der Ball die Torlinie zwischen den Torpfosten u. unter der Querlatte *vollständig* überquert hat, ohne dabei von einem Spieler der angreifenden Mannschaft mit dem Arm od. mit der Hand angehalten bzw. geworfen, getragen od. absichtlich gestoßen worden zu sein, ausgenommen vom Torhüter, der sich innerhalb seines eigenen Strafraumes befindet. Die Mannschaft, die während des Spiels die meisten Tore erzielt, hat *gewonnen*. Wenn keine Tore erzielt worden sind, od. wenn jede Mannschaft die gleiche Anzahl von Toren erzielt hat, endet das Spiel *unentschieden*.

Entscheidungen des Board:

1. Regel X bestimmt die einzige Methode, nach der ein Spiel gewonnen od. unentschieden ist. Keine Änderung, wie immer sie auch lauten mag, kann anerkannt werden.

2. Ein Tor kann auf keinen Fall anerkannt werden, wenn der Ball, bevor er die Torlinie überquert hat, durch einen äußeren Einfluß aufgehalten wurde. Wenn dies im normalen Spielverlauf geschieht – außer beim Treten eines Strafstoßes –, muß das Spiel unterbrochen u. durch Schiedsrichterball an der Stelle fortgesetzt werden, wo der Ball durch diesen äußeren Einfluß aufgehalten wurde.

3. Wenn der Ball ins Tor geht, ein Zuschauer aber das Spielfeld betritt, bevor der Ball die Torlinie vollständig überquert, u. versucht, das Tor zu verhindern, der Ball aber ins Tor geht, so gilt dieses Tor. Wenn jedoch der Zuschauer den Ball berührt od. ins Spiel eingreift, hat der Schiedsrichter das Spiel zu unterbrechen u. durch *Schiedsrichterball* am Ort, wo die Berührung od. der Eingriff stattfand, wieder aufzunehmen.

Regel XI – Abseits

1. Ein Spieler befindet sich in Abseitsstellung, wenn er näher der gegnerischen Torlinie ist als der Ball, außer: a) er befindet sich in seiner eigenen Spielfeldhälfte, od. b) mindestens 2 Spieler der gegnerischen Mannschaft sind ihrer eigenen Torlinie näher als er.

2. Ein Spieler wird nur dann abseits erklärt u. für seine Abseitsstellung bestraft, wenn im Moment, da ein Spieler seiner Mannschaft den Ball berührt od. diesen spielt, er nach Ansicht des Schiedsrichters a) das Spiel od. einen Gegner beeinflußt, od. b) versucht, aus jener Stellung einen Vorteil zu ziehen.

3. Ein Spieler wird vom Schiedsrichter nicht abseits erklärt a) nur weil er sich in Abseitsstellung befindet; b) wenn er den Ball direkt aus einem Abstoß, einen Eckstoß, einem Einwurf od. einem Schiedsrichterball bekommt.

4. Wenn ein Spieler abseits erklärt wird, verhängt der Schiedsrichter einen *indirekten Freistoß*, der von einem Spieler der gegnerischen Mannschaft an dem Ort ausgeführt werden muß, an dem der Verstoß begangen wurde, ausgenommen, der Verstoß wurde von einem Spieler im Torraum der gegnerischen Mannschaft begangen; in diesem Falle ist der Freistoß von irgendeinem Punkt innerhalb der Hälfte des Torraumes auszuführen, in der der Verstoß begangen wurde.

Regel IX

Ist der Ball, wenn er noch mit einem Teil die Tor- od. Seitenlinie berührt, aus dem Spiel?

Nein, der Ball muß die Linie vollständig überquert haben.

Ein Spieler ersucht um Erlaubnis, das Spielfeld zu verlassen. Beim Hinausgehen landet der Ball bei ihm, und er schießt ihn ins Tor. Was entscheidet der Schiedsrichter?

Der Spieler ist zu verwarnen. Das Spiel ist durch indirekten Freistoß, ausgeführt durch einen Spieler der Gegenpartei, an der Stelle, wo der Verstoß erfolgte, wieder aufzunehmen.

Regel X

Bevor der Ball die Torlinie vollständig überquert hat, pfeift der Schiedsrichter Tor, stellt aber sofort fest, daß er sich irrte. Ist das Tor gültig?

Nein. Das Spiel ist mit Schiedsrichterball am Ort, wo der Ball sich befand, als der Schiedsrichter versehentlich das Spiel unterbrach, fortzusetzen.

Regel XI

Verstößt ein Spieler gegen die Regel, wenn er in Abseitsstellung ist, sich aber knapp außerhalb der Grenzlinien des Spielfeldes begibt, um dem Schiedsrichter klar zu zeigen, daß er nicht ins Spiel eingreift?

Nein; ist aber der Schiedsrichter der Meinung, daß dieses Vorgehen einen taktischen Zweck verfolgte od. lediglich eine Finte ist u. der Spieler sofort nachher wieder am Spiel teilnimmt, dann hat er auf „Abseits" zu entscheiden.

Ist es einem Mannschaftskameraden erlaubt, „Abseits" zu stehen, wenn ein Strafstoß zur Ausführung kommt?

Ja; aber es müßte auf „Abseits" entschieden werden, wenn das Tor durch den Strafstoßschützen nicht direkt erzielt wird u. der Spieler versucht, ins Spiel einzugreifen. Nicht auf „Abseits" ist zu entscheiden, wenn der Torhüter den Ball pariert u. dieser hernach zum Angreifer gelangt.

Regel XII
Ist auf Strafstoß zu entscheiden, wenn der Ball im Spiel ist u. ein Spieler einen Gegner, der sich in Abseitsstellung befindet, jedoch nicht versucht, den Ball zu spielen od. sonstwie am Spiel teilzunehmen, absichtlich tritt od. schlägt?
Ja.
Wie lautet der Entscheid, wenn ein Spieler, nachdem er vom Schiedsrichter wegen leichter Verletzung od. aus einem anderen Grund die Erlaubnis erhielt, das Spielfeld zu verlassen, sich nahe der Seitenlinie aufstellt u. seinen Fuß ins Spielfeld streckt, so daß ein Gegner stürzt?
Der Fehlbare ist zu verwarnen u. das Spiel mit direktem Freistoß fortzusetzen; denn das Vergehen erfolgte innerhalb des Spielfeldes.
Hat der Schiedsrichter auf Strafstoß zu entscheiden, wenn ein verteidigender Spieler wegen Tretens od. Schlagens des Gegners im Strafraum des Feldes verwiesen wird?
Ja; vorausgesetzt, daß der Ball im Augenblick des Vergehens im Spiele war.
Macht sich ein Spieler unsportlichen Verhaltens schuldig, wenn er sich absichtlich u. übermäßig lange auf den Ball legt?
Ja. Er ist zu verwarnen, u. der gegnerischen Mannschaft ist ein indirekter Freistoß zuzusprechen. Im Falle einer Wiederholung des Verstoßes ist er des Feldes zu verweisen.
Wie ist das Spiel fortzusetzen, wenn bei einem Schiedsrichterball im Strafraum ein verteidigender Spieler einen Gegner schlägt, bevor der Ball den Boden berührt?
Nach Ergreifen der geeigneten Maßnahmen bezüglich des Verstoßes hat der Schiedsrichter Schiedsrichterball zu geben. Trotzdem der Verstoß innerhalb des Strafraumes erfolgte, ist nicht auf Strafstoß zu entscheiden, da der Ball im Augenblick des Verstoßes nicht im Spiel war.

Entscheidungen des Board:
1. Abseits soll nicht in dem Augenblick beurteilt werden, in dem der fragliche Spieler den Ball erhält, sondern in dem Augenblick, in dem ihm der Ball von einem Spieler seiner Mannschaft zugespielt wird. Ein Spieler, der nicht in Abseitsstellung ist, wenn ihm einer seiner Mitspieler den Ball zuspielt od. einen Freistoß tritt, wird daher nicht abseits, wenn er während des Fluges des Balles vorläuft.

Regel XII – Verbotenes Spiel u. unsportliches Betragen
Ein Spieler, der absichtlich einen der folgenden 9 Verstöße begeht: a) einen Gegner tritt od. versucht, ihn zu treten, b) einem Gegner das Bein stellt, worunter auch ein Zufallbringen od. der Versuch dazu unter Gebrauch der Beine zu verstehen ist, od. sich vor od. hinter ihm niederbückt, c) einen Gegner anspringt, d) einen Gegner in heftiger od. gefährlicher Weise rempelt, e) einen Gegner von hinten rempelt, ohne daß dieser ihn behindert, f) einen Gegner schlägt od. versucht, ihn zu schlagen, od. ihn anspuckt, g) einen Gegner hält, h) einen Gegner stößt, i) den Ball mit der Hand spielt, d. h. ihn mit dem Arm od. mit der Hand anhält bzw. wirft, trägt od. stößt (gilt nicht für den Torhüter in seinem eigenen Strafraum),
ist durch Erteilung eines *direkten Freistoßes* zu bestrafen, der von der Gegenpartei an der Stelle auszuführen ist, wo der Verstoß begangen wurde, ausgenommen, der Verstoß wurde von einem Spieler im Torraum der gegnerischen Mannschaft begangen; in diesem Fall ist der Freistoß von irgendeinem Punkt innerhalb der Hälfte des Torraumes auszuführen, in der der Verstoß begangen wurde.
Begeht ein Spieler der verteidigenden Mannschaft absichtlich innerhalb des Strafraumes einen oder oben genannten 9 Verstöße, so ist er durch einen *Strafstoß* zu bestrafen. Ein Strafstoß kann ohne Rücksicht auf die jeweilige Stellung des Balles verhängt werden, vorausgesetzt, daß der Ball sich im Augenblick des Verstoßes im Spiel befindet u. das Vergehen im Strafraum stattfand. Ein Spieler, der einen der folgenden 5 Verstöße begeht:
1. in einer nach Ansicht des Schiedsrichters gefährlichen Weise spielt, z. B. versucht, den Ball zu treten, während der Torhüter ihn hält,
2. korrekt rempelt, d. h. mit der Schulter, wenn der Ball nicht in Spielnähe der betreffenden Spieler ist u. wenn diese nicht ernstlich versuchen, ihn zu spielen.
3. ohne den Ball spielen zu wollen absichtlich den Gegner sperrt, d. h. zwischen Ball u. Gegner läuft od. durch Einsatz des Körpers ein Hindernis für den Gegner bildet;
4. den Torhüter rempelt, außer wenn dieser: a) den Ball hält, od. b) einen Gegner hindert, od. c) seinen Torraum verlassen hat.
5. als Torhüter u. im eigenen Strafraum: a) vom Moment an, wo er den Ball mit seinen Händen kontrolliert, mehr als 4 Schritte in irgendeine Richtung macht u. dabei den Ball in den Händen hält, auf den Boden aufspringen läßt od. in die Luft wirft u. wieder auffängt, ohne ihn für das Spiel freizugeben od., nachdem er den Ball vor, während od. nach den 4 Schritten wieder freigegeben hat, ihn wieder mit den Händen berührt, bevor ihn ein Spieler seiner Mannschaft außerhalb des Strafraumes od. ein Spieler der gegnerischen Mannschaft entweder innerhalb od. außerhalb des Strafraumes berührt od. gespielt hat, od. b) sich einer Taktik bedient, die nach Auffassung des Schiedsrichters allein dazu dient, das Spiel zu verzögern, um seiner eigenen Mannschaft einen unsportlichen Vorteil zu verschaffen, ist durch Erteilen eines *indirekten Freistoßes* zu bestrafen, der von der gegnerischen Mannschaft an der Stelle auszuführen ist, wo der Verstoß begangen wurde, ausgenommen, der Verstoß wurde von einem Spieler im Torraum der gegnerischen Mannschaft begangen; in diesem Falle ist der Freistoß von irgendeinem Punkt innerhalb der Hälfte des Torraumes auszuführen, in der der Verstoß begangen wurde.
Ein Spieler ist zu *verwarnen*, wenn er:

j) das Spielfeld betritt od. wiederbetritt, um in seine Mannschaft einzutreten od. wiedereinzutreten, nachdem das Spiel begonnen hat, od. wenn er das Spielfeld während des Spieles verläßt (ausgenommen bei Unglücksfällen), ohne in diesen Fällen vorher die Einwilligung des Schiedsrichters erhalten zu haben. Wenn der Schiedsrichter das Spiel unterbricht, um die Verwarnung auszusprechen, soll es durch einen *indirekten Freistoß*, ausgeführt durch einen Spieler der Gegenpartei, an der Stelle wo sich der Ball bei Unterbrechung des Spieles durch den Schiedsrichter befand, wieder aufgenommen werden. Wenn der Freistoß einer Mannschaft innerhalb des eigenen Torraumes zugesprochen wird, darf der Freistoß von irgendeinem Punkt aus in der Hälfte des Torraumes ausgeführt werden, in der sich der Ball befand, als das Spiel unterbrochen wurde. Wenn jedoch der Spieler einen schweren Verstoß beging, soll er, gemäß der dafür in Frage kommenden Bestimmung der Spielregeln, bestraft werden.
k) dauernd gegen die Spielregeln verstößt, l) durch Worte od. Handlungen die Ablehnung irgendeines Entscheides des Schiedsrichters zu erkennen gibt, m) sich eines unsportlichen Betragens schuldig macht. Für jede Übertretung der Regel gemäß Absatz k, l u. m soll der betreffende Spieler verwarnt werden, u. ein *indirekter Freistoß* soll von einem Spieler der gegnerischen Mannschaft an der Stelle ausgeführt werden, wo der Verstoß stattfand, wenn nicht ein ernsterer Verstoß gegen die Spielregeln begangen wurde. Wenn der Verstoß durch einen Spieler im gegnerischen Torraum begangen wird, darf der Freistoß von irgendeinem Punkt aus in der Hälfte des Torraumes ausgeführt werden, wo der Verstoß stattfand, als das Spiel unterbrochen wurde. Ein Spieler soll vom Spielfeld gewiesen werden *(Feldverweis)*, wenn er nach Auffassung des Schiedsrichters: n) sich eines groben, unsportlichen Betragens schuldig macht od. roh spielt. o) beleidigende od. schmähende Äußerungen gebraucht, p) sich weiterhin unsportlich benimmt, nachdem er bereits verwarnt worden ist. Wenn das Spiel unterbrochen wurde, weil ein Spieler wegen Unsportlichkeit, ohne daß er eine besondere Regelverletzung beging, vom Spielfeld gewiesen wurde, so ist das Spiel durch einen *indirekten Freistoß* wieder aufzunehmen, der von einem Spieler der gegnerischen Mannschaft an der Stelle auszuführen ist, wo der Verstoß stattfand, ausgenommen, der Verstoß wurde von einem Spieler im Torraum der gegnerischen Mannschaft begangen; in diesem Falle ist der Freistoß von irgendeinem Punkt innerhalb der Hälfte des Torraumes auszuführen, in der der Verstoß begangen wurde.
Entscheidungen des Board:
1. Wenn der Torhüter absichtlich einem Gegner den Ball heftig anwirft od., während er den Ball hält, den Gegner damit stößt, hat der Schiedsrichter auf *Strafstoß* zu entscheiden, sofern das Vergehen innerhalb des Strafraumes erfolgte.
2. Sofern ein Spieler absichtlich einem Gegner, der im Begriffe ist, ihn anzugreifen, seinen Rücken zukehrt, darf er von hinten gerempelt werden, jedoch nicht in gefährlicher Weise.
3. Im Falle eines körperlichen Kontaktes im Torraum zwischen einem angreifenden Spieler u. dem sich nicht im Besitze des Balles befindlichen gegnerischen Torhüter hat der Schiedsrichter, als alleiniger Beurteiler der Absicht, das Spiel zu unterbrechen u. einen *indirekten Freistoß* zu verhängen, wenn seiner Meinung nach die Handlung des angreifenden Spielers absichtlich war.
4. Wenn sich ein Spieler auf die Schultern eines anderen vor ihm befindlichen Spielers seiner eigenen Mannschaft stützt, um den Ball zu köpfen, hat der Schiedsrichter das Spiel zu unterbrechen, den Spieler wegen unsportlichen Betragens zu verwarnen u. der gegnerischen Mannschaft einen *indirekten Freistoß* zuzuerkennen.
5. Die Pflicht eines Spielers, wenn er nach Spielbeginn in seine Mannschaft eintritt od. wiedereintritt, sich beim Schiedsrichter zu melden, ist so zu verstehen, daß er von der Seitenlinie aus

Was hat der Schiedsrichter zu tun, wenn ein Spieler der verteidigenden Mannschaft, ein anderer als der Torhüter, der sich außerhalb des Strafraumes befindet, absichtlich im Strafraum den Ball mit der Hand spielt?
Er muß einen Strafstoß anordnen, denn der Verstoß erfolgte innerhalb des Strafraumes.
Was hat der Schiedsrichter zu tun, wenn 2 Spieler der gleichen Mannschaft sich auf dem Spielfeld gegenseitig unsportlich od. gewalttätig benehmen?
Der Schiedsrichter hat sie zu verwarnen od. des Spielfeldes zu verweisen u. das Spiel mit einem indirekten Freistoß fortzusetzen.
Wie ist ein Spieler zu bestrafen, der das Spielfeld betritt od. auf dieses zurückkehrt, ohne dazu das Zustimmungszeichen des Schiedsrichters erhalten zu haben u. außerdem noch einen schweren Regelverstoß begeht, z. B. den Ball mit der Hand spielt od. einen Gegner tritt?
1. Der Schiedsrichter hat den Spieler dafür zu verwarnen, daß er das Spielfeld betreten hat od. auf das Spielfeld zurückgekehrt ist, ohne dazu ein Zeichen vom Schiedsrichter erhalten zu haben.
2. Der Schiedsrichter hat darüber hinaus den schwereren Verstoß zu bestrafen.
Wenn der Schiedsrichter einen Spieler verwarnt, sich dieser dann hierauf wegen seines Vergehens entschuldigt, darf der Spielleiter dann die Meldung des Vorfalls unterlassen?
Nein, alle Verwarnungen müssen gemeldet werden.

die Aufmerksamkeit des Schiedsrichters auf sich zu lenken hat. Das Zeichen des Schiedsrichters soll durch eine eindeutige Geste gegeben werden, die dem Spieler verständlich macht, das Spielfeld betreten zu dürfen. Es ist nicht notwendig, daß der Schiedsrichter bis zu einer Spielunterbrechung wartet, nur ihm, als einzigem Richter, steht es zu, den Zeitpunkt zu bestimmen, wann er das Zeichen seines Einverständnisses geben will. (Diese Bestimmung ist nicht auf den in der Regel IV vorgesehenen Fall anwendbar.)

6. Wortlaut u. Geist von Regel XII verpflichten den Schiedsrichter nicht, ein Spiel zwecks Erteilung einer Verwarnung zu unterbrechen. Er kann, wenn er es vorzieht, die Vorteilsbestimmung anwenden. Wenn er dies tut, soll er den Spieler bei der nächsten Spielunterbrechung verwarnen.

7. Wenn ein Spieler den Ball deckt, ohne ihn zu berühren, im Bemühen, den Gegner zu hindern, den Ball zu spielen, sperrt er, verletzt aber die Regel XII, Absatz 3, nicht, da er bereits im Besitz des Balles ist u. ihn als taktischen Gründen deckt, während der Ball in Spielnähe bleibt. Tatsächlich spielt er den Ball u. begeht keinen Regelverstoß. In diesem Fall darf der Spieler gerempelt werden, da er den Ball tatsächlich spielt.

8. Wenn ein Spieler absichtlich seine Arme ausstreckt, von einer Seite auf die andere tritt, seine Arme auf- u. abbewegt, um den Gegner zu hindern u. ihn zu zwingen, die Richtung zu ändern, ihn dabei aber körperlich nicht berührt, hat der Schiedsrichter den Spieler wegen unsportlichen Verhaltens zu verwarnen u. einen *indirekten Freistoß* anzuordnen.

9. Wenn ein Spieler absichtlich den gegnerischen Torhüter sperrt, mit der Absicht ihn zu hindern, den Ball gemäß Regel XII, 5a, wieder ins Spiel zu bringen, hat der Schiedsrichter einen *indirekten Freistoß* zu verhängen.

10. Wenn, nachdem der Schiedsrichter einen Freistoß anordnete, ein Spieler deswegen heftig protestiert, indem er den Schiedsrichter beschimpft od. gegen ihn unflätige Redensarten gebraucht u. daher vom Spielfeld gewiesen wird, ist der Freistoß erst auszuführen, wenn der Spieler das Spielfeld verlassen hat.

11. Jeder Spieler, befände er sich innerhalb od. außerhalb des Spielfeldes, der sich unsportlichen od. groben Betragens schuldig macht, sei es gegenüber einem Gegner, einem Mitspieler, dem Schiedsrichter, einem Linienrichter od. einer anderen Person, od. der beleidigende od. schmähende Äußerungen gebraucht, ist eines Vergehens schuldig u. entspr. der Schwere des Verstoßes zu bestrafen.

12. Wenn, nach Meinung des Schiedsrichters ein Torhüter sich absichtlich länger als notwendig auf den Ball legt, macht er sich unsportlichen Betragens schuldig. Er muß a) verwarnt werden; der gegnerischen Mannschaft ist ein *indirekter Freistoß* zuzuerkennen; b) bei Wiederholung des Vergehens vom Spielfeld gewiesen werden.

13. Der Verstoß des Anspuckens von Offiziellen u. a. Personen od. ähnlich ungebührliches Benehmen soll als grob-unsportliches Betragen im Sinne von Absatz n der Regel XII betrachtet werden.

14. Wenn ein Schiedsrichter im Begriff ist, einen Spieler zu verwarnen, u. dieser Spieler, ehe die Verwarnung ausgesprochen ist, einen weiteren Verstoß begeht, der eine Verwarnung nach sich zieht, so muß der Spieler des Feldes verwiesen werden.

Regel XIII – Freistoß

Freistöße sind in 2 Gruppen einzuteilen: *direkter Freistoß* (aus dem ein Tor direkt gegen die übertretende Mannschaft erzielt werden kann) u. *indirekter Freistoß* (aus dem ein Tor nur erzielt werden kann, wenn der Ball, bevor er ins Tor geht, von einem anderen Spieler als dem, der den Freistoß ausführt, berührt od. gespielt wird).

Wenn ein Spieler einen direkten od. indirekten Freistoß innerhalb seines Strafraumes ausführt, müssen alle Spieler der gegnerischen Mannschaft wenigstens 9,15 m vom Ball entfernt sein u. außerhalb des Strafraumes bleiben, bis der Ball aus dem Strafraum gespielt worden ist. Der Ball gilt als im Spiel, wenn er eine seinem Umfang entsprechende Strecke zurückgelegt u. den Strafraum verlassen hat. Der Torhüter darf den Ball nicht mit seinen Händen auffangen, um ihn danach in das Spiel stoßen zu können. Wenn der Ball nicht direkt aus dem Strafraum in das Spiel gestoßen wird, muß der Stoß wiederholt werden.

Wenn ein Spieler einen direkten od. indirekten Freistoß außerhalb des eigenen Strafraumes ausführt, darf kein Spieler der gegnerischen Mannschaft näher als 9,15 m an den Ball herantreten, bevor er im Spiel ist, außer wenn der Spieler auf seiner eigenen Torlinie zwischen den Torpfosten steht. Der Ball gilt als im Spiel, wenn er eine seinem Umfang entsprechende Strecke zurückgelegt hat.

Wenn ein Spieler der gegnerischen Mannschaft, bevor der Freistoß getreten ist, in den Strafraum eindringt od. sich dem Ball auf weniger als 9,15 m nähert – wie auch der Fall liegen mag –, soll der Schiedsrichter die Ausführung des Freistoßes verzögern, bis der Regel Geltung verschafft wurde. Bei der Ausführung des Stoßes muß der Ball ruhig am Boden liegen, u. nach dem Stoß darf der stoßende Spieler den Ball erst wieder spielen, nachdem ein anderer Spieler den Ball berührt od. gespielt hat. Ungeachtet jeglicher anderer Hinweise in diesen Regeln über den Ort, von wo der Freistoß ausgeführt werden soll, kann 1) jeder der verteidigenden Mannschaft im eigenen Torraum zugesprochene Freistoß von irgendeinem Punkt innerhalb der Hälfte des Torraumes ausgeführt werden, in welcher der Freistoß zugesprochen wurde; wird 2) jeder der angreifenden Mannschaft zugesprochene Freistoß auf der Torraumlinie, die parallel zur Torlinie verläuft, ausgeführt, u. zwar an der Stelle, die dem Ort des Verstoßes am nächsten liegt.

Strafbestimmung:

Wenn der Spieler, der den Freistoß ausgeführt hat, den im Spiel befindlichen Ball ein zweites Mal spielt, bevor er von einem anderen Spieler berührt od. gespielt worden ist, so ist ein *indirekter Freistoß* von einem Spieler der gegnerischen Mannschaft an der Stelle auszuführen, wo der Verstoß stattfand, ausgenommen, der Verstoß wurde von einem Spieler im Torraum der gegnerischen Mannschaft begangen; in diesem Falle ist der Freistoß von irgendeinem Punkt innerhalb der Hälfte des Torraumes auszuführen, in der der Verstoß begangen wurde.

Entscheidungen des Board:

1. Um zwischen einem direkten u. einem indirekten Freistoß zu unterscheiden, muß der Schiedsrichter, wenn er einen indirekten Freistoß verhängt, dies dadurch anzeigen, daß er *einen Arm über seinen Kopf hebt*. Er soll den Arm in dieser Stellung halten, bis der Freistoß ausgeführt ist u. dieses Signal aufrechterhalten, bis der Ball von einem anderen Spieler gespielt od. berührt wird od. aus dem Spiel geht.
2. Spieler, welche sich bei Ausführung eines Freistoßes nicht auf die vorgeschriebene Entfernung zurückziehen, müssen verwarnt u. im Wiederholungsfalle vom Spielfeld gewiesen werden. Die Schiedsrichter werden insbesondere aufgefordert, Versuche, durch Entgegenlaufen die reglementarische Distanz zu verkürzen, um so die Ausführung eines Freistoßes zu verzögern, als grobe Unsportlichkeit zu behandeln.
3. Wenn bei Ausführung eines Freistoßes irgendein Spieler, mit der Absicht den Gegner zu verwirren, herumtänzelt u. gestikuliert, ist dies als unsportliches Benehmen zu betrachten, wofür der (od. die) schuldige(n) Spieler verwarnt werden müssen.

Regel XIV – Strafstoß

Ein *Strafstoß* wird von der *Strafstoßmarke* ausgeführt. Bei seiner Ausführung müssen alle Spieler mit Ausnahme des den Strafstoßes ausführenden u. klar identifizierten Spielers u. des gegnerischen Torhüters innerhalb des Spielfeldes, aber außerhalb des Strafraumes u. mindestens 9,15 m von der Strafstoßmarke entfernt sein. Der gegnerische Torhüter muß auf seiner Torlinie zwischen den Torpfosten stehen (ohne seine Füße zu bewegen) bis der

Regel XIII

Wenn ein Spieler nach Ausführung eines Freistoßes den Ball absichtlich mit der Hand spielt, bevor er von einem andern Spieler gespielt wurde, hat der Schiedsrichter das schwerere Vergehen zu bestrafen u. wenn ja, wie?

Ja; mit direktem Freistoß oder Strafstoß, wenn der Verstoß im Strafraum stattfand.

Darf ein Freistoß rückwärts gespielt werden?

Ja. Indessen sind die Bestimmungen der Regel XIII, bezüglich der Freistöße durch die verteidigende Mannschaft aus dem eigenen Strafraum, nicht außer acht zu lassen.

In seiner eigenen Spielfeldhälfte wird einem Spieler die Ausführung eines Freistoßes zugesprochen. Er spielt den Ball zu seinem Torhüter zurück, der ihn vollständig verfehlt, wobei der Ball ins Netz geht. Ergibt dies Tor od. Eckstoß?

Der Schiedsrichter hat auf Eckstoß zu entscheiden, vorausgesetzt, daß bei einem Freistoß aus dem Strafraum der Ball ins Spiel kam; kam er beim Freistoß innerhalb des Strafraumes nicht ins Spiel, ist der Freistoß zu wiederholen.

Regel XIV

Wenn ein Spieler sich bei der Ausführung eines Strafstoßes außerhalb der Spielfeldgrenzen begibt, hat dann der Schiedsrichter einen Spieler zu verwarnen u. im Wiederholungsfall des Feldes zu verweisen?
Ja.
Wenn ein Strafstoß wiederholt wird, weil der Torhüter ein Bein bewegte, hat dann der gleiche Spieler den Strafstoß zu treten, od. kann ein anderer Spieler dies tun?
Ein anderer Spieler darf den Strafstoß wiederholen.
Bei Ausführung eines Strafstoßes stößt ein Spieler den Ball mittels seines Absatzes rückwärts zu einem Mitspieler, der ein Tor erzielt. Ist dieses Tor gültig?
Nein. Das Tor darf nicht anerkannt werden. Der Strafstoß ist zu wiederholen.
Darf ein Spieler bei Ausführung des Strafstoßes den Ball vorwärts schieben für einen Mitspieler, der dem Ball nachläuft u. ein Tor schießt?
Ja, vorausgesetzt, daß
a) im Augenblick der Ausführung des Strafstoßes sich, mit Ausnahme des den Strafstoß tretenden Spielers u. des gegnerischen Torhüters, alle Spieler außerhalb des Strafraumes u. des 9,15-m-Teilkreises befinden;
b) der Spieler, dem der Ball zugespielt wird, im Augenblick der Ausführung des Strafstoßes sich nicht in Abseitsposition befindet;
c) der Strafstoß in die normale Spielzeit fällt u. den Erfordernissen der Regel Genüge getan ist.
Ist vom Schiedsrichter auf Strafstoß zu entscheiden, wenn ein Verteidiger, der in seinem eigenen Strafraum steht, einen Gegner schlägt, während der Ball im gegnerischen Strafraum noch im Spiele ist?
Ja.
Ist es dem Spieler, der den Strafstoß ausführt, erlaubt, den Ball wegen vorhandener Wasserlachen anderswohin als auf den Strafstoßpunkt zu setzen?
Nein.

Ball gestoßen ist. Der den Strafstoß ausführende Spieler muß den Ball nach vorn stoßen; er darf den Ball erst ein zweites Mal spielen, nachdem dieser von einem anderen Spieler berührt od. gespielt worden ist. Der Ball ist im Spiel, sobald der Stoß ausgeführt ist, d. h., wenn der Ball die Strecke seines Umfanges zurückgelegt hat. Aus einem Strafstoß kann ein Tor *direkt* erzielt werden. Wenn bei einem nach Ablauf einer der beiden Spielzeithälften ausgeführten Strafstoß der Ball den Torhüter berührt, bevor der Ball die Torlinie zwischen den Torpfosten überschreitet, so darf das Tor nicht für ungültig erklärt werden. Falls notwendig, ist die Spielzeit bei Halbzeit od. Spielende zu verlängern, um die Ausführung des Strafstoßes zu ermöglichen.

Strafbestimmung:
Bei jedem Verstoß gegen diese Regel
a) seitens der verteidigenden Mannschaft ist der Strafstoß zu *wiederholen*, wenn ein Tor nicht erzielt worden ist;
b) seitens der angreifenden Mannschaft, sofern der Verstoß nicht von dem den Strafstoß ausführenden Spieler begangen wird, wenn ein Tor erzielt wird, ist das Tor für ungültig zu erklären u. der Strafstoß zu *wiederholen;* c) seitens des den Strafstoß ausführenden Spielers, begangen, nachdem der Ball im Spiel ist, soll ein Spieler der gegnerischen Mannschaft dann einen *indirekten Freistoß* an der Stelle ausführen, an welcher der Verstoß erfolgte. Wenn, im Fall von Abschnitt c, der Verstoß vom Spieler im gegnerischen Torraum verübt wird, soll der Freistoß von irgendeinem Punkt innerhalb der Hälfte des Torraumes ausgeführt werden, in der sich der Verstoß ereignete.

Entscheidungen des Board:
1. Nachdem der Schiedsrichter einen Strafstoß verhängt hat, darf er das Zeichen zu seiner Ausführung erst geben, wenn die Spieler ihre Position in Übereinstimmung mit der Regel bezogen haben.
2. a) Wenn der Ball, nachdem der Strafstoß ausgeführt worden ist, auf seinem Weg in Richtung auf das Tor durch einen äußeren Einfluß aufgehalten wird, muß der Strafstoß *wiederholt* werden. b) Wenn der Ball, nachdem der Strafstoß ausgeführt worden ist, vom Torhüter, der Querlatte od. einem Torpfosten ins Spiel zurückspringt u. dann in seinem Lauf durch einen äußeren Einfluß aufgehalten wird, muß der Schiedsrichter das Spiel unterbrechen u. es mit einem *Schiedsrichterball* an der Stelle fortsetzen, wo der Ball mit dem äußeren Einfluß in Berührung kam.
3. a) Wenn der Schiedsrichter, nachdem er das Zeichen zur Ausführung des Strafstoßes gegeben hat, sieht, daß der Torhüter nicht auf seinem richtigen Platz auf der Torlinie ist, soll er dennoch den Strafstoß ausführen lassen. Der Strafstoß muß *wiederholt* werden, wenn kein Tor erzielt wird. b) Wenn der Torhüter, nachdem der Schiedsrichter das Zeichen zur Ausführung des Strafstoßes gegeben hat u. ehe der Ball gespielt wird, seine Füße bewegt, soll der Schiedsrichter dennoch den Strafstoß ausführen lassen. Er muß *wiederholt* werden, wenn ein Tor nicht erzielt wird. c) Wenn ein Spieler der abwehrenden Mannschaft in den Strafraum od. in den Bereich von 9,15 m Abstand vom Strafstoßpunkt eindringt, nachdem der Schiedsrichter das Zeichen zur Ausführung gegeben hat, u. bevor der Ball im Spiel ist, soll der Schiedsrichter dennoch den Strafstoß ausführen lassen. Er muß *wiederholt* werden, wenn ein Tor nicht erzielt wird. Der betreffende Spieler ist zu *verwarnen*.
4. a) Wenn bei Ausführung eines Strafstoßes der Spieler, der den Strafstoß ausführt, sich eines unsportlichen Verhaltens schuldig macht, muß der Strafstoß, wenn er bereits ausgeführt ist, *wiederholt* werden, falls ein Tor erzielt wurde. Der betreffende Spieler muß *verwarnt* werden. b) Wenn ein Mitglied der Mannschaft des Spielers, der den Strafstoß ausführt, in den Strafraum od. in den Bereich mit 9,15 m Abstand von der Strafstoßmarke eindringt, nachdem der Schiedsrichter das Zeichen zur Ausführung gegeben hat, u. ehe der Ball im Spiel ist, soll der Schiedsrichter dennoch die Ausführung zulassen. Wenn ein Tor erzielt wird, ist es zu annullieren

u. der Strafstoß zu *wiederholen*. Der betreffende Spieler muß *verwarnt* werden. c) Wenn unter den Umständen, die im vorhergehenden Absatz beschrieben sind, der Ball vom Torhüter, der Querlatte od. einem Torpfosten ins Spiel zurückspringt, soll der Schiedsrichter das Spiel unterbrechen, den Spieler *verwarnen* u. einen *indirekten Freistoß* für die gegnerische Mannschaft an der Stelle verhängen, an der sich der Regelverstoß ereignete.

5. a) Wenn der Torhüter sich von seiner Stellung auf der Torlinie bewegt od. seine Füße bewegt, u. ein Mitspieler des den Strafstoß ausführenden Spielers in den Strafraum od. in den Bereich in 9,15 m Abstand von der Strafstoßmarke eindringt, nachdem der Schiedsrichter das Zeichen zur Ausführung des Strafstoßes gegeben hat u. ehe der Ball im Spiel ist, soll der Strafstoß, wenn er bereits ausgeführt ist, *wiederholt* werden. Der betreffende Mitspieler des den Strafstoß ausführenden Spielers muß *verwarnt* werden. b) Wenn ein Spieler jeder Mannschaft in den Strafraum od. in den Bereich in 9,15 m Abstand von der Strafstoßmarke eindringt, nachdem der Schiedsrichter das Zeichen zur Ausführung des Strafstoßes gegeben hat u. bevor der Ball im Spiel ist, soll der Strafstoß, wenn er bereits ausgeführt wurde, *wiederholt* werden. Die betreffenden Spieler müssen *verwarnt* werden.

6. Wenn ein Spiel zur Halbzeit od. am Ende der Spielzeit verlängert wird, um die Ausführung od. Wiederholung eines Strafstoßes zu ermöglichen, soll diese Verlängerung der Spielzeit bis zu dem Augenblick reichen, in dem der Strafstoß abgeschlossen ist, d. h. bis der Schiedsrichter entschieden hat, ob ein Tor erzielt wurde oder nicht.

Ein *Tor* ist erzielt, wenn der Ball mit seinem gesamten Durchmesser die Torlinie überschritten hat: a) direkt durch Strafstoß, b) nachdem er entweder vom Torpfosten od. der Querlatte abgeprallt ist od. c) nachdem er vom Torhüter berührt od. gespielt wurde. Das Spiel soll enden, sobald der Schiedsrichter seine Entscheidung getroffen hat.

7. Wenn ein Strafstoß in der dazu verlängerten Spielzeit ausgeführt wird a) sollen die Bestimmungen aller vorausgehenden Abschnitte, mit Ausnahme der Abschnitte 2b u. 4c, in der üblichen Weise angewendet werden u. b) unter den Umständen, die in den Abschnitten 2b u. 4c beschrieben sind, soll das Spiel sogleich enden, wenn der Ball vom Torhüter, der Querlatte od. dem Torpfosten zurückspringt.

Regel XV – Einwurf

Wenn der Ball in seinem gesamten Durchmesser über die Seitenlinie geht, sei es am Boden od. in der Luft, so ist er, gleich in welcher Richtung, an der Stelle, wo er die Linie überquert hat, *einzuwerfen*, u. zwar von einem Spieler, der nicht der Mannschaft angehört, deren Spieler den Ball zuletzt berührt hat. Der Einwerfende muß im Augenblick des Einwurfes das Gesicht dem Spielfeld zuwenden u. mit einem Teil eines jeden Fußes entweder auf der Seitenlinie od. auf dem Boden außerhalb des Spielfeldes stehen. Der Einwerfende soll beide Hände gebrauchen u. den Ball von hinten über seinen Kopf werfen. Der Ball ist im Spiel, sobald er innerhalb des Spielfeldes ist, aber der Einwerfende darf den Ball nicht eher spielen, bis ihn ein anderer Spieler berührt od. gespielt hat. Ein Tor kann aus einem Einwurf *nicht direkt* erzielt werden.

Strafbestimmung:

a) Wenn der Ball nicht regelrecht eingeworfen wurde, ist er durch einen Spieler der gegnerischen Mannschaft einzuwerfen. b) Wenn der einwerfende Spieler den Ball ein zweites Mal spielt, bevor ihn ein anderer Spieler berührt od. gespielt hat, ist ein *indirekter Freistoß* von einem Spieler der gegnerischen Mannschaft an der Stelle auszuführen, wo der Verstoß stattfand, ausgenommen, der Verstoß wurde von einem Spieler im Torraum der gegnerischen Mannschaft begangen; in diesem Falle ist der Freistoß von irgendeinem Punkt innerhalb der Hälfte des Torraumes auszuführen, in der der Verstoß begangen wurde.

Was veranlaßt der Schiedsrichter, wenn bei Ausführung eines Strafstoßes der Ball den Torpfosten u. bzw. od. die Querlatte trifft u. platzt?

a) *Er verlangt einen anderen Ball u. setzt das Spiel mit Schiedsrichterball fort.*

b) *Wird der Strafstoß in der verlängerten Spielzeit ausgeführt (Regel XIV, Entscheid 7), u. der Ball trifft den Torpfosten bzw. od. die Querlatte u. platzt, ist das Spiel zu Ende.*

Wie lauten die Entscheide des Schiedsrichters, wenn nach erfolgtem Pfiff zur Ausführung des Strafstoßes ein Mitspieler des den Strafstoß ausführenden Spielers, bevor der Ball gestoßen wurde, in den Strafraum eindringt, der Ball vom Torhüter, der Querlatte od. den Torpfosten zum Spieler, der in den Strafraum eindrang, zurückprallt u. dieser Spieler *dann* den Ball ins Tor schießt?

Der Schiedsrichter anerkennt das Tor nicht, verwarnt den schuldigen Spieler wegen unsportlichen Benehmens u. setzt das Spiel mit einem indirekten Freistoß fort.

Regel XV

Der Ball ging ins „Aus", aber bevor er eingeworfen wird, tritt ein Spieler absichtlich einen Gegner. Was entscheidet der Schiedsrichter?

Der Schiedsrichter wird den Spieler des Feldes verweisen u. das Spiel durch Einwurf fortsetzen lassen.

Wenn ein Spieler beim Einwurf den Ball so wirft, daß er nicht ins Spielfeld kommt, sondern außerhalb der Seitenlinie niederfällt, was ist zu entscheiden?

Der Einwurf muß wiederholt werden.

Regel XVI
Wie lautet der Entscheid, wenn ein Spieler, der einen Anstoß richtig ausgeführt hat, den Ball nach Verlassen des Strafraumes absichtlich mit der Hand spielt, bevor dieser durch einen anderen Spieler berührt wurde?
Der gegnerischen Mannschaft ist ein direkter Freistoß zuzusprechen.
Hat der Schiedsrichter einen Strafstoß zu geben, wenn ein anderer Spieler als der Torhüter einen Abstoß ausführt, der Ball den Strafraum verläßt u. ins Spiel kommt, durch einen starken Gegenwind aber zurückgetrieben wird, ohne daß er von einem anderen Spieler berührt wurde u. ein Spieler der verteidigenden Mannschaft, ausgenommen der Torhüter, ihn innerhalb des Strafraumes mit der Hand spielt?
Ja. Wenn unter gleichen Umständen der Torhüter den Abstoß ausführt u. versucht, das Eindringen des Balles ins Tor zu verhüten u. berührt mit der Hand knapp den Ball, kann aber das Tor nicht abwenden, so hat der Schiedsrichter einen indirekten Freistoß anzuordnen.
Ist ein Strafstoß zu verhängen, wenn bei einem Abstoß, nachdem der Ball die Strecke seines Umfanges zurückgelegt, den Strafraum aber noch nicht verlassen hat, ein Gegner dann in den Strafraum eindringt u. von einem Verteidiger absichtlich gefoult wird?
Nein, denn der Ball war nicht im Spiel, als der Verstoß erfolgte. Der fehlbare Spieler ist zu verwarnen od. des Feldes zu verweisen, je nach der Art der Regelverletzung, u. der Abstoß ist zu wiederholen. Hatte der Ball den Strafraum verlassen, bevor das Spiel unterbrochen wurde, so ist der Abstoß dennoch zu wiederholen, weil der Spieler der angreifenden Mannschaft in den Strafraum eindrang, bevor der Ball im Spiel war.
Ist auf Freistoß zu entscheiden, wenn ein Spieler absichtlich getreten wird, bevor bei einem Abstoß der Ball den Strafraum verlassen hat?
Nein, der Ball ist nicht im Spiel, solange er den Strafraum nicht verlassen hat. Der Fehlbare ist zu verwarnen od. des Feldes zu verweisen. Der Abstoß muß wiederholt werden.

Entscheidungen des Board:
1. Wenn ein Spieler, der einen Einwurf ausführt, den Ball ein zweites Mal spielt, indem er ihn innerhalb des Spielfeldes mit der Hand spielt, ehe er von einem anderen Spieler berührt od. gespielt wurde, hat der Schiedsrichter einen *direkten Freistoß* anzuordnen.
2. Ein Spieler, der einen Einwurf ausführt, hat das Gesicht u. einen Teil seines Körpers frontal dem Spielfeld zuzuwenden.
3. „Aus" (out/touch) ist der Teil des Grundes, der außerhalb an die Seitenlinien des Spielfeldes grenzt.
4. Wenn beim Ausführen eines Einwurfes ein gegnerischer Spieler den Einwerfer zu verwirren od. zu stören versucht, herumtanzt od. gestikuliert, ist dies als unsportliches Benehmen zu betrachten, u. der (od. die) schuldige(n) Spieler zu *verwarnen*.

Regel XVI – Abstoß
Wenn der Ball, sei es in der Luft od. am Boden, in seinem gesamten Durchmesser über die Torlinie – mit Ausnahme des Teiles zwischen den Torpfosten – geht u. dabei zuletzt von einem Spieler der angreifenden Mannschaft gespielt wurde, so wird er von einem Spieler der verteidigenden Mannschaft aus dem Strafraum direkt in das Spielfeld gestoßen, u. zwar aus jener Torraumhälfte, die der Stelle am nächsten liegt, wo der Ball ausging. Der Torhüter darf beim Abstoß den Ball nicht mit den Händen aufnehmen, um ihn dann ins Spiel zu stoßen. Wenn der Ball nicht aus dem Strafraum herausgetreten wird, d. h. nicht direkt ins Spiel geht, so ist der Abstoß zu wiederholen. Der abstoßende Spieler darf den Ball nicht ein zweites Mal spielen, bevor ihn ein anderer Spieler berührt od. gespielt hat. Aus einem Abstoß kann ein Tor *nicht direkt* erzielt werden. Die Gegner des Spielers, der den Abstoß ausführt, müssen außerhalb des Strafraumes bleiben, bis der Ball aus dem Strafraum hinaus gespielt worden ist.
Strafbestimmung:
Wenn ein Spieler beim Abstoß den Ball, nachdem dieser die Strafraumgrenze überschritten hat, aber bevor er von einem anderen Spieler berührt od. gespielt wurde, ein zweites Mal spielt, muß der gegnerischen Mannschaft ein *indirekter Freistoß* zugesprochen werden, der an der Stelle auszuführen ist, wo der Regelverstoß begangen wurde, ausgenommen, der Verstoß wurde von einem Spieler im Torraum der gegnerischen Mannschaft begangen; in diesem Falle ist der Freistoß von irgendeinem Punkt innerhalb der Hälfte des Torraumes auszuführen, in der der Verstoß begangen wurde.
Entscheidungen des Board:
Wenn bei Ausführung eines Abstoßes der Spieler, der den Ball getreten hat, diesen nochmals berührt, bevor der Ball den Strafraum verlassen hat, ist der Abstoß nicht regelrecht ausgeführt u. muß wiederholt werden.

Regel XVII – Eckstoß
Wenn der Ball, sei es in der Luft od. am Boden, in seinem gesamten Durchmesser über die Torlinie mit Ausnahme des Teiles zwischen den Torpfosten u. Querlatte geht, u. dabei zuletzt von einem Spieler der verteidigenden Mannschaft gespielt wurde, so soll ein Spieler der angreifenden Mannschaft einen *Eckstoß* ausführen, d. h., der Ball ist völlig innerhalb des Viertelkreises der Eckfahne zu legen, die der Stelle am nächsten liegt, wo der Ball die Torlinie überquert hat. Der Ball ist aus dieser Lage zu treten. Bei Ausführung des Eckstoßes darf die Eckfahne nicht entfernt werden. Aus einem Eckstoß kann ein Tor *direkt* erzielt werden. Die Spieler der verteidigenden Mannschaft dürfen nicht näher als 9,15 m an den Ball herankommen, bevor dieser im Spiel ist, d. h. eine seinem Umfang entsprechende Strecke zurückgelegt hat. Der den Eckstoß ausführende Spieler darf den Ball nicht ein zweites Mal spielen, bevor ihn ein anderer Spieler berührt od. gespielt hat.
Strafbestimmung:
a) Wenn der Spieler, der den Eckstoß ausführt, den Ball ein zweites Mal spielt, ehe er von einem anderen Spieler berührt od. gespielt wurde, muß der Schiedsrichter der gegnerischen Mannschaft einen *indirekten Freistoß* von der

Stelle aus zusprechen, an der der Regelverstoß sich ereignete, ausgenommen, der Verstoß wurde von einem Spieler im Torraum der gegnerischen Mannschaft begangen; in diesem Falle ist der Freistoß von irgendeinem Punkt innerhalb der Hälfte des Torraumes auszuführen, in der der Verstoß begangen wurde. b) Bei jedem anderen Verstoß muß der Eckstoß *wiederholt* werden.

Spielserie, svw. ↑ Spieljahr.

Spielstation, anspielbarer (freistehender od. -gelaufener) Mitspieler.

Spielsystem, räumlich u. zeitlich geprägte Grundform der Spielführung einer Mannschaft als Element der ↑ Taktik. Man kann dabei unterscheiden a) das S. als Formation der Spieler u. Mannschaftsteile (Anordnung der Spieler auf dem Spielfeld) u. b) das S. als Bez. für die im Spiel charakteristischen Angriffs- sowie Abwehrverfahren *(Systeme)*. Ein S. soll einfach, elastisch u. variabel sein, muß die Abstimmung von Angriff- u. Abwehr gewährleisten, eine zweckmäßige Kräfteverteilung berücksichtigen sowie eine Schwerpunktbildung in den entscheidenden Angriffs- u. Abwehrräumen ermöglichen. Im modernen Fußball haben die S. nicht mehr die Bedeutung früherer Jahre; sie sind flexibler geworden, d. h. weniger schematisch.

S. u. ihre Entwicklung. Das *1-1-9-System* war nach der Trennung des Fußballs vom Rugby in England das erste selbständige S. Es ersetzte das unorganisierte „Kick-and-rush", das gebräuchliche Stoß- u. Laufspiel, durch die erste organisierte Mannschaftstaktik, mit einem Torhüter, einem Verteidiger u. 9 Angriffsspielern.

Das *1-1-2-7-System* präsentierte der Engländer *C. W. Alcock*, einer der maßgeblichen Mitbegründer der engl. Football Association, beim Wanderers F.C. Die „Dribbelkünstler" formierten sich mit einem Torhüter, einem Verteidiger, 2 Läufern u. 7 Stürmern. Zwischen 1872 u. 1878 gewannen sie fünfmal den FA Cup. *Alcock* gilt als der „Vater des internationalen Fußballs"; er publizierte 1869 seine ersten, berühmten Fußballannalen.

1-1-2-7-System

Das *1-2-2-6-System*, auch „Passing Game" genannt, kreierten um 1870 die schott. Nationalmannschaft, Queens Park Glasgow u. der Londoner Klub Royal Engineers. Es stellte eine der ersten taktischen Revolutionen mit der Einführung eines zweiten Verteidigers dar. Fortan wurde mit einem Torhüter, 2 Verteidigern, 2 Läufern u. 6 Angreifern gespielt.

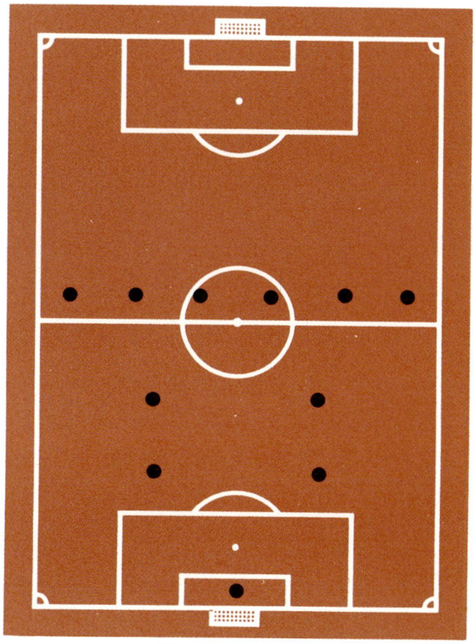

1-2-2-6-System

1-2-3-5-System

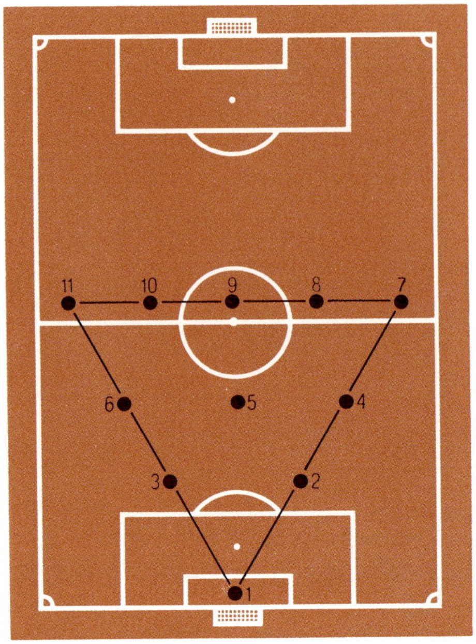

Das *1-2-3-5-System* od. die „schottische Furche" präsentierte sich ab 1877 mit einem Torhüter, 2 Verteidigern, 3 Läufern u. 5 Stürmern; bes. zu beobachten ab 1877 bei Cambridge University u. seit 1878 beim Wrexham F.C. Mit dieser „klassischen Formation" gewann Preston North End 1889 u. 1890 die ersten beiden engl. Meistertitel. Die „schottische Furche" war ein erster Schritt vom *individuellen* zum *kollektiven Stil*, mit offensiver Grundtendenz der Abwehr- u. Angriffsspieler (ohne nennenswerte Positionswechsel). Alles bewegte sich auf einer Linie od. in einer „Furche". *Grundprinzip:* Die Außenstürmer wurden von den Außenläufern, die Halbstürmer von den Verteidigern, der Mittelstürmer vom gegnerischen Mittelläufer bekämpft. Bis in die Mitte der zwanziger Jahre dominierte dieses System auf dem europäischen Festland. Die beiden Engländer *W. Townley* u. *J. Hogan* führten es ab 1910 in Deutschland ein.

WM-System

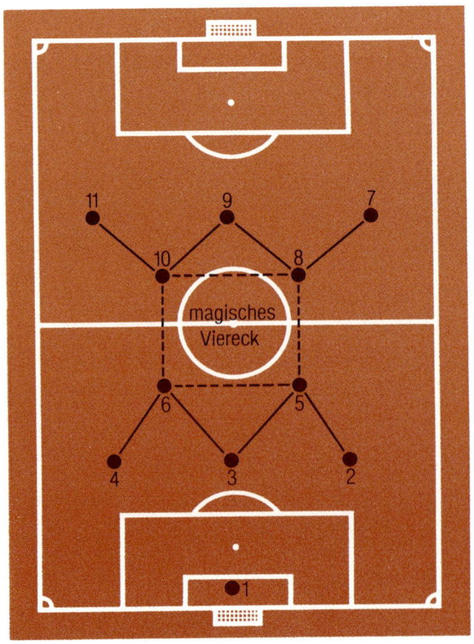

Das *WM-System* entstand als Folge der modifizierten *Abseitsregel*. Bis 1925 legte die Regel fest, daß sich ein Spieler im Abseits befand, wenn sich im Augenblick des Zuspiels zwischen ihm u. der gegnerischen Torlinie nicht mindestens 3 Gegner befanden. Nach achtjähriger Diskussion über die *Abseitsfalle*, 1917 beginnend, erfolgte die Regeländerung dahingehend, daß sich zwischen dem angespielten Spieler u. dem gegnerischem Tor nur noch 2 Abwehrspieler befinden müssen. Diese scheinbar geringfügige Regeländerung führte zu einer Revolution des Spiels, bes. des taktischen Verhaltens. Der Spielraum wurde größer, das Spiel insgesamt schneller, interessanter und torreicher. Neue Typen bereicherten die Szene: der Mittelstürmer-„Tank" u. die Flügelflitzer. Die Torquoten stiegen sprunghaft an. So schoß der legendäre Everton-Mittelstürmer *W. R. Dean* 1927/28 nicht weniger als 82 Tore. Diese Entwicklung unterbrach der Manager von Arsenal London, *H. Chapman*, mit der Einführung des *Stoppers* auf Kosten eines Stürmers. Folgende Kriterien standen für ihn im Vordergrund: Safety first („Sicherheit zuerst"), Manndeckung, nach innen rückende Außenläufer, Konzentration der Verteidiger auf die gegnerischen Außenstürmer, der bisherige offensive Mittelläufer als raumabsichernder Stopper. *Chapman* u. der beim FC Arsenal London für die Trainingsarbeit verantwortliche *C. Buchan* leiteten mit dem WM-System sowie mit

dem *magischen Viereck* eine neue Ära ein.
Die „Punta de Lanza" war eine von Uruguay 1930 praktizierte Angriffstaktik mit den Stürmern *Castro* u. *Cea* als „doppelte Lanzenspitze". In der üblichen schott. Pyramide des 1-2-3-5 stellte die variable Orientierung auf 2 Stürmer – zum richtigen Zeitpunkt – eine gefährliche Waffe dar.
Das *1-2-3-2-3-System* od. „Metodo" des Italieners *V. Pozzo*, 1934 u. 1938 mit der „Squadra Azzurra" Weltmeister in Italien u. Frankreich, war eine Adaption des Konzepts von Manchester United zwischen 1907 u. 1911 mit betonter Offensive u. der WM-Formation *Chapmans*, wenngleich deutlich modifiziert. Die Merkmale der „italienischen Schule" von 1934: 2 Verteidiger, weit vor dem eigenen Strafraum im mittleren Längsstreifen des Spielfeldes postiert, 2 weit zurückhängend spielende Halbstürmer, mit zusätzlichen Abwehraufgaben betraut, sowie 3 Vollstrecker. Gegenüber 1934 behielt *Pozzo* 1938 zwar die konsequente Manndeckung vor dem eigenen Strafraum bei, dehnte sie jedoch auf das ganze Spielfeld aus. Italiens Trümpfe waren Safety first, arteigene Konsequenz u. vorzügliche Kondition.
Der *Schweizer Riegel* wurde von dem Österreicher *K. Rappan*, Trainer bei Servette Genf, Grasshoppers Zürich u. der schweizer. Nationalmannschaft, eingeführt. Die unterschiedlichsten Riegelformen – keine Abwandlungen des WM-Systems, sondern aus der klassischen schott. Formation entstanden – bedeuteten infolge des Zurücknehmens eines Stürmers stets eine Schwächung des Angriffs zugunsten einer zahlenmäßigen Verstärkung der Abwehr. *Prinzip:* Beide außen deckenden Läufer versuchten, die gegnerischen Flügel auszuschalten. Der Gegner wurde auf dem mittleren Längsstreifen des Spielfeldes zum Angriff verleitet. Dort trat der Riegel mit 2 zentralen Verteidigern (*Stopper* u. *Ausputzer*) u. einem Läufer sowie einem zurückgezogenem Halbstürmer in Aktion. Diese Abwehrmethode, konsequent durchgeführt, war viele

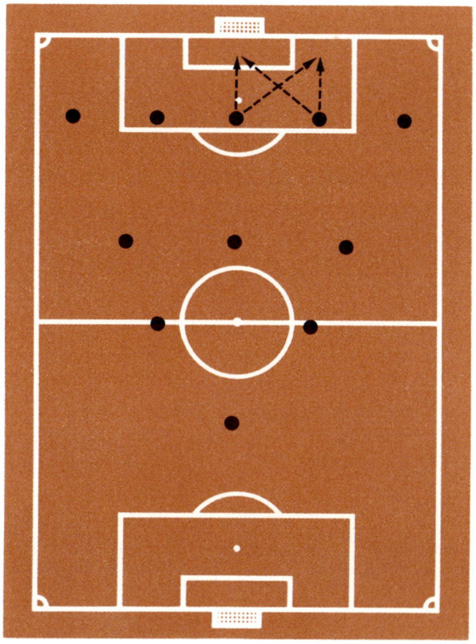

„Punta de Lanza"

Jahre gefürchtet. Sie wirkungsvoll zu bekämpfen, setzte straffe eigene Abwehr- u. Angriffsorganisation, sicheres Abspiel sowie schnellere Angriffe über den pendelnden Halbstürmer u. weiter über antrittsstarke Außenstürmer voraus, um Stopper u. Ausputzer aus dem Abwehrzentrum herauszulocken.
Der *brasilianische Halbriegel* sah wäh-

1-2-3-2-3-System

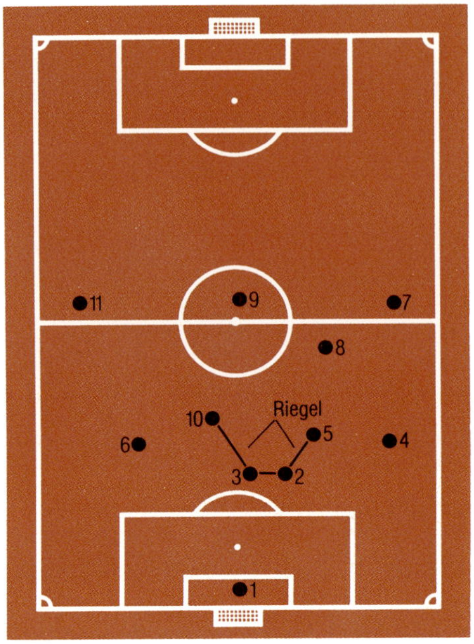

Schweizer Riegel

rend der IV. WM-Endrunde 1950 u. in den Jahren danach vor, bei gegnerischem Angriffsdruck einen Halbstürmer als Ausputzer in die eigene Deckung zurückzubeordern. Ein Teil der Abwehr praktizierte die Zonendeckung, der andere die unmittelbare Deckung der Gegenspieler. Charakteristisch war ein *freier Zonenverteidiger* hinter der Abwehr; der andere Verteidiger deckte den gegnerischen Mittelstürmer. Beide Außenläufer deckten außen, der Mittelläufer u. ein Halbstürmer *(Verbinder)* übernahmen die gegnerischen Halbstürmer. Die Abwehr der Brasilianer zog sich bei gegnerischen Angriffen bis an den eigenen Strafraum zurück, war jedoch in der Lage, rasch auf Angriff umzuschalten. Entscheidende Akteure waren die pendelnden Halbstürmer; an beide wurden hohe konditionelle Anforderungen gestellt.

Das *4-2-4-System* (ohne Einbeziehung des Torhüters, denn sonst hieße es *1-4-2-4-System*) wurde 1958 während der VI. WM-Endrunde in Schweden von Weltmeister Brasilien erstmals perfekt vorgeführt. Bereits 1953, bei der Südamerikameisterschaft im peruan. Lima, demonstrierte Paraguay unter Trainer *Fleitas Solich* diese Variante u. gewann damit den Titel. Brasiliens Trainer *V. Feola* vervollkommnete das System bis 1958. *Grundprinzip:* Der Ausputzer wurde in die engere Abwehr zurückgezogen. Auf den Schlüsselpositionen im Mittelfeld agierten mit *Didi* u. *Orlando* hochklassige Führungsspieler. Im Spiel selbst praktizierten die Brasilianer innerhalb ihres 4-2-4 bereits die *kombinierte Deckung* (Mann-/Raumdeckung) u. verfügten stets über je 6 Angriffsspieler od. Abwehrakteure. Elastizität, Variabilität, kluge Aufgabenverteilung – dies alles ermöglichte eine abwechslungsreiche, moderne Spielgestaltung mit *Didi* als genialem Regisseur. Die beiden Innenstürmer fungierten dabei als torgefährliche Spitzen. Brasiliens Außenstürmer stellten sich stilistisch völlig unterschiedlich vor: Rechtsaußen *Garrincha* war der unberechenbare Dribbelkünstler sowie Angriffsentwickler, während Linksaußen *Zagalo* sich vorsichtig-defensiv verhielt u. an der Seitenlinie „klebte". Auch Ungarn demonstrierte in seinen „goldenen" fünfziger Jahren das 4-2-4, wobei Trainer *G. Sebes* jedoch die Magyaren mit *Hidegkuti* als hängendem Mittelstürmer operieren ließ, d. h. die Grundformation zum offensiven 4-3-3 hin veränderte. Eine etwas defensivere Variante praktizierte die ČSSR

brasilianischer Halbriegel

unter Trainer *R. Vytlacil* 1962 bei der WM-Endrunde in Chile.

Beim *4-3-3-System* od. *englischen System* wurde erstmals auf orthodoxe Außenstürmer verzichtet. Mit diesem System führte Coach *A. Ramsey* 1966 England zum ersten Weltmeistertitel. Ein Novum war darüber hinaus der *Sweeper* („Feger"), ein nicht hinter, sondern vor der eigenen Abwehr „ausputzender" Spieler (im speziellen Fall war es *N. Stiles*), der, situationsbedingt, schnell zum dritten Mittelfeldspieler avancierte u. die 3 Stoßstürmer (Mittelstürmertypen) zusätzlich unterstützte. Offensive Außenverteidiger, Mittelfeldspieler mit der Fähigkeit, das Spiel zu beschleunigen, u. geradlinige Angriffsspitzen prägten das System.

Der italien. *Catenaccio* stellte eine berüchtigte Defensivtaktik in Anlehnung an den Schweizer Riegel dar. So versuchte bereits 1948 Triest – u. danach weitere italien. Klubs –, die totale Defensive ins Spiel einzubringen. Um 1950 übernahmen auch die Großklubs aus Mailand u. Turin diese „Betonabwehr", bestehend aus 4 Abwehrspielern, dazu einem Libero sowie 3 defensiven Mittelfeldspielern. Die maximal 2 Sturmspitzen operierten dabei vorwiegend in der eigenen Hälfte. Die Raumverengung war somit perfekt. In den Catenaccio war als Angriffselement die *Konterattacke* integriert. Die italien. Spitzen-Klubs, bes. Inter Mailand mit seinem argentin. Trainer *H. Herrera*, errangen mit dem Catenaccio, dem „gezähmten Fußball", große Erfolge in den Europapokalwettbewerben der 60er Jahre.

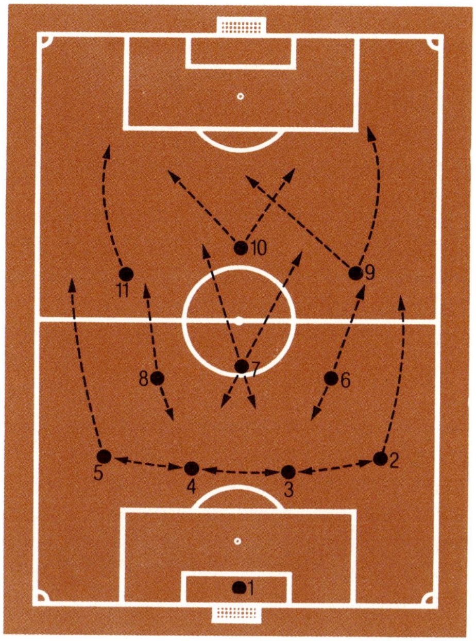

4-3-3-System

4-2-4-System *(links)*
Catenaccio *(rechts)*

Spielzeit (landessprachlich)
Playtime [engl.]
Durée du jeu [französ.]
Periodo deportivo [span.]
Tempo regulamentar [portugies.]
Tempo [italien.]

1-2-5-2-System

Das *1-2-5-2* ist ein modernes Spielsystem, bei dem Abwehr u. Angriff ausgewogen unterstützt werden. Bei der V. EM-Endrunde 1984 in Frankreich sorgte diese Grundformation für ähnliches Aufsehen wie 1958 Brasiliens 4-2-4 in Schweden. Europameister Frankreich demonstrierte das neue System attraktiv u. lehrbuchreif, zeigte *Fußball total*. Vor einem Libero spielten 2 Verteidiger. Das verstärkte Mittelfeld (5 Mittelfeldspieler) verschaffte je nach Situation sowohl eine Überzahl in der Abwehr als auch im Angriff (erleichterte auch den raschen Übergang von Abwehr auf Angriff, das *Umkehrspiel*). Die 2 überwiegend vorgeschobenen Stürmer fungierten dabei als „Speerspitzen". Das frühzeitige Stören der gegnerischen Angriffsentwicklung (↑ Forechecking) war ein weiterer großer Vorzug des Systems.

Spieltaktik, svw. ↑ Taktik.

Spielübersicht, Fähigkeit eines Spielers, Aktionen der Mitspieler u. Reaktionen der Gegenspieler vorauszuahnen, das Spiel der eigenen Mannschaft zu überschauen u. zu leiten sowie ↑ Spielverlagerungen durchzuführen.

Spielunterbrechung, auf Regelwidrigkeiten od. Disziplinlosigkeit (von Spielern od. Zuschauern) zurückzuführende Pause im Spielablauf; auch bei Verletzungen od. Witterungseinflüssen Abb.

Spielunterbrechung

Spielverlagerung, in einer festgefahrenen Spielsituation das Spielgeschehen durch einen langgeschlagenen Diagonal- od. Querpaß auf die andere Spielfeldseite verlegen (überraschend, gut getimt); bedingt ↑ Spielübersicht.

Spielverlängerung, svw. ↑ Verlängerung.

Spielverständnis, Fähigkeit eines Spielers, auf die Aktionen der Mitspieler sowie auf den gesamten Spielverlauf ständig Einfluß zu nehmen u. mögliche Verhaltensweisen der Mitspieler u. des Gegners frühzeitig zu erkennen u. zu durchschauen.

Spielverzögerung, svw. ↑ Auf-Zeit-Spielen.

Spielwitz, durch Intuition, Esprit, Raffinesse u. Spielfreude gekennzeichnete fußballerische Inspiration, gepaart mit überraschenden Handlungen; konstruktiv u. spielbelebend.

Spielzeit, Dauer eines Spieles; beträgt im Senioren- u. Juniorenbereich 90 min. Die *Halbzeitpause* teilt das Spiel in *erste* u. *zweite Halbzeit* zu je 45 min ein. Tab. S. a. Halbzeit (1,2).

Spielzug, (offensive) Ballstafette über mehrere Stationen, ohne daß dabei der Gegner in Ballbesitz gelangt u. in dessen Abschluß das gegnerische Tor unmittelbar bedroht wird.

Spiritus rector, svw. *leitender, treibender Geist*; die „Seele" des Spiels, der ↑ Spielmacher.
Spitze, Kurzbez. für ↑ Sturmspitze.
Spitzenschlager, svw. ↑ Schlagerspiel.
Spitzenstoß ↑ Stoßarten.
Split, NK Hajduk *(Nogometni Klub)*, Jugoslawien, Oberliga, gegr. 13. 2. 1911 (Emblem ↑ Tf. 13); 9mal *Landesmeister* (zwischen 1927 u. 1979); 8mal *Pokalsieger* (zwischen 1967 u. 1984). 15 *EC-Teilnahmen:* 76 Spiele; 40 Siege, 8 Unentschieden, 28 Niederlagen, 88:64 Punkte, 134:88 Tore. – *Spielkleidung:* blaue Hose, weißes Hemd, blaue Stutzen. *Heimstadion:* Poljud, 55000 Plätze.
Spieler (Auswahl): V. Beara – Z. Bego – I. Buljan – B. Dordević – I. Gudelj – D. Holcer – J. Jerković – S. Luštica – D. Mužinić – P. Nadoveza – B. Oblak – L. Peruzović – Primoras – N. Radović – A. Ristić – Z. Simović – B. Slišković – I. Šurjak – Zl. Vujovic – Zo. Vujovic – B. Vukas – S. Žungul. – **Trainer** (Auswahl): M. Dupanic – Z. Ivić – V. Kačić – Z. Kresic – S. Luštica – I. Tomić.
Sponsor, *kommerzieller Fußball* Person od. (meist) Geschäftsunternehmen, das einen Verein finanziell unterstützt u. dabei Werbung für sich betreibt (z. B. Banden-, Trikot-, Programmwerbung).
Sport Billy ↑ FIFA Fair Play Trophy.
Sportgruß ↑ Begrüßung.
Sportmassage, vorbeugende Massage in Verbindung mit anderen *physiotherapeutischen Maßnahmen* (Unterwassermassage, Sauna, Schlammpackungen, Höhensonne, auch Wasseranwendung u. a.) zur Erhöhung der Belastbarkeit des Stütz- und Bindegewebes. Bei Verletzungen oder Überlastungsschäden muß der Arzt über die anzuwendenden physiotherapeutischen Maßnahmen entscheiden. Regionen mit frischen Verletzungen dürfen nicht massiert werden (Gefahr der Verknöcherung von Muskelgewebe!).
Sportplatz der Hüttenwerker ↑ Eisenhüttenstadt, BSG Stahl.
Sportplatz Rheinau ↑ Balzers, FC.
Sports City Stadium, Nationalstadion von ↑ Libyen.
Sportverletzung, Unfallfolge während sportlicher Betätigung innerhalb einer Trainingseinheit, eines Wettkampfes od. beim Freizeit- u. Erholungssport. *Typische S.* beinhalten ihre Häufung bei bestimmten Sportarten infolge gegliederter u. geordneter Bewegungsabläufe sowie des stetigen Gebrauchs von sportartspezifischen Sportgeräten od. aufgrund klimatischer Faktoren. *Zufällige S.* sind Verletzungen an anfälligen Körperstellen u. unabhängig von der Sportart (z. B. typische Radiusfraktur). Abb. Tab.
Spundflasche, Heinz, geb. 4. 10. 1919 Hamburg, gest. 6. 11. 1972; Halbstürmer, Läufer; er spielte 1935/52 bei Polizei SV Hamburg u. Hamburger SV sowie 1952/58 beim Altonaer FC 1893. – Später Trainer bei Altona u. VfB Lübeck.
Squadra Azzurra, Bez. für die italien. Nationalmannschaft. S. a. Azzurri(s).
Sri Lanka, Staat im Süden Asiens, auf der Insel *Ceylon*, 65610 km², etwa 15,2 Mill. Ew., ein Fußballspieler je 779 Ew.; Verband *Football Federation of Sri Lanka* („Fußballverband Sri Lanka"), Abk. *SL F.A.*; gegr. 1939, Sitz *Colombo*; Mitgl. der *FIFA* seit 1950, der *AFC* seit 1958. – *Organisation:* 600 Klubs; 17000 Amateurspieler, gesamt 19500 (einschl. Nachwuchs- u. AM-Spieler); *Spieljahr:* September–März; *Spielkleidung:* weiße Hose, kastanienbraunes Hemd, weiße Stutzen (Reserveausrüstung: weiße Hose, weißes Hemd, kastanienbraune Stutzen); *Nationalstadion:* Sugathadasa Stadium, Colombo 25000 (ausschl. Sitzplätze).

Sportverletzung (Prellung [D. Kühn])

St. ↑ Sankt ..., Saint ...
Staatsliga, frühere, 1949 gegründete höchste Spielklasse *(S. A)* in Österreich; ein Jahr später folgte die Bildung der *S. B.* als zweithöchste Klasse, die bis

Sportverletzungen *(Auswahl)*
Achillessehnenverletzung
Adduktorensyndrom
Bandverletzungen
Fraktur
Kapselriß
Meniskusverletzung
Muskelfaserriß
Muskelzerrung
Prellung
Verrenkung
Verstauchung
(s. a. beim jeweiligen Stichwort)

1959 bestand u. dann zugunsten der *Regionalligen* aufgelöst wurde. S. a. Bundesliga (2).

Stabile, Guillermo, Argentinien, geb. 17.1.1906, gest. 1.9.1966; Mittelstürmer; spielte bei Independiente Buenos Aires, FC Genua 93, SSC Neapel u. Red Star Paris; WM-Endrundenteilnehmer 1930 (mit 8 Treffern Torschützenkönig), 1934 und 1938. – Später Trainer; u. a. 14 Jahre bei den „Gauchos", der argentin. Nationalmannschaft; mit ihr Südamerikameister u. WM-Endrundenteilnehmer 1958.

Stacho, Imrich, ČSSR, geb. 4. 11. 1931 Trnava; Torhüter; spielte 1947/52 u. 1954/68 bei TSS, Kovo u. Spartak Trnava, 1952/54 bei ATK u. Tankista Prag; 24 Länderspiele (1 Tor); internationales Debüt am 14.6.1953 gegen Rumänien (2:0) in Prag; Länderspielabschied am 22. 5. 1960 gegen Rumänien (2:0) in Bukarest; WM-Endrundenteilnehmer 1954 u. 1958 (nicht eingesetzt). – Später Funktionär bei Trnava.

Stade Ahmadou Ahidjo, Nationalstadion von ↑ Kamerun.

Stade Aloyse Mayer ↑ Düdelingen, Stade.

Stade Auguste Delaune ↑ Reims, Stade de.

Stade de la Frontiere ↑ Esch, A. S. Jeunesse.

Stade de la Meinau ↑ Strasbourg, Racing-Club de.

Stade de la Révolution, Nationalstadion des ↑ Kongo.

Stade des Charmilles ↑ Genf, FC Servette.

Stade de Sclessin ↑ Lüttich, Royal Standard Club.

Stade d'Honneurs, Nationalstadion von ↑ Marokko.

Stade du 28 Septembre, Nationalstadion von ↑ Guinea.

Stade du 24 Novembre ↑ Kinshasa, Vita Club.

Stade du 20 Mai, Nationalstadion von ↑ Zaïre.

Stade Hang Day, Nationalstadion von ↑ Vietnam.

Stade Houphouet Boigny, Nationalstadion der ↑ Elfenbeinküste.

Stade Municipal de la Ville de Luxemburg, Nationalstadion von ↑ Luxemburg.

Stade Municipal de Mahamasina, Nationalstadion von ↑ Madagaskar.

Stade Municipal du Ray ↑ Nizza, OGC.

Stade National, Nationalstadion von ↑ Laos, ↑ Mauretanien u. ↑ Niger.

Stade Olympique ↑ Lausanne Sports.

Stade Olympique d'Alger, Nationalstadion von ↑ Algerien.

Stade Omnisport, Nationalstadion von ↑ Mali.

Stade Sylvio-Cator, Nationalstadion von ↑ Haïti.

Stade Vélodrome Jean Bouin ↑ Marseille, Olympique de.

Stade Yves du Manoir Colombes ↑ Paris, Racing-Club de.

Stadio Comunale, 1. Turin; Großstadion für 71 000 Zuschauer; wurde 1932 in nur fast einjähriger Bauzeit fertiggestellt u. am 14. 5. 1933 eingeweiht; urspr. für die Leichtathletikwettbewerbe anläßlich der Universiade von 1933 errichtet; Gesamtfläche aller Sportanlagen: 40 000 m², Spielfeldabmessungen: 105 m × 68 m; erstes Länderspiel am 11. 2. 1934 Italien–Österreich (2:4); zuvor waren das „Motovelodrome" u. das „Stadio Torino" Austragungsstätte von Länderspielen; heute Heimstadion von AC u. Juventus Turin; 1980 EM-Endrundenspielstätte; erlebte neunzehn Länderspiele.

2. ↑ Bologna, FC.

3. ↑ Florenz, AC.

Stadio „Giuseppe Meazza", Mailand; faßt 85 000 Zuschauer, Spielfeldabmessungen: 110 m × 70 m; wurde in 3 Etappen erbaut: 1925 für ein Fassungsvermögen von 35 000 Besuchern, 1936 auf 45 000 erweitert, nachdem die Stadt Mailand das Stadion 1933 von der *Societa Immobiliare Lampugnano* gekauft hatte, u. 1954 durch überhöhte Zuschauertribünen auf die heutige Kapazität vergrößert; trug urspr. den Namen „Stadio de San Siro" u. wurde am 19.9.1926 mit einem Freundschaftsspiel (Internazionale–AC Mailand) eingeweiht; hatte damals die Form eines Quadrats mit abgerundeten Ecken auf einer Fläche von 37 000 m²; erstes internationales Spiel am 20. 2. 1927 gegen die ČSR (2:2); 1934 Austragungsstätte von WM- u. 1980 von EM-Endrundenspielen; erlebte bislang 29 Länderspiele. – Die „Scala des Fußballs" wurde 1979 zur Ehrung des Andenkens an den 53fachen Nationalspieler *Giuseppe Meazza* umbenannt.

Stadio „Luigi Ferraris" ↑ Genua (UC Sampdoria) u. ↑ Genua 1893.

Stadion, Einrichtung für den wettkampfmäßigen Fußballbetrieb mit Tribünen bzw. mit Traversen für mindestens 5000 Zuschauer, Sanitär- u. Umkleideräumen sowie physiotherapeutischen Einrichtungen für die Aktiven, Trainer, Schieds- u. Linienrichter, mit Räumen für Technik, Reporter u. Journalisten, sowie technischen Anlagen zur Ergebnisübermittlung u. -anzeige (↑ Anzeigetafel). Kernstück des S.s ist das ↑ Spielfeld. Tab.

Stadion am Fellberg ↑ Steinach, BSG Motor.

Stadion am Lumpicht ↑ Lauter, BSG Empor.

Stadion am Zoo ↑ Wuppertaler SV.

Stadion an der Grünwalder Straße ↑ München von 1860 e. V., TSV.

Stadion der Chemiearbeiter ↑ Schkopau, BSG Chemie Buna.

Stadion der Freundschaft, 1. ↑ Cottbus, BSG Energie.

2. ↑ Frankfurt (Oder), FC Vorwärts.

3. ↑ Stralsund, ASG Vorwärts.

4. ↑ Gera, BSG Wismut.

5. ↑ Meerane, BSG Fortschritt.

Stadion der Republik ↑ Bukarest, Rapid u. Steaua.

Stadion der Stahlwerker „Ernst Grube" ↑ Riesa, BSG Stahl.

Stadion der Weltjugend, Berlin; Ende 1949 von der Regierung der DDR an den Berliner Architekten *Selmanagic* in Auftrag gegebenes Großstadion; für Planung u. Bau standen nur 4 Monate zur Verfügung. Das Großobjekt wurde zur Baustelle der Freien Deutschen Jugend, Tausende zusätzliche Helfer aus allen Landesteilen stellten es bis zur Einweihung am 20. 5. 1950 (damals *Walter-Ulbricht-Stadion*), u. zwar zum damaligen *Deutschlandtreffen der Jugend*, fertig (70000 Zuschauer). Nach Umbauten faßt es jetzt 48000 Zuschauer. Seit 1975 ist es ständiger Austragungsort des *FDGB-Pokalendspiels*. Abb.

Stadion des Friedens, 1954/63 Heimstadion des *SC Lokomotive Leipzig* (↑ Leipzig, BSG Chemie).

Stadion „23. August", Nationalstadion von ↑ Rumänien.

Stadion Ellenfeld ↑ Neunkirchen, VfB Borussia e. V.

Stadion „19. Mai", Nationalstadion der ↑ Türkei.

Stadion (landessprachlich)
Stadium [engl.]
Estadio [span.]
Estádio [portugies.]
Stade [französ.]
Stadio [italien.]

Stadion der Weltjugend

Stadion „X. Jahrestag", Nationalstadion von ↑ Polen.

Stadio Olimpico, Nationalstadion von ↑ Italien.

Stadio San Paolo Fuorigrotta, Neapel; jüngstes u. größtes der 4 neapolitan. Stadien, Fassungsvermögen: 85 000 Zuschauer, Spielfeldabmessungen: 105 m × 67 m; Grundsteinlegung für das „Stadio de Fuorigrotta" (so der ursprüngliche Name) am 27. 4. 1957; am 6. 12. 1959 vom SSC Neapel u. von Juventus Turin mit einem Freundschaftsspiel eingeweiht; Geländefläche: 115 000 m^2; Stadionform elliptisch; 2 Tribünen (eine obere, auf 56 Pfeilern ruhende, u. eine untere, überdachte); erstes internationales Spiel am 6. 1. 1960 mit Italien–Schweiz (3:0); 1960 Austragungsstätte im Rahmen des olympischen Fußballturniers, am 5. 6. 1968 des EM-Endrundenhalbfinals zwischen Italien u. der UdSSR (0:0, Los für Italien) sowie von EM-Endrundenspielen 1980 (u. a. die Begegnung um Platz 3 zwischen der ČSSR u. Italien 1:1 [9:8 nach Strafstoßschießen für die ČSSR]); erlebte 13 Länderspiele.

Stadium Merdeka, Nationalstadion von ↑ Malaysia.

Stadium of the Martyr Al-Mabashie, Nationalstadion von ↑ Jemen (Volksdemokratische Republik).

Städtisches Stadion „Bremer Brücke" ↑ Osnabrück, VfL.

Städtisches Stadion Ludwigspark ↑ FC Saarbrücken, 1.

Städtisches Stadion Niederrhein ↑ Oberhausen, SC Rot-Weiß.

Stadtklasse, *DDR* untere Spielklasse in Großstädten.

Stadtliga, bis 1963 höchste Spielklasse in Berlin (West), deren Spitzenvertreter jährlich an der Endrunde der BRD-Meisterschaft teilnahmen (gemeinsam mit denen der Oberligen; ↑ Oberliga [2]). 1963 durch die *Regionalliga Berlin (West)* abgelöst (↑ Regionalliga), heißt sie seit 1974 *Oberliga Berlin (West)*. S. a. Spielklassen (Tab.).

Staffel, Zusammenfassung einer bestimmten Anzahl von Mannschaften zu einem *Teilnehmerfeld* für den Punktspielbetrieb innerhalb einer ↑ Spielklasse, wobei letztere oftmals aus mehreren S. besteht. *Einstaffelig* (od *eingleisig*) sind z. B. die höchsten Spielklassen in den europäischen Ländern, *mehrstaffelig* i. allg. die unteren.

Stahl, *DDR* Bez. für Betriebssportgemeinschaften des Bereiches Metallurgie, z. B. S. Riesa.

Stahlstadion ↑ Brandenburg, BSG Stahl.

Stahmann, Dirk, geb. 23. 8. 1958 Magdeburg; Libero; spielt seit 1967 beim 1. FC Magdeburg; 27 Länderspiele (ein Tor); internationales Debüt am 2. 3. 1982 gegen Irak (0:0) in Bagdad; 167 Oberligaspiele (23 Tore). S. a. Flugkopfball (Abb.).

Stamford Bridge ↑ Chelsea, FC.

Standardsituation, sich während des Spiels häufig wiederholender Zustand im Verhältnis Spieler zum Ball. S. liegen vorwiegend bei Eck- u. Freistößen vor (insofern letztere direkte od. indirekte Torgefahr bringen). Bei vielen Mannschaften gehört das Einstudieren von *Freistoß-* u. (seltener) *Eckstoßvarianten* zum ständigen Trainingsprogramm, um im Wettkampf sich ergebende S. besser ausnutzen zu können.

Standbein ↑ Schußbein.

Standfußball, Spiel, bei dem sich die Spieler „gemütlich" den Ball zuspielen u. dabei wenig in Bewegung sind.

Ständige Kommissionen der FIFA, Kommissionen mit unterschiedlichem Verantwortungsbereich, die jeweils vom ↑ FIFA-Exekutivkomitee für eine Amtszeit von 2 Jahren gewählt werden, bestehend aus je einem Vorsitzenden u. den Mitgliedern. Tab.

Stange, Bernd, Trainer, geb. 14. 3. 1948 Gnaschwitz; Verteidiger; spielte 1957/64 bei Chemie Gnaschwitz, 1964/66 bei Vorwärts Bautzen u. 1966/70 bei der HSG DHfK Leipzig. – Trainer seit 1971; bis 1978 beim FC Carl Zeiss Jena (u. a. Oberligatrainerassistent, Cheftrainer); 1978/80 DFV-Trainer (U 21); 1980/82 Nationalmannschaftstrainerassistent u. 1982/84 Olympiaauswahltrainer; seit 1984 Nationalmannschaftstrainer. Abb.

Stan-Matthews-Trick, svw. ↑ Oberkörperfinte.

Star(spieler), überragender Spieler

Bernd **Stange**

Ständige Kommissionen der FIFA
Finanzkommission
WM-Organisationskomitee
Amateurkomitee
Schiedsrichterkommission
Spielerstatutkommission
technische Kommission
medizinische Kommission
Presse- u. Publikationskomitee
Disziplinarkommission
Kommission für die FIFA-Jugend-WM

einer Mannschaft (Klub, Auswahl). Einen ehemaligen S., der aber noch aktiv ist, bezeichnet man als *Altstar*. S. a. Superstar.

Stastny, Leopold, ČSSR, Trainer, geb. 23. 5. 1911; spielte 1923/41 bei SK Preßburg (Bratislava). – 1968/75 österreich. Bundestrainer.

statische Spielweise, gehobene Bezeichnung für ↑ Standfußball; einfallslos, unattraktiv.

Stavanger, Viking, Norwegen, 2. Division, gegr. 1899; 7mal *Landesmeister* (zwischen 1958 u. 1982); *Pokalsieger* 1953 und 1959. 10 *EC-Teilnahmen*: 24 Spiele; 4 Siege, 5 Unentschieden und 15 Niederlagen, 13:35 Punkte, 20:51 Tore. – *Spielkleidung*: weiße Hose, blaues Hemd, blau-weiß geringelte Stutzen. *Heimstadion*: Stavanger Stadion, 19800 Plätze.

Spieler (Auswahl): S. Andersen – E. Falch – S. Fjälberg – R. Goa – G. Goodchild – T. Hammer – I. Hauge – N. O. Hellvik – P. Henriksen – G. Herrem – E., J. u. T. Johannesen – R. Kvammen – Mordt – O. Nielsen – I. A. Refvik – S. Slinning – T. Svendsen – E. Thorstvedt. – **Trainer** (Auswahl): K. Blunt – S. Cnubb – B. Foulkes – T. Knapp – S. Kvia.

„Stechen", unkontrollierte „Spiel"-Weise („Gesteche"), die sich in fehlendem technisch-taktischem Verständnis u. absoluter fußballerischer Blindheit äußert. – *Stecher* sind allenfalls in der Lage, den Ball als Streitobjekt zu erkennen, kaum aber, ihn zu behandeln.

Steffen, Willy, Schweiz, geb. 24. 5. 1923; Verteidiger; 28 Länderspiele (1945/55); er stand 1947 in der FIFA-Europa-Auswahl gegen Großbritannien (Gegenspieler von *S. Matthews*) beim 1:6 in Glasgow.

steil bezeichnet den kürzesten Weg zur gegnerischen Torlinie parallel zur Seitenlinie (z. B. Steilpaß, -durchbruch, s. laufen).

Steilpaß, lang geschlagener Paß in den freien Raum in Richtung gegnerisches Tor; taktisches Mittel, um die gegnerische Abwehrkette zu überwinden u. die eigenen Sturmspitzen erfolgversprechend in Szene zu setzen.

Stein, Helmut, geb. 9. 11. 1942 Aschersleben; Stürmer, Läufer; spielte 1955/60 bei Motor Aschersleben, 1962/66 beim Halleschen FC Chemie u. 1966/76 beim FC Carl Zeiss Jena; 22 Länderspiele (3 Tore); internationales Debüt am 9. 12. 1962 gegen Mali (2:1) in Bamako; Länderspielabschied am 3. 11. 1973 gegen Albanien (4:1) in Tirana; bestritt 304 Oberligaspiele (53 Tore). – 1977/85 beim FC Carl Zeiss Jena Assistenztrainer, gleiches seit 1985 beim FC Rot-Weiß Erfurt.

Stein, Jock, Schottland, Trainer, geb. 1923, gest. 1985; Verteidiger; spielte 1939/57 bei Celtic Glasgow (1950 Profi); ab 1954 Celtic-Spielführer. – Trainer 1957/60 bei Celtic Glasgow, 1960/64 bei Dunfermline Athletic, 1964/65 bei Hibernian Edinburgh, 1965/78 wiederum bei Celtic Glasgow u. 1978 bei Leeds United (nur 45 Tage!); 1965 erstmals Auswahltrainer, ab 1978 ständig; WM-Endrundenteilnehmer 1982; 1969 geadelt (*C. B. E.* [*Commander of the Order of the British Empire*]); verstarb am 10. 9. 1985 unmittelbar nach dem 1:1 zwischen Wales u. Schottland (das den Schotten den Gruppensieg in der Europagruppe 7 sicherte) an den Folgen eines Herzinfarktes; Nachfolger: *A. Ferguson* (FC Aberdeen). Abb.

Jock **Stein**

Steinach, BSG Motor, DDR, Bezirksliga, gegr. 1945 als *SG Steinach*, 31. 10. 1950 bis 31. 3. 1951 *BSG Mechanik*, 1. 4. 1951 bis 28. 2. 1952 *BSG Stahl*, seit 1. 3. 1952 *BSG Motor* (Emblem ↑ Tf. 13); spielte 1963/65 Oberliga. – *Spielkleidung*: blaue Hose, rotes Hemd, blaue Stutzen (als BSG Stahl), heute blaue Hose, weißes Hemd, blaue Stutzen. *Heimstadion*: Stadion am Fellberg, 15000 Plätze (ausschl. Stehplätze).

Spieler (Auswahl): R. Bätz – G. Elmecker – B. Florschütz – H. Fölsche – K. Heinzel – E. Kühn – W. Linß – W. Luthardt – G. Queck – H. Schellhammer – P. Sesselmann – R. Sesselmann – U. Sperschneider – W. Wenke. – **Trainer** (Auswahl): J. Biedermann – O. Büchner – B. Florschütz – E. Kühn – K. Langhammer – H. Leib – M. Luthardt – R. Luthardt – G. Queck – G. Richter – O. Weigelt.

Steinbach, Wolfgang („Max"), geb. 21. 9. 1954 Schönebeck; Mittelfeldspieler; begann 1961 bei Chemie Schönebeck (bis 1968); seitdem beim 1. FC Magdeburg; 28 Länderspiele (1 Tor); in-

Steirischer Fußballverband

Uli **Stielike**

ternationales Debüt am 4. 4. 1978 gegen Schweden (0:1) in Leipzig; Länderspielabschied am 13. 3. 1985 gegen Algerien (1:1) in Batna; gewann bei Olympia 1980 Silber; 271 Oberligaspiele (61 Tore). Abb.

Steirischer Fußballverband, Abk. *ST. F. V.*; einer der 9 österreich. Unterverbände des *ÖFB* (↑ Österreich); Spielklasseneinteilung: *Landesliga* (18 Vereine), *Unterliga* (2 Gruppen je 14 Vereine), *Gebietsliga* (4 Gruppen je 12 bis 14 Vereine) *1. Klasse* (8 Gruppen je 12 bis 14 Vereine) u. *2. Klasse* (11 Gruppen je 11 bis 12 Vereine). Abb.

Stellungsspiel, geschicktes Postieren eines Mannschaftsteiles od. eines Spielers zum Bewachen des Gegners bzw. Abfangen eines gegnerischen Angriffs; beinhaltet richtiges Stehen zum Gegner u. zum Ball. Bes. wichtig ist das S. des *Torhüters* (rechtzeitiges Herauslaufen, richtige Stellung beim Torschuß, bei Eck- od. bei Freistößen usw.). S. a. Schußwinkel.

Stendal, BSG Lokomotive, DDR, Bezirksliga (Emblem ↑ Tf. 14); gegr. am 18. 12. 1949 als *Eintracht Stendal*, danach *Hans Wendler* u. *Lokomotive*; spielte Oberliga 1949/54, 1955/57, 1959, 1961/62 u. 1963/68. – *Spielkleidung*: schwarze Hose, rotes Hemd, schwarz-rote Stutzen. *Heimstadion*: Wilhelm-Helfers-Kampfbahn, mit 15 000 Plätzen (14 500 Steh-, 500 Sitzplätze).

Spieler (Auswahl): H.-J. Alpert – G. Backhaus – G. Behne – W. Bergner – K. Brüggemann – D. Busch – M. Felke – D. Gradetzke – P. Güssau – K. Hennig – H.-J. Herrmann – D. Karow – W. Klingbiel – K. Köhler – H. Kovermann – H. Küchler – H. Lahutta – F. Laibner – K. Liebrecht – E. Lindner – H. Muthke – S. Nathow – H. Neubauer – G. Prebusch – G. Reh – H. Schmidt – A. Strohmeyer – E. Weiser – K. Weißenfels – H. Weißkopf – H. Werner – R. Wiedemann – H. Zeppmeisel – H. zur Hose. – **Trainer** (Auswahl): G. Gläser – H. Lieberwirth – O. Pfau – M. Schwendler – W. Schwenzfeier – W. Wagner – K. Weißenfels – F. Wittenbecher.

ST. F. V., Abk. für ↑ Steirischer Fußballverband.

St. Gilloise, Union ↑ Brüssel, Union St. Gilloise.

Wolfgang **Steinbach**

Stielike, Ulrich („Uli"), geb. 15. 11. 1954; Halbstürmer; auch Vorstopper, Libero; spielte 1960/73 bei SpVgg Ketsch, 1973/77 bei Borussia Mönchengladbach u. 1977/85 bei Real Madrid; seitdem bei Xamax Neuchâtel; 41 Länderspiele (3 Tore); internationales Debüt am 3. 9. 1975 gegen Österreich (2:0) in Wien; Länderspielabschied am 20. 6. 1984 gegen Spanien (0:1) in Paris (EM-Endrunde); WM-Endrundenteilnehmer 1982; EM-Endrundenteilnehmer 1980; bestritt 109 Bundesligaspiele (12 Tore); 1981 span. Fußballer des Jahres. Abb.

Stil, die Art zu spielen; manche Mannschaften (od. Spieler) bevorzugen den *kämpferischen*, andere dagegen den *technischen S.*

Stiles, Norbert („Nobby"), England, geb. 18. 5. 1942 Manchester; Läufer; spielte 1956/80 bei Manchester United, FC Middlesbrough u. Preston North End; 28 Länderspiele (1 Tor); internationales Debüt am 10. 4. 1965 gegen Schottland (2:2) in London; Länderspielabschied am 25. 4. 1970 gegen Schottland (0:0) in Glasgow; WM-Endrundenteilnehmer 1966. – Später Trainer bei Preston North End.

Stilist, spielkulturell überdurchschnittlicher Spieler.

St.-Jakobs-Stadion ↑ Basel, F. C.

St. James' Park ↑ Newcastle United.

Stöcker, Herrmann („Männe"), geb. 6. 1. 1938 Borne; Linksaußen; spielte 1953/56 bei Traktor Heyrothsberge, 1956/59 bei Motor Mitte Magdeburg u. 1959/69 beim (SC Aufbau) 1. FC Magdeburg; 6 Länderspiele (4 Tore); internationales Debüt am 4. 9. 1963 gegen Bulgarien (1:1) in Magdeburg; Länderspielabschied am 25. 4. 1965 gegen Österreich (1:1) in Wien; gewann bei Olympia 1964 Bronze; 185 Oberligaspiele (41 Tore). – Später (seit 1969) Nachwuchstrainer beim 1. FCM.

Stockfehler, vom *(Eis-)Hockey* übernommener Begriff für individuelle technische Fehler bei der Ballannahme; nicht regelwidrig.

Stockholm, AIK, Schweden, 1. Division, gegr. 1891 (Emblem ↑ Tf. 14); 8mal *Landesmeister* (zwischen 1900 und 1937); 4mal *Pokalsieger* (zwischen 1949 u. 1985). 6 *EC-Teilnahmen*: 20 Spiele; 7 Siege, 6 Unentschieden, 7 Niederlagen, 20:20 Punkte, 36:29 Tore. – *Spielkleidung*: weiße Hose und schwarzes Hemd, gelb-schwarze Stutzen. *Heimstadion*: Fotbollstadion Solna, 52 000 Plätze (32 000 Sitz-, 20 000 Stehplätze).

Spieler (Auswahl): A. Alfredsson – E. Almgren – Sune Andersson – Sven Andersson – K. Ansen – L. Backman – O. Bergmark – H. Carlsson – S. Dahlkvist – H. Ekroth – R. Grip – J. Gustavsson – K. Hamrin – G. Josefsson – P. Kaufeldt – R. Kock – B. Leander – Y. Leback – B. Lindström – B. Ljung – V. Lundgren – B. Mellberg – J. Nilden – H. Nilsson – J. Nilsson – E. Persson – H. Sjögren – L. Skoglund – W. Sköld – E. Widlund – O. Zetterlund. – **Trainer** (Auswahl): H. Carlsson – P. Kaufeldt – G. Nordahl – G. Raynor – F. Soo – K. Spurgeon – L. Szendrödi – I. Wampetits – R. Zetterlund.

Stockholm, Djurgardens IF (*Idrottsförening*, „Sportklub"), Schweden, 1. Division, gegr. 1891; 8mal *Landesmeister* (zwischen 1912 u. 1966). 9 *EC-Teilnahmen*: 22 Spiele; 5 Siege, 4 Unentschieden, 13 Niederlagen, 14:30 Punkte, 26:47 Tore. – *Spielkleidung*: schwarze Hose u. gelb-schwarz längsgestreiftes Hemd, gelbe Stutzen. *Heimstadion*: Rasunda, 52 000 Plätze (32 000 Sitz-, 20 000 Stehplätze). Abb.

Spieler (Auswahl): K. E. Andersson – R. Andersson – A. Arvidsson – T. Berggren – D. Brzokoupil – C. Cronqvist – J. Eriksson – L. Eriksson – G. Frykman – A. Grönhagen – A. Haglund – O. Hellström – E. Hemming – H. Jeppson – J. Karlsson – O. Karlstrand – S. Lindman – H. Mild – B. Nordenskjöld – S. Nyström – C. Olsberg – S. Parling – R. Pettersson – F. Rudén – G. Sandberg – L. Skiöld – S. Söderberg – B. Stenman – H. Sundberg – H. Tvilling – R. Wicksell. – **Trainer** (Auswahl): H. Backe – G. Sandberg.

Stojaspal, Ernst („Stoisi"), Österreich, geb. 14. 1. 1925 Wien; Halblinker u. Linksaußen; spielte 1940/46 bei Ostbahn 11 Wien, 1946/55 bei Austria Wien u. 1955/61 bei Racing Club Strasbourg, AS Monaco u. AS Beziers (Frankreich); 43 Länderspiele (15 Tore); internationales Debüt am 1. 12. 1946 gegen Italien (2:3) in Mailand; Länderspielabschied am 3. 7. 1954 gegen Uruguay (3:1) in Zürich; WM-Endrundenteilnehmer 1954.

Stoppen, 1. Annehmen des Balles am Boden od. in der Luft u. ihn unter Kontrolle bringen, ohne daß er wegspringt.

2. Blockieren eines gegnerischen Angriffs.

Stopper, svw. ↑ Mittelläufer.

Stoppergespann, svw. ↑ Doppelstopper.

Stören, a) kompromißlose Abwehraktion eines Spielers, um den Gegner vom Ball zu trennen; b) dem Gegner den Ball abnehmen, um einen Gegenangriff einzuleiten (risikovoller als a, aber konstruktiver). – Das S. sollte möglichst *vor* bzw. *bei* Ballannahme des Gegners erfolgen.

Stoß, Weg- od. Weiterbefördern des Balles meist mit dem Fuß, aber auch mit dem Kopf (↑ Kopfstoß); Verb: *Stoßen*. In der Regel erfolgt dies beim Fuß-S. gegen den *ruhenden Ball*, z. B. Eck-, Frei-S., weniger gegen den *sich bewegenden* Ball, z. B.: den Ball über die Linie stoßen. Meist wird der jeweilige S. mit einem der Verben ↑ Schlagen (1), ↑ Schießen od. ↑ Treten (1) in unmittelbarem Zusammenhang ausgedrückt, z. B. einen Frei-S. schlagen (bzw. schießen od. treten), niemand wird dagegen sagen: einen Ab-S. „stoßen".

Stoßarten, Varianten zum Weg- od.

Djurgarden Stockholm

Stoßarten (Anwendungsbeispiele)

(Voll-)Spannstoß
Abschlag
Abstoß
Abwehrschlag
Freistoß
Torschuß

Innenspannstoß
Eckstoß
Flanke
Freistoß
Langpaß
Strafstoß

Außenspannstoß
Eckstoß
Flanke
Freistoß
Langpaß

Innenseitstoß
(Direkt-)Ablage
Kurzpaß
Strafstoß

Außenseitstoß
(Kurz-)Abspiel
Umdribbeln (nach außen)

Spitzenstoß
Stoß gegen den ruhenden Ball
Nachstoß

Strafraum (landessprachlich)

Penalty area [engl.]
Surface de réparation [französ.]
Area de penal [span.]
Area penal [portugies.]
Area di rigore [italien.]

Strafstoß (landessprachlich)

Penalty kick [engl.]
Coup de réparation [französ.]
Tiro penal [span.]
Grande penalidade [portugies.]
Calcio di rigore [italien.]

Weiterbefördern des Balles mit dem Fuß bzw. (dann ausschl. zum Weiterleiten) mit dem Kopf (↑ Kopfstoß). Man kann die S. nach bestimmten Merkmalen, wenn auch nicht absolut, unterscheiden: a) *(Voll-)Spannstoß*; wuchtig, bei unterschiedlicher Flugbahn (flach, halbhoch, hoch) des Balles; b) *Innenspannstoß*; gefühlvoll bis kräftig, bei halbhoher bis hoher Flugbahn des Balles; c) *Außenspannstoß*; wie b, aber technisch schwieriger; d) *Innenseitstoß*; gefühlvoll, bei flacher Flugbahn od. ständigem Bodenkontakt des Balles;

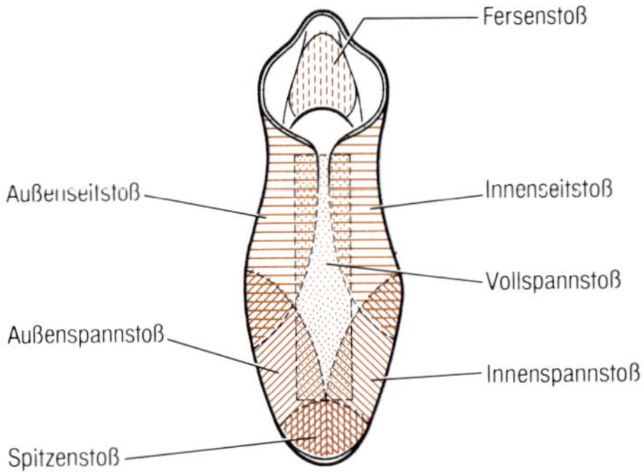

Stoßarten

e) *Außenseitstoß*; schwach, bei ständigem Bodenkontakt des Balles (selten angewendet); f) *Spitzenstoß*; schnellkräftig, bei halbhoher bis hoher Flugbahn des Balles (selten angewendet); g) *Fersenstoß*; schwach bis mittelkräftig, bei ständigem Bodenkontakt od. halbhoher bis hoher Flugbahn (↑ Hackentrick) des Balles. Abb. Tab.

Stoßfinte, aus dem Ballführen heraus wenige Meter von dem Gegner betontes Ausholen des Spielbeines zum Flankenschlag, Torschuß usw., ohne dabei die Stoßbewegung auszuführen, sondern mit dem Ball weiterzudribbeln (Ausnutzung der Abwehr- u. Schutzreaktion des Gegners); Voraussetzungen sind hierbei schnellkräftige Ausführung u. täuschend „echte" Nachahmung des Schußversuches.

Stoßstürmer, zentraler Angriffsspieler (wuchtig, energisch, entschlossen), der in die gegnerische Abwehr „hineinstoßen" u. die Angriffshandlungen erfolgreich abschließen soll; in der Regel der Torschützenbeste seiner Mannschaft.

St. Pauli, FC ↑ Hamburg, FC St. Pauli.

Strachan, Gordon, Schottland, geb. 9. 2. 1957 Edinburgh; Mittelfeldspieler; spielte 1971/77 beim FC Dundee u. 1977/84 beim FC Aberdeen; seit 1984 bei Manchester United; bestritt 38 Länderspiele (3 Tore); internationales Debüt am 16. 5. 1980 gegen Nordirland (0:1) in Belfast, WM-Endrundenteilnehmer 1982 u. 1986; Fußballer des Jahres 1980.

Strafraum, durch Linien (*S.linien*) begrenzter Raum vor beiden Toren des Spielfeldes. Bei Foulspiel eines abwehrenden Spielers (od. Handspiel) im S. (die S.linien zählen zum S.) wird ein *Strafstoß* verhängt. Tab. S. a. Spielregeln (Regel I, 4).

Strafraumbeherrschung, Fähigkeit eines Torhüters, in diffizilen Strafraumsituationen richtig zu reagieren, d. h. über den 5-m-Raum hinaus erfolgreich zu operieren („Linientorhütern" mangelt es in der Regel an S.). Klassetorhüter vereinen beides: (Tor-)Linienbeherrschung u. S.

Strafraumlinien, die den *Strafraum* eingrenzenden Linien außer der Torlinie. S. a. Spielfeld (Abb.).

Strafstoß, als Strafe für Regelverstöße innerhalb des eigenen ↑ Strafraumes der Gegenpartei zustehender unbehin-

Stoßarten; Innenseitstoß (H.-J. Dörner)

derter Stoß des ruhenden Balles. Dabei wird der Ball von der *S.marke* aus von einem gegnerischen Spieler auf das nur vom Torhüter verteidigte Tor geschossen, der bis zur Ausführung des Stoßes auf der Torlinie zwischen den Torpfosten – ohne seine Füße zu bewegen – verharren muß. Man unterscheidet beim S. entspr. dem vorangegangenen Vergehen zwischen *Foul-S.* (nach Zufallbringen des Gegners, Treten, Schlagen, Nachtreten, Rempeln von hinten usw.) u. *Hand-S.* (bei vorsätzlichem Handspiel). – Wegen der festgelegten Entfernung der S.marke von der Torlinie (11 m) wird der S. u. alle seine Wortzusammensetzungen im Sprachgebrauch oft durch „Elfmeter ...“ ersetzt. Tab. S.a. Spielregeln (Regel XIV), Spielfeld (Abb.).

sicher verwandelter **Strafstoß**

Strafstoßduell, Bez. für den Zweikampf *Strafstoßschütze–Torhüter*; ein ungleiches Duell zuungunsten des letzteren, zumal der Torhüter sich nicht vor Ausführung des Stoßes auf der Torlinie bewegen darf. Die Chancen für den Torhüter, einen plaziert getretenen Strafstoß zu halten, sind daher gering, wobei ihm lediglich zugute kommt, daß er deshalb – im Gegensatz zum Schützen – nervlich relativ unbelastet in das S. gehen kann. Dieser psychologische Faktor spielt insbes. bei eventuellem ↑ Strafstoßschießen eine nicht unbedeutende Rolle, zumal sich der Torhüter dort nicht nur „Strafstoßspezialisten“ gegenübersieht.

Strafstoßpunkt ↑ Spielfeld (Abb.).

strafstoßreif ist eine Situation, die – objektiv – die Verhängung eines Strafstoßes rechtfertigen würde, vom Schiedsrichter aber anders beurteilt wird; kein Protestgrund für die benachteiligte Mannschaft, da es sich hierbei um eine ↑ Tatsachenentscheidung handelt.

Strafstoßschießen, Kurzbez. von: *Ausführung von Torschüssen vom Strafstoßpunkt*; vom International Football Association Board am 27. 6. 1970 angenommener Vorschlag der FIFA, bei unentschieden ausgegangenen Spielen in K.-o.-Wettbewerben anstelle des bisherigen Losentscheides künftig ein zusätzliches Schießen von der *Strafstoßmarke* durchzuführen. Dabei benennt jede Mannschaft 5 Schützen, die abwechselnd zum S. antreten. Falls dann noch keine Entscheidung getroffen ist, wird das S. fortgesetzt, bis eine der Mannschaften bei der gleichen Anzahl ge-

verkürztes **Strafstoßschießen** (*Beispiele*)

(Mannschaften *A* u. *B*)

	A	*B*	*Ergebnis*
1)	Tor	Tor	1:1
2)	kein Tor	Tor	1:2
3)	kein Tor	Tor	1:3
4)	Tor	Tor	2:4

Ende, da *A* nur noch auf 3 Treffer kommen kann

	A	*B*	*Ergebnis*
1)	Tor	kein Tor	1:0
2)	Tor	kein Tor	2:0
3)	Tor	kein Tor	3:0

Ende, da *B* nur noch auf 2 Treffer kommen kann

Vorwärts Stralsund

Eduard **Strelzow**

schossener Strafstöße im Vorteil ist. Tab.

Strahovstadion, Nationalstadion der ↑ ČSSR.

Stralsund, ASG Vorwärts, DDR, Liga, gegr. am 21. 7. 1967; spielte Oberliga 1971/72 u. 1974/75. – *Spielkleidung*: Blau. *Heimstadion*: Stadion der Freundschaft, 9300 Plätze (8000 Steh- sowie 1300 Sitzplätze). Abb.

Spieler (Auswahl): G. Baltrusch – H. Biehl – W. Bruhs – G. Brunner – P. Filler – M. Finger – L. Häder – E. Kögler – H.-G. Manschus – K. Marowski – J. Renn – G. Schellhase – D. Schönig – K.-P. Stein – K. Wulst. – **Trainer** (Auswahl): G. Baltrusch – H. Säckel – E. Schmidt.

Strasbourg, Racing-Club de, Frankreich, Verein der zweiten Division (Emblem ↑ Tf. 14), gegr. 1906 als *F. C. Neudorf*, seit 1918 heutige Bezeichnung; Profifußball seit 1933; *Landesmeister* 1979, *Pokalsieger* 1951 u. 1966. 6 *EC-Teilnahmen*: 30 Spiele; 11 Siege, 8 Unentschieden u. 11 Niederlagen, 30:30 Punkte, 33:43 Tore. – *Spielkleidung*: weiße Hose, himmelblaues Hemd mit weißen Ärmeln, blaue Stutzen. *Heimstadion*: Stade de la Meinau, 42756 Plätze (davon 16637 Sitzplätze).

Spieler (Auswahl): C. Bianchi – R. Bihel – F. Bracci – D. Dropsy – G. Gress – A. Haan – R. Hauss – O. Heisserer – R. Jonquet – R. Kaelbel – F. Keller – F. Kominek – G. Krug – R. Libuda – Mateo – Molitor – F. Piasecki – F. Remetter – H. Roessler – E. Schwartz – D. Six – G. Soler – L. Specht – E. Stojaspal – E. Veinante. – **Trainer** (Auswahl): P. Frantz – G. Gress – R. Lemerre – E. Schwartz – J. Sundermann – E. Veinante.

Strategie, svw. ↑ Spielkonzeption.

Streich, Joachim, Trainer, geb. 13. 4. 1951 Wismar; Stürmer; spielte 1957/67 bei Aufbau m. TSG Wismar, 1967/75 beim FC Hansa Rostock (141 Oberligaspiele, 58 Tore) und 1975/85 beim 1. FC Magdeburg (237 Oberligaspiele, 171 Tore); mit 102 Länderspielen u. 55 Toren (1969/84) jeweils Rekordinternationaler und Rekordtorschütze der DDR; internationales Debüt am 8. 12. 1969 gegen Irak (1:1) in Bagdad; bestritt sein 100. Länderspiel am 12. 9. 1984 gegen England (0:1) in London; Länderspielabschied am 20. 10. 1984 gegen Jugoslawien (2:3) in Leipzig. S. erzielte sein 50. Länderspieltor am 13. 4. 1983 gegen Bulgarien (3:0) in Gera; Torschützenkönig 1977 (17 Tore), 1979 (23), 1981 (20) u. 1983 (19); mit 378 Oberligaeinsätzen auf Platz 5 der „ewigen" DDR-Bestenliste; Fußballer des Jahres 1979 u. 1983; WM-Endrundenteilnehmer 1974; Bronzemedaillengewinner 1972 in München. – Nach Beendigung seiner aktiven Laufbahn beim 1. FC Magdeburg wurde er dort sofort Trainer der Oberligamannschaft. Abb. S. a. „Klub der Hunderter".

Joachim **Streich**

Strelzow, Eduard („Edik"), UdSSR, geb. 21. 7. 1937 in Moskau; Mittelstürmer; spielte 1953/58 u. 1965/70 bei Torpedo Moskau; 38 Länderspiele; war 1968 WM-Endrundenteilnehmer; absolvierte 222 Ligaspiele; 142 Tore (100 in Punkt-, 14 in Pokal-, 3 in EC- u. 25 in Länderspielen); er gewann 1956 bei Olympia Gold; war Fußballer des Jahres 1967 u. 1968. – Später Trainer. Abb.

„Strich", svw. *wuchtiger Torschuß.*

Striker [engl.], svw. ↑ Sturmspitze.

Stroh, Josef, Österreich, geb. 5. 3. 1913

Wien; Halbrechter; spielte 1928/33 beim Floridsdorfer AC u. 1933/49 bei Austria Wien; 22 Länderspiele (1935/37 u. 1946/48 18 für Österreich, 1938/39 4 für Deutschland nach Annexion Österreichs); internationales Debüt am 6. 10. 1935 gegen Ungarn (4:4) in Wien; Länderspielabschied am 31. 10. 1948 gegen die ČSR (1:3) in Bratislava.

Stübner, Jörg, geb. 23. 7. 1965 Freiberg; Mittelfeldspieler; er spielte 1973/79 bei Motor Halle; seit 1979 bei Dynamo Dresden; 17 Länderspiele; internationales Debüt am 17. 11. 1984 gegen Luxemburg (5:0) in Esch; 73 Oberligaspiele (5 Tore). Abb.

Studener, Hans, Trainer, geb. 2. 3. 1919 Langenbruch; Halbstürmer u. Läufer; spielte 1933/40 bei Hamborn 07 u. 1945/57 bei Empor Wurzen; wurde in die Stadtmannschaft Leipzig u. in die Sachsenauswahl berufen. – 1957/59 Trainer beim SC Rotation Leipzig; 1959/61 an der Deutschen Hochschule für Körperkultur Leipzig tätig; 1961/66 DFV-Trainer (Assistent von *K. Soos,* außerdem verantwortlich für die Olympiaauswahl); 1966/69 Oberligatrainer beim 1. FC Lok Leipzig; gewann 1964 mit der Olympiaauswahl in Tokio die Bronzemedaille; 1975/85 im Wissenschaftlichen Zentrum des DFV der DDR tätig; veröffentlichte gemeinsam mit *Werner Wolf* „Fußballtraining" (1967). Abb.

Stuhlfauth, Heinrich („Heiner"), geb. 11. 1. 1896, gest. 12. 9. 1966; Torhüter; spielte 1911/13 bei Franken Gibitzenhof-Nürnberg, 1913/16 bei Pfeil Nürnberg u. 1916/33 beim 1. FC Nürnberg; 21 Länderspiele (1920/30), 6mal Spielführer; Länderspieldebüt am 27. 6. 1920 gegen die Schweiz (1:4) in Zürich; Länderspielabschied am 2. 3. 1930 gegen Italien (0:2) in Frankfurt/Main; Olympiateilnehmer 1928; spielte repräsentativ für Nürnberg/Fürth (Städteauswahl) u. Süddeutschland; bestritt für den 1. FCN 605 Spiele. Abb.

„stumpfe Spitzen", eigtl. widersprüchliche, aber oft gebrauchte Wortverbindung für die *(Sturm-)Spitzen* einer Mannschaft, insofern sie von der gegnerischen Abwehr zur Wirkungslosigkeit verurteilt, d. h. konsequent u. erfolgreich abgeblockt werden.

Sturm, svw. ↑ Angriff (2).

Stürmer, svw. *Angriffsspieler* (↑ Angriff [2]).

Sturmführer, ↑ Mittelstürmer mit ausgeprägten strategischen Fähigkeiten.

Sturmlauf, beherzte individuelle Angriffsaktion, wobei der Ball mit maximaler Geschwindigkeit u. geradlinig über das Mittelfeld in Richtung gegnerisches Tor bzw. Torlinie getrieben wird. Abb.

Sturmreihe, svw. *Angriffsreihe* (↑ Reihe).

Sturmlauf (F. Richter)

Sturmspitze, Bez. für einen vorgeschoben spielenden Stürmer; meist wird mit 2 od. 3 S. gespielt.

Sturmtank, svw. ↑ Center.

„Stürzen", überhastetes Agieren in Ballnähe od. -besitz, wobei der Blick nur dem Ball, nicht aber dem freien Mitspieler gilt. Derartige *Stürzer* sind weitestgehend fußballerisch „blind".

Stuttgart, VfB, BRD, gegr. am 2. 4. 1912 durch Fusion des *Fußballvereins Stuttgart* (gegr. 1893) u. des *Kronen-Clubs Cannstatt* (gegr. 1897) als *VfB Stuttgart 1893 e. V.* (Emblem ↑ Tf. 14); 1. Bundesliga 1963/75 u. seit 1977/78; Meister der Oberliga Süd 1946, 1952 u. 1954; 2. Liga Süd 1975/76 u. 1976/77 (Meister); *Landesmeister* 1950, 1952 u. 1984; *DFB-Pokalsieger* 1954 u. 1958; *Amateurmeister* 1963 u. 1980. 10 *EC-Teilnahmen*: 48 Spiele; 24 Siege, 12 Un-

Jörg **Stübner**

Hans **Studener**

Heiner **Stuhlfauth**

Südamerikameisterschaft

1916	Buenos Aires:	Uruguay
1917	Montevideo:	Uruguay
1919	Rio de Janeiro:	Brasilien
1920	Valparaiso:	Uruguay
1921	Buenos Aires:	Argentinien
1922	Rio de Janeiro:	Brasilien
1923	Montevideo:	Uruguay
1924	Montevideo:	Uruguay
1925	Heim- u. Auswärtsspiele nur zwischen Argentinien, Brasilien u. Paraguay:	Argentinien
1926	Santiago de Chile:	Uruguay
1927	Lima:	Argentinien
1929	Buenos Aires:	Argentinien
1935	Lima:	Uruguay
1937	Buenos Aires:	Argentinien
1939	Lima:	Peru
1941	Santiago de Chile:	Argentinien
1942	Montevideo:	Uruguay
1945	Santiago de Chile:	Argentinien
1946	Buenos Aires:	Argentinien
1947	Guayaquil:	Argentinien
1949	Brasilien:	Brasilien
1953	Lima:	Paraguay
1955	Santiago de Chile:	Argentinien
1956	Montevideo:	Uruguay
1957	Lima:	Argentinien
1959	Buenos Aires u. Guayaquil:	Uruguay
1963	La Paz:	Bolivien
1967	Montevideo:	Uruguay
1975	*Peru*–Kolumbien 0:1 u. 2:0 (Entscheidungsspiel 1:0 in Caracas).	
1979	*Paraguay*–Chile 3:0 u. 0:1 (Entscheidungsspiel 0:0 n. V., 3:1 nach Strafstoßschießen in Buenos Aires)	
1983	*Uruguay*–Brasilien 2:0 u. 1:1 (in Montevideo u. Salvador de Bahia)	

Motor Suhl

entschieden sowie 12 Niederlagen, 60:36 Punkte, 95:54 Tore. – *Spielkleidung*: weiße Hose, weißes Hemd mit rotem Brustring, weiße Stutzen. *Heimstadion*: ↑ Neckarstadion.

Spieler (Auswahl): K. Allgöwer – B. Baitinger – K. Barufka – H. Binkert – R. Blessing – E. Blum – K. Bögelein – D. Brenninger – G. Buchwald – N. Claesen – W. Entenmann – J. Ettmayer – B. u. K. Förster – R. Geiger – G. Gress – E. Hadewicz – K.-H. Handschuh – R. Hattenberger – G. Heinze – D. Hoeneß – E. Immel – W. Kelsch – J. Klinsmann – H. Köppel – L. Kronenbitter – B. Larsson – H.-P. Makan – B. Martin – D. Müller – H. Müller – H. Ohlicher – E. Retter – H. Roleder – G. Sawitzki – G. Schäfer – R. Schlienz – O. Schmid – K.-D. Sieloff – A. Sigurvinsson – D. Six – R. Steimle – I. Tüfekci – G. Volkert – E. Waldner – M. Weidmann. – **Trainer** (Auswahl): K. Baluses – O. Baric – G. Baumann – H. Benthaus – E. Coordes – W. Entenmann – H. Eppenhoff – R. Gutendorf – T. Hanney – L. Kovacz – F. Seybold – A. Sing – J. Sundermann – I. Sztani – G. Wurzer – B. Zebec.

Stutzen, Bez. für die Strümpfe der Spieler; Bestandteil der ↑ *Spielausrüstung*.

Stylianou, Savvas, Zypern, geb. 1948 Nikosia; Stürmer bzw. Mittelfeldspieler; spielte 1961/78 bei Omonia Nikosia; 44 Länderspiele (nach *N. Pantziaras* am häufigsten in der Auswahl eingesetzt, bis zum 22. 12. 1983 Rekordinternationaler, 3 Tore); internationales Debüt am 20. 4. 1967 gegen Rumänien (1:5) in Nikosia; Länderspielabschied am 11. 1. 1978 gegen Griechenland (0:2) in Nikosia.

Suárez, Luis Miramonte („Luisito"), Spanien; geb. 3. 5. 1925 La Coruña; Halblinker; spielte 1937/51 bei Fabril Deportivo La Coruña, 1951/53 bei Real Deportivo La Coruña, beim F. C. Barcelona (1953/61), bei Internazionale Mailand (1961/70) und bei Sampdoria Genua (1970/72); schoß 1955/56 in der 2. Mannschaft Barcelonas 10 Tore in 21 Spielen; debütierte am 30. 1. 1957 in Madrid gegen die Niederlande (5:1) in der Nationalmannschaft (Weltklasseangriffsreihe *Miguel, Kubala, di Stefano, Suárez, Gento*), ehe er beim F. C. Barcelona in die erste Mannschaft kam; 216 Spiele u. 112 Tore für „Barca"; 1960 Europas Fußballer des Jahres; genialer Dirigent in den 60er Jahren bei Inter Mailand (266 Spiele, 44 Tore); 32 Länderspiele, 13 Tore (1957/66 u. 1972) für Spanien; WM-Endrundenteilnehmer 1962 u. 1966; gewann mit Spanien 1964 den Europapokal der Nationen (Vorgänger der EM). – Arbeitete später als Trainer bei FC Genua 93, Inter, Cagliari, Spal Ferrara u. Como; assistierte 1986 bei der WM-Endrunde *M. Munoz.*

Subbuteo, wettkampfmäßig ausgetragener *Tischfußball* mit beweglichen Spielfiguren.

Subtraktionsverfahren, ein mathematisches Verfahren zur Ermittlung der Klassifizierung einer Mannschaft bei Punktgleichheit mit einer anderen Mannschaft. Dabei werden die Gegentore von den erzielten Toren abgezogen *(Tordifferenz)*, u. die höhere Differenz ergibt die bessere Plazierung. S. a. Divisionsverfahren.

Südamerikameisterschaft (*Campeonato Sud-Americano*), Wettbewerb der Mitgliedsverbände der ↑ CONMEBOL, d. h. ihrer Nationalmannschaften. Ein erster Versuch fand 1910 in Argentinien (Buenos Aires) mit 4 Spielen statt: Argentinien–Uruguay 4:1, Uruguay–Chile 3:0 sowie Argentinien–Chile 3:1 u. 5:1. 1916 von Argentinien, Brasilien, Chile u. Uruguay offiziell eingeführt. Paraguay (1921), Bolivien (1926), Peru (1927), Ekuador (1938), Kolumbien (1945) u. Venezuela (1975) vervollständigten das Teilnehmerfeld. Die S. wird jeweils innerhalb von 2 Wochen in einer zuvor bestimmten Stadt ausgespielt. 1975 wurden erstmals vor dem mit Hin- u. Rückspiel ausgetragenen Endspiel Gruppenspiele (3 Gruppen) absolviert. Tab.

Südamerikapokal der Landesmeister, svw. ↑ Copa Libertadores de America.

Südamerikas Fußballer des Jahres, seit 1971 von führenden Sportjournalisten Mittel- u. Südamerikas gewählter überragender Spieler eines Spieljahres. Die Schirmherrschaft übt die Zeitung „El Mundo", Caracas (Venezuela), aus. Es können auch Spieler gewählt werden, die außerhalb des amerikan. Kontinents spielen; sie müssen jedoch mittel- od. südamerikan. Staatsbürger sein. Tab.

Sudan, Staat im Norden Ostafrikas,

2505813 km², etwa 19,5 Mill. Ew., 1 Fußballspieler je 443 Ew.; Verband *Sudan Football Association* („Sudanesischer Fußballverband"), Abk. *SFA*; gegr. 1936, Sitz *Al-Khartum*; Mitgl. der *FIFA* seit 1948, der *CAF* seit 1956. – *Organisation*: 750 Klubs; 27000 Amateurspieler, gesamt 44000 (einschl. Nachwuchs- u. AM-Spieler); *Spieljahr*: Juli bis Juni; *Spielkleidung*: Weiß (Reserveausrüstung: weiße Hose, grünes Hemd, weiße Stutzen); *Nationalstadion*: Al-Khartum Stadium, 30000 (24200 Sitz-, 5800 Stehplätze); *Stadien* (Auswahl): Merikh Stadium, Omdurman, 45000; Al-Hilal Stadium, Omdurman, 40000; Wad Medani Stadium, 20000; Kasala Stadium, 15000; Port Sudan Stadium, Port Sudan, 15000. Tab.

Südkorea ↑ Korea.

Südwest-Stadion Ludwigshafen ↑ Mannheim, SV Waldhof.

Suhl, BSG Motor, DDR, Liga; gegr. 1949 als *BSG Fortschritt Suhl*; 1950/52 ZSG Suhl, 1952/57 *Motor Mitte Suhl* 1957/62 *Motor Suhl*, 1962/69 *Motor Mitte Suhl*, 1969 *Motor „Ernst Thälmann" Suhl* u. 1969 Fusion mit *Motor Simson Suhl* zur *BSG Motor*. *Spielkleidung*: weiße Hose, rotes Hemd mit weißem Bruststreifen, rote Stutzen. *Heimstadion*: Sportpark der Freundschaft, 12000 Stehplätze. Abb.

Spieler (Auswahl): A. Böhm – H. Fritz – U. Jertschewski – D. Kurth – H. Lesser – E. Mosert – K. Müller – W. Reuter – G. Schellhase – A. Schneider – K. Schröder – R. Seyfarth – K. Semineth. – **Trainer** (Auswahl): G. Anders – H. Beulich – H. Ernst – H. Heine – W. Knaust – H. Krebs – E. Kurth – F. Starke – O. Staudinger – H. Szulakowski.

Supercup, von der UEFA sanktionierter, jährlich (jedoch nicht regelmäßig) ausgetragener Wettbewerb zwischen dem Sieger im ↑ Europapokal der Landesmeister u. dem im ↑ Europapokal der Pokalsieger; durchgeführt mit Hin- u. Rückspiel. – Einige europäische Landesverbände ermitteln (zunehmend) darüber hinaus den Sieger im *nationalen S.*, u. zwar nach Abschluß eines Spieljahres, wobei der *Landesmeister* gegen den *Pokalsieger* spielt (ähnlich dem engl. ↑ Charity Chield Cup). – Seit 1987 wird das S.endspiel (nur noch ein Spiel) jährlich im neuerbauten („Super"-)Stadion von Monaco ausgetragen.

Superstar, *kommerzieller Fußball* kultische Bez. für einen Star(spieler) von außerordentlich hohem ↑ Marktwert.

Supertechniker, svw. ↑ Filigrantechniker.

Suphachalasai Stadium, Nationalstadion von ↑ Thailand.

Suriname, Staat im Nordosten Südamerikas, 163265 km². etwa 407000 Ew., 1 Fußballspieler je 81 Ew.; Verband *Surinaamse Voetbal Bond* („Fußballverband Suriname"), Abk. *SVB*; gegr. 1920, Sitz *Paramaribo*; Mitgl. der *FIFA* seit 1929, der *CONCACAF* seit 1961. – *Organisation*: 180 Klubs; 4500 Amateurspieler, gesamt 5000 (einschl. Nachwuchs- u. AM-Spieler); *Spieljahr*: März bis Dezember; *Spielkleidung*: weiße Hose, rotes Hemd, weiße Stutzen (Reserveausrüstung: grüne Hose, rotes Hemd, grüne Stutzen); *Nationalstadion*: Suriname Stadion, Paramaribo, 21000 (6000 Sitz-, 15000 Stehplätze); *Stadien* (Auswahl): N. G. V. B., Paramaribo, 5000; Moengo, 2000. Tab. (S. 384).

Suurbier, William („Wim"), Niederlande, geb. 16. 1. 1945 Amsterdam; Verteidiger; spielte 1959/77 bei Amstel Amsterdam, DWS Amsterdam und Ajax Amsterdam, 1977/78 beim FC Schalke 04 (12 Bundesligaspiele), 1978/80 beim FC Metz u. 1980/81 bei Los Angeles Aztecs; 60 Länderspiele; internationales Debüt am 6. 11. 1966 gegen die ČSSR (1:2) in Amsterdam; Länderspielabschied am 25. 6. 1978 gegen Argentinien (1:3) in Buenos Aires; WM-Endrundenteilnehmer 1974 und 1978; EM-Dritter 1976.

Svenssen, Thorbjörn („Klippen" od. der „Felsen"), Norwegen, geb. 22. 4. 1924 Sandar (bei Sandefjord [Vestfold]); Mittelläufer; spielte seit 1936 bei Sandefjord Ballklubb; norweg. Rekordinternationaler mit 104 Länderspielen, 93mal Spielführer; internationales Debüt am 11. 6. 1947; Länderspielabschied am 16. 5. 1962; bestritt zwischen 1945 u. 1965 600 Spiele, zwischen 1948 u. 1965 196 Spiele in der 1. Division (13 Tore);

Südamerikas Fußballer des Jahres

1971	Tostao (Brasilien)
1972	T. Cubillas (Peru)
1973	Pelé (Brasilien)
1974	E. Figueroa (Chile)
1975	E. Figueroa (Chile)
1976	E. Figueroa (Chile)
1977	Zico (Brasilien)
1978	M. Kempes (Argentinien)
1979	D. Maradona (Argentinien)
1980	D. Maradona (Argentinien)
1981	Zico (Brasilien)
1982	Zico (Brasilien)
1983	Sócrates (Brasilien)
1984	E. Francescoli (Uruguay)
1985	J. C. Romero (Paraguay)
1986	A. Alzamendi (Uruguay)

Sudan

olympisches Fußballturnier

1972	Endrunde

Afrikameisterschaft

1957	2. Platz
1959	2. Platz
1963	2. Platz
1970	1. Platz

Supercup

1972	*Ajax Amsterdam*– Glasgow Rangers 3:1, 3:2
1973	*Ajax Amsterdam*– AC Mailand 0:1, 6:0
1975	*Dynamo Kiew*– Bayern München 1:0, 2:0
1976	*RSC Anderlecht*– Bayern München 1:2, 4:1
1977	*FC Liverpool*– Hamburger SV 1:1, 6:0
1978	*RSC Anderlecht*– FC Liverpool 3:1, 1:2
1979	*Nottingham Forest*– F.C. Barcelona 1:0, 1:1
1980	*FC Valencia*– Nottingham Forest 1:2, 1:0
1982	*Aston Villa*– F. C. Barcelona 0:1, 3:0
1983	*FC Aberdeen*– Hamburger SV 2:0, 0:0
1984	Juventus Turin– FC Liverpool 1:0

Suriname
CONCACAF-Pokal der Landesmeister
1970 Transvaal
1973 Transvaal

Syrien
olympisches Fußballturnier
1980 Endrunde

war Olympiateilnehmer 1952. – Sohn *Thorgny S.* spielte bis 1982 mit Start Kristiansand in der 1. Division.

Swansea City, F. C., („The Swans", „Die Schwäne"), Wales, 4. engl. Division (Emblem ↑ Tf. 14); gegr. 1900 als *Swansea Town* (bis Februar 1970); 1912 Profifußball; seit 1920 in der 3. engl. Division als deren Gründungsmitglied (in der 1. Division 1981/83); 8mal *Walisischer Cupsieger* (zwischen 1913 u. 1983). 5 *EC-Teilnahmen*: 14 Spiele; 3 Siege, 3 Unentschieden sowie 8 Niederlagen, 9:19 Punkte, 26:21 Tore. – *Spielkleidung*: Weiß, schwarz abgesetzt. *Heimstadion*: Vetch Field, 26237 Plätze.

Spieler (Auswahl): I. J. Allchurch – L. Allchurch – J. Charles – M. Charles – G. Chinaglia – A. Curtis – W. Davies – B. C. Evans – J. Fowler – W. J. Hole – W. Humphries – R. James – C. Jones – I. Jones – J. McLaughlin – T. C. Medwin – M. Nurse – R. Paul – L. Philipps – K. Pound – B. Purcell – D. Ward – B. D. Williams. – **Manager** (Auswahl): C. Appleton – R. Bentley – J. Bond – R. Burgess – G. Davies – H. Gregg – H. Griffiths – D. Livermore – B. Lucas – B. McCandless – T. Morris – J. Toshack.

Swasiland, Binnenstaat in Südafrika, 17363 km², etwa 585000 Ew., 1 Fußballspieler je 78 Ew.; Verband *Swaziland National Football Association* („Fußballverband Swasiland"), Abk. *SNFA*; gegr. 1964, Sitz *Mbabane*; Mitgl. der *FIFA* seit 1976, der *CAF* seit 1976. – *Organisation*: 140 Klubs; 7500 Amateurspieler (einschl. Nachwuchs- u. AM-Spieler); *Spieljahr*: sechs Monate; *Spielkleidung*: weiße Hose, blau-goldgelbes Hemd, blau-goldgelbe Stutzen; *Nationalstadion*: Somhlolo National Stadium, 20000 (15000 Sitz-, 5000 Stehplätze); weiteres Stadion: Mhlume Stadium, 10000.

Sweater [engl.], svw. *(Torhüter-)Pullover.*

Swift, Frank, England, geb. 24. 12. 1914 Blackpool, gest. 6. 2. 1958; Torhüter; spielte zunächst bei Fleetwood (Lancashire Liga) u. 1931/50 bei Manchester City; 19 Länderspiele; internationales Debüt am 28. 9. 1946 gegen Nordirland (7:2) in Belfast; nahm Länderspielabschied am 18. 5. 1949 gegen Norwegen (4:1) in Oslo; 341 Ligaspiele; 260 Länder-, Punkt- u. Pokalspiele hintereinander. – „Big Frank" verunglückte als Journalist am 6. 2. 1958 mit Manchester United in München-Riem (↑ Fußballtragödien und Katastrophen).

Syrien, Staat in Westasien, am Mittelmeer, 185180 km², etwa 9,7 Mill. Ew., 1 Fußballspieler je 303 Ew.; Verband *Association Arabe Syrienne de Football* („Syrischer Fußballverband"), Abk. *AASF*; gegr. 1936, Sitz *Damaskus*; Mitgl. der *FIFA* seit 1937, der *AFC* seit 1970. – *Organisation*: 105 Klubs; 16000 Amateurspieler, gesamt 32000 (einschl. Nachwuchs- u. AM-Spieler); *Spieljahr*: September–Juni; *Spielkleidung*: Weiß (Reserveausrüstung: Rot); Nationalstadion: Stade Al-Abassiyne, Damaskus, 45000 (35000 Sitz-, 10000 Stehplätze); *Stadien* (Auswahl): Stade Al-Fayha, Damaskus, 25000; Stade Algala, Damaskus, 20000; Stade Teshrin, Damaskus, 20000, Tab.

System, svw. ↑ Spielsystem.

„System der Systemlosigkeit", eines der ersten südamerikan. Spiel-„Systeme", das anfangs der 30er Jahre von Uruguay u. Argentinien demonstriert wurde; es beinhaltete Intuition, Spielintelligenz, Individualismus u. artistische Ballfertigkeit. In Wirklichkeit präsentierten Uruguay u. Argentinien von der Formation her das schott. System, die *1-2-3-5-Pyramide*, bewußt od. unbewußt, wobei speziell Uruguay, der erste Weltmeister der Geschichte, dieses „System" variabel u. erfolgreich anzuwenden wußte. Bes. das Prinzip der *doppelten Lanzenspitze* (ähnlich unseren heutigen ↑ Sturmspitzen), mit teilweise 2 vorgeschobenen Stürmern, beherrschten sie vorzüglich („Punta de Lanza"; ↑ Spielsystem).

Szarmach, Andrzej, Polen, geb. 3. 10. 1950 Gdansk; spielte 1966/70 bei Polonia (Stoczniowicz) Gdansk, 1970/72 bei Arka Gdynia, 1972/76 bei Gornik Zabrze, 1976/80 bei Stal Mielec, 1980/82 bei AS Valenciennes u. 1982/85 beim FC Auxerre; 61 Länderspiele (33 Tore); internationales Debüt am 1. 8. 1973 gegen Kanada (3:1) in Toronto; Länderspielabschied am 10. 7. 1982 gegen Frankreich (3:2) in Alicante (Spanien, WM); WM-Endrundenteilnehmer 1974 (5 Tore), 1978 u. 1982; gewann bei Olympia 1972 Gold u. 1976 Silber.

Szczecin, MKS Pogon (*Morski Klub Sportowy*, „Marinesportklub"), Polen, gegr. 1948 (Emblem ↑ Tf. 14). Eine *EC-Teilnahme*: 2 Spiele; 2 Niederlagen, 0:4 Punkte, 1:3 Tore. – *Spielkleidung*: Blau. *Heimstadion*: Pogon-Stadion, mit 30000 Plätzen; Flutlicht (450 lx).

Spieler (Auswahl): J. Biernat – Z. Dlugosz – Z. Kasztelan – A. Kensy – H. Wawrowski. – **Trainer** (Auswahl): E. Ksol – S. Zywotko.

Székesfehérvár, SC Videoton, Ungarn, Oberliga; gegr. 1911 als „Sportclub", später *Vasas* u. seit 1968 *Videoton* (Klub eines Computerwerkes). 5 *EC-Teilnahmen*: 26 Spiele; 11 Siege, 5 Unentschieden, 10 Niederlagen, 27:25 Punkte, 32:31 Tore. – *Spielkleidung*: rote Hose, schwarz-lila längsgestreiftes Hemd, rote Stutzen. *Heimstadion*: Sostoi Stadion, 18000 Plätze.

Spieler (Auswahl): S. Bodnar – Burcsa – I. Burka – F. Csongradi – Csuhay – L. Csukovics – L. u. P. Disztl – G. Fejes – G. Hartyani – T. Horvath – L. Karsai – J. u. L. Kovacs – L. Kuti – Magyar – L. Majer – I. Mester – J. Nagy II – J. Nagy III – I. Szabo – T. Szalmassy – L. Tieber – I. Vass. – **Trainer** (Auswahl): J. u. F. Kovacs – A. Szentmihalyi.

Szene, svw. *Aktion, Spielhandlung.*

Szepan, Fritz, geb. 2. 9. 1907 Gelsenkirchen, gest. 14. 12. 1974; Halbstürmer, Mittelläufer; spielte 1916/50 ausschl. für den FC Schalke 04; 34 Länderspiele, 8 Tore (1929/39), 30mal Spielführer; Länderspieldebüt am 20. 10. 1929 gegen Finnland (4:0) in Hamburg-Altona; Länderspielabschied am 22. 10. 1939 gegen Bulgarien (2:1) in Sofia; WM-Endrundenteilnehmer 1934 u. 1938; spielte repräsentativ für Westdeutschland u. Westfalen; war mit seinem Schwager *E. Kuzorra* eine der großen Spielerpersönlichkeiten Schalkes. – Später Trainer bei Wuppertaler SV, FC Schalke 04, Rot-Weiß Essen u. TSV Marl-Hüls. S. a. Deutschland bis 1945 (Abb.).

Szepesi, György, Ungarn; früher populärster ungar. Rundfunkreporter; von 1978, nach der WM-Endrunde in Argentinien, bis 1986 Ungarns Verbandspräsident; seit 1982 im FIFA-Exekutivkomitee. Abb.

Szoltysik, Zygfryd, Polen, geb. 24. 10. 1942; Mittelfeldspieler; spielte 1954/63 bei Zryw Chorzow u. 1963/74 bei Gornik Zabrze; 52 Länderspiele (11 Tore); internationales Debüt am 4. 9. 1963 gegen Norwegen (9:0) in Szczecin; Länderspielabschied am 15. 10. 1972 gegen die ČSSR (3:0) in Bydgoszcz; Olympiasieger 1972; Fußballer des Jahres 1971; 70 Ligatore.

Szusza, Ferenc, Ungarn, geb. 1923 Budapest; Mittelstürmer; spielte 1940/60 bei Dózsa Ujpest; 24 Länderspiele (18 Tore); internationales Debüt am 14. 6. 1942 gegen Kroatien (1:1) in Budapest; Länderspielabschied am 15. 7. 1956 gegen Polen (4:1) in Budapest; bestritt 463 Ligaspiele (383 Tore, ungar. Rekord). – Später Trainer; u. a. bei Vasas Györ, Dózsa Ujpest, Gornik Zabrze, Atlético Madrid u. Betis Sevilla.

Szymaniak, Horst, geb. 29. 8. 1934; Läufer; spielte 1948/53 bei SpVgg Erkenschwick, 1953/59 beim Wuppertaler SV, 1959/61 beim Karlsruher SC, 1962/64 beim CC Catania, 1964 bei Internazionale Mailand, 1965 beim FC Varese u. 1965/66 bei Tasmania 1900 Berlin (West); 43 Länderspiele (2 Tore); internationales Debüt am 21. 11. 1956 gegen die Schweiz (1:3) in Frankfurt/Main; Länderspielabschied am 1. 6. 1966 gegen Rumänien (1:0) in Ludwigshafen. Abb.

Szymkowiak, Edward, Polen, geb. 13. 2. 1932 Mala Dabrowka; Torhüter; spielte 1946/50 bei Słask Mala Dabrowka, 1951/52 bei Ruch Chorzow, 1953/56 bei Legia Warschau u. 1957/69 bei Polonia Bytom; 53 Länderspiele; internationales Debüt am 25. 5. 1952 gegen Rumänien (0:1) in Bukarest; Länderspielabschied am 26. 9. 1965 gegen Finnland (0:2) in Helsinki. – Trainer.

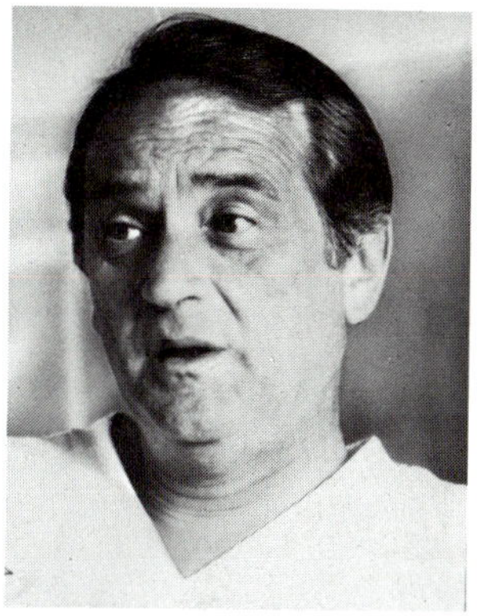

György **Szepesi**

Horst **Szymaniak**

Marco **Tardelli**

T

Tabelle, statistische Übersicht, aus der die Rangfolge der Mannschaften einer Spielklasse (auch innerhalb internationaler Meisterschaften gebräuchlich) hervorgeht. Die T. gibt Aufschluß über *T.nstand, Anzahl* der Spiele, *Torverhältnis* u. *Punktverhältnis*. Detailliertere T. geben darüber hinaus Aufschluß über die Anzahl der *Siege, Unentschieden* u. *Niederlagen*, evtl. getrennt nach *Heim-* u. *Auswärtsbilanz*.

Taca de Ouro [portugies., „Goldcup"], Bez. für die Trophäe der brasilian. Landesmeisterschaft; ausgespielt seit 1966. S. a. Brasilien (Tab.).

Taca Internacional, svw. ↑ Copa Internacional.

Taca Latin, svw. Latein Cup.

Tacchella, Elie, Schweiz, geb. 25. 5. 1936; Abwehrspieler; spielte u. a. bei Lausanne Sports; bestritt 40 Länderspiele (1961/70); WM-Endrundenteilnehmer 1962 u. 1966.

Tackling [engl.], einen gegnerischen Spieler robust, aber fair vom Ball trennen; Verb: *Tackeln* (svw. Bekämpfen, Attackieren). S. a. Sliding tackling.

Taiwan, chines. Insel u. Provinz im Ostchinesischen Meer, 36 000 km², etwa 17,2 Mill. Ew., 1 Fußballspieler je 956 Ew.; Verband *Chinese Taipei Football Association* („Fußballverband Taiwan"), Abk. *CTFA*; gegr. 1936, Sitz *Taiwan*; Mitgl. der *FIFA* seit 1954, der *AFC* seit 1955. – *Organisation:* 53 Klubs; 6 000 Amateurspieler, gesamt 18 000 (einschl. Nachwuchs- u. AM-Spieler); *Spieljahr:* Januar–Dezember; *Spielkleidung:* weiße Hose, blaues Hemd, rote Stutzen (Reserveausrüstung: Weiß); *Stadien* (Auswahl): Taipei Municipal Stadium, 30 000; Chilung Municipal Stadium, 20 000; Gaoxiong Municipal Stadium, 15 000; Tainan Municipal Stadium, 15 000; Taizhong Municipal Stadium, 15 000.

Taktik, die vor einem Spiel festgelegte Spielweise einer Mannschaft u. das geschickte Einstellen auf den Gegner; geplantes Handeln. T. beinhaltet den Einsatz aller verfügbaren Mittel u. Kräfte, die dazu dienen, dem Gegner erfolgreich zu begegnen. Die gewählte T. ist von der Stärke des Gegners abhängig, wobei der Trainer in erster Linie die *Möglichkeiten* seiner Mannschaft berücksichtigen sollte. Bedingt durch Spielstand, Auswechslungen usw., kann es während des Spieles zu Änderungen der T. kommen.

taktische Linie, Einhaltung der ↑ Spielkonzeption.

taktisches Konzept, svw. ↑ Spielkonzeption.

Tampa Bay Rowdies, USA, gehörte der US-Soccerliga (Profifußball) an; *Landesmeister* 1975 (Emblem ↑ Tf. 14).

Tampere, Ilves, Finnland, Verein der 1. Division (Emblem ↑ Tf. 14), gegr. 1931; *Landesmeister* 1950 u. 1983; *Pokalsieger* 1979. Drei *EC-Teilnahmen:* 6 Spiele; 1 Sieg, 5 Niederlagen, 2:10 Punkte, 8:18 Tore. – *Spielkleidung:* Gelb. *Heimstadion:* Ratina, mit 25 000 Plätzen.

Spieler (Auswahl): A. Hjelm – J. Pirinen – S. Sairanen – A. Uimonen – R. Vierikko.

Tändeln, unproduktives Spielen („Spielerei"); gekennzeichnet durch zu langes Ballhalten bei relativ langsamem Bewegungsablauf. – Substantiv: *Tändelei.*

Tannadice Park ↑ Dundee United.

Tansania, Staat im Osten Afrikas, 945 087 km², etwa 19,1 Mill. Ew., 1 Fußballspieler je 23 152 Ew.; Verband Football *Association of Tanzania* („Fußballverband Tansania"), Abk. *FAT*; gegr. 1930, Sitz *Daressalam*; Mitgl. der *FIFA* seit 1930, der *CAF* seit 1960. – *Organisation:* 75 Klubs; 610 Amateurspieler, gesamt 825 (einschl. Nachwuchs- u. AM-Spieler); *Spielkleidung:* Gelb (Reserveausrüstung: schwarze Hose, grünes Hemd, grüne Stutzen); *Nationalstadion:* National Stadium Daressalam, 3 000 (1 000 Sitz-, 2 000 Stehplätze); weiteres Stadion: Ilala Stadium, 1 000.

Tarantini, Alberto Cesar, Argentinien, geb. 3. 12. 1955 Buenos Aires; Linksverteidiger; spielte 1967/78 bei Boca Júniors Buenos Aires, 1978/79 bei Birmingham City, 1980/83 bei River Plate Buenos Aires, 1983/84 bei SEC Bastia u. 1984/87 beim FC Toulouse; 71 Länderspiele (1974 bis 1982); WM-Endrundenteilnehmer 1978 u. 1982. S. a. Argentinien (Abb.).

Tardelli, Marco, Italien, geb. 24. 9. 1954 Capanne; Verteidiger, Mittelfeldspieler; spielte 1964/74 beim SC Pisa, 1974/75 beim AC Como u. 1975/85 bei Juventus Turin; seitdem bei Internazionale Mailand; 81 Länderspiele (6 Tore, achtmal Spielführer); internationales Debüt am 7. 4. 1976 gegen Portugal (3:1) in Turin; WM-Endrundenteilnehmer 1978, 1982 u. 1986 (nicht eingesetzt); EM-Endrundenteilnehmer 1980; bestritt 259 Punktspiele (35 Tore). Abb.

Tasmania 1900, Sport-Club, Berlin (West), gegr. 2. 6. 1900; 1965/66 Bundesliga; Meister der Stadt-, später Regionalliga Berlin (West) 1959, 1960, 1962, 1964 u. 1971. Wegen wirtschaftlicher Schwierigkeiten stieg der Verein bis in die Amateurliga ab, wurde aufgelöst u. spielt seit einer Neugründung als *Tasmania 73* in der Oberliga Berlin (West). Eine *EC-Teilnahme:* 2 Spiele; 2 Niederlagen, 0:4 Punkte, 3:5 Tore. – *Spielkleidung:* weiße Hose, blau-weiß gestreiftes Hemd, blau-weiße Stutzen. *Heimstadion:* Neuköllner Stadion, 3500 Plätze.

Spieler (Auswahl): K. Basikow – H.-G. Bekker – P. Engler – H. Fiebach – A. Maurischat – H. Maurischat – J. Posinski – W. Rosenfeldt – K. Schulz – H. Szymaniak – H. Talaszus – I. Usbeck – K. Walleitner – H. Weiner. – **Trainer** (Auswahl): M. Antolkovic – F. Linken – F. Maurischat – H.-L. Schmidt – M. Sziedat – P. Velhorn.

Tatabánya, SC Bányász, Ungarn, Oberliga, gegr. 1910. 3 *EC-Teilnahmen:* 6 Spiele; 1 Sieg, 2 Unentschieden sowie 3 Niederlagen, 4:8 Punkte, 4:12 Tore. – *Spielkleidung:* Weiß. *Heimstadion:* Bányász-Stadion, 20000 Plätze. Abb.

Spieler (Auswahl): M. Aranyi – K. Csapó – Csepecz – L. Dombai – J. Gelei – J. Göröcs – G. Grosics – I. Halasz – L. Hernádi – F. u. L. Horvath – T. Kovács – M. Laczkó – L. Nagy – G. Szabó – G. Szepesi – L. Takács – K. Tóth. – **Trainer** (Auswahl): G. Grosics – K. Lakat.

Tätlichkeit, Sammelbez. für aggressive Verhaltensweisen wie Schlagen, unbeherrschtes Stoßen, Treten usw., die unmittelbar die Gesundheit des Gegenspielers gefährden; Gewalttätigkeiten, die vom Schiedsrichter mit ↑ Feldverweis zu ahnden sind.

Tatsachenentscheidung, Urteil des Schiedsrichters über Situationen, die sich für ihn im Spiel im Moment der Entscheidung darstellen; es ist endgültig, soweit es um das Spielergebnis geht. T. sind daher nicht anfechtbar u. nachträglich nicht korrigierbar. Sie sind als Schutz des Schiedsrichters gedacht u. dienen der Vertiefung seiner Autorität auf dem Spielfeld. Auch eine „Fehlentscheidung" des Schiedsrichters (von ihm sicher anders beurteilt) zählt als T.

Täuschung, Täuschungsmanöver, svw. ↑ Finte.

Taylor, Jack, England, Schiedsrichter seit 1948, geb. 1931 Birmingham; leitete 1971 das EC I-Endspiel Ajax Amsterdam–Panathinaikos Athen (2:0) in London u. 1974 das WM-Endspiel BRD–Niederlande (2:1) in München; amtierte in über 1000 Spielen; einziger engl. Referee, dem die Football Association ein Abschiedsspiel (1978, FC Arsenal–Manchester United) ausrichtete. – UEFA-Beobachter u. Buchautor (Erlebnis- u. Regelauslegungsbuch).

Taylor, Tommy, England, geb. 1931, gest. 6. 2. 1958 München-Riem (↑ Fußballtragödien und Katastrophen); Mittelstürmer; spielte 1948/53 beim FC Barnsley u. 1953/58 bei Manchester United; 19 Länderspiele (16 Tore); internationales Debüt am 17. 5. 1953 gegen Argentinien (0:0) in Buenos Aires; Länderspielabschied am 27. 11. 1957 gegen Frankreich (4:0) in London; WM-Endrundenteilnehmer 1954.

Tbilissi, Dynamo, UdSSR, Oberliga, gegr. 1925; seit 1936 Mitglied der höchsten Spielklasse; *Landesmeister* 1964 u. 1978; *Pokalsieger* 1976 u. 1979; *EC II-Gewinner* 1981. 9 *EC-Teilnahmen:* 45 Spiele; 23 Siege, 6 Unentschieden, 16 Niederlagen, 52:38 Punkte, 68:50 Tore. – *Spielkleidung:* blaue Hose, weißes Hemd, weiße Stutzen. *Heimstadion:* Dynamo-Stadion „W. I. Lenin", 75000 Plätze.

Spieler (Auswahl): Antadse – Assatiani – Chintschagaschwili – M. Churzilawa – Daraselija – Datunaschwili – Dsodschuaschwili – W. Eloschwili – O. Gabelija – K. Gagnidse –

Bányász Tatabańya

G. Gawascheli – A. Gogoberidse – Guzajew – E. Kalojew – Kakilaschwili – D. Kipiani – W. Koridse – C. Kotrikadse – W. Lobanowski – M. Matschaidse – M. Meschi – J. Metreweli – G. Nodija – P. Paitschadse – R. Schengelija – Sulakwelidse – Swanadse – A. Tschiwadse – G. Tschelidse. – **Trainer** (Auswahl): N. Achalkazi – G. Katschalin – D. Kipiani – M. P. Minajew.

Team [engl.], svw. ↑ Mannschaft.

Teamchef ↑ DFB-Trainer (Tab.).

Teamgeist, kameradschaftliche Gesamthaltung einer Mannschaft.

Teamspirit, svw. ↑ Teamgeist.

Teamwork, gutes Zusammenwirken einer Mannschaft.

Technik, die Fähigkeit der Ballbeherrschung (Ballannahme, -behandlung u. -weiterleitung) insgesamt, d. h. mit Fuß, Kopf u. Körper, u. zwar in Ruhestellung od. in Bewegung, auch in Bedrängnis. T. ist in früher Jugend antrainierbar – ein gewisses Talent vorausgesetzt –, kaum aber im Seniorenalter.

technischer Fußball, technisch bes. akzentuierte Spielweise, oft unter Vernachlässigung der Kampf- u. Einsatzstärke. Optisch gefällig, bietet ausschließlich t. F. daher noch keine Gewähr für einen erfolgversprechenden Stil, da der überwiegende Teil der Spieler zur Verspieltheit neigt. Mannschaften, die den t. F. bevorzugen, haben es daher oftmals schwer, sich gegen robuste Partner durchzusetzen. S. a. athletischer Fußball.

technisches Kabinettstückchen, komplizierter, aber produktiver Umgang mit dem Ball, z. B. bei Hackentrick, Fallrückzieher, Seitfallzieher.

Tehelne pole ↑ Bratislava, CHZJD Slovan.

Teilkreis ↑ Spielfeld (Abb.).

Temime, Lahzami, Tunesien, geb. 1. 1. 1949 Tunis; Rechtsaußen; spielte 1959/69 beim Club Sportif Hamman Lif, 1969/77 bei Espérance Sportive Tunis (Landesmeister 1975 u. 1976), 1977/78 bei Ittihad Jeddah (Saudi-Arabien) u. 1978 bei Olympique Marseille; 75 Länderspiele; WM-Endrundenteilnehmer 1978.

Tennis Borussia *(Tennis Club Borussia),* Berlin (West), gegr. 9. 4. 1902; Oberliga Berlin (West); 2. Bundesliga 1975 u. 1976/77; Meister der 2. Liga Nord 1976, dort weiter 1977/81, danach Abstieg in die Oberliga Berlin (West); Meister der Regionalliga Berlin (West): 1950, 1951, 1952, 1958, 1965 u. 1974. – *Spielkleidung:* weiße Hose, lila Hemd, lila Stutzen (od. weiße Hose, weißes Hemd, lila Stutzen). *Heimstadion:* Mommsenstadion, 18 000 Plätze.

Spieler (Auswahl): H. Assmy – H. Berndt – H. Birkenmeier – H. Brunke – R. Deinert – H. Eder – P. Eggert – H. Emmerich – A. Eschenlohr – P. Frassmann – B. Gehrsdorff – G. Graf – D. Greiser – V. Groß – P. Hanisch – A. Hansen – D. Jakobs – E. Kauer – H. Lux – D. Maric – O. Martwig – H. Schmutzler – K.-H. Schnellinger – W. Sold – N. Stolzenburg – H. Weiner – F. Wilde. – **Trainer** (Auswahl): G. Achterberg – G. Brocker – A. Burghardt – R. Faßnacht – G. Gawliczek – R. Gutendorf – H. Johannsen – O. Osadczuk – A. Remy – R. Roder – H.-L. Schmidt – J. Schneider – F. Schollmeyer – H. Siegert – F. Wilde.

Terletzki, Frank, geb. 5. 8. 1950 Berlin; Mittelfeldspieler; spielte 1961/66 bei SG Berlin-Prenzlauer Berg und 1966/86 beim Berliner FC Dynamo; 4 Länderspiele (1 Tor); internationales Debüt am 3. 9. 1975 gegen die UdSSR (0:0) in Moskau; Länderspielabschied am 7. 5. 1980 gegen die UdSSR (2:2) in Rostock; er gewann bei Olympia 1980 Silber; 373 Oberligaspiele (91 Tore).

Tesoriero, Américo Miguel („der Mann mit dem grauen Wollsweeter“), Argentinien, 1899–1977; bester argentin. Torhüter zwischen 1916 u. 1927; gab sein Länderspieldebüt 1919 gegen Paraguay; 44 Länderspiele (1919/27); spielte ständig für Boca Júniors Buenos Aires (lediglich ein Jahr, 1922, bei Deportivo del Norte).

Teutonia [die latinisierte Form von „Deutschland“], Vereinsbezeichnung aus den Anfängen des deutschen Fußballs, in der BRD z. T. beibehalten, z. B. T. Lippstadt.

TFF ↑ Türkei.

TFV, Abk. für ↑ Tiroler Fußballverband.

Thailand, Staat im Südosten Asiens, 514 000 km², etwa 48,5 Mill. Ew., 1 Fußballspieler je 2 425 Ew.; Verband *The Football Association of Thailand* („Thai-

Thailand
olympisches Fußballturnier
1956 Endrunde
1968 Endrunde

ländischer Fußballverband"), Abk. *F.A.T.*; gegr. 1916, Sitz *Bangkok*; Mitgl. der *FIFA* seit 1925, der *AFC* seit 1957. – *Organisation:* 170 Klubs; 12000 Amateurspieler, gesamt 20000 (einschl. Nachwuchs- u. AM-Spieler); *Spieljahr:* November–April; *Spielkleidung:* weiße Hose, karmesinrotes Hemd, karmesinrote Stutzen (Reserveausrüstung: Weiß); *Nationalstadion:* Suphachalasai Stadium, Bangkok, 45000 (35000 Sitz-, 10000 Stehplätze); *Stadien* (Auswahl): Charusathira, 14000; Army Stadium, 14000. Tab.

Thale, BSG Stahl, Bezirksliga, gegr. 1946 als *EHW* (Eisenhüttenwerk) *Thale*, seit 17. 1. 1951 *Stahl*; *Pokalsieger* 1950; spielte 1950/54 Oberliga. – *Spielkleidung:* grüne Hose, weißes Hemd, grüne od. weiße Stutzen. *Heimstadion:* Sportpark Thale, 10000 Plätze (1600 Sitz-, 8400 Stehplätze).

Spieler (Auswahl): G. Apel – H. Bake – H. Bernhardt – H. Feuerberg – W. Geyert – W. Gropp – H. Grützemann – G. Hellmuth – A. Helm – W. Klapproth – W. Köppe – H. Oberländer – H. Speth – T. Thierfelder – O. Trolldenier – G. Weitkuhn – R. Wlassny. – **Trainer** (Auswahl): E. Blanke – E. Ehrig – P. Kugler – U. Schulze – T. Thierfelder.

The Hawthorns ↑ Westbromwich Albion.

The National Stadium ↑ Bermudas.

The Oval ↑ Belfast, Glentoran.

The Showgrounds ↑ Coleraine, Football-Club.

Thom, Andreas, geb.7. 9. 1965 Rüdersdorf; Stürmer; spielte 1972/74 bei der TSG Herzfelde; seit 1974 beim Berliner FC Dynamo; 20 Länderspiele (3 Tore); internationales Debüt am 10. 10. 1984 gegen Algerien (5:2) in Aue; 69 Oberligaspiele (28 Tore). Abb.

Thomale, Hans-Ulrich, Trainer, geb. 6. 12. 1944 Meißen; Läufer u. Verteidiger; spielte für TSG Meißen, FSV Lok Dresden u. Stahl Riesa (14 Oberligaspiele, 1 Tor). – 1971 Trainer beim Halleschen FC Chemie (Nachwuchs), 1971/81 beim FC Carl Zeiss Jena (Nachwuchs), 1981/85 Oberligatrainer bei Wismut Aue; seit 1985 beim 1. FC Lok Leipzig; Pokalsieger 1986.

Thomas, Clive, Wales, Schiedsrichter, geb. 1936 Treorchy; spielte 1950/52 bei Cardiff City u. Norwich City; seit 1952 Schiedsrichter; 1965 1. engl. Division; 1966 FIFA-Referee; leitete 1976 das FA-Cupfinale FC Southampton–Manchester United (1:0); WM-Endrundenschiedsrichter 1974. – Autor des Fachbuches „Guide to fitness and technique" (mit Vorwort von *Bobby Charlton*).

Thomas A. Robinson Track & Field Stadium, Nationalstadion der ↑ Bahamas.

Andreas **Thom**

Thommen, Ernst B., Schweiz, Fußballfunktionär, 23. 1. 1899–16. 5. 1967; Industrie- u. Finanzkaufmann; war 1947/54 Zentralpräsident des Schweizerischen Fußball-Verbandes (ab 1961 Ehrenmitglied); seit 1954 *FIFA-Vizepräsident*; leitete nach dem Tode von *A. Drewry* den Weltverband bis zum außerordentlichen Kongreß im September 1961 in London interimistisch; 1950/54 Mitglied des *FIFA-Exekutivkomitees*; war 1954 (Schweiz), 1958 (Schweden) u. 1962 (Chile) Präsident des *WM-Organisationskomitees*; initiierte die *Internationale Sommermeisterschaft* (jetzt *Internationaler Fußballcup*); wurde am 26. 5. 1962 zum *FIFA-Ehrenmitglied* ernannt. Abb. S. a. Rimet, J. (Abb.).

Ernst B. **Thommen**

Thon, Olaf, geb. 1. 5. 1966 Gelsenkirchen-Beckenhausen; Mittelfeldspieler;

Olaf **Thon**

Heinz **Tietz**

Jean **Tigana**

spielte 1974/76 bei Beckenhausen 05 u. 1976/80 bei Horst Emscher; seit 1980 beim FC Schalke 04; 10 Länderspiele; internationales Debüt am 16. 12. 1984 gegen Malta (3:2) in Valletta; WM-Endrundenteilnehmer 1986 (nicht eingesetzt); 68 Bundesligaspiele (20 Tore). Abb.

Thorstvedt, Erik, Norwegen, geb. 28. 10. 1962 Tönsberg; Torhüter; spielte 1977/86 bei Viking Stavanger; seit März 1986 bei Borussia Mönchengladbach; 32 Länderspiele; internationales Debüt am 10. 8. 1983 gegen Rumänien (0:0) in Oslo; 9 Bundesligaspiele.

Thys, Guy, Belgien, Trainer, geb. 6. 12. 1922 Antwerpen; Stürmer; spielte u.a. bei Beerschot Antwerpen, Standard Lüttich u. CS Brügge; 2 Länderspiele. – Trainer bei FC Brügge, SK Beveren-Waas, Union St. Gilloise u. FC Antwerpen; löste 1976 *R. Goethals* als Nationalmannschaftstrainer ab; WM-Endrundenteilnehmer 1982 u. 1986; EM-Endrundenteilnehmer 1980 u. 1984. Abb.

Tichy, Lajos, Ungarn, geb. 21. 3. 1935 Budapest; Mittelstürmer; spielte 1953 bis 1971 bei Honvéd Budapest; 71 Länderspiele (50 Tore); internationales Debüt am 8. 5. 1955 gegen Norwegen (5:0) in Oslo; Länderspielabschied am 17. 6. 1964 gegen Spanien (1:2) in Madrid; WM-Endrundenteilnehmer 1958 u. 1962; war EM-Dritter 1964; er bestritt 319 Punktspiele (269 Tore); bester ungar. Torschütze 1959, 1961, 1962, 1963 u. 1964. – Später Trainer bei Honvéd.

Tiefe des Raums, svw. ↑ freier Raum.

Tietz, Heinz („Schupo"), geb. 9. 12. 1919 Nowawes; Halblinker, Läufer; spielte 1929/34 bei Concordia 06 (Rot-Sport) Nowawes, 1934/43 bei VfL Eintracht 06 Nowawes (später Babelsberg) u. 1947 bis 1957 bei (SG Märkische Volksstimme) Rotation Babelsberg; bestritt zwischen 1949 u. 1956 203 Oberligaspiele (27 Tore). – Später Trainer; 1953/61 bei Rotation Babelsberg (Nachwuchs), 1961/66 beim SC Potsdam (Männer u. Nachwuchs) sowie 1966/84 wiederum bei Motor Babelsberg (Männer u. Nachwuchs). Abb.

Tifosi, Bez. für die Fußballfans südlich der Alpen.

Tigana, Jean, Frankreich, geb. 23. 6. 1955 Bamako (Mali); Mittelfeldspieler; spielte 1971/75 bei Real Bamako, 1975/78 beim SC Toulon, 1978/81 bei Olympique Lyon, 1981/85 bei Girondins Bordeaux u. seitdem bei US Lecce (Italien); 50 Länderspiele (1 Tor); internationales Debüt am 23. 5. 1980 gegen die UdSSR (0:1) in Moskau; WM-Endrundenteilnehmer 1982 u. 1986; EM-Endrundenteilnehmer 1984; Fußballer des Jahres 1984. Abb.

Tilkowski, Hans, geb. 12. 7. 1935; Torhüter; spielte 1949/63 bei Husen 19, SuS Kaiserau sowie Westfalia Herne, 1963/67 bei BV Borussia Dortmund u. 1967/69 bei Eintracht Frankfurt/Main; 39 Länderspiele; internationales Debüt am 3. 4. 1957 gegen die Niederlande (2:1) in Amsterdam; Länderspielabschied am 8. 4. 1967 gegen Albanien (6:0) in Dortmund; WM-Endrundenteilnehmer 1962 (nicht eingesetzt). u. 1966; Fußballer des Jahres 1965; bestritt 121 Bundesligaspiele. – Später Trainer; u. a. 1970 u. 1976/77 beim SV Werder Bremen, 1970/72 beim TSV 1860 München u. 1978 beim 1. FC Saarbrücken. Abb. S. a. Buzek, H. (Abb.), Fahrian, W. (Abb.), Tf. 28 *(unten).*

Timing [engl.], koordinierter Zeit- und Bewegungsablauf einer Spielhandlung, z. B. ein genau u. im richtigen Augenblick abgegebener Schuß („ein gut getimter Schuß").

Tip und Tap, offizielles ↑ WM-Maskottchen der WM 1974 in der BRD. S. a. Tf. 40.

Tirana, Dinamo, Albanien, Oberliga, gegr. 1944; 14mal *Landesmeister* (zwischen 1950 u. 1986); 12mal *Pokalsieger* (zwischen 1950 u. 1982). 5 *EC-Teilnahmen:* 12 Spiele; 2 Siege, 2 Unentschieden, 6 Niederlagen, 8:16 Punkte, 3:11 Tore. – *Spielkleidung:* schwarze Hose, rotes Hemd, schwarze Stutzen. *Heimstadion:* Dinamo-Stadion, 21 000 Plätze.

Spieler (Auswahl): Ahmetdani – Alluni – Cani – Ceco – Duma – Ibershimi – Jareci – Parnaska – Rama – Seidini – G. Xhafa.

Tirana, Partizan, Albanien, Oberliga, gegr. 1945; 13mal *Landesmeister* (zwischen 1947 u. 1981); 10mal *Pokalsieger* (zwischen 1948 [zum erstenmal ausgespielt] und 1980). 9 *EC-Teilnahmen:* 20 Spiele; 5 Siege, 4 Unentschieden, 11 Niederlagen, 14:26 Punkte, 15:29 Tore. – *Spielkleidung:* schwarze Hose, blaues Hemd, schwarze Stutzen. *Heimstadion:* Qemal Stafa, 24000 Plätze. Abb.

Tirol, FC ↑ Innsbruck, SSW.

Tiroler Fußballverband, Abk. *TFV,* einer der 9 Unterverbände des *ÖFB* (↑ Österreich); Spielklasseneinteilung: *Tiroler Liga* (14 Vereine), *Landesliga* (2 Gruppen je 12 Vereine), *Gebietsliga* (2 Gruppen je 12 Vereine), *1. Klasse* (2 Gruppen je 12 Vereine) u. *2. Klasse* (3 Gruppen je 11 bis 12 Vereine). Abb.

Tischfußball, svw. ↑ Subbuteo.

Titelanwärter, svw. ↑ Titelaspirant.

Titelaspirant, (Mit-)Favorit u. potentieller Gewinner einer beginnenden bzw. laufenden Landesmeisterschaft.

Titkos, Pal, Ungarn, geb. 1908 Budapest; Linksaußen; spielte 1918/40 bei Budai 11., Hungaria u. MTK Budapest; 47 Länderspiele (13 Tore); internationales Debüt am 24. 2. 1929 gegen Frankreich (0:2) in Paris; Länderspielabschied am 7. 12. 1938 gegen Schottland (1:3) in Glasgow; WM-Endrundenteilnehmer 1938. – Später Trainer; u. a. der Nationalmannschaft Ägyptens. Abb.

Tivoli, 1. ↑ Aachen, Alemannia.
2. ↑ Innsbruck, SSW.

Togo, Staat in Westafrika, am Golf von Guinea, 56785 km², etwa 2,7 Mill. Ew., 1 Fußballspieler je 540 Ew.; Verband *Fédération Togolaise de Football* („Fußballverband Togo"), Abk. *FTF;* gegr. 1960, Sitz *Lomé;* Mitgl. der *FIFA* seit 1962, der *CAF* seit 1963. – *Organisation:* 150 Klubs; 4600 Amateurspieler, gesamt 5000 (einschl. Nachwuchs- u. AM-Spieler); *Spieljahr:* Oktober–Juli; *Spielkleidung:* weiße Hose, rotes Hemd, rote Stutzen (Reserveausrüstung: Weiß); *Nationalstadion:* Stade Général Etienne Eyadema, Lomé, 20000 (ausschl. Sitzplätze); *Stadien* (Auswahl): Palimé, 10000; Sokodé, 10000; Atakpamé, 7000; Tsevie, 7000.

Toivola, Miika, Finnland, geb. 11. 7. 1949; Mittelfeldspieler; spielte bei PS Turku, Turun Palloseura u. HJK Helsinki; 63 Länderspiele (1969/80).

Tolsa, Arto, Finnland, geb. 9. 8. 1945; Verteidiger; spielte 1963/69 bei Tampere PV, 1969/79 bei V.A.V. Beerschot u. 1979/82 bei KTP Kotka; 79 Länderspiele (1963/81).

Tomaszewski, Jan, Polen, geb. 9.1.1948 Warschau; Torhüter; spielte 1963/67 bei Gwardia Wrocław, 1967/70 bei Słask Wrocław, 1970/72 bei Legia Warschau, 1972/78 bei LKS Łodz, 1978/81 bei V.A.V. Beerschot Antwerpen, 1981/82 bei Hercules Alicante u. 1982/83 bei Stade Français Paris; 65 Länderspiele; internationales Debüt am 10. 10. 1971 gegen die BRD (1:3) in Warschau; Länderspielabschied am 18. 11. 1981 gegen Spanien (2:3) in Łodz; WM-Endrundenteilnehmer 1974, 1978, 1982; gewann bei Olympia 1976 Silber.

Partizan Tirana

Guy **Thys**

Hans **Tilkowski**

Pal **Titkos**

Tiroler Fußballverband

Tor (landessprachlich)
Goal [engl.]
But [französ.]
Meta [span.]
Golo [portugies.]
Porta [italien.]

Torhüter (landessprachlich)
Goalkeeper [engl.]
Gardien de but [französ.]
Golero [span.]
Goleiro [portugies.]
Portiere [italien.]

John **Toshack**

Topfavorit, Mannschaft mit größten Siegesaussichten in einer Meisterschaft, bei einem Turnier u. ä.
topfit [engl.], in ausgezeichneter sportlicher Form *(Höchstform)*; *t. sein.*
Töppen, umgangssprachliche Bez. für ↑ Fußballschuhe.
Topzuschlag, *kommerzieller Fußball* bei Meisterschaftsspielen gegen Spitzen-(„Top"-)Mannschaften erhobener Zuschlag zum Eintrittspreis seitens des gastgebenden Vereins (etwa 20 %).
Tor, 1. erfolgreich abgeschlossene Angriffshandlung, wobei der Ball regelgerecht u. vollständig die T.linie zwischen den T.pfosten überschritten haben muß. Die Mannschaft, welche die meisten T. erzielt, hat gewonnen. Abb. S. a. Spielregeln (Regel X).
2. Zielgehäuse in der Mitte jeder T.linie; besteht aus 2 T.pfosten, die durch eine Querlatte miteinander verbunden sind. Die *T.innenmaße* betragen 7,32 m (Breite) u. 2,44 m (Höhe). *T.pfosten* u. *Querlatte* dürfen maximal 12 cm breit u. tief sein; verwendetes Material ist in der Regel Holz od. Metall. Der Querschnitt kann quadratisch, rechteckig, rund, halbrund od. elliptisch sein. T.pfosten, Querlatte u. die T.linie zwischen den T.pfosten müssen die gleiche Breite aufweisen. Die *T.netze* werden aus Hanf, Jute od. Polyamidfaserstoff hergestellt u. i. allg. an den T.pfosten, der Querlatte u. am Boden hinter den T. befestigt. Tab. S. a. Spielfeld (Abb.), Spielregeln (Regel I, 6).

Torjubel auf brasilianisch (*von links* Jairzinho, Pelé u. Tostao; WM-Endspiel 1970)

Tor!

Torabschlag, svw. ↑ Abschlag.
Torabstoß, svw. ↑ Abstoß.
Toraus, das Aus jenseits der Torlinie neben dem Tor.
Torauslinie, die ↑ Torlinie außerhalb des Tores.
Tordifferenz, Torverhältnis beim ↑ Subtraktionsverfahren.
Torerfolg, svw. ↑ Tor (1).
Torhüter, Spieler, der ausschl. die Aufgabe hat, gegnerische Treffer zu verhindern, wobei er als einziger in seinem Strafraum den Ball mit den Händen spielen u. sich auf den Ball legen darf. Der T. muß eine Sportkleidung tragen, die ihn in der Farbe von den anderen Spielern u. vom Schiedsrichter unterscheidet. Er darf nicht angegriffen werden, wenn er den Ball unter Kontrolle hat od. im ↑ Torraum nach dem Ball springt. Ein T. soll über Wagemut, Reaktionsschnelligkeit, Sprungkraft, gutes Stellungsspiel, sichere Faustabwehr u. Fangsicherheit verfügen. Tab. S. a. Vier-Schritte-Regel, Schußwinkel.
Torjäger, Spieler, der viele Tore erzielt u. „torhungrig" ist.
Torlinie, an der Schmalseite des Spielfeldes verlaufende Begrenzungslinie. (Oft wird fälschlich lediglich die *T. zwischen den Torpfosten* nur als T. bezeichnet.) S. a. Spielfeld (Abb.).
Tornetz, -pfosten ↑ Tor (2).
Töröcsik, Andras, Ungarn, geb. 1. 5. 1955 Budapest; Mittelstürmer; spielte 1967/85 bei Dózsa Ujpest u. 1985/86 beim SC Montpellier (Frankreich); 39 Länderspiele (10 Tore); internationales Debüt am 13. 10. 1976 gegen Österreich (2:4) in Wien; Länderspielabschied am 18. 1. 1984 gegen Spanien (1:0) in Cadiz; WM-Endrundenteilnehmer 1978 u. 1982. Abb.
Torquotient, Torverhältnis beim ↑ Divisionsverfahren.
Torraum, von je 2 rechtwinklig zueinander gezogener Linien (einschl. der Torlinie) umschlossener Raum, in dem der Torhüter nicht angegriffen werden darf. Im T., u. zwar in jener T.hälfte, die der Stelle am nächsten liegt, wo der Ball ausging, wird der ↑ Abstoß ausgeführt. Tab. S. a. Spielregeln (Regel I, 3), Spielfeld (Abb.).
Torraumlinien, die den *Torraum* eingrenzenden Linien außer der Torlinie. S. a. Spielfeld (Abb.).
Torres, José Augusto da Costa Senica, Portugal, Trainer, geb. 8. 9. 1938 Torres Novas; Mittelstürmer; spielte 1960/73 bei Benfica Lissabon u. 1973/75 bei Estoril Praia; WM-Dritter 1966; 21 Länderspiele (14 Tore). – Später Trainer; u. a. bei Vitoria Setúbal, Estoril Praia u. FC Varzim; 1984/86 portugies. Auswahltrainer (WM-Endrundenteilnehmer 1986), seitdem bei Boavista Porto.
Torschützenkönig, erfolgreichster Torschütze einer Spielserie od. eines Turniers. *Europas T.* werden seit 1968 durch „France Football" mit dem *Goldenen* (1.), *Silbernen* (2.) u. *Bronzenen Fußballschuh* (3.) geehrt (ohne Berücksichtigung der Spielanzahl in den jeweiligen Ligen). Tab.
Torsteher, -wächter, -wart, svw. ↑ Torhüter.
Torverhältnis, Verhältnis zwischen erzielten u. erhaltenen Treffern; beim ↑ Divisionsverfahren: *Torquotient*, beim ↑ Subtraktionsverfahren: *Tordifferenz*.
Toshack, John B., Wales, geb. 22. 3. 1949 Cardiff; Mittelstürmer; spielte 1961/69 bei Cardiff City, 1970/77 beim FC Liverpool u. 1978/83 bei Swansea City; 40 Länderspiele (13 Tore); internationales Debüt am 26. 3. 1969 gegen die BRD (1:1) in Frankfurt/Main; Länderspielabschied am 17. 10. 1979 gegen die BRD (1:5) in Köln. – Später Spielermanager bei Swansea City, 1984 bei Sporting Lissabon. Abb.
Tostao, eigtl. *Eduardo Goncalves de Andrade*, Brasilien, geb. 25. 1. 1947 Belo Horizonte; Mittelstürmer; spielte zuerst (ab 1959) bei América Belo Horizonte (Minas Gerais), seit 1963 bei Cruzeiro Belo Horizonte u. 1972/73 bei Vasco da Gama; er bestritt 64 Länderspiele (32 Tore); Länderspieldebüt am 15. 5. 1966 gegen Chile (1:1) in São Paulo; Länderspielabschied am 9. 7. 1972 gegen Portugal (1:0) in Rio de Janeiro; war WM-Endrundenteilnehmer 1966 u. 1970; zog sich 1969 eine schwere Augenverletzung im Punktspiel gegen Corinthians São Paulo zu, wurde aber in Houston (Texas) erfolgreich operiert;

Andras **Töröcsik**

Torraum (landessprachlich)
Goal area [engl.]
Surface e but [französ.]
Area de meta [span., portugies.]
Area della porta [italien.]

Europas **Torschützenkönige**

1968	Eusebio (Benfica Lissabon)	42
1969	P. Schekow (ZSKA Septemberfahne Sofia)	36
1970	G. Müller (FC Bayern München)	38
1971	J. Skoblar (Olympique Marseille)	44
1972	G. Müller (FC Bayern München)	40
1973	Eusebio (Benfica Lissabon)	40
1974	H. C. Yazalde (Sporting Lissabon)	46
1975	D. Georgescu (Dinamo Bukarest)	33
1976	S. Kaiafas (Omonia Nikosia)	39
1977	D. Georgescu (Dinamo Bukarest)	47
1978	H. Krankl (Rapid Wien)	41
1979	K. Kist (AZ 67 Alkmaar)	34
1980	E. Vandenbergh (Lierse SK)	39
1981	G. Slawkow (Trakia Plowdiw)	31
1982	W. Kieft (Ajax Amsterdam)	32
1983	F. Gomez (FC Porto)	36
1984	I. Rush (FC Liverpool)	32
1985	F. Gomez (FC Porto)	39
1986	M. van Basten (Niederlande)	37

1971 lateinamerikanischer Fußballer des Jahres; beendete 1973, nach erneuten Augenbeschwerden, seine Karriere. S. a. Tor (Abb.), Brasilien (Abb.).

totaler Fußball, svw. ↑ Fußball total.

Toto, svw. ↑ Fußballtoto.

Tottenham Hotspur, FC, London („Spurs", „Heißsporne"), England, Verein der 1. Division; gegr. 1882 von „Youngstern" des *Hotspur Cricket Club* im Nordlondoner Stadtteil Tottenham *(Hotspur Football Club)*, 1885 Umbenennung; 1895 Profifußball; seit 1908 2. Division, ab 1909 1. Division; viermal abgestiegen (1915, 1928, 1935 u. 1977); seit 1977 in der höchsten Spielklasse; *Landesmeister* 1951 u. 1961; 7mal *FA-Cupgewinner* zwischen 1901 (in dem Jahr noch nicht Mitglied der Liga) u. 1982 sowie zweimal *Ligacupgewinner* (1971 u. 1973); *EC II-Gewinner* 1963; *UEFA-Pokalsieger* 1972 u. 1984. 11 *EC-Teilnahmen:* 87 Spiele; 53 Siege, 16 Unentschieden, 18 Niederlagen, 122:52 Punkte, 208:84 Tore. – *Spielkleidung:* marineblaue Hose, weißes Hemd, weiße Stutzen. *Heimstadion:* 1882 Tottenham Marshes, 1885 Northumberland Park; seit 1898 *White Hart Lane,* 56 335 Plätze. Abb.

Tottenham Hotspur

Spieler (Auswahl): S. Archibald – O. C. Ardiles – G. Armstrong – E. F. Baily – R. D. Blanchflower – J. Brooks – W. D. F. Brown – W. A. R. Burgess – M. Chivers – T. Clay – R. N. Clemence – E. G. Ditchburn – H. M. England – W. Evans – A. Galvin – A. Gilzean – J. Greaves – A. Grimsdell – G. W. Hall – G. Hoddle – J. Holmes – M. Hopkins – E. Hughes – C. Hughton – G. S. Hunt – P. A. Jennings – C. Jones – J. L. Jones – J. P. Kinnear – J. Kirwan – C. Knowles – G. Mabbutt – D. Mackay – R. C. McGrath – L. D. Medley – T. C. Medwin – A. P. Mullery – M. Norman – E. O'Callaghan – F. R. Osborne – S. Perryman – M. Peters – P. Price – A. E. Ramsey – G. Roberts – R. W. M. Rowley – J. M. Seed – R. A. Smith – G. A. Stevens – J. A. White – V. J. Woodward – T. C. Yorath. – **Manager** (Auswahl): J. Anderson – K. Burkinshaw – J. Hulme – B. Nicholson – A. Rowe – T. Neill – P. Shreeves.

Touba ↑ Saloniki, PAOK.

Trabzonspor, Kulübü, Türkei, 1. Division, gegr. 1923; seit 1974 in der 1. Division; 6mal *Landesmeister* (zwischen 1976 u. 1984); *Pokalsieger* 1977, 1978 u. 1984. 8 *EC-Teilnahmen:* 18 Spiele; 7 Siege, 1 Unentschieden, 10 Niederlagen, 15:21 Punkte, 13:27 Tore. – *Spielkleidung:* Blau. *Heimstadion:* Trabzonstadion, 35 000 Plätze. – Bekannteste Spieler: *H. Cemil II, I. Necati, E. Necmi, R. Kemal II, H. Sengul, Y. Senol, S. Turgay;* Trainer: *J. Sundermann, Ö. Sümer.*

Tradition, svw. *Überlieferung, Herkommen, Brauch*; bekannt sind *T.sspiele* (z. B. Spiele von Pokalsiegern vor ... Jahren) u. *T.smannschaften* (Mannschaften, die vor ... Jahren erfolgreich waren). Darüber hinaus gibt es auch *T.svereine* (Vereine, die zu den Mitbegründern des Fußballs im Lande zählen).

Trägerbetrieb, *DDR* Betrieb (auch Kombinat, LPG), der eine Gemeinschaft, Sektion od. Mannschaft unterstützt; meist ist damit die Namensnennung verbunden, z. B. Wismut Aue (↑ Wismut).

Trainer, sportlicher Ausbilder u. Betreuer (↑ Manager) einer Mannschaft; besitzt in der Regel einen je nach Leistungsklasse geforderten *Qualifikationsnachweis.* Die Bezeichnung T. kann sowohl der Beruf als auch die Funktion (bei nebenberuflicher T.tätigkeit) ausdrücken. Ihrem Aufgabenbereich u. ihrer Qualifikation entsprechend, werden sie z. B. als *Nationalmannschafts-, Chef-* od. *Oberliga-T.* bezeichnet. S. a. Spielertrainer.

Trainerassistent, zweiter Trainer einer Mannschaft, der dem verantwortlichen Trainer bei dessen Arbeit assistiert; in der Regel ein noch relativ junger u. unerfahrener Trainer, der sich an der Seite eines „gestandenen" Trainers profilieren soll. In der Praxis kommt es aber häufig vor, daß der T. z. B. bei permanenter Erfolgslosigkeit einer Mannschaft kurzfristig („von heute auf morgen") die alleinige Trainerverantwortung übertragen bekommt (sei es als ↑ Interimstrainer od. für „dauernd"), während sein bisheriger Vorgänger „gefeuert" („gegangen") wird.

Trainerbank, svw. ↑ Auswechselbank.

Trainergespann, Bez. für den verantwortlichen Trainer einer Mannschaft u. seinen (Trainer-) Assistenten, die beide gemeinsam (als „Gespann") die sportlichen Geschicke der Mannschaft leiten.

„Trainerkarussell", (zu) häufiger Wechsel der Trainer nach Abschluß eines Spieljahres (Miß-, ausbleibender Erfolg), bes. in der höchsten Spielklasse („Das T. beginnt sich wieder zu drehen.") Der Trainer sitzt dabei auf einem „Schleudersitz", um bei passender Gelegenheit „abgeschossen" zu werden. Gebräuchlich ist auch der Ausdruck, „der Trainer wurde gefeuert".

Training, auf der Grundlage pädagogischer Prinzipien organisierter Prozeß der fußballerischen Vervollkommnung, der durch planmäßiges u. systematisches Einwirken auf das Leistungsvermögen u. die Leistungsbereitschaft darauf hinzielt, die Aktiven zu Persönlichkeiten zu erziehen, die bereit u. fähig sind, hohe u. höchste sportliche Leistungen zu erreichen. T. dient der Herausbildung wichtiger Persönlichkeitsmerkmale, wie Zielstrebigkeit, Mut, Bereitschaft zum Risiko u. Beharrlichkeit. Es erzieht zur Selbständigkeit, verbunden mit kollektivem Denken u. Handeln, zu diszipliniertem Verhalten sowie zur Fähigkeit, auftretende Schwierigkeiten mit Überlegung zu meistern, u. zur Selbstüberwindung.

Das T. stärkt die wettkampfspezifischen psychischen Eigenschaften, die konditionellen (Ausdauer – Kraft – Schnelligkeit), die koordinativen (Gewandtheit – Geschicklichkeit), die (spiel-)taktischen u. intellektuellen Fähigkeiten sowie die Bewegungsfertigkeiten (sog. *sportliche Technik*). Der komplexe Charakter des Fußballspiels verlangt *komplexe T.smethodik*, wobei die technisch-taktische u. athletische Ausbildung Beachtung finden. Je nach Zielstellung kann das athletische, technische od. taktische T. hervorgehoben werden.

Das *athletische T.* hat die zielgerichtete u. betonte Entwicklung der konditionellen Fähigkeiten sowie die Bewegungsabläufe, die fußballtypisch sind, zum Inhalt. Im Mittelpunkt des *technischen T.s* steht die Arbeit mit dem Ball (Ballgewöhnungsübungen, Spielformen, technische Schulung usw.). Beim *taktischen T.* wird die Fähigkeit geschult, alle physischen u. technischen Fertigkeiten im Rahmen der gesamten Mannschaft anzuwenden (situationsbedingtes Handeln, Kollektivgeist, Spielübersicht u. ä.). Darüber hinaus werden taktische Handlungen u. Kombinationen geübt, d. h. taktische Fertigkeiten vermittelt. – Zum T. gehören aber auch die *Spielvorbereitung* (spezielle Einstellung auf den kommenden Gegner) u. die *Spielauswertung* (kritische Einschätzung der gebrachten Leistungen), sowohl die Mannschaft insgesamt als auch die Spieler einzeln betreffend.

Trainingsbelastung, zentrale Kategorie des Trainings; umfaßt den Prozeß der Auseinandersetzung des Spielers mit den an ihn durch das Training gestellten physischen, psychischen u. intellektuellen Anforderungen mit dem Ziel einer Leistungssteigerung. Es besteht ein gesetzmäßiger Zusammenhang zwischen *Belastung* u. *Leistung*.

Trainingseinheit, Grundform der Erziehungs- u. Bildungsarbeit im Trainingsprozeß, die inhaltlich, zeitlich u. organisatorisch ein in sich geschlossenes Ganzes darstellt. Sie erfordert die methodische Konkretisierung des z. B. im Wochenplan vorgesehenen Trainingsinhaltes auf einen bestimmten Tag usw. Eine häufig angewendete Gliederung ist die Dreiteilung in *vorbereitenden Teil, Hauptteil* u. *Schlußteil*.

Trainingslager, (meist abgeschiedener) Ort, an den sich eine Mannschaft zurückzieht, um sich dort intensiv auf das Spieljahr, die 2. Halbserie od. auf ein (wichtiges) Spiel vorzubereiten. Neben der spieltechnischen, spieltaktischen u. athletischen Vorbereitung dient das T. auch zur Stärkung der Moral u. des Kollektivgeistes innerhalb der Mannschaft. Meist werden bei längeren T. *Übungsspiele* gegen meist unterklassige Vertretungen aus dem dortigen Einzugsgebiet vereinbart u. durchgeführt. Bes. wichtig sind T. für die *Nationalmannschaft* eines Landes, damit sich die aus verschiedenen Klubs kommenden Spieler (wieder) aneinander gewöhnen u. kennenlernen (bes. die Länderspielneulinge), um somit die Mannschaftsharmonie zu fördern. Derartige T. finden in der Regel in nationalen *Sportschulen* statt, weil dort die besten Voraussetzungen (Ausrüstung, Betreuung) gegeben sind.

Trainingsspiel, svw. ↑ Übungsspiel.

Transfer, *kommerzieller Fußball* Vereinswechsel eines Spielers, der vom jeweiligen Landesverband vorgegebenen *T.bestimmungen* unterworfen ist, so z. B. Aufnahme des Spielers in die ↑ Transferliste, Aushandeln der ↑ Ablösesumme u. ä.

Transferliste, *kommerzieller Fußball,* vom jeweiligen Landesverband zur Regelung des Vereinswechsels der Spieler geschaffene Einrichtung. Die Aufnahme in die T. ist für die ↑ Spielberechtigung bzw. die ↑ Freigabe eines Spielers nach erfolgtem Transfer vorgeschrieben. Die Aufnahme in die T., die z. B. einen Transfer vom 1. 7. bis 31. 12. jeden Jahres gestattet, muß entweder vom Verein od. vom Spieler beantragt werden.

Transfersumme, svw. ↑ Ablösesumme.

Trapattoni, Giovanni, Italien, Trainer; geb. 17. 3. 1939; spielte 1953/69 als Mittelfeldspieler beim AC Mailand; 17 Länderspiele (1 Tor); internationales Debüt am 10. 12. 1960 gegen Österreich (1:2) in Neapel; Länderspielabschied am 5. 12. 1964 gegen Dänemark (3:1) in Bologna. – Er übernahm als Trainer am 9. 4. 1974 mitten in der Saison den AC Mailand u. unterlag mit dem AC am 8. 5. 1974 in Rotterdam im EC II-Finale gegen den 1. FC Magdeburg 0:2; 1976/86 bei Juventus Turin, seitdem bei Internazionale Mailand.

„Trauerspiel", auch „Unspiel" (abfällige Bezeichnung: „abgekartetes Spiel"), Begegnung zweifelhaften Charakters, die den Betrachter zu dem Schluß kommen läßt, daß die Mannschaften auf ein Ergebnis hinzielen, das ihnen *beiden* willkommen ist; sei es von Beginn an od. bei Erreichen eines bestimmten Torestandes. An derartigem „Antifußball" („tust du mir nichts, tue ich dir nichts") sind nicht nur die Aktiven u. Trainer schuld, sondern auch u. insbes. diejenigen Verantwortlichen, die *Spielplan* u. *Austragungsmodus* so festlegen (z. B. bei Turnieren), daß Manipulationsmöglichkeiten bestehen. – Derartige „T." stellen natürlich sportlich eine Farce dar, benachteiligen sie doch meist Dritte u. vergrämen die sich gefoppt fühlenden Zuschauer.

Trautmann, Bernd („Bert"), geb. 23. 10. 1926 Bremen; war Torhüter; er geriet 1945 in engl. Gefangenschaft u. blieb in England; spielte 1949/64 bei Manchester City; 1956 engl. Fußballer des Jahres; 1960 Spielführer der engl. Ligaauswahl (5:2 gegen Irland). – Später Manager einiger Klubs, Trainer bei Preußen Münster u. Opel Rüsselsheim.

Traverse [französ.], stufenförmige Anordnung von Steh- u. Sitzplatzreihen für

Marius **Tresor**

Zuschauer in Stadien u. auf Sportplätzen.

Treffer, svw. ↑ Tor (1).

Tre Kronors [„3 Kronen", nach dem schwed. Staatswappen], die umgangssprachliche Bez. für die schwed. Nationalmannschaft.

Tresor, Marius, Frankreich, geb. 15. 1. 1950 Sainte-Anne (Guadeloupe); Libero; spielte 1964/69 bei Juventus de Sainte-

Anne, 1969/72 beim A.C. Ajaccio, 1972/80 bei Olympique Marseille u. 1980/84 bei Girondins Bordeaux; 65 Länderspiele (3 Tore); internationales Debüt am 4. 12. 1971 gegen Bulgarien (1:2) in Sofia; Länderspielabschied am 12. 11. 1983 gegen Jugoslawien (0:0) in Zagreb; war WM-Endrundenteilnehmer 1978 u. 1982; Fußballer des Jahres 1972; 437 Punktspiele (12 Tore). Abb.

Treten, 1. durch einen ↑ Schuß (a) einen Eckstoß, Freistoß usw. ausführen.

2. verbotenes Spiel, das mit Verwarnung od. Feldverweis sowie direktem Freistoß bestraft wird.

Tribüne, meist überdachte, mit Sitzplätzen ausgerüstete stufenförmige Anlage in Stadien; früher als Holz-, heute als Stahl- od. Stahlbetonkonstruktion errichtet.

Trick, svw. ↑ Finte, „unangekündigt" u. rasch in der Ausführung. Ein wiederholt erfolgreich ausgeführter (eigtl. simpler) T. wird mitunter auch als „T. 17" (Herkunft unbekannt) bezeichnet.

„Trickkiste", Gesamtheit der Tricks, über die ein Spieler od. eine Mannschaft verfügt, z. B. „der Weltmeister mußte tief in die ‚T.' greifen (sehr geschickt u. trickreich spielen), um die gefährliche Situation zu meistern".

Tricksen, Umgehen mit Tricks, sich ihrer bedienen; Substantiv: *Trickser.* – *Trickserei:* übertriebenes, nutzloses T.

Triesen, FC, Liechtenstein, 1. Liga, gegr. 1932; 8mal *Pokalsieger* (zwischen 1946 u. 1975). *Spielkleidung:* weiße Hose, blau-weißes Hemd, blau-weiße Stutzen. *Heimstadion:* Sportplatz Blumenau, 5250 Plätze (davon 5000 Steh-, 250 Sitzplätze).

Spieler (Auswahl): R. Bargetze – A., F. u. R. Kindle – H. R. Miller – P. Negele. – **Trainer** (Auswahl): P. Blusch – E. Hasler.

Trikot ↑ Dreß.

Trinidad und Tobago, Staat vor der Nordküste Südamerikas, 5130 km², etwa 1,2 Mill. Ew., 1 Fußballspieler je 200 Ew.; Verband *Trinidad and Tobago Football Association* („Fußballverband Trinidad und Tobago"), Abk. *TTFA;* gegr. 1906, Sitz *Port of Spain;* Mitgl. der *FIFA* seit 1963, der *CONCACAF* seit 1964. – *Organisation:* etwa 130 Klubs; 4500 Amateurspieler, gesamt 6000 (einschl. Nachwuchs- u. AM-Spieler); *Spieljahr:* Januar–Dezember; *Spielkleidung:* schwarze Hose, rotes Hemd, rote Stutzen (Reserveausrüstung: rote Hose, schwarzes Hemd, schwarze Stutzen); *Nationalstadion:* Queen's Park Oval, Port of Spain, 25000 (15000 Sitz-, 10000 Stehplätze); weiteres Stadion: Skinner Park, 13000.

Trnava, TAZ Spartak, ČSSR; gegr. 1925 als *SK Rapid,* 1939 *TSS Trnava,* 1948 *Sokol NV,* 1949 *ZTJ Kovosmalt* u. 1953 *Spartak;* 6mal *Landesmeister* (zwischen 1968 u. 1973); *Pokalsieger* 1967, 1971, 1975 u. 1986; *Slowakischer Pokalgewinner* 1971, 1975 u. 1986. 8 *EC-Teilnahmen:* 36 Spiele; 16 Siege, 8 Unentschieden, 12 Niederlagen, 40:32 Punkte, 54:40 Tore. – *Spielkleidung:* rote Hose, weißes Hemd, rotweiß geringelte Stutzen. *Heimstadion:* Spartak-Stadion, 28000 Plätze. Abb.

Spieler (Auswahl): J. Adamec – K. Dobias – A. Fandel – V. Geryc – V. Hagara – A. Hrusecky – S. Jarabek – D. Kabat – D. Keketi – L. Kuna – K. Majernik – A. Malatinsky – J. Marko – V. Martinak – J. Masnra – I. Stacho – V. Svec – V. Varadin – P. Zelensky. – **Trainer** (Auswahl): J. Adamec – A. Fandel – J. Hucko – K. Majernik – A. Malatinsky – V. Novak – V. Svec.

Spartak Trnava

trockener Schuß, svw. ↑ Schuß aus dem Fußgelenk.

„Trofeo Ricardo Zamora", in der span. 1. Liga zu Ehren des legendären *R. Zamora* verliehener Pokal für denjenigen Torhüter, der innerhalb eines Spieljahres die wenigsten Gegentore hinnehmen mußte. 1981 erhielt ihn z. B. *L. M. Arconada* (nur 29 Tore in 34 Spielen).

Tröger, Willy, geb. 2. 10. 1928 Zwickau; Mittelstürmer; spielte 1946/49 bei Einheit Zwickau-Oberhondorf, 1949/51 bei BSG Mechanik Cainsdorf u. 1951/62 bei Wismut Aue bzw. SC Wismut Karl-Marx-Stadt; 15 Länderspiele (10 Tore); internationales Debüt am 24. 10. 1954 gegen Bulgarien (1:3) in Sofia; Länderspielabschied am 1. 5. 1959 gegen Ungarn (0:1) in Dresden; Oberligatorschützenkönig 1955 (22 Treffer); bestritt 224 Oberligaspiele u. erzielte 105

Willy **Tröger**

Türkei

Weltmeisterschaft
1954 Endrunde

olympisches Fußballturnier
1924 Endrunde
1928 Endrunde
1936 Endrunde
1948 Endrunde
1960 Endrunde

Landesmeister / Pokalsieger
(gesamttürk. Landesmeister erst ab 1959; vorher wurde nur der Meister von Istanbul ermittelt)
1959 Fenerbahce Istanbul / –
1960 Besiktas Istanbul / –
1961 Fenerbahce Istanbul / –
1962 Galatasaray Istanbul / –
1963 Galatasaray Istanbul / Galatasaray Istanbul
1964 Fenerbahce Istanbul / Galatasaray Istanbul
1965 Fenerbahce Istanbul / Galatasaray Istanbul
1966 Besiktas Istanbul / Galatasaray Istanbul
1967 Besiktas Istanbul / Altay Izmir
1968 Fenerbahce Istanbul / Fenerbahce Istanbul
1969 Galatasaray Istanbul / Göztepe Izmir
1970 Fenerbahce Istanbul / Göztepe Izmir
1971 Galatasaray Istanbul / Eskisehirspor
1972 Galatasaray Istanbul / Ankaragücü
1973 Galatasaray Istanbul / Galatasaray Istanbul
1974 Fenerbahce Istanbul / Fenerbahce Istanbul
1975 Fenerbahce Istanbul / Besiktas Istanbul
1976 Trabzonspor / Galatasaray Istanbul
1977 Trabzonspor / Trabzonspor
1978 Fenerbahce Istanbul / Trabzonspor
1979 Trabzonspor / Fenerbahce Istanbul
1980 Trabzonspor / Altay Izmir
1981 Trabzonspor / Ankaragücü
1982 Besiktas Istanbul / Galatasaray Istanbul
1983 Fenerbahce Istanbul / Fenerbahce Istanbul
1984 Trabzonspor / Trabzonspor
1985 Fenerbahce Istanbul / Galatasaray Istanbul
1986 Besiktas Istanbul / Bursaspor

Tore. – 1966/71 BSG-Leiter bei Wismut Pirna-Copitz. Abb.

Trondheim, BK Rosenborg, Norwegen, 1. Division, gegr. 1917; *Landesmeister* 1967, 1969, 1971 u. 1985; *Pokalsieger* 1960 sowie 1964. 7 *EC-Teilnahmen:* 18 Spiele; 6 Siege, 1 Unentschieden und 11 Niederlagen, 13:23 Punkte, 25:44 Tore. – *Spielkleidung:* grüne Hose, weißes Hemd, weiße Stutzen. *Heimstadion:* Lerkendal Stadion, 30000 Plätze.

Spieler (Auswahl): S. Brandhaug – A. Dokken – N. A. Eggen – S. Gröndalen – O. Iversen – T. R. Johansen – G. Karlsen – O. B. Rise – H. Sunde – B. Wirkola – Ö. Wormdahl. – **Trainer** (Auswahl): T. Brakstad – G. Curtis – K. T. Eggen – B. Hansen.

Troppa, Rainer, geb. 2. 8. 1958 Kolkwitz (Kreis Cottbus); Libero, Vorstopper; spielte 1965/73 bei Einheit Kolkwitz, 1973/76 bei Energie Cottbus, seit 1976 beim Berliner FC Dynamo; 17 Länderspiele; internationales Debüt am 11. 11. 1981 gegen Malta (5:1) in Jena; mit dem BFC Dynamo zwischen 1979 u. 1986 8mal Meister; bestritt 177 Oberligaspiele (37 Tore).

Tschenscher, Kurt, Schiedsrichter, geb. 5. 10. 1928; Schiedsrichter 1948, 1958/75 FIFA-Referee; 42 Länderspiele; WM-Endrundenschiedsrichter 1966, 1970 u. 1974; leitete 1963/75 125 Bundesligaspiele, 1967 das EC I-Finale Celtic Glasgow gegen Internazionale Mailand u. 1962 das zweite EC II-Endspiel zwischen Atlético Madrid u. AC Florenz.

Tschislenko, Igor, UdSSR, geb. 1939; Außenstürmer; spielte 1954/56 bei Torpedo Moskau u. 1956/70 bei Dynamo Moskau; 53 Länderspiele (20 Tore); WM-Endrundenteilnehmer 1962 u. 1966; bestritt 228 Ligaspiele (68 Tore). – Seit 1970 Trainer.

Tschiwadse, Alexander, UdSSR, geb. 8. 4. 1955; Libero; spielte 1965/67 bei der 35. Sportschule Tbilissi u. 1967/73 bei FSM Tbilissi; seit 1974 bei Dynamo Tbilissi; 48 Länderspiele; internationales Debüt am 26. 3. 1980 gegen Bulgarien (3:1) in Sofia; WM-Endrundenteilnehmer 1982 u. 1986 (nicht eingesetzt); 1980 Fußballer des Jahres; gewann bei Olympia 1980 Bronze.

Tsirion ↑ Limassol, Athletikos Enosis u. FC Apollon.

Ts'uh-küh [Ts'uh: „mit dem Fuß stoßen", küh: „Ball"], älteste überlieferte Form des „Fußball"-Spiels, das in China um 2700 v. u. Z. urspr. zur militärischen Ausbildung der Soldaten diente. Bis zur Han-Dynastie (220 u. Z.) bestand dann etwa folgende Spielform: 2 Mannschaften kämpften gegeneinander u. spielten auf 2 etwa 5 m hohe Tore; dabei durfte der Ball mit Fuß, Oberkörper, Rücken, Bauch, Schulter u. Faust geschlagen werden. S. a. Fußball (Geschichte).

Tsu-Tschü, svw. ↑ Ts'uh-küh.

tückisch ist ein schwer- od. unberechenbarer Ball; meist in Verbindung mit Torhüterreaktionen gebraucht, z. B. „ein t.er Aufsetzerball".

Tunesien, Staat im Norden Afrikas, 163610 km², etwa 6,7 Mill. Ew., 1 Fußballspieler je 268 Ew.; Verband *Fédération Tunisienne de Football* („Tunesischer Fußballverband"), Abk. *FTF;* gegr. 1956, Sitz *Tunis;* Mitgl. der *FIFA* seit 1960, der *CAF* seit 1960. – *Organisation:* 220 Klubs; 19000 Amateurspieler, gesamt 25000 (einschl. Nachwuchs- u. AM-Spieler); *Spieljahr:* September bis Juni; *Spielkleidung:* weiße Hose, rotes Hemd, rote Stutzen (Reserveausrüstung: weiße Hose, weißes Hemd, rote Stutzen); *Nationalstadion:* Stade Olympique, Tunis, 50000 (ausschl. Sitzplätze); *Stadien* (Auswahl): Stade Zouiten, Tunis, 35000; Stade T. Mehiri, Sfax, 20000; Stade Olympique, Sousse, 20000.

Turek, Anton („Toni"), geb. 18. 1. 1919 Duisburg, gest. 11. 5. 1984 Neuß; Torhüter; spielte bei Duisburg 48/99, SSV Ulm 1846, Fortuna Düsseldorf u. Borussia Mönchengladbach; 20 Länderspiele; internationales Debüt am 22. 11. 1950 gegen die Schweiz (1:0) in Stuttgart; nahm Länderspielabschied am 16. 10. 1954 gegen Frankreich (1:3) in Hannover; WM-Endrundenteilnehmer 1954. S. a. Tf. 22 *(unten).*

Turin, AC, Italien (Emblem ↑ Tf. 14), Verein der 1. Liga *(Serie A)*; gegr. 3. 12. 1906 als Fusion von *FC Internazionale* (gegr. 1890) u. *FC Turin* (gegr. 1894). Zu den Gründern zählte auch der spätere Nationalmannschaftstrainer *V. Pozzo.* Achtmal *Landesmeister* (zwischen 1927 u. 1976) u. viermal *Pokalsieger* (zwischen 1936 u. 1971). 13 *EC-Teilnahmen:* 51 Spiele; 19 Siege, 12 Unentschieden, 20 Niederlagen, 50:52 Punkte, 67:62 Tore. – *Spielkleidung:* weiße Hose, granatrotes Hemd, rote Stutzen. *Heimstadion:* ↑ Stadio Comunal (1). – Am 4. 5. 1949 stürzte die „Granata" (so die Bez. für den AC) auf dem Rückflug von Lissabon ab, als die Maschine die Basilika auf dem Superga-Hügel streifte. 10 Internationale befanden sich unter den 18 verunglückten AC-Spielern (keiner überlebte).

Spieler (Auswahl): G. Aliberti – A. Baloncieri – E. Bearzot – R. Carapellese – L. Castellini – E. Colombari – L. Danova – G. Dossena – P. Ferraris (II) – G. Ferrini – F. Graziani – A. Janni – G. Junior – J. Libonatti – V. Mazzola – R. Mozzini – A. Olivieri – E. Pecchi – G. Puia – P. Pulici – R. Rosato – G. Rossetti – C. Sala – P. Sala – W. Schachner – L. Vieri – D. Volpati – R. Zaccarelli. – **Trainer** (Auswahl): E. Bersellini – G. Cadé – R. Copernico – L. Ferrero – G. Giagnoni – A. Janni – A. Kutik – L. Lievesley – L. Radice – M. Sperone.

Turin, Juventus, *Football Club* („Juve"), Italien, Verein der 1. Liga (Emblem ↑ Tf. 15); gegr. 1897 als *Sport-Club Juventus* von engl. u. italien. Studenten; 1899 Namensänderung in *Juventus* („Jugend"); einer der berühmtesten italien. Vereine: „La vecchia signora" („Die alte Dame"), „La fidanzata Italia" („Liebling Italiens"), „Le zebre" („Die Zebras"); seit 1923 unter der Finanzhoheit der *Agnelli-Familie* (Fiat-Konzern); ab 1900 an der Ligameisterschaft beteiligt; 22mal *Landesmeister* (zwischen 1905 u. 1986) u. 7mal *Pokalsieger* (zwischen 1938 u. 1983); *Weltpokal-* u. *EC I-Gewinner* 1985; *Supercup-* u. *EC II-Gewinner* 1984; *UEFA-Pokalsieger* 1977. 26 *EC-Teilnahmen:* 172 Spiele; 95 Siege, 34 Unentschieden, 43 Niederlagen, 224:120 Punkte, 286:151 Tore. – *Spielkleidung:* weiße Hose, schwarz-weiß längsgestreiftes Hemd, weiße Stutzen. *Heimstadion:* ↑ Stadio Comunale (1).

Spieler (Auswahl): L. Allemandi – J. Altafini – P. Anastasi – R. Benetti – L. Bertolini – R. Bettega – Z. Boniek – L. Brady – A. Cabrini – U. Caligaris – E. Castano – F. Causio – S. Cervato – R. Cesarini – J. Charles – Cinesinho – G. Combi – A. Cuccureddu – Del Sol – T. Depetrini – R. Ferrario – A. Foni – C. Gentile – H. Haller – J. Hansen – K. Hansen – M. Laudrup – G. Menichelli – L. Monti – F. Morini – E. Muccinelli – R. Orsi – C. Parola – M. Platini – P. Rava – V. Rosetta – P. Rossi – S. Salvadore – B. Sarti – G. Scirea – L. Sentementi (IV) – P. Serantoni – O. Sivori – L. Spinosi – M. Tardelli – B. Vignola – D. Zoff. – **Trainer** (Auswahl): L. Brocic – C. Carcano – J. Carver – H. Herrera – C. Parola – S. Puppo – G. Sarosi – G. Trapattoni – C. Vycpalek.

Türkei, 780 576 km^2, etwa 46,3 Mill. Ew., 1 Fußballspieler je 643 Ew., Verband *Türkiye Futbol Federasyonu* („Türkischer Fußballverband"), Abk. *TFF;* gegr. 1923, Sitz *Ankara*; Mitgl. der *FIFA* seit 1923, der *UEFA* seit 1962. – *Organisation:* 1800 Klubs; 2000 Berufsspieler, 52 000 Amateurspieler, gesamt 72 000 (einschl. Nachwuchs- u. AM-Spieler); *Spieljahr:* September–Juni; *Spielkleidung:* weiße Hose, weißes Hemd, rot-weiße Stutzen (Reserveausrüstung: weiße Hose, rotes Hemd, rot-weiße Stutzen); *Nationalstadion:* Stadion „19. Mai", Ankara, 35 000 (13 000 Sitz-, 22 000 Stehplätze); *Stadien* (Auswahl): Atatürk-Stadion, Izmir, 70 000; Mihatpasa-Stadion, Istanbul, 45 000; Stadion Ali Sami Yen, Istanbul, 40 000; Alsancak-Stadion, Izmir, 30 000; Stadion de Ville, Kayserie, 30 000; Atatürk-Stadion, Bursa, 30 000; Atatürk-Stadion, Adana, 30 000. Tab.

Turku, PS *(Turun Palloseura),* Finnland, Verein der 1. Division, gegr. 1922; 8mal *Landesmeister* (zwischen 1939 u. 1975). *5 EC-Teilnahmen:* 12 Spiele; 1 Sieg, 11 Niederlagen, 2:22 Punkte, 5:32 Tore. – *Spielkleidung:* weiße Hose, schwarz-weiß längsgestreiftes Hemd, weiße Stutzen. *Heimstadion:* Kupittaa, 11 000.

Spieler (Auswahl): G. Enckelman – T. Jalo – P. Kymäläinen – K. Lipponen – M. Lipponen – P. Nurmio – E. Petäjä – R. Saari – H. Suhonen – K. Virtanen.

Turnier, Spielbetrieb, der durch eine (relativ) große Teilnehmerzahl, besonderen Austragungsmodus u. in der Regel mehrmaliges Eingreifen der Mannschaften gekennzeichnet ist. Dabei sind folgende *T.formen* üblich: a) „Jeder ge-

Turnier
(z. B. 8 Mannschaften)

a) jeder gegen jeden
x Anzahl der Spiele
n Anzahl der Mannschaften
$x = n(n-1)/2 = 28$ Spiele

b) 2 Gruppen A u. B, Plazierungsspiele um Plätze 1, 3, 5 u. 7
A 4 Mannschaften = 6 Spiele
B 4 Mannschaften = 6 Spiele
A1–B1 (Endspiel)
A2–B2 (3. Platz)
A3–B3 (5. Platz)
A4–B4 (7. Platz)
insgesamt 16 Spiele

c) wie b, aber mit Überkreuzvergleichen u. Spiel um Platz 3 sowie Endspiel
Staffeln A u. B (12 Spiele)
A1–B2 (Überkreuzvergleich)
A2–B1 (Überkreuzvergleich)
A4–B4 (7. Platz)
A3–B3 (5. Platz)
Verlierer A1–B1 gegen
Verlierer A2–B1 (3. Platz)
Sieger A1–B1 gegen
Sieger A2–B1 (Endspiel)
insgesamt 18 Spiele.

UdSSR

Weltmeisterschaft
1958 Viertelfinale
1962 Viertelfinale
1966 4. Platz
1970 Viertelfinale
1982 2. Finalrunde
1986 Achtelfinale

Europameisterschaft
1960 1. Platz
1964 2. Platz
1968 4. Platz
1972 2. Platz

olympisches Fußballturnier
1956 1. Platz
1972 3. Platz
1976 3. Platz
1980 3. Platz

Supercup
1975 Dynamo Kiew

EC II
1975 Dynamo Kiew
1981 Dynamo Tbilissi
1986 Dynamo Kiew

Landesmeister / Pokalsieger
1936 (Frühjahr) Dynamo Moskau, (Herbst) Spartak Moskau / Lok Moskau
1937 Dynamo Moskau / Dynamo Moskau
1938 Spartak Moskau / Spartak Moskau
1939 Spartak Moskau / Spartak Moskau
1940 Dynamo Moskau / –

1944 – / Zenit Leningrad
1945 Dynamo Moskau / ZDKA Moskau
1946 ZDKA Moskau / Spartak Moskau
1947 ZDKA Moskau / Spartak Moskau
1948 ZDKA Moskau / ZDKA Moskau
1949 Dynamo Moskau / Torpedo Moskau
1950 ZDSA Moskau / Spartak Moskau
1951 ZDSA Moskau / ZDSA Moskau
1952 Spartak Moskau / Torpedo Moskau
1953 Spartak Moskau / Dynamo Moskau
1954 Dynamo Moskau / Dynamo Kiew
1955 Dynamo Moskau / ZDSA Moskau
1956 Spartak Moskau / –
1957 Dynamo Moskau / Lok Moskau
1958 Spartak Moskau / Spartak Moskau
1959 Dynamo Moskau / –
1960 Torpedo Moskau / Torpedo Moskau
1961 Dynamo Kiew / Schachtjor Donezk
1962 Spartak Moskau / Schachtjor Donezk
1963 Dynamo Moskau / Spartak Moskau
1964 Dynamo Tbilissi / Dynamo Kiew
1965 Torpedo Moskau / Spartak Moskau

UEFA-Pokal (Trophäe)

gen jeden", einstaffelig, wobei die Spielanzahl $n \cdot (n - 1)/2$ beträgt, z. B. bei fünf Mannschaften: $5 \cdot (5 - 1)/2 = 10$ Spiele. b) *Überkreuzvergleich:* Die Ersten beiden von 2 Staffeln ermitteln die Plätze 1 bis 4. Der Erste der Staffel 1 spielt dabei gegen den Zweiten der Staffel 2 (u. umgekehrt); die Gewinner spielen dann um Platz 1, die Verlierer um Platz 3. Tab.

Turniermannschaft, Bez. für eine Nationalmannschaft, die sich bei bedeutenden internationalen Turnieren (z. B. WM-, EM-Endrunde) in der Regel bes. zu steigern vermag, d. h. von Spiel zu Spiel stärker u. mannschaftlich geschlossener wird (z. B. die BRD-Auswahl).

Twente/Enschede '65, F. C., Niederlande (Emblem ↑ Tf. 15), gegr. 1965; *Pokalsieger* 1977. Neun *EC-Teilnahmen:* 54 Spiele; 26 Siege, 10 Unentschieden, 18 Niederlagen, 62:46 Punkte sowie 101:63 Tore. – *Spielkleidung:* rote Hose, rotes Hemd, weiße Stutzen. *Heimstadion:* Sportpark Diekmann, 28000 Plätze.

Spieler (Auswahl): H. W. Bosveld – E. Drost – H. Houwaart – J. Jeuring – P. J. E. Kerkhoffs – P. B. Lagarde – A. Lenstra – H. J. Möring – G. W. Nagels – J. B. Odenthal – T. H. J. M. Pahlplatz – P. Schrijvers – R. van de Kerkhof – D. W. J. van Dijk – C. C. H. van Ierssel – G. Voges. – **Trainer** (Auswahl): H. Hollink – K. Rijvers.

Tynecastle ↑ Hearth of Midlothian.

TZ, *DDR* Abk. für *Trainingszentrum.*

U

U..., Abk. für „Unter" (bei Nachwuchsauswahlmannschaften), z. B. *U 16, U 18, U 21,* wobei sich die jeweilige Zahl auf die Altersgrenze der spielberechtigten Aktiven bezieht.

„Über-den-Ball-Säbeln", z. B. einen anrollenden Ball in Bedrängnis od. unbedrängt (ist bei ebener Spielfläche ↑ „blind" [a]) verfehlen, so daß dieser unter dem Schwungbein (eigtl. als *Schußbein* gedacht) richtungsstabil entschwindet. – Ähnlich unvollkommen ist das „Neben-den-Ball-Dreschen"; erfolgt es zwischen Körper u. Ball, so besteht die Gefahr, daß man mit dem Schwungbein das eigene Standbein wegschlägt u. somit rücklings zu Fall kommt. – Wiederholtes od. gar ständiges „Ü." sollte für den Aktiven ein Hinweis sein, evtl. die Sportart zu wechseln.

„Über-den-Kopf-Zieher", intellektuelle Bez. für ↑ Rückzieher.

übergebendes Decken, svw. ↑ kombinierte Deckung.

Überkreuzvergleich, hin u. wieder bei Turnieren angewandter Austragungsmodus, wobei der zweite einer Staffel A gegen gegen den ersten einer Staffel B spielt (u. umgekehrt), um die Endspielteilnehmer zu ermitteln. S.a. Turnier.

Überlaufen, mit dem Ball am Fuß bei hohem Lauftempo geradlinig – meist in der Angriffszone, aber auch aus der eigenen Hälfte heraus – einen Gegenspieler bzw. die („gesamte") gegnerische Abwehr (richtiger: *Abwehrreihe*) überwinden („stehenlassen").

übernehmendes Decken, svw. ↑ Raumdeckung.

„Überschlagen", Überwinden des Mittelfeldes mit einem weiten Schlag aus der Abwehr; die Mittelfeldreihe wird dabei praktisch „übergangen". Erfolgt das Ü. nicht blindlings od. ständig, ist es ein probates Mittel, die gegnerische Abwehr aufzureißen.

Übersetzfinte, svw. ↑ Übersteigfinte.

Übersteigfinte, Ausholbewegung mit dem ballführenden Bein, damit über den Ball „steigen" u. ihn mit demselben Bein in der gleichen Richtung weiterführen; bedingt rasche Ausführung u. schnellen Antritt. – Die Ü. wurde erstmals perfekt von *Garrincha* demonstriert u. wird demzufolge seither auch als „Garrincha-Trick" bezeichnet.

Übungsleiter, *DDR* sportlicher Betreuer einer Mannschaft, der über einen entsprechenden Qualifikationsnachweis verfügt. (z. B. über die *Ü.stufe 3* od. *4*) u. seine Trainingstätigkeit nebenberuflich ausübt.

Übungsspiel, Begegnung mit inoffiziellem Charakter, meist zur Vorbereitung eines fußballerischen Großereignisses (z. B. Länderspiel) für die Nationalmannschaft (gegen eine Klub- od. regionale Vertretung) anberaumt; oft unter Ausschluß der Öffentlichkeit.

UdSSR, Abkürzung für *Union der Sozialistischen Sowjetrepubliken*, 22 402 200 Mill. km², etwa 270 Mill. Ew., 1 Fußballspieler je 60 Ew.; Verband *Federazia Futbola CCCP* („Sowjetischer Fußballverband"), Abk. *FF CCCP;* gegr. 1912, Sitz *Moskau;* Mitgl. der *FIFA* seit 1946, der *UEFA* seit 1954. – *Organisation:* 51 300 Klubs; 4,5 Mill. Amateurspieler (einschl. Nachwuchs- u. AM-Spieler); *Spieljahr:* März–Dezember (im Süden), April–Oktober (Mitte), Mai bis September (im Norden); *Spielkleidung:* weiße Hose, rotes Hemd, rote Stutzen (Reserveausrüstung: Weiß; *Nationalstadion:* Lenin-Stadion, Moskau, 100 000 (ausschl. Sitzplätze); *Stadien* (Auswahl): Zentralstadion, Kiew, 100 000; Kirow-Stadion, Leningrad, 85 000; Dinamo-Stadion, Tbilissi, 75 000; Zentralstadion, Rasdan, Jerewan, 70 000; Zentralstadion, Taschkent, 60 000; Dinamo-Stadion, Moskau, 51 000. Tab.

U. E. F., Abk. für ↑ Union Europäischer Fußballtrainer.

UEFA [Abk. für französ. *Union Européenne de Football Association,* heute *Union des Associations Européennes de Football*], svw. *Europäischer Fußballverband*; ihm gehören die nationalen Verbände des europäischen Kontinents an; am 15. 6. 1954 mit 30 Verbänden in Basel gegründet; hinzu kamen 1955 Türkei, 1960 Malta, 1964 Zypern u. 1976 Liechtenstein. Gründungsvorbild war die seit 1916 existierende südamerikan. ↑ CONMEBOL, die älteste kontinentale Konföderation. – Die erste vorbereitende Besprechung fand am 27. 5. 1952 in Zürich zwischen *O. Barassi* (Italien), *J. Crahay* (Belgien) u. *H. Delaunay* (Frankreich) statt. Die genannten sowie Dr. *J. Gerö* (Österreich), Sir *G. Graham* (Schottland), *E. Schwartz* (Dänemark) u. *G. Sebes* (Ungarn) konstituierten sich am 15. Juni in Basel zu einem Ausschuß, der eine Woche später auf der ersten Sitzung in Bern *E. Schwartz* zum ersten Präsidenten, Dr. *J. Gerö* zum Vizepräsidenten u. *H. Delaunay* zum Generalsekretär wählte. 29 Landesverbände bestätigten während des 1. UEFA-Kongresses am 2. 3. 1955 in Wien den Statutenentwurf u. wählten das erste Exekutivkomitee. Die UEFA organisiert Wettbewerbsprogramme für alle Altersklassen u. Spielerkategorien sowie Kurse für Nationaltrainer u. Spitzenschiedsrichter. S. a. Tab. (Anhang).
Der UEFA gehören 34 Landesverbände mit 234 000 Klubs u. über 21 Mill. registrierten Spielern an. Sie ist die mitgliedsstärkste kontinentale Konföderation. Legislatives Organ ist der alle 2 Jahre stattfindende *Kongreß,* der je-

1966	Dynamo Kiew / Dynamo Kiew
1967	Dynamo Kiew / Dynamo Moskau
1968	Dynamo Kiew / Torpedo Moskau
1969	Spartak Moskau / Karpaty Lwow
1970	ZSKA Moskau / Dynamo Moskau
1971	Dynamo Kiew / Spartak Moskau
1972	Sarja Woroschilowgrad / Torpedo Moskau
1973	Ararat Jerewan / Ararat Jerewan
1974	Dynamo Kiew / Dynamo Kiew
1975	Dynamo Kiew / Ararat Jerewan
1976	Dynamo Moskau (Frühjahrsmeister ohne offizielle Titelehren), Torpedo Moskau (Herbstmeister mit Titelstatus) / Dynamo Tbilissi
1977	Dynamo Kiew / Dynamo Moskau
1978	Dynamo Tbilissi / Dynamo Kiew
1979	Spartak Moskau / Dynamo Tbilissi
1980	Dynamo Kiew / Schachtjor Donezk
1981	Dynamo Kiew / SKA Rostow
1982	Dynamo Minsk / Torpedo Moskau
1983	Dnepr Dnepropetrowsk / Schachtjor Donezk
1984	Zenit Leningrad / Dynamo Moskau

Organisationsaufbau der **UEFA** *(vereinfacht)*

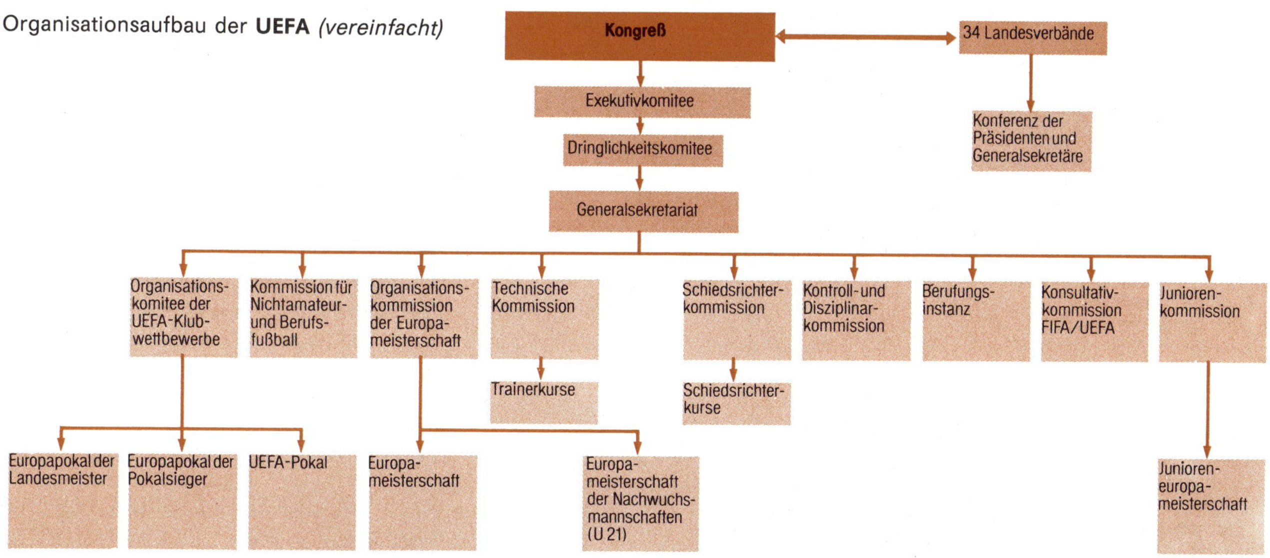

Länderwertung im **UEFA-Pokal**
(nach Abschluß des 15. Wettbewerbes 1985/86)

Land	Klubs	Teil-nahmen	Spiele	gew.	remis	verl.	Tore	Punkte	Punkte in %
1. BRD	15	62	400	219	62	119	819:482	500:300	62,5
2. England	18	56	284	145	65	74	531:293	355:213	62,5
3. Italien	14	50	226	94	45	87	321:264	233:219	51,5
4. Niederlande	11	38	199	97	38	64	398:237	232:166	58,2
5. Belgien	13	40	198	84	48	66	307:249	216:180	54,5
6. Spanien	15	49	218	88	39	91	333:303	215:221	49,3
7. Jugoslawien	14	36	188	86	35	67	314:277	207:169	55,0
8. UdSSR	12	34	140	75	24	41	213:156	174:106	62,1
9. DDR	8	35	151	65	30	56	229:204	160:142	52,9
10. Frankreich	17	37	148	58	29	61	251:226	145:151	48,9
11. ČSSR	13	34	132	59	21	52	227:186	139:125	52,6
12. Portugal	11	33	134	57	24	53	185:175	138:130	51,5
13. Schottland	10	34	130	49	33	48	194:176	131:129	50,3
14. Ungarn	10	31	119	50	19	50	173:176	119:119	50,0
15. Schweiz	10	31	116	43	22	51	174:188	108:124	46,5
16. Rumänien	12	31	110	40	21	49	142:161	101:119	45,9
17. Polen	15	30	110	33	32	45	130:166	98:122	44,5
18. Schweden	13	31	94	37	17	40	138:152	91:97	48,4
19. Griechenland	8	28	87	36	11	40	107:153	83:91	47,7
20. Bulgarien	14	31	98	33	16	49	135:175	82:114	41,8
21. Österreich	10	31	94	30	17	47	113:157	77:111	40,9
22. Dänemark	12	25	62	13	10	39	62:145	36:88	29,0
23. Norwegen	14	23	54	12	9	33	52:151	33:75	30,5
24. Türkei	9	23	50	10	5	35	41:114	25:75	25,0
25. Irland	8	15	34	4	8	22	24:90	16:52	23,5
26. Nordirland	7	14	30	4	7	19	21:85	15:45	25,0
27. Island	7	15	34	2	6	26	11:94	10:58	14,7
28. Albanien	1	2	6	2	2	2	2:5	6:6	50,0
29. Zypern	9	14	28	0	6	22	19:109	6:50	10,7
30. Finnland	8	14	30	2	2	26	22:97	6:54	10,0
31. Malta	7	15	30	1	2	27	9:106	4:56	6,6
32. Luxemburg	7	15	30	0	3	27	6:151	3:57	5,0

1985 Dynamo Kiew / Dynamo Kiew
1986 Dynamo Kiew / Torpedo Moskau

UEFA-Wettbewerbe (u. a.)

Europameisterschaft
U 21-Europameisterschaft
Junioreneuropameisterschaft
Jugendeuropameisterschaft
Amateureuropameisterschaft
Frauenfußballeuropameisterschaft
Europapokal der Landesmeister
Europapokal der Pokalsieger
UEFA-Pokal
Supercup
Weltpokal

weils vor dem FIFA-Kongreß durchgeführt wird. Falls es das Exekutivkomitee für notwendig erachtet od. zwei Drittel aller Mitgliedsverbände ein schriftliches Gesuch einreichen, kann ein *außerordentlicher Kongreß* einberufen werden. Oberstes Ausführungsorgan aller organisatorischen Pflichten ist das *Exekutivkomitee* (1 Präsident, 2 Vizepräsidenten, 6 Mitglieder, 1 Schatzmeister), dem 20 *Kommissionen* u. das *Generalsekretariat* zur Seite stehen. – Der Sitz der UEFA befand sich anfangs in der Rue de Londres in Paris. Am 1. 1. 1960 erfolgte die Umsiedlung nach Bern in das „Haus des Sports", u. am 11. 2. 1974 wurde das neue *UEFA-Haus* bezogen. Abb., Tab.

UEFA-Auswahl, svw. ↑ Europaauswahl.

UEFA-Juniorenturnier, jährlich ausgetragenes Fußballturnier für *Juniorenauswahlmannschaften* der UEFA-Landesverbände; bis 1956 – der Turnierübernahme durch die UEFA – als *FIFA-Juniorenturnier* bezeichnet. Beim ersten Wettbewerb 1948 waren in England lediglich 8 Teilnehmerländer vertreten, während später die Bewerber in der Regel zuvor *Qualifikationsspiele* bestreiten mußten, um die Endrunde zu erreichen (4 Gruppen á 4 Mannschaften; Viertel-, Halbfinale, Spiel um Platz 3, Finale). – Seit 1981 wird das U. als ↑ *Junioreneuropameisterschaft* geführt. Tab. (S. 404).

Klubwertung im **UEFA-Pokal**
(nach Abschluß des 15. Wettbewerbes 1985/86)

352 Klubs	Teil-nahmen	Spiele	gew.	remis	verl.	Tore	Punkte	Punkte in %
1. Borussia M'gladbach	7	62	42	11	9	145:65	95:29	76,6
2. 1. FC Köln	10	74	41	9	24	150:84	91:57	61,4
3. Tottenham Hotspur	5	54	33	12	9	129:40	78:30	72,2
4. Spartak Moskau	8	42	26	7	9	71:45	59:25	70,2
5. Feyenoord Rotterdam	8	44	24	8	12	89:49	56:32	63,6
6. Internazionale Mailand	10	50	22	11	17	78:52	55:45	55,0
7. Hamburger SV	7	46	22	10	14	82:55	54:38	58,6
8. Ipswich Town	8	40	23	7	10	78:43	53:27	66,2
9. 1. FC Kaiserslautern	7	44	24	3	17	91:59	51:37	57,9
10. PSV Eindhoven	9	43	21	7	15	73:48	49:37	56,9
11. Dundee United	9	44	17	15	12	73:46	49:39	55,6
12. VfB Stuttgart	6	36	21	6	9	83:44	48:24	66,6
13. Grasshoppers Zürich	9	44	21	5	18	80:64	47:41	53,4
14. RSC Anderlecht	6	36	18	10	8	66:39	46:26	63,8
15. F. C. Barcelona	6	36	19	6	11	72:46	44:28	61,1
16. Real Madrid	6	40	19	6	15	67:48	44:36	55,0
17. FC Carl Zeiss Jena	9	40	18	8	14	65:55	44:36	55,0
18. Juventus Turin	4	34	20	3	11	67:30	43:25	63,2
19. Dynamo Dresden	6	36	15	13	8	49:37	43:29	59,7
20. Hajduk Split	5	32	19	3	10	60:36	41:23	64,0
21. Roter Stern Belgrad	6	36	17	7	12	56:48	41:31	56,9
22. AC Mailand	5	36	16	8	12	57:41	40:32	55,5
23. Standard Lüttich	6	34	15	8	11	53:43	38:30	55,8
24. FC Liverpool	2	24	16	5	3	44:15	37:11	77,0
25. FC Twente/Enschede	5	34	15	7	12	66:42	37:31	54,4
26. Universitatea Craiova	6	30	15	6	9	32:23	36:24	60,0
27. Sporting Lissabon	7	32	14	8	10	51:37	36:28	56,2
28. Athletic Bilbao	6	32	14	7	11	48:37	35:29	54,6
29. Honvéd Budapest	6	30	15	4	11	54:46	34:26	56,6
30. Eintracht Frankfurt/Main	4	28	15	3	10	55:32	33:23	58,9
31. FC Porto	7	28	13	4	11	44:35	30:26	53,5
32. Wolverhampton Wanderers	4	20	13	3	4	41:23	29:11	72,5
33. Ajax Amsterdam	5	24	13	3	8	53:20	29:19	60,4
34. 1. FC Lok Leipzig	6	28	13	3	12	45:38	29:27	51,7
35. RWD Molenbeek	6	26	9	10	7	33:24	28:24	53,8
36. Bayern München	3	22	12	3	7	48:24	27:17	61,3
37. Videoton Székesfehérvár	5	26	11	5	10	32:31	27:25	51,9
38. FC Brügge	6	28	12	3	13	44:47	27:29	48,2
39. Bohemians Prag	7	30	10	7	13	44:42	27:33	45,0
40. 1. FC Magdeburg	4	22	12	2	8	41:30	26:18	59,0
41. SK Lokeren	4	22	9	8	5	29:23	26:18	59,0
42. FC Valencia	4	26	10	6	10	36:33	26:26	50,0
43. Witoscha Sofia	7	28	10	6	12	41:53	26:30	46,4
44. Dynamo Tbilissi	5	20	11	3	6	31:25	25:15	62,5
45. Radnicki Nis	3	22	11	3	8	34:31	25:19	56,8
46. Vitoria Setúbal	4	24	11	3	10	31:24	25:23	52,0
47. Hertha BSC Berlin (West)	3	18	11	2	5	33:21	24:12	66,6
48. IFK Göteborg	2	14	10	3	1	30:16	23:5	82,1
49. AZ 67 Alkmaar	2	16	9	5	2	51:15	23:9	71,8
50. Benfica Lissabon	3	18	8	7	3	23:15	23:13	63,8

UEFA-Juniorenturnier
1948 in England
England–Niederlande 3:2
1949 in den Niederlanden
Frankreich–Niederlande 4:1
1950 in Österreich
Österreich–Frankreich 3:2
1951 in Frankreich
Jugoslawien–Österreich 3:2
1952 in Spanien
Spanien–Belgien 0:0
(Entscheid für Spanien, da besseres Torverhältnis in der Vorrunde)
1953 in Belgien
Ungarn–Jugoslawien 2:0
1954 in der BRD
Spanien–BRD 2:2
(Entscheid für Spanien, da besseres Torverhältnis in der Vorrunde)
1955 in Italien
ohne Finalspiel
(nur Gruppensieger)
1956 in Ungarn
ohne Finalspiel
(nur Gruppensieger)
1957 in Spanien
Österreich–Spanien 3:2
1958 in Luxemburg
Italien–England 1:0
1959 in Bulgarien
Bulgarien–Italien 1:0
1960 in Österreich
Ungarn–Rumänien 2:1
1961 in Portugal
Portugal–Polen 4:0
1962 in Rumänien
Rumänien–Jugoslawien 4:1
1963 in England
England–Nordirland 4:0
1964 in den Niederlanden
England–Spanien 4:0
1965 in der BRD
DDR–England 3:2
1966 in Jugoslawien
UdSSR–Italien 0:0 (n. V.)
(Sieger „ex aequo")
1967 in der Türkei
UdSSR–England 1:0
1968 in Frankreich
ČSSR–Frankreich 2:1
1969 in der DDR
Bulgarien–DDR 1:1 (n. V.)
(Bulgarien durch Losentscheid)
1970 in Schottland
DDR–Niederlande 1:1 (n. V.)
(DDR durch Losentscheid)
1971 in der ČSSR
England–Portugal 3:0

UEFA-Pokal, Abk. *EC III,* dritte große Säule der europäischen Pokalwettbewerbe; Nachfolger des ↑ Internationalen Messepokals (seit 1971/72), wobei mehrere Mannschaften je Land teilnehmen können. Die UEFA hat hierbei eine Teilnahmeformel entwickelt (↑ Wertkoeffizientensystem), welche die Anzahl von Mannschaften je Land von den Resultaten abhängig macht, die die verschiedenen Vertretungen in den 3 UEFA-Pokalwettbewerben (EC I, II u. III) erzielen. Jedes Land kann 1, 2, 3 od. 4 Klubs stellen, je nach den Ergebnissen, die die Klubs in den 5 vorangegangenen Jahren im EC I, II od. III erreicht haben. Auf diese Weise gibt der EC III ein echtes Spiegelbild der Fußballstärke einer Nation wieder, die Leistungsdichte ihrer Spitzenklubs über einen längeren Zeitraum hinweg berücksichtigend. Abb. (S. 400), Tab. (S. 402, 403, 405).

UEFA-Pokalklassement ↑ Wertkoeffizientensystem.

Uerdingen, Bayer 05, BRD, gegründet 17. 11. 1905 (Emblem ↑ Tf. 15); Bundesliga 1975/76, 1979/81 u. seit 1983/84; 2. Liga Nord 1974/75, 1976/79; 2. Bundesliga 1981/83. Eine EC-Teilnahme: 8 Spiele; 4 Siege, 1 Unentschieden, 3 Niederlagen, 9:7 Punkte, 24:10 Tore. – *Spielkleidung:* hellblaue Hose, weiß-blaues Hemd, hellblaue Stutzen. *Heimstadion:* Grotenburg-Kampfbahn, 28 000 Plätze, davon 10 000 Sitz- u. 4 000 Stehplätze überdacht (1927 eingeweiht, 1976 Flutlichtanlage).
Spieler (Auswahl): R. Bommer – M. Burgsmüller – W. Buttgereit – A. Edvaldsson – F. u. W. Funkel – W. Görtz – L. Gudmundsson – P. Hahn – S. Held – M. Herget – S. Kuntz – P. Loontiens – J. Mattson – F. Raschid – T. Schäfer – L. van de Loo – W. Vollack – K.-H. Wöhrlin – H. Zimmer. – **Trainer** (Auswahl): H. Buhtz – K. Feldkamp – S. Melzig – K. Quinkert.

Uganda, Binnenstaat in Ostafrika, 236 036 km², etwa 14,1 Mill. Ew., 1 Fußballspieler je 7 050 Ew.; Verband *Federation of Uganda Football Associations* („Fußballverband Uganda"), Abk. *UFA;* gegr. 1924, Sitz *Kampala;* Mitgl. der *FIFA* seit 1959, der *CAF* seit 1959. – Organisation: 400 Klubs; 1 000 Amateurspieler, gesamt 2 000 (einschl. Nachwuchs- u. AM-Spieler); *Spieljahr:* von Januar bis November; *Spielkleidung:* schwarze Hose, gelbes Hemd, gelbe Stutzen (Reserveausrüstung: rote Hose, rotes Hemd, schwarze Stutzen); *Nationalstadion:* Nakivubo Stadium, Kampala, 50 000 (21 000 Sitz-, 29 000 Stehplätze); *Stadien* (Auswahl): Pece Stadium, Kampala, 30 000; Bugembe Stadium, 25 000; Mbale Stadium, 20 000; Lira Stadium, 15 000.

Ugi, Camillo, geb. 21. 12. 1884 Leipzig; Halbstürmer, Außen- oder Mittelläufer; spielte seit 1898 beim ATV (Allgemeiner Turnverein) Leipzig, 1902/05 beim Leipziger Ballspielklub (LBC), 1905/06 beim VfB Leipzig, 1906/09 beim Dresdner SC u. 1909/11 wiederum beim VfB Leipzig; zwischen 1911 u. 1913 bei FSV Frankfurt/Main, Olympique Marseille u. Sportfreunde Breslau, 1917/19 beim Dresdner Fußballring; spielte 1903 zum erstenmal repräsentativ für Mitteldeutschland, gemeinsam mit Dr. *Werner, Riso I, Bert, Schmidt, Matthes, Kunze, Bock* u. *Assing;* 15 Länderspiele (1909/12; 1 Tor). – Verstorben.

Ujpesti Dózsa, SC ↑ Budapest, SC Ujpesti Dózsa.

Ukrow, Peter, Trainer, geb. 9. 9. 1944 Groß-Lindow; Verteidiger; spielte 1952 bis 1971 bei Traktor Groß-Lindow, beim SC Frankfurt (Oder), bei Stahl Eisenhüttenstadt, Vorwärts Storkow u. beim FC Vorwärts Frankfurt (Oder); bestritt 4 Oberligaspiele. – 1972/84 Trainer beim FCV (Nachwuchs), 1984 Oberligaassistenztrainer, vom 1. 12. 1984 bis 15. 11. 1986 Oberligatrainer.

Ulička [tschech., „Gäßchen"], seit etwa 1905 vom SK Slavia Prag demonstriertes flaches Direktspiel in die Lücken der gegnerischen Abwehr u. durch die Beine der Abwehrspieler hindurch. *Jan Košik* gilt als der Vater der U., deren Perfektion später vom langjährigen Mittelstürmer der böhm. u. (nach 1918) tschechoslowak. Auswahl *Vaclav Pilát* zur Vollkommenheit entwickelt wurde.

Ulleval-Stadion ↑ Norwegen.

Ulrich-Haberland-Stadion ↑ Leverkusen, Bayer 04.

Umdribbeln, Ausspielen eines Gegners.
„Umkippen" kann eine Begegnung bei klarem Spielstand noch dann, wenn der bis dahin unterlegenen Mannschaft in kürzester Zeit Torerfolge gelingen, z. B. bis hin zum ↑ Anschlußtor. In diesem Fall ist die Partie wieder *völlig offen.*
„Umlegen", den Gegenspieler vorsätzlich u. grob unsportlich (Treten!) von den Beinen holen (derb: „Umnieten"); zieht den ↑ Feldverweis nach sich. – Die „verfeinerte" Form ist das „Strekken", „Fällen" od. „Legen" des Kontrahenten, ebenfalls strafbar (zumeist „Gelb"), aber ziemlich verbreitet, z. B. „er legte ihn kurz vor der Strafraumlinie".
Umspielen, svw. ↑ Umdribbeln.
unabsichtliches Handspiel ↑ Handspiel.
unbeherrscht ist ein Spieler, der sich laufend mit seinem Gegenspieler bzw. dem Schiedsrichter anlegt u. somit dafür sorgt, daß das Spiel hektisch wird u. evtl. ausartet.
unbekümmerte Spielweise, in einer höherklassigen od. Auswahlmannschaft als junger, unerfahrener Spieler ohne Hemmungen mit- u. aufspielend; das eigene Leistungsvermögen dabei voll zur Geltung bringend.
Unbespielbarkeit ↑ Platzverhältnisse.
Unentschieden, Spielausgang ohne Sieger (0:0, 2:2 usw.); wird in der ↑ Tabelle mit 1:1 Punkten für jede Mannschaft gewertet.
unfair [engl.] svw. *regelwidrig* u. damit *unerlaubt.* – *Unfairneß:* nicht regelgerechte Verhaltensweise im Spiel.
Ungarn, 93 030 km², etwa 10,7 Mill. Ew., 1 Fußballspieler je 71 Ew.; Verband *Magyar Labdarugók Szövetsége* („Ungarischer Fußballverband"), Abk. *MLS;* gegr. 1901, Sitz *Budapest;* Mitgl. der *FIFA* seit 1907, der *UEFA* seit 1954. – *Organisation:* 2515 Klubs; 91 000 Amateurspieler, gesamt 150 000 (einschl. Nachwuchs- u. AM-Spieler); *Spieljahr:* August–Dezember, März–Juni (mit Winterpause); *Spielkleidung:* weiße Hose, rotes Hemd, grüne Stutzen (Reserveausrüstung: Weiß); *Nationalstadion:* ↑ Nepstadion; *Stadien* (Auswahl): Ferencvárosi Torna Club Stadion, Budapest, 30 000; Ujpesti Dózsa Stadion, Budapest, 30 000; Vasas-Stadion, Budapest, 30 000; Honvéd-Stadion, Budapest, 30 000; Jozsef-Bozsik-Stadion, Budapest, 27 000; Rabá ETO-Stadion, Györ, 25 000; Dózsa-Stadion, Pecs, 25 000. Tab. S. a. Tf. 22 *(oben).*
Unger, Werner, geb. 4. 5. 1931 Strehla (Elbe); Verteidiger, Läufer, Stopper; spielte 1945/48 bei SG Wuthenitz/Lichtensee, 1948/49 bei SG Koselitz, 1949/51 bei VP Bereitschaft Leipzig II, 1951/53 bei KVP Vorwärts Leipzig, 1953/54 bei Motor West Karl-Marx-Stadt, 1954/56 bei Motor Zwickau, 1956/66 beim ASK Vorwärts Berlin u. 1966/69 beim FC Vorwärts Berlin; 7 Länderspiele; internationales Debüt am 24. 10. 1954 gegen Bulgarien (1:3) in Sofia; Länderspielabschied am 12. 1. 1964 gegen Ceylon (Sri Lanka) (12:1) in Colombo; gewann 1964 bei Olympia Bronze; 301 Oberligaspiele (2 Tore). – Später Trainer.
„unglückliche Aktion", svw. (völlig) *mißglückte* (Spiel-)*Handlung;* in der Summierung: *glücklose Spielweise* (auswechselreif!). – Auch: „eine unglückliche Entscheidung" (des Schiedsrichters), „eine unglückliche Maßnahme" (des Trainers) usw.
Union [Bund, Vereinigung], in einigen Ländern gebräuchliche Klub- bzw. Vereinsbezeichnung, z. B. 1. FC U. Berlin, U. Solingen, U. St. Gilloise Brüssel.
Union Europäischer Fußballtrainer, Abk. *U. E. F.,* Kontinentalkonföderation der europäischen nationalen Trainerverbände; gegr. am 12. 1. 1980, Sitz *Wien.* Vertreter der BRD, Österreichs, Spaniens, der Niederlande, Islands, der Schweiz, Dänemarks u. Luxemburgs waren am Gründungstag zugegen. Hauptinitiator der Gründung war *Franz Leidl,* bes. unterstützt von *Fritz Buchloh, Lothar Meurer* (beide BRD), *Arthur Lenz* (Dänemark) u. *Willy Scholler* (Luxemburg). – Die U. E. F. veranstaltet jährlich ein Symposium, wobei die jeweilige Tagesordnung die Aus- und Weiterbildung der Trainer, die Stellung des Trainers in der Gesellschaft u. ä. Themen enthält.

1972 in Spanien
England–BRD 2:0
1973 in Italien
England–DDR 3:2 (n. V.)
1974 in Schweden
Bulgarien–Jugoslawien 1:0
1975 in der Schweiz
England–Finnland 1:0 (n. V.)
1976 in Ungarn
UdSSR–Ungarn 1:0
1977 in Belgien
Belgien–Bulgarien 2:1
1978 in Polen
UdSSR–Jugoslawien 3:0
1979 in Österreich
Jugoslawien–Bulgarien 1:0
1980 in der DDR
England–Polen 2:1

UEFA-Pokal

1972	*Tottenham Hotspur*–Wolverhampton Wanderers 2:1, 1:1
1973	*FC Liverpool*–Borussia M.gladbach 3:0, 0:2
1974	*Feyenoord Rotterdam*–Tottenham Hotspur 2:2, 2:0
1975	*Borussia M.gladbach*–FC Twente Enschede 0:0 in (Düsseldorf), 5:1
1976	*FC Liverpool*–FC Brügge 3:2, 1:1
1977	*Juventus Turin*–Athletic Bilbao 1:0, 1:2
1978	*PSV Eindhoven*–SEC Bastia 0:0, 3:0
1979	*Borussia M.gladbach*–Roter Stern Belgrad 1:1, 1:0 (in Düsseldorf)
1980	*Eintracht Frankfurt/Main*–Borussia M.gladbach 2:3, 1:0
1981	*Ipswich Town*–AZ '67 Alkmaar 3:0, 2:4 (in Amsterdam)
1982	*IFK Göteborg*–Hamburger SV 1:0, 3:0
1983	*RSC Anderlecht*–Benfica Lissabon 1:0, 1:1
1984	*Tottenham Hotspur*–RSC Anderlecht 1:1, 1:1 (n. V.), 4:3 nach Strafstoßschießen
1985	*Real Madrid*–Videoton Székesfehérvár 3:0, 0:1
1986	*Real Madrid*–1. FC Köln 5:1, 0:2

Ungarn

Weltmeisterschaft
1934 Viertelfinale
1938 2. Platz
1954 2. Platz

1958 Endrunde
1962 Viertelfinale
1966 Viertelfinale
1978 Endrunde
1982 Endrunde
1986 Endrunde

Europameisterschaft
1964 3. Platz
1972 4. Platz

olympisches Fußballturnier
1952 1. Platz
1960 3. Platz
1964 1. Platz
1968 1. Platz
1972 2. Platz

EC III
1965 Ferencváros Budapest

Landesmeister / Pokalsieger
1901 BTC (Budapesti Torna Club) / –
1902 BTC / –
1903 FTC (Ferencvárosi Torna Club) / –
1904 MTK (Magyar Testgyakorlok Köre) / –
1905 FTC / –
1906 FTC / –
1907 FTC / –
1908 MTK / –
1909 FTC / –
1910 FTC / MTK
1911 FTC / MTK
1912 FTC / MTK
1913 FTC / FTC
1914 MTK / MTK
1920 MTK / –
1921 MTK / –
1922 MTK / FTC
1923 MTK / MTK
1924 MTK / –
1925 MTK / MTK
1926 FTC / Kispest AC
1927 FTC / FTC
1928 FTC / FTC
1929 Hungaria Budapest / –
1930 Dózsa Ujpest / Bocskai FC Debrecen
1931 Dózsa Ujpest / III. Bezirk (III. Kerulet Torna es Vivo Egylet)
1932 FTC / Hungaria Budapest
1933 Dózsa Ujpest / FTC
1934 FTC / Soroksar AC
1935 Dózsa Ujpest / FTC
1936 Hungaria Budapest / –
1937 Hungaria Budapest / –
1938 FTC / –
1939 Dózsa Ujpest / –
1940 FTC / –
1941 FTC / Szolnok MAV
1942 SC Csepel / FTC
1943 SC Csepel / FTC
1944 Nagyvaradi AC / FTC
1945 Dózsa Ujpest / –

United [engl., zu *united,* „vereinigt"], Vereinsbez. in Großbritannien, z. B. Manchester U., Dundee U.

Universalspieler, svw. ↑ Allroundspieler.

Universidad de Chile, Santiago de Chile, 1. Division; gegr. 1925 als Universitätssportverein; 7mal *Landesmeister* (zwischen 1940 u. 1969). – *Spielkleidung:* rote Hose, blaues Hemd, rotblaue Stutzen. *Heimstadion:* Estadio Nacional de Chile, 74 200 Sitzplätze.

Spieler (Auswahl): P. Araya – W. Bigorra – C. Campos – H. Donoso – L. Eyzaguirre – A. Gamboa – R. Hodge – R. Marcos – O. Mondaca – J. Ramirez – L. Sanchez – J. Socias – H. Villanueva – G. Yavar.

unmotiviert, d. h. *unbegründet,* ist z. B. ein riskantes Rückspiel zum Torhüter, wenn sich hierbei ein gegnerischer Angreifer einschalten kann.

unorthodoxe Spielweise, svw. *nicht starre Spielweise;* beinhaltet u. a.: keine Schablonenhaftigkeit (System, Positionen) praktizierend, vom Herkömmlichen abgehend, neue (taktische) Varianten ausprobierend u. Mut zum Risiko zeigend.

Unparteiischer, svw. ↑ Schiedsrichter.

unsportlich, svw. ↑ unfair.

unterklassig, einer niedrigen Spielklasse angehörend.

Unterlaufen, 1. Niederbücken vor dem Gegner im Zweikampf, um ihn beim Sprung zu behindern; wird mit *direktem Freistoß* geahndet.
2., *U. des Balles,* als *Torhüter* beim Sprung einen hohen Flankenball falsch berechnen u. somit verfehlen (zu früher bzw. zu später Absprung, falsches Distanzieren u. ä.); unter den Ball „Tauchen". Abb.

Unterliga, *Österreich* in einigen Bundesländern untere Spielklasse: in *Wien* die zweite (nach der *Wiener Liga*), ebenso in *Kärnten* (nach der *Kärntner Liga*), in der *Steiermark* die zweite (nach der *Landesliga*) u. in *Niederösterreich* die vierte (nach der *Oberliga*). Den U. folgen schließlich die *Klassen* (1., 2., 3.).

Unterverband, Fußballverband auf regionaler Ebene, der dem ↑ Landesverband (1) unterstellt ist.

Urban, Adolf („Ala"), geb. 9. 1. 1914, gest. (gefallen) 23. 5. 1943; Linksaußen,

Unterlaufen des Balles durch den Torhüter

Halblinker; spielte 1926 bis 1943 beim FC Schalke 04; 21 Länderspiele, 11 Tore (1935/42); Länderspieldebüt am 18. 8. 1935 gegen Luxemburg (1:0) in Luxemburg; nahm Länderspielabschied am 1. 11. 1942 gegen Kroatien (5:1) in Stuttgart; Olympiateilnehmer 1936; spielte repräsentativ für Westfalen.

Urban, Ivo, ČSSR, geb. 7. 5. 1931 Prag; Mittelfeldspieler; spielte 1942/52 u. 1963/64 bei Slavia Prag sowie 1952/63 bei Dukla Prag; 4 Länderspiele; internationales Debüt am 21. 5. 1956 gegen Brasilien (0:0) in Prag; Länderspielabschied am 26. 8. 1956 gegen Chile (0:3) in Santiago de Chile. – Journalist bei „Rude Pravo", Prag.

Urbanek, Johann („Hans"), Österreich, geb. 10. 10. 1910 Wien; linker Läufer; spielte 1920/44 bei Admira Wien; 16 Länderspiele (1931/36 15 für Österreich, 1941 1 für Deutschland nach Annexion Österreichs); internationales Debüt am 17. 6. 1931 gegen die Schweiz (2:0) in Wien; Länderspielabschied am 15. 6. 1941 gegen Kroatien (5:1) in Wien; WM-Endrundenteilnehmer 1934 (Achtel- u. Viertelfinale).

Urbanczyk, Klaus („Banne"), Trainer, geb. 4. 6. 1940 Halle; Verteidiger u. Stopper; spielte 1948/54 bei Turbine Halle, 1954/71 beim SC Chemie u. Halleschen FC Chemie; bestritt 34 Länderspiele zwischen 1961 (am 10. 12. gegen Marokko [0:2] in Casablanca) u. 1969 (am 19. 12. gegen Ägypten [3:1] in Kairo); gewann bei Olympia 1964 in Tokio die Bronzemedaille. – 1973/75 Oberligatrainer beim HFC Chemie, 1975/76 beim FC Rot-Weiß Erfurt, 1976/82 beim 1. FC Magdeburg u. 1982/84 wiederum beim HFC Chemie; 1984/85 Trainer bei Chemie Wolfen; seit 1985 TZ-Trainer in Halle-Neustadt. Abb.

URBSFA ↑ Belgien.

Uridil, Josef, Österreich, geb. 24. 12. 1895 u. gest. 20. 5. 1962 Wien (beigesetzt auf dem Friedhof Wien-Ottakring); Mittelstürmer u. Halblinker; spielte 1904/12 bei Romania Wien, 1912/16 bei Blue Star Wien, 1916/26 bei Rapid Wien; 1926/29 beim Wiener AC u. 1929/30 bei Union Sportive Bari (Italien); 7 Länderspiele (8 Tore); internationales Debüt am 6. 4. 1919 gegen Ungarn (1:2) in Budapest; Länderspielabschied am 19. 9. 1926 gegen Ungarn (2:3) in Wien; populärster Spieler der 20er Jahre. – *Hermann Leopoldi* komponierte auf U.s Spielkunst das volkstümliche Lied „Heut' spielt der Uridil...". – Später Trainer; u. a. seit 1929 bei Bratislava, US Bari, Hamborn 07, Rot-Weiß Essen, Rapid Wien, Jahn Regensburg.

Ur-Länderspiele, Bez. für 5 Begegnungen zwischen deutschen u. engl. Auswahlmannschaften, die vor dem ersten offiziellen deutschen Länderspiel (5. 4. 1908) ausgetragen u. jeweils überaus deutlich von den Engländern gewonnen wurden.

Uruguay, Staat im Südosten Südamerikas, 176 215 km², etwa 2,9 Mill. Ew., 1 Fußballspieler je 21 Ew.; Verband *Asociación Uruguaya de Fútbol* („Fußballverband Uruguays"), Abk. *AUF;* gegr. 1900, Sitz *Montevideo;* Mitgl. der *FIFA* seit 1923, der *CONMEBOL* seit 1916. – *Organisation:* 1 100 Klubs; 900 Berufsspieler, 110 000 Amateurspieler, gesamt 140 000 (einschl. Nachwuchs- u. AM-Spieler); *Spieljahr:* März–Dezember; *Spielkleidung:* schwarze Hose, himmelblaues Hemd, schwarze Stutzen (Reserveausrüstung: Weiß); *Nationalstadion:* Estadio Centenario, Montevideo, 74 000 (ausschl. Sitzplätze); *Stadien* (Auswahl): Estadio Luis Tróccoli, 30 000; Estadio Parque Central, 20 000; Estadio Jardines del Hipódromo, 18 000; Estadio Luis

Klaus **Urbanczyk**

1946	Dózsa Ujpest / Vasas Budapest
1947	Dózsa Ujpest / –
1948	SC Csepel / –
1949	FTC / –
1950	Honvéd Budapest / –
1951	Bastya Budapest (später wieder MTK) / –
1952	Honvéd Budapest / Bastya Budapest
1953	Vörös Lobogo Budapest (später wieder MTK) / Dózsa Ujpest
1954	Honvéd Budapest / –
1955	Honvéd Budapest / Vasas Budapest
1956	annulliert / FTC
1957	Vasas Budapest (einfache Runde) / FTC
1958	MTK / FTC
1959	SC Csepel / –
1960	Dózsa Ujpest / –
1961	Vasas Budapest / –
1962	Vasas Budapest / –
1963	FTC / –
1964	FTC / Honvéd Budapest
1965	Vasas Budapest / Rába ETO Györ
1966	Vasas Budapest / Rába ETO Györ
1967	FTC / Rába ETO Györ
1968	FTC / MTK
1969	Dózsa Ujpest / Dózsa Ujpest
1970	Dózsa Ujpest / Dózsa Ujpest
1971	Dózsa Ujpest / Dózsa Ujpest
1972	Dózsa Ujpest / FTC
1973	Dózsa Ujpest / Vasas Budapest
1974	Dózsa Ujpest / FTC
1975	Dózsa Ujpest / Dózsa Ujpest
1976	FTC / FTC
1977	Vasas Budapest / VTK Diosgyör
1978	Dózsa Ujpest / FTC
1979	Dózsa Ujpest / Rába ETO Györ
1980	Honvéd Budapest / VTK Diosgyör
1981	FTC / Vasas Budapest
1982	Rába ETO Györ / Dózsa Ujpest
1983	Rába ETO Györ / Dózsa Ujpest
1984	Honvéd Budapest / Banyasz Siofok
1985	Honvéd Budapest / Honvéd Budapest
1986	Honvéd Budapest / Vasas Budapest

Uruguay

Weltmeisterschaft
1930 1. Platz
1950 1. Platz
1954 4. Platz
1962 Endrunde
1966 Viertelfinale
1970 4. Platz
1974 Endrunde
1986 Achtelfinale

olympisches Fußballturnier
1924 1. Platz
1928 1. Platz

Südamerikameisterschaft
1916 1. Platz (inoffiziell)
1917 1. Platz
1919 2. Platz
1920 1. Platz
1921 1. Platz
1922 3. Platz
1923 1. Platz
1924 1. Platz
1926 1. Platz
1927 2. Platz
1929 3. Platz
1935 1. Platz[1)]
1939 2. Platz
1941 2. Platz[1)]
1942 1. Platz
1947 3. Platz
1953 3. Platz
1956 1. Platz[1)]
1957 3. Platz
1959 1. Platz[1)]
1967 1. Platz
1983 1. Platz

[1)] inoffiziell

Südamerikapokal
1960 Peñarol Montevideo
1961 Peñarol Montevideo
1966 Peñarol Montevideo
1971 Nacional Montevideo
1980 Nacional Montevideo
1982 Peñarol Montevideo

Weltpokal
1961 Peñarol Montevideo
1966 Peñarol Montevideo
1971 Nacional Montevideo
1980 Nacional Montevideo
1982 Peñarol Montvevideo

Landesmeister (seit 1960)
1960 Peñarol Montevideo
1961 Peñarol Montevideo
1962 Peñarol Montevideo
1963 Nacional Montevideo
1964 Peñarol Montevideo
1965 Peñarol Montevideo
1966 Nacional Montevideo
1967 Peñarol Montevideo
1968 Peñarol Montevideo
1969 Nacional Montevideo
1970 Nacional Montevideo
1971 Nacional Montevideo
1972 Nacional Montevideo
1973 Peñarol Montevideo

Franzini, 15000. Tab. (S. 408). S. a. Tf. 20 *(unten).*

USA, Abk. für *United States of America,* 9363123 km^2, etwa 232 Mill. Ew., 1 Fußballspieler je 244 Ew., Verband *United States Soccer Federation* („Fußballverband der USA"), Abk. *USF;* gegr. 1913, Sitz *New York;* Mitgl. der *FIFA* seit 1913, der *CONCACAF* seit 1961. – *Organisation:* 1250 Klubs; 4000 Berufsspieler, 800000 Amateurspieler, gesamt 950000 (einschl. Nachwuchs- u. AM-Spieler); *Spieljahr:* April–September u. November–März; *Spielkleidung:* blaue Hose, weißes Hemd sowie rote Stutzen (Reserveausrüstung: weiße Hose, rotes Hemd, blaue Stutzen); *Stadien* (Auswahl): Rose Bowl, Pasadena, 102000; Stanford Stadium, Palo Alto, 90000; Giants Stadium, East Rutherford, New York, 77000; Harvard Stadium, Boston, 75000. Tab.

USA International Soccer League, svw. ↑ Internationale Soccer-Liga.

USFT, Abk. für *Union Schweizerischer Fußballtrainer.*

USIC-Pokal, Wettbewerb der Internationalen Sportunion der Eisenbahner *(Union Sportive Internationale des Cheminots,* Abk. *USIC).* Die USIC wurde 1947 gegründet (Sitz *Wien*). Ihr gehören 26 europäische u. 3 außereuropäische (Indien, Irak, KDVR) Verbände an (etwa 2 Mill. Mitglieder). Die USIC organisiert jährlich in 7 bis 9 Sportarten (der insgesamt 21 ausgetragenen) internationale Meisterschaften u. unterstützt über die Verwaltungsebenen der Eisenbahnen in den Mitgliedsländern die Entwicklung des Breiten-, Freizeit- u. Erholungssports.

Die *Sportvereinigung Lokomotive* der DDR ist seit 1957 Mitglied der USIC. Seit 1966 vertritt der 1. FC Lok Leipzig die DDR im USIC-Pokal u. gewann bei den Endrunden 1963, 1968 u. 1976 jeweils die Bronzemedaille. – In der BRD besteht der *Verband Deutscher Eisenbahner-Sportvereine (VDES),* in der Schweiz die *Schweizerische Vereinigung sporttreibender Eisenbahner (SVSE)* u. in Österreich der *Österreichische Eisenbahnersport* (*ÖES,* 1955 Pokalsieger). Tab.

V

Vaduz, FC, Liechtenstein, 1. Liga, gegr. 1932; 21mal *Pokalsieger* (zwischen 1949 u. 1986). – *Spielkleidung:* rotes Hemd, weiße Hose, weißrote Stutzen. *Heimstadion:* Gemeindesportplatz, 8250 Plätze (8000 Steh-, 250 Sitzplätze).

Spieler (Auswahl): H.-W. Beck – H. Haas – M. Haas – R. Hasler – W. Lageder – D. Marxer – H. Moser – B. Risch – H. Verling – K. Wolf. – **Trainer** (Auswahl): H. Krostina – G. Tschemernjak.

Väinölänniemi ↑ Kuopio, KuPS.

Valby Idraetspark ↑ Kopenhagen, Frem.

Valcareggi, Ferruccio, Italien, Trainer, geb. 12. 2. 1912; trainierte u. a. Atalanta Bergamo u. AC Florenz; betreute vom 1. 11. 1966 bis 27. 3. 1967 (4 Spiele; 3 Siege, 1 Unentschieden) gemeinsam mit *H. Herrera* die italien. Nationalmannschaft u. war vom 25. 6. 1967 bis 23. 6. 1974 (54 Spiele; 27 Siege, 21 Unentschieden, 6 Niederlagen) alleinverantwortlicher Auswahltrainer; Vizeweltmeister 1970, WM-Endrundenteilnehmer 1974, Europameister 1968. In V.s Amtszeit agierten u. a. *Zoff, Facchetti, Mazzola, Rivera* u. *Riva.* – Jetzt (Nachwuchs-)Verbandstrainer. Abb.

Valencia, C.F. (auch *FC*), Spanien, 2. Division, gegr. 1919; *Supercup- u. EC II-Gewinner* 1980; *Messepokalsieger* 1962 u. 1963; 4mal *Landesmeister* (zwischen 1942 u. 1971); 5mal *Pokalsieger* (zwischen 1941 u. 1979). 17 *EC-Teilnahmen:* 103 Spiele; 51 Siege, 23 Unentschieden, 29 Niederlagen, 125:81 Punkte, 193:125 Tore. – *Spielkleidung:* gelbe Hose, weißes Hemd, weiß-gelbe Stutzen. *Heimstadion:* Estadio Luis Casanova, 49562 Plätze.

Spieler (Auswahl): Amadeo – Arias – Arnesen – Bonhof – Botubot – Cabrera – Carrete – del Sol – Epe – Gorostiza – Guillot – Igoa – Iturraspe – Kempes – Mestre – Morena – Mundo – Pablo – Paquito – Pereira – Piquer – Quincoces – Ribelles – Sastro – Saura – Sempere – Solsona – Subirats – Tendillo – Welzl – Zamora. – **Trainer** (Auswahl): A. di Stefano – Domingo – R. Gil – M. Miljanic – L. C. Pasarin – Pasequito.

Valetta La ↑ Valletta ...

Valkeakoski, Haka (auch: *Valkeakosken*), Finnland, 1. Division, gegr. 1932; *Landesmeister* 1960, 1962, 1965 u. 1977; 8mal *Pokalsieger* (zwischen 1955 u. 1985). 9 *EC-Teilnahmen:* 24 Spiele; 5 Siege, 2 Unentschieden, 17 Niederlagen, 12:36 Punkte, 22:62 Tore. – *Spielkleidung:* schwarze Hose, dazu weißes Hemd, weiße Stutzen. *Heimstadion:* Tehtaankenttä, 6000 Plätze. Abb.

Spieler (Auswahl): P. Alaja – H. Enckelmann – J. Helin – O. Huttunen – S. Lindström – M. Närvä – J. Peltonen – J. Pirinen – E. Ranta – R. Salonen – A. Uimonen.

Valletta, FC Floriana, Malta, 1. Division, gegr. 1900; 24mal *Landesmeister* (zwischen 1910 [erster ausgespielter Titel überhaupt] u. 1977); 16mal *Pokalsieger* (zwischen 1938 u. 1981). 15 *EC-Teilnahmen:* 30 Spiele; 1 Sieg, 3 Unentschieden, 26 Niederlagen, 5:55 Punkte, 14:126 Tore. – *Spielkleidung:* weiße Hose, dazu grün-weiß längsgestreiftes Hemd, weiße Stutzen. *Heimstadion:* Empire Stadium, Gzira, 30000 Plätze (25000 Steh-, 5000 Sitzplätze). Abb.

Spieler (Auswahl): J. Aquilina – A. Camilleri – G. Ciantar – E. u. R. Farrugia – J. u. R. Holland – W. Mackay – F. u. P. Micallef – D. Mizzi – M. Sultana – G. u. R. Xuereb.

Valletta, FC Hibernians, Malta, 1. Division, gegr. 1932 (in Paola); 6mal *Landesmeister* (zwischen 1961 u. 1982); 5mal *Pokalsieger* (zwischen 1962 u. 1982). 14 *EC-Teilnahmen:* 30 Spiele; 4 Siege, 4 Unentschieden, 22 Niederlagen, 12:48 Punkte, 15:88 Tore. – *Spielkleidung:* schwarze Hose, schwarz-weiß längsgestreiftes Hemd, schwarze Stutzen. *Heimstadion:* Empire Stadium, Valletta, 30000 Plätze (25000 Steh-, 5000 Sitzplätze), Abb.

Spieler (Auswahl): Aquilina – Alfred u. Alex Azzopardi – Bonello – Buckle – E. Camilleri – Caruana – Cassar – Delia – Formosa – Mallia – Micallef – Mifsud – Mizzi – Privitera – Theobald – M. Woods – Young. – **Trainer** (Auswahl): L. Bugeja.

Marco **van Basten**

Erwin **Vandenbergh**

Paul **van Himst**

Valletta, F.C., Malta, Verein der 1. Division (Emblem ↑ Tf. 15); gegr. 1909 als *Valetta United*, seit 1930 *F.C.*; in der 1. Division ab 1913; 12mal *Landesmeister* (zwischen 1915 u. 1984); 5mal Pokalsieger (zwischen 1960 u. 1978). 11 *EC-Teilnahmen:* 22 Spiele; 1 Sieg, 1 Unentschieden, 20 Niederlagen, 3:41 Punkte, 8:99 Tore. – *Spielkleidung:* Weiß. *Heimstadion:* Ta'Qali, 40000 Plätze.

Spieler (Auswahl): F. u. V. Borg – D. Buckingham – T. Bunaei – T. Calleja – T. Ciantar – J. Cilia – A. Debono – E., Leli u. Leonard – Farrugia – D. Fenech – R. Ganei – C. Makkey – R. Mifsud – L. Pace – E. Schembri – S. Sehambu – C. Seychell – J. Urpani – E. Vella – F. u. J. Zammit. – **Trainer** (Auswahl): E. Darmanin.

van Basten, Marco, Niederlande, geb. 31. 10. 1964 Utrecht; Mittelstürmer; spielt seit 1982 bei Ajax Amsterdam; 15 Länderspiele (5 Tore); internationales Debüt am 7. 9. 1983 gegen Island (3:0) in Groningen; Torschützenkönig 1983/84 (28 Treffer), 1984/85 (22) u. 1985/86 (37); Europas Torschützenkönig 1986 (37 Treffer). Abb.

van de Kerkhof, René, Niederlande, geb. 16. 9. 1951 Helmond, Zwillingsbru-

1974 Peñarol Montevideo
1975 Peñarol Montevideo
1976 Defensor Montevideo
1977 Nacional Montevideo
1978 Peñarol Montevideo
1979 Peñarol Montevideo
1980 Nacional Montevideo
1981 Peñarol Montevideo
1982 Peñarol Montevideo
1983 Nacional Montevideo
1984 Central Español Palermo
1985 Peñarol Montevideo

USA

Weltmeisterschaft
1930 Endrunde
1934 Achtelfinale
1950 Endrunde

olympisches Fußballturnier
1924 Endrunde
1928 Endrunde
1936 Endrunde
1948 Endrunde
1952 Endrunde
1956 Endrunde
1972 Endrunde
1984 Endrunde

USIC-Pokal

1947 Budapest: Jugoslawien
1951 Brüssel: Jugoslawien
1955 Weiden: Österreich
1958 Brüssel: Jugoslawien
1961 Sofia: Bulgarien
1963 Sofia u. Moskau: Bulgarien
1968 Bukarest u. Sofia: Rumänien
1971 Bukarest u. Alma-Ata: UdSSR
1974 Sofia u. Sotschi: UdSSR
1976 Košice: UdSSR
1979 Regensburg: UdSSR
1983 Košice: UdSSR

Haka Valkeakoski

Ferruccio **Valcareggi**

Floriana Valletta

Hibernians Valletta

der von *Willy v. d. K.*; Außenstürmer; spielte 1965/71 bei MULO Helmond, 1971/74 bei Twente/Enschede, 1974/83 bei PSV Eindhoven, 1983/84 bei Appolon Athen u. 1984 bis 1985 bei Seiko Hongkong; seit 1985 bei Helmond Sport; 47 Länderspiele (5 Tore); internationales Debüt am 28. 3. 1973 gegen Belgien (0:0) in Antwerpen; Länderspielabschied am 22. 9. 1982 gegen Irland (2:1) in Rotterdam; WM-Endrundenteilnehmer 1974 u. 1978; EM-Endrundenteilnehmer 1976.

van de Kerkhof, Willy, Niederlande, geb. 16. 9. 1951 Helmond, Zwillingsbruder von *René v. d. K.*; Mittelfeldspieler; spielte 1965/71 bei MULO Helmond u. 1971/74 bei Twente/Enschede; seit 1974 bei PSV Eindhoven; 61 Länderspiele (5 Tore); internationales Debüt am 5. 6. 1974 gegen Rumänien (0:0) in Rotterdam; Länderspielabschied am 16. 10. 1985 gegen Belgien (0:1) in Brüssel; WM-Endrundenteilnehmer 1978; EM-Endrundenteilnehmer 1976.

Vandenbergh, Erwin, Belgien, geb. 26. 1. 1959 Ramsel; Stürmer; spielte 1977/82 bei Lierse SK u. 1982/86 beim RSC Anderlecht; seitdem bei Olympique Lille; 41 Länderspiele (13 Tore); internationales Debüt am 19. 12. 1979 gegen Schottland (3:1) in Glasgow; WM-Endrundenteilnehmer 1982 und 1986; EM-Endrundenteilnehmer 1980; Torschützenkönig 1979/80 (39 Treffer), 1980/81 (24), 1981/82 (25) u. 1982/83 (20). Abb.

van der Elst, François („Frans"), Belgien, geb. 9. 7. 1955; Mittelfeldspieler, Stürmer; spielte 1968/82 beim RSC Anderlecht u. 1982/83 bei West Ham United; seit 1983 wieder beim RSC Anderlecht; 46 Länderspiele; internationales Debüt am 31. 10. 1973 gegen Norwegen (2:0) in Brüssel; WM-Endrundenteilnehmer 1982 u. 1986; EM-Endrundenteilnehmer 1980. Abb.

van Hanegem, Willem („Wim"), Niederlande, geb. 20. 2. 1944 Breskens; Mittelfeldspieler; spielte 1958/68 bei Xerxes DHC, 1968/76 bei Feyenoord Rotterdam, 1976/78 bei AZ '67 Alkmaar, 1978/80 beim FC Utrecht, 1980/83 bei Feyenoord Rotterdam u. 1983/84 bei Chicago Stings; bestritt 52 Länderspiele (6 Tore); internationales Debüt am 30. 5. 1968 gegen Schottland (0:0) in Amsterdam; nahm Länderspielabschied am 26. 9. 1979 gegen Belgien (1:0) in Rotterdam; WM-Endrundenteilnehmer 1974; EM-Endrundenteilnehmer 1976.

van Heel, Gertrudus H. („Puc"), Niederlande, geb. 21. 1. 1904 Rotterdam; Läufer; spielte 1924/39 bei Feyenoord Rotterdam; 64 Länderspiele; internationales Debüt am 19. 4. 1925 gegen die Schweiz (1:4) in Zürich; Länderspielabschied am 23. 10. 1938 gegen Dänemark (2:2) in Kopenhagen; WM-Endrundenteilnehmer 1934 u. 1938.

Frans **van der Elst**

van Himst, Paul, Belgien, geb. 2. 10. 1943 St. Pieters Leeuw (Brabant); Stürmer; spielte 1953/75 beim RSC Anderlecht Brüssel, 1975/76 bei RWD Molenbeek u. 1976/77 bei Eendracht Aalst; 81 Länderspiele (31 Tore); internationales Debüt am 19. 10. 1960 gegen Schweden (0:2) in Stockholm; Länderspielabschied am 7. 12. 1974 gegen die DDR (0:0) in Leipzig; WM-Endrundenteilnehmer 1970; EM-Endrundenteilnehmer 1972; spielte 1964 in der Europaauswahl gegen Skandinavien (4:2); Fußballer des Jahres 1960, 1961, 1966 u. 1974. – 1982/85 Trainer beim RSC Anderlecht. Abb. (S. 409).

van Raavens, Laurens, Niederlande, Schiedsrichter, geb. 1923 Schiedam;

1966 FIFA-Referee; WM-Endrundenschiedsrichter 1970; leitete 1969 das EC II-Finale Slovan Bratislava–F.C. Barcelona (3:2) in Basel, 1971 das erste Messepokalendspiel Juventus Turin–Leeds United (2:2) u. 1972 das zweite UEFA-Pokal-Finale Tottenham Hotspur–Wolverhampton Wanderers (1:1) in London.

Vasco da Gama, CdR (*Clube de Regatas*, „Segelklub"), Rio de Janeiro, Brasilien (Emblem ↑ Tf. 15); gegr. 1898 als „Lusitania Esporte Clube"; 1915 Umbenennung; begann 1916 in der 3. Rio-Liga u. spielt seit 1923 in der 1. Division; 1974 *Taca-de-Ouro-Sieger*; 15mal *Rio-de-Janeiro-Meister* (zwischen 1923 u. 1982); zweimal *Rio-São-Paulo-Sieger* (1958 u. 1966). Bei der WM 1930 spielten *Fausto, Benedito* u. *Carvalho Leite* für Brasilien, 1950 waren es 8 Spieler, darunter *Ademir, Barbosa, Vavá* u. *Bellini*. – *Spielkleidung:* weiße Hose, schwarzes Hemd mit weißen Diagonalstreifen, weiße Stutzen. *Heimstadion:* Estádio de São Januário, 50000 Plätze (1926 eingeweiht u. über 20 Jahre offizielles Rio-Stadion für internationale Vergleiche).

Spieler (Auswahl): Ademir – Barbosa – Bellini – Benedito – Brito – Carvalho Leite – Dirceu – Fausto – Fontana – Leonidas da Silva – Orlando – Roberto – Vavá.

Vautrot, Michel, Frankreich, Schiedsrichter, geb. 1945 Antorpe; Referee seit 1963; 1972 1. Division; 1975 FIFA-Schiedsrichter; leitete 1977 das Junioren-WM-Endspiel UdSSR–Mexiko (2:2 n.V., 7:6 nach Strafstoßschießen) in Tunesien; WM-Endrundenschiedsrichter 1982; EM-Endrundenschiedsrichter 1984.

Vavá, eigtl. *Eduardo Izidoro Neto*, Brasilien, geb. 12. 11. 1934 Recife; Mittelstürmer; spielte 1948/64 bei Vasco da Gama, E.C. Recife, Palmeiras São Paulo u. Atlético Madrid; 22 Länderspiele (13 Tore); internationales Debüt am 13. 11. 1955 gegen Paraguay (3:0) in Rio de Janeiro; Länderspielabschied am 3. 6. 1964 gegen Argentinien (0:3) in São Paulo; WM-Endrundenteilnehmer 1958 u. 1962. – Seit 1965 Trainer; u. a. bei America Mexiko-City, Cordoba u. Brasilien (ab 1980 Trainerassistent). S. a. Tf. 24 *(unten)*.

Vejle BK, Dänemark, Verein der 1. Division, gegr. 1891; *Landesmeister* 1958, 1971, 1972, 1978 u. 1984; 6mal *Pokalsieger* (zwischen 1958 u. 1981). 7 *EC-Teilnahmen:* 22 Spiele; 7 Siege, 4 Unentschieden, 11 Niederlagen, 18:26 Punkte, 29:39 Tore. – *Spielkleidung:* weiße Hose, rotes Hemd, rote Stutzen. *Heimstadion:* Vejle Stadion, 18500 Plätze. Abb.

Spieler (Auswahl): P. Bilde – O. Fritsen – J. Hansen – T. Hansen – P. Jensen – U. Le Fevre – K. Lund – A. Nielsen – K. Nörregaard – P. E. Östergaard – K. Poulsen – I. Schriver – A. Simonsen – J. Sivebaek – B. Sörensen – T. Troelsen – S. u. U. Thychosen.

Vejle BK

Venezuela, Bundesstaat im Norden Südamerikas, 912050 km², etwa 14,7 Mill. Ew., 1 Fußballspieler je 226 Ew.; Verband *Federación Venezolana de Fútbol* („Venezolanischer Fußballverband"), Abk. *FVF*; gegr. 1926, Sitz *Caracas*; Mitgl. der *FIFA* seit 1952, der *CONMEBOL* seit 1952. – *Organisation:* 1760 Klubs; 500 Berufsspieler, 18000 Amateurspieler, gesamt 65000 (einschl. Nachwuchs- u. AM-Spieler); *Spieljahr:* März–Dezember; *Spielkleidung:* weiße Hose, weinrotes Hemd, weiße Stutzen (Reserveausrüstung: Weiß); *Nationalstadion:* Estadio Olimpico, Caracas, 25000 (ausschl. Sitzplätze); *Stadien* (Auswahl): Estadio El Paraiso, Caracas, 15000; Estadio Olimpico, Maracaibo, 12000; Estadio Farid Richa, Lara, 12000. Tab.

Venezuela

olympisches Fußballturnier

1980	Endrunde

Landesmeister

1956	Lasalle
1957	Tiguire Aragua
1958	Deportivo Italia
1959	Celta Deportivo
1960	Deportivo Portugues
1961	Deportivo Italia Caracas
1962	Deportivo Portugues Caracas
1963	Deportivo Italia
1964	Deportivo Galicia Caracas
1965	Lara Barquisemeto
1966	Deportivo Italia
1967	Deportivo Portugues
1968	Union Deportivo Canarias
1969	Deportivo Galicia
1970	Deportivo Galicia
1971	Valencia Caracas
1972	Deportivo Italia
1973	Portuguesa Acarigua
1974	Deportivo Galicia
1975	Portuguesa Acarigua
1976	Portuguesa Acarigua
1977	Portuguesa Acarigua
1978	Portuguesa Acarigua
1979	Tachira
1980	Estudiantes Merida
1981	Tachira San Cristóbal
1982	Atlético San Cristóbal
1983	Atlético San Cristóbal
1984	Tachira San Cristóbal
1985	Estudiantes Merida

Venglоš, Jozef, Dr., ČSSR, Trainer, geb. 18. 2. 1936 Ružomberok; Läufer; spielte u. a. 1956/65 bei Slovan Bratislava. – Später Trainer beim FC Sydney (Australien), VSS Košice u. Slovan Bratislava (1974 u. 1975 Meister); 1973/80 ČSSR-Auswahltrainer, bis 1978 gemeinsam mit *Václav Ježek*, danach mit *Jan Brumovský*; Europameister 1976, EM-Dritter 1980; 1983/85 bei Sporting Lissabon.

Verband, Kurzbez. für ↑ Landesverband.

Verbandskapitän, a) *Österreich* frühere Bez. für ↑ Bundestrainer (2); b) *Ungarn* Trainer der Nationalmannschaft.

Verbandsliga, *BRD* höchste Spielklasse der Landesverbände des DFB; nächsthöhere ist die ↑ Oberliga (2), nächstniedrigere die ↑ Landesliga (2).

Verbandstrainer, allgem. Bez. für einen Trainer, der auf Landesverbandsebene tätig ist, sei es als Trainer der Nationalmannschaft od. einer Nachwuchsvertretung bzw. als Trainerassistent. V. sind z. B. die *DFV-Trainer* (DDR), *DFB-Trainer* (BRD), *ÖFB-Trainer* (Österreich) u. *SFV-Trainer* (Schweiz).

Verbinder, svw. ↑ Halbstürmer.

verbotenes Spiel, absichtlicher Regelverstoß eines Spielers. Als v. S. gelten folgende Verstöße gegenüber dem Gegner: a) (versuchtes) Treten; b) (versuchtes) Zufallbringen; c) (versuchtes) Schlagen; Anspucken; Anspringen; Festhalten; Stoßen; heftiges od. gefährliches Rempeln; Rempeln von hinten ohne eigene Behinderung; Handspiel (ausgenommen die Torhüter im eigenen Strafraum). S. a. Spielregeln (Regel XII).

verdeckter Schuß, Torschuß aus der zweiten Reihe, wobei dem Torhüter die Sicht versperrt ist (durch gegnerische od. Mitspieler), so daß er nicht im Moment des Abschusses reagieren kann. – *Verdecktes Abspiel:* den Ball in den Rücken des Gegners spielen.

Verdribbeln, übertriebenes Ballhalten mit Ballverlust als Folge.

Verein, svw. ↑ Fußballklub; insbes. in der *BRD* verwendete Bezeichnung.

Vereinigte Arabische Emirate, Staat im Osten der Arab. Halbinsel am Pers. Golf, 83600 km^2, etwa 790000 Ew., 1 Fußballspieler je 316 Ew.; Verband *United Arab Emirates Football Association* („Fußballverband der Vereinigten Arabischen Emirate"), Abk. *UAEFA*; gegr. 1971, Sitz *Abu Dhabi*; Mitgl. der *FIFA* seit 1972, der *AFC* seit 1974. – *Organisation:* 30 Klubs; 700 Amateurspieler, gesamt 2500 (einschl. Nachwuchs- u. AM-Spieler); *Spielkleidung:* Weiß (Reserveausrüstung: Rot); *Nationalstadion:* Zayed Sports City Stadion, Abu Dhabi, 60000 (ausschl. Sitzplätze); *Stadien* (Auswahl): Al-Nasr Stadion, 12500; Al-Shabab Stadion, 12500; Al-Wasl Stadion, 12500; Al-Ahli Stadion, 12500; Al-Sharqa Stadion, 12500; Al-Ain Stadion, 12500.

Vereisung, *Sportmedizin*; Bez. für eine örtliche (Oberflächen-)Kältebehandlung

versöhnliche Geste

zur Schmerzlinderung und Herabsetzung des *Muskeltonus* (Muskelspannungszustand) durch Auflegen von Eisbeuteln bzw. Aufbringen von Chlorethylenspray („Kältespray") auf die betroffene Körperstelle.

Vergehen, svw. ↑ Foul.

„Verhängen", Auferlegen einer Strafe, z. B. „der Schiedsrichter ‚verhängte' einen Strafstoß".

„verhungern", verbale Kennzeichnung für einen (ungewollt) schwach geschossenen Ball – gedacht als Torschuß –, der das Gehäuse kaum erreicht; z. B. „der Ball ‚verhungerte' (fast) vor der (Tor-)Linie".

verkrampfte Spielweise, nervöses, übervorsichtiges Agieren einer Mannschaft; man traut sich nichts zu u. ist sich seiner vorhandenen spielerischen Mittel nicht sicher. V. S. drückt sich in stockendem Spielfluß u. in überdurchschnittlich vielen individuellen Fehlern aus, ist psychologisch bedingt, kann aber durch eine gelungene Aktion (z. B. Tor) rasch abgebaut werden.

Verkürzen, eine Resultatsverbesserung durch Erzielen eines Tores, z. B. „er verkürzte auf 2:3". (Zuvor stand es 1:3. Der erzielte Treffer ist in diesem Fall das ↑ Anschlußtor.)

„Verkürzen" des Schußwinkels ↑ Schußwinkel.

Verlängern, direktes Weiterleiten des Balles zum Mitspieler od. ins gegnerische Tor.

verlängerte Torlinie, die ↑ Torlinie außerhalb des Tores.

Verlängerung, zusätzliche Spielzeit bei unentschiedenem Ausgang von Pokalspielen u. Entscheidungsspielen; beträgt 2 × 15 min (mit Seitenwechsel, ohne Pause). Wird auch hierbei kein Sieger ermittelt, folgt ein ↑ Strafstoßschießen bis zur Entscheidung.

Verlegenheitself, svw. *Notlösung, -aufstellung*; z. B. bei gehäuften Verletzungs- od. Krankheitsausfällen von Stammspielern erforderlich, wobei der Trainer Spieler zum Einsatz bringen muß, die normalerweise – leistungsmäßig – (noch) nicht in die Mannschaft gehören.

Verletzung, svw. ↑ Sportverletzung.

Vernati, Sirio, Italien/Schweiz, geb. 12. 5. 1907; Mittelläufer; spielte u. a. bei Grasshoppers Zürich; 34 Länderspiele (1936/43); WM-Endrundenteilnehmer 1938. – Seit 1936 schweizer. Staatsbürger.

Verrenkung, Verschiebung der gelenkbildenden Knochenenden gegeneinander mit Überschreitung des normalen Gelenkspiels; oft mit einer Verletzung der Gelenkkapsel kombiniert. Häufige Ursachen einer V. sind *direkte* od. *indirekte Gewalteinwirkungen*; Konsultation des Arztes unbedingt erforderlich.

„Verschenken", leichtfertiges Vergeben eines Sieges od. zumindest Unentschiedens infolge legerer Spielweise („den Sieg ‚verschenken'", „einen Punkt ‚verschenken'").

Verschlagen, svw. ↑ Verziehen.

„Versetzen", Ausmanövrieren des Gegenspielers (Austricksen, Umspielen), ihn „ins Leere" laufen lassen.

„Versieben", svw. *Vergeben*, z. B. „eine Torchance ‚versieben'".

versöhnliche Geste, entschuldigendes Verhalten nach einem unbeabsichtigtem Foul am Gegenspieler; trägt zur Wahrung des sportlichen Anstandes auf dem Spielfeld u. den Zuschauerrängen bei. Abb.

verspielt ist ein Aktiver, der sich vornehmlich auf den *Ballumgang* orientiert (unproduktiv u. destruktiv) u. oft zu *Tändeleien* (↑ Tändeln) neigt.

Verstauchung, Gelenkverletzung mit Zerrung od. auch Zerreißung der Gelenkbänder durch Überschreitung des normalen Bewegungsraumes eines Gelenkes. Man unterscheidet in der Praxis *leichte* (Bandapparat bleibt intakt) u. *schwere V.* (Bandapparat ist stärker betroffen). Häufige Ursachen für V. sind Ermüdung, unkontrollierte Bewegungen, Unachtsamkeit, Hindernisse u. äußere Gewalteinwirkung, wobei bes. Knie-, Sprung-, Hand- sowie Schultergelenk gefährdet sind.

verstecktes Foul, Vergehen im Rücken des Schiedsrichters, deshalb von diesem nicht zu sehen; auch bei unübersichtlichen Situationen (z. B. Spieleransammlungen) angewandt. Äußerst unsportliches Verhalten.

Verstolpern, unglücklich einen sicheren Ball verlieren („sich verstolpern") bzw. eine Torchance vergeben.
Vertändeln, übertriebenes ↑ Tändeln mit daraus resultierendem Ballverlust.
Verteidiger, a) svw. ↑ Abwehrspieler; b) frühere Bez. für ↑ Außenverteidiger.
Verteidigung, svw. ↑ Abwehr (a).
Verteidigungsreihe, svw. *Abwehrreihe* (↑ Reihe).
Vertragsspieler, *BRD* bis zur Einführung der Bundesliga 1963/64 Bez. für einen Spieler der damals höchsten Spielklasse, der ↑ Oberliga (2), danach beibehalten für einen Aktiven der zweithöchsten Spielklasse, der ↑ Regionalliga (1), bis 1974, der Bildung der 2. Liga. V. waren bei einem Verein vertraglich gebunden u. erhielten für ihre fußballerische Tätigkeit eine finanzielle Entschädigung. – In der *Schweiz* setzen sich die Klubs der Nationalliga A u. B ebenfalls (vorwiegend) aus V. zusammen.
Verwandeln, Erzielen eines Tores (meist aus der Ruhestellung des Balles heraus), z. B. „er verwandelte den Strafstoß sicher".

Verwarnung (A. Prokop zeigt „Gelb")

Verwarnung, Aufforderung zur Fairneß durch den Schiedsrichter nach grobem Foul, unsportlichem Betragen usw. Während des Spieles kann ein Spieler nur einmal verwarnt werden; dabei wird ihm die *gelbe Karte* („Gelb") gezeigt. Bei erneutem verwarnungsreifem Vergehen durch denselben Spieler erfolgt ↑ Feldverweis. – Im nationalen u. internationalen Fußball ist es im Interesse der zu erhöhenden Fairneß zunehmend üblich, die V. im jeweiligen Wettbewerb (Meisterschaft, Cup, EM usw.) fortlaufend zu addieren u. den betreffenden Spieler nach z. B. 2 od. 3 V. für das nachfolgende Spiel von der Teilnahme auszuschließen. Abb.
„Verziehen", neben od. über das Tor schießen, z. B. „er ‚verzog' zum wiederholten Mal in aussichtsreicher Position".
Vestmannaeyjar, IBV *(Ibrottabandalag)*, Island, gegr. 1924; *Landesmeister* 1971 u. 1979; *Pokalsieger* 1968, 1972, 1981 u. 1984. 8 *EC-Teilnahmen:* 18 Spiele; 5 Unentschieden, 13 Niederlagen, 5:31 Punkte, 7:46 Tore. – *Spielkleidung:* Weiß. *Heimstadion:* Vestmannaeyjarvöllur, 3500 Plätze. – Bekanntester Spieler: *A. Sigurvinsson.*
Vetter, Erwin, Schiedsrichter, geb. 19. 6. 1920 Durlach; spielte 1928/33 beim ASV Durlach (Arbeitersport), 1933/40 bei Germania Durlach, 1940 bei TuS Neustadt Magdeburg, 1942/43 beim TSV Schönebeck, 1946/49 bei der SG Schönebeck, 1949/50 bei Einheit u. 1950/53 bei Chemie Schönebeck. – Schiedsrichter seit 1954; vom 1. 1. 1960 bis September 1967 Oberliga-, vom 15. 9. 1962 bis 20. 11. 1966 FIFA-Referee; leitete 9 Länder- u. amtierte bei 47 internationalen Spielen (darunter 19 EC-Spiele) als Schieds- bzw. Linienrichter. War vom 11. 1. 1964 bis September 1967 Vorsitzender der DFV-Schiedsrichterkommission, 1967/84 DFV-Vizepräsident u. ist seit 1964 DFV-Präsidiumsmitglied.
VfB-Stadion ↑ Leipzig, VfB.
VFV, Abk. für ↑ Vorarlberger Fußballverband.
4-3-4-System ↑ Spielsystem.
Viererkette, Bez. für die vier beim

4-2-4-System auf gleicher Höhe spielenden Abwehrspieler (auch beim 4-3-3 od. 4-4-2).

Vier-Schritte-Regel, am 17. 6. 1967 auf der Sitzung des *International Football Association Board* in Dubrovnik beschlossene Regelung, wonach der Torhüter den Ball nur noch 4 Schritte tragen darf, ehe er ihn abschlägt. Er darf ihn auch nur innerhalb dieser 4 Schritte aufprallen, aber dabei nur einmal festhalten u. dann freigeben. Bewegt er sich nicht mit dem Ball, muß er ihn innerhalb von 4 Sekunden nach dem Fangen freigeben. Verstöße gegen die V. werden mit *indirektem Freistoß* bestraft. S. a. Spielregeln (Regel XII).

Viertelfinale, drittletzte Runde eines im ↑ K.-o.-System ausgetragenen Turnier- od. Pokalwettbewerbs, an dem noch 8 Mannschaften (= 4 Spiele) beteiligt sind; setzt sich aus den Siegern des ↑ Achtelfinales zusammen. Die Gewinner des V. erreichen das ↑ Halbfinale.

Viertl, Rudolf, Österreich, geb. 1902 Wien-Schwechat; Links- u. Rechtsaußen; spielte 1921/26 beim ASC Neukettenhof, 1926/28 beim 1. Simmeringer S.C. u. 1928/38 bei Austria Wien; 16 Länderspiele (4 Tore); internationales Debüt am 20. 9. 1925 gegen Ungarn (1:1) in Budapest; Länderspielabschied am 24. 1. 1937 gegen Frankreich (2:1) in Paris.

4-2-4-System ↑ Spielsystem.

Vietnam, Staat im Südosten Asiens, 331 688 km^2, etwa 61 Mill. Ew., 1 Fußballspieler je 3 300 Ew.; Verband *Association de Football de la Rèpublique Socialiste du Vietnam* („Vietnamesischer Fußballverband"), Abk. *T.C.T.C.V.N.*; gegr. 1962, Sitz *Hanoi*; Mitgl. der *FIFA* u. der *AFC* seit 1964. – *Organisation:* 55 Klubs; 8 000 Amateurspieler, gesamt 17 000 (einschl. Nachwuchs- u. AM-Spieler); *Spieljahr:* November–Mai; *Spielkleidung:* weiße Hose und rotes Hemd, rote Stutzen (Reserveausrüstung: weiße Hose, weißes Hemd, rote Stutzen); *Nationalstadion:* Stade Hang Day, Hanoi, 40 000 (ausschl. Sitzplätze); *Stadien* (Auswahl): Haiphong, 30 000; Nam Ha, 25 000; Quang Ninh, 25 000; Thanh Hoa, 20 000; Bac Ninh, 20 000.

Viktor, Ivo, ČSSR, geb. 21. 5. 1942 Krelov; Torhüter; spielte 1956/60 bei Spartak Sternberk, 1960/61 bei Zelezarny Prostejov, 1961/62 bei Ruda Hvezda Brno, 1962/63 bei Spartak ZJS Brno u. 1963/77 bei Dukla Prag; 63 Länderspiele; internationales Debüt am 12. 6. 1966 gegen Brasilien (1:2) in Rio de Janeiro; nahm Länderspielabschied am 9. 11. 1977 gegen Ungarn (1:1) in Prag; WM-Endrundenteilnehmer 1970; EM-Endrundenteilnehmer 1976; er bestritt 316 Punktspiele; wurde Fußballer des Jahres 1968, 1972, 1973, 1975 u. 1976. – Seit 1984 (Torhüter-)Trainer bei Dukla Prag. Abb.

Ivo **Viktor**

Viktoria [latein., „Sieg"], **1.** Vereinsbezeichnung aus den Anfängen des deutschen Fußballs, z. B. V. Berlin; in der BRD z. T. beibehalten, z. B. V. Köln.
2. von 1903 bis 1944 jährlich an den DFB-Meister verliehene 1 m hohe Wandertrophäe, von Professor *Rauch* geschaffen; eine bronzene Jungfrau, auf einem Felsen sitzend, mit ausgebreiteten Engelsflügeln, die in der rechten Hand einen Lorbeerkranz trägt. Die V. gilt seit Ende des 2. Weltkrieges als verschollen.

Viktoria 89, Berlin (West), Kreisliga A; gegr. 6. 6. 1889 als Berliner „Turn- und Fußballclub Viktoria" von *F.* u. *O. Baudach, F. Hein* u. *P. Laube*; *Landesmeister* 1908 u. 1911, *Vizemeister* 1907 u. 1909. – *Spielkleidung:* weiße Hose, himmelblaues Hemd, himmelblaue Stutzen. *Heimstadion:* Friedrich-Ebert-Stadion, Tempelhof; Stadion Mariendorf, 15 000 Plätze.
Spieler (Auswahl): R. Bock – O. Dumke – P. Fischer – Gasse – Graßmann – Hahn – K. Heuer – P. Hunder – H. Jonas – W. Knesebeck – Krüger – P. Kugler – G. Kuley – A. Marohn – Moek – W. Nocht – Pause – H. Röpnack – K.-H. Schmidt – K. Schulz – Skranowitz – G. Steinert – R. Strehlow – K. Tewes – Welkisch – W. Worpitzky. – **Trainer** (Auswahl): K. Ley – A. Marohn – H. Sobeck – L. Tretter.

Villa Park ↑ Aston Villa, F.C.

Vincent, Jean, Frankreich, geb. 29. 11. 1930 Laboeuvriere; Linksaußen; spielte 1949/57 bei O.S.C. Lille u. 1958/63 bei Stade Reims; 45 Länderspiele; internationales Debüt am 17. 12. 1953 gegen

Ladislav **Vizek**

„Voetbal International"
(Autoren u. Kolumnisten)

C. van Cuilenborg
J. Derksen
K. Jansma
J. Linse
B. Nederlof
W. Raucamp
E. Schelvis
R. Westerhof

Luxemburg (8:0) in Paris; Länderspielabschied am 30. 10. 1960 gegen Schweden (0:1) in Stockholm; WM-Dritter 1958 im Weltklasseangriff *Wisnieski – Douis – Kopa – Fontaine – V.* – Später Trainer; u. a. bei SEC Bastia, Lorient, FC Nantes u. der Nationalmannschaft Kameruns (bei der WM 1982 in Spanien).

Vizek, Ladislav, ČSSR, geb. 22. 1. 1955 Chlumec nad Cidlinou; Stürmer, spielte seit 1959 bei SK Hlusice, Jiskra Novy Bydzov u. Spartak Hradec Kralove, 1973/74 bei Dukla Zatec u. 1975/86 bei Dukla Prag; seitdem beim FC Le Havre; 54 Länderspiele (17 Tore); internationales Debüt am 20. 4. 1977 gegen Ungarn (0:2) in Budapest; WM- u. EM-Endrundenteilnehmer (1982 bzw. 1980); gewann 1980 bei Olympia Gold; Fußballer des Jahres 1983 u. 1985. Abb.

Vizemeister, Mannschaft, die im Punktspielbetrieb den zweiten Platz (hinter dem *Meister*) belegt hat; analog hierzu z. B. bei Weltmeisterschaften *Vizeweltmeister*, bei Europameisterschaften *Vizeeuropameister*.

„Voetbal International", Amsterdam, unabhängiges Fußballwochenblatt; erscheint seit 1965 monatlich. Chefredakteur: *J. Niezen*. Tab.

Vogel, Adolf, Österreich, geb. 14. 6. 1911 Wien; Linksaußen; spielte 1920/30

Eberhard **Vogel**

Berti **Vogts**

beim Floridsdorfer AC, 1930/36 bei Admira Wien u. 1949/50 bei BSG Schott Jena; 20 Länderspiele (7 Tore); internationales Debüt am 16. 5. 1931 gegen Schottland (5:0) in Wien; Länderspielabschied am 22. 3. 1936 gegen die ČSR (1:1) in Wien; WM-Endrundenteilnehmer 1934 (nicht eingesetzt). – Spielte nach dem zweiten Weltkrieg vorübergehend in Jena u. in der Landesauswahl Thüringen.

Vogel, Eberhard („Matz"), geb. 8. 4. 1943 Altenhain; Linksaußen; spielte 1952/59 bei Traktor Niederwiesa, 1959/70 beim SC Motor, SC u. FC Karl-Marx-Stadt (198 Oberligaspiele, 70 Tore); 1970/82 beim FC Carl Zeiss Jena (242 Oberligaspiele, 118 Tore); debütierte am 18. 8. 1962 bei SC Motor–SC Aufbau Magdeburg (1:1) in der Oberliga; steht mit 440 Spielen in 21 Serien an erster Stelle der „ewigen" DDR-Bestenliste; beendete seine aktive Laufbahn am 30. 5. 1982 bei HFC Chemie–FC Carl Zeiss Jena (1:2); bestritt 74 Länderspiele (25 Tore); internationales Debüt am 16. 12. 1962 gegen Guinea (3:2) in Conakry; Länderspielabschied am 21. 4. 1976 gegen Algerien (5:0) in Cottbus; WM-Endrundenteilnehmer 1974; gewann bei Olympia zweimal Bronze (1964 u. 1972); Fußballer des Jahres 1969. – Seit 1983 DFV-Trainer (Jugend- u. Juniorenbereich); gewann 1986 mit der DDR-Juniorenauswahl (U 19) die Junioreneuropameisterschaft. Abb.

Vogts, Hans-Hubert („Bertie"), geb.

30. 12. 1946 Büttgen; Verteidiger; spielte 1956/65 beim VfR Büttgen u. 1965/79 bei Borussia Mönchengladbach; 96 Länderspiele (1 Tor); internationales Debüt am 3. 5. 1967 gegen Jugoslawien (0:1) in Belgrad; Länderspielabschied am 21. 6. 1978 gegen Österreich (2:3) in Cordoba (Argentinien/WM); WM-Endrundenteilnehmer 1970 u. 1974; EM-Endrundenteilnehmer 1976; Fußballer des Jahres 1971 u. 1979; bestritt 419 Bundesligaspiele (33 Tore). – Seit 1979 DFB-Trainer (U 16, U 21). Abb. S. a. BRD (Abb.), Cruijff, J. (Abb.).

Volentik, Bela, Ungarn, Trainer, geb. 5. 12. 1907 Szolnok; spielte 1929/32 bei NSC u. Ujpest Budapest u. 1932/55 (als Spieler u. Trainer) in der Schweiz (bei FC Lugano, Lausanne Sports u. Young Boys Bern [1945 u. 1953 Cupsieger]); 1955 Trainer beim ungar. Fußballverband, 1956/57 bei MTK Budapest, 1957/58 bei Dózsa Pecs u. 1958/66 wiederum Verbandstrainer (B- u. Nachwuchsauswahl); 1966/67 beim Berliner FC Dynamo.

Volksparkstadion, Hamburg; nach dem zweiten Weltkrieg zwischen 1952 u. 1953 aus Trümmerschutt mit einem Fassungsvermögen von 71 900 Zuschauern erbaut; Umbau 1970 bis Anfang 1974, u. zwar anläßlich der WM-Endrunde 1974; 61 418 Plätze (28 618 Sitzplätze/19 182 überdacht, 32 800 Stehplätze), Flutlicht.

Rudi **Völler**

Völler, Rudolf („Rudi"), geb. 13. 4. 1960 Hanau; Mittelstürmer; spielte 1968/76 beim TSV 1860 Hanau, 1976/80 bei Kikkers Offenbach u. 1980/82 beim TSV 1860 München; seitdem beim SV Werder Bremen; 39 Länderspiele (22 Tore); internationales Debüt am 17. 11. 1982 gegen Nordirland (0:1) in Belfast; WM-Endrundenteilnehmer 1986; bestritt 140 Bundesligaspiele (84 Tore); er war Torschützenkönig 1983 (23 Treffer); Fußballer des Jahres 1983. Abb.

Volleyschuß, direktes Weiterschlagen des anfliegenden Balles in Richtung gegnerisches Tor; ein kräftiger (meist Vollspann-)Schlag, der ausgeprägte Schußtechnik erfordert.

Vollmar, Heinz, geb. 26.4.1936; Außenstürmer; spielte 1950/63 bei SV St. Ingbert u. 1963/64 beim 1. FC Saarbrücken; 4 Länderspiele für das Saarland, 12mal für die BRD-Auswahl (3 Tore); internationales Debüt am 30. 6. 1956 gegen Schweden (2:2) in Stockholm; Länderspielabschied am 8. 3. 1961 gegen Belgien (1:0) in Frankfurt/Main; 23 Bundesligaspiele (3 Tore).

Vollprofi, svw. ↑ Berufsspieler ohne jegliche Einschränkung.

Vollspannstoß ↑ Stoßarten.

Vonlanthen, Roger, Schweiz, geb. 5. 12. 1930; Halb- bzw. Mittelstürmer; spielte u. a. bei Grasshoppers Zürich u. Lausanne Sports; 27 Länderspiele (1951 bis 1962); WM-Endrundenteilnehmer 1954 u. 1962. – 1977 Trainer der schweizer. Nationalmannschaft.

Vorarlberger Fußballverband, Abk. *VFV*, einer der 9 österreich. Unterverbände des *ÖFB* (↑ Österreich); Spielklasseneinteilung: *Vorarlbergliga* (14 Vereine), *1. Klasse* (3 Gruppen je 12 Vereine) u. *2. Klasse* (2 Gruppen je 10 bis 12 Vereine). Abb.

Vorarlberger Fußballverband

Vorbereitungslager, svw. ↑ Trainingslager.

Vorentscheidung, Erzielung eines Torvorsprungs, mit dem sich die ↑ endgültige Entscheidung bereits abzeichnet. Es passiert jedoch nicht selten, daß das Spiel noch „umkippt" (↑ „Umkippen").

Vorlage, svw. ↑ Paß.

Vorprellen, aus der hinteren (Abwehr-) Reihe in den eigenen Angriff aufschließen, um Überraschungsmomente zu schaffen bzw. Überzahl zu erreichen.

Vorrunde, svw. *Hinrunde* (↑ Spieljahr).

vorsätzliches Foul, absichtlich begangenes Foul, das neben der Frei- od. Strafstoßentscheidung aufgrund des *verbotenen Spieles* eine Erziehungsstrafe nach sich zieht (Verwarnung od. Feldverweis). V. F. sind z. B. das *Treten, Stoßen* od. *Schlagen* des Gegners.

Vorschlußrunde, svw. ↑ Halbfinale.

Vorspiel, 1. Spiel, das unmittelbar vor dem Hauptspiel ausgetragen wird (Reserve-, Jugend-, Schülermannschaften usw.), um den Zuschauern die Wartezeit vor dem Hauptspiel zu verkürzen (z. B. bei Länderspielen, Oberligapunktspielen).
2. svw. *Hinspiel* einer Meisterschaftsrunde.

Vorstopper, in den heutigen Spielsystemen der vor dem *Ausputzer* od. *Libero* postierte Abwehrspieler, der den gegnerischen *Mittelstürmer* zu bewachen hat; gefragt sind Zweikampfstärke, harter u. kompromißloser Einsatz, gutes Distanzierungsvermögen und Kopfballstärke.

Vorstoß, einen ↑ Konter inszenieren.

Vorteil, Bestimmung *(V.regel),* die dem Schiedsrichter gestattet, das Spiel nach seinem Ermessen bei einem Regelverstoß nicht zu unterbrechen, wenn er der Auffassung ist, daß die Unterbrechung derjenigen Mannschaft, gegen deren Spieler der Regelverstoß begangen wurde, einen augenscheinlichen V. nimmt. – *Beispiel:* Ein ballführender Angreifer wird vor dem gegnerischen Strafraum unfair attackiert, bleibt aber in Ballbesitz u. gelangt dadurch in günstige Torschußposition innerhalb des Strafraumes. Hierbei würde eine Spielunterbrechung dem Angreifer diesen V. nehmen, da es dann zu einem Freistoß käme, vor dessen Ausführung die Abwehrspieler sich wieder formieren könnten. Hat der Schiedsrichter sich einmal zur Anwendung der V.sregel entschlossen, kann er seine Entscheidung nicht wieder rückgängig machen. Wenn also im genannten Beispiel der gewährte V. vom Angreifer nicht genutzt wird, muß das Spiel ohne nachträgliche Freistoßentscheidung fortgesetzt werden. Dies darf den Schiedsrichter jedoch nicht hindern, sich mit dem fehlbaren Gegenspieler zu befassen. S. a. Spielregeln (Regel V).

Vorwärts, *DDR* Bez. für Armeesportgemeinschaften der Nationalen Volksarmee (NVA).

Vukas, Bernard, Jugoslawien, geb. 1. 5. 1927 Zagreb, gest. 1983; Linksaußen; spielte 1939/44 bei Concordia Zagreb, 1944/48 bei Amateure Zagreb, 1949/57 bei Hajduk Split u. 1957/59 beim Grazer AK u. F.C. Bologna; 59 Länderspiele (22 Tore); internationales Debüt am 27. 6. 1948 gegen Albanien (0:0) in Belgrad; Länderspielabschied am 18. 5. 1957 gegen die ČSR (0:1) in Bratislava; WM-Endrundenteilnehmer 1950 u. 1954; gewann bei Olympia 1948 u. 1952 jeweils Silber; spielte 1953 in der FIFA-Auswahl gegen England (4:4) in London u. 1955 gegen Großbritannien (4:1) in Belfast (3 Tore); bestritt mehr als 700 Ligaspiele (über 300 Tore). – Später Trainer; u. a. bei Hajduk Split u. Dinamo Zagreb.

Vytlacil, Rudolf, ČSSR, Trainer, geb. 9. 2. 1912 Wien, gest. 1. 6. 1977; Linksaußen; spielte u. a. bei Rapid Wien, Favoritner AC u. Slavia Prag (1929/44); ein Länderspiel am 13. 12. 1936 gegen Italien (0:2) in Genua. – Trainer der ČSSR-Auswahl (1960 EM-Dritter, 1962 Vizeweltmeister, 1964 in Tokio bei Olympia Silbermedaille); später u. a. Trainer von Lewski/Spartak Sofia u. der bulgar. Nationalmannschaft (war WM-Teilnehmer 1966), von Slavia Prag, Banik Ostrava u. Rapid Wien.

W

Wacker [zu „wach", „rechtschaffen"], Vereinsbezeichnung aus den Anfängen des deutschen u. österreich. Fußballs, z. B. W. Leipzig, W. Wien.

Wadenkrampf, eine vorübergehende schmerzhafte abnorme Kontraktion der beiden *Wadenbeinmuskeln. Ursachen:* nervale Fehlsteuerung am überreizten Muskel, Salzdefizit od. Austrocknung durch Schweißverlust bei Ausdauerbelastungen, Kälte u. ä. *Therapie:* z. B. durchblutungsfördernde Maßnahmen, Streichmassage, Ersatz von Flüssigkeit u. Salz. Abb.

WAFU [Abk. für engl. *The West African Football Union*, französ. *L'Union Quest-Africaine de Football*] 1975 in Yamoussoukro (Côte d'Ivoire) gegründete Organisation westafrikan. Verbände mit gemeinsamer Interessenlage. Die WAFU ist in 4 geografische Regionen gegliedert: a) Mali, Mauretanien, Senegal; b) Gambia, Guinea, Guinea-Bissau, Sierra Leone; c) Côte d'Ivoire, Ghana, Burkina Faso, Liberia; d) Benin, Niger, Nigeria, Togo. Seit 1979 wird von der WAFU das jährlich ausgetragene Turnier um den *Amilcar-Cabral-Cup* organisiert. Tab.

Wagner, Theodor („Turl"), Österreich, geb. 6. 8. 1927 Wien; Halb- u. Mittelstürmer; spielte 1941/57 bei Wacker Wien u. 1957/58 bei SSV Linz; 45 Länderspiele (22 Tore); internationales Debüt am 10. 11. 1946 gegen die Schweiz (0:1) in Bern; nahm Länderspielabschied am 10. 3. 1957 gegen die BRD (2:3) in Wien; war WM-Endrundenteilnehmer 1954. – 1960/61 Trainer bei Wacker Wien.

Waldner, Erwin, geb. 24. 1. 1933; Stürmer; spielte 1943/52 bei TB Neckarhausen, 1952/60 beim VfB Stuttgart, 1960/61 beim FC Zürich, 1961/63 bei Spal Ferrara (Italien) u. 1963/67 wiederum beim VfB Stuttgart; 13 Länderspiele (2 Tore); internationales Debüt am 19. 12. 1954 gegen Portugal (3:0) in Lissabon; Länderspielabschied am 21. 12. 1958 gegen Bulgarien (3:0) in Augsburg; bestritt 63 Bundesligaspiele (12 Tore).

Waldstadion, Frankfurt/Main; 1935 erbaut; anläßlich der WM-Endrunde 1974 zwischen Mai 1972 u. März 1974 rekonstruiert u. von 70800 Plätze auf 61146 verringert (30546 Sitzplätze/20364 überdacht, 30600 Stehplätze), Flutlicht. **2.** ↑ Homburg, FC 08.

WAFU
Amilcar-Cabral-Cup

1979	Senegal
1980	Senegal
1981	Guinea
1982	Guinea
1983	Senegal
1984	Elfenbeinküste
1985	Ghana

Wadenkrampf (erste Hilfe)

Fritz **Walter**

Manfred **Walter**

Wales
Weltmeisterschaft
1958 Viertelfinale
Pokalsieger
(keine Landesmeisterschaft, Klubs spielen in den engl. Divisionen)
1878 Wrexham United
1879 Newton FC
1880 Druids
1881 Druids
1882 Druids
1883 Wrexham United
1884 Oswestry Town FC
1885 Druids
1886 Druids
1887 Chirk AAA
1888 Chirk AAA
1889 Bangor City
1890 Chirk AAA
1891 Shrewsbury Town
1892 Chirk AAA
1893 Wrexham United
1894 Chirk AAA
1895 Newton FC
1896 Bangor City
1897 Wrexham United

Wales, 20763 km², etwa 2,8 Mill. Ew., 1 Fußballspieler je 52 Ew.; Verband *The Football Association of Wales, Ltd.* („Waliser Fußballverband"), Abk. *FAW;* gegr. 1876, Sitz *Wrexham;* Mitgl. der *FIFA* 1910 bis 1920, 1924–1928 u. seit 1946, der *UEFA* seit 1954. – *Organisation:* 1810 Klubs; 150 Berufsspieler, 36000 Amateurspieler, gesamt 54000 (einschl. Nachwuchs- u. AM-Spieler); *Spieljahr:* August–Mai; *Spielkleidung:* weiße Hose, rotes Hemd, rote Stutzen (Reserveausrüstung: grüne Hose, gelbes Hemd, gelbe Stutzen); *Nationalstadion:* Ninian Park, Cardiff, 43000 (10000 Sitz-, 33000 Stehplätze), Flutlichtanlage (50 lx); *Stadien* (Auswahl): Racecourse Ground, Wrexham, 30000; Vetch Field, Swansea, 26500; Somerton Park, Newport, 18000. Tab.

Walter, Achim, geb. 23. 10. 1940 Burg; Außenstürmer; spielte 1947/54 bei Lokomotive Burg, 1954/59 bei Einheit Burg u. 1959/70 beim (SC Aufbau) 1. FC Magdeburg; gemeinsam mit *Peter Ducke* erfolgreichster Pokal-Endspieltorschütze mit vier Treffern (zwischen 1964 u. 1969); er bestritt 169 Oberligaspiele (47 Tore).

Walter, Fritz, geb. 31. 10. 1920 Kaiserslautern, Bruder von *Ottmar W.*; Halbstürmer; spielte 1930/59 beim 1. FC Kaiserslautern; 61 Länderspiele (33 Tore); WM-Endrundenteilnehmer 1954 u. 1958; internationales Debüt am 14. 7. 1940 gegen Rumänien (9:3) in Frankfurt/Main; Länderspielabschied am 24. 6. 1958 gegen Schweden (1:3) in Göteborg; langjähriger Spielführer der BRD-Nationalmannschaft (später *Ehrenspielführer*). Legendär geworden ist sein im Hechtflug erzieltes (Super-) Hackentricktor vom 6. 10. 1956 im Leipziger Zentralstradion (SC Wismut Karl-Marx-Stadt–1. FC Kaiserslautern 3:5). – Ihm zu Ehren wurde anläßlich seines 65. Geburtstages 1985 das Stadion „Betzenberg" in „Fritz-Walter-Stadion" umbenannt. Abb. S. a. Rimet, J. (Abb.), Liebrich, W. (Abb.), Hackentrick (Abb.), Tf. 22 *(unten).*

Walter, Manfred („Manner"), geb. 31. 7. 1937 Wurzen; Libero; spielte 1946/51 bei Traktor Nischwitz, 1952/60 bei Empor Wurzen, 1960/63 beim SC Lok Leipzig u. 1963/72 bei Chemie Leipzig; 16 Länderspiele; internationales Debüt am 3. 1. 1965 gegen Uruguay (2:0) in Montevideo; Länderspielabschied am 11. 10. 1967 gegen Dänemark (3:2) in Leipzig; gewann bei Olympia 1964 Bronze; 242 Oberligaspiele (9 Tore). – 1972/77 Mannschaftsleiter u. seit 1977 Trainer (Nachwuchs, Senioren) bei Chemie. Abb.

Walter, Ottmar, geb. 6. 2. 1924; Mittelstürmer; spielte 1938/58 beim 1. FC Kaiserslautern; 21 Länderspiele (10 Tore); internationales Debüt am 22. 11. 1950 gegen die Schweiz (1:0) in Stuttgart; Länderspielabschied am 25. 5. 1956 gegen England (1:3) in Berlin (West); Bruder von *Fritz W.* S. a. Tf. 22 *(unten).*

Wanderers Football Club, Abk. *W.F.C.*, England; gegr. 1864 von ehemaligen Mitgliedern des *Forest F.C.*, der 1859 im Nordosten Londons von den Brüdern *J. F.* u. *C. W. Alcock* sowie anderen Harrow-Spielern ins Leben gerufen worden war. 1864 zog der Forest F.C. vom Epoing Forest nach Zentrallondon um u. nahm den Namen *Wanderers* an. Der W.F.C. gewann 1872 den ersten Pokalwettbewerb der Welt, den *FA Cup* (↑ Challenge Cup), weitere Cupsiege folgten 1873, 1876, 1877 u. 1878. Überragende Spieler waren *C. W. Alcock, C. H. R. Wolaston, R. W. S. Vidal* („Prince of Dribblers"), *M. P. Betts* (schoß das erste FA-Cupfinaltor überhaupt), *G. H. Heron* u. Lord *A. F. Kinnaird* (von 1890 bis 1923 FA-Präsident). 1880, als die meisten Spieler nur noch in verschiedenen Altersmannschaften tätig waren, wurde der Verein aufgelöst.

Wankdorfstadion, Bern; Nationalstadion des Schweizerischen Fußballverbandes; Fassungsvermögen 60000 Zuschauer (50000 Steh-, 10000 Sitzplätze); bei der V. WM am 4. 7. 1954 Austragungsstätte des Finales BRD–Ungarn u. 1961 des EC I-Finales Benfica Lissabon–F.C. Barcelona. Flutlichtanlage (900 lx). Abb.

Warmmachen, svw. ↑ Aufwärmen.

Warschau, WKS Gwardia (*Wojskowy Klub Sportowy*), Polen, 2. Liga, gegr. 1948 (Emblem ↑ Tf. 15); *Pokalsieger* 1954. 5 *EC-Teilnahmen:* 17 Spiele;

6 Siege, 3 Unentschieden, 8 Niederlagen, 15:19 Punkte, 18:28 Tore. – *Spielkleidung:* weiße Hose, dazu blau-rotes Hemd, blau-rote Stutzen. *Heimstadion:* WKS-Stadion, 12000 Plätze.
Spieler (Auswahl): K. Baran – K. Baskiewicz – J. Kraska – J. Marx – T. Stefaniszyn – H. Szczepanski – E. Zientara – W. Zmuda. – **Trainer** (Auswahl): W. Cias – M. Jablonski – Z. Pocialik – M. Szczechowicz – H. Szczepanski – T. Wasko.

Warschau, WKS Legia, Polen, Oberliga, gegr. 1916; 4mal *Landesmeister* (zwischen 1955 u. 1970); 7mal *Pokalsieger* (zwischen 1955 u. 1981). 14 *EC-Teilnahmen:* 59 Spiele; 27 Siege, 14 Unentschieden, 18 Niederlagen, 68:50 Punkte, 89:60 Tore. – *Spielkleidung:* Weiß. *Heimstadion:* WKS-Stadion Legia, mit 25000 Plätzen, Flutlicht (1600 lx). Abb.
Spieler (Auswahl): H. Apostel – J. Baran – B. Blaut – L. Brychczy – A. Buncol – L. Cmikiewicz – K. Deyna – D. Dziekanowski – S. Foltyn – R. Gadocha – J. Gmoch – K. Gorski – W. Grotynski – J. Kazimierski – H. Kempny – E. Kowal – M. Lanko – A. Mahseli – S. Majewski – H. Martyns – R. Milewski – H. Miloszewicz – R. Mowlik – J. Nawrot – A. Piechniczek – E. Pol – W. Smolarek – E. Szymkowiak – A. Trzaskowski – J. Wozniak – E. Zalesny – J. Ziemian – E. Zientara – J. Zmijewski. – **Trainer** (Auswahl): S. Bobek – L. Cmikiewicz – K. Gorski – L. Jezierski – J. Kopa – R. Kosinski – J. Pieszko – V. Popescu – J. Vejvoda – E. Zientara.

Wassil-Lewski-Stadion, Nationalstadion von ↑ Bulgarien.

Waterford, A. F. C, Irland, 1. Division, gegr. 1931 (Emblem ↑ Tf. 15); 6mal *Landesmeister* (zwischen 1966 u. 1973); *Pokalsieger* 1937 u. 1980. 8 *EC-Teilnahmen:* 20 Spiele; 4 Siege, 1 Unentschieden, 15 Niederlagen, 9:31 Punkte, 20:55 Tore. – *Spielkleidung:* ganz in Blau. *Heimstadion:* Kilcohan Park, 10000 Plätze.
Spieler (Auswahl): S. Coad – Griffin – A. u. H. Hale – Lynch – Matthews – McGeough – McGuirre – Morissey – O'Neill – Ryan – Thomas. – **Trainer** (Auswahl): P. Coad – A. Fitzsimmons.

Weber, Wolfgang, geb. 26. 6. 1944; Läufer, Stopper; spielte 1954/63 bei SpVg. Porz u. 1963/77 beim 1. FC Köln; 53 Länderspiele (2 Tore); internationales Debüt am 29. 4. 1964 gegen die ČSSR (3:4) in Ludwigshafen; Länderspielabschied am 23. 2. 1974 gegen Spanien (0:1) in Barcelona; WM-Endrundenteilnehmer 1966 u. 1970; bestritt 356 Bundesligaspiele (21 Tore). – Später Trainer; u. a. beim SV Werder Bremen (1978/80). S. a. Tf. 28 *(unten).*

Wankdorfstadion

1898	Druids
1899	Druids
1900	Aberystwyth Town
1901	Oswestry Town FC
1902	Wellington FC
1903	Wrexham United
1904	Druids
1905	Wrexham United
1906	Wellington FC
1907	Oswestry Town FC
1908	Chester FC
1909	Wrexham United
1910	Wrexham United
1911	Wrexham United
1912	Cardiff City
1913	Swansea Town
1914	Wrexham United
1915	Wrexham United
1920	Cardiff City
1921	Wrexham United
1922	Cardiff City
1923	Cardiff City
1924	Wrexham United
1925	Wrexham United
1926	Ebbw Vale
1927	Cardiff City
1928	Cardiff City
1929	Connahs Quai
1930	Cardiff City
1931	Wrexham United
1932	Swansea Town
1933	Chester FC
1934	Bristol City
1935	Tranmere Rovers
1936	Crew Alexandra
1937	Crew Alexandra
1938	Shrewsbury Town
1939	South Liverpool
1940	Wellington
1947	Chester FC
1948	Lovells Athletico Newton
1949	Merthyr Tydfil
1950	Swansea Town
1951	Merthyr Tydfil
1952	Rhyl FC
1953	Rhyl FC
1954	Flint Town United
1955	Barry Town
1956	Cardiff City
1957	Wrexham United
1958	Wrexham United
1959	Cardiff City
1960	Wrexham United
1961	Swansea Town
1962	Bangor City
1963	Borough United
1964	Cardiff City
1965	Cardiff City
1966	Swansea Town
1967	Cardiff City
1968	Cardiff City
1969	Cardiff City
1970	Cardiff City
1971	Cardiff City
1972	Wrexham United
1973	Cardiff City
1974	Cardiff City

1975 Wrexham United
1976 Cardiff City
1977 Shrewsbury Town
1978 Wrexham United
1979 Shrewsbury Town
1980 Newport County
1981 Swansea City
1982 Swansea City
1983 Swansea City
1984 Shrewsbury Town
1985 Shrewsbury Town
1986 Wrexham United

Legia Warschau

Konrad **Weise**

Wechsel, Kurzbez. für *Seitenwechsel* (↑ Halbzeit [1]).

Wechselspieler ↑ Auswechslung.

Wedaustadion ↑ Duisburg, MSV.

Weigang, Horst („Teddy"), geb. 30. 9. 1940 Langenbielau (Polen); Torhüter; spielte 1952/54 bei Medizin Leipzig-Mitte, 1954/60 beim SC Lok Leipzig, 1961/62 beim SC Turbine Erfurt, 1962 bis 1963 beim SC Rotation Leipzig, 1963/66 beim SC Leipzig, 1966/67 beim 1. FC Lok Leipzig u. 1967/73 beim FC Rot-Weiß Erfurt; 12 Länderspiele; internationales Debüt am 21. 11. 1962 gegen die ČSSR (2:1) in Berlin; Länderspielabschied am 5. 4. 1967 gegen die Niederlande (4:3) in Leipzig; 234 Punktspiele; Fußballer des Jahres 1965. – Später Trainer; 1973/86 u. a. beim FC Rot-Weiß Erfurt, bei Motor Weimar, Motor Eisenach, Motor Rudisleben, Motor Gotha u. Post Erfurt. – Sein Sohn *Sven W.* (geb. 14. 11. 1964) ist ebenfalls Torhüter u. gehört seit 1984/85 zum Oberligaaufgebot der BSG Stahl Riesa.

Weiler, Max, Schweiz, 25. 9. 1909–1. 9. 1969, Bruder von *Walter W.*; Allroundspieler; aktiv u. a. bei Grasshoppers Zürich; 38 Länderspiele (1924/36).

Weiler, Walter, Schweiz, 4. 12. 1903 bis 4. 5. 1945, Bruder von *Max W.*; Läufer u. Verteidiger; spielte u. a. bei Grasshoppers Zürich; 25 Länderspiele (1926 bis 1942); WM-Endrundenteilnehmer 1934.

Weimar, BSG Motor, Liga, gegr. 20. 8. 1948; 1946/48 *Weimar Ost*, 1948/50 *KWU*, 1950/55 *Turbine*, 1955/61 *Lok* (nach Zusammenschluß von Turbine u. Lok), seit 1961 *Motor* (durch Vereinigung von Lok u. Motor); spielte 1950/51 Oberliga. – *Spielkleidung:* Blau. *Heimstadion:* Sportplatz Lindenberg, 8 000 Plätze (400 Sitz-, 7 600 Stehplätze; 350 Plätze überdacht).

Spieler (Auswahl): H. Büchner – E. Eidner – H. Fierle – H. Göring – H. Griese – H. Irmscher – H. Langethal – R. Lieberwirth – K.-H. Marx – A. Reichardt – S. Schäller – M. Schuster – W. Sonnekalb – P. Trommler – H. Ziehn. – **Trainer** (Auswahl): E. Dietel – H. Fischer – H.-G. Hafner – A. Kunze – R. Lieberwirth – B. Naundorf – W. Schacher – W. Seifert – M. Strempel – Tillmann – S. Vollrath – H. Weigang.

Weise, Dietrich, Trainer, geb. 21. 11. 1934 Teuchern; Stürmer, Läufer; spielte für Traktor Teuchern u. Fortschritt Weißenfels; 1958/60 Spielertrainer beim VfR Neckarsulm, 1960/67 beim VfR Heilbronn. – Trainer seit 1967; bis 1973 beim 1. FC Kaiserslautern, 1973/76 bei Eintracht Frankfurt/Main, 1976/78 bei Fortuna Düsseldorf, 1978/83 DFB-Trainer, 1983 (1. 7.–26. 10.) beim 1. FC Kaiserslautern u. danach (bis 1986) wiederum bei Eintracht Frankfurt/Main.

Weise, Gottfried, TV-Reporter, Redakteur; geb. 3. 12. 1944 Niederschöna (Kreis Freiberg); spielte (Mittelstürmer, Halbstürmer, Libero) von 1954 bis 1967 bei Traktor Niederschöna, Traktor Naundorf, SG Hetzdorf, SC Motor Karl-Marx-Stadt (Junioren) u. ASG Vorwärts Spechtberg. – *Journalistische Laufbahn:* 1964/65 Sächsisches Tageblatt Dresden, 1967/69 Deutsches Sportecho (Berlin), seit 1969 Reporter u. Redakteur im DDR-Fernsehen; berichtete von den WM 1974, 1978, 1982 u. 1986, von den EM 1980 u. 1984 sowie von den Olympischen Spielen 1972 u. 1976.

Weise, Konrad, geb. 17. 8. 1951 Greiz; Libero, Vorstopper, Außenverteidiger; spielte 1961/66 bei Fortschritt bzw. Greika Greiz, 1966/86 beim FC Carl Zeiss Jena; 86 Länderspiele (2 Tore); internationales Debüt am 26. 7. 1970 gegen Irak (5:0) in Jena; Länderspielabschied am 10. 10. 1981 gegen Polen (2:3) in Leipzig; gewann bei Olympia 1972 Bronze u. 1976 Gold; WM-Endrundenteilnehmer 1974; 309 Oberligaspiele (17 Tore). Abb. S. a. Klären (Abb.), Mauer (Abb.).

Weißenfels, BSG Fortschritt, DDR, Bezirksliga, gegr. 1. 4. 1951, hervorgegangen aus der *ZSG Schuhmetro*; vom 21. 12. 1954 bis 31. 12. 1960 *SC Fortschritt Weißenfels*; spielte Oberliga 1955/60. – *Spielkleidung:* blaue Hose, gelbes Hemd, blau-gelbe Stutzen (od. Blau). *Heimstadion:* Otto-Müller-Kampfbahn, 16 500 Plätze (15 000 Steh-, 1 500 Sitzplätze).

Spieler (Auswahl): H. Ackermann – E. Dallagrazia – H. Degenkolbe – H. Elzemann – H. Meyer – P. Prell – H. Reichel – A. Reinhardt – D. Riemenschneider – O. Rosenheinrich – F. Straube – D. Stricksner – H. Wiesemann. – **Trainer** (Auswahl): H. Ackermann – G. Gläser – W. Pitlik – H. Reichel – D. Sommer – H. Worbs.

Weisweiler, Hans („Hennes"), Trainer, 5. 12. 1919–5. 7. 1983; Läufer; spielte beim 1. FC Köln u. FC Bayern München. – Trainerassistent von *J. Herberger,* 1954/69 dessen Nachfolger an der Sporthochschule Köln (ab 1969 nur

Hennes **Weisweiler**

noch Lehrauftrag), verantwortlich für die Ausbildung der Fußballehrer (Trainer); trainierte 1964/75 Borussia Mönchengladbach, 1975/76 F. C. Barcelona, 1976/80 1. FC Köln, 1980/81 Cosmos New York u. 1981/83 Grasshoppers Zürich; gewann 1975 mit Mönchengladbach den UEFA-Pokal, wurde Landesmeister 1970, 1971, 1975, 1978, 1982 u. 1983, Pokalsieger 1973, 1977, 1978 u. 1983. – Buchautor, Kolumnist. Abb. S. a. Löhr, J. (Abb.).

weiträumiges Spiel, auseinandergezogenes, die gesamte Spielfeldbreite einbeziehendes Spiel; gekennzeichnet durch spielverlagernde Pässe u. weiträumige Flugbälle. – Gegensatz: *engmaschiges Spiel.*

Weitschuß, Torschuß aus größerer Entfernung (25 m u. mehr), abgegeben aus der ↑ zweiten Reihe.

Weltauswahl, svw. ↑ FIFA-Auswahl.

Weltmeisterschaft, Abk. *WM,* wichtigster internationaler, von der FIFA im jeweiligen Ausrichterland veranstalteter fußballsportlicher Wettbewerb, der wie die Olympischen Spiele (↑ olympisches Fußballturnier) alle 4 Jahre stattfindet, u. zwar jeweils zwischen diesen. Die W. wird seit 1930 (Qualifikationsspiele ab 1934) ausgetragen, wobei wegen des 2. Weltkrieges die WM-Turniere 1942 u. 1946 ausfielen. Bis 1970 wurde um den „Coupe Jules Rimet" gekämpft, seit 1974 gibt es eine Goldtrophäe der FIFA (↑ FIFA World Cup [2]). – Im engeren Sinne versteht man unter W. die ↑ WM-Endrunde.

I. WM 1930 in Uruguay. Teilnehmerländer: Argentinien – Belgien – Bolivien – Brasilien – Chile – Frankreich – Jugoslawien – Mexiko – Paraguay – Peru – Rumänien – Uruguay – USA. Die WM wurde Uruguay in Anerkennung der 2 Olympiasiege (1924 u. 1928) sowie anläßlich seiner 100jährigen politischen Unabhängigkeit übertragen. Die 13 Mannschaften spielten zuerst in 4 Gruppen, deren Sieger dann das Halbfinale bestritten. Das Endspiel brachte die erwartete Paarung Uruguay–Argentinien, wobei sich von den Europäern in den Gruppenspielen nur Jugoslawien durchsetzen konnte, das aber im Halbfinale von Uruguay mit 6:1 „hinweggefegt" wurde. S. a. Tf. 17.

Endspiel
Uruguay–Argentinien 4:2 (1:2)
Austragungsort: Montevideo
Schiedsrichter: Langenus (Belgien)
Zuschauer: 70 000

Uruguay	*Argentinien*
Ballesteros	Botasso
Mascheroni	Della Tore
Nasazzi	Paternoster
Andrade	J. Evaristo
Fernandez	Monti
Gestido	Suarez
Dorado	Peucelle (1)
Scarone (1)	Varallo
Castro (1)	Stabile (1)
Cea (1)	Ferreyra
Iriarte (1)	M. Evaristo

Um den dritten Platz
Jugoslawien–USA
(Jugoslawien verzichtete, USA kampflos 3.)

II. WM 1934 in Italien. Teilnehmerländer: Ägypten – Argentinien – Belgien – Brasilien – ČSR – Deutschland – Frankreich – Italien – Niederlande – Österreich – Rumänien – Schweden – Schweiz – Spanien – Ungarn – USA. Die 16 Mannschaften spielten von Beginn an nach dem ↑ K.-o.-System, so daß die Verlierer bereits nach dem er-

Weltmeisterschaft 1930
(13./30. 7.)

Austragungsstätte	*Spiele*
Montevideo	18

Weltmeisterschaft 1934
(27. 5.–10. 6.)

Austragungsstätten	*Spiele*
Stadio Nazionale del P. N. F. (Rom)	3
Stadio Calcistico San Siro (Mailand)	3
Stadio Comunale „Giovanni Berta" (Florenz)*	3
Campo Comunale „Giorgio Ascarelli" (Neapel)	2
Stadio Municipale (Turin)	2
Stadio Littoriale (Bologna)	2
Stadio Pino Grezar (Triest)	1
Campo Marossi (Genua)	1
	17

* 1 Wiederholungsspiel

Weltmeisterschaft 1938
(4./19. 6.)

Austragungsstätten	*Spiele*
Paris*	6
Bordeaux*	3
Toulouse*	2
Marseille	2
Strasbourg	1
Le Havre	1
Reims	1
Lille	1
Antibes	1
	18

* 1 Wiederholungsspiel

sten Spiel wieder die Heimreise antreten durften. Insgesamt hatten 32 Länder für die WM gemeldet, so daß erstmals Qualifikationsspiele angesetzt werden mußten. Der Weltmeister von 1930, Uruguay, der nicht vergessen konnte, daß Italien dem Turnier damals fernblieb, verteidigte seinen Titel nicht. Österreich verlor dann im Halbfinale (nach Siegen über Frankreich, 3:2 n. V., u. Ungarn, 2:1) mit 0:1 gegen Italien, während Deutschland nach Siegen über Belgien (5:2) u. Schweden (2:1) – ebenfalls im Halbfinale – an der ČSR „hängenblieb". Die Schweiz hatte sich nach dem 3:2-Auftaktsieg gegen die Niederlande bereits im Viertelfinale gegen die ČSR mit einer 2:3-Niederlage aus dem weiteren Turniergeschehen verabschiedet. S. a. Tf. 18.

Endspiel
Italien–ČSR 2:1 (1:1, 0:0) n. V.
Austragungsort: Rom
Schiedsrichter: Eklind (Schweden)
Zuschauer: 50 000

Italien	*ČSR*
Combi	Plánička
Monzeglio	Zenisek
Allemandi	Ctyroky
Ferraris IV	Kostalek
Monti	Cambal
Bertolini	Krcil
Guaita	Junek
Meazza	Svoboda
Schiavio (1)	Sobotka
Ferrari	Nejedly
Orsi (1)	Puc (1)

Um den dritten Platz
Deutschland–Österreich 3:2 (3:1)
Austragungsort: Neapel
Schiedsrichter: Carraro (Italien)
Zuschauer: 15 000

Deutschland	*Österreich*
Jakob	Platzer
Janes	Cisar
Busch	Sesta (1)
Zielinski	Wagner
Münzenberg	Smistik
Bender	Urbanek
Lehner (1)	Zischek
Siffling	Braun
Conen (2)	Bican
Szepan	Horvath (1)
Heidemann	Viertl

III. WM 1938 in Frankreich. Teilnehmerländer: Belgien – Brasilien – ČSR – Deutschland (mit Spielern des annektierten Österreich) – Frankreich – Italien – Kuba – Niederlande – Niederländische Antillen – Norwegen – Polen – Rumänien – Schweden – Schweiz – Ungarn. Diese 15 Mannschaften (Österreich, gegen Lettland qualifiziert, „verzichtete" nach der hitlerdeutschen Annexion) bestritten die Endrunde. Deutschland, seit dem 12. 5. 1938 von *J. Herberger* betreut, vertrug die Verschmelzung mit dem „Wiener-Walzer-Fußball" (Österreichs legendärer *M. Sindelar* hatte es ohnehin abgelehnt, in dieser „deutschen" Auswahl zu spielen) offensichtlich nicht u. unterlag bereits im Auftaktspiel mit 2:4 (nach Wiederholung, zuvor 1:1) gegen die Schweiz. Diese wiederum scheiterte dann im Viertelfinale an Ungarn (0:2). S. a. Tf. 19.

Endspiel
Italien–Ungarn 4:2 (3:1)
Austragungsort: Paris
Schiedsrichter: Capdeville (Frankreich)
Zuschauer: 80 000

Italien	*Ungarn*
Olivieri	Szabó
Foni	Polgár
Rava	Biró
Serantoni	Szalay
Andreolo	Szücs
Locatelli	Lazar
Biavati	Sas
Meazza	Vincze
Piola (2)	Dr. Sárosi (1)
Ferrari	Zsengeller
Colaussi (2)	Titkos (1)

Um den dritten Platz
Brasilien–Schweden 4:2 (1:2)
Austragungsort: Bordeaux
Schiedsrichter: Langenus (Belgien)
Zuschauer: 18 000

Brasilien	*Schweden*
Batataes	Abrahamsson
da Guia	Eriksson
Machado	Nilsson
Zeze	Almgren
Martin	Linderholm
Alfonsinho	Svanström
Lopez	Nyberg (1)
Romeo (1)	Persson
Leonidas (2)	H. Andersson
Peracio (1)	Jonasson (1)
Patesko	A. Andersson

IV. WM 1950 in Brasilien. Teilnehmerländer: Bolivien – Brasilien – Chile –

England – Italien – Jugoslawien – Mexiko – Paraguay – Schweden – Schweiz – Spanien – Uruguay – USA. Die Endrundenteilnehmer (nach Querelen u. nachfolgenden Verzichten verblieben 13) wurden in 4 Gruppen aufgeteilt. In jeder Gruppe wurde eine Mannschaft durch das Organisationskomitee „gesetzt" u. die anderen durch Los bestimmt. Die Gruppensieger erreichten die zweite, d. h. die Endrunde. In beiden Runden spielte jede Mannschaft gegen jede andere der Gruppe. Diejenige Mannschaft, die in der Endrunde die größte Anzahl von Punkten aufwies, gewann die WM.
Für die Endrunde der Gruppensieger qualifizierten sich Uruguay, Brasilien, Schweden u. Spanien, wobei es aufgrund der Ansetzungen u. vorherigen Spielausgänge zu einem „echten" Endspiel kam, ausgetragen im eigens für die WM gebauten ↑ Maracaná. – Die DDR u. BRD – beide noch nicht Mitglieder der FIFA – durften nicht an der WM teilnehmen. Österreich verzichtete von vornherein, während die Schweiz über den 3. Rang in der ersten Runde (Gruppe 1) nicht hinauskam. S. a. Tf. 20 u. 21.

Endspiel

Ein Endspiel im üblichen Sinn gab es nicht, da der Weltmeistertitel in einer Finalrunde ausgespielt wurde (4 Teilnehmer). Das letzte Spiel zwischen Brasilien u. Uruguay wurde dennoch zum „Endspiel", da nur eine der beteiligten Mannschaften für den Titel in Frage kam. (Brasilien hätte bereits ein Unentschieden gereicht.)

Uruguay–Brasilien 2:1 (0:0)
Austragungsort: Rio de Janeiro
Schiedsrichter: Reader (England)
Zuschauer: 203 849

Uruguay	*Brasilien*
Maspoli	Barbosa
Gonzales	Augusto
Tejera	Juvenal
Gambetta	Bauer
Varela	Danilo
Andrade	Bigode
Ghiggia (1)	Friaca (1)
Perez	Zizinho
Miguez	Ademir
Schiaffino (1)	Jair
Moran	Chico

Um den dritten Platz

Das zum „Endspiel" gesagte trifft auch hier zu, wobei den Spaniern ein Unentschieden zum dritten Platz genügt hätte.

Schweden–Spanien 3:1 (2:0)
Austragungsort: São Paulo
Schiedsrichter: van der Meer (Niederlande)
Zuschauer: 12 000

Schweden	*Spanien*
K. Svensson	Eizaguire
Samuelsson	Asensi
E. Nilsson	Alonso
S. Andersson	A. Silva
G. Johansson	Parra
Gärd	Puchades
Sundqvist (1)	Basora
Mellberg (1)	Fernandez
Rydell	Zarra (1)
Palmer (1)	Panizo
E. Jönsson	Juncosa

V. WM 1954 in der Schweiz. Teilnehmerländer: Belgien – Brasilien – BRD – ČSR – England – Frankreich – Italien – Jugoslawien – Mexiko – Österreich – Schottland – Schweiz – Südkorea – Türkei – Ungarn – Uruguay. Acht Mannschaften aus 4 Gruppen qualifizierten sich für das Viertelfinale, wobei man sich auf eine Mischung des K.-o.-Systems u. der zuletzt 1950 in Brasilien praktizierten Punktwertung geeinigt hatte, um die letzten Acht zu ermitteln. – An den Qualifikationsspielen konnte die DDR nicht teilnehmen, da die Aufnahme der damaligen Sektion Fußball in die FIFA erst nach erfolgter Gruppeneinteilung erfolgte. Österreich schaltete im Viertelfinale die Schweiz mit 7:5 aus u. scheiterte dann im Halbfinale am späteren Weltmeister BRD (1:6). S. a. Tf. 22 u. 23.

Endspiel

BRD–Ungarn 3:2 (2:2)
Austragungsort: Bern
Schiedsrichter: Ling (England)
Zuschauer: 64 000

BRD	*Ungarn*
Turek	Grosics
Posipal	Buzanski
Kohlmeyer	Lóránt
Eckel	Lantos
Liebrich	Bozsik
Mai	Zakarias
Rahn (2)	Czibor (1)
Morlock (1)	Kocsis
O. Walter	Hidegkuti
F. Walter	Puskas (1)
Schäfer	Toth I

Weltmeisterschaft 1950
(24. 6.–16. 7.)

Austragungsstätten	*Spiele*
Rio de Janeiro	8
São Paulo	6
Belo Horizonte	3
Pôrto Alegre	2
Curitiba	2
Pernambuco	1
	22

Weltmeisterschaft 1954
(16. 6.–4. 7.)

Austragungsstätten	*Spiele*
St.-Jakob-Stadion (Basel)	6
Wankdorfstadion (Bern)	5
Hardturmstadion (Zürich)*	5
Stade Olympique (Lausanne)	5
Parc des Sports (Genf)	4
Stadio Comunale Zornaredo (Lugano)	1
	26

* 1 Entscheidungsspiel

Weltmeisterschaft 1958
(8./29. 6.)

Austragungsstätten	*Spiele*
Fußballstadion Solna („Rasunda-Stadion", Stockholm)*	8
Nya Ullevi (Göteborg)*	7
Stadion Malmö*	4
Idrottsparken (Norrköping)	3
Örjans Vall (Halmstad)	2
Olympiastadion (Helsingborg)	2
Arosvallen (Västeras)	2
Jornvallen (Sandviken)	2
Ryavallen (Boras)	2
Eyravallen (Örebro)	1
Tunavallen (Eskilstuna)	1
Rimmersvallen (Uddevalla)	1
	35

* 1 Entscheidungsspiel

Weltmeisterschaft 1962
(30. 5.–17. 6.)

Austragungsstätten	*Spiele*
Estadio Nacional (Santiago de Chile)	10
Estadio „El Tranque" (Viña del Mar)	8
Estadio „Carlos Dittborn" (Arica)	7
Estadio „O'Higgins" (Rancagua)	7
	32

Um den dritten Platz
Österreich–Uruguay 3:1 (1:1)
Austragungsort: Zürich
Schiedsrichter: Wyßling (Schweiz)
Zuschauer: 35 000

Österreich	*Uruguay*
Schmied	Maspoli
Hanappi	Santamaria
Kollmann	Martinez
Barschandt	Andrade
Ocwirk (1)	Carballo
Koller	Cruz (1 [Eigentor])
H. Körner	Abadie
Wagner	Mendez
Dienst	Hohberg (1)
Stojaspal (1)	Schiaffino
Probst	Borges

VI. WM 1958 in Schweden. Teilnehmerländer: Argentinien – Brasilien – BRD – ČSR – England – Frankreich – Jugoslawien – Mexiko – Nordirland – Österreich – Schottland – Schweden – Schweiz – UdSSR – Ungarn – Wales. Die DDR wurde in ihrer Qualifikationsgruppe Dritter u. damit Letzter (hinter der ČSR u. Wales), ebenso die Schweiz, die in der Qualifikation nach Schottland u. Spanien einkam. Die BRD scheiterte im Halbfinale an Schweden (1:3), u. Österreich schied in der ersten Runde aus (Vierter hinter Brasilien, UdSSR u. England). S. a. Tf. 24 u. 25.

Endspiel
Brasilien–Schweden 5:2 (2:1)
Austragungsort: Stockholm
Schiedsrichter: Guigue (Frankreich)
Zuschauer: 52 000

Brasilien	*Schweden*
Gilmar	Svensson
D. Santos	Bergmark
N. Santos	Axbom
Zito	Börjesson
Bellini	Gustavsson
Orlando	Parling
Garrincha	Hamrin
Didi	Gren
Vavá (2)	Simonsson (1)
Pelé (2)	Liedholm (1)
Zagalo (1)	Skoglund

Um den dritten Platz
Frankreich–BRD 6:3 (3:1)
Austragungsort: Göteborg
Schiedsrichter: Brozzi (Argentinien)
Zuschauer: 33 000

Frankreich	*BRD*
Abbes	Kwiatkowski
Kaelbel	Stollenwerk
Lerond	Erhardt
Penverne	Schnellinger
Lafont	Wewers
Marcel	Szymaniak
Wiesnieski	Rahn (1)
Douis (1)	Sturm
Kopa (1)	Kelbassa
Fontaine (4)	Schäfer (1)
Vincent	Cieslarczyk (1)

VII. WM 1962 in Chile. Teilnehmerländer: Argentinien – Brasilien – BRD – Bulgarien – Chile – ČSSR – England – Italien – Jugoslawien – Kolumbien – Mexiko – Schweiz – Spanien – UdSSR – Ungarn – Uruguay. Die DDR belegte in ihrer Qualifikationsgruppe hinter Ungarn u. vor den Niederlanden den zweiten Platz. Die Schweiz schied in der ersten Runde aus (Letzter in Gruppe 2 hinter der BRD, Chile u. Italien), die BRD im Viertelfinale gegen Jugoslawien (0:1). Österreich verzichtete auf eine Teilnahme. S. a. Tf. 26 u. 27.

Endspiel
Brasilien–ČSSR 3:1 (1:1)
Austragungsort: Santiago de Chile
Schiedsrichter: Latyschew (UdSSR)
Zuschauer: 60 000

Brasilien	*ČSSR*
Gilmar	Schroijf
D. Santos	Tichy
N. Santos	Popluhar
Zito (1)	Novak
Mauro	Pluskal
Zozimo	Masopust (1)
Garrincha	Pospichal
Didi	Scherer
Vava (1)	Kadraba
Amarildo (1)	Kvasnak
Zagalo	Jelinek

Um den dritten Platz
Chile–Jugoslawien 1:0 (0:0)
Austragungsort: Santiago de Chile
Schiedsrichter: Gardeazabal (Spanien)
Zuschauer: 77 000

Chile	*Jugoslawien*
Godoy	Soskic
Eyzaguirre	Durkovic
Rodriguez	Svinjarevic
Cruz	Radakovic
R. Sanchez	Markovic
Rojas (1)	Popovic
Ramirez	Kovacevic
Toro	Sekularac
Campos	Jerkovic
Tobar	Galic
L. Sanchez	Skoblar

VIII. WM 1966 in England. Teilnehmerländer: Argentinien – Brasilien – BRD – Bulgarien – Chile – England – Frankreich – Italien – KDVR – Mexiko – Portugal – Schweiz – Spanien – UdSSR – Ungarn – Uruguay. Die DDR belegte in ihrer Qualifikationsgruppe den zweiten Platz (hinter Ungarn u. vor Österreich). Die Schweiz schied wiederum in der ersten Runde aus (Letzter in Gruppe B hinter der BRD, Argentinien u. Spanien). Bemerkenswertestes Ergebnis: Italien unterlag in Gruppe D der KDVR mit 0:1 u. wurde somit als Gruppendritter aus dem weiteren WM-Geschehen „entlassen". Die KDVR konnte im Viertelfinale dieses Husarenstück gegen Portugal fast wiederholen, unterlag aber nach einer 3:0-Führung noch mit 3:5 (4facher Torschütze: *Eusebio*). S. a. Tf. 28 u. 29.

Endspiel
England–BRD 4:2 (2:2, 1:1) n. V.
Austragungsort: London
Schiedsrichter: Dienst (Schweiz)
Zuschauer: 100 000

England	*BRD*
Banks	Tilkowski
Cohen	Höttges
J. Charlton	Schulz
Moore	Weber (1)
Wilson	Schnellinger
Stiles	Beckenbauer
R. Charlton	Overath
Peters (1)	Haller (1)
Ball	Seeler
Hurst (3)	Held
Hunt	Emmerich

Um den dritten Platz
Portugal–UdSSR 2:1 (1:1)
Austragungsort: London
Schiedsrichter: Dagnall (England)
Zuschauer: 75 000

Portugal	*UdSSR*
J. Pereira	Jaschin
Festa	Ponomarjow
Baptista	Kornejew
Carlos	Churzilawa
Hilario	Danilow
Graca	Woronin
Coluna	Sitschinawa
Augusto	Metreweli
Eusebio (1)	Malofejew
Torres (1)	Banischewski (1)
Simoes	Serebrjannikow

IX. WM 1970 in Mexiko. Teilnehmerländer: Belgien – Brasilien – BRD – Bulgarien – ČSSR – El Salvador – England – Israel – Italien – Mexiko – Marokko – Peru – Rumänien – Schweden – UdSSR – Uruguay. Die DDR kam in ihrer Qualifikationsgruppe hinter Italien u. vor Wales wiederum nur auf den zweiten Platz. Österreich scheiterte in seiner Gruppe am Gruppenersten BRD u. wurde hinter Schottland u. vor Zypern Gruppendritter, ebenso wie die Schweiz, die in der Qualifikationsgruppe Europa I Rumänien u. Griechenland den Vortritt lassen mußte (letzter Platz für Portugal). In die Fußballanalen ging das Halbfinalspiel Italien–BRD ein, das an Dramatik kaum zu überbieten war u. die Azzurri mit 4:3 (n. V.) siegreich sah. S. a. Tf. 30 u. 31.

Endspiel
Brasilien–Italien 4:1 (1:1)
Austragungsort: Mexiko-City
Schiedsrichter: Glöckner (DDR)
Zuschauer: 112 000

Brasilien	*Italien*
Felix	Albertosi
Carlos Alberto (1)	Burgnich
Brito	Cera
Piazza	Rosato
Everaldo	Facchetti
Gerson (1)	Domenghini
Clodoaldo	de Sisti
Rivelino	Bertini
Jairzinho (1)	Mazzola
Tostao	Boninsegna (1)
Pelé (1)	Riva
	(Rivera)
	(Juliano)

Um den dritten Platz
BRD–Uruguay 1:0 (1:0)
Austragungsort: Mexiko-City
Schiedsrichter: Sbardella (Italien)
Zuschauer: 90 000

BRD	*Uruguay*
Wolter	Mazurkiewicz
Patzke	Ubinas
Weber	Ancheta
Schnellinger	Matosas
Vogts	Mujica
Fichtel	Cortes
Seeler	Montero-Castillo
Overath (1)	Maneiro
Libuda	Cubilla
Müller	Fontes
Held	Morales
(Lorenz)	(Sandoval)
(Löhr)	(Esparrago)

Weltmeisterschaft 1966
(11./30. 7.)

Austragungsstätten	*Spiele*
Wembleystadion (London)	10
Goodison Park (Liverpool)	5
Hillsborough Stadium (Sheffield)	4
Roker Park (Sunderland)	4
Villa Park (Birmingham)	3
Old Trafford (Manchester)	3
Ayresome Park (Middlesbrough)	3
	32

Weltmeisterschaft 1970
(31. 5.–21. 6.)

Austragungsstätten	*Spiele*
Aztekenstadion (Mexiko-City)	10
Estadio Jalisco (Guadalajara)	8
Estadio Monumental (León)	7
Estadio Cuauhtemoc (Puebla)	3
Estadio Deportivo (Toluca)	3
Dosal-Stadion (Toluca)	1
	32

X. WM 1974 in der BRD. Teilnehmerländer: Argentinien – Australien – Brasilien – BRD – Bulgarien – Chile – DDR – Haïti – Italien – Jugoslawien – Niederlande – Polen – Schottland – Schweden – Uruguay – Zaïre. Österreich schaffte die Qualifikation wiederum nicht (punkt- u. torgleich mit Schweden, vor Ungarn u. Malta) u. verlor das Entscheidungsspiel gegen Schweden (in Gelsenkirchen) mit 1:2. Gleiches gilt für die Schweiz, die in ihrer Gruppe nicht über den dritten Platz hinauskam (hinter Italien u. Türkei, vor Luxemburg). Erstmals wurde die Endrunde in *erste* u. *zweite Finalrunde* unterteilt. Die Ersten u. Zweiten aus den 4 Gruppen der ersten Finalrunde wurden in 2 Gruppen der zweiten Finalrunde eingeteilt, wobei dann die jeweils Ersten um den WM-Titel u. die Zweiten um den 3. Platz spielten. Bemerkenswert war das 1:0 der DDR gegen die favorisierte BRD in der ersten Finalrunde, was diese für die weiteren Spiele in der zweiten Finalrunde eher stimulierte denn schockierte, wie der spätere WM-Sieg bewies. Die DDR belegte in der zweiten Finalrunde (Gruppe A) hinter den Niederlanden u. Brasilien den dritten Platz vor Argentinien. S. a. Tf. 32 u. 33.

Endspiel
BRD–Niederlande 2:1 (2:1)
Austragungsort: München
Schiedsrichter: Taylor (England)
Zuschauer: 80 000

BRD	*Niederlande*
Maier	Jongbloed
Schwarzenbeck	Suurbier
Vogts	Rijsbergen
Beckenbauer	Haan
Breitner (1)	Krol
Hoeneß	Jansen
Bonhof	Neeskens (1)
Overath	van Hanegem
Grabowski	Rep
Müller (1)	Cruijff
Hölzenbein	Rensenbrink
	(R. van de Kerkhof)
	(de Jong)

Um den dritten Platz
Polen–Brasilien 1:0 (0:0)
Austragungsort: München
Schiedsrichter: Angonese (Italien)
Zuschauer: 79 000

Polen	*Brasilien*
Tomaszewski	Leao
Szymanowski	M. Marinho
Gorgon	Alfredo
Musial	Ze Maria
Zmuda	F. Marinho
Maszczyk	Paulo Cesar
Kasperczak	Rivelino
Deyna	Valdomiro
Lato (1)	Ademir
Szarmach	Dirceu
Gadocha	Jairzinho
(Cmikiewicz)	(Mirandinha)
(Kapka)	

XI. WM 1978 in Argentinien. Teilnehmerländer: Argentinien – Brasilien – BRD – Frankreich – Italien – Iran – Mexiko – Niederlande – Österreich – Peru – Polen – Schottland – Schweden – Spanien – Tunesien – Ungarn. Die DDR wurde (Qualifikations-)Gruppenzweiter (hinter Österreich, vor Türkei u. Malta) mit einem Punkt Rückstand zum Austriateam (DDR–Türkei 1:1 [!]). Die Schweiz belegte in ihrer Gruppe den letzten Platz hinter Schweden u. Norwegen. – Die BRD „patzte" in der 2. Finalrunde gegen Österreich (2:3, 2 *Krankl*-Tore) u. belegte in Gruppe A nur den dritten Platz. S. a. Tf. 34 u. 35.

Endspiel
Argentinien–Niederlande 3:1 (1:1, 1:0) n. V.
Austragungsort: Buenos Aires
Schiedsrichter: Gonella (Italien)
Zuschauer: 77 000

Argentinien	*Niederlande*
Fillol	Jongbloed
Olguin	Poortvliet (1)
Galvan	Krol
Passarella	Brandts
Tarantini	Jansen
Ardiles	Neeskens
Gallego	Haan
Kempes (2)	W. van de Kerkhof
Bertoni (1)	R. van de Kerkhof
Luque	Rep
Ortiz	Rensenbrink
(Larrossa)	(Suurbier)
(Houseman)	(Naninga)

Um den dritten Platz
Brasilien–Italien 2:1 (0:1)
Austragungsort: Buenos Aires
Schiedsrichter: Klein (Israel)
Zuschauer: 77 000

Brasilien	*Italien*
Leao	Zoff
Nelinho (1)	Cabrini

Weltmeisterschaft 1974
(13. 6.–7. 7.)

Austragungsstätten	*Spiele*
Olympiastadion (München)	5
Rheinstadion (Düsseldorf)	5
Parkstadion (Gelsenkirchen)	5
Waldstadion (Frankfurt/Main)	5
Westfalenstadion (Dortmund)	4
Niedersachsenstadion (Hannover)	4
Neckarstadion (Stuttgart)	4
Olympiastadion (Berlin/West)	3
Volksparkstadion (Hamburg)	3
	38

Weltmeisterschaft 1978
(1./25. 6.)

Austragungsstätten	*Spiele*
River Plate (Buenos Aires)	9
Cordoba	8
Mar del Plata	6
Mendoza	6
Rosario	6
Estadio „José Amalfitani" (Sarsfield)	3
	38

Weltmeisterschaft 1982
(13. 6.–11. 7.)

Austragungsstätten	*Spiele*
Nou Camp (Barcelona)	5
Bernabeu-Stadion (Madrid)	4
Estadio Balaidos (Vigo)	3
Estadio Riazor (La Coruña)	3
Estadio „E. Molinon" (Gijón)	3
Estadio „Carlos Tartiere" (Oviedo)	3

Amaral	Scirea
Oscar	Gentile
Rodrigues Neto	Cuccureddu
Batista	Maldera
Cerezo	Antognoni
Dirceu (1)	P. Sala
Gil	Causio (1)
Roberto	Rossi
Mendonca	Bettega
(Rivelino)	(C. Sala)
(Reinaldo)	

XII. WM 1982 in Spanien. Teilnehmerländer: Algerien – Argentinien – Belgien – Brasilien – BRD – Chile – ČSSR – El Salvador – England – Frankreich – Honduras – Italien – Jugoslawien – Kamerun – Kuweit – Neuseeland – Nordirland – Österreich – Peru – Polen – Schottland – Spanien – UdSSR – Ungarn. Die DDR scheiterte in der (Dreier-)Qualifikationsgruppe 7 an Polen (Letzter: Malta). Die Schweiz blieb ihrer seit 1966 andauernden WM-Abstinenz treu u. rangierte sich in der Qualifikationsgruppe 4 auf eben diesem Rang ein (hinter Ungarn, England u. Rumänien, vor Norwegen). – Erstmals nahmen dann an der Endrunde 24 Mannschaften teil, die nach 2 Finalrunden (*erste:* 6 Gruppen mit je 4 Mannschaften; *zweite:* 4 Gruppen mit je 3 Mannschaften) u. dem Halbfinale der Gruppensieger der 2. Finalrunde die Endspielteilnehmer ermittelten. S. a. Tf. 36 u. 37.

Endspiel
Italien–BRD 3:1 (0:0)
Austragungsort: Madrid
Schiedsrichter: Coelho (Brasilien)
Zuschauer: 90 000

Italien	*BRD*
Zoff	Schumacher
Scirea	Stielike
Gentile	B. Förster
Callovati	K. Förster
Bergomi	Kaltz
Conti	Dremmler
Oriali	Breitner (1)
Tardelli (1)	Briegel
Cabrini	Rummenigge
Rossi (1)	Fischer
Graziani	Littbarski
(Altobelli, 1)	(Hrubesch)
(Causio)	(Müller)

Um den dritten Platz
Polen–Frankreich 3:2 (2:1)
Austragungsort: Alicante
Schiedsrichter: Garrido (Portugal)
Zuschauer: 25 000

Polen	*Frankreich*
Mlynarczyk	Castaneda
Zmuda	Tresor
Dziuba	Amoros
Janas	Mahut
Majewski (1)	Janvion
Matysik	Tigana
Kupcewicz (1)	Girard (1)
Buncol	Larios
Boniek	Couriol (1)
Lato	Soler
Szarmach (1)	Bellone
(Wojcicki)	(Lopez)
	(Six)

XIII. WM 1986 in Mexiko. Teilnehmerländer: Algerien – Argentinien – Belgien – Brasilien – BRD – Bulgarien – Dänemark – England – Frankreich – Irak – Italien – Kanada – Marokko – Mexiko – Nordirland – Paraguay – Polen – Portugal – Schottland – Spanien – Südkorea – UdSSR – Ungarn – Uruguay. Nach den Vorrundengruppenspielen wurde im K.-o.-System weitergespielt, u. zwar unter Beteiligung der Gruppensieger, -zweiten u. der 4 besten Gruppendritten (nach Punkten u. Toren). Die DDR strauchelte in ihrer Qualifikationsgruppe an Frankreich u. Bulgarien – trotz spektakulärer Siege in der Rückrunde (gegen Frankreich 2:0, Jugoslawien 2:1 u. Bulgarien 1:0) – u. kam vor Jugoslawien u. Luxemburg auf Platz drei ein. Die Schweiz belegte in ihrer Qualifikationsgruppe ebenfalls den 3. Platz (hinter Dänemark u. UdSSR), wie auch Österreich (hinter Ungarn u. den Niederlanden) S. a. Tf. 38. u. 39.

Endspiel
Argentinien–BRD 3:2 (1:0)
Austragungsort: Mexiko-City
Schiedsrichter: Filho (Brasilien)
Zuschauer: 114 660

Argentinien	*BRD*
Pumpido	Schumacher
Brown (1)	Jakobs
Cuciuffo	Berthold
Ruggeri	K. Förster
Olarticoechea	Brehme
Giusti	Matthäus
Batista	Eder
Burruchaga (1)	Magath
Maradona	Briegel

Estadio R. C. D. Español (Barcelona)	3
Nuevo Estadio (Elche)	3
Estadio „José Vico Pérez" (Alicante)	3
San Mamés (Bilbao)	3
Estadio El Prado (Valladolid)	3
Estadio „Luis Casanova" (Valencia)	3
Estadio La Romareda (Saragossa)	3
Estadio La Rosaleda (Málaga)	3
Estadio „Vicente Calderón" (Madrid)	3
Estadio „Sánchez Pizjuan" (Sevilla)	2
Estadio „Benito Villamarin" (Sevilla)	2
	52

Weltmeisterschaft 1986
(31. 5.–29. 6.)

Austragungsstätten	*Spiele*
Aztekenstadion (Mexiko-City)*	9
Jalisco-Stadion (Guadalajara)*	6
Estadio Cuauhtemoc (Puebla)*	5
Estadio Universitario (Monterrey)	5
Estadio Olimpico (Mexiko-City)	4
Estadio de León (León)	4
Estadio La Corregidora (Quéretaro)	4
Estadio de Toluca (Toluca)	3
Estadio de Irapuato (Irapuato)	3
Estadio 3 de Marzo (Guadalajara)	3
Estadio Tecnológico (Monterrey)	3
Estadio Neza '86 (Nezahualcoyotl)	3
	52

* bereits 1970 Austragungsstätte

WM-Endrundenteilnahmen

o. Q.: ohne Qualifikation
a) kampfloses Erreichen
b) weil Veranstalter (seit 1938)
c) weil Titelverteidiger (seit 1938)

I 1930, II 1934, III 1938, IV 1950, V 1954, VI 1958, VII 1962, VIII 1966, IX 1970, X 1974, XI 1978, XII 1982, XIII 1986

Brasilien o. Q.: Ia, IIa, IIIa, IVb, VIIc, VIIIc, Xc	13
Italien o. Q.: IIIb, XIIIc	11
Argentinien o. Q.: Ia, IIa, XIb, XIIc	9
BRD o. Q.: VIc, Xb, XIc	9
Frankreich o. Q.: Ia, IIIb	9
Mexiko o. Q.: Ia, IXb, XIIIb	9
Ungarn o. Q.: Va	9
England o. Q.: VIIIb, IXc	8
Uruguay o. Q.: Ia, IVa, Vc	8
Belgien o. Q.: Ia	7
ČSSR	7
Jugoslawien: o. Q.: Ia	7
Schweden o. Q.: VIb	7
Spanien o. Q.: XIIb	7
Chile o. Q.: Ia, IVa, VIIb	6
Schottland	6
Schweiz o. Q.: Vb	6
UdSSR	6
Bulgarien	5
Österreich	5
Polen	5
Niederlande	4
Paraguay o. Q.: Ia, IVa	4
Peru o. Q.: Ia	4
Rumänien o. Q.: Ia, IIIa	4
Nordirland	3
USA o. Q.: Ia	3
Algerien	2

Enrique
Valdano (1)
(Trobbiani)

Rummenigge (1)
K. Allofs
(Völler, 1)
(D. Hoeneß)

Um den dritten Platz

Frankreich–Belgien 4:2 (2:2, 1:1) n. V.
Austragungsort: Puebla
Schiedsrichter: Courtney (England)
Zuschauer: 22 000

Frankreich	*Belgien*
Rust	Pfaff
Bibard	Renquin
Le Roux	Gerets
Battiston	Demol
Amoros (1)	Grün
Vercruysse	Vervoort
Genghini (1)	Scifo
Tigana	Ceulemans (1)
Ferreri (1)	Mommens
Bellone	Veyt
Papin (1)	Claesen (1)
(Bossis)	(F. van der Elst)
(Tusseau)	(L. van der Elst)

Jahr	Veranstalter	Spiele	Tore	∅ je Spiel	Zuschauer	∅ je Spiel
1930	Uruguay	18	70	3,89	434 500	24 139
1934	Italien	17	70	4,12	395 000	23 235
1938	Frankreich	18	84	4,67	483 000	26 833
1950	Brasilien	22	88	4,00	1 337 000	60 773
1954	Schweiz	26	140	5,38	943 000	36 269
1958	Schweden	35	126	3,60	868 000	24 800
1962	Chile	32	89	2,78	776 000	24 250
1966	England	32	89	2,78	1 614 677	50 459
1970	Mexiko	32	95	2,97	1 673 975	52 312
1974	BRD	38	97	2,55	1 774 022	46 685
1978	Argentinien	38	102	2,68	1 610 215	38 667
1982	Spanien	52	146	2,80	1 856 277	35 698
1986	Mexiko	52	132	2,54	2 407 431	46 297

Torschützen

Spieler	Land	Teilnahme	Tore
G. Müller	BRD	1970/74	14
J. Fontaine	Frankreich	1958	13
Pelé	Brasilien	1958/70	12
L. Kocsis	Ungarn	1954	11
H. Rahn	BRD	1954/58	10
L. Cubillas	Peru	1970/78	10
G. Lato	Polen	1974/82	10
Ademir	Brasilien	1950	9
Vava	Brasilien	1958/62	9
U. Seeler	BRD	1958/70	9
Eusebio	Portugal	1966	9
Jairzinho	Brasilien	1970/74	9
G. Stabile	Argentinien	1930	8
Leonidas da Silva	Brasilien	1934/38	8
J. Rep	Niederlande	1974/78	8

Jubiläumstore

1.	1930	Laurent (Frankreich)	700.	1966	R. Charlton (England)
100.	1934	Jonasson (Schweden)	800.	1970	Jairzinho (Brasilien)
200.	1938	Wetterström (Schweden)	900.	1974	Yazalde (Argentinien)
300.	1950	Chico (Brasilien)	1 000.	1978	Rensenbrink (Niederlande)
400.	1954	Lefter (Türkei)	1 100.	1982	Barmos (ČSSR), Eigentor
500.	1958	Rahn (BRD)	1 200.	1986	Papin (Frankreich)
600.	1962	Jerkovic (Jugoslawien)	1 300.	1986	Lineker (England)

Weltmeisterschaftsendrunde, Kurzbezeichnung: ↑ WM-Endrunde.

Weltpokal, 1. ein offizieller Pokalwettbewerb zwischen dem Sieger des ↑ *Europapokals der Landesmeister* u. dem *Südamerikapokalsieger der Landesmeister* (↑ Copa Libertadores de America); 1960 durch ↑ UEFA u. ↑ CONMEBOL als (inoffizielle) *Klubweltmeisterschaft* sanktioniert. Bis 1969 wurde auf *Siegbasis* (ohne Berücksichtigung der Ergebnishöhe) gespielt, wenn notwendig, gab es bei je einem Sieg für beide Klubs ein *Entscheidungsspiel.* 1969/79 entschied das *Torverhältnis* nach 2 Spielen. Seit 1980 wird das Endspiel im W. jährlich in *Tokio* (ein Spiel) ausgetragen. Tab.
2. Trophäe für den jeweiligen Weltmeister seit 1930 (I. WM), die 1928 von der FIFA dem französ. Bildhauer *Abel Lafleur* in Auftrag gegeben wurde. Dabei handelte es sich um eine Siegesgöttin, die mit hocherhobenen Händen ein achteckiges Gefäß hielt. Dies alles wurde aus Gold gefertigt (deshalb auch die Bezeichnung *Goldene Göttin*), der Sockel aus Halbedelsteinen. 1946 wurde der W. zu Ehren von *J. Rimet,* welcher der FIFA seit 25 Jahren vorstand, in *Coupe Jules Rimet* umbenannt. 1966 vor der WM-Endrunde aus einer Ausstellung in London gestohlen, konnte die unter einem Baum vergrabene Trophäe von einem kleinen Hund namens „Pickles" (später geadelt: „Sir Pickles") wieder aufgespürt werden. 1970 gelangte der Pokal nach dreimaligem WM-Gewinn endgültig in den Besitz Brasiliens, wo er (in Rio de Janeiro) Ende 1983 wiederum gestohlen u. von den Dieben wahrscheinlich eingeschmolzen wurde. Seit 1974 gibt es den ↑ FIFA World Cup (1), einem 36 cm hohen Goldpokal. Abb.

Wembleystadion, 1923 in London mit dem *Cup Final* (Bolton Wanderers – West Ham United) vor 126 000 Zuschauern eingeweihtes Stadion; bekannt durch seinen im Schachbrettmuster geschnittenen u. qualitativ ausgezeichneten Rasen. Austragungsstätte des WM-Finals 1966 (England–BRD). Fassungsvermögen heute 100 000 Zuschauer (45 000 Sitz-, 55 000 Stehplätze). S. a. „Spiel des Jahrhunderts".

Werkmeister, Otto, geb. 3. 5. 1918 Halle; Mittelläufer; spielte 1930/31 bei FSV Halle (Arbeitersport), 1931/39 bei VfL Halle 96 u. 1948/56 bei Freiimfelde, ZSG Union, Turbine u. SC Chemie Halle-Leuna; Ostzonenmeister 1949; DDR-Meister 1952; 161 Oberligaspiele (1 Tor); spielte in der Landesauswahl Sachsen-Anhalt. – Trainierte 1957/59 Chemie Bitterfeld, 1959/66 SC Chemie Halle, 1966/68 Chemie Leuna u. 1968 bis 1973 Dynamo Eisleben.

Werner, Armin, Trainer, geb. 18. 10. 1930 Kühnhaide (Erzgebirge); spielte als Verteidiger bzw. Läufer 1946/51 bei Wismut Neudorf, 1952 bei Einheit Ost u. DHfK Leipzig sowie 1952/55 bei Chemie u. SC Lok Leipzig. – Trainer seit 1954: bis 1959 beim SC Lok Leipzig (Nachwuchs), 1958/59 zweiter Trainer der DFV-Juniorenauswahl, 1959/62 DFV-Verbandstrainer (Jugend), 1963/65 beim SC Leipzig, 1967/69 Leiter des WZ des DFV der DDR, 1970 Vorsitzender des DFV-Trainerrates, 1970/76 DFV-Verbandstrainer, seit 1984 Mitglied des Trainerrates.

Werner, Heinz, Trainer, geb. 27. 12. 1935 Ünglingen (Kreis Stendal); Halbstürmer u. Läufer; spielte 1950/60 bei Lok Stendal, 1960/66 bei Motor Schwerin; 1966/68 Trainer bei Motor Schwerin, 1968/70 bei KKW Greifswald, 1970 bis 1975 beim FC Hansa Rostock, 1976/82 beim 1. FC Union Berlin, 1983/85 bei Stahl Brandenburg u. seit 1985 beim FC Karl-Marx-Stadt. Abb.

Wertkoeffizientensystem, von der UEFA 1978 eingeführtes System, das auf der leistungsorientierten Startberechtigung *(UEFA-[Pokal-]Klassement)* der europäischen Fußballverbände im UEFA-Pokal basiert. Der (Wert-)Koeffizient je Verband wird alljährlich nach Abschluß der 3 UEFA-Klubwettbewerbe (EC I, EC II, EC III) rechnerisch ermittelt, indem die erreichten Punkte (ohne eventuelles Strafstoßschießen zu berücksichtigen) in den 3 Wettbewerben durch die Teilnehmerzahl des jeweiligen Verbandes dividiert werden. (Das W. berücksichtigt also nicht nur die Punktausbeute

Bolivien o. Q.: Ia, IVa	2
Deutschland bis 1945	2
El Salvador	2
Marokko	2
Portugal	2
Südkorea	2
Ägypten	1
Australien	1
Dänemark	1
DDR	1
Haïti	1
Honduras	1
Irak	1
Iran	1
Israel	1
Kamerun	1
Kanada	1
Kolumbien	1
KDVR	1
Kuba o. Q.: IIIa	1
Kuweit	1
Neuseeland	1
Niederländische Antillen o. Q.: IIIa	1
Norwegen	1
Tunesien	1
Türkei	1
Wales	1
Zaïre	1

Weltpokal
(„Goldene Göttin")

Weltpokal

1960 *Real Madrid*–Peñarol Montevideo 5:1, 0:0
1961 *Peñarol Montevideo*–Benfica Lissabon 5:0, 0:1 u. 2:1
1962 *FC Santos*–Benfica Lissabon 3:2, 5:2
1963 *FC Santos*–AC Mailand 4:2, 2:4 u. 1:0
1964 *Internazionale Mailand*–Independiente Buenos Aires 2:0, 0:1 u. 1:0 (n. V.)
1965 *Internazionale Mailand*–Independiente Buenos Aires 3:0, 0:0
1966 *Peñarol Montevideo*–Real Madrid 2:0, 2:0
1967 *Racing Buenos Aires*–Celtic Glasgow 2:1, 0:1 u. 1:0
1968 *Estudiantes de La Plata*–Manchester United 1:0, 1:1
1969 *AC Mailand*–Estudiantes de La Plata 3:0, 1:2
1970 *Feyenoord Rotterdam*–Estudiantes de La Plata 1:0, 2:2
1971 *Nacional Montevideo*–Panathinaikos Athen 2:1, 1:1 (Panathinaikos nahm als unterlegener EC I-Finalist daran teil, da Ajax Amsterdam verzichtete)
1972 *Ajax Amsterdam*–Independiente Buenos Aires 3:0, 1:1
1973 *Independiente Buenos Aires*–Juventus Turin 1:0 (nur ein Spiel am 28. 11. in Rom, EC I-Gewinner Ajax Amsterdam verzichtete)

Heinz **Werner**

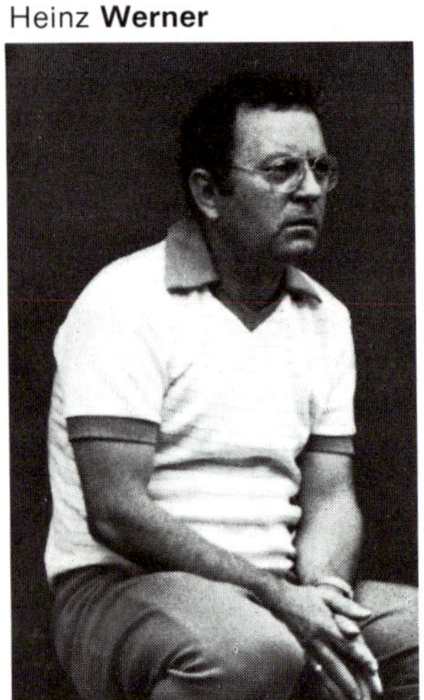

aus dem UEFA-Pokal, sondern auch aus dem EC I u. EC II).
Der Koeffizient des abgelaufenen Spieljahres (Beispiel: 1985/86), addiert mit denjenigen der zurückliegenden 4 Jahre (im Beispiel ab 1981/82), ergibt für den Verband die Ausgangsposition für das *übernächste* Spieljahr (im Beispiel 1987/88). Ausgehend von diesem *Gesamtklassement* wurde für den UEFA-Pokal folgende Aufschlüsselung vorgenommen: Plätze 1 bis 3 4 Klubs, 4 bis 8 3 Klubs, 9 bis 22 2 Klubs, ab 23 1 Klub.

Weserstadion ↑ Bremen, SV Werder.

West Bromwich Albion („Throstles", „Drosseln"), England, Verein der 2. Division (Emblem ↑ Tf. 15); gegr. 1879 als *West Bromwich Strollers* („Spaziergänger"), Namensänderung 1881; seit 1885 Profifußball; 1888 Gründungsmitglied der engl. Liga; sechsmal aus der höchsten Spielklasse abgestiegen (1901, 1904, 1927, 1938, 1973 u. 1986); 1920 *Landesmeister*; war 5mal *FA-Cupsieger* (zwischen 1888 u. 1968); 1966 *Ligacupgewinner*. 5 *EC-Teilnahmen:* 22 Spiele; 8 Siege, 5 Unentschieden, 9 Niederlagen, 21:23 Punkte, 30:27 Tore. – *Spielkleidung:* weiße Hose, marineblaues Hemd mit weißen Streifen, weiße Stutzen. *Heimstadion:* 1879 Coopers Hill, 1879 Dartmouth Park, 1881 Bunns Field, 1882 Four Acres (Dartmouth Cricket Club), 1885 Stoney Lane; seit 1900 *The Hawthorns*, 39159 Plätze (12500 Sitzplätze).

Spieler (Auswahl): R. Allen – J. Astle – W. I. Bassett – J. H. Carter – L. Cunningham – S. Davies – M. J. Giles – J. T. W. Haines – R. A. Hartford – D. Howe – S. Hunt – W. Johnston – D. T. Kevan – R. L. Krzywicki – T. P. Magee – R. McNeal – J. P. Murphy – J. Nicholls – J. Pennington – C. Perry – S. Powell – C. Regis – J. Reynolds – R. Roberts – B. Robson – R. Robson – R. A. Ryan – D. Statham – R. C. P. Treacy – D. J. Walsh – G. E. Williams – S. G. Williams – W. Williams. – **Manager** (Auswahl): R. Allen – A. Ashman – R. Atkinson – V. Buckingham – G. Clark – J. Giles – J. Hagan – D. Howe – A. Macauly – J. Smith – R. Wylie.

Westeuropaauswahl, Mannschaft, die sich aus Spielern der Landesverbände Westeuropas zusammensetzte u. nur einmal – unter der Leitung der FIFA – gegen eine ↑ Zentraleuropaauswahl spielte (am 20. 6. 1937 in Amsterdam 1:3). Dabei waren Spieler aus Deutschland *(L. Goldbrunner, H. Jakob, A. Kitzinger, E. Lehner)*, Belgien (4), Niederlande (3) u. Frankreich (1).

Westfalenstadion, Dortmund; zwischen Oktober 1971 u. Mai 1974 anläßlich der WM-Endrunde 1974 erbaut; rechteckig, ganzseitig überdacht; 53790 Plätze (16430 Sitz- u. 37360 Stehplätze), Flutlicht.

West Ham United, F.C., London („The Hammers", „Die Hämmer"), England, Verein der 1. Division (Emblem ↑ Tf. 15), gegr. 1900; ab 1900 Profifußball; 1919 2. Division, 1923/32 1. Division, 1932/58 2. Division, 1958/78 1. Division, 1978/81 2. Division, seit 1981 1. Division; *FA-Cupsieger* 1964, 1975 u. 1980; *EC II-Gewinner* 1965. 4 *EC-Teilnahmen:* 30 Spiele; 15 Siege, 6 Unentschieden, 9 Niederlagen, 36:24 Punkte, 58:42 Tore. – *Spielkleidung:* weiße Hose, rotweinfarbenes Hemd, weiße Stutzen. *Heimstadion:* 1900 Memorial Recreation Ground, Canning Town; seit 1904 *Boleyn Ground* im Upton Park (Ostlondon), 35237 Plätze.

Spieler (Auswahl): R. Boyce – P. Brabrook – T. D. Brooking – K. Brown – J. Burkett – J. Byrne – A. Devonshire – N. M. Dwyer – L. A. Goulden – A. E. Hufton – G. C. Hurst – R. J. Lutton – R. F. Moore – T. Moroney – F. O'Farrell – M. Peters – J. W. Ruffell – A. Sealey – J. Standen – R. Stewart – V. M. Watson – A. P. Woosnam – C. J. Turner. – **Manager** (Auswahl): T. Fenton – R. Greenwood – J. Lyall – C. Painter.

Wettspielordnung, svw. ↑ Spielordnung.

WFV, Abk. für ↑ Wiener Fußballverband.

White Hart Lane ↑ Tottenham Hotspur.

Whiteside, Norman, Nordirland, geb. 7. 5. 1965 Belfast; Linksaußen u. Mittelstürmer; spielt seit April 1982 bei Manchester United; gab sein Ligadebüt mit 16 Jahren gegen Brighton and Hove Albion; 28 Länderspiele (6 Tore); internationales Debüt am 17. 6. 1982 gegen Jugoslawien (0:0) in Saragossa (WM-Endrundenauftaktspiel, in dem W. mit 17 Jahren u. 41 Tagen jüngster WM-

Spieler in Spanien war); WM-Endrundenteilnehmer 1986.

Whittacker, Tom („Mr. Arsenal"), Manager; spielte 1920/25 beim FC Arsenal, seit 1947 Manager; gewann mit den „Gunners" 1948 u. 1953 die Landesmeisterschaft sowie 1950 den Cup.

Wiederkehr, Gustav, Schweiz, Fußballfunktionär, 2. 10. 1905–7. 7. 1972; Zentralpräsident des Schweizerischen Fußballverbandes; wurde am 17. 4. 1962 zum (2.) *UEFA-Präsidenten* gewählt (damit zugleich *FIFA-Vizepräsident*); bekleidete diese Funktion bis zu seinem Tode. – Sein Vorgänger war *E. Schwartz*, sein Nachfolger Dr. *A. Franchi*.

Wien, FC Admira-Wacker, Österreich, 1. Division; gegr. 1897 als *Admira*, 1965 in *Admira-Energie* (Sponsorentätigkeit eines Elektrokonzerns) umbenannt, 1970 mit *Wacker Wien* fusioniert; 9mal *Landesmeister* (zwischen 1927 u. 1966); 5mal *Pokalsieger* (zwischen 1928 u. 1966). 4 *EC-Teilnahmen:* 10 Spiele; 2 Siege, 1 Unentschieden, 7 Niederlagen, 5:15 Punkte, 6:18 Tore. – *Spielkleidung:* Weiß. *Heimstadion:* Bundesstadion Südstadt (Maria-Enzersdorf), 15 600 Plätze; Flutlicht (80 lx). Abb.

Spieler (Auswahl): H. Baumgartner – J. Bican – J. Binder – K. Durspekt – L. Facco – F. Franzl – W. Hahnemann – W. Haummer – F. Hummenberger – A. Janda – S. Joksch – E. Kaltenbrunner – P. Kozlicek – F. Latzke – G. Messlender – J. Molzer – H. Oberhofer – R. Pavlicek – P. Platzer – J. Sauer – A. Schall – I. Siegel – K. Skerlan – W. Stamm – K. Stoiber – H. Strasser – J. Urbanek – D. Vukicevic – A. Vogel – T. Wagner – R. Zöhrer. – **Trainer** (Auswahl): E. Dokupil – A. Körner – E. Ocwirk – F. Pelikan – H. Pesser – K. Sesta – K. Schlechta – H. Senekowitsch – H. Stachowicz.

Wien, First Vienna Emco, Österreich, 1. Division (Emblem ↑ Tf. 16); gegr. 22. 8. 1890 als „First Vienna Football Club" von Engländern u. dem Finanzkönig Baron *Rotschild*; ältester österreich. Verein; *Mitropapokalsieger* 1931; 6mal *Landesmeister* (zwischen 1931 u. 1955); *Challenge-Cup-Sieger* 1899 u. 1900; *österreich. Pokalsieger* 1929, 1930 u. 1937; *DFB-Pokalsieger* 1943 (nach Annexion Österreichs durch Deutschland). – *Spielkleidung:* gelbe Hose, blaues Hemd, gelb-blaue Stutzen (od. Violett). *Heimstadion:* Hohe Warte, 25 000 Plätze (21 000 Steh-, 4 000 Sitzplätze/Flutlicht [80 lx.]). Besagte *Hohe Warte* war Geburtsstätte des berühmten „Wunderteams" mit den 4 Vienna-Internationalen *Karl Rainer, Josef Blum, Leopold Hofmann* sowie *Friedrich Gschweidl*.

Spieler (Auswahl): K. Bortoli – J. Blum – J. Buzek – K. Decker – R. Dörfel – F. Gschweidl – G. Happich – L. Hofmann – M. Kempes – K. Koller – R. Noack – V. Radimec – K. Rainer – E. Sabeditsch – H. Senekowitsch – W. Schmaus – K. Schmied – H. Schwarzer – F. Vesely. – **Trainer** (Auswahl): K. Blum – K. Decker – E. Hlozek – P. Velhorn.

Wien, FK Austria, (die „Violetten" od. „Veilchen"), Österreich, Verein der 1. Division (Emblem ↑ Tf. 16); gegr. 15. 3. 1911 als „Wiener Amateursportverein", dem Nachfolger des 1894 entstandenen „Vienna Cricket and Football Club"; 1926 in *Austria* umbenannt; 1973 Fusion mit dem „Wiener AC"; zeitweilig spielte man unter dem Namen *Austria/WAC* u. *Austria-Memphis*; 18mal *Landesmeister* (zwischen 1924 u. 1986); 20mal *Pokalsieger* (zwischen 1921 u. 1986), bis 1948 unter der Bezeichnung „Wiener Cup"; *Mitropapokalgewinner* 1933 u. 1936; *EC II-Finalist* 1978. 20 *EC-Teilnahmen:* 86 Spiele; 28 Siege, 24 Unentschieden, 34 Niederlagen, 80:92 Punkte, 126:130 Tore. – *Spielkleidung:* weiße Hose, lila Hemd, lila Stutzen. *Heimstadion:* Hanappi-Stadion, 20 000 Plätze.

Spieler (Auswahl): K. Adamek – H. Andres – L. Aurednik – E. Baumeister – H. Baumgartner – J. Buzek – S. Cebinac – K. Daxbacher – J. Degeorgi – J. Dihanich – A. Drabitz – G. Fraydl – K. Gall – F. Gasselich – K. Geyer – J. Hickersberger – H. Hirnschrodt – D. Huber – L. Hussak – C. Jerusalem – S. Joksch – H. Köglberger – F. Koncilia – F. Kominek – J. Konrad – K. Konrad – K. Kurz – E. Melchior – H. Mock – J. Molzer – W. Nausch – H. Nemec – C. Neumer – T. Nyilasi – E. Obermayer – E. Ocwirk – T. Parits – A. Polster – H. Prohaska – F. Riegler – R. Sara – W. Schachner – W. Schleger – K. Sesta – M. Sindelar – G. Steinkogler – E. Stojaspal – K. Stotz – J. Stroh – F. Swatosch – F. Swoboda – R. Szanwald – R. Viertl. – **Trainer** (Auswahl): R. Dienst –

1974 *Atlético Madrid*–Independiente Buenos Aires 2:0, 0:1 (EC I-Gewinner FC Bayern München verzichtete.)
1976 *FC Bayern München*–Cruzeiro Belo Horizonte 2:0, 0:0
1977 *Boca Júniors Buenos Aires*–Borussia M.gladbach 2:2, 3:0 (EC I-Gewinner FC Liverpool verzichtete)
1979 *Olimpia Asunción*–Malmö FF 2:1, 1:0 (EC I-Gewinner Nottingham Forest verzichtete)
1980 *Nacional Montevideo*–Nottingham Forest 1:0 (am 11. 2. 1981 in Tokio)
1981 *Flamengo Rio de Janeiro*–FC Liverpool 3:0 (am 13. 12.)
1982 *Peñarol Montevideo*–Aston Villa 2:0 (am 12. 12.)
1983 *Gremio Pôrto Alegre*–Hamburger SV 2:1 n. V. (am 11. 12.)
1984 *Independiente Buenos Aires*–FC Liverpool 1:0 (am 9. 12.)
1985 *Juventus Turin*–Argentinos Júniors Buenos Aires 2:2 n. V., 4:2 nach Strafstoßschießen (am 8. 12.)
1986 *River Plate Buenos Aires*–Steaua Bukarest 1:0 (am 14. 12.)

Admira-Wacker Wien

E. Frühwirth – B. Gutmann – W. Halama – J. Hogan – H. Meisl – W. Müller – E. Ocwirk – T. Parits – K. Schlechta – H. Stessl – K. Stotz – R. Szanwald.

Wien, SK Rapid (die „Hütteldorfer"), Österreich, Verein der 1. Division (Emblem ↑ Tf. 16); gegr. 1899 (aus dem am 17. 9. 1898 ins Leben gerufenen „1. Arbeiter Fußball-Club" [„First Vienna Worker F.C."] hervorgegangen); 27mal *Landesmeister* (zwischen 1912 u. 1983); 12mal *Pokalsieger* (zwischen 1919 u. 1985); *Deutscher Meister* 1941 u. *DFB-Pokalsieger* 1938 (Österreich war von Deutschland annektiert); *Mitropapokalgewinner* 1930 und (inoffiziell) 1951; *EC II-Finalist* 1985. 26 *EC-Teilnahmen:* 110 Spiele; 42 Siege, 24 Unentschieden, 44 Niederlagen, 108:112 Punkte, 169:157 Tore. – *Spielkleidung:* weiße Hose, weißes Hemd mit grünen Streifen, weiße Stutzen. *Heimstadion:* Hanappi-Stadion, 20000 Plätze (zuvor [1899/1912] „Schmeezl" im Westen Wiens u. [1912/83] „Pfarrwiese" in Hütteldorf, 30000 Plätze).

Spieler (Auswahl): J. Bican – F. Binder – J. Bjerregaard – J. Brandstetter – P. Brucic – R. Dienst – H. Feurer – W. Fitz – R. Flögel – W. Gebhardt – W. Glechner – F. Golobic – P. Halla – G. Hanappi – E. Happel – F. Hasil – F. Hofer – J. Hofstätter – J. Horwath – M. Kaburek – R. Kienast – A. Körner – R. Körner – J. Krankl – R. Kuthan – M. Merkel – P. Pacult – A. Panenka – H. Pesser – E. Probst – R. Raftl – K. Rappan – F. Riegler – R. Schrammseis – W. Skocik – S. Skoumal – P. Smistik – G. Starek – J. Uridil – F. Wagner – H. Weber – F. Wesselik – W. Zeman. – **Trainer** (Auswahl): O. Baric – E. Bauer – F. Binder – W. Gebhardt – E. Happel – A. Hložek – R. Körner – V. Markovic – M. Merkel – K. Rappan – R. Vytlacil.

Wiener Fußballverband, Abk. *WFV,* einer der 9 Unterverbände des *ÖFB* (↑ Österreich); Spielklasseneinteilung: *Wiener Liga* (14 Vereine), *Unterliga* (2 Gruppen je 16 Vereine), *1. Klasse* (2 Gruppen je 14 Vereine), *2. Klasse* (2 Gruppen je 14 Vereine) u. *3. Klasse* (2 Gruppen je 14 Vereine). Abb.

Wiener Schule, Bez. für das in Österreich etwa Mitte der 20er Jahre aufgekommene „Scheiberlspiel", das bes. auf Überraschungseffekten beruhte, die der Gegner nicht erwartete; ein mit „Wiener Schmäh" angereicherter, von Spielwitz durchdrungener Fußball. Lehrmeister der W. S. waren die Ungarn *K. Konrad* u. *A. Schaffer,* spätere Vertreter z. B. *M. Kaburek, J. Bican, F. Binder, W. Nausch* u. *M. Sindelar,* weiterhin *E. Ocwirk, G. Hanappi* u. a. Die Exponenten der W. S. nannte man in Wien *Brieskicker.*

Wildparkstadion ↑ Karlsruher SC.

Wilhelm-Helfers-Kampfbahn ↑ Stendal, BSG Lokomotive.

Wilhelmina Stadium, Nationalstadion der ↑ Niederländischen Antillen.

Wilhelm-Koch-Stadion ↑ Hamburg, FC St. Pauli.

Wilkes, Faas, Niederlande, geb. 23. 10. 1923; Stürmer; spielte 1937/62 bei Xerxes, FC Valencia, VV Venlo u. Fortuna 54 Geleen; 38 Länderspiele (1946/61; 35 Tore).

Wilkins, Colin Raymond („Ray"), England, geb. 14. 9. 1956 Hillingdon; Mittelfeldspieler; spielte 1973/79 beim FC Chelsea u. 1979/84 bei Manchester United; seitdem bei AC Mailand; 81 Länderspiele (3 Tore); internationales Debüt am 28. 5. 1976 gegen Italien (3:2) in New York; WM-Endrundenteilnehmer 1982 u. 1986.

Willimowski, Ernst, geb. 23. 6. 1916 Kattowitz (Katowice); Mittelstürmer; spielte 1927/34 beim 1. FC Kattowitz, 1934/40 bei Polizei Chemnitz, 1940/44 bei TSV 1860 München, 1945/47 bei Chemnitz-West, 1947 bei Hameln 07, 1947/48 bei TSV Detmold, 1948/50 beim BC Augsburg, 1950/52 bei FV Offenburg, 1952 bis 1953 bei Singen 04 u. 1953/55 bei VfR Kaiserslautern; 30 Länderspiele (1934/42; für Polen 22 [21 Tore] bis 1939, für Deutschland [nach dem Überfall auf Polen] 8 [13 Tore]); internationales Debüt am 21. 5. 1934 gegen Dänemark (2:4) in Kopenhagen; Länderspielabschied am 22. 11. 1942 gegen die Slowakei (5:2) in Preßburg (Bratislava); WM-Endrundenteilnehmer 1938 in Frankreich mit Polen (5 Tore); erzielte für Kattowitz 112 Punktspieltore; spielte später repräsentativ für Sachsen u. Bayern.

Wilson, Frederick Peter („Big Willie"), Australien, geb. 15. 9. 1947 Felling (Eng-

Wiener Fußballverband

WM-Endrunde
(Austragungsmodus)

1930 (Punkt-/K.-o.-System)
4 Vorrundengruppen
(4,3,3 u. 3 Mannschaften)
Halbfinale
Spiel um den 3. Platz
Finale

1934 (K.-o.-System)
Achtelfinale
Viertelfinale
Halbfinale
Spiel um den 3. Platz
Finale

land); Libero; spielte 1964/68 beim FC Middlesbrough, 1969/74 bei South Coast United (Australien), 1974/78 bei Western Suburbs Sydney u. 1979/82 bei Leichhardt Sydney; 63 Länderspiele (5 Tore); internationales Debüt am 2. 11. 1970 (2:1), Länderspielabschied am 25. 11. 1977 (0:1), jeweils gegen den Iran in Teheran; WM-Endrundenteilnehmer 1974.

Wimmer, Herbert, geb. 19. 11. 1944; Mittelfeldspieler; spielte u. a. 1954/66 bei Borussia Brand (Aachen) u. 1966/76 bei Borussia Mönchengladbach; 36 Länderspiele (1968/76); internationales Debüt am 23. 11. 1968 gegen Zypern (1:0) in Nikosia; Länderspielabschied am 20. 6. 1976 gegen die ČSSR (2:2 n. V., 3:5 nach Strafstoßschießen) in Belgrad; WM-Endrundenteilnehmer 1974; EM-Endrundenteilnehmer 1972 u. 1976.

Windsor Park, Nationalstadion von ↑ Nordirland.

Winkel, svw. ↑ oberes Toreck.

Günther **Wirth**

Winterbottom, Walter, England, Trainer u. Manager, geb. 1913 Olaham (Lankeshire); Läufer; spielte für Manchester United u. FC Chelsea; Englands Teammanager 1946/62; WM-Endrundenteilnehmer 1950, 1954 u. 1958.

Winterpause ↑ Spielpause.

Wirth, Günther („Wibbel"), geb. 9. 1. 1933 Dresden; Linksaußen; er spielte 1943/45 bei Guts-Muths Dresden, 1945/51 bei SG Johannstadt (jetzt BSG Turbine) Dresden, 1951 bei Tabak Dresden u. HSG Wissenschaft Karlshorst, 1951/54 bei Motor Berlin-Oberschöneweide u. 1954/65 beim ASK Vorwärts Berlin; 28 Länderspiele (11 Tore); internationales Debüt am 8. 5. 1954 gegen Rumänien (0:1) in Berlin; Länderspielabschied am 14. 10. 1962 gegen Rumänien (3:2) in Dresden; 243 Oberligaspiele (57 Tore). – ASV-Pressereferent. Abb.

Wismar, TSG, DDR, Bezirksliga; gegr. 3. 2. 1961 als Zusammenschluß der *BSG Motor* u. *BSG Aufbau*; spielte unter *Wismar Süd* 1948 u. 1949 in den Endrunden der Ostzonenmeisterschaft, als *ZSG Anker Wismar* 1949/50 u. als *BSG Motor Wismar* 1951/52 Oberliga. – *Spielkleidung*: weiße Hose, rotes Hemd, rote Stutzen. *Heimstadion*: Jahnsportplatz, 12000 Plätze.

Spieler (Auswahl): F. Block – K. Fick – H. W. Friedrich – K.-H. Harnack – H. Hartmann – H. Holtfreter – F. Laband – G. Laschkowski – H. Minuth – P. F. Peters – W. Peters – K. Reinhold – H. Reincke – H. Rennhack – H. Schnurrbusch – W. Schweiß – H. Stegemann – H.-P. Stein – G. Szewierski – F. Thoms – E. Zahlmann. – **Trainer** (Auswahl): H. Artmeier – G. Buß – H. Hartmann – H. Levknecht – H. Lieberwirth – K. Offhaus – O. Pfau – H. Reincke – F. Schneider – H. Stennull – F. Thoms – D. Zimmermann.

Wismut, *DDR* Bez. für Betriebssportgemeinschaften des Untertagebergbaus, z. B. W. Aue.

WM, Abk. für ↑ Weltmeisterschaft.

WM-Endrunde, Finalwettbewerb der ↑ Weltmeisterschaft, bei dem diejenigen Nationalmannschaften der FIFA-Landesverbände, die die vorangegangene Qualifikation geschafft haben, den Weltmeister ermitteln. Die Austragung war bislang recht unterschiedlich, nicht zuletzt aufgrund der Anzahl der jeweils beteiligten Mannschaften (früher 16, heute 24) u. des Austragungsmodus (↑ Tab.). Bei den W. werden Veranstalterland u. vorangegangener Weltmeister seit 1938 gesetzt, d. h., beide nehmen ohne vorherige Qualifikationsspiele „automatisch" an der W. teil. – Von einer W. im engeren Sinne kann man eigtl. erst seit 1934 sprechen, als erstmals Qualifikationsspiele ausgetragen wurden.

WM-Maskottchen, offiziell von der FIFA genehmigter Talismann der jeweiligen Ausrichter der WM-Endrunden,

1938 (wie 1934)
1950 (Punktsystem)
4 Vorrundengruppen (4,4,3,2)
Finalgruppe (4)
1954 (Punkt-/K.-o.-System)
4 Vorrundengruppen (à 4)
mit je 2 gesetzten Mannschaften
Viertelfinale
Halbfinale
Spiel um den 3. Platz
Finale
1958 (Punkt-/K.-o.-System)
4 Vorrundengruppen (à 4)
Viertelfinale
Halbfinale
Spiel um den 3. Platz
Finale
1962 (wie 1958)
1966 (wie 1958)
1970 (wie 1958)
1974 (Punktsystem)
erste Finalrunde (4 Gruppen à 4)
zweite Finalrunde (2 Gruppen à 4)
Spiel um den 3. Platz
Finale
1978 (wie 1974)
1982 (Punkt-/K.-o.-System)
erste Finalrunde (6 Gruppen à 4)
zweite Finalrunde (4 Gruppen à 3)
Halbfinale
Spiel um den 3. Platz
Finale
1986 (Punkt-/K.-o.-System)
6 Vorrundengruppen (à 4)
Achtelfinale
Viertelfinale
Halbfinale
Spiel um den 3. Platz
Finale

WM-Maskottchen

1966 Worldcup Willie
1970 Juanito
1974 Tip und Tap
1978 Gauchito
1982 Naranjito
1986 Pique

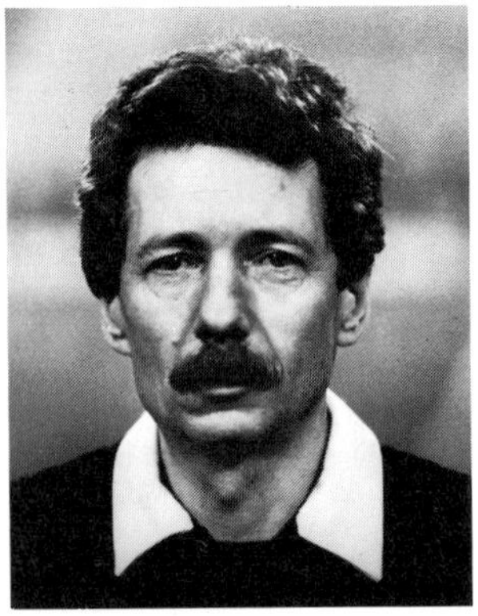

Franz **Wöhrer**

Karl **Wolf**

Walerie **Woronin**

womit entsprechende Reklame betrieben wird. Tab. S. a. Tf. 40.

WM-System ↑ Spielsystem.

Wöhrer, Franz, Österreich, Schiedsrichter, geb. 5. 6 1939 Wien; spielte 1951/59 bei einem Amateurverein (3. Division). – 1957 Schiedsrichterprüfung; 1964 Landesliga I; 1967 FIFA-Referee (u. a. bei der WM-Endrunde 1982 in Spanien dabei); leitete 1978 das zweite Endspiel der Nachwuchseuropameisterschaft Jugoslawien–DDR (4:4) in Mostar sowie über 30 Länderspiele. Abb.

Wolf, Karl, geb. 27. 5. 1924 Bernsbach, Bruder von *Siegfried W.*; Halbrechter, rechter Läufer, Rechtsverteidiger; spielte 1934/42 bei Saxonia Bernsbach, 1942 bis 1944 bei WSV Celle u. 1950/62 bei (SC Wismut Karl-Marx-Stadt) Wismut Aue; 10 Länderspiele; internationales Debüt am 8. 5. 1954 gegen Rumänien (0:1) in Berlin; Länderspielabschied am 25. 9. 1957 gegen Wales (1:4) in Cardiff; 216 Punktspiele (33 Tore). – Später Trainer bei Wismut Aue (1962/71). Abb.

Wolf, Siegfried („Sigg"), geb. 5. 1. 1926 Bernsbach, Bruder von *Karl W.*; Läufer; spielte 1938/45 bei Saxonia Bernsbach, 1945/49 bei Aufbau Bernsbach u. 1950/66 bei (SC Wismut Karl-Marx-Stadt) Wismut Aue; 17 Länderspiele; internationales Debüt am 18. 9. 1955 gegen Rumänien (3:2) in Bukarest; Länderspielabschied am 6. 9. 1959 gegen Finnland (2:3) in Helsinki; 298 Punktspiele (53 Tore). – Später Nachwuchstrainer (1967/81 bei Wismut Aue).

Wolf, Werner („Mikosch"), Trainer, geb. 22. 2. 1925 Dresden; Halbstürmer; spielte 1936/51 bei SV Blau-Weiß Dresden-Zschachwitz, 1951/53 bei Vorwärts Leipzig, 1953/58 beim ASK Vorwärts Berlin. – 1959/63 Trainer beim ASK Vorwärts Berlin, 1963/64 bei Vorwärts Cottbus, 1964/76 DFV-Trainer (Nachwuchs, A-Auswahlassistent), 1976/78 beim FC Vorwärts Frankfurt (Oder), 1980/82 im Kongo (im Rahmen des internationalen Traineraustausches). Veröffentlichte 1967 (gemeinsam mit *H. Studener*) „Fußballtraining". Abb.

Wolverhampton Wanderers („Wolves", „Wölfe"), England, Verein der 4. Division (Emblem ↑ Tf. 16); einer der 12 Gründervereine der engl. Liga; in der 1. Division 1888/06, 1932/65, 1967 bis 1976, 1977/82, 1983/84; in der 2. Division 1906/23, 1924/32, 1965/67, 1976/77, 1982/83, 1984/85; in der 3. Division 1923/24 u. 1985/86; *Landesmeister* 1954, 1958 u. 1959; *FA-Cupsieger* 1893, 1908, 1949 u. 1960 sowie *Ligacupgewinner* 1974 u. 1980; 7 *EC-Teilnahmen*: 32 Spiele; 16 Siege, 6 Unentschieden, 10 Niederlagen, 38:26 Punkte, 59:44 Tore. – *Spielkleidung*: schwarze Hose, goldgelbes Hemd, goldgelbe Stutzen. *Heimstadion*: 1877 Goldthorn Hill, 1884 Dudley Road; seit 1889 *Molineux Grounds*, 39 000 Plätze.

Spieler (Auswahl): H. Allen – T. Baddeley – P. F. Broadbent – J. B. Brodie – E. Clamp – S. Cullis – H. P. Curran – J. Davies – A. D. Dougan – R. Flowers – A. M. Gray – J. Hancocks – D. Hegan – A. T. Hinton – E. W. Hughes – B. Jones – J. P. V. Kelly – G. Kinsey – D. K. Martin – C. Mason – J. McCalliogh – P. J. McParland – W. W. Morris – J. Mullen – F. M. Munro – E. J. Peers – C. Philipps – D. Richards – W. C. Rose – W. J. Slater – S. Smyth – R. Swinbourne – R. A. Thomson – B. Williams – D. Wilshaw – W. Wright. – **Manager** (Auswahl): R. Allen – J. Barnwell – A. Beattie – S. Chung – S. Cullis – B. McGarry – I. Greaves – G. Hawkins – T. Vizard – E. Woodward.

Werner **Wolf** *(rechts)* u. K. Soos

Woodcock, Anthony („Tony"), England, geb. 6. 12. 1955 Eastwood; Mittelstürmer; spielte 1965/72 u. 1976/79 bei Nottingham Forest, 1972/76 bei Lincoln City u. Doncaster Rovers, 1979/82 beim 1. FC Köln, 1982/86 beim FC Arsenal; seitdem wieder beim 1. FC Köln; 42 Länderspiele (16 Tore); internationales Debüt am 29. 11. 1978 gegen die ČSSR (1:0) in London; über 350 Punktspiele (mehr als 120 Tore) in England u. 81 Bundesligaspiele (28 Tore); WM-Endrundenteilnehmer 1982 u. 1986.

Woolfall, Daniel Burley, England, Fußballfunktionär; gest. 24. 10. 1918; Regierungsbeamter in Blackburn; leitete die Blackburn Rovers (zwischen 1884 u. 1886 dreimal Cupgewinner); wurde am 4. 6. 1906 in Bern zum (2.) *FIFA-Präsidenten* gewählt. – Sein Vorgänger war *Robert Guérin,* sein Nachfolger *Jules Rimet.*

Worldcup Willie, offizielles ↑ WM-Maskottchen der WM 1966 in England.

„World Soccer", London, internationales Fußballmagazin; erscheint monatlich (48 Seiten). Herausgeber: *Philip Rising.* Tab.

Woronin, Walerie, UdSSR, geb. 17. 7. 1939 Moskau, gest. 22. 5. 1984; Läufer; spielte 1954/55 bei FSM Moskau u. 1955/69 bei Torpedo Moskau (Landesmeister 1960 u. 1965; Pokalsieger 1960); 65 Länderspiele (erzielte 5 Tore); WM-Endrundenteilnehmer 1962 u. 1966; EM-Endrundenteilnehmer 1964 u. 1968; spielte in der Europaauswahl gegen Skandinavien u. Jugoslawien; bestritt 219 Punktspiele (26 Tore); Fußballer des Jahres 1964 u. 1965. – Seit 1970 Trainer. Abb.

Woroschilowgrad, Sarja (die „Morgenröte"), UdSSR, 2. Liga; gegr. 1938 als *Arbeitsreserven Lugansk,* seit 1964 *Sarja*; *Landesmeister* 1972. Eine *EC-Teilnahme*: 4 Spiele; 2 Siege, 1 Unentschieden, 1 Niederlage, 5:3 Punkte, 3:1 Tore. – *Spielkleidung*: Weiß. *Heimstadion*: Avantgarde-Stadion, 40000 Plätze.

Spieler (Auswahl): Abramow – Beloussow – Forkawsch – Gulustow – Iswekow – Jelisejew – Kopi – Kuksow – Kuznezow – Malygin – Onistschenko – Pintschuk – Sabo – Semjonow – Shurawljow – Starkow – Tkatschenko – Wassenin. – **Trainer** (Auswahl): W. Glucharow – G. S. Sonin.

Wrexham United, A. F. C. („The Robins"), Wales (Emblem ↑ Tf. 16), 4. engl. Division, gegr. 1873 (ältester walis. Klub); Profifußball ab 1912; Gründungsmitglied der 3. Division (North) 1921; beste Meisterschaftsplazierung 1978/82 (2. Division); 23mal *Walisischer Cupsieger* zwischen 1878 (erster Cupwettbewerb überhaupt) u. 1986. 5 *EC-Teilnahmen*: 18 Spiele, 7 Siege, 4 Unentschieden, 7 Niederlagen, 18:18 Punkte, 24:27 Tore. – *Spielkleidung*: weiße Hose, rot-weiß gestreiftes Hemd sowie rote Stutzen. *Heimstadion*: Racecourse Ground, 28500 Plätze (18000 Sitzplätze überdacht).

Spieler (Auswahl): T. Bamford – H. Blew – T. Burke – A. O. Davies – L. Davies – W. Davies – J. A. Eyton-Jones – W. C. Harrison – J. P. Jones – B. Lewis – T. J. Matthias – J. Price – W. Roberts – M. Thomas – W. H. Turner – G. A. Wynn. – **Manager** (Auswahl): K. Barnes – A. Griffiths – P. Jackson – C. Lloyd – L. McDowell – D. McNeil – B. Morris – M. Sutton – A. Williams – T. Williams.

Wright, William („Billy"), England, geb. 6. 2. 1924 Ironbridge; Stopper; spielte 1938/59 für Wolverhampton Wanderers; absolvierte 490 Ligaspiele; kam zwischen 1946 (Debüt: 28. 9. gegen Nordirland in Belfast [7:2]) u. 1959 (28. 5. gegen die USA in Los Angeles [8:1]) 105mal in der Nationalmannschaft zum Einsatz (90mal Spielführer) u. übertraf damit als erster Spieler die „Traumgrenze" von 100 Länderspielen. – Mit 24 Jahren war der damalige Halbstürmer od. Außenläufer bereits Kapitän der Nationalmannschaft. Bei der WM-Endrunde 1954 (weitere Teilnahmen 1950 u. 1958) in der Schweiz wurde W. als Stopper „entdeckt", der sich bes. durch brillantes Kopfballspiel auszeichnete. 1951 u. 1952 wählte man ihn in England zum Fußballer des Jahres u. verlieh ihm 1959 den Titel *CBE (Commander of the British Empire)*. Nachdem er 4 Jahre Manager bei Arsenal London war (1962/65), wurde er Fernsehkommentator. S. a. Ocwirk, E. (Abb.).

WSV, Abk. für ↑ Wuppertaler SV.

„Wühlen", verbissene Spiel- u. Kamp-

„World Soccer"

(Autoren u. Kolumnisten)

D. Allsop
E. Batty
P. Gardner
B. Glanville
J. Goodbody
K. Radnedge
A. Rotmil
J. Shallard
L. Vernon
E. Weil

Robert **Wurtz**

fesweise; unaufhörliches Rackern, ohne dabei etwas Vernünftiges zu Stande zu bringen.

„Wunderteam“, Bez. für Österreichs Nationalmannschaft der Jahre 1931/32, als man in 12 Spielen hintereinander ungeschlagen blieb. Tragende Kräfte des W. waren u. a. *M. Sindelar, J. Smistik, F. Gschweidl* u. *R. Hiden*; als Verbandskapitän fungierte *H. Meisl.* Erst am 7. 12. 1932 gab es für das „W.“ mit 3:4 gegen England in London die erste Niederlage. Nachdem Frankreich in Paris am 12. 2. 1933 noch mit 4:0 geschlagen wurde, siegte am 9. 4. 1933 in Wien die ČSR mit 2:1. Damit war die Epoche des „W.“ endgültig beendet. Abb. Tab. S. a. „Schmieranski-Team“.

„Wunschgegner“, Mannschaft, die man sich aus den verschiedensten Gründen als nächsten Gegner in einem Pokalwettbewerb wünscht, ohne allerdings deshalb Einfluß auf die Auslosung nehmen zu können.

Wuppertaler SV, Abk. *WSV,* BRD; gegr. 31. 1. 1904 als *SSV 04 Wuppertal,* am 8. 7. 1954 Fusion mit *Vohwinkel 80* zum WSV (Emblem ↑ Tf. 16); seit 1980/81 in der Oberliga Nordrhein; Bundesliga 1972/75; 2. Liga Nord 1975/80; Meister der Regionalliga West 1972. Eine *EC-Teilnahme*: 2 Spiele; 1 Sieg, eine Niederlage, 2:2 Punkte, 6:8 Tore. – *Spielkleidung*: blaue Hose, orange Hemd, orange Stutzen. *Heimstadion*: Stadion am Zoo, 32 500 Plätze (davon 6 000 Sitzplätze), 1924 erbaut.

Spieler (Auswahl): R. Adelkhani – G. Augustat – H. Domgalla – G. Glomb – E. Haase – G. Jäger – W. Janzik – G. Jung – A. Kiefer – T. Kolkenbrock – V. Kovacic – A. Kratzer – E. Meisen – R. Müller – W. Neuberger – E. Probst – G. Pröpper – E. Ribbeck – M. Reichert – V. Sauer – K. Schulz – H. Szymaniak – W. Tönges – K. Wilhelm – H. Würz. – **Trainer** (Auswahl): E. Ahmann – J. Bedl – H. Buhtz – H. Burdenski – E. Conen – D. Ferner – R. Gebhardt – B. Hoss – K. Klötzer – W. Kreß – A. Preißler – J. Schmidt – R. Schwab.

Wurtz, Robert, Frankreich, Schiedsrichter, geb. 1941 Strasbourg; spielte 1951 bis 1961 bei Racing Strasbourg u. Kehl; seit 1962 Schiedsrichter; 1966 Ehrendivision; 1972 FIFA-Referee; leitete 1977 das EC I-Finale FC Liverpool–Borussia Mönchengladbach (3:1) in Rom, 1976 das EC II-Endspiel RSC Anderlecht–West Ham United (4:2) in Brüssel u.

Spiele des **„Wunderteams“**
16. 5. 1931 in Wien
gegen Schottland 5:0
24. 5. 1931 in Berlin
gegen Deutschland 6:0
17. 6. 1931 in Wien
gegen die Schweiz 2:0
14. 9. 1931 in Wien
gegen Deutschland 5:0
4. 10. 1931 in Budapest
gegen Ungarn 2:2
29. 11. 1931 in Basel
gegen die Schweiz 8:1
20. 3. 1932 in Wien
gegen Italien 2:1
24. 4. 1932 in Wien
gegen Ungarn 8:2
22. 5. 1932 in Prag
gegen die ČSR 1:1
17. 7. 1932 in Stockholm
gegen Schweden 4:3
2. 10. 1932 in Budapest
gegen Ungarn 3:2
23. 10. 1932 in Wien
gegen die Schweiz 3:1
7. 12. 1932 in London
gegen England 3:4
11. 12. 1932 in Brüssel
gegen Belgien 6:1

Österreichs **„Wunderteam“** mit Verbandskapitän H. Meisl (Gemälde von Paul Meißner, im Besitz des Historischen Museums Wien)

1984 das zweite Nachwuchs-EM-Finale England–Spanien (2:0) in Sheffield; WM-Endrundenschiedsrichter 1978. Abb.

Wuzow, Iwan, Bulgarien, Trainer, geb. 14. 12. 1939 Gabrovo; Linksverteidiger, Libero; spielte 1953/69 bei Lewski Sofia; war WM-Endrundenteilnehmer 1966; 16 Länderspiele; internationales Debüt am 25. 11. 1962 gegen Österreich (1:1) in Sofia; Länderspielabschied am 20. 7. 1966 gegen Ungarn (1:3) in Manchester; 2 B- u. 8 Olympiaauswahlspiele. – Später Trainer; ab 1983 der bulgar. Nationalmannschaft; mit ihr WM-Endrundenteilnehmer 1986 (danach zurückgetreten). Abb.

WZ, *DDR* Abk. für *Wissenschaftliches Zentrum.*

X/Y

Xuereb, Georg, Malta, geb. 1956 Valetta, Bruder von *Raymund X.*; Mittelstürmer; spielte 1969/80 beim FC Hibernians Valletta u. seit 1981 bei Hamrun Spartans; 32 Länderspiele (3 Tore); internationales Debüt am 18. 3. 1979 gegen die Türkei (1:2) in Valletta; 1979 Fußballer des Jahres.

Xuereb, Raymund, Malta, geb. 1955 Valletta, Bruder von *Georg X.*; Mittelfeldspieler u. Stürmer; spielte 1969/81 bei Floriana Valletta u. seit 1982 bei Hamrun Spartans; 45 Länderspiele (4 Tore); internationales Debüt am 5. 3. 1977 gegen Tunesien (1:0) in Tunis; Fußballer des Jahres 1977.

Yamasaki, Arturo Maldonado, Peru, Schiedsrichter, geb. 1929 Lima; 1958 1. Division u. FIFA-Referee; WM-Endrundenschiedsrichter 1962 in Chile, 1966 in England u. 1970 in Mexiko; leitete über 1000 Spiele u. war FIFA-Instrukteur für die Schiedsrichterausbildung.

Yaoundé, Canon Sportive de, Kamerun, 1. Division, gegr. 11. 11. 1930; *Afrikapokalsieger der Landesmeister* 1971, 1978 u. 1980; *Afrikapokalsieger der Pokalgewinner* 1979. – *Spielkleidung:* Grün. *Heimstadion:* Stade Ahmadou Ahidjo, 90 000 Plätze (50 000 Sitz-, 40 000 Stehplätze). – Bekannteste Spieler: *T. Abega, J.-D. Eboue, E. Kunde, E. Mbom, G. Mdiba, J. Nguea, T. N'Kono, J. M. Onguene.*

Yazalde, Hector Casimiro, Argentinien, geb. 29. 5. 1946; Mittelstürmer; spielte 1967/71 u. 1977/82 bei Independiente Buenos Aires, 1971/75 bei Sporting Lissabon, 1975/77 bei Olympique Marseille u. 1977/80 bei Newell's Old Boys Rosario; 25 Länderspiele (1968/74); WM-Endrundenteilnehmer 1974; 1974 europäischer Torschützenkönig mit 46 Treffern.

Yemen National Stadium ↑ Jemenitische Arabische Republik.

Yiangoudakis, Jannis, Zypern, geb. 17. 1. 1959 Limassol; Halbstürmer; spielt seit 1972 Apollon Limassol; 37 Länderspiele (nach *N. Pantziaras* u. *S. Stylianou* die meisten Auswahleinsätze, 1 Tor); internationales Debüt am 14. 1. 1980 gegen Griechenland (1:1) in Nikosia.

Young, George L. („The Gentle Giant" od. „Big George"), Schottland, geb. 27. 10. 1922 Grangemouth; Stopper, Verteidiger; spielte 1941/57 bei Glasgow Rangers; 53 Länderspiele; internationales Debüt am 27. 11. 1946 gegen Nordirland (0:0) in Glasgow; Länderspielabschied am 19. 5. 1957 gegen die Schweiz (2:1) in Basel; bestritt 678 Spiele für die Rangers. – Im Oktober 1959 kurzzeitig Manager beim FC Falkirk.

Youngster [engl.], Nachwuchsspieler; Neuling in einer (ersten) Männermannschaft.

Z

Zabrze, KS Gornik, Polen, Oberliga; wurde am 14. 12. 1948 durch Vereinigung von vier kleinen Bergarbeiter-Betriebssportgemeinschaften in Zabrze gegr.; 1955 erstmals Oberliga; *EC II-Fi-*

12. 2. 1933 in Paris
gegen Frankreich 4:0

Aufstellung im ersten Spiel gegen Schottland

R. Hiden (Wiener AC)
R. Schramseis (Rapid Wien)
J. Blum (Vienna Wien)
A. Braun (Wiener AC)
J. Smistik (Rapid Wien)
K. Gall (Austria Wien)
K. Zischek (Wacker Wien)
F. Gschweidl (Vienna Wien)
M. Sindelar (Austria Wien)
A. Schall (Admira Wien)
A. Vogel (Admira Wien)

Iwan **Wuzow**

Mario **Zagalo**

Ricardo **Zamora**

Dinamo Zagreb

nalist 1970; 12mal *Landesmeister* (zwischen 1957 u. 1986); 6mal *Pokalsieger* (zwischen 1965 u. 1972). 13 *EC-Teilnahmen*: 56 Spiele; 27 Siege, 10 Unentschieden sowie 19 Niederlagen, 64:48 Punkte, 100:82 Tore. – *Spielkleidung*: Weiß. *Heimstadion*: KS Gornik, 25 000 Plätze, Flutlicht (1 600 lx).

Spieler (Auswahl): Z. Anczok – K. Deyna – T. Dolny – S. Florenski – J. Gomola – J. Gorgon – A. Iwan – E. Jankowski – H. Kostka – E. Kowal – J. Kowalski – H. Latocha – R. Lentner – W. Lubanski – J. Machnik – S. Majewski – W. Matysik – J. Musialek – M. Olejnik – S. Oslizlo – A. Palasz – E. Pol – P. Slomiany – A. Szarmach – Z. Szoltysik – H. Wieczorek – E. Wilczek. – **Trainer** (Auswahl): E. Cebula – L. Cernikiewicz – S. Cygan – H. Dziwisza – A. Gajewski – G. Kalocsay – H. Kostka – M. Olejnik – A. Piechniczek – W. Zmuda.

Zagalo, Mario Jorge Lobo, Brasilien, Trainer, geb. 10. 3. 1928 Maseio; Linksaußen; spielte 1942/46 bei America Rio de Janeiro, 1946/58 bei Flamengo Rio de Janeiro u. 1958/66 bei Botafogo Rio de Janeiro; 43 Länderspiele (1957/64); WM-Endrundenteilnehmer 1958, 1962 u. 1966. – Später Trainer; u. a. 1966/68 bei Botafogo, 1968 u. 1970/75 Trainer der brasilian. Nationalmannschaft, 1971 bei Fluminense Rio de Janeiro, 1972 bei Flamengo, kurzzeitig in Kuweit, 1980/82 bei Vasco da Gama u. 1983/84 in Saudi-Arabien. Jetzt Rundfunk- u. TV-Reporter („O Globo"). Abb. S. a. Tf. 24 (*unten*).

Zagreb, NK Dinamo, Jugoslawien, Oberliga, gegr. 9. 6. 1945; 4mal *Landesmeister* (zwischen 1948 u. 1982); 7mal *Pokalsieger* (zwischen 1951 u. 1983); *Messepokalsieger* 1967. 20 *EC-Teilnahmen*: 86 Spiele; 33 Siege, 21 Unentschieden, 32 Niederlagen, 87:85 Punkte sowie 121:104 Tore. – *Spielkleidung*: Blau. *Heimstadion*: Dinamo-Stadion, 65 000 Plätze. Abb.

Spieler (Auswahl): M. Antolkovic – B. Belin – Z. Čajkovski – T. Crnkovic – Gracanin – I. Horvat – D. Jerkovic – T. Knez – Z. Kranjcar – S. Lamza – L. Liposinovic – V. Markovic – Z. Matus – M. Mlinaric – D. Mustedanagic – Z. Perusic – Ramljak – Skoric – S. Stojanovic – D. Vabec – F. Wölfl – V. Zajec – S. Zambata. – **Trainer** (Auswahl): M. Antolkovic – M. Bazic – Z. Čajkovski – I. Horvat – I. Jazbinsek – D. Jerkovic – V. Markovic – B. Zebec.

Zaïre, Staat in Äquatorial- u. Südzentralafrika, 2 345 409 km², etwa 28 Mill. Ew., 1 Fußballspieler je 424 Ew.; Verband *Fédération Zaïroise de Football Association* („Fußballverband Zaïre"), Abk. *FF. ZA. FA.*; gegr. 1919, Sitz *Kinshasa*; Mitgl. der *FIFA* seit 1964, der *CAF* seit 1963. – *Organisation*: 3 800 Klubs; 53 000 Vertragsspieler, gesamt 66 000 (einschl. Nachwuchs- u. AM-Spieler); *Spieljahr*: Februar–November, *Spielkleidung*: gelbe Hose, grünes Hemd, gelbe Stutzen (Reserveausrüstung: Weiß); *Nationalstadion*: Stade du 20 Mai, Kinshasa, 60 000 (50 000 Sitz-, 10 000 Stehplätze); *Stadien* (Auswahl): Stade J. D. Mobutu, Lubumbashi, 35 000; Stade du 24 Novembre, Kinshasa, 25 000; Stade Mobutu, Bukavu, 25 000; Stade Lubumba, Kisangani, 15 000; Stade Mwanke, Lubumbashi, 15 000. Tab.

Zamora, Ricardo (der „Göttliche"), Spanien; geb. 21. 1. 1901 u. gest. 18. 9. 1978 Barcelona; Torhüter; spielte für Español Barcelona (1915/19, 1922/31), F. C. Barcelona (1919/22), Real Madrid (1931/36) u. OGC Nizza (1936/38); ließ in 46 Länderspielen (1920/36) nur 42 Gegentore zu; internationales Debüt 1920 beim olympischen Fußballturnier (Silbermedaille), auch 1924 Olympiateilnehmer; nahm 1934 an der WM-Endrunde teil; Länderspielabschied am 23. 2. 1936 gegen Deutschland (1:2) in Barcelona; zählte in den 20er Jahren zu den besten Torhütern der Welt; bestritt bis 1936 473 Klubspiele. – Danach war er Manager bei Atlético Aviación de Madrid (Atlético Madrid). Nach dem 2. Weltkrieg arbeitete er u. a. bei Español Barcelona, Celta Vigo, FC Malaga, in Venezuela, nochmals in Spanien (Nationalmannschaft, 1952) u. abschließend in Frankreich als Trainer. Abb.

Zapf, Kurt, geb. 16. 8. 1929 Plauen; Verteidiger, Stopper; spielte ab 1940 beim VfB Plauen, bis 1952 bei Zellwolle (ZSG, Sachsenverlag) Plauen, 1952/53 bei Empor Lauter u. 1954/68 beim (SC Empor) FC Hansa Rostock; 236 Oberligaspiele (2 Tore); 4 Länderspiele (1957/58); internationales Debüt am 27. 10. 1957 gegen die ČSR (1:4) in Leipzig; Länderspielabschied am 14. 9. 1958 gegen Rumänien

(3:2) in Leipzig. – Arbeitete später als Trainer u. Sportlehrer.

Zapf, Manfred, geb. 24. 8. 1946 Stapelburg; Libero; spielte 1955/62 bei Dynamo Stapelburg u. 1962/79 beim (SC Aufbau) 1. FC Magdeburg; 16 Länderspiele; internationales Debüt am 22. 6. 1969 gegen Chile (0:1) in Magdeburg; Länderspielabschied am 5. 6. 1975 gegen Island (1:2) in Reykjavik; mit Magdeburg Meister 1972, 1974 u. 1975 sowie Pokalsieger 1965, 1969, 1973, 1978 u. 1979; EC II-Gewinner 1974; gewann bei Olympia 1972 Bronze; bestritt 327 Oberligaspiele (28 Tore). – 1979/80 Mannschaftsleiter u. 1980/83 Vorsitzender des 1. FC Magdeburg; Februar 1983 bis Mai 1986 stellvertretender DFV-Generalsekretär (verantwortlich für den Nachwuchsleistungssport); ist seitdem Chefverbandstrainer des DFV der DDR. Abb.

„Zaubern", begeisternd (auf-)spielen; die gegnerische Mannschaft (od. den Gegenspieler) nach allen Regeln der spielerischen (Fußball-)Kunst „vorführen" bzw. „auseinandernehmen", ohne dabei den Drang zum gegnerischen Tor vermissen zu lassen.

Zayed Sports City Stadium, Nationalstadion der ↑ Vereinigten Arabischen Emirate.

Zebec, Branko, Jugoslawien, Trainer, geb. 17. 5. 1929; Linksaußen, Mittelstürmer; spielte 1945/53 bei Milicionar u. Metalas Zagreb, 1953/59 bei Partizan Belgrad, 1959/64 bei Roter Stern Belgrad u. bei Alemannia Aachen; 65 Länderspiele (17 Tore); internationales Debüt am 25. 6. 1951 gegen die Schweiz (7:3) in Belgrad; Länderspielabschied am 4. 6. 1961 gegen Polen (2:1) in Belgrad; WM-Endrundenteilnehmer 1954 u. 1958; gewann bei Olympia 1952 u. 1956 Silber; stand am 21. 10. 1953 in der Europaauswahl gegen England (4:4) in London. – Später Trainer bei Dinamo Zagreb, 1968/70 beim FC Bayern München, 1970/72 beim VfB Stuttgart, 1972/74 bei Hajduk Split, 1974/78 bei Eintracht Braunschweig, 1978/80 beim Hamburger SV, 1981/82 bei Borussia Dortmund u. 1982/84 bei Eintracht Frankfurt/Main. Abb.

Branko **Zebec**

Zeitschinden, umgangssprachlich für ↑ Auf-Zeit-Spielen.

Zeitz, BSG Chemie, DDR, Bezirksliga, gegr. 20. 12. 1949 als *BSG Hydrierwerk*, ab 1950/51 *BSG Chemie*; spielte 1959/60 Oberliga. – *Spielkleidung*: grüne Hose, grünes Hemd, weiße Stutzen. *Heimstadion*: Ernst-Thälmann-Stadion, 20000 Plätze (18000 Steh-, 2000 Sitzplätze).

Spieler (Auswahl): K. Actun – B. Bauchspieß – K. Brückner – R. Büttner – F. Dreyer – E. Ehlert – A. Fischer – H. Freitag – H. Gräbner – H. Jacob – M. Kaiser – W. Klose – H. Krontal – W. Landmann –

Manfred **Zapf**

Zaïre

Weltmeisterschaft
1974 Endrunde

Afrikameisterschaft
1968 1. Platz
1974 1. Platz

Afrikapokal der Landesmeister
1967 TP Mazembe Lubumbashi
1968 TP Mazembe Lubumbashi
1973 Vita Club Kinshasa

Afrikapokal der Pokalsieger
1980 TP Mazembe Lubumbashi

L. Neumann – L. Pacholski – G. Piewon – M. Pillau – H. Schlegel – H. Simon – F. Rydz – G. Tympel. – **Trainer** (Auswahl): A. Bialas – P. Gentzsch – J. Hartmann – M. Kaiser – P. Kohl – R. Krause – F. Leichner – H. Müller – L. Neumann – G. Richter – F. Sack – W. Schober – H.-D. Vogel – W. Wagner – M. Wollenschläger – H. Worbs – V. Zwetkow.

Zeman, Walter, Österreich, geb. 1. 5. 1927 Wien; Torhüter; spielte 1942/44 beim FC Wien, 1945/60 bei Rapid Wien u. 1960 beim Salzburger AK; 41 Länderspiele; internationales Debüt am 6. 12. 1945 gegen Frankreich (4:1) in Wien; nahm Länderspielabschied am 29. 5. 1960 gegen Schottland (4:1) in Wien; WM-Endrundenteilnehmer 1954; spielte am 21. 10. 1953 in der FIFA-Auswahl gegen England (4:4) in London; berühmtester österreich. Torhüter nach dem 2. Weltkrieg („Panther", „Tiger", „Katze"); 1950 Sportler des Jahres; 1951, 1952 u. 1953 Fußballer des Jahres.

Zenisek, Ladislav, ČSSR, geb. 7. 3. 1904 Prag; Rechtsverteidiger; spielte 1918/37 bei CAFC Vinohrady, SK Cerveny Kostelec, SK Pardubice, Teplitzer FK, Viktoria Zizkov, Sparta Chikago (1927/29), Slavia u. Bohemians Prag; 22 Länderspiele; internationales Debüt am 17. 1. 1926 gegen Italien (1:3) in Turin; Länderspielabschied am 14. 4. 1935 gegen Österreich (0:0) in Wien; WM-Endrundenteilnehmer 1934.

Zentralafrikanische Republik, Binnenstaat in Äquatorialafrika, 622984 km², etwa 2,4 Mill. Ew., 1 Fußballspieler je 320 Ew.; Verband *Fédération Centrafricaine de Football* („Zentralafrikanischer Fußballverband"), Abk. *R. C. A.*; gegr. 1937, Sitz *Bangui*; Mitgl. der *FIFA* seit 1963, der *CAF* seit 1965. – *Organisation*: 260 Klubs; 2000 Amateurspieler, gesamt 7500 (einschl. Nachwuchs- u. AM-Spieler); *Spieljahr*: Oktober–Juli; *Spielkleidung*: weiße Hose, hellblaues Hemd, rote Stutzen (Reserveausrüstung: Rot); *Nationalstadion*: Barthélemy Boganda, Bangui, 35000 (20000 Sitz-, 15000 Stehplätze); *Stadien* (Auswahl): Stade Municipal, Bambari, 5000; Stade Municipal, Bangui, 3000; Stade Municipal, Berberati, 2000.

Zentralafrikanische Spiele, wurden erstmals 1976 in Libreville (Gabun) mit einem Fußballturnier als Höhepunkt durchgeführt; Teilnehmer: Kamerun, Kongo, Gabun, Zentralafrika, Tschad, Zaïre. Das Turnier geht auf den früheren *Zentralafrika-Cup* von 1972 zurück,

Leipziger Zentralstadion

dessen Vorgänger die *Tropical Games* waren.

Zentralamerikanisch-Karibische Spiele, erstmals 1926 in Mexiko City ausgetragene Spiele der zentralamerikan. Länder mit Fußballturnier für Ländermannschaften; seit 1930 in Havanna durchgeführt. Die Organisation lag zunächst bei der 1924 gegründeten *ODCC* (*Organización Deportiva Centroamericana y del Caribe*). Nach der Gründung der *CCCF* (*Central American and Caribbean Football Confederation*) 1938 führte diese das Turnier im Rahmen der Spiele durch. – Mit der Einführung der CONCACAF-Meisterschaft klang das Fußballturnier aus. Tab.

Zentraleuropaauswahl, Mannschaft, die sich aus Spielern der Landesverbände Zentraleuropas zusammensetzte u. nur einmal – unter der Leitung der FIFA – gegen eine ↑ Westeuropaauswahl spielte (am 20. 6. 1937 in Amsterdam 3:1). Mit Aktiven aus Italien (5), Ungarn (3), Österreich (2) u. der ČSR (1).

Zentralstadion, 1. Leipzig; 95 000 Zuschauer (ausschl. Sitzplätze) fassendes Nationalstadion der DDR; im Januar 1955 beschlossenes Bauprojekt („Stadion der Hunderttausend"); Vorprojektabschluß (Architekt: *Souradny*) am 13. 4. 1955; die ersten Baggerarbeiten (40 000 m^3 Erdmasse waren zu bewegen) am 15. 4. 1955; abgeschlossen wurden im Mai 1955 Umlaufgraben u. Südtunnel, im August Südosttunnel u. Nordosttunnel sowie erste Traversen, im November 1955 Gründung des Hauptgebäudes; am 15. 5. 1956 rohbaufertig; unter Mithilfe von 180 000 freiwilligen Helfern erbaut u. nach 15monatiger Bauzeit fertiggestellt; anläßlich des II. Deutschen Turn- und Sportfestes der DDR 1956 eröffnet; in den 70er Jahren umgebaut u. auf das jetzige Fassungsvermögen verringert (Flutlichtanlage, 2 000 lx). Abb.

2. ↑ Kiew, Dynamo.

Zentropacup, Bez. für den 1951 ausgetragenen inoffiziellen Mitropapokalwettbewerb (Sieger: Rapid Wien).

Zerrung, Kurzbez. für ↑ Muskelzerrung.

Zico, eigtl. *Arthur Antunes Coimbra* (der „weiße Pelé"), Brasilien, geb. 3. 3. 1953 Quintino (Bundesstaat Rio de Janeiro); Halbstürmer; spielte 1963/67 bei Piedade, 1967/83 bei Flamengo Rio de Janeiro, 1983/85 bei Udinese (Italien) u. seitdem wiederum bei Flamengo; 84 Länderspiele (58 Tore); internationales Debüt am 25. 2. 1976 gegen Uruguay (2:1) in Montevideo; WM-Endrundenteilnehmer 1978, 1982 u. 1986; Torschützenkönig 1978 (26 Tore) u. 1979 (21); Südamerikas Fußballer des Jahres 1977, 1981 u. 1982; über 600 Ligaspiele (mehr als 300 Tore). Abb.

„Ziehen", Treiben des Balles in Richtung gegnerisches Tor aus dem Mittelfeld heraus bei maximaler Laufgeschwindigkeit, ohne daß man direkt einen Gegenspieler vor sich hat.

Zimmermann, Karl, Sportfunktionär, geb. 17. 1. 1932 Fischendorf (bei Leipzig); spielte 1946/55 bei Motor Leisnig u. 1955/58 bei Vorwärts Leipzig; später Vorsitzender des Rates des Kreises Döbeln, 1. Stellvertreter des Vorsitzenden des Rates im Bezirk Leipzig; Vizepräsident des DTSB der DDR u. seit Februar 1983 DFV-Generalsekretär. Abb.

„Zirkeln", den Ball „um etwas herum" bzw. „über etwas hinweg" ins Tor treffen, z. B. „der Mittelfeldspieler ‚zirkelte' den Ball an der Mauer vorbei in die äußerste Torecke".

Zischek, Karl, Österreich, geb. 26. 8. 1910; Rechtsaußen; spielte 1926/46 bei Wacker Wien; bestritt 41 Länderspiele (24 Tore); internationales Debüt am 16. 5. 1931 gegen Schottland (5:0) in Wien; nahm Länderspielabschied am 20. 8. 1945 gegen Ungarn (2:5) in Budapest; WM-Endrundenteilnehmer 1934; Mitglied des ↑ „Wunderteams".

Zito, eigtl. *José Ely de Miranda*, Brasilien, geb. 8. 8. 1932 Roseira (Bundesstaat São Paulo); Läufer; spielte 1946/57 beim AC Bangu u. 1957/66 bei FC São Paulo, Audax Italiano u. FC Santos; 55 Länderspiele (3 Tore); internationales Debüt am 17. 11. 1955 gegen Paraguay (3:3) in São Paulo; Länderspielabschied am 25. 6. 1966 gegen Schottland (1:1) in Glasgow; WM-Endrundenteilnehmer 1958 u. 1962. – Später Funktionär beim FC Santos. S. a. Tf. 24 (*unten*).

Zico

Karl **Zimmermann**

Zentralamerikanisch-Karibische Spiele

Sieger der Fußballturniere

1930	Kuba
1935	Mexiko
1938	Mexiko
1946	Kolumbien
1950	Niederländische Antillen
1954	El Salvador
1958	Mexiko
1962	Niederländische Antillen
1966	Mexiko
1970	Kuba
1974	Kuba
1978	Mexiko
1982	Venezuela

„Zitterspiel", Spiel, dessen Ausgang bis zum Abpfiff ungewiß ist. In der Regel ist es für diejenige Mannschaft ein Z., die in (knapper) Führung liegt u. mit allen Mitteln versucht, diesen Torvorsprung zu halten.

Zizinho, eigtl. *Tomas Soares da Silva,* Brasilien geb. 14. 9. 1921 São Goncalo (Bundesstaat Rio de Janeiro); Halbrechter; spielte 1936/50 bei Flamengo Rio de Janeiro sowie 1950/57 beim AC Bangu; 52 Länderspiele (31 Tore); internationales Debüt am 18. 1. 1942 gegen Argentinien (1:2) in Montevideo (Südamerikameisterschaft); Länderspielabschied am 3. 4. 1957 gegen Argentinien (0:3) in Lima (Südamerikameisterschaft); WM-Endrundenteilnehmer 1950. – Später Trainer. S. a. Tf. 20 (*oben*).

Dino **Zoff**

Zmuda, Wladyslaw, Polen, geb. 6. 6. 1954; Libero bzw. Verteidiger; er spielte 1967/72 bei Motor Lublin, 1972/74 bei Gwardia Warschau, 1974/79 bei Słask Wrocław, 1979/82 bei Widzew Lodz, 1982/84 bei Hellas Verona, 1984/85 bei Cosmos New York u. 1985/86 bei US Cremonese; 92 Länderspiele; internationales Debüt am 21. 10. 1973 gegen Irland (0:1) in Dublin; WM-Endrundenteilnehmer 1974, 1978, 1982 u. 1986 (bestritt 21 WM-Endrundenspiele); gewann bei Olympia Silber 1976.

Zoff, Dino („Dino Nationale"), Italien, geb. 28. 2. 1942 Mariano del Friuli; Torhüter; spielte 1961/63 bei US Udinese, 1963/67 beim AC Mantua, 1967/72 beim SSC Neapel u. 1972/83 bei Juventus Turin; italien. Länderspielrekordhalter (112 Spiele), 59mal Spielführer; internationales Debüt am 20. 4. 1968 gegen Bulgarien (2:0) in Neapel; 100. Länderspiel am 14. 6. 1982 gegen Polen (0:0) in Vigo (WM-Endrunde 1982 in Spanien); Länderspielabschied am 29. 5. 1983 gegen Schweden (0:2) in Göteborg; WM-Endrundenteilnehmer von 1974, 1978 u. 1982; EM-Endrundenteilnehmer 1968 u. 1980; er bestritt 570 Punktspiele (italien. Rekordhalter). – Seit 1984 Nationalmannschafts-Trainerassistent u. seit 1986 Trainer der Olympiaauswahl. Z. wurde während des FIFA-Kongresses 1986 in Mexiko-City mit dem „FIFA-Orden" (↑ FIFA) geehrt. Abb. S. a. „Klub der Hunderter".

Zötzsche, Uwe, geb. 15. 9. 1960 Zwenkau; Linksverteidiger; spielte 1968/70 bei Motor Eythra, 1970/73 bei Chemie Leipzig u. seit 1974 beim 1. FC Lok Leipzig; 28 Länderspiele (4 Tore); debütierte am 14. 4. 1982 beim 1:0 gegen Italien in Leipzig; absolvierte 167 Oberligaspiele (33 Tore). Abb. S. a. Antritt (Abb.).

Zsengeller, Gyula, Ungarn, geb. 27. 12. 1915 Budapest; Halblinker od. Mittelstürmer; spielte 1930/47 bei Dózsa Ujpest u. UTE Budapest sowie 1947/50 bei AS Rom; 39 Länderspiele (31 Tore); internationales Debüt am 2. 12. 1936 gegen England (2:6) in London; Länderspielabschied am 20. 7. 1947 gegen Albanien (3:0) in Budapest; WM-Endrundenteilnehmer 1938 (zweitbester Endrundentorschütze mit sechs Treffern); spielte am 26. 10. 1938 in der Europaauswahl gegen England (0:3) in London; Torschützenkönig 1938 (37 Treffer), 1939 (56), 1943 (26) u. 1945 (36). – Später Trainer; u. a. in Zypern u. Kolumbien.

ZSKA – Stadion↑ Moskau, ZSKA.

Zsolt, Istvan, Ungarn, früherer FIFA-Schiedsrichter; amtierte 1938/71 in über 3000 Spielen; u. a. bei den WM-Endrunden 1958, 1962 u. 1966, bei 4 olympischen Fußballturnieren sowie im EC II-Finale 1965 u. im ersten Messepokalendspiel 1966; erhielt 1965 die Fairplay-Trophäe der UNESCO. – Der ehemalige Oberinspizient des ungar. Nationaltheaters fungierte 1978/84 als Präsident der ungar. Schiedsrichterkommission.

Zürich, FC, Schweiz, Oberliga (Emblem ↑ Tf. 16); gegr. 1. 8. 1896 als „Sport und Spiel", wobei die Gründer vom *FC Turicum, FC Exelsior* u. *FC Viktoria* kamen (60 Mitglieder aus allen 5 Züricher Stadtkreisen); erster Präsident war der 17jährige *Hans Enderli*; erstes offizielles Spiel am 23. 8. 1896 gegen den FC Phönix Sankt Gallen (2:3); 10mal *Landesmeister* (zwischen 1899 u. 1981); 5mal *Pokalsieger* (zwischen 1966 u. 1976). 16 *EC-Teilnahmen*: 63 Spiele; 22 Siege, 10 Unentschieden, 31 Niederlagen,

Uwe **Zötzsche** *(rechts)* u. B. Möhlmann

54:72 Punkte, 88:109 Tore. – *Spielkleidung*: Weiß. *Heimstadion*: Letziggrund, 25 000 Plätze (18 000 Steh-, 7 000 Sitzplätze); vorher *Utogrund* (1912 bis 22. 11. 1925).

Spieler (Auswahl): H. Bäni – R. Botteron – B. Brizzi – R. Brunnenmaier – P. Chapuisat – Cucinotta – R. Elsener – K. Grob – R. Gut – M. Heer – D. Jeandupeux – D. Jerkovic – Katic – F. Konietzka – J. Kuhn – F. Künzli – B. Leimgruber – H. Lüdi – R. Martinelli – R. Quentin – P. Risi – W. Schley – H. Schneiter – C. Seiler – P. Stierli – K. Stürmer – G. Volkert – R. Wüthrich – W. Zappa. – **Trainer** (Auswahl): M. Barras – Z. Čajkovski – G. Gawliczek – D. Jeandupeux – H. Kodric – F. Konietzka – L. Kubala – J. Kuhn – L. Mantula – L. Maurer – M. Merkel – F. Molina – K. Rappan – J. Schwanner – A. Sing – H. Stessl – E. Vogel.

Zürich, Grasshoppers Club, Schweiz, Oberliga (Emblem ↑ Tf. 16); gegr. 1886 von englischen Studenten; zweitältester schweizer. Klub nach *FC Sankt Gallen*; 20mal *Landesmeister* (zwischen 1898 – erster Titelgewinner überhaupt – u. 1984); 14mal *Pokalsieger* (zwischen 1926 u. 1983). 17 *EC-Teilnahmen*: 70 Spiele; 28 Siege, 10 Unentschieden, 32 Niederlagen, 66:74 Punkte, 124:109 Tore. – *Spielkleidung*: weiße Hose, blau-weißes Hemd, blau-weiße Stutzen. *Heimstadion*: Hardturm, 37 200 Plätze (32 300 Steh-, 4 900 Sitzplätze).

Spieler (Auswahl): A. Abegglen – M. Abegglen – L. Amado – R. Ballaman – Berbig – A. Bickel – A. Egli – R. Elsener – P. Fässler – H.-P. Friedländer – F. Fuhrer – O. Grahn – H. Herrmann – W. Huber – R. Hüssy – In-Albon – K. Jara – S. Minelli – Montandon – G. Netzer – R. Ohlhauser – Pfister – R. Ponte – Robbiani – H. Springer – C. Sulser – S. Vernati – R. Vonlanthen – R. Wehrli – M. Weiler – W. Weiler. – **Trainer** (Auswahl): Blazevic – W. Hahnemann – R. Hüssy – H. Johannsen – F. Konietzka – T. Pogacnic – K. Rappan – A. Sing – H. Skiba – W. Treml – B. Vukosavlijevic – H. Walter – H. Weisweiler.

Zurückdelegierung ↑ Delegierung.

zurückhängender Stürmer, Spieler, der nominell der Angriffsreihe angehört, aber vornehmlich in der ↑ zweiten Reihe agiert. Z. S. können sowohl Außen- u. Halb-, als auch Mittelstürmer sein. In der Regel waren die z. S. gleichzeitig die *Spielmacher* ihrer Mannschaften. Heute ist diese taktische Variante praktisch bedeutungslos, da meist mit einem verstärkten Mittelfeld u. (2 od. 3) Angriffsspitzen gespielt wird.

Zurückziehfinte, svw. ↑ Rückziehfinte.

Zuspiel, svw. ↑ Abspiel; Verb: *Zuspielen.*

Zweckfußball, versachlichte u. nüchterne Spielweise, ausschl. zweck- u. damit erfolgsorientiert („der Zweck heiligt die Mittel"). Stellvertretend für den Z. standen in der Vergangenheit z. B. der *Catenaccio* (↑ Spielsystem) u. in neuerer Zeit der ↑ Kraftfußball.

Zweite Liga (Meister)

Nord	*Süd*
1974/75	
Hannover 96	Karlsruher SC
1975/76	
TB Berlin (West)	1. FC Saarbrücken
1976/77	
FC St. Pauli	VfB Stuttgart
1977/78	
Arminia Bielefeld	SV Darmstadt 98
1978/79	
Bayer 04 Leverkusen	TSV 1860 München
1979/80	
Arminia Bielefeld	1. FC Nürnberg
1980/81	
Werder Bremen	SV Darmstadt 98

Zypern

	Landesmeister / Pokalsieger
1935	Trast Nikosia / Trast Nikosia
1936	Apoel Nikosia / Trast Nikosia
1937	Apoel Nikosia / Apoel Nikosia
1938	Apoel Nikosia / Trast Nikosia
1939	Apoel Nikosia / AEL Limassol
1940	Apoel Nikosia / AEL Limassol
1941	AEL Limassol / Apoel Nikosia
1945	EPA Larnaka / EPA Larnaka
1946	EPA Larnaka / EPA Larnaka
1947	Apoel Nikosia / Apoel Nikosia
1948	Apoel Nikosia / AEL Limassol
1949	Apoel Nikosia / Anorthosis Famagusta
1950	Anorthosis Famagusta / EPA Larnaka
1951	Chetin Kaya TSC Nikosia / Apoel Nikosia

1952	Apoel Nikosia / Chetin Kaya TSC Nikosia
1953	AEL Limassol / EPA Larnaka
1954	Pezoporikos Larnaka / Chetin Kaya TSC Nikosia
1955	AEL Limassol / EPA Larnaka
1956	AEL Limassol / –
1957	Anorthosis Famagusta / –
1958	Anorthosis Famagusta / –
1960	Anorthosis Famagusta / –
1961	Omonia Nikosia / –
1962	Anorthosis Famagusta / Anorthosis Famagusta
1963	Anorthosis Famagusta / Apoel Nikosia
1965	Apoel Nikosia / Omonia Nikosia
1966	Omonia Nikosia / Apollon Limassol
1967	Olympiakos Nikosia / Apollon Limassol
1968	AEL Limassol / Apoel Nikosia
1969	Olympiakos Nikosia / Apoel Nikosia
1970	EPA Larnaka / Pezoporikos Larnaka
1971	Olympiakos Nikosia / Anorthosis Famagusta
1972	Omonia Nikosia / Omonia Nikosia
1973	Apoel Nikosia / Pezoporikos Larnaka
1974	Omonia Nikosia / Paralimni Famagusta
1975	Omonia Nikosia / Anorthosis Famagusta
1976	Omonia Nikosia / Apoel Nikosia
1977	Omonia Nikosia / Olympiakos Nikosia
1978	Omonia Nikosia / Apoel Nikosia
1979	Omonia Nikosia / Apoel Nikosia
1980	Apoel Nikosia / Omonia Nikosia
1981	Omonia Nikosia / Paralimni Famagusta
1982	Omonia Nikosia / Omonia Nikosia
1983	Omonia Nikosia / Omonia Nikosia
1984	Omonia Nikosia / Apoel Nikosia
1985	Omonia Nikosia / AEL Limassol
1986	Apoel Nikosia / Apollon Limassol

Zweikampf, körperlicher Einsatz mit allen erlaubten Mitteln *(Kampf um den Ball),* um in Ballbesitz zu gelangen bzw. den Ball zu behaupten, aber auch um den Gegner lediglich vom Ball zu trennen z. B. durch (↑ Tackling).

Zweite Bundesliga, seit 1981/82 zweithöchste Spielklasse der BRD (20 Vereine). Die beiden Ersten steigen am Ende eines Spieljahres in die 1. Bundesliga auf. Der Dritte der 2. Bundesliga u. der Drittletzte der 1. Bundesliga bestreiten (mit Hin- u. Rückspiel) ↑ Relegationsspiele, deren Ergebnisse darüber entscheiden, wer als 3. Verein ab- bzw. aufsteigt. Aus der 2. Bundesliga steigen 4 Vereine in die Oberligen ab (u. umgekehrt). Vorläuferin der Z. B. war die zweigleisige ↑ Zweite Liga (2).

zweite Hälfte, umgangssprachlich für zweite ↑ Halbzeit.

Zweite Liga, 1. *Z. L., Liga, DDR* 1971 bis 1984 zweithöchste Spielklasse, wobei in 5 Staffeln (A–E) zu je 12 Mannschaften gespielt wurde. Die Staffelersten bestritten nach Beendigung des Spieljahres eine Aufstiegsrunde (mit Hin- und Rückspiel), u. die beiden Erstplazierten stiegen in die ↑ Oberliga (1) auf.
2. *BRD* 1974 bis 1981 zweithöchste Spielklasse; gespielt wurde in 2 Staffeln (*2. Liga Süd, 2. Liga Nord*). Aus 17 Vertretern der Z. L. u. aus den 3 Absteigern der Bundesliga wurde 1981 die eingleisige ↑ Zweite Bundesliga geschaffen. Die nicht qualifizierten Mannschaften der Z. L. mußten in die ↑ Oberliga (2) absteigen. Tab. (S. 445).
3. *Österreich* zweithöchste Spielklasse im ↑ Burgenländischen Fußballverband.

zweite Reihe, eine aus Mittelfeld u. aufgerückten Abwehrspielern formierte ↑ Reihe, die hinter der eigentlichen Angriffsreihe agiert; gebraucht z. B. in der Wendung „einen Schuß aus der z. R. abgeben".

zweitklassig, der höchsten Spielklasse nächstniedrig.

„22. Lipca" ↑ Poznan, Lech GKS.

Zwickau, BSG Sachsenring, DDR, Liga (Emblem ↑ Tf. 16); gegr. 15. 3. 1949 (aus der *SG Planitz* hervorgegangen); spielte von 1949 bis Mai 1950 als *ZSG Horch,* von Mai 1950 bis 1968 als *BSG Motor* u. seit 1. 5. 1968 als *BSG Sachsenring;* erster *Ostzonenmeister* 1948; erster *DDR-Meister* 1950; *Pokalsieger* 1963, 1967 u. 1975; zwischen 1949 u. 1983 ununterbrochen in der höchsten Spielklasse. 3 *EC-Teilnahmen*: 12 Spiele; 4 Siege, 3 Unentschieden, sowie 5 Niederlagen, 11:13 Punkte, 6:10 Tore. – *Spielkleidung*: rote Hose, weißes Hemd u. rote Stutzen. *Heimstadion*: Georgi-Dimitroff-Stadion, 35 000 Plätze (32 000 Steh-, 3 000 Sitzplätze).
Spieler (Auswahl): A. Babik – E. Bauer – R. Baumann – W. Baumann – A. Beier – A. Bielau – L. Blank – H. Breitenstein – J. Croy – H. Dietzsch – R. Franz – M. Fuchs – P. Henschel – H. Heinze – H. Hippmann – M. Hofsommer – A. Glaubitz – M. Glowatzky – H. Gruner – H. Irmscher – E. Jugel – H. Jura – S. Kaiser – K.-H. Kluge – H. Krieger – L. Kunack – H. Laitzsch – G. Lenk – D. Leuschner – S. Meier – E. Meinhold – H. Möckel – H. Oettler – H.-U. Pilz – A. Reichelt – H. Rentzsch – V. Resch – H. Satrapa – G. Schellenberg – G. Schneider – H. Schubert – H. Schykowski – J. Schykowski – J. Seiler – H. Seltmann – H. Speth – P. Stemmler – W. Unger – G. Witzger – H. Wohlrabe. – **Trainer** (Auswahl): G. Bäßler – J. Croy – E. Dietel – K. Dittes – M. Fuchs – P. Henschel – H. Höfer – K.-H. Kluge – G. Kunstmann – M. Kupferschmied – H. Oettler – H. Scherbaum – J. Seiler – H. Speth – H. Ulbricht – H. Werner.

Zypern, 9 251 km², etwa 645 000 Ew., 1 Fußballspieler je 39 Ew.; Verband *Cyprus Football Association* [„Fußballverband Zyperns"], Abk. *CFA*; gegr. 1934, Sitz *Nikosia*; Mitgl. der *FIFA* seit 1948, der UEFA seit 1962. – *Organisation*: 42 Klubs; 16 000 Amateurspieler, gesamt 16 500 (einschl. Nachwuchs-, u. AM-Spieler); *Spieljahr*: Oktober–Juni; *Spielkleidung*: weiße Hose, blaues Hemd, blaue Stutzen (Reserveausrüstung: blaue Hose, weißes Hemd, weiße Stutzen); *Nationalstadion*: Makarios Athletic Centre, Nikosia, 20 000; *Stadien* (Auswahl): Tsirion, Limassol, 20 000; G. S. P., Nikosia, 12 000; G. S. O., Limassol, 10 000; G. S. E., Famagusta, 10 000; G. S. Z. Larnaka, 10 000; G. S. K Paphos, 10 000. Tab.

Tabellarische Ergänzungen

Afrikas „Top Fifty"

Ägypten
Arab Contractors Kairo
SC Ismailia
SC National Kairo
SC Zamalek Kairo

Algerien
BCR Mascara
AC Mouloudia Chaabia
MP Oran
EP Setif
Jeunesse Tizi-Ouzou

Angola
Petro Atletico Luanda

Äthiopien
Eritrea Shoes Factory

Benin
Lions D'Atacora

Botswana
Township Rollers

Elfenbeinküste
Stella Yamoussoukro
Stade Yamoussoukro

Ghana
Hearts of Oak Accra
Ashanti Kotoko Kumasi

Guinea
Horoya Conakry
Hafia FC Conakry

Kamerun
Union Sportive Douala
Oryx Douala
Canon Sportive de Yaoundé
Tonnere Katara de Yaoundé

Kenia
Gor Mahia
AFC Leopards

Kongo
C.A.R.A. Brazzaville

Liberia
Mighty Barolle
Invincible Eleven

Libyen
Ittihad Tripolis

Mali
Stade Malien

Marokko
FAR Rabat

Nigeria
Enugu Rangers
Leventis Unite Lagos

Sansibar
Power Dynamos

Senegal
Jeanne d'Arc
US Gorec

Sierra Leone
Real Republicans
Old Edwardians

Simbabwe
Gweru United

Sudan
Al Hilal Karthum
Al Merreikh

Tansania
Simba SC

Togo
Agaza Lomé

Tunesien
Club Africain
C.A. Bizerte
Stade Tunisién

Uganda
Nakivubo Villa

Zaïre
AS Bilima
AS Vita Club Kinshasa
T.P. Mazembé Lubumbashi

Irak

Weltmeisterschaft
1986 Endrunde

olympisches Fußballturnier
1980 Endrunde
1984 Endrunde

Iran

Weltmeisterschaft
1978 Endrunde

olympisches Fußballturnier
1964 Endrunde
1972 Endrunde
1976 Endrunde

Irland

Landesmeister / Pokalsieger
1922 St. James Gate / St. James Gate
1923 Shamrock Rovers / Alton United
1924 Bohemians Dublin / Athlone Town
1925 Shamrock Rovers / Shamrock Rovers
1926 Shelbourne SC / –
1927 Shamrock Rovers / Drumcondra Dublin
1928 Bohemians Dublin / Bohemians Dublin
1929 Shelbourne SC / Shamrock Rovers
1930 Bohemians Dublin / Shamrock Rovers
1931 Shelbourne SC / Shamrock Rovers
1932 Shamrock Rovers / Shamrock Rovers
1933 FC Dundalk / Shamrock Rovers
1934 Bohemians Dublin / Celtic Cork
1935 Dolphin Dublin / Bohemians Dublin
1936 Bohemians Dublin / Shamrock Rovers
1937 Sligo Rovers / FC Waterford
1938 Shamrock Rovers / St. James Gate
1939 Shamrock Rovers / Shelbourne SC
1940 St. James Cate / Shamrock Rovers
1941 Cork United / Cork United
1942 Cork United / FC Dundalk
1943 Cork United / Drumcondra Dublin
1944 Shelbourne SC / Shamrock Rovers
1945 Cork United / Shamrock Rovers
1946 Cork United / Drumcondra Dublin
1947 Shelbourne SC / Cork United
1948 Drumcondra Dublin / Shamrock Rovers
1949 Drumcondra Dublin / FC Dundalk
1950 Cork Athletic / Transport Dublin
1951 Cork Athletic / Cork Athletic
1952 St. Patricks Athletic / FC Dundalk
1953 Shelbourne SC / Cork Athletic
1954 Shamrock Rovers / Drumcondra Dublin
1955 St. Patricks Athletic / Shamrock Rovers
1956 St. Patricks Athletic / Shamrock Rovers
1957 Shamrock Rovers / Drumcondra Dublin
1958 Drumcondra Dublin / FC Dundalk
1959 Shamrock Rovers / St. Patricks Athletic
1960 FC Limerick / Shelbourne SC
1961 Drumcondra Dublin / St. Patricks Athletic
1962 Shelbourne SC / Shamrock Rovers
1963 FC Dundalk / Shelbourne SC
1964 Shamrock Rovers / Shamrock Rovers
1965 Drumcondra Dublin / Shamrock Rovers
1966 FC Waterford / Shamrock Rovers
1967 FC Dundalk / Shamrock Rovers
1968 FC Waterford / Shamrock Rovers
1969 FC Waterford / Shamrock Rovers
1970 FC Waterford / Bohemians Dublin
1971 Hibernians Cork / FC Limerick
1972 FC Waterford / Hibernians Cork
1973 FC Waterford / Hibernians Cork
1974 Celtic Cork / Finn Harps Ballybofey
1975 Bohemians Dublin / FC Home Farm Dublin
1976 FC Dundalk / Bohemians Dublin
1977 Sligo Rovers / FC Dundalk
1978 Bohemians Dublin / Shamrock Rovers
1979 FC Dundalk / FC Dundalk
1980 FC Limerick / FC Waterford
1981 Athlone Town / FC Dundalk
1982 FC Dundalk / FC Limerick
1983 Athlone Town / Sligo Rovers
1984 Shamrock Rovers / University College Dublin
1985 Shamrock Rovers / Shamrock Rovers
1986 Shamrock Rovers / Shamrock Rovers

Island

Landesmeister / Pokalsieger
1912 KR Reykjavik / –
1913 Fram Reykjavik / –
1914 Fram Reykjavik / –
1915 Fram Reykjavik / –
1916 Fram Reykjvik / –
1917 Fram Reykjavik / –
1918 Fram Reykjavik / –
1919 KR Reykjavik / –
1920 Vikingur Reykjavik / –
1921 Fram Reykjavik / –
1922 Fram Reykjavik / –
1923 Fram Reykjavik / –
1924 Vikingur Reykjavik / –
1925 Fram Reykjavik / –
1926 KR Reykjavik / –
1927 KR Reykjavik / –

1928 KR Reykjavik / –
1929 KR Reykjavik / –
1930 Valur Reykjavik / –
1931 KR Reykjavik / –
1932 KR Reykjavik / –
1933 Valur Reykjavik / –
1934 KR Reykjavik / –
1935 Valur Reykjavik / –
1936 Valur Reykjavik / –
1937 Valur Reykjavik / –
1938 Valur Reykjavik / –
1939 Fram Reykjavik / –
1940 Valur Reykjavik / –
1941 KR Reykjavik / –
1942 Valur Reykjavik / –
1943 Valur Reykjavik / –
1944 Valur Reykjavik / –
1945 Valur Reykjavik / –
1946 Fram Reykjavik / –
1947 Fram Reykjavik / –
1948 KR Reykjavik / –
1949 KR Reykjavik / –
1950 KR Reykjavik / –
1951 IA Akranes / –
1952 KR Reykjavik / –
1953 IA Akranes / –
1954 IA Akranes / –
1955 KR Reykjavik / –
1956 Valur Reykjavik / –
1957 IA Akranes / –
1958 IA Akranes / –
1959 KR Reykjavik / –
1960 IA Akranes / – KR Reykjavik
1961 KR Reykjavik / – KR Reykjavik
1962 Fram Reykjavik / – KR Reykjavik
1963 KR Reykjavik / – KR Reykjavik
1964 IBK Keflavik / – KR Reykjavik
1965 KR Reykjavik / – Valur Reykjavik
1966 Valur Reykjavik / – KR Reykjavik
1967 Valur Reykjavik / – KR Reykjavik
1968 KR Reykjavik / – IBV Vestmannaeyjar
1969 IBK Keflavik / – IBV Akureyri
1970 IA Akranes / – Fram Reykjavik
1971 IBV Vestmannaeyjar / – Vikingur Reykjavik / –
1972 Fram Reykjavik / – IBV Vestmannaeyjar
1973 IBK Keflavik / Fram Reykjavik
1974 IA Akranes / Valur Reykjavik
1975 IA Akranes / IBV Keflavik
1976 Valur Reykjavik / Valur Reykjavik
1977 IA Akranes / Valur Reykjavik
1978 Valur Reykjavik / IA Akranes
1979 IBV Vestmannaeyjar / Fram Reykjavik
1980 Valur Reykjavik / Fram Reykjavik
1981 Vikingur Reykjavik / IBV Vestmannaeyjar
1982 Vikingur Reykjavik / IA Akranes
1983 IA Akranes / IA Akranes
1984 IA Akranes / IA Akranes
1985 Valur Reykjavik / Fram Reykjavik
1986 Fram Reykjavik / IA Akranes

Israel

Weltmeisterschaft
1970 Endrunde

olympisches Fußballturnier
1968 Endrunde
1976 Endrunde

Asienmeisterschaft
1956 2. Platz
1960 2. Platz
1964 1. Platz

Asienpokal der Landesmeister
1967 Hapoel Tel Aviv
1968 Maccabi Tel Aviv
1971 Maccabi Tel Aviv

Norwegen

Weltmeisterschaft
1938 Endrunde

olympisches Fußballturnier
1936 3. Platz

skandinavische Meisterschaft
1932 1. Platz

Landesmeister / Pokalsieger
1902 – / Grane Norsstrand
1903 – / Odd BK Skien
1904 – / Odd BK Skien
1905 – / Odd BK Skien
1906 – / Odd BK Skien
1907 – / Mercantile Oslo
1908 – / Lyn Oslo
1909 – / Lyn Oslo
1910 – / Lyn Oslo
1911 – / Lyn Oslo
1912 – / Mercantile Oslo
1913 – / Odd BK Skien
1914 – / Frigg Oslo
1915 – / Odd BK Skien
1916 – / Frigg Oslo
1917 – / Sarpsborg FK
1918 – / Kvik Halden
1919 – / Odd BK Skien
1920 – / Oern Horten
1921 – / Frigg Oslo
1922 – / Odd BK Skien
1923 – / Brann Bergen
1924 – / Odd BK Skien
1925 – / Brann Bergen
1926 – / Odd BK Skien
1927 – / Oern Horten
1928 – / Oern Horten
1929 – / Sarpsborg FK
1930 – / Oern Horten
1931 – / Odd BK Skien
1932 – / FK Fredrikstad
1933 – / Mjöndalen Drammen
1934 – / Mjöndalen Drammen
1935 – / FK Fredrikstad
1936 – / FK Fredrikstad
1937 – / Mjöndalen Drammen
1938 FK Fredrikstad / FK Fredrikstad
1939 FK Fredrikstad / Sarpsborg FK
1940 – / FK Fredrikstad
1945 – / Lyn Oslo
1946 – / Lyn Oslo
1947 – / Skeid Oslo
1948 Freidig / Sarpsborg FK
1949 FK Fredrikstad / Sarpsborg FK
1950 IF Fram Larvik / FK Fredrikstad
1951 FK Fredrikstad / Sarpsborg FK
1952 FK Fredrikstad / Sparta Sarpsborg
1953 Larvik Turn / Viking Stavanger
1954 FK Fredrikstad / Skeid Oslo
1955 Larvik Turn / Skeid Oslo
1956 Larvik Turn / Skeid Oslo
1957 FK Fredrikstad / FK Fredrikstad
1958 Viking Stavanger / Skeid Oslo
1959 SK Lilleström / Viking Stavanger
1960 FK Fredrikstad / Rosenborg Trondheim
1961 FK Fredrikstad / FK Fredrikstad
1962 Brann Bergen / Gjövik Lyn Oslo
1963 Brann Bergen / Skeid Oslo
1964 Lyn Oslo / Rosenborg Trondheim
1965 Valerengen Oslo / Skeid Oslo
1966 Skeid Oslo / FK Fredrikstad
1967 Rosenborg Trondheim / Lyn Oslo
1968 Lyn Oslo / Lyn Oslo
1969 Rosenborg Trondheim / Strömgodset Drammen
1970 Strömgodset Drammen / Strömgodset Drammen
1971 Rosenborg Trondheim / Rosenborg Trondheim
1972 Viking Stavanger / Brann Bergen
1973 Viking Stavanger / Strömgodset Drammen
1974 Viking Stavanger / Skeid Oslo
1975 Viking Stavanger / Bodoe Glimt
1976 SK Lilleström / Brann Bergen
1977 SK Lilleström / SK Lilleström
1978 IK Start Kristiansand / SK Lilleström
1979 Viking Stavanger / SK Lilleström
1980 Start Kristiansand / Valerengen Oslo
1981 Valerengen Oslo / SK Lilleström
1982 Viking Stavanger / Brann Bergen
1983 Valerengen Oslo / FK Moss
1984 Valerengen Oslo / FK Fredrikstad
1985 Rosenborg Trondheim / SK Lilleström
1986 SK Lilleström / Tromsö

Fußballer des Jahres
1966 F. Thoresen (Skeid Oslo)
1968 O. Iversen (Rosenborg Trondheim)
1969 T. Borne (Skeid Oslo)
1971 J. Christiansen (Rosenborg Trondheim)
1972 R. Jensen (Brann Bergen)
1973 T. Lund (SK Lilleström)
1974 T. Lund (SK Lilleström)
1975 H. Berg (Bodoe Glimt)
1976 H. Karlsen (Brann Bergen)
1977 H. Berg (Bodoe Glimt)
1978 E. Aas (FK Moss)
1979 H. Berg (Bodoe Glimt)
1980 A. Hareide (SK Molde)
1981 T. Lund (SK Lilleström)
1982 T. Lund (SK Lilleström)
1983 S. Fjaelberg (Viking Stavanger)
1984 P. E. Ahlsen (FK Fredrikstad)
1985 K.-E. Herlovsen (Borussia Mönchengladbach)
1986 T. Sundby (Iraklis Saloniki)

UEFA

Präsidenten
E. Schwartz (Dänemark) 1954/62
G. Wiederkehr (Schweiz) 1962/72
A. Franchi (Italien) 1973/83
J. Georges (Frankreich) seit 1984

Generalsekretäre
H. Delaunay (Frankreich) 1954/55
P. Delaunay (Frankreich) 1956/59
H. Bangerter (Schweiz) seit 1960

Luxemburg
Nordirland
Polen

Malta
Norwegen
Portugal

Niederlande
Österreich
Rumänien